A book for You
赤本バックナンバーのご案内

赤本バックナンバーを1年単位で印刷製本しお届けします!

弊社発行の「**高校別入試対策シリーズ(赤本)**」の収録から外れた古い年度の過去問を1年単位でご購入いただくことができます。

「**赤本バックナンバー**」はamazon(アマゾン)の***プリント・オン・デマンドサービス**によりご提供いたします。

定評のあるくわしい解答解説はもちろん赤本そのまま,解答用紙も付けてあります。

志望校の受験対策をさらに万全なものにするために,「**赤本バックナンバー**」をぜひご活用ください。

⚠*プリント・オン・デマンドサービスとは,ご注文に応じて1冊から印刷製本し,お客様にお届けするサービスです。

ご購入の流れ

① 英俊社のウェブサイト https://book.eisyun.jp/ にアクセス

② トップページの「高校受験」 赤本バックナンバー をクリック

③ ご希望の学校・年度をクリックすると,amazon(アマゾン)のウェブサイトの該当書籍のページにジャンプ

④ amazon(アマゾン)のウェブサイトでご購入

⚠ 納期や配送,お支払い等,購入に関するお問い合わせは,amazon(アマゾン)のウェブサイトにてご確認ください。

⚠ 書籍の内容についてのお問い合わせは英俊社(06−7712−4373)まで。

国私立高校・高専 バックナンバー

⚠表中の×印の学校・年度は,著作権上の事情等により発刊いたしません。
あしからずご了承ください。

(アイウエオ順)

※価格はすべて税込表示

学校名	2019年 実施問題	2018年 実施問題	2017年 実施問題	2016年 実施問題	2015年 実施問題	2014年 実施問題	2013年 実施問題	2012年 実施問題	2011年 実施問題	2010年 実施問題	2009年 実施問題	2008年 実施問題	2007年 実施問題	2006年 実施問題	2005年 実施問題	2004年 実施問題	2003年 実施問題
大阪教育大附高池田校舎	1,540円 66頁	1,430円 60頁	1,430円 62頁	1,430円 60頁	[illegible]	[illegible]	[illegible]	[illegible]	[illegible]	[illegible]	1,430円 54頁	1,320円 50頁	1,320円 52頁	1,320円 52頁	1,320円 48頁	1,320円 48頁	
大阪星光学院高	1,320円 48頁	1,320円 44頁	1,210円 42頁	1,210円 34頁	[illegible]	[illegible]	[illegible]	[illegible]	[illegible]	[illegible]	1,650円 84頁	1,650円 80頁	1,650円 86頁	1,650円 80頁	1,650円 82頁	1,320円 52頁	1,430円 54頁
大阪桐蔭高	1,540円 74頁	1,540円 66頁	1,540円 68頁	1,540円 66頁	[illegible]	[illegible]	[illegible] 68頁	[illegible] 62頁	[illegible] 62頁	[illegible] 68頁	1,430円 62頁	1,430円 62頁	1,430円 60頁	1,430円 62頁	1,430円 58頁		
関西大学高	1,430円 56頁	1,430円 56頁	1,430円 58頁	1,430円 54頁	1,320円 52頁	1,320円 52頁	1,430円 54頁	1,320円 50頁	1,320円 52頁	1,320円 50頁							
関西大学第一高	1,540円 66頁	1,430円 64頁	1,430円 64頁	1,430円 56頁	1,430円 62頁	1,430円 54頁	1,320円 48頁	1,430円 56頁	1,430円 56頁	1,430円 56頁	1,430円 56頁	1,320円 52頁	1,320円 52頁	1,320円 50頁	1,320円 46頁	1,320円 52頁	
関西大学北陽高	1,540円 68頁	1,540円 72頁	1,540円 70頁	1,430円 64頁	1,430円 62頁	1,430円 60頁	1,430円 60頁	1,430円 58頁	1,430円 58頁	1,430円 58頁	1,430円 56頁	1,430円 54頁					
関西学院高	1,210円 36頁	1,210円 36頁	1,210円 34頁	1,210円 34頁	1,210円 32頁	1,210円 32頁	1,210円 32頁	1,210円 32頁	1,210円 28頁	1,210円 30頁	1,210円 28頁	1,210円 30頁	×	1,210円 30頁	1,210円 28頁	×	1,210円 26頁
京都女子高	1,540円 66頁	1,430円 62頁	1,430円 60頁	1,430円 60頁	1,430円 60頁	1,430円 54頁	1,430円 56頁	1,430円 56頁	1,430円 56頁	1,430円 56頁	1,430円 56頁	1,430円 54頁	1,430円 54頁	1,320円 50頁	1,320円 50頁	1,320円 48頁	
近畿大学附属高	1,540円 72頁	1,540円 68頁	1,540円 68頁	1,540円 66頁	1,430円 64頁	1,430円 62頁	1,430円 58頁	1,430円 60頁	1,430円 58頁	1,430円 60頁	1,430円 54頁	1,430円 58頁	1,430円 56頁	1,430円 54頁	1,430円 56頁	1,320円 52頁	
久留米大学附設高	1,430円 64頁	1,430円 62頁	1,430円 58頁	1,430円 60頁	1,430円 58頁	1,430円 58頁	1,430円 58頁	1,430円 58頁	1,430円 56頁	1,430円 58頁	1,430円 54頁	×	1,430円 54頁	1,430円 54頁			
四天王寺高	1,540円 74頁	1,430円 62頁	1,430円 64頁	1,540円 66頁	1,210円 40頁	1,210円 40頁	1,430円 64頁	1,430円 64頁	1,430円 58頁	1,430円 62頁	1,430円 60頁	1,430円 60頁	1,430円 64頁	1,430円 58頁	1,430円 62頁	1,430円 58頁	
須磨学園高	1,210円 40頁	1,210円 40頁	1,210円 36頁	1,210円 42頁	1,210円 40頁	1,210円 40頁	1,210円 38頁	1,210円 38頁	1,320円 44頁	1,320円 48頁	1,320円 46頁	1,320円 48頁	1,320円 46頁	1,320円 44頁	1,210円 42頁		
清教学園高	1,540円 66頁	1,540円 66頁	1,430円 64頁	1,430円 56頁	1,320円 52頁	1,320円 50頁	1,320円 52頁	1,320円 48頁	1,320円 52頁	1,320円 50頁	1,320円 50頁	1,320円 46頁					
西南学院高	1,870円 102頁	1,760円 98頁	1,650円 82頁	1,980円 116頁	1,980円 112頁	1,980円 112頁	1,870円 110頁	1,870円 112頁	1,870円 106頁	1,540円 76頁	1,540円 76頁	1,540円 72頁	1,540円 72頁	1,540円 70頁			
清風高	1,430円 58頁	1,430円 54頁	1,430円 60頁	1,430円 60頁	1,430円 60頁	1,430円 60頁	1,430円 60頁	1,430円 60頁	1,430円 56頁	1,430円 58頁	×	1,430円 56頁	1,430円 58頁	1,430円 54頁	1,430円 54頁		

※価格はすべて税込表示

学校名	2019年 実施問題	2018年 実施問題	2017年 実施問題	2016年 実施問題	2015年 実施問題	2014年 実施問題	2013年 実施問題	2012年 実施問題	2011年 実施問題	2010年 実施問題	2009年 実施問題	2008年 実施問題	2007年 実施問題	2006年 実施問題	2005年 実施問題	2004年 実施問題	2003年 実施問題
清風南海高	1,430円 64頁	1,430円 64頁	1,430円 62頁	1,430円 60頁	1,430円 60頁	1,430円 58頁	1,430円 58頁	1,430円 60頁	1,430円 56頁	1,430円 56頁	1,430円 56頁	1,430円 56頁	1,430円 58頁	1,430円 58頁	1,320円 52頁	1,430円 54頁	
智辯学園和歌山高	1,320円 44頁	1,210円 42頁	1,210円 40頁	1,210円 40頁	1,210円 38頁	1,210円 38頁	1,210円 40頁	1,210円 38頁	1,210円 38頁	1,210円 40頁	1,210円 40頁	1,210円 38頁	1,210円 38頁	1,210円 38頁	1,210円 38頁	1,210円 38頁	
同志社高	1,430円 56頁	1,430円 56頁	1,430円 54頁	1,430円 54頁	1,430円 56頁	1,430円 54頁	1,320円 52頁	1,320円 52頁	1,320円 50頁	1,320円 48頁	1,320円 50頁	1,320円 50頁	1,320円 46頁	1,320円 48頁	1,320円 44頁	1,320円 48頁	1,320円 46頁
灘高	1,320円 52頁	1,320円 46頁	1,320円 48頁	1,320円 46頁	1,320円 46頁	1,320円 48頁	1,210円 42頁	1,320円 44頁	1,320円 50頁	1,320円 48頁	1,320円 46頁	1,320円 48頁	1,320円 48頁	1,320円 46頁	1,320円 44頁	1,320円 46頁	1,320円 46頁
西大和学園高	1,760円 98頁	1,760円 96頁	1,760円 90頁	1,540円 68頁	1,540円 66頁	1,430円 62頁	1,430円 62頁	1,430円 62頁	1,430円 64頁	1,430円 64頁	1,430円 62頁	1,430円 64頁	1,430円 64頁	1,430円 62頁	1,430円 60頁	1,430円 56頁	1,430円 58頁
福岡大学附属大濠高	2,310円 152頁	2,310円 148頁	2,200円 142頁	2,200円 144頁	2,090円 134頁	2,090円 132頁	2,090円 128頁	1,760円 96頁	1,760円 94頁	1,650円 88頁	1,650円 84頁	1,760円 88頁	1,760円 90頁	1,760円 92頁			
明星高	1,540円 76頁	1,540円 74頁	1,540円 68頁	1,430円 62頁	1,430円 62頁	1,430円 64頁	1,430円 64頁	1,430円 60頁	1,430円 58頁	1,430円 56頁	1,430円 56頁	1,430円 54頁	1,430円 54頁	1,430円 54頁	1,320円 52頁	1,320円 52頁	
桃山学院高	1,430円 64頁	1,430円 64頁	1,430円 62頁	1,430円 60頁	1,430円 58頁	1,430円 54頁	1,430円 56頁	1,430円 54頁	1,430円 58頁	1,430円 58頁	1,430円 56頁	1,320円 52頁	1,320円 52頁	1,320円 48頁	1,320円 46頁	1,320円 50頁	1,320円 50頁
洛南高	1,540円 66頁	1,430円 64頁	1,540円 66頁	1,540円 66頁	1,430円 62頁	1,430円 64頁	1,430円 62頁	1,430円 62頁	1,430円 62頁	1,430円 60頁	1,430円 58頁	1,430円 64頁	1,430円 60頁	1,430円 62頁	1,430円 58頁	1,430円 58頁	1,430円 60頁
ラ・サール高	1,540円 70頁	1,540円 66頁	1,430円 60頁	1,430円 62頁	1,430円 60頁	1,430円 58頁	1,430円 60頁	1,430円 60頁	1,430円 58頁	1,430円 54頁	1,430円 60頁	1,430円 54頁	1,430円 56頁	1,320円 50頁			
立命館高	1,760円 96頁	1,760円 94頁	1,870円 100頁	1,760円 96頁	1,870円 104頁	1,870円 102頁	1,870円 100頁	1,760円 92頁	1,650円 88頁	1,760円 94頁	1,650円 88頁	1,650円 86頁	1,320円 48頁	1,650円 80頁	1,430円 54頁		
立命館宇治高	1,430円 62頁	1,430円 60頁	1,430円 58頁	1,430円 58頁	1,430円 56頁	1,430円 54頁	1,430円 54頁	1,320円 52頁	1,320円 52頁	1,430円 54頁	1,430円 56頁	1,320円 52頁					
国立高専	1,650円 78頁	1,540円 74頁	1,540円 66頁	1,430円 64頁	1,430円 62頁	1,430円 62頁	1,430円 62頁	1,540円 68頁	1,540円 70頁	1,430円 64頁	1,430円 62頁	1,430円 62頁	1,430円 60頁	1,430円 58頁	1,430円 60頁	1,430円 56頁	1,430円 60頁

公立高校 バックナンバー

※価格はすべて税込表示

府県名・学校名	2019年 実施問題	2018年 実施問題	2017年 実施問題	2016年 実施問題	2015年 実施問題	2014年 実施問題	2013年 実施問題	2012年 実施問題	2011年 実施問題	2010年 実施問題	2009年 実施問題	2008年 実施問題	2007年 実施問題	2006年 実施問題	2005年 実施問題	2004年 実施問題	2003年 実施問題
岐阜県公立高	990円 64頁	990円 60頁	990円 60頁	990円 60頁	990円 58頁	990円 56頁	990円 58頁	990円 52頁	990円 54頁	990円 52頁	990円 52頁	990円 48頁	990円 50頁	990円 52頁			
静岡県公立高	990円 62頁	990円 58頁	990円 58頁	990円 60頁	990円 60頁	990円 56頁	990円 58頁	990円 58頁	990円 56頁	990円 54頁	990円 52頁	990円 54頁	990円 52頁	990円 52頁			
愛知県公立高	990円 126頁	990円 120頁	990円 114頁	990円 114頁	990円 114頁	990円 110頁	990円 112頁	990円 108頁	990円 108頁	990円 110頁	990円 102頁	990円 102頁	990円 102頁	990円 100頁	990円 100頁	990円 96頁	990円 96頁
三重県公立高	990円 72頁	990円 66頁	990円 66頁	990円 64頁	990円 66頁	990円 64頁	990円 66頁	990円 64頁	990円 62頁	990円 62頁	990円 58頁	990円 58頁	990円 52頁	990円 54頁			
滋賀県公立高	990円 66頁	990円 62頁	990円 60頁	990円 62頁	990円 62頁	990円 46頁	990円 48頁	990円 46頁	990円 48頁	990円 44頁	990円 44頁	990円 44頁	990円 46頁	990円 44頁	990円 44頁	990円 40頁	990円 42頁
京都府公立高(中期)	990円 60頁	990円 56頁	990円 54頁	990円 54頁	990円 56頁	990円 54頁	990円 56頁	990円 54頁	990円 56頁	990円 54頁	990円 52頁	990円 50頁	990円 50頁	990円 50頁	990円 46頁	990円 46頁	990円 48頁
京都府公立高(前期)	990円 40頁	990円 38頁	990円 40頁	990円 38頁	990円 38頁	990円 36頁											
京都市立堀川高 探究学科群	1,430円 64頁	1,540円 68頁	1,430円 60頁	1,430円 62頁	1,430円 64頁	1,430円 60頁	1,430円 60頁	1,430円 58頁	1,430円 58頁	1,430円 64頁	1,430円 54頁	1,320円 48頁	1,210円 42頁	1,210円 38頁	1,210円 36頁	1,210円 40頁	
京都市立西京高 エンタープライジング科	1,650円 82頁	1,540円 76頁	1,650円 80頁	1,540円 72頁	1,540円 72頁	1,540円 70頁	1,320円 46頁	1,320円 50頁	1,320円 46頁	1,320円 44頁	1,210円 42頁	1,210円 42頁	1,210円 38頁	1,210円 38頁	1,210円 40頁	1,210円 34頁	
京都府立嵯峨野高 京都こすもす科	1,540円 68頁	1,540円 66頁	1,540円 68頁	1,430円 64頁	1,430円 64頁	1,430円 62頁	1,210円 42頁	1,210円 42頁	1,320円 46頁	1,320円 44頁	1,210円 42頁	1,210円 40頁	1,210円 40頁	1,210円 36頁	1,210円 36頁	1,210円 34頁	
京都府立桃山高 自然科学科	1,320円 46頁	1,320円 46頁	1,210円 42頁	1,320円 44頁	1,320円 46頁	1,320円 44頁	1,210円 42頁	1,210円 38頁	1,210円 42頁	1,210円 40頁	1,210円 40頁	1,210円 38頁	1,210円 34頁	1,210円 34頁			

※価格はすべて税込表示

府県名･学校名	2019年 実施問題	2018年 実施問題	2017年 実施問題	2016年 実施問題	2015年 実施問題	2014年 実施問題	2013年 実施問題	2012年 実施問題	2011年 実施問題	2010年 実施問題	2009年 実施問題	2008年 実施問題	2007年 実施問題	2006年 実施問題	2005年 実施問題	2004年 実施問題	2003年 実施問題
大阪府公立高(一般)	990円 148頁	990円 140頁	990円 140頁	990円 122頁													
大阪府公立高(特別)	990円 78頁	990円 78頁	990円 74頁	990円 72頁													
大阪府公立高(前期)					990円 70頁	990円 68頁	990円 66頁	990円 72頁	990円 70頁	990円 60頁	990円 58頁	990円 56頁	990円 56頁	990円 54頁	990円 52頁	990円 52頁	990円 48頁
大阪府公立高(後期)					990円 82頁	990円 76頁	990円 72頁	990円 64頁	990円 64頁	990円 64頁	990円 62頁	990円 62頁	990円 62頁	990円 58頁	990円 56頁	990円 58頁	990円 56頁
兵庫県公立高	990円 74頁	990円 78頁	990円 74頁	990円 74頁	990円 74頁	990円 68頁	990円 66頁	990円 64頁	990円 60頁	990円 56頁	990円 58頁	990円 56頁	990円 58頁	990円 56頁	990円 56頁	990円 54頁	990円 52頁
奈良県公立高(一般)	990円 62頁	990円 50頁	990円 50頁	990円 52頁	990円 50頁	990円 52頁	990円 50頁	990円 48頁	990円 48頁	990円 48頁	990円 48頁	990円 48頁	×	990円 44頁	990円 46頁	990円 42頁	990円 44頁
奈良県公立高(特色)	990円 30頁	990円 38頁	990円 44頁	990円 46頁	990円 46頁	990円 44頁	990円 40頁	990円 40頁	990円 32頁	990円 32頁	990円 32頁	990円 32頁	990円 28頁	990円 28頁			
和歌山県公立高	990円 76頁	990円 70頁	990円 68頁	990円 64頁	990円 66頁	990円 64頁	990円 64頁	990円 62頁	990円 66頁	990円 62頁	990円 60頁	990円 60頁	990円 58頁	990円 56頁	990円 56頁	990円 56頁	990円 52頁
岡山県公立高(一般)	990円 66頁	990円 60頁	990円 58頁	990円 56頁	990円 58頁	990円 56頁	990円 58頁	990円 60頁	990円 56頁	990円 56頁	990円 52頁	990円 52頁	990円 50頁				
岡山県公立高(特別)	990円 38頁	990円 36頁	990円 34頁	990円 34頁	990円 34頁	990円 32頁											
広島県公立高	990円 68頁	990円 70頁	990円 74頁	990円 68頁	990円 60頁	990円 58頁	990円 54頁	990円 46頁	990円 48頁	990円 46頁	990円 46頁	990円 46頁	990円 44頁	990円 46頁	990円 44頁	990円 44頁	990円 44頁
山口県公立高	990円 86頁	990円 80頁	990円 82頁	990円 84頁	990円 76頁	990円 78頁	990円 76頁	990円 64頁	990円 62頁	990円 58頁	990円 58頁	990円 60頁	990円 56頁				
徳島県公立高	990円 88頁	990円 78頁	990円 86頁	990円 74頁	990円 76頁	990円 80頁	990円 64頁	990円 62頁	990円 60頁	990円 58頁	990円 60頁	990円 54頁	990円 52頁				
香川県公立高	990円 76頁	990円 74頁	990円 72頁	990円 74頁	990円 72頁	990円 68頁	990円 68頁	990円 66頁	990円 66頁	990円 62頁	990円 62頁	990円 60頁	990円 62頁				
愛媛県公立高	990円 72頁	990円 68頁	990円 66頁	990円 64頁	990円 68頁	990円 64頁	990円 62頁	990円 60頁	990円 62頁	990円 56頁	990円 58頁	990円 56頁	990円 54頁				
福岡県公立高	990円 66頁	990円 68頁	990円 68頁	990円 66頁	990円 60頁	990円 56頁	990円 56頁	990円 54頁	990円 56頁	990円 58頁	990円 52頁	990円 54頁	990円 52頁	990円 48頁			
長崎県公立高	990円 90頁	990円 86頁	990円 84頁	990円 84頁	990円 82頁	990円 80頁	990円 80頁	990円 82頁	990円 80頁	990円 80頁	990円 80頁	990円 78頁	990円 76頁				
熊本県公立高	990円 98頁	990円 92頁	990円 92頁	990円 92頁	990円 94頁	990円 74頁	990円 72頁	990円 70頁	990円 70頁	990円 68頁	990円 68頁	990円 64頁	990円 68頁				
大分県公立高	990円 84頁	990円 78頁	990円 80頁	990円 76頁	990円 80頁	990円 66頁	990円 62頁	990円 62頁	990円 62頁	990円 58頁	990円 58頁	990円 56頁	990円 58頁				
鹿児島県公立高	990円 66頁	990円 62頁	990円 60頁	990円 60頁	990円 60頁	990円 60頁	990円 60頁	990円 60頁	990円 60頁	990円 58頁	990円 58頁	990円 54頁	990円 58頁				

英語リスニング音声データのご案内

英語リスニング問題の音声データについて

赤本収録年度の音声データ　弊社発行の**「高校別入試対策シリーズ（赤本）」に収録している年度**の音声データは，以下の一覧の学校分を提供しています。希望の音声データをダウンロードし，赤本に掲載されている問題に取り組んでください。

赤本収録年度より古い年度の音声データ　**「高校別入試対策シリーズ（赤本）」に収録している年度よりも古い年度**の音声データは，6ページの国私立高と公立高を提供しています。赤本バックナンバー（1〜3ページに掲載）と音声データの両方をご購入いただき，問題に取り組んでください。

ご購入の流れ

① 英俊社のウェブサイト https://book.eisyun.jp/ にアクセス
② トップページの「高校受験」 リスニング音声データ をクリック
③ ご希望の学校・年度をクリックすると，オーディオブック（audiobook.jp）のウェブサイトの該当ページにジャンプ
④ オーディオブック（audiobook.jp）のウェブサイトでご購入。※初回のみ会員登録（無料）が必要です。

⚠ ダウンロード方法やお支払い等，購入に関するお問い合わせは，オーディオブック（audiobook.jp）のウェブサイトにてご確認ください。

音声データを入手できる学校と年度

赤本収録年度の音声データ

ご希望の年度を1年分ずつ，もしくは赤本に収録している年度をすべてまとめてセットでご購入いただくことができます。セットでご購入いただくと，1年分の単価がお得になります。

⚠ ×印の年度は音声データをご提供しておりません。あしからずご了承ください。

国私立高（アイウエオ順）

※価格は税込表示

学校名	税込価格				
	2020年	2021年	2022年	2023年	2024年
アサンプション国際高	¥550	¥550	¥550	¥550	¥550
5か年セット	¥2,200				
育英西高	¥550	¥550	¥550	¥550	¥550
5か年セット	¥2,200				
大阪教育大附高池田校	¥550	¥550	¥550	¥550	¥550
5か年セット	¥2,200				
大阪薫英女学院高	¥550	¥550	¥550	¥550	×
4か年セット	¥1,760				
大阪国際高	¥550	¥550	¥550	¥550	¥550
5か年セット	¥2,200				
大阪信愛学院高	¥550	¥550	¥550	¥550	¥550
5か年セット	¥2,200				
大阪星光学院高	¥550	¥550	¥550	¥550	¥550
5か年セット	¥2,200				
大阪桐蔭高	¥550	¥550	¥550	¥550	¥550
5か年セット	¥2,200				
大谷高	×	×	×	¥550	¥550
2か年セット	¥880				
関西創価高	¥550	¥550	¥550	¥550	¥550
5か年セット	¥2,200				
京都先端科学大附高（特進・進学）	¥550	¥550	¥550	¥550	¥550
5か年セット	¥2,200				

※価格は税込表示

学校名	税込価格				
	2020年	2021年	2022年	2023年	2024年
京都先端科学大附高（国際）	¥550	¥550	¥550	¥550	¥550
5か年セット	¥2,200				
京都橘高	¥550	×	¥550	¥550	¥550
4か年セット	¥1,760				
京都両洋高	¥550	¥550	¥550	¥550	¥550
5か年セット	¥2,200				
久留米大附設高	×	¥550	¥550	¥550	¥550
4か年セット	¥1,760				
神戸星城高	¥550	¥550	¥550	¥550	¥550
5か年セット	¥2,200				
神戸山手グローバル高	×	×	×	¥550	¥550
2か年セット	¥880				
神戸龍谷高	¥550	¥550	¥550	¥550	¥550
5か年セット	¥2,200				
香里ヌヴェール学院高	¥550	¥550	¥550	¥550	¥550
5か年セット	¥2,200				
三田学園高	¥550	¥550	¥550	¥550	¥550
5か年セット	¥2,200				
滋賀学園高	¥550	¥550	¥550	¥550	¥550
5か年セット	¥2,200				
滋賀短期大学附高	¥550	¥550	¥550	¥550	¥550
5か年セット	¥2,200				

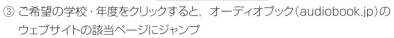

国私立高（アイウエオ順）

※価格は税込表示

学校名	税込価格				
	2020年	2021年	2022年	2023年	2024年
樟蔭高	¥550	¥550	¥550	¥550	¥550
5か年セット			¥2,200		
常翔学園高	¥550	¥550	¥550	¥550	¥550
5か年セット			¥2,200		
清教学園高	¥550	¥550	¥550	¥550	¥550
5か年セット			¥2,200		
西南学院高（専願）	¥550	¥550	¥550	¥550	¥550
5か年セット			¥2,200		
西南学院高（前期）	¥550	¥550	¥550	¥550	¥550
5か年セット			¥2,200		
園田学園高	¥550	¥550	¥550	¥550	¥550
5か年セット			¥2,200		
筑陽学園高（専願）	¥550	¥550	¥550	¥550	¥550
5か年セット			¥2,200		
筑陽学園高（前期）	¥550	¥550	¥550	¥550	¥550
5か年セット			¥2,200		
智辯学園高	¥550	¥550	¥550	¥550	¥550
5か年セット			¥2,200		
帝塚山高	¥550	¥550	¥550	¥550	¥550
5か年セット			¥2,200		
東海大付大阪仰星高	¥550	¥550	¥550	¥550	¥550
5か年セット			¥2,200		
同志社高	¥550	¥550	¥550	¥550	¥550
5か年セット			¥2,200		
中村学園女子高（前期）	×	¥550	¥550	¥550	¥550
4か年セット			¥1,760		
灘高	¥550	¥550	¥550	¥550	¥550
5か年セット			¥2,200		
奈良育英高	¥550	¥550	¥550	¥550	¥550
5か年セット			¥2,200		
奈良学園高	¥550	¥550	¥550	¥550	¥550
5か年セット			¥2,200		
奈良大附高	¥550	¥550	¥550	¥550	¥550
5か年セット			¥2,200		

※価格は税込表示

学校名	税込価格				
	2020年	2021年	2022年	2023年	2024年
西大和学園高	¥550	¥550	¥550	¥550	¥550
5か年セット			¥2,200		
梅花高	¥550	¥550	¥550	¥550	¥550
5か年セット			¥2,200		
白陵高	¥550	¥550	¥550	¥550	¥550
5か年セット			¥2,200		
初芝立命館高	×	×	×	×	¥550
東大谷高	×	×	¥550	¥550	¥550
3か年セット			¥1,320		
東山高	×	×	×	×	¥550
雲雀丘学園高	¥550	¥550	¥550	¥550	¥550
5か年セット			¥2,200		
福岡大附大濠高（専願）	¥550	¥550	¥550	¥550	¥550
5か年セット			¥2,200		
福岡大附大濠高（前期）	¥550	¥550	¥550	¥550	¥550
5か年セット			¥2,200		
福岡大附大濠高（後期）	¥550	¥550	¥550	¥550	¥550
5か年セット			¥2,200		
武庫川女子大附高	×	×	¥550	¥550	¥550
3か年セット			¥1,320		
明星高	¥550	¥550	¥550	¥550	¥550
5か年セット			¥2,200		
和歌山信愛高	¥550	¥550	¥550	¥550	¥550
5か年セット			¥2,200		

公立高

※価格は税込表示

学校名	税込価格				
	2020年	2021年	2022年	2023年	2024年
京都市立西京高（エンタープライジング科）	¥550	¥550	¥550	¥550	¥550
5か年セット			¥2,200		
京都市立堀川高（探究学科群）	¥550	¥550	¥550	¥550	¥550
5か年セット			¥2,200		
京都府立嵯峨野高（京都こすもす科）	¥550	¥550	¥550	¥550	¥550
5か年セット			¥2,200		

赤本収録年度より古い年度の音声データ

以下の音声データは，赤本に収録以前の年度ですので，赤本バックナンバー（P.1～3に掲載）と合わせてご購入ください。
赤本バックナンバーは1年分が1冊の本になっていますので，音声データも1年分ずつの販売となります。

※価格は税込表示

国私立高（アイウエオ順）

学 校 名	税込価格																
	2003年	2004年	2005年	2006年	2007年	2008年	2009年	2010年	2011年	2012年	2013年	2014年	2015年	2016年	2017年	2018年	2019年
大阪教育大附高池田校		¥550	¥550	¥550	¥550	¥550	¥550	¥550	¥550	¥550	¥550	¥550	¥550	¥550	¥550	¥550	¥550
大阪星光学院高（1次）	¥550	¥550	¥550	¥550	¥550	¥550	¥550	¥550	¥550	¥550	×	¥550	×	¥550	¥550	¥550	¥550
大阪星光学院高（1.5次）			¥550	¥550	¥550	¥550	¥550	¥550	×	×	×	×	×	×	×	×	×
大阪桐蔭高						¥550	¥550	¥550	¥550	¥550	¥550	¥550	¥550	¥550	¥550	¥550	¥550
久留米大附設高				¥550	¥550	×	¥550	¥550	¥550	¥550	¥550	¥550	¥550	¥550	¥550	¥550	¥550
清教学園高														¥550	¥550	¥550	¥550
同志社高						¥550	¥550	¥550	¥550	¥550	¥550	¥550	¥550	¥550	¥550	¥550	¥550
灘高																¥550	¥550
西大和学園高				¥550	¥550	¥550	¥550	¥550	¥550	¥550	¥550	¥550	¥550	¥550	¥550	¥550	¥550
福岡大附大濠高（専願）											¥550	¥550	¥550	¥550	¥550	¥550	¥550
福岡大附大濠高（前期）				¥550	¥550	¥550	¥550	¥550	¥550	¥550	¥550	¥550	¥550	¥550	¥550	¥550	¥550
福岡大附大濠高（後期）				¥550	¥550	¥550	¥550	¥550	¥550	¥550	¥550	¥550	¥550	¥550	¥550	¥550	¥550
明星高															¥550	¥550	¥550
立命館高（前期）						¥550	¥550	¥550	¥550	¥550	¥550	¥550	¥550	×	×	×	×
立命館高（後期）						¥550	¥550	¥550	¥550	¥550	¥550	¥550	¥550	×	×	×	×
立命館宇治高										¥550	¥550	¥550	¥550	¥550	¥550	¥550	×

※価格は税込表示

公立高（府県順）

府県名・学校名	税込価格																
	2003年	2004年	2005年	2006年	2007年	2008年	2009年	2010年	2011年	2012年	2013年	2014年	2015年	2016年	2017年	2018年	2019年
岐阜県公立高				¥550	¥550	¥550	¥550	¥550	¥550	¥550	¥550	¥550	¥550	¥550	¥550	¥550	¥550
静岡県公立高				¥550	¥550	¥550	¥550	¥550	¥550	¥550	¥550	¥550	¥550	¥550	¥550	¥550	¥550
愛知県公立高（Aグループ）	¥550	¥550	¥550	¥550	¥550	¥550	¥550	¥550	¥550	¥550	¥550	¥550	¥550	¥550	¥550	¥550	¥550
愛知県公立高（Bグループ）	¥550	¥550	¥550	¥550	¥550	¥550	¥550	¥550	¥550	¥550	¥550	¥550	¥550	¥550	¥550	¥550	¥550
三重県公立高				¥550	¥550	¥550	¥550	¥550	¥550	¥550	¥550	¥550	¥550	¥550	¥550	¥550	¥550
滋賀県公立高	¥550	¥550	¥550	¥550	¥550	¥550	¥550	¥550	¥550	¥550	¥550	¥550	¥550	¥550	¥550	¥550	¥550
京都府公立高（中期選抜）	¥550	¥550	¥550	¥550	¥550	¥550	¥550	¥550	¥550	¥550	¥550	¥550	¥550	¥550	¥550	¥550	¥550
京都府公立高（前期選抜 共通学力検査）												¥550	¥550	¥550	¥550	¥550	¥550
京都市立西京高（エンタープライジング科）		¥550	¥550	¥550	¥550	¥550	¥550	¥550	¥550	¥550	¥550	¥550	¥550	¥550	¥550	¥550	¥550
京都市立堀川高（探究学科群）												¥550	¥550	¥550	¥550	¥550	¥550
京都府立嵯峨野高（京都こすもす科）		¥550	¥550	¥550	¥550	¥550	¥550	¥550	¥550	¥550	¥550	¥550	¥550	¥550	¥550	¥550	¥550
大阪府公立高（一般選抜）														¥550	¥550	¥550	¥550
大阪府公立高（特別選抜）														¥550	¥550	¥550	¥550
大阪府公立高（後期選抜）	¥550	¥550	¥550	¥550	¥550	¥550	¥550	¥550	¥550	¥550	¥550	¥550	¥550	×	×	×	×
大阪府公立高（前期選抜）	¥550	¥550	¥550	¥550	¥550	¥550	¥550	¥550	¥550	¥550	¥550	¥550	¥550	×	×	×	×
兵庫県公立高	¥550	¥550	¥550	¥550	¥550	¥550	¥550	¥550	¥550	¥550	¥550	¥550	¥550	¥550	¥550	¥550	¥550
奈良県公立高（一般選抜）	¥550	¥550	¥550	¥550	×	¥550	¥550	¥550	¥550	¥550	¥550	¥550	¥550	¥550	¥550	¥550	¥550
奈良県公立高（特色選抜）				¥550	¥550	¥550	¥550	¥550	¥550	¥550	¥550	¥550	¥550	¥550	¥550	¥550	¥550
和歌山県公立高	¥550	¥550	¥550	¥550	¥550	¥550	¥550	¥550	¥550	¥550	¥550	¥550	¥550	¥550	¥550	¥550	¥550
岡山県公立高（一般選抜）					¥550	¥550	¥550	¥550	¥550	¥550	¥550	¥550	¥550	¥550	¥550	¥550	¥550
岡山県公立高（特別選抜）												¥550	¥550	¥550	¥550	¥550	¥550
広島県公立高	¥550	¥550	¥550	¥550	¥550	¥550	¥550	¥550	¥550	¥550	¥550	¥550	¥550	¥550	¥550	¥550	¥550
山口県公立高					¥550	¥550	¥550	¥550	¥550	¥550	¥550	¥550	¥550	¥550	¥550	¥550	¥550
香川県公立高					¥550	¥550	¥550	¥550	¥550	¥550	¥550	¥550	¥550	¥550	¥550	¥550	¥550
愛媛県公立高					¥550	¥550	¥550	¥550	¥550	¥550	¥550	¥550	¥550	¥550	¥550	¥550	¥550
福岡県公立高				¥550	¥550	¥550	¥550	¥550	¥550	¥550	¥550	¥550	¥550	¥550	¥550	¥550	¥550
長崎県公立高					¥550	¥550	¥550	¥550	¥550	¥550	¥550	¥550	¥550	¥550	¥550	¥550	¥550
熊本県公立高（選択問題A）													¥550	¥550	¥550	¥550	¥550
熊本県公立高（選択問題B）													¥550	¥550	¥550	¥550	¥550
熊本県公立高（共通）					¥550	¥550	¥550	¥550	¥550	¥550	¥550	¥550	×	×	×	×	×
大分県公立高					¥550	¥550	¥550	¥550	¥550	¥550	¥550	¥550	¥550	¥550	¥550	¥550	¥550
鹿児島県公立高					¥550	¥550	¥550	¥550	¥550	¥550	¥550	¥550	¥550	¥550	¥550	¥550	¥550

受験生のみなさんへ

英俊社の高校入試対策問題集

各書籍のくわしい内容はこちら→

近畿の高校入試シリーズ

最新の近畿の入試問題から良問を精選。
私立・公立どちらにも対応できる定評ある問題集です。

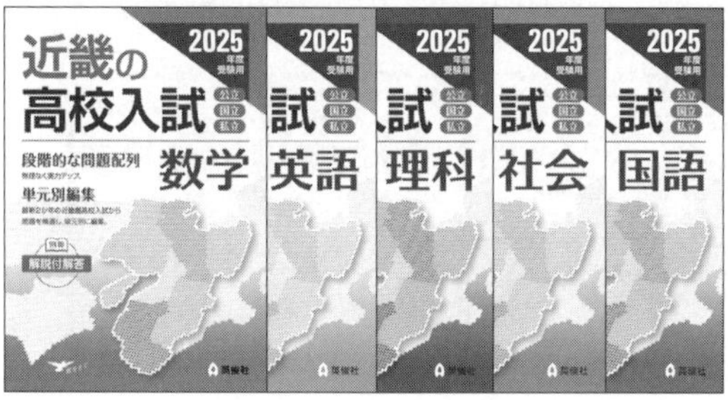

近畿の高校入試シリーズ

中1･2の復習

近畿の入試問題から１・２年生までの範囲で解ける良問を精選。
高校入試の基礎固めに最適な問題集です。

最難関高校シリーズ

最難関高校を志望する受験生諸君におすすめのハイレベル問題集。
灘、洛南、西大和学園、久留米大学附設、ラ・サールの最新７か年入試問題を単元別に分類して収録しています。

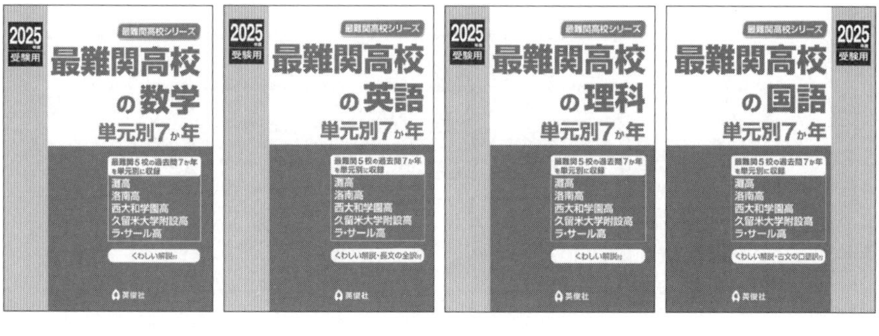

ニューウイングシリーズ　出題率

入試での出題率を徹底分析。出題率の高い単元、問題に集中して効率よく学習できます。

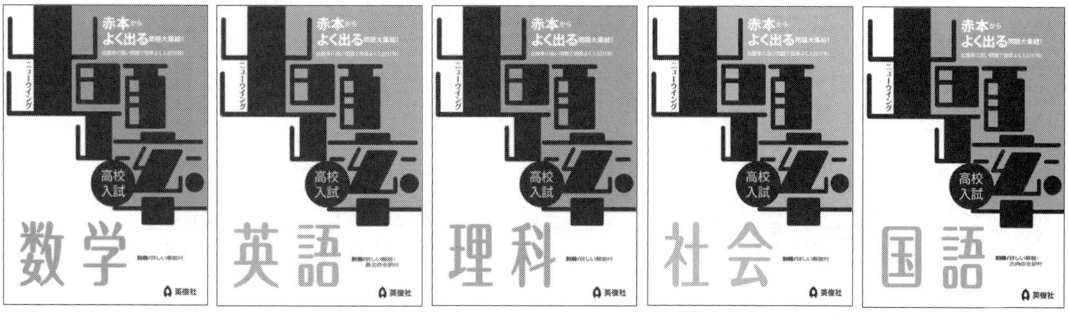

近道問題シリーズ

重要ポイントに絞ったコンパクトな問題集。苦手分野の集中トレーニングに最適です!

数学5分冊

01 式と計算
02 方程式・確率・資料の活用
03 関数とグラフ
04 図形〈1・2年分野〉
05 図形〈3年分野〉

英語6分冊

06 単語・連語・会話表現
07 英文法
08 文の書きかえ・英作文
09 長文基礎
10 長文実践
11 リスニング

理科6分冊

12 物理
13 化学
14 生物・地学
15 理科計算
16 理科記述
17 理科知識

社会4分冊

18 地理
19 歴史
20 公民
21 社会の応用問題 ―資料読解・記述―

国語5分冊

22 漢字・ことばの知識
23 文法
24 長文読解 ―攻略法の基本―
25 長文読解 ―攻略法の実践―
26 古典

公立高校入試対策シリーズ 3027-1

❖もくじ

（注）　著作権の都合により，実際に使用された写真と異なる場合があります。　（編集部）

2020～2024年度のリスニング音声（書籍収録分すべて）は
英俊社ウェブサイト「**リスもん**」から再生できます。
https://book.eisyun.jp/products/listening/index/

再生の際に必要な入力コード→ **47692358**
（コードの使用期限：2025年７月末日）

リスもん
リスニング問題　音声再生ウェブページ

スマホはこちら ——→

※音声は英俊社で作成したものです。

❖全日制公立高校の一般入学者選抜概要（前年度参考）

1　実施学科等　●**普通科**（単位制高校を除く）

●**専門学科**（農業に関する学科，工業に関する学科〈建築デザイン科，インテリアデザイン科，デザインシステム科，ビジュアルデザイン科，映像デザイン科及びプロダクトデザイン科を除く〉，商業に関する学科，グローバルビジネス科，食物文化科，福祉ボランティア科，理数科，総合科学科，サイエンス創造科，英語科，国際文化科，グローバル科，文理学科及び教育文理学科）

●**総合学科**（エンパワメントスクール，多様な教育実践校及びクリエイティブスクールを除く）

※前年度の一般入学者選抜実施校は，5ページに掲載。

2　出　願　出願は，1校1学科等に限る。ただし，募集人員を複数の学科等ごとに設定している学校においては，他の1学科等を第2志望とすることができる。

3　学力検査　国語，社会，数学，理科，英語(リスニングテストを含む)の5教科。

国語，数学，英語の学力検査については，A(基礎的問題)，B(標準的問題)，C(発展的問題)の3種類の問題が作成され，各高校が使用する問題を選択する。ただし，リスニングテストについては，A(基礎的問題)，B(標準的問題)を同一問題とし，C(発展的問題)は別の問題とする。

A(基礎的問題)，B(標準的問題)，C(発展的問題)の特徴や検査時間・配点については6・7ページ，**各高校が選択した学力検査問題の種類，学力検査の成績及び調査書の評定にかける倍率のタイプ**は8～11ページにそれぞれ前年度の参考情報を掲載している。

4　合格者の決定方法

〈Step 1〉

学力検査：国語，社会，数学，理科，英語 各90点　合計450点…①

調 査 書：9教科の評定 各50点（3学年の評定×6倍＋2学年の評定×2倍＋1学年の評定×2倍）　合計450点…②

（9教科：国語，社会，数学，理科，音楽，美術，保健体育，技術・家庭，英語）

総 合 点：各高校が選択したタイプにより，「学力検査の成績（①）」と「調査書の評定（②）」にそれぞれの倍率をかけて合計し，総合点を算出。

タイプ	学力検査の成績(①)にかける倍率(点数)	調査書の評定(②)にかける倍率(点数)	総合点	【参考】学力検査：調査書
Ⅰ	1.4倍（630点）	0.6倍（270点）	900点	7：3
Ⅱ	1.2倍（540点）	0.8倍（360点）		6：4
Ⅲ	1.0倍（450点）	1.0倍（450点）		5：5
Ⅳ	0.8倍（360点）	1.2倍（540点）		4：6
Ⅴ	0.6倍（270点）	1.4倍（630点）		3：7

〈Step 2〉

総合点の高い者の順に[*]募集人員の110 %に相当する者を(I)群とする。

〈Step 3〉

(I)群の中で総合点の高い者から[*]募集人員の 90 %に相当する者を合格とする。

〈Step 4〉

(I)群の中で合格が決まっていない者を(II)群（ボーダーゾーン）と呼ぶ。ボーダーゾーンの中からは，自己申告書，調査書の「活動／行動の記録」の記載内容がその高校のアドミッションポリシーに極めて合致する者を優先的に合格とする。

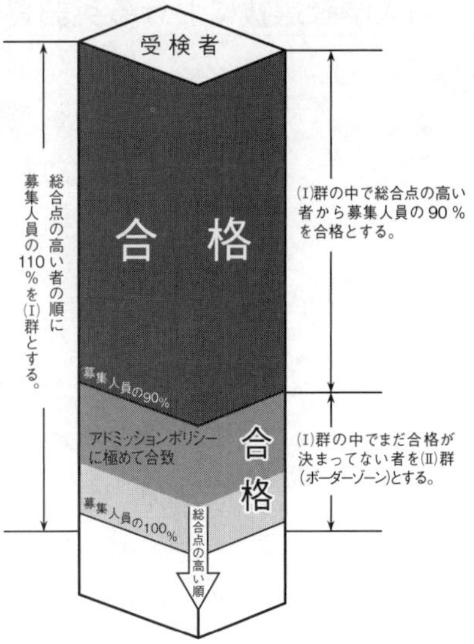

〈Step 5〉

〈Step 4〉による合格者を除き，改めて総合点の高い者から順に[*]募集人員を満たすまで合格者を決定する。

（*）普通科単位制，総合学科（クリエイティブスクール）の場合は，募集人員から「学力検査と面接による選抜」（過年度卒業者のみ）の合格者を除いた人数を「学力検査と調査書による選抜」の合格予定者数とし，募集人員に相当するものとみなす。

5　複数の学科等を設置している高等学校における各学科等の合格者の決定方法

ア　すべての受験者を，第 1 志望の学科等に関係なく総合点の高い者から順に並べる。

イ　総合点の高い者から順に，第 1 志望の学科等に振り分ける。

ウ　イにおいて各学科等の募集人員の 110 %に相当する人数に先に達した学科等について，前記の〈Step 2〉～〈Step 5〉の手順により合格者を決定する。

エ　すでに合格となった者及びウにおいて選抜を行った学科等のみを志望している者を除き，ア，イ，ウの手順を繰り返し，各学科等の合格者を決定する。ただし，イにおいて，第 1 志望の学科等にすでに不合格となり，他の学科等を第 2 志望としていた者については，第 2 志望の学科等を第 1 志望として扱う。

入学者選抜における英語資格（外部検定）の活用について

学力検査「英語」において，外部機関が認証した英語力判定テスト（TOEFL iBT，IELTS及び実用英語技能検定（英検）を対象とする。）のスコア等（以下「スコア等」という。）を活用する。スコア等に対応する英語の学力検査の読み替え率は下表のとおりとし，この読み替え率により換算した点数と当日受験した英語の学力検査の点数を比較し，高い方の点数を当該受験生の英語の学力検査の成績とする。

英語資格（外部検定）を活用する志願者は，出願時にスコア等を証明する証明書の写しを提出することが必要となる。

一般入学者選抜における英語の学力検査問題は，「基礎的問題」「標準的問題」「発展的問題」から高等学校長が使用する問題を選択するが，この英語資格の活用については，すべての種類の検査問題を対象とする。

〈読み替え率〉

TOEFL iBT	IELTS	英検	読み替え率
60点～120点	6.0～9.0	準1級・1級	100%
50点～ 59点	5.5	（対応無し）	90%
40点～ 49点	5.0	2級	80%

2025年度一般入学者選抜の主な日程

- **出願期間**：3月 5 日（水）～3月 7 日（金）
- **学力検査**：3月12日（水）
- **合格発表**：3月21日（金）

一般入学者選抜実施校（前年度参考）

全日制の課程〈総合学科（クリエイティブスクール）を除く〉

学科名等	高等学校名	
	府立	市立
普通科	東淀川，旭，桜宮，東，汎愛，清水谷，夕陽丘， 港，阿倍野，東住吉，阪南，池田，渋谷，桜塚，豊島， 刀根山，箕面，春日丘，茨木西，北摂つばさ， 吹田，吹田東，北千里，山田，三島，高槻北，芥川， 阿武野，大冠，摂津，寝屋川，西寝屋川， 北かわち皐が丘，枚方，長尾，牧野，香里丘，枚方津田， いちりつ，守口東，門真西，野崎，緑風冠，交野，布施， 花園，みどり清朋，山本，八尾，八尾翠翔， 大塚，河南，富田林，金剛，懐風館，長野，藤井寺， 狭山，登美丘，泉陽，金岡，東百舌鳥，堺西，福泉， 堺上，泉大津，信太，高石，和泉，久米田，佐野， 日根野，貝塚南，りんくう翔南	東大阪市立日新
普通科 (単位制)	市岡，大阪府教育センター附属，槻の木，鳳	―――
農業に関する学科	園芸，農芸	―――
工業に関する学科 (特別選抜実施学科を除く)	東淀工業，淀川工科，都島工業，西野田工科，泉尾工業， 生野工業，今宮工科，茨木工科，城東工科，布施工科， 藤井寺工科，堺工科，佐野工科	堺市立堺
商業に関する学科 商業科	淀商業，鶴見商業，住吉商業	東大阪市立日新，岸和田市立産業
商業に関する学科 マネジメント創造科	―――	堺市立堺
グローバルビジネス科	大阪ビジネスフロンティア	
食物文化科	咲くやこの花	―――
福祉ボランティア科	淀商業	―――
理数科	東，いちりつ	―――
総合科学科	住吉，千里，泉北	―――
サイエンス創造科	―――	堺市立堺
英語科	東，いちりつ	東大阪市立日新
国際文化科	旭，枚方，花園，長野，佐野，住吉，千里，泉北	―――
グローバル科	箕面，和泉	―――
文理学科	北野，大手前，高津，天王寺，豊中，茨木，四條畷， 生野，三国丘，岸和田	―――
教育文理学科	桜和	
総合学科	柴島，咲くやこの花，大正白稜，今宮，千里青雲，福井， 枚方なぎさ，芦間，門真なみはや，枚岡樟風，八尾北， 松原，堺東，成美，伯太，貝塚	―――

全日制の課程総合学科（クリエイティブスクール）

学科名等	高等学校名
	府立
総合学科	東住吉総合

一般入学者選抜の学力検査問題等について（前年度参考）

1　国語，数学，英語の学力検査問題について，一般入学者選抜においては３種類を作成する。各高校は，使用する問題を課程別に選択して高校を設置する教育委員会に申請し，同教育委員会はこの申請を踏まえて決定し，事前に公表する。問題の種類，特徴，検査時間及び配点については，次のとおりとする。

【国　語】

種類	特　徴	一般選抜	
		検査時間	配　点
A （基礎的問題）	基礎的な内容の文章を正確に理解する力を問う問題や，国語に関する基礎的な知識を問う問題を中心に出題する。	50分	90点
B （標準的問題）	基礎的・標準的な内容の文章を正確に理解する力を問う問題を中心に，問われたことがらについて適切に表現する力を問う問題をあわせて出題する。	50分	90点
C （発展的問題）	標準的・発展的な内容の文章を正確に理解する力を問う問題とともに，問われたことがらについて適切に表現する力を問う問題を中心に出題する。	50分	90点

【数　学】

種類	特　徴	一般選抜	
		検査時間	配　点
A （基礎的問題）	基礎的な計算問題を出題するとともに，「数と式」，「図形」，「関数」，「データの活用」の基礎的な事項についての理解を問う問題を中心に出題する。	50分	90点
B （標準的問題）	「数と式」，「図形」，「関数」，「データの活用」の基礎的・標準的な事項についての理解を問う問題を中心に出題する。	50分	90点
C （発展的問題）	「数と式」，「図形」，「関数」，「データの活用」の標準的・発展的な事項について，数学的に処理し判断する力を問う問題を中心に出題する。	60分	90点

【英　語】

種類	特　徴	一般選抜	
		検査時間	配　点
A （基礎的問題）	〔筆答〕 基礎的な語彙・文法の理解を問う問題とともに，基礎的な内容の英文を読み取る力を問う問題を中心に出題する。 〔リスニング〕 自然な口調で話された英語からその具体的な内容や必要な情報を聞き取る力を問う問題を中心に出題する。	55分 （筆　答40分 リスニング15分）	90点
B （標準的問題）	〔筆答〕 基礎的な語彙・文法についての理解を問うたうえで，基礎的・標準的な内容の英文を読み取る力を問う問題を中心に出題する。 〔リスニング〕 自然な口調で話された英語からその具体的な内容や必要な情報を聞き取る力を問う問題を中心に出題する。	55分 （筆　答40分 リスニング15分）	90点

【英　語】

種類	特　　徴	一般選抜	
		検査時間	配　点
C （発展的問題）	〔筆答〕 標準的・発展的な内容の英文の中から，話題や論理の流れに沿って必要な情報を素早く読み取る力を問う問題とともに，一定量以上のまとまりのある内容を英文で適切に表現する力を問う問題を中心に出題する。 ※問題文は，指示文を含め，すべて英語で構成する。 〔リスニング〕 自然な口調で話された英語からその具体的な内容や必要な情報を聞き取る力を問う問題とともに，「読む・聞く・書く」技能を統合的に活用する力を問う問題を出題する。	55分 (筆　　答30分 リスニング25分)	90点

※英語の学力検査は，「大阪版　中学校で学ぶ英単語集（令和４年６月改訂）」から出題する。
※Ａ，Ｂ問題のリスニングテストでは，同一問題を使用し，配点は約20％（５分の１）とする。
※Ｃ問題のリスニングテストでは，Ａ，Ｂ問題と異なる問題を使用し，配点は約33％（３分の１）とする。

2　社会，理科については，１種類ずつを府教育委員会が作成する。検査時間，配点については次のとおりとする。

教　科	一般選抜	
	検査時間	配　点
社　会	40分	90点
理　科	40分	90点

学力検査問題の種類及び倍率のタイプ選択状況（前年度参考）

前年度（2023年度）の大阪府公立高等学校一般入学者選抜において，各高等学校が選択した「学力検査問題の種類並びに学力検査の成績及び調査書の評定にかける倍率のタイプ」は以下の表の通り。受検に際しては，必ず2024年度の実施要項を確認してください。

一般入学者選抜

(1)　全日制の課程　普通科（単位制高等学校を含む）を設置している高等学校

No.	学校名	学科名				学力検査問題の種類			倍率のタイプ
		普通科	専門学科			国語	数学	英語	
1	東淀川	普通科				B	B	B	Ⅱ
2	旭	普通科	国際文化科			B	B	B	Ⅱ
3	桜宮	普通科				B	B	B	Ⅲ
4	東	普通科	理数科	英語科		B	B	B	Ⅰ
5	汎愛	普通科				B	B	B	Ⅲ
6	清水谷	普通科				C	B	B	Ⅰ
7	夕陽丘	普通科				C	B	B	Ⅰ
8	港	普通科				B	B	B	Ⅲ
9	阿倍野	普通科				B	B	B	Ⅰ
10	東住吉	普通科				B	B	B	Ⅰ
11	阪南	普通科				B	B	B	Ⅰ
12	池田	普通科				C	B	C	Ⅰ
13	渋谷	普通科				B	B	B	Ⅱ
14	桜塚	普通科				B	B	B	Ⅰ
15	豊島	普通科				B	B	B	Ⅱ
16	刀根山	普通科				B	B	B	Ⅰ
17	箕面	普通科	グローバル科			B	B	B	Ⅰ
18	春日丘	普通科				C	C	C	Ⅰ
19	茨木西	普通科				B	B	B	Ⅱ
20	北摂つばさ	普通科				B	B	B	Ⅱ
21	吹田	普通科				B	B	B	Ⅱ
22	吹田東	普通科				B	B	B	Ⅱ
23	北千里	普通科				B	B	B	Ⅱ
24	山田	普通科				B	B	B	Ⅰ
25	三島	普通科				C	C	B	Ⅰ
26	高槻北	普通科				B	B	B	Ⅱ
27	芥川	普通科				B	B	B	Ⅱ
28	阿武野	普通科				B	B	B	Ⅱ
29	大冠	普通科				B	B	B	Ⅱ
30	摂津	普通科				B	B	B	Ⅱ
31	寝屋川	普通科				C	C	B	Ⅰ
32	西寝屋川	普通科				B	B	B	Ⅲ
33	北かわち皐が丘	普通科				B	B	B	Ⅲ
34	枚方	普通科	国際文化科			B	B	B	Ⅰ
35	長尾	普通科				B	B	B	Ⅲ
36	牧野	普通科				B	B	B	Ⅰ
37	香里丘	普通科				B	B	B	Ⅰ
38	枚方津田	普通科				B	B	B	Ⅲ
39	いちりつ	普通科	理数科	英語科		B	B	B	Ⅰ
40	守口東	普通科				B	B	B	Ⅲ
41	門真西	普通科				B	A	B	Ⅳ
42	野崎	普通科				A	A	A	Ⅲ
43	緑風冠	普通科				B	B	B	Ⅱ
44	交野	普通科				B	B	B	Ⅱ

No.	学校名	学科名				学力検査問題の種類			倍率のタイプ
		普通科	専門学科			国語	数学	英語	
45	布施	普通科				B	B	B	Ⅰ
46	花園	普通科	国際文化科			B	B	B	Ⅱ
47	みどり清朋	普通科				B	B	B	Ⅱ
48	山本	普通科				B	B	B	Ⅱ
49	八尾	普通科				C	C	C	Ⅰ
50	八尾翠翔	普通科				B	B	B	Ⅱ
51	大塚	普通科				B	B	B	Ⅲ
52	河南	普通科				B	B	B	Ⅰ
53	富田林	普通科				C	C	C	Ⅰ
54	金剛	普通科				B	B	B	Ⅲ
55	懐風館	普通科				B	B	B	Ⅲ
56	長野	普通科	国際文化科			B	B	B	Ⅱ
57	藤井寺	普通科				B	B	B	Ⅱ
58	狭山	普通科				B	B	B	Ⅰ
59	登美丘	普通科				B	B	B	Ⅰ
60	泉陽	普通科				C	C	C	Ⅰ
61	金岡	普通科				B	B	B	Ⅱ
62	東百舌鳥	普通科				B	B	B	Ⅰ
63	堺西	普通科				B	B	B	Ⅱ
64	福泉	普通科				B	A	A	Ⅳ
65	堺上	普通科				B	B	B	Ⅲ
66	泉大津	普通科				B	B	B	Ⅱ
67	信太	普通科				A	A	A	Ⅳ
68	高石	普通科				B	B	B	Ⅰ
69	和泉	普通科	グローバル科			C	C	C	Ⅰ
70	久米田	普通科				B	B	B	Ⅰ
71	佐野	普通科	国際文化科			C	B	B	Ⅰ
72	日根野	普通科				B	B	B	Ⅰ
73	貝塚南	普通科				B	B	B	Ⅱ
74	りんくう翔南	普通科				B	A	A	Ⅲ
75	東大阪市立日新	普通科	英語科	商業科		B	B	B	Ⅲ
76	市岡	普通科 (単位制高等学校)				B	B	B	Ⅰ
77	大阪府教育 センター附属	普通科 (単位制高等学校)				B	B	B	Ⅲ
78	槻の木	普通科 (単位制高等学校)				B	B	B	Ⅰ
79	鳳	普通科 (単位制高等学校)				C	C	C	Ⅰ

⑵　全日制の課程　専門学科のみを設置している高等学校

No.	学校名	学科名				学力検査問題の種類			倍率のタイプ
		普通科	専門学科			国語	数学	英語	
80	園芸	—	フラワーファクトリ科	環境緑化科	バイオサイエンス科	B	A	A	Ⅳ
81	農芸	—	ハイテク農芸科	資源動物科	食品加工科	B	B	B	Ⅲ
82	東淀工業	—	機械工学科	電気工学科	理工学科	A	A	A	Ⅲ
83	淀川工科	—	工業に関する学科 （総合募集の専科）	工業に関する学科 （工学系大学進学専科）		B	B	B	Ⅲ
84	都島工業	—	機械・機械電気科	電気電子工学科	建築・都市工学科	B	B	B	Ⅲ
			理数工学科						
85	西野田工科	—	工業に関する学科			A	A	A	Ⅲ
86	泉尾工業	—	機械科	電気科	工業化学科	A	A	A	Ⅲ
			セラミック科	ファッション工学科					
87	生野工業	—	機械科	電気科	電子機械科	A	A	A	Ⅲ
88	今宮工科	—	工業に関する学科 （総合募集の専科）	工業に関する学科 （工学系大学進学専科）		B	A	A	Ⅱ
89	茨木工科	—	工業に関する学科 （総合募集の専科）	工業に関する学科 （工学系大学進学専科）		A	A	A	Ⅲ
90	城東工科	—	工業に関する学科			A	A	A	Ⅲ
91	布施工科	—	工業に関する学科			A	A	A	Ⅳ
92	藤井寺工科	—	工業に関する学科			A	A	A	Ⅲ
93	堺工科	—	工業に関する学科			A	A	A	Ⅲ
94	佐野工科	—	工業に関する学科			A	A	A	Ⅲ
95	堺市立堺	—	機械材料創造科	建築インテリア創造科	マネジメント創造科	B	B	B	Ⅱ
			サイエンス創造科						
96	淀商業	—	商業科	福祉ボランティア科		B	A	A	Ⅲ
97	鶴見商業	—	商業科			B	A	A	Ⅳ
98	住吉商業	—	商業科			A	A	A	Ⅳ
99	岸和田市立産業	—	商業科	情報科		B	B	B	Ⅲ
100	大阪ビジネスフロンティア	—	グローバルビジネス科			B	B	B	Ⅲ
101	住吉	—	総合科学科	国際文化科		C	B	C	Ⅰ
102	千里	—	総合科学科	国際文化科		C	C	C	Ⅰ
103	泉北	—	総合科学科	国際文化科		B	B	B	Ⅰ
104	北野	—	文理学科			C	C	C	Ⅰ
105	大手前	—	文理学科			C	C	C	Ⅰ
106	高津	—	文理学科			C	C	C	Ⅰ
107	天王寺	—	文理学科			C	C	C	Ⅰ
108	豊中	—	文理学科			C	C	C	Ⅰ
109	茨木	—	文理学科			C	C	C	Ⅰ
110	四條畷	—	文理学科			C	C	C	Ⅰ
111	生野	—	文理学科			C	C	C	Ⅰ
112	三国丘	—	文理学科			C	C	C	Ⅰ
113	岸和田	—	文理学科			C	C	C	Ⅰ
114	桜和	—	教育文理学科			C	B	B	Ⅱ

(3) 全日制の課程　総合学科（エンパワメントスクール及びクリエイティブスクールを除く）を設置している高等学校

No.	学校名	学科名				学力検査問題の種類			倍率のタイプ
		普通科	専門学科等			国語	数学	英語	
115	柴島	—	総合学科			B	B	B	Ⅲ
116	咲くやこの花	—	総合学科	食物文化科		B	B	B	Ⅱ
117	大正白稜	—	総合学科			B	A	A	Ⅲ
118	今宮	—	総合学科			C	B	B	Ⅰ
119	千里青雲	—	総合学科			B	B	B	Ⅰ
120	福井	—	総合学科			B	A	A	Ⅳ
121	枚方なぎさ	—	総合学科			B	B	B	Ⅱ
122	芦間	—	総合学科			B	B	B	Ⅱ
123	門真なみはや	—	総合学科			B	B	B	Ⅲ
124	枚岡樟風	—	総合学科			B	A	A	Ⅳ
125	八尾北	—	総合学科			B	B	B	Ⅳ
126	松原	—	総合学科			B	B	B	Ⅳ
127	堺東	—	総合学科			B	B	B	Ⅰ
128	成美	—	総合学科			B	A	A	Ⅲ
129	伯太	—	総合学科			B	A	A	Ⅲ
130	貝塚	—	総合学科			B	B	B	Ⅱ

(4) 全日制の課程　総合学科（クリエイティブスクール）

No.	学校名	学科名				学力検査問題の種類			倍率のタイプ
		普通科	専門学科等			国語	数学	英語	
131	東住吉総合	—	総合学科 (クリエイティブスクール)			B	B	B	Ⅱ

❖2024年度一般入学者選抜 募集人員と志願者数

（注）＊同一選抜において複数学科等で入学者選抜を実施する高等学校においては，第１志望で不合格となっても，第２志望で合格となる場合があるため，学校全体の志願者数，競争率を示す。

(1) 全日制の課程 普通科（単位制を除く）を設置する高等学校 （専門学科を併置する高等学校を含む）

学校名	学科名	募集人員（A）	①第１志望者数	①のうち他の学科を第２志望としている者の数		学校全体の志願者数（B）*	学校全体の競争率（B／A）*
				学科名	志願者数		
東淀川	普通科	304	—	—	—	321	1.06
旭	普通科	240	261	国際文化科	137	333	1.06
	国際文化科	74	72	普通科	68		
桜宮	普通科	160	—	—	—	128	0.80
東	普通科	200	284	理数科	77	439	1.38
				英語科	104		
	理数科	80	103	普通科	98		
				英語科	2		
	英語科	38	52	普通科	47		
				理数科	0		
汎愛	普通科	200	—	—	—	192	0.96
清水谷	普通科	320	—	—	—	386	1.21
夕陽丘	普通科	280	—	—	—	343	1.23
港	普通科	280	—	—	—	323	1.15
阿倍野	普通科	320	—	—	—	339	1.06
東住吉	普通科	280	—	—	—	333	1.19
阪南	普通科	280	—	—	—	298	1.06
池田	普通科	360	—	—	—	443	1.23
渋谷	普通科	240	—	—	—	238	0.99
桜塚	普通科	360	—	—	—	408	1.13
豊島	普通科	360	—	—	—	392	1.09
刀根山	普通科	360	—	—	—	402	1.12
箕面	普通科	280	298	グローバル科	22	480	1.34
	グローバル科	77	182	普通科	178		
春日丘	普通科	320	—	—	—	461	1.44
茨木西	普通科	240	—	—	—	285	1.19
北摂つばさ	普通科	240	—	—	—	172	0.72
吹田	普通科	240	—	—	—	258	1.08
吹田東	普通科	360	—	—	—	391	1.09
北千里	普通科	320	—	—	—	376	1.18
山田	普通科	360	—	—	—	447	1.24
三島	普通科	360	—	—	—	419	1.16
高槻北	普通科	360	—	—	—	339	0.94
芥川	普通科	320	—	—	—	345	1.08
阿武野	普通科	240	—	—	—	208	0.87
大冠	普通科	320	—	—	—	332	1.04
摂津	普通科	200	—	—	—	189	0.95
寝屋川	普通科	360	—	—	—	397	1.10
西寝屋川	普通科	240	—	—	—	181	0.75
北かわち皐が丘	普通科	240	—	—	—	226	0.94

学校名	学科名	募集人員(A)	①第1志望者数	①のうち他の学科を第2志望としている者の数		学校全体の志願者数(B)*	学校全体の競争率(B/A)*
				学科名	志願者数		
枚方	普通科	240	292	国際文化科	179	343	1.08
	国際文化科	79	51	普通科	48		
長尾	普通科	240	—	—	—	193	0.80
牧野	普通科	280	—	—	—	316	1.13
香里丘	普通科	280	—	—	—	286	1.02
枚方津田	普通科	240	—	—	—	243	1.01
いちりつ	普通科	240	240	理数科	37	304	0.95
				英語科	115		
	理数科	40	40	普通科	34		
				英語科	3		
	英語科	40	24	普通科	22		
				理数科	1		
守口東	普通科	240	—	—	—	229	0.95
門真西	普通科	200	—	—	—	179	0.90
野崎	普通科	240	—	—	—	142	0.59
緑風冠	普通科	240	—	—	—	216	0.90
交野	普通科	240	—	—	—	237	0.99
布施	普通科	360	—	—	—	387	1.08
花園	普通科	280	278	国際文化科	135	376	1.05
	国際文化科	79	98	普通科	89		
みどり清朋	普通科	240	—	—	—	248	1.03
山本	普通科	280	—	—	—	293	1.05
八尾	普通科	320	—	—	—	345	1.08
八尾翠翔	普通科	240	—	—	—	179	0.75
大塚	普通科	160	—	—	—	131	0.82
河南	普通科	320	—	—	—	305	0.95
富田林	普通科	123	—	—	—	118	0.96
金剛	普通科	240	—	—	—	235	0.98
懐風館	普通科	240	—	—	—	151	0.63
長野	普通科	160	158	国際文化科	52	182	0.76
	国際文化科	79	24	普通科	18		
藤井寺	普通科	240	—	—	—	245	1.02
狭山	普通科	240	—	—	—	236	0.98
登美丘	普通科	320	—	—	—	308	0.96
泉陽	普通科	320	—	—	—	444	1.39
金岡	普通科	280	—	—	—	280	1.00
東百舌鳥	普通科	240	—	—	—	245	1.02
堺西	普通科	240	—	—	—	227	0.95
福泉	普通科	240	—	—	—	143	0.60
堺上	普通科	240	—	—	—	249	1.04
泉大津	普通科	240	—	—	—	225	0.94
信太	普通科	240	—	—	—	269	1.12
高石	普通科	360	—	—	—	366	1.02
和泉	普通科	240	252	グローバル科	99	351	1.11
	グローバル科	77	99	普通科	97		
久米田	普通科	320	—	—	—	339	1.06

学校名	学科名	募集人員（A）	①第１志望者数	①のうち他の学科を第２志望としている者の数		学校全体の志願者数（B）*	学校全体の競争率（B／A）*
				学科名	志願者数		
佐野	普通科	240	294	国際文化科	185	331	1.05
	国際文化科	75	37	普通科	34		
日根野	普通科	240	—	—	—	261	1.09
貝塚南	普通科	240	—	—	—	238	0.99
りんくう翔南	普通科	240	—	—	—	183	0.76
東大阪市立日新	普通科	160	153	商業科	87	210	0.88
				英語科	36		
	商業科	40	31	普通科	26		
				英語科	0		
	英語科	39	26	普通科	21		
				商業科	2		

(2) 全日制の課程 普通科単位制高等学校

学校名	学科名	募集人員（A）	①第１志望者数	①のうち他の学科を第２志望としている者の数		志願者数（B）	競争率（B／A）
				学科名	志願者数		
市岡	普通科	280	—	—	—	326	1.16
大阪府教育センター附属	普通科	240	—	—	—	231	0.96
槻の木	普通科	240	—	—	—	225	0.94
鳳	普通科	320	—	—	—	311	0.97

(3) 全日制の課程 専門学科のみを設置する高等学校

学校名	学科名	募集人員（A）	①第１志望者数	①のうち他の学科を第２志望としている者の数		学校全体の志願者数（B）*	学校全体の競争率（B／A）*
				学科名等	志願者数		
園芸	フラワーファクトリ科	80	73	環境緑化科	35	182	0.91
				バイオサイエンス科	31		
	環境緑化科	40	27	フラワーファクトリ科	15		
				バイオサイエンス科	11		
	バイオサイエンス科	80	82	フラワーファクトリ科	44		
				環境緑化科	26		
農芸	ハイテク農芸科	40	41	資源動物科	11	195	0.98
				食品加工科	20		
	資源動物科	80	77	ハイテク農芸科	18		
				食品加工科	37		
	食品加工科	80	77	ハイテク農芸科	23		
				資源動物科	30		
東淀工業	機械工学科	70	54	電気工学	45	80	0.57
				理工学	1		
	電気工学科	35	24	機械工学	12		
				理工学	3		
	理工学科	35	2	機械工学	0		
				電気工学	1		
淀川工科	機械・電気・メカトロニクス★	175	168	工学系大学進学専科	54	201	0.96
	工学系大学進学専科	35	33	機械・電気・メカトロニクス★	27		

学校名	学科(専科)名	募集人員(A)	①第１志望者数	①のうち他の学科を第２志望としている者の数		学校全体の志願者数(B)*	学校全体の競争率(B／A)*
				学科名等	志願者数		
都島工業	機械・機械電気科★	70	65	電気電子工学科	21	310	0.98
				建築・都市工学科★	29		
				理数工学科	10		
	電気電子工学科	70	99	機械・機械電気科★	36		
				建築・都市工学科★	26		
				理数工学科	27		
	建築・都市工学科★	105	99	機械・機械電気科★	28		
				電気電子工学科	17		
				理数工学科	34		
	理数工学科	70	47	機械・機械電気科★	5		
				電気電子工学科	8		
				建築・都市工学科★	21		
西野田工科	機械・電気・建築都市工学・工業デザイン系★	210	―	―	―	121	0.58
泉尾工業	機械科	35	16	電気科	11	105	0.75
				工業化学・セラミック科◎	4		
				ファッション工学科	0		
	電気科	35	33	機械科	22		
				工業化学・セラミック科◎	9		
				ファッション工学科	1		
	工業化学・セラミック科◎	35	22	機械科	8		
				電気科	4		
				ファッション工学科	2		
	ファッション工学科	35	34	機械科	2		
				電気科	2		
				工業化学・セラミック科◎	17		
生野工業	機械科	35	15	電気科	7	37	0.35
				電子機械科	5		
	電気科	35	12	機械科	5		
				電子機械科	6		
	電子機械科	35	10	機械科	2		
				電気科	7		
今宮工科	機械・電気・建築・グラフィックデザイン★	175	186	工学系大学進学専科	82	219	1.04
	工学系大学進学専科	35	33	機械・電気・建築・グラフィックデザイン★	31		
茨木工科	機械・電気・環境化学システム★	175	158	工学系大学進学専科	22	172	0.82
	工学系大学進学専科	35	14	機械・電気・環境化学システム★	12		
城東工科	機械・電気・メカトロニクス★	210	―	―	―	159	0.76
布施工科	機械・電気・建築設備★	210	―	―	―	162	0.77
藤井寺工科	機械・電気・メカトロニクス★	210	―	―	―	185	0.88
堺工科	機械・電気・環境化学システム★	210	―	―	―	204	0.97
佐野工科	機械・電気・産業創造★	210	―	―	―	214	1.02

学校名	学科名	募集人員（A）	① 第１志望者数	①のうち他の学科を第２志望としている者の数		学校全体の志願者数（B）*	学校全体の競争率（B／A）*
				学科名等	志願者数		
堺市立堺	機械材料創造	80	75	建築インテリア創造	6	216	0.90
				マネジメント創造	18		
				サイエンス創造	29		
	建築インテリア創造	40	44	機械材料創造	25		
				マネジメント創造	10		
				サイエンス創造	4		
	マネジメント創造	80	75	機械材料創造	16		
				建築インテリア創造	7		
				サイエンス創造	25		
	サイエンス創造	40	22	機械材料創造	8		
				建築インテリア創造	2		
				マネジメント創造	5		
淀商業	商業	200	138	福祉ボランティア	21	172	0.72
	福祉ボランティア	40	34	商業	20		
鶴見商業	商業	200	—	—	—	192	0.96
住吉商業	商業	200	—	—	—	174	0.87
岸和田市立産業	商業	160	124	情報	54	245	1.02
	情報	80	121	商業	116		
大阪ビジネスフロンティア	グローバルビジネス	240	—	—	—	303	1.26
住吉	総合科学科	155	206	国際文化科	113	416	1.33
	国際文化科	157	210	総合科学科	110		
千里	総合科学科	155	225	国際文化科	126	425	1.36
	国際文化科	157	200	総合科学科	93		
泉北	総合科学科	158	161	国際文化科	98	322	1.03
	国際文化科	154	161	総合科学科	90		
北野	文理学科	320	—	—	—	408	1.28
大手前	文理学科	360	—	—	—	436	1.21
高津	文理学科	360	—	—	—	561	1.56
天王寺	文理学科	360	—	—	—	407	1.13
豊中	文理学科	360	—	—	—	564	1.57
茨木	文理学科	360	—	—	—	534	1.48
四條畷	文理学科	360	—	—	—	428	1.19
生野	文理学科	360	—	—	—	496	1.38
三国丘	文理学科	320	—	—	—	471	1.47
岸和田	文理学科	320	—	—	—	395	1.23
桜和	教育文理学科	240	—	—	—	236	0.98

（注）学科名欄の★は総合募集，◎はくくり募集。

(4) 全日制の課程 総合学科(クリエイティブスクールを除く)を設置する高等学校
(専門学科を併置する高等学校を含む)

学校名	学科名	募集人員(A)	①第1志望者数	①のうち他の学科を第2志望としている者の数		学校全体の志願者数(B)*	学校全体の競争率(B/A)*
				学科名	志願者数		
柴島	総合学科	240	—	—	—	297	1.24
咲くやこの花	食物文化科	40	39	総合学科	19	135	1.13
	総合学科	80	96	食物文化科	12		
大正白稜	総合学科	160	—	—	—	74	0.46
今宮	総合学科	240	—	—	—	284	1.18
千里青雲	総合学科	240	—	—	—	244	1.02
福井	総合学科	189	—	—	—	148	0.78
枚方なぎさ	総合学科	240	—	—	—	246	1.03
芦間	総合学科	240	—	—	—	283	1.18
門真なみはや	総合学科	226	—	—	—	224	0.99
枚岡樟風	総合学科	240	—	—	—	175	0.73
八尾北	総合学科	226	—	—	—	212	0.94
松原	総合学科	240	—	—	—	228	0.95
堺東	総合学科	280	—	—	—	277	0.99
成美	総合学科	224	—	—	—	153	0.68
伯太	総合学科	240	—	—	—	273	1.14
貝塚	総合学科	240	—	—	—	252	1.05

(5) 全日制の課程 総合学科(クリエイティブスクール)を設置する高等学校

学校名	学科名	募集人員(A)	①第1志望者数	①のうち他の学科を第2志望としている者の数		志願者数(B)	競争率(B/A)
				学科名	志願者数		
東住吉総合	総合学科	234	—	—	—	222	0.95

❖傾向と対策〈数学〉

☆ 分析と傾向

●全体的な特徴

大問数は，A 問題が 4，B 問題が 4，C 問題が 3。一部で，共通の題材・設問を用いた問題が出題されている。求め方を書かせる問題の出題もある。

●各領域ごとの傾向

(1)**数・式**……数の計算，式の計算，平方根の計算などについて，A 問題では基礎問題，B 問題では標準問題を中心に出題されている。C 問題では，文字式や平方根の計算，因数分解，式の値，文字式を利用した数の性質などの問題が出題されている。

(2)**方程式**……単独の計算問題が出題されているほか，A・B 問題では，大問の一部として 1 次方程式や連立方程式を利用する文章題が出題されている。

(3)**関数**……A・B・C 問題とも，放物線のグラフについての問題が小問として出題され，1 次関数や比例・反比例，図形などと関連させた問題もある。また，A・B 問題では，いろいろな事象を関数として捉える問題が出題されている。

(4)**図形**……平面図形は，三平方の定理，相似の利用が主である。証明問題は，A 問題は穴埋め式，B・C 問題は記述式であり，B・C 問題で円の性質が出題されることもある。空間図形は，A 問題では図形の性質の選択問題や体積を求める問題が出題されている。B・C 問題では，三平方の定理，相似を利用して，線分の長さ，面積，体積を求める問題が出題されている。

(5)**確率・資料の活用**……A・B・C 問題とも，さいころ，カードなどを題材とした確率の問題や，箱ひげ図やヒストグラムなどを利用する資料の活用の問題が出題されている。

※ 2021 年度入試は，中学 3 年生で学習する内容のうち，「円周角と中心角」，「三平方の定理」，「資料の活用」が出題範囲から除外されている。

☆ 対　策

幅広い領域からの出題なので，全領域の基本的な内容を復習し，しっかりと身につけておくことが大事だ。苦手単元は，「**数学の近道問題シリーズ**(全 5 冊)」(英俊社) を活用し，克服をしておこう。その上で，自分が受験する問題の形式や設問のテーマ，難易度を理解し，傾向をつかみながら演習をしておきたい。証明問題，求め方を書かせる問題は，時間を取られすぎないように注意し，素早く記述ができるようにしておくこと。C 問題の対策には，他の都道府県の公立高校入試の難問や，私立難関校の入試問題も数多く解いて実力を養っておくとよい。

❖傾向と対策〈英語〉

☆ 分析と傾向

2024 年度一般入学者選抜の内容は以下のとおりであった。

A 問題……文法，長文総合，英作文，会話文，リスニング

B 問題……会話文，長文総合，英作文，リスニング

C 問題……文法，長文読解，長文総合，英作文，リスニング

(1)**長文問題**……長文総合と会話文が多く出題されている。内容理解に関する設問を中心に，文法の知識を問うものも含まれている。C 問題ではほとんど全ての設問が内容理解に関するものであるが，選択肢を読み解く際に文法力が要求される。

(2)**音声問題**……リスニング問題が出題されている。A・B 問題は 6 つの小問で構成されており，短いものから比較的長めのもの，スピーチ形式のものや会話形式のものなど，いくつかのパターンの英語を聞きとらなければならない。C 問題では長い会話文を聞いて登場人物の意見を英文でまとめる問題が出題されている。リスニング以外の音声問題は出されていない。

(3)**語い問題**……2024 年度は，単独問題として出題されていない。長文問題の一部として出題されることもある。A 問題では文法問題の中に語いの知識を問うものも出題されている。

(4)**文法問題**……長文問題の一部として出題されている。また，A・C 問題では単独問題としても出題されている。

(5)**作文問題**……まとまった語数の英語で書かせる問題が出題されている。いくつかの条件が与えられ，その条件を満たして書かなければならない。また，長文問題の一部としても，与えられた語を並べかえるもの，与えられた日本語をもとに語句を補充したり完全文を書くものが出題されている。

☆ 対　　策

長文問題が出題の中心である。内容については，中・高校生の実生活，生物や社会問題，日本の文化などが取り扱われている。日ごろからこの種の長文に慣れておきたい。

リスニング問題は例年出題されている。ネイティブスピーカーの話す英語に慣れておく必要があるので，しっかり練習しておこう。

単語・連語は中学校で習ったものから出されている。長文問題で文中にあてはまる語を選ぶ問題もあり，断片的な知識ではなく，応用力も必要である。

作文問題も毎年出題されている。まずは教科書の基本例文を暗記し，身近なできごとを英語で表現する練習や，さまざまな日本語を英訳する練習もしておこう。

復習にあたっては「**英語の近道問題シリーズ**（全 6 冊）」（英俊社）を活用し，苦手分野をできるだけなくしておこう。さらに，出題率の高い問題を中心に編集した「**ニューウイング 出題**

率 英語」(英俊社) で仕上げをするとよい。

❖傾向と対策〈社会〉

☆ 分析と傾向

●分野別の出題量・内容と配点

2020 年度から 2024 年度にかけて，大問数は 4 で一定，小問数は 38～40 となっている。

40 分の試験時間に対して問題数は多くないが，組み合わせを選ぶ問題などもあり，時間的な余裕はそれほどないであろう。

分野別の小問数は，歴史が 4 割近く，次に公民，地理という割合になっていることが多い。また，分野をまたいだ融合問題も出されている。

●出題内容

地理分野は，特定の地域に限った問題の他に歴史分野などとの融合問題として出題されている。歴史分野は，広い時代にわたって政治史・外交史・文化史などが問われる。公民分野は，日本の政治・経済の内容だけでなく，国際関係や時事的な問題もテーマとなることが多い。

☆ 対　　策

(1)**地理的分野**では，世界地理を中心に学習し，関連する日本の各地方の特色などについてまとめておくとよい。その際に，地図帳・資料集を活用することも忘れずに。また，地形図の読図問題が出題される年度もあるので，対策が必要。

(2)**歴史的分野**では，日本史・世界史ともに各時代の重要な出来事と関連人物を，自分で年表を作成するなどして整理し，流れとともに覚えておこう。このような学習方法は，細かい年代順の並べかえ問題などへの十分な対策ともなるだろう。

(3)**公民的分野**では，教科書や資料集に出てくる用語や巻末の資料をおさえておくのはもちろんのこと，時事問題にも関心を持ち，新聞やニュース・インターネットなどで得た情報をしっかりと整理しておくようにしよう。

(4)短文記述問題や計算を含む資料読解問題への対応策として，重要事項を簡潔に整理して自分の言葉でまとめておく練習もしておこう。**社会の近道問題シリーズ「社会の応用問題―資料読解・記述―」**(英俊社) も使ってレベルアップを図ってほしい。

(5)過去問の傾向，さらにその正答率の分析を取り入れて編集した「**大阪府公立高入試 社会 形式別対策問題集**」は，苦手な問題形式を克服するための最適な問題集といえる。得点アップに役立ててほしい。

また，仕上げには，よく出る問題を厳選したうえで収録した「**ニューウイング 出題率 社会**」(英俊社) をやっておこう。この問題集には各章に例題と解説が載っているので，入試直前の実力チェックをすることもできる。

❖傾向と対策〈理科〉

☆ 分析と傾向

各大問は，基本的な内容の小問を集めたような構成になっている。難解な問題は見られないが，問題文が長いため，問題文を読み解く力が必要になる。選択式を中心に，語句や計算などの記述式，短文説明で出題されている。出題分野は，4分野からほぼ均等に出題される。

(1)物理的分野

2024年；運動とエネルギー　2023年；凸レンズ　2022年；ばね，浮力
2021年；光，運動　2020年；電流と発熱

力，電流，運動とエネルギーについて，グラフ，表からの思考力と計算力を問う。

(2)化学的分野

2024年；イオン，電池　2023年；酸化・還元　2022年；状態変化
2021年；酸化・還元　2020年；状態変化

気体，水溶液，化学変化について，実験，表・グラフを用いた問題で理解力を問う。

(3)生物的分野

2024年；植物のつくりと分類，細胞・生殖・遺伝
2023年；植物のつくり，微生物のはたらき　2022年；食物連鎖
2021年；動物のつくりと分類，人体　2020年；細胞・生殖・遺伝

実験・観察から，基本的な事項の理解力や考察力を問う。

(4)地学的分野

2024年；火山・岩石・地層　2023年；太陽の動き，気象
2022年；天体の動き　2021年；火山・岩石・地層，気象
2020年；火山・岩石・地層

基本的な語句などの理解力を問うとともに，総合的な考察力や思考力を問う。

☆ 対　策

(1)**物理→**力，電流，運動とエネルギー，仕事についての計算問題を練習しておこう。

(2)**化学→**化学反応式，イオンの化学式，気体や水溶液の性質，中和反応は重点的に学習しておこう。

(3)**生物→**実験・観察が重要。植物や動物のつくりと分類，遺伝は要点をまとめておこう。

(4)**地学→**まとめを中心に学習する。天体，気象，岩石は確実に理解しておこう。

(5)まずは，基礎的な問題の練習から始めよう。入試問題での出題率を分析して編集された「**ニューウイング 出題率 理科**」(英俊社）は出題率の高い問題を重点的に学習できるので，おすすめの問題集だ。苦手分野は「**理科の近道問題シリーズ**(全6冊)」(英俊社）で克服しておこう。また，取りこぼしやすい問題形式に注力した「**大阪府公立高入試 理科 形式別対策問題集**」(英俊社）も発刊されているので，ぜひチャレンジしてみよう。

❖傾向と対策〈国語〉

☆ 分析と傾向

●全体的な特徴

一般入学者選抜では難易度別に，A 問題，B 問題，C 問題と分かれている。いずれも大問数は 5 題で，文学的文章，論理的文章，古文，漢字の読み書きや国語の知識問題，作文から成っている。

●出題内容

⑴**長文読解**　論理的文章と文学的文章から 2 題出題された。語句の意味，適語挿入，内容把握など基本的な問題が中心となっている。記述式解答の字数は 15～80 字程度で，難易度に比例して多く求められている。

⑵**古文**　2024 年度入試では，A 問題で「咲顔福の門」，B 問題で「耳塵集」，C 問題で「泊洦筆話」が出題された。例年，江戸時代頃の近世の作品から多く出題されている。素材文は長くなく，歴史的仮名づかいと内容把握の問題が中心となっている。

⑶**国語の知識**　知識問題だけの大問が出されている。そのなかで漢字の読みがなと書きとりが 6～8 題出され，特に楷書で大きくていねいに書くことが求められている。また，ことわざ・慣用句，文法，敬語，漢文の返り点なども出題されている。

⑷**作文**　字数はそれぞれ，A 問題では 180 字，B 問題では 260 字，C 問題では 300 字以内となっている。C 問題では，資料をふまえて自分の考えを書くものが出題されている。

☆ 対　策

文章の内容をしっかり把握し，思考し，表現できる能力を要求する設問が出題されている。そのため日頃から日記を書くなどして，自分の意見や考えを論理的に表現できる力を養っておこう。限られた字数で文章を組み立てたり，自分の意見を具体的に表現したりできるようにしておきたい。漢字は基礎的な読み書きの力を試されているので，日頃から意識して練習しておこう。

長文読解や古文に対する入試対策として，出題率の高い問題を中心に編集した「**ニューウイング 出題率 国語**」は是非やっておきたい。そのうえで，苦手分野をなくすために**国語の近道問題シリーズ**「**漢字・ことばの知識**」「**長文読解―攻略法の基本―**」「**長文読解―攻略法の実践―**」「**古典**」（いずれも英俊社）に取り組んでおけば，自信をもって入試に臨めるだろう。比較的取り組みやすい問題から始めて，筆者の主張や要点を読み取る力を養いたい人には，「**近畿の高校入試 中１・２の復習 国語**」（英俊社）をおすすめする。

【写真協力】 Naokijp・Funaya in Ine Town, Yosa District, Kyoto Prefecture 003.jpg・via Wikimedia CC-BY SA ／ Rachel Kramer・Grand Haven pier・via Wikimedia CC-BY SA Wladyslaw・East Block・via Wikimedia CC-BY SA ／ アフロ ／ ピクスタ株式会社 ／ 株式会社フォトライブラリー

【地形図】 本書に掲載した地形図は，国土地理院発行の地形図・地勢図を使用したものです。

~*MEMO*~

~MEMO~

~MEMO~

大阪府公立高等学校
(一般入学者選抜)

2024年度
入学試験問題

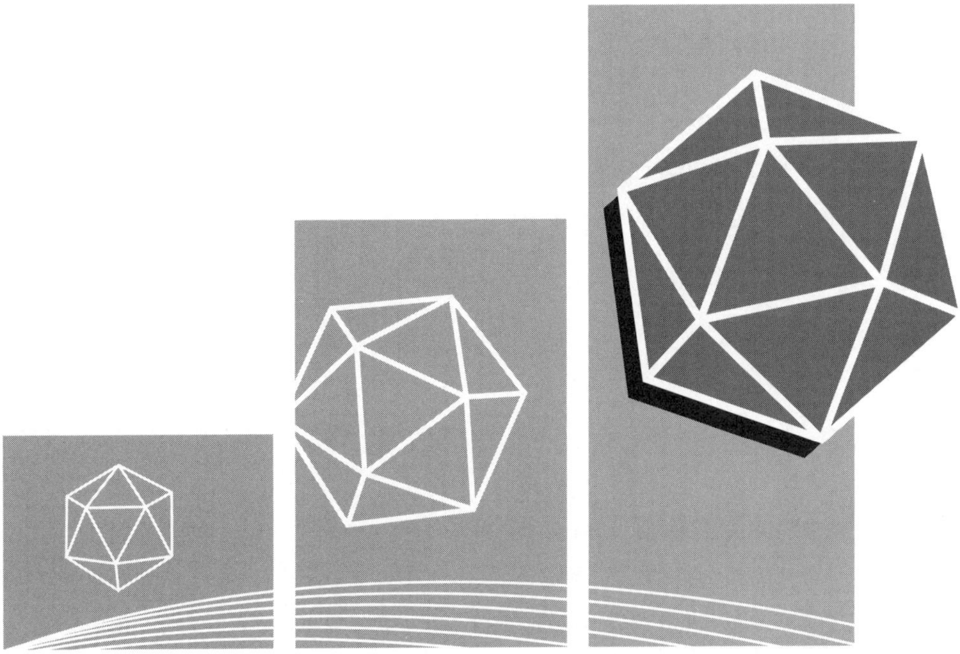

数学A問題

時間 50分　　満点 90点

(注) 答えが根号を含む数になる場合は，根号の中をできるだけ小さい自然数にしなさい。

1 次の計算をしなさい。

(1) $6-(-1)\times 2$ (　　)

(2) $9\div\left(-\frac{3}{4}\right)$ (　　)

(3) $5^2+(-15)$ (　　)

(4) $x-3+4(x+1)$ (　　)

(5) $2xy\times 3x$ (　　)

(6) $6\sqrt{2}-\sqrt{8}$ (　　)

2 次の問いに答えなさい。

(1) $a=6$ のとき，$3a-5$ の値を求めなさい。(　　)

(2) -4.8 より大きく 2.2 より小さい整数の個数を求めなさい。(　　個)

(3) 次のア〜エの式のうち，「重さ a kgの荷物1個と重さ b kgの荷物1個の重さの合計は5kgより重い。」という数量の関係を正しく表しているものはどれですか。一つ選び，記号を○で囲みなさい。(ア イ ウ エ)

ア $ab>5$　イ $a+b>5$　ウ $a+b<5$　エ $a+b=5$

(4) 連立方程式 $\begin{cases}5x+2y=11\\x+2y=15\end{cases}$ を解きなさい。(　　)

(5) 二つのさいころを同時に投げるとき，出る目の数の積が6である確率はいくらですか。1から6までのどの目が出ることも同様に確からしいものとして答えなさい。(　　)

(6) a を正の定数とする。次のア〜エのうち，関数 $y=\frac{a}{x}$ のグラフの一例が示されているものはどれですか。一つ選び，記号を○で囲みなさい。(ア イ ウ エ)

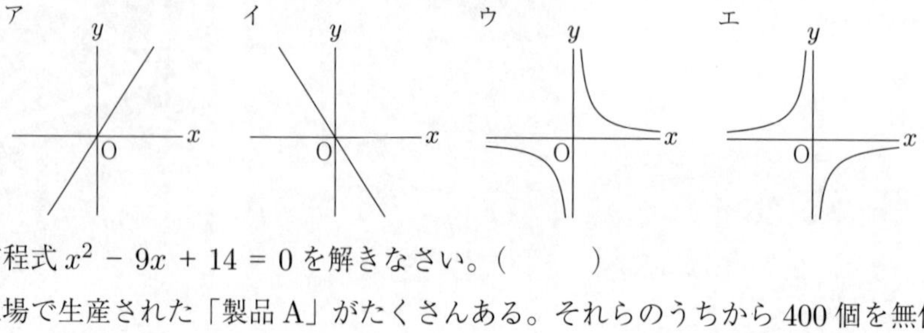

(7) 二次方程式 $x^2-9x+14=0$ を解きなさい。(　　)

(8) ある工場で生産された「製品A」がたくさんある。それらのうちから400個を無作為に抽出して検査したところ3個の不良品が含まれていた。標本調査の考え方を用いると，この工場で生産された「製品A」5000個の中に含まれる不良品の個数はおよそ何個と推定できますか。答えは小数第1位を四捨五入して**整数**で書くこと。(　　個)

(9) 右の図において，m は関数 $y = ax^2$（a は定数）のグラフを表す。A は m 上の点であり，その座標は $(-4,\ 5)$ である。a の値を求めなさい。(　　　)

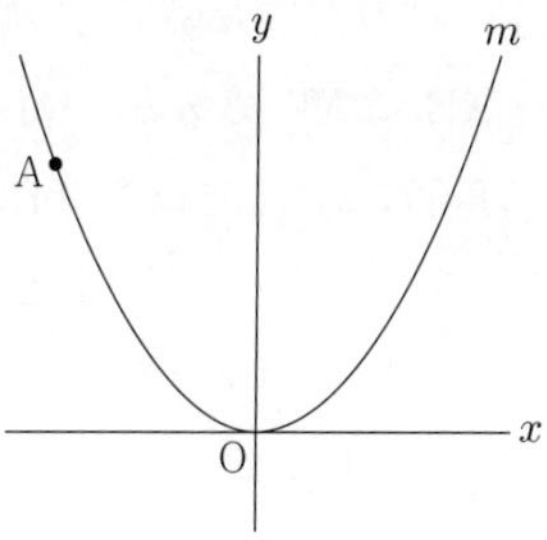

(10) 右の図において，立体 ABCD—EFGH は直方体であり，AB = 6 cm，AD = 5 cm，AE = 7 cm である。C と F，C と H，F と H とをそれぞれ結ぶ。

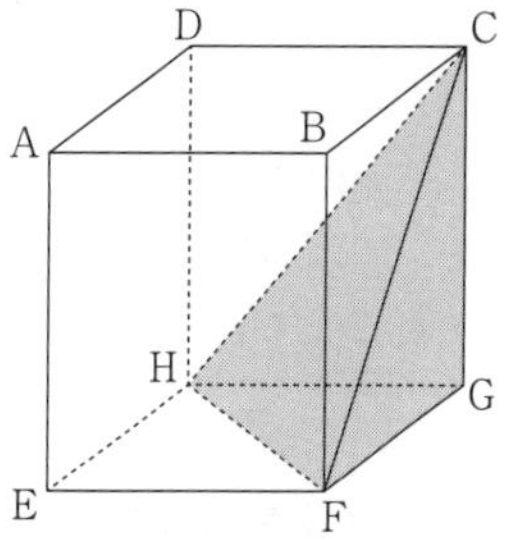

① 次のア～エのうち，辺 AB と平行な辺はどれですか。一つ選び，記号を○で囲みなさい。(ア　イ　ウ　エ)

ア 辺 AD　　イ 辺 BF　　ウ 辺 FG　　エ 辺 HG

② 立体 CGHF の体積を求めなさい。(　　　　cm^3)

[3] U さんの学校の文化祭では，各クラスの企画を紹介する垂れ幕を作って体育館に飾ることになった。生徒会の委員である U さんは，垂れ幕の枚数と垂れ幕の列の長さとの関係について考えてみた。下の図は，1 枚の幅が 90cm の垂れ幕を 15cm 間隔で飾ったときのようすを表す模式図である。「垂れ幕の枚数」が x 枚のときの「垂れ幕の列の長さ」を y cm とする。$x = 1$ のとき $y = 90$ であるとし，x の値が 1 増えるごとに y の値は 105 ずつ増えるものとする。

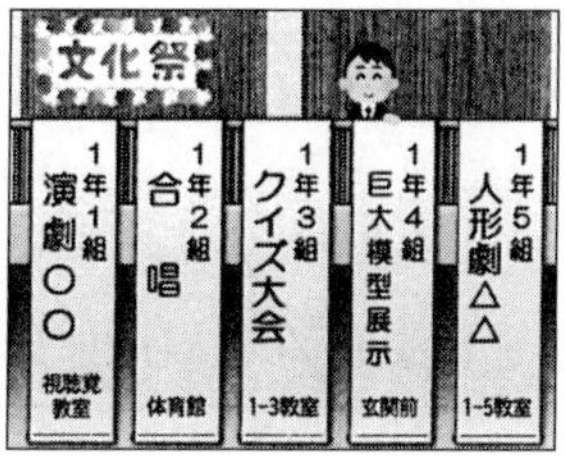

次の問いに答えなさい。

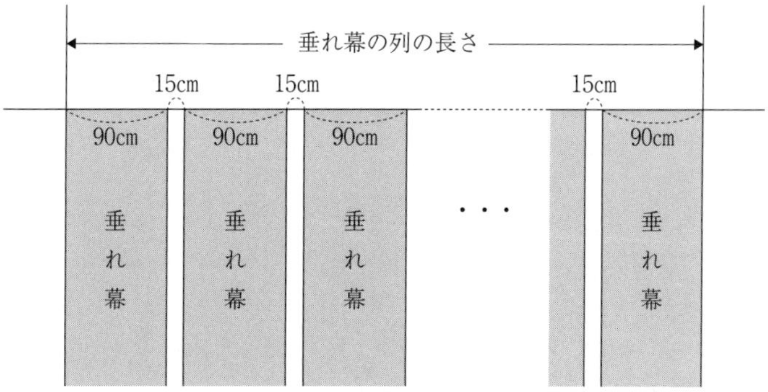

(1) 次の表は，x と y との関係を示した表の一部である。表中の(ア)，(イ)に当てはまる数をそれぞれ書きなさい。(ア)(　　　) (イ)(　　　)

x	1	2	…	4	…	7	…
y	90	195	…	(ア)	…	(イ)	…

(2) x を自然数として，y を x の式で表しなさい。(　　　)

(3) $y = 2085$ となるときの x の値を求めなさい。(　　　)

4　右の図において，四角形 ABCD は長方形であり，AB ＜ AD である。△DBE は DB ＝ DE の二等辺三角形であり，E は直線 BC 上にある。このとき，BC ＝ CE である。F は，B から直線 DE にひいた垂線と直線 DE との交点である。

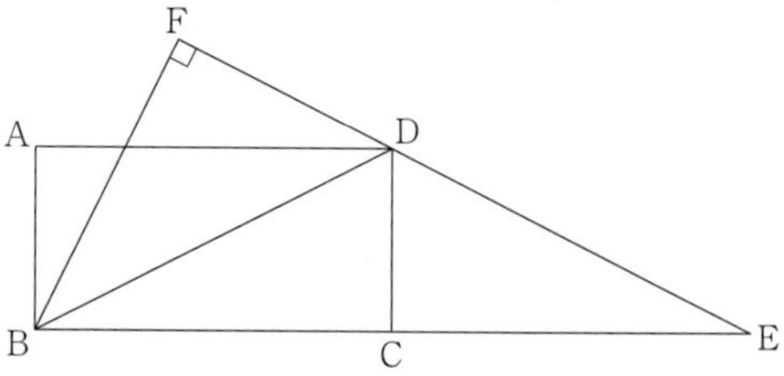

次の問いに答えなさい。

(1)　次のア～エのうち，四角形 ABCD を直線 BC を軸として 1 回転させてできる立体の名称として正しいものはどれですか。一つ選び，記号を○で囲みなさい。(　ア　イ　ウ　エ　)

ア　四角柱　　イ　四角すい　　ウ　円柱　　エ　円すい

(2)　△FBD の内角∠FBD の大きさを a° とするとき，△FBD の内角∠BDF の大きさを a を用いて表しなさい。(　　　　度)

(3)　次は，△FBE ∽△ABD であることの証明である。[ⓐ]，[ⓑ] に入れるのに適している「**角を表す文字**」をそれぞれ書きなさい。また，ⓒ〔　　〕から適しているものを一つ選び，記号を○で囲みなさい。ⓐ(　　　)　ⓑ(　　　)　ⓒ(　ア　イ　ウ　)

(証明)

△FBE と△ABD において

BF ⊥ FE だから∠BFE ＝ 90°……あ

四角形 ABCD は長方形だから　∠[ⓐ] ＝ 90°……い

あ，いより　∠BFE ＝∠[ⓐ]……う

△DBE は DB ＝ DE の二等辺三角形だから　∠FEB ＝∠DBE……え

AD ∥ BE であり，平行線の錯角は等しいから

∠[ⓑ] ＝∠DBE……お

え，おより　∠FEB ＝∠[ⓑ]……か

う，かより，

ⓒ〔ア　1 組の辺とその両端の角　　イ　2 組の辺の比とその間の角　　ウ　2 組の角〕がそれぞれ等しいから

△FBE ∽△ABD

(4)　AB ＝ 3 cm，AD ＝ 6 cm であるときの線分 FB の長さを求めなさい。答えを求める過程がわかるように，途中の式を含めた求め方も説明すること。

求め方(　　　　　　　　　　　　　　　　　　　　　　　　　　　　)(　　　cm)

数学B問題

時間　50分　　満点　90点

(注)　答えが根号を含む数になる場合は，根号の中をできるだけ小さい自然数にしなさい。

1　次の計算をしなさい。

(1)　$(-1)^2 - 2 \times 3$　(　　　)

(2)　$3(x - 9y) + 4(x + 7y)$　(　　　)

(3)　$2b \times 6a^2 \div (-4a)$　(　　　)

(4)　$(x + 3)(x - 3) - x(x - 2)$　(　　　)

(5)　$(\sqrt{7} + 2\sqrt{2})^2$　(　　　)

2　次の問いに答えなさい。

(1)　$a = -3$，$b = 4$ のとき，$8a + b^2$ の値を求めなさい。(　　　)

(2)　a を負の数とし，b を正の数とする。次のア～エの式のうち，その値がつねに正になるものはどれですか。一つ選び，記号を○で囲みなさい。(ア　イ　ウ　エ)

ア　ab　　イ　$a + b$　　ウ　$-a + b$　　エ　$a - b$

(3)　二次方程式 $x^2 - 7x + 5 = 0$ を解きなさい。(　　　)

(4)　n を自然数とする。$\sqrt{44n}$ の値が自然数となる最も小さい n の値を求めなさい。(　　　)

(5)　2 から 6 までの自然数が書いてある 5 枚のカード 2，3，4，5，6 が箱に入っている。この箱から 2 枚のカードを同時に取り出し，取り出した 2 枚のカードに書いてある数の和を a，積を b とするとき，$b - a$ の値が偶数である確率はいくらですか。どのカードが取り出されることも同様に確からしいものとして答えなさい。(　　　)

(6)　右の図において，A，B，C，D，E は円 O の周上の異なる 5 点であり，この順に左回りに並んでいる。線分 AC は，円 O の直径である。A と E，B と E，B と D，C と D とをそれぞれ結ぶ。鋭角∠AEB の大きさを $a°$ とするとき，鋭角∠BDC の大きさを a を用いて表しなさい。(　　　度)

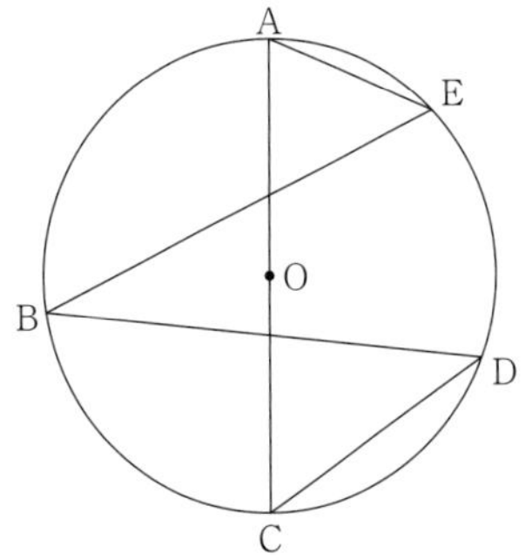

(7)　袋の中に赤色のビー玉だけがたくさん入っている。この袋に青色のビー玉を 80 個加えてよくかき混ぜた後，30 個のビー玉を無作為に抽出したところ，4 個が青色のビー玉であった。標本調査の考え方を用いると，袋の中には初めおよそ何個の赤色のビー玉が入っていたと推定できますか。

(　　　個)

(8)　右の図において，m は関数 $y = \frac{7}{4}x^2$ のグラフを表し，ℓ は関数 $y = -2x - 1$ のグラフを表す。A は m 上の点であり，その x 座標は正である。A の x 座標を t とし，$t > 0$ とする。B は，A を通り y 軸に平行な直線と x 軸との交点である。C は，直線 AB と ℓ との交点である。線分 BC の長さが線分 AB の長さより 1 cm 長いときの t の値を求めなさい。答えを求める過程がわかるように，途中の式を含めた求め方も説明すること。ただし，原点 O から点(1,　0)までの距離，原点 O から点(0,　1)までの距離はそれぞれ 1 cm であるとする。

求め方(　　　　　　　　　　　　　　　　　　　　　　　　)

t の値(　　　　)

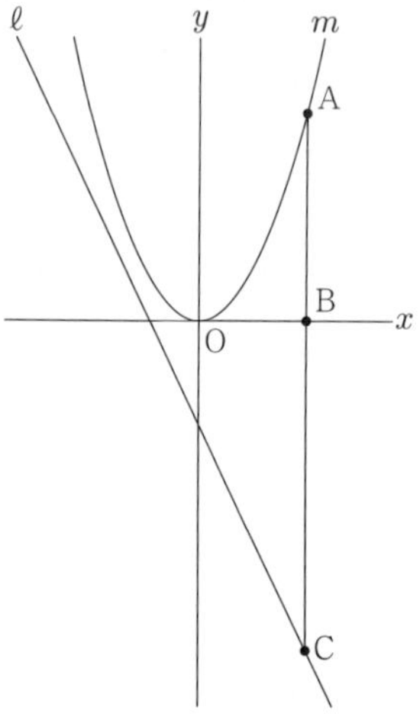

3　U さんの学校の文化祭では，各クラスの企画を紹介する垂れ幕を作って体育館に飾ることになった。生徒会の委員である U さんは，垂れ幕の枚数と垂れ幕の列の長さとの関係について考えてみた。下の図は，同じ幅の垂れ幕を等間隔で飾ったときのようすを表す模式図である。垂れ幕 1 枚の幅はすべて 90cm であり，垂れ幕どうしの間隔はすべて a cm である。「垂れ幕の枚数」が x 枚のときの「垂れ幕の列の長さ」を y cm とする。$x = 1$ のとき $y = 90$ であるとし，x の値が 1 増えるごとに y の値は$(a + 90)$ずつ増えるものとする。

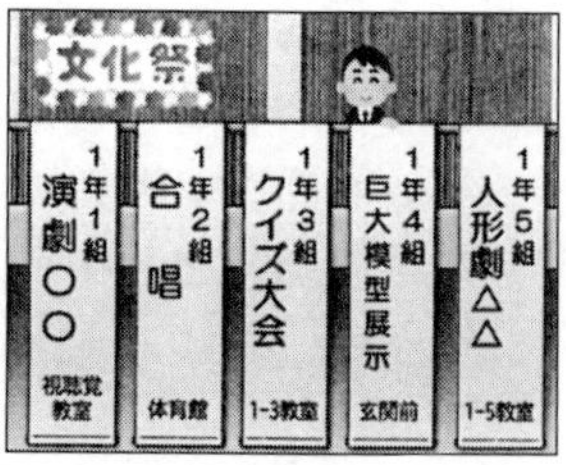

次の問いに答えなさい。

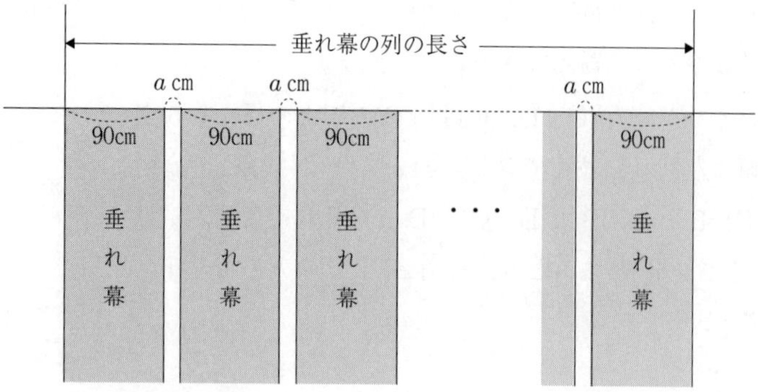

(1)　U さんは，$a = 15$ である場合について考えた。

①　次の表は，x と y との関係を示した表の一部である。表中の(ア)，(イ)に当てはまる数をそれぞれ書きなさい。(ア)(　　　)　(イ)(　　　)

x	1	2	…	4	…	7	…
y	90	195	…	(ア)	…	(イ)	…

②　x を自然数として，y を x の式で表しなさい。(　　　)

③　$y = 2085$ となるときの x の値を求めなさい。(　　　)

(2)　Uさんは，21枚の垂れ幕を等間隔で飾ったときに，垂れ幕の列の長さが2130cmになるようにしようと考えた。$x = 21$ のとき $y = 2130$ となる a の値を求めなさい。(　　　)

4　次の［Ⅰ］，［Ⅱ］に答えなさい。

［Ⅰ］　図Ⅰにおいて，四角形ABCDは1辺の長さが9cmの正方形である。△EFCは∠EFC = 90°の直角三角形であり，EF > FCである。Fは，辺AB上にあってA，Bと異なる。Gは，辺EFと辺ADとの交点である。辺ECは，辺ADと交わっている。Hは，Gを通り辺FCに平行な直線と辺ECとの交点である。Iは，直線GHと辺DCとの交点である。

図Ⅰ

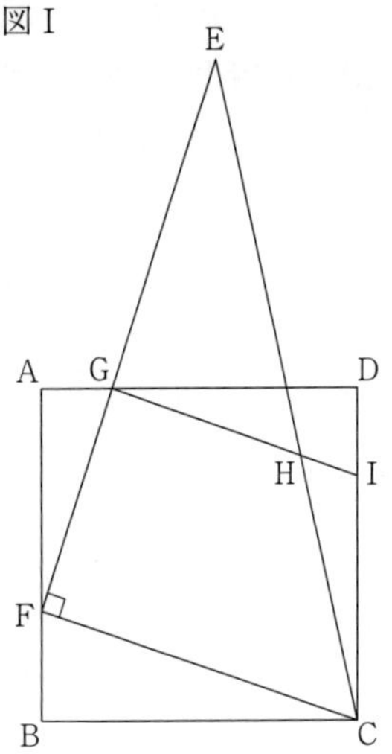

次の問いに答えなさい。

(1)　△GAF ∽ △FBCであることを証明しなさい。

(　　　　　　　　　　　　　　　　　　　　　　)

(2)　FB = 3cm，EF : FC = 5 : 3であるとき，

①　線分GFの長さを求めなさい。(　　　　cm)

②　線分HIの長さを求めなさい。(　　　　cm)

［Ⅱ］　図Ⅱにおいて，立体ABC—DEFは三角柱である。△ABCは，AB = AC = 5cmの二等辺三角形である。△DEF ≡ △ABCである。四角形DEBA，FEBC，DFCAは長方形であり，AD = 6cmである。DとB，DとCとをそれぞれ結ぶ。Gは，線分DB上の点である。Hは，Gを通り辺BCに平行な直線と線分DCとの交点である。AとG，AとHとをそれぞれ結ぶ。

図Ⅱ

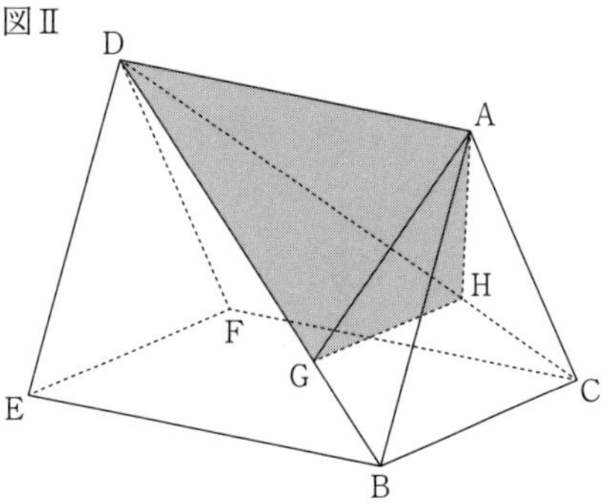

次の問いに答えなさい。

(3)　次のア～オのうち，辺ABとねじれの位置にある辺はどれですか。**すべて選び**，記号を○で囲みなさい。(ア　イ　ウ　エ　オ)

ア　辺AD　　イ　辺DE　　ウ　辺EF　　エ　辺CF　　オ　辺AC

(4)　BC = 4cm，GH = 3cmであるとき，

①　△ABCの面積を求めなさい。(　　　　cm^2)

②　立体ADGHの体積を求めなさい。(　　　　cm^3)

数学C問題

時間　60分　　　　満点　90点

(注)　答えが根号を含む数になる場合は，根号の中をできるだけ小さい自然数にしなさい。

1　次の問いに答えなさい。

(1)　$\dfrac{2x-3y}{4}+\dfrac{x+4y}{6}$ を計算しなさい。(　　　)

(2)　$(1+\sqrt{6})^2-\dfrac{\sqrt{8}+10\sqrt{3}}{\sqrt{2}}$ を計算しなさい。(　　　)

(3)　二次方程式 $(x-7)^2-4(x-7)=0$ を解きなさい。(　　　)

(4)　a，b を定数とする。関数 $y=-\dfrac{1}{4}x^2$ について，x の変域が $-6\leqq x\leqq a$ のときの y の変域が $-16\leqq y\leqq b$ であるとき，a，b の値をそれぞれ求めなさい。a の値(　　　)　b の値(　　　)

(5)　x を有理数とする。$\dfrac{35}{12}x$ と $\dfrac{21}{20}x$ の値がともに自然数となる最も小さい x の値を求めなさい。

(　　　)

(6)　二つの箱A，Bがある。箱Aには奇数の書いてある3枚のカード $\boxed{1}$，$\boxed{3}$，$\boxed{5}$ が入っており，箱Bには偶数の書いてある3枚のカード $\boxed{4}$，$\boxed{6}$，$\boxed{8}$ が入っている。A，Bそれぞれの箱から同時にカードを1枚ずつ取り出し，箱Aの中に残っている2枚のカードに書いてある数の和を a，箱Bの中に残っている2枚のカードに書いてある数の和を b，箱Aから取り出したカードに書いてある数と箱Bから取り出したカードに書いてある数との和を c とする。このとき，$a<c<b$ である確率はいくらですか。A，Bそれぞれの箱において，どのカードが取り出されることも同様に確からしいものとして答えなさい。(　　　)

(7)　a を十の位の数が0でない3けたの自然数とし，b を a の百の位の数と十の位の数とを入れかえてできる3けたの自然数とする。ただし，b の一の位の数は a の一の位の数と同じとする。次の二つの条件を同時に満たす a の値をすべて求めなさい。(　　　)

・$\sqrt{\dfrac{a-b}{2}}$ の値は自然数である。

・a の百の位の数と十の位の数と一の位の数との和は20である。

(8)　a，bを正の定数とする。右の図において，mは関数$y = ax^2$のグラフを表し，nは関数$y = \frac{b}{x}$のグラフを表す。Aはn上の点であり，そのx座標は1である。Bはm上の点であり，そのx座標は−3である。ℓは，2点A，Bを通る直線である。Cは，Bを通りy軸に平行な直線とx軸との交点である。Dは，Aを通りy軸に平行な直線と直線BOとの交点である。CとDとを結ぶ。ℓの傾きは$-\frac{1}{2}$であり，四角形ABCDの面積は17cm^{2}である。a，bの値をそれぞれ求めなさい。答えを求める過程がわかるように，途中の式を含めた求め方も説明すること。ただし，原点Oから点(1，0)までの距離，原点Oから点(0，1)までの距離はそれぞれ1cmであるとする。

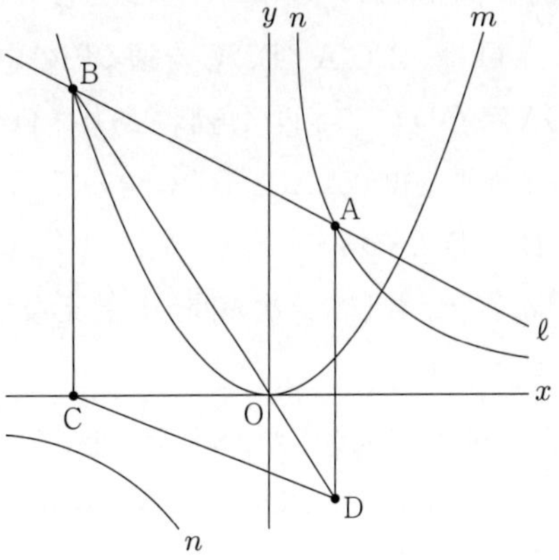

求め方(　　　　　　　　　　　　　　　　　　　　　　　　　　　　　　　　)

aの値(　　　)　bの値(　　　)

2　図Ⅰ，図Ⅱにおいて，△ABC は∠BAC = 90° の直角三角形であり，BC = 4 cm，AB < AC である。点 O は，3 点 A，B，C を通る円の中心である。このとき，O は辺 BC の中点である。△OAD は OA = OD の二等辺三角形であり，D は円 O の周上にあって直線 BC について A と反対側にある。半周より短い弧 $\overset{\frown}{AB}$，$\overset{\frown}{BD}$ について，$\overset{\frown}{AB} = 2\overset{\frown}{BD}$ である。E は，辺 AD と線分 BO との交点である。B と D とを結ぶ。

円周率を π として，次の問いに答えなさい。

(1)　図Ⅰにおいて，

①　中心角の大きさが 180° より小さいおうぎ形 ODC について，中心角∠DOC の大きさを a° とするとき，おうぎ形 ODC の面積を a を用いて表しなさい。(　　　　cm²)

②　△BDO ∽ △AEC であることを証明しなさい。

図Ⅰ

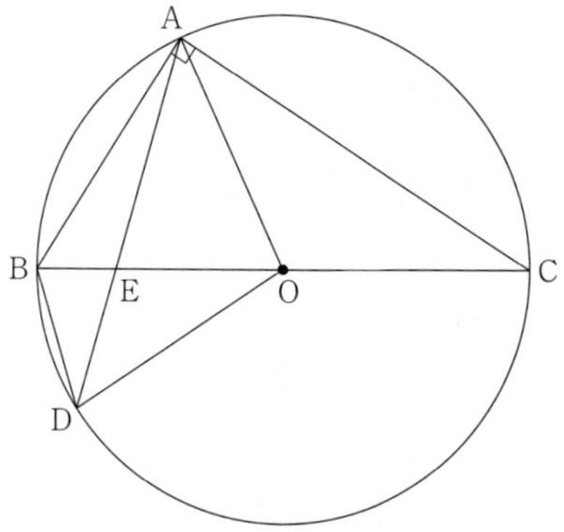

(2)　図Ⅱにおいて，BE = 1 cm である。F は，直線 DO と辺 AC との交点である。B と F とを結ぶ。

①　辺 AB の長さを求めなさい。(　　　　cm)

②　線分 BF の長さを求めなさい。(　　　　cm)

図Ⅱ

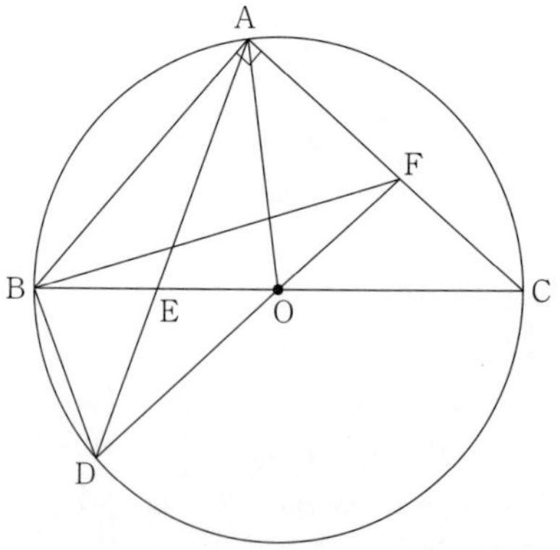

3　図Ⅰ，図Ⅱにおいて，立体ABCD―EFGHは四角柱である。四角形ABCDはAD∥BCの台形であり，∠ADC＝∠DCB＝90°である。AD＝2cm，DC＝BC＝4cmである。四角形EFGH≡四角形ABCDである。四角形HGCD，GFBCは1辺の長さが4cmの正方形であり，四角形HEAD，EFBAは長方形である。

次の問いに答えなさい。

(1)　図Ⅰにおいて，EとC，FとCとをそれぞれ結ぶ。Iは，線分EC上の点である。Jは，Iを通り辺EFに平行な直線と線分FCとの交点である。Kは，Jを通り辺FBに平行な直線と辺BCとの交点である。

①　△BCFを直線FCを軸として1回転させてできる立体の体積は何cm^3ですか。円周率をπとして答えなさい。（　　　cm^3）

②　線分ECの長さを求めなさい。（　　　cm）

③　EI＝JKであるときの線分EIの長さを求めなさい。（　　　cm）

図Ⅰ

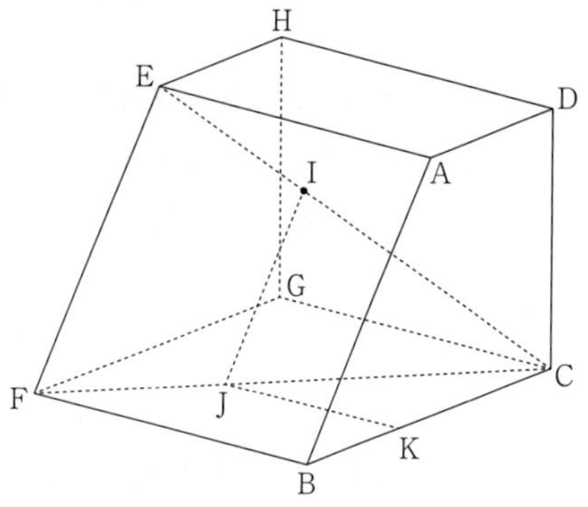

(2)　図Ⅱにおいて，L，Mはそれぞれ辺HG，DC上の点であり，HL＝MC＝1cmである。LとMとを結ぶ。Nは，Lを通り辺FGに平行な直線と辺EFとの交点である。Oは，Mを通り辺BCに平行な直線と辺ABとの交点である。このとき，NL∥OMである。NとOとを結ぶ。

①　線分OMの長さを求めなさい。（　　　cm）

②　立体OBCM―NFGLの体積を求めなさい。

（　　　cm^3）

図Ⅱ

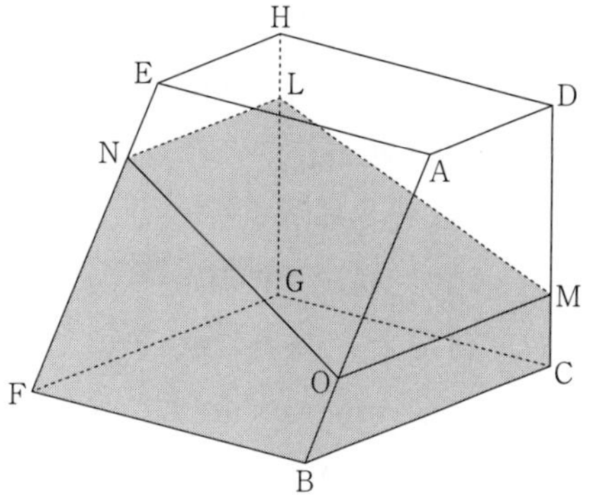

英語A問題

時間 40分　　満点 90点(リスニング共)

(編集部注) 「英語リスニングA問題・B問題」は「英語B問題」のあとに掲載しています。

(注) 答えの語数が指定されている問題は，コンマやピリオドなどの符号は語数に含めないこと。

1 次の(1)～(10)の日本語の文の内容と合うように，英文中の（　）内のア～ウからそれぞれ最も適しているものを一つずつ選び，記号を○で囲みなさい。

(1) 私は冷たい飲み物が欲しいです。(ア イ ウ)

I want a (ア cold イ hot ウ sweet) drink.

(2) 彼は映画が好きです。(ア イ ウ)

He likes (ア books イ games ウ movies).

(3) 彼らは4月にアメリカに引っ越しました。(ア イ ウ)

They moved to America in (ア April イ May ウ June).

(4) 彼女は夏休みの間じゅう，フランスに滞在するつもりです。(ア イ ウ)

She will (ア come イ play ウ stay) in France during the summer vacation.

(5) 私たちは昨日，夕食にカレーを食べました。(ア イ ウ)

We (ア ate イ eat ウ eaten) curry for dinner yesterday.

(6) あなたの姉はバスケットボールをしますか。(ア イ ウ)

(ア Do イ Does ウ Is) your sister play basketball?

(7) 何人かの生徒たちが，教室で絵を描いています。(ア イ ウ)

Some students are (ア paint イ painted ウ painting) pictures in the classroom.

(8) 私はその歌をスペイン語で歌うことができます。(ア イ ウ)

I (ア can イ must ウ should) sing the song in Spanish.

(9) あなたはもう宿題を終えましたか。(ア イ ウ)

Have you (ア finish イ finished ウ finishing) your homework yet?

(10) なんて高い建物なんでしょう。(ア イ ウ)

(ア How イ What ウ Which) a tall building!

2　麻衣（Mai）は日本の高校生です。次の［Ⅰ］,［Ⅱ］に答えなさい。

［Ⅰ］　次は，麻衣が英語の授業で行ったマンホールのふた（manhole cover）に関するスピーチの原稿です。彼女が書いた原稿を読んで，あとの問いに答えなさい。

a manhole cover

Today, I'm going to talk about manhole covers. There are many manhole covers on the road. However, people don't usually pay attention to them. One day, I saw a girl taking a photo of a manhole cover in the street. The manhole cover had a design of the castle. I told her that the design was interesting. Then, she said that some foreign tourists visited Japan because Ⓐ they wanted to see manhole covers with interesting designs. After I talked with her, I became interested in manhole covers with interesting designs. So, I looked for information about them on the Internet.

I learned that many cities had manhole covers with various designs. [①] example, in one city, some manhole covers had a design of a character from a popular comic book. The writer of the comic book was born in the city. I thought that, from manhole covers, we could have a chance [②] more about each city.

Last weekend, I walked around and found manhole covers with various designs in my town. Some manhole covers had a design of the town's port in old times. From that design, I imagined that many ships visited the port in old times. Manhole covers in your town will tell you something interesting about your town.

（注）port　港

(1)　本文中のⒶ theyの表している内容に当たるものとして最も適しているひとつづきの**英語3語**を，本文中から抜き出して書きなさい。（　　　　　　　　　）

(2)　次のうち，本文中の[①]に入れるのに最も適しているものはどれですか。一つ選び，記号を○で囲みなさい。（ア　イ　ウ　エ）

ア　At　　イ　For　　ウ　On　　エ　To

(3)　次のうち，本文中の[②]に入れるのに最も適しているものはどれですか。一つ選び，記号を○で囲みなさい。（ア　イ　ウ　エ）

ア　learn　　イ　learns　　ウ　learned　　エ　to learn

(4)　次のうち，本文で述べられている内容と合うものはどれですか。一つ選び，記号を○で囲みなさい。（ア　イ　ウ　エ）

ア　麻衣は，城で写真を撮っていた女の子に，マンホールのふたについてたずねた。

イ　麻衣は，マンホールのふたが道路上にたくさんある理由について調べた。

ウ　麻衣は，さまざまなデザインのマンホールのふたを描いた人気の漫画があると知った。

エ　麻衣は，自分の町にあるマンホールのふたのデザインから，昔多くの船が港を訪れた様子を想像した。

［Ⅱ］　スピーチの後に，あなた（You）が麻衣と次のような会話をするとします。あなたならば，ど

のような話をしますか。あとの条件1～3にしたがって，（ ① ）～（ ③ ）に入る内容を，それぞれ**5語程度**の英語で書きなさい。解答の際には記入例にならって書くこと。

You：　Hi, Mai.　Your speech was great.（　　①　　）I want to see that manhole cover with the design of the town's port in old times.

Mai：　You can find it near the department store.

You：　Oh.（　　②　　）Can you visit there with me?

Mai：　Sure. Now, let's decide when we will visit there!

You：　OK.（　　③　　）

Mai：　Sounds good!

〈条件1〉　①に，「私はそれをとても楽しみました。」と伝える文を書くこと。

〈条件2〉　②に，「私はそこを訪れたことがありません。」と伝える文を書くこと。

〈条件3〉　③に，前後のやり取りに合う内容を書くこと。

記入例

What　time　is　it ?

Well , it's　11　o'clock .

①

②

③

3 次は，オランダ（the Netherlands）からの留学生のアダム（Adam），高校生の花（Hana），井田先生（Mr. Ida）の３人が学校の駐輪場で交わした会話の一部です。会話文を読んで，あとの問いに答えなさい。

Adam　: Good morning, Hana. Is this bicycle [①]? It's nice.

Hana　: Good morning, Adam. Yes, this is mine. [②]

Adam　: Oh, great! Do you like riding a bicycle?

Hana　: Yes. I feel good when I am riding a bicycle. So, I often enjoy cycling when I have time. I see many people riding bicycles. Riding bicycles is popular in Japan.

Adam　: [③] that.

Hana　: How about people in your country? Do many people ride bicycles?

Adam　: Yes, they do.

Mr. Ida : Good morning, Hana and Adam. What are you talking about?

Adam　: Good morning, Mr. Ida. Hana tells me that many people ride bicycles in Japan. And now she wants to know the bicycle situation in my country.

Mr. Ida : In the Netherlands, bicycles are very popular, right? I hear the number of bicycles in the Netherlands is bigger than the number of people living there.

Hana　: Wow! Is that true, Adam?

Adam　: [④] About 17 million people live in the Netherlands, and they have about 23 million bicycles. In my country, many people go to work or go shopping by bicycle. They use bicycles in their daily lives. Most of the land in my country is flat, so moving around by bicycle is easy.

Hana　: That's great! In Japan, the land is not flat in many places. There is a hill on my way to school, too. So, coming to school by bicycle is hard. When I have a lot of textbooks in my bag, Ⓐ it is harder.

Mr. Ida : I come to school by bicycle, too, so I understand your feelings. In the hot summer, it is hard for me. I hear it's cool in summer in the Netherlands. [⑤]

Adam　: It's not very hot. And it doesn't rain a lot in summer. So, cycling is comfortable on most days even in summer.

Mr. Ida : Cycling in the Netherlands sounds nice.

Adam　: Yes, it is nice. Many tourists also enjoy cycling there. They can see interesting buildings and beautiful flowers while they are riding bicycles.

Mr. Ida : I hear traveling around in the Netherlands by bicycle is very popular.

Adam　: Yes. People bring their bicycles into trains or ships when they travel to far places in the Netherlands.

Hana　: Ⓑ That sounds convenient. So, they can go to various places in the Netherlands by bicycle. Visiting various places by bicycle sounds so nice. I want to visit the Netherlands in the future!

Adam　：　Please visit me and my family. Near my house, there is a beautiful park, and my family often go there by bicycle. If you visit us, we will take you to the park.

Hana　：　Fantastic!

(注)　flat　平らな

(1)　次のうち，本文中の［ ① ］に入れるのに最も適しているものはどれですか。一つ選び，記号を○で囲みなさい。（ア　イ　ウ　エ）

ア　your　　イ　yours　　ウ　who　　エ　whose

(2)　本文中の［ ② ］が，「私が中学校を卒業した時に，私の祖父が私にこの自転車をくれました。」という内容になるように，次の〔　　〕内の語を並べかえて解答欄の____に英語を書き入れ，英文を完成させなさい。

My grandfather〔bicycle　me　gave　this〕when I graduated from junior high school.

My grandfather ______________________ when I graduated from junior high school.

(3)　本文中の‘［ ③ ］that.’が，「私はそれを知りませんでした。」という内容になるように，解答欄の____に**英語 3 語**を書き入れ，英文を完成させなさい。

______________________________________ that.

(4)　本文の内容から考えて，次のうち，本文中の［ ④ ］に入れるのに最も適しているものはどれですか。一つ選び，記号を○で囲みなさい。（ア　イ　ウ　エ）

ア　Yes, it is.　　イ　No, it isn't.　　ウ　That sounds bad.　　エ　That is a good plan.

(5)　本文中のⒶitの表している内容に当たるものとして最も適しているひとつづきの**英語 5 語**を，本文中から抜き出して書きなさい。（　　　　　　　　　　　）

(6)　本文の内容から考えて，次のうち，本文中の［ ⑤ ］に入れるのに最も適しているものはどれですか。一つ選び，記号を○で囲みなさい。（ア　イ　ウ　エ）

ア　How can we go there?　　イ　How big is the country?　　ウ　How is the weather there?

エ　How far is the country from Japan?

(7)　次のうち，本文中のⒷThatが表している内容として最も適しているものはどれですか。一つ選び，記号を○で囲みなさい。（ア　イ　ウ　エ）

ア　enjoying comfortable cycling in summer

イ　going to work and going shopping by bicycle

ウ　bringing their bicycles when they ride a train or a ship

エ　seeing interesting buildings and beautiful flowers while they are riding bicycles

(8)　本文の内容と合うように，次の問いに対する答えをそれぞれ英語で書きなさい。ただし，①は**3 語**，②は**7 語**の英語で書くこと。

①　Does Mr. Ida come to school by bicycle?（　　　　　　　　　）

②　If Hana visits Adam's family, where will they take her?

（　　　　　　　　　　　　　　　　　　）

英語B問題

時間　40分　　満点　90点(リスニング共)

(編集部注) 「英語リスニングA問題・B問題」はこの問題のあとに掲載しています。

(注) 答えの語数が指定されている問題は，コンマやピリオドなどの符号は語数に含めないこと。

1 次は，高校生の花 (Hana)，オランダ (the Netherlands) からの留学生のアダム (Adam)，井田先生 (Mr. Ida) の 3 人が学校の駐輪場で交わした会話の一部です。会話文を読んで，あとの問いに答えなさい。

Hana : Good morning, Adam. [①] a hot day!

Adam : Good morning, Hana. Yes, it is hot.

Hana : Oh, you came to school by bicycle.

Adam : Yes! I like riding a bicycle. You walk to school, right?

Hana : Actually, I ride a bicycle to the station from home, park my bicycle there, and take the train. After getting off the train, I walk to school.

Adam : I see. [②]

Hana : It takes about one hour.

Adam : That's a long time.

Mr. Ida : Good morning, Hana and Adam. What are you talking about?

Adam : Good morning, Mr. Ida. We are talking about Hana's way to come to school. She says that [③].

Mr. Ida : Oh, you live far from school, right?

Hana : Yes, Mr. Ida. Also, this school is a little far from the station, too.

Mr. Ida : Yeah, you're right.

Hana : Adam, now you come to school by bicycle, but how did you go to school in the Netherlands?

Adam : I went to school by bicycle in the Netherlands, too. In my country, many people ride bicycles to go to school or to go to work. Bicycles are very popular there.

Mr. Ida : I have heard about that before. The number of bicycles in the Netherlands [④] the number of people living there, right?

Adam : That's right. About 17 million people live in the Netherlands, and they have more than 17 million bicycles. Surprisingly, they have about 23 million bicycles.

Hana : Oh, really? [ア] Why are bicycles so popular there?

Adam : I think, in the Netherlands, moving around by bicycle is very convenient. For example, people can bring their bicycles into trains.

Hana : Wow! [イ] Also, they can use their bicycles after getting off the train.

I'm sure that is a convenient system. I wish we had the same system in this area. If I used the same system to come to this school, coming to school [⑤].

Adam　：Also, in the Netherlands, there are many roads only for bicycles and Ⓐ<u>they</u> are connected to each city. They are convenient for people who travel to far places by bicycle. The number of such roads has been in creasing.

Hana　：I see. [ウ] People can go to various places in the Netherlands by bicycle.

Adam　：That's right. By the way, on roads both bicycles and cars can use, you will often find signs with an interesting phrase. In English, it means that cars are guests. And, the phrase, "cars are guests," tells people that cars may use the road as guests. For example, on the roads, car drivers should wait until bicycles pass by.

自転車優先であることを示すオランダの道路標識

Hana　：I see. [エ] But I still don't understand what "as guests" means.

Mr. Ida：Well, how about thinking in this way?　Imagine you are in someone's house as a guest. You will not do the things you want to do without thinking about the people living there. You will think you should respect their feelings, right? So, maybe the phrase tells people that car drivers should think in the same way on the road.

Hana　：Do you mean that [⑥]?

Mr. Ida：Yeah, that is the thing I thought.

Adam　：I think you are right.

Hana　：Oh, that makes sense! The sign is interesting!

Adam　：That's good! I was wondering how I could explain the phrase on the sign. Thank you, Mr. Ida.

Hana　：Adam, it was interesting to learn that the roads in the Netherlands were designed to make moving around by bicycle convenient. Thank you for telling me about that. Someday, I'd like to visit the Netherlands and travel around there by bicycle.

Adam　：I will guide you to various interesting places!

(注)　park　(自転車などを)とめる

(1)　次のうち，本文中の[①]に入れるのに最も適しているものはどれですか。一つ選び，記号を○で囲みなさい。(ア　イ　ウ　エ)

ア　How　　イ　What　　ウ　When　　エ　Which

(2)　本文中の[②]が，「そうすると，学校に来るのにどれくらい時間がかかるのですか。」という内容になるように，次の〔　　〕内の語を並べかえて解答欄の____に英語を書き入れ，英文を完成させなさい。

Then, 〔does how it long take to〕 come to school?

Then, ________________________________ come to school?

(3) 本文の内容から考えて，次のうち，本文中の ③ に入れるのに最も適しているものはどれですか。一つ選び，記号を○で囲みなさい。(ア イ ウ エ)

ア she walks from home to school　イ she rides a bicycle from home to school

ウ she uses both a bicycle and the train to come to school

エ she walks to the station from home, takes the train, and walks to school again

(4) 本文の内容から考えて，次のうち，本文中の ④ に入れるのに最も適しているものはどれですか。一つ選び，記号を○で囲みなさい。(ア イ ウ エ)

ア is larger than　イ is as large as　ウ is smaller than　エ is not as large as

(5) 本文中には次の英文が入ります。本文中の ア ～ エ から，入る場所として最も適しているものを一つ選び，ア～エの記号を○で囲みなさい。(ア イ ウ エ)

That means there is no need to park their bicycles before taking the train.

(6) 本文中の 'If I used the same system to come to this school, coming to school ⑤ .' が，「もし私がこの学校に来るのに同じシステムを使ったら，学校に来るのがより簡単でしょうに。」という内容になるように，解答欄の____に**英語 3 語**を書き入れ，英文を完成させなさい。

If I used the same system to come to this school, coming to school ________________.

(7) 本文中のⒶ theyの表している内容に当たるものとして最も適しているひとつづきの**英語 5 語**を，本文中から抜き出して書きなさい。(　　　　　　　　　　　　　　　)

(8) 本文の内容から考えて，次のうち，本文中の ⑥ に入れるのに最も適しているものはどれですか。一つ選び，記号を○で囲みなさい。(ア イ ウ エ)

ア people riding bicycles should wait until cars pass by

イ guests can park their car in front of the house they visit

ウ car drivers should respect the feelings of people riding bicycles on the road

エ guests can do anything in the house they visit without thinking about the people living there

(9) 次のうち，本文で述べられている内容と合うものはどれですか。**二つ**選び，記号を○で囲みなさい。(ア イ ウ エ オ)

ア In the Netherlands, Adam went to school by train because trains were very convenient.

イ Mr. Ida first heard that bicycles were very popular in the Netherlands when Adam talked about that.

ウ Adam says that the signs with an interesting phrase can be found on roads both bicycles and cars can use.

エ Adam asked Mr. Ida how he could explain the phrase on the signs on the roads in the Netherlands.

オ Hana learned that the design of the roads in the Netherlands made moving around by bicycle convenient.

2 高校生の理香（Rika）が英語の授業でスピーチを行いました。次の［Ⅰ］，［Ⅱ］に答えなさい。

［Ⅰ］ 次は，理香が行ったスピーチの原稿です。彼女が書いた原稿を読んで，あとの問いに答えなさい。

Honda Seiroku
（本《ほん》多《だ》静《せい》六《ろく》）

Last summer, I visited a city in Saitama Prefecture to see my grandparents. During my stay, they took me to a museum about a man from the city. His name is *Honda Seiroku.* By learning about him at the museum, I found that he did many great things. I want more people [①] about him, so I chose the person as my topic for today's speech. I hope you will become interested in this person by listening to my speech.

Honda Seiroku was born into a farmer's family in 1866, at the end of the Edo period. He studied hard and entered a school of forestry in Tokyo when he was 17 years old. As he kept studying about forestry, he started to feel that he wanted to study abroad to learn more. His hope came true and [②]. After returning to Japan, he wrote more than 50 books about forestry and taught forestry at a university. Also, in those days, projects for designing parks were planned in Japan. He worked on many of Ⓐthem. So, he is now known as the "father of parks" in Japan. He worked on designing more than a hundred parks including some parks in Osaka.

He also did other things which supported the society. One of these remains in the Tohoku area. In the late 19th century, the rail operation first started in the area. However, there was one serious problem. In the area, it snowed a lot in winter. Because of heavy snow, the operation of trains was often canceled or trains could not move between stations for many hours. When he heard about the problem, he remembered he saw a similar situation overseas. [③] Thanks to those hints, he suggested a good solution. It was to plant trees along the railroad tracks. He knew that the problem was often caused by snow blown by strong winds from the side. [④] This simple solution actually worked well. The system of protecting railroad tracks with trees spread to many areas which had heavy snow in winter. In a town in the Tohoku area, the trees planted along railroad tracks have been protecting them from snow for more than 100 years.

The system of protecting railroad tracks with trees was amazing. And, surprisingly, the system was also financially sustainable. Let [⑤] that means. He taught people not only the system of protecting railroad tracks with trees but also the way to keep the system for a long time. Trees planted along railroad tracks grew as time went by. Then, some of the trees could be cut and sold. [⑥] could be used to plant trees in another area or to support the operation of trains in the area. Like this, he created a way to get money for keeping the system. When he suggested the system of protecting railroad tracks, he also tried to make the system sustainable. Through learning about the system he suggested, I am now interested in systems which support the society. I think great systems for the society don't mean systems which are effective just for a short while. They mean systems which stay effective for many years. Thank you for listening.

(注) Saitama Prefecture 埼玉県　forestry 林学(森林および林業に関する学問)
the Tohoku area 東北地方　rail 鉄道　operation 運行，運転
railroad track 線路　financially 経済的に

(1) 次のうち，本文中の ① に入れるのに最も適しているものはどれですか。一つ選び，記号を○で囲みなさい。(ア イ ウ エ)

ア know　イ knew　ウ known　エ to know

(2) 本文の内容から考えて，次のうち，本文中の ② に入れるのに最も適しているものはどれですか。一つ選び，記号を○で囲みなさい。(ア イ ウ エ)

ア he went to Germany to learn about the latest forestry

イ he studied in Germany though he didn't want to go abroad

ウ he could finally travel to Japan from Germany to study forestry

エ he studied in Germany because he never learned about forestry in Japan

(3) 本文中の Ⓐ them の表している内容に当たるものとして最も適しているひとつづきの**英語4語**を，本文中から抜き出して書きなさい。(　　　　　　)

(4) 本文中の ③ が，「彼が見たものが彼にいくつかの手がかりを与えました。」という内容になるように，次の〔　〕内の語を並べかえて解答欄の____に英語を書き入れ，英文を完成させなさい。

The things〔gave　he　him　saw〕some hints.

The things ______________________________ some hints.

(5) 本文中の ④ に，次の(i)〜(iii)の英文を適切な順序に並べかえ，前後と意味がつながる内容となるようにして入れたい。あとのア〜エのうち，英文の順序として最も適しているものはどれですか。一つ選び，記号を○で囲みなさい。(ア イ ウ エ)

(i) However, by planting trees along the railroad tracks, the trees could protect the railroad tracks from snow blown by the winds.

(ii) The winds carried a large amount of snow over the railroad tracks.

(iii) That meant the trees could decrease the amount of snow which covered the railroad tracks.

ア (ii)→(i)→(iii)　イ (ii)→(iii)→(i)　ウ (iii)→(i)→(ii)　エ (iii)→(ii)→(i)

(6) 本文中の 'Let ⑤ that means.' が，「それが何を意味するか私に説明させてください。」という内容になるように，解答欄の____に**英語3語**を書き入れ，英文を完成させなさい。

Let ______________________________ that means.

(7) 本文の内容から考えて，次のうち，本文中の ⑥ に入れるのに最も適しているものはどれですか。一つ選び，記号を○で囲みなさい。(ア イ ウ エ)

ア The way to choose the trees

イ The money received by selling the trees

ウ The trees cut to build the railroad tracks

エ The operation of trains in a different area

(8) 次のうち，本文で述べられている内容と合うものはどれですか。一つ選び，記号を○で囲みなさい。(ア イ ウ エ)

ア *Honda Seiroku* entered a school of forestry because he wanted to find a way to protect railroad tracks in the Tohoku area.

イ *Honda Seiroku* met a man called the “father of parks” and learned how to protect railroad tracks from him.

ウ *Honda Seiroku* suggested a system of protecting railroad tracks before the rail operation in the Tohoku area started.

エ *Honda Seiroku* taught people both a system of protecting railroad tracks and a way of keeping the system.

(9) 本文の内容と合うように，次の問いに対する答えをそれぞれ英語で書きなさい。ただし，①は**3語**，②は**9語**の英語で書くこと。

① Did Rika go to a museum with her grandparents? ( )

② According to Rika, what do great systems for the society mean?

( )

［Ⅱ］ スピーチの後に，あなた（You）と理香が，次のような会話をするとします。あなたならば，どのような話をしますか。あとの条件1・2にしたがって，(①)，(②) に入る内容をそれぞれ英語で書きなさい。解答の際には記入例にならって書くこと。文の数はいくつでもよい。

You ： Rika, your speech was interesting. (①)

Rika ： I'm glad to hear that. He tried many things which were new at that time. Do you want to try things that you have never done before?

You ： (②)

Rika ： I see.

〈条件1〉 ①に，「それはその人について学ぶ良い機会でした。」と伝える文を，10語程度の英語で書くこと。

〈条件2〉 ②に，解答欄の［ ］内の，Yes, I do.またはNo, I don't.のどちらかを○で囲み，そのあとに，その理由を20語程度の英語で書くこと。

記入例

When	is	your	birthday ?
Well ,	it's	April	11 .

①

②［ Yes, I do. · No, I don't. ］

英語リスニング A問題・B問題

時間　15分

(編集部注)　放送原稿は問題のあとに掲載しています。
音声の再生についてはもくじをご覧ください。

回　リスニングテスト

1　ティムと美香との会話を聞いて，美香のことばに続くと考えられるティムのことばとして，次のア～エのうち最も適しているものを一つ選び，解答欄の記号を○で囲みなさい。

(　ア　イ　ウ　エ　)

ア　It was fun.　　イ　Three times.　　ウ　Yes, I am.　　エ　No, it didn't.

2　英語の授業でグリーン先生が写真の説明をしています。グリーン先生が説明している写真として，次のア～エのうち最も適していると考えられるものを一つ選び，解答欄の記号を○で囲みなさい。(　ア　イ　ウ　エ　)

ア

イ

ウ

エ

3　エリックと舞香との会話を聞いて，舞香が飼っている犬の数として，次のア～エのうち最も適していると考えられるものを一つ選び，解答欄の記号を○で囲みなさい。(　ア　イ　ウ　エ　)

ア　One.　　イ　Two.　　ウ　Three.　　エ　Four.

4　エイミーと健太との会話を聞いて，彼らの学校の次週の予定として，次のア～エのうち最も適しているものを一つ選び，解答欄の記号を○で囲みなさい。(　ア　イ　ウ　エ　)

ア

	月	火	水	木	金	土
午前	祝日	授業	授業	授業	授業	運動会
午後					準備	

イ

	月	火	水	木	金	土
午前	祝日	授業	授業	準備	運動会	休み
午後						

ウ

	月	火	水	木	金	土
午前	授業	授業	授業	授業	授業	運動会
午後				準備	準備	

エ

	月	火	水	木	金	土
午前	祝日	授業	授業	授業	運動会	休み
午後				準備		

5　高校生の恵介のスピーチを聞いて，それに続く二つの質問に対する答えとして最も適しているものをそれぞれア～エから一つずつ選び，解答欄の記号を○で囲みなさい。

(1)(　ア　イ　ウ　エ　)　(2)(　ア　イ　ウ　エ　)

(1)　ア　He was moved by a present he got when he left Japan for America.
　イ　He played the trumpet when he was a junior high school student.
　ウ　His friends in Japan visited him when he was in America.
　エ　One of his friends became a famous musician in America.

(2)　ア　Stars are always in the sky and people can always see them.
　イ　Good friends often meet and experience many things together.

ウ Friends can stay friends forever even if they can't see each other.

エ People in different countries can be friends because they can see the same stars.

6 アマンダと健斗との会話を聞いて，それに続く二つの質問に対する答えとして最も適しているものをそれぞれア～エから一つずつ選び，解答欄の記号を○で囲みなさい。

(1)(ア イ ウ エ) (2)(ア イ ウ エ)

(1) ア Finding a unique topic.

イ Telling his own ideas to other people.

ウ Working together with other students.

エ Using devices to get useful information.

(2) ア The Internet. イ Paper. ウ Language. エ Smartphones.

〈放送原稿〉

2024年度大阪府公立高等学校一般入学者選抜英語リスニングテストを行います。

テスト問題は1から6まであります。英文はすべて2回ずつ繰り返して読みます。放送を聞きながらメモを取ってもかまいません。

それでは問題1です。ティムと美香との会話を聞いて，美香のことばに続くと考えられるティムのことばとして，次のア・イ・ウ・エのうち最も適しているものを一つ選び，解答欄の記号を○で囲みなさい。では始めます。

Tim ： Hi, Mika. I went to the piano concert yesterday.

Mika ： How was the concert, Tim?

繰り返します。(繰り返す)

問題2です。英語の授業でグリーン先生が写真の説明をしています。グリーン先生が説明している写真として，次のア・イ・ウ・エのうち最も適していると考えられるものを一つ選び，解答欄の記号を○で囲みなさい。では始めます。

Look at this picture. I visited this place during the vacation. I enjoyed being in nature. In the picture, you can see high mountains and many trees. There are no cars and no buildings in it.

繰り返します。(繰り返す)

問題3です。エリックと舞香との会話を聞いて，舞香が飼っている犬の数として，次のア・イ・ウ・エのうち最も適していると考えられるものを一つ選び，解答欄の記号を○で囲みなさい。では始めます。

Eric ： Hi, Maika. Is that brown dog yours?

Maika ： Hi, Eric. Yes, she is a very cute dog, right? I got her last month on my birthday.

Eric ： She is so cute! But I think you have another dog. You have a big, white one, right?

Maika ： Yes, and actually I have one more now. I got a black one from my uncle. He moved abroad and couldn't keep his dog anymore.

繰り返します。(繰り返す)

問題4です。エイミーと健太との会話を聞いて，彼らの学校の次週の予定として，次のア・イ・ウ・エのうち最も適しているものを一つ選び，解答欄の記号を○で囲みなさい。では始めます。

Amy ： Kenta, can I ask you about our school plan for next week?

Kenta ： Of course, Amy. You had a cold and you weren't at school for a few days. Ask me anything you want to know.

Amy ： Thank you. We will have classes both in the morning and in the afternoon until Wednesday. Is that right?

Kenta ： That's correct.

Amy ： So, that means there is nothing special from Monday to Wednesday.

Kenta ： Oh, we don't have school on Monday, because it's a national holiday.

Amy ： Oh, that's right. And, if I'm correct, on Thursday and Friday, we will have classes only in the morning, right?

Kenta： It is correct about Thursday. In the afternoon, we'll prepare for the sports day which will be held on the following day.

Amy ： Oh, you made me realize my mistake. I thought it would be held on Saturday.

Kenta： We will have no classes and no events on Saturday.

Amy ： Thank you, Kenta.

繰り返します。(繰り返す)

問題5です。高校生の恵介のスピーチを聞いて，それに続く二つの質問に対する答えとして最も適しているものをそれぞれア・イ・ウ・エから一つずつ選び，解答欄の記号を○で囲みなさい。では始めます。

Hello, I'm Keisuke. I will tell you about a present which made me very happy. When I was a junior high school student, I lived in America. I joined the brass band club at school and some members and I became good friends. We all played the trumpet. Before coming back to Japan, I received the present from them on my last day in America. The present was a card with a message. The message says, "Good friends are like stars. Though you can't see stars during the day, they are always in the sky." When I read the message, I was moved. I think my friends wanted to tell me that we would be friends forever though we would live far away and would not meet. We can stay friends by thinking about each other. I haven't visited them again since I came back to Japan, but we sometimes send messages online and share stories about each other's lives. The present they gave me taught me an important thing about friendship.

Question (1): What is the thing Keisuke said?

Question (2): According to Keisuke, what is the meaning of the message on the card?

繰り返します。(スピーチと質問を繰り返す)

問題6です。アマンダと健斗との会話を聞いて，それに続く二つの質問に対する答えとして最も適しているものをそれぞれア・イ・ウ・エから一つずつ選び，解答欄の記号を○で囲みなさい。では始めます。

Amanda： What are you doing, Kento?

Kento ： Hi, Amanda. I'm preparing for a presentation for my English class. The presentation should be about one important thing humans invented. I'm trying to choose a topic for my presentation.

Amanda： Do you have any ideas?

Kento ： Well, my first choice is the Internet, because I can't get information easily without it. But I feel many other students may choose it, too. So, now, I'm thinking of something that was invented in old times.

Amanda： You mean something such as paper?

Kento ： Wow, surprisingly, that is exactly my second choice. It has helped people share their ideas with many others, right?

Amanda ： That's interesting, but I feel language is the thing which made sharing ideas with others possible. Even if we have paper, it's not easy to share our ideas without language, right?

Kento ： You may be right. Oh, it's difficult to choose a topic.

Amanda ： Well, Kento, maybe you don't have to change your choice. I think it's OK to keep your first choice. Even if other students and you choose the same topic, it's not a big problem. I think the important thing for your presentation is to talk about your own ideas to others, right?

Kento ： You're right. OK, I decided to choose the first one. Smartphones or tablets are not useful without it. It is certainly an important thing that humans invented. Thank you so much, Amanda!

Amanda ： My pleasure!

Question (1): According to Amanda, what is important for Kento's presentation?

Question (2): Which did Kento finally choose as a topic for his presentation?

繰り返します。(会話と質問を繰り返す)

これで，英語リスニングテストを終わります。

英語C問題

時間　30分　　　満点　90点(リスニング共)

(編集部注)「**英語リスニングC問題**」はこの問題のあとに掲載しています。

1 Choose the phrase that best completes each sentence below.

(1)(ア　イ　ウ　エ) (2)(ア　イ　ウ　エ) (3)(ア　イ　ウ　エ)
(4)(ア　イ　ウ　エ) (5)(ア　イ　ウ　エ) (6)(ア　イ　ウ　エ)

(1) You can (　　).

ア help with stronger others feel from　イ help others with feel stronger from
ウ feel stronger with help from others　エ feel help from others stronger with

(2) This book (　　).

ア is full of words that encouraged me　イ is full words that of encouraged me
ウ encouraged me is full of that words　エ encouraged words that is full of me

(3) The man (　　) your brother.

ア sitting close the window must be to　イ sitting close to the window must be
ウ must be close sitting to the window　エ must be sitting close to the window

(4) We (　　) a larger box.

ア could carry everything put here if we had
イ could put everything here if we had carry
ウ had put here if we could carry everything
エ had everything carry here if we could put

(5) I (　　).

ア wonder is this one gold watch whose　イ wonder this gold watch whose one is
ウ wonder this one gold watch is whose　エ wonder whose watch this gold one is

(6) The picture (　　) the old days.

ア of Paris reminded in me I took　イ of Paris I took me reminded in
ウ I took in Paris reminded me of　エ I took reminded of Paris me in

2 Read the passage and choose the answer which best completes each blank ① and ②, and choose the answer which best completes sentence (3).

(1)(ア　イ　ウ　エ) (2)(ア　イ　ウ　エ) (3)(ア　イ　ウ　エ)

In 2022, the Japanese government did research on media usage to know how it changed, as the number of people who used smartphones and social media increased. 1,500 people who were between 13 years old and 69 years old were asked some questions about their media usage. One of the questions in the research was, "Which media do you use to get reliable information about events and news in society?" To answer this question, the respondents chose one answer from 7 choices: "TV," "radio," "newspapers," "magazines," "books," "the Internet," and "others." The following table shows what the respondents in each age group chose as their answer.

There are several things we can learn from the table. First, please look at the percentages of respondents who were 13-69 years old in the table. More than half of those respondents chose "TV" as their answer. [①], so more than 80% of those respondents chose one of these two answers. Next, if we compare the percentages of the respondents who were [②], the percentage of the respondents who chose "newspapers" as their answer is higher than the percentage of the respondents who chose "the Internet" as their answer.

【Table】

Question: "Which media do you use to get reliable information about events and news in society?"

answers ＼ ages	13－69 years old	13－19 years old	20－29 years old	30－39 years old	40－49 years old	50－59 years old	60－69 years old
TV	53.1%	55.7%	43.8%	46.5%	50.2%	57.7%	63.2%
radio	0.8%	0.0%	0.5%	0.8%	0.6%	1.0%	1.5%
newspapers	12.7%	10.7%	7.4%	10.2%	11.9%	16.0%	17.3%
magazines	0.3%	0.0%	0.0%	0.4%	0.3%	0.7%	0.4%
books	1.3%	0.7%	2.3%	2.4%	0.9%	0.3%	1.1%
the Internet	30.8%	32.1%	44.2%	37.6%	34.8%	24.4%	15.8%
others	1.1%	0.7%	1.8%	2.0%	1.3%	0.0%	0.7%

(総務省情報通信政策研究所「令和４年度情報通信メディアの利用時間と情報行動に関する調査」(令和５年度) により作成)

(注) media　メディア　　usage　利用
social media　ソーシャルメディア (SNSなど，利用者が情報を発信し形成していくメディア)
reliable　信頼できる　　respondent　回答者

(1) ① ア　Less than 1% of those respondents chose "radio" as their answer
イ　Less than 3% of those respondents chose one from "radio," "magazines" or "books" as their answer
ウ　More than 30% of those respondents chose "the Internet" as their answer

エ　The percentage of respondents who didn't choose "TV" as their answer was less than 50% of those respondents

(2)　②　ア　30-39 years old　　イ　40-49 years old　　ウ　50-59 years old
エ　60-69 years old

(3)　According to the passage and the table,

ア　the research was done to know changes in media usage as a result of changes in the number of people who used smartphones and social media.

イ　the respondents chose one answer or more from 7 choices including "others" to answer the question in the table.

ウ　in every age group in the table, the percentage of the respondents who chose "TV" was the highest.

エ　no respondents who were 20 years old or older than 20 years old chose "magazines" to answer the question in the table.

3　Read the passage and choose the answer which best completes each sentence (1)～(5).

Honda Seiroku

(本多《ほんだ》静六《せいろく》)

Honda Seiroku was a man who studied forestry and did many things which supported the society. He was born into a farmer's family in Japan in 1866. At the age of 17, he entered a school of forestry in Tokyo, and after graduating from the school, he went to Germany for further study. After returning to Japan, he wrote many books about forestry and taught forestry at a university.

One of the things he did to support the society remains in the Tohoku area. In the late 19th century, the rail operation first started in the area. However, there was one serious problem. Because the area had heavy snow in winter, the operation of trains was often canceled or trains could not move between stations for many hours. When he heard about the problem, he [①] a similar problem he saw in Canada. On the way back from Germany to Japan, he visited Canada and saw that the railroad tracks there faced a problem with snow. He learned how people handled the problem then. The things he learned in Canada led him to offer a solution of planting trees along the railroad tracks in the Tohoku area. He knew that the problem the railroad tracks had was often caused by snow blown by strong winds from the side. The winds carried a large amount of snow over the railroad tracks. However, by planting trees along the railroad tracks, the trees could protect the railroad tracks from snow blown by the winds. As a result, [②] could be reduced. This simple solution actually worked well and spread to many areas which had heavy snow in winter.

When *Honda Seiroku* suggested the system of protecting railroad tracks, he also made the system financially work for a long time. After trees planted along railroad tracks grew, some of the trees could be cut and sold. The money received by selling the trees could be used to plant trees in another area or to support the operation of trains in the area. In this way, the system of protecting railroad tracks with trees became financially [③]. He taught people not only the system of protecting railroad tracks but also the way to make the system effective for a long time.

(注)　forestry　林学(森林および林業に関する学問)　the Tohoku area　東北地方　rail　鉄道
operation　運行，運転　railroad track　線路　financially　経済的に

(1)　The word which should be put in [①] is (ア　イ　ウ　エ)

ア　affected.　イ　changed.　ウ　hid.　エ　remembered.

(2)　The phrase which should be put in [②] is (ア　イ　ウ　エ)

ア　the amount of snow covering the railroad tracks.

イ　the number of railroad tracks people had to build.

ウ　the number of the trees needed to protect the railroad tracks.

エ　the operation of trains in the area.

(3)　The word which should be put in [③] is (ア　イ　ウ　エ)

ア　impossible.　　イ　memorial.　　ウ　similar.　　エ　sustainable.

(4)　According to the passage, planting trees along railroad tracks was a solution

(ア　イ　ウ　エ)

ア　*Honda Seiroku* brought to other countries such as Germany and Canada.

イ　*Honda Seiroku* could suggest thanks to things he learned in Canada.

ウ　*Honda Seiroku* introduced to the Tohoku area before the rail operation in the area started.

エ　*Honda Seiroku* learned when he was a student of a school of forestry in Tokyo.

(5)　According to the passage, (ア　イ　ウ　エ)

ア　*Honda Seiroku* first studied forestry in Germany and taught forestry there.

イ　*Honda Seiroku* tried to solve a problem of snow influencing the operation of trains.

ウ　the problem of railroad tracks in the Tohoku area made *Honda Seiroku* want to study abroad.

エ　the system *Honda Seiroku* suggested was improved to work financially well by people he met in Germany.

[4] Read the passage and choose the answer which best completes each sentence (1)〜(5).

Origami is famous as one part of the Japanese culture and many people in Japan have experiences of folding paper in various ways. Some researchers apply their experience in *origami* to their research.

Here's one example of research helped by a researcher's experience in *origami.* A researcher in the field of space development was studying structures which could be folded and spread easily in space. During his research, he created a special folding pattern by getting hints from his experience in *origami.* By using this special folding pattern, even a large piece of paper can be quickly folded by pushing two diagonal corners toward the center of the paper at the same time. Then, that folded paper can be quickly spread again by pulling the same two corners. This folding pattern became famous in the world after it was [①] in an English magazine.

Later, the special folding pattern was used for solar panels for a satellite which was sent to space in the late 1990's. Solar panels are large structures which are used to get light from the sun to produce energy for a satellite. [A] Before a satellite is sent to space, solar panels should be folded and put into a small place in a satellite. [B] If they can't be spread, it can't get enough energy to work in space. [C] While they are in space, it is not easy to help them spread even if problems happen to them. [D] So, a folding pattern used for solar panels must achieve two things. One is folding them to fit a small place in a satellite and the other is spreading them in space without problems. The special folding pattern was chosen as a folding pattern which would make Ⓐ both possible.

The special folding pattern is now used for products we use, such as maps, too. Other folding patterns have also been applied to various fields, such as product design and the medical field. Those folding patterns have been helping people create new products or technologies which improve people's lives.

(注) *origami* 折り紙　apply 〜 to … 〜を…に生かす　structure 構造, 構造物
folding pattern 折り方　diagonal 対角線上の　solar panel 太陽光パネル
satellite 人工衛星　achieve 達成する

(1) A piece of paper folded by the special folding pattern can be quickly (ア イ ウ エ)

ア folded again by getting hints from *origami.*
イ folded again by pushing its center.
ウ spread by using another folding pattern.
エ spread by pulling its two diagonal corners.

(2) The word which should be put in [①] is (ア イ ウ エ)

ア introduced.　イ invented.　ウ removed.　エ searched.

(3) The sentence "However, after it reaches space, they should be spread without problems." should be put in (ア イ ウ エ)

ア [A].　イ [B].　ウ [C].　エ [D].

(4) The word Ⓐ both refers to (ア イ ウ エ)

ア folding solar panels in space and spreading them after they come back to the earth.

イ producing large solar panels for a satellite and sending them to space without problems.

ウ receiving light from the sun and producing energy from it to help a satellite work in space.

エ folding solar panels to fit a small place in a satellite and spreading them in space without problems.

(5) According to the passage, (ア イ ウ エ)

ア the researcher created the special folding pattern when he was inventing a new paper product.

イ a folding pattern used for a satellite sent to space in the late 1990's gave the researcher a hint to create the special folding pattern.

ウ the special folding pattern which was used for solar panels is also used for other products now.

エ new technologies in various fields have provided new folding patterns for *origami*.

5 Read the passage and choose the answer which best completes each sentence (1), (2), (5) and (6), and choose the answer to the question (3) and (4).

Many of us can imagine how dinosaurs looked. We can never actually see real living dinosaurs, but we can learn what features dinosaurs had from pictures in books and TV programs, and statues in museums. Such pictures and statues are called dinosaur reconstructions, and they are made with the help of research done by many scientists.

In the 1850's, one artist made statues of dinosaurs in a park in London. The statues he made were the first full-scale reconstructions of dinosaurs in the world. To make them, the artist got advice from some scientists who had the latest information about dinosaurs at that time. However, it was very difficult to make dinosaur reconstructions because there were only a few dinosaur fossils found at that time, and even the scientists knew only a few things about dinosaurs. The scientists were sure that dinosaurs were reptiles. Also, they knew that dinosaurs were huge because the fossils showed that their body parts were huge. Many people didn't even know that the huge reptiles existed in prehistoric times. Under such a situation, the statues made in London were a great surprise to people. Now in London, we can still see the statues made in the 1850's and can find that they are different from modern reconstructions. If we [①] those statues and modern reconstructions, it is possible to learn that ideas about dinosaurs have changed in many ways.

One of the statues the artist made in the 1850's in London is a statue of Megalosaurus. We can find [②]. For example, the statue made in the 1850's has a small head like a crocodile and looks like a huge lizard walking with four big legs. However, a modern reconstruction of Megalosaurus shows the dinosaur had a bigger head and walked with two legs. These differences appeared for the following reason.

a modern reconstruction
of Megalosaurus

In the 1850's, a lot of information about the bodies of dinosaurs was missing. Also, there was almost no information about the environment around dinosaurs. To help the artist complete the statues, the scientists needed to use the little information they had and imagine how the body parts of dinosaurs looked. [③] This was actually the best way to make reconstructions at that time. Even now, scientists also use information of animals which live on the earth now to make reconstructions of dinosaurs. This helps scientists imagine some specific body parts of dinosaurs when they can't find information about those parts from fossils found so far. So, the ways the scientists used to complete the statues in the 1850's and the ways modern scientists use to make reconstructions are [Ⓐ] on that point. On the other hand, the situations of the scientists in the 1850's and modern scientists are [Ⓑ]. Though the scientists in the 1850's had few fossils to study and little information, modern scientists can get more information from many fossils, and new technology helps their research.

Thanks to a lot of new information about dinosaurs, we now know that some ideas about dinosaurs in the 1850's are wrong. However, the statues helped many people who knew nothing about dinosaurs get some information about dinosaurs at that time. The statues also help us learn what ideas about dinosaurs the scientists at that time had. Since the 1990's, scientists have found some fossils which show that some kinds of dinosaurs had feathers. New information has been changing our ideas about dinosaurs. People in the future may believe something very different from the things we believe now.

(注) dinosaur 恐竜　reconstruction 復元像　full-scale 実物大の　fossil 化石
reptile ハ虫類　exist 存在する　prehistoric times 太古の昔
Megalosaurus メガロサウルス　crocodile ワニ　lizard トカゲ　missing 欠けている
feather 羽毛

(1) The word which should be put in [①] is（ア イ ウ エ）

ア cause.　イ compare.　ウ develop.　エ waste.

(2) The phrase which should be put in [②] is（ア イ ウ エ）

ア materials the artist in the 1850's used to make the statue.

イ fossils the scientists in the 1850's studied to help the artist make the statue.

ウ some differences between the statue and a modern reconstruction of Megalosaurus.

エ some information about animals which lived with dinosaurs in prehistoric times.

(3) The following passages (i)～(iii) should be put in [③] in the order that makes the most sense.（ア イ ウ エ）

(i) He completed the statues with the body parts he created in that way.

(ii) The thing they did was to use some features of reptiles which lived on the earth in the 1850's, such as crocodiles and lizards, because they knew dinosaurs were reptiles.

(iii) With their advice, the artist changed the size of the body parts of such reptiles to fit the size of dinosaurs, and created body parts for the statues.

Which is the best order?

ア (ii)→(i)→(iii)　イ (ii)→(iii)→(i)　ウ (iii)→(i)→(ii)　エ (iii)→(ii)→(i)

(4) Which is the best pair of words which should be put in [Ⓐ] and [Ⓑ] in the passage?

（ア イ ウ エ）

ア Ⓐ－different　Ⓑ－the same　イ Ⓐ－different　Ⓑ－different

ウ Ⓐ－the same　Ⓑ－different　エ Ⓐ－the same　Ⓑ－the same

(5) According to the passage, the scientists in the 1850's（ア イ ウ エ）

ア thought that dinosaurs weren't reptiles because they were huge.

イ knew how huge dinosaurs were because they saw the full-scale reconstructions of dinosaurs.

ウ taught people that the statues an artist made showed wrong ideas about dinosaurs.

エ gave advice about dinosaurs to help an artist make the dinosaur reconstructions.

(6) According to the passage, (ア イ ウ エ)

ア it was difficult to make dinosaur reconstructions in the 1850's because artists at that time didn't have the skill to make statues which were as big as real dinosaurs.

イ the dinosaur statues made in the 1850's helped many people at that time learn the differences between the statues and real dinosaurs.

ウ from the dinosaur statues made in the 1850's, we can find that the scientists at that time didn't have any information about dinosaurs.

エ scientists have been getting new information which influences our ideas about dinosaurs, so ideas which people in the future will have may be different from ours.

6 Read the following sentences and write your answer in English.

Think about your experience of making an effort to achieve your goal. What is an important thing to achieve a goal? Write your idea and, from your experience, explain why you think so.

(注) achieve 達成する

( )

英語リスニング C問題

時間 25分

(編集部注) 放送原稿は問題のあとに掲載しています。
音声の再生についてはもくじをご覧ください。

回 リスニングテスト

【Part A】

1(ア イ ウ エ) 2(ア イ ウ エ) 3(ア イ ウ エ)
4(ア イ ウ エ) 5(ア イ ウ エ)

1 ア He couldn't find the museum.
イ He thought the museum was great.
ウ He couldn't see the art works he wanted to see.
エ He wanted to express how nice Erika was to him.

2 ア Erika underlined the wrong information.
イ Erika drew lines under the parts she changed.
ウ Erika marked words which had spelling mistakes.
エ Erika asked James to change the size of the poster.

3 ア Erika's grandfather thinks it is important to have a strong will.
イ Erika's grandfather goes jogging with Erika to make her a strong runner.
ウ Erika's grandfather records how many kilometers he has jogged every day.
エ Erika's grandfather will stop jogging every day when he reaches the age of 70.

4 ア Four. イ Six. ウ Seven. エ Nine.

5 ア The person taught Erika math in America.
イ The person worked on a space project as a researcher.
ウ The person was the first woman who went to space.
エ The person gave Erika good advice when they were together.

【Part B】 6(1)(ア イ ウ エ) (2)(ア イ ウ エ)

6 (1) ア The original idea of World Music Day was born after a survey showed how many people in France played a musical instrument.
イ World Music Day was set to let young people learn about traditional music.
ウ In the first year of World Music Day, only professional musicians played music.
エ A music festival held in France in 1982 was the first event of World Music Day.

(2) ア World Music Day is celebrated in about 120 countries including France, the U.S., Australia and India.
イ Public places such as streets and parks are used for music events on World Music Day.

ウ　On World Music Day, there are many concerts which are free for the audience.

エ　Online events only provide music shows recorded before the World Music Day of that year.

【Part C】

Presentation Activity in the English Class

Topic: One important thing that humans invented

- You will do a presentation with a partner.
- In the presentation, you should explain why you think the thing you chose is an important thing that humans invented.

(　　　　　　　　　　　　　　　　　　　　　　　　　　　　)

【Memo】

James	Erika

〈放送原稿〉

Now you are going to have the listening test. There are three parts in this listening test: part A, part B, and part C.

Please look at Part A. In this part of the listening test, you will hear five conversations between Erika and James. You will hear each conversation twice. After listening to each conversation twice, you will hear a question. Each question will be read only once and you must choose one answer. Now begin.

1 Erika ： James, I heard you finally went to the art museum you wanted to visit. How was it?

James ： Well, Erika, it was so good that I couldn't find words to express how good it was.

(繰り返す)

Question ：What does James mean?

2 James ： Erika, thank you for checking the poster I made for the event. Is there anything I should improve?

Erika ： It looks quite attractive, James. But it will be better if you change some parts.

James ： Please let me know which parts I should change.

Erika ： I underlined a few parts. I think the size of the letters in those parts should be larger, because those parts include important information. I also circled words with spelling mistakes.

(繰り返す)

Question ：Which is true about this conversation?

3 James ： Erika, the man jogging over there is your grandfather, right?

Erika ： Yes, James. He goes jogging every morning. I can't believe he is 70.

James ： Wow, I will probably not be able to run when I reach that age.

Erika ： He says age doesn't count. He says having a strong will counts.

James ： I really respect him.

(繰り返す)

Question ：Which is true about this conversation?

4 Erika ： James, I'm sorry I couldn't join the volunteer activity on Sunday.

James ： It's OK, Erika. You couldn't miss your sister's piano concert.

Erika ： Yeah. Did all the other friends you invited come to the activity?

James ： Well, I asked six other friends in my class, but Lisa and Kent couldn't come. The other four came.

Erika ： Oh, you needed more people for the activity. You said you needed more than six people for the activity, right?

James ： Oh, actually, three of my friends from the soccer team also came.

Erika ： That's good. I will certainly join next time.

(繰り返す)

Question：How many friends of James came to the volunteer activity on Sunday?

5 James： What are you doing, Erika?

Erika： Hi, James. I'm making a speech for my English class.

James： Oh, I'm sorry if I stopped your work.

Erika： No problem. Well, if you have time, can you help me organize my ideas?

James： I'm happy to help you.

Erika： Thank you. I'm going to talk about a person I respect. I've chosen a woman my classmates probably don't know. I have several things that I want to say about her, but I'm not sure they include enough information.

James： Well, why don't you tell me about her?

Erika： OK. This person was very good at math at school. She later became a researcher and worked on a space project in America. Though she never went to space as an astronaut, she played an important role for astronauts who would go to space.

James： She sounds like a great person. I think your speech will be better with some examples. I also want to know why you respect the person in detail.

(繰り返す)

Question：Which is told by Erika about the person she respects?

Please look at Part B. In this part of the listening test, you will hear a part of a radio program. It will be spoken twice. After listening to it twice, you will hear two questions. Each question will be read only once and you must choose one answer. Now begin.

6 Hello, everyone. Thank you for listening to our program today. It's June 21st today and do you know what is special about today? Well, today is World Music Day. It's a day to enjoy various kinds of music. It's celebrated in more than 1,000 cities in about 120 countries. The countries include France, the U.S., Australia and India. Today, you can enjoy a variety of music in streets, parks and other public places. In various places, many free concerts are held for the audience.

Now, let's learn about the history of World Music Day. You may think it's a new event. Actually, the original idea of setting a day to celebrate music was suggested in France in 1976. Later, a survey showed that about 5 million people in France played a musical instrument. The number was about 9 percent of the population of the country at that time. The French government tried to find a way to let those people enjoy playing their music to other people. In 1982, France started a music festival which was open to all musicians including both professional musicians and people who were not professional. This was the first event of World Music Day.

You can join not only an event for World Music Day in your town but also one of the events held online. Online events let you experience live music shows that musicians are performing at that moment. You can probably find and enjoy a new kind of music that you have never heard before at the World Music Day event you join.

(繰り返す)

Question (1): Which is true about the history of World Music Day?

Question (2): Which is not true about the things the radio program said?

Please look at the test paper of Part C. First, please read the information about a presentation activity in the English class. You have half a minute. Now, begin to read.

【half a minute to read】

Stop reading. Now you are going to hear the conversation between James and Erika. They are talking about a presentation activity in the English class. You will hear their conversation and the question about it twice. When you are listening, you can take notes on the test paper about the things they say about a presentation activity in the English class. Now, listen to the conversation.

James : Hi, Erika. I'm your partner for the presentation activity in the English class, right?

Erika : Yes, James. Let's decide what to choose for the topic and prepare for the presentation.

James : Yeah, let's start now. First, what should we choose for the topic? Do you have any ideas?

Erika : Well, I have some ideas such as the Internet or computers, but many other students may choose those modern technologies.

James : You may be right. Why don't we choose something invented in old times?

Erika : That's a good idea. Oh, what do you think about paper?

James : Sounds interesting, but why do you think paper is an important thing that humans invented?

Erika : Well, thanks to paper, people can keep a record easily.

James : Oh, that's right. By making a record on paper, people don't have to remember everything. They can make records about things which happened or things which they heard.

Erika : I agree. So, this is one point to choose paper.

James : Yes. Also, paper made sharing ideas among people easier.

Erika : That's another point which explains why paper is an important thing that humans invented. Paper is light, so it's easy to carry it. Especially in old times, without paper, it was difficult to send their ideas to others who lived far away.

James : Exactly. These days we have devices like smartphones, but people didn't have such devices in old times.

Erika : I agree. For the third point, paper has become the material used for making products we often use.

James : Oh, that's true. For example, boxes made of paper are used everywhere. Our lives wouldn't be convenient if we didn't use paper as the material for such products. OK, I think we have enough points to explain why paper is an important thing. So, let's choose paper for the topic.

Erika ： Yes. Paper is our choice. Now let's organize our ideas for the presentation.

Question ：What is the thing James and Erika chose for the topic for their presentation? And, why do they think the thing is an important thing that humans invented? Write your answers for both questions in English.

(会話と質問を繰り返す)

You have six minutes to write. Now begin.

Stop writing. This is the end of the listening test.

社会

時間　40分　　　　満点　90点

1　さまざまな形で残っている資料は，歴史を知る手がかりとなる。次の問いに答えなさい。

(1)　歴史書である『日本書紀』の編集が始まったのは，壬申《じんしん》の乱に勝利して即位した天皇が中央集権を進めた時期とされている。次のア～エのうち，壬申の乱に勝利して即位した天皇はだれか。一つ選び，記号を○で囲みなさい。(　ア　イ　ウ　エ　)

ア　桓武《かんむ》天皇　　イ　持統《じとう》天皇　　ウ　天智《てんじ》天皇　　エ　天武《てんむ》天皇

(2)　『紫式部《むらさきしきぶ》日記』は，11世紀に書かれたものであり，その当時の貴族などの生活のようすが記されている。次の文は，11世紀のわが国のようすについて述べたものである。あとのア～エのうち，文中の[A]，[B]に当てはまる語の組み合わせとして正しいものはどれか。一つ選び，記号を○で囲みなさい。(　ア　イ　ウ　エ　)

・藤原《ふじわら》氏が，幼い天皇のかわりに政治を行う職や成人した天皇を補佐する職に任命されて政治を動かす[A]を行っていた。

・浄土信仰(浄土の教え)が広まり，平等院鳳凰《ほうおう》堂が[B]によって建てられた。

ア　A　摂関政治　　B　藤原道長《みちなが》　　イ　A　執権政治　　B　藤原道長

ウ　A　摂関政治　　B　藤原頼通《よりみち》　　エ　A　執権政治　　B　藤原頼通

(3)　右の絵は，13世紀後半に元《げん》の皇帝が派遣した軍が九州の北部に襲来したようすを描いた絵巻の一部である。次の文は，13世紀後半の日本のようすについて述べたものである。文中のⓐ〔　　〕，ⓑ〔　　〕から適切なものをそれぞれ一つずつ選び，記号を○で囲みなさい。

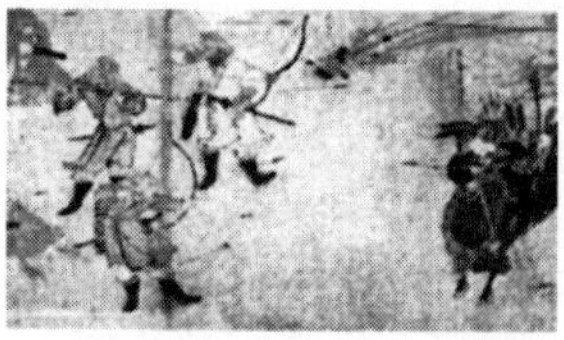

ⓐ(　ア　イ　)　ⓑ(　ウ　エ　)

・鎌倉幕府は，モンゴル帝国の皇帝であり国名を元と定めたⓐ〔ア　チンギス＝ハン　　イ　フビライ＝ハン〕からの国交に関する要求を拒否した。このことにより，元の皇帝が派遣した軍が九州の北部に2度にわたって襲来した。

・元の襲来があったころ，近畿地方を中心に，荘園《しょうえん》の領主や幕府の命令に従わず，武装して荘園の領主や幕府に反抗したⓑ〔ウ　悪党　　エ　防人《さきもり》〕と呼ばれる人々が活動していた。

(4)　16世紀の戦国大名である大友義鎮《おおともよししげ》が記した手紙には，鉄砲のことが「種子島筒《たねがしまづつ》」と記載されている。次のア～エの地図のうち，鉄砲が伝来した種子島が含まれる地図はどれか。一つ選び，記号を○で囲みなさい。(　ア　イ　ウ　エ　)

ア

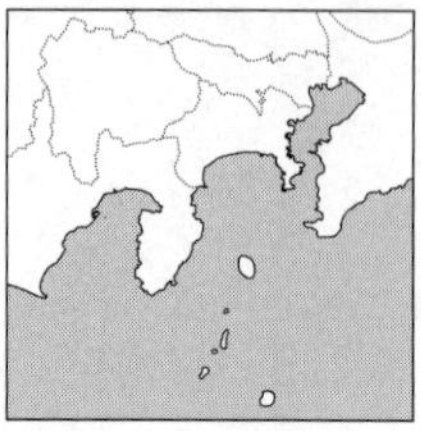

イ

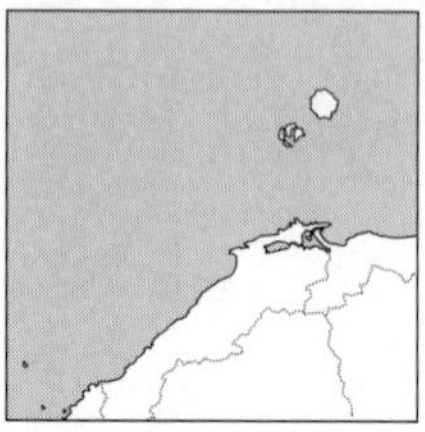

ウ

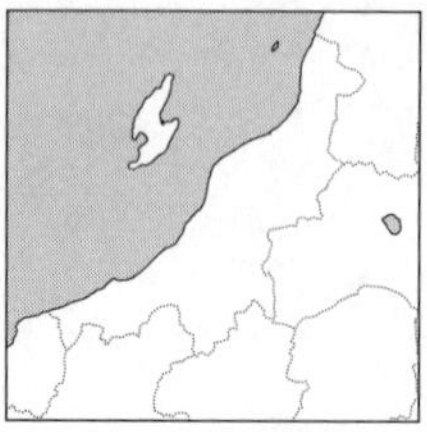

エ

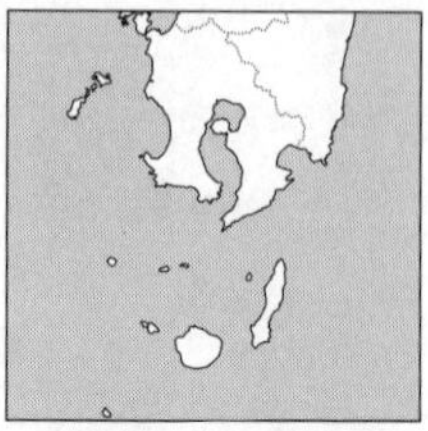

(…… は県界を示す)

(5)　江戸幕府で公的な記録として作成された業務日誌から，江戸時代の政治のしくみを知ることができる。

①　次の文は，江戸幕府のしくみについて述べたものである。文中のⓐ〔　　〕，ⓑ〔　　〕から適切なものをそれぞれ一つずつ選び，記号を○で囲みなさい。また，文中の[ⓒ]に当てはまる語を**漢字2字**で書きなさい。ⓐ(ア　イ)　ⓑ(ウ　エ)　ⓒ(　　　)

・江戸幕府の政治は，将軍が任命した老中を中心に行われた。必要な場合には，臨時の職としてⓐ〔ア　大目付　　イ　大老〕がおかれた。この職についた人物に井伊直弼《いいなおすけ》がいる。

・朝廷や公家《くげ》を監視する権限をもつⓑ〔ウ　大阪城代　　エ　京都所司代〕がおかれた。

・重要な都市には江戸幕府によって奉行がおかれた。そのうちの一つである長崎奉行によって貿易が管理され，大名や大商人は将軍から発行された[ⓒ]状を用いて，[ⓒ]船貿易を行った。しかし，後にこの貿易は鎖国と呼ばれる体制のもとで行われなくなった。

②　次の(i)～(iii)は，18世紀後半以降の財政が悪化する中で江戸幕府によって行われた改革について述べた文である。(i)～(iii)をできごとが起こった順に並べかえると，どのような順序になるか。あとのア～カから正しいものを一つ選び，記号を○で囲みなさい。(ア　イ　ウ　エ　オ　カ)

(i)　水野忠邦《みずのただくに》が，倹約の奨励や風紀の統制を行ったり，江戸に出ていた農民を故郷に帰らせたりした。

(ii)　松平定信《まつだいらさだのぶ》が，武士に対して朱子学を奨励したり，旗本や御家人の借金を帳消しにしたりした。

(iii)　田沼意次《たぬまおきつぐ》が，株仲間を奨励したり，長崎における貿易を盛んにしようとしたりした。

ア　(i)→(ii)→(iii)　　イ　(i)→(iii)→(ii)　　ウ　(ii)→(i)→(iii)　　エ　(ii)→(iii)→(i)

オ　(iii)→(i)→(ii)　　カ　(iii)→(ii)→(i)

(6)　19世紀後半，明治政府は海外に外交官を派遣するようになり，外交官が世界のようすについて記録したものが残っている。次のア～エのうち，19世紀後半の世界のようすについて述べた文として正しいものはどれか。**二つ**選び，記号を○で囲みなさい。(ア　イ　ウ　エ)

ア　朝鮮半島では，農民が外国勢力の追放や政治改革を求めた甲午農民戦争が起こった。

イ　インドでは，ガンディーの指導によって，非暴力・不服従の運動が起こった。

ウ　ビスマルクが首相を務めるプロイセン王国を中心に，ドイツ帝国が成立した。

エ　フランスで革命が起こり，自由や平等などを主張した人権宣言が発表された。

(7)　わが国の歴代の首相の中には，在任中のできごとを日記に残した人がいる。

①　原敬《はらたかし》の日記には，原敬が内閣を組織したことが記されている。次の文は，原敬が組織した内閣について述べたものである。文中の[C]に当てはまる語を**漢字2字**で書きなさい。

(　　　)

原敬内閣の大臣のうち，陸軍・海軍・外務の3大臣以外のすべてが，当時の衆議院で最も議席数の多い立憲政友会の党員であったため，原敬内閣は初めての本格的な[C]内閣と呼ばれている。

②　1982（昭和57）年から1987（昭和62）年まで首相を務めた中曽根康弘《なかそねやすひろ》の日記には，当時の国際社会で生じていた経済摩擦と呼ばれる問題について記されている。図Ⅰは，1982年から

1987年までの期間における日本の貿易額のうち，アメリカ合衆国への日本の輸出額の推移と，アメリカ合衆国からの日本の輸入額の推移を示したものである。あとの文は，図Ⅰをもとに，日本とアメリカ合衆国との間の貿易上の問題の一部についてまとめたものである。文中の（　　）に入れるのに適している内容を，「黒字」の語を用いて簡潔に書きなさい。

（　　　　　　　　　　　　　　　　　　　　　　）

図Ⅰ　日本とアメリカ合衆国の貿易額

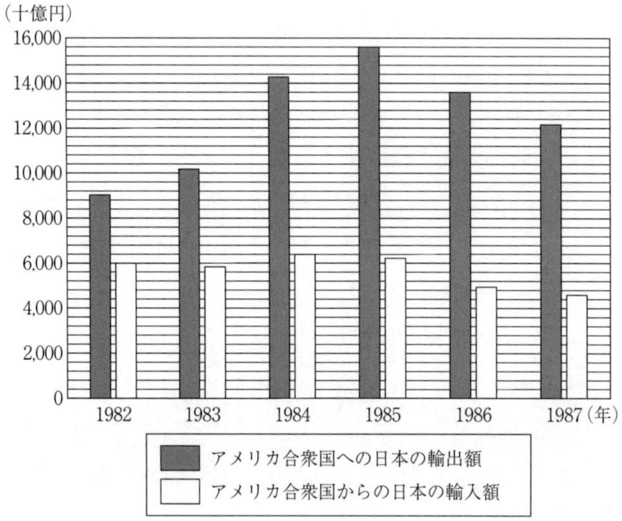

(『新版日本長期統計総覧』により作成)

図Ⅰより，1985（昭和60）年を境として，日本とアメリカ合衆国との間の貿易額の傾向が異なることが分かる。アメリカ合衆国への日本の輸出額の推移とアメリカ合衆国からの日本の輸入額の推移をみると，1982年から1985年までは，（　　　　　）といえる。このような状況から生じていた経済摩擦の解決に向けて，1985年に国際的な合意がなされた。

2　Eさんのクラスは，班に分かれて，「主要国首脳会議」(サミット) と呼ばれる国際会議の参加国について調べた。次の問いに答えなさい。

(1)　Eさんの班は，2023 (令和5) 年にサミットが開催された広島県について調べた。

①　広島県の県庁所在地は広島市である。次のア～エのうち，県名とその県の県庁所在地の都市名の組み合わせとして正しいものはどれか。一つ選び，記号を○で囲みなさい。

(ア　イ　ウ　エ)

ア　青森県—弘前《ひろさき》市　　イ　沖縄県—那覇《なは》市　　ウ　静岡県—浜松《はままつ》市　　エ　長野県—松本《まつもと》市

②　広島県は，農業用のため池の数が多い。表Ⅰは，2022 (令和4) 年におけるため池の数の多い上位3県を示したものである。これら3県には，いずれも瀬戸内の気候の特徴をもつ地域が含まれる。次のア～エのうち，瀬戸内の気候の特徴を述べたものとして最も適しているものはどれか。一つ選び，記号を○で囲みなさい。(ア　イ　ウ　エ)

表Ⅰ

都道府県	ため池の数
兵庫県	22,047
広島県	18,155
香川県	12,269

(農林水産省の資料により作成)

ア　1年を通して雨が降り，年間の降水量が多い。

イ　冬には，北西から吹く季節風と暖流の影響を受け，雨や雪が多く降る。

ウ　海から遠く離れた内陸部にみられ，標高が高い山地に囲まれていることから，年間の降水量が少ない。

エ　南と北にある山地によって夏冬ともに季節風による雨や雪の影響を受けにくく，年間の降水量が少ない。

(2)　2023年のサミットには，「G7」と呼ばれているフランス，アメリカ合衆国，イギリス，ドイツ，日本，イタリア，カナダの7か国が参加した。Fさんの班は，「G7」と呼ばれている7か国のうち，日本以外の6か国について調べた。

①　1981 (昭和56) 年にカナダの首都でサミットが開催された。カナダの首都名を書きなさい。

(　　　)

②　アメリカ合衆国は，世界有数の工業国である。次の文は，アメリカ合衆国の産業について述べたものである。文中のⓐ〔　　〕，ⓑ〔　　〕から適切なものをそれぞれ一つずつ選び，記号を○で囲みなさい。ⓐ(ア　イ)　ⓑ(ウ　エ)

・19世紀後半から五大湖周辺で重工業がさかんになり，デトロイトでは，ⓐ〔ア　自動車　イ　航空機〕産業が流れ作業による大量生産方式によって発展した。

・現在，北緯37度付近よりⓑ〔ウ　北　　エ　南〕の地域はサンベルトと呼ばれており，ICT産業などが発展している。

③　フランス，イギリス，ドイツ，イタリアはヨーロッパ州に位置する。図Ⅰは，2023年5月における，ヨーロッパ連合に加盟している国の一部と，ユーロを導入している国の一部を示したものである。あとのア～エのうち，図Ⅰから読み取れることとして正しいものを一つ選び，記号を○で囲みなさい。(ア　イ　ウ　エ)

図Ⅰ

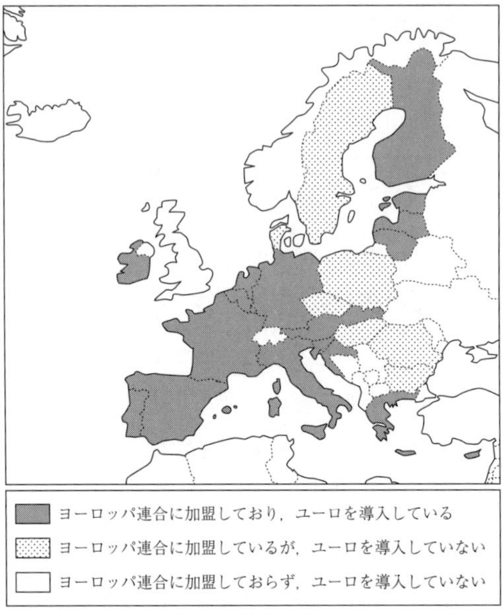

（…… は国界を示す）

ア　オランダはヨーロッパ連合に加盟していない。

イ　スペインとポルトガルはヨーロッパ連合に加盟しているが，ユーロを導入していない。

ウ　スウェーデンはヨーロッパ連合に加盟しているが，ユーロを導入していない。

エ　フランス，イギリス，ドイツ，イタリアは，いずれの国もヨーロッパ連合に加盟しているがイギリスのみユーロを導入していない。

(3)　G さんの班は，2023 年のサミットに招待されて参加した，ブラジルとインドについて調べた。

①　ブラジルはさまざまな農産物や鉱産資源を生産，輸出している。次の文は，ブラジルの輸出品について述べたものである。文中のⓐ〔　　〕，ⓑ〔　　〕から適切なものをそれぞれ一つずつ選び，記号を○で囲みなさい。ⓐ（ ア　イ　ウ ）　ⓑ（ エ　オ　カ ）

・2020（令和 2）年にブラジルが生産量世界第 1 位であったⓐ〔ア　コーヒー豆　　イ　小麦　　ウ　バナナ〕は，ブラジルの主要な輸出品の一つである。

・ブラジルは日本に多くの鉱産資源を輸出している。2019（令和元）年に日本が輸入したⓑ〔エ　石炭　　オ　石油（原油）　　カ　鉄鉱石〕のうち，ブラジルからの輸入量はオーストラリアからの輸入量に次いで 2 番目に多い。

図Ⅱ

②　図Ⅱは，インドのデリーを中心とし，中心からの距離と方位が正しくなるように描かれた地図である。図Ⅱ中のア～エで示した大陸のうち，ブラジルが位置する大陸はどれか。一つ選び，記号を○で囲みなさい。（ ア　イ　ウ　エ ）

③　図Ⅲは，2020年における，ある農産物の生産量の多い上位5か国を示したものである。この農産物は何か。**漢字1字**で書きなさい。(　　　)

図Ⅲ

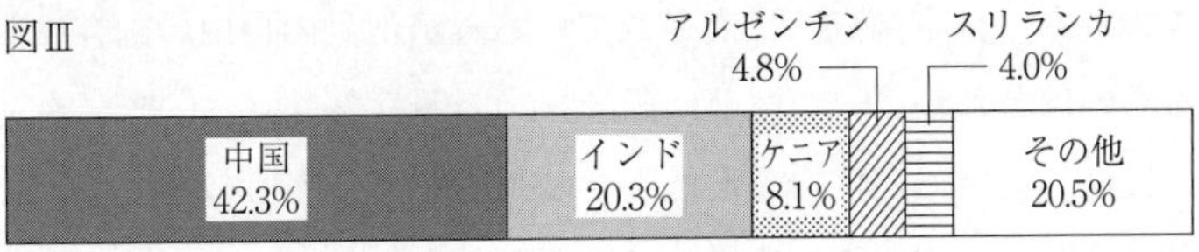

(『世界国勢図会』2022／23年版により作成)

(4)　Hさんの班は，「G7」と呼ばれている7か国（以下「G7」という。）と，「G7」以外の国々（以下「G7以外」という。）のGDP（国内総生産）について調べた。図Ⅳは，2000（平成12）年と2020年における，世界のGDPの総額に占める「G7」と「G7以外」のGDPの割合をそれぞれ示したものである。表Ⅱは，2000年と2020年における「G7」と「G7以外」の人口をそれぞれ示したものである。あとのア～エのうち，図Ⅳ，表Ⅱから読み取れる内容についてまとめたものとして正しいものはどれか。**すべて選び**，記号を○で囲みなさい。ただし，「ドル」は「アメリカドル」を意味するものとする。(　ア　イ　ウ　エ　)

図Ⅳ　世界のGDPの総額に占める「G7」と「G7以外」のGDPの割合

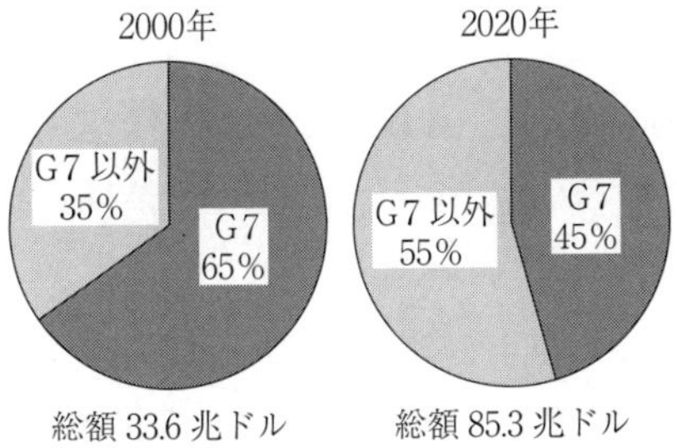

(『世界国勢図会』2021／22年版，2022／23年版により作成)

表Ⅱ　「G7」と「G7以外」の人口（百万人）

	G7	G7以外	世界全体
2000年	696	5,453	6,149
2020年	773	7,068	7,841

(『世界国勢図会』2022／23年版により作成)

ア　GDPと人口について，2000年と2020年を比べると，GDPの総額は2倍以上に増加しており，世界全体の人口も20億人以上増加している。

イ　GDPについて，2000年と2020年を比べると，「G7以外」は「G7」より増加額が大きく，「G7以外」のGDPの額は50兆ドル以上増加している。

ウ　人口について，2000年と2020年を比べると，「G7」と「G7以外」のいずれも増加しており，世界全体に占める「G7以外」の割合は増加している。

エ　一人当たりのGDPの額について，2000年と2020年を比べると，「G7」と「G7以外」のいずれも増加しているが，いずれの年も「G7以外」は「G7」より少ない。

[3]　経済活動にかかわる次の問いに答えなさい。

(1)　経済活動の自由は，日本国憲法において保障されている。

①　次のア～エのうち，日本国憲法に記されている経済活動の自由の内容に関する記述として最も適しているものはどれか。一つ選び，記号を○で囲みなさい。(　ア　イ　ウ　エ　)

ア　すべて国民は，健康で文化的な最低限度の生活を営む権利を有する。

イ　思想及び良心の自由は，これを侵してはならない。

ウ　財産権は，これを侵してはならない。

エ　義務教育は，これを無償とする。

②　経済活動の自由は，公共の福祉による制限を受けることがある。次の文は，公共の福祉にかかわることについて記されている日本国憲法の条文である。文中の [A] の箇所に用いられている語を書きなさい。(　　　)

「すべて国民は，個人として尊重される。生命，自由及び [A] に対する国民の権利については，公共の福祉に反しない限り，立法その他の国政の上で，最大の尊重を必要とする。」

(2)　私たちはさまざまな財（モノ）やサービスを消費して生活しており，経済活動の単位として，個人や家庭は家計と呼ばれる。人々が求める財（モノ）やサービスを作り出す生産は，企業を中心に行われている。

①　次のア～エのうち，1962年に，安全を求める権利（安全である権利）や知らされる権利（知る権利）など「消費者の四つの権利」を提唱したアメリカ合衆国の大統領はだれか。一つ選び，記号を○で囲みなさい。(　ア　イ　ウ　エ　)

ア　リンカン（リンカーン）　　イ　ウィルソン　　ウ　ワシントン　　エ　ケネディ

②　わが国では，消費者の生活を守るための法律の制定や整備が行われている。製品の欠陥により消費者が被害を受けた場合，生産者である企業の過失を証明しなくとも消費者が企業に対して賠償を請求できることなどを内容とし，PL法とも呼ばれている法律は何か。**漢字6字**で書きなさい。(　　　)

③　企業が生産活動を行うために必要なものの一つとして資金がある。

(a)　企業の資金調達の方法には，金融機関からお金を借りるという方法がある。次の文は，金融について述べたものである。文中の [B] に当てはまる語を書きなさい。(　　　)

家計や企業の間で行われるお金の貸し借りなど，お金を融通するしくみを金融という。金融のうち，銀行などの金融機関がお金を借りる側と貸す側との仲介を行い，貸す側からお金を集めて，借りる側にお金を融通することを [B] 金融という。

(b)　わが国の企業の多くは株式会社である。株式会社は，資金調達の方法の一つとして株式を発行して個人や法人などの出資者から会社の活動資金を集める。次の文は，出資者について述べたものである。文中の [C] に当てはまる語を**漢字2字**で書きなさい。(　　　)

株式を購入し，所有する出資者のことを [C] という。[C] は株式を所有する株式会社の経営方針などを決める [C] 総会に出席して議決に参加したり，配当を受け取ったりすることができる。

(3)　政府は，家計や企業から税金を集めて，人々にさまざまな財（モノ）やサービスを提供している。こうした政府の経済活動を財政といい，財政は１年間の歳入（収入），歳出（支出）の計画である予算にもとづいて行われる。

① わが国の歳入は原則として税金によってまかなわれている。次の文は，税金の種類について述べたものである。文中のⓐ〔　　〕，ⓑ〔　　〕から適切なものをそれぞれ一つずつ選び，記号を○で囲みなさい。ⓐ(ア イ) ⓑ(ウ エ)

わが国の税金は国に納められる国税と地方公共団体に納められる地方税に分類される。例えば，国税に分類されるものとして，ⓐ〔ア 固定資産税 イ 所得税〕があり，地方税に分類されるものとして，ⓑ〔ウ 自動車税 エ 相続税〕がある。

② わが国の予算は内閣で作成され，国会で審議して議決される。

(a) 次のア～エのうち，内閣において行うことができるものはどれか。一つ選び，記号を○で囲みなさい。(ア イ ウ エ)

ア 憲法改正の発議　イ 国政調査権の行使　ウ 条約の締結　エ 法律の制定

(b) 国会は，衆議院と参議院の二つの議院から構成されており，日本国憲法において，予算の議決などについて，衆議院の優越が認められている。次の文は，予算の議決における衆議院の優越について述べたものである。文中の〔　　〕から適切なものを一つ選び，記号を○で囲みなさい。(ア イ ウ エ)

予算の議決について，参議院が衆議院と異なる議決をした場合に，〔ア 閣議 イ 公聴会 ウ 本会議 エ 両院協議会〕を開いても意見が一致しないとき，または参議院が衆議院の可決した議案を受け取った後，国会休会中の期間を除いて30日以内に議決しないときは，衆議院の議決を国会の議決とする。

③ Ｊさんは，わが国の歳出のうち社会保障にかかわる割合が高いことを知り，社会保障給付費について調べてみた。次は，Ｊさんが【調べた内容】と【調べた資料】である。あとの文は，Ｊさんが【調べた内容】と【調べた資料】をもとに，わが国の【社会保障について考察した内容】である。文中の（　　）に入れるのに適している内容を，15～64歳の人口の変化にふれて，「負担」の語を用いて簡潔に書きなさい。

(　　　　　　　　　　　　　　　　　　　　　　　　　　)

【調べた内容】
・社会保障給付費とは，社会保障制度を通じて国民に給付される金銭またはサービスの総額のことである。
・社会保障給付費の財源の大部分は，社会保険料と税金でまかなわれており，おもに15～64歳の世代が負担している。

【調べた資料】

図Ⅰ　わが国の社会保障給付費（兆円）

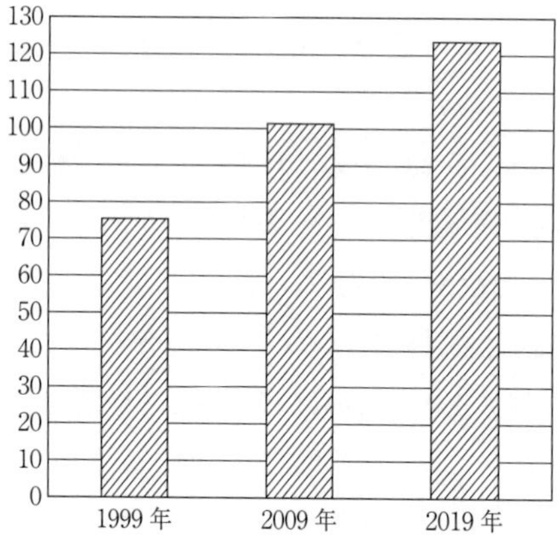

図Ⅱ　わが国の年齢別人口（千人）

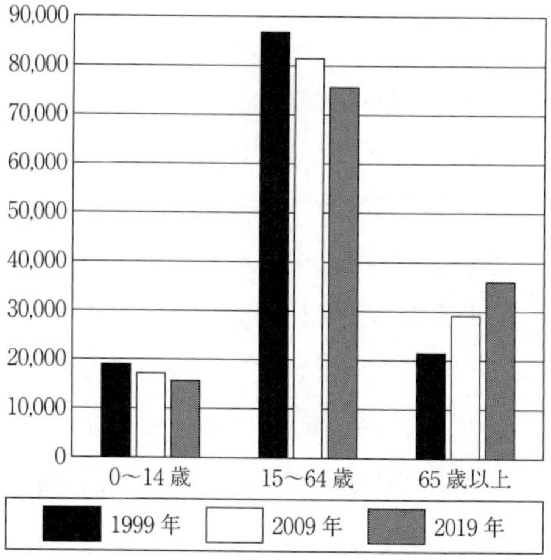

（図Ⅰ，図Ⅱともに国立社会保障・人口問題研究所の資料により作成）

【社会保障について考察した内容】

1999（平成11）年から2019（令和元）年において，わが国の社会保障給付費は増加傾向にある。おもに15～64歳の世代が社会保障給付費の財源を負担して社会保障制度を支えていることから，1999年から2019年において（　　　　　）ことが分かる。

4　Kさんは，わが国の「地域おこし」について調べた。次の［A］～［C］のカードは，Kさんが調べた内容をまとめたものである。あとの問いに答えなさい。

［A］「地域おこし」とは何か

「地域おこし」とは，(あ)地方公共団体などが，地域の経済・産業・文化の活性化を図り，発展させる活動のことである。具体的な活動の内容として，地域の(い)観光資源の活用やイベントの開催などを通して観光客を呼び寄せることがあげられる。また，都市部からの移住を促す取り組みも行われている。

［B］京都府の伊根《いね》町の取り組み

日本海に面する(う)伊根町では，漁港に舟屋《ふなや》と呼ばれる建物が並んでおり，舟屋を活用した宿泊体験などによる「地域おこし」が行われている。また，伊根町の見どころの一つとして，(え)浦島伝説を伝える神社が紹介されている。

［C］北海道の厚真《あつま》町の取り組み

厚真町は，子育て支援や住環境の整備，起業者への支援に力を入れていることから，町外からの移住者が増えている。また，農業のまちとして，高齢化や後継者不足を解消するために，新規就農者に対して，資金の援助や(お)農業経営の相談といったサポートを行うなどの「地域おこし」に取り組んでいる。

(1)　カード［A］中の(あ)地方公共団体には，地方議会と首長がおかれ，住民のための政治が行われる。

①　地方公共団体の首長は，住民による直接選挙で選ばれる。都道府県の首長である都道府県知事の被選挙権を有する者の資格のうち，年齢に関する要件は何歳以上か。次のア～エから一つ選び，記号を○で囲みなさい。(ア　イ　ウ　エ)

ア　18歳以上　　イ　20歳以上　　ウ　25歳以上　　エ　30歳以上

②　地方公共団体の歳入の中には，国から配分される資金がある。次のア～エのうち，国から地方公共団体に配分される資金で，教育や公共事業などの特定の事業の実施を目的として，使い方が限定されている資金に当たるものはどれか。一つ選び，記号を○で囲みなさい。

(ア　イ　ウ　エ)

ア　公債金　　イ　国庫支出金　　ウ　地方交付税交付金(地方交付税)　　エ　地方債

③　地方自治法では，直接請求権にかかわることについて定められている。次の文は，地方議会の解散を請求する直接請求権について述べたものである。文中のⓐ〔　　〕から最も適しているものを一つ選び，記号を○で囲みなさい。また，文中の［ ⓑ ］に当てはまる語を**漢字4字**で書きなさい。ⓐ(ア　イ　ウ)　ⓑ(　　　　)

地方議会の解散を請求する際は，原則として地方公共団体の住民がその地方公共団体の選挙権を有する者のⓐ〔ア　3　　イ　4　　ウ　50〕分の１以上の署名を集めることが必要であり，必要署名数を集めることで選挙管理委員会へ地方議会の解散を請求できる。請求後は，地方議会の解散についての［ⓑ］が行われ，［ⓑ］において過半数の賛成があれば解散となる。

(2)　カード［A］中の(い)観光資源の一つに，世界遺産がある。

①　わが国の世界遺産の一つに，百舌鳥《もず》・古市《ふるいち》古墳群がある。次の文は，古墳時代の大和《やまと》政権（ヤマト王権）について述べたものである。文中のⓐ〔　　〕，ⓑ〔　　〕から適切なものをそれぞれ一つずつ選び，記号を○で囲みなさい。ⓐ（ア　イ）　ⓑ（ウ　エ）

・大和政権（ヤマト王権）の大王《おおきみ》は，東アジアにおける国際的な地位を高めるために，中国のⓐ〔ア　北朝　　イ　南朝〕の歴代の皇帝にたびたび使いを送っていることが，中国の歴史書に記載されている。

・「獲加多支鹵《ワカタケル》大王」という漢字が刻まれた鉄剣が，埼玉県のⓑ〔ウ　稲荷山《いなりやま》古墳　　エ　江田船《えたふな》山《やま》古墳〕から出土している。このことから，大和政権（ヤマト王権）の影響が現在の関東地方にまで広がっていたと考えられている。

②　世界遺産の保護を行っている機関は，ユネスコ（UNESCO）と呼ばれている。ユネスコが専門機関の一つになっている，世界の平和と安全の維持などをおもな目的として1945（昭和20）年に発足した国際機関は何と呼ばれているか。**漢字４字**で書きなさい。（　　　）

(3)　カード［B］中の(う)伊根町では古くから，ぶり漁業が行われている。表Ⅰは，2020（令和２）年におけるわが国のぶり類の海面漁業による漁獲量と海面養殖業による収穫量の多い上位５道県を表したものである。次のP，Qの文は，表Ⅰから読み取れる内容についてまとめたものである。P，Qの文の内容について正誤を判定し，あとのア～エから適しているものを一つ選び，記号を○で囲みなさい。（ア　イ　ウ　エ）

（注）　海面漁業＝沿岸漁業，沖合漁業，遠洋漁業など海面で行う漁業。表Ⅰでは，海面漁業に海面養殖業を含まない。

表Ⅰ　ぶり類の漁獲量と収穫量(千 kg)

海面漁業		海面養殖業	
都道府県	漁獲量	都道府県	収穫量
北海道	15,344	鹿児島県	43,113
長崎県	12,397	愛媛県	20,706
島根県	10,713	大分県	20,004
岩手県	8,424	宮崎県	11,915
千葉県	6,369	長崎県	9,830
その他	48,145	その他	31,943
全国	101,392	全国	137,511

（『データでみる県勢』2023 年版により作成）

P　海面漁業によるぶり類の漁獲量が多い上位５道県には，日本海に面している道県が含まれており，海面養殖業によるぶり類の収穫量が多い上位５県には，瀬戸内海に面している県が含まれている。

Q　ぶり類の全国の漁獲量と収穫量をみると，海面養殖業によるぶり類の収穫量は海面漁業によるぶり類の漁獲量よりも多く，海面養殖業によるぶり類の収穫量のうち，半分以上を九州地方の県が占めている。

ア　P，Qともに正しい。　　イ　Pは正しいが，Qは誤っている。
ウ　Pは誤っているが，Qは正しい。　　エ　P，Qともに誤っている。

(4) カード［B］中の(え)浦島伝説は，奈良時代から知られている伝説である。次の文は，浦島伝説について述べたものである。文中のⓐ〔　　〕，ⓑ〔　　〕から適切なものをそれぞれ一つずつ選び，記号を○で囲みなさい。ⓐ(ア　イ　ウ)　ⓑ(エ　オ)

・奈良時代に大伴家持《おおとものやかもち》らが，天皇や貴族，民衆などがよんだ歌をまとめたとされるⓐ〔ア　万葉集　　イ　古今和歌集　　ウ　新古今和歌集〕に浦島伝説が記載されている。

・室町時代に絵入りの物語（絵本）として楽しまれたⓑ〔エ　お伽《とぎ》草子　　オ　浮世草子〕には，浦島伝説を題材としたものがある。

(5) カード［C］中の(お)農業経営に興味をもったKさんは，北海道の農業経営について調べた。表Ⅱと図Ⅰは，2005（平成17）年から2020年までの5年ごとにおける，北海道の農業経営体の数と経営耕地面積とをそれぞれ示したものである。あとの文は，表Ⅱと図Ⅰをもとに，Kさんが北海道の農業経営についてまとめたものの一部である。文中のⓐ〔　　〕，ⓑ〔　　〕から適切なものをそれぞれ一つずつ選び，記号を○で囲みなさい。また，文中の（ ⓒ ）に入れるのに適している内容を簡潔に書きなさい。

ⓐ(ア　イ　ウ　エ)　ⓑ(オ　カ　キ　ク)

ⓒ(　　　　　　　　　　　　　　　　)

表Ⅱ　農業経営体の数

	総数（百経営体）	「個人」（百経営体）	「団体」（百経営体）
2005年	547	512	35
2010年	466	430	36
2015年	407	367	40
2020年	349	306	43

（注）農業経営体＝一定の規模で農産物の生産活動を行う事業体。
・「個人」＝個人（世帯）で事業を行う農業経営体。
・「団体」＝会社や組合などで事業を行う農業経営体。

図Ⅰ　経営耕地面積（万ha）

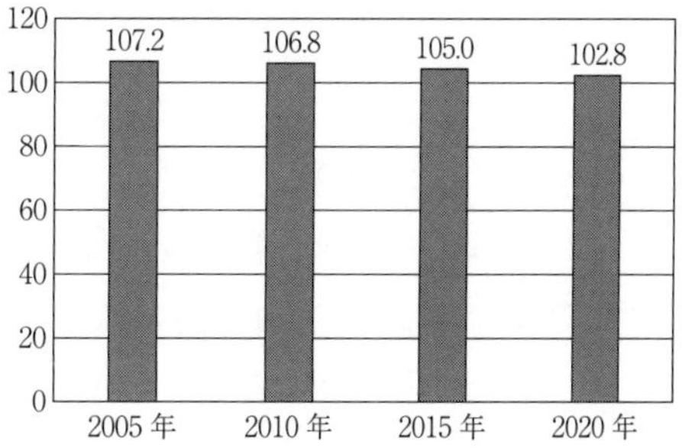

（表Ⅱ，図Ⅰともに農林水産省の資料により作成）

・表Ⅱより，2005年から2020年までの農業経営体について，総数と「個人」の数が減少している一方で「団体」の数が増加している。総数に占める「団体」の割合が最も高い年はⓐ〔ア　2005年　　イ　2010年　　ウ　2015年　　エ　2020年〕であり，このとき，「団体」の割合はⓑ〔オ　約6％　　カ　約8％　　キ　約10％　　ク　約12％〕であると分かる。

・表Ⅱ，図Ⅰより，2005年から2020年において，農業経営体の数の変化と経営耕地面積の変化から，一経営体当たりの（　ⓒ　）ことが分かる。

理科

時間　40分　　　　満点　90点

1　地層の広がりに興味をもったUさんは，ある地域において，がけの表面に露出している地層をK先生と一緒に観察し，次に，ボーリング試料をもとにつくられた柱状図について調べた。Uさんは，地層の観察や柱状図から得られた情報を用いて，その地域の地層の広がりについて考察した。次の問いに答えなさい。

(1)　河川を流れる水のはたらきについて述べた次の文中のⓐ〔　　〕，ⓑ〔　　〕から適切なものをそれぞれ一つずつ選び，記号を○で囲みなさい。ⓐ(ア　イ)　ⓑ(ウ　エ)

河川を流れる水によって下流へ運ばれた土砂は，水の流れがⓐ〔ア　ゆるやかに　　イ　速く〕なったところに堆積しやすく，河口に到達した土砂は，粒のⓑ〔ウ　小さい　　エ　大きい〕ものほど河口からさらに遠いところまで運ばれて，陸から離れた海底に堆積しやすい。

(2)　海底などに堆積した堆積物は，その上に積み重なる堆積物の重みなどによって長い年月をかけて固まると堆積岩となる。次のア～エのうち，堆積岩に分類される岩石を一つ選び，記号を○で囲みなさい。(ア　イ　ウ　エ)

ア　玄武岩　　イ　花こう岩　　ウ　せん緑岩　　エ　チャート

【Uさんが調べた地域】

・図Ⅰは，Uさんが地層について調べた地域の地図である。
・この地域は，川の流れによって地層が侵食されており，がけの表面に地層が露出しているところがある。
・A点からみて，B点，C点はいずれも真東に位置しており，C点からみて，D点は真南に位置している。
・図Ⅰにおいて，BC間の距離と，CD間の距離は等しい。
・A～D点の地表面の標高は，それぞれ，A点が33m，B点が40m，C点が42m，D点が40mである。

図Ⅰ

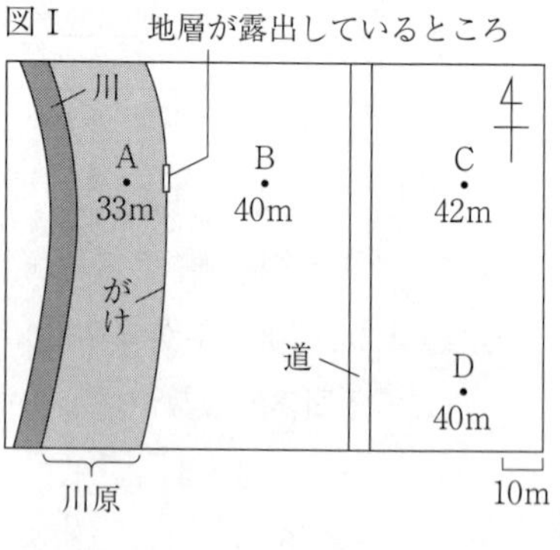

【UさんがK先生と行った地層の観察】

・図Ⅰ中のA点から真東を向くと，ほぼ垂直に切り立ったがけの表面に地層が露出しているようすがみられた。
・図Ⅱは，がけの表面に露出している地層の一部を観察したときのようすを模式的に表したものである。
・(あ)地層をつくる粒の大きさは，れきの層，砂の層，泥の層でそれぞれ異なっていた。
・火山灰の層は，他の層と比べて，厚さが薄く，色が黒っぽかった。
・石灰岩の層には，(い)サンゴの化石が含まれていた。

・地層の境界面が，南に向かって一定の傾きで下がっているようすがみられた。

図Ⅱ

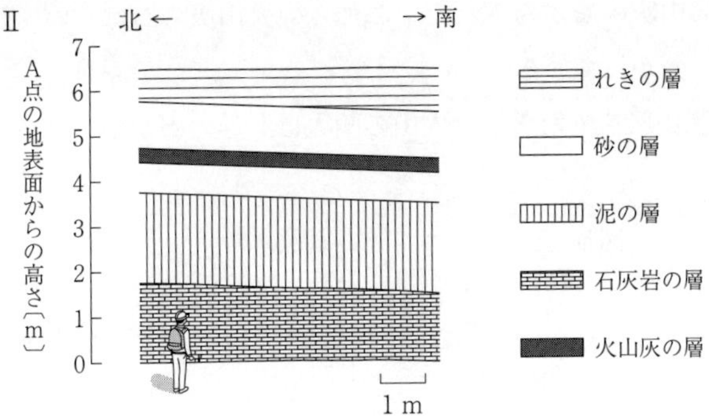

(3)　図Ⅱに示された地層のうち，形成された時期が最も新しい地層はどの層か。名称を書きなさい。ただし，図Ⅱに示された地層について，地層の上下が入れ替わるような大地の変動は起こっていないものとする。（　　　の層）

(4)　下線部(あ)について，次の文は，れき，砂，泥について述べたものである。あとのア～カのうち，文中の ⓒ ，ⓓ に入れるのに適している語の組み合わせはどれか。一つ選び，記号を○で囲みなさい。（ア　イ　ウ　エ　オ　カ）

れき，砂，泥のうち，粒の大きさが最も小さいものは ⓒ であり，粒の大きさが最も大きいものは ⓓ である。

ア　ⓒ　れき　ⓓ　砂　　イ　ⓒ　れき　ⓓ　泥　　ウ　ⓒ　砂　ⓓ　れき

エ　ⓒ　砂　ⓓ　泥　　オ　ⓒ　泥　ⓓ　れき　　カ　ⓒ　泥　ⓓ　砂

(5)　下線部(い)について，サンゴの化石は地層が堆積した当時の環境を推定する手がかりとなる。

①　地層が堆積した当時の環境を推定する手がかりとなる化石は，何と呼ばれる化石か，書きなさい。（　　　化石）

②　次のア～エのうち，一般に，サンゴ礁をつくるサンゴが生息する環境として最も適しているものを一つ選び，記号を○で囲みなさい。（ア　イ　ウ　エ）

ア　冷たくて深い海　　イ　あたたかくて浅い海　　ウ　冷たくて深い湖

エ　あたたかくて浅い湖

【UさんがB点とC点の柱状図について調べたこと】

・図Ⅲは，図Ⅰ中のB点とC点の柱状図である。

・B点とC点における，地表面の標高を比べると，B点の方が ⓔ m低い。また，B点とC点における，れきの層と砂の層との境界面の地表面からの深さを比べると，B点の方が ⓕ m浅い。

・B点とC点における，れきの層と砂の層との境界面の標高は，B点の方が1m高いことが分かる。

・A 点から真東を向いたときに，がけの表面にみられた地層だけでなく，B 点と C 点の柱状図においても，火山灰の層がみられた。これらの火山灰の層は，いずれも同時期に堆積したものであることが分かっている。

・㋒この地域に火山灰をもたらした火山の噴火は，砂の層が堆積していた期間に起こったと考えられる。

図Ⅲ

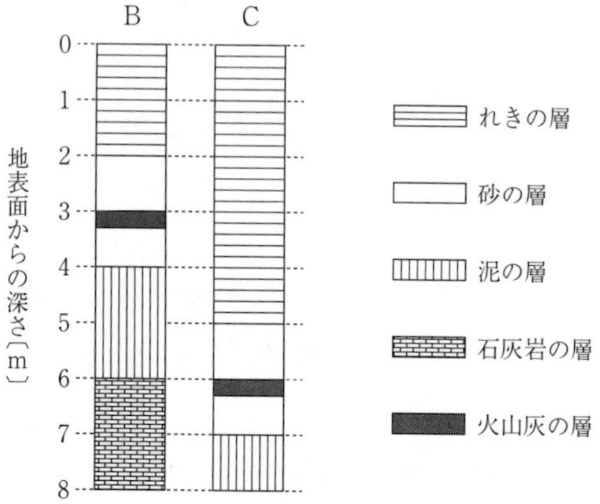

(6)　上の文中の［ⓔ］，［ⓕ］に入れるのに適している数をそれぞれ書きなさい。答えは**整数**で書くこと。ⓔ(　　　)　ⓕ(　　　)

(7)　次の文は，U さんが下線部㋒のように考えた理由について述べたものである。文中の［ⓖ］に入れるのに適している内容を簡潔に書きなさい。(　　　　　　　　　　)

図Ⅱや図Ⅲにおいて，火山灰の層が［ⓖ］ため。

(8)　U さんが調べた地域では，BC 間の地層の境界面は，東に向かって一定の傾きで下がっており，CD 間の地層の境界面は，南に向かって一定の傾きで下がっていることが分かっている。BC 間の地層の境界面の傾きの角度と，CD 間の地層の境界面の傾きの角度が等しいと仮定した場合，図Ⅰ中の D 点では，地表面から何 m 真下に掘り進めれば，火山灰の層が現れると考えられるか，求めなさい。答えは**整数**で書くこと。ただし，れきの層を除いたすべての地層について，それぞれの厚さは B 点，C 点，D 点の各地点で同じであり，この地域には断層などによる地層のずれやしゅう曲はないものとする。(　　　m)

2 Rさんは，S先生と一緒に，物体にはたらく力と物体の運動についての実験を行い，力学的エネルギーと仕事について考察した。次の問いに答えなさい。ただし，物体にはたらく摩擦や空気抵抗は考えないものとする。

(1) 物体には，真下の向きに重力がはたらく。次のア～ウのうち，物体にはたらく重力の向きと，物体の運動の向きが同じものはどれか。一つ選び，記号を○で囲みなさい。(ア イ ウ)

ア イ ウ

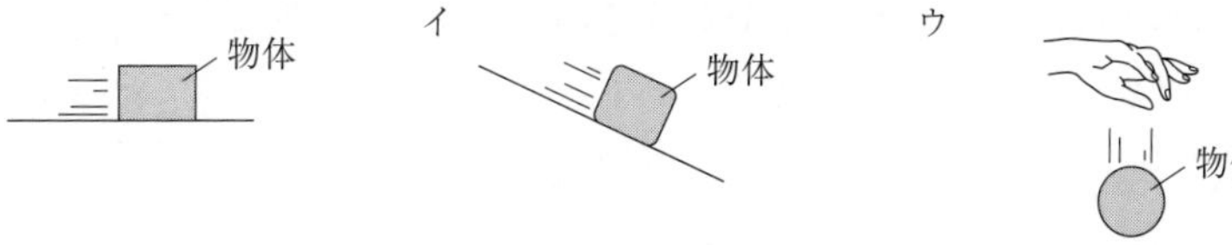

ア 物体が水平面に沿って水平に滑るとき

イ 物体が斜面に沿って斜めに下るとき

ウ 物体が自由落下するとき

(2) 図Ⅰのように，点Pに対して左向きに3.4N，右向きに6.0Nの力がはたらいているとき，これらの2力の合力は，右向きに何Nか，求めなさい。ただし，これらの2力は一直線上にあるものとする。(　　　N)

図Ⅰ

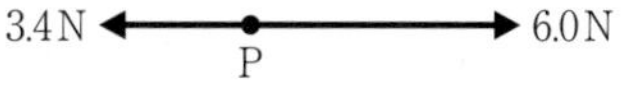

(3) 水平面上にある物体を軽くはじいたところ，物体は一定の速さで一直線上を運動した。このように，一定の速さで一直線上を動く物体の運動は何と呼ばれる運動か，**漢字6字**で書きなさい。

(　　　)

【実験1】 Rさんは，図Ⅱのように，ある物体が水平な床を一直線上に進むコースをつくった。図Ⅱ中のA，B，Cは，それぞれコース上の点を示しており，AB間の距離と，BC間の距離は，いずれも1.2mである。Rさんは，図Ⅱのように物体の前面をAに合わせて静止させた。その後，Cに向かって，物体を力F_1で水平方向に押し続けた。物体は力F_1の向きに進み，物体が動き始めてから1.6秒後に，図Ⅲのように物体の前面がCを通過した。物体の前面がAからCに移動する間，物体の速さはしだいに速くなっていき，図Ⅲのように物体の前面がCを通過したときの物体の速さは3.0m/sであった。ただし，物体の前面がAからCに移動する間，力F_1の大きさは一定であったものとする。

図Ⅱ

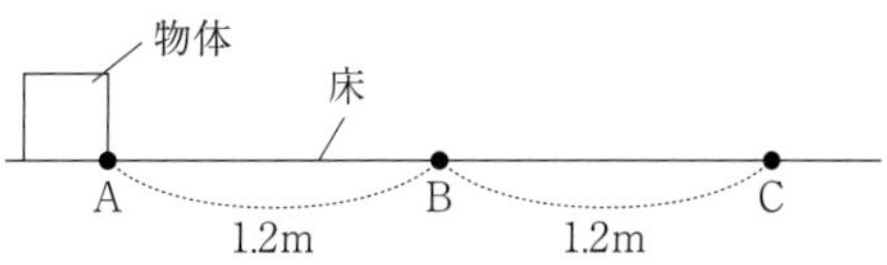

図Ⅲ

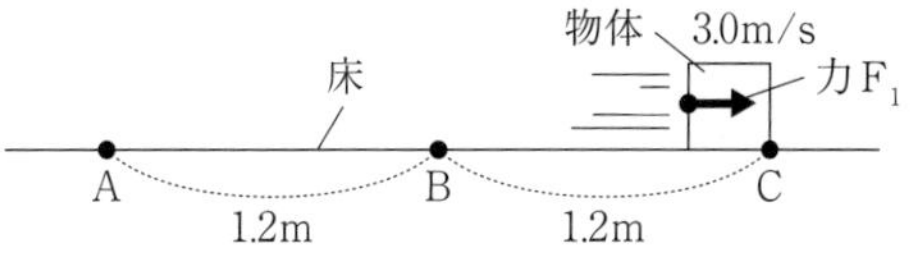

(4) 物体の前面がAから動き始めてCに移動する間における，物体の平均の速さは何m/sか，求めなさい。(　　　m/s)

(5) 物体の前面がAからBに移動する間に力F_1が物体にした仕事と，物体の前面がBからCに移動する間に力F_1が物体にした仕事は等しい。

① 力F_1の大きさが1.8Nであった場合，物体の前面がAからBに移動する間に力F_1が物体にした仕事は何Jか，求めなさい。答えは小数第2位を四捨五入して**小数第1位まで書くこと**。

(　　　J)

②　物体の前面がAからBに移動する間に力F_1が物体にした仕事の仕事率をK〔W〕，物体の前面がBからCに移動する間に力F_1が物体にした仕事の仕事率をL〔W〕とする。KとLの大きさの関係について述べた次の文中のⓐ〔　　〕，ⓑ〔　　〕から適切なものをそれぞれ一つずつ選び，記号を○で囲みなさい。ⓐ(ア　イ)　ⓑ(ウ　エ　オ)

物体の速さはしだいに速くなっていったため，物体の前面がAからBに移動するのにかかった時間は，物体の前面がBからCに移動するのにかかった時間よりもⓐ〔ア　短い　　イ　長い〕と考えられる。そのため，ⓑ〔ウ　K＜L　　エ　K＝L　　オ　K＞L〕の関係があると考えられる。

【実験2】　Rさんは，天井に固定された滑車に糸をかけ，糸の一端に実験1で用いた物体をつないだ。そして，糸のもう一端を力F_2で引いて，図Ⅳのように，物体の底面が床から1.0mの位置にくるようにして，物体を静止させた。Rさんが糸から手を離すと，物体は真下に落下した。図Ⅴのように物体の速さが図Ⅲの物体の速さと同じ3.0m/sになったとき，物体の底面は床に達していなかった。ただし，糸の質量や，糸と滑車の間の摩擦は考えないものとする。

図Ⅳ

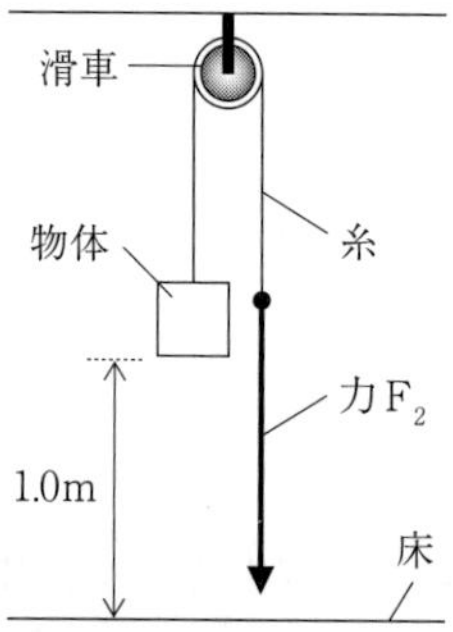

図Ⅴ

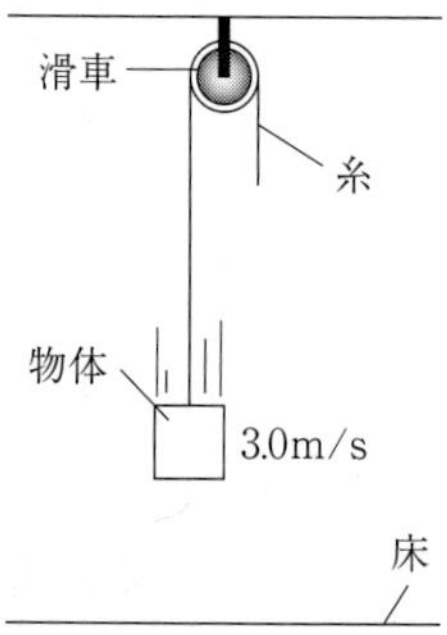

【RさんとS先生の会話1】

S先生：実験2の図Ⅳでは，静止している物体にどのような力がはたらいているか考えてみましょう。

Rさん：図Ⅳのとき，糸の一端を引っ張ることによって，物体には真上の向きに力がはたらいています。

S先生：物体にはたらく力は真上の向きの力だけですか。

Rさん：物体には真下の向きに重力もはたらいています。そうか，(あ)物体が静止しているのは，物体にはたらく力がつり合っているからですね。

S先生：その通りです。一方，実験1で物体の速さがしだいに速くなっていったのは，水平方向において，物体の進む向きにだけ力がはたらいており，物体にはたらく力がつり合っていなかったからです。

(6)　下線部(あ)について，実験2の図Ⅳのとき，物体にはたらく2力がつり合っている。

①　物体にはたらく力について述べた次の文中のⓒ〔　　〕から適切なものを一つ選び，記号を○で囲みなさい。(ア　イ　ウ　エ)

実験2の図Ⅳのとき，物体にはたらく2力は，つり合いの条件から考えると，重力とⓒ〔ア　Rさんが糸を引く力　　イ　糸がRさんを引く力　　ウ　糸が物体を引く力　　エ　物体が糸を引く力〕である。

② 次の文中の ⓓ に入れるのに適している語を書きなさい。(　　　)

物体にはたらく力がつり合っていて，それらの力の合力の大きさが0Nであったり，物体に力がはたらいていなかったりすると，物体がもつ ⓓ と呼ばれる性質によって，運動している物体はいつまでも一定の速さで一直線上を運動し続け，静止している物体はいつまでも静止し続ける。これを ⓓ の法則という。

【RさんとS先生の会話2】

S先生：物体がもつ力学的エネルギーを比較することによって，物体が他の物体に対して仕事をする能力を比較することができます。例えば，実験1の図Ⅲのときと，実験2の図Ⅴのときで，それぞれの物体がもつ力学的エネルギーを比較してみましょう。床を基準面（基準とする面）とし，物体が床にあるときに物体がもつ位置エネルギーを0Jとした場合，それぞれの物体がもつ位置エネルギーを比較してみてください。

Rさん：実験1の図Ⅲのときと，実験2の図Ⅴのときを比較すると，それぞれの物体がもつ位置エネルギーは，実験2の図Ⅴのときの方が大きいことが分かります。

S先生：その通りです。では，それぞれの物体がもつ運動エネルギーも比較してみてください。

Rさん：実験1の図Ⅲのときと，実験2の図Ⅴのときを比較すると，それぞれの物体がもつ ⓔ ことが分かります。したがって，実験2の図Ⅴのときの方が，物体がもつ力学的エネルギーは大きいことが分かります。

S先生：その通りです。このことから，実験2の図Ⅴのときの物体の方が，他の物体に対して仕事をする能力は大きいことが分かります。

(7) 上の文中の ⓔ に入れるのに適している内容を簡潔に書きなさい。(　　　)

3　技術の授業で作物の栽培について学習し，栽培して得られる果実の色の違いに興味をもったEさんは，2023年に学校で育てたカボチャ（ペポカボチャ）について調べたことをまとめた。また，育てたカボチャの栽培記録について，Eさんは G 先生と一緒に考察した。次の問いに答えなさい。ただし，この問題における「カボチャの色」は，「カボチャの果実の皮の色」を表すものとする。

ペポカボチャの果実

【Eさんが2023年に学校で育てたカボチャについて調べたこと】

・カボチャは(あ)被子植物の一種である。学校で育てた品種のものは，図Ⅰのように一つの個体にいくつかの雄花と雌花がそれぞれ咲き，野生ではハチなどの(い)昆虫類が受粉を助けていることが多い。また，この品種は人工的に受粉させることが容易である。

図Ⅰ

・(う)受粉すると，約1か月かけて雌花の子房は成長し，果実をつくる。その中には多数の種子ができる。

・学校で育てた品種のカボチャの色には，黄色と緑色がある。これらのカボチャの色は対立形質であり，黄色が顕性形質（顕性の形質），緑色が潜性形質（潜性の形質）である。

・学校で育てた品種のカボチャの色は，(え)メンデルがエンドウを用いた実験から見いだした遺伝の規則性に従って子に伝わるため，カボチャの色を黄色にする遺伝子をA，緑色にする遺伝子をaとして，子における遺伝子の組み合わせや形質を推定することができる。

(1)　下線部(あ)について，次のア～エのうち，被子植物に分類されるものを一つ選び，記号を○で囲みなさい。(ア　イ　ウ　エ)

ア　ゼニゴケ　　イ　サクラ　　ウ　マツ　　エ　スギナ

(2)　下線部(い)について，次のア～エのうち，昆虫類に分類されるものを一つ選び，記号を○で囲みなさい。(ア　イ　ウ　エ)

ア　マイマイ　　イ　ミミズ　　ウ　クモ　　エ　バッタ

(3)　下線部(う)について，カボチャのような被子植物は，受粉した後に精細胞と卵細胞が受精する。

①　植物の受精について述べた次の文中の ⓧ に入れるのに適している語を書きなさい。

(　　　)

カボチャのような被子植物の受精では，花粉でつくられた精細胞の核と ⓧ の中にある卵細胞の核が合体することで受精卵ができる。その後， ⓧ は種子になる。

②　受精卵は胚《はい》になり，個体としての体のつくりができていく。この過程は何と呼ばれているか。次のア～エのうち，最も適しているものを一つ選び，記号を○で囲みなさい。

(ア　イ　ウ　エ)

ア　進化　　イ　減数分裂　　ウ　発生　　エ　無性生殖

(4)　下線部(え)について，メンデルはいくつかの対立形質に着目することで遺伝の規則性を見いだした。次の文中の［ⓨ］に入れるのに適している内容を簡潔に書きなさい。

(　　　　　　　　　　)

エンドウの種子には，丸形のものとしわ形のものがあり，これらの形質は一つの種子に［ⓨ］という性質をもつ。このような性質がある形質の対は対立形質と呼ばれており，メンデルは，着目した対立形質それぞれの純系をかけ合わせて得た子の形質から，顕性形質と潜性形質の関係を見いだした。

(5) カボチャの色の遺伝子の組み合わせがAaであるカボチャの雄花から得られた花粉を，遺伝子の組み合わせがAaの雌花に受粉させると，多数の種子（子にあたる個体）が得られた。得られた多数の種子におけるカボチャの色の遺伝子の組み合わせについて述べた次の文中の［ⓩ］に入れるのに，最も適していると考えられる数を，あとのア～エから一つ選び，記号を○で囲みなさい。(ア　イ　ウ　エ)

Aaの雄花の花粉をAaの雌花に受粉させて得られた多数の種子のうち，遺伝子の組み合わせがAaとなるものは，全体の約［ⓩ］%であると考えられる。

ア　100　　イ　75　　ウ　50　　エ　25

【2023年に学校で育てたカボチャの栽培記録】

図Ⅱのように，㋔カボチャの色が黄色になる純系の個体に咲いた雄花から得られた花粉を，カボチャの色が緑色になる純系の個体に咲いた雌花に受粉させると，約1か月かけて子房を含む［　］の部分が成長し，カボチャの果実（果実Ⅰ）がつくられた。果実Ⅰの皮の色はすべて緑色であった。なお，受粉させる際に雌花を観察すると，すでにめしべに花粉がついている雌花は一つもみられなかった。

図Ⅱ

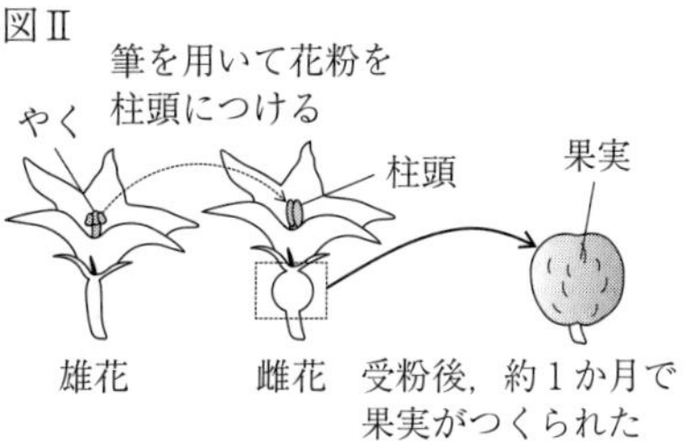

(6) 下線部㋔に示す雄花が咲いた個体における，カボチャの色の遺伝子の組み合わせとして正しいものはどれか。次のア～エから一つ選び，記号を○で囲みなさい。(ア　イ　ウ　エ)

ア　AA　　イ　Aa　　ウ　aa　　エ　AAとAa

【EさんとG先生の会話】

Eさん：カボチャの色について，黄色が顕性形質で緑色が潜性形質であるということから，「2023年に得られる果実Ⅰの皮の色は，すべて黄色である。」と予想したのですが，受粉させて約1か月後に得られた果実Ⅰの皮の色はすべて緑色でした。なぜでしょうか。

G先生：いい点に気付きましたね。今回のカボチャの色の遺伝について整理しましょう。カボチャでは受粉後に，精細胞と卵細胞が受精することで新たな遺伝子の組み合わせをもつ受精卵ができます。そして㋕受精卵は細胞分裂を行って成長し，種子の一部になります。一方，果実は図Ⅱに示すように，受粉後に点線で囲んだ部分が成長してつくられます。果実をつくる細胞は生殖細胞ではないため，果実をつくる細胞がもつ遺伝子は受精の前と後とで変わることはありません。

Eさん：そういうことでしたか。果実Ⅰの皮の色がすべて緑色になった理由が分かりました。先生のお話をふまえると，(き)皮の色が黄色の果実のみを得たい場合，どのような個体を用いて受粉させればよいかが分かるのですね。

G先生：その通りです。Eさんが興味をもった果実の形質について，遺伝の規則性を参考にすることで予想できるのです。次のカボチャの栽培も楽しみですね。

(7)　下線部(か)について，図Ⅲはカボチャの受精卵を模式的に表したものであり，染色体K，L，Mには卵細胞から伝わった遺伝子が，染色体K′，L′，M′には精細胞から伝わった遺伝子が含まれている。次のア～エのうち，図Ⅲの受精卵が細胞分裂を終えた直後の2個の細胞を模式的に表した図として，最も適しているものはどれか。一つ選び，記号を○で囲みなさい。(　ア　イ　ウ　エ　)

図Ⅲ

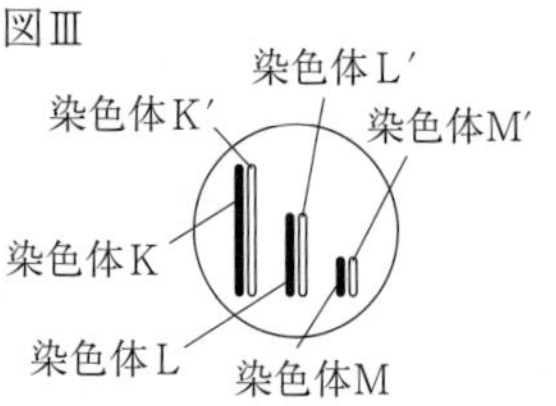

ア

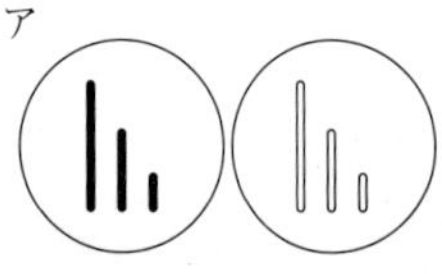

イ

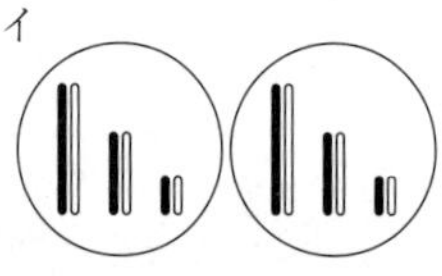

ウ

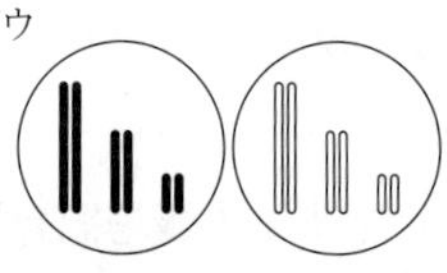

エ

(8)　下線部(き)について，次のア～オに示した人工的な受粉のうち，受粉の約1か月後に得られる果実の皮の色がすべて黄色になると考えられるものはどれか。**すべて**選び，記号を○で囲みなさい。ただし，AA，Aa，aaは，カボチャの色の遺伝子の組み合わせを示しているものとする。

(　ア　イ　ウ　エ　オ　)

ア　AAの個体に咲いた雄花の花粉を，Aaの個体に咲いた雌花に受粉させる。

イ　Aaの個体に咲いた雄花の花粉を，AAの個体に咲いた雌花に受粉させる。

ウ　aaの個体に咲いた雄花の花粉を，Aaの個体に咲いた雌花に受粉させる。

エ　Aaの個体に咲いた雄花の花粉を，aaの個体に咲いた雌花に受粉させる。

オ　aaの個体に咲いた雄花の花粉を，aaの個体に咲いた雌花に受粉させる。

4　電気回路につないだ電池が電流をつくり出すしくみを調べ，電池の内部で起こる化学変化に興味をもったHさんは，T先生と一緒に実験を行い，考察した。次の問いに答えなさい。

【Hさんが調べたこと】

・電池に接続した(あ)導線とモーターに電流が流れ，モーターが回転するようすを表すと，図Ⅰのようになる。

・電池の＋極では(い)電子を受け取る化学変化が起こり，電池の−極では電子を放出する化学変化が起こる。これらの化学変化には(う)イオンが関わっている。

・電池には，亜鉛と銅のイオンへのなりやすさの違いが利用されているものがある。

図Ⅰ

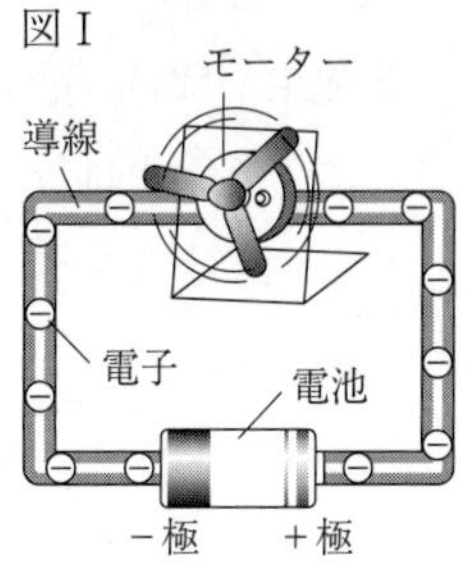

(1)　下線部(あ)について，一般に導線には金属が用いられている。次のア〜エのうち，金属であるものはどれか。一つ選び，記号を○で囲みなさい。（ア　イ　ウ　エ）

ア　水素　　イ　炭素　　ウ　ポリエチレン　　エ　アルミニウム

(2)　下線部(い)について，図Ⅱに示した原子の模式図のように，電子は原子核とともに原子を構成している。原子の構造について述べた次の文中の［ⓐ］に入れるのに適している語を書きなさい。（　　　）

図Ⅱ中のXは，一般に陽子とともに原子核を構成するもので，［ⓐ］と呼ばれている。

図Ⅱ

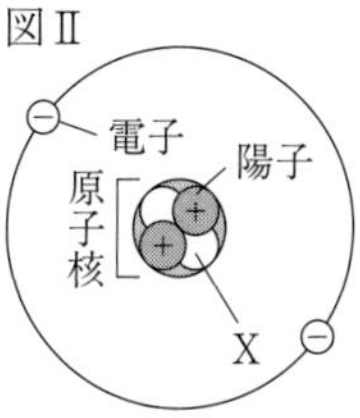

(3)　下線部(う)について，マグネシウム原子MgとマグネシウムイオンMg^{2+}について述べた次の文中の［ⓑ］に入れるのに適している数を書きなさい。（　　　）

マグネシウム原子Mgの原子核中には，陽子が12個含まれている。マグネシウムイオンMg^{2+}は，原子核の周りに電子を［ⓑ］個もっている。

【亜鉛と銅のイオンへのなりやすさを比べる実験】

図Ⅲのように，試験管に亜鉛Znまたは銅Cuの金属板を1枚入れ，硫酸亜鉛$ZnSO_4$水溶液または硫酸銅$CuSO_4$水溶液を加えて観察する実験を，金属板と水溶液の組み合わせを変えて4回行い，実験①〜実験④とした。表Ⅰは，実験①〜実験④において，水溶液を加えてから，1時間後に金属板を観察した結果をまとめたものである。

図Ⅲ

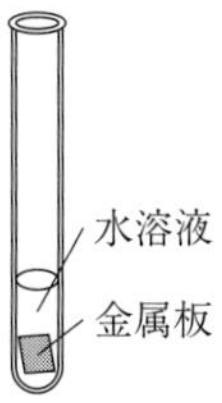

表Ⅰ

	金属板	水溶液	金属板の変化
実験①	Zn	$ZnSO_4$	なし
実験②	Zn	$CuSO_4$	表面に赤い物質がついた
実験③	Cu	$ZnSO_4$	なし
実験④	Cu	$CuSO_4$	なし

【Hさんと T 先生の会話 1】

Hさん：実験①，実験③，実験④では変化がありませんでした。実験②では，(え)亜鉛板の表面に赤い物質が付着しました。この赤い物質は，水溶液中の銅イオンが変化したものでしょうか。

T先生：はい。電子 1 個を ⊖ と表すと，実験②の亜鉛板の表面では，表Ⅱ中の化学変化が起こり銅が付着しています。図Ⅳは，実験②において，銅イオンが亜鉛板から電子を受け取るようすや，亜鉛原子が亜鉛板に電子を放出するようすを表しています。

表Ⅱ

実験②で起こった化学変化
Cu^{2+} + ⊖ ⊖ → Cu
Zn → Zn^{2+} + ⊖ ⊖

図Ⅳ

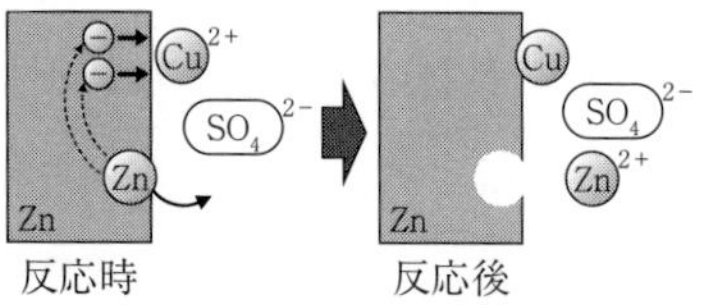

Hさん：亜鉛原子が放出した電子の移動に着目すると，銅イオンと亜鉛原子の間で，亜鉛板の中を電流が流れているといえますね。

T先生：その通りです。次は，この電流を取り出す装置を作りましょう。

(4) 下線部(え)について，次のア～エの原子やイオンのうち，実験②を開始してから終えるまでの間，試験管内で数が減少していったと考えられるものはどれか。**すべて**選び，記号を○で囲みなさい。

（ア　イ　ウ　エ）

ア　Zn　　イ　Zn^{2+}　　ウ　Cu　　エ　Cu^{2+}

(5) 亜鉛と銅のイオンへのなりやすさについて述べた次の文中の［ ⓒ ］に入れるのに適している内容を，「電子」「陽イオン」の **2 語**を用いて簡潔に書きなさい。（　　　　　　　　）

表Ⅰ，表Ⅱから，銅よりも亜鉛の方が［ ⓒ ］になりやすい金属であると考えられる。

(6) Hさんと T 先生は，導線を用いてモーターの二つの端子の一方には亜鉛板を，他方には銅板を接続し，これらの金属板を図Ⅴのように硫酸銅水溶液に入れた。するとモーターは回転し始め，10 分後にはいずれの金属板の表面にも銅が付着していた。1 時間後には，モーターは停止しており，いずれの金属板の表面においても，付着した銅の量は増加していた。これらの結果から考えられることについて述べた次の文中のⓓ〔　〕，ⓔ〔　〕から適切なものをそれぞれ一つずつ選び，記号を○で囲みなさい。

図Ⅴ

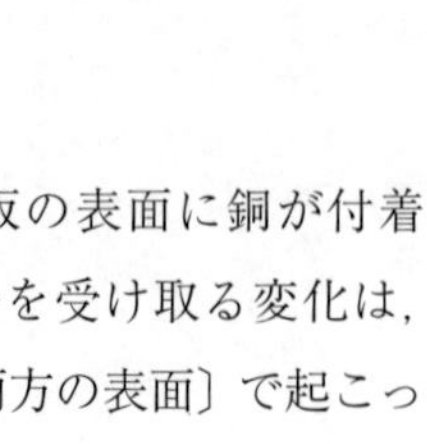

ⓓ（ア　イ）　ⓔ（ウ　エ　オ）

亜鉛板と銅板の間で，導線に電流が流れていたことは，ⓓ〔ア　亜鉛板の表面に銅が付着　イ　モーターが回転〕していたことから分かる。この間，銅イオンが電子を受け取る変化は，ⓔ〔ウ　亜鉛板の表面のみ　　エ　銅板の表面のみ　　オ　亜鉛板と銅板の両方の表面〕で起こっていたと考えられる。

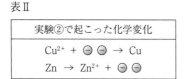

【Hさんと T先生の会話 2】

Hさん：図Ⅴの装置で短時間しか電流を取り出せなかったのは，両方の金属板の表面に銅が付着したことが原因の一つなのでしょうか。

T先生：その通りです。では，電流を長時間取り出せるように，図Ⅴの装置に改良を加えましょう。図Ⅵのように，素焼きの板またはセロハン（セロファン）の膜でできた仕切りで容器を区切り，亜鉛板と銅板，硫酸亜鉛水溶液と硫酸銅水溶液を用いると，ダニエル電池ができます。図Ⅵ中のAの板を－極にする場合，A，B，Y，Zの物質は何であればよいですか。

図Ⅵ

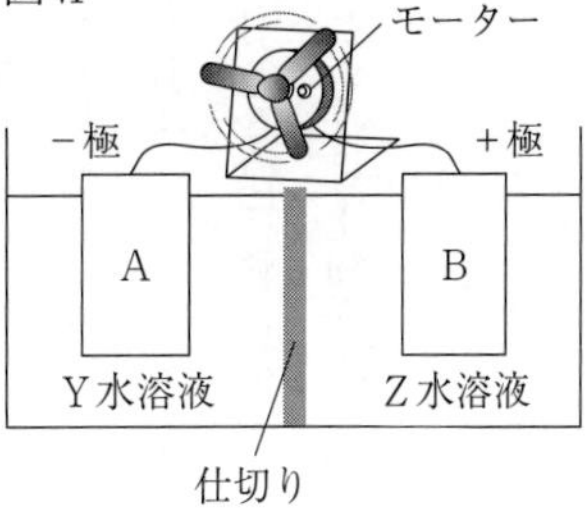

Hさん：［ⓕ］であればよいと思います。

T先生：その通りです。

Hさん：ところで，なぜ仕切りには素焼きの板やセロハンの膜が用いられるのでしょうか。

T先生：電流を取り出す化学変化が長時間続くようにするためです。実は，硫酸亜鉛水溶液や硫酸銅水溶液それぞれの中で亜鉛イオン，銅イオン，硫酸イオンの数が調整されないと，電流を取り出す化学変化が起こらなくなってしまうのです。

Hさん：そうか，2種類の水溶液を分けている素焼きの板やセロハンの膜は，［ⓖ］ことができるので，これらを仕切りに用いることでそれぞれの水溶液中のイオンの種類と数が調整されるようになるのですね。

T先生：その通りです。

Hさん：ダニエル電池で長時間電流を取り出すためには，仕切りの材料も重要なのですね。

(7) 次のア～エのうち，上の文中の［ⓕ］に入れる内容として最も適しているものを一つ選び，記号を○で囲みなさい。（ア　イ　ウ　エ）

ア　Aは銅，Bは亜鉛，Yは硫酸銅，Zは硫酸亜鉛

イ　Aは銅，Bは亜鉛，Yは硫酸亜鉛，Zは硫酸銅

ウ　Aは亜鉛，Bは銅，Yは硫酸銅，Zは硫酸亜鉛

エ　Aは亜鉛，Bは銅，Yは硫酸亜鉛，Zは硫酸銅

(8) 上の文中の［ⓖ］に入れるのに適している内容を，「水溶液中のイオン」の語を用いて簡潔に書きなさい。（　　　　　　　　　　）

るのに最も適しているひとつづきのことばを、それぞれ本文中から抜き出しなさい。ただし、[a]は**十四字**、[b]は**十二字**で抜き出し、それぞれ**初めの六字**を書きなさい。

a [　　　　　　] b [　　　　　　]

「○○とは何か」というような、[a]に対して、すぐに回答するどころか[b]とき。

3　次のうち、本文中の[③]に入れるのに最も適していることばはどれか。一つ選び、記号を○で囲みなさい。（ア　イ　ウ　エ）

ア　または　イ　なぜなら　ウ　だから　エ　しかし

4　④時間が空間に類するものであるかどうかとあるが、この問いについて、本文中で筆者が述べている内容を次のようにまとめた。[　]に入る内容を、本文中のことばを使って**二十字以上、三十字以内**で書きなさい。

[　　　　　　　　　　　　　　　　　　　　　　　　　　　　　　]

時間が空間に類するものであるかどうか、という問いに答えるだけでは、時間の本質が何であるのかを[　]ことはできる。

5　次のうち、本文中の[⑤]に入れるのに最も適していることばはどれか。一つ選び、記号を○で囲みなさい。（ア　イ　ウ　エ）

ア　小さな問いから大きな問いを生み出す
イ　大きな問いを小さな問いに置き換える
ウ　時間を空間内の直線に喩える
エ　時間に空間という対比物をあてがって具体化する

5　新しいことに挑戦するときに、あなたが大切にしたいと考えることはどのようなことですか。次の条件1・2にしたがって、あなたの考えをあとの原稿用紙に書きなさい。

条件1　新しいことに挑戦するときに、あなたが大切にしたいと考えることを簡潔に述べたうえで、なぜそのように考えたのかを、具体例や自分の体験を挙げながら説明すること。

条件2　**百八十字以内**で書くこと。

・原稿用紙の正しい使い方にしたがって書くこと。
・題名や名前は書かないで、本文から書き始めること。

[原稿用紙]

100

180

4 次の文章を読んで、あとの問いに答えなさい。

「時間」とは何でしょうか。このように問われたとしたら、皆さんはどうするでしょうか。腕を組み、あるいは顎に手を当てて、頭の中で「時間とは何か」とくりかえし唱えたところで先には進ま①ないでしょう。このように「○○とは何か」という問いはあまりに抽象的で漠然とした大きな問いなので、この問いにいきなり向き合ってもすぐに回答することはおろか、回答の糸口さえつかめないものです。

②このようなときには、問いをより具体的な小さな問いへ置き換えて考えてみると役に立つことがあります。ここで言う「小さな問い」とは、元々の「○○とは何か」という大きな問いに対して完全な回答を示すことを目指したものではないのですが、当のものごとがどのようなものごとであるかについて、ある具体的な切り口から迫っていくことによって、「当のものごとは少なくともこういうものである、あるいはこういうものではないということは言える」という回答を示すことによって、当のものごとの本質を部分的に明らかにすることを目指すような問いです。このような回答の糸口をつかむことによって、完全な回答へと徐々に迫っていけるのではないかと期待されます。それゆえこれは、哲学的な問いについて考えるための有効な方法の一つだと考えられます。つまり、「○○とは何か」という問いに対する思考が漠然としてしまうのは、元々の問いが漠然としているからであって、より具体的な問いから始めることによって初めて、思考を一歩一歩着実に展開させていくことができるということです。

と言いながら、以上の説明はそれ自体とても抽象的なものでしたので、具体的に「時間」についてはどのような小さな問いを設定できるのかを見ていきましょう。考える一つの手掛かりは、時間がしばしば空間内の直線で表現されるということです。理科や物理の教科書などにはよく、時間軸が横軸の直線で表されているようなグラフが出てきますね。直線というものは文字どおりには空間内に位置づけられるものですから、それ自体は時間ではありません。時間を直線で表すというのはある種の比喩だと理解するべきでしょう。［③］、このように時間を直線で喩《たと》えるということは、時間が空間内の直線と同じような性質をもつ空間の類似物だということを意味するのでしょうか。私たちは、直線の比喩をどこまで文字どおりに理解してよいのでしょうか。

以上のような問いがまさに、時間に関する小さな問いの一例です。④時間が空間に類するものであるかどうか、この問いに答えるだけでは、時間の本質が何であるのかを完全に示したことにはならないでしょう。しかし、少なくともこの問いに答えることによって、時間というものが空間に類するようなものなのかそうでないのかという点で、時間の本質を部分的に明らかにすることはできます。もちろんこの小さな問いは、それ自体でも十分に抽象的な問いだと言えるかもしれません。しかし、「時間」という主題に「空間」という対比物をあてがうことによって問いを具体化し、私たちに考える糸口を与えてくれていると言うことはできるでしょう。［⑤］とは、たとえばこのようなことを指しているのです。

（金杉武司「哲学するってどんなこと?」より）

1 本文中の①ないと品詞が同じ「ない」を含む一文を次から一つ選び、記号を○で囲みなさい。（ア イ ウ エ）

ア 雲一つない空。　イ 二度とない機会だ。

ウ 電車がなかなか来ない。　エ 読書に飽きることはない。

2 ②このようなときとあるが、本文において、これはどのようなときのことか。その内容についてまとめた次の文の［a］、［b］に入れ

3　次の文章を読んで、あとの問いに答えなさい。

惣《そう》じて物を買ふなら、その時ときに至つては①高直な物じやによつて、焼炭は夏②買へばやすし、晒《さらし》などは冬かへば大ぶん下直な。万事に気をつけて、春入るものは秋かへはやすし。冬いるものは夏かへば、何によらずやすい。③いやいやさふいやるな《そうおっしゃるな》。此《こ》の中蠟燭《ろうそく》を昼買ひにやつたけれど、夜買ふと同じねじやあつた。

（注）晒＝吸水性や通気性に富む綿や麻の布。
蠟燭＝ろうそく。

1　①高直な物とあるが、次のうち、このことばの本文中での意味として最も適しているものはどれか。一つ選び、記号を○で囲みなさい。（ア　イ　ウ）

ア　質の高い物　　イ　値段の高い物　　ウ　手に入りにくい物

2　②買へばを現代かなづかいになおして、**すべてひらがな**で書きなさい。（　　）

3　③いやいやさふいやるなとあるが、本文において、このことばがどのようなことを表しているかということについて、次のようにまとめた。[a]、[b]に入れるのに最も適していることばをそれぞれあとから一つずつ選び、記号を○で囲みなさい。

a（ア　イ　ウ）　b（ア　イ　ウ）

[a]何であっても安いというが、[b]ので、そうとはいえないということ。

a　ア　事前に何を買うかを計画して買うと
イ　その物が必要となるときをはずして買うと
ウ　どのようなときにも売られている物を買うと

b　ア　蠟燭を昼に買いに行ったが夜に買うのと同じ値段であった
イ　蠟燭を昼に買いに行ったが夜に買う方が値段が安かった
ウ　蠟燭を昼に買いに行ったが夜に買う方が値段が高かった

そのため、硬い種皮をもつタネは、同じ年に同じ株にできたタネであっても、そのあとに、どんな場所に移動するかによって、発芽する時期が異なってきます。それぞれのタネが発芽にふさわしい「場所」を得て、いろいろな場所で、何年にもわたってバラバラと発芽がおこります。

同じ年に同じ株にできたタネのすべてがいっせいに発芽してしまうと、その後にすべてが枯れるような乾燥や寒さや暑さが突然に訪れ、全滅する危険性があります。また、人間に刈られたり枯らされたりすることもあります。動物に食べられてしまうこともあります。そのため、いろいろな場所で、何年にもわたりバラバラと発芽することは、全滅する危険を避けるのに役立ちます。

アサガオのタネが硬く厚い皮をもつことは、このように、③次の世代へ命をつないでいくための工夫の一つなのです。

（田中　修「植物はすごい　七不思議篇」より）

1　A場とあるが、次のア～ウの傍線を付けたカタカナを漢字になおしたとき、「場」と部首が同じになるものはどれか。一つ選び、記号を○で囲みなさい。（ア　イ　ウ）

ア　果物の栽バイ。　イ　問題をテイ起する。

ウ　カイ中電灯で照らす。

2　①タネの大切な役割とあるが、本文中で筆者は、どのようなことがタネの大切な役割であると述べているか。その内容についてまとめた次の文の[a]に入れるのに最も適しているひとつづきのことばを、本文中から**十三字**で抜き出し、**初めの六字**を書きなさい。また、[b]に入る内容を、本文中のことばを使って**九字以上、十三字以内**で書きなさい。

暑さや寒さなどの[a]ことや、生育の場を[b]こと。

a ＿＿＿＿＿＿　b ＿＿＿＿＿＿＿＿＿＿＿＿＿

3　②皮が硬く厚いことは、タネが発芽する「場所」を選ぶために大切ですとあるが、本文中で筆者は、硬く厚い皮をもつタネはどのような場所を選んで発芽すると述べているか。次のうち、最も適しているものを一つ選び、記号を○で囲みなさい。（ア　イ　ウ）

ア　種皮をやわらかくしてしまうほどの水が存在せず、まわりに多くの微生物がいる場所。

イ　発芽したあとに根を張りめぐらせるまで十分な量の水が存在し、まわりに多くの微生物がいる場所。

ウ　種皮を分解する微生物がおらず、発芽したあとに根を張りめぐらせるまで十分な量の水が存在する場所。

4　③次の世代へ命をつないでいくための工夫とあるが、アサガオの、次の世代へ命をつないでいくための工夫について、本文中で筆者が述べている内容を次のようにまとめた。[a]、[b]に入れるのに最も適しているひとつづきのことばを、それぞれ本文中から抜き出しなさい。ただし、[a]は**十一字**、[b]は**六字**で抜き出すこと。

a ＿＿＿＿＿＿＿＿＿＿＿　b ＿＿＿＿＿＿

タネが硬く厚い皮をもつことで、[a]タネであっても、いろいろな場所で、何年にもわたってバラバラと発芽がおこるので、[b]を避けることができる。

国語A問題

時間　五〇分
満点　九〇点

(注)　答えの字数が指定されている問題は、句読点や「　」などの符号も一字に数えなさい。

1　次の問いに答えなさい。

1　次の(1)～(4)の文中の傍線を付けた漢字の読み方を書きなさい。また、(5)～(8)の文中の傍線を付けたカタカナを漢字になおし、解答欄の枠内に書きなさい。ただし、漢字は楷書《かいしょ》で、大きくていねいに書くこと。

(1) 長い航海を終えた。(　　)
(2) 挨拶をする。(　　)
(3) 新しい試み。(　　み)
(4) 本を大切に扱う。(　　う)
(5) ユミで矢を射る。□
(6) オモい荷物を持つ。□い
(7) 調理師のシカクを取得する。□□
(8) ハイケイに森を描く。□□

2　次の文中の傍線を付けたことばが「我を忘れて、ある物事に熱中して」という意味になるように、□にあてはまる漢字一字を、あとのア～ウから一つ選び、記号を○で囲みなさい。(ア　イ　ウ)

友人から借りた本が面白く、私は無我□中で読んでしまった。

ア　無　　イ　霧　　ウ　夢

2　次の文章を読んで、あとの問いに答えなさい。

アサガオのタネをそのまままくと、発芽するまでに、長い日数がかかります。その理由は、アサガオのタネが、硬く厚い皮に包まれているためです。そこで、「タネが硬く厚い皮に覆われていることは、アサガオにとって、どんな利点があるのか」という〝ふしぎ〟が浮かびあがります。

①タネの大切な役割の一つは、暑さや寒さなどの都合の悪い環境を耐えしのぐことです。硬く厚い皮は、暑さや寒さをしのぐのに役立ちます。そればかりでなく、ひどい乾燥を耐え抜くのに役立ちます。

タネの大切な役割は、都合の悪い環境を耐えしのぐことだけではなく、自分では動きまわることのない植物たちが生育する A 場所を変えたり、生育地を広げたりすることです。そのために、動物に食べられても、胃や腸の中で消化されずに、糞《ふん》といっしょに排泄《はいせつ》されなければなりません。硬く厚い皮は、消化されにくいので、この点でも役に立ちます。

新しい生育の場を得たあとも、②皮が硬く厚いことは、タネが発芽する「場所」を選ぶために大切です。硬く厚い皮をもつタネが発芽するためには、硬く厚い皮をやわらかくするために多くの水がなければなりません。

それほど十分な量の水が存在する「場所」では、発芽したあとに根を張りめぐらせるまで、十分な水があることになります。硬い皮をもつタネは、十分な水があることを確認して、発芽できるのです。

また、硬くて厚い種皮は、土壌に多くの微生物がいると分解されます。すると、水や空気がタネの中に入るので、発芽の準備がはじまります。まわりに多くの微生物がいるということは、水分があり、肥沃な土壌であることを意味します。ですから、発芽後の芽生えの成長に都合がいい場所なのです。

5 合意の形成に向けての話し合いを行う際に、あなたが心がけたいと考えることはどのようなことですか。次の条件1・2にしたがって、あなたの考えをあとの原稿用紙に書きなさい。

条件1　あなたが心がけたいと考えることはどのようなことかを示したうえで、なぜそのように考えたのかを説明すること。

条件2　**二百六十字以内**で書くこと。

・原稿用紙の正しい使い方にしたがって書くこと。

・題名や名前は書かないで、本文から書き始めること。

100

200

260

知っていること」と無限に続く命題が成り立つとき、その事実は「共有知識」であると呼びます。

　俳句において、歳時記で意味が解説されている季語を用いることを条件とすることにより、お互いが季語の本意本情を理解しているという共有知識が成り立ちます。これにより、正確で効率の良いコミュニケーションを成り立たせていると解釈することができると考えられます。このような理由から、わずか十七音で豊かな世界を表現する俳句には季語が必要なのではないでしょうか。

(川村秀憲・山下倫央・横山想一郎「人工知能が俳句を詠む」より)

(注)　本意本情＝ここでは、ある題材が本来備えている性質、意味やあり方のこと。

1　本文中のA～Dの━━を付けた語のうち、一つだけ他と活用形の異なるものがある。その記号を○で囲みなさい。(A　B　C　D)

2　本文中には次の一文が入る。入る場所として最も適しているものを本文中の[ア]～[エ]から一つ選び、記号を○で囲みなさい。(ア　イ　ウ　エ)

　したがって、文字で表現された内容もデジタルな情報であると言えるのです。

3　①エンコーダーとデコーダーとあるが、本文中で筆者は、俳句を通したコミュニケーションにおいて、エンコーダーとデコーダーの役割は、具体的にどのようなことであると述べているか。その内容についてまとめた次の文の[　　]に入る内容を、本文中のことばを使って**五十五字以上、七十字以内**で書きなさい。

詠み手が、[　　]こと。

4　次のうち、本文中で述べられていることがらと内容の合うものはどれか。最も適しているものを一つ選び、記号を○で囲みなさい。(ア　イ　ウ　エ)

ア　詠み手と鑑賞者との間で季語の本意本情を共有することができるのは、歳時記に記載される季語やその意味が、新たに生まれたさまざまな作品や解釈を受けても変わることがないからである。

イ　わずか十七音で豊かな世界が表現されるには、歳時記を参照し、詠み手と鑑賞者の双方が多様な言葉の意味を知りながらも、そのうちのどの意味で詠み手が言葉を用いたのかを鑑賞者が正確に理解する必要がある。

ウ　歳時記に収録された季語を用いることを条件とすることで、詠み手と鑑賞者の双方が季語の本意本情を理解しているという共有知識が成り立ち、わずか十七音の言葉で、正確で効率の良いコミュニケーションが成立する。

エ　詠み手が歳時記を参照し、季語の本意本情を理解したうえで詠んだ俳句であれば、鑑賞者がその句に詠まれた季語の本意本情を知らなかったとしても、十七音という短い言葉だけで、豊かな世界を伝えることができる。

[4] 次の文章を読んで、あとの問いに答えなさい。

季語は歳時記に収録されています。現代の歳時記には五千語を超える季語が収録され、本意本情が解説されています。互いに歳時記を参照することで詠《よ》み手と鑑賞者との間で季語の本意本情が共有され、短い言葉の中にA込められたさまざまな心情を伝えることができるのです。そして、新たに生まれたさまざまな作品や解釈をB受けて、歳時記に記載される季語やその意味も更新されていきます。十七音という短い言葉の中でさまざまな心情・風景を伝えるために、季語の本意本情は大きな役割を果たします。

俳句における季語の重要性について、人工知能研究の視点から考察してみたいと思います。通常コミュニケーションとは、何かC伝えたいことを何らかの手段によって他人に伝えることを指します。言葉を介したコミュニケーションでは、伝えたいことを言葉に変換して他人に伝えます。[ア] 明確に区別できる有限な言葉の組み合わせで表現するという意味では、俳句はデジタルな情報であるとD言えます。[イ] デジタルな情報というと、漠然とコンピューターが扱う情報と理解している人が多いと思いますが、デジタルとは飛び飛びの値しかない整数のような値によって表現される情報のことを意味します。[ウ]

デジタルな情報の利点は、書き間違いなどをしない限り劣化することなくその内容を伝えていくことができることですが、有限の情報しか表現できず伝えられる内容が限定されるという欠点も併せ持ちます。[エ] デジタルに対して温度や速度、電圧や電流のように連続した量を取るものをアナログと呼びます。アナログな情報はデジタルな情報と比べて連続した量をそのままの形で表せる一方で、情報を伝達するときにノイズなどの影響が原因で値がずれてしまうという特徴を持ちます。

俳句をデジタルな情報として考えたとき、俳句を詠むということは情景や心に感じたアナログな情報を、デジタル情報である十七音の言葉の組み合わせに変換している操作であると言うことができます。この十七音を通して作者の思いが他者に伝わるということは、読者が十七音を読み取って自分の頭の中に他者の感じた情景や気持ちを再現し、自分の状況に重ねていると言えるのではないでしょうか。

つまり、俳句を通したコミュニケーションが成立するためには、世界や自分に関するアナログな情報をデジタル情報に変換するエンコーダーと、デジタル情報から世界や他者に関するアナログな情報を復元するデコーダーを持つ必要があることになります。音楽の例でいうと、空気の振動からなるアナログなデータをデジタルに変換するエンコーダーによってデータを作成・保存し、デジタルなデータから最終的にスピーカーにより空気の振動に戻すデコーダーによって音楽が再現されることと同じようなことです。正確に情報を伝えるためには、①エンコーダーとデコーダーの情報変換規則ができるだけ齟齬《そご》がないことが条件となります。

また、俳句では制約された十七音という言葉しか使えないことを考えると、正確さを保ちながらもできるだけ多くの情報を伝えることも、とても重要になってきます。使う言葉一つひとつの意味が多様性をもっていることに加えて、お互いに言葉の意味の多様性が共有されていることが重要となるのです。

つまり、俳句の詠み手、鑑賞者双方が多様な言葉の意味を知っていることはもちろんのこと、双方が互いに言葉の意味を知っていることを知っていることが重要です。人工知能の分野ではこのような「全員がそのことを知っていること」、「全員がそのことを知っていることを知っていること」、さらには「全員がそのことを知っていることを知っていることを

3　次の文章を読んで、あとの問いに答えなさい。

或《ある》芸者、藤十郎《とうじふらう》に①問ひて曰《いは》く、我も人も、初日にはせりふなま覚えなるゆゑか、うろたゆる也《なり》。［ア］こなたは十日廿日《はつか》も、仕なれたる狂言なさるるやうなり。［イ］いか成る御《お》心入りありてや承りたし。［ウ］我も初日は同、うろたゆる也。［エ］しかれども、よそめに仕なれたる狂言をするやうに見ゆるは、けいこの時、せりふをよく覚え、初日には、ねからわすれて、舞台にて相手のせりふを聞き、其《そ》の時おもひ出《い》だしてせりふを云《い》ふなり。其の故は、常づね人と寄り合ひ、或は喧嘩《けんくわ》口論するに、②かねてせりふにたくみなし。相手のいふ詞《ことば》を聞き、此方《こちら》初めて返答心にうかむ。狂言は常を手本とおもふ故、けいこにはよく覚え、初日には忘れて出でるとなり。

（注）芸者＝ここでは、能や狂言などを演じる役者のこと。
藤十郎＝元禄《げんろく》期を代表する役者。

1　①問ひて曰くを現代かなづかいになおして、**すべてひらがなで**書きなさい。（　　　）

2　本文中には「答へて曰く、」ということばが入る。入る場所として最も適しているものを本文中の［ア］～［エ］から一つ選び、記号を○で囲みなさい。（ア　イ　ウ　エ）

3　②かねてせりふにたくみなしとあるが、次のうち、このことばの本文中での意味として最も適しているものはどれか。一つ選び、記号を○で囲みなさい。（ア　イ　ウ　エ）

ア　言い方を工夫しなければきちんと伝わらない
イ　前もって言うことを考えるということはない
ウ　口に出す前に慎重に考えなければならない
エ　あれこれ言おうとするのはみっともない

4　狂言のけいこや舞台の初日に、藤十郎が心がけていることについて、本文中で述べられている内容を次のようにまとめた。［a］に入れるのに最も適しているひとつづきのことばを、本文中から**二字**で抜き出しなさい。また、［b］に入る内容を本文中から読み取って、現代のことばで**二十字以上、三十字以内**で書きなさい。

a ［　　］
b ［　　　　　　　　　　　　　　　　　　　　　　　　　　　　　］

狂言は、日常を［a］と考えるため、けいこの時にせりふをよく覚え、初日にはもとから忘れ、舞台において［b］ようにしている。

転体であるから自《おの》ずと相似反復が生まれてくる。むしろ相似反復の中に茶碗が見出されると言ってもいいかもしれない。先人の営みをそのまま踏襲し、そこに生じる相似と差異の中に創造性が見立てられていく。多くの人々が認める普遍的な美がそこに見出されていく。個の創造性を超えた価値を探り当てようという意識、あるいは自我の表出に溺れず清まろうとする意志がそこに働いている。

　誤解を恐れずに言うなら、③日本文化の中に育まれてきた創造性は人跡未踏にのみ価値を置いてはいない。自身の創作意欲を十全に発露しながらも、むしろさっぱりと個を始末し、普遍に手を伸ばそうとする姿勢である。同じ場所を同じように踏んでも足跡が完全に一致することはなく、必ず踏み方に違いが出る。だから先達の足跡に敬意を表しつつ、躊躇《ちゅうちょ》なく自分の足跡をそこに重ねられるのである。　（原　研哉「白百」より）

（注）梅里雪山＝中国雲南省にある連山のこと。
　轆轤＝陶器などを成形するときに用いる回転台。

1　次のうち、①到達と熟語の構成が同じものはどれか。一つ選び、記号を○で囲みなさい。（ア　イ　ウ　エ）

ア　修繕　イ　避暑　ウ　送迎　エ　密封

2　次のうち、本文中の ② に入れるのに最も適していることばはどれか。一つ選び、記号を○で囲みなさい。（ア　イ　ウ　エ）

ア　古歌を重んずる　イ　古歌を軽んずる
ウ　独創を是とする　エ　独創を非とする

3　次のうち、本歌取りや轆轤を回して茶碗を作ることについて、本文中で述べられていることがらと内容の合うものはどれか。最も適しているものを一つ選び、記号を○で囲みなさい。（ア　イ　ウ　エ）

ア　本歌取りという方法があるように、和歌を詠むには、言葉を生み出す技術よりもむしろ、過去に詠まれた歌に対する知識の方が必要となる。

イ　本歌取りにおける創造性は、時代を経て人々の意識に残ってきたものに、個を重ね合わせていくことで見えてくる差異の中から見出される。

ウ　轆轤を回して茶碗を作る行為における創造性は、自ずと生まれてきた相似反復からではなく、その中に生じた差異から見立てられていく。

エ　轆轤を回して茶碗を作る行為には、先人の営みを踏襲しながらも、普遍的な美を超えた個の創造性を見立てようという意識が働いている。

4　③日本文化の中に育まれてきた創造性とあるが、日本文化の中に育まれてきた創造性について、本文中で筆者が述べている内容を次のようにまとめた。 a に入る内容を、本文中のことばを使って**十字以上、十五字以内**で書きなさい。また、 b に入れるのに最も適しているひとつづきのことばを、本文中から**二十五字**で抜き出し、**初めの五字**を書きなさい。

a

b

創造や創発という行為が携えているのは、未踏の地を踏む手応えのような a というイメージかもしれないが、日本文化の中に育まれてきた創造性は、先達の足跡に自分の足跡を重ねることで、創作意欲を発露しながらも、 b である。

国語B問題

時間　五〇分
満点　九〇点

(注)　答えの字数が指定されている問題は、句読点や「　」などの符号も一字に数えなさい。

1　次の(1)～(4)の文中の傍線を付けた漢字の読み方を書きなさい。また、(5)～(8)の文中の傍線を付けたカタカナを漢字になおし、解答欄の枠内に書きなさい。ただし、漢字は楷書《かいしょ》で、大きくていねいに書くこと。

(1) しおりが挟まったままの本。(　まった)
(2) ついたてで部屋を隔てる。(　てる)
(3) 悠久の歴史を感じる。(　)
(4) 厳粛な雰囲気。(　)
(5) チームのハシラとなる存在。
(6) 動物がつくったスアナ。
(7) この荷物はアンガイ軽かった。
(8) ヤハンに目を覚ます。

2　次の文章を読んで、あとの問いに答えなさい。

独創性、オリジナリティとは何だろうか。「人跡未踏」という言葉がある。誰もまだ踏み得ていない場所のことである。①到達の困難な地に足跡を残すことは功績であり栄誉でもある。未踏の地は冒険家たちによって次々に踏破されてきたが、中国雲南《うんなん》省の梅里雪山《ばいりせつざん》とか、南極の分厚い氷の下に眠るボストーク湖など、未踏の地はまだある。月面はアポロ11号のアームストロング船長によって踏まれた。火星にはまだ人は到達していないが、往復に何年もかけてそれを踏みに行くには哲学的な決断が必要であろう。しかし人類は踏んだことのない場所を踏みたがる。誰にでも分かりやすい明白なる達成がそこに刻印されるからだろう。創造や創発という行為が携えているイメージは、この未踏の地を踏むような手応えなのかもしれない。

しかし一方、昔の人が踏んだ足跡の上をことさら踏み重ねるようにして行う創造行為もある。和歌における「本歌取り」がそれである。これは先人が詠《よ》んだ古い歌を下敷きにし、一句から二句程度、古歌の言葉をそのまま使って歌を詠む方法をいう。②ならこれは創造性がないということになるが、本歌取りは、先人の作を、それを享受する人々が皆知っていることを前提とする創作である。和歌を詠む素養には、言葉を生み出す技術のみならず、過去に詠まれた歌に対する知識も含まれている。したがって先人の歌やそこに描かれた主題を、歌を詠む側も味わう側も共通知識として持っていることを前提に、新たな歌がそこに重ねられるのである。ここには普遍と個の問題が横たわっている。時代を経て人々の意識の中に残ってきたものに、自分という個を重ね合わせていくことで見えてくる差異の中に、創造性を見出《みいだ》そうという着想がそこにある。

別の例で言えば、轆轤《ろくろ》を回して茶碗《ちゃわん》を作る情景を想像してほしい。回

300 200

に語らせ、史実そのものを多義性をそなえたかたちで顕そうとするものである。

ウ　私たちが、互いに通じ合う部分を持つことができるのは、一つの時代、一つの社会のなかで、自他の経験を内面化し、それを自分たちに共通した問題として生きていこうとするからである。

エ　経験は、さまざまな制度を仲立ちにして行われ、新しい事実や出来事を生じさせるものであり、私たち一人一人は、新しい経験と新しい事実や出来事から、より多くの込み入った問題を課されることとなる。

5　次の資料A、資料Bを読んで、「読書」とはどのようなものかということについてのあなたの考えを、あとの原稿用紙に**三百字以内**で書きなさい。ただし、あとの条件1・2にしたがって書くこと。

資料A
良書を初めて読むときには新しい友を得たようである。
オリバー・ゴールドスミス

資料B
本は私たちの中にある凍りついた海を割る斧《おの》でなければならない。
フランツ・カフカ

(注)　オリバー・ゴールドスミス＝イギリスの作家。
フランツ・カフカ＝チェコの作家。

条件1　資料A、資料Bの少なくとも一つについてふれること。
条件2　資料からどのようなことを考えたのかを明らかにして書くこと。
※　二つの資料をそれぞれA、Bと表してもよい。
・原稿用紙の正しい使い方にしたがって書くこと。
・題名や名前は書かないで、本文から書き始めること。

100

う。歴史とは、私たち人間にとって、まずなによりもそういう鏡ではないだろうか。そして歴史は、このような鏡であるためには、それ自身が多かれ少なかれ自立したイメージ的な全体性をもったものでなければならないし、また、現在とはつながらずにはっきり断ちきられた過去でなければならない。鏡は世界を映し出すものであり、イメージは鏡に宿るものである。鏡は相接したものを映し出すのではなくて、へだたったもの、はっきり向かい合ったものを映し出す。過去の事実や出来事は歴史として現代と断ちきられへだたりながら、ことばによって多義性を蔵した自立的なイメージ的全体となることができ、④その結果、過去の歴史はさまざまな角度から現代と私たちの生き方のなんたるかを映し出す鏡になるのである。

（中村雄二郎「哲学の現在」より）

1　本文中のA～Dの━━を付けた語のうち、一つだけ他と品詞の異なるものがある。その記号を○で囲みなさい。（A　B　C　D）

2　次のうち、本文中の［①］、［③］に入れることばの組み合わせとして最も適しているものはどれか。一つ選び、記号を○で囲みなさい。（ア　イ　ウ　エ）

ア　①　たしかに　③　それにより
イ　①　たしかに　③　それにしても
ウ　①　もしくは　③　それにより
エ　①　もしくは　③　それにしても

3　②歴史を科学的に学問化することにはなったとあるが、本文中で筆者は、過去の事実や出来事をどのようなものとして扱うことで、歴史を科学的に学問化することになったと述べているか。次のうち、最も適しているものを一つ選び、記号を○で囲みなさい。（ア　イ　ウ　エ）

ア　科学的な意味での厳密な知識を得ることにより、過去の事実や出来事を、明確に対象化され、イメージ的全体性を失ったものとして扱うこと。
イ　明確に対象化され、イメージ的全体性を失ったものととらえることによって、過去の事実や出来事を、現在と無関係なものとして扱うこと。
ウ　過去の事実や出来事を、科学の対象である物体と同じように、明確に対象化され、イメージ的全体性を失ったものとして扱うこと。
エ　過去の事実や出来事を、一回性をもった出来事としてではなく、私たちとの生きたつながりをもったものとして扱うこと。

4　④その結果、過去の歴史はさまざまな角度から現代と私たちの生き方のなんたるかを映し出す鏡になるとあるが、本文中で筆者は、これは歴史がどのようなものになるということだと説明しているか。その内容についてまとめた次の文の［　］に入る内容を、本文中のことばを使って**五十字以上、六十字以内**で書きなさい。

歴史が［　　　］ものになるということ。

5　次のうち、本文中で述べられていることがらと内容の合うものはどれか。最も適しているものを一つ選び、記号を○で囲みなさい。（ア　イ　ウ　エ）

ア　歴史がそこから知識を得ることができないものだとされてしまうのは、描き出され話にまとめられた歴史が、空想によって着色され、歪められているからではなく、事実の一部分にすぎないからである。
イ　歴史小説は、史実にもとづきながらも、想像力によって物語をつくり上げていくものだが、歴史は、想像力は用いず、史実そのもの

4　次の文章を読んで、あとの問いに答えなさい。

歴史には、現在とAはっきり断ちきられることによってBかえって格別な意味をもってくるところがある。現在の私たちにとって特別な様相をもったものとしてあらわれてくるところがある。①、歴史が過去の出来事を現在と断ちきれたかたちで扱い描き出すことは、昔からよく人々の歴史への関心を有害でこそあれ益のないものとする根拠にもされた。すなわち、歴史は私たちの関心を徒《いたずら》に過去に向かわせることで自分たちの生きる時代を忘れさせ、私たちを現実から逃避させるものではなかろうか。描き出され話にまとめられた歴史は、事実そのものではなくて事実の一部分にすぎず、しかも、事実のままではなく空想によって着色され、歪《ゆが》められている。だから、私たちは歴史からなんらの知識をも得ることができないのではなかろうか、と。

もしも過去を現在とまったく無関係なものと考えれば、過去に関心を向けることは現実からの逃避になるだろう。また、古典的な史書以来のCいわゆる歴史叙述は、科学的な意味での厳密な知識を私たちに与えるものでもないだろう。そして、もしも過去の出来事についてそのような厳密な知識を得ようとするならば、科学に範をとった実証主義的な方法により確実な史料にもとづいて過去の事実のあれこれを突きとめ、それらを時間系列のうちに一回性をもった出来事として叙述することが要求されるだろう。近代実証史学が行ったのはDまさにこのことであり、そこでは、歴史的な事実や出来事はほとんど科学の対象である物体と同じように明確に、しかしまったく対象化されておよそイメージ的全体性を失ったものとしてとらえたのである。

そのような過去の事実や出来事の扱い方は②歴史を科学的に学問化することにはなったが、私たちが惹《ひ》かれるのはそういう歴史ではない。もっと自立したイメージ的な全体性をそなえ、私たちとの生きたつながりをもった歴史である。また、出来事としての偶然性を孕《はら》んだ歴史である。そうはいっても、もちろん歴史は、ある程度まで史実にもとづきながらも想像力によって華麗な物語をつくり上げる歴史小説とは区別される。歴史上の事実や出来事をとらえる上でも、それらをことばで叙述し描き出す上でも、想像力が働かされなければならないことはいうまでもないが、歴史の場合には、どこまでも史実そのものに語らせること、史実そのものを多義性をそなえたかたちで顕《あらわ》す手助けをすること、にとどまるわけだ。

③、歴史は、一度現在と断ちきられることで、なぜ私たちにとって特別な様相をもったものになるのだろうか。まず、私たちが一つの時代、一つの社会のなかに生きているということは、ただ物理的な意味での時間的・空間的にその時間、その場所に生きているということではない。そうではなくて、多かれ少なかれ、私たち一人一人が一つの時代のなかにある社会を、つまりはそのなかでの自他の経験を内面化し、それを自分の問題として生きていくということである。もとより、一人一人がそれぞれに自分の問題とするところは同じではない。しかし互いに通じ合い共通したところをもつのは、このような自他の経験の内面化のためだろう。私たちにおいて経験は、さまざまの意識的・無意識的な制度を仲立ちにして行われ、しかもつぎつぎに新しい事実や出来事を生じさせていく。そして、新しい経験と新しい事実や出来事は私たちの一人一人にいっそう多くの、いっそう込み入った問題を課するだろう。

そうしたなかで、私たちは、自分たちの生きている時代や社会をよりよく認識するために、また込み入った問題、解決しにくい問題に対処して生きていくためにも、自分たちの時代、自分たちの社会をできるだけ総体的に、また、できるだけ多角的に映し出す鏡を求めるのだといえよ

ウ　それほど秀逸な歌ができるとは思わなかったが

エ　それまでの歌と比べると秀逸であるとは思ったが

2　次のうち、本文中の━━を付けたA～Cの動作を行っている人物として最も適しているものはそれぞれどれか。一つずつ選び、それぞれ記号を○で囲みなさい。なお、必要があれば同じ記号を何度選んでもよい。

A（ア　イ　ウ　エ）　B（ア　イ　ウ　エ）　C（ア　イ　ウ　エ）

ア　師　イ　竹村茂雄　ウ　ともなへる人　エ　筆者

3　②師の歌をおもひ出でてめで聞こえたりきとあるが、本文において、筆者はどのようなことから、師の歌を思い出し賞賛したのか。その内容についてまとめた次の文の［　］に入る内容を、本文の趣旨から考えて、現代のことばで**五字以上、十五字以内**で書きなさい。

師の歌に詠まれた内容と［　］こと。

③　次の問いに答えなさい。

1　次の(1)～(3)の文中の傍線を付けた漢字の読み方を書きなさい。また、(4)～(6)の文中の傍線を付けたカタカナを漢字になおし、解答欄の枠内に書きなさい。ただし、漢字は**楷書《かいしょ》**で、**大きくていねいに書くこと**。

(1)　今年の夏は殊に暑い。（　　に）

(2)　疑問を呈する。（　　する）

(3)　美術の授業で彫塑の基本を学ぶ。（　　）

(4)　木材のソりを直す。［　］り

(5)　ラジオが時をホウじる。［　］じる

(6)　提案のコッシを説明する。［　］

2　「水濁れば則《すなは》ち尾を掉《ふる》ふの魚無し。」の読み方になるように、次の文に返り点をつけなさい。

水濁レバ則チ無シ掉フ尾ヲ之《の》魚。

現と評されたりする『古今集』の歌の表現も、感動がこもっていないのではなく、歌における感動のしかたが『万葉集』とは異なっているにすぎない。

エ　『古今』的表現の眼目でもある事実の再構成は、事柄がつねに、変化の動機や由因などの必然関係によって成り立つという認識や、事実を動態的、歴史的にとらえようという思考から喚起されることによってなされる。

2　次の文章を読んで、あとの問いに答えなさい。

吾《わ》が師の歌に、

こころあてに見し白雲はふもとにて思はぬ空にはるる不二《ふじ》のね

此《こ》のうた、①さまでの秀逸ともおもはざりしに、いにし文化《ぶんくわ》四年、おのれ伊豆《いづ》の出《い》で湯あみがてら、熊坂《くまさか》の里なる竹村茂雄《たけむらしげお》がもとへと心ざして旅たてる頃、熱海《あたみ》の出で湯をいでて、弦巻山《つるまきやま》の頂へかかりしに、浮き雲西の空にたちかさなりたりしかば、ともなへる人にむかひて、不二はいづくの雲のあなたにかあたりて見ゆるとA問ひしに、はるかにBゆびざして、あしこの雲のうちにこそとCいふほど、いつしか浮き雲はれのきけるに、其《そ》の指ざしをしへたる雲よりははるかに高く、空に聳《そび》えてふりあふぎ見るばかりなりしかば、さて其の時ぞ、②師の歌をおもひ出でてめで聞こえたりき《賞賛し申し上げた》。

（注）　不二＝富士。富士山。
　　　竹村茂雄＝江戸時代の国学者。

1　①さまでの秀逸ともおもはざりしにとあるが、次のうち、このことばの本文中での意味として最も適しているものはどれか。一つ選び、記号を○で囲みなさい。（ア　イ　ウ　エ）

ア　それほど秀逸であるとも思わなかったが

イ　その歌ほど秀逸なものはないとも思ったが

『古今』的表現の眼目ともみられる事実の再構成は、事柄がつねに、変化の動機や由因などの必然関係によって成り立っているという認識、あるいは事実をその生起死滅の一齣《ひとこま》として動態的、歴史的にとらえようという思考を喚起するように仕組まれている。ともかく、事柄の再構成という思考性が媒介的に作用して、生動する万物の道理、千変万化を促すところの規矩《きく》を見定めようとする。そのような思考の生み出す表現は、当然ながらきわめて観念的である。次のよく知られた歌、

ひさかたの光のどけき春の日に静心《しづごころ》なく花の散るらむ――Ⓩ　（春下　紀友則）

も、再構成による観念的な表現という特徴をよく示していよう。「のどけき」と「静心なく」の［③］なひびき、そして「静心なく花の……」という擬人法的な表現があいまって、ひとり静心なく散らねばならぬ不可思議さを思わざるをえない。作者の内面にはかすかながら、静中の動、静止のなかの変化という、運命にも似た不可知の事象が発見されている趣である。不安な憂愁を正面からいうのではなく、爛漫《らんまん》の春を味わう悠々たる自然観照のかなたに、人間世界の深遠な理《ことわり》がかすかな翳《かげ》りとして見つめられている。

（鈴木日出男「古代和歌の世界」より）

（注）素性＝平安時代の歌人。
紀友則＝平安時代の歌人。
規矩＝規準。

1　次のうち、本文中の［①］に入れるのに最も適していることばはどれか。一つ選び、記号を○で囲みなさい。（ア　イ　ウ　エ）

ア　似通った題材で詠まれた二首の差を端的に示している
イ　春の情景に対して感動した理由が歌われている
ウ　梅と鶯の組み合わせの良さを暗に示している
エ　春の情景の実際がそのまま歌われている

2　②生命よみがえる季節を待ち望む気持ちとあるが、本文中のⓍで示した歌では、この気持ちを具体的にどのようにして表現しているかということについて、本文中で筆者が述べている内容を次のようにまとめた。［　］に入る内容を、本文中のことばを使って**七十字以上、八十字以内**で書きなさい。

Ⓧで示した歌では、［　］ことにより再構成し、生命よみがえる季節を待ち望む気持ちを表現している。

3　次のうち、本文中の［③］に入れるのに最も適していることばはどれか。一つ選び、記号を○で囲みなさい。（ア　イ　ウ　エ）

ア　重複的　イ　対照的　ウ　比喩的　エ　超越的

4　次のうち、本文中で述べられていることがらと内容の合うものはどれか。最も適しているものを一つ選び、記号を○で囲みなさい。（ア　イ　ウ　エ）

ア　本文中のⓎで示した歌に自然界の道理を思うことになるのは、梅の花は鶯を誘い出すために香ぐわしくなるという理屈によって、梅と鶯の取り合わせがいかに重要であるかということが感じられるためである。
イ　本文中のⓏで示した歌は、その表現がきわめて観念的であり、爛漫の春を味わう悠々たる自然観照のかなたに、不安な憂愁だけではなく、人間世界の深遠な理がかすかな翳りとして見つめられている。
ウ　理知的といわれたり、感動の間接的な表現、あるいは観念的な表

国語C問題

時間　五〇分
満点　九〇点

(注)　答えの字数が指定されている問題は、**句読点や「　」などの符号も一字に数えなさい。**

1　次の文章を読んで、あとの問いに答えなさい。

『万葉集』の歌が感動をそのまま表そうとするのに対して、『古今集』の歌は感動を一ひねりして言い表そうとする。すなわち、感動を、ある理屈の枠組みにはめこんで再構成するのである。ここで、題材のほぼ似通った二集の歌を比べてみよう。

梅の花咲ける岡辺に家居《を》れば乏《とも》しくもあらず鶯《うぐひす》の声
(万葉・巻10・一八二〇　作者不明)

春たてば花とや見らむ白雪のかかれる枝に鶯の鳴く――Ⓧ
(古今・春上　素性《そせい》)

右の二首は、同じく早春の梅と鶯を組み合わせて詠《よ》んでいながらも、その詠みぶりは根本的に異なっている。前者の『万葉』の歌は、梅の花の咲いている岡のあたりに住んでいるので、鶯の声の聞こえることが少なくない、の意。[①] といってよいだろう。

これに対して後者の『古今』の歌は、春になったので鶯が雪を梅の花と見まちがえているのだろうか、白雪の降りかかっている梅の枝で鶯が鳴くのだ、の意。実際には春まだ浅く、梅の白い花が咲く以前にその枝に雪が降りかかっているが、そこに早くも鶯がやってきて鳴いている、というのが実際のところである。それを理屈っぽく一ひねりしたのが、この『古今』の歌である。この時代よく用いられる見立てや擬人法を用いて、鶯は白雪を白梅と見まちがえたのだろうか、としている。

鶯が春まだ浅いのに雪の降りかかる梅の枝で鳴いているという事実を、「……なので……なのだろうか」という理屈の枠組みのなかにあてはめて表現していることになる。事実が事実そのままとしてではなく、再構成されているのである。この歌ではそうした工夫を通して、待ちわびた春がもうそこまでやってきたという感動を表している。雪の底から春が芽生えている、というように季節の微妙な移り変わりに気づいて、それを感動的に歌いあげるのも、この時代の季節の歌の特徴の一つである。

従来、『古今集』の歌の表現について、理屈っぽいという意味で理知的といわれたり、また感動の間接的な表現とか、あるいは観念的な表現とかいわれてきた。しかし、そうであるからとて、そのような表現には感動がこもっていないということには、けっしてならない。右の「春たてば」の歌にも、②生命よみがえる季節を待ち望む気持ちがあふれている。『万葉集』と『古今集』とでは、歌における感動のしかたが異なっているにすぎない。

花の香を風のたよりにたぐへてぞ鶯さそふしるべにはやる――Ⓨ
(春上　紀友則《きのとものり》)

これは、梅の花の香を、風を使者としてそれに添えてやり、まだ姿を現さない鶯を誘い出す案内役にしよう、ぐらいの意。ここでも、梅花の香ぐわしさや鶯を待つ気持ちをそのまま言うのではなく、擬人法の技法によって本来無関係な人事と物象を結びつけ、人を誘うのに便りをもってする人間社会の慣習に照応させながら表現している。そして、梅と鶯の取り合わせがいかに抜きがたく重要であるか、その事柄の原因理由について理屈をもって述べているところから、あらためて自然界の道理を思うことになる。

2024年度／解答

数学A問題

1 【解き方】(1) 与式$=6-(-2)=6+2=8$

(2) 与式$=9\times\left(-\frac{4}{3}\right)=-12$

(3) 与式$=25-15=10$

(4) 与式$=x-3+4x+4=5x+1$

(5) 与式$=2\times3\times x\times x\times y=6x^2y$

(6) 与式$=6\sqrt{2}-2\sqrt{2}=4\sqrt{2}$

【答】(1) 8 (2) -12 (3) 10 (4) $5x+1$ (5) $6x^2y$ (6) $4\sqrt{2}$

2 【解き方】(1) 与式$=3\times6-5=18-5=13$

(2) -4，-3，-2，-1，0，1，2の7個。

(3) 重さの合計は$(a+b)$ kgで，これが5 kgより重いから，$a+b>5$となる。よって，イ。

(4) 与式を順に(i)，(ii)とする。(i)－(ii)より，$4x=-4$　よって，$x=-1$　これを(ii)に代入して，$-1+2y=15$より，$2y=16$　よって，$y=8$

(5) 二つのさいころをA，Bとする。目の出方は全部で，$6\times6=36$（通り）　このうち，出る目の数の積が6の場合は，(A，B)＝(1，6)，(2，3)，(3，2)，(6，1)の4通り。よって，確率は，$\frac{4}{36}=\frac{1}{9}$

(6) $y=\frac{a}{x}$は反比例の式だから，グラフが双曲線になる。また，aが正の定数だから，xの値が正のときyの値も正となる。よって，グラフはウ。

(7) 左辺を因数分解して，$(x-2)(x-7)=0$　よって，$x=2$，7

(8)「製品A」5000個に含まれる不良品の個数をx個とすると，$400:3=5000:x$が成り立つ。比例式の性質より，$400x=15000$となるから，$x=37.5$　小数第1位を四捨五入して，38個。

(9) $y=ax^2$に，$x=-4$，$y=5$を代入して，$5=a\times(-4)^2$より，$a=\frac{5}{16}$

(10) ① 辺ABと平行な辺は，辺DC，EF，HG。よって，エ。② $\frac{1}{3}\times\left(\frac{1}{2}\times6\times5\right)\times7=35$ (cm^3)

【答】(1) 13 (2) 7（個） (3) イ (4) $x=-1$，$y=8$ (5) $\frac{1}{9}$ (6) ウ (7) $x=2$，7 (8) 38（個） (9) $\frac{5}{16}$

(10) ① エ ② 35 (cm^3)

3 【解き方】(1) xの値が，$4-1=3$増えると，yの値は，$105\times3=315$増えるから，(ア)$=90+315=405$　また，xの値が，$7-1=6$増えると，yの値は，$105\times6=630$増えるから，(イ)$=90+630=720$

(2) 変化の割合が105だから，$y=105x+b$として，$x=1$，$y=90$を代入すると，$90=105\times1+b$より，$b=-15$　よって，$y=105x-15$

(3) $y=105x-15$に，$y=2085$を代入して，$2085=105x-15$より，$105x=2100$　よって，$x=20$

【答】(1)(ア) 405 (イ) 720 (2) $y=105x-15$ (3) 20

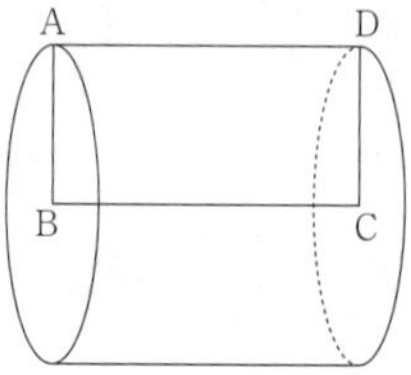

4 **【解き方】** (1) 右図のような立体ができるので，円柱である。

(2) $\angle \mathrm{BDF} = 180° - (90° + a°) = 90° - a°$

(4) △ABDにおいて，三平方の定理より，$\mathrm{BD} = \sqrt{3^2 + 6^2} = 3\sqrt{5}$ (cm)　BC = CE だから，BE = 2BC = 12 (cm)　△FBE ∽ △ABD だから，FB : AB = BE : BD = $12 : 3\sqrt{5} = 4 : \sqrt{5}$　よって，$\mathrm{FB} = \dfrac{4}{\sqrt{5}}\mathrm{AB} = \dfrac{4}{\sqrt{5}} \times 3 = \dfrac{12\sqrt{5}}{5}$ (cm)

【答】 (1) ウ　(2) $90 - a$ (度)　(3) ⓐ BAD　ⓑ ADB　ⓒ ウ　(4) $\dfrac{12\sqrt{5}}{5}$ (cm)

数学B問題

1 **【解き方】** (1) 与式 $= 1 - 6 = -5$

(2) 与式 $= 3x - 27y + 4x + 28y = 7x + y$

(3) 与式 $= -\dfrac{2b \times 6a^2}{4a} = -3ab$

(4) 与式 $= x^2 - 9 - x^2 + 2x = 2x - 9$

(5) 与式 $= (\sqrt{7})^2 + 2 \times \sqrt{7} \times 2\sqrt{2} + (2\sqrt{2})^2 = 7 + 4\sqrt{14} + 8 = 15 + 4\sqrt{14}$

【答】 (1) -5　(2) $7x + y$　(3) $-3ab$　(4) $2x - 9$　(5) $15 + 4\sqrt{14}$

2 **【解き方】** (1) 与式 $= 8 \times (-3) + 4^2 = -24 + 16 = -8$

(2) ア．負の数と正の数の積だから，負の数になる。イ．$a = -5$，$b = 3$ のとき，$-5 + 3 = -2$ となるように，a，b の値によっては負になる場合がある。ウ．$-a$ は正の数で，正の数と正の数の和になるから，つねに正の数になる。エ．負の数から正の数をひくから，つねに負の数になる。よって，ウ。

(3) 解の公式より，$x = \dfrac{-(-7) \pm \sqrt{(-7)^2 - 4 \times 1 \times 5}}{2 \times 1} = \dfrac{7 \pm \sqrt{29}}{2}$

(4) $\sqrt{44n} = 2\sqrt{11n}$ だから，最も小さい n の値は 11。

(5) 2枚カードの取り出し方は，(2，3)，(2，4)，(2，5)，(2，6)，(3，4)，(3，5)，(3，6)，(4，5)，(4，6)，(5，6)の10通り。また，2数がともに奇数のとき，a は偶数，b は奇数で，$b - a$ は奇数，2数が奇数と偶数のとき，a は奇数，b は偶数で，$b - a$ は奇数，2数がともに偶数のとき，a は偶数，b は偶数で，$b - a$ は偶数。よって，$b - a$ が偶数になるのは，(2，4)，(2，6)，(4，6)の3通りだから，確率は $\dfrac{3}{10}$。

(6) AC は直径だから，$\angle \mathrm{AEC} = 90°$　よって，$\angle \mathrm{BEC} = 90° - a°$　$\overset{\frown}{\mathrm{BC}}$に対する円周角だから，$\angle \mathrm{BDC} = \angle \mathrm{BEC} = 90° - a°$

(7) 初めに入っていた赤色のビー玉の個数を x 個とする。無作為に抽出した30個のうち，4個が青色のビー玉なので，抽出した赤色のビー玉は，$30 - 4 = 26$ (個)　これより，赤色のビー玉の個数と青色のビー玉の個数について，$x : 80 = 26 : 4$ が成り立つ。これを解くと，$x = 520$　よって，およそ520個と推定できる。

(8) A は m 上の点で，座標は $\left(t,\ \dfrac{7}{4}t^2\right)$ と表せるから，$\mathrm{AB} = \dfrac{7}{4}t^2$　C は ℓ 上の点で，座標は $(t,\ -2t - 1)$ と表せるから，$\mathrm{BC} = 0 - (-2t - 1) = 2t + 1$　よって，$2t + 1 = \dfrac{7}{4}t^2 + 1$ が成り立つ。整理して，$7t^2 - 8t = 0$ より，$t(7t - 8) = 0$　したがって，$t = 0,\ \dfrac{8}{7}$　$t > 0$ だから，$t = \dfrac{8}{7}$

【答】 (1) -8　(2) ウ　(3) $x = \dfrac{7 \pm \sqrt{29}}{2}$　(4) 11　(5) $\dfrac{3}{10}$　(6) $90 - a$ (度)　(7) 520 (個)　(8) (t の値) $\dfrac{8}{7}$

3 【解き方】(1) ① x の値が，$4 - 1 = 3$ 増えると，y の値は，$105 \times 3 = 315$ 増えるから，(ア)$= 90 + 315 = 405$ また，x の値が，$7 - 1 = 6$ 増えると，y の値は，$105 \times 6 = 630$ 増えるから，(イ)$= 90 + 630 = 720$ ② 変化の割合が105だから，$y = 105x + b$ として，$x = 1$，$y = 90$ を代入すると，$90 = 105 \times 1 + b$ より，$b = -15$ よって，$y = 105x - 15$ ③ $y = 105x - 15$ に，$y = 2085$ を代入して，$2085 = 105x - 15$ より，$105x = 2100$ よって，$x = 20$

(2) $x = 1$ のとき $y = 90$，$x = 21$ のとき $y = 2130$ だから，変化の割合は，$\dfrac{2130 - 90}{21 - 1} = 102$ よって，$a + 90 = 102$ が成り立つ。これを解くと，$a = 12$

【答】(1) ① (ア) 405 (イ) 720 ② $y = 105x - 15$ ③ 20 (2) 12

4 【解き方】［Ⅰ］(2) ① $AF = 9 - 3 = 6$ (cm) $\triangle GAF \backsim \triangle FBC$ より，$GA : AF = FB : BC = 3 : 9 = 1 : 3$ だから，$GA = \dfrac{1}{3}AF = 2$ (cm) 直角三角形GAFにおいて，三平方の定理より，$GF = \sqrt{2^2 + 6^2} = 2\sqrt{10}$ (cm) ② $GH /\!/ FC$ より，$\angle EGH = \angle EFC = 90°$ だから，$\angle FGH = 90°$ (1)と同様に考えると，$\triangle GAF \backsim \triangle IDG$ $DG = 9 - 2 = 7$ (cm)より，$GI : DG = FG : AF = 2\sqrt{10} : 6 = \sqrt{10} : 3$ だから，$GI = \dfrac{\sqrt{10}}{3}DG = \dfrac{7\sqrt{10}}{3}$ (cm) また，$FC = \sqrt{3^2 + 9^2} = 3\sqrt{10}$ (cm) $EF : FC = 5 : 3$ より，$EF = \dfrac{5}{3}FC = 5\sqrt{10}$ (cm) これより，$EG = 5\sqrt{10} - 2\sqrt{10} = 3\sqrt{10}$ (cm) $\triangle EGH$ と$\backsim\triangle EFC$ より，$EG : GH = EF : FC = 5 : 3$ だから，$GH = \dfrac{3}{5}EG = \dfrac{9\sqrt{10}}{5}$ (cm) よって，$HI = \dfrac{7\sqrt{10}}{3} - \dfrac{9\sqrt{10}}{5} = \dfrac{8\sqrt{10}}{15}$ (cm)

［Ⅱ］(3) 平行でなく交わらない辺だから，辺EFと辺CF。

(4) ① 右図のように，点Aから辺BCに垂線APをひくと，$BP = CP = \dfrac{1}{2}BC = 2$ (cm) 直角三角形ABPにおいて，三平方の定理より，$AP = \sqrt{5^2 - 2^2} = \sqrt{21}$ (cm) よって，$\triangle ABC = \dfrac{1}{2} \times 4 \times \sqrt{21} = 2\sqrt{21}$ (cm^2) ② 三角錐D—ABCの体積は，$\dfrac{1}{3} \times 2\sqrt{21} \times 6 = 4\sqrt{21}$ (cm^3) また，立体ADGHと三角錐D—ABCは，底面をそれぞれ$\triangle DGH$，$\triangle DBC$とすると高さが等しいので，体積の比は底面積の比に等しい。$\triangle DGH \backsim \triangle DBC$ で，相似比は，$GH : BC = 3 : 4$ だから，$\triangle DGH : \triangle DBC = 3^2 : 4^2 = 9 : 16$ よって，立体ADGHの体積は，$4\sqrt{21} \times \dfrac{9}{16} = \dfrac{9\sqrt{21}}{4}$ (cm^3)

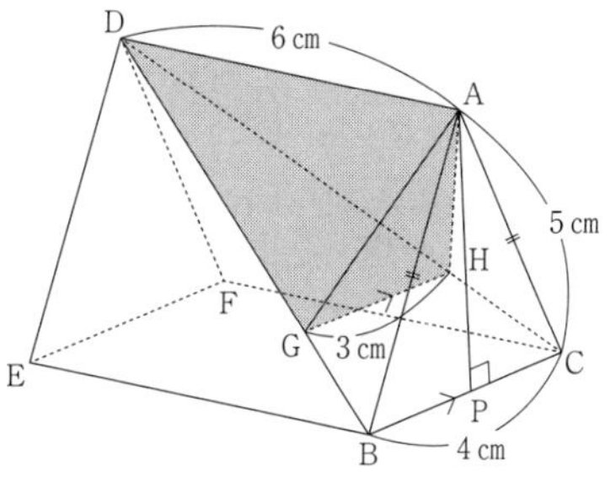

【答】［Ⅰ］(1) $\triangle GAF$ と$\triangle FBC$ において，四角形ABCDは正方形だから，$\angle GAF = \angle FBC = 90°$……㋐ $\angle EFC = 90°$ だから，$\angle AFG = 180° - \angle EFC - \angle CFB = 90° - \angle CFB$……㋑ $\angle BCF = 180° - \angle FBC - \angle CFB = 90° - \angle CFB$……㋒ ㋑，㋒より，$\angle AFG = \angle BCF$……㋓ ㋐，㋓より，2組の角がそれぞれ等しいから，$\triangle GAF \backsim \triangle FBC$

(2) ① $2\sqrt{10}$ (cm) ② $\dfrac{8\sqrt{10}}{15}$ (cm)

［Ⅱ］(3) ウ，エ (4) ① $2\sqrt{21}$ (cm^2) ② $\dfrac{9\sqrt{21}}{4}$ (cm^3)

数学C問題

1 【解き方】(1) 与式 $= \dfrac{3(2x-3y)+2(x+4y)}{12} = \dfrac{6x-9y+2x+8y}{12} = \dfrac{8x-y}{12}$

(2) 与式 $= 1+2\sqrt{6}+6-\dfrac{(2\sqrt{2}+10\sqrt{3})\times\sqrt{2}}{\sqrt{2}\times\sqrt{2}} = 7+2\sqrt{6}-\dfrac{4+10\sqrt{6}}{2} = 7+2\sqrt{6}-2-5\sqrt{6} = 5-3\sqrt{6}$

(3) $x-7=\mathrm{A}$ とおくと，$\mathrm{A}^2-4\mathrm{A}=0$ だから，$\mathrm{A}(\mathrm{A}-4)=0$　よって，$\mathrm{A}=0,\ 4$　$\mathrm{A}=0$ のとき，$x-7=0$ より，$x=7$　$\mathrm{A}=4$ のとき，$x-7=4$ より，$x=11$

(4) $y=-16$ のとき，$-16=-\dfrac{1}{4}x^2$ より，$x=\pm 8$　$x \geqq -6$ だから，$x=8$　これより，x の変域は，$-6 \leqq x \leqq 8$ とわかるから，$a=8$　また，$x=0$ のとき，y は最大値をとり，$y=0$　よって，$b=0$

(5) x は，分母が35と21の最大公約数で，分子が12と20の最小公倍数だから，$\dfrac{60}{7}$。

(6) カードの取り出し方による a，b，c の値は，右表のように全部で9通り。このうち，$a<c<b$ になるのは，○印をつけた5通りだから，確率は $\dfrac{5}{9}$。

a	c	b	
3+5=8	1+4=5	6+8=14	
3+5=8	1+6=7	4+8=12	
3+5=8	1+8=9	4+6=10	○
1+5=6	3+4=7	6+8=14	○
1+5=6	3+6=9	4+8=12	○
1+5=6	3+8=11	4+6=10	
1+3=4	5+4=9	6+8=14	○
1+3=4	5+6=11	4+8=12	○
1+3=4	5+8=13	4+6=10	

(7) a の百の位の数を x，十の位の数を y，一の位の数を z とすると，$a=100x+10y+z$，$b=100y+10x+z$ と表せる。よって，$a-b=100x+10y+z-(100y+10x+z)=90x-90y=90(x-y)$ より，$\sqrt{\dfrac{a-b}{2}}=\sqrt{\dfrac{90(x-y)}{2}}=\sqrt{45(x-y)}=3\sqrt{5(x-y)}$　ここで，x，y はともに1けたの自然数だから，$x-y \leqq 8$　したがって，$3\sqrt{5(x-y)}$ が自然数となるのは，$x-y=5$ のとき。これを満たすのは，$(x,\ y)=(9,\ 4)$，$(8,\ 3)$，$(7,\ 2)$，$(6,\ 1)$　さらに，$x+y+z=20$ だから，$(x,\ y,\ z)=(9,\ 4,\ 7)$，$(8,\ 3,\ 9)$　よって，$a=839$，947

(8) 点Aの座標は $(1,\ b)$，点Bの座標は $(-3,\ 9a)$ で，2点A，Bは直線 ℓ 上の点だから，直線 ℓ の傾きについて，$\dfrac{b-9a}{1-(-3)}=-\dfrac{1}{2}$ が成り立つ。整理して，$b-9a=-2$……㋐　また，直線OBの式は，$y=-3ax$ だから，点Dの y 座標は，$y=-3a\times 1=-3a$　よって，$\mathrm{D}(1,\ -3a)$　これより，$\mathrm{AD}=b-(-3a)=3a+b$ (cm)　$\mathrm{BC}=9a$ cm だから，台形ABCDの面積について，$\dfrac{1}{2}\times\{(3a+b)+9a\}\times\{1-(-3)\}=17$ が成り立つ。整理して，$24a+2b=17$……㋑　㋐，㋑を連立方程式として解くと，$a=\dfrac{1}{2}$，$b=\dfrac{5}{2}$

【答】(1) $\dfrac{8x-y}{12}$　(2) $5-3\sqrt{6}$　(3) $x=7,\ 11$　(4) (a の値) 8　(b の値) 0　(5) $\dfrac{60}{7}$　(6) $\dfrac{5}{9}$　(7) 839，947
(8) (a の値) $\dfrac{1}{2}$　(b の値) $\dfrac{5}{2}$

2 【解き方】(1) ① おうぎ形ODCの半径は，$4\times\dfrac{1}{2}=2$ (cm) だから，面積は，$\pi\times 2^2\times\dfrac{a}{360}=\dfrac{1}{90}\pi a$ (cm^2)

(2) ① △BDOは，OB = OD = 2 cm の二等辺三角形。△BDO ∽ △AEC で，CE = 4 － 1 = 3 (cm) だから，△AECはCA = CE = 3 cm の二等辺三角形。直角三角形ABCにおいて，三平方の定理より，$\mathrm{AB}=\sqrt{4^2-3^2}=\sqrt{7}$ (cm)　② △OCAと△FCOにおいて，共通な角だから，∠OCA = ∠FCO……(i)　二等辺三角形の底角は等しいから，∠OAC = ∠ACO……(ii)　(1)②より，∠ACO = ∠BOD……(iii)　対頂角は等

しいから，$\angle BOD = \angle FOC$……(iv)　(ii)，(iii)，(iv)より，$\angle OAC = \angle FOC$……(v)　(i)，(v)より，2組の角がそれぞれ等しいから，$\triangle OCA \backsim \triangle FCO$　よって，$OC : AC = FC : OC$ だから，$2 : 3 = FC : 2$ を解いて，$FC = \dfrac{4}{3}$ (cm)　これより，$AF = AC - FC = 3 - \dfrac{4}{3} = \dfrac{5}{3}$ (cm)　したがって，直角三角形 ABF において，$BF = \sqrt{(\sqrt{7})^2 + \left(\dfrac{5}{3}\right)^2} = \dfrac{2\sqrt{22}}{3}$ (cm)

【答】 (1) ① $\dfrac{1}{90}\pi a$ (cm^2)　② $\triangle BDO$ と $\triangle AEC$ において，同じ弧に対する円周角は等しいから，$\angle DBO = \angle EAC$……㋐　$\overset{\frown}{AB} = 2\overset{\frown}{BD}$ だから，$\angle AOB = 2\angle BOD$　よって，$\angle BOD = \dfrac{1}{2}\angle AOB$……㋑　一つの弧に対する円周角の大きさは，その弧に対する中心角の大きさの半分だから，$\angle ACE = \dfrac{1}{2}\angle AOB$……㋒　㋑，㋒より，$\angle BOD = \angle ACE$……㋓　㋐，㋓より，2組の角がそれぞれ等しいから，$\triangle BDO \backsim \triangle AEC$

(2) ① $\sqrt{7}$ (cm)　② $\dfrac{2\sqrt{22}}{3}$ (cm)

③ **【解き方】** (1) ① 右図1のように，正方形 GFBC の対角線の交点を P とすると，$BP \perp CF$ で，$BP = CP = FP = \dfrac{BC}{\sqrt{2}} = 2\sqrt{2}$ (cm)　できる立体は，半径が BP の円を底面とする高さが CP の円すいを2つ合わせた立体となるから，体積は，$\left\{\dfrac{1}{3} \times \pi \times (2\sqrt{2})^2 \times 2\sqrt{2}\right\} \times 2 = \dfrac{32\sqrt{2}}{3}\pi$ (cm^3)　② 直角三角形 EAD において，三平方の定理より，$ED = \sqrt{2^2 + 4^2} = 2\sqrt{5}$ (cm)　よって，直角三角形 DEC において，$EC = \sqrt{(2\sqrt{5})^2 + 4^2} = 6$ (cm)　③ $JK /\!/ FB$ より，$JK : FB = CJ : CF$　$IJ /\!/ EF$ より，$CJ : CF = CI : CE$ だから，$JK : FB = CI : CE$　よって，$EI = JK = x$ cm とすると，$x : 4 = (6 - x) : 6$ が成り立つ。これを解くと，$x = \dfrac{12}{5}$

図1

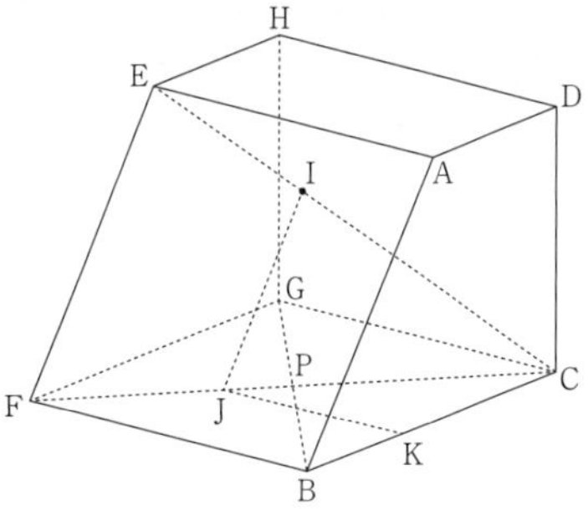

(2) ① 右図2のように，A から BC に垂線をひき，OM，BC との交点をそれぞれ Q，R とすると，$QM = RC = AD = 2$ cm　$OQ /\!/ BR$ より，$OQ : BR = AQ : AR = (4 - 1) : 4 = 3 : 4$　$BR = 4 - 2 = 2$ (cm) だから，$OQ = \dfrac{3}{4}BR = \dfrac{3}{2}$ (cm)　よって，$OM = \dfrac{3}{2} + 2 = \dfrac{7}{2}$ (cm)　② L を通り HD に平行な直線と DC との交点を S，S を通り AD に平行な直線と AB との交点を T とし，T から BC に垂線をひき，OM との交点を U，AR と ST との交点を V とする。立体 OBCM—NFGL は，四角柱 TBCS—NFGL から，三角柱 LSM—NTU と三角すい N—TOU をとりのぞいた立体。$TV /\!/ BR$ より，$TV : BR = AV : AR = 1 : 4$ だから，$TV = \dfrac{1}{4}BR = \dfrac{1}{2}$ (cm)，$TS = UM = \dfrac{1}{2} + 2 = \dfrac{5}{2}$ (cm)　また，$TU = SM = 4 - 1 \times 2 = 2$ (cm)　三角柱 LSM—NTU の体積は，$\left(\dfrac{1}{2} \times 4 \times 2\right) \times \dfrac{5}{2} = 10$ (cm^3)　さらに，$OU = OM - UM = 1$ (cm) より，三角錐 N—TOU の体積は，$\dfrac{1}{3} \times \left(\dfrac{1}{2} \times 1 \times 2\right) \times 4 = \dfrac{4}{3}$ (cm^3)　四角柱 TBCS—NFGL の体積は，

図2

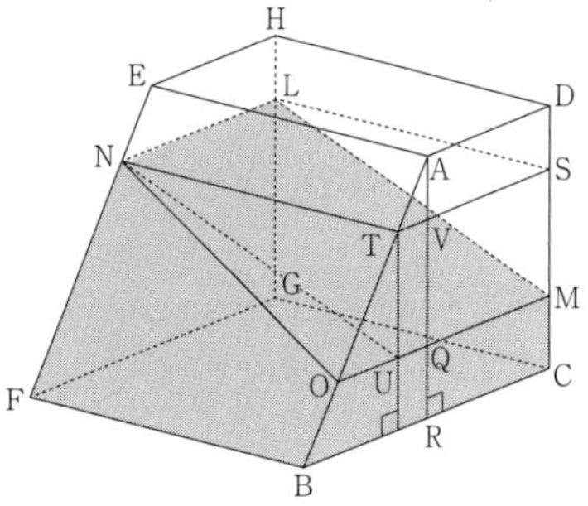

$\left\{\frac{1}{2}\times\left(\frac{5}{2}+4\right)\times(4-1)\right\}\times 4=39\ (\mathrm{cm}^3)$だから，求める体積は，$39-\left(10+\frac{4}{3}\right)=\frac{83}{3}\ (\mathrm{cm}^3)$

【答】 (1) ① $\frac{32\sqrt{2}}{3}\pi\ (\mathrm{cm}^3)$　② 6 (cm)　③ $\frac{12}{5}$ (cm)　(2) ① $\frac{7}{2}$ (cm)　② $\frac{83}{3}\ (\mathrm{cm}^3)$

英語A問題

1 **【解き方】** (1)「冷たい」= cold。

(2)「映画」= movie。

(3)「4 月」= April。

(4)「滞在する」= stay。

(5)「～を食べる」= eat。過去形は ate。

(6) 時制が現在で動詞が一般動詞の疑問文。主語が三人称単数なので〈Does ＋主語＋動詞の原形～？〉となる。

(7) 現在進行形〈be 動詞の現在形＋～ing〉の文。

(8)「～することができる」= can。

(9)「もう～しましたか？」は現在完了の疑問文〈Have ＋主語＋過去分詞～？〉で表す。

(10) What から始まる感嘆文。〈What ＋ a ＋形容詞＋名詞！〉の語順になる。

【答】 (1) ア　(2) ウ　(3) ア　(4) ウ　(5) ア　(6) イ　(7) ウ　(8) ア　(9) イ　(10) イ

2 **【解き方】** [Ⅰ] (1) 同文前半の「(何人かの)外国人旅行者」を指している。

(2)「例えば」= for example。

(3)「それぞれの市についてもっと学ぶための機会」。「～するための」は形容詞的用法の不定詞で表す。

(4) ア．第 1 段落の 6 文目を見る。麻衣は写真を撮っていた少女にそのマンホールのデザインが興味深いと言ったが，マンホールのふたについてたずねてはいない。イ．第 1 段落の最終文を見る。麻衣はマンホールのふたに関する情報をインターネットで探したが，マンホールのふたが道路上にたくさんある理由を調べたわけではない。ウ．第 2 段落の 2 文目を見る。麻衣が知ったのは，いくつかのマンホールのふたに人気のある漫画本のキャラクターのデザインがあること。エ．最終段落の 3 文目を見る。内容と合う。

[Ⅱ] ①「～をとても楽しんだ」= enjoyed ～ very much。

②「～したことがない」=〈have ＋ never ＋過去分詞〉。「そこを訪ねる」= visit there。

③ 直前の「いつそこを訪れるのか決めましょう！」という言葉に対するせりふ。解答例は「明日そこを訪れるのはどうですか？」。「～するのはどうですか？」= How about ～ing?。

【答】 [Ⅰ] (1) some foreign tourists　(2) イ　(3) エ　(4) エ

[Ⅱ] (例) ① I enjoyed it very much.　② I have never visited there.　③ How about visiting there tomorrow?

◀**全訳**▶　今日，私はマンホールのふたについてお話しします。道路上にはたくさんのマンホールのふたがあります。しかし，人々はふつう，それらに注意を払いません。ある日，私は通りでマンホールのふたの写真を撮っている少女を見かけました。そのマンホールのふたにはお城のデザインがありました。私は彼女にそのデザインは興味深いと言いました。すると，興味深いデザインのマンホールのふたが見たいので，日本を訪れる外国人観光客もいると彼女は言いました。彼女と話したあと，私は興味深いデザインのマンホールのふたに関心を持つようになりました。そのため，私はインターネットでそれらに関する情報を探しました。

私は多くの都市にさまざまなデザインのマンホールのふたがあることを知りました。例えば，ある市には，いくつかのマンホールのふたに人気のある漫画本のキャラクターのデザインがありました。その漫画本の作者はその市で生まれたのです。マンホールのふたから，私たちはそれぞれの市についてもっと学ぶための機会を持つことができると私は思いました。

先週末，私は自分の町を歩き回り，さまざまなデザインのマンホールのふたを見つけました。いくつかのマンホールのふたには昔の町の港のデザインがありました。そのデザインから，私は昔多くの船がその港を訪れたことを想像しました。あなたの町にあるマンホールのふたは，あなたの町に関する興味深いことをあなたに伝えてくれるでしょう。

3 【解き方】(1)「この自転車はあなたのものですか？」という文。「あなたのもの」＝ yours。

(2)「A に B を与える」＝ give A B。

(3)「私は～を知らなかった」＝ I didn't know ～。

(4) 井田先生の「私はオランダの自転車の数がそこに住んでいる人の数より多いと聞いています」という言葉を聞いた花が，アダムに「それは本当ですか？」と聞いている場面。直後にアダムが「約 1,700 万人がオランダに住んでいて，彼らは約 2,300 万台の自転車を持っています」と言っていることから，Yes の返答が入る。

(5) 直前の文にある「自転車で学校に来ること」を指している。

(6) アダムが「あまり暑くありません。そして夏にはあまり雨が降りません」と答えている。「そこの天候はどうですか？」という疑問文が入る。

(7) アダムの「オランダで遠くの場所まで移動する時，人々は自分の自転車を電車や船に持ち込みます」という言葉を聞いた花のせりふ。花は「電車や船に乗る時に自分の自転車を持ち込むこと」が便利だと思った。

(8) ①「井田先生は自転車で学校に来ていますか？」。井田先生の 3 番目のせりふを見る。Yes で答える。②「もし花がアダムの家族を訪れたら，彼らは彼女をどこに連れていくでしょう？」。アダムの最後のせりふを見る。「彼らは彼女を公園に連れていくでしょう」などの答えになる。

【答】(1) イ　(2) gave me this bicycle　(3)（例）I didn't know　(4) ア　(5) coming to school by bicycle

(6) ウ　(7) ウ　(8)（例）① Yes, he does.　② They will take her to the park.

◀全訳▶

アダム　：おはようございます，花。この自転車はあなたのものですか？　それは素敵ですね。

花　　　：おはようございます，アダム。はい，これは私のものです。私が中学校を卒業した時に，私の祖父が私にこの自転車をくれました。

アダム　：へえ，いいですね！　あなたは自転車に乗ることが好きですか？

花　　　：はい。自転車に乗っている時，私は心地よく感じます。だから，時間がある時，私はよくサイクリングをして楽しみます。私は自転車に乗っている多くの人を見かけます。自転車に乗ることは日本で人気があります。

アダム　：私はそれを知りませんでした。

花　　　：あなたの国の人はどうですか？　多くの人が自転車に乗っていますか？

アダム　：はい，乗っています。

井田先生：おはようございます，花とアダム。あなたたちは何について話しているのですか？

アダム　：おはようございます，井田先生。花は私に，日本で多くの人が自転車に乗っていると言っています。そして今，彼女は私の国の自転車の状況を知りたがっています。

井田先生：オランダで，自転車はとても人気があるのでしょう？　私はオランダの自転車の数がそこに住んでいる人の数より多いと聞いています。

花　　　：まあ！　それは本当ですか，アダム？

アダム　：はい，そうです。約 1,700 万人がオランダに住んでいて，彼らは約 2,300 万台の自転車を持っています。私の国では，多くの人が自転車で仕事に行ったり買い物に行ったりします。彼らは日常生活で自転車を利用しています。私の国の土地のほとんどは平らなので，自転車で動き回ることが簡単です。

花　　　：それはいいですね！　日本では，多くの場所で土地が平らではありません。私が学校に来る途中にも丘があります。だから，自転車で学校に来るのは大変です。私がかばんの中に多くの教科書をいれている時，それはもっと大変です。

井田先生：私も自転車で学校に来るので，あなたの気持ちがわかります。暑い夏には，それは私にとって大変です。私はオランダの夏が涼しいと聞いています。そこの天候はどうですか？

アダム　：あまり暑くありません。そして夏にはあまり雨が降りません。だから，夏でもほとんどの日にサイクリングは快適です。

井田先生：オランダでサイクリングをするのは楽しそうですね。

アダム　：はい，それは楽しいです。多くの観光客もそこでサイクリングを楽しみます。自転車に乗っている間，彼らは興味深い建物や美しい花を見ることができます。

井田先生：私は自転車でオランダ中を旅することがとても人気だと聞いています。

アダム　：はい。オランダで遠くの場所まで移動する時，人々は自分の自転車を電車や船に持ち込みます。

花　　　：それは便利そうですね。だから，彼らは自転車でオランダのさまざまな場所に行くことができるのですね。自転車でさまざまな場所を訪れるのはとても楽しそうです。私は将来オランダを訪れたいです！

アダム　：私と私の家族を訪ねてください。私の家の近くには，美しい公園があり，私の家族はよく自転車でそこに行きます。もしあなたが私たちを訪ねたら，私たちはあなたをその公園に連れていってあげます。

花　　　：素晴らしいですね！

英語B問題

1 【解き方】(1)「なんて暑い日でしょう！」。What で始まる感嘆文〈What + a +形容詞+名詞！〉で表す。
(2)「～するのにどれくらい時間がかかるのですか？」= how long does it take to ～?。
(3) 花の3番目のせりふを見る。花は学校に来るのに自転車と電車の両方を使っている。
(4) 直後で，アダムがオランダでは人口よりも自転車の数の方が多いと言っていることに着目する。「オランダの自転車の数はそこに住んでいる人の数よりも多いのでしょう？」となる。「～よりも多い」= larger than ～。
(5)「それは電車に乗る前に自転車をとめる必要がないということを意味するのですね」という文。アダムがオランダでは自分の自転車を電車に持ち込むことができると説明したあとのイに入る。
(6) 仮定法の文。「もしAが～したら，Bは…だろうに」=〈If + A +動詞の過去形, B + would +動詞の原形〉。
(7) 各都市につながっているもの。文前半にある「自転車専用のたくさんの道路」を指している。
(8) 直前の「客として」という表現についての井田先生の説明をまとめた花の発言。井田先生は，客として誰かの家にいる時には住んでいる人の気持ちを尊重するべきだと人々は考えると説明している。ウの「車の運転手は道路で自転車に乗っている人々の気持ちを尊重するべきだ」が適切。
(9) ア．アダムの6番目のせりふを見る。オランダでアダムは自転車通学をしていた。イ．アダムの6番目のせりふと直後の井田先生のせりふを見る。アダムの「自転車はそこ（オランダ）でとても人気がある」という言葉に対して，井田先生は「私は以前そのことについて聞いたことがあります」と言っている。ウ．「アダムは面白い表現が書かれた標識が自転車と車の両方が利用できる道路で見つけることができると言っている」。アダムの10番目のせりふを見る。内容と合う。エ．アダムの12番目のせりふを見る。標識の表現についての井田先生の説明をアダムは花と聞いており，どうやって説明したのかを尋ねた場面はない。オ．「花はオランダの道路の設計が自転車で動き回ることを便利にしていることを学んだ」。花の最後のせりふを見る。内容と合う。

【答】(1) イ (2) how long does it take to (3) ウ (4) ア (5) イ (6)（例）would be easier
(7) many roads only for bicycles (8) ウ (9) ウ・オ

◀全訳▶
花　　　：おはようございます，アダム。なんて暑い日でしょう！
アダム　：おはようございます，花。はい，暑いですね。
花　　　：ああ，あなたは自転車で学校に来たのですね。
アダム　：はい！　私は自転車に乗ることが好きです。あなたは歩いて学校に来るのですね？
花　　　：実は，私は家から駅まで自転車に乗り，そこに自転車をとめて，電車に乗ります。電車を降りたあと，私は学校まで歩きます。
アダム　：なるほど。そうすると，学校に来るのにどれくらい時間がかかるのですか？
花　　　：約1時間かかります。
アダム　：それは長い時間ですね。
井田先生：おはようございます，花とアダム。あなたたちは何について話しているのですか？
アダム　：おはようございます，井田先生。私たちは花の通学方法について話しています。彼女は学校に来るのに自転車と電車の両方を使っていると言っています。
井田先生：ああ，あなたは学校から遠いところに住んでいるのですね？
花　　　：はい，井田先生。それに，この学校も駅から少し離れています。
井田先生：はい，その通りです。
花　　　：アダム，今あなたは自転車で学校に来ていますが，オランダではどのようにして学校に通っていたのですか？

アダム　：私はオランダでも自転車で学校に通っていました。私の国では，学校に行ったり仕事に行ったりするために，多くの人が自転車に乗ります。自転車はそこでとても人気があります。

井田先生：私は以前そのことについて聞いたことがあります。オランダの自転車の数はそこに住んでいる人の数よりも多いのでしょう？

アダム　：その通りです。約1,700万人がオランダに住んでいて，彼らは1,700万台以上の自転車を持っています。驚いたことに，彼らは約2,300万台の自転車を持っています。

花　　　：まあ，本当ですか？　なぜそこでは自転車がそれほど人気なのですか？

アダム　：オランダでは，自転車で動き回るのがとても便利なのだと私は思います。例えば，人々は自分の自転車を電車に持ち込むことができます。

花　　　：まあ！　それは電車に乗る前に自転車をとめる必要がないということを意味するのですね。それに，電車を降りたあとで彼らは自分の自転車を使うことができます。私はきっとそれが便利なシステムなのだと思います。私はこの地域にも同じシステムがあったらいいなと思います。もし私が学校に来るのに同じシステムを使ったら，学校に来るのがより簡単でしょうに。

アダム　：それに，オランダには，自転車専用の道路がたくさんあり，それらは各都市につながっています。それらは自転車で遠くの場所まで移動をする人にとって便利です。そのような道路の数はずっと増えています。

花　　　：なるほど。人々は自転車でオランダの様々な場所に行くことができるのですね。

アダム　：その通りです。ところで，自転車と車の両方が利用できる道路で，あなたは面白い表現が書かれた標識をしばしば見つけるでしょう。英語で，それは車が客であることを意味します。そして，「車は客である」という表現は，人々に車は客としてその道路を利用してもよいということを伝えています。例えば，その道路では，車の運転手は自転車が通り過ぎるまで待つべきです。

花　　　：なるほど。でも私はまだ「客として」が何を意味するのかわかりません。

井田先生：そうですね，このように考えてはどうですか？　あなたが客として誰かの家にいると想像してください。あなたはそこに住んでいる人のことを考えずに，自分がやりたいことをやろうとはしないでしょう。あなたは彼らの気持ちを尊重するべきだと考えるでしょう？　だから，おそらくその表現は車の運転手が道路上で同じように考えるべきであると人々に伝えているのでしょう。

花　　　：先生は車の運転手が道路で自転車に乗っている人々の気持ちを尊重するべきだということを意味しているのですか？

井田先生：そうです，それが私の思ったことです。

アダム　：私は先生の言う通りだと思います。

花　　　：ああ，それでわかりました！　その標識は面白いです！

アダム　：それは良かった！　私はどうすればその標識の表現を説明できるだろうかと思っていました。ありがとうございます，井田先生。

花　　　：アダム，オランダの道路が自転車で動き回ることを便利にするために設計されたということを知るのは面白かったです。そのことを私に教えてくれてありがとう。いつか，私はオランダを訪れて自転車でそこを旅行したいです。

アダム　：私が様々な興味深い場所へあなたを案内してあげますよ！

2【解き方】［I］(1)「私はもっと多くの人に彼について知ってもらいたい」。「Aに～してもらいたい」= want A to ～。

(2) 直前の「林学について勉強し続けるにつれて，彼はもっと学ぶために留学したいと感じ始めました」という文に着目する。アの「彼は最新の林学について学ぶためにドイツに行きました」が適切。

(3) 直前の文にある「公園を設計するプロジェクト」を指している。

(4)「彼が見たもの」＝ the things he saw。things のあとには目的格の関係代名詞が省略されている。「A に B を与えた」＝ gave A B。

(5) 線路に積もる雪を減らすための方法を説明する部分。「その風は大量の雪を線路上に運んだ（(ii)）」→「しかし，線路沿いに木々を植えることによって，その木々は風で吹き飛ばされる雪から線路を守ることができた（(i)）」→「それはその木々が線路を覆う雪の量を減らすことができたということを意味した（(iii)）」の順になる。

(6)「私に～させてください」＝〈Let ＋ me ＋原形不定詞〉。「～を説明する」＝ explain。「それが何を意味するか」は間接疑問を使い what that means とする。

(7) 直前の「それから，木々の一部は伐採されて売られることができました」に着目する。イの「木々を売ることで受け取られたお金」が適切。

(8) ア．本多静六は東北地方の線路を守る方法を見つけるために林学の学校に入学したわけではない。イ．第 2 段落の最後から 2 文目を見る。「公園の父」とよばれているのは本多静六。ウ．第 3 段落を見る。本多静六が線路を守る仕組みを提案したのは東北地方で鉄道の運行が始まったあと。エ．「本多静六は人々に線路を守る仕組みとその仕組みを維持する方法の両方を教えた」。最終段落の 4 文目を見る。内容と合う。

(9) ①「理香は祖父母といっしょに博物館に行きましたか？」。第 1 段落の 2 文目を見る。祖父母は理香を博物館に連れていったので，Yes で答える。②「理香によれば，社会にとって素晴らしい仕組みとは何を意味しますか？」。最終段落の最後から 2 文目に「長年にわたり効果的であり続ける仕組み」と述べられている。

［Ⅱ］①「～する（ための）良い機会」＝ a good chance to ～。形容詞的用法の不定詞「～について学ぶ」＝ learn about ～。

② 理香の「あなたはこれまで一度もしたことがないことに挑戦したいですか？」という質問に対する返答。解答例は「はい，したいです。新しいことに挑戦する時，私はわくわくします。たとえ何度も失敗したとしても，私はそれらから多くのことを学びます」。

【答】［Ⅰ］(1) エ　(2) ア　(3) projects for designing parks　(4) he saw gave him　(5) ア

(6)（例）me explain what　(7) イ　(8) エ

(9)（例）① Yes, she did.　② They mean systems which stay effective for many years.

［Ⅱ］（例）① It was a good chance to learn about the person.（10 語）

② Yes, I do.／I feel excited when I try new things. Even if I fail many times, I learn many things from them.（20 語）

◀全訳▶　昨年の夏，私は祖父母に会うために埼玉県のある市を訪れました。私の滞在中，彼らは私をその市出身の男性に関する博物館に連れていってくれました。彼の名前は本多静六です。その博物館で彼について学ぶことによって，私は彼が多くの素晴らしいことをしたことを知りました。私はもっと多くの人に彼について知ってもらいたいので，今日のスピーチのテーマとしてその人を選びました。私のスピーチを聞くことで，私はあなたたちがこの人に興味を持つことを願っています。

本多静六は江戸時代の終わりの 1866 年に農家の家庭に生まれました。彼は懸命に勉強し，17 歳の時に東京の林学の学校に入学しました。林学について勉強し続けるにつれて，彼はもっと学ぶために留学したいと感じ始めました。彼の希望は実現し，彼は最新の林学について学ぶためにドイツに行きました。日本に帰ったあと，彼は林学に関する 50 冊以上の本を書き，大学で林学を教えました。また当時，公園を設計するプロジェクトが日本で計画されていました。彼はそれらの多くに取り組みました。そのため，彼は今，日本の「公園の父」として知られています。彼は大阪のいくつかの公園を含む 100 以上の公園の設計に取り組みました。

彼は社会を支える他の物事も行いました。これらの一つが東北地方に残っています。19 世紀後半に，その地域で初めて鉄道の運行が始まりました。しかし，深刻な問題が一つありました。その地域では，冬に雪がたくさん降りました。大雪のため，列車の運行がしばしば取りやめになったり，列車が駅と駅の間を長時間移動できなかったりしました。その問題について聞いた時，彼は海外で似たような状況を見たことを思い出しました。彼が見たものが彼にいくつかの手がかりを与えました。それらの手がかりのおかげで，彼は良い解決策を提案しました。それは線路沿いに木々を植えることでした。彼はその問題が横からの強風で吹き飛ばされる雪によってしばしば引き起こされることを知っていました。その風は大量の雪を線路上に運びました。しかし，線路沿いに木々を植えることによって，その木々は風で吹き飛ばされる雪から線路を守ることができました。それはその木々が線路を覆う雪の量を減らすことができたということを意味します。この単純な解決策は実際にうまくいきました。木々で線路を守る方法は，冬に大雪が降る多くの地域に広がりました。東北地方のある町では，線路沿いに植えられた木々が，100 年以上の間，雪から線路を守り続けています。

木々で線路を守る仕組みは驚くべきものでした。そして驚くことに，その仕組みは経済的にも持続可能なものでした。それが何を意味するか私に説明させてください。彼は人々に，木々を使って線路を守る仕組みだけでなく，その仕組みを長い間維持する方法も教えました。線路沿いに植えられた木々は，時間が経つとともに成長しました。それから，木々の一部は伐採され売られることができました。木々を売ることで受け取られたお金は，別の地域で木々を植えたり，その地域の列車の運行を支えたりするために使われました。このようにして，彼はその仕組みを維持するためのお金を得る方法を作り出しました。線路を守る仕組みを提案したとき，彼はその仕組みを持続可能なものにしようとも試みました。彼が提案した仕組みについて学ぶことを通して，私は今，社会を支える仕組みに興味を持っています。社会にとって素晴らしい仕組みとは，短期間だけ効果がある仕組みを意味するのではないと私は思います。それらは長年にわたり効果的であり続ける仕組みを意味します。聞いていただいてありがとうございました。

英語リスニング ［A問題・B問題］

回【解き方】1.「そのコンサートはどうでしたか？」という質問に対する返答を選ぶ。It was fun.＝「それは楽しかったです」。

2.「あなたは高い山や多くの木を見ることができます」と言っている。

3. 舞香が飼っているのは「茶色の犬」,「大きな白い犬」,「おじからもらった黒い犬」の３匹。

4. エイミーの「木曜日と金曜日に，私たちは午前中しか授業がないのですね？」に対して，健太が「木曜日に関してはそれは正しいです。午後に，私たちは翌日に開催される運動会のための準備をする予定です」と言っている。

5. (1) 恵介は中学生の時，学校の吹奏楽部に所属し，トランペットを演奏していたと言っている。(2) 日本に帰国してからも恵介がアメリカの友だちとメッセージを送りあっていることや，「私たちはお互いのことを思うことで友だちのままでいることができます」という言葉から，ウの「たとえお互いに会うことができなくても，友だちは永遠に友だちのままでいることができる」が適切。

6. (1) アマンダは「あなたの発表で大切なことは，あなた自身の考えを他の人に話すことだと私は思います」と言っている。(2) 健斗は「私は最初のテーマを選ぶことに決めました。それがなければスマートフォンやタブレットは役に立ちません」と言っている。健斗が最初に選んだものは「インターネット」。

【答】1. ア　2. エ　3. ウ　4. エ　5. (1) イ　(2) ウ　6. (1) イ　(2) ア

◀全訳▶　1.

ティム：こんにちは，美香。私は昨日，ピアノのコンサートに行きました。

美香　：そのコンサートはどうでしたか，ティム？

2. この写真を見てください。私は休暇中にこの場所を訪れました。私は自然の中にいることを楽しみました。写真の中に，あなたは高い山や多くの木を見ることができます。その中には車も建物も全くありません。

3.

エリック：こんにちは，舞香。あの茶色の犬はあなたのですか？

舞香　　：こんにちは，エリック。はい，彼女はとてもかわいい犬でしょう？　私は先月私の誕生日に彼女をもらいました。

エリック：彼女はとてもかわいいです！　でもあなたはもう１匹犬を飼っていると思います。あなたは大きくて，白い犬を飼っているでしょう？

舞香　　：はい，それに実は，私は今あと１匹飼っています。私はおじから黒い犬をもらいました。彼は海外に引っ越したので，もう犬を飼うことができなかったのです。

4.

エイミー：健太，来週の私たちの学校の予定について質問してもいいですか？

健太　　：もちろんです，エイミー。あなたは風邪をひいて数日間学校にいませんでした。あなたが知りたいことはどんなことでも私に聞いてください。

エイミー：ありがとう。私たちは水曜日まで午前と午後の両方に授業があります。それは正しいですか？

健太　　：それは正しいです。

エイミー：つまり，それは月曜日から水曜日まで何も特別なことがないということを意味するのですね。

健太　　：あっ，月曜日に私たちは学校がありません，なぜなら祝日だからです。

エイミー：ああ，その通りです。そして，もし私が正しければ，木曜日と金曜日に，私たちは午前中しか授業がないのですね？

健太　　：木曜日に関してはそれは正しいです。午後に，私たちは翌日に開催される運動会のための準備をする予定です。

エイミー：ああ，あなたは私に間違いを気づかせてくれました。私はそれが土曜日に開催されると思っていました。

健太　　：土曜日に私たちは授業も行事も全くありません。

エイミー：ありがとう，健太。

5. こんにちは，私は恵介です。私はあなたたちに，私をとても幸せにしてくれたプレゼントについてお話しします。中学生だった時，私はアメリカに住んでいました。私は学校で吹奏楽部に所属し，何人かの部員と私は仲の良い友だちになりました。私たちはみんなトランペットを演奏していました。日本に帰国する前，アメリカでの最終日に私は彼らからプレゼントを受け取りました。そのプレゼントはメッセージつきのカードでした。そのメッセージには「良い友だちは星のようです。あなたは昼間に星を見ることはできないけれど，それらはいつも空にあります」と書いてあります。そのメッセージを読んだ時，私は感動しました。私たちは遠く離れて住み会うことがないだろうけれど，私たちは永遠に友だちだということを私の友人たちは私に伝えたかったのだと思います。私たちはお互いのことを思うことで友だちのままでいることができます。日本に帰国してから私は彼らに再会していませんが，私たちはときどきオンラインでメッセージを送り，お互いの生活について話を共有しています。彼らが私にくれたプレゼントは友情について大切なことを私に教えてくれました。

質問(1)：恵介が言ったことは何ですか？

質問(2)：恵介によれば，カードのメッセージの意味は何ですか？

6.

アマンダ：あなたは何をしているのですか，健斗？

健斗　　：こんにちは，アマンダ。私は英語の授業の発表のための準備をしているところです。その発表は人間が発明した一つの重要なものに関するものでなければなりません。私は自分の発表のためにテーマを選ぼうとしているところです。

アマンダ：あなたは何かアイデアがありますか？

健斗　　：ええと，私が最初に選んだものはインターネットです，なぜなら私はそれなしで簡単に情報を得ることができないからです。でも私は多くの他の生徒もそれを選ぶかもしれないと感じています。そこで今，私は昔に発明されたものを考えています。

アマンダ：紙のようなものということですか？

健斗　　：わあ，驚いたことに，それはまさに私が2番目に選んだものです。それは人々が多くの他の人たちと考えを共有するのを助けてきましたよね？

アマンダ：それは興味深いですが，私は言語が他人と考えを共有するのを可能にしたものだと感じます。たとえ私たちに紙があっても，言語がなければ考えを共有するのはたやすくないでしょう？

健斗　　：あなたの言う通りかもしれません。ああ，テーマを選ぶのは難しいです。

アマンダ：あのね，健斗，あなたはあなたの選んだものを変える必要がないかもしれません。私はあなたが最初に選んだもののままにしても大丈夫だと思います。たとえ他の生徒とあなたが同じテーマを選んでも，それは大きな問題ではありません。あなたの発表で大切なことは，あなた自身の考えを他の人に話すことだと私は思います，そうでしょう？

健斗　　：あなたの言う通りです。わかりました，私は最初のテーマを選ぶことに決めました。それがなければスマートフォンやタブレットは役に立ちません。それは確かに人間が発明した重要なものです。どうもありがとう，アマンダ！

アマンダ：どういたしまして！

質問(1)：アマンダによれば，健斗の発表にとって大切なことは何ですか？

質問(2)：健斗は自分の発表のテーマとして，結局どれを選びましたか？

英語C問題

1 【解き方】(1)「他の人たちからの助けによってあなたはより強く感じることができます」。「より強く感じる」= feel stronger。「～で，～によって」= with ～。

(2)「この本は私を励ましてくれた言葉で一杯です」。「～で一杯だ」= be full of ～。「私を励ましてくれた言葉」= words that encouraged me。that は主格の関係代名詞。

(3)「窓の近くに座っている男性はあなたの兄弟であるに違いありません」。現在分詞 sitting 以下が The man を後ろから修飾する。「～の近くに」= close to ～。「～であるに違いない」= must be ～。

(4)「もし私たちにもっと大きな箱があったら，私たちはここに置かれた全てのものを運ぶことができるのに」。仮定法の文。「もし私たちが～だったら，私たちは…できるのに」=〈We + could +動詞の原形+ if + we +動詞の過去形〉。

(5)「私はこの金色の時計は誰の時計なのだろうかと思います」。「～だろうかと思う」= wonder ～。「この金色の時計は誰の時計なのか」は間接疑問〈疑問詞＋主語＋動詞〉を使い，whose watch this gold one is とする。

(6)「私がパリで撮った写真は私に昔のことを思い出させます」。「私がパリで撮った写真」= the picture I took in Paris。picture のあとには目的格の関係代名詞が省略されている。「A に B を思い出させる」= remind A of B。

【答】(1) ウ (2) ア (3) イ (4) ア (5) エ (6) ウ

2 【解き方】(1) 直前の「それらの回答者の半数以上が答えとして『テレビ』を選びました」と，直後の「したがって，それらの回答者の 80 パーセント以上がこれら二つの答えのうちの一つを選びました」より，「それらの回答者の 30 パーセント以上が答えとして『インターネット』を選んだ」が入る。

(2)「新聞」を選んだ割合が「インターネット」を選んだ割合より高くなっているのは「60 歳から 69 歳」の回答者。

(3) ア.「その調査はスマートフォンやソーシャルメディアを利用する人の数の変化の結果としてのメディア利用の変化を知るために行われた」。第 1 段落の 1 文目を見る。内容に合う。イ. 第 1 段落の最後から 2 文目を見る。回答者は七つの選択肢から一つの答えだけを選んだ。ウ. 表を見る。20 歳から 29 歳の年齢層では，「テレビ」よりも「インターネット」を選んだ人の方が多い。エ.「表の中の質問に答えるのに，『雑誌』を選んだ 20 歳もしくは 20 歳以上の回答者はいなかった」という文。20 歳から 29 歳の年齢層で「雑誌」を選んだ人はいないが，それ以上の年齢層では「雑誌」を選んだ人もいる。

【答】(1) ウ (2) エ (3) ア

◀全訳▶ 2022 年，日本政府は，スマートフォンやソーシャルメディアを利用する人の数が増加するにつれて，メディアの利用がどのように変化したのかを知るためにそれについての調査を行いました。13 歳から 69 歳までの 1,500 人がメディアの利用についていくつかの質問をされました。調査の中の質問の一つは「社会の出来事やニュースに関する信頼できる情報を得るためにあなたはどのメディアを利用しますか？」でした。この質問に答えるために，回答者は「テレビ」「ラジオ」「新聞」「雑誌」「本」「インターネット」「その他」の七つの選択肢から一つの答えを選びました。次の表はそれぞれの年齢層の回答者が答えとして何を選んだかを示しています。

その表から私たちが知ることができることがいくつかあります。まず，表の中の 13 歳から 69 歳の回答者の割合を見てください。それらの回答者の半数以上は答えとして「テレビ」を選びました。それらの回答者の 30 パーセント以上は答えとして「インターネット」を選びました，したがってそれらの回答者の 80 パーセント以上がこれら二つの答えのうちの一つを選びました。次に，私たちが 60 歳から 69 歳の回答者の割合を比較すると，答えとして「新聞」を選んだ回答者の割合は，答えとして「インターネット」を選んだ回答者の割合より高くなっています。

3 【解き方】(1) 直後の「ドイツから日本に帰る途中，彼はカナダを訪れ，そこの線路が雪による問題に直面しているのを見ました」に着目する。「彼はカナダで見た似たような問題を思い出しました」となる。

(2) 線路沿いに植えられた木々が風で吹き飛ばされる雪から線路を守ることができた結果,「線路を覆う雪の量」を減らすことができた。the amount of ～＝「～の量」。covering は現在分詞で後置修飾をしている。

(3) 線路沿いに植えられた木々が成長したあとに伐採して売ったお金が，別の地域で木々を植えたり，その地域の列車運行を支えたりするために使われた。これにより，木々で線路を守るシステムは経済的に「持続可能な」ものとなった。sustainable＝「持続可能な」。

(4) 第２段落の5～8文目を見る。線路沿いに木々を植えるという解決策は，線路が雪に覆われる問題に人々が対処している方法を本多がカナダで学んだことよって提案された。イの「本多静六がカナダで学んだことのおかげで提案できた」が適切。solution のあとには目的格の関係代名詞が省略されている。

(5) ア．第１段落の３文目を見る。本多は最初に日本で林学を学んだ。イ．「本多静六は列車運行に影響を及ぼしている雪の問題を解決しようとした」。第２段落を見る。内容に合う。ウ．東北地方の線路の問題は，本多が留学から帰ったあとのこと。「東北地方の線路の問題が本多を留学したいと思わせた」のではない。エ．「本多が提案した仕組みは経済的にうまくいくように彼がドイツで会った人々によって改良された」という記述はない。

【答】 (1) エ　(2) ア　(3) エ　(4) イ　(5) イ

◀全訳▶　本多静六は林学を学び，社会を支える多くのことをした人でした。彼は1866年に日本の農家の家庭に生まれました。17歳の時に，彼は東京の林学の学校に入学し，その学校を卒業後，彼はさらなる研究のためドイツに行きました。日本に帰ったあと，彼は林学に関する多くの本を書き，大学で林学を教えました。

社会を支えるために彼がしたことの一つは東北地方に残っています。19世紀後半，その地域で初めて鉄道の運行が始まりました。しかし，深刻な問題が一つありました。その地域では冬に大雪が降ったため，列車の運行がしばしば取りやめになったり，列車が駅と駅の間を長時間移動できなかったりしました。その問題について聞いた時，彼はカナダで見た似たような問題を思い出しました。ドイツから日本に帰る途中，彼はカナダを訪れ，そこの線路が雪による問題に直面しているのを見ました。彼はそのとき，人々がどのようにしてその問題に対処しているのかを学びました。彼がカナダで学んだことは，彼が東北地方の線路沿いに木々を植えるという解決策を提案することに導いたのです。彼は線路が抱えている問題が横からの強風で吹き飛ばされる雪によってしばしば引き起こされることを知っていました。その風は大量の雪を線路上に運びました。しかし，線路沿いに木々を植えることによって，それらの木々は風で吹き飛ばされる雪から線路を守ることができました。その結果，線路を覆う雪の量を減らすことができました。この単純な解決策は実際にうまくいき，冬に大雪が降る多くの地域に広がりました。

線路を守る仕組みを提案した時，本多静六はその仕組みを長期間経済的にも機能させました。線路沿いに植えられた木々が成長したあと，木々の一部は伐採され売られることができました。木々を売ることで受け取られたお金は，別の地域で木々を植えたり，その地域の列車運行を支えたりするために使われることができました。このようにして，木々で線路を守る仕組みは経済的に持続可能なものとなりました。彼は人々に，線路を守る仕組みだけではなく，その仕組みを長期間効果的にする方法も教えました。

4 **【解き方】** (1) 第２段落の４・５文目を見る。特殊な折り方で折りたたまれた紙は，素早く「二つの対角線上の角を引くことによって広げられる」ことができる。

(2)「この折り方はイギリスの雑誌で紹介されてから世界で有名になりました」となる。「紹介される」＝be introduced。

(3)「しかし，宇宙に到達したあと，それらは問題なく広げられなければなりません」という文。「もしそれらが広げられることができなければ，それは宇宙で作業するための十分なエネルギーを得ることができません」という文の直前Bに入る。

(4) 直前の文にある「人工衛星内の小さな場所に収まるよう折りたたむこと」と「問題なく宇宙でそれらを広げ

ること」を指す。

(5) ア．第2段落の2・3文目を見る。研究者が特殊な折り方を作り出したのは，宇宙で簡単に折りたたんだり広げたりできる構造物を研究していた時である。イ．第2段落の3文目を見る。研究者に特殊な折り方のヒントを与えたのは折り紙の経験である。また，「1990年代の後半に宇宙に送られた人工衛星のために使われた折り方」が「特殊な折り方」である。ウ．「太陽光パネルに利用された特殊な折り方は今，他の製品にも利用されている」。最終段落の1文目を見る。内容に合う。エ．「様々な分野の新しい科学技術が折り紙の新しい折り方を提供してきた」という記述はない。

【答】 (1) エ　(2) ア　(3) イ　(4) エ　(5) ウ

◀全訳▶ 折り紙は日本文化の一部として有名で，日本の多くの人は様々な方法で紙を折った経験があります。研究者の中には折り紙の経験を彼らの研究に生かす人もいます。

ここに，ある研究者の折り紙の経験によって助けられた研究の一例があります。宇宙開発の分野のある研究者が，宇宙で簡単に折りたたまれたり広げられたりできる構造物を研究していました。研究中に，彼の折り紙の経験からヒントを得ることで，彼は特殊な折り方を作り出しました。この特殊な折り方を利用することによって，大きな紙でも，二つの対角線上の角を同時に紙の中心に向かって押すことで，素早く折りたたまれることができます。そのあと，同じ二つの角を引くことによって，その折りたたまれた紙は再び素早く広げられることができます。この折り方はイギリスの雑誌で紹介されてから世界で有名になりました。

その後，その特殊な折り方は1990年代後半に宇宙に送られた人工衛星のための太陽光パネルに利用されました。太陽光パネルは人工衛星のためのエネルギーを生み出すために太陽から光を得るのに使われる大きな構造物です。人工衛星が宇宙に送られる前に，太陽光パネルは折りたたまれて人工衛星内の小さな場所の中に入れられなければなりません。しかし，宇宙に到達したあと，それらは問題なく広げられなければなりません。もしそれらが広げられることができなければ，人工衛星は宇宙で作業するための十分なエネルギーを得ることができません。それらが宇宙にある間，たとえそれらに問題が起こったとしても，それらが広がるのを助けるのは簡単ではありません。そのため，太陽光パネルに利用される折り方は二つのことを達成しなければなりません。一つは人工衛星内の小さな場所に収まるようそれらを折りたたむこと，もう一つは問題なく宇宙でそれらを広げることです。その特殊な折り方は両方を可能にする折り方として選ばれました。

その特殊な折り方は今，地図などの私たちが使う製品にも利用されています。その他の折り方も製品デザインや医療分野などの様々な分野に生かされています。それらの折り方は人々の生活を向上させる新しい製品や科学技術を人々が生み出すのに役立っています。

5 **【解き方】** (1) 直前の「現在ロンドンで，私たちは今でも1850年代に作られた像を見ることができ，それらが現代の復元像と異なっているということを知ることができます」に着目する。「もし私たちがそれらの像と現代の復元像を比較すれば」となる。「～を比較する」= compare。

(2) 直後の2文で，1850年代に作られた像と現代のメガロサウルスの復元像との間には違いがあることが述べられている。「私たちは『その像と現代のメガロサウルスの復元像との間にいくつかの違い』を見つけることができます」となる。

(3) 像を完成するために，科学者たちや芸術家のしたことを説明した部分。「彼らがしたことは，ワニやトカゲなど，1850年代に地球に生息していたハ虫類のいくつかの特徴を使うことでした，なぜなら彼らは恐竜がハ虫類であるのを知っていたからでした（(ii)）」→「彼らのアドバイスにより，その芸術家は恐竜の大きさに合わせるために，そのようなハ虫類の体の部分の大きさを変え，像の体の部分を作りました（(iii)）」→「彼はそのようにして使った体の部分を用いてそれらの像を完成させました（(i)）の順になる。

(4) 第4段落で，1850年代の科学者たちと現代の科学者たちがどちらとも，恐竜の復元像を作るために現在地球に生息する動物の情報を利用していることが述べられている。よって，Ⓐには the same が入る。また，空欄を含む2つの文は on the other hand でつながれているので，対照的な内容になる。よって，「1850年代の科学者たちと現代の科学者たちの状況は『異なる』」となり，Ⓑには different が入る。

⑸ 第2段落の3文目に，1850年代の科学者たちは1人の芸術家が恐竜の復元像を作るのを助けるため，恐竜に関するアドバイスを与えたと述べられている。

⑹ ア．第2段落の4文目を見る。1850年代に恐竜の復元像を作ることが困難だったのは，当時発見されていた恐竜の化石はほんのわずかしかなく，科学者たちも恐竜についてほんの少ししか知らなかったため。イ．最終段落の2文目を見る。1850年代に作られた恐竜の像は，多くの人々が当時の恐竜に関する情報を得るのに役立った。「その像と本物の恐竜との違いについて知るのに役立った」わけではない。ウ．第2段落の4文目や第4段落の1文目に，1850年代に科学者たちが恐竜について持っていた情報が少なかったことが述べられている。科学者たちが「何も情報を持っていなかった」わけではない。エ．「科学者たちは恐竜に関する私たちの考えに影響を与える新しい情報を獲得し続けているため，未来の人々が持つ考えは私たちのものとは違っているかもしれない」。最終段落の後半を見る。内容と合う。

【答】⑴ イ　⑵ ウ　⑶ イ　⑷ ウ　⑸ エ　⑹ エ

◀全訳▶　私たちの多くは恐竜がどのような姿をしていたのか想像することができます。私たちは決して実際に本物の生きている恐竜を見ることはできませんが，本やテレビ番組の絵や，博物館の像から，恐竜がどんな特徴を持っていたのか知ることができます。そのような絵や像は恐竜の復元像とよばれ，それらは多くの科学者たちによって行われた研究の助けを借りて作られています。

1850年代に，1人の芸術家がロンドンの公園に恐竜の像を作りました。彼が作った像は世界で初めての実物大の恐竜復元像でした。それらを作るために，その芸術家は当時恐竜に関する最新の情報を持っていた何人かの科学者たちからアドバイスをもらいました。しかし，当時発見されていた恐竜の化石はほんのわずかしかなく，それらの科学者たちでさえ恐竜についてほんの少しのことしか知らなかったため，恐竜の復元像を作るのはとても困難でした。科学者たちは恐竜がハ虫類であると確信していました。また，化石は彼らの体の部分が巨大であることを示していたので，彼らは恐竜が巨大であることもわかっていました。多くの人は巨大なハ虫類が太古の昔に存在していたことさえ知りませんでした。そのような状況下では，ロンドンで作られた像は人々にとって大きな驚きでした。現在ロンドンで，私たちは今でも1850年代に作られた像を見ることができ，それらが現代の復元像と異なっているということを知ることができます。もし私たちがそれらの像と現代の復元像を比較すれば，恐竜に対する考えが様々な点で変化してきたことを知ることが可能です。

その芸術家が1850年代にロンドンで作った彫像の一つはメガロサウルスの像です。私たちはその像と現代のメガロサウルスの復元像との間にいくつかの違いを見つけることができます。例えば，1850年代に作られた像はワニのような小さな頭を持ち，4本の大きな脚で歩いている巨大なトカゲのように見えます。しかし，メガロサウルスの現代の復元像は，その恐竜がより大きな頭を持ち，2本の脚で歩いたことを示しています。これらの違いは次のような理由で現れました。

1850年代，恐竜の体に関する多くの情報が欠けていました。また，恐竜を取り巻く環境に関する情報もほとんどありませんでした。その芸術家が像を完成するのを助けるために，科学者たちは彼らが持っていたわずかな情報を使い，恐竜の体の部分がどのように見えたのか想像する必要がありました。彼らがしたことは，ワニやトカゲなど，1850年代に地球に生息していたハ虫類のいくつかの特徴を使うことでした，なぜなら彼らは恐竜がハ虫類であるのを知っていたからでした。彼らのアドバイスにより，その芸術家は恐竜の大きさに合わせるために，そのようなハ虫類の体の部分の大きさを変え，像の体の部分を作りました。彼はそのようにして作った体の部分を用いてそれらの像を完成させました。これは実際，当時復元像を作るための最良の方法でした。今でも，科学者たちは恐竜の復元像を作るため，同様に現在地球に生息する動物の情報を利用しています。これはそれまでに見つけられた化石からそれらの部分に関する情報が見つけられない時に，科学者たちが恐竜の特定の体の部分を想像するのに役立っています。そのため，1850年代に科学者たちが像を完成させるために使っていた方法と現代の科学者が復元像を作るために使っている方法はその点において同じです。一方で，1850年代の科学者たちと現代の科学者たちの状況は異なっています。1850 年代の科学者たちには研究するための化石や情報がほとんどありませんでしたが，現代の科学者たちは多くの化石からより多くの情報を得ることができ，新しい科学技術が彼らの研究を助けてくれます。

恐竜に関する多くの新しい情報のおかげで，私たちは今，1850 年代の恐竜についての考えのいくつかが間違っていることを知っています。しかし，その像はその当時恐竜について何も知らなかった多くの人々が恐竜に関する情報を得るのに役立ちました。その像はまた，私たちがその当時科学者たちは恐竜に関してどのような考えを持っていたのかを学ぶのにも役立ちます。1990 年代以降，科学者たちはいくつかの種類の恐竜には羽毛があったことを示す化石を発見してきました。新しい情報は恐竜に関する私たちの考えを変えています。未来の人々は，私たちが今信じていることとはとても異なることを信じているかもしれません。

6 **【解き方】** 目標を達成するために努力した経験について考え，達成するために何が重要なのかを述べる。クラブ活動や習い事などでの具体例を使って説明すればよい。

【答】（例）I think an important thing to achieve a goal is to learn from past results. I learned this from my experience of making an effort to win the basketball game against a very strong team. To win the game, our team watched the videos of our past games together. After that, we shared ideas about our weak parts. Then, we could focus our attention to improve those parts during practice, and it helped us win the game. So, I think learning from past results is important to achieve a goal.

英語リスニング ［C問題］

回【解き方】【Part A】1. 美術館についてジェームズは「そこはとても良かったので，私はそこがいかに良かったのか表現する言葉を見つけることができません」と言っている。イの「彼はその美術館が素晴らしいと思った」が適切。

2. エリカは「つづりの間違いがある単語を丸で囲みました」と言っている。mark =「マークをする，印をつける」。

3. エリカは「彼（エリカのおじいさん）は強い意志を持つことが大切だと言っています」と言っている。strong will =「強い意志」。

4. ジェームズは「私はクラスの他の6人の友だちに頼んだのですが，リサとケントは来ることができませんでした。その他の4人は来ました」「サッカーチームの私の友だち3人も来てくれました」と言っている。

5. 自分の尊敬する人について，エリカは「彼女は後に研究者になり，アメリカの宇宙プロジェクトに取り組みました」と言っている。as a researcher =「研究者として」。

【Part B】6. (1) 1982年にフランスで開かれた音楽祭が，ワールドミュージックデイの最初のイベントだった。

(2)「オンラインイベントであなたたちは，音楽家がその瞬間に演奏している生の音楽ショーを体験することができます」と言っているので，エの「オンラインイベントはその年のワールドミュージックデイの前に録画された音楽ショーを提供するだけです」は正しくない。

【Part C】ジェームズとエリカは発表のテーマとして紙を選んだ。また，2人があげた「紙のおかげで，人々は簡単に記録することができる。紙に記録することによって，人々は全てのことを覚えておく必要がない。起こったことや聞いたことについて記録することができる」「紙は人々の間で考えを共有することをより簡単にした。紙は軽いので，持ち運びが簡単。特に昔は，紙がなければ，遠くに住んでいる他の人たちに自分の考えを送ることが困難だった」「紙は私たちがよく使う製品を作るために使われる材料となっている。紙製の箱はあらゆるところで使われている。もしそのような製品の材料として私たちが紙を使っていなかったら，私たちの生活は便利になっていなかっただろう」を理由として述べればよい。

【答】【Part A】1. イ　2. ウ　3. ア　4. ウ　5. イ　【Part B】6. (1) エ　(2) エ

【Part C】（例）The thing they chose is paper. Thanks to paper, people can keep a record easily. By making a record on paper, people don't have to remember everything. They can make records about things which happened or things which they heard. Paper made sharing ideas among people easier. Paper is light, so it's easy to carry it. Especially in old times, without paper, it was difficult to send their ideas to others who lived far away. Paper has become the material used for making products we often use. For example, boxes made of paper are used everywhere. Our lives wouldn't be convenient if we didn't use paper as the material for such products.

◀全訳▶

それではリスニングテストを行います。このリスニングテストには，パートA，パートB，パートCの三つのパートがあります。

パートAを見てください。リスニングテストのこのパートでは，エリカとジェームズの五つの会話聞きます。それぞれの会話を2回聞きます。それぞれの会話を2回聞いたあとで，質問を聞きます。それぞれの質問は1回だけ読まれ，それから答えを一つ選ばなければなりません。では始めます。

【Part A】

1.

エリカ　：ジェームズ，私はあなたが訪れたかった美術館にようやく行ったと聞きました。それはどうでしたか？

ジェームズ：そうですね，エリカ，そこはとても良かったので，私はそこがいかに良かったのか表現する言葉を見つけることができません。

質問：ジェームズは何を意味しているのですか？

2.

ジェームズ：エリカ，イベントのために私が作ったポスターをチェックしてくれてありがとう。何か私が改善するべきことはありますか？

エリカ　　：それはとても魅力的に見えますよ，ジェームズ。でもあなたがいくつかの部分を変えれば，それはもっと良くなるでしょう。

ジェームズ：どの部分を変更すればいいか私に教えてください。

エリカ　　：私はいくつかの部分に下線を引きました。それらの部分の文字サイズはもっと大きくなるべきだと思います，なぜならそれらの部分は重要な情報を含んでいるからです。私はまた，つづりの間違いがある単語を丸で囲みました。

質問：この会話について正しい文はどれですか？

3.

ジェームズ：エリカ，向こうでジョギングしている男性はあなたのおじいさんですよね？

エリカ　　：そうです，ジェームズ。彼は毎朝ジョギングに行きます。私は彼が 70 歳であるとは信じられません。

ジェームズ：うわあ，私がその年齢に達した時，私はおそらく走ることができないでしょう。

エリカ　　：年齢は重要ではないと彼は言っています。彼は強い意志を持つことが大切だと言っています。

ジェームズ：私は彼のことをとても尊敬します。

質問：この会話について正しい文はどれですか？

4.

エリカ　　：ジェームズ，日曜日のボランティア活動に参加することができなくてすみません。

ジェームズ：大丈夫ですよ，エリカ。あなたはお姉さんのピアノコンサートを逃すことはできませんでした。

エリカ　　：そうですね。あなたが招待した他の友だちはみんなその活動に来たのですか？

ジェームズ：実は，私はクラスの他の 6 人の友だちに頼んだのですが，リサとケントは来ることができませんでした。その他の 4 人は来ました。

エリカ　　：あら，あなたはその活動にもっと多くの人を必要としていました。あなたはその活動に 6 人以上必要だと言っていましたよね？

ジェームズ：ああ，実は，サッカーチームの私の友だち 3 人も来てくれたんです。

エリカ　　：それは良かった。私は次回はきっと参加します。

質問：何人のジェームズの友だちが日曜日のボランティア活動に来ましたか？

5.

ジェームズ：あなたは何をしているのですか，エリカ？

エリカ　　：こんにちは，ジェームズ。私は英語の授業のためのスピーチを作成しているところです。

ジェームズ：ああ，私があなたの作業を止めてしまったのであればすみません。

エリカ　　：大丈夫です。あの，もしあなたに時間があるなら，私が考えをまとめるのを手伝ってもらえますか？

ジェームズ：私はあなたの手伝いができればうれしいです。

エリカ　　：ありがとう。私は自分が尊敬する人について話すつもりです。私はクラスメートがおそらく知らないであろう女性を選びました。私は彼女について言いたいことがいくつかあるのですが，それらが十分な情報を含んでいるのかよくわかりません。

ジェームズ：そうですね，彼女について私に話してみてはどうですか？

エリカ　　：わかりました。この人は学校で数学がとても得意でした。彼女は後に研究者になり，アメリカの宇宙プロジェクトに取り組みました。彼女は一度も宇宙飛行士として宇宙に行きませんでしたが，宇宙に行こうとする宇宙飛行士のために重要な役割を果たしました。

ジェームズ：彼女は素晴らしい人のようですね。あなたのスピーチはいくつかの例があるともっと良くなるだろうと私は思います。私はあなたがなぜその人を尊敬するのかも詳しく知りたいです。

質問：尊敬する人についてエリカによって話されたのはどれですか？

パートBを見てください。リスニングテストのこのパートでは，ラジオ番組の一部を聞きます。それは2回話されます。それを2回聞いたあとで，質問を二つ聞きます。それぞれの質問は1回だけ読まれ，それから答えを一つ選ばなければなりません。では始めます。

【Part B】

6. こんにちは，みなさん。今日は私たちの番組を聞いていただいてありがとうございます。今日は6月21日で，今日は何が特別かわかりますか？　実は，今日はワールドミュージックデイです。それは様々な音楽を楽しむ日です。それは約120か国の1,000以上の都市で祝われます。それらの国にはフランス，アメリカ，オーストラリア，インドが含まれます。今日，あなたたちは通りや公園やその他の公共の場所で様々な音楽を楽しむことができます。様々な場所で，多くの無料コンサートが観客のために開催されます。

さて，ワールドミュージックデイの歴史について学びましょう。あなたたちはそれが新しいイベントであると思うかもしれません。実は，音楽を祝う日を設けるという最初の考えは1976年にフランスで提案されました。そのあと，ある調査がフランスでは約500万人が楽器を演奏するということを示しました。その数は当時のその国の人口の約9パーセントでした。フランス政府はそれらの人々が他の人々に自分たちの音楽を演奏して楽しんでもらうための方法を見つけようとしました。1982年，フランスはプロの音楽家とプロではない人々の両方を含む全ての音楽家たちに開かれた音楽祭を始めました。これがワールドミュージックデイの最初のイベントでした。

あなたはあなたの町でのワールドミュージックデイのイベントだけでなく，オンラインで開催されるイベントの一つに参加することもできます。オンラインイベントであなたたちは，音楽家がその瞬間に演奏している生の音楽ショーを体験することができます。あなたたちはおそらく，あなたたちが参加するワールドミュージックデイのイベントで，これまでに聞いたことがない新しい種類の音楽を発見して楽しむことができるでしょう。

質問(1)：ワールドミュージックデイの歴史について正しいのはどれですか？

質問(2)：ラジオ番組が言ったことについて正しくないのはどれですか？

【Part C】

英語の授業の発表活動

テーマ：人間の発明した1つの重要なもの

・あなたはパートナーと発表活動をします。

・発表活動では，あなたはなぜ自分が選んだものが人間の発明した重要なものであるかと思うのかを説明するべきです。

パートCのテスト用紙を見てください。最初に，英語の授業の発表活動に関する情報を読んでください。30秒間あります。では，読み始めなさい。

【30秒間の読む時間】

読むのをやめなさい。これからジェームズとエリカの会話を聞きます。彼らは英語の授業の発表活動について話しています。彼らの会話とそれについての質問を2回聞きます。聞いている間，英語の授業の発表活動に関して彼らが言うことについてテスト用紙にメモを書き込んでもかまいません。では，会話を聞きなさい。

ジェームズ：こんにちは，エリカ。私は英語の授業の発表活動であなたのパートナーですね？

エリカ　　：はい，ジェームズ。テーマに何を選ぶのかを決めて発表の準備をしましょう。

ジェームズ：はい，今から始めましょう。まず，テーマに何を選べばいいでしょう？　あなたは何か考えがありますか？

エリカ　　：そうですね，私にはインターネットやコンピュータなどの考えがいくつかありますが，他の多くの生徒がそれらの現代の科学技術を選ぶかもしれません。

ジェームズ：あなたの言う通りかもしれません。昔に発明されたものを選ぶのはどうでしょう？

エリカ　　：それはいい考えです。ああ，あなたは紙についてどう思いますか？

ジェームズ：面白そうですが，あなたはなぜ紙が人間の発明した重要なものであると思うのですか？

エリカ　　：そうですね，紙のおかげで，人々は簡単に記録することができます。

ジェームズ：ああ，その通りです。紙に記録することによって，人々は全てのことを覚えておく必要がありません。彼らは起こったことや聞いたことについて記録することができます。

エリカ　　：私もそう思います。だから，これは紙を選ぶ一つのポイントになります。

ジェームズ：はい。それに，紙は人々の間で考えを共有するのをより簡単にしました。

エリカ　　：それはなぜ紙が人間の発明した重要なものであるのかを説明するもう一つのポイントです。紙は軽いので，持ち運びが簡単です。特に昔は，紙がなければ，遠くに住んでいる他の人たちに自分の考えを送ることは困難でした。

ジェームズ：その通りです。最近では私たちはスマートフォンのような機器を持っていますが，人々は昔そのような機器を持っていませんでした。

エリカ　　：私もそう思います。三つめのポイントとして，紙は私たちがよく使う製品を作るために使われる材料となっています。

ジェームズ：ああ，その通りです。例えば，紙製の箱はあらゆるところで使われています。もしそのような製品の材料として私たちが紙を使っていなかったら，私たちの生活は便利になっていなかったでしょう。大丈夫，私たちにはなぜ紙が重要なものであるのかを説明するポイントが十分にあると私は思います。だから，テーマとして紙を選びましょう。

エリカ　　：はい。紙が私たちの選択です。では発表に向けて私たちの考えをまとめましょう。

質問：発表のテーマとしてジェームズとエリカが選んだものは何ですか？　そして，なぜ彼らはそのものが人間の発明した重要なものであると考えているのですか？　両方の質問に英語であなたの答えを書きなさい。

　書く時間は6分です。では始めなさい。

　書くのをやめなさい。これでリスニングテストを終わります。

社　会

1 【解き方】(1) 壬申の乱は，672 年に起こった大海人皇子《おおあまのおうじ》と大友皇子の天皇位をめぐる争い。勝利した大海人皇子は，翌年に即位して天武天皇となった。

(2) A．藤原氏は，幼い天皇のかわりに政治を行う「摂政」や，成人した天皇を補佐する「関白」の地位を独占した。なお，執権政治とは，鎌倉時代に北条氏が執権の地位を独占し，鎌倉幕府の実権を握って行った政治のこと。

(3) ⓐ フビライ＝ハンは，1271 年に国名を元に改めた。「チンギス＝ハン」は，13 世紀前半にモンゴル帝国を建国し，初代皇帝となった人物。ⓑ「防人」は，古代に九州北部を中心に守りについた人々のこと。

(4) 種子島は現在の鹿児島県に属する島で，屋久島の東に位置している。

(5) ① ⓐ「大目付」は，老中の下で大名を監視した，常置の役職。ⓑ「大阪城代」は，西国大名の監視や大阪城の守護を任された役職。ⓒ 西国の大名や大商人は，海外渡航を許可する朱印状を将軍から発行され，東南アジアなどへ渡航し朱印船貿易を行った。② (i)は 19 世紀中ごろに行われた天保の改革，(ii)は 18 世紀後半に行われた寛政の改革，(iii)は寛政の改革の前に老中の田沼意次が行った政治の説明。

(6) イは 20 世紀前半，エは 18 世紀後半のようす。

(7) ① 原敬は，米騒動の責任をとった寺内正毅内閣の後を受け，本格的な政党内閣を組織した。② 1982 年から 1985 年にかけて，日本の輸出額が大きく増加する一方，輸入額はほぼ横ばいであったため，日本の貿易黒字が大きく増加したことがわかる。「国際的な合意」とは，プラザ合意のこと。

【答】(1) エ　(2) ウ　(3) ⓐ イ　ⓑ ウ　(4) エ　(5) ① ⓐ イ　ⓑ エ　ⓒ 朱印　② カ　(6) ア・ウ
(7) ① 政党　② 日本の貿易上の黒字が増加し続けた（同意可）

2 【解き方】(1) ① ア・ウ・エの県は，いずれも県名と県庁所在都市名が同じ。② 瀬戸内海の沿岸部は，冬の季節風が中国山地に，夏の季節風が四国山地にさえぎられる。

(2) ② ⓑ サンベルトとは，アメリカ合衆国の北緯 37 度以南の温暖な地域のことで，1970 年代以降にハイテク産業を中心に発達した。③ ア．オランダは，ヨーロッパ連合に加盟しており，ユーロも導入している。イ．スペインとポルトガルは，共にヨーロッパ連合に加盟しており，ユーロも導入している。エ．イギリスは，2020 年にヨーロッパ連合を離脱した。

(3) ① ⓐ イは中国，ウはインドの生産量が世界第 1 位（2022 年）。ⓑ エはオーストラリアやインドネシアなど，オはサウジアラビアやアラブ首長国連邦などからの輸入が多い。② ブラジルは，南アメリカ大陸の東部に位置する。イはアフリカ大陸，ウは南極大陸，エはオーストラリア大陸。③ ケニアはアフリカ大陸に位置する国で，茶の輸出量は世界第 1 位（2021 年）。

(4) ア．世界全体の人口は，2000 年から 2020 年にかけて 16 億 9200 万人しか増加していない。イ．G7 と G7 以外の GDP は，2000 年にはそれぞれ約 22 兆ドルと約 12 兆ドル，2020 年にはそれぞれ約 38 兆ドルと約 47 兆ドルとなっている。よって，G7 以外の GDP は，2000 年から 2020 年にかけて約 35 兆ドルしか増加していない。

【答】(1) ① イ　② エ　(2) ① オタワ　② ⓐ ア　ⓑ エ　③ ウ　(3) ① ⓐ ア　ⓑ カ　② ア　③ 茶　(4) ウ・エ

3 【解き方】(1) ① 経済活動の自由には，居住・移転及び職業選択の自由や財産権の不可侵が含まれる。② 日本国憲法第 13 条の条文。

(2) ① 消費者の 4 つの権利とは，安全を求める権利，選ぶ権利，知らされる権利，意見を反映させる権利を指す。② 消費者が企業の過失を証明することは困難であるため，PL 法を定めることで消費者を保護している。③ (a) 企業が株式や社債を発行し，投資家などから直接お金を集めることは直接金融という。

(3) ① ⓐ「固定資産税」は，市町村（東京 23 区内のみ東京都）に納める直接税。ⓑ「相続税」は，国に納める直接税。② (a) ア・イ・エは国会が行うこと。(b) アは内閣が意思決定のために開く会議，イは重要な案件を審議する際，専門家などの意見を聴く会合，ウは各議院に所属する議員が原則全員参加し，最終的な意思決定を行う会議。③ 社会保障費はおもに 15～64 歳が負担していること，社会保障給付費が増加していること，15～64 歳人口が減少していることをふまえると，15～64 歳の一人当たりの負担は増加していることがわかる。

【答】 ⑴ ① ウ　② 幸福追求　⑵ ① エ　② 製造物責任法　③ (a) 間接　(b) 株主
⑶ ① ⓐ イ　ⓑ ウ　② (a) ウ　(b) エ　③ 15～64 歳の人口が減少しており，15～64 歳の人々の負担が増加している（同意可）

④ **【解き方】** ⑴ ① 参議院議員の被選挙権と同じ条件になっている。② ウの地方交付税交付金も，国から地方公共団体に配分される資金だが，使い方が限定されない。③ ⓐ 条例の制定・改廃請求や監査請求は，有権者総数の 50 分の 1 以上の署名を必要とする。ⓑ 議会の解散請求や首長・地方議会議員の解職請求が行われた場合，住民投票を行うことが義務付けられている。

⑵ ① ⓐ 倭の五王の名が『宋書』に記されており，南朝の宋に対して使いを送っていたことがわかる。ⓑ「江田船山古墳」は，熊本県にある前方後円墳で，「ワカタケル」の名が刻まれた鉄刀が出土した。② 1945 年 6 月に国際連合憲章が採択され，同年 10 月に国際連合が発足した。

⑶ P. 北海道・長崎県・島根県が日本海に，愛媛県・大分県が瀬戸内海に，それぞれ面している。Q. 鹿児島県・大分県・宮崎県・長崎県の養殖によるぶり類の収穫量合計は 84,862 千 kg で，全国の約 61.7 %を占めている。

⑷ ⓐ イは平安時代，ウは鎌倉時代の作品。ⓑ オは江戸時代に書かれた社会のようすや人情を題材とした小説。

⑸ ⓐ・ⓑ 団体の占める割合は，2005 年は約 6.4 %，2010 年は約 7.7 %，2015 年は約 9.8 %，2020 年は約 12.3 %。ⓒ 表Ⅱより，農業経営体の総数が減少していること，図Ⅰより，経営耕地面積はほぼ横ばいとなっていることが読み取れる。そのため，一経営体当たりの面積は増加していることがわかる。

【答】 ⑴ ① エ　② イ　③ ⓐ ア　ⓑ 住民投票　⑵ ① ⓐ イ　ⓑ ウ　② 国際連合　⑶ ア　⑷ ⓐ ア　ⓑ エ
⑸ ⓐ エ　ⓑ ク　ⓒ 経営耕地面積が拡大している（同意可）

理　科

1【解き方】(2) ア・イ・ウは火成岩。

(3) 地層は下の層から順に堆積して形成される。

(6) 図Ⅰより，B 点の標高は 40m，C 点の標高は 42m なので，B 点の方が，42 (m) − 40 (m) = 2 (m)低い。また，図Ⅲより，れきの層と砂の層との境界面の地表面からの深さは，B 点では 2 m，C 点では 5 m なので，B 点の方が，5 (m) − 2 (m) = 3 (m)浅い。

(8) (6)より，B 点と C 点の標高は B 点の方が 2 m 低いので，C 点の柱状図を上に 2 m ずらして火山灰の層の位置を比べると，C 点の火山灰の層は B 点の火山灰の層よりも 1 m 下にある。また，CD 間の地層の境界面は南に向かって下がっていて，BC 間の距離と CD 間の距離，BC 間の地層の境界面の傾きの角度と CD 間の地層の境界面の傾きの角度がそれぞれ等しいので，D 点の火山灰の層は C 点よりもさらに 1 m 下にある。よって，D 点の火山灰の層は，B 点の火山灰の層よりも，1 (m) + 1 (m) = 2 (m)下にある。B 点と D 点の標高は等しく，B 点の火山灰の層の地表面からの深さは 3 m なので，D 点の火山灰の層の地表面からの深さは，3 (m) + 2 (m) = 5 (m)

【答】(1) ⓐ ア　ⓑ ウ　(2) エ　(3) れき(の層)　(4) オ　(5) ① 示相(化石)　② イ　(6) ⓔ 2　ⓕ 3

(7) 砂の層に挟まれている（同意可）　(8) 5 (m)

2【解き方】(2) 2 力の合力は，右向きに，6.0 (N) − 3.4 (N) = 2.6 (N)

(4) 図Ⅱより，AC 間の距離は，1.2 (m) + 1.2 (m) = 2.4 (m)　物体が動き始めてから 1.6 秒後に物体の前面が C を通過するので，物体の平均の速さは，$\dfrac{2.4\ (\mathrm{m})}{1.6\ (\mathrm{s})} = 1.5\ (\mathrm{m/s})$

(5) ① 図Ⅲより，AB 間の距離は 1.2m なので，力 F_1 が物体にした仕事は，1.8 (N) × 1.2 (m) ≒ 2.2 (J)　② 仕事率は，$\dfrac{\text{仕事(J)}}{\text{仕事にかかった時間(s)}}$ で表されるので，物体の速さが速くなり，仕事にかかった時間が短くなるほど仕事率は大きくなる。

(6) ① つりあう 2 力は 1 つの物体にはたらく。

(7) 図Ⅲと図Ⅴでの物体の速さは等しいので，運動エネルギーが等しくなる。

【答】(1) ウ　(2) 2.6 (N)　(3) 等速直線運動　(4) 1.5 (m/s)　(5) ① 2.2 (J)　② ⓐ イ　ⓑ ウ

(6) ① ウ　② 慣性　(7) 運動エネルギーは等しい（同意可）

3【解き方】(1) アはコケ植物，ウは裸子植物，エはシダ植物。

(2) アは軟体動物，イはその他の無せきつい動物（環形動物），ウは節足動物だが昆虫類ではない（クモ類）。

(5) 遺伝子の組み合わせが Aa の雄花の花粉を，Aa の雌花に受粉させると，得られた種子の遺伝子の組み合わせは，AA，Aa，aa の 3 種類が 1：2：1 の割合でできる。よって，得られた種子のうち，遺伝子の組み合わせが Aa となるものは，$\dfrac{2}{1 + 2 + 1} \times 100 = 50\ (\%)$

(6) カボチャの色を黄色にする遺伝子が A，雄花が咲いた個体はカボチャの色が黄色になる純系なので，遺伝子の組み合わせは AA。

(7) 受精卵は体細胞分裂によって増えるので，1 つの細胞の染色体の組み合わせや数は常に同じ。

(8) 果実の皮の色は花粉のもつ遺伝子の組み合わせには関係なく，雌花のもつ遺伝子の組み合わせで決まるので，皮の色が黄色の雌花（遺伝子の組み合わせが AA か Aa）に受粉させると，1 か月後に得られる果実の皮の色がすべて黄色になる。

【答】(1) イ　(2) エ　(3) ① 胚珠　② ウ　(4) どちらか一方しか現れない（同意可）　(5) ウ　(6) ア　(7) イ

(8) ア・イ・ウ

4 【解き方】(1) ア・イ・ウは非金属。

(3) マグネシウム原子がもつ陽子と電子の数は等しいので，電子は12個。マグネシウム原子は電子を2個放出してマグネシウムイオンになるので，マグネシウムイオンがもつ電子の数は，12(個)－2(個)＝10(個)

(4) 表Ⅱより，銅イオンが銅原子になり，亜鉛原子が亜鉛イオンになるので，数が減少するのは銅イオンと亜鉛原子。

(6) 亜鉛原子から放出された電子は，導線から銅板に流れていくのでモーターが回転し，水溶液中の銅イオンは銅板の表面で電子を受け取り，銅板の表面に銅が付着する。また，図Ⅴでは，亜鉛板の周囲に銅イオンがあるので，水溶液中の銅イオンが亜鉛板から直接電子を受け取り，亜鉛板の表面にも銅が付着する。

(7) 表Ⅰより，銅より亜鉛の方がイオンになりやすいので，亜鉛板を－極にする。亜鉛板のまわりが硫酸銅水溶液で満たされると，図Ⅴと同じ状態になり，短時間しか電流が取り出せないので，Aの亜鉛板のまわりは硫酸亜鉛水溶液で満たす。

【答】(1) エ (2) 中性子 (3) 10 (4) ア・エ (5) 電子を放出して陽イオン（同意可） (6) ⓓ イ ⓔ オ (7) エ
(8) 水溶液中のイオンを通過させる（同意可）

国語A問題

1 【答】1. (1) こうかい　(2) あいさつ　(3) こころ(み)　(4) あつか(う)　(5) 弓　(6) 重(い)　(7) 資格　(8) 背景
2. ウ

2 【解き方】1. アは「培」で部首は「土」, イは「提」で部首は「扌」, ウは「懐」で部首は「忄」である。
2. a. 役割の「一つ」について, 直後で「暑さや寒さなどの…耐えしのぐことです」と述べ,「暑さや寒さ」「ひどい乾燥」などを耐え抜くのに役立つと説明している。b. もう一つの役割として,「自分では動きまわることのない植物たちが生育する場所を変えたり…広げたりすること」を挙げている。
3.「硬く厚い皮をやわらかくするために多くの水がなければなりません」「それほど十分な量の水が存在する『場所』では…根を張りめぐらせるまで, 十分な水があることになります」ということと,「硬くて厚い種皮は, 土壌に多くの微生物がいると分解されます」ということから,「水」が十分にあることと,「微生物」が多くいることを条件としておさえる。
4. a.「いろいろな場所で, 何年にもわたってバラバラと発芽がおこ」ることについて,「硬い種皮をもつタネは, 同じ年に同じ株にできたタネ」であってもその後, 移動する場所によって「発芽する時期が異なってきます」と述べている。b.「いっせいに発芽してしまう」と「すべてが枯れるような…全滅する危険性」があるが,「いろいろな場所で…バラバラと発芽する」ことで, そうした危険性を回避できることをおさえる。

【答】1. ア　2. a. 都合の悪い環　b. 変えたり, 広げたりする（11字）（同意可）　3. イ
4. a. 同じ年に同じ株にできた　b. 全滅する危険

3 【解き方】1. 他に「やすし」「下直な」「同じね」と表現しているので,「直」が値段を意味していることをおさえる。
2. 語頭以外の「は・ひ・ふ・へ・ほ」は「わ・い・う・え・お」にする。
3. a. 直前の「春入るものは秋かへはやすし…何によらずやすい」に注目。春に要るものは秋に買うと安く, 冬に要るものは夏に買うと安いことを示すことばが入る。b. ろうそくを昼に買っても,「夜買ふと同じねじやあつた」と話している。

【答】1. イ　2. かえば　3. a. イ　b. ア

◀口語訳▶　一般的に物を買うときは, その時季になると値段の高い物になるので, 焼き炭は夏に買えば値段が安く, さらしなどは冬に買えばかなり安値になる。なにごとにも注意を払って, 春に入用なものは秋に買うと安い。冬に要るものは夏に買うと, 何であっても安い。いやいやそうおっしゃるな。このあいだろうそくを昼に買いに行ったが, 夜に買うのと同じ値段であった。

4 【解き方】1. ①とウは,「ず」「ぬ」に置き換えられる助動詞。他は,「ず」「ぬ」に置き換えることができない形容詞。
2. a.「○○とは何か」という問いを,「あまりに抽象的で…大きな問い」と表現している。b. こうした問いにいきなり向き合っても「すぐに回答すること」はおろか,「回答の糸口さえつかめない」という場合があると前で述べている。
3.「時間を直線で表す」ことは「ある種の比喩」と理解すべきであると述べたことに反して, この比喩の意味を考え,「直線の比喩をどこまで…理解してよいのでしょうか」という疑問を示している。
4.「この問いに答えるだけでは…完全に示したことにはならない」としながら,「少なくともこの問いに答えることによって…時間の本質を部分的に明らかにすることはできます」と述べている。
5. 最後の文は,「時間が空間に類するものであるかどうか」という「この小さな問い」が,「時間の本質が何であるのか」という問いを「具体化」して「考える糸口を与えてくれていること」を受けていることから考える。この文章が,「○○とは何か」を考えるにあたって,「大きな問い」を「より具体的な小さな問い」へ置き換えて考えると役に立つことについて述べていることもおさえる。

【答】 1. ウ　2. a. 抽象的で漠然　b. 回答の糸口さ　3. エ
4. 完全に示したことにはならないが，部分的に明らかにする（26字）（同意可）　5. イ

5 **【答】**（例）
私は，新しいことに挑戦するときは，決して失敗を恐れないようにしたいと考える。うまくいかないときのことを考えて挑戦から逃げることが多いからである。友だちからダンス教室に誘われ，とても興味があったのに，うまく踊れるようになる自信がなくて断ってしまい後悔したことがある。もし失敗してもそこから学べるものは大きいと思うので，積極的に挑戦することを大切にしたい。（177字）

国語B問題

1 **【答】** (1) はさ(まった)　(2) へだ(てる)　(3) ゆうきゅう　(4) げんしゅく　(5) 柱　(6) 巣穴　(7) 案外　(8) 夜半

2 **【解き方】** 1.「到達」とアは，同意の漢字の組み合わせ。イは，上の漢字が動作を表し，下の漢字がその対象を表している。ウは，反意の漢字の組み合わせ。エは，上の漢字が下の漢字を修飾している。

2.「古歌の言葉」をそのまま一部に使うことを受けて，「創造性がない」と否定することにつながる内容を考える。前で，「創造や創発という行為が携えているイメージは，この未踏の地を踏むような手応えなのかもしれない」と述べていることもふまえる。

3.「本歌取り」には，「普遍」と「個」の問題が存在し，「時代を経て人々の意識の中に残ってきたもの」に「自分という個」を重ね合わせることで見えてくる「差異」の中に「創造性」を見出そうという着想があると述べている。また，「轆轤を回して茶碗を作る情景」では，先人の営みを踏襲して生じた「相似と差異」の中に「創造性」が見立てられると述べ，さらにそこに「多くの人々が認める普遍的な美」が見出され，「個の創造性を超えた価値を探り当てようという意識」が働いていると述べている。

4. a. 冒頭で「人跡未踏」という言葉を取り上げて，人類が踏んだことのない場所を踏みたがる理由を「誰にでも分かりやすい明白なる達成がそこに刻印されるからだろう」と述べ，「創造や創発という行為が携えているイメージ」を示している。b. 日本文化における創造性について，「人跡未踏にのみ価値を置いてはいない」として，「自身の創作意欲」を発露する一方で，「個」を手放して「普遍」に手を伸ばし，「先達の足跡」に「自分の足跡」を重ねるものであると述べている。

【答】 1. ア　2. ウ　3. イ　4. a. 明白なる達成を刻印する（11字）（同意可）　b. さっぱりと

3 **【解き方】** 1. 語頭以外の「は・ひ・ふ・へ・ほ」は「わ・い・う・え・お」にする。

2.「或芸者」が「我も人も，初日には…うろたゆる也」と話し，「いか成る御心入りありてや」と質問したのを受けて，藤十郎が「我も初日は同，うろたゆる也」と話し始めていることをおさえる。

3.「常づね」の生活で人と集まったり「喧嘩口論」をしたりするときに，せりふが用意されているわけではないことを表す。

4. a. 藤十郎は，「狂言は常を手本とおもふ故」と語っている。b. けいこでしっかり覚え，初日に忘れるせりふについて，「舞台にて相手のせりふを聞き，其の時おもひ出だしてせりふを云ふなり」と語っている。

【答】 1. といていわく　2. ウ　3. イ
4. a. 手本　b. 相手のせりふを聞いた時に思い出してせりふを言う（23字）（同意可）

◀口語訳▶ ある役者が，藤十郎に尋ねて言うことには，私も他の人も，舞台の初日にはせりふをうろ覚えであるせいか，うろたえてしまいます。あなたは十日も二十日も，演じ慣れた狂言をなさるように見えます。どのようなお心がまえがあるのでしょうか伺いたいものです。それに答えて言うことには，私も初日は同じように，うろたえます。それでも，他の人の目に演じ慣れた狂言をするように見えるのは，けいこの時に，せりふをよく覚えて，初日には，すっかり忘れ，舞台で相手のせりふを聞いて，その時に思い出してせりふを言うのです。そのわけは，日ごろ人と寄り集まり，あるいは喧嘩や口論をするのに，前もって言うことを考えるということはありません。相手が言う言葉を聞いて，こちらは初めて返す言葉が心に浮かぶのです。狂言は日常を手本と

思いますので，けいこの時にはよく覚えて，初日には忘れて舞台に出るのです。

4 【解き方】1. 助動詞の「られる」は，未然形に接続する。接続助詞「て」や助動詞「たい」「ます」は，連用形に接続する。

2. 前文までに述べた内容を理由として受けて，「文字で表現された内容」が「デジタルな情報」だと言えると結論づけている一文なので，「明確に区別できる有限な言葉の組み合わせ」で表現する俳句は，「デジタルな情報」であるとして，「デジタルな情報」の表現方法を説明したあとに入ることをおさえる。

3.「世界や自分に関するアナログな情報をデジタル情報に変換する」という「エンコーダー」は，俳句では，作者が「情景や心に感じたアナログな情報」を「デジタル情報である十七音の言葉の組み合わせに変換している操作」にあたる。また，「デジタル情報から世界や他者に関するアナログな情報を復元する」という「デコーダー」は，読者が「十七音を読み取って…他者の感じた情景や気持ちを再現」する作業にあたる。

4. 俳句では，「歳時記で意味が解説されている季語を用いること」を「条件」とすることで，詠み手と鑑賞者の「お互い」が「季語の本意本情を理解している」という「共有知識」が成立し，そのため，「正確で効率の良いコミュニケーション」を成り立たせていると解釈できるという考えを述べている。

【答】1. A　2. ウ

3. 情景や心に感じたことを十七音の言葉の組み合わせに変換し，読者が，それを読み取って自分の頭の中に詠み手の感じた情景や気持ちを再現する（65字）（同意可）

4. ウ

5 【答】（例）

合意の形成に向けて話し合う際，私は少数意見に耳を傾けることを心がけたいと考える。クラスや部活などの話し合いで，多数意見や強く訴える意見に圧倒されて，少数派の意見が消えてしまうことがあるからだ。これでは，公平な話し合いとは言えず，本当の意味での合意にはならないと感じるのである。

大半の人と異なる意見が出たときは，その意見を決して否定しないで，まずは両方の意見の共通点と相違点を明確にする。そして，共通点を確認できたらそこを合意の起点とし，相違点についてはお互いに考え方を調整することで，合意に近づけるのがよいと思う。(259字)

国語C問題

1 【解き方】1.「梅の花の咲いている岡の…鶯の声の聞こえることが少なくない」という意の「『万葉』の歌」は，「感動をそのまま表そうとする」ものである。

2.「春になったので鶯が雪を梅の花と見まちがえているのだろうか…梅の枝で鶯が鳴くのだ」という意の歌について，「鶯が春まだ浅いのに雪の降りかかる梅の枝で鳴いている」という事実を，「……なので……なのだろうか」という「理屈の枠組み」にあてはめて表現することで「再構成」し，「待ちわびた春がもうそこまでやってきたという感動」を表していると説明している。

3. ②の歌は，こんなに日の光がのどかに降り注ぐ春の日なのに，どうして落ち着いた心もなく桜の花は散ってしまうのだろうという意味。春の「光」の「のどけき」という様子と，「花」が散るときの「静心なく」という様子を対比させていることをおさえる。

4.「『古今集』の歌の表現」について，「理屈っぽいという意味で理知的」「感動の間接的な表現」「観念的な表現」などといわれるが，「感動がこもっていないということには，けっしてならない」として，「『万葉集』と『古今集』とでは，歌における感動のしかたが異なっているにすぎない」と述べている。

【答】1. エ

2. 鶯が春まだ浅いのに雪の降りかかる梅の枝で鳴いているという事実を，春になったので鶯が雪を梅の花と見まちがえているのだろうかという理屈の枠組みのなかにあてはめる（78字）（同意可）

3. イ　4. ウ

2 【解き方】1. 文章の最後で，この「師の歌」を思い出して，「めで聞こえたりき」と評価が変わったことと合わせて考える。「さまで」は，「それほどまで」という意味。「ざり」は，打ち消しの助動詞である。

2. A.「竹村茂雄がもと」を目指して弦巻山の山頂にさしかかったときに，「不二」の位置について尋ねている人物。B・C.「不二はいづくの雲のあなたにか…見ゆる」と尋ねられて，浮き雲に隠れている「不二」の位置を指さして答えている人物。

3.「師の歌」は，白雲に隠れて見えない「不二」の姿を想像したあとで，実際に大きく高くそびえる姿を目にして驚く気持ちを詠んだ歌である。筆者自身が「弦巻山の頂」で，浮き雲に隠れた「不二」の位置を質問し，その後，雲が晴れて姿を現した「不二」が高くそびえる様子を見て，この歌を思い出していることから考える。

【答】1. ア　2. A. エ　B. ウ　C. ウ　3. 同じような体験をした（同意可）

◀口語訳▶　私の先生の歌に，

その中に山の頂があると想像しながら見ていた白雲が晴れてみると，そこはふもとで，山の頂はそれよりもはるかに高いところにある富士山であった

この歌は，それほど秀逸であるとも思わなかったが，かつて文化四年に，私が伊豆の温泉に入りがてらに，熊坂の里にいる竹村茂雄のところへ行こうと決めて旅立った際，熱海の温泉を出て，弦巻山の山頂にさしかかったとき，浮き雲が西の空に重なっていたので，一緒に来た人に向かって，富士山はどの雲の向こうのあたりに見えるのかと尋ねると，遠くを指さして，あそこの雲の中にこそと言っていると，いつのまにか浮き雲が晴れてきて，その指さした雲よりもはるかに高く，空にそびえるのを仰ぎ見るばかりになったので，そこでその時こそ，先生の歌を思い出して賞賛し申し上げた。

3 【解き方】2. 一字戻って読む場合には「レ点」を，二字以上戻って読む場合には「一・二点」を用いる。

【答】1. (1) こと(に)　(2) てい(する)　(3) ちょうそ　(4) 反(り)　(5) 報(じる)　(6) 骨子　2.（右図）

水濁レバ則チ無シ二掉フレ尾ヲ之《の》魚一。

4 【解き方】1. Cは，活用のない自立語で，体言を修飾する連体詞。他は，活用のない自立語で，用言を修飾する副詞。

2. ①では，歴史が現在と断ちきられることで「格別な意味」「特別な様相」をもつと述べたあと，「歴史が過去の出来事を…描き出すこと」が「人々の歴史への関心を…益のないものとする根拠にもされた」ことは，明らかなことだと認めている。③では，過去の出来事を「現在とまったく無関係なもの」ととらえることについて述べたあと，冒頭で述べた「歴史には，現在とはっきり断ちきられることによって…特別な様相をもったものとしてあらわれてくるところがある」ということについて，「なぜ」という疑問を呈している。

3.「そのような過去の事実や出来事の扱い方」とは，直前の「歴史的な事実や出来事」が「科学の対象である物体と同じように明確に…まったく対象化されておよそイメージ的全体性を失ったもの」であるととらえることを指す。

4.「私たち」は，「自分たちの時代，自分たちの社会をできるだけ総体的に…多角的に映し出す鏡」を求めていると前で述べている。そして，歴史が「このような鏡」になるためには，「自立したイメージ的な全体性をもったもの」で，「はっきり断ちきられた過去」でなければならないと説明していることをおさえる。

5.「私たち」にとって「経験」は，「さまざまの意識的・無意識的な制度を仲立ちにして行われ…新しい事実や出来事を生じさせていく」ものであり，そうした「新しい経験と新しい事実や出来事」は，「私たちの一人一人に…いっそう込み入った問題を課するだろう」と述べている。

【答】1. C　2. イ　3. ウ

4. 自立したイメージ的な全体性をもち，現在と断ちきられたものとなり，自分たちの時代や社会を総体的，多角的に映し出す（55字）（同意可）

5. エ

5 【答】(例)

読書について，Aでは新しい友ができることにたとえ，Bでは私たちに強烈な影響を与えるものであるべきだという考えを伝えている。どちらも，本との出会いが新たな世界に導いてくれることを表したものである。

私が実際に経験できることはとても限られているが，読書を通じていろいろな体験をして刺激をもらうことができる。Aのような読書は何度か経験したことがある一方で，Bの「凍りついた海を割る斧」といえるような本にはまだ出会ったことがない。たしかに自分の中の狭い世界や凝り固まった考え方に強力な一撃を与えてくれる本は，自分を大きく成長させるものだと思うので，これからはBのような本も積極的に求めていきたいと思う。(300字)

~MEMO~

~MEMO~

大阪府公立高等学校
(一般入学者選抜)

2023年度
入学試験問題

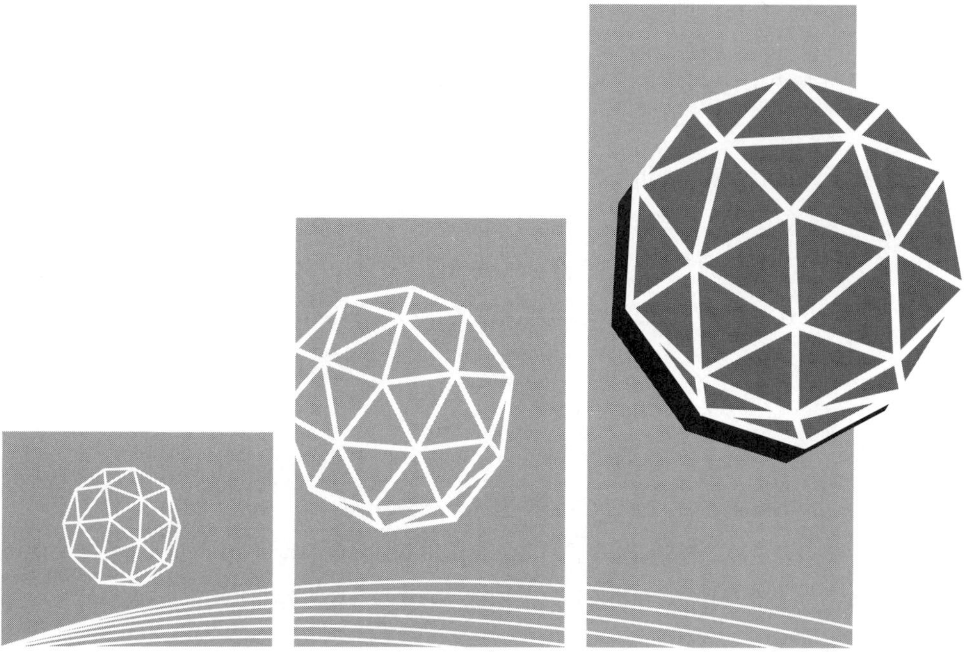

数学A問題

時間　50分　　満点　90点

（注）　答えが根号を含む数になる場合は，根号の中をできるだけ小さい自然数にしなさい。

1　次の計算をしなさい。

(1)　$5 \times (-4) + 7$　(　　　)

(2)　$3.4 - (-2.5)$　(　　　)

(3)　2×4^2　(　　　)

(4)　$8x - 3 + 2(x + 1)$　(　　　)

(5)　$-18xy \div 3x$　(　　　)

(6)　$\sqrt{5} + \sqrt{45}$　(　　　)

2　次の問いに答えなさい。

(1)　$-\dfrac{7}{4}$ は，右の数直線上のア～エで示されている範囲のうち，どの範囲に入っていますか。一つ選び，記号を◯で囲みなさい。(ア　イ　ウ　エ)

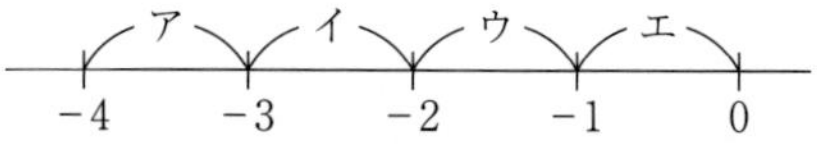

(2)　$a = -3$ のとき，$4a + 21$ の値を求めなさい。(　　　)

(3)　n を整数とするとき，次のア～エの式のうち，その値がつねに 3 の倍数になるものはどれですか。一つ選び，記号を◯で囲みなさい。(ア　イ　ウ　エ)

ア　$\dfrac{1}{3}n$　　イ　$n + 3$　　ウ　$2n + 1$　　エ　$3n + 6$

(4)　「1 個の重さが a g のビー玉 2 個と，1 個の重さが b g のビー玉 7 個の重さの合計」を a，b を用いて表しなさい。(　　　g)

(5)　正五角形の内角の和を求めなさい。(　　　)

(6)　右図は，ある中学校の卓球部の部員が行った反復横とびの記録を箱ひげ図に表したものである。卓球部の部員が行った反復横とびの記録の四分位範囲を求めなさい。

(　　　回)

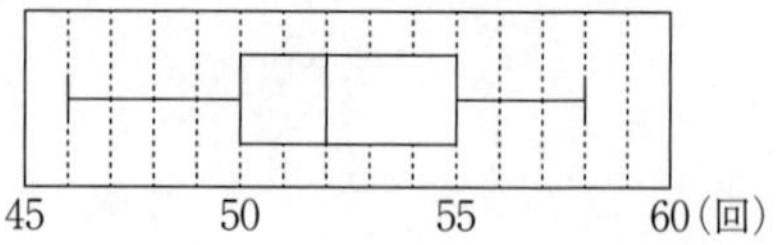

(7)　連立方程式 $\begin{cases} x - 3y = 10 \\ 5x + 3y = 14 \end{cases}$ を解きなさい。(　　　　)

(8)　二次方程式 $x^2 - 2x - 35 = 0$ を解きなさい。(　　　)

(9)　二つのさいころを同時に投げるとき，出る目の数の和が 10 より大きい確率はいくらですか。1 から 6 までのどの目が出ることも同様に確からしいものとして答えなさい。(　　　)

(10)　右図において，m は関数 $y = ax^2$（a は正の定数）のグラフを表す。A，B は m 上の点であって，A の x 座標は 3 であり，B の x 座標は -2 である。A の y 座標は，B の y 座標より 2 大きい。a の値を求めなさい。(　　　)

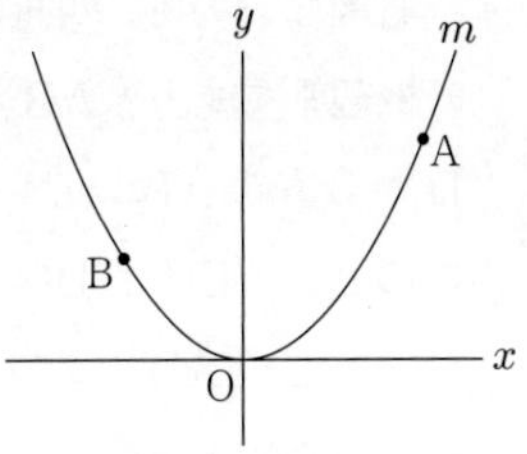

(11)　右図において，立体 ABCD―EFGH は直方体である。次のア～エのうち，辺 AB と垂直な面はどれですか。一つ選び，記号を○で囲みなさい。

(　ア　イ　ウ　エ　)

ア　面 ABCD　　イ　面 BFGC　　ウ　面 AEFB　　エ　面 EFGH

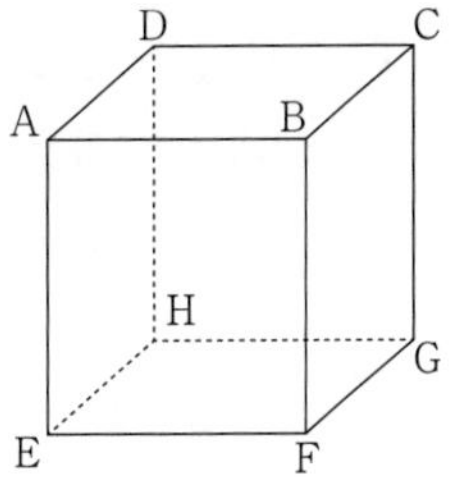

3　自宅で加湿器を利用している D さんは，加湿器を使うと加湿器のタンクの水の量が一定の割合で減っていくことに興味をもち，「加湿器を使用した時間」と「タンクの水の量」との関係について考えることにした。

初めの「タンクの水の量」は 840mL である。加湿器を使用したとき，「タンクの水の量」は毎分 6 mL の割合で減る。

次の問いに答えなさい。

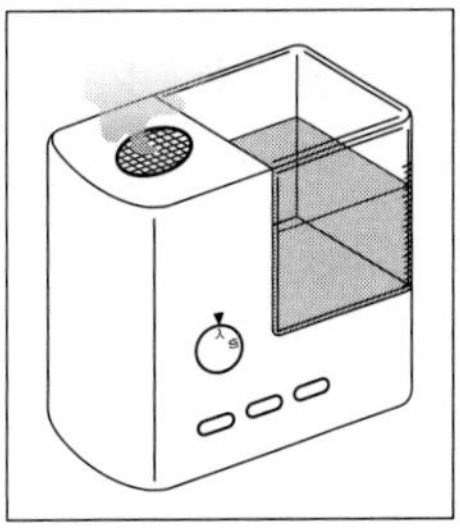

(1)　「加湿器を使用した時間」が x 分のときの「タンクの水の量」を y mL とする。また，$0 \leqq x \leqq 140$ とし，$x = 0$ のとき $y = 840$ であるとする。

①　次の表は，x と y との関係を示した表の一部である。表中の(ア)，(イ)に当てはまる数をそれぞれ書きなさい。(ア)(　　　)　(イ)(　　　)

x	0	…	1	…	3	…	9	…
y	840	…	834	…	(ア)	…	(イ)	…

②　y を x の式で表しなさい。(　　　)

(2)　D さんは，タンクに水が 840mL 入った状態から加湿器を使い始め，しばらくしてタンクの水の量が 450mL まで減っていることに気が付いた。D さんは，加湿器を使用した時間について考えてみた。

「加湿器を使用した時間」を t 分とする。「タンクの水の量」が 450mL であるときの t の値を求めなさい。(　　　)

4　右図において，四角形ABCDは内角∠ABCが鋭角の平行四辺形であり，AB = 4 cm，AD = 8 cmである。Eは，Dから直線ABにひいた垂線と直線ABとの交点である。このとき，ED ⊥ DCである。EとCとを結ぶ。Fは，線分ECと辺ADとの交点である。Gは，Dから直線BCにひいた垂線と直線BCとの交点である。DG = x cmとし，$0 < x < 4$とする。

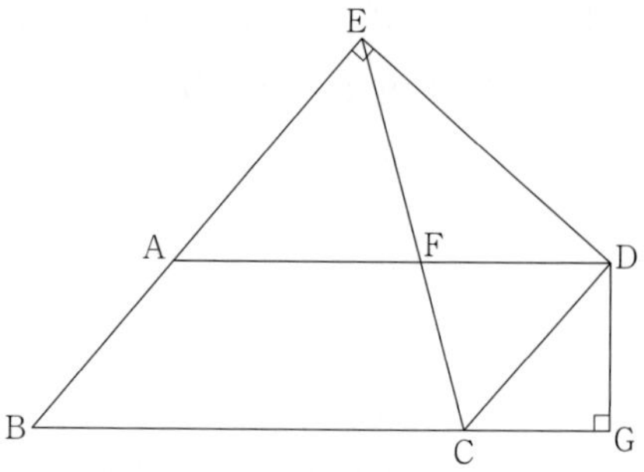

次の問いに答えなさい。

(1)　次のア～エのうち，△DCGを直線DGを軸として1回転させてできる立体の名称として正しいものはどれですか。一つ選び，記号を○で囲みなさい。(　ア　イ　ウ　エ　)

ア　三角柱　　イ　円柱　　ウ　三角すい　　エ　円すい

(2)　四角形ABCDの面積をxを用いて表しなさい。(　　　　cm^2)

(3)　次は，△EAD ∽ △GCDであることの証明である。［ⓐ］，［ⓑ］に入れるのに適している「**角を表す文字**」をそれぞれ書きなさい。また，ⓒ〔　　〕から適しているものを一つ選び，記号を○で囲みなさい。ⓐ(　　　)　ⓑ(　　　)　ⓒ(　ア　イ　ウ　)

> (証明)
>
> △EADと△GCDにおいて
>
> DE ⊥ EB，DG ⊥ BGだから　∠DEA = ∠［ⓐ］ = 90°……㋐
>
> EB ∥ DCであり，平行線の錯角は等しいから
>
> ∠EAD = ∠ADC……㋑
>
> AD ∥ BGであり，平行線の錯角は等しいから
>
> ∠［ⓑ］ = ∠ADC……㋒
>
> ㋑，㋒より　∠EAD = ∠［ⓑ］……㋓
>
> ㋐，㋓より，
>
> ⓒ〔ア　1組の辺とその両端の角　　イ　2組の辺の比とその間の角　　ウ　2組の角〕がそれぞれ等しいから
>
> △EAD ∽ △GCD

(4)　$x = 3$であるときの線分ECの長さを求めなさい。答えを求める過程がわかるように，途中の式を含めた求め方も説明すること。

求め方(　　　　　　　　　　　　　　　　　　　　　　　　　　)(　　　　cm)

数学B 問題　　時間　50分　　満点　90点

(注)　答えが根号を含む数になる場合は，根号の中をできるだけ小さい自然数にしなさい。

1　次の計算をしなさい。

(1)　$2 \times (-3) - 4^2$　(　　　)

(2)　$5(2a + b) - 4(a + 3b)$　(　　　)

(3)　$2a \times 9ab \div 6a^2$　(　　　)

(4)　$(x + 1)^2 + x(x - 2)$　(　　　)

(5)　$(2\sqrt{5} + \sqrt{3})(2\sqrt{5} - \sqrt{3})$　(　　　)

2　次の問いに答えなさい。

(1)　$a = -6$，$b = 5$ のとき，$a^2 - 8b$ の値を求めなさい。(　　　)

(2)　二次方程式 $x^2 - 11x + 18 = 0$ を解きなさい。(　　　)

(3)　n を自然数とするとき，$5 - \dfrac{78}{n}$ の値が自然数となるような最も小さい n の値を求めなさい。

(　　　)

(4)　関数 $y = \dfrac{10}{x}$ について，x の値が1から5まで増加するときの変化の割合を求めなさい。

(　　　)

(5)　二つの箱A，Bがある。箱Aには自然数の書いてある3枚のカード [1]，[2]，[3] が入っており，箱Bには奇数の書いてある5枚のカード [1]，[3]，[5]，[7]，[9] が入っている。A，Bそれぞれの箱から同時にカードを1枚ずつ取り出し，箱Aから取り出したカードに書いてある数を a，箱Bから取り出したカードに書いてある数を b とする。このとき，$\dfrac{b}{a}$ の値が1より大きく4より小さい数になる確率はいくらですか。A，Bそれぞれの箱において，どのカードが取り出されることも同様に確からしいものとして答えなさい。(　　　)

(6)　ある中学校の剣道部，卓球部，水泳部の部員が反復横とびの測定を行った。右図は，その記録を箱ひげ図に表したものである。次のア～オのうち，右図からわかることとして正しいものはどれですか。すべて選び，記号を○で囲みなさい。(ア　イ　ウ　エ　オ)

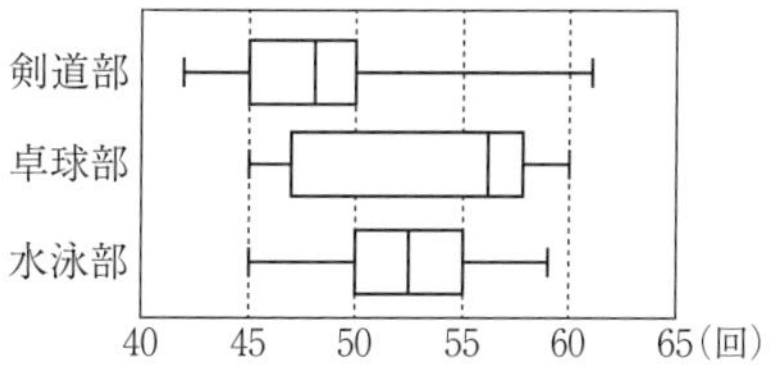

ア　三つの部の部員のうち，記録が60回以上の部員は1人だけである。

イ　剣道部の記録の四分位範囲と，水泳部の記録の四分位範囲は同じである。

ウ　三つの部のうち，記録の範囲が最も大きいのは卓球部である。

エ　第1四分位数が最も小さいのは，水泳部の記録である。

オ　卓球部では，半数以上の部員の記録が55回以上である。

(7)　右図の立体は，底面の半径が $4\,\mathrm{cm}$，高さが $a\,\mathrm{cm}$ の円柱である。右図の円柱の表面積は $120\pi\,\mathrm{cm}^2$ である。a の値を求めなさい。(　　　)

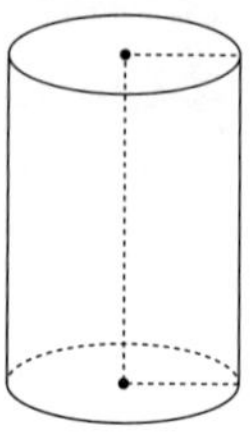

(8)　右図において，m は関数 $y = ax^2$（a は正の定数）のグラフを表し，ℓ は関数 $y = \dfrac{1}{3}x - 1$ のグラフを表す。A は，ℓ と x 軸との交点である。B は，A を通り y 軸に平行な直線と m との交点である。C は，B を通り x 軸に平行な直線と m との交点のうち B と異なる点である。D は，C を通り y 軸に平行な直線と ℓ との交点である。四角形 ABCD の面積は $21\mathrm{cm}^2$ である。a の値を求めなさい。答えを求める過程がわかるように，途中の式を含めた求め方も説明すること。ただし，原点 O から点(1，0)までの距離，原点 O から点(0，1)までの距離はそれぞれ $1\,\mathrm{cm}$ であるとする。

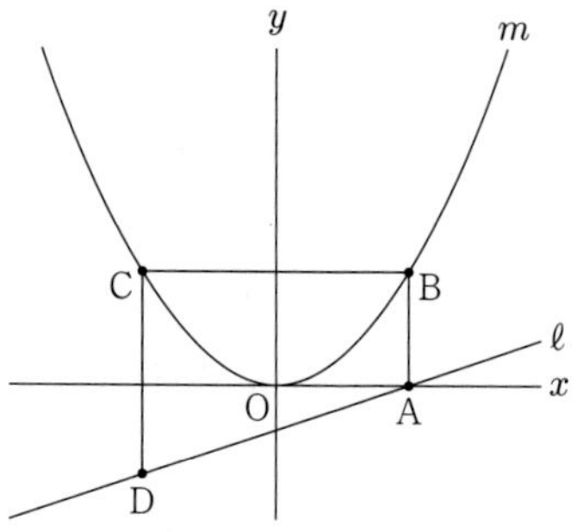

求め方(　　　　　　　　　　　　　　　　　　　　　　　　)　a の値(　　　)

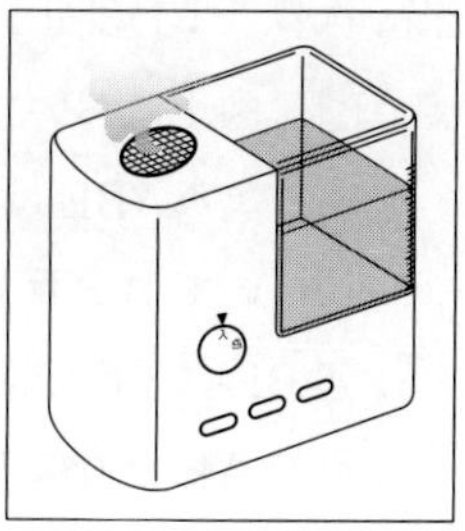

[3] 自宅で加湿器を利用しているDさんは，加湿器を使うと加湿器のタンクの水の量が一定の割合で減っていくことに興味をもち，「加湿器を使用した時間」と「タンクの水の量」との関係について考えることにした。Dさんの自宅の加湿器は，強モード，弱モードのどちらかのモードを選んで使うことができる。タンクには水が840mL入っており，強モードで使用する場合「タンクの水の量」は毎分6mLの割合で減り，弱モードで使用する場合「タンクの水の量」は毎分2mLの割合で減る。

次の問いに答えなさい。

(1) Dさんは，加湿器を強モードで使用する場合について考えた。

初めの「タンクの水の量」は840mLである。「加湿器を使用した時間」がx分のときの「タンクの水の量」をymLとする。また，$0 \leqq x \leqq 140$とし，$x = 0$のとき$y = 840$であるとする。

① 次の表は，xとyとの関係を示した表の一部である。表中の(ア)，(イ)に当てはまる数をそれぞれ書きなさい。(ア)(　　　) (イ)(　　　)

x	0	…	1	…	3	…	9	…
y	840	…	834	…	(ア)	…	(イ)	…

② yをxの式で表しなさい。(　　　)

③ $y = 450$となるときのxの値を求めなさい。(　　　)

(2) Dさんは，タンクに水が840mL入った状態から加湿器を使い始め，途中でモードを切りかえて使用した。

初めの「タンクの水の量」は840mLである。加湿器を最初は強モードでs分間使用し，その後続けて弱モードに切りかえてt分間使用したところ，タンクの水はちょうどなくなった。加湿器を強モードで使用した時間と弱モードで使用した時間の合計は192分であった。s，tの値をそれぞれ求めなさい。ただし，モードの切りかえにかかる時間はないものとする。

sの値(　　　) tの値(　　　)

4　次の［Ⅰ］,［Ⅱ］に答えなさい。

［Ⅰ］　図Ⅰにおいて，四角形ABCDは長方形であり，AB > ADである。△ABEはAB = AEの二等辺三角形であり，Eは直線DCについてBと反対側にある。DとEとを結んでできる線分DEは，辺BEに垂直である。Fは，辺BEと辺DCとの交点である。Gは，直線AEと直線BCとの交点である。

図Ⅰ

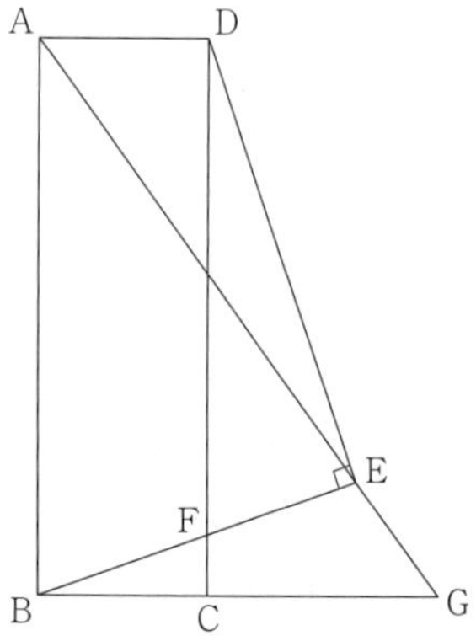

次の問いに答えなさい。

(1)　△AED ∽ △GBEであることを証明しなさい。

（　　　　　　　　　　　　　　　　　　　）

(2)　AB = 4 cm，BG = 3 cmであるとき，

①　辺ADの長さを求めなさい。(　　　　cm)

②　線分FCの長さを求めなさい。(　　　　cm)

［Ⅱ］　図Ⅱにおいて，立体A—BCDは三角すいであり，直線ABは平面BCDと垂直である。△BCDは，1辺の長さが4 cmの正三角形である。AB = 6 cmである。Eは，辺AD上にあってA，Dと異なる点である。EとBとを結ぶ。Fは，Eを通り辺DBに平行な直線と辺ABとの交点である。Gは，Eを通り辺ABに平行な直線と辺DBとの交点である。Hは，Eを通り辺ACに平行な直線と辺CDとの交点である。HとBとを結ぶ。

図Ⅱ

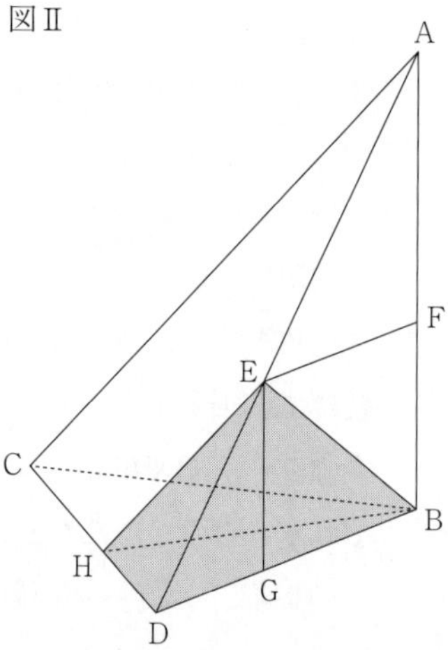

次の問いに答えなさい。

(3)　次のア〜エのうち，線分EHとねじれの位置にある辺はどれですか。一つ選び，記号を○で囲みなさい。

（ア　イ　ウ　エ）

ア　辺AB　　イ　辺AC　　ウ　辺AD　　エ　辺CD

(4)　EF = EGであるとき，

①　線分EGの長さを求めなさい。(　　　　cm)

②　立体EHDBの体積を求めなさい。(　　　　cm^3)

数学C問題

時間 60分　　満点 90点

(注) 答えが根号を含む数になる場合は，根号の中をできるだけ小さい自然数にしなさい。

$\boxed{1}$ 次の問いに答えなさい。

(1) $-a \times (2ab)^2 \div \left(-\frac{2}{3}ab^2\right)$ を計算しなさい。(　　　)

(2) $\frac{6+\sqrt{8}}{\sqrt{2}} + (2-\sqrt{2})^2$ を計算しなさい。(　　　)

(3) a を0でない定数とする。x の二次方程式 $ax^2 + 4x - 7a - 16 = 0$ の一つの解が $x = 3$ であるとき，a の値を求めなさい。また，この方程式のもう一つの解を求めなさい。

a の値(　　　)　もう一つの解 $x =$ (　　　)

(4) a, b, c, d を定数とし，$a > 0$, $b < 0$, $c < d$ とする。関数 $y = ax^2$ と関数 $y = bx + 1$ について，x の変域が $-3 \leqq x \leqq 1$ のときの y の変域がともに $c \leqq y \leqq d$ であるとき，a, b の値をそれぞれ求めなさい。a の値(　　　)　b の値(　　　)

(5) n を自然数とする。$n \leqq \sqrt{x} \leqq n + 1$ を満たす自然数 x の個数が100であるときの n の値を求めなさい。(　　　)

(6) 二つの箱A, Bがある。箱Aには1から4までの自然数が書いてある4枚のカード $\boxed{1}$, $\boxed{2}$, $\boxed{3}$, $\boxed{4}$ が入っており，箱Bには4から8までの自然数が書いてある5枚のカード $\boxed{4}$, $\boxed{5}$, $\boxed{6}$, $\boxed{7}$, $\boxed{8}$ が入っている。A，Bそれぞれの箱から同時にカードを1枚ずつ取り出し，箱Aから取り出したカードに書いてある数を a，箱Bから取り出したカードに書いてある数を b として，次のきまりにしたがって得点を決めるとき，得点が偶数である確率はいくらですか。A，Bそれぞれの箱において，どのカードが取り出されることも同様に確からしいものとして答えなさい。(　　　)

きまり：a と b の最大公約数が1の場合は $a + b$ の値を得点とし，a と b の最大公約数が1以外の場合は $\sqrt{2ab}$ の値を得点とする。

(7) a を一の位の数が0でない2けたの自然数とし，b を a の十の位の数と一の位の数とを入れかえてできる自然数とするとき，$\frac{b^2 - a^2}{99}$ の値が24である a の値をすべて求めなさい。(　　　)

(8)　右図において，m は関数 $y=\dfrac{1}{5}x^2$ のグラフを表す。A は m 上の点であり，その x 座標は 5 である。B は y 軸上の点であり，その y 座標は -1 である。ℓ は，2 点 A，B を通る直線である。C は ℓ 上の点であり，その x 座標は負である。C の x 座標を t とし，$t<0$ とする。D は，C を通り y 軸に平行な直線と m との交点である。E は，A を通り x 軸に平行な直線と直線 DC との交点である。線分 DC の長さが線分 EA の長さより 3 cm 短いときの t の値を求めなさい。答えを求める過程がわかるように，途中の式を含めた求め方も説明すること。ただし，原点 O から点(1，0)までの距離，原点 O から点(0，1)までの距離はそれぞれ 1 cm であるとする。

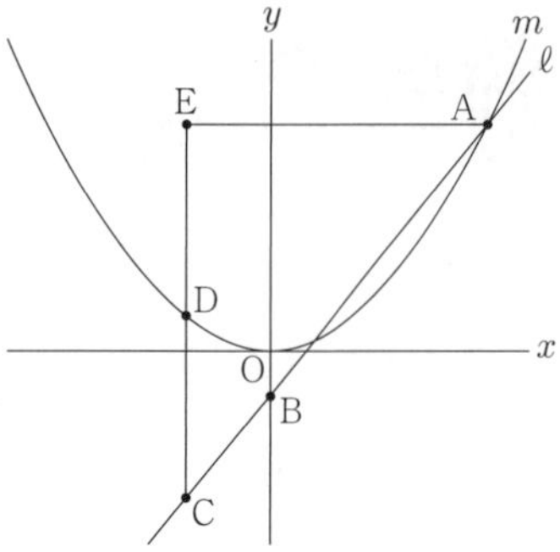

求め方(　　　　　　　　　　　　　　　　　　　　)　t の値(　　　)

2　図Ⅰ，図Ⅱにおいて，四角形 ABCD は内角∠ABC が鋭角のひし形であり，AB = 7 cm である。△DCE は鋭角三角形であり，E は直線 BC 上にある。F は辺 DE 上にあって D，E と異なる点であり，B と F とを結んでできる線分 BF は辺 DE に垂直である。G は，C から辺 AB にひいた垂線と辺 AB との交点である。H は辺 CE 上の点であり，CH = GB である。D と H とを結ぶ。

次の問いに答えなさい。

(1)　図Ⅰにおいて，

①　四角形 ABCD の対角線 AC の長さを a cm，四角形 ABCD の面積を S cm^2 とするとき，四角形 ABCD の対角線 BD の長さを a，S を用いて表しなさい。

(　　　cm)

図Ⅰ

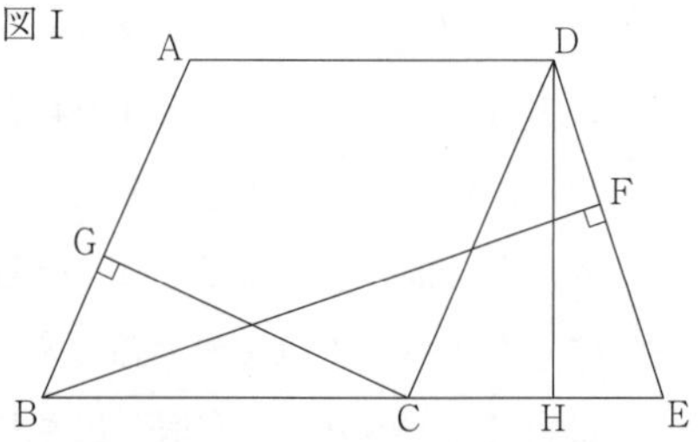

②　△DHE ∽ △BFE であることを証明しなさい。

(　　　　　　　　　　　　　　　　　　　　)

(2)　図Ⅱにおいて，GB = 2 cm，HE = 3 cm である。I は，線分 BF と辺 DC との交点である。J は，直線 BF と直線 AD との交点である。

①　線分 FE の長さを求めなさい。(　　　cm)

②　線分 IJ の長さを求めなさい。(　　　cm)

図Ⅱ

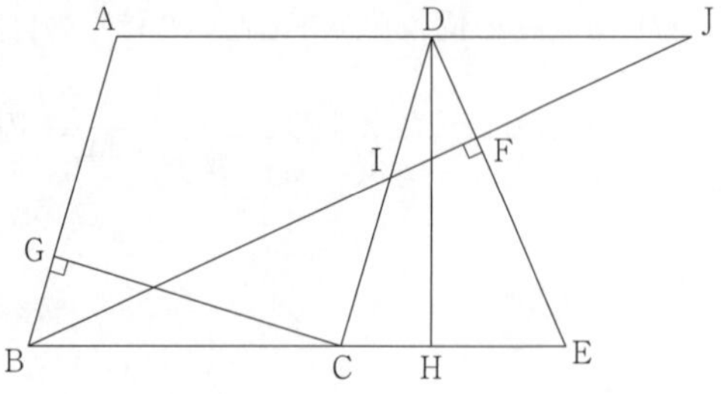

3 図Ⅰ，図Ⅱにおいて，立体 ABCD—EFGH は六つの平面で囲まれてできた立体である。四角形 ABCD は，1 辺の長さが 2 cm の正方形である。四角形 EFGH は，EF ＝ 6 cm，FG ＝ 4 cm の長方形である。平面 ABCD と平面 EFGH は平行である。四角形 AEFB は AB ∥ EF の台形であり，AE ＝ BF ＝ 4 cm である。四角形 DHGC ≡ 四角形 AEFB である。四角形 BFGC は BC ∥ FG の台形である。四角形 AEHD ≡ 四角形 BFGC である。

次の問いに答えなさい。

(1) 図Ⅰにおいて，四角形 IJKL は長方形であり，I，J，K，L はそれぞれ辺 AE，BF，CG，DH 上にある。このとき，AI ＝ BJ ＝ CK ＝ DL である。E と J，G と J とをそれぞれ結ぶ。

図Ⅰ

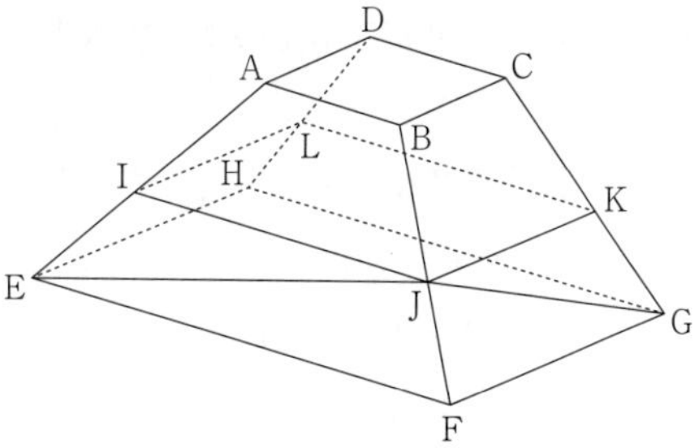

① 次のア～オのうち，辺 BF とねじれの位置にある辺はどれですか。すべて選び，記号を○で囲みなさい。（ア　イ　ウ　エ　オ）

ア　辺 AB　　イ　辺 EH　　ウ　辺 CG

エ　辺 GH　　オ　辺 DH

② △JFG の面積は△JEF の面積の何倍ですか。（　　　倍）

③ 四角形 IJKL の周の長さが 15cm であるときの辺 JK の長さを求めなさい。（　　　cm）

(2) 図Ⅱにおいて，M は B から平面 EFGH にひいた垂線と平面 EFGH との交点である。N，O は，それぞれ辺 EF，HG の中点である。このとき，4 点 B，N，O，C は同じ平面上にあり，この 4 点を結んでできる四角形 BNOC は BC ∥ NO の台形である。

図Ⅱ

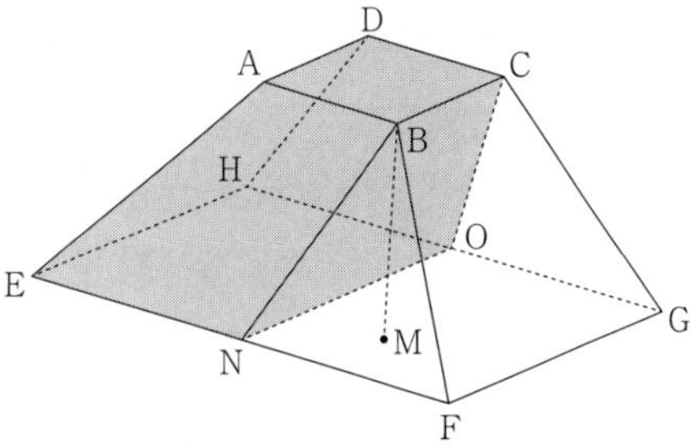

① 線分 BM の長さを求めなさい。（　　　cm）

② 立体 ABCD—ENOH の体積を求めなさい。

（　　　cm^3）

英語A問題

時間　40分　　　満点　90点(リスニング共)

(編集部注)「英語リスニングA問題・B問題」は「英語B問題」のあとに掲載しています。

(注)　答えの語数が指定されている問題は，コンマやピリオドなどの符号は語数に含めないこと。

1　次の(1)～(10)の日本語の文の内容と合うように，英文中の（　　）内のア～ウからそれぞれ最も適しているものを一つずつ選び，記号を○で囲みなさい。

(1)　私は有名な音楽家に会いました。(ア　イ　ウ)

I met a famous (ア　doctor　イ　musician　ウ　scientist).

(2)　多くの人々は春に桜の花を見に行きます。(ア　イ　ウ)

Many people go to see the cherry blossoms in (ア　spring　イ　autumn　ウ　winter).

(3)　私たちは毎日，私たちの教室をそうじします。(ア　イ　ウ)

We (ア　clean　イ　close　ウ　watch) our classroom everyday.

(4)　そのアドバイスは役に立ちました。(ア　イ　ウ)

The advice was (ア　funny　イ　useful　ウ　wrong).

(5)　もっとゆっくり話してください。(ア　イ　ウ)

Please speak more (ア　fluently　イ　quickly　ウ　slowly).

(6)　机の上のあれらのノートは彼女のものです。(ア　イ　ウ)

Those notebooks on the table (ア　am　イ　are　ウ　is) hers.

(7)　富士山は日本で最も高い山です。(ア　イ　ウ)

Mt. Fuji is the (ア　high　イ　higher　ウ　highest) mountain in Japan.

(8)　私の弟はサッカーをするために公園に行きました。(ア　イ　ウ)

My brother went to the park (ア　play　イ　playing　ウ　to play) soccer.

(9)　この本はいつ書かれましたか。(ア　イ　ウ)

When was this book (ア　write　イ　wrote　ウ　written)?

(10)　私はとても速く走ることができる女性を知っています。(ア　イ　ウ)

I know a woman (ア　who　イ　which　ウ　where) can run very fast.

2 萌（Moe）は日本の高校生です。次の［Ⅰ］，［Ⅱ］に答えなさい。

［Ⅰ］ 次は，萌が英語の授業で行った和紙（*washi*）に関するスピーチの原稿です。彼女が書いたこの原稿を読んで，あとの問いに答えなさい。

shoji（障子）（複数形も *shoji*）

lantern（ちょうちん）

Today, I'm going to talk about traditional Japanese paper. It is called "*washi*" in Japanese. I heard an interesting story from my friend. She made *washi* before she graduated [①] junior high school. In her junior high school, the students in the third grade make *washi*. The *washi* is used for their graduation certificate. I thought *washi* was used only for making traditional things, for example, *shoji* or lanterns. I think making *washi* for their own graduation certificate is a great experience for the students.

I became interested in *washi*, so I read some books about *washi*. I found many interesting things. I'll tell you one of Ⓐ them. *Washi* is used for making clothes. I was surprised to know this. The clothes made with *washi* have many good points. I'll give you three examples. First, they are light, so people [②] them can move easily. Second, air can go through *washi* easily, so the clothes can make people feel cool in summer. Finally, the clothes can easily return to nature because *washi* is made with trees and plants. This means they are good for the environment. I think clothes made with *washi* are wonderful. I want to wear such clothes someday. How about you? Do you want to try? Thank you for listening.

（注） graduation certificate 卒業証書

(1) 次のうち，本文中の [①] に入れるのに最も適しているものはどれですか。一つ選び，記号を○で囲みなさい。（ ア イ ウ エ ）

ア from　イ off　ウ on　エ to

(2) 本文中のⒶ themの表している内容に当たるものとして最も適しているひとつづきの**英語3語**を，本文中から抜き出して書きなさい。（　　　　　　）

(3) 次のうち，本文中の [②] に入れるのに最も適しているものはどれですか。一つ選び，記号を○で囲みなさい。（ ア イ ウ エ ）

ア wear　イ wears　ウ wearing　エ to wear

(4) 次のうち，本文で述べられている内容と合うものはどれですか。一つ選び，記号を○で囲みなさい。（ ア イ ウ エ ）

ア 萌の友だちが通っていた中学校では，2年生の生徒が和紙作りをすることになっている。

イ 萌は，和紙に興味をもったので，和紙を使って実際にちょうちんを作ってみた。

ウ 萌は，和紙は空気を通さないので，和紙で作られた服を着ると涼しく感じるということを知った。

エ 萌は，和紙で作られた服をすばらしいと考えていて，いつか着たいと思っている。

［Ⅱ］ スピーチの後に，あなた（You）が萌と次のような会話をするとします。あなたならば，どのような話をしますか。あとの条件1～3にしたがって，（ ① ）～（ ③ ）に入る内容を，それぞれ**5**

語程度の英語で書きなさい。解答の際には記入例にならって書くこと。

You： Hi, Moe. I enjoyed your speech. I'm interested in making *washi*.（　①　）

Moe： No, but I want to try. Let's ask our art teacher how to do it.

You：（　②　）

Moe： After making *washi*, what will you make with the *washi*?

You：（　③　）

Moe： I see.

〈条件１〉 ①に，それを今までに作ったことがあるかをたずねる文を書くこと。

〈条件２〉 ②に，それは良い考えだと伝える文を書くこと。

〈条件３〉 ③に，前後のやり取りに合う内容を書くこと。

記入例

What　time　is　it ?

Well , it's　11　o'clock .

①________ ________ ________ ________ ________ ________ ________ ________

②________ ________ ________ ________ ________ ________ ________ ________

③________ ________ ________ ________ ________ ________ ________ ________

3　次は，高校生の広志（Hiroshi），インドネシア（Indonesia）からの留学生のサリ（Sari），江藤先生（Mr. Eto）の３人が学校で交わした会話の一部です。会話文を読んで，あとの問いに答えなさい。

Hiroshi : Hi, Sari. I have a question for you.

Sari : Hi, Hiroshi. What is your question?

Hiroshi : Yesterday, when I was using the Internet to find information about *natto*, I found some interesting information. According to it, *natto* is one kind of fermented soybean food and there are many other kinds of fermented soybean food in the world. [①] people in Indonesia eat fermented soybean food?

natto（納豆）
（複数形も *natto*）

tempeh（テンペ）
（インドネシアの発酵大豆食品，複数形も *tempeh*）

Sari : Yes. In Indonesia, we eat food called "*tempeh.*"

Hiroshi : *Tempeh*? [②] heard the word. Is it similar to *natto*?

Sari : Well, I don't think so.

Mr. Eto : Hi, Hiroshi and Sari. What are you talking about?

Sari : Hello, Mr. Eto. Hiroshi wanted to know about fermented soybean food and he asked me about it.

Mr. Eto : Oh, in Indonesia, are there any kinds of fermented soybean food?

Hiroshi : Yes. Sari says people in her country eat food called *tempeh.*

Mr. Eto : I didn't know that. Sari, please tell us more about the food.

Sari : Sure. Both *tempeh* and *natto* are fermented soybean food. But, they have some differences. I'll show you a picture.

Hiroshi : Wow! The food in this picture looks like cake.

Mr. Eto : Is this *tempeh*? *Tempeh* and *natto* look very different.

Sari : That's right. The ways of eating *tempeh* and *natto* are also different. Many people in Japan usually eat *natto* with rice, right?

Mr. Eto : Yes. [③]

Sari : We usually fry *tempeh.* And, we cook *tempeh* in various ways. For example, my brother cooks curry with *tempeh.*

Hiroshi : Oh, curry with *tempeh*? Is it delicious?

Sari : Yes! [④] I think some people in Indonesia always have *tempeh* to cook at home and Ⓐ they eat it almost every day.

Mr. Eto : *Tempeh* is popular food in Indonesia, right?

Sari : Yes!

Hiroshi : I want to eat *tempeh.*

Sari : Oh, I saw *tempeh* sold in Japan.

Hiroshi : Really? Where did you find *tempeh*?

Sari : [⑤] Maybe now it's getting popular in Japan.

Hiroshi : I want to buy *tempeh* and eat it. Then, I can compare *tempeh* and *natto.*

Sari　　：Let's go there to buy *tempeh* this weekend.

Hiroshi：Thank you, Sari. You told us interesting things about *tempeh*. I became more interested in various kinds of fermented soybean food in the world. And, now I want to know more things about *natto*, too. It is interesting to learn about food both in my country and in other countries.

Sari　　：Ⓑ<u>I agree</u>. Now, I want to know more things about *tempeh*. Talking about the differences between *tempeh* and *natto* was fun.

Mr. Eto：We can sometimes learn about our own country by knowing about other countries. Thank you for telling us about *tempeh*, Sari.

（注） fermented soybean food　発酵大豆食品　　fry　(フライパンなどで)炒《いた》める

(1) 次のうち，本文中の［ ① ］に入れるのに最も適しているものはどれですか。一つ選び，記号を○で囲みなさい。(ア　イ　ウ　エ)

ア　Are　　イ　Do　　ウ　Does　　エ　Is

(2) 本文中の'［ ② ］heard the word.'が，「私はその言葉を一度も聞いたことがありません。」という内容になるように，解答欄の____に**英語3語**を書き入れ，英文を完成させなさい。

____ heard the word.

(3) 本文の内容から考えて，次のうち，本文中の［ ③ ］に入れるのに最も適しているものはどれですか。一つ選び，記号を○で囲みなさい。(ア　イ　ウ　エ)

ア　How do you eat *tempeh*?　　イ　What does *tempeh* mean?

ウ　When do you buy *tempeh*?　　エ　Where do you eat *tempeh*?

(4) 本文中の［ ④ ］が，「私は彼が作るカレーが好きです。」という内容になるように，次の〔　〕内の語を並べかえて解答欄の____に英語を書き入れ，英文を完成させなさい。

I like〔makes　he　curry　the〕.

I like ____.

(5) 本文中のⒶ<u>they</u>の表している内容に当たるものとして最も適しているひとつづきの**英語4語**を，本文中から抜き出して書きなさい。(　　　　　　　　)

(6) 本文の内容から考えて，次のうち，本文中の［ ⑤ ］に入れるのに最も適しているものはどれですか。一つ選び，記号を○で囲みなさい。(ア　イ　ウ　エ)

ア　I thought that it was eaten in other countries.

イ　I read a book about it in the school library.

ウ　I found it in the supermarket near our school.

エ　I found that *tempeh* and *natto* were different when I ate them.

(7) 次のうち，本文中のⒷ<u>I agree.</u>が表している内容として最も適しているものはどれですか。一つ選び，記号を○で囲みなさい。(ア　イ　ウ　エ)

ア　Sari thinks *tempeh* is getting popular in Japan.

イ　Sari thinks *tempeh* is popular food in Indonesia.

ウ　Sari thinks she and Hiroshi can eat *tempeh*, and compare *tempeh* and *natto* together.

エ Sari thinks learning about food both in her country and in other countries is interesting.

(8) 本文の内容と合うように，次の問いに対する答えをそれぞれ英語で書きなさい。ただし，①は**3**語，②は**4**語の英語で書くこと。

① Did Sari show Hiroshi and Mr. Eto a picture of *tempeh*?（　　　　　　　　）

② What did Hiroshi use to find information about *natto* yesterday?

（　　　　　　　　）

英語B問題

時間　40分　　満点　90点(リスニング共)

(編集部注)「英語リスニングA問題・B問題」はこの問題のあとに掲載しています。

(注)　答えの語数が指定されている問題は，コンマやピリオドなどの符号は語数に含めないこと。

1　次は，高校生の広志（Hiroshi），アメリカから来たグリーン先生（Mr. Green），インドネシアからの留学生のサリ（Sari）の３人が学校で交わした会話の一部です。会話文を読んで，あとの問いに答えなさい。

Hiroshi　：　Hi, Mr. Green. I have a question for you.

Mr. Green：　Hi, Hiroshi. What is your question?

Hiroshi　：　Yesterday, I [①] for information on the Internet about fermented soybean food, for example, *natto*. Then, I found some interesting information. According to Ⓐit, *natto* is one kind of fermented soybean food and there are many other kinds of fermented soybean food in the world. Are there any kinds of fermented soybean food in America?

natto（納豆）
（複数形も *natto*）

Mr. Green：　Well, *natto* is often sold in supermarkets in America, but I'm not sure that other kinds of fermented soybean food are sold there. However, I know that there are other kinds of fermented soybean food in Asia.

Hiroshi　：　Really? Why do you know that?

Mr. Green：　Actually, when I visited Thailand three years ago, I ate fermented soybean food made in Thailand. I studied cultures of Asia at university, and learned that some areas and countries in Asia have similar food. They have a similar climate, and similar trees and plants, so people there can make similar food.

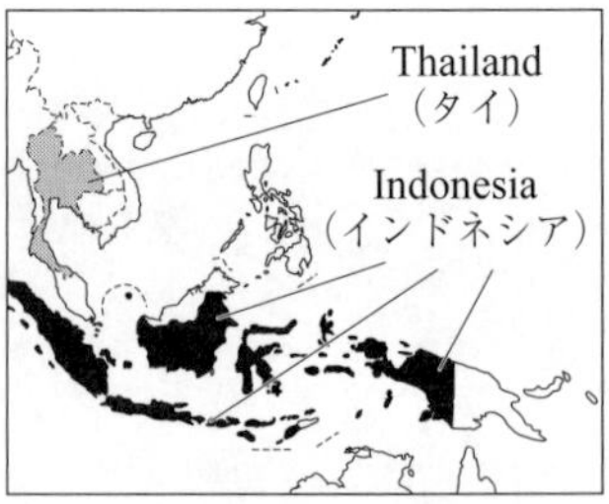

Hiroshi　：　That sounds interesting. You mean [②], right?

Mr. Green：　That's right!

Hiroshi　：　Thank you, Mr. Green. I will try to find information about fermented soybean food in Asia.

Mr. Green：　I hope you'll find something about it. Oh, Sari is there. She is from Indonesia. Maybe she knows something. [③]

Hiroshi　：　Oh, yes! I'll do so. Hi, Sari.

Sari　：　Hi, Hiroshi. Hi, Mr. Green.

Hiroshi　：　Sari, you're from Indonesia, right? I was talking with Mr. Green about fermented soybean food in the world. In Indonesia, are there any kinds of fermented soybean food?

Sari　　　: Yes. We have food called "*tempeh*."

Hiroshi　 : *Tempeh*? Does it look like *natto*?

Sari　　　: Well, *tempeh* and *natto* look very different. [④] of *tempeh* now, I could show it to you.

Hiroshi　 : Oh, I've just found a picture on my tablet. Look at this. The food in this picture looks like cake.

tempeh（テンペ）
（インドネシアの
発酵大豆食品，
複数形も *tempeh*）

Mr. Green : Is this *tempeh*?

Sari　　　: Yes, this is *tempeh*. *Tempeh* and *natto* look different, right? *Tempeh* isn't sticky. When I ate *natto* for the first time, I was surprised that *natto* was sticky!

Hiroshi　 : I'm surprised to know that *tempeh* isn't sticky.

Mr. Green : I can understand how you felt, Sari. I told Hiroshi that I ate fermented soybean food made in Thailand. [ア] So, when I first ate *natto*, I was surprised like Sari because eating sticky food was a new experience for me.

Hiroshi　 : I see. It's interesting to know how other people feel when they eat *natto*.

Mr. Green : That's true. [イ]

Hiroshi　 : Is *tempeh* popular food in Indonesia?

Sari　　　: Yes! I think some people in Indonesia always have *tempeh* to cook at home and they eat it almost every day.

Mr. Green : How do they cook *tempeh*?

Sari　　　: We usually fry *tempeh*. For example, my family fries *tempeh* with various vegetables.

Mr. Green : That's interesting. In Japan, *natto* is usually eaten with rice, right? [ウ] People eat various kinds of fermented soybean food in various ways. [エ]

Hiroshi　 : I can't imagine the taste of *tempeh*. But, I want to try it someday.

Sari　　　: Now, *tempeh* is getting popular in Japan. [⑤]

Hiroshi　 : Really? I didn't think I could buy *tempeh* in this neighborhood. I want to eat *tempeh*, and compare *tempeh* and *natto*.

Sari　　　: Let's go there this weekend.

Hiroshi　 : Yes! Thank you, Sari. Learning about various kinds of food in other countries was interesting. And, it made me become more interested in *natto*. I think learning about food in other countries leads me to learning about food in my country.

Sari　　　: I agree with you. [⑥]

Mr. Green : Thank you for telling us about *tempeh*, Sari, and thank you for sharing an interesting topic, Hiroshi.

(注) fermented soybean food 発酵大豆食品 climate 気候 tablet タブレット
sticky ねばねばした fry (フライパンなどで)炒《いた》める

(1) 本文の内容から考えて，次のうち，本文中の ① に入れるのに最も適しているものはどれですか。一つ選び，記号を○で囲みなさい。(ア イ ウ エ)

ア got イ looked ウ took エ used

(2) 本文中のⒶ it の表している内容に当たるものとして最も適しているひとつづきの**英語 3 語**を，本文中から抜き出して書きなさい。( )

(3) 本文の内容から考えて，次のうち，本文中の ② に入れるのに最も適しているものはどれですか。一つ選び，記号を○で囲みなさい。(ア イ ウ エ)

ア only people living in Japan and Thailand can make fermented soybean food

イ people living in various areas tell each other how to make popular food through the Internet

ウ people living anywhere in the world can make similar food because the climate isn't important for making food

エ even people living in different areas and countries in Asia can make similar food because the climates, trees and plants of those places are similar

(4) 本文の内容から考えて，次のうち，本文中の ③ に入れるのに最も適しているものはどれですか。一つ選び，記号を○で囲みなさい。(ア イ ウ エ)

ア How is she today? イ How about asking her? ウ What are you going to do?

エ Let's ask her about American food.

(5) 本文中の' ④ of *tempeh* now, I could show it to you.' が，「もし今私が 1 枚のテンペの写真を持っていたら，それをあなたに見せてあげることができるでしょうに。」という内容になるように，解答欄の____に**英語 5 語**を書き入れ，英文を完成させなさい。

________________________________ of *tempeh* now, I could show it to you.

(6) 本文中には次の英文が入ります。本文中の ア ～ エ から，入る場所として最も適しているものを一つ選び，ア～エの記号を○で囲みなさい。(ア イ ウ エ)

And, it wasn't sticky, either.

(7) 本文の内容から考えて，次のうち，本文中の ⑤ に入れるのに最も適しているものはどれですか。一つ選び，記号を○で囲みなさい。(ア イ ウ エ)

ア I found that *tempeh* was interesting food.

イ I found a book about *tempeh* in the school library.

ウ I found *tempeh* in the supermarket near our school.

エ I found that *tempeh* and *natto* were different when I was in Indonesia.

(8) 本文中の ⑥ が，「私はあなたにテンペについて話ができてうれしいです。」という内容になるように，次の〔 〕内の語を並べかえて解答欄の____に英語を書き入れ，英文を完成させなさい。

I〔am could glad I that〕tell you about *tempeh*.

I ____ tell you about *tempeh*.

(9) 次のうち，本文で述べられている内容と合うものはどれですか。二つ選び，記号を○で囲みなさい。(ア イ ウ エ オ)

ア Hiroshi asked Mr. Green where people in America went to buy fermented soybean food.

イ Mr. Green knows that there are some kinds of fermented soybean food in Asia.

ウ Sari knows that *tempeh* and *natto* look different, but she has never eaten *natto* before.

エ Sari thinks *tempeh* is popular only among people in Indonesia.

オ Hiroshi thinks learning about food in other countries leads him to learning about food in his country.

2　高校生の美香（Mika）が英語の授業でスピーチを行いました。次の［Ⅰ］，［Ⅱ］に答えなさい。

［Ⅰ］　次は，美香が行ったスピーチの原稿です。彼女が書いたこの原稿を読んで，あとの問いに答えなさい。

Please imagine that you have a favorite cup. You use it every day. But, one day, you [①] the cup and it breaks. You'll be sad, right? Then, what will you do with the broken cup? Maybe you will throw it away, or you may connect the pieces of the broken cup with glue. But, there is a traditional way of repairing. The way is called "*kintsugi*." Today, I'll tell you about *kintsugi*.

When my favorite cup broke last year, my brother told me about *kintsugi*. I heard the word "*kintsugi*" for the first time then. [②] He used traditional glue called *urushi* to connect the pieces and after that, he put some powdered gold on the joins. I was surprised to see this because he didn't hide the joins. I asked him why he put some powdered gold on the joins. He said, "To decorate the joins." It took a long time to finish repairing the cup, but, when I looked at the joins decorated with powdered gold, they looked beautiful. I thought *kintsugi* was interesting and I wanted to know more things about *kintsugi*, so I read some books about it.

joins decorated with powdered gold

When people repair things with *kintsugi*, *urushi* and powdered gold are usually used. *Urushi* is taken from *urushi* trees. People in Japan [③] *urushi* for more than 3,000 years to connect things together. In the 16th century, the tea ceremony became popular among some people, and special cups for the tea ceremony were used. [④] After repairing their broken cup, people thought that they could make it beautiful by adding powdered gold to the joins. At that time, decorating things with powdered gold was already known in the art world, so people started to decorate the joins with powdered gold. In this way, *kintsugi* was known to many people.

When things break, I usually repair them to use them for a long time. But, actually, I wanted to hide broken parts, so the idea of decorating the joins with powdered gold was strange to me at first. However, through learning about *kintsugi*, I could imagine that the joins made the repaired thing special. I talked with my brother about my thought. Then, he told me about his experience. Before learning about *kintsugi*, he [⑤] which part was repaired. The repaired part showed that the thing was once a broken thing. But, *kintsugi* changed his way of thinking, and now he feels the repaired part is beautiful. After listening to his experience, I looked carefully at my repaired cup again. The cup had many joins. The joins made me feel that the cup was more special than the one I used before repairing. I also felt that the cup was a special thing to me because it was [⑥] for anyone else to get one with the same joins. I was happy to use the cup again.

When I first heard the word "*kintsugi*," I thought it was just a way of repairing. But now *kintsugi* is more than Ⓐ that to me. When something like a favorite cup breaks, maybe some people don't know what to do or other people may throw it away because they can't use it. However, if people repair it with *kintsugi*, [⑦]. I think that's wonderful.

（注） throw ～ away　～を捨てる　glue　接着剤　*kintsugi*　金継ぎ　*urushi*　漆
powdered gold　金粉　join　継ぎめ　hide　隠す　decorate　装飾する
tea ceremony　茶道

(1) 本文の内容から考えて，次のうち，本文中の [①] に入れるのに最も適しているものはどれですか。一つ選び，記号を○で囲みなさい。(ア　イ　ウ　エ)
ア　disappear　イ　drink　ウ　drop　エ　fall

(2) 本文中の [②] が，「彼は私が私の壊れたカップを金継ぎの方法で直すのを手伝ってくれました。」という内容になるように，次の〔　〕内の語を並べかえて解答欄の____に英語を書き入れ，英文を完成させなさい。
He〔broken　helped　me　my　repair〕cup with the way of *kintsugi*.
He ________________________________ cup with the way of *kintsugi*.

(3) 次のうち，本文中の [③] に入れるのに最も適しているものはどれですか。一つ選び，記号を○で囲みなさい。(ア　イ　ウ　エ)
ア　are using　イ　are used　ウ　were used　エ　have used

(4) 本文中の [④] に，次の(i)～(iii)の英文を適切な順序に並べかえ，前後と意味がつながる内容となるようにして入れたい。あとのア～エのうち，英文の順序として最も適しているものはどれですか。一つ選び，記号を○で囲みなさい。(ア　イ　ウ　エ)
(i) However, a cup sometimes broke, and people thought that they could continue to use the broken cup by repairing it.
(ii) At that time, these cups were expensive and getting new ones was not easy, so people used them very carefully.
(iii) Then, they connected the pieces of the cup together with *urushi* to keep using the cup.
ア　(ii)→(i)→(iii)　イ　(ii)→(iii)→(i)　ウ　(iii)→(i)→(ii)　エ　(iii)→(ii)→(i)

(5) 本文中の 'Before learning about *kintsugi*, he [⑤] which part was repaired.' が，「金継ぎについて学ぶ前，彼はどの部分が直されたのかを誰にも見つけてほしくありませんでした。」という内容になるように，解答欄の____に**英語5語**を書き入れ，英文を完成させなさい。
Before learning about *kintsugi*, he ____________________ which part was repaired.

(6) 本文の内容から考えて，次のうち，本文中の [⑥] に入れるのに最も適しているものはどれですか。一つ選び，記号を○で囲みなさい。(ア　イ　ウ　エ)
ア　easy　イ　impossible　ウ　simple　エ　useful

(7) 本文中のⒶ thatの表している内容に当たるものとして最も適しているひとつづきの**英語4語**を，本文中から抜き出して書きなさい。(　　　　　　　　)

(8) 本文の内容から考えて，次のうち，本文中の [⑦] に入れるのに最も適しているものはどれ

ですか。一つ選び，記号を○で囲みなさい。(ア イ ウ エ)

ア they can't use it again because connecting the pieces is difficult

イ no one can use it again because it has many joins

ウ it can be used again and it becomes the only one in the world

エ they think it becomes easy for them to throw it away

(9) 本文の内容と合うように，次の問いに対する答えをそれぞれ英語で書きなさい。ただし，①は**3語**，②は**7語**の英語で書くこと。

① Did Mika know the word "*kintsugi*" before her brother told her about it?

( )

② Why was the idea of decorating the joins with powdered gold strange to Mika at first?

( )

［Ⅱ］ スピーチの後に，あなた (You) と美香が，次のような会話をするとします。あなたならば，どのような話をしますか。あとの条件1・2にしたがって，(①)，(②) に入る内容をそれぞれ英語で書きなさい。解答の際には記入例にならって書くこと。文の数はいくつでもよい。

You ： Hi, Mika. Thank you for telling us an interesting story. I became interested in *kintsugi*. (①)

Mika： It took about two months. It was a wonderful experience. I think *kintsugi* is a way of using things for a long time. Do you think using things for a long time is a good idea?

You ： (②)

Mika： I see.

〈条件1〉 ①に，その壊れたカップを直すのにどれくらい時間がかかったかをたずねる文を，10語程度の英語で書くこと。

〈条件2〉 ②に，解答欄の［ ］内の，Yes, I do.または No, I don't.のどちらかを○で囲み，そのあとに，その理由を20語程度の英語で書くこと。

記入例

When is your birthday ?

Well , it's April 11 .

① --

②［ Yes, I do. · No, I don't. ］

英語リスニング A問題・B問題

時間　15分

(編集部注)　放送原稿は問題のあとに掲載しています。
音声の再生についてはもくじをご覧ください。

回　リスニングテスト

1　トムと里香との会話を聞いて，里香のことばに続くと考えられるトムのことばとして，次のア〜エのうち最も適しているものを一つ選び，解答欄の記号を○で囲みなさい。

(ア　イ　ウ　エ)

ア　Four hours.　　イ　Four times.　　ウ　Yes, I did.　　エ　No, I didn't.

2　ラジオで天気予報が流れてきました。その天気予報で述べられている明日の天気の内容と合うものとして，次のア〜エのうち最も適していると考えられるものを一つ選び，解答欄の記号を○で囲みなさい。(ア　イ　ウ　エ)

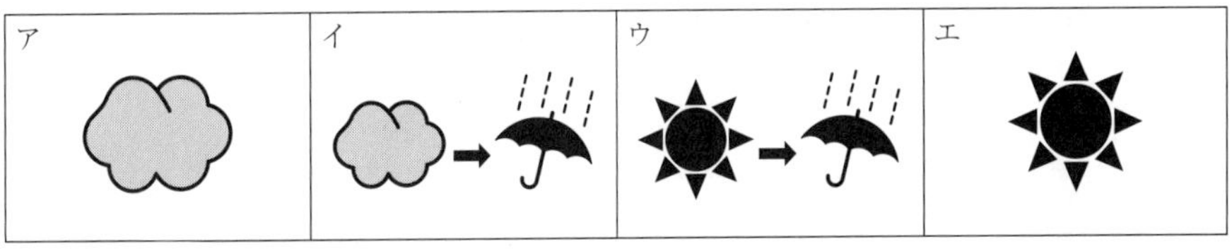

3　ジェニーと高志との会話を聞いて，二人が明日，教科書のほかに学校に持っていく必要のあるものの組み合わせを示したものとして，次のア〜エのうち最も適していると考えられるものを一つ選び，解答欄の記号を○で囲みなさい。(ア　イ　ウ　エ)

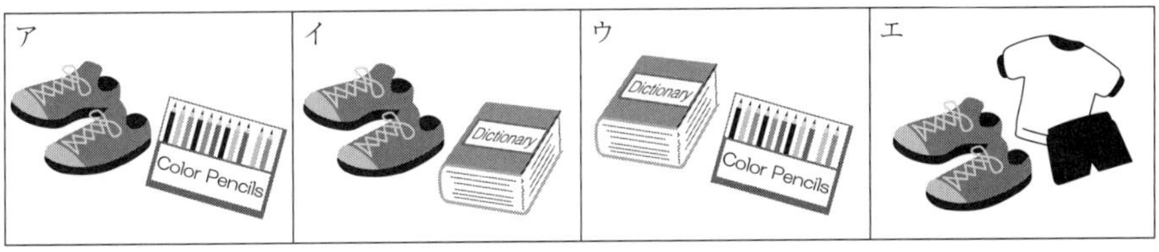

4　華とアメリカからの留学生のサイモンが12月のカレンダーを見ながら会話をしています。二人の会話を聞いて，二人がフェスティバルに行く予定の日として，次のア〜エのうち最も適しているものを一つ選び，解答欄の記号を○で囲みなさい。(ア　イ　ウ　エ)

12月

月	火	水	木	金	土	日
			1	2	3	4
5	6	7	8	9	10	11
12	13	14	15	16	17	18
19	20	21	22	23	24	25
26	27	28	29	30	31	

ア　The 17th.　　イ　The 18th.　　ウ　The 24th.　　エ　The 25th.

5　英語クラブに所属する絵里がオーストラリアから来た留学生に，学校生活について説明しています。その説明を聞いて，それに続く二つの質問に対する答えとして最も適しているものを，それぞれア～エから一つずつ選び，解答欄の記号を○で囲みなさい。

(1)(ア　イ　ウ　エ)　(2)(ア　イ　ウ　エ)

(1)　ア　3 clubs.　　イ　10 clubs.　　ウ　12 clubs.　　エ　20 clubs.

(2)　ア　The students can eat special curry at the school cafeteria every day.

イ　The students from Australia can join only one club activity in the school.

ウ　All the classes show a drama or dance in their classroom at the school festival.

エ　All the students sing a song at the end of the school festival.

6　アメリカに留学をしている由美とホストファミリーのホワイトさんが，ホワイトさんの家で会話をしています。二人の会話を聞いて，それに続く二つの質問に対する答えとして最も適しているものを，それぞれア～エから一つずつ選び，解答欄の記号を○で囲みなさい。

(1)(ア　イ　ウ　エ)　(2)(ア　イ　ウ　エ)

(1)　ア　At school.　　イ　In the garden.　　ウ　At her friend's house.　　エ　In her room.

(2)　ア　At 5:00.　　イ　At 5:30.　　ウ　At 6:00.　　エ　At 7:00.

〈放送原稿〉

2023年度大阪府公立高等学校一般入学者選抜英語リスニングテストを行います。

テスト問題は1から6まであります。英文はすべて2回ずつ繰り返して読みます。放送を聞きながらメモを取ってもかまいません。

それでは問題1です。トムと里香との会話を聞いて，里香のことばに続くと考えられるトムのことばとして，次のア・イ・ウ・エのうち最も適しているものを一つ選び，解答欄の記号を○で囲みなさい。では始めます。

Tom：　Rika, this book was very difficult. I needed to read it many times to understand it.

Rika：　How many times did you read it, Tom?

繰り返します。(繰り返す)

問題2です。ラジオで天気予報が流れてきました。その天気予報で述べられている明日の天気の内容と合うものとして，次のア・イ・ウ・エのうち最も適していると考えられるものを一つ選び，解答欄の記号を○で囲みなさい。では始めます。

Good morning. It is cloudy now. It will start to rain from about 3:00 in the afternoon. However, it will stop raining at about 8:00 in the evening. It will be sunny all day tomorrow.

繰り返します。(繰り返す)

問題3です。ジェニーと高志との会話を聞いて，二人が明日，教科書のほかに学校に持っていく必要のあるものの組み合わせを示したものとして，次のア・イ・ウ・エのうち最も適していると考えられるものを一つ選び，解答欄の記号を○で囲みなさい。では始めます。

Jenny　：　Takashi, I need your help. Please tell me what we need to bring to school tomorrow. I missed the things our teacher said. Of course, we need textbooks. But, what else do we need?

Takashi：　Well, Jenny, we need a dictionary for the English class. Oh, we also need the gym shoes which we usually wear in P.E. classes.

Jenny　：　The gym shoes? But we don't have a P.E. class tomorrow, right?

Takashi：　We need them because we'll have a meeting in the gym.

Jenny　：　OK. Do we need color pencils? I think the art teacher told us to bring them in the class last week.

Takashi：　Oh, we don't need them tomorrow. We need them for the class next week.

Jenny　：　OK. Thank you.

繰り返します。(繰り返す)

問題4です。華とアメリカからの留学生のサイモンが12月のカレンダーを見ながら会話をしています。二人の会話を聞いて，二人がフェスティバルに行く予定の日として，次のア・イ・ウ・エのうち最も適しているものを一つ選び，解答欄の記号を○で囲みなさい。では始めます。

Hana　：　Hi, Simon. How are you?

Simon：　I'm good, Hana. Oh, a festival will be held in this town. How about going with me?

Hana　：　Sounds nice. When will it be held?

Simon：　It will be held this weekend and next weekend. Today is Friday, December the 16th. How about going tomorrow?

Hana　：　Well... I have a piano lesson every Saturday. How about this Sunday?

Simon：　Oh, I'll meet some friends on the 18th. But the 25th is OK.

Hana　：　Well... I will visit my grandparents with my family on the 25th. Oh, now I remember the 17th is the last piano lesson of this year. So, I can go on Saturday next week.

Simon：　Sounds good! Let's go on that day.

繰り返します。(繰り返す)

問題5です。英語クラブに所属する絵里がオーストラリアから来た留学生に，学校生活について説明しています。その説明を聞いて，それに続く二つの質問に対する答えとして最も適しているものを，それぞれア・イ・ウ・エから一つずつ選び，解答欄の記号を○で囲みなさい。では始めます。

We are happy to meet you 12 students from Australia. I'm Eri, a member of the English club. I will explain what you can enjoy in our high school during your stay. First, you can enjoy club activities. In this school, there are 20 clubs, for example, soccer club and music club. You can choose three clubs. You can join the activities with the club members after school. Second, you can enjoy eating lunch at the school cafeteria. The most popular menu is special curry. It's very delicious! The special curry is sold only on Friday. You should try it. Finally, I'll tell you about the school festival. Each class will show a drama or dance on the stage in the gym. At the end of the festival, all the students will sing a song together. The festival will be held on the last day of your stay, so let's practice the song and sing it together. I hope you will have a lot of fun during these ten days at our school.

Question (1): How many clubs does this high school have?

Question (2): What is the thing Eri said about her school?

繰り返します。(説明と質問を繰り返す)

問題6です。アメリカに留学をしている由美とホストファミリーのホワイトさんが，ホワイトさんの家で会話をしています。二人の会話を聞いて，それに続く二つの質問に対する答えとして最も適しているものを，それぞれア・イ・ウ・エから一つずつ選び，解答欄の記号を○で囲みなさい。では始めます。

Yumi　　　：　Nice to meet you, Mr. White.

Mr. White：　Welcome to my house, Yumi. Today is the first day of your stay in America. Please relax. If you have any problems, please let me know.

Yumi　　　：　Thank you very much. Actually, I worry about going to school alone tomorrow.

Mr. White：　Oh, don't worry. You can go to school with my daughter. She is at school now, so when she comes back, you can ask her about school.

Yumi　　　：　Oh, good. I want to see her soon.

Mr. White：　Are you tired after the long flight?

Yumi　　　：　No. I slept well in the plane.

Mr. White : That's good. Then, I'll show you inside our house first. Please follow me.

Yumi : OK.

Mr. White : First, let's go to your room. Here is your room. It is next to my daughter's room. In front of your room, here is the bath room.

Yumi : OK.

Mr. White : Next, here is the kitchen. We always have dinner at 7:00. Is there any food which you can't eat?

Yumi : No, there isn't. Thank you for asking. Let me help you prepare dinner.

Mr. White : Oh, thank you. I come back from work at about 5:30, and we start to prepare dinner from 6:00. If it's sunny, we sometimes eat dinner in our garden.

Yumi : Wow, that sounds fun!

Mr. White : Yes! It is fun. You can invite your friends for dinner. In that case, please call me two hours before dinner.

Yumi : Sure. I'm excited.

Mr. White : Now, it's time for tea. Let's relax.

Yumi : Thank you.

Question (1): Where is Mr. White's daughter now?

Question (2): If Yumi invites her friends for dinner, what time does she have to call Mr. White?

繰り返します。(会話と質問を繰り返す)

これで，英語リスニングテストを終わります。

英語C問題

時間　30分　　　満点　90点(リスニング共)

(編集部注)「英語リスニングC問題」はこの問題のあとに掲載しています。

1　Choose the phrase that best completes each sentence below.

(1)(ア　イ　ウ　エ)　(2)(ア　イ　ウ　エ)　(3)(ア　イ　ウ　エ)

(4)(ア　イ　ウ　エ)　(5)(ア　イ　ウ　エ)　(6)(ア　イ　ウ　エ)

(1)　I'm (　　) are kind to you.

ア　glad to all that your neighbors hear　　イ　glad that hear to your neighbors all

ウ　glad to hear that all your neighbors　　エ　your neighbors that glad to hear all

(2)　The book (　　) a difficult math question.

ア　answer me helped my father gave me　　イ　gave me answer me helped my father

ウ　helped my father gave me answer me　　エ　my father gave me helped me answer

(3)　I could play basketball (　　) to practice.

ア　as well as my brother if I had more time

イ　well if I had more time as my brother as

ウ　if time more I had as well as my brother

エ　if I had time my brother as more well as

(4)　The soccer player (　　) Japan.

ア　came to many people who is loved by　　イ　loved by many people who is came to

ウ　is loved to many people who came by　　エ　who is loved by many people came to

(5)　(　　) wonderful.

ア　The idea sounds in our group shared　　イ　Our group sounds the idea shared in

ウ　The idea shared in our group sounds　　エ　Our group shared the idea sounds in

(6)　I want to know (　　) by plane.

ア　London takes many hours how to go to it

イ　how many hours it takes to go to London

ウ　how to go to London it takes many hours

エ　how many it takes hours to go to London

[2] Read the passage and choose the answer which best completes each blank ① and ②, and choose the answer which best completes sentence (3).

(1)(ア イ ウ エ) (2)(ア イ ウ エ) (3)(ア イ ウ エ)

In 2021, Osaka Prefecture did research to know what people thought about using a smartphone while walking. The members of the research group asked some questions to 1,000 people over 17 years old. To answer each question, the respondents chose their answers from the choices prepared by the research group. "Do you use a smartphone while walking?" was the first question. 332 of the 1,000 respondents chose "Yes," and the other respondents chose "No." The respondents who chose "Yes" were also asked other questions. "Why do you use a smartphone while walking?" was one of the questions. The table shows what respondents in each age group chose as their answers to this question. Each respondent chose only one answer.

We can learn some things from the table. First, in each age group, the percentage of the respondents who chose "To send or read messages" was the highest. More than half of the respondents who were [①] chose that answer. Then, if we compare the percentages of the respondents who chose [②] the percentage of the respondents who were 60-84 years old was the highest.

According to the research, more than 80% of the respondents who chose "Yes" to the first question also chose "Yes" to the question "Do you think using a smartphone while walking is dangerous?". Let's stop using a smartphone while walking.

【Table】

Question: "Why do you use a smartphone while walking?"

answers ＼ ages	18–84 years old	18–29 years old	30–39 years old	40–49 years old	50–59 years old	60–84 years old
To send or read messages.	46.1%	50.6%	40.8%	48.6%	43.9%	45.0%
To see a map or a timetable.	14.8%	21.2%	11.8%	11.4%	19.5%	10.0%
To get information.	9.6%	4.7%	11.8%	12.9%	9.8%	10.0%
To play a game.	7.5%	2.4%	7.9%	8.6%	7.3%	13.3%
To play, stop or choose music.	6.9%	5.9%	11.8%	5.7%	4.9%	5.0%
To watch videos or movies.	1.8%	1.2%	2.6%	2.9%	0.0%	1.7%
Without thinking anything.	10.8%	12.9%	13.2%	8.6%	9.8%	8.3%
For other reasons.	2.4%	1.2%	0.0%	1.4%	4.9%	6.7%

(大阪府「大阪府政策マーケティング・リサーチ「おおさかQネット」(令和３年度)」により作成)

(注) Osaka Prefecture 大阪府 smartphone スマートフォン while ～ ing ～している間に over 17 years old 17歳より年上の，18歳以上の respondent 回答者 table 表 percentage 割合 timetable 時刻表 video 動画

(1) ① ア 18-29 years old　イ 30-39 years old　ウ 40-49 years old

エ 50-59 years old

(2) ② ア "To get information,"

イ "To play a game,"

ウ "To play, stop or choose music,"

エ "To watch videos or movies,"

(3) According to the research,

ア Osaka Prefecture did research to know the percentage of people who have their own smartphone.

イ more than half of all the respondents chose "No" to the question "Do you use a smartphone while walking?".

ウ less than 10% of the respondents in each age group chose "Without thinking anything" to the question "Why do you use a smartphone while walking?".

エ more than 80% of the respondents who chose "Yes" to the first question didn't choose "Yes" to the question "Do you think using a smartphone while walking is dangerous?".

3 Read the passage and choose the answer which best completes each sentence (1)〜(5).

Smart agriculture is a new way of agriculture. It uses machines, AI, and other technology.

Smart agriculture can [①] farmers in many ways. One example is a machine working on a large farm. The machine doesn't need a farmer to drive it. It can work even in bad weather. Such a machine can help farmers do their work and make their working time shorter. Another example is using various kinds of data. Various kinds of data like weather information are used for smart agriculture. Through the Internet, such data can easily be shared by many farmers without talking to each other. In addition, if farmers can use the data analyzed by AI, they can easily judge various things. For example, they can judge how much water they should give to their farms. They can also judge when to pick vegetables. In the past, farmers judged these things only by using their special skills. To learn such special skills, farmers need a lot of time and experience. This means it is difficult for farmers who have just started agriculture to judge many things. However, by using the data analyzed by AI, farmers who have just started agriculture can easily judge what work they should do or judge when they should do it.

Smart agriculture is also good for the environment. For example, the natural environment of the farm can be kept in good condition by using a drone which has a camera. The drone can easily find which area of the farm really needs chemical fertilizer, fly there, and give chemical fertilizer only to the area, so less chemical fertilizer can be used. In addition, if too much food is produced, some of the food is left and just thrown away. But, by using various data which shows how much food will be needed in the future, it becomes possible to plan how much food farmers should make on their farms, and food waste will be [②].

Actually, in Japan, the number of farmers has been getting smaller and many farmers are old. This has been a serious problem for agriculture in Japan. Now, more people are paying attention to the environment. Although people can't solve all the problems in Japan with smart agriculture, it can be one of the choices for both people and the environment.

(注) smart agriculture スマート農業　agriculture 農業　AI 人工知能　data データ
analyze 分析する　drone ドローン　chemical fertilizer 化学肥料
throw away 〜 〜を捨てる

(1) The word which should be put in [①] is (ア イ ウ エ)
ア fill.　イ invent.　ウ receive.　エ support.

(2) The word which should be put in [②] is (ア イ ウ エ)
ア bought.　イ raised.　ウ reduced.　エ worn.

(3) The data analyzed by AI (ア イ ウ エ)
ア shows how long it takes to learn special skills which people in the past used.
イ helps farmers give much water to their farms although it is not necessary to do so.
ウ can only be shared by farmers through the Internet when they gather at a meeting.

エ　tells farmers who have just started agriculture what work to do or when to do it on their farms.

(4) According to the passage, smart agriculture helps farmers (ア　イ　ウ　エ)

ア　make their working time less.

イ　produce food which will be thrown away.

ウ　make the condition of their farms worse.

エ　use more chemical fertilizer.

(5) According to the passage, (ア　イ　ウ　エ)

ア　farmers can't learn special skills if they don't use technology used in smart agriculture.

イ　the number of people who work in agriculture has been getting bigger in Japan.

ウ　people in Japan can solve all the problems they have with smart agriculture.

エ　technology like AI or drones can be helpful for people and the environment.

4 Read the passage and choose the answer which best completes each sentence (1)〜(5).

joins decorated with powdered gold

There is a Japanese traditional way of repairing broken things like a cup. The way is called "*kintsugi.*" When people repair something with *kintsugi*, two things are usually used. One of them is *urushi*. *Urushi* is taken from *urushi* trees and used for connecting pieces. The other one is powdered gold. Powdered gold is used for decorating the joins.

People in Japan have used *urushi* to connect things together for more than 3,000 years. In the 16th century, the tea ceremony became popular among some people, and cups for the tea ceremony were used. [A] At that time, these cups were expensive. [B] People used the cups very carefully because getting new ones was not easy. [C] However, a cup sometimes broke. [D] Then, they connected the pieces of the cup with *urushi* to keep using it. And, they thought that [①] powdered gold to the joins would make the cup beautiful. At that time, decorating things with powdered gold was already known in the art world. Then, people started to decorate the joins with powdered gold when they repaired things. In this way, *kintsugi* was known to many people.

When people repair a broken thing like a cup, some people want to hide joins because the joins show that the repaired one was once a broken thing. For those people, the idea of decorating joins with powdered gold may sound strange. However, *kintsugi* gives people Ⓐ<u>a new idea</u>. If people repair a broken cup with the way of *kintsugi*, many joins are seen clearly. But, the joins show that it is impossible for anyone else to get a cup with the same joins and the cup is the only one in the world. The cup repaired with *kintsugi* can make people feel that the repaired cup is more special than the one they used before it broke.

Kintsugi is more than just a way of repairing things. People who try to repair things with *kintsugi* don't hide the joins. They believe that the joins make the things special.

（注） *kintsugi* 金継ぎ　*urushi* 漆　powdered gold 金粉　decorate 装飾する
join 継ぎめ　tea ceremony 茶道　hide 隠す

(1) When people want to repair a broken cup with *kintsugi*, they usually use

（ ア イ ウ エ ）

ア only one piece of the broken thing.
イ *urushi* and powdered gold.
ウ a traditional way of breaking things.
エ powdered gold taken from *urushi* trees.

(2) The sentence "People thought that they could continue to use the broken cup by repairing it." should be put in（ ア イ ウ エ ）

ア [A].　イ [B].　ウ [C].　エ [D].

(3) The word which should be put in [①] is（ ア イ ウ エ ）

ア adding.　イ losing.　ウ stopping.　エ turning.

(4) The words Ⓐ a new idea mean that (ア　イ　ウ　エ)

ア　no one can find any joins on the repaired thing.

イ　the thing repaired with *kintsugi* is something that has never broken.

ウ　decorating the joins with powdered gold is strange.

エ　the joins show that the repaired thing is the only one in the world.

(5) According to the passage, (ア　イ　ウ　エ)

ア　the tea ceremony became popular because it was easy for people who enjoyed the tea ceremony to get cups for the tea ceremony.

イ　the idea of decorating joins with powdered gold sounds strange to some people who want other people to notice which part was repaired.

ウ　*kintsugi* is a way of both repairing things like a broken cup and making the repaired things special.

エ　the joins decorated with powdered gold don't make the thing repaired with *kintsugi* special because no one can find where the joins are.

5 Read the passage and choose the answer which best completes each sentence (1), (2), (4), (5) and (6), and choose the answer to the question (3).

Have you heard the word "nudge"? It is an English word which means "to push someone softly to get the person's attention." People usually nudge someone when they want to make someone do something without talking to the person. However, the word has a wider meaning in the theory called "nudge theory." According to the theory, people tend to choose to do something that is easy. They sometimes don't do something they should do because doing it is a little difficult for them. But, if there is a special situation which makes doing it easy, the special situation has an influence on their actions, and they will do it. In the theory, "nudging" means [①]

Here is an example of "nudging" which has an influence on many people's actions. In 2020, the Japanese government did research to find how the government could help people reduce the number of plastic bags they use when they shop. In the research, the government made a special situation for the convenience stores which joined the research. In convenience store A, if shoppers don't need a free plastic bag, they show a 'Refusal Card' to a clerk. If they don't show the card, they get a free plastic bag when they pay for their shopping. In convenience store B, if shoppers want to get a free plastic bag, they show a 'Request Card' to a clerk. If they don't show the card, they don't get a free plastic bag. Each convenience store has only one type of card: 'Refusal Card' or 'Request Card.' Here are the results of the research. In convenience store A, the number of shoppers who didn't get free plastic bags didn't change very much from the number before. However, in convenience store B, the number became clearly bigger than the number before. Before the research, to get a free plastic bag, shoppers did nothing. However, during the research, doing nothing became a part of a special situation. In convenience store A, doing nothing meant shoppers wanted to get a free plastic bag. In convenience store B, doing nothing meant shoppers didn't want to get a free plastic bag. The special situation of convenience store B helped more people reduce the number of plastic bags they use when they shop.

By "nudging," you can also help yourself do something you should do. Please imagine that you want to get up at five and study for one hour before going to school. In the morning, your alarm clock rings at five. If the alarm clock is [②] to the bed, you can easily stop it without getting out of the bed. After that, you may sleep again. However, if you make the situation a little different, you can get up at five and study. For example, you put the alarm clock far from the bed and put your textbooks next to the alarm clock before going to bed. The next morning, when the alarm clock rings, you can't stop it if you stay in the bed. [③] In this case, to make a special situation means to put the alarm clock far from the bed and the textbooks next to the alarm clock. The special situation can help you get out of the bed and start to study.

Sometimes, "nudging" is to make a small ④ in the situation, but it can sometimes have a great influence on people's actions. Now, many people in the world are interested in "nudging." They think "nudging" is one way of solving various problems, and they are trying to learn how they can use "nudging" to solve them.

（注） nudge （注意をひくために）そっと突く　softly　そっと　theory　理論
nudge theory　ナッジ理論　tend to ～　～する傾向がある　shopper　買い物客
Refusal Card　辞退カード　Request Card　要求カード　result　結果
alarm clock　めざまし時計　ring　鳴る

(1) The phrase which should be put in ① is（ア イ ウ エ）
ア "to make a situation which makes something more difficult."
イ "to make a special situation which helps someone do something the person should do."
ウ "to let someone do something without having any influence on the person's action."
エ "to ask someone what the person should do and tell the person how to do it."

(2) The word which should be put in ② is（ア イ ウ エ）
ア close.　イ different.　ウ open.　エ similar.

(3) The following passages (i)～(iii) should be put in ③ in the order that makes the most sense.（ア イ ウ エ）
(i) After stopping it, you find your textbooks next to the alarm clock and remember that you have to study.
(ii) Then, you don't go back to the bed, and you start to study.
(iii) To stop the alarm clock, you have to get out of the bed, and go to it.
Which is the best order?
ア (ii)→(iii)→(i)　イ (ii)→(i)→(iii)　ウ (iii)→(i)→(ii)　エ (iii)→(ii)→(i)

(4) The word which should be put in ④ is（ア イ ウ エ）
ア difference.　イ mistake.　ウ technology.　エ wish.

(5) According to the passage, in convenience store B,（ア イ ウ エ）
ア clerks in the convenience store told shoppers to shop without getting free plastic bags.
イ shoppers showed a 'Refusal Card' to a clerk if they didn't need a free plastic bag.
ウ shoppers showed a 'Request Card' to a clerk when they wanted to buy a plastic bag.
エ the number of shoppers who didn't get free plastic bags became bigger than the number before.

(6) According to the passage,（ア イ ウ エ）
ア people talk to someone when they push the person softly.
イ the nudge theory says that people always do something they should do.
ウ many people in the world think "nudging" can be used to solve various problems.
エ the Japanese government did the research to help people get free plastic bags when they shop.

6 Read the following sentences and write your answer in English.

Some people say that reading books is important in our lives, and it helps us in many ways. How does it help us in our lives? Write your idea and after that, write some examples or your experiences to support your idea.

( )

英語リスニング C問題

時間 25分

(編集部注) 放送原稿は問題のあとに掲載しています。
音声の再生についてはもくじをご覧ください。

回 リスニングテスト

【Part A】

1(ア イ ウ エ) 2(ア イ ウ エ) 3(ア イ ウ エ)
4(ア イ ウ エ) 5(ア イ ウ エ)

1 ア Tom painted the picture in the art class.
イ Tom didn't think the picture Kana painted was really good.
ウ Tom was surprised that Kana painted a really good picture.
エ Tom didn't believe that Kana took the photo in the art class.

2 ア Kana asked Tom how his uncle was.
イ Something good happened to Tom yesterday.
ウ Tom wasn't happy because he lost his ticket for the concert yesterday.
エ Kana knew that Tom got a ticket for his favorite singer's concert before she asked him what happened.

3 ア Kana told Tom what he should eat.
イ The menu was written in both Japanese and English.
ウ Tom thought the pictures on the menu were helpful.
エ Kana thinks it would be easier to understand the menu if there were some pictures.

4 ア Kana has a piano lesson on the 24th.
イ Kana has a piano lesson on the 25th.
ウ Both Kana and Tom were free on the 17th.
エ Both Kana and Tom are free on the 24th.

5 ア Tom answered the interview in April.
イ All of the things Tom guessed about the interview were right.
ウ In the interview, 38 students chose "Making friends" as the thing they want to try harder.
エ In the interview, the number of students who chose "Club activities" as the thing they enjoy the most at school was the biggest.

【Part B】 6(1)(ア イ ウ エ) (2)(ア イ ウ エ)

6 (1) ア All the students in this school make a drama every year.
イ The school festival will be held in November.
ウ The teacher will choose which group will show their drama in the school festival.

エ The students will make groups of five or six people in the next lesson.

(2) ア The students need to make a story longer than ten minutes.

イ The students need to make their own story for their drama.

ウ The students need to practice their drama in the lessons.

エ The students need to speak their parts clearly and fluently.

【Part C】

Let's join the online event with Korean and Australian students!

Date: 3:30-5:30 p.m. on May 15th
Plan: 1. English speeches about each country
2. Questions and Answers
3. Games

You need to prepare a speech about Japan, photos for your speech, and a game to play together.

(注) online オンラインの

【Memo】

Tom	Kana

〈放送原稿〉

Now you are going to have the listening test. There are three parts in this listening test: part A, part B, and part C.

Please look at Part A. In this part of the listening test, you will hear five conversations between Kana and Tom. You will hear each conversation twice. After listening to each conversation twice, you will hear a question. Each question will be read only once and you must choose one answer. Now begin.

1 Kana： Tom, look at this. I painted this picture in the art class.

Tom ： Wow, the picture is really good! It looks like a photo! I can't believe you painted this, Kana.

(繰り返す)

Question：What does Tom mean?

2 Kana： Hi, Tom. What happened?

Tom ： Why do you ask that, Kana?

Kana： Because you look happy. I guess something good happened to you.

Tom ： Well, actually, you're right. Yesterday, I got a ticket from my uncle for my favorite singer's concert.

Kana： That makes sense.

(繰り返す)

Question：Which is true about this conversation?

3 Kana： Tom, have you decided what to eat? If you need my help, I'll explain in English what is written on the menu.

Tom ： Oh, I'm OK, Kana. These pictures on the menu help me choose what to eat. They look delicious!

Kana： If this menu were written in both Japanese and English, it would be easier for you to understand it.

(繰り返す)

Question：Which is true about this conversation?

4 Tom ： Hi, Kana. Some members of the music club will hold a concert on the stage in the park near our school.

Kana： It sounds fun, Tom. When will it be held?

Tom ： It will be held this Saturday, December the 24th and this Sunday, December the 25th. I'll be free on Saturday. How about going with me on Saturday?

Kana： Well... I have a piano lesson every Saturday. How about the 25th?

Tom ： I'll go to the theater with my host family on the 25th.

Kana： I see. Oh, now I remember Saturday the 17th was the last piano lesson of this year, so I'll be free on this Saturday.

Tom ： Oh, great!

（繰り返す）

Question ：Which is true about this conversation?

5 Tom ： Hi, Kana. What are you doing?

Kana ： I'm making a report about the interview I did at school in April.

Tom ： Interview? Sounds interesting!

Kana ： Yes, it is. I asked several questions to 100 students in the first grade. And, they chose one answer from three choices.

Tom ： What did you ask them?

Kana ： First, I asked them, "What is the thing you want to try harder?". The choices are "Studying," "Making friends" and "Club activities." Can you guess which was chosen by the most students?

Tom ： Well... I guess the most students chose "Making friends."

Kana ： Well, 38 students chose that. But more students chose "Studying."

Tom ： I see. What was another question?

Kana ： I asked, "What is the thing you enjoy the most at school?". And, the choices are "Studying," "Talking with friends" and "Club activities."

Tom ： I guess the most students chose "Club activities."

Kana ： That answer was chosen by the first grade students who joined a club activity. But many first grade students haven't joined a club activity yet. So, more students chose "Talking with friends."

Tom ： I understand.

（繰り返す）

Question ：Which is true about this conversation?

Please look at Part B. In this part of the listening test, you will hear a part of a lesson. It will be spoken twice. After listening to it twice, you will hear two questions. Each question will be read only once and you must choose one answer. Now begin.

6 Let's begin today's English lesson. In this school, every year, the students in the second grade make a drama in English and show it in class. Now, you are sitting in a group of five or six people. You will make a drama with your group members. And, one group from each class will show their drama in the school festival held in November. Now, I will explain what you should do in the lessons. In today's lesson, you will make a story. I will tell you two important things. First, you need to make your own story. This means you can't use a story from books or movies. Next, your story must be shorter than ten minutes. In the next lesson, you will start to practice your drama. You need to practice the drama in three lessons next week. You need to speak clearly and fluently in your drama. Each of you needs to remember your own part. In the first lesson next month, you will watch the dramas in class. Each of you has one

point, and when you watch the other groups, you will give the point to one group that you like. And, the group which gets the most points will show their drama in the school festival.

(繰り返す)

Question (1): Which is true about the things the teacher said?

Question (2): Which is not true about the things the students need to do for their drama?

Please look at the test paper of Part C. First, please read the information about an event with Korean and Australian students. You have half a minute. Now, begin to read.

【half a minute to read】

Stop reading. Now you are going to hear the conversation between Tom and Kana. They are talking about an event on the Internet with Korean and Australian students. You will hear their conversation and the question about it twice. When you are listening, you can take notes on the test paper about the things they say about the event on the Internet with Korean and Australian students. Now, listen to the conversation.

Tom : Hi, Kana. Did you read the information our teacher gave us? It is about the event on the Internet with Korean and Australian students. It sounds exciting. How about joining with me?

Kana : I can't decide, Tom. I want to improve my English skills, but I'm busy.

Tom : Well, I think preparing a speech will take some time. But, the event on the Internet doesn't take much time. You always say you want to go abroad. To visit Korea and Australia, it will take more time.

Kana : I see... You are right. That is a good point of this event. It takes only two hours. Students who join this event don't need to spend much time in a plane. And they don't need to prepare for traveling. But, I think we can learn more things if we visit the countries.

Tom : Well, that's true. But, also in the event, the students can learn about each other's countries. That is another good point of the event. They can easily imagine people's lives and their cultures because the students who make speeches will show some photos. And, they can learn more things by asking questions.

Kana : I see. I want to hear the speeches and ask various questions. But, I still can't decide about joining the event. Playing games in English sounds difficult.

Tom : It may be difficult, but the students in this school can improve their English skills when they play games. I think that is also a good point of this event.

Kana : I can understand the students can improve their English skills because, during the game, they have to speak English without preparing what they say.

Tom : You're right. And, they have to communicate without using a dictionary.

Kana : I'm afraid of making mistakes when I speak English.

Tom : Don't worry. We can help each other. The event will be a great experience for you!

Kana： OK! I will join the event, too!

Question：According to Tom and Kana, what are the good points about the event on the Internet? Write them in English.

(会話と質問を繰り返す)

You have six minutes to write. Now begin.

Stop writing. This is the end of the listening test.

社会

時間　40分　　　　満点　90点

1　Fさんのクラスは，班に分かれてわが国の貿易にかかわることがらについて調べた。次の問いに答えなさい。

(1)　Fさんの班は，わが国の輸入品や輸出品に興味をもち，調べた。

①　主要な輸入品である石油（原油）や天然ガスは，わが国の重要なエネルギー資源である。

(a)　図Ⅰは，2019（令和元）年のわが国における，石油（原油）の輸入額の多い上位3か国を示したものである。次のア～エのうち，A，Bに当たる国名の組み合わせとして最も適しているものはどれか。一つ選び，記号を○で囲みなさい。

図Ⅰ

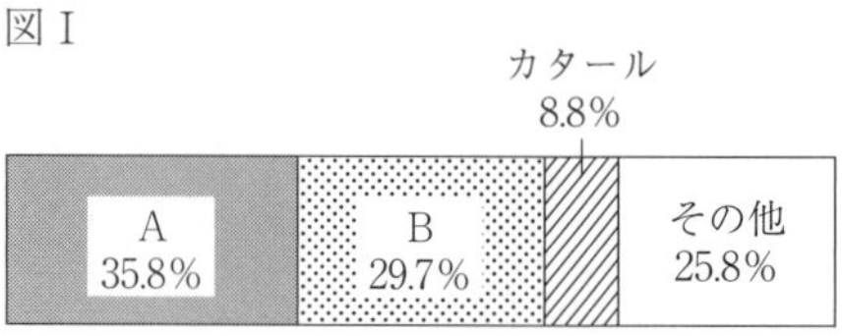

(『日本国勢図会』2020／21年版により作成)

（ア　イ　ウ　エ）

ア　A　サウジアラビア　　B　カナダ
イ　A　サウジアラビア　　B　アラブ首長国連邦
ウ　A　アメリカ合衆国　　B　カナダ
エ　A　アメリカ合衆国　　B　アラブ首長国連邦

(b)　国際市場における石油（原油）価格の安定などのため，1960年に設立された石油輸出国機構の略称を**アルファベット4字**で書きなさい。(　　　)

(c)　わが国における，天然ガスの最大の輸入相手国はオーストラリアである。次の文は，オーストラリアの鉱産資源について述べたものである。文中のⓐ〔　　〕，ⓑ〔　　〕から最も適しているものをそれぞれ一つずつ選び，記号を○で囲みなさい。

ⓐ(ア　イ)　ⓑ(ウ　エ)

オーストラリアは鉱産資源にめぐまれており，オーストラリアの東部ではおもにⓐ〔ア　石炭　　イ　ダイヤモンド〕が，北西部ではおもにⓑ〔ウ　鉄鉱石　　エ　ボーキサイト〕が採掘されている。

②　わが国は肉類や魚介類，穀物類などの食料品を多く輸入している。次の文は，食料品の輸入にかかわることがらについて述べたものである。文中の［ A ］に当てはまる語を**漢字3字**で書きなさい。(　　　)

国内で消費する食料全体のうち，国内生産によってまかなえる量を示す割合は「食料［ A ］」と呼ばれている。わが国の「食料［ A ］」は2010（平成22）年以降40％を下回り，品目別でみると，米は100％に近い一方で小麦は10％台となっている。

③　わが国は原材料を輸入し，製品に加工して輸出する加工貿易を行ってきた。京葉工業地域は，輸入した石油（原油）などを原料として化学製品を製造する石油化学工業がさかんである。次のア～エの地図のうち，京葉工業地域が含まれる地図はどれか。一つ選び，記号を○で囲みなさい。(ア　イ　ウ　エ)

ア　イ　ウ　エ

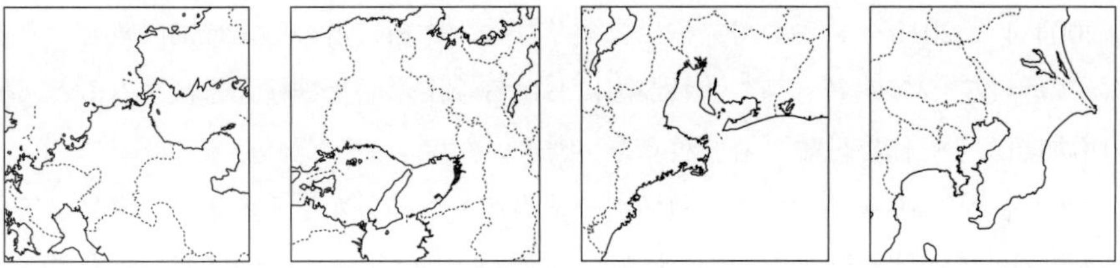

（……は県界を示す）

④　わが国では伝統的工芸品や農林水産物の輸出を促進する取り組みが行われている。

(a)　伝統的技術により製造される工芸品のうち，法律にもとづき国の指定を受けたものは伝統的工芸品と呼ばれる。次のア～エのうち，岩手県の伝統的工芸品はどれか。一つ選び，記号を○で囲みなさい。（ア　イ　ウ　エ）

ア　天童《てんどう》将棋駒　　イ　南部《なんぶ》鉄器　　ウ　津軽《つがる》塗　　エ　会津《あいづ》塗

(b)　農林水産物の輸出額のうち，果物ではりんごが最も多い。りんごの生産がさかんな青森県は，その大部分が日本海側の気候の特徴をもつ。次のア～エのグラフはそれぞれ，日本海側の気候の特徴をもつ青森市，内陸（中央高地）の気候の特徴をもつ松本《まつもと》市，太平洋側の気候の特徴をもつ高知市，南西諸島の気候の特徴をもつ那覇《なは》市のいずれかの気温と降水量を表したものである。日本海側の気候の特徴をもつ青森市に当たるものをア～エから一つ選び，記号を○で囲みなさい。（ア　イ　ウ　エ）

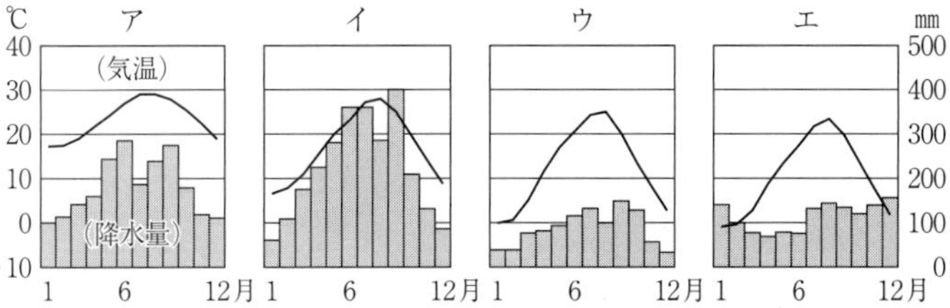

（『理科年表』2022により作成）

(2)　Gさんの班は，わが国の輸出入額に興味をもち，調べた。図Ⅱ，図Ⅲは，2004（平成16）年と2019（令和元）年における，わが国の輸出総額及び輸入総額に占める地域別の割合を，アジア，北アメリカ，その他の地域に分けてそれぞれ示したものである。あとのP，Qの文は，Gさんの班が図Ⅱ，図Ⅲから読み取った内容についてまとめたものである。P，Qの内容について正誤を判定し，あとのア～エから適しているものを一つ選び，記号を○で囲みなさい。

（ア　イ　ウ　エ）

図Ⅱ　2004年における地域別輸出入額の割合

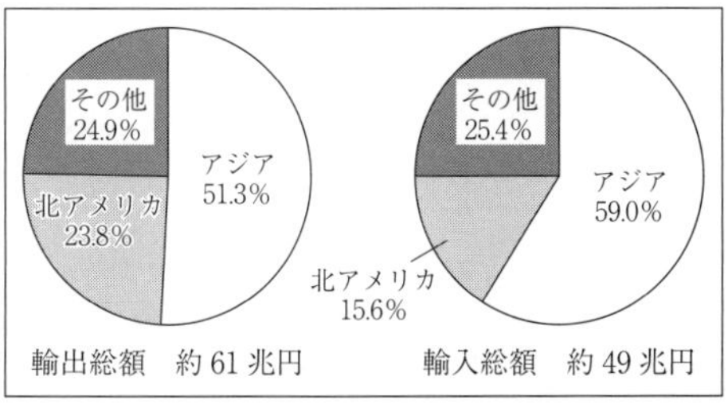

（『日本国勢図会』2005／06年版により作成）

図Ⅲ　2019年における地域別輸出入額の割合

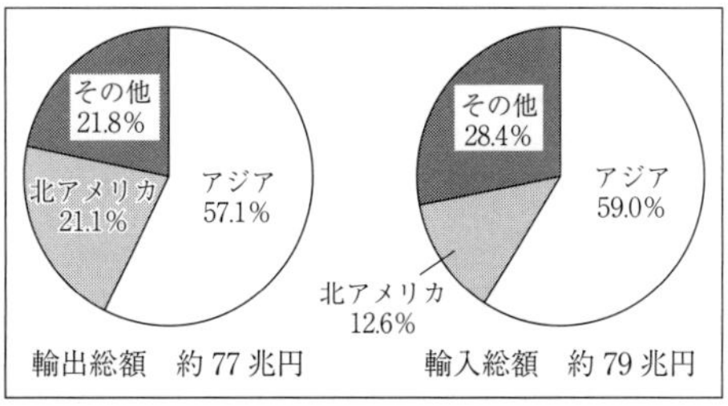

（『日本国勢図会』2020／21年版により作成）

P　2004年と2019年において，輸出総額及び輸入総額に占める地域別の割合をみると，いずれの年もアジアが最も高く，わが国における輸出総額及び輸入総額をみると，輸入総額の増加額よりも輸出総額の増加額の方が大きい。

Q　2004年と2019年において，地域別の輸出額及び輸入額をみると，いずれの年も北アメリカに対しては貿易黒字であり，わが国の貿易全体をみると，2004年は貿易黒字であるが2019年は貿易赤字である。

ア　P，Qともに正しい。　　イ　Pは正しいが，Qは誤っている。

ウ　Pは誤っているが，Qは正しい。　　エ　P，Qともに誤っている。

(3)　Hさんの班は，貿易港と呼ばれるわが国の港や空港に興味をもち，調べた。表Ⅰは，2019年の貿易港別の貿易額の多い上位2港における，輸出額の多い上位5品目を示したものである。あとの文は，表Ⅰをもとに，海上輸送と航空輸送の特徴についてHさんの班がまとめたものの一部である。文中の（　　）に入れるのに適している内容を簡潔に書きなさい。

（　　　　　　　　　　　　　　　　　　　　）

表Ⅰ　貿易港別の輸出品目及び輸出額(百億円)

A港		B空港	
自動車	324	半導体等製造装置	85
自動車部品	205	科学光学機器	65
内燃機関	53	金（非貨幣用）	60
金属加工機械	47	電気回路用品	41
電気計測機器	41	集積回路	38
総額	1,231	総額	1,053

・内燃機関は自動車・船・航空機などのエンジン
・科学光学機器はメガネ，レンズ，カメラなど
・金（非貨幣用）は電気通信機器，宝飾品などに用いられる

（『日本国勢図会』2020／21年版により作成）

・港と空港とでは輸送手段の違いから，輸送する品目にも違いがみられる。
・表Ⅰをもとに，輸送する品目の重量という観点から，海上輸送と航空輸送とを比べると，おもに，航空輸送は（　　　　　）といえる。

2 民主政治にかかわる次の問いに答えなさい。

(1) 次の文は，人権思想に関する歴史について述べたものである。あとのア～エのうち，文中の X ， Y に当てはまる語の組み合わせとして正しいものはどれか。一つ選び，記号を○で囲みなさい。(ア イ ウ エ)

イギリスでは，1215 年に制定された X や 1628 年の権利請願（権利の請願）などにおいて，人身の自由の保障，代表機関や議会の尊重が主張されてきた。18 世紀，フランスの思想家 Y は，『社会契約論』を著して，人民主権を主張した。

ア X マグナ＝カルタ Y ルソー　イ X 権利章典（権利の章典） Y ルソー
ウ X マグナ＝カルタ Y ロック　エ X 権利章典（権利の章典） Y ロック

(2) 国民主権は民主政治の根幹であり，日本国憲法の基本原則の一つである。

① 日本国憲法の基本原則の一つに，基本的人権の尊重がある。次の文は，基本的人権にかかわることについて述べたものである。文中のⓐ〔 〕から最も適しているものを一つ選び，記号を○で囲みなさい。また，文中の ⓑ に当てはまる語句を書きなさい。

ⓐ(ア イ ウ) ⓑ( )

人権は生まれながらにもつ権利であり，憲法で保障されている。しかし，憲法で保障されていても法律による人権の制限が認められる場合がある。例えば，職業選択の自由はⓐ〔ア 経済活動の自由　イ 精神の自由（精神活動の自由）　ウ 身体の自由（生命・身体の自由)〕の一つであり，日本国憲法で保障されているが，免許や資格を必要とするなど規制を受ける場合がある。日本国憲法では，こうした人権が制限される原理を，社会全体の利益を意味する「 ⓑ 」という言葉で表現している。

② 選挙をはじめとするさまざまな政治参加の方法を通して国民主権が実現される。

(a) わが国において，1950（昭和 25）年に制定された法律で，選挙を公正に行うために，選挙区や議員定数，選挙の方法などを定めた法律は何と呼ばれているか。**漢字 5 字**で書きなさい。

( )

(b) 次のア～エのうち，2022（令和 4）年現在のわが国の選挙制度にかかわることがらについて述べた文として**誤っているもの**はどれか。一つ選び，記号を○で囲みなさい。

(ア イ ウ エ)

ア 選挙権を有する者の年齢は，18 歳（満 18 歳）以上である。

イ 選挙運動の方法には，インターネットの利用が認められているものがある。

ウ 地方公共団体では，住民による選挙で地方議会の議員が選出され，地方議会の議員による議決で首長が指名される。

エ 参議院議員の選挙は都道府県を単位とした選挙区選挙と，比例代表選挙に分けて行われ，衆議院議員の総選挙は小選挙区比例代表並立制で行われる。

(c) 次のア～エのうち，国会において行うことができるものはどれか。一つ選び，記号を○で囲みなさい。(ア イ ウ エ)

ア 政令の制定　イ 条約の承認　ウ 裁判官の任命　エ 予算案の作成

(d) 図Ⅰは，2019（令和元）年 7 月における，第 25 回参議院議員選挙の年代別の投票率を示したものである。表Ⅰは，20歳代と60歳代における，2019年7月1日現在の人口と第25回参議院議員選挙の投票率を示したものである。あとのP，Qの文は，図Ⅰ，表Ⅰから読み取れる内容についてまとめたものである。P，Qの内容について正誤を判定し，あとのア～エから適しているものを一つ選び，記号を○で囲みなさい。（ア　イ　ウ　エ）

図Ⅰ　年代別の投票率（%）

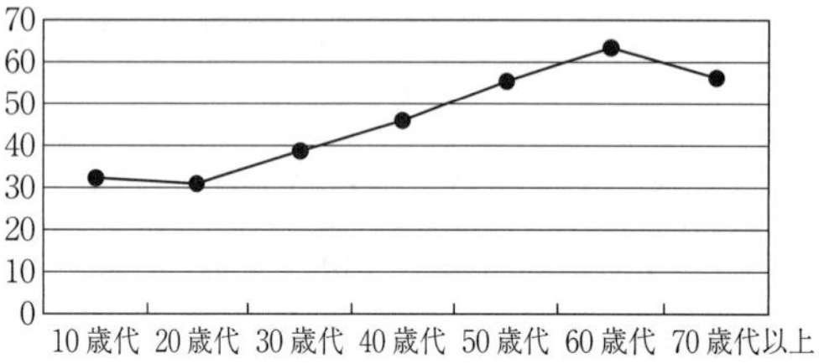

表Ⅰ　人口と投票率

	人口(万人)	投票率(%)
20歳代	1,184	30.96
60歳代	1,629	63.58

（図Ⅰ，表Ⅰともに総務省の資料により作成）

P　年代別の投票率を比べると，最も低いのが20歳代で最も高いのが60歳代であり，60歳代の投票率は20歳代の投票率の2倍以上である。

Q　20歳代と60歳代との人口の差よりも，20歳代と60歳代との投票数の差の方が大きい。

ア　P，Qともに正しい。　　イ　Pは正しいが，Qは誤っている。

ウ　Pは誤っているが，Qは正しい。　　エ　P，Qともに誤っている。

③　国民主権のもと，国民の意思を司法のあり方に反映させるために，裁判員制度が導入されている。次のア～エのうち，わが国の裁判員制度について述べた文として**誤っているもの**はどれか。一つ選び，記号を○で囲みなさい。（ア　イ　ウ　エ）

ア　裁判員裁判は，第一審の裁判で行われる。

イ　裁判員裁判は，重大な犯罪についての刑事裁判を扱う。

ウ　裁判員裁判は，被告人が有罪か無罪かのみを判断する。

エ　裁判員裁判は，原則6人の裁判員と3人の裁判官で審理が行われる。

(3)　現代の民主政治では，政党は国民と政治を結ぶ役割を果たしている。次の文は，政党にかかわることがらについて述べたものである。文中の［ⓐ］，［ⓑ］に当てはまる語をそれぞれ**漢字1字**で書きなさい。ⓐ（　　　）ⓑ（　　　）

わが国における政党のうち，内閣を組織して政権を担当する政党が［ⓐ］党と呼ばれるのに対し，政権を担当しない政党は［ⓑ］党と呼ばれる。

(4)　地方自治は住民自らの意思と責任のもとで行われるものであり，民主政治の基盤をなすものである。

①　次の文は，地方自治について述べたものである。文中の［A］に当てはまる語を書きなさい。（　　　）

わが国の地方自治では，［A］民主制の要素を取り入れた［A］請求権が住民に認められている。例えば，条例の制定や改廃は，地方公共団体の住民がその地方公共団体の有権者の50分の1以上の署名を集めることにより請求することができる。

② わが国の2020(令和2)年度における，国と地方の財政支出の合計額(以下「歳出額」という。)は約222.5兆円であった。図Ⅱは，2020年度における，歳出額に占める目的別歳出額の割合及び，目的別歳出額に占める国と地方の割合を示したものである。図Ⅱ中のX，Yは国と地方のどちらかに当たる。次の文は，図Ⅱをもとに，2020年度の歳出額について述べたものである。文中の［ⓐ］～［ⓒ］に当てはまる語の組み合わせとして正しいものはどれか。あとのア～エから一つ選び，記号を○で囲みなさい。

(ア イ ウ エ)

約222.5兆円の歳出額のうち，目的別歳出額で最も多いのは，［ⓐ］であり，約54兆円を支出していることが読み取れる。また，図Ⅱ中のXは［ⓑ］，Yは［ⓒ］に当たる。

ア ⓐ 公債費 ⓑ 国 ⓒ 地方
イ ⓐ 公債費 ⓑ 地方 ⓒ 国
ウ ⓐ 民生費 ⓑ 国 ⓒ 地方
エ ⓐ 民生費 ⓑ 地方 ⓒ 国

図Ⅱ

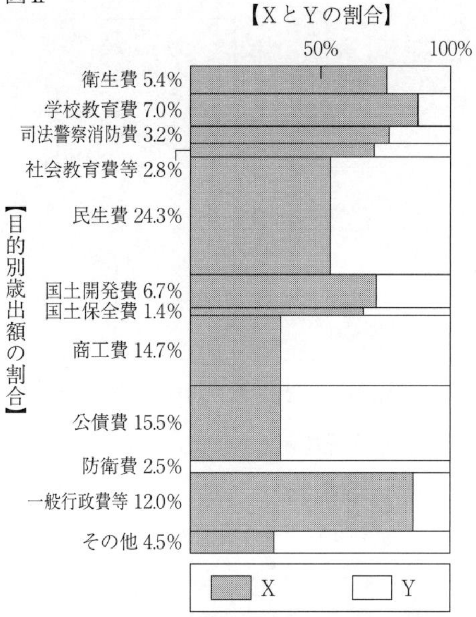

・社会教育費等は公民館，図書館，博物館など
・民生費は児童福祉，高齢者福祉，年金関係など
・国土開発費は都市計画，道路，橋梁《きょうりょう》，公営住宅など
・国土保全費は河川海岸
・一般行政費等は戸籍，住民基本台帳など

(総務省の資料により作成)

3　世界や日本の都市にかかわるあとの問いに答えなさい。

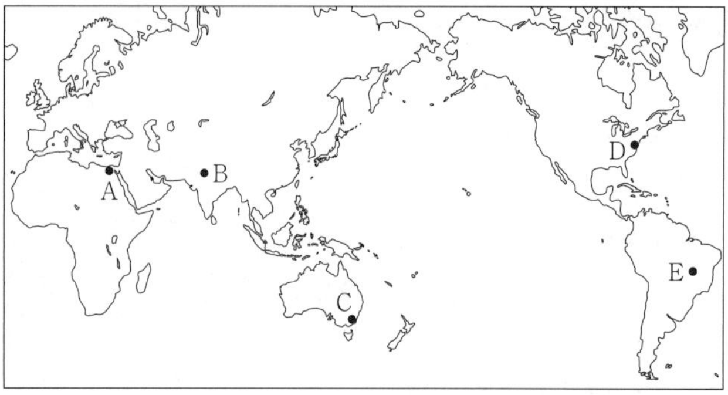

(1)　都市のうち，国の中央政府のある都市は首都と呼ばれる。上の地図中のA～Eは，それぞれ首都の位置を示している。

①　地図中のA～Eのうち，北緯30度，東経30度の位置に最も近い都市はどれか。一つ選び，記号を○で囲みなさい。(　A　B　C　D　E　)

②　地図中のEは，ブラジルの首都とすることを目的に新たに建設された都市であり，都市自体が近代建築と美術の傑作として認められ，世界遺産に登録されている。地図中のEに当たるブラジルの首都名を書きなさい。(　　　　)

③　次のア～エのうち，地図中のA～Dの都市にかかわることがらについて述べた文として**誤っているもの**はどれか。一つ選び，記号を○で囲みなさい。(　ア　イ　ウ　エ　)

ア　Aは，世界を五つの気候帯に当てはめた場合，乾燥帯の地域に位置する。

イ　Bは，チグリス（ティグリス）川とユーフラテス川の流域に位置する。

ウ　Cは，A～Eのうち，日付が変わるのが最も早い都市である。

エ　Dは，アパラチア山脈の東側に位置する。

(2)　京都は，8世紀末に都が移されてから，政治や文化の中心地として栄え，歴史上重要な文化的資産が集積している都市である。

①　次のア～エのうち，794年に都を平安京に移した人物はだれか。一つ選び，記号を○で囲みなさい。(　ア　イ　ウ　エ　)

ア　桓武《かんむ》天皇　　イ　推古《すいこ》天皇　　ウ　天智《てんじ》天皇　　エ　天武《てんむ》天皇

②　8世紀末から12世紀末までの約400年間は，政治や文化の中心が平安京にあったことから平安時代と呼ばれている。次の(i)～(iii)は，平安時代に起こったできごとについて述べたものである。(i)～(iii)をできごとが起こった順に並べかえると，どのような順序になるか。あとのア～カから正しいものを一つ選び，記号を○で囲みなさい。(　ア　イ　ウ　エ　オ　カ　)

(i)　わが国の風土や生活に合わせて発達した文化が栄え，かな文字を使って源氏物語が書かれた。

(ii)　奥州藤原《おうしゅうふじわら》氏によって，平泉《ひらいずみ》に極楽浄土を具体的に表現した中尊寺金色堂が建てられた。

(iii)　遣唐使《けんとうし》とともに唐にわたり仏教を学んだ最澄《さいちょう》によって，日本の天台宗が開かれた。

ア　(i)→(ii)→(iii)　　イ　(i)→(iii)→(ii)　　ウ　(ii)→(i)→(iii)　　エ　(ii)→(iii)→(i)

オ　(iii)→(i)→(ii)　　カ　(iii)→(ii)→(i)

③　14世紀後半，室町幕府の3代将軍の足利義満《あしかがよしみつ》は京都の室町に邸宅を建て，政治を行った。次の文は，室町幕府にかかわることがらについて述べたものである。文中の［ A ］に当てはまる語を**漢字2字**で書きなさい。(　　　)

室町幕府は，有力な守護大名を将軍の補佐役である［ A ］という職につけた。15世紀半ばに京都の大半が焼け野原となった応仁《おうにん》の乱は，将軍家や［ A ］家のあとつぎをめぐる対立から起こった。

(3)　東京は，明治時代以降，近代国家としての首都機能が整備され，政治や経済の中心地として発展した都市である。

①　右の絵は，明治時代初期の東京のまちのようすを描いた絵の一部である。次の文は，右の絵にみられるような明治時代初期のようすについて述べたものである。文中の［ ⓐ ］に当てはまる語を書きなさい。また，［ ⓑ ］に当てはまる語を**漢字4字**で書きなさい。ⓐ(　　　)　ⓑ(　　　)

1868（明治元）年に出された詔勅により，［ ⓐ ］は東京に改称された。欧米の思想や制度とともに，人々の日常生活の中に欧米の文物が取り入れられ，右の絵にみられるように生活様式の洋風化がすすんだ。明治時代初期から始まったこうした風潮は［ ⓑ ］と呼ばれ，その後，明治政府は条約改正に向けて欧化主義と呼ばれる政策をおしすすめた。

②　現在，東京の都心には，国の重要な機関が集中している。次のア～エのうち，重要な機関の一つである最高裁判所にかかわることがらについて述べた文として**誤っているもの**はどれか。一つ選び，記号を○で囲みなさい。(ア　イ　ウ　エ)

ア　最高裁判所の長官は，内閣が指名する。

イ　最高裁判所の裁判官は，国民の審査を受ける。

ウ　最高裁判所は，司法権の属する唯一の裁判所である。

エ　最高裁判所は，違憲審査についての最終的な決定権をもつ。

③　東京には，わが国の中央銀行である日本銀行の本店がある。次の文は，日本銀行が行う金融政策の一つである公開市場操作のしくみについて述べたものである。文中の（ ⓐ ）に入れるのに適している内容を，「国債」の語を用いて簡潔に書きなさい。また，文中の（ ⓑ ）に入れるのに適している内容を，「資金量」の語を用いて簡潔に書きなさい。

ⓐ(　　　　　　　　　　)　ⓑ(　　　　　　　　　　)

日本銀行は公開市場操作と呼ばれる手段を用いて，市場に出回る通貨量を調整し，景気の安定を図ることがある。例えば，景気が過熱してインフレーションのおそれがあるとき，日本銀行は（ ⓐ ）。すると，（ ⓑ ）ため，企業に対する貸し出しの際の金利を上げる。その結果，企業は資金を借りにくくなり，企業の設備投資や生産が縮小されて，景気が抑制される。

④　図Ⅰ，図Ⅱは，1985（昭和60）年から2015（平成27）年までの5年ごとにおける，東京23区のうちのW区，X区，Y区，Z区について，昼夜間人口比率（夜間人口を100としたときの昼間人口の値）の推移と夜間人口の推移をそれぞれ示したものである。あとのア～エのうち，

図Ⅰ，図Ⅱから読み取れる内容についてまとめたものとして正しいものはどれか。すべて選び，記号を○で囲みなさい。(　ア　イ　ウ　エ　)

図Ⅰ　昼夜間人口比率の推移

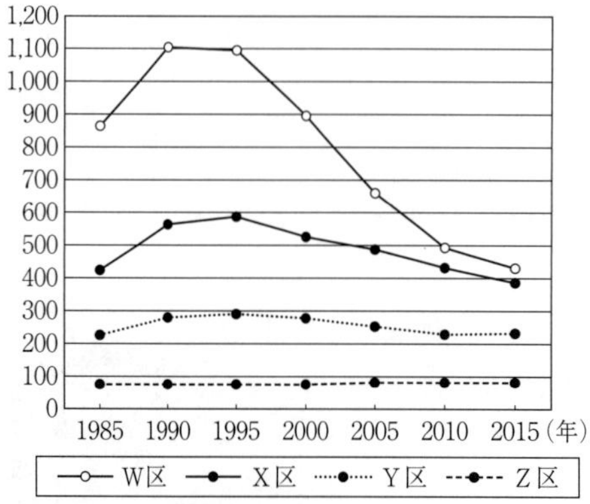

図Ⅱ　夜間人口の推移

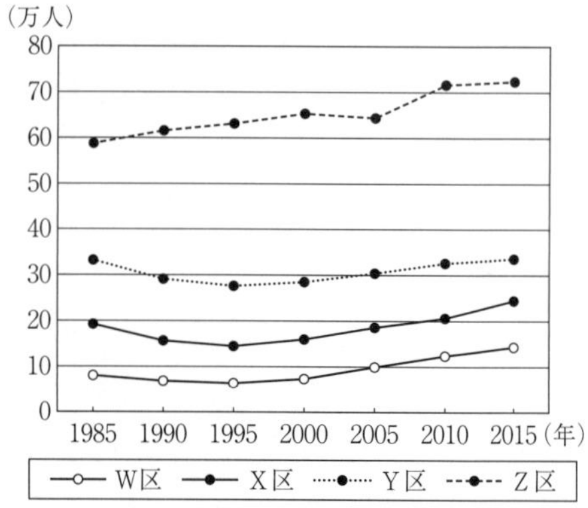

(図Ⅰ，図Ⅱともに東京都総務局の資料により作成)

ア　夜間人口が40万人以下である区はすべて，1985年から1995（平成7）年までは夜間人口が増加し，2000（平成12）年から2015年までは夜間人口が減少している。

イ　すべての年において，昼夜間人口比率が最も高いのはW区であり，夜間人口が最も少ないのもW区である。

ウ　すべての年において，四つの区すべてで夜間人口より昼間人口の方が多い。

エ　四つの区において，2015年における昼間人口が最も多いのはX区である。

4　人々のくらしや社会の変化にかかわる次の問いに答えなさい。

(1)　縄文時代末ごろから弥生時代にかけて，大陸からわが国に稲作が伝わり，人々の生活は変化していった。

①　次の文は，稲作とともに伝えられた金属器について述べたものである。文中の［　A　］に当てはまる語を**漢字1字**で書きなさい。(　　　)

稲作とともに，金属器である青銅器や［　A　］器も伝えられた。金属器のうち銅鐸《どうたく》や銅剣などの青銅器はおもに稲作に関する祭りなどに利用され，［　A　］器はおもに農具の刃先や武器，工具などに使用された。

②　次の文は，中国の歴史書に記された日本のようすについて述べたものである。文中のⓐ〔　　〕，ⓑ〔　　〕から適切なものをそれぞれ一つずつ選び，記号を○で囲みなさい。

ⓐ(ア　イ)　ⓑ(ウ　エ)

・弥生時代のころの日本のようすが中国の歴史書に記されている。中国の歴史書によると，当時の日本はⓐ〔ア　魏《ぎ》　　イ　倭《わ》〕と呼ばれていた。

・『漢《かん》書』と呼ばれる歴史書によると，紀元前1世紀ごろ，100あまりの小国に分かれていた。『後漢書』と呼ばれる歴史書によると，1世紀中ごろ，小国の一つであった奴《な》の国王が漢に使いを送り，皇帝から印を与えられた。1784年に現在のⓑ〔ウ　佐賀県　　エ　福岡県〕の志賀島《しかのしま》で発見された金印は，『後漢書』に記された印の実物とされており，現在は国宝となっている。

(2)　奈良時代に，人々は律令《りつりょう》にもとづき税を納めていた。口分田を与えられた人々が，その面積に応じて収穫の約3％に当たる稲を納めた税は何と呼ばれているか。**漢字1字**で書きなさい。

(　　　)

(3)　鎌倉時代から室町時代にかけて，農業の生産力の向上などを背景に，有力な農民らは自治的な組織をつくるようになった。

①　右の絵は，室町時代の田植えのようすを描いた絵の一部である。この絵には，人々が協力して作業を行うようすと田楽のようすが描かれている。次の文は，室町時代のわが国のようすについて述べたものである。文中のⓐ〔　　〕，ⓑ〔　　〕から適切なものをそれぞれ一つずつ選び，記号を○で囲みなさい。ⓐ(ア　イ)　ⓑ(ウ　エ)

・14世紀ごろ，農村では農民たちが惣《そう》と呼ばれる自治的な組織をつくった。惣のⓐ〔ア　寄合《よりあい》　イ　株仲間〕では村のおきてが定められ，参加しない場合は罰が与えられることもあった。

・田楽や猿楽などの芸能から能(能楽)が生まれた。室町時代に能を大成した人物は，ⓑ〔ウ　阿《お》国《くに》(出雲阿国《いずものおくに》)　　エ　世阿弥《ぜあみ》〕である。

②　自治の広まりを背景に，15世紀以降，農民らが共通の目的のために土一揆《いっき》を起こした。

(a)　次の文は，土一揆にかかわることがらについて述べたものである。文中の［　B　］に当てはまる語を**漢字2字**で書きなさい。(　　　)

室町幕府に対して［　B　］令を出すことを求める土一揆は，1428年に近畿地方で起こったものをはじめとして，各地で起こるようになった。［B］令は，土地の返却や借金の帳消しなどを認めるものであり，1297年には鎌倉幕府によって御家人の困窮を防ぐために出された。

(b)　次のア～エのうち，15世紀の世界のようすについて述べた文として正しいものはどれか。一つ選び，記号を○で囲みなさい。（ア　イ　ウ　エ）

ア　コロンブスの船隊が，アメリカ大陸付近の西インド諸島に到達した。

イ　チンギス＝ハンが遊牧民の諸部族を統一し，モンゴル帝国を築いた。

ウ　李《り》成桂《せいけい》が高麗《こうらい》をたおし，漢城《かんじょう》を都に定めた朝鮮（朝鮮国）を建てた。

エ　ルターが免罪符（贖宥状《しょくゆうじょう》）の販売に対する批判などを発表し，宗教改革が始まった。

(4)　18世紀後半のイギリスにおける産業革命をきっかけに始まった工業化は，19世紀になると他のヨーロッパ諸国に広がり，やがてアメリカ合衆国まで拡大し，社会や人々の生活が大きく変わった。

①　工業化がすすむにつれて，資本主義と呼ばれる新しい経済のしくみが成立する一方，労働問題や社会問題が発生した。次のア～エのうち，19世紀に，資本主義の問題を追究し，平等な社会を実現するために土地や工場などの生産手段を私的に所有せず，社会で共有する考えを唱えた人物はだれか。一つ選び，記号を○で囲みなさい。（ア　イ　ウ　エ）

ア　モンテスキュー　　イ　クロムウェル　　ウ　マルクス　　エ　ザビエル

②　19世紀半ば，アメリカ合衆国では工業化がすすむ中，南部の州と北部の州が対立するようになった。次の文は，南部と北部の対立について述べたものである。文中の［ⓐ］に当てはまる人名を書きなさい。また，文中のⓑ〔　〕から適切なものを一つ選び，記号を○で囲みなさい。ⓐ（　　　）ⓑ（ア　イ）

アメリカ合衆国では，奴隷制度や貿易に関する政策をめぐって南部と北部で対立が激しくなり，1861年に南北戦争が始まった。南北戦争中にアメリカ合衆国の第16代大統領であった［ⓐ］は，1863年に奴隷解放を宣言し，［ⓐ］の指導の下，ⓑ〔ア　南部　　イ　北部〕側が勝利した。

(5)　20世紀後半のわが国の経済成長は，人々の生活や地域社会に変化をもたらし，人口の動向に影響を与えた。表Ⅰは，1965（昭和40）年から1994（平成6）年までにおける，地方圏から三大都市圏への転入者数と三大都市圏から地方圏への転出者数の推移を表したものである。図Ⅰは，1965年から1994年までにおける，三大都市圏と地方圏の有効求人倍率の推移を表したものである。有効求人倍率とは，企業からの求人数を求職者数で割った値のことであり，求職者一人当たりに何件の求人があるかを表す。次の文は，表Ⅰ，図Ⅰをもとに，おおむね高度経済成長期に当たる1965年から1974（昭和49）年における，わが国の人口の動向についてまとめたものである。文中の（　　）に入れるのに適している内容を，労働力の状況にふれて，「不足」の語を用いて簡潔に書きなさい。

（　　　　　　　　　　　　　　　　　　　　　　　　　　　　　　　　　）

【表Ⅰ，図Ⅰから読み取れること】

・表Ⅰより，高度経済成長期は他の時期よりも，「三大都市圏への転入者数」が「三大都市圏からの転出者数」を大きく上回っていることが読み取れる。

・図Ⅰより，高度経済成長期は他の時期よりも，三大都市圏と地方圏とで就業機会に大きな差があることが読み取れる。

【わが国の人口の動向についてのまとめ】

表Ⅰ，図Ⅰから読み取れることをもとに，高度経済成長期における三大都市圏と地方圏の間での人口の動向について，三大都市圏と地方圏それぞれの労働力の状況から考えると，労働力に余剰が生じていた（　　　　　）といえる。

表Ⅰ　三大都市圏への転入者数と三大都市圏からの転出者数の推移

	三大都市圏への転入者数（千人）	三大都市圏からの転出者数（千人）
1965～1969年	5,560	3,390
1970～1974年	5,309	4,135
1975～1979年	3,883	3,823
1980～1984年	3,585	3,263
1985～1989年	3,564	2,894
1990～1994年	3,192	3,052

（総務省の資料により作成）

図Ⅰ　三大都市圏と地方圏の有効求人倍率の推移

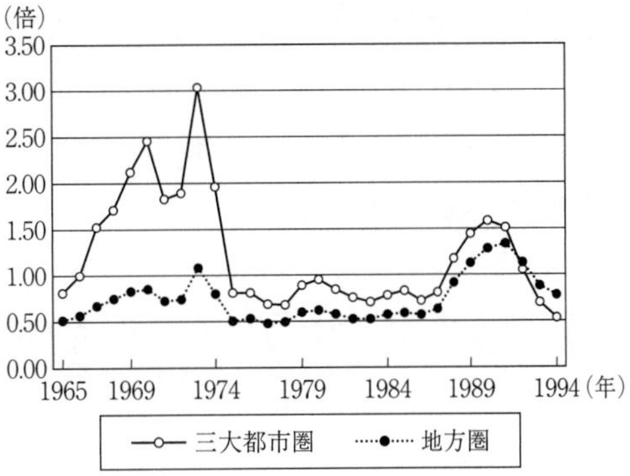

（国土交通省の資料により作成）

（表Ⅰ，図Ⅰともに地方圏は三大都市圏に含まれる都府県以外のすべての道県を示す）

理科

時間　40分　　満点　90点

1　みそ汁などの料理に用いられる調味料の一つであるみそは，大豆を原料とした加工食品である。このことを家庭科の授業で学習し興味をもったJさんは，みそづくりについて調べ，U先生と一緒に実験し，考察した。あとの問いに答えなさい。

【Jさんがみそづくりについて調べたこと】

〈みそ（米みそ）の主な原料〉

大豆（(あ)ダイズの種子），米，(い)コウジカビ，酵母菌など

〈みそ（米みそ）の製法〉

まず，原料の大豆を鍋で蒸してから細かくつぶす。次に，つぶした大豆に「米麹《こめこうじ》」（コウジカビを米に付着させたもの）や，酵母菌などの微生物を加えて，一定温度で一定期間置く。すると，特有の香りが立ち始め，みそができていく。

(1)　下線部(あ)について，図Ⅰはダイズの葉のようすを模式的に表したものである。ダイズについて述べた次の文中のⓐ〔　　〕，ⓑ〔　　〕から適切なものをそれぞれ一つずつ選び，記号を○で囲みなさい。ⓐ(ア　イ)　ⓑ(ウ　エ)

図Ⅰ

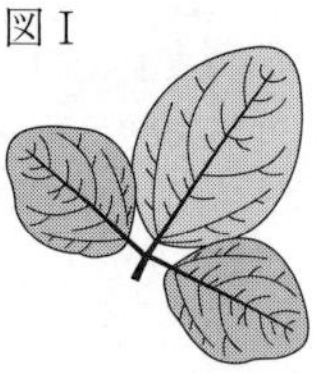

図Ⅰに示すように，ダイズの葉は，葉脈がⓐ〔ア　網目状　　イ　平行〕になっている。このような葉のつくりをもつダイズはⓑ〔ウ　単子葉類　　エ　双子葉類〕に分類される。

(2)　下線部(い)について，コウジカビはカビの一種である。

①　カビについて述べた次の文中のⓒ〔　　〕，ⓓ〔　　〕から適切なものをそれぞれ一つずつ選び，記号を○で囲みなさい。ⓒ(ア　イ)　ⓓ(ウ　エ)

カビはⓒ〔ア　乳酸菌や大腸菌　　イ　シイタケやヒラタケ〕と同様にⓓ〔ウ　菌類　　エ　細菌類〕に分類される生物である。

②　Jさんは，顕微鏡の倍率を400倍にしてコウジカビを観察し，図Ⅱに示すような装置を用いて画像に記録した。次に，記録したコウジカビの細胞の大きさをミジンコの大きさと比較するために，顕微鏡の倍率を100倍にしてミジンコを観察し，画像に記録した。記録した画像では，コウジカビの細胞が5個連なったものの長さとミジンコ全体の長さがそれぞれ顕微鏡の視野の直径と一致していた。図ⅢはそのようすをJさんがスケッチしたものである。図Ⅲ中に示したコウジカビの細胞の実際の長さK〔mm〕とミジンコの実際の長さL〔mm〕の比はいくらと考えられるか，求めなさい。答えは最も簡単な**整数の比**で書くこと。ただし，図Ⅲ中におけるコウジカビの細胞5個の大きさはすべて等しく，顕微鏡の倍率が変わっても顕微鏡の視野の直径は一定であるものとする。K：L＝(　　：　　)

図Ⅱ

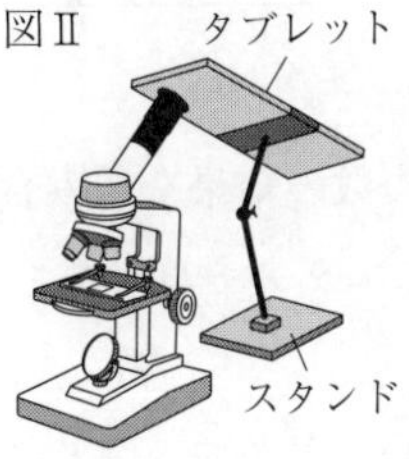

図Ⅲ

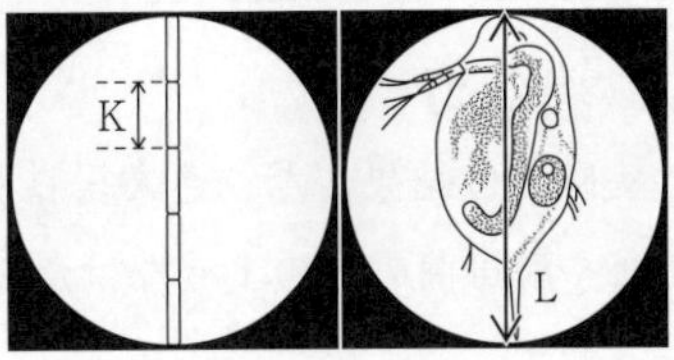

コウジカビ（倍率400倍）　ミジンコ（倍率100倍）

【Jさんと U 先生の会話 1】

Jさん：みその香りは，どのようにしてつくられるのでしょうか。

U先生：みその香りのもとの一つにエタノールがあります。みそづくりの過程では，コウジカビや酵母菌などの微生物が(う)デンプンや麦芽糖（ブドウ糖が2個つながった物質）にはたらくことで，エタノールがつくられています。どのようなしくみになっているのか，実験を通じて調べてみましょう。

(3)　下線部(う)について，ヒトの消化管では，消化液によってデンプンや他のさまざまな養分が分解されている。次のア～エのうち，デンプン，タンパク質，脂肪のすべてを分解するはたらきをもつ消化液はどれか。一つ選び，記号を○で囲みなさい。（ア　イ　ウ　エ）

ア　だ液　　イ　胃液　　ウ　胆汁　　エ　すい液

【実験】　図Ⅳのようにビーカーを六つ用意し，A，B，C，D，E，Fとした。A，B，Cにはうすいデンプン溶液を100mLずつ入れ，D，E，Fにはうすい麦芽糖水溶液を100mLずつ入れた。次に，AとDには少量の水を，BとEにはコウジカビを含む液を，CとFには酵母菌を含む液を加えた。A～Fを35℃に保って1日置いた後，それぞれについて，溶液2mLを取って1mLずつ2本の試験管に分け，1本めにはヨウ素液を加えた。2本めにはベネジクト液を加えて加熱した。また，ビーカーに残ったそれぞれの溶液を蒸留し，エタノールの有無を調べた。表Ⅰは得られた結果をまとめたものである。

図Ⅳ

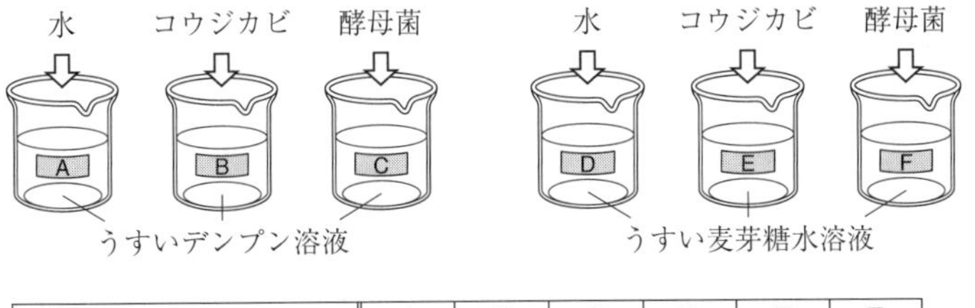

表Ⅰ

	A	B	C	D	E	F
ヨウ素液の色の変化	あり	なし	あり	なし	なし	なし
ベネジクト液の色の変化	なし	あり	なし	あり	あり	なし
エタノールの有無	なし	なし	なし	なし	なし	あり

(4)　ヨウ素液とベネジクト液の色の変化について述べた次の文中のⓔ〔　　〕，ⓕ〔　　〕から適切なものをそれぞれ一つずつ選び，記号を○で囲みなさい。ⓔ（ア　イ）　ⓕ（ウ　エ）

ヨウ素液をうすいデンプン溶液に加えると，ヨウ素液の色はⓔ〔ア　黄色　　イ　青紫色〕に変化する。また，ベネジクト液をうすい麦芽糖水溶液に加えて加熱すると，ベネジクト液の色はⓕ〔ウ　赤褐色　　エ　青色〕に変化する。

【JさんとU先生の会話 2】

Jさん：今回の実験では結果がたくさん得られました。複数の結果を組み合わせて考えれば，コウジカビや酵母菌のどのようなはたらきによってエタノールがつくられているのかが分かりそうです。

U先生：この実験の考察においては，表Ⅰに示す㋓AやDの結果をふまえることが重要です。どのように考えればデンプンを分解した微生物は1種類だったことが分かりますか。

Jさん：表Ⅰに示すAとBの結果の比較と［ Ⓧ ］の結果の比較をあわせれば分かります。

U先生：その通りです。さらに実験において，コウジカビや酵母菌がそれぞれに異なるはたらきをしていると考えると，みそづくりの過程においてエタノールがつくられるしくみも分かりますね。

Jさん：はい，みそづくりの過程では，［ Ⓨ ］ことでエタノールがつくられると考えられます。

U先生：その通りです。微生物がうまくはたらいて，みその香りがつくられるのですね。

(5) 実験では，AとDには微生物を加えていないが，AとDは実験結果を考察する上で重要な役割をもつ。

① 下線部㋓について，次の文中の［　　］に入れるのに適している語を**漢字2字**で書きなさい。
(　　　)

実験で調べたいことを明らかにするためには，条件を変えた実験をいくつか行ってこれらを比較する。このように結果を比較する実験のうち，特に，調べたいことについての条件だけを変え，それ以外の条件を同じにして行う実験は［　　］実験と呼ばれている。

② 次のア～カのうち，上の文中の［ Ⓧ ］に入れる内容として適しているものを一つ選び，記号を○で囲みなさい。(ア イ ウ エ オ カ)

ア AとC　イ AとD　ウ AとE　エ AとF　オ DとE　カ DとF

(6) 次のア～エのうち，上の文中の［ Ⓨ ］に入れる内容として最も適していると考えられるものを一つ選び，記号を○で囲みなさい。(ア イ ウ エ)

ア コウジカビが麦芽糖にはたらくことでできたデンプンに，酵母菌がはたらく
イ コウジカビがデンプンにはたらくことでできた麦芽糖に，酵母菌がはたらく
ウ 酵母菌が麦芽糖にはたらくことでできたデンプンに，コウジカビがはたらく
エ 酵母菌がデンプンにはたらくことでできた麦芽糖に，コウジカビがはたらく

2　ルーペやカメラに用いられている凸レンズの役割に興味をもったＲさんは，光の進み方と凸レンズのはたらきについて調べ，実験を行った。また，調べたことや実験の内容をもとに，ルーペやカメラに用いられている凸レンズの役割についてまとめた。次の問いに答えなさい。

(1)　図Ⅰは，光がガラスから空気へ進むときのようすを模式的に表したものである。

図Ⅰ

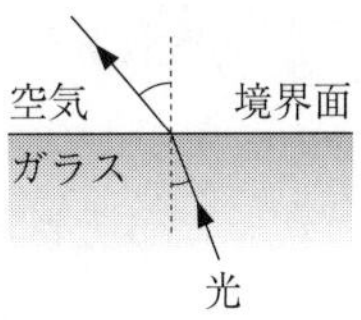

①　次のア～ウのうち，図Ⅰにおける光の入射角と屈折角の大きさの関係を正しく表している式はどれか。一つ選び，記号を○で囲みなさい。

（ ア　イ　ウ ）

ア　入射角＞屈折角　　イ　入射角＝屈折角　　ウ　入射角＜屈折角

②　図Ⅰにおいて，入射角をしだいに大きくすると，やがて光はすべてガラスと空気の境界面で反射するようになる。このような反射は何と呼ばれる反射か，書きなさい。（　　　　反射）

【Ｒさんが光の進み方と凸レンズのはたらきについて調べたこと】

・自ら光を出すものは光源と呼ばれ，光源はさまざまな方向に光を出す。光源からの光を物体が乱反射することによって，物体からもさまざまな方向に光が出る。

・物体が凸レンズの焦点の外側にあるとき，物体のある１点からさまざまな方向に出た光のうち，凸レンズを通る光は１点に集まり，実像ができる。

・物体からの光が多く集まるほど，実像は明るくなる。

・図Ⅱは，物体の先端からさまざまな方向に出た光のうち，凸レンズを通る３本の光の道すじを作図したものである。

図Ⅱ

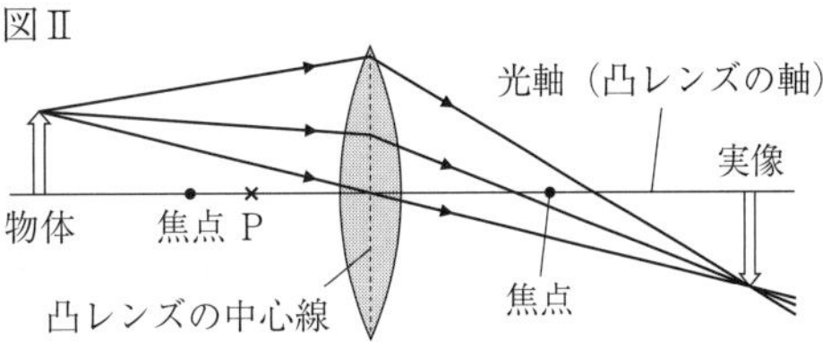

(2)　物体から出た光の道すじについて述べた次の文中の□に入れるのに適している内容を簡潔に書きなさい。（　　　　）

物体からさまざまな方向に出た光のうち，光軸（凸レンズの軸）に□は，凸レンズを通った後に焦点を通る。

(3)　次のア～エのうち，図Ⅱの物体の先端から出てＰ点を通った後に凸レンズを通る光の道すじを作図したものとして最も適しているものを一つ選び，記号を○で囲みなさい。（ ア　イ　ウ　エ ）

ア

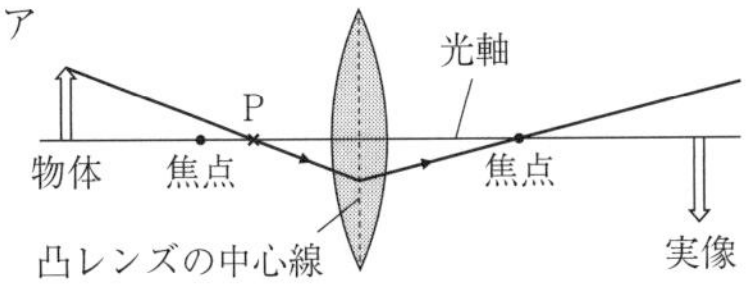

イ

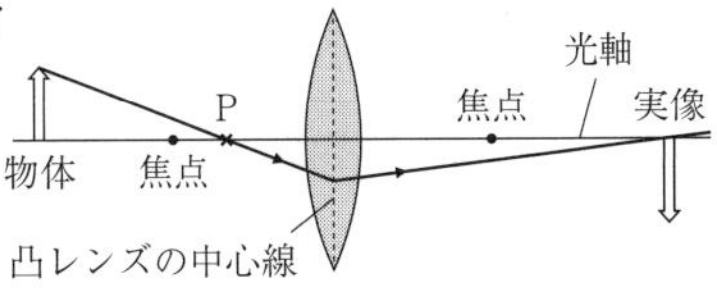

ウ

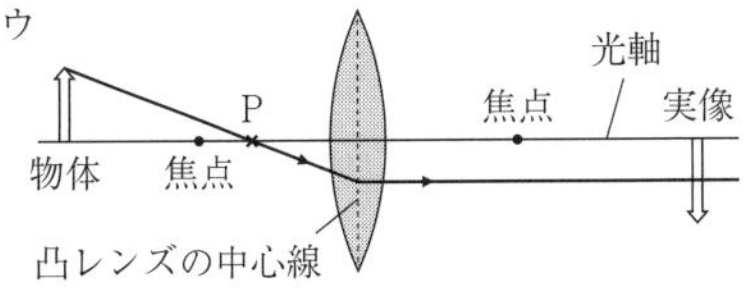

エ

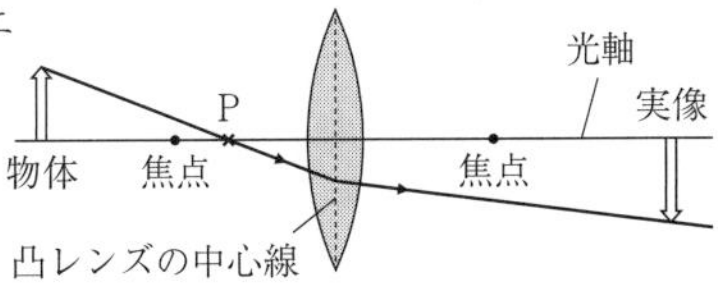

【実験】 Rさんは，図Ⅲのように凸レンズを用いて実験装置を組み立てた。凸レンズの位置は固定されており，物体，電球，スクリーンの位置は光学台上を動かすことができる。物体として用いた厚紙は，凸レンズ側から観察すると図Ⅳのように高さ2.0cmのL字形にすきまが空いており，このすきまから出た光がつくる物体の像を調べるため，次の操作を行った。

・凸レンズの中心線から物体までの距離をA cmとし，A = 5.0，15.0，20.0，30.0のとき，それぞれスクリーンを動かして，スクリーンに実像ができるかを調べた。

・凸レンズの中心線からスクリーンまでの距離をB cmとし，スクリーンに実像ができた場合は，Bと図Ⅲ中に示した実像の高さを測った。また，実像の高さを物体のすきまの高さ（2.0cm）で割った値を倍率とした。

表Ⅰは，これらの結果をまとめたものであり，スクリーンに実像ができない場合は，B，実像の高さ，倍率は「—」と示されている。

図Ⅲ

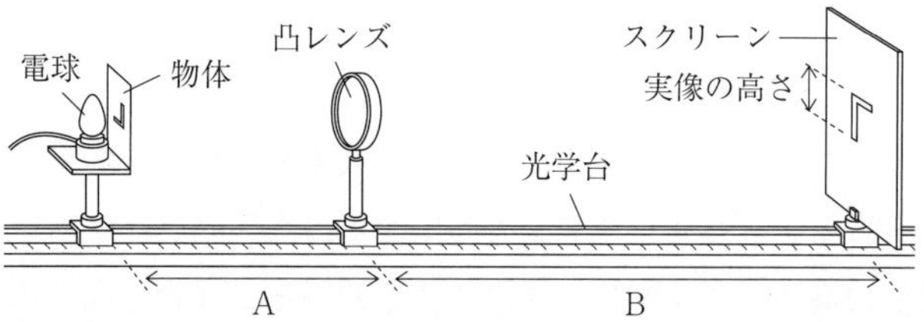

図Ⅳ

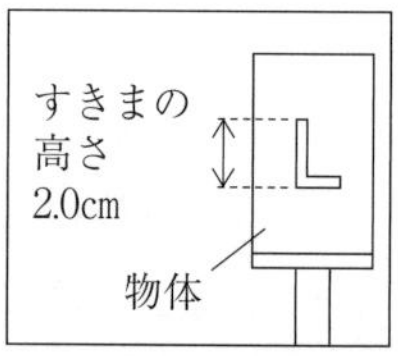

表Ⅰ

A〔cm〕	5.0	15.0	20.0	30.0
B〔cm〕	—	30.0	20.0	15.0
実像の高さ〔cm〕	—	4.0	2.0	1.0
倍率〔倍〕	—	2.0	1.0	0.50

(4) 表Ⅰから，凸レンズの焦点距離は何cmになると考えられるか，求めなさい。答えは**小数第1位まで書くこと。**（　　　cm）

(5) 次の文中の［　　］に入れるのに適している語を書きなさい。（　　　）

A = 5.0のとき，スクリーン側から凸レンズを通して物体を観察すると，物体よりも大きな像が見られた。この像は，光が集まってできたものではなく，実像に対して［　　］像と呼ばれている。

(6) Rさんは表Ⅰから，A = 15.0，20.0，30.0のとき，倍率の値がA，Bを用いた文字式でも表せることに気付いた。このことについて述べた次の文中のⓐ〔　　〕から適切なものを一つ選び，記号を○で囲みなさい。また，［ⓑ］に入れるのに適している数を**小数第1位まで**書きなさい。

ⓐ(ア　イ　ウ　エ)　ⓑ(　　　)

A = 15.0，20.0，30.0のとき，倍率の値は，いずれもⓐ〔ア　A ÷ B　　イ　2A ÷ B　　ウ　B ÷ A　　エ　B ÷ 2A〕の値に等しいことが分かる。スクリーンに実像ができるとき，この関係がつねに成り立つものとすると，A = 35.0，B = 14.0であれば，スクリーンにできる実像の高さは［ⓑ］cmになると考えられる。

(7)　A ＝ 20.0 のとき，図Ⅴのように光を通さない黒い紙で凸レンズの一部を覆った。このときにスクリーンにできた実像は，光を通さない黒い紙で凸レンズの一部を覆う前にスクリーンにできた実像と比較して，どのような違いがあったと考えられるか。次のア～エのうち，適しているものを一つ選び，記号を○で囲みなさい。(　ア　イ　ウ　エ　)

図Ⅴ

ア　像全体が暗くなったが，像は欠けなかった。

イ　像の一部のみ暗くなったが，像は欠けなかった。

ウ　像全体が暗くなり，像の一部が欠けた。

エ　像全体の明るさは変わらず，像の一部が欠けた。

【R さんがルーペやカメラに用いられている凸レンズの役割についてまとめたこと】

・ルーペには，物体を拡大して観察するために凸レンズが用いられており，物体は凸レンズの焦点の［ⓒ］にくるようにする。凸レンズを通して見られる像は，物体と上下が同じ向きになる。

・カメラには，物体からの光を集めるために凸レンズが用いられており，物体は凸レンズの焦点の［ⓓ］にくるようにする。物体からの光を集めてできる像は，物体と上下が［ⓔ］になる。

(8)　次のア～エのうち，上の文中の［ⓒ］～［ⓔ］に入れるのに適している内容の組み合わせはどれか。一つ選び，記号を○で囲みなさい。ただし，ルーペやカメラに用いられているレンズは，それぞれ１枚の凸レンズでできているものとする。(　ア　イ　ウ　エ　)

ア　ⓒ　内側　ⓓ　外側　ⓔ　同じ向き　　イ　ⓒ　内側　ⓓ　外側　ⓔ　逆向き

ウ　ⓒ　外側　ⓓ　内側　ⓔ　同じ向き　　エ　ⓒ　外側　ⓓ　内側　ⓔ　逆向き

3　大阪に住むGさんは，季節によって気温が変化することに興味をもち，日本における太陽の南中高度や昼間の長さの違いなどについて調べた。また，Gさんはよく晴れた日に，自宅近くの公園で，太陽光が当たる角度と太陽光から受け取るエネルギーについて実験し，考察した。あとの問いに答えなさい。

【Gさんが地球の公転と太陽の南中高度について調べたこと】

・地球の公転と，春分の日，夏至の日，秋分の日，冬至の日の地球の位置を模式的に表すと，図Iのようになる。

・図I中のA，B，C，Dのうち，春分の日の地球の位置は［ⓐ］である。

・地球は，現在，地軸を公転面に垂直な方向から23.4°傾けたまま公転している。

図I

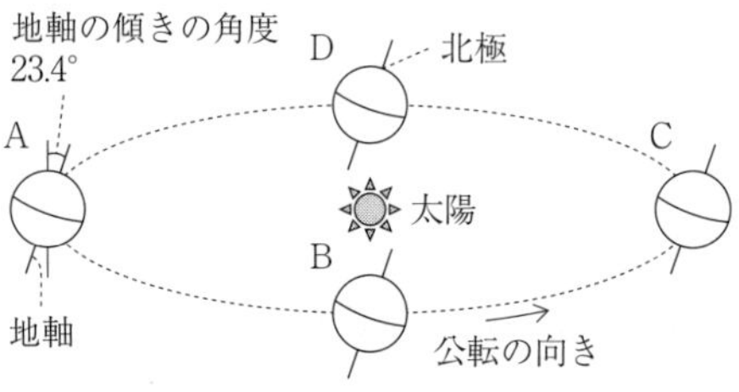

・地軸の傾きのため，太陽の南中高度は季節によって異なる。

・春分の日，夏至の日，秋分の日，冬至の日のおおよその太陽の南中高度は，次の式で求めることができる。

春分の日，秋分の日の太陽の南中高度＝90°−緯度
夏至の日の太陽の南中高度＝90°−緯度＋地軸の傾きの角度
冬至の日の太陽の南中高度＝90°−緯度−地軸の傾きの角度

・上の式を用いると，北緯34.5°の地点にある自宅近くの公園では，冬至の日の太陽の南中高度はⓑ〔ア　約11.1°　イ　約32.1°　ウ　約66.6°　エ　約78.9°〕と考えられる。

(1)　図I中のA〜Dのうち，上の文中の［ⓐ］に入れるのに適しているものはどれか。一つ選び，記号を○で囲みなさい。（ A　B　C　D ）

(2)　地球の公転により，観測できる星座は季節によって異なる。1日を周期とした天体の見かけの動きが日周運動と呼ばれるのに対し，1年を周期とした天体の見かけの動きは何と呼ばれる運動か，書きなさい。(　　　運動)

(3)　上の文中のⓑ〔　　〕から最も適切なものを一つ選び，記号を○で囲みなさい。

（ ア　イ　ウ　エ ）

【Gさんが太陽の高度と昼間の長さについて調べたこと】

・春分の日，夏至の日，冬至の日の1日の太陽の高度の変化を表すと，図IIのグラフのようになる。秋分の日は，春分の日と同じようなグラフになる。

・図IIのように，(あ)太陽の南中高度によって昼間の長さ（日の出から日の入りまでの時間）が変化する。

・太陽の南中高度や昼間の長さの変化は，気温に影響を与えている。

図II

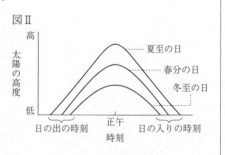

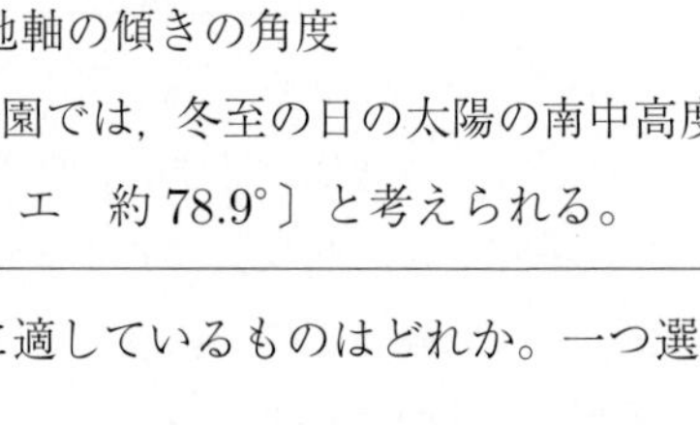

(4)　下線部（あ）について，仮に地軸の傾きの角度が1°小さくなって22.4°になった場合，夏至の日と冬至の日の昼間の長さは，現在と比較してどのように変わると考えられるか。次のア～エから最も適しているものを一つ選び，記号を○で囲みなさい。ただし，地軸の傾きの角度のほかは，現在と変わらないものとする。(　ア　イ　ウ　エ　)

ア　夏至の日も冬至の日も，昼間の長さが短くなる。

イ　夏至の日も冬至の日も，昼間の長さが長くなる。

ウ　夏至の日は昼間の長さが長くなり，冬至の日は昼間の長さが短くなる。

エ　夏至の日は昼間の長さが短くなり，冬至の日は昼間の長さが長くなる。

【実験】　Gさんは，材質と厚さが同じで，片面のみが黒く，その黒い面の面積が$150cm^2$である板を4枚用意し，a，b，c，dとした。Gさんは自宅近くの公園で，図Ⅲのように，太陽光が当たる水平な机の上で，a～dを水平面からの角度を変えて南向きに設置した。板を設置したときに，黒い面の表面温度を測定したところ，どの板も表面温度が等しかった。板を設置してから120秒後，a～dの黒い面の表面温度を測定した。

図Ⅲ

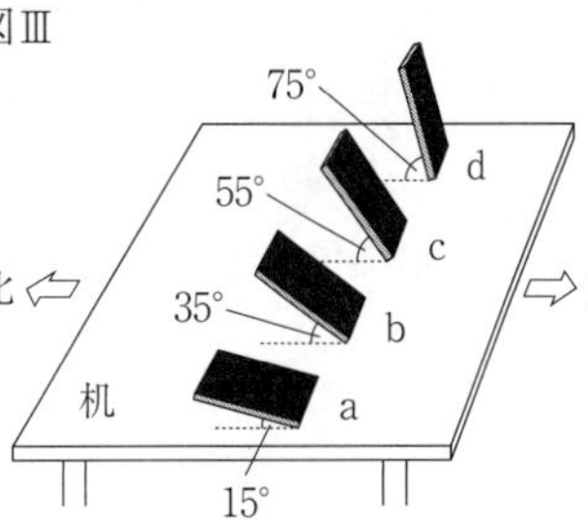

（い）当初，Gさんは，実験を春分の日の正午ごろに行う予定であったが，その日は雲が広がっていたため，翌日のよく晴れた正午ごろに行った。

(5)　下線部（い）について，図Ⅳは，Gさんが当初実験を行う予定であった春分の日の正午ごろの天気図である。

図Ⅳ

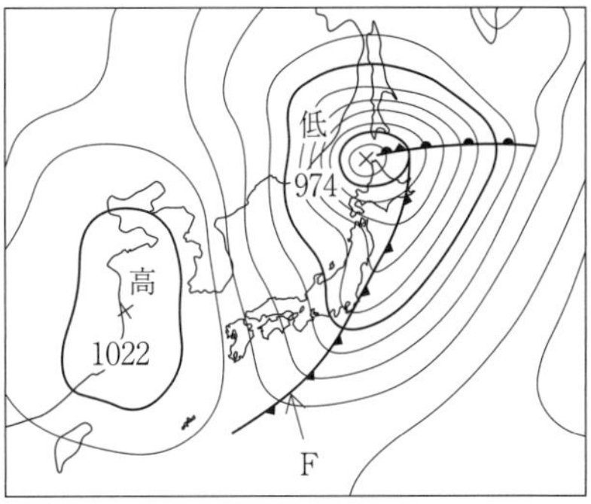

①　この日は，低気圧にともなう前線の影響で，広い範囲で雲が広がった。図Ⅳ中のFで示された南西方向にのびる前線は，何と呼ばれる前線か，書きなさい。

(　　　　前線)

②　次のア～エのうち，この日の翌日に，大阪をはじめとした近畿地方の広い範囲でよく晴れた理由として考えられるものはどれか。最も適しているものを一つ選び，記号を○で囲みなさい。(　ア　イ　ウ　エ　)

ア　近畿地方が，低気圧にともなう2本の前線に挟まれたため。

イ　低気圧が近畿地方で停滞し，低気圧の勢力がおとろえたため。

ウ　発達した小笠原《おがさわら》気団が低気圧を北へ押し上げて，近畿地方を覆ったため。

エ　移動性高気圧が東へ移動し，近畿地方を覆ったため。

【Gさんが太陽光が当たる角度と太陽光から受け取るエネルギーについて調べたこと】

同じ時間で比較すると，太陽光に対して垂直に近い角度で設置された板ほど，単位面積あたりに太陽光から受け取るエネルギーは大きい。

【実験の結果と考察】

・板を設置してから120秒後，板a～dのうち，黒い面の表面温度が最も高かった板は□であった。

・板を設置してからの120秒間で，単位面積あたりに太陽光から受け取ったエネルギーが大きい板の方が，黒い面の表面温度はより上昇することが分かった。

(6)　図Ⅲ中のa～dのうち，上の文中の□に入ると考えられるものとして最も適しているものはどれか。一つ選び，記号を○で囲みなさい。（ a　b　c　d ）

(7)　実験において，板を設置してからの120秒間で，aの黒い面が太陽光から受け取ったエネルギーが，単位面積（1 cm^2）あたり11Jであったとすると，aの黒い面の全体（150cm^2）が1秒間あたりに太陽光から受け取ったエネルギーは何Jか，求めなさい。答えは，小数第1位を四捨五入して**整数**で書くこと。（　　　J）

4 アルミニウムでできている1円硬貨よりも，主に銅でできている10円硬貨の方が重いことに興味をもったWさんは，Y先生と一緒に実験し，考察した。あとの問いに答えなさい。

【WさんとY先生の会話1】

Wさん：1円硬貨より10円硬貨の方が重いのは，10円硬貨の体積が1円硬貨の体積より大きいことや異なる物質でできていることが関係しているのでしょうか。

Y先生：はい。(あ)<u>アルミニウム</u>と銅では密度が違います。同じ体積で質量を比べてみましょう。1 cm^3 の金属の立方体が三つあります。アルミニウムの立方体は2.7g，銅の立方体は9.0g，マグネシウムの立方体は1.7gです。

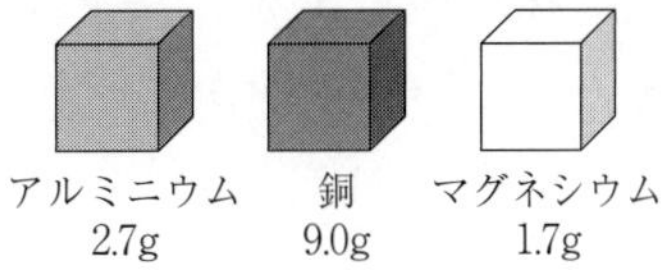

Wさん：同じ体積でも，銅に比べてアルミニウムの方が軽いのですね。マグネシウムはさらに軽いことに驚きました。銅の立方体の質量はマグネシウムの立方体の質量の約5.3倍もありますが，銅の立方体に含まれる原子の数はマグネシウムの立方体に含まれる原子の数の約5.3倍になっているといえるのでしょうか。

Y先生：いい質問です。実験して調べてみましょう。マグネシウムと銅をそれぞれ加熱して，結びつく(い)<u>酸素</u>の質量を比べれば，銅の立方体に含まれる原子の数がマグネシウムの立方体に含まれる原子の数の約5.3倍かどうか分かります。

(1) 下線部(あ)について述べた次の文中のⓐ〔　〕，ⓑ〔　〕から適切なものをそれぞれ一つずつ選び，記号を○で囲みなさい。ⓐ(ア イ) ⓑ(ウ エ)

アルミニウムは電気をⓐ〔ア よく通し　イ 通さず〕，磁石にⓑ〔ウ 引き付けられる　エ 引き付けられない〕金属である。

(2) 下線部(い)について，酸素を発生させるためには，さまざまな方法が用いられる。

① 次のア～エに示した操作のうち，酸素が発生するものはどれか。一つ選び，記号を○で囲みなさい。(ア イ ウ エ)

ア 亜鉛にうすい塩酸を加える。

イ 二酸化マンガンにオキシドール（うすい過酸化水素水）を加える。

ウ 石灰石にうすい塩酸を加える。

エ 水酸化バリウム水溶液にうすい硫酸を加える。

② 発生させた酸素の集め方について述べた次の文中の［　　］に入れるのに適している語を書きなさい。(　　　)

酸素は水にとけにくいので［　　］置換法で集めることができる。

【実験1】 1.30gのマグネシウムの粉末を，ステンレス皿に薄く広げ，粉末が飛び散らないように注意しながら図Ⅰのように加熱すると，マグネシウムの粉末は燃焼した。十分に冷却した後に粉末の質量を測定し，その後，粉末をかき混ぜ，加熱，冷却，質量の測定を繰り返し行った。表Ⅰは，加熱回数と加熱後の粉末の質量をまとめたものである。

図Ⅰ

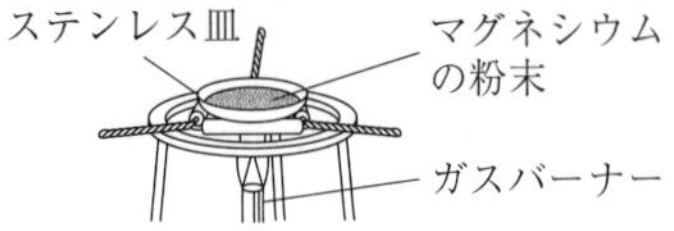

表Ⅰ

加熱回数〔回〕	0	1	2	3	4	5	6
加熱後の粉末の質量〔g〕	1.30	1.70	1.98	2.11	2.16	2.16	2.16

(3)　実験1について述べた次の文中のⓒ〔　　〕から適切なものを一つ選び，記号を○で囲みなさい。(ア　イ　ウ　エ)

表Ⅰから，1.30gのマグネシウムの粉末は4回めの加熱が終わったときには完全に反応しており，空気中の酸素がⓒ〔ア　2.16　　イ　1.08　　ウ　0.86　　エ　0.43〕g結びついたと考えられる。

【Wさんが立てた，次に行う実験の見通し】

一定量のマグネシウムに結びつく酸素の質量には限界があることが分かった。次に，加熱前のマグネシウムの質量と，結びつく酸素の質量の間に規則性があるかを確かめたいので，異なる分量のマグネシウムの粉末を用意し，それぞれを加熱する実験を行う。

【実験2】　0.30gから0.80gまで0.10gごとに量り取ったマグネシウムの粉末を，それぞれ別のステンレス皿に薄く広げ，実験1のように加熱した。この操作により，それぞれのマグネシウムの粉末は酸素と完全に反応した。図Ⅱは，加熱前のマグネシウムの質量と，結びつく酸素の質量の関係を表したものである。

図Ⅱ

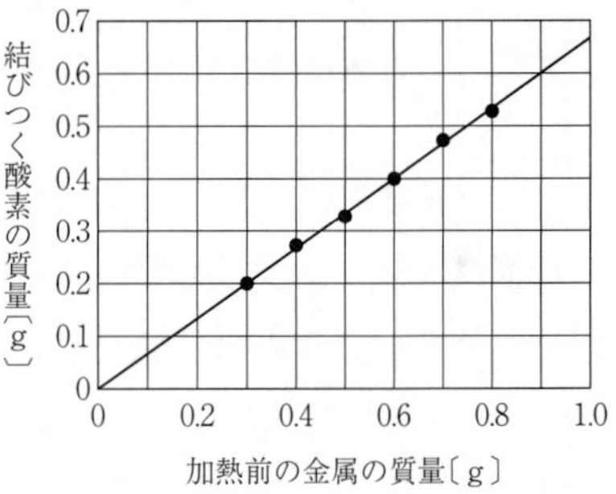

(4)　マグネシウム0.9gに結びつく酸素の質量は，図Ⅱから読み取ると何gと考えられるか。答えは**小数第1位**まで書くこと。(　　　g)

【WさんとY先生の会話2】

Wさん：マグネシウムの質量と，結びつく酸素の質量は比例することが分かりました。これは，マグネシウム原子と結びつく酸素原子の数が決まっているということですか。

Y先生：はい。㋒空気中でマグネシウムを加熱すると，酸化マグネシウムMgOとなります。酸化マグネシウムMgOに含まれる，マグネシウム原子の数と酸素原子の数は等しいと考えられます。

Wさん：ということは，加熱前のマグネシウムに含まれるマグネシウム原子の数は，加熱により結びつく酸素原子の数と等しくなるのですね。

Y先生：その通りです。では，次に銅について実験2と同様の操作を行いましょう。銅は酸化されて，酸化銅CuOになります。酸化銅CuOでも銅原子の数と酸素原子の数は等しいと考えられます。

Wさん：銅は穏やかに反応しました。得られた結果を図Ⅱにかき加えて図Ⅲを作りました。図Ⅲから，銅の質量と，結びつく酸素の質量は比例することも分かりました。

Y先生：では，図Ⅲから，それぞれの金属の質量と，結びつく酸素の質量の関係が分かるので，先ほどの $1\,cm^3$ の金属の立方体に結びつく酸素の質量を考えてみましょう。

図Ⅲ

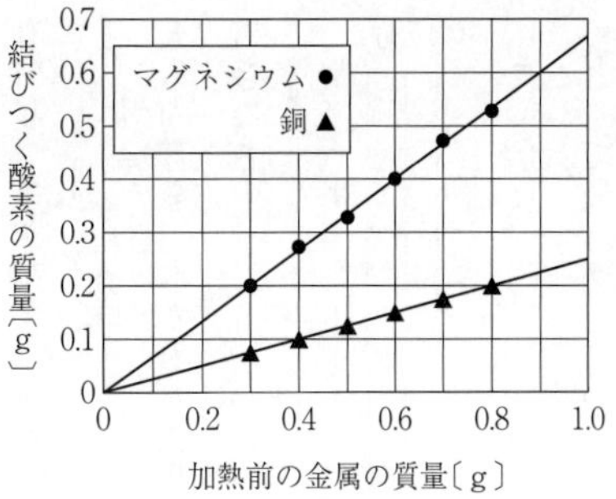

表Ⅱ

	$1cm^3$の立方体の質量〔g〕	結びつく酸素の質量〔g〕
マグネシウム	1.7	1.1
銅	9.0	2.3

Wさん：図Ⅲから分かる比例の関係から考えると，銅やマグネシウムの立方体の質量と，それぞれに結びつく酸素の質量は，表Ⅱのようにまとめられます。㋓結びつく酸素の質量は，結びつく酸素原子の数に比例するので，銅の立方体に含まれる原子の数は，マグネシウムの立方体に含まれる原子の数の約［ⓓ］倍になると考えられます。

Y先生：その通りです。原子は種類により質量や大きさが異なるため，約 5.3 倍にはならないですね。

(5) 下線部㋒について，次の式がマグネシウムの燃焼を表す化学反応式になるように［Ⓧ］に入れるのに適しているものをあとのア～オから一つ選び，記号を○で囲みなさい。

(ア イ ウ エ オ)

［Ⓧ］→ 2MgO

ア $Mg + O$ イ $Mg + O_2$ ウ $2Mg + O$ エ $2Mg + O_2$ オ $2Mg + 2O_2$

(6) 下線部㋓について，次の文中の［Ⓨ］に入れるのに適している数を求めなさい。答えは**小数第1位まで書くこと**。( )

結びつく酸素の質量に着目すると，図Ⅲから，0.3g のマグネシウムに含まれるマグネシウム原子の数と［Ⓨ］g の銅に含まれる銅原子の数は等しいと考えられる。

(7) 上の文中の［ⓓ］に入れるのに適している数を，表Ⅱ中の値を用いて求めなさい。答えは小数第2位を四捨五入して**小数第1位まで書くこと**。( )

Cさん　そうそう。でも、一方では、そういった生きてゆくうえで必要なものを上まわる余分のものこそが文化ではないかとも述べていたよね。

Bさん　確かにそうだね。ただ、余分なものこそ文化であるにちがいないが、そのすべてが文化であるわけでもないと考えなおしていたよ。そして、もういちど余分なもののなかで、[b]必要があるのではないかと考えていたよね。

Aさん　筆者は砂漠とくらべることで、現代の文明社会に生きる人びとの生活を省みて、考えを深めていたということだね。だから筆者は、砂漠のことを、反省を私にもたらす世界であると述べていて、[c]とたとえているんだね。

Cさん　なるほど。そういう意味で、筆者にとって砂漠は、自分自身の姿を見に行くところだったんだね。

（以下、話し合いは続く）

(1)　【話し合いの一部】中の[a]、[c]に入れるのに最も適しているひとつづきのことばを、それぞれ本文中から抜き出しなさい。ただし、[a]は**九字**、[c]は**六字**で抜き出すこと。また、[b]に入る内容を、本文中のことばを使って**二十字以上、二十五字以内**で書きなさい。

a

b

c

(2)　次のうち、【話し合いの一部】中の＝＝で示した発言を説明したものとして最も適しているものはどれか。一つ選び、記号を○で囲みなさい。（ア　イ　ウ　エ）

ア　それまでに出た発言のなかで疑問に思ったことを質問している。

イ　それまでに出た発言の誤っている部分を指摘して訂正している。

ウ　それまでに出た発言とは反対の立場から意見を述べている。

エ　それまでに出た発言の内容を整理しながらまとめている。

5　あなたの考える、読書の魅力はどのようなことですか。次の条件1・2にしたがって、あなたの考えをあとの原稿用紙に書きなさい。

条件1　具体例や自分の体験を挙げながら説明すること。

条件2　**百八十字以内**で書くこと。

・原稿用紙の正しい使い方にしたがって書くこと。

・題名や名前は書かないで、本文から書き始めること。

100

180

なものではないのか。余計なものに取り巻かれて暮らしているから、余計な心配ばかりがふえ、かんじんの生きる意味が見失われてしまうのではないか……。

　しかし、待てよ、と私は考える。生きてゆくのに必要なものだけしかないということは、文化がないということではないか。生きてゆくうえに必要なもの、それを上まわる余分のものこそが、じつは文化ではないのか。文化とは、言ってみれば、余計なものの集積なのではないか。だとすれば、砂漠を肯定することは、文化を否定することになりはしまいか……。

　それにしても——と私はさらに考えなおす。私たちはあまりにも余分なものを抱えこみすぎているのではなかろうか。余分なものこそ文化にはちがいないが、さりとて、余分なもののすべてが文化であるわけもなかろう。余分なもののなかで、どれが意味があり、何が無価値であるか、それをもういちど考えなおす必要がありはしまいか……。

　砂漠とは、こうした反省を私にもたらす世界である。砂漠は現代の文明社会に生きる人びとにとって、一種の鏡の国と言ってもいいような気がする。私は砂漠に身を置くたびに、ある探検家がしみじみと洩《も》らしたつぎのことばをかみしめる。

「砂漠とは、そこへ入りこむさきには心配で、そこから出て行くときにはなんの名残もない、そういう地域である。砂漠には何もない。ただ、その人自身の反省だけがあるのだ」

　②私は、砂漠に自分自身の姿を見に行くのである。

（森本哲郎「すばらしき旅」より）

（注）和辻哲郎＝大正期から昭和期の思想家。
人間いたるところに青山あり＝故郷ばかりが一生を終える場所ではなく、人間の活動のできる所はどこにでもあるということ。

1　①対極とあるが、次のうち、「対極」という熟語の構成について説明したものとして最も適しているものはどれか。一つ選び、記号を○で囲みなさい。（ア　イ　ウ　エ）

ア　前の漢字があとの漢字を修飾している。
イ　似た意味をもつ漢字を組み合わせている。
ウ　反対の意味をもつ漢字を組み合わせている。
エ　あとの漢字が前の漢字の目的や対象を示している。

2　本文中には次の一文が入る。入る場所として最も適しているものを本文中のア～エから一つ選び、記号を○で囲みなさい。（ア　イ　ウ　エ）

けれど、そうした砂の世界に何日か身を置いてみると、やがて砂は私になにごとかをささやきはじめた。

3　②私は、砂漠に自分自身の姿を見に行くのであるとあるが、Aさんたちは授業において、「筆者がこのように述べるのは、砂漠をどのようなところと考えているからか」ということについて、本文の内容をもとに話し合うことになりました。次は、Aさんたちの【話し合いの一部】です。

【話し合いの一部】

Aさん　筆者は、砂漠をどのようなところだと考えているんだろう。まずは本文をもとに、筆者が砂漠でどんなことを考えていたかをふりかえってみよう。

Bさん　筆者ははじめ、砂漠に身を置くと、[a]が当たり前のようになり、なぜ日本の生活にはあんなにもたくさんのものがあるのかということに疑問を感じていたよね。そして、それらのものは、ぜんぶ余計なものなのではないかとまで考えていたよ。

らの石が頭巾を[a]というたとえを用いて句を詠《よ》み、その句に対して、宗祇法師が下の句を付けた場面が描かれています。宗祇法師は、馬子が詠んだ句のたとえをふまえて、日が照ってかわらの石に積もった雪がとけていく様子を「[b]」と詠んだと考えられます。このように、比喩を用いて句を詠んだところや、馬子が作った句をふまえて、宗祇法師がとっさに句を付けたところに私はおもしろさを感じました。

---

[4]　次の文章を読んで、あとの問いに答えなさい。

私は何度か砂漠へ出かけた。旅ということばをきくと、どういうわけか私の胸中には空と砂とがひとつに溶け合った果てしない砂漠の光景が浮かぶのである。そのような光景が浮かぶと、つぎの瞬間、私はどうしてもそこへ我が身を置いてみたくなる。こうして私はまるで砂にたぐり寄せられるように砂漠へ旅立った。

なぜ砂漠にそんなに惹《ひ》かれるのか。自分にもよくわからない。しかし、おそらく、砂漠というものが、私にとってはまったくの反世界だからだろうと思う。

たしかに砂漠は私たちの住む日本の風土の反対の極と言ってもいいであろう。和辻哲郎《わつじてつろう》はあの有名な『風土』という書物のなかで、世界の風土をモンスーン型、牧場型、砂漠型の三つに分け、砂漠型を私たちの住むモンスーン型風土の①対極に置いた。そしてモンスーン型の日本人がインド洋を抜けてアラビア半島にたどりついたときの衝撃を記している。[ア]その衝撃とは、「人間《じんかん》いたるところに青山《せいざん》あり」などと考えているモンスーン型日本人が、どこをどう見まわしても青山など見あたらぬ乾き切った風土に直面したおどろきだと言う。

たしかに砂漠は、青山的な私にとって衝撃そのものだった。[イ]そこにあるのはただ砂と空だけなのだから。[ウ]そして、不思議なことに、こんどは自分が住んでいるモンスーン型の日本の風土や、そこにくりひろげられている生活が〝反世界〟のように思えてくるのである。[エ]

砂漠には何もない。何もないということがとうぜんのようになってくると、逆に、なぜ日本の生活にはあんなにもたくさんのものがあるのか、奇妙に思えてくる。あんなに多くのものに取り巻かれなければ暮らしてゆけないのだろうか、と。もしかしたら、それらのものは、ぜんぶ余計

構造の工夫	構造の工夫による効果
○ 蓋の木目とクロスする方向に桟が付けられている。 ○ 蓋に掘った長い溝に桟の縁が滑り込むようにして嵌め込まれており、そのうえ、蓋の溝と桟の縁は［ a ］で組み合わせる「蟻」と呼ばれる構造になっている。	○ 桟は持ち上げても外れないが、蓋に対してスライドはできるので、蓋が膨張しても桟から［ b ］ため、鍋蓋が壊れてしまうことはなく、桟は反り止めとしての役割を最大限に発揮する。 ○ 反り止めとして不可欠な桟が［ c ］も果たす。

③ 次の文章を読んで、あとの問いに答えなさい。

宗祇《そうぎ》法師、霜月の比《ころ》、雪ふりに馬にのり、あづまへ下られける。越川《えちがは》を①とほられければ、馬子いふやう、そうぎさま、此《こ》のゆきに一句いたしましたといふ。②何としたぞととはれければ、雪ふればかはらの石も頭巾きるといふ。宗祇、下の句を付けやうとて、日がてりや《照ると》ぬぐといはれた。

（注）宗祇法師＝室町時代の連歌師。
越川＝川の名。
馬子＝馬に人や荷物を乗せて運ぶ人。

1 ①とほられければを現代かなづかいになおして、**すべてひらがなで**書きなさい。（　　　）

2 ②何としたぞとあるが、次のうち、このことばの本文中での意味として最も適しているものはどれか。一つ選び、記号を○で囲みなさい。（ア　イ　ウ）

ア なぜ句を作ったのか。
イ どのような句を作ったのか。
ウ どのように句を作ればよいか。

3 次は、Tさんがこの文章を読んだ後に書いた【鑑賞文の一部】です。【鑑賞文の一部】中の［ a ］、［ b ］に入れるのに最も適しているひとつづきのことばを、それぞれ本文中から抜き出しなさい。ただし、［ a ］は**二字**、［ b ］は**七字**で抜き出すこと。a □□　b □□□□□□□

【鑑賞文の一部】

この文章では、馬子が、かわらの石に雪が積もっている様子をかわ

付けてあることが重要です。板は繊維が走っている方向には反らず、繊維に直交する方向に反ります。だから、桟は蓋の木目とクロスする方向に付けなければなりません。

ところで、ここで問題なのは蓋と桟がどのようにくっ付いているかです。良く見てみると、蓋に長い溝が掘ってあり、それに桟の縁が滑り込むようにして嵌《は》め込んであります。しかも、溝の断面の形は、蓋の表面から奥へ行くほど広がっています。その溝に嵌め込んである桟の縁は、同じように末広がりの形に加工してあります。このように末広がりの形で組み合わせる構造を、木工用語で「蟻《あり》」と呼びます。末広がりの三角の形が、蟻の頭に似ているから、そのような名前が付いたのだと言われています。

この「蟻」の構造であれば、蓋と桟は密着して外れません。末広がりだから、引っ張っても剝がれないのです。しかし、ここが重要なところなのですが、蓋に対して桟がスライドすることはできます。桟を持ち上げても外れませんが、桟の長さ方向には滑らせることができるというわけです。

木の板は、普通の大気中に置いても、温度湿度の変化に応じて膨張、収縮をします。特に、繊維に直交する方向には、大きく動きます。それが鍋蓋となれば、湯気に当たるので大きく膨張します。一方、桟は繊維方向に長い部材なので、長さは変化しません。その両者が釘《くぎ》などでガッチリと固定されていたら、膨張しようとする蓋が桟で拘束されるので、大きな力が働いて壊れてしまいます。スライドできる構造だから、蓋が膨張しても桟から余計な力を受けないのです。

蓋に桟をスライドさせて嵌め込むことで、しかも「蟻」の形の溝に嵌め込むことにより、桟は反り止めとしての役割を最大限に発揮できるのです。そして反り止めとして不可欠な部材である桟が、蓋を持ち上げるときの取っ手としての役割も果たしています。③実に合理的で、良く工夫された構造だと思います。

（大竹　収「木工ひとつばなし」より）

1　①端的にとあるが、次のうち、このことばの本文中での意味として最も適しているものはどれか。一つ選び、記号を○で囲みなさい。
（ア　イ　ウ）

ア　一時的に　　イ　明白に　　ウ　詳細に

2　②そんな現象とあるが、本文において、これはどのような現象のことか。その内容についてまとめた次の文の a に入れるのに最も適しているひとつづきのことばを、本文中から**九字**で抜き出しなさい。また、 b に入る内容を、本文中のことばを使って**十字以上、二十字以内**で書きなさい。

鍋蓋に a を使うと、湯気の当たる蓋の裏側だけが b 現象。

a

b

3　③実に合理的で、良く工夫された構造とあるが、木でできた鍋蓋の構造の工夫とその効果について、本文中で筆者が述べている内容を次のようにまとめた。 a 、 b 、 c に入れるのに最も適しているひとつづきのことばを、それぞれ本文中から抜き出しなさい。ただし、 a は**六字**、 b は**九字**、 c は**九字**で抜き出すこと。

a

b

c

国語A問題

時間　五〇分
満点　九〇点

（注）　答えの字数が指定されている問題は、句読点や「　」などの符号も一字に数えなさい。

1 次の問いに答えなさい。

1　次の(1)～(4)の文中の傍線を付けた漢字の読み方を書きなさい。また、(5)～(8)の文中の傍線を付けたカタカナを漢字になおし、解答欄の枠内に書きなさい。ただし、漢字は楷書《かいしょ》で、大きくていねいに書くこと。

(1) 宿舎に到着する。（　　）
(2) 勝利の栄冠に輝く。（　　）
(3) 試合で全力を尽くす。（　　くす）
(4) 友人に本を勧める。（　　める）
(5) 毎朝七時にオきる。□きる
(6) 教室を美しくタモつ。□つ
(7) ウチュウ飛行士が帰還する。□□
(8) キュウキュウ箱を常備する。□□

2　次の文中のA～Cの――を付けた「の」のうち、一つだけ他とはたらきの異なるものがある。その記号を○で囲みなさい。（ A　B　C ）

今週Aの土曜日に、駅前Bのホールで、私Cの好きな歌手がコンサートを行う予定だ。

2 次の文章を読んで、あとの問いに答えなさい。

現在ではあまり見かけなくなりましたが、昔は木でできた鍋蓋《なべぶた》をよく目にしました。丸い木の円盤の上に、1本の桟《さん》がくっ付いているものです。ご飯を炊く釜の蓋は、不必要とも思われるくらい分厚くて、付いている桟は2本でした。

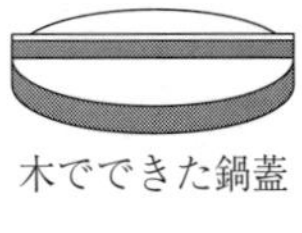
木でできた鍋蓋

この鍋蓋、一見簡単な構造のものですが、なかなか良く工夫された優れものだと、私は思います。木を使う技が、実に①端的に表れた道具だと思うのです。

鍋は、中で汁などを煮るものですから、その蓋は高温の湯気に曝《さら》されます。そこに、単なる1枚の木の板を使ったなら、どうなるでしょうか。蓋の裏側は湯気に当たって湿り、そして温度が上がります。湿ったうえに温度が上がるのですから、板は激しく膨張します。蓋の表側は外気に接していますから、膨張することはありません。片側だけ膨張した板は、行き場の無い力をぶつけるようにして反り返ります。

②そんな現象を、実際に見たことがあります。あるお宅で鍋パーティーがあり、呼ばれて行きました。大鍋を焚《た》き火にかけて煮るのですが、その鍋の蓋は壊れて桟が無くなっていました。つまりただの円盤だったのです。それを鍋に載せて使ったのですが、加熱が進むにつれて蓋が反って丸まってしまい、ポテトチップのような形になりました。そうなると、反って持ち上がった縁から湯気が漏れてしまい、蓋としての役割も果たせなくなりました。居合わせた人たちは、極端に変形したその蓋を見て、大笑いをしました。

蓋に付いている桟は、反り止めの役目を果たしているのです。ただの1本の棒、あるいは1枚の細長い板と呼ぶようなものですが、それが付いているだけで蓋の反りが止まるのです。ただし、反りを止める方向に

260　200　100

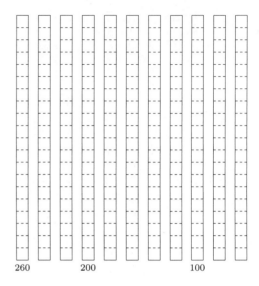

イ　本に葉がはさみ込まれていることは珍しいことではないが、古い木版本が葉のはさみ込まれた状態で残っていたことに驚きを感じた。

ウ　本の間から次々と葉が見つかり、名勝の地を訪れたおりや落葉の時季など、何かのよすがとしてはさまれたものではないと思えてきた。

エ　行間や上部の欄外に書き入れをしながら読んでいくうちに、学問の道筋と心構えや古人の精神を理解することができ、粛然とした気持ちになった。

3　③にわかに惜しむような気持ちになったとあるが、筆者がこのような気持ちになった理由として、本文中で述べられている内容を次のようにまとめた。［a］に入る内容を、本文中のことばを使って**二十字以上、三十字以内**で書きなさい。また、［b］、［c］に入れるのに最も適しているひとつづきのことばを、それぞれ本文中から抜き出しなさい。ただし、［b］は**九字**、［c］は**六字**で抜き出すこと。

a

b

c

「枯葉の記」の一節にいたったとき、かつて筆者が手にしていた『童子問』の間に［a］ということが分かり、［b］と思えて風に飛ばしてしまった枯葉は、はるか昔の人物が今よりもずっと貴重であった本をいとおしんだ［c］であったと思ったから。

5　次の【資料】は、日常の言葉遣いや話し方、あるいは文章の書き方などといった国語に関する意識や理解の調査における「国語は乱れていると思うか」という質問に対する回答結果をまとめたものです。【資料】の内容にもふれながら、「国語は乱れていると思うか」という質問に対するあなたの考えをあとの原稿用紙に書きなさい。ただし、あとの条件1・2にしたがって書くこと。

【資料】

「国語は乱れていると思うか」
（全国の16歳以上を対象に調査）

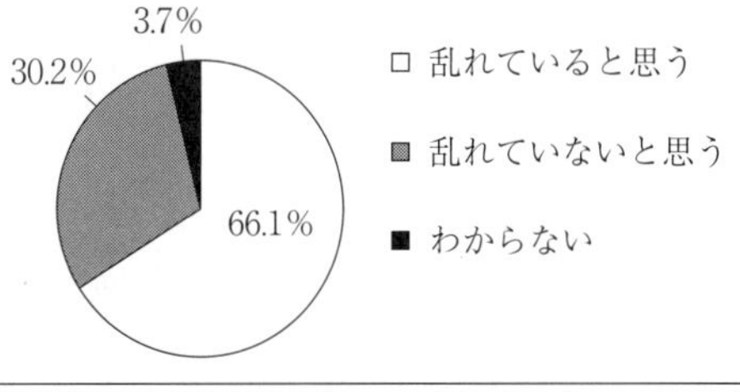

「乱れていると思う」と考えた理由

○　敬語を正しく使えていない人が多いから。
○　若者言葉や新語，流行語が多用されているから。
○　語句や慣用句，ことわざを正しく使えていない人が多いから。

「乱れていないと思う」と考えた理由

○　言葉は時代によって変わるものだから。
○　多少の乱れがあっても根本的には変わっていないから。
○　いろいろな言葉や表現がある方が自然だから。

（「国語に関する世論調査」（文化庁）により作成）

条件1　「国語は乱れていると思うか」という質問に対するあなたの考えを示したうえで、なぜそのように考えたのかを説明すること。

条件2　**二百六十字以内**で書くこと。

・原稿用紙の正しい使い方にしたがって書くこと。

・題名や名前は書かないで、本文から書き始めること。

なかった。二つ折りにして綴《と》じられた紙のすきまに、葉はひそませるようにしてはさみ込んである。しばらくするうちに、どうもそれが尋常ではないような気がしてきた。二、三丁めくると、必ずひそませてある葉が、薄い和紙を透かして見てとれる。とても何かのよすがに、などというものではない。いったい誰が何のためにと考えているうちに、次々と見つかるその黒ずんだ葉が、何かいとわしいものに思えてきて、見つけ次第、窓から投げ棄《す》てていった。木の葉は実に久方ぶりに、戸外を吹きすぎる風に舞ったことになる。

それにしても、なぜこんなふうに、葉を執拗《しつよう》にはさみ込んだりしたのだろうという疑問は、しばらく胸にわだかまっていたが、風に飛び去った木の葉のように、それもいつしか忘れてしまった。もう何年も前のことだ。

ところが最近、たまたま荷風《かふう》の随筆『冬の蠅《はえ》』所収の「枯葉《かれは》の記」を読んでいて、次のような一節にいたったとき、図らずもその疑問は氷解したのだった。

「古本を買つたり、虫干《むしぼし》をしたりする時、本の間に銀杏や朝顔の葉のはさんだままに枯れてゐるのを見ることがある。いかなる人がいかなる時、蔵書を愛するの余りになしたことか。その人は世を去り、その書は転々として知らぬ人の手より、また更に知らぬ世の、知らぬ人の手に渡つて行く。紙魚《しみ》を防ぐ銀杏の葉、朝顔の葉は、枯れ干されて、紙魚と共に紙よりも軽く、窓の風に翻《ひるがへ》つて、行くところを知らない。」

そうか、あれは紙魚を防ぐためのものだったのか。ひとたび分かってみれば、そんな自明とも思われることになぜ気づかなかったのか、我ながら不思議なほどだった。まことに、ものを知らない人間には知る喜びがある。あの枯葉は、はるか昔、今よりもずっと貴重であった本をいとおしんだ心遣いの、かすかな痕跡であったのだ。丹念に木の葉を本のあいだにさしはさんでいた、さも克明そうな人物にたいして、親しみに似た感情を覚えはじめた。あのとき風に飛ばしてしまった枯葉をさえ、③にわかに惜しむような気持ちになった。

（鶴ヶ谷真一「書を読んで羊を失う」より）

（注）象牙＝ここでは、薄いクリーム色のこと。
窯変＝窯で陶磁器を焼いた時に起こる、予期しない色などの変化。
風雅＝風流で優美なこと。
伊藤仁斎＝江戸時代の儒学者。
丁＝書籍の紙数を数える語。
後学＝学問・技芸などで、先人のたどった道をあとから進むこと。またそのような人。
ゆるがせにしない＝おろそかにしない。
よすが＝機会。
荷風＝永井《ながい》荷風。明治期から昭和期の随筆家・小説家。
紙魚＝和紙・書籍などを食いあらす、体長一センチメートル程の平たく細長い虫。

1　次のうち、本文中の［①］に入れるのに最も適していることばはどれか。一つ選び、記号を○で囲みなさい。（ア　イ　ウ　エ）

ア　まさか　　イ　どうして　　ウ　まるで　　エ　たとえ

2　②そのとき手にしていた本とあるが、次のうち、この本を読んでいるときの筆者について、本文中で述べられていることがらと内容の合うものはどれか。最も適しているものを一つ選び、記号を○で囲みなさい。（ア　イ　ウ　エ）

ア　本の間にはさみ込まれている色褪せた一葉を見つけて、自分がその葉をはさみ込んだときのかすかな記憶がふと思い出された。

3 次の問いに答えなさい。

1 次の(1)～(4)の文中の傍線を付けた漢字の読み方を書きなさい。また、(5)～(8)の文中の傍線を付けたカタカナを漢字になおし、解答欄の枠内に書きなさい。ただし、漢字は楷書《かいしょ》で、**大きくていねいに書くこと。**

(1) 栄誉をたたえる。（　　　）

(2) 話が佳境に入る。（　　　）

(3) 大会への参加者を募る。（　　　る）

(4) 本を携えて旅に出る。（　　　えて）

(5) 教室を美しくタモつ。□つ

(6) 屋根をササえる柱。□える

(7) キュウキュウ箱を常備する。□□

(8) 専門リョウイキを広げる。□□

2 次のうち、返り点にしたがって読むと「其《そ》の一を識《し》つて、其の二を知らず。」の読み方になる漢文はどれか。一つ選び、記号を○で囲みなさい。（ア　イ　ウ　エ）

ア　識ツテ二其ノ一ヲ一、不ずレ知ラ二其ノ二ヲ一。

イ　識ツテレ其ノ一ヲ、不レ知ラレ其ノ二ヲ。

ウ　識ツテ二其ノ一ヲ一、不レ知ラレ其ノ二ヲ。

エ　識ツテレ其ノ一ヲ、不レ知ラ二其ノ二ヲ一。

4 次の文章を読んで、あとの問いに答えなさい。

古い和本をひるがえしていると、ときおり本のあいだに木の葉のはさまれているのを見つけることがある。どれほど古いものなのか、手にした葉は乾ききって、もう元の色をとどめてはいないが、その輪郭を見れば、これは銀杏《いちょう》の葉、これは朝顔の葉だというように見分けはつく。

本に木の葉をさしはさんだりするのは、べつに珍しいことではない。名勝の地を訪れたおり、庭園に落ちているきれいな一葉をひろって、ささやかな記念としたり、落葉の時季に、［①］象牙に黄をにじませたような銀杏の葉や、窯変《ようへん》の色を思わせる紅葉の葉を手にして、読みさしの本のあいだにはさんだりするのは、よくあることだろう。後日、たまたまひらいた本のあいだに、色褪《あ》せた一葉を見つけて、かすかになった記憶をしばしたどったりすることもまた……。

②そのとき手にしていた本は、しかし、風雅をこととするような本ではなかった。伊藤仁斎《いとうじんさい》の『童子問《どうじもん》』。学問の道筋と心構えを懇切をきわめて講じた、三巻からなる木版本だった。木版本の場合、本に記載された日時が、実際の刊行時期と異なることがあるそうだから、その本も実はそれほど古いものではないのかもしれないが、奥付けにあたる最後の一丁には、宝永《ほうえい》四年（一七〇七年）とあった。

行間や上部の欄外に、朱をまじえた丁寧な細字で、おそらくは子弟のためと思われる書き入れがなされてあり、はるか後世のおぼつかない後学には、それがことのほかありがたかった。その書き入れにはまた、もうひとつ別の効用もあった。読んでいると、何事もゆるがせにしない古人の精神が乗り移りでもしたものか、こちらもいくらか粛然とした気持ちになるのだ。

はじめ、木の葉のはさまれているのを目にしても、さして気にはなら

2　次の文章を読んで、あとの問いに答えなさい。

いづれの書《ふみ》《書物》をよむとても、①初心のほどは、かたはしより文義を解《げ》せん《理解しよう》とはすべからず、まづ大抵にさらさらと見て、他の書にうつり、これやかれやと読みては、又さきによみたる書へ②立ちかへりつつ、幾遍もよむうちには、始めに聞こえざりし《わからなかった》事も、そろそろと聞こゆる《わかる》やうになりゆくもの也《なり》。さて件《くだん》の書どもを、数遍よむ間には、其《そ》の外のよむべき書どものことも、学びやうの法なども、段々に③自分の料簡《れうけん》《考え》の出《い》で来るものなれば、其の末の事は、一々さとし教ふるに及ばず、心にまかせて、力の及ばむかぎり、古きをも後の書をも、広くも見るべく、又簡約《つづまやか》にして、さのみ広くはわたらずしても有りぬべし。

1　①初心のほどとあるが、初心のころの書の読み方について、本文中で述べられている内容を次のようにまとめた。[a]に入れるのに最も適しているひとつづきのことばを、本文中から**三字**で抜き出しなさい。また、[b]に入る内容を本文中から読み取って、現代のことばで**十字以上、十五字以内**で書きなさい。

a [　][　][　]

b [　][　][　][　][　][　][　][　][　][　][　][　][　][　][　]

最初からすべての意味を理解しようとするのではなく、まずは大方を見て、[a]をあれこれと読んではまた前に読んでいた書へ戻りながら、何度も読むうちに、少しずつ、はじめに[b]ようになっていく。

2　②立ちかへりつつを現代かなづかいになおして、**すべてひらがなで**書きなさい。(　　　)

3　③自分の料簡の出で来るものなればとあるが、次のうち、自分の料簡ができてからの書の読み方について、本文中で述べられていることがらと内容の合うものはどれか。最も適しているものを一つ選び、記号を○で囲みなさい。(ア　イ　ウ　エ)

ア　古い書から新しい書まで広く読むだけでなく、それらの内容の本質をしっかりと理解しながら読むことに精一杯力を注ぐのがよい。

イ　自分の心のままに精一杯古い書から新しい書まで広く読むことも、要点をしぼってそれほど広くにわたらず読むこともあってよい。

ウ　古い書から新しい書まで広く読むよりも、自分が心から知りたいと思うことに要点をしぼり、それについて書かれたものを読むのがよい。

エ　自分の知りたいことだけを効率よく知ろうとするのではなく、より多くのことを知るために、古い書から新しい書まで広く読むのがよい。

補います。

　このように、考古学、歴史学、文化人類学、宇宙学などのように、現在目の前に存在しえない対象を研究する学問分野では、必ず、研究者の想像力が活用されています。未来も、目の前に存在しません。したがって、まったく新しく起こるであろう部分を明らかにするためには、想像力が必要になってくるのです。

　こうして、未来学では、［②］、総合的に未来の知識を創造します。

（小野良太「未来を変えるちょっとしたヒント」より）

1　本文中のA～Dの━━を付けた語のうち、一つだけ他と品詞の異なるものがある。その記号を○で囲みなさい。（A　B　C　D）

2　①それが、その分野の知識になりますとあるが、多くの学問分野における知識の生み出し方について、本文中で筆者が述べている内容を次のようにまとめた。［a］に入れるのに最も適しているひとつづきのことばを、本文中から**二十五字**で抜き出し、**初めの五字**を書きなさい。また、［b］に入る内容を、本文中のことばを使って**二十字以上、三十字以内**で書きなさい。

a ＿＿＿＿＿

b ＿＿＿＿＿＿＿＿＿＿＿＿＿＿＿＿＿＿＿＿＿＿＿＿＿＿＿＿＿＿

［a］のものごとを研究対象として、［b］ことによってわかった事実や現実に関する新しいことが知識となる。

3　本文中には次の一文が入る。入る場所として最も適しているものを本文中のア～エから一つ選び、記号を○で囲みなさい。（ア　イ　ウ　エ）

　しかし、研究において想像力を用いることは、すでに他の多くの学問分野で行われていることです。

4　次のうち、本文中の［②］に入れるのに最も適していることばはどれか。一つ選び、記号を○で囲みなさい。（ア　イ　ウ　エ）

ア　過去や現在の類推で考えられる部分とまったく未知の部分に共通して適用できる知識を演繹的に応用しながら

イ　過去や現在の類推で考えられる部分には既存の知識を演繹的に応用し、まったく未知の部分には想像力を働かせて

ウ　過去や現在の類推で考えられる部分とまったく未知の部分との相違点を、想像力を駆使して明らかにすることで

エ　過去や現在の類推で考えられる部分には既存の知識を活用し、まったく未知の部分にはそれを演繹的に応用することで

国語B 問題

時間　五〇分
満点　九〇点

(注)　答えの字数が指定されている問題は、句読点や「　」などの符号も一字に数えなさい。

1　次の文章を読んで、あとの問いに答えなさい。

過去や現在を分析して得られた知識は、未来の出来事を予測するときにA ある程度の指針には成り得ますが、未来の出来事がその通りにB 起こることはまずありません。

まだ何も起こっていない未来は、過去の指針がC 示す以上に広範囲です。したがって、未来を考察するには、過去や現在の知識だけではなく、未来の状況や状態にD 関するより広範な「未来の知識」が必要になってくるのです。

知識は研究によって生み出されます。ところが、一言で知識と言っても、多くの学問分野と未来学とでは、その生み出し方に根本的な違いがあります。他の学問分野では、研究対象は、過去に存在していたか、現在存在しているかのどちらかです。そこで、その研究対象を観察したり、それに対して何らかの実験を行ったりすることが可能であり、数値によるか言葉によるかの違いはありますが、その対象に関するデータを集めることができます。そして、これらのデータを分析することにより、事実や現実に関して新しいことがわかり、①それが、その分野の知識になります。

これに対して、未来学の研究対象は未来の出来事や未来の人々です。どれも、まだ存在していません。存在していなければ、データを得ることもできません。そのような状況で、未来についてわかることを「未来の知識」として示すために、未来学は「演繹《えんえき》的思考方法」と「想像力」を用います。

まず、未来の社会やその状況は、過去や現在との「類似の部分」とまったく「新しい部分」とから構成される、と考えます。

そして類似部分については、多くの学問分野に存在する知識を演繹的に活用して明らかにしようとします。たとえば、未来の経済状況を考える際には、経済を推進させる要因や停滞させる要因が経済学の知識としてわかっているので、それらが未来ではどのように働いていくかを考察します。また、未来の交通システムを考える場合には、過去の運輸技術はどのような背景の下に現れてきたか、それらの技術はどのような発展をたどってきたか、そして、交通システム、人、産業はどのような関係を築いてきたかといった交通システム分野での知識の中で、未来にも適用できると考えられるものを参考にします。ア

一方、未来のまったく新しい部分を考察するには、人間が持っている、未知の事柄を思い描く力である想像力を使います。イ 客観的なデータに基づいて知識を生み出すという、広く受け入れられている科学的手法から判断すると、知識を主観的な想像力から生み出すことなど、一見、認められないことのように思われるかもしれません。ウ

たとえば、考古学では、大昔の人類がどのような暮らしをしていたのかを明らかにするために、人類の残した様々な痕跡を発掘し、それらを分析します。エ この点では、過去の事実を見つけそれを分析するので、客観的であると言えますが、分析結果を、知識として本や映像などのメディアに表現する時には、必ず人間の想像力を駆使します。過去は決して再現できないので、過去の様子の再現は、データを基にして想像力で

5　次の【資料】は、「あなたにとって『美しい日本語』とはどのような言葉か」という質問に対する回答結果を示したものです。【資料】からわかることにもふれながら、「美しさを感じる言葉」とはどのようなものかということについてのあなたの考えを、あとの原稿用紙に**三百字以内**で書きなさい。

【資料】

「あなたにとって『美しい日本語』とはどのような言葉か」

（全国の 16 歳以上を対象に調査・下記の選択肢から三つまで選択可）

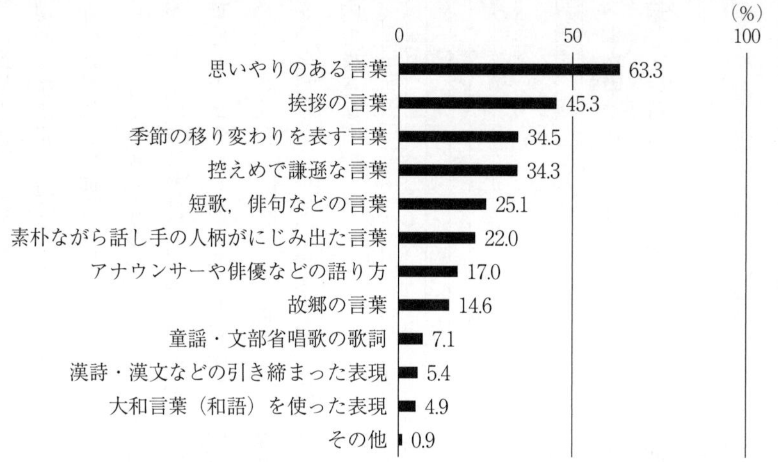

（「国語に関する世論調査」（文化庁）により作成）

・原稿用紙の正しい使い方にしたがって書くこと。
・題名や名前は書かないで、本文から書き始めること。

100

200

300

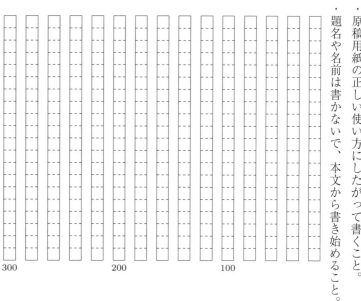

に入れるのに最も適しているひとつづきのことばを、本文中から**十二字**で抜き出し、**初めの五字**を書きなさい。

□□□□□

平城京の物理的な空間構造はある程度推察されており、法隆寺や東大寺などの寺院建築は昔の面影を伝えているが、[　　　]から。

3　③ある空間に対する人間の感覚を、言葉を介して他者に伝えようとするとあるが、本文中で筆者は、文学の中の都市と建築の空間表現において、言葉はどのようなものであると説明しているか。その内容についてまとめた次の文の[　　　]に入る内容を、言葉が具体的に何を伝えようとするかを明らかにして、本文中のことばを使って**八十字以上、九十五字以内**で書きなさい。

言葉は、[　　　]ものである。

4　次のうち、本文中で述べられていることがらと内容の合うものはどれか。最も適しているものを一つ選び、記号を○で囲みなさい。

（ア　イ　ウ　エ）

ア　文学の中の都市と建築の空間についての研究で用いるデータは、文学に現れる空間表現を工学的に抽出したものであり、その価値は、『万葉集』のような名文から抽出したものであれば高くなる。

イ　文学の中の都市と建築の空間についての研究は、文学に現れる都市と建築にかかわる空間表現を建築論的、文学論的、文化論的に分類した上でコンピューターに入力し、考察を進めていくという方法をとる。

ウ　文学の中から姿を現す空間は、その時代を生きた人間の心象空間であるという意味では人間と空間の関係の真実が表れていると言えるが、虚構の空間であるため、物理的な都市や建築の命脈には及ばない。

エ　文学の中から姿を現す空間は虚構の空間であるが、ある文化の中で一つの世界を構築し歴史の流れを形成するものであり、現実と相互に絡まりあいながら、人間の真実としての都市と建築の文化史を織りなしていく。

4　次の文章を読んで、あとの問いに答えなさい。

虚構であるはずの物語にこそ、人間の真実は表れるもの、という紫式部の言葉を借りれば、人間がつくった都市や建築についても、本来虚構であるはずの「文学」においてこそ、人間と空間の関係の真実が表れるというべきかもしれない。

大学に勤めてから私は、文学の中の都市と建築の空間を研究①対象とすることを決心し、それを日本の古典文学から、しかも大上段に『万葉集』からかぶりついた。

まず文学を「言葉の海」として、つまりテキストとして扱い、工学的にデータを抽出し、それをもとにして、建築論的、文学論的、文化論的考察に発展させていくという方法をとる。工学的な立場では、どのような名文もデータとしての価値は均一で、『万葉集』なら、その四五一六首に現れる都市と建築にかかわる空間表現をすべて、コンピューターに入力することから出発する。

考えてみればわれわれは、②この時代の都市や建築の空間を、ほとんど失っている。もちろん平城京の物理的な空間構造もある程度は推察されており、法隆寺や東大寺という寺院建築も昔の面影を伝えているが、それは学術的な資料であり、あるいは何度も修理されながらようやく伝えられた、つまり遺構であって、昔日の姿そのものではない。学術的な「事実」ではあっても、生きた人間にとっての「真実」ではない。

実は、文学の中に現れる空間は、今日の歴史学における常識とは、かなり様子の異なるものであった。

文学に現れる古代人の心の中の都市空間と、その時代を扱う科学としての歴史学によって推測される物理的都市空間には、明らかに「ズレ」がある。そしてその「ズレ」こそが、その時代の空間と人間の関係の真実を物語る鍵であるように思えたのだ。

文学の中から姿を現す空間は、心象空間というべきもので、③ある空間に対する人間の感覚を、言葉を介して他者に伝えようとするものであるが、言葉というおそるべき抽象は、その空間の具体的なディテールと物理的な構造をほとんど切り捨ててしまう。都市や建築の歴史研究において、実際の遺構が重視され、あるいは絵巻物などヴィジュアルな資料が有効なのはそのためである。

しかしまた逆に、言葉という抽象は、その前後に連なる膨大な抽象の連続によって、その空間のもつ「意味」のディテールと構造を大量に伝えようとする宿命をもっている。それは空間と人間の精神的関係のディテールであり、都市や建築とその時代の文化総体との関係の構造である。

もちろんそれは虚構の空間であるが、虚構は虚構なりに、ある文化の中で一つの世界を構築し歴史の流れを形成する。いやむしろその命脈は物理的な都市や建築の命脈よりも永く強いものであるかもしれない。現実は虚構を生み、虚構は現実に反映され、相互に絡《から》まりあいながら、人間の真実としての都市と建築の文化史を織りなしていくのである。

（若山　滋「風土から文学への空間」より）

（注）大上段に＝ここでは、考え方の視点などを高所に置いて、ということ。
ディテール＝全体の中の細かい部分。

1　次のうち、①対象と熟語の構成が同じものはどれか。一つ選び、記号を○で囲みなさい。（ア　イ　ウ　エ）

ア　経緯　イ　造幣　ウ　過程　エ　痕跡

2　②この時代の都市や建築の空間を、ほとんど失っているとあるが、本文中で筆者がこのように述べる理由を次のようにまとめた。[　　]

づきのことばを、本文中から**四字**で抜き出しなさい。また、[b]に入る内容を本文中から読み取って、現代のことばで**二十字以上、三十字以内**で書きなさい。

a [　　　　]

b [　　　　　　　　　　　　　　　　　　　　　　　　　　　　　　]

今夜の月の様子は、「明るく澄んだ」などと表現すると、[a]になり、その月の様子を言い表しきれないことから、「新月」と表現したことが非常に優れており、今夜の月の様子が他に並ぶものがないほどすばらしく、[b]と思う気持ちが感じられる。

---

[3] 次の問いに答えなさい。

1　次の(1)～(3)の文中の傍線を付けた漢字の読み方を書きなさい。また、(4)～(6)の文中の傍線を付けたカタカナを漢字になおし、解答欄の枠内に書きなさい。ただし、漢字は**楷書《かいしょ》**で、**大きくていねいに書くこと。**

(1)　高い目標を掲げる。(　　げる)

(2)　含蓄のある文章。(　　　)

(3)　珠玉の短編。(　　　)

(4)　専門リョウイキを広げる。[　　]

(5)　タントウ直入に質問する。[　　]

(6)　チームのカナメとなる選手。[　]

2　次のうち、返り点にしたがって読むと「見る所期する所は、遠く且《ま》た大ならざるべからず。」の読み方になる漢文はどれか。一つ選び、記号を○で囲みなさい。(ア　イ　ウ　エ)

ア　所㆓見ル所ハ期スル㆒、不《ず》㆑可《べ》カラ㆓不《ざ》ル遠ク㆒且タ大ナラ。

イ　所㆑見ル所ハ㆑期スル、不㆑可カラ㆑不ル㆓遠ク且タ大ナラ㆒。

ウ　所㆓見ル所ハ期スル㆒、不㆑可カラ㆑不ル㆑遠ク且タ大ナラ。

エ　所㆑見ル所ハ㆑期スル、不㆑可カラ㆓不ル遠ク且タ大ナラ㆒。

2 次は、白居易《はくきょい》という唐《とう》の詩人の「三五夜中新月色《さんごやちゅうしんげつのいろ》　二千里外故人心《にせんりぐわいこじんのこころ》」という詩句についての筆者（篤好《あつよし》）の考えが述べられた文章である。これを読んで、あとの問いに答えなさい。

三五夜中新月色といふ詩句の新月とは、いかなる月の事ぞと、①一儒生に問ひしかば、山端より今さし出《い》でたる月をいふ也《なり》といへり。さもある事かは知らねど、篤好がおもふ所はこと也。②此《こ》の次句二千里外故人心といへるは、今山端より出でたるを見ての情とは聞こえず《思えない》。月大空に照りわたりて、一天に塵《ちり》ばかりの雲もなく、澄み渡りたる深夜のさま、身にしみて二千里外の人も、此の月を見るらむと思ひ出でられたる情に聞こゆる《思える》也。されば新月とは、今夜の月のさやけさ《明るく澄んだ様子》たぐひなければ、昨日まで見し月にはあらで《なくて》、今夜新たに出で来たる月なりと思ふ情を、おもはせたる詞《ことば》なるべし。さるは清しともさやけしともいひては、猶《なほ》尋常の事になりて、今夜の月のさやけさはいはむ言《言い表すことば》のなければ、新月といはれたる。実に妙といふべし。

（注）三五夜＝陰暦の十五日の夜。特に、八月十五日の中秋の名月の夜。
新月＝ここでは、十五夜の月のこと。
儒生＝儒学を学んでいる人。
篤好＝五十嵐《いがらし》篤好。江戸時代の国学者。
二千里外＝非常に遠くはなれていること。
故人＝古くからの友人。

1 ①一儒生に問ひしかばとあるが、次のうち、ある儒生に対して問うたことの内容として、本文中で述べられているものはどれか。最も適しているものを一つ選び、記号を○で囲みなさい。

（ア　イ　ウ　エ）

ア　三五夜に出ている月を新月というのはなぜかということ。
イ　三五夜に出ている新月はどのような様子であったかということ。
ウ　三五夜中新月色という詩句の新月はどのような月かということ。
エ　三五夜中新月色という詩句の新月はどこから出る月かということ。

2 ②此の次句二千里外故人心とあるが、本文中で筆者は、この句にはどのような気持ちが表れていると述べているか。次のうち、最も適しているものを一つ選び、記号を○で囲みなさい。（ア　イ　ウ　エ）

ア　月が大空に照り渡り、少しの雲もなく澄み渡った夜の様子に感じ入り、遠方にいる友人にもこの月を見せてあげたかったと思う気持ち。
イ　月が大空に照り渡り、少しの雲もなく澄み渡った夜の様子に感じ入り、遠方にいる友人もこの月を見ているのであろうと思い出された気持ち。
ウ　月が大空に照り渡り、少しの雲もなく澄み渡った夜の様子に感じ入りながらも、遠方にいる友人とかつて一緒に見た月には及ばないと思う気持ち。
エ　月が大空に照り渡り、少しの雲もなく澄み渡った夜の様子に感じ入りながら、遠方にいる友人とかつて一緒に月を見たことが思い出された気持ち。

3 本文中で述べられている、「新月」ということばについての筆者の考えを次のようにまとめた。［a］に入れるのに最も適しているひとつ

て新しい創造に踏み出すしたたかな作句根性がかくされている。

芭蕉は「木ざはしや」を「桐の木」に改めた。芭蕉の句はもともと「木ざはし」と「うづら」の季重なりだったから、季語の「木ざはし」を無季の「桐の木」に替えてもさしつかえない。句の重心を季語の「うづら」に移すために、「木ざはし」を強調していた「や」を「に」に改める。「坪の内」を「桐の木」にふさわしい「塀の内」に変える。わずかな変改のようでも、句の焦点がくっきりと際《きわ》立ち、品位が上がる。言葉を変えることによって気持ちを高め、句を高める。そこには芭蕉独特の、俳句をずり上げていくような推敲《すいこう》の様態が見られる。珍夕の「木ざはし」という類句にも相当するものの出現によって、芭蕉の句は言葉の入れ替えを余儀なくされた。それが句の推敲をうながし、より良い句の出現をもたらす。

（山下一海「山下一海著作集」より）

（注）曲水＝江戸時代の俳人。
珍夕（珍碩・洒堂）＝江戸時代の俳人。
之道＝江戸時代の俳人。
正秀＝江戸時代の俳人。
等類＝ここでは、連歌などにおいて、先行の作品と似た趣向・表現のものをつくることやそのような作品のこと。

1　①珍夕にとられ候とあるが、芭蕉がこのように表現したことについて、本文中で筆者が述べている内容を次のようにまとめた。［a］に入る内容を、本文中のことばを使って**四十五字以上、五十五字以内**で書きなさい。また、［b］に入れるのに最も適しているひとつづきのことばを、本文中から**九字**で抜き出し、**初めの五字**を書きなさい。

a

b

芭蕉は、［a］ということを、珍夕に対する心遣いから「珍夕にとられ候」という［b］で表現した。

2　次のうち、本文中の［②］に入れるのに最も適していることばはどれか。一つ選び、記号を○で囲みなさい。（ア　イ　ウ　エ）

ア　新たなる季語を探求する姿勢
イ　珍しい季語を用いることへの執着
ウ　類句・類想に関する厳しい自省の相貌
エ　類句・類想を逆手にとった秀句の完成

3　本文中のⒶで示した句からⒷで示した句へと作品の再生をはかったことについて、本文中で筆者が述べている内容を次のようにまとめた。［a］、［b］に入れるのに最も適しているひとつづきのことばを、それぞれ本文中から抜き出しなさい。ただし、［a］は**十八字**、［b］は**六字**で抜き出し、それぞれ**初めの五字**を書きなさい。

a　　b

Ⓐの句からⒷの句への作品の再生においては、［a］が見られ、［b］のようでも、句の焦点が際立ち、品位が上がっている。

国語C問題

時間　五〇分
満点　九〇点

(注)　答えの字数が指定されている問題は、句読点や「　」などの符号も一字に数えなさい。

1　次の文章を読んで、あとの問いに答えなさい。

元禄《げんろく》三年九月六日付の門弟曲水《きょくすい》宛の芭蕉書簡に「うづら鳴くなる坪の内と云《い》ふ五文字、木ざはしやと可有《あるべき》を①珍夕《ちんせき》にとられ候《さうらふ》」と記されている。これは、

木ざはしやうづら鳴くなる坪の内――Ⓐ

という句を作ったが、初五文字の「木ざはしや」を珍夕にとられたというのだ。「木ざはし」の読みはキザワシ。木醂・木淡などの字が当てられ、木練《こねり》、木ざらしともいい、木になったまま甘くなる柿をいう。昔、とくに寒い地方では柿といえば渋柿がほとんどだったらしく、木の上で甘くなる柿を珍重してこう呼んだ。この「木ざはしや」を珍夕にとられたというのは、之道《しどう》編『江鮭子《あめご》』(元禄3刊)に見られる門弟珍夕(珍碩《ちんせき》・洒堂《しゃどう》)の次の句のことらしい。

稗柿《きざはし》や鞠《まり》のかかりの見ゆる家　　珍夕

「木ざはし」は『江鮭子』においても、ふりがながほどこしてあるので、当時としてもやや珍しい言葉だったことがわかる。といっても、古くからの季寄せや歳時記の類にも見られる季語だから、芭蕉と珍夕の間でやりとりするといったものではないし、珍夕が専有できるものでもない。

曲水宛の芭蕉書簡は、冒頭に正秀《まさひで》・珍夕の両吟連句を絶賛し、とくに珍夕の上達を喜ぶことから書きはじめられている。「珍夕にとられ候」も珍夕に対する愛情のこもった軽口なのだ。芭蕉としては、珍しい季語「木ざはし」を使っていい句ができたと思っていた。しかし珍夕の句の中にその季語を見つけたので、珍夕にゆずる気持ちで、自分の句から「木ざはし」を削って、そのことをおもしろく「珍夕にとられ候」といった。自分の句に「木ざはし」があれば、珍夕の「木ざはし」が目立たない。へたをすると珍夕は、師匠の真似をしたといわれる。芭蕉は珍夕の「木ざはし」が引き立つように自分の「木ざはし」を削除した。弟子思いの話なのだが、芭蕉が冗談めかしていったのは、珍夕への親しみであろうし、珍夕の気持ちに余計な負担をかけないようにとの、思いやりでもあるだろう。芭蕉の洒脱《しゃだつ》な心遣いだ。

芭蕉は「木ざはし」の代わりを考えて、「木ざはしや」を「桐《きり》の木」に改め、下五の「坪の内」を「塀の内」にして、『猿蓑《さるみの》』(元禄4刊)に見られる次の句になった。

桐の木にうづら鳴くなる塀の内――Ⓑ　　芭蕉

これはもともとは師弟間の、ちょっといい話、といったものだが、別の角度から考えてみると、芭蕉の等類論に通じるところがある。芭蕉は珍しい季語「木ざはし」を生かして、いい句ができたと思っていた。ところが、珍夕の句に「木ざはし」を発見した。自分と同じ季語を選んだ門弟の成長ぶりを嬉《うれ》しく思うと同時に、いささか得意な珍しい季語を使われてしまったことが残念だった。せっかく輝いて見えた季語も、やや色褪《あ》せて感じられた。もう捨ててもいい。

そこのところをやや拡大して考えれば、自分の類句を作られてしまったので、自分の句を捨ててしまうことに似ている。芭蕉は、人に使われたことで「木ざはし」の鮮度を見限り、それを捨てて他の言葉で作品の再生をはかった。ちょっといい話の下に、［②］と、それを機会とし

2023年度／解答

数学A問題

1 **【解き方】**(1) 与式$= -20+7=-13$

(2) 与式$=3.4+2.5=5.9$

(3) 与式$=2\times 16=32$

(4) 与式$=8x-3+2x+2=8x+2x-3+2=10x-1$

(5) 与式$=-\dfrac{18xy}{3x}=-6y$

(6) 与式$=\sqrt{5}+3\sqrt{5}=4\sqrt{5}$

【答】(1) -13　(2) 5.9　(3) 32　(4) $10x-1$　(5) $-6y$　(6) $4\sqrt{5}$

2 **【解き方】**(1) $-\dfrac{7}{4}=-1.75$ だから，ウ。

(2) 与式$=4\times(-3)+21=-12+21=9$

(3) ア．$n=3$ のとき，1となるので，つねに3の倍数になるとは限らない。イ．$n=1$ のとき，$1+3=4$ となるので，つねに3の倍数になるとは限らない。ウ．$n=0$ のとき，$2\times 0+1=1$ となるので，つねに3の倍数になるとは限らない。エ．$3n+6=3(n+2)$　$n+2$ は整数だから，$3(n+2)$ はつねに3の倍数になる。

(4) 1個の重さが a g のビー玉2個の重さは，$a\times 2=2a$ (g)　1個の重さが b g のビー玉7個の重さは，$b\times 7=7b$ (g)　よって，重さの合計は，$(2a+7b)$ g。

(5) $180°\times(5-2)=540°$

(6) 第1四分位数は50回，第3四分位数は55回だから，四分位範囲は，$55-50=5$ (回)

(7) 与式を順に(i)，(ii)とする。(i)+(ii)より，$6x=24$　よって，$x=4$　(i)に代入して，$4-3y=10$ より，$-3y=6$　よって，$y=-2$

(8) 左辺を因数分解して，$(x+5)(x-7)=0$　よって，$x=-5,\ 7$

(9) 二つのさいころをA，Bとする。目の出方は全部で，$6\times 6=36$ (通り)　このうち，出る目の数の和が10より大きい場合は，(A，B)=(5，6)，(6，5)，(6，6)の3通り。よって，確率は，$\dfrac{3}{36}=\dfrac{1}{12}$

(10) $y=ax^2$ に，$x=3$ を代入して，$y=9a$　また，$x=-2$ を代入して，$y=4a$　Aの y 座標はBの y 座標より2大きいから，$9a-4a=2$　これを解くと，$a=\dfrac{2}{5}$

(11) AB ⊥ BC，AB ⊥ BF より，面BFGCは辺ABと垂直な面である。よって，イ。

【答】(1) ウ　(2) 9　(3) エ　(4) $2a+7b$ (g)　(5) 540°　(6) 5 (回)　(7) $x=4,\ y=-2$　(8) $x=-5,\ 7$　(9) $\dfrac{1}{12}$　(10) $\dfrac{2}{5}$　(11) イ

3 **【解き方】**(1) ① x の値が1増えると y の値は6減るから，x の値が3増えると，y の値は，$6\times 3=18$ 減る。よって，(ア)$=840-18=822$　また，x の値が9増えると，y の値は，$6\times 9=54$ 減るから，(イ)$=840-54=786$　② 変化の割合が-6 で，$x=0$ のとき $y=840$ だから，$y=-6x+840$

(2) $y=-6x+840$ に，$x=t$，$y=450$ を代入して，$450=-6t+840$ より，$6t=390$　よって，$t=65$

【答】(1) ① (ア) 822　(イ) 786　② $y=-6x+840$　(2) 65

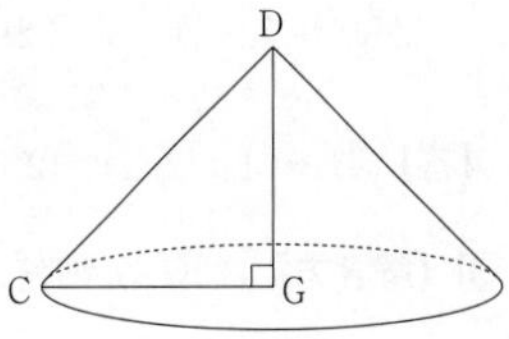

4 **【解き方】** (1) 右図のようになるので，円すいである。

(2) 平行四辺形ABCDは底辺をBCとしたときの高さがDGになる。BC = AD = 8 cm だから，平行四辺形ABCDの面積は，$8 \times x = 8x$ (cm^2)

(4) 四角形ABCDは平行四辺形だから，DC = AB = 4 cm　△EAD ∽ △GCD だから，DE : DG = DA : DC = 8 : 4 = 2 : 1　よって，DE = 2DG = 6 (cm)　∠EDC = 90° だから，△EDC において三平方の定理より，EC = $\sqrt{\mathrm{DC}^2 + \mathrm{DE}^2} = \sqrt{4^2 + 6^2} = \sqrt{52} = 2\sqrt{13}$ (cm)

【答】 (1) エ　(2) $8x$ (cm^2)　(3) ⓐ DGC　ⓑ GCD　ⓒ ウ　(4) $2\sqrt{13}$ (cm)

数学B問題

1 **【解き方】** (1) 与式 = $-6-16=-22$

(2) 与式 = $10a+5b-4a-12b=6a-7b$

(3) 与式 = $\dfrac{2a \times 9ab}{6a^2} = 3b$

(4) 与式 = $x^2+2x+1+x^2-2x=2x^2+1$

(5) 与式 = $(2\sqrt{5})^2-(\sqrt{3})^2=20-3=17$

【答】 (1) -22　(2) $6a-7b$　(3) $3b$　(4) $2x^2+1$　(5) 17

2 **【解き方】** (1) 与式 = $(-6)^2-8\times5=36-40=-4$

(2) 左辺を因数分解して，$(x-2)(x-9)=0$　よって，$x=2,\ 9$

(3) $\dfrac{78}{n}$ が整数になるとき，n は78の約数で，1，2，3，6，13，26，39，78。$5-\dfrac{78}{n}$ が自然数になるとき，$\dfrac{78}{n}$ は5未満の自然数だから，n は，26，39，78。よって，最も小さい n は26。

(4) $x=1$ のとき，$y=\dfrac{10}{1}=10$　$x=5$ のとき，$y=\dfrac{10}{5}=2$　よって，変化の割合は，$\dfrac{2-10}{5-1}=-2$

(5) カードの取り出し方は全部で，$3\times5=15$ (通り)　このうち，$\dfrac{b}{a}$ が1より大きく4より小さい数になるのは，$(a,\ b)=(1,\ 3)$，$(2,\ 3)$，$(2,\ 5)$，$(2,\ 7)$，$(3,\ 5)$，$(3,\ 7)$，$(3,\ 9)$ の7通り。よって，確率は $\dfrac{7}{15}$。

(6) ア．剣道部と卓球部の最大値が60回以上なので，記録が60回以上の部員は少なくとも2人はいる。よって間違い。イ．剣道部の記録の四分位範囲は，$50-45=5$ (回)　水泳部の記録の四分位範囲は，$55-50=5$ (回)　よって，正しい。ウ．記録の範囲が最も大きいのは剣道部。よって，間違い。エ．第1四分位数が最も小さいのは剣道部。よって，間違い。オ．卓球部の中央値が55回より多いから，半数以上の部員の記録が55回以上である。よって，正しい。

(7) 底面積は，$\pi\times4^2=16\pi$ (cm^2)　側面を展開図に表すと，縦が a cm，横が，$2\pi\times4=8\pi$ (cm)の長方形になるから，側面積は，$a\times8\pi=8\pi a$ (cm^2)　よって，表面積について，$16\pi\times2+8\pi a=120\pi$ が成り立つ。これを解くと，$a=11$

(8) 点Aの x 座標は，$0=\dfrac{1}{3}x-1$ より，$x=3$　点Bの x 座標も3だから，点Bの y 座標は，$y=a\times3^2=9a$　2点B，Cは y 軸について対称な点だから，C $(-3,\ 9a)$　点Dの x 座標も -3 だから，点Dの y 座標は，$y=\dfrac{1}{3}\times(-3)-1=-2$　よって，AB = $9a$，BC = $3-(-3)=6$，CD = $9a-(-2)=9a+2$ だから，四角形ABCDの面積は，$\dfrac{1}{2}\times(9a+9a+2)\times6=54a+6$ (cm^2)　したがって，$54a+6=21$

が成り立つから，これを解いて，$a = \frac{5}{18}$

【答】(1) -4　(2) $x = 2,\ 9$　(3) 26　(4) -2　(5) $\frac{7}{15}$　(6) イ，オ　(7) 11　(8) (a の値) $\frac{5}{18}$

3 【解き方】(1) ① x の値が1増えると y の値は6減るから，x の値が3増えると，y の値は，$6 \times 3 = 18$ 減る。よって，(ア)$= 840 - 18 = 822$　また，x の値が9増えると，y の値は，$6 \times 9 = 54$ 減るから，(イ)$= 840 - 54 = 786$　② 変化の割合が -6 で，$x = 0$ のとき $y = 840$ だから，$y = -6x + 840$　③ $y = -6x + 840$ に $y = 450$ を代入して，$450 = -6x + 840$ より，$x = 65$

(2) 使用した時間の合計が192分だから，$s + t = 192$……(i)　また，強モードで使用する場合1分間に6mL減り，弱モード使用する場合1分間に2mL減るから，減った水の量について，$6s + 2t = 840$……(ii)が成り立つ。(i)と(ii)を連立方程式として解くと，$s = 114$，$t = 78$

【答】(1) ① (ア) 822　(イ) 786　② $y = -6x + 840$　③ 65　(2) (s の値) 114　(t の値) 78

4 【解き方】［Ⅰ］(2) ① 直角三角形ABGにおいて，三平方の定理より，$AG = \sqrt{4^2 + 3^2} = 5$ (cm)　$AE = AB = 4$ cm だから，$GE = 5 - 4 = 1$ (cm)　△AED ∽ △GBE より，AD：GE = AE：GB だから，AD：1 = 4：3　よって，$AD = \frac{4}{3}$ (cm)　② AGとDCの交点をHとする。AD∥BG より，DH：HC = AH：GH = AD：GC = $\frac{4}{3} : \left(3 - \frac{4}{3}\right) = 4 : 5$　よって，$HC = 4 \times \frac{5}{4+5} = \frac{20}{9}$ (cm)，$GH = 5 \times \frac{5}{4+5} = \frac{25}{9}$ (cm)　GE = 1cm だから，$HE = \frac{25}{9} - 1 = \frac{16}{9}$ (cm)　HF∥AB より，△EHF ∽ △EAB だから，$HF = HE = \frac{16}{9}$cm　よって，$FC = HC - HF = \frac{20}{9} - \frac{16}{9} = \frac{4}{9}$ (cm)

［Ⅱ］(3) 平行でなく交わらない辺だから，辺AB。

(4) ① $EG = x$ cm とする。四角形EGBFは正方形だから，$GB = FB = EG = x$ cm　EG∥AB より，DG：EG = DB：AB だから，$(4 - x) : x = 4 : 6$　よって，$4x = 24 - 6x$ となるから，$x = \frac{12}{5}$　② EH∥AC より，DH：DC = DE：DA　また，EG∥AB より，DE：DA = EG：AB　よって，DH：DC = EG：AB = $\frac{12}{5} : 6 = 2 : 5$　ここで，1辺の長さが4cmの正三角形の高さは，$\frac{\sqrt{3}}{2} \times 4 = 2\sqrt{3}$ (cm)だから，$\triangle BCD = \frac{1}{2} \times 4 \times 2\sqrt{3} = 4\sqrt{3}$ (cm^2)　よって，$\triangle BHD = 4\sqrt{3} \times \frac{2}{5} = \frac{8\sqrt{3}}{5}$ (cm^2)　立体EHDBは，底面を△BHDとしたときの高さがEGだから，体積は，$\frac{1}{3} \times \frac{8\sqrt{3}}{5} \times \frac{12}{5} = \frac{32\sqrt{3}}{25}$ (cm^3)

【答】［Ⅰ］(1) △AEDと△GBEにおいて，AD∥BGであり，平行線の錯角は等しいから，∠DAE = ∠EGB……㋐　∠AED = ∠DEB − ∠AEB = 90° − ∠AEB……㋑　∠GBE = ∠ABC − ∠ABE = 90° − ∠ABE……㋒　△ABEはAB = AEの二等辺三角形だから，∠AEB = ∠ABE……㋓　㋑，㋒，㋓より，∠AED = ∠GBE……㋔　㋐，㋔より，2組の角がそれぞれ等しいから，△AED ∽ △GBE

(2) ① $\frac{4}{3}$ (cm)　② $\frac{4}{9}$ (cm)

［Ⅱ］(3) ア　(4) ① $\frac{12}{5}$ (cm)　② $\frac{32\sqrt{3}}{25}$ (cm^3)

数学C問題

1 【解き方】(1) 与式 $= -a \times 4a^2b^2 \times \left(-\dfrac{3}{2ab^2}\right) = 6a^2$

(2) 与式 $= \dfrac{\sqrt{2}\,(6 + 2\sqrt{2})}{\sqrt{2} \times \sqrt{2}} + (4 - 4\sqrt{2} + 2) = 3\sqrt{2} + 2 + 6 - 4\sqrt{2} = 8 - \sqrt{2}$

(3) $ax^2 + 4x - 7a - 16 = 0$ に $x = 3$ を代入して，$9a + 12 - 7a - 16 = 0$　これを解くと，$a = 2$　よって，二次方程式は，$2x^2 + 4x - 14 - 16 = 0$　整理すると，$x^2 + 2x - 15 = 0$　左辺を因数分解して，$(x + 5)(x - 3) = 0$　よって，$x = -5$，3 だから，もう一つの解は，$x = -5$

(4) $a > 0$ より，関数 $y = ax^2$ は，x の絶対値が大きいほど y の値が大きくなるので，$x = 0$ のとき，最小値 $y = 0$ をとり，$x = -3$ のとき，最大値，$y = a \times (-3)^2 = 9a$ をとる。よって，$c = 0$，$d = 9a$　また，$b < 0$ より，関数 $y = bx + 1$ は，$x = 1$ のとき，$y = c = 0$ となる。$0 = b + 1$ より，$b = -1$　したがって，関数 $y = -x + 1$ は，$x = -3$ のとき，$y = d = 9a$ だから，$9a = -3 \times (-1) + 1$　これを解いて，$a = \dfrac{4}{9}$

(5) n が自然数より，それぞれを 2 乗しても大小関係は変わらないから，$n^2 \leqq x \leqq (n + 1)^2$　自然数 x の個数が 100 個だから，$(n + 1)^2 - n^2 + 1 = 100$ が成り立つ。これを解くと，$n = 49$

(6) カードの取り出し方は，$4 \times 5 = 20$（通り）　このうち，右図でかげをつけた部分が a と b の最大公約数が 1 の場合で，得点はそれぞれ図のようになるので，得点が偶数になる場合は，$(a,\ b) = (1,\ 5)$，$(1,\ 7)$，$(2,\ 4)$，$(3,\ 5)$，$(3,\ 6)$，$(3,\ 7)$，$(4,\ 8)$ の 7 通り。よって，求める確率は $\dfrac{7}{20}$。

b＼a	1	2	3	4
4	5	4	7	$4\sqrt{2}$
5	6	7	8	9
6	7	$2\sqrt{6}$	6	$4\sqrt{3}$
7	8	9	10	11
8	9	$4\sqrt{2}$	11	8

(7) $\dfrac{b^2 - a^2}{99} = 24$ より，$(b + a)(b - a) = 99 \times 24$　$a = 10m + n$（m，n はそれぞれ 1 から 9 までの整数）とすると，$b = 10n + m$ だから，$b + a = 10n + m + (10m + n) = 11n + 11m = 11\,(n + m)$，$b - a = 10n + m - (10m + n) = 9n - 9m = 9\,(n - m)$　よって，$11\,(n + m) \times 9\,(n - m) = 99 \times 24$ だから，$(n + m)(n - m) = 24$　ここで，$n + m > n - m$ で，$n + m$ が自然数より，$n - m$ も自然数。$n + m = 24$，$n - m = 1$ のとき，条件を満たす m，n はない。$n + m = 12$，$n - m = 2$ のとき，$m = 5$，$n = 7$ だから，$a = 57$　$n + m = 8$，$n - m = 3$ のとき，条件を満たす m，n はない。$n + m = 6$，$n - m = 4$ のとき，$m = 1$，$n = 5$ より，$a = 15$

(8) A の y 座標は，$y = \dfrac{1}{5} \times 5^2 = 5$　2 点 A，B を通る直線の傾きは，$\dfrac{5 - (-1)}{5 - 0} = \dfrac{6}{5}$ だから，直線 ℓ の式は，$y = \dfrac{6}{5}x - 1$　これより，C の y 座標は $\dfrac{6}{5}t - 1$　また，D の y 座標は $\dfrac{1}{5}t^2$　よって，$\mathrm{DC} = \dfrac{1}{5}t^2 - \left(\dfrac{6}{5}t - 1\right) = \dfrac{1}{5}t^2 - \dfrac{6}{5}t + 1$ (cm)　$\mathrm{EA} = (5 - t)$ cm で，線分 DC の長さは線分 EA の長さより 3 cm 短いから，$(5 - t) - \left(\dfrac{1}{5}t^2 - \dfrac{6}{5}t + 1\right) = 3$　整理して，$t^2 - t - 5 = 0$　解の公式より，$t = \dfrac{-(-1) \pm \sqrt{(-1)^2 - 4 \times 1 \times (-5)}}{2 \times 1} = \dfrac{1 \pm \sqrt{21}}{2}$　$t < 0$ だから，$t = \dfrac{1 - \sqrt{21}}{2}$

【答】 (1) $6a^2$　(2) $8 - \sqrt{2}$　(3) (a の値) 2　(もう一つの解) $(x =) -5$　(4) (a の値) $\dfrac{4}{9}$　(b の値) -1

(5) 49　(6) $\dfrac{7}{20}$　(7) 15，57　(8) (t の値) $\dfrac{1 - \sqrt{21}}{2}$

2 **【解き方】** (1) ① ひし形の面積は，(対角線)×(対角線)× $\frac{1}{2}$ で求められるから，$a \times \mathrm{BD} \times \frac{1}{2} = \mathrm{S}$　よって，$\mathrm{BD} = \frac{2\mathrm{S}}{a}$ (cm)

(2) ① CH = GB = 2 cm，DC = AB = 7 cm だから，直角三角形 DCH において三平方の定理より，$\mathrm{DH}^2 = \mathrm{DC}^2 - \mathrm{CH}^2 = 7^2 - 2^2 = 45$　したがって，直角三角形 DHE において，$\mathrm{DE} = \sqrt{45 + 3^2} = 3\sqrt{6}$ (cm)　△DHE ∽△BFE より，BE：FE = DE：HE　BE = 7 + 2 + 3 = 12 (cm) だから，$12 : \mathrm{FE} = 3\sqrt{6} : 3$ より，$\mathrm{FE} = \frac{12 \times 3}{3\sqrt{6}} = 2\sqrt{6}$ (cm)　② △BEF において，$\mathrm{BF} = \sqrt{12^2 - (2\sqrt{6})^2} = 2\sqrt{30}$ (cm)　DJ ∥ BE より，DJ：EB = JF：BF = DF：EF = $(3\sqrt{6} - 2\sqrt{6}) : 2\sqrt{6}$ = 1：2 だから，$\mathrm{DJ} = \frac{1}{2}\mathrm{EB} = 6$ (cm)，$\mathrm{JF} = \frac{1}{2}\mathrm{BF} = \sqrt{30}$ (cm)　よって，$\mathrm{JB} = \mathrm{JF} + \mathrm{BF} = \sqrt{30} + 2\sqrt{30} = 3\sqrt{30}$ (cm)　DJ ∥ BC より，IJ：IB = DJ：BC = 6：7 だから，$\mathrm{IJ} = \mathrm{JB} \times \frac{6}{6+7} = 3\sqrt{30} \times \frac{6}{13} = \frac{18\sqrt{30}}{13}$ (cm)

【答】 (1) ① $\frac{2\mathrm{S}}{a}$ (cm)　② △DHE と△BFE において，共通な角だから，∠DEH = ∠BEF……㋐　また，△DCH と△CBG において，仮定より，CH = BG……㋑　四角形 ABCD はひし形だから，DC = CB……㋒　AB ∥ DC であり，平行線の同位角は等しいから，∠DCH = ∠CBG……㋓　㋑，㋒，㋓より，2 組の辺とその間の角がそれぞれ等しいから，△DCH ≡△CBG　よって，∠DHC = ∠CGB = 90° だから，∠DHE = 90°……㋔　BF ⊥ DE だから，∠BFE = 90°……㋕　㋔，㋕より，∠DHE = ∠BFE……㋖　㋐，㋖より，2 組の角がそれぞれ等しいから，△DHE ∽△BFE

(2) ① $2\sqrt{6}$ (cm)　② $\frac{18\sqrt{30}}{13}$ (cm)

3 **【解き方】** (1) ① 直線 AB は直線 BF と交わる。直線 CG は直線 BF と同一平面上にあるので交わる。直線 DH は直線 BF と平行ではなく，立体 ABCD—EFGH を真上からみた次図 1 より，交わらないので，ねじれの位置にある。② 四角形 BFGC は等脚台形だから，次図 2 のように B から FG に垂線 BP をひくと，FP = (4 − 2) ÷ 2 = 1 (cm)　直角三角形 BFP において，三平方の定理より，$\mathrm{BP} = \sqrt{4^2 - 1^2} = \sqrt{15}$ (cm)　よって，$\triangle\mathrm{BFG} = \frac{1}{2} \times 4 \times \sqrt{15} = 2\sqrt{15}$ (cm^2)　また，四角形 AEFB で同様に，次図 3 のように，B から EF に垂線 BQ をひくと，FQ = (6 − 2) ÷ 2 = 2 (cm)　直角三角形 BFQ において，$\mathrm{BQ} = \sqrt{4^2 - 2^2} = 2\sqrt{3}$ (cm)　よって，$\triangle\mathrm{BEF} = \frac{1}{2} \times 6 \times 2\sqrt{3} = 6\sqrt{3}$ (cm^2)　ここで，図 2 で BP と JK の交点を R とすると，△BFG と△JFG は底辺が FG で共通なので，△BFG：△JFG = BP：RP = BF：JF　また，図 3 で BQ と IJ の交点を S とすると同様に，△BEF：△JEF = BQ：SQ = BF：JF　したがって，△JFG：△JEF = $\left(\triangle\mathrm{BFG} \times \frac{\mathrm{JF}}{\mathrm{BF}}\right) : \left(\triangle\mathrm{BEF} \times \frac{\mathrm{JF}}{\mathrm{BF}}\right) = 2\sqrt{15} : 6\sqrt{3}$ だから，△JFG の面積は△JEF の面積の，$\frac{2\sqrt{15}}{6\sqrt{3}} = \frac{\sqrt{5}}{3}$ (倍)　③ JK = (2JR + 2) cm，IJ = (2JS + 2) cm で，$\mathrm{IJ} + \mathrm{JK} = 15 \div 2 = \frac{15}{2}$ (cm) なので，$(2\mathrm{JR} + 2) + (2\mathrm{JS} + 2) = \frac{15}{2}$　よって，$\mathrm{JR} + \mathrm{JS} = \frac{7}{4}$ (cm)　ここで，JR：FP = BJ：BF，SJ：QF = BJ：BF だから，JR：FP = SJ：QF　JR = x cm とすると，JS = $\left(\frac{7}{4} - x\right)$ cm だから，$x : 1 = \left(\frac{7}{4} - x\right) : 2$　これを解くと，$x = \frac{7}{12}$　よって，$\mathrm{JK} = 2 \times \frac{7}{12} + 2 = \frac{19}{6}$ (cm)

図 1

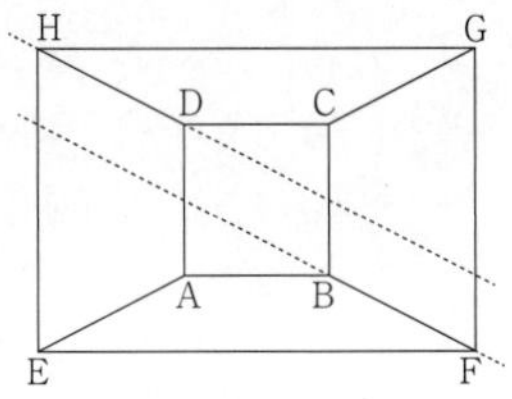

図 2

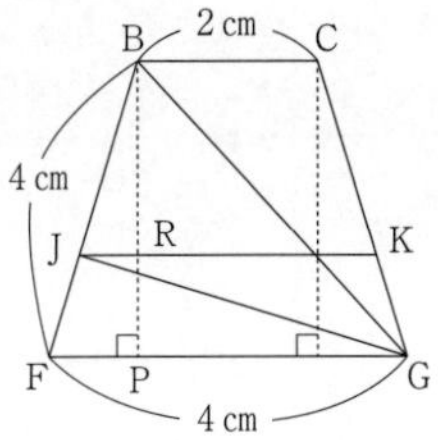

図 3

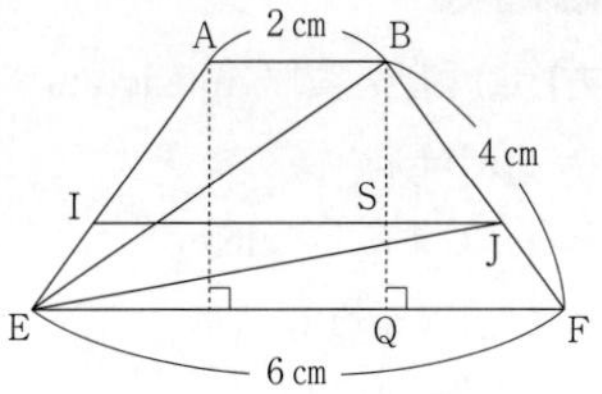

(2) ① 右図 4 で，MQ = PF = 1 cm だから，△BQM において，$BM = \sqrt{(2\sqrt{3})^2 - 1^2} = \sqrt{11}$ (cm)　② 立体 ABCD—ENOH を図 4 のように，立体 AB—ENXT，立体 DC—HOYZ，四角柱 ABXT—DCYZ に分けて考える。立体 AB—ENXT の体積は，四角錐 A—EUWT と三角柱 AUW—BQM の体積の和から，四角錐 B—NQMX の体積をひいて求められる。四角錐 A—EUWT の体積は，$\frac{1}{3} \times 2 \times 1 \times \sqrt{11} = \frac{2\sqrt{11}}{3}$ (cm^3)　三角柱 AUW—BQM で，底面を△BQM としたときの高さは，AB = 2 cm だから，体積は，$\frac{1}{2} \times 1 \times \sqrt{11} \times 2 = \sqrt{11}$ (cm^3)　四角錐 B—NQMX の体積は，$\frac{1}{3} \times (6 \div 2 - 2) \times 1 \times \sqrt{11} = \frac{\sqrt{11}}{3}$ (cm^3)　よって，立体 AB—ENXT の体積は，$\frac{2\sqrt{11}}{3} + \sqrt{11} - \frac{\sqrt{11}}{3} = \frac{4\sqrt{11}}{3}$ (cm^3)　立体 DC—HOYZ の体積は立体 AB—ENXT の体積と等しく，$\frac{4\sqrt{11}}{3}$ cm^3。四角柱 ABXT—DCYZ で，底面を四角形 ABXT としたときの高さは，BC = 2 cm　四角形 ABXT は AB // TX の台形で，TX = EN = 3 cm　高さは $BM = \sqrt{11}$ cm だから，面積は，$\frac{1}{2} \times (2 + 3) \times \sqrt{11} = \frac{5\sqrt{11}}{2}$ (cm^2)　よって，四角柱 ABXT—DCYZ の体積は，$\frac{5\sqrt{11}}{2} \times 2 = 5\sqrt{11}$ (cm^3)　したがって，立体 ABCD—ENOH の体積は，$\frac{4\sqrt{11}}{3} \times 2 + 5\sqrt{11} = \frac{23\sqrt{11}}{3}$ (cm^3)

図 4

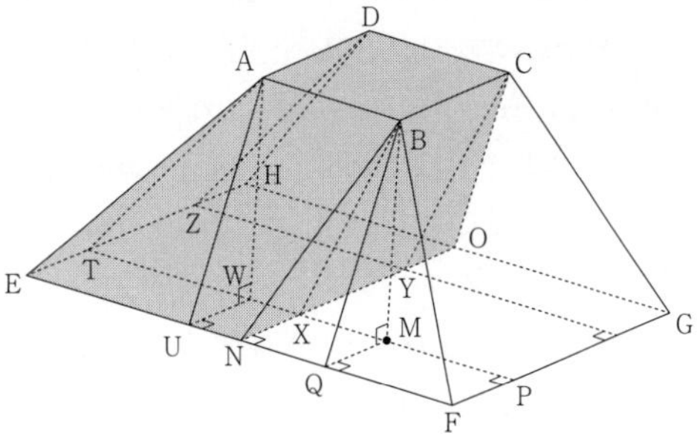

【答】 (1) ① イ，エ，オ　② $\frac{\sqrt{5}}{3}$ (倍)　③ $\frac{19}{6}$ (cm)　(2) ① $\sqrt{11}$ (cm)　② $\frac{23\sqrt{11}}{3}$ (cm^3)

英語A問題

1 【解き方】(1)「音楽家」= musician。

(2)「春」= spring。

(3)「～をそうじする」= clean。

(4)「役に立つ」= useful。

(5)「ゆっくり」= slowly。

(6) 主語が複数形なので，be 動詞は are を用いる。

(7) 最上級の文。「最も高い～」= the highest ～。

(8)「～するために」は不定詞〈to ＋動詞の原形〉を用いて表す。

(9)「～された」は受動態〈be 動詞＋過去分詞〉で表す。write の過去分詞は written。

(10) 主格の関係代名詞を用いた文。先行詞が「人」の場合は who を用いる。

【答】(1) イ (2) ア (3) ア (4) イ (5) ウ (6) イ (7) ウ (8) ウ (9) ウ (10) ア

2 【解き方】［Ⅰ］(1)「～を卒業する」= graduate from ～。

(2) 萌は「それらのうちの一つをお話しします」と言い，直後で本を読んで見つけた和紙に関することを説明している。直前の文中の「多くの興味深いこと」を指している。

(3)「それらを着ている人々」。「～している」は現在分詞の後置修飾を用いて表す。

(4) ア．第1段落の5文目を見る。萌の友だちが通っていた中学校で和紙作りをするのは3年生の生徒たち。イ．萌が実際に和紙を使って何かを作ったとは述べられていない。ウ．第2段落の後半を見る。和紙は簡単に空気を通す。エ．第2段落の最後から4・5文目を見る。内容と合っている。

［Ⅱ］①「今までに～したことがありますか？」=〈Have you ever ＋過去分詞 ～?〉。make（作る）の過去分詞は made。

②「良い考え」= a good idea。

③ 直前の「あなたは和紙を使って何を作るつもりですか？」という質問に対する返答が入る。「私は～を作るつもりです」= I will make ～。

【答】［Ⅰ］(1) ア (2) many interesting things (3) ウ (4) エ

［Ⅱ］(例) ① Have you ever made it? ② That is a good idea. ③ I will make a card.

◀全訳▶ 今日，私は伝統的な日本の紙についてお話しします。それは日本語で「和紙」とよばれています。私は友だちから興味深い話を聞きました。彼女は中学校を卒業する前に和紙を作りました。彼女の中学校では，3年生の生徒たちは和紙を作ります。その和紙は彼らの卒業証書のために使われます。和紙は伝統的なもの，例えば，障子やちょうちんのようなものを作るために使われるだけだと私は思っていました。自分たち自身の卒業証書のための和紙を作るのは，生徒たちにとってすばらしい経験だと私は思います。

私は和紙に興味をもったので，和紙に関する本を何冊か読みました。私は多くの興味深いことを見つけました。それらのうちの一つをお話しします。和紙は衣服を作るために使われます。私はこのことを知って驚きました。和紙で作られた衣服には多くの利点があります。三つの例をあげましょう。最初に，それらは軽いので，それらを着ている人々は簡単に動くことができます。二つ目に，空気が簡単に和紙を通りぬけるので，それらの衣服は夏に人々を涼しく感じさせることができます。最後に，和紙は木や植物でできているため，それらの衣服は簡単に自然に戻ります。これは，それらが環境に良いものであるということを意味しています。和紙で作られた衣服はすばらしいと私は思います。私はいつか，そのような衣服を着たいと思います。みなさんはどうですか？ 試してみたいですか？ お聞きいただいてありがとうございました。

3 【解き方】(1)「インドネシアの人々は発酵大豆食品を食べますか？」という文。一般動詞の疑問文で主語が複数なので，文頭にDoをつける。

(2)「一度も～したことがない」は〈have＋never＋過去分詞〉で表す。heardはhearの過去分詞。

(3) 直後の「私たちはたいていテンペを炒めます」というサリの返答から考える。How do you eat tempeh?＝「あなたたちはどのようにテンペを食べるのですか？」。

(4)「彼が作るカレー」＝the curry he makes。curryの後ろには目的格の関係代名詞が省略されている。

(5) ほぼ毎日テンペを食べているのは，文前半にあるsome people in Indonesia。

(6) 広志の「あなたはどこでテンペを見つけたのですか？」という質問に対する返答。テンペが売られていた場所を答える文が入る。

(7) サリは直前の「私の国と他の国々の両方の食べ物について学ぶことは興味深いです」という広志の言葉に同意している。

(8) ①「サリは広志と江藤先生にテンペの写真を見せましたか？」。サリの5番目のせりふを見る。サリは2人にテンペの写真を見せた。Yesで答える。②「広志は昨日，納豆に関する情報を見つけるために何を使いましたか？」。広志の2番目のせりふを見る。広志は納豆に関する情報を見つけるためにインターネットを使った。

【答】(1) イ　(2) I have never　(3) ア　(4) the curry he makes　(5) some people in Indonesia　(6) ウ　(7) エ
(8)（例）① Yes, she did.　② He used the Internet.

◀全訳▶

広志　：こんにちは，サリ。私はあなたに質問があります。

サリ　：こんにちは，広志。どんな質問ですか？

広志　：昨日，納豆に関する情報を見つけるためにインターネットを使っていたとき，私は興味深い情報を見つけました。それによれば，納豆は発酵大豆食品の一種で，世界には他にも多くの種類の発酵大豆食品があります。インドネシアの人々は発酵大豆食品を食べますか？

サリ　：はい。インドネシアでは，私たちは「テンペ」とよばれる食べ物を食べます。

広志　：テンペ？　私はその言葉を一度も聞いたことがありません。それは納豆に似ているのですか？

サリ　：うーん，私はそう思いません。

江藤先生：こんにちは，広志とサリ。あなたたちは何について話しているのですか？

サリ　：こんにちは，江藤先生。広志が発酵大豆食品について知りたがっていて，私にそれについて質問しました。

江藤先生：へえ，インドネシアには，何か発酵大豆食品があるのですか？

広志　：はい。サリは彼女の国の人々がテンペとよばれる食べ物を食べていると言っています。

江藤先生：私はそれを知りませんでした。サリ，その食べ物について私たちにもっと教えてください。

サリ　：わかりました。テンペと納豆のどちらも発酵大豆食品です。しかし，それらにはいくつか違いがあります。私はあなたたちに写真を見せてあげます。

広志　：うわあ！　この写真の食べ物はケーキのように見えます。

江藤先生：これがテンペですか？　テンペと納豆はとても違って見えますね。

サリ　：その通りです。テンペと納豆の食べ方も違っています。日本の多くの人は，たいていご飯と一緒に納豆を食べますよね？

江藤先生：はい。あなたたちはどのようにテンペを食べるのですか？

サリ　：私たちはたいていテンペを炒めます。そして，さまざまな方法でテンペを料理します。例えば，私の兄はテンペを入れたカレーを作ります。

広志　：へえ，テンペ入りカレー？　それはおいしいですか？

サリ　：はい！　私は彼が作るカレーが好きです。インドネシアでは，家で調理するためにテンペをいつももっており，それをほぼ毎日食べている人もいると思います。

江藤先生：テンペはインドネシアで人気のある食べ物なのですね？

サリ　　：そうです！

広志　　：私はテンペが食べてみたいです。

サリ　　：そうだ，私は日本で売られているテンペを見ましたよ。

広志　　：本当ですか？　あなたはどこでテンペを見つけたのですか？

サリ　　：私は学校の近くにあるスーパーマーケットでそれを見つけました。それは今，日本で人気のあるものになりつつあるのかもしれません。

広志　　：私はテンペを買って食べてみたいです。そうすれば，私はテンペと納豆を比べることができます。

サリ　　：今週末，テンペを買うためにそこに行きましょう。

広志　　：ありがとう，サリ。あなたは私たちにテンペに関して興味深いことを教えてくれました。私は世界のさまざまな種類の発酵大豆食品により興味をもつようになりました。そして，今私は納豆についてもさらに多くのことが知りたいです。私の国と他の国々の両方の食べ物について学ぶことは興味深いです。

サリ　　：私もそう思います。今，私はテンペについてさらに多くのことが知りたいです。テンペと納豆の違いについて話すことは楽しかったです。

江藤先生：私たちはときどき，他の国々のことについて知ることによって自分自身の国について学ぶことができます。テンペについて私たちに教えてくれてありがとう，サリ。

英語B問題

1 【解き方】(1)「私は～についての情報を探しました」という意味の文。「～を探す」= look for ～。

(2) 直後で世界の発酵大豆食品について説明していることに注目。直前の「いくつかの興味深い情報」を指している。

(3) 広志が直前のグリーン先生の発言をまとめている。グリーン先生は「アジアのいくつかの地域や国には似たような気候があり，似たような木々や植物があるため，そこにいる人々は似たような食べ物を作ることができる」と言っている。エは「アジアの異なる地域や国に住んでいる人でも，それらの場所の気候や木々や植物が似ているので，似たような食べ物を作ることができる」という意味。

(4) 直前の「彼女はインドネシア出身です。彼女なら何か知っているかもしれません」という言葉から，「彼女に聞いてはどうでしょう？」というせりふが入る。「～してはどうでしょう？」= How about ～ing?。

(5) 仮定法の文。「もし私が～だったら，…できるだろう」=〈If + I +動詞の過去形, I + could +動詞の原形〉。

(6)「そして，それもねばねばしていませんでした」という意味の文。アに入ると，it はグリーン先生がタイで食べた発酵大豆食品を指し，文意が通る。

(7) 直前の「今，テンペは日本で人気のあるものになりつつあります」ということの実例を示す文が入る。直後に「この近くでテンペを買うことができるとは思わなかった」と広志が言っているので，ウの「学校の近くにあるスーパーマーケットでテンペを見つけた」が適切。

(8)「～がうれしい」= be glad that ～。that は接続詞なので〈主語＋動詞〉が続く。「あなたに～について話ができた」= I could tell you about ～。

(9) ア．広志の2番目のせりふを見る。広志はグリーン先生に「アメリカには何か発酵大豆食品がありますか？」とたずねた。イ．「グリーン先生は，アジアにはいくつかの種類の発酵大豆食品があることを知っている」。グリーン先生の2番目のせりふを見る。内容と合っている。ウ．サリの4番目のせりふを見る。サリは納豆を食べたことがある。エ．サリの7番目のせりふを見る。サリは「今，テンペは日本で人気のあるものになりつつあります」と言っている。オ．「他の国々の食べ物について学ぶことは，彼が自分の国の食べ物について学ぶことにつながると広志は思っている」。広志の最後のせりふを見る。内容と合っている。

【答】(1) イ　(2) some interesting information　(3) エ　(4) イ　(5) If I had a picture　(6) ア　(7) ウ
(8) am glad that I could　(9) イ・オ

◀全訳▶

広志　　　　：こんにちは，グリーン先生。私は先生に質問があります。
グリーン先生：こんにちは，広志。どんな質問ですか？
広志　　　　：昨日私はインターネットで，例えば納豆のような，発酵大豆食品についての情報を探しました。それから，私はいくつかの興味深い情報を見つけました。それによれば，納豆は発酵大豆食品の一つで，世界には他に多くの種類の発酵大豆食品があります。アメリカには何か発酵大豆食品がありますか？
グリーン先生：そうですね，納豆はアメリカのスーパーマーケットでよく売られていますが，私はそこに他の種類の発酵大豆食品があるのかよくわかりません。しかし，私はアジアには他の種類の発酵大豆食品があることを知っています。
広志　　　　：本当ですか？　どうしてそのことを知っているのですか？
グリーン先生：実は，3年前にタイを訪れたときに，私はタイで作られた発酵大豆食品を食べたのです。私は大学でアジアの文化を勉強し，アジアのいくつかの地域や国には似たような食品があることを学びました。それらの地域や国々には似たような気候，似たような木々や植物があるため，そこにいる人々は似たような食べ物を作ることができます。

広志　　　：それは興味深いですね。アジアの異なる地域や国に住んでいる人でも，それらの場所の気候や木々や植物が似ているので，似たような食べ物を作ることができるということですか？

グリーン先生：その通りです！

広志　　　：ありがとうございます，グリーン先生。私はアジアの発酵大豆食品についての情報を見つけてみようと思います。

グリーン先生：それについて何か見つかればいいですね。ああ，サリがあそこにいます。彼女はインドネシア出身です。彼女なら何か知っているかもしれません。彼女に聞いてはどうでしょう？

広志　　　：ああ，そうですね！　そうします。こんにちは，サリ。

サリ　　　：こんにちは，広志。こんにちは，グリーン先生。

広志　　　：サリ，あなたはインドネシア出身ですよね？　私は世界の発酵大豆食品についてグリーン先生と話していました。インドネシアには，何か発酵大豆食品がありますか？

サリ　　　：はい。「テンペ」とよばれる食べ物があります。

広志　　　：テンペ？　それは納豆に似ていますか？

サリ　　　：そうですね，テンペと納豆はとても違って見えます。もし今私が１枚のテンペの写真を持っていたら，それをあなたに見せてあげることができるですが。

広志　　　：ああ，私はちょうどタブレットで写真を見つけました。これを見てください。この写真の食べ物はケーキのように見えます。

グリーン先生：これがテンペですか？

サリ　　　：はい，これがテンペです。テンペと納豆は違って見えますよね？　テンペはねばねばしていません。初めて納豆を食べたとき，私は納豆がねばねばしているので驚きました！

広志　　　：私はテンペがねばねばしていないことを知って驚いています。

グリーン先生：あなたがどのように感じたのか私は理解できますよ，サリ。私は広志にタイで作られた発酵大豆食品を食べたと話しました。そして，それもねばねばしていませんでした。そのため，私が初めて納豆を食べたとき，ねばねばした食べ物を食べるのは私にとって新しい経験だったので，私はサリのように驚きました。

広志　　　：そうなのですね。納豆を食べたときに他の人々がどう感じるのかを知るのは面白いです。

グリーン先生：そうですね。

広志　　　：テンペはインドネシアで人気がある食べ物なのですか？

サリ　　　：はい！　インドネシアの人の中には家で調理するためにテンペをいつも持っており，それをほぼ毎日食べている人もいると思います。

グリーン先生：彼らはどのようにテンペを調理するのですか？

サリ　　　：私たちはたいていテンペを炒めます。例えば，私の家族はさまざまな野菜と一緒にテンペを炒めます。

グリーン先生：それは興味深いです。日本では，納豆はたいていご飯と一緒に食べられますよね？　人々はさまざまな方法でさまざまな種類の発酵大豆食品を食べます。

広志　　　：私はテンペの味を想像することができません。でも，私はいつかそれを食べてみたいです。

サリ　　　：今，テンペは日本で人気のあるものになりつつあります。私は学校の近くにあるスーパーマーケットでテンペを見つけました。

広志　　　：本当ですか？　私はこの近くでテンペを買うことができるとは思いませんでした。私はテンペを食べ，テンペと納豆を比べたいです。

サリ　　　：今週末，そこに行きましょう。

広志　　　：はい！　ありがとう，サリ。他の国々のさまざまな食べ物について学ぶことは興味深かったです。そして，それによって私は納豆にさらに興味を持つようになりました。他の国々の食べ物について学ぶことは，私が自分の国の食べ物について学ぶことにつながると思います。

サリ　　　　：私もそう思います。私はあなたにテンペについて話ができてうれしいです。

グリーン先生：私たちにテンペについて話してくれてありがとう，サリ，そして興味深い話題を共有してくれてありがとう，広志。

2 **【解き方】**［Ⅰ］(1) 直後にある「それが壊れる」という表現から考える。「～を落とす」= drop。

(2)「A が～するのを手伝う」=〈help ＋ A ＋原形不定詞〉。「私の壊れたカップ」= my broken cup。

(3) for more than 3,000 years（3,000 年以上の間）から，現在完了〈have ＋過去分詞〉の文である。

(4) 茶道をしていた人々が茶碗をどのように扱っていたのかということを説明している部分。直前の「16 世紀には，茶道が一部の人々の間で人気のあるものとなり，茶道のために特別な茶碗が使われました」という文に続く流れを考える。「当時，これらの茶碗は高価で，新しい茶碗を手に入れることが簡単なことではなかったため，人々はそれらをとても注意深く使いました（(ii)）」で始まり，「しかし，茶碗が壊れることもあり，人々はそれを直すことによって壊れた茶碗を使い続けることができると思いました（(i)）」→「そして，彼らはその茶碗を使い続けるために，漆を使って茶碗の破片をつなぎ合わせました（(iii)）」と続く。

(5)「誰にも～してほしくない」= don't want anyone to ～。

(6) 他の誰にとっても自分が持っているのと同じ継ぎめのあるカップを手に入れることは「不可能」である。「不可能だ」= impossible。

(7) 下線部を含む文は「しかし今，私にとって金継ぎはそれ以上のものです」となる。直前の文にある「修理方法」を指している。

(8) 文前半の「もし金継ぎによってそれを直せば」に続く表現として適切なものを選ぶ。ウの「それは再び使われることができるし，世界で唯一のものとなるのです」が適切。

(9) ①「美香は，兄が教えてくれる前から『金継ぎ』という言葉を知っていましたか？」。第 2 段落の 1・2 文目を見る。美香は兄に教えてもらうまで「金継ぎ」という言葉を知らなかった。②「最初，継ぎめを金粉で装飾するという考え方が美香にとって奇妙だったのはなぜですか？」。第 4 段落の 2 文目を見る。継ぎめを金粉で装飾するという考え方が奇妙に思えたのは，壊れた部分を隠したいと美香が思っていたから。「壊れた部分を隠す」= hide broken parts。

［Ⅱ］①「～するのにどれくらい時間がかかりましたか？」= How long did it take to ～?。

② 美香の「あなたはものを長い間使うことがいい考えであると思いますか？」という質問に対する返答を考える。解答例は「はい，思います。私たちはまだ使える多くのものを捨てます。もしこれらのものを使い続ければ，私たちはごみを減らすことができます」という意味。

【答】［Ⅰ］(1) ウ　(2) helped me repair my broken　(3) エ　(4) ア　(5) didn't want anyone to find　(6) イ　(7) a way of repairing　(8) ウ　(9)（例）① No, she didn't.　② Because she wanted to hide broken parts.

［Ⅱ］（例）① How long did it take to repair the broken cup?（10 語）

② Yes, I do.／We throw away many things that can still be used. If we keep using these things, we can reduce waste.（20 語）

◀全訳▶　あなたにお気に入りのカップがあると想像してください。あなたは毎日それを使っています。しかし，ある日，あなたはそのカップを落とし，それが壊れてしまいます。あなたは悲しくなりますよね？　では，あなたはその壊れたカップをどうしますか？　もしかしたら，あなたはそれを捨ててしまうか，あるいは接着剤を使って壊れたカップの破片をつなぎ合わせるかもしれません。しかし，伝統的な修理方法があります。その方法は「金継ぎ」とよばれています。今日，私は皆さんに金継ぎについてお話します。

昨年，私のお気に入りのカップが壊れたとき，兄が金継ぎについて私に教えてくれました。そのとき，私は初めて『金継ぎ』という言葉を聞きました。彼は私が私の壊れたカップを金継ぎの方法で直すのを手伝ってくれました。破片をつなぎ合わせるために彼は漆とよばれる伝統的な接着剤を使い，そのあとで，継ぎめに金粉を塗りました。彼が継ぎめを隠さなかったため，私はこれを見て驚きました。私は彼になぜ継ぎめに金粉を塗るのか聞きました。彼は「継ぎめを装飾するためだよ」と言いました。カップを直し終えるのには長い時間がかかりました，しかし，私が金粉で装飾された継ぎめを見たとき，それらは美しく見えました。私は金継ぎが面白いと思い，金継ぎについてもっと知りたくなったため，それに関する何冊かの本を読みました。

人々が金継ぎでものを直すとき，たいてい漆と金粉が使われます。漆は漆の木から採取されます。日本の人々は，ものをつなぎ合わせるため，3,000年以上の間，漆を使ってきました。16世紀には，茶道が一部の人々の間で人気のあるものとなり，茶道のために特別な茶碗が使われました。当時，これらの茶碗は高価で，新しい茶碗を手に入れることが簡単なことではなかったため，人々はそれらをとても注意深く使いました。しかし，茶碗が壊れることもあり，人々はそれを直すことによって壊れた茶碗を使い続けることができると思いました。そして，彼らはその茶碗を使い続けるために，漆を使って茶碗の破片をつなぎ合わせました。壊れた茶碗を直したあと，継ぎめに金粉を加えることによって，それを美しくすることができると人々は思いました。当時，美術の世界ではすでに金粉を使ってものを装飾することが知られていたので，人々は金粉を使って継ぎめを装飾し始めました。このようにして，金継ぎは多くの人に知られるようになりました。

ものが壊れたとき，長く使うために私はたいていそれらを直します。しかし，実のところ，私は壊れた部分を隠したいと思っていたので，継ぎめを粉金で装飾するという考え方は，私にとって最初は奇妙でした。しかし，金継ぎについて学ぶことを通して，私はその継ぎめが直されたものを特別にすることが想像できました。私は自分の考えについて兄と話しました。すると，彼は自分の経験を私に話してくれました。金継ぎについて学ぶ前，彼はどの部分が直されたのかを誰にも見つけてほしくありませんでした。直された部分は，そのものがかつて壊れたものであったことを示しました。しかし，金継ぎが彼の考え方を変え，今では直された部分が美しいと彼は感じています。彼の経験を聞いてから，私は直された私のカップをもう一度注意深く見ました。そのカップにはたくさんの継ぎめがありました。その継ぎめは，そのカップが直す前に使っていたカップよりも特別なものであると私に感じさせました。また，他の誰にとっても同じ継ぎめのあるカップを手に入れることは不可能であるため，そのカップは私にとって特別なものだとも感じました。私は再びそのカップを使うことができてうれしい気持ちでした。

初めて「金継ぎ」という言葉を聞いたとき，私はそれが単なる修理方法であると思いました。しかし今，私にとって金継ぎはそれ以上のものです。お気に入りのカップのようなものが壊れたとき，どうしたらいいかわからない人がいるかもしれませんし，それを使うことができないから捨ててしまう人がいるかもしれません。しかし，人々がもし金継ぎでそれを直せば，それは再び使われることができますし，世界で唯一のものとなるのです。私はそれがすばらしいと思います。

英語リスニング ［A問題・B問題］

回【解き方】1.「あなたはそれを何回読みましたか？」という質問に対する返答を選ぶ。Four times.＝「4回です」。

2. 最後に「明日は一日中晴れるでしょう」と言っている。

3. ジェニーの「明日，私たちは何を学校に持っていく必要があるのか私に教えてください」という質問に対して，高志は「辞書」と「体育館シューズ」が必要だと伝えている。

4. 華は毎週土曜日にピアノのレッスンがあるが，17日が今年最後のピアノのレッスンなので，来週の土曜日に行くことができると言っている。

5. (1) 絵里は「この学校には，20のクラブ，例えば，サッカー部や音楽部があります」と言っている。(2) 学園祭の説明の中で，「学園祭の最後に，全生徒が一緒に歌を歌います」と言っている。

6. (1) ホワイトさんの2番目のせりふから，ホワイトさんの娘は今，学校にいることがわかる。(2) ホワイトさんの6番目のせりふから，ホワイトさんの家では7時に夕食を食べる。また，ホワイトさんの最後から2番目のせりふから，友だちを夕食に招待する場合は，夕食の2時間前に電話しなければならない。

【答】1. イ　2. エ　3. イ　4. ウ　5. (1) エ　(2) エ　6. (1) ア　(2) ア

◀全訳▶ 1.

トム：里香，この本はとても難しかったです。私は理解するために何度もそれを読む必要がありました。

里香：トム，あなたはそれを何回読みましたか？

2. おはようございます。今は曇っています。午後3時頃から雨が降り始めるでしょう。しかし，夜の8時頃には雨が止むでしょう。明日は一日中晴れるでしょう。

3.

ジェニー：高志，私はあなたの手助けが必要です。明日，私たちは何を学校に持っていく必要があるのか私に教えてください。私は先生が言ったことを聞き逃してしまいました。もちろん，私たちは教科書が必要ですね。でも，他に何が必要ですか？

高志　：そうですね，ジェニー，私たちは英語の授業のために辞書が必要です。ああ，私たちが体育の授業でふだん履いている体育館シューズも必要です。

ジェニー：体育館シューズ？　でも私たちは明日体育の授業がありませんよね？

高志　：体育館で集会があるためそれらが必要なのです。

ジェニー：わかりました。色鉛筆は必要ですか？　先週，美術の先生が授業中に，色鉛筆を持ってくるよう私たちに言ったと思うのですが。

高志　：ああ，明日それらは必要ありません。私たちは来週の授業でそれらが必要です。

ジェニー：わかりました。ありがとう。

4.

華　：こんにちは，サイモン。元気ですか？

サイモン：元気ですよ，華。そうだ，この町でお祭りが開催される予定です。僕と一緒に行きませんか？

華　：いいですね。それはいつ開催されるのですか？

サイモン：それは今週末と来週末に開催される予定です。今日は12月16日の金曜日です。明日行くのはどうですか？

華　：そうですね…私は毎週土曜日にピアノのレッスンがあるのです。今週の日曜日はどうですか？

サイモン：ああ，僕は18日に何人かの友人たちと会う予定です。でも25日は大丈夫です。

華　：実は…25日に私は家族と一緒に祖父母を訪れる予定です。あっ，17日が今年最後のピアノのレッスンだということを今思い出しました。だから，私は来週の土曜日に行くことができます。

サイモン：いいですね！　その日に行きましょう。

5. オーストラリアからのあなたたち12人の生徒とお会いできて私たちはうれしいです。私は英語クラブのメンバーの絵里です。私は滞在中あなたたちが私たちの高校で何を楽しむことができるのか説明します。まず，あなたたちはクラブ活動を楽しむことができます。この学校には，20のクラブ，例えば，サッカー部や音楽部があります。あなたたちは三つのクラブを選ぶことができます。あなたたちは放課後，クラブのメンバーと一緒に活動に参加することができます。二つ目に，あなたたちは学校の食堂で昼食を食べるのを楽しむことができます。最も人気のあるメニューはスペシャルカレーです。それはとてもおいしいですよ！　スペシャルカレーは金曜日にだけ販売されます。あなたたちはそれを食べてみるべきです。最後に，学園祭についてお伝えします。各クラスが体育館のステージで劇やダンスを披露します。学園祭の最後に，全生徒が一緒に歌を歌います。学園祭はあなたたちの滞在の最終日に開催されますので，その歌を練習して一緒に歌いましょう。私は私たちの学校でのこの10日間に，あなたたちがたくさん楽しんでくれることを望んでいます。

質問(1)：この高校にはいくつのクラブがありますか？

質問(2)：絵里が彼女の学校について言ったことは何ですか？

6.

由美　　　　：初めまして，ホワイトさん。

ホワイトさん：私の家にようこそ，由美。今日はあなたのアメリカ滞在の初日です。リラックスしてください。もし何か問題があれば，私に教えてください。

由美　　　　：どうもありがとうございます。実は，私は明日一人で学校に行くことが心配です。

ホワイトさん：ああ，心配はいりません。あなたは私の娘と一緒に学校に行くことができます。彼女は今，学校にいるので，彼女が帰宅したら，あなたは学校について彼女にたずねることができます。

由美　　　　：ああ，よかった。私は早く彼女に会いたいです。

ホワイトさん：あなたは長いフライトのあとで疲れていますか？

由美　　　　：いいえ。私は飛行機の中でぐっすり眠りました。

ホワイトさん：それはよかったです。では，最初に私たちの家の中を案内しましょう。私についてきてください。

由美　　　　：わかりました。

ホワイトさん：最初に，あなたの部屋に行きましょう。ここがあなたの部屋です。それは私の娘の部屋の隣です。あなたの部屋の前，ここがお風呂です。

由美　　　　：わかりました。

ホワイトさん：次に，ここが台所です。私たちはいつも7時に夕食を食べます。何かあなたが食べることができない食べ物はありますか？

由美　　　　：いいえ，ありません。聞いてくださってありがとうございます。あなたたちが夕食の準備をするのを私に手伝わせてください。

ホワイトさん：ああ，ありがとう。私は5時30分頃に仕事から帰宅して，私たちは6時から夕食の準備を始めます。晴れていれば，私たちはときどき庭で夕食を食べます。

由美　　　　：うわあ，それは楽しそうです！

ホワイトさん：はい！　それは楽しいですよ。あなたは友だちを夕食に招待してもいいですよ。その場合，夕食の2時間前に私に電話してください。

由美　　　　：わかりました。私はわくわくしています。

ホワイトさん：さて，お茶の時間です。ゆっくりしましょう。

由美　　　　：ありがとうございます。

質問(1)：ホワイトさんの娘は今どこにいますか？？

質問(2)：由美が友だちを夕食に招待する場合，彼女は何時にホワイトさんに電話しなければいけませんか？

英語C問題

1 【解き方】(1)「あなたの近所の人たち全員があなたに親切であると聞いて私はうれしいです」。「～してうれしい」= be glad to ～。副詞的用法の不定詞。「～ということを聞く」= hear that ～。

(2)「父が私にくれた本は，私が難しい数学の問題に答えるのを助けてくれました」。「父が私にくれた本」= the book my father gave me。book のあとには目的格の関係代名詞が省略されている。「A が～するのを助ける」=〈help + A +動詞の原形〉。

(3)「もし練習する時間がもっと私にあったなら，私は兄と同じくらい上手にバスケットボールをすることができたのに」。仮定法の文。「もし私が～だったら，…できたのに」=〈I + could +動詞の原形, if + I +動詞の過去形〉。「～と同じくらい上手に…をする」= play … as well as ～。

(4)「多くの人々に愛されているサッカー選手が日本に来ました」。主格の関係代名詞を用いた文。「多くの人々に愛されているサッカー選手」= the soccer player who is loved by many people。

(5)「私たちのグループの中で共有されたアイデアは素晴らしいように思える」。過去分詞の後置修飾。shared in our group が the idea を後ろから修飾する。「～に思える，～に聞こえる」= sound ～。

(6)「私は飛行機でロンドンまで行くのに何時間かかるのか知りたい」。「～するのに何時間かかるのか」は間接疑問文〈疑問詞＋主語＋動詞〉を使い，how many hours it takes to ～で表す。

【答】(1) ウ (2) エ (3) ア (4) エ (5) ウ (6) イ

2 【解き方】(1)「あなたはなぜ歩いている間にスマートフォンを使うのですか？」という質問に対して，「メッセージを送ったり読んだりするため」を選んだ割合が半数以上だった年齢層は 18 歳から 29 歳。

(2)「あなたはなぜ歩いている間にスマートフォンを使うのですか？」という質問に対する回答のうち，60 歳から 84 歳が最も高い割合だった回答は「ゲームをするため」だった。

(3) ア．第 1 段落の 1 文目を見る。調査の目的は「歩いている間にスマートフォンを使うことについて人々がどのように考えているか」を知るため。イ．「『あなたは歩いている間にスマートフォンを使いますか？』という質問に対して，全回答者の半数以上が『いいえ』を選んだ」。第 1 段落の 4・5 文目を見る。内容に合っている。ウ．表を見る。「あなたはなぜ歩いている間にスマートフォンを使うのですか？」という質問に対して，「何も考えずに」と答えた回答者の割合は，「18 歳から 29 歳」と「30 歳から 39 歳」のそれぞれで 10 パーセントを超えている。エ．最終段落の 1 文目を見る。「あなたは歩いている間にスマートフォンを使いますか？」という質問に「はい」と答えた回答者のうち，80 パーセント以上が「あなたは歩いている間にスマートフォンを使うことが危険であると思いますか？」という質問にも「はい」を選んだ。

【答】(1) ア (2) イ (3) イ

◀全訳▶ 2021 年，大阪府は歩いている間にスマートフォンを使うことについて人々がどのように考えているかを知るための調査を行いました。調査グループのメンバーは 17 歳以上の 1,000 人にいくつかの質問をしました。それぞれの質問に答えるために，回答者は調査グループによって準備された選択肢から回答を選びました。「あなたは歩いている間にスマートフォンを使いますか？」が最初の質問でした。1,000 人中 332 人が「はい」を選び，その他の回答者は「いいえ」を選びました。「はい」を選んだ回答者は別の質問も聞かれました。「あなたはなぜ歩いている間にスマートフォンを使うのですか？」というのがそれらの質問の一つでした。表は，各年齢層の回答者がこの質問に対する回答として何を選んだのかを示しています。各回答者は一つだけ回答を選びました。

私たちはその表からいくつかのことを知ることができます。まず，各年齢層において，「メッセージを送ったり読んだりするため」を選んだ回答者の割合が最高でした。18 歳から 29 歳の回答者の半数以上がその回答を選びました。次に，「ゲームをするため」を選んだ回答者の割合を比べると，60 歳から 84 歳の回答者の割合が最高でした。

調査によれば，最初の質問に対して「はい」を選んだ回答者の 80 パーセント以上が，「あなたは歩いている間にスマートフォンを使うことが危険であると思いますか？」という質問にも「はい」を選びました。歩いている間にスマートフォンを使うことはやめましょう。

3 **【解き方】** (1) 同段落では機械や人工知能を用いたスマート農業が農家の人たちを「支援する」実例が述べられている。「～を支援する，～を支える」= support。

(2) 直前の「あまりにも多くの食べ物が作られると，その食べ物のいくらかは残ってしまい，捨てられるだけになってしまう」という文から考える。農家の人たちが自分の農場でどれくらいの食料を作ればいいのかを計画することが可能になれば，食料の無駄は「減る」。「減らされる，減る」= be reduced。

(3) 第 2 段落の最終文を見る。人工知能によって分析されたデータは「農業を始めたばかりの農家の人たちに，農場でどんな仕事をすればいいのか，あるいはそれをいつすればいいのかを伝える」。「A に B を伝える」= tell A B。「どんな仕事をすればいいのか」= what work to do。

(4) 第 2 段落の 5 文目に，機械を使ったスマート農業は農家の人たちの労働時間を短縮するのに役立つことが述べられている。アは「彼らの労働時間をより少なくする」という意味。「A を B にする」= make A B。「より少ない」= less。

(5) ア．第 2 段落の最後から 3 文目を見る。「特殊な技能を身につけるために，農家の人たちは多くの時間と経験を必要とする」と述べられているが，「スマート農業で用いられる技術を使わなければ，農家の人たちは特殊な技能を身につけることができない」とは述べられていない。イ．最終段落の 1 文目を見る。日本では，農家の数が減少しつつある。ウ．最終段落の最終文を見る。スマート農業を使って日本の全ての問題を解決できるわけではない。エ．「人工知能やドローンのような技術は人々や環境にとって役立つものになりうる」。第 2・3 段落全体や，最終段落の最終文から判断する。内容に合っている。

【答】 (1) エ　(2) ウ　(3) エ　(4) ア　(5) エ

◀全訳▶　スマート農業は新しい農業のやり方です。それは機械や，人工知能や，他の技術を利用します。

スマート農業は多くの点で農家の人たちを支援します。一つの例が広大な農場で作業をする機械です。その機械はそれを運転する農家の人を必要としません。それは悪天候の中でも作業をすることができます。そのような機械は農家の人たちが作業をし，労働時間を短縮するのを助けることができます。もう一つの例はさまざまな種類のデータを利用することです。気候情報のようなさまざまな種類のデータがスマート農業に利用されます。インターネットを通して，そのようなデータは多くの農家の人たちによってお互いに話をすることなく簡単に共有されることができます。それに加え，人工知能によって分析されたデータを使うことができれば，農家の人たちはさまざまなことを容易に判断することができます。例えば，彼らはどれくらいの水を農場に与えるべきかということが判断できます。彼らはまたいつ野菜を収穫すればいいのかということも判断できます。昔，農家の人たちは特別な技能を用いることだけでこれらのことを判断していました。このような技能を身につけるために，農家の人たちは多くの時間と経験を必要とします。これは農業を始めたばかりの農家の人たちにとって，多くのことを判断するのが困難であることを意味します。しかし，人工知能によって分析されたデータを使うことによって，農業を始めたばかりの農家の人たちはどんな仕事をすればいいのか，あるいはそれをいつすればいいのかということが容易に判断できるのです。

スマート農業は環境にもやさしいです。例えば，カメラがついたドローンを使うことで，農場の自然環境は良い状態に保たれることができます。ドローンは農場の中で本当に化学肥料が必要な場所を容易に見つけ，そこに飛んでいき，その場所にだけ化学肥料を与えることができるので，より少ない化学肥料が使用されることができます。さらに，あまりにも多くの食べ物が作られると，その食べ物のいくらかは残ってしまい，捨てられるだけになってしまいます。しかし，将来どれくらいの食料が必要になるのかを示すさまざまなデータを使うことで，農家の人たちは自分の農場でどれくらいの食料を作ればいいのかを計画することが可能になり，食料の無駄が減るでしょう。

実は，日本では，農家の数が減少しており，多くの農家の人たちは高齢になっています。これはずっと日本の農業にとって深刻な問題となっています。今，より多くの人たちが環境に関心を持っています。スマート農業を使って人々が日本の全ての問題を解決できるわけではありませんが，それは人々と環境の両方にとって選択の一つになりうるのです。

4 **【解き方】**(1) 第１段落の３文目以降を見る。金継ぎで何かを直すときに使われるのは，漆と金粉。

(2)「人々はそれを直すことによって壊れた茶碗を使い続けることができると考えました」という文。「しかし，茶碗が壊れることもありました」という文の直後のＤに入ると文意が通る。

(3) 直後の「当時，美術の世界ではすでに金粉を使ってものを装飾することが知られていました」という文から考える。継ぎめに金粉を「加えること」で，茶碗が美しくなると彼らは考えた。「～を加える」= add。

(4) ２文あとの文を見る。通常であれば継ぎ目を隠したいと思うが，金継ぎの継ぎ目は直されたものが世界で唯一のものであるということを示しており，それが金継ぎが人々に与える新しい考えである。

(5) ア．第２段落の４文目を見る。茶道に使われる茶碗は簡単に手に入れることができなかった。イ．第３段落の１・２文目を見る。継ぎめを金粉で装飾するという考えを奇妙に思うのは，継ぎめを隠したいと思う人たち。ウ．「金継ぎは，壊れたカップのようなものを直し，直したものを特別にする方法である」。最終段落を見る。内容に合っている。エ．第３段落の４文目を見る。金継ぎで直すと，たくさんの継ぎめがはっきりと見えるようになる。

【答】(1) イ　(2) エ　(3) ア　(4) エ　(5) ウ

◀全訳▶　カップのような壊れたものを直す日本の伝統的な方法があります。その方法は「金継ぎ」とよばれています。人々が金継ぎで何かを直すとき，ふつうは二つのものが使われます。その一つが漆です。漆は漆の木から採取され，破片をつなぐために使われます。もう一つが金粉です。金粉は継ぎめを装飾するために使われます。

日本の人々は，3,000年以上の間，ものをつなぎ合わせるために漆を使ってきました。16世紀に，茶道が一部の人たちの間で人気のあるものになり，茶道のための茶碗が使われました。当時，これらの茶碗は高価なものでした。新しい茶碗を手に入れることが簡単ではなかったため，人々はそれらをとても注意深く使いました。しかし，茶碗が壊れることもありました。人々はそれを直すことによって壊れた茶碗を使い続けることができると考えました。そのとき，それを使い続けるために，彼らは漆を使って茶碗の破片をつなぎ合わせました。そして，その継ぎめに金粉を加えることで茶碗が美しくなると彼らは考えました。当時，美術の世界ではすでに金粉を使ってものを装飾することが知られていました。そこで，人々はものを直すときに金粉で継ぎめを装飾し始めました。このようにして，金継ぎは多くの人々に知られるようになりました。

カップのような壊れたものを直すとき，継ぎめは直したものがかつて壊れたものであったことを示すので，継ぎめを隠したいと思う人がいます。そのような人にとって，継ぎめを金粉で装飾するという考えは奇妙に思われるかもしれません。しかし，金継ぎは新しい考えを人々に与えてくれます。人が壊れたカップを金継ぎの方法で直すと，たくさんの継ぎめがはっきりと見えます。しかし，その継ぎめは，他の誰も同じ継ぎめのあるカップを手に入れることが不可能であり，そのカップが世界で唯一のものであることを示しています。金継ぎで直されたカップは，壊れる前に使っていたカップよりも直されたカップの方が特別だと人々に感じさせることができます。

金継ぎは単なる修理方法ではありません。金継ぎでものを直そうとする人は継ぎめを隠しません。継ぎめがそれらを特別なものにすると彼らは信じています。

5 **【解き方】**(1) 直前の文の「それ（するべきこと）をすることを簡単にする特別な状況があれば，その特別な状況が彼らの行動に影響を与え，彼らはそれをするでしょう」に注目。ナッジ理論の中で，ナッジングはイの「誰かがするべきことをするのを助ける特別な状況を作ること」を意味する。which は主格の関係代名詞。「Ａが～するのを助ける」=〈help ＋ Ａ ＋原形不定詞〉。「誰かがするべきこと」= something the person should do。something のあとには目的格の関係代名詞が省略されている。

(2) もしめざまし時計がベッドの「近くに」あれば，あなたはベッドから出ることなくそれを簡単に止めることができる。「～の近くに」= close to ～。

(3) 直前の2文で述べられた「寝る前にめざまし時計をベッドから遠いところに置き，めざまし時計の隣に教科書を置く」→「翌朝，めざまし時計が鳴ったとき，ベッドの中にいるとあなたはそれを止めることができない」という状況から考える。「めざまし時計を止めるため，あなたはベッドから出て，そこに行かなければなりません（(iii)）」→「それを止めたあと，あなたはめざまし時計の隣にある教科書を見つけ，勉強しなければならないことを思い出します（(i)）」→「そして，あなたはベッドに戻ることがなく，勉強し始めます（(ii)）」と続く。

(4) 第2・3段落にあげられた例から考える。ナッジングは状況に小さな「違い」を作ることによって，人の行動に大きな影響を与えること。

(5) 第2段落の後半を見る。無料のレジ袋がほしければ店員に「要求カード」を見せなければならなかったコンビニエンスストアBでは，「無料のレジ袋をもらわない買い物客の数が以前よりも増加した」。「～の数」= the number of ～。「増加する」= become bigger。「以前の数」= the number before。

(6) ア．第1段落の3文目に書かれているのは「話しかけることなく誰かに何かをさせたいとき，人はたいてい誰かをそっと突く」ということ。「誰かをそっと押すとき，人々はその人に話しかける」という記述はない。イ．第1段落の後半を見る。ナッジ理論によれば，するのが少し難しいため，人々はするべきことをしない場合がある。ウ．「世界の多くの人々はさまざまな問題を解決するために『ナッジング』が利用できると考えている」。最終段落の最終文を見る。内容に合っている。エ．第2段落の2文目を見る。日本政府が調査したのは，「人々が使うレジ袋の数を減らすために政府がどのように支援できるのか」ということを見つけ出すため。

【答】 (1) イ　(2) ア　(3) ウ　(4) ア　(5) エ　(6) ウ

◀全訳▶　あなたは「ナッジ（そっと突く）」という言葉を聞いたことがありますか？　それは「誰かの注意をひくためにその人をそっと押すこと」を意味する英単語です。話しかけることなく誰かに何かをさせたいとき，人はたいていその人をそっと突きます。しかし，「ナッジ理論」とよばれる理論の中で，その言葉はより広い意味を持ちます。その理論によると，人は簡単なことをするのを選ぶ傾向があります。それをすることが自分にとって少し難しいため，彼らはするべきことをしない場合があります。しかし，それをすることを簡単にする特別な状況があれば，その特別な状況が彼らの行動に影響を与え，彼らはそれをするでしょう。その理論において，「ナッジング」とは，「誰かがするべきことをするのを助ける特別な状況を作ること」を意味します。

ここに多くの人の行動に影響を与える「ナッジング」の例があります。2020年，日本政府は人々が買い物をするときに使うレジ袋の数を減らすのを政府がどのように支援できるのかということを見つけ出すために調査を行いました。その調査において，政府は調査に参加したコンビニエンスストアのために特別な状況を作りました。コンビニエンスストアAでは，無料のレジ袋を必要としない場合，買い物客は店員に「辞退カード」を見せます。もしカードを見せなければ，買い物客は買い物代金を支払うときに無料でレジ袋がもらえます。コンビニエンスストアBでは，無料のレジ袋がほしい場合，買い物客は店員に「要求カード」を見せます。もしカードを見せなければ，買い物客は無料のレジ袋がもらえません。それぞれのコンビニエンスストアには1種類のカード，つまり「辞退カード」か「要求カード」しかありません。ここにその調査結果があります。コンビニエンスストアAでは，無料のレジ袋をもらわなかった買い物客の数は，以前の数とあまり変わりませんでした。しかし，コンビニエンスストアBでは，その数が以前の数よりも明らかに増加しました。調査前，レジ袋をもらうために，買い物客は何もしませんでした。しかし，調査中，何もしないことが特別な状況の一部になりました。コンビニエンスストアAで，何もしないことは買い物客が無料のレジ袋をもらいたいことを意味しました。コンビニエンスストアBで，何もしないことは買い物客が無料のレジ袋をもらいたくないことを意味しました。コンビニエンスストアBの特別な状況は，より多くの人が買い物をするときに使うレジ袋の数を減らすことを助けました。

「ナッジング」によって，あなたは自分がするべきことをするように自分自身を助けることもできます。あなたは5時に起き，学校に行く前に1時間勉強したいと想像してください。朝，あなたのめざまし時計が5時に鳴ります。もしめざまし時計がベッドの近くにあれば，あなたはベッドから出ることなくそれを簡単に止めることができます。そのあと，あなたは再び眠ってしまうかもしれません。しかし，その状況を少し異なるものにすれば，あなたは5時に起きて勉強することができます。例えば，あなたは寝る前にめざまし時計をベッドから遠いところに置き，めざまし時計の隣に教科書を置きます。翌朝，めざまし時計が鳴ったとき，ベッドの中にいるとあなたはそれを止めることができません。めざまし時計を止めるため，あなたはベッドから出て，そこに行かなければなりません。それを止めたあと，あなたはめざまし時計の隣にある教科書を見つけ，勉強しなければならないことを思い出します。そして，あなたはベッドに戻らず，勉強し始めます。この場合，特別な状況を作るというのは，めざまし時計をベッドから遠いところに置き，めざまし時計の隣に教科書を置くことを意味します。その特別な状況はあなたがベッドから出て勉強し始めることを助けてくれます。

ときには，「ナッジング」は状況に小さな違いを作ることなのですが，それは人の行動に大きな影響を与えることがあります。今，世界の多くの人が「ナッジング」に関心を持っています。彼らは「ナッジング」がさまざまな問題を解決する一つの方法だと考えており，それらを解決するために「ナッジング」をどのように使うことができるのかを学ぼうとしています。

6 **【解き方】**読書することが生活においてどのように役立つのかということについて，自分の考えを述べ，実例や自分の経験を説明する。読書によって過去の歴史や他の国々の文化を知ることができることなどを説明するとよい。

【答】（例）I think it helps us learn many things that we didn’t know before. For example, by reading a book about people’s lives in the old days, I can understand how they lived at that time. To know the difference between the things they had and the things we have now is interesting. In addition, by reading a book written by a sport player, I can learn what effort the player has made. It makes me become more interested in the sport. In this way, reading books helps us know new things.

英語リスニング ［C問題］

回【解き方】【Part A】1. トムの「その絵は本当に上手だ！」,「それは写真のように見えるよ！」というせりふから考える。be surprised that ～＝「～に驚く」。

2. カナの「私はあなたに何かいいことがあったのだと思う」というせりふに対して，トムが「実は，君の言う通りなんだ」と答えている。something good＝「何かいいこと」。

3. トムは「メニューにあるこれらの写真は僕が何を食べるのか選ぶのを助けてくれている」と言っている。helpful＝「役に立つ」。

4. 12月24日の土曜日にイベントに行こうと提案しているトムに対し，カナは毎週土曜日にピアノのレッスンがあるけれども，17日の土曜日が今年最後のレッスンなので，24日の土曜日は暇だと伝えている。

5. 1年生100人を対象にしたインタビューの中で，カナの「あなたがより熱心にやってみたいことは何ですか？」という質問に対して，38人の生徒たちが「友だちを作ること」を選んだ。choose A as B＝「AをBとして選ぶ。」

【Part B】6. ⑴「英語劇は2年生の生徒たちによって行われる」,「学園祭で英語劇を披露するグループは生徒たちの投票によって決められる」,「生徒たちはすでに5，6人のグループで着席している」と述べられているので，ア，ウ，エは内容に合わない。学園祭は11月に開催される。⑵ 劇の重要なポイントの2つ目として「ストーリーは10分より短くなければならない」と伝えられている。

【Part C】韓国とオーストラリアの生徒たちとのインターネットでのイベントの利点として，「飛行機で長時間過ごす必要がなく，旅行の準備をする必要もない」,「写真を見たり，質問をしたりして，お互いの国々について学ぶことができる」,「英語でゲームをすることによって，英語力を向上させることができる」ことがあげられている。

【答】【Part A】1. ウ　2. イ　3. ウ　4. エ　5. ウ　【Part B】6. ⑴ イ　⑵ ア

【Part C】(例) The event on the Internet doesn't take much time. Students who join the event don't need to spend much time in a plane. They don't need to prepare for traveling. They can learn about each other's countries. They can easily imagine people's lives and their cultures with some photos. They can learn more things by asking questions. The students in this school can improve their English skills because, during the game, they have to speak English without preparing what they say. And, they have to communicate without using a dictionary.

◀全訳▶　それではリスニングテストを行います。このリスニングテストには，パートA，パートB，パートCの三つのパートがあります。

パートAを見てください。リスニングテストのこのパートでは，カナとトムの会話を五つ聞きます。それぞれの会話を2回聞きます。それぞれの会話を2回聞いたあとで，質問を聞きます。それぞれの質問は1回だけ読まれ，それから答えを一つ選ばなければなりません。では始めます。

【Part A】

1.

カナ：トム，これを見て。私は美術の授業でこれを描いたのよ。

トム：うわあ，その絵は本当に上手だ！　それは写真のように見えるよ！　君がこれを描いたことが僕は信じられないよ，カナ。

質問：トムはどういうことを意味しているのですか？

2.

カナ：こんにちは，トム。何があったの？

トム：カナ，どうしてそんなことを聞くの？

カナ：あなたがうれしそうだからよ。私はあなたに何かいいことがあったのだと思うわ。

トム：そうだね，実は，君の言う通りなんだ。昨日，僕はおじから僕の大好きな歌手のコンサートのチケットをもらったんだよ。

カナ：それで納得したわ。

質問：この会話について正しい文はどれですか？

3.

カナ：トム，あなたは何を食べるかもう決めた？　もしあなたに助けが必要なら，メニューに何が書かれているのか私が英語で説明してあげるわ。

トム：ああ，大丈夫だよ，カナ。メニューにあるこれらの写真は僕が何を食べるのか選ぶのを助けてくれている。それらはおいしそうだ！

カナ：もしこのメニューが日本語と英語の両方で書かれていたら，あなたにとってそれを理解するのがもっと簡単になったのにね。

質問：この会話について正しい文はどれですか？

4.

トム：こんにちは，カナ。音楽部の何人かのメンバーが，学校の近くにある公園のステージでコンサートを開催する予定なんだよ。

カナ：それは楽しそうね，トム。それはいつ開催される予定なの？

トム：それは今週の土曜日の12月24日と，今週の日曜日の12月25日に開催される予定だ。僕は土曜日が暇なんだ。土曜日に僕と一緒に行かない？

カナ：そうね…私は毎週土曜日にピアノのレッスンがあるの。25日はどう？

トム：僕は25日にホストファミリーと一緒に映画館に行く予定なんだ。

カナ：そうなのね。あっ，17日の土曜日が今年最後のピアノのレッスンだということを今私は思い出したわ，だから私は今週の土曜日は暇よ。

トム：ああ，よかった！

質問：会話について正しい文はどれですか？

5.

トム：こんにちは，カナ。君は何をしているの？

カナ：私は4月に私が学校で行ったインタビューについてのレポートを作成しているの。

トム：インタビュー？　面白そう！

カナ：ええ，面白いわよ。私は1年生の100人の生徒たちにいくつか質問したの。そして，彼らは三つの選択肢の中から答えを一つ選んだのよ。

トム：君は彼らに何を聞いたの？

カナ：最初に，私は彼らに「あなたがより熱心にやってみたいことは何ですか？」と聞いたの。選択肢は「勉強すること」，「友だちを作ること」，そして「クラブ活動」よ。どれが最も多くの生徒たちによって選ばれたのかあなたはわかる？

トム：そうだな…僕は最も多くの生徒が「友だちを作ること」を選んだと思う。

カナ：あのね，38人の生徒たちはそれを選んだの。でもより多くの生徒たちが「勉強すること」を選んだのよ。

トム：なるほど。他の質問は何だったの？

カナ：私は「あなたが学校で最も楽しんでいることは何ですか？」と聞いたの。そして，選択肢は「勉強すること」，「友だちと話すこと」，そして「クラブ活動」よ。

トム：僕は最も多くの生徒が「クラブ活動」を選んだと思う。

カナ：その回答はクラブ活動に参加している1年生によって選ばれたわ。でも多くの1年生はまだクラブ活動に参加していないのよ。だから，より多くの生徒が「友だちと話すこと」を選んだの。

トム：なるほどね。

質問：会話について正しい文はどれですか？

パートBを見てください。リスニングテストのこのパートでは，授業の一部を聞きます。それは2回話されます。それを2回聞いたあとで，質問を二つ聞きます。それぞれの質問は1回だけ読まれ，それから答えを一つ選ばなければなりません。では始めます。

【Part B】

6. 今日の英語の授業を始めましょう。この学校では，毎年，2年生の生徒たちが英語で劇を作り，それを授業で披露します。今，あなたたちは5，6人のグループで着席しています。あなたたちは自分たちのグループのメンバーと一緒に劇を作ります。そして，各クラスから1グループが11月に開催される学園祭で自分たちの劇を披露します。今から，私は授業中にあなたたちがするべきことを説明します。今日の授業で，あなたたちはストーリーを作ります。私はあなたたちに二つの大事なことをお話しします。まず，あなたたちは独自のストーリーを作る必要があります。これはあなたたちが本や映画のストーリーを使うことはできないということを意味します。次に，あなたたちのストーリーは10分より短くなければなりません。次の授業で，あなたたちは劇の練習を始めます。あなたたちは来週の3回の授業で劇の練習をする必要があります。あなたたちは劇の中ではっきりとそして流ちょうに話す必要があります。あなたたちそれぞれが自分自身のせりふを覚える必要があります。来月の最初の授業で，あなたたちは授業中に劇を見る予定です。あなたたちは各自1点持っていて，他のグループの劇を見るとき，気に入った一つのグループにその点を与えます。そして，最も多くの点数を得たグループが，学園祭で自分たちの劇を披露します。

質問1：先生が言ったことについて正しい文はどれですか？

質問2：劇のために生徒たちがする必要のあることで正しくない文はどれですか？

【Part C】

韓国とオーストラリアの生徒たちと一緒にオンラインのイベントに参加しよう！

日時：　5月15日の午後3:30―5:30

予定：　1. それぞれの国についての英語でのスピーチ

　　　　2. 質疑応答

　　　　3. ゲーム

あなたたちは日本についてのスピーチ，スピーチのための写真，そして一緒にするゲームを準備する必要があります。

パートCのテスト用紙を見てください。最初に，韓国とオーストラリアの生徒たちとのイベントに関する情報を読んでください。30秒間あります。では，読み始めなさい。

【30秒間の読む時間】

読むのをやめなさい。これからトムとカナの会話を聞きます。彼らは韓国とオーストラリアの生徒たちとのインターネットでのイベントについて話しています。彼らの会話とそれについての質問を2回聞きます。聞いている間，韓国とオーストラリアの生徒たちとのインターネットでのイベントに関して彼らが言うことについてテスト用紙にメモを書き込んでもかまいません。では，会話を聞きなさい。

トム：こんにちは，カナ。あなたは先生が僕たちにくれた情報を読みましたか？　それは韓国とオーストラリアの生徒たちとのインターネットでのイベントに関するものです。それは楽しそうですよ。僕と一緒に参加しませんか？

カナ：私は決めることができません，トム。私は英語力を向上させたいのですが，忙しいのです。

トム：そうですね，スピーチを準備することはある程度時間がかかるだろうと僕は思います。でも，インターネットでのイベントにはあまり時間がかかりません。あなたはいつも外国に行きたいと言っています。韓国やオーストラリアを訪れるためには，もっと時間がかかりますよ。

カナ：そうですね…。あなたの言う通りです。それがこのイベントの利点です。それには2時間しかかかりません。このイベントに参加する生徒たちは飛行機で長時間過ごす必要がありません。それに彼らは旅行の準備をする必要もありません。でも，それらの国々を訪れたら，私たちはもっと多くのことを学ぶことができると私は思います。

トム：そうですね，それは確かです。でも，そのイベントでも，生徒たちはお互いの国々について学ぶことができます。それはそのイベントのもう一つの利点です。スピーチをする生徒が何枚か写真を見せるので，彼らは人々の生活や文化を容易に想像することができます。そして，質問することによって，彼らはより多くのことを学ぶことができます。

カナ：わかりました。私はスピーチを聞いて，さまざまな質問がしたいです。でも，私はそれでもそのイベントに参加することについて決断できません。英語でゲームをするのは難しそうです。

トム：それは難しいかもしれませんが，ゲームをするときにこの学校の生徒たちは英語力を向上させることができます。僕はそれもこのイベントの利点だと思います。

カナ：ゲーム中，何を言うのか準備せずに英語を話さなければならないので，生徒たちは英語力を向上させることができるということを私は理解できています。

トム：その通りです。それに，彼らは辞書を使わずにコミュニケーションをとらなければなりません。

カナ：私は英語を話すときに間違えることを恐れています。

トム：心配はいりません。私たちはお互いに助け合うことができます。そのイベントはあなたにとって素晴らしい経験になるでしょう！

カナ：わかりました！　私もイベントに参加することにします！

質問：トムとカナによれば，インターネットでのイベントに関する利点は何ですか？　それについて英語で書きなさい。

書く時間は6分です。では始めなさい。

書くのをやめなさい。これでリスニングテストを終わります。

社　会

1 **【解き方】** (1) ① (a) 日本は，石油（原油）の大部分を中東諸国から輸入している。(b) 中東やアフリカなどの産油国が加盟しており，産油国の利益を守るために石油（原油）生産量の調整などを行っている。(c) ⓐ オーストラリアにおいて，「ダイヤモンド」はおもに北部で採掘されている。ⓑ オーストラリア北西部のピルバラ地域は，鉄鉱石の一大産地となっている。なお，「ボーキサイト」は，おもにオーストラリアの北部や南西部で採掘されている。② 食生活の洋風化や多様化，農業就業人口の減少などから日本の食料自給率は低下した。③ 京葉工業地域は，千葉県の東京湾に面した地域に位置している。④ (a) アは山形県，ウは青森県，エは福島県の伝統的工芸品。(b) 冬に吹く北西からの季節風の影響を受け，日本海側の地域は冬の降水（降雪）量が多くなる。アは那覇市，イは高知市，ウは松本市。

(2) P．2004年から2019年にかけて，輸出総額は約16兆円増加したのに対し，輸入総額は約30兆円増加している。

(3) 飛行機は船よりも輸送コストが高いため，小さくて軽い付加価値の高いものを中心に輸送している。

【答】 (1) ① (a) イ　(b) OPEC　(c) ⓐ ア　ⓑ ウ　② 自給率　③ エ　④ (a) イ　(b) エ　(2) ウ

(3) 軽いものの輸送に用いられる（同意可）

2 **【解き方】** (1) X．「権利章典」は，1688年に始まった名誉革命によって制定された，王の権限を制限する法律。Y．「ロック」は，著書の『統治二論』において社会契約説を唱えた，イギリスの政治哲学者。

(2) ① ⓐ 経済活動の自由には，「居住・移転および職業選択の自由」や「財産権の不可侵」が含まれる。ⓑ 公共の福祉は，人権同士が衝突したときに，それを調整するための原理となっている。② (a) 国政選挙と地方選挙について，選挙権年齢などを定めている。(b) 地方公共団体の首長は，住民の直接選挙で選出される。(c) ア・エは，内閣が行う。また，最高裁判所の長官は，内閣が指名して天皇が任命するが，その他の裁判官は，内閣が任命して天皇が認証する。(d) P．63.58 ÷ 30.96 ＝ 2.05…より，60歳代の投票率は20歳代の投票率の2倍以上となっている。Q．60歳代と20歳代の人口の差は，445万人。一方，20歳代の投票数は約367万票，60歳代は約1036万票のため，その差は約669万票になる。③ 裁判員は，被告人が有罪か無罪かに加え，有罪の場合にどれだけの刑を科すかの評議にも参加する。

(3) ⓐ 内閣総理大臣は，国会の議決に基づいて指名されるため，一般的に国会における議席数の最も多い政党が与党となる。ⓑ 野党は，与党の政権運営を監視しながら，政権交代を狙う。

(4) ① 直接民主制とは，国民が自ら政治を運営するしくみのこと。② ⓐ 民生費は歳出額の24.3％を占めており，最も割合が高い。ⓑ・ⓒ 自衛隊の管理・運営は国が行っており，防衛費はすべて国が負担するため，Yが国となる。

【答】 (1) ア　(2) ① ⓐ ア　ⓑ 公共の福祉　② (a) 公職選挙法　(b) ウ　(c) イ　(d) ア　③ ウ　(3) ⓐ 与　ⓑ 野

(4) ① 直接　② エ

3 **【解き方】** (1) ① 経度0度の本初子午線は，イギリスのロンドンを通り，本初子午線から東へ行くほど，東経の数値が大きくなる。② さまざまな政府の機関が集まっており，ブラジルの政治の中心となっている。③ チグリス川とユーフラテス川は，ともに中東のメソポタミアを流れ，ペルシャ湾に注ぐ河川。Bはインドの首都。

(2) ① イは6世紀末から7世紀前半，ウ・エは7世紀後半の天皇。② (i)は11世紀の初頭，(ii)は12世紀前半，(iii)は9世紀初めのできごと。③ 管領は，室町幕府において将軍に次ぐ権力を持った役職で，斯波《しば》氏・細川氏・畠山《はたけやま》氏が交代で就任した。

(3) ① ⓐ 明治時代に東京が首都となり，天皇や政府が東京へ移動した。ⓑ 建築様式や食事，服装など，さまざまなものが洋風化した風潮で，都市部から広まった。② 司法権は，最高裁判所と下級裁判所に属している。③ 景気が過熱するおそれがあるとき，日本銀行は，国債などを銀行に売って流通する通貨量を減らす「売りオペレーション」を行う。この行為によって流通する通貨の量を調整し，景気を安定させようとする。④ ア．

W・X・Y区は，いずれも1985年から1995年にかけて夜間人口が減少し，2000年から2015年にかけて増加している。ウ．Z区は，すべての年において「昼夜間人口比率」が100を下回っているため，昼間人口より夜間人口の方が多い。

【答】 (1) ① A ② ブラジリア ③ イ (2) ① ア ② オ ③ 管領

(3) ① ⓐ 江戸 ⓑ 文明開化 ② ウ ③ ⓐ 一般の銀行に国債を売る ⓑ 一般の銀行は資金量が減る（それぞれ同意可） ④ イ・エ

4 **【解き方】** (1) ① 鉄は青銅よりも硬いため，実用的な道具に用いられた。② ⓐ「魏」は，中国の後漢がほろびた後の三国時代に中国北部を支配した王朝。ⓑ 志賀島は，福岡市の北西部にある島。

(2) 口分田は，6歳以上の男女に与えられた。

(3) ① ⓐ「株仲間」は，江戸時代の商工業者が同業者ごとに集まって作った組合。ⓑ「阿国」は，歌舞伎の基となった「かぶき踊り」を安土桃山時代から江戸時代初期に始めたとされる人物。② (a) 1428年に起きた正長の土一揆は，近江坂本の馬借が徳政令を求めたことがきっかけとなり，農民たちも参加した。(b) イは13世紀前半，ウは14世紀末，エは16世紀前半のできごと。

(4) ① 著書の『資本論』で資本主義を批判的に分析し，社会主義を唱えた。② ⓐ ゲティスバーグの演説で，「人民の，人民による，人民のための政治」と述べた。ⓑ 奴隷を用いた綿花の栽培が盛んであったため，南部は奴隷解放に反対していた。

(5) 高度経済成長期には，三大都市圏の有効求人倍率が1を上回り，人手が不足していた。一方，地方圏では有効求人倍率が1を下回り，労働力が余っていた。そのため，職を求めて労働者が地方圏から三大都市圏へ移動したと考えられる。

【答】 (1) ① 鉄 ② ⓐ イ ⓑ エ (2) 租 (3) ① ⓐ ア ⓑ エ ② (a) 徳政 (b) ア

(4) ① ウ ② ⓐ リンカン ⓑ イ (5) 地方圏から労働力が不足していた三大都市圏へ人が移動した（同意可）

理　科

1 【解き方】(1) ⓑ 単子葉類の葉脈は平行脈，双子葉類の葉脈は網状脈。

(2) ① カビは菌類，乳酸菌や大腸菌は細菌類。② 図Ⅲでコウジカビの倍率をミジンコと同じ 100 倍にすると，視野の縦の長さが，$\frac{400\,(\text{倍})}{100\,(\text{倍})} = 4$ (倍)になるので，連なるコウジカビの細胞の数が，5 (個) × 4 = 20 (個)になる。よって，L (mm) = 20 × K (mm)なので，K：L = 1：20

(3) だ液はデンプンを，胃液はタンパク質を分解する。胆汁は脂肪の消化を助ける。

(5) ② A・C の結果から，水と酵母菌はデンプンを分解しないと分かる。また，B の結果から，コウジカビはデンプンを分解することが分かる。

(6) D・F の結果から，麦芽糖に酵母菌がはたらいてエタノールがつくられ，B の結果から，コウジカビはデンプンを麦芽糖に分解していると分かるので，コウジカビがデンプンを分解して麦芽糖にし，その麦芽糖に酵母菌がはたらいてエタノールがつくられると考えられる。

【答】(1) ⓐ ア　ⓑ エ　(2) ① ⓒ イ　ⓓ ウ　② (K：L＝) 1：20　(3) エ　(4) ⓔ イ　ⓕ ウ
(5) ① 対照　② ア　(6) イ

2 【解き方】(1) ① 入射角と屈折角は境界面に垂直な線と入射光や屈折光とのなす角なので，図Ⅰより，屈折角の方が入射角より大きい。

(3) 物体の矢印の先端から出た光は，実像の矢印の先端に集まる。

(4) 焦点距離の 2 倍の位置に物体を置くと，焦点距離の 2 倍の位置に物体と同じ大きさの倒立の実像ができる。表Ⅰより，A と B の長さが同じ 20.0cm のとき，物体と実像の高さが同じなので，20.0cm が焦点距離の 2 倍になる。よって，$\frac{20.0\,(\text{cm})}{2} = 10.0\,(\text{cm})$

(6) ⓐ 表Ⅰより，A = 15.0，B = 30.0 のとき，倍率の値は 2.0。B ÷ A の値は，30.0 ÷ 15.0 = 2.0 なので，倍率の値に等しい。ⓑ ⓐより，倍率の値は，14.0 ÷ 35.0 = 0.4 なので，2.0 (cm) × 0.4 = 0.8 (cm)

(7) 黒い紙で覆われていない部分を通った光によって像ができるので，レンズの一部を黒い紙で覆っても像は欠けないが，レンズを通過する光の量が少なくなるので，像全体が暗くなる。

(8) ルーペで見る像は虚像なので，物体は凸レンズと焦点の間にくるようにする。カメラでできる像は実像なので，上下左右が逆向きで，物体は凸レンズの焦点の外側にくるようにする。

【答】(1) ① ウ　② 全(反射)　(2) 平行な光　(3) エ　(4) 10.0 (cm)　(5) 虚　(6) ⓐ ウ　ⓑ 0.8　(7) ア　(8) イ

3 【解き方】(1) 図Ⅰで，北半球の地軸が太陽の方に傾いている A の位置が夏至の日になるので，地球の公転の向きから，D が春分の日，B が秋分の日，C が冬至の日。

(3) 90° − 34.5° − 23.4° = 32.1°

(4) 図Ⅱより，太陽の南中高度が高くなると昼間の長さが長くなり，南中高度が低くなると昼間の長さが短くなる。夏至の日の太陽の南中高度＝ 90° −緯度＋地軸の傾きなので，地軸の傾きの角度が 1° 小さくなると，夏至の日の南中高度は 1° 低くなり，昼間の長さは短くなる。冬至の日の太陽の南中高度＝ 90° −緯度−地軸の傾きなので，地軸の傾きの角度が 1° 小さくなると，冬至の日の南中高度は 1° 高くなり，昼間の長さは長くなる。

(5) ② 春の天気は偏西風の影響で移動性高気圧と低気圧が交互に日本付近にやってくるので，図Ⅳの高気圧が東に移動して天気が回復したと考えられる。

(6) 自宅近くの公園の春分の日の太陽の南中高度は，90° − 34.5° = 55.5°　太陽光に対して垂直に近い角度で設置された板ほど，単位面積あたりに太陽光から受け取るエネルギーが大きいので，この日に太陽光に対して垂直になるように設置した板の傾きは，180° − 90° − 55.5° = 34.5°　よって，図Ⅲの b の板が太陽光に対して最も垂直に近い。

(7) a の黒い面の全体が 120 秒間で受け取ったエネルギーは，11 (J) × 150 (cm^2) = 1650 (J)　よって，1 秒間あたりでは，$\dfrac{1650\,(\mathrm{J})}{120\,(\text{秒})} \fallingdotseq 14\,(\mathrm{J})$

【答】 (1) D　(2) 年周(運動)　(3) イ　(4) エ　(5) ① 寒冷(前線)　② エ　(6) b　(7) 14 (J)

4 **【解き方】** (2) ① アは水素，ウは二酸化炭素が発生する。エは気体が発生しない。

(3) 表Ⅰより，加熱前の質量が 1.30g，4 回目の加熱後の質量が 2.16g なので，2.16 (g) − 1.30 (g) = 0.86 (g)

(4) 図Ⅱより，加熱前の金属の質量が 0.9g のとき，結びつく酸素の質量を読み取ると 0.6g。

(5) 酸素は気体なので分子で存在し，化学式は O_2 になる。化学反応式では反応する前と後の原子の種類と数を同じにする。

(6) 図Ⅲより，0.3g のマグネシウムと結びつく酸素の質量は 0.2g，酸素 0.2g と結びつく銅の質量は 0.8g。酸化マグネシウムと酸化銅はどちらも，結びつくマグネシウム原子の数と酸素原子の数，銅原子の数と酸素原子の数が同じなので，0.3g のマグネシウムに含まれるマグネシウム原子の数と 0.8g の銅に含まれる銅原子の数は等しくなる。

(7) 結びつく酸素の質量は，結びつく酸素原子の数に比例するので，表Ⅱより，1 cm^3 の銅の立方体に結びつく酸素原子の数は，1 cm^3 のマグネシウムの立方体に結びつく酸素原子の数の，$\dfrac{2.3\,(\mathrm{g})}{1.1\,(\mathrm{g})} \fallingdotseq 2.1$ (倍)　よって，立方体に含まれる銅原子の数はマグネシウム原子の数の 2.1 倍になる。

【答】 (1) ⓐ ア　ⓑ エ　(2) ① イ　② 水上　(3) ウ　(4) 0.6 (g)　(5) エ　(6) 0.8　(7) 2.1

国語A問題

1 【解き方】2. Cは，主語と述語を示すので主格。A・Bは，名詞を修飾しているので連体修飾格。

【答】1. (1) しゅくしゃ　(2) えいかん　(3) つ(くす)　(4) すす(める)　(5) 起(きる)　(6) 保(つ)　(7) 宇宙　(8) 救急

2. C

2 【解き方】2. 鍋蓋として「単なる1枚の木の板を使ったなら，どうなるでしょうか」と問いかけた後で，蓋の裏側だけが湯気で湿って温度も上がるので，板は「激しく膨張」して「反り返ります」と説明し，こうした「現象」を「鍋パーティー」で実際に目にしたと述べている。

3. a. 蓋に掘った長い溝の断面も，その溝に嵌め込んである桟の縁も，どちらも「末広がりの形」に加工してあると説明した後で，「このように末広がりの形で組み合わせる構造を，木工用語で『蟻』と呼びます」と述べている。b.「蓋に対して桟がスライドすることはできます」と述べた後，鍋蓋と桟が固定されていたら「大きな力が働いて壊れて」しまうが，スライドできる構造なので「蓋が膨張しても桟から余計な力を受けない」という利点を挙げている。c. 蓋が反り返るのを桟が防いでくれる仕組みを説明した後で，桟は，そうした「反り止めとしての役割」だけでなく，「蓋を持ち上げるときの取っ手としての役割」も果たしていると述べている。

【答】1. イ　2. a. 単なる1枚の木の板　b. 膨張することによって板が反り返る（16字）（同意可）

3. a. 末広がりの形　b. 余計な力を受けない　c. 取っ手としての役割

3 【解き方】1. 語頭以外の「は・ひ・ふ・へ・ほ」は「わ・い・う・え・お」にする。

2. 宗祇に「何としたぞ」と問われた馬子が，自分が作った句を詠んでいることをふまえて考える。

3. a. 馬子は「雪ふればかはらの石も頭巾きる」と詠んでいる。b. 宗祇が下の句として詠んだ句をおさえる。

【答】1. とおられければ　2. イ　3. a. きる　b. 日がてりやぬぐ

◀口語訳▶　宗祇法師は，十一月のころ，雪が降っている日に馬に乗り，東国に行かれた。越川をお通りになったところ，馬子が，「宗祇さま，この雪を見て一句詠みました」と言った。どのような句を作ったのかと問うと，「雪が降ると河原の石も頭巾をかぶる」と詠んだ。宗祇は，下の句を付けてやろうと言って，「日が照るとその頭巾をぬぐよ」と詠んだ。

4 【解き方】1. 反対の極という意味。

2.「けれど」という語に着目する。砂漠にたどりついたときの印象について「青山的な私にとって衝撃そのものだった」と語った後で，「砂の世界に何日か身を置いて」みたときの印象に話が転じている。時間の経過にともなって，砂漠に対する印象が変化していることをおさえる。

3. (1) a.「砂漠には何もない」とした後で，「なぜ日本の生活にはあんなにもたくさんのものがあるのか，奇妙に思えてくる」と考えている。「とうぜんのよう」を「当たり前のよう」と言い換えていることをおさえる。b.「余分なもの」について，「文化にはちがいないが…すべてが文化であるわけもなかろう」と述べた後で，筆者が「もういちど」する必要があると考えていることに着目する。c.「砂漠とは，こうした反省を私にもたらす世界である」とし，さらに，「一種の鏡の国と言ってもいいような気がする」と述べている。(2) 砂漠に身を置いた筆者が，「日本の生活」にあふれる「余分なもの」について考えていることに着目したBさんやCさんの発言を受け，Aさんは，筆者が「現代の文明社会に生きる人びとの生活」を見直そうとしているとまとめている。

【答】1. ア　2. ウ

3. (1) a. 何もないということ　b. どれが意味があり，何が無価値であるかを考えなおす（24字）（同意可）　c. 一種の鏡の国　(2) エ

5【答】(例)

私が考える読書の魅力は，すぐに日常を離れて，別の世界に行けることだ。SF小説やファンタジー小説のような現実ではありえない世界を描く物語を読むと，想像力や空想力のおかげで世界は果てしなく広がっていくのだと実感できて，とてもワクワクする。登場人物とともに今の自分とは違う人生を生きている気になったり，新しい友達ができた気になったりするのは，特別な経験だと思う。(178字)

国語B問題

1【解き方】1. Aの「ある」は，活用のない自立語で，体言を修飾する連体詞。他は，活用のある自立語で，言い切りの形が「ウ段」の音で終わる動詞。

2.「知識」について，「多くの学問分野と未来学とでは，その生み出し方に根本的な違い」があると述べ，多くの学問分野における知識の生み出し方を説明している。「多くの学問分野」の「研究対象」は「過去に存在していたか，現在存在しているかのどちらか」だとし，その上で，「研究対象を観察したり…実験を行ったり」して「データ」を集め，「これらのデータを分析する」ことによって「事実や現実に関して新しいこと」がわかると述べている。

3.「想像力を用いることは，すでに他の多くの学問分野で行われている」と述べ，学問に「想像力」を用いることを認めている。「しかし」という語に着目し，この内容に相反する内容の文を探す。

4.「未来学は『演繹的思考方法』と『想像力』を用い」るとし，未来について「過去や現在との『類似の部分』」と「まったく『新しい部分』」にわけて考えている。過去や現在と「類似」している部分は「多くの学問分野に存在する知識を演繹的に活用」して生み出し，「未来のまったく新しい部分」は「想像力」を使って生み出すと説明している。

【答】1. A　2. a. 過去に存在　b. 観察や実験を行い，データを集め，それを分析する(23字)(同意可)
3. ウ　4. イ

2【解き方】1. a.「まづ大抵にさらさらと見て」と述べた後で，「他の書にうつ」ることをすすめている。b.「他の書」を読んだ後，「さきによみたる書」に戻ったりすると，「始めに聞こえざりし事も，そろそろと聞こゆるやうになりゆくもの也」と述べている。

2. 語頭以外の「は・ひ・ふ・へ・ほ」は「わ・い・う・え・お」にする。

3.「其の末の事は，一々さとし教ふるに及ばず」と述べた後で，「心にまかせて，力の及ばむかぎり，古きをも後の書をも，広くも見るべく，又簡約にして，さのみ広くはわたらずしても有りぬべし」とすすめている。「…又…も」という語を用いて，二つの読み方を並べ挙げていることに着目する。

【答】1. a. 他の書　b. わからなかった事もわかる(12字)(同意可)　2. たちかえりつつ　3. イ

◀口語訳▶　どういった書物を読むときでも，初心のころは，片っ端から文の意味を理解しようとするのではなく，まずは大方を見て，他の書物も読み，あれこれと読んでは，また前に読んでいた書物へ戻りながら，何度も読むうちに，はじめにわからなかった事も，少しずつわかるようになっていくものである。そうして書物を，色々と読んでいるうちに，それ以外に読んでみた方がよい書物のことや，学び方なども，だんだんと自分の考えがでてくるようになるものなので，その先は，いちいち教える必要もなく，自分の心のままに，精一杯，古い書から新しい書まで，広く読んでゆくのもよいし，また要点をしぼって，それほど広くにわたらず読むこともあってよい。

3【解き方】2.「レ点」は，一字戻って読む。「一・二点」は，「一」のついている字から「二」のついている字へと戻って読む。

【答】1. (1) えいよ　(2) かきょう　(3) つの(る)　(4) たずさ(えて)　(5) 保(つ)　(6) 支(える)　(7) 救急　(8) 領域
2. ア

4 【解き方】1.「銀杏の葉」を「象牙に黄をにじませたよう」だとたとえている。

2. 本に木の葉をはさむことは,「名勝の地を訪れたおり」の記念や「落葉の時季」によくあることだと筆者は述べている。「そのとき手にしていた本」が伊藤仁斎の「童子問」であったことをおさえ，この本を読んでいた筆者が，黒ずんだ葉が「次々と見つかる」ことを「尋常ではない」と思い，よくあるような「何かのよすがに」葉をはさんだのではないと考えていることに着目する。

3. a.「童子問」になぜ「葉を執拗にはさみ込んだりしたのだろう」という疑問が,「枯葉の記」の一節を見て解けたと筆者は述べている。「紙魚を防ぐ銀杏の葉，朝顔の葉は…行くところを知らない」という一節を受けて,「あれは紙魚を防ぐためのものだったのか」と思っていることに着目する。b.「童子問」から次々と見つかる黒ずんだ葉を窓から投げ棄てて，葉が「風に舞った」とき，筆者が思っていたことをおさえる。c. 本にはさまれた木の葉は「紙魚を防ぐためのものだった」と気づいた筆者は,「童子問」にはさまれていた木の葉のことを,「今よりもずっと貴重であった本をいとおしんだ心遣いの，かすかな痕跡」と言い換えている。

【答】1. ウ　2. ウ

3. a. はさみ込まれていた葉は，紙魚を防ぐためのものだった（25字）（同意可）　b. 何かいとわしいもの

c. かすかな痕跡

5 【答】（例1）

国語は乱れていないと思う。資料にもあるように，言葉は時代とともに変化するので，昔とは異なる意味や用法であっても，すでに様々な世代で使われ，ある程度許容されているものならば，もはや誤用と言うことはできないと考えるからだ。また，新語や流行語についても，世間の声を反映して使われるようになったものなのだから，文化の一つとして受け入れるべきだ。ただし，新しい言葉を使用してよいか，話す相手や場面によって自分で判断する必要があると思う。新聞やテレビのニュースで正しい日本語にも触れて，言葉に対する広い知識を身に付けておきたい。(259字)

（例2）

国語は乱れていると思う。資料にもあるように，語句や敬語の誤用が目立ってきていると感じるからだ。たとえば,「投げれる」といった「ら抜き言葉」や,「ご覧になられる」といった「二重敬語」は，テレビなどのメディアでも多く見聞きされるようになってきた。そのため，誤用であることに気付かず，正しい使い方だと思い込んで日常的に使ってしまっている人が増え，結果として，世の中に定着してしまっている語句もある。こうした現状から，これからも国語の乱れは進んでいくと思う。(224字)

国語C問題

1 **【解き方】** 1.「珍夕にとられ候」という表現は「珍夕に対する愛情のこもった軽口なのだ」と述べた後で，その経緯について説明している。芭蕉は，「木ざはし」という珍しい季語を使って句を作ったが，「珍夕の句の中にその季語を見つけたので…自分の句からそれを削って，そのことをおもしろく『珍夕にとられ候』といった」と述べている。

2. 芭蕉が「木ざはし」という季語を捨てたことについて，「類句を作られてしまったので，自分の句を捨ててしまうことに似ている」と述べた後で，「人に使われたことで『木ざはし』の鮮度を見限り…作品の再生をはかった」という芭蕉の「作句根性」を指摘している。この後，芭蕉が行った言葉の入れ替えについて詳しく説明し，「それが句の推敲をうながし，より良い句の出現をもたらす」と述べていることとあわせて考える。

3.「木ざはし」を「桐の木」に改めたことについて，「わずかな変改のようでも，句の焦点がくっきりと際立ち，品位が上がる」と評価した後で，このように言葉を変えて句を高めることに，「芭蕉独特の，俳句をずり上げていくような推敲の様態が見られる」と述べている。

【答】 1. a.「木ざはし」という季語を使って句を作ったが，珍夕の句に同じ季語を見つけたため，自分の句からそれを削った（51字）（同意可） b. 愛情のこも

2. ウ 3. a. 俳句をずり b. わずかな変

2 **【解き方】** 1.「三五夜中新月色といふ詩句の新月」について「いかなる月の事ぞ」とたずねている。「いかなる」は「どのような」という意味の語。

2.「今山端より出でたるを見ての情」ではないと述べた後で，篤好が読み取った「情」について語っている。「らむ」が，推量を表していることに着目し，「二千里外の人も」また，自分と同じように「此の月を見るらむ」と思っていることをおさえる。

3. a.「新月」と表現した理由について，「清し」や「さやけし」などと表現すると，「尋常のことになりて，今夜の月のさやけさはいはむ言のなければ」と説明している。b.「今夜の月のさやけさ」が「たぐひ」ないものであったので，「昨日まで見し月にはあらで，今夜新たに出で来たる月なりと思ふ情」を抱き，それを言い表すために「新月」と表現したのだと筆者は考えている。

【答】 1. ウ 2. イ

3. a. 尋常の事 b. 昨日まで見ていた月ではなくて，今夜新たに出て来た月である（28字）（同意可）

◀口語訳▶ 三五夜中新月色という詩句の新月とは，どのような月なのかと，一人の儒生にたずねたところ，山の端から今まさに顔をのぞかせた月をいうのですと答えた。そのようなことがあるのかは知らないが，篤好が思うことはそれとは異なる。この次の句の「二千里外故人心」は，ちょうど山の端から顔を出した月を見たときの感情とは思えない。月が大空に照り渡り，少しの雲もなく，澄み渡った夜の様子に感じ入り，遠方にいる友人もこの月を見ているのであろうと思い出された気持ちと思える。そうであれば新月とは，今夜の月の明るく澄んだ様子が他に並ぶものがないほどすばらしいので，昨日まで見ていた月ではなくて，今夜新たに出て来た月のように思える感情を，表現したことばであるのだろう。そして明るく澄んだなどと表現すると，やはりありがちな表現になり，今夜の月の明るく澄んだ様子を言い表すことばとはならないので，新月と表現したのだ。実にすばらしい表現と言えるだろう。

3 **【解き方】** 2.「レ点」は，一字戻って読む。「一・二点」は，「一」のついている字から「二」のついている字へと戻って読む。

【答】 1. ⑴ かか(げる) ⑵ がんちく ⑶ しゅぎょく ⑷ 領域 ⑸ 単刀 ⑹ 要 2. イ

4 **【解き方】** 1. 上の漢字が下の漢字を修飾している。アは，反意の漢字の組み合わせ。イは，上の漢字が動作を表し，下の漢字がその対象を表している。エは，同意の漢字の組み合わせ。

2. 直後で法隆寺や東大寺を例として挙げ，これらの建築物は，「昔の面影を伝えているが…遺構であって，惜

日の姿そのものではない」と述べている。

3.「言葉」という抽象について,「空間の具体的なディテールと物理的な構造をほとんど切り捨ててしまう」と述べる一方で,「前後に連なる膨大な抽象の連続によって,その空間のもつ『意味』のディテールと構造を大量に伝えようとする宿命をもっている」と指摘している。「ディテールと構造」について,「空間と人間の精神的関係のディテールであり,都市や建築とその時代の文化総体との関係の構造である」と詳しく説明していることと,あわせておさえる。

4. 文学において,言葉によって描かれた空間は「虚構の空間である」と述べた後で,「虚構は虚構なりに,ある文化の中で一つの世界を構築し歴史の流れを形成する」と指摘している。そしてこのことを受け,「現実は虚構を生み,虚構は現実に反映され,相互に絡まりあいながら,人間の真実としての都市と建築の文化史を織りなしていくのである」と結論づけている。

【答】 1. ウ　2. 惜日の姿そ

3. 空間の具体的なディテールと物理的な構造を切り捨てる一方で,その連続によって,空間と人間の精神的関係のディテールや,都市や建築とその時代の文化総体との関係の構造を伝えようとする(87字)(同意可)

4. エ

5 **【答】**(例)

私が美しさを感じる言葉は,相手との関係をより良いものにするために使う言葉だ。資料でも「思いやりのある言葉」や「挨拶の言葉」を半数近くの人が選んでいるように,コミュニケーションを通して,言葉の美しさを感じている人は多いとわかる。

例えば,部活の試合で誰かがミスをしたとき,「ドンマイ」と声をかけることで,ミスをした人だけでなくチーム全体が明るい気持ちになり,士気が上がる。たった一言が,その場の雰囲気を変えることがある。このように,言葉は人と人とのコミュニケーションにおいて大きな影響力を持つため,コミュニケーションをより気持ちのよいものにしてくれる言葉こそ,美しい言葉だと思う。(296字)

大阪府公立高等学校
（一般入学者選抜）

2022年度
入学試験問題

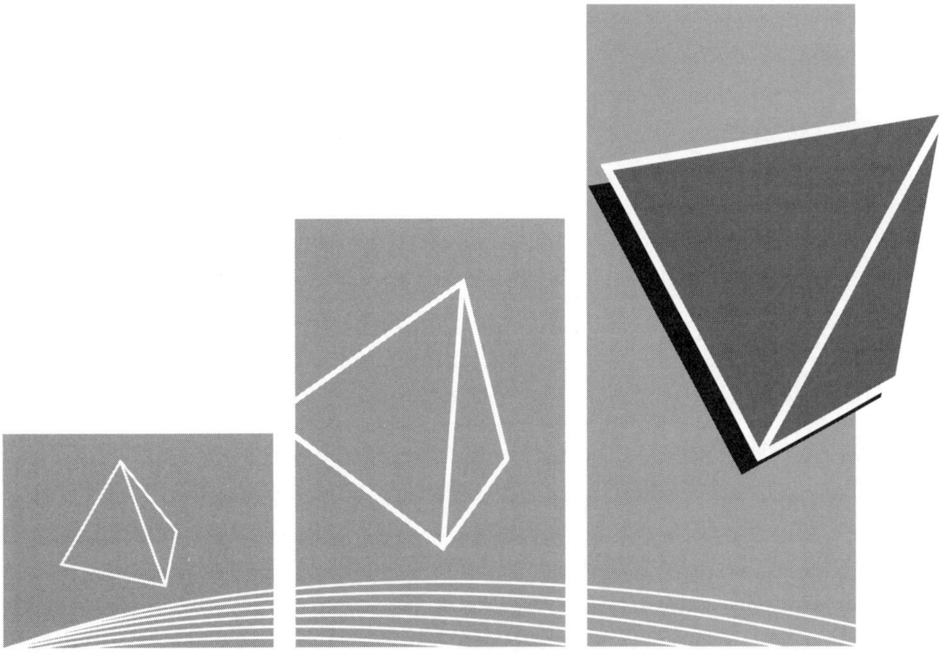

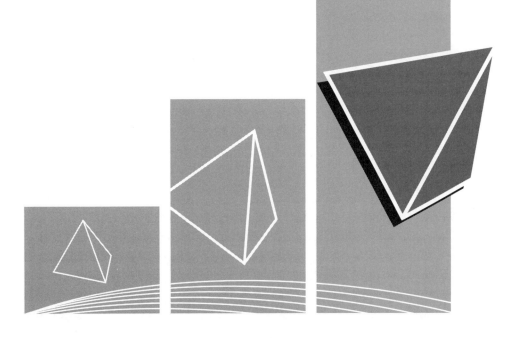

数学A問題

時間　50分　　満点　90点

1　次の計算をしなさい。

(1)　$-2-(-12)$　(　　　)

(2)　$27\times\left(-\frac{5}{9}\right)$　(　　　)

(3)　$40-7^2$　(　　　)

(4)　$x-3+6(x+1)$　(　　　)

(5)　$48x^3\div 8x$　(　　　)

(6)　$\sqrt{12}+9\sqrt{3}$　(　　　)

2　次の問いに答えなさい。

(1)　$a=-6$のとき，$-2a+14$の値を求めなさい。(　　　)

(2)　ある日のA市の最低気温は5.3℃であり，B市の最低気温は−0.4℃であった。この日のA市の最低気温は，B市の最低気温より何℃高いですか。(　　　℃)

(3)　次のア～エの式のうち，「1袋につきa個のみかんが入った袋を3袋買ったとき，買ったみかんの個数の合計は20個より多い。」という数量の関係を正しく表しているものはどれですか。一つ選び，記号を○で囲みなさい。(ア　イ　ウ　エ)

ア　$a+3>20$　　イ　$3a>20$　　ウ　$3a<20$　　エ　$3a=20$

(4)　連立方程式$\begin{cases}7x+y=19\\5x+y=11\end{cases}$を解きなさい。(　　　　)

(5)　二次方程式$x^2-8x+15=0$を解きなさい。(　　　)

(6)　次の表は，生徒7人の上体起こしの記録を示したものである。この生徒7人の上体起こしの記録の中央値を求めなさい。(　　　回)

	Aさん	Bさん	Cさん	Dさん	Eさん	Fさん	Gさん
上体起こしの記録(回)	30	28	27	32	26	27	31

(7)　二つの箱A，Bがある。箱Aには自然数の書いてある3枚のカード 2，3，4 が入っており，箱Bには偶数の書いてある3枚のカード 4，6，8 が入っている。A，Bそれぞれの箱から同時にカードを1枚ずつ取り出すとき，取り出した2枚のカードに書いてある数の積が16である確率はいくらですか。A，Bそれぞれの箱において，どのカードが取り出されることも同様に確からしいものとして答えなさい。(　　　)

(8)　a, b を0でない定数とする。右図において，ℓ は関数 $y = ax + b$ のグラフを表す。次のア～エのうち，a, b について述べた文として正しいものはどれですか。一つ選び，記号を○で囲みなさい。

（ア　イ　ウ　エ）

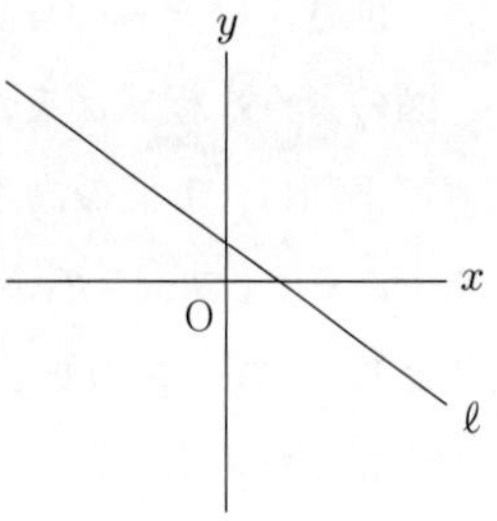

ア　a は正の数であり，b も正の数である。

イ　a は正の数であり，b は負の数である。

ウ　a は負の数であり，b は正の数である。

エ　a は負の数であり，b も負の数である。

(9)　右図において，m は関数 $y = ax^2$（a は定数）のグラフを表す。A は m 上の点であり，その座標は(－6, 7)である。a の値を求めなさい。

（　　　）

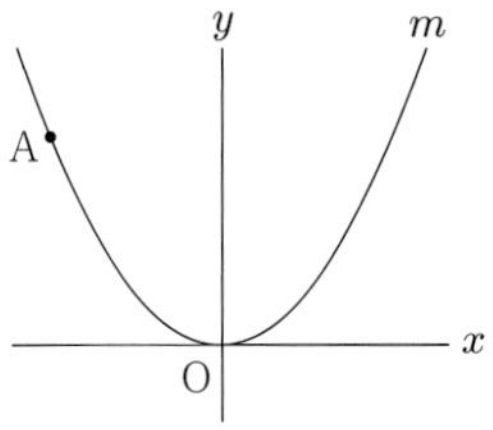

(10)　右図において，立体ABC—DEFは三角柱である。△ABCは，∠ABC = 90°の直角三角形である。△DEF ≡ △ABC であり，四角形 ADEB, BEFC, ADFC は長方形である。AB = 9 cm，BC = 4 cm，AD = a cm である。

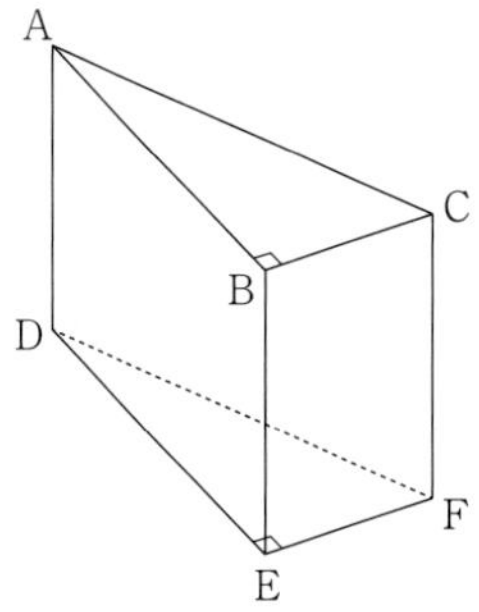

①　次のア～エのうち，辺ACと平行な辺はどれですか。一つ選び，記号を○で囲みなさい。（ア　イ　ウ　エ）

ア　辺AB　　イ　辺BE　　ウ　辺DE　　エ　辺DF

②　立体ABC—DEFの体積を a を用いて表しなさい。（　　　cm^3）

③　F さんは，右の写真のようにコーンが積まれているようすに興味をもち，下図のような模式図をかいて考えてみた。

下図は，1 個の高さが 320mm のコーンを積んだときのようすを表す模式図である。「コーンの個数」が 1 のとき「積んだコーンの高さ」は 320mm であるとし，「コーンの個数」が 1 増えるごとに「積んだコーンの高さ」は 15mm ずつ高くなるものとする。

次の問いに答えなさい。

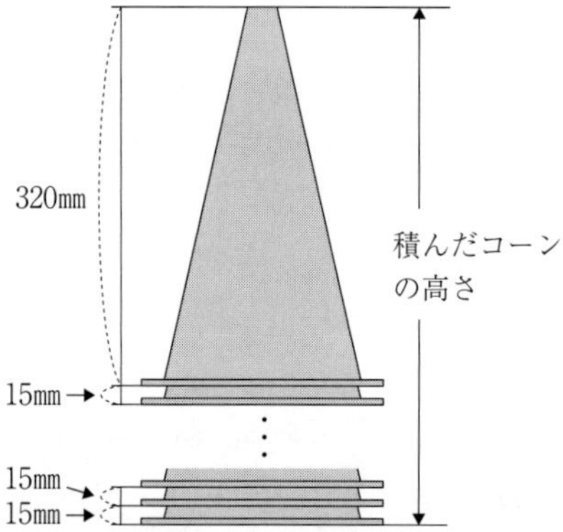

⑴　F さんは，「コーンの個数」と「積んだコーンの高さ」との関係について考えることにした。「コーンの個数」が x のときの「積んだコーンの高さ」を y mm とする。

①　次の表は，x と y との関係を示した表の一部である。表中の(ア)，(イ)に当てはまる数をそれぞれ書きなさい。(ア)(　　　)　(イ)(　　　)

x	1	2	…	4	…	8	…
y	320	335	…	(ア)	…	(イ)	…

②　x を自然数として，y を x の式で表しなさい。(　　　)

⑵　F さんは，積んだコーンの高さが 620mm となるときのコーンの個数について考えることにした。

「コーンの個数」を t とする。「積んだコーンの高さ」が 620mm となるときの t の値を求めなさい。(　　　)

4 右図において，四角形ABCDは長方形であり，AB = 6 cm，AD = 12cmである。Eは辺BC上にあってB，Cと異なる点であり，BE＜ECである。AとE，DとEとをそれぞれ結ぶ。四角形FGDHは1辺の長さが5 cmの正方形であって，Gは線分ED上にあり，F，Hは直線ADについてGと反対側にある。Iは，辺FGと辺ADとの交点である。HとIとを結ぶ。

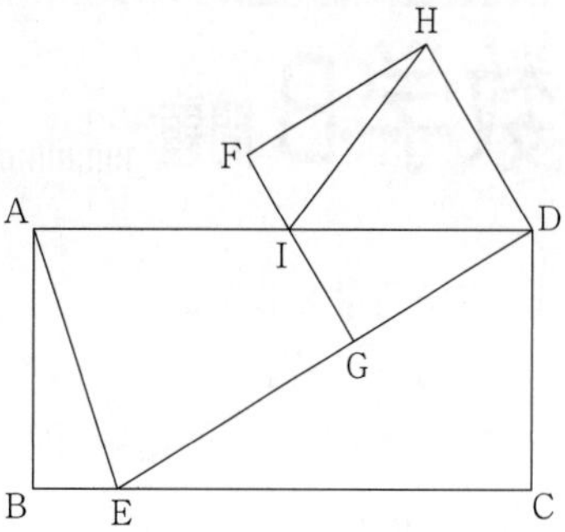

次の問いに答えなさい。

(1) △ABEの内角∠BEAの大きさをa°とするとき，△ABEの内角∠BAEの大きさをaを用いて表しなさい。(　　　度)

(2) 正方形FGDHの対角線FDの長さを求めなさい。(　　　cm)

(3) 次は，△DEC∽△IDGであることの証明である。［ⓐ］，［ⓑ］に入れるのに適している「**角を表す文字**」をそれぞれ書きなさい。また，ⓒ〔　　〕から適しているものを一つ選び，記号を○で囲みなさい。ⓐ(　　　)　ⓑ(　　　)　ⓒ(ア　イ　ウ)

(証明)

△DECと△IDGにおいて

四角形ABCDは長方形だから　∠DCE = 90°……(あ)

四角形FGDHは正方形だから　∠［ⓐ］= 90°……(い)

(あ)，(い)より　∠DCE = ∠［ⓐ］……(う)

AD∥BCであり，平行線の錯角は等しいから

∠DEC = ∠［ⓑ］……(え)

(う)，(え)より，

ⓒ〔ア　1組の辺とその両端の角　　イ　2組の辺の比とその間の角　　ウ　2組の角〕がそれぞれ等しいから

△DEC∽△IDG

(4) EC = 10cmであるときの線分HIの長さを求めなさい。答えを求める過程がわかるように，途中の式を含めた求め方も書くこと。

求め方(　　　　　　　　　　　　　　　　　　)(　　　cm)

数学B問題　　時間　50分　　満点　90点

1　次の計算をしなさい。

(1)　$18-(-4)^2 \div 8$　(　　　)

(2)　$2(5a-b)-3(a+6b)$　(　　　)

(3)　$14ab \div 7a^2 \times ab$　(　　　)

(4)　$(x+1)(x-1)-(x+3)(x-8)$　(　　　)

(5)　$(\sqrt{6}-\sqrt{2})^2+\sqrt{27}$　(　　　)

2　次の問いに答えなさい。

(1)　等式 $b=\dfrac{5a+4}{7}$ を a について解きなさい。(　　　)

(2)　二次方程式 $2x^2-3x-1=0$ を解きなさい。(　　　)

(3)　右図は，ある中学校の図書委員12人それぞれが夏休みに読んだ本の冊数を，S先生が調べてグラフにまとめたものである。図書委員12人それぞれが夏休みに読んだ本の冊数の平均値を a 冊，最頻値を b 冊，中央値を c 冊とする。次のア～カの式のうち，三つの値 a，b，c の大小関係を正しく表しているものはどれですか。一つ選び，記号を○で囲みなさい。(ア　イ　ウ　エ　オ　カ)

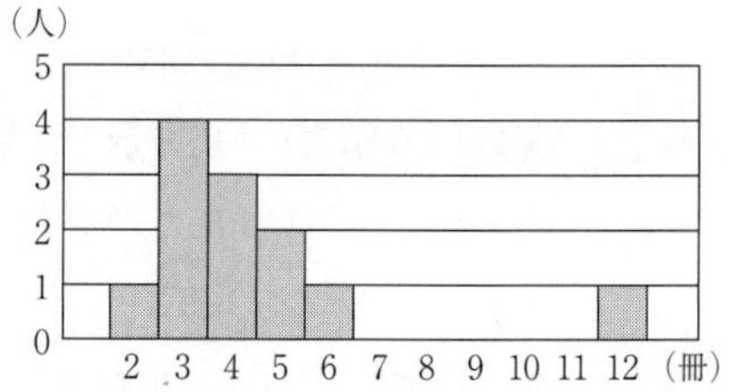

ア　$a<b<c$　　イ　$a<c<b$　　ウ　$b<a<c$　　エ　$b<c<a$　　オ　$c<a<b$
カ　$c<b<a$

(4)　二つの箱A，Bがある。箱Aには自然数の書いてある3枚のカード $\boxed{1}$，$\boxed{2}$，$\boxed{3}$ が入っており，箱Bには奇数の書いてある4枚のカード $\boxed{1}$，$\boxed{3}$，$\boxed{5}$，$\boxed{7}$ が入っている。A，Bそれぞれの箱から同時にカードを1枚ずつ取り出すとき，取り出した2枚のカードに書いてある数の和が20の約数である確率はいくらですか。A，Bそれぞれの箱において，どのカードが取り出されることも同様に確からしいものとして答えなさい。(　　　)

(5)　連続する三つの整数の和が2022となるとき，この連続する三つの整数のうち最も小さい整数を求めなさい。(　　　)

(6) 右図において，3点A，B，Cは点Oを中心とする円の周上の異なる3点であり，3点A，B，Cを結んでできる△ABCは鋭角三角形である。OとCとを結ぶ。Dは，直線BOと線分ACとの交点である。△ABCの内角∠CABの大きさを$a°$，△OCDの内角∠OCDの大きさを$b°$とするとき，△OCDの内角∠CDOの大きさをa，bを用いて表しなさい。

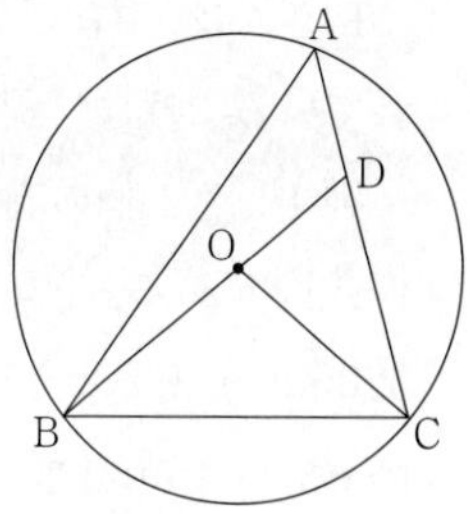

(度)

(7) 次の二つの条件を同時に満たす自然数nの値を求めなさい。( )

・$4 < \sqrt{n} < 5$である。

・$\sqrt{6n}$の値は自然数である。

(8) 右図において，mは関数$y = \frac{1}{2}x^2$のグラフを表し，nは関数$y = ax^2$（aは負の定数）のグラフを表す。Aはm上の点であり，そのx座標は3である。Bは，Aを通りy軸に平行な直線とx軸との交点である。Cはx軸上の点であり，CB = ABである。Cのx座標は，Bのx座標より小さい。DはCを通りy軸に平行な直線とmとの交点であり，EはCを通りy軸に平行な直線とnとの交点である。DE = 2cmである。aの値を求めなさい。答えを求める過程がわかるように，途中の式を含めた求め方も書くこと。ただし，原点Oから点(1，0)までの距離，原点Oから点(0，1)までの距離はそれぞれ1cmであるとする。

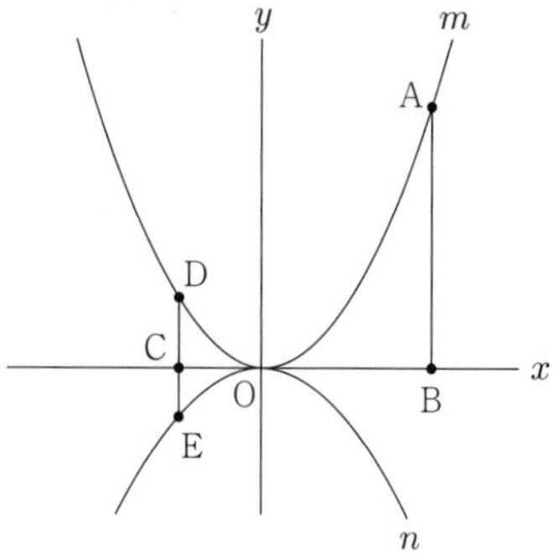

(求め方)( ) aの値( )

③　Fさんは，右の写真のように大きさの異なる2種類のコーンがそれぞれ積まれているようすに興味をもち，図Ⅰ，図Ⅱのような模式図をかいて考えてみた。

図1は，1個の高さが320mmのコーンAだけを積んだときのようすを表す模式図である。「コーンAの個数」が1のとき「積んだコーンAの高さ」は320mmであるとし，「コーンAの個数」が1増えるごとに「積んだコーンAの高さ」は15mmずつ高くなるものとする。

図Ⅱは，1個の高さが150mmのコーンBだけを積んだときのようすを表す模式図である。「コーンBの個数」が1のとき「積んだコーンBの高さ」は150mmであるとし，「コーンBの個数」が1増えるごとに「積んだコーンBの高さ」は10mmずつ高くなるものとする。

次の問いに答えなさい。

図Ⅰ

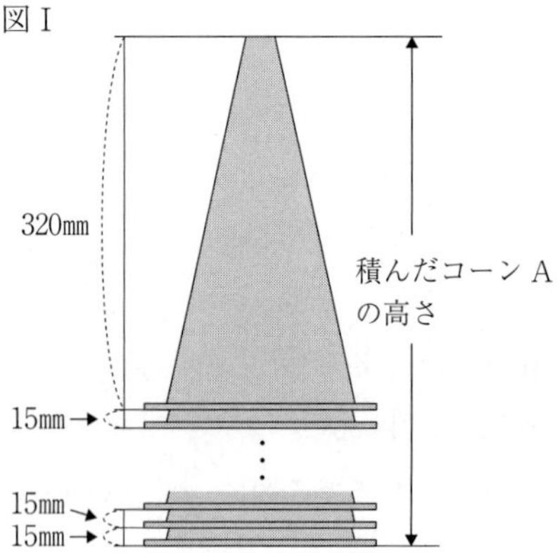

図Ⅱ

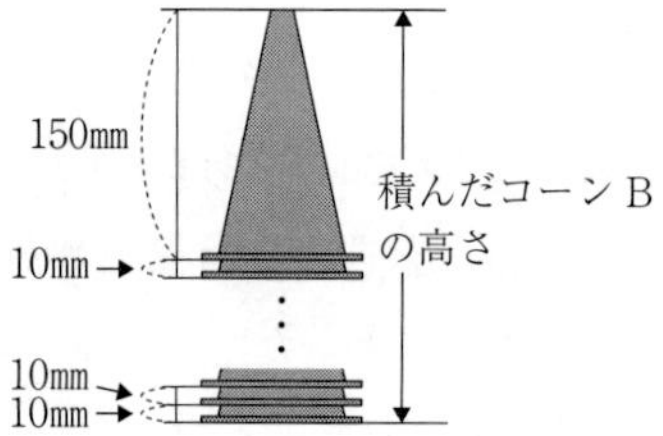

(1)　図Ⅰにおいて，「コーンAの個数」がxのときの「積んだコーンAの高さ」を$y$mmとする。

①　次の表は，xとyとの関係を示した表の一部である。表中の(ア)，(イ)に当てはまる数をそれぞれ書きなさい。(ア)(　　　)　(イ)(　　　)

x	1	2	…	4	…	8	…
y	320	335	…	(ア)	…	(イ)	…

②　xを自然数として，yをxの式で表しなさい。(　　　)

③　$y = 620$となるときのxの値を求めなさい。(　　　)

(2)　FさんがコーンAを図Ⅰのように，コーンBを図Ⅱのようにそれぞれいくつか積んでいったところ，積んだコーンAの高さと積んだコーンBの高さが同じになった。

「コーンAの個数」をsとし，「コーンBの個数」をtとする。「コーンAの個数」と「コーンBの個数」との合計が39であり，「積んだコーンAの高さ」と「積んだコーンBの高さ」とが同じであるとき，s，tの値をそれぞれ求めなさい。sの値(　　　)　tの値(　　　)

4　次の［Ⅰ］，［Ⅱ］に答えなさい。

［Ⅰ］　図Ⅰにおいて，四角形ABCDは内角∠ABCが鋭角の平行四辺形であり，AB = 7cm，AD = 6cmである。Eは，Cから辺ABにひいた垂線と辺ABとの交点である。Fは直線DC上にあってDについてCと反対側にある点であり，FD = 5cmである。EとFとを結ぶ。Gは，線分EFと辺ADとの交点である。Hは，Fから直線ADにひいた垂線と直線ADとの交点である。

図Ⅰ

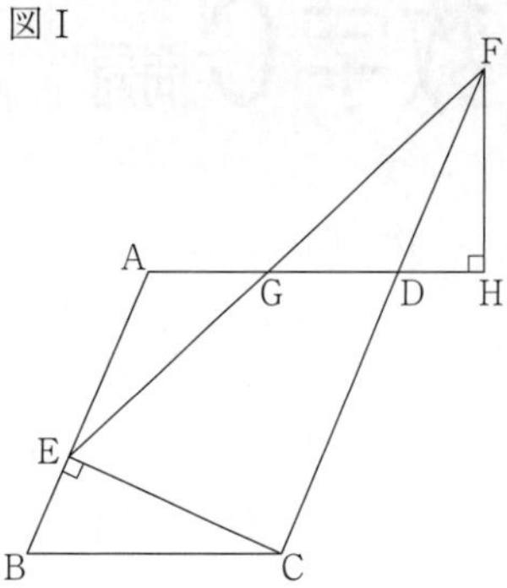

次の問いに答えなさい。

(1)　△BCE ∽ △DFHであることを証明しなさい。

(2)　DH = 2cmであるとき，

①　線分BEの長さを求めなさい。（　　　cm）

②　△FGDの面積を求めなさい。（　　　cm^2）

［Ⅱ］　図Ⅱにおいて，立体ABCD—EFGHは四角柱である。四角形ABCDはAD ∥ BCの台形であり，AD = 3cm，BC = 7cm，AB = DC = 6cmである。四角形EFGH ≡ 四角形ABCDである。四角形EFBA，HEAD，HGCD，GFBCは長方形であり，EA = 9cmである。Iは，辺AB上にあってA，Bと異なる点である。FとIとを結ぶ。Jは，Iを通り辺BCに平行な直線と辺DCとの交点である。FとJ，BとJとをそれぞれ結ぶ。

図Ⅱ

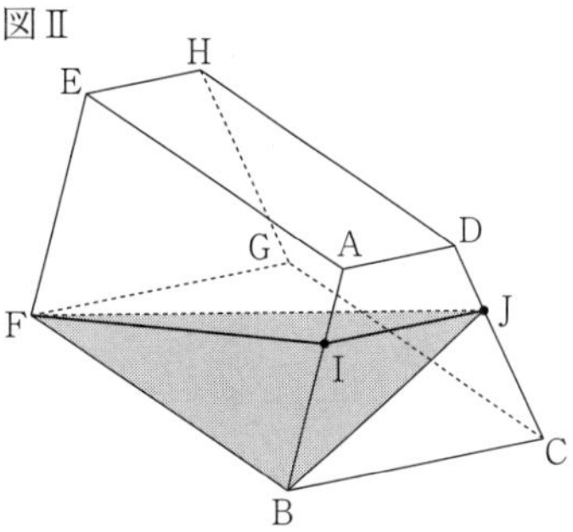

次の問いに答えなさい。

(3)　次のア～オのうち，辺ADとねじれの位置にある辺はどれですか。すべて選び，記号を○で囲みなさい。（ ア　イ　ウ　エ　オ ）

ア　辺AB　　イ　辺BC　　ウ　辺EF　　エ　辺FB　　オ　辺FG

(4)　AI = 2cmであるとき，

①　線分IJの長さを求めなさい。（　　　cm）

②　立体IFBJの体積を求めなさい。（　　　cm^3）

数学C問題

時間　60分　　　満点　90点

$\boxed{1}$　次の問いに答えなさい。

(1)　$\dfrac{3a-b}{4}-\dfrac{a-2b}{6}$ を計算しなさい。(　　　)

(2)　方程式 $x-16y+10=5x-14=-8y$ を解きなさい。(　　　　　)

(3)　$x=\sqrt{15}+\sqrt{5}$，$y=\sqrt{15}-\sqrt{5}$ のとき，x^2-y^2 の値を求めなさい。(　　　)

(4)　a，b を0でない定数とする。右図において，ℓ は二元一次方程式 $ax+by=1$ のグラフを表す。次のア～エのうち，a，b について述べた文として正しいものを一つ選び，記号を○で囲みなさい。(ア　イ　ウ　エ)

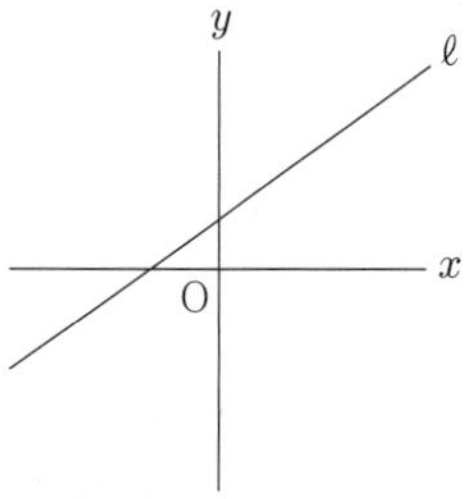

ア　a は正の数であり，b も正の数である。
イ　a は正の数であり，b は負の数である。
ウ　a は負の数であり，b は正の数である。
エ　a は負の数であり，b も負の数である。

(5)　二つの箱A，Bがある。箱Aには偶数の書いてある3枚のカード $\boxed{2}$，$\boxed{4}$，$\boxed{6}$ が入っており，箱Bには奇数の書いてある3枚のカード $\boxed{1}$，$\boxed{3}$，$\boxed{9}$ が入っている。箱Aからカードを2枚，箱Bからカードを1枚同時に取り出し，取り出した3枚のカードそれぞれに書いてある数のうち，最も小さい数を a，2番目に小さい数を b，最も大きい数を c とする。このとき，$\dfrac{ac}{b}$ の値が自然数である確率はいくらですか。A，Bそれぞれの箱において，どのカードが取り出されることも同様に確からしいものとして答えなさい。(　　　)

(6)　Sさんは，サッカー部員32人とバレーボール部員20人の立ち幅とびの記録をそれぞれ度数分布表にまとめ，度数および相対度数をそれぞれ比較した。215cm以上220cm未満の階級の度数を比較すると，サッカー部員32人の記録の度数はバレーボール部員20人の記録の度数より3人多かった。また，215cm以上220cm未満の階級の相対度数を比較すると，サッカー部員32人の記録の相対度数はバレーボール部員20人の記録の相対度数と同じであった。サッカー部員32人の記録における215cm以上220cm未満の階級の度数を求めなさい。(　　　人)

(7)　m を2けたの自然数とする。m の十の位の数と一の位の数との和を n とするとき，$11n-2m$ の値が50以上であって60以下である m の値をすべて求めなさい。(　　　)

(8)　右図において，m は関数 $y = \frac{1}{3}x^2$ のグラフを表し，ℓ は関数 $y = \frac{1}{3}x - 1$ のグラフを表す。A，B は m 上の点であって，A の x 座標は正であり，B の x 座標は負である。A の y 座標と B の y 座標とは等しい。A の x 座標を t とし，$t > 0$ とする。C は y 軸上の点であり，C の y 座標は A の y 座標と等しい。D は ℓ 上の点であり，その x 座標は負である。E は y 軸上の点であり，E の y 座標は D の y 座標と等しい。4 点 A，B，D，E を結んでできる四角形 ABDE は平行四辺形である。CE = 4 cm であるときの t の値を求めなさい。答えを求める過程がわかるように，途中の式を含めた求め方も書くこと。ただし，原点 O から点(1，0)までの距離，原点 O から点(0，1)までの距離はそれぞれ 1 cm であるとする。

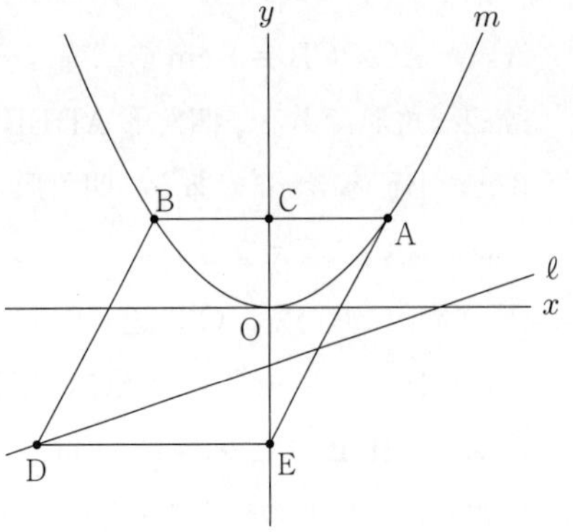

(求め方)(　　　　　　　　　　　　　　　　　　)　t の値(　　　　)

2　右図において，△ABC は∠ABC = 90° の直角三角形であり，BA = 3 cm，BC > BA である。点 O は，3 点 A，B，C を通る円の中心である。このとき，O は辺 AC の中点である。△DEC は∠DEC = 90°，ED = EC の直角二等辺三角形であって，EC ∥ AB であり，D は円 O の周上にあって直線 AC について B と反対側にある。F は，辺 ED と円 O との交点のうち D と異なる点である。G は，直線 OF と直線 CE との交点である。

円周率を π として，次の問いに答えなさい。

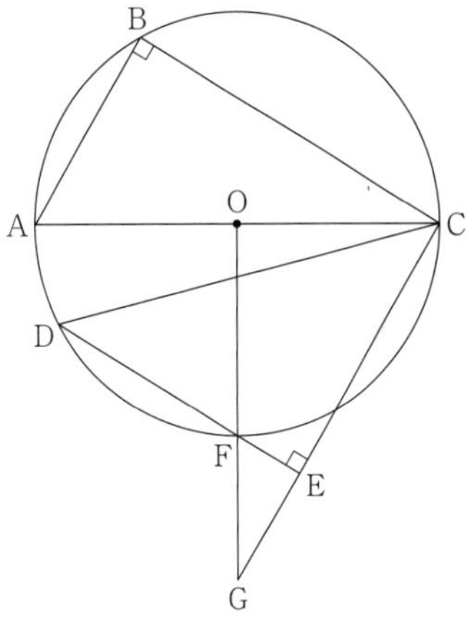

(1)　AC = a cm とするとき，円 O の面積を a を用いて表しなさい。(　　　　cm^2)

(2)　△ABC ∽△COG であることを証明しなさい。

(　　　　　　　　　　　　　　　　　　　　　　　　　　)

(3)　BC = 5 cm であるとき，

①　線分 OG の長さを求めなさい。(　　　　cm)

②　四角形 OFEC の面積を求めなさい。(　　　　cm^2)

3　図Ⅰ，図Ⅱにおいて，立体 ABC—DEF は五つの平面で囲まれてできた立体である。△ABC は，AB = AC，CB = 8 cm の二等辺三角形である。△DEF は，DE = DF = 10cm，FE = 8 cm の二等辺三角形である。四角形 ADEB は AD ∥ BE の台形であり，∠ADE = ∠DEB = 90°，AD = 3 cm，BE = 5 cm である。四角形 ADFC ≡ 四角形 ADEB である。四角形 CFEB は長方形である。

次の問いに答えなさい。

(1)　図Ⅰにおいて，G は辺 CB 上の点であり，CG = 6 cm である。H は，G を通り辺 AC に平行な直線と辺 AB との交点である。H と D とを結ぶ。I は，B を通り線分 DH に平行な直線と辺 DE との交点である。

①　△DEF の面積を求めなさい。(　　　cm^2)

②　線分 HB の長さを求めなさい。(　　　cm)

③　線分 DI の長さを求めなさい。(　　　cm)

図Ⅰ

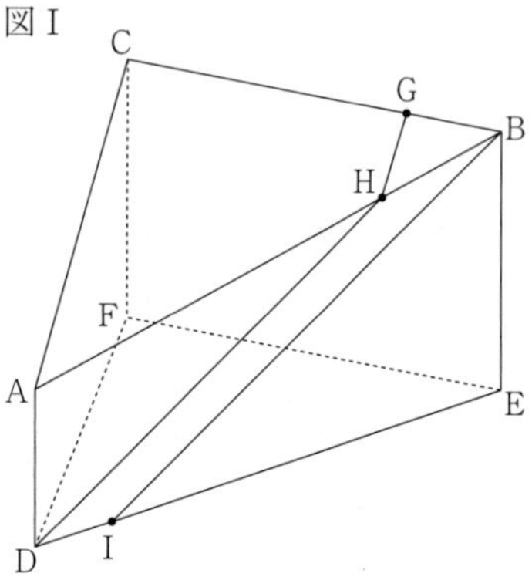

(2)　図Ⅱにおいて，J は辺 DE 上の点であり，DJ = 4 cm である。K は，J を通り辺 AD に平行な直線と辺 AB との交点である。K と E とを結ぶ。L は，K を通り辺 CB に平行な直線と辺 AC との交点である。L と F とを結ぶ。このとき，4 点 L，F，E，K は同じ平面上にある。

①　線分 LK の長さを求めなさい。(　　　cm)

②　立体 KEB—LFC の体積を求めなさい。(　　　cm^3)

図Ⅱ

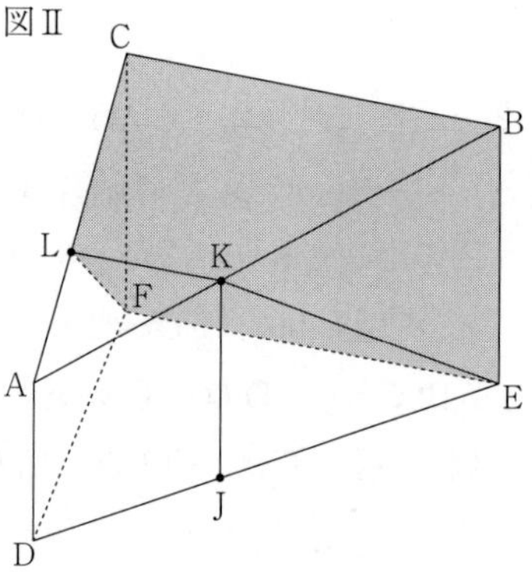

英語A問題

時間　40分　　満点　90点(リスニング共)

(編集部注)「英語リスニングA問題・B問題」は「英語B問題」のあとに掲載しています。

(注)　答えの語数が指定されている問題は，コンマやピリオドなどの符号は語数に含めないこと。

1　次の(1)～(10)の日本語の文の内容と合うように，英文中の(　　)内のア～ウからそれぞれ最も適しているものを一つずつ選び，記号を○で囲みなさい。

(1)　私の姉はその図書館で働いています。(ア　イ　ウ)

My sister works at the (ア　airport　イ　factory　ウ　library).

(2)　あの窓を開けてください。(ア　イ　ウ)

Please open that (ア　box　イ　house　ウ　window).

(3)　私たちの英語の先生は2年前に日本に来ました。(ア　イ　ウ)

Our English teacher (ア　began　イ　came　ウ　wrote) to Japan two years ago.

(4)　彼女はとても速く泳ぐことができます。(ア　イ　ウ)

She can swim very (ア　fast　イ　late　ウ　well).

(5)　私は体育の授業の後はいつも空腹です。(ア　イ　ウ)

I am always (ア　angry　イ　hungry　ウ　sleepy) after P.E. classes.

(6)　これらは彼のラケットです。(ア　イ　ウ)

These (ア　am　イ　are　ウ　is) his rackets.

(7)　ここで写真を撮ってもいいですか。(ア　イ　ウ)

(ア　May　イ　Must　ウ　Will) I take a picture here?

(8)　私はその時，ダンスを練習していました。(ア　イ　ウ)

I was (ア　practice　イ　practiced　ウ　practicing) dance then.

(9)　あのいすにすわっている少年は，私の友だちです。(ア　イ　ウ)

The boy (ア　sits　イ　sat　ウ　sitting) on that chair is my friend.

(10)　もし私があなたならば，そんなことはしないでしょうに。(ア　イ　ウ)

If I were you, I (ア　wouldn't　イ　don't　ウ　can't) do such a thing.

2 エドワード（Edward）はニュージーランドからの留学生です。次の［Ⅰ］，［Ⅱ］に答えなさい。

［Ⅰ］ 次は，エドワードが英語の授業で行った自動販売機（vending machine）に関するスピーチの原稿です。彼が書いたこの原稿を読んで，あとの問いに答えなさい。

Hello, everyone. Today, I'm going to talk about vending machines. There are many vending machines in Japan. I became interested ［ ① ］ them. When did people use a vending machine for the first time around the world? The oldest vending machine was used about 2,200 years ago. In front of a temple in Egypt, people could buy water from the machine. People made and used a machine such a long time ago!

Last week, I saw an interesting vending machine at a station. It was a vending machine for selling fresh fruit. I was surprised to see it. I bought two fresh apples and ate Ⓐ them with my host family at home. They were delicious. I didn't imagine we could buy fresh fruit from a vending machine. On that day, I ［ ② ］ my host family about vending machines in Japan. I found many good points about them. When it is dark at night, some vending machines work as lights. They can help people feel safe at dark places. Some vending machines keep working when a disaster like an earthquake happens. People can get necessary things from the vending machines, for example, drinks.

I think vending machines help people in many ways. Thank you for listening.

(注) Egypt エジプト

(1) 次のうち，本文中の［ ① ］に入れるのに最も適しているものはどれですか。一つ選び，記号を○で囲みなさい。（ ア イ ウ エ ）

ア at　イ before　ウ for　エ in

(2) 本文中のⒶ themの表している内容に当たるものとして最も適しているひとつづきの**英語3語**を，本文中から抜き出して書きなさい。（　　　　　　）

(3) 次のうち，本文中の［ ② ］に入れるのに最も適しているものはどれですか。一つ選び，記号を○で囲みなさい。（ ア イ ウ エ ）

ア ask　イ asks　ウ asked　エ asking

(4) 次のうち，本文で述べられている内容と合うものはどれですか。一つ選び，記号を○で囲みなさい。（ ア イ ウ エ ）

ア エドワードは，最古の自動販売機は駅で水を売るために使われていたということを紹介した。

イ エドワードは，先週，新鮮なくだものを売っている自動販売機を見ても驚かなかった。

ウ エドワードは，暗い場所で人々の助けになる自動販売機もあるとわかった。

エ エドワードは，地震などの災害時，どの自動販売機からも必要なものは手に入れられないと知った。

［Ⅱ］ スピーチの後に，あなた（You）がエドワードと次のような会話をするとします。あなたならば，どのような話をしますか。あとの条件1～3にしたがって，（ ① ）～（ ③ ）に入る内容を，それぞれ**5語程度**の英語で書きなさい。解答の際には記入例にならって書くこと。

You　　:　Hi, Edward. (　　①　　)

Edward :　Thank you. I usually use a vending machine near my host family's house.

You　　:　(　　②　　)

Edward :　I usually buy a hot drink. We can buy various kinds of drinks from a vending machine. What do you like to drink?

You　　:　(　　③　　)

Edward :　I see.

〈条件１〉 ①に,「あなたのスピーチはとてもおもしろかった。」という内容の文を書くこと。

〈条件２〉 ②に,「あなたはたいてい何を買いますか。」とたずねる文を書くこと。

〈条件３〉 ③に, 前後のやり取りに合う内容を書くこと。

記入例

What	time	is	it ?
Well ,	it's	11	o'clock .

①------- ------- ------- ------- ------- ------- ------- -------

②------- ------- ------- ------- ------- ------- ------- -------

③------- ------- ------- ------- ------- ------- ------- -------

3 次は，高校生の義雄（Yoshio），アメリカからの留学生のサラ（Sarah），久保先生（Mr. Kubo）の 3 人が交わした会話の一部です。会話文を読んで，あとの問いに答えなさい。

Lake Biwa（琵《び》琶《わ》湖）

Yoshio : Hello, Sarah. Look at this picture. This is the largest lake in Japan. It is ［ ① ］ Lake Biwa. I went there with my aunt last Sunday.

Sarah : Oh, Yoshio. Sounds nice.

Yoshio : Have you ever been there?

Sarah : ［ ② ］ I want to go there someday.

Mr. Kubo : Hello, Yoshio and Sarah. What are you talking about?

Sarah : Hello, Mr. Kubo. Yoshio went to Lake Biwa with his aunt.

Mr. Kubo : Really? How was it, Yoshio?

Yoshio : When I arrived at Lake Biwa, I was surprised at its size. It was very big.

Mr. Kubo : Sounds fun. When I visited it for the first time, I thought so, too.

Sarah : I can understand your feelings. When we visit a place, we can feel something new about it, right?

Yoshio : That's true. The lake looked like the ocean!

Mr. Kubo : Sarah, do you have such an experience?

Grand Canyon
（グランドキャニオン）

Colorado River
（コロラド川）

Sarah : Yes, I do. When I was in America, I visited Grand Canyon and I felt like that.

Mr. Kubo : Please tell us about your experience.

Sarah : OK. I ［ ③ ］ a picture.

Yoshio : Wow! Is it a mountain?

Sarah : It's not a mountain. Grand Canyon is a kind of valley. ［ ④ ］

Mr. Kubo : Oh, tell us more.

Sarah : OK. A long time ago, a river started to flow. The river has been carving Grand Canyon for many years.

Yoshio : A river?

Sarah : Yes. Yoshio, can you find a river in this picture?

Yoshio : Yes, I can. Oh, wait! Do you mean that this river made Grand Canyon?

Sarah : That's right! It is Colorado River. It started carving Grand Canyon about five or six million years ago. And, the river still keeps carving Grand Canyon.

Yoshio : So, we can say that ［ ⑤ ］.

Sarah : That's right, Yoshio.

Mr. Kubo : Sarah, when did you go to Grand Canyon?

Sarah : I went there three years ago.

Mr. Kubo : I remember that in 2019, special events were held at Grand Canyon, right?

Sarah　：Yes. Grand Canyon became a National Park in 1919. 100 years passed after that, so special events like concerts, art lessons, and night tours were held in 2019. People from all over the world joined the special events. I joined one of Ⓐthem with my family.

Yoshio　：Sounds fun.

Sarah　：Before I visited Grand Canyon, I learned many things about it and I thought that I knew a lot about it. But, when I saw Grand Canyon in front of me, I felt something more than the things I learned. Grand Canyon was really great. I could understand that Grand Canyon was really great only by visiting it. ⒷI noticed this through my experience.

Mr. Kubo：Thank you for telling an interesting story. I really enjoyed listening to it.

Yoshio　：I enjoyed it, too. I want to visit Grand Canyon someday.

（注）valley 谷　flow 流れる　carve 削る　National Park 国立公園

(1) 次のうち，本文中の［①］に入れるのに最も適しているものはどれですか。一つ選び，記号を○で囲みなさい。（ア　イ　ウ　エ）

ア called　イ joined　ウ liked　エ talked

(2) 本文の内容から考えて，次のうち，本文中の［②］に入れるのに最も適しているものはどれですか。一つ選び，記号を○で囲みなさい。（ア　イ　ウ　エ）

ア Yes, I did.　イ Yes, he has.　ウ No, you don't.　エ No, I haven't.

(3) 本文中の 'I ［③］ a picture.' が，「私はあなたたちに１枚の写真を見せましょう。」という内容になるように，解答欄の＿＿に**英語３語**を書き入れ，英文を完成させなさい。

I ＿＿＿＿＿＿＿＿＿＿＿＿＿＿＿＿＿＿＿＿＿＿ a picture.

(4) 本文中の［④］が，「私はグランドキャニオンを訪れる前に，それがどのようにして作られたのかを学びました。」という内容になるように，次の〔　〕内の語を並べかえて解答欄の＿＿に英語を書き入れ，英文を完成させなさい。

Before I visited Grand Canyon, I learned〔it　made　how　was〕.

Before I visited Grand Canyon, I learned ＿＿＿＿＿＿＿＿＿＿＿＿＿＿＿＿.

(5) 本文の内容から考えて，次のうち，本文中の［⑤］に入れるのに最も適しているものはどれですか。一つ選び，記号を○で囲みなさい。（ア　イ　ウ　エ）

ア Grand Canyon stopped the river

イ Grand Canyon was made by people

ウ Grand Canyon is a mountain

エ Grand Canyon is made by a river

(6) 本文中のⒶthemの表している内容に当たるものとして最も適しているひとつづきの**英語３語**を，本文中から抜き出して書きなさい。（　　　　　　　　　）

(7) 次のうち，本文中のⒷI noticed this through my experience.が表している内容として最も適しているものはどれですか。一つ選び，記号を○で囲みなさい。（ア　イ　ウ　エ）

ア　Sarah could understand how great Grand Canyon was by visiting it.

イ　Sarah didn't learn anything about Grand Canyon before visiting it.

ウ　Sarah found that a river started to carve Grand Canyon about 100 years ago.

エ　Sarah could feel that Grand Canyon was really great before visiting it.

(8)　本文の内容と合うように，次の問いに対する答えをそれぞれ英語で書きなさい。ただし，①は**3語**，②は**5語**の英語で書くこと。

①　Did Yoshio go to Lake Biwa alone last Sunday?（　　　　　　　　　　）

②　What did Grand Canyon become in 1919?（　　　　　　　　　　　　）

英語B問題

時間　40分　　　満点　90点（リスニング共）

（編集部注）「**英語リスニングA問題・B問題**」はこの問題のあとに掲載しています。

（注）答えの語数が指定されている問題は，**コンマやピリオドなどの符号は語数に含めない**こと。

1 次は，高校生の義雄（Yoshio），アメリカからの留学生のサラ（Sarah），久保先生（Mr. Kubo）の3人が交わした会話の一部です。会話文を読んで，あとの問いに答えなさい。

Lake Biwa（琵琶《びわ》湖）

Yoshio　：Hi, Sarah. Look at this picture. This is Lake Biwa. My aunt took me there last weekend.

Sarah　：Hi, Yoshio. Wow! I have never [①] there.

Yoshio　：Really? I saw Lake Biwa on TV many times and I knew that it was the largest lake in Japan. But, when I arrived there, I was surprised. It was really big. You should go there.

Sarah　：Oh, sounds nice.

Mr. Kubo：Hello, Yoshio and Sarah. What are you talking about?

Sarah　：Hello, Mr. Kubo. Yoshio told me that he went to Lake Biwa. [②]

Yoshio　：And I told Sarah that she should go there.

Mr. Kubo：I can understand that. [ア] When I visited it for the first time, I felt like Yoshio. [イ] I drove around it and it took about half a day.

Sarah　：When we go to a place and have some experiences there, we will feel something new, right?

Yoshio　：That's true. I couldn't see all of the lake from the place I visited. Lake Biwa was bigger than the image I had. It was so huge.

Mr. Kubo：Yoshio, you noticed a good point. We can get a lot of information without going to the place. [ウ] Having some information about the place and having some experiences at the place are different.

Sarah　：I think so, too. [③] I have such an experience. I felt like that when I visited Grand Canyon.

Grand Canyon
（グランドキャニオン）
Colorado River
（コロラド川）

Mr. Kubo：[エ] Please tell us about it.

Sarah　：OK. I'll show you a picture.

Yoshio　：Wow! Nice!

Sarah　：Before I went to Grand Canyon, I learned that a river started to carve Grand Canyon about five or six million years ago. Do you know the name of the river?

Yoshio : Yes, I know that. It is Colorado River.

Sarah : Right. We can say that the river made Grand Canyon. But, when I visited it, I felt more than that.

Yoshio : What do you mean?

Sarah : I learned that ［ ④ ］. But actually I didn't understand it well until I visited it.

Mr. Kubo : Why do you think so?

Sarah : When I first arrived there, I couldn't believe that just a river made such a great thing because, to me, Colorado River looked too small to make Grand Canyon. But the view in front of me ［ ⑤ ］.

Yoshio : What changed your thought?

Sarah : By looking at the view, I could imagine that the river was carving Grand Canyon without stopping for such a long time. I felt that a long time passed after the river started to carve Grand Canyon. I was able to understand that it took a very long time to make it. It was an amazing experience.

Yoshio : Sounds great.

Mr. Kubo : Sarah, are there any changes to your feelings after that experience?

Sarah : Yes, there are. I noticed that visiting the place was important because it gave me a new feeling. But I noticed another important thing.

Yoshio : What is it?

Sarah : I think learning is also important. If I didn't learn anything about Grand Canyon before I visited it, I was not able to have such an experience.

Yoshio : Do you mean ［ ⑥ ］?

Sarah : Yes, that's right. If we really want to understand things well, we need both experiences and learning.

Mr. Kubo : I agree with Sarah. Today, we can learn many things easily by using the Internet. But we need to find chances to have experiences in the world.

Yoshio : That's true. I think we should keep that in mind. Now I want to learn more things about Lake Biwa and go there again.

Sarah : Oh, Yoshio. When you find something interesting about Lake Biwa, please tell us about Ⓐ<u>it</u>.

Yoshio : Sure.

(注) carve 削る

(1) 本文の内容から考えて，次のうち，本文中の［ ① ］に入れるのに最も適しているものはどれですか。一つ選び，記号を○で囲みなさい。(ア イ ウ エ)

ア chosen　イ taken　ウ taught　エ been

(2) 本文の内容から考えて，次のうち，本文中の［ ② ］に入れるのに最も適しているものはどれですか。一つ選び，記号を○で囲みなさい。(ア イ ウ エ)

ア He felt how big it really was.　イ He has never seen it.

ウ He didn’t know anything about it.　エ He went there alone.

(3) 本文中には次の英文が入ります。本文中の [ア] ～ [エ] から，入る場所として最も適しているものを一つ選び，ア～エの記号を○で囲みなさい。(ア イ ウ エ)

But, if we go to the place, we can feel new things that we didn’t know.

(4) 本文中の [③] が，「私たちがその場所を訪れることでだけ感じることができるたくさんのことがあります。」という内容になるように，次の〔 〕内の語を並べかえて解答欄の____に英語を書き入れ，英文を完成させなさい。

There are many〔that can we things feel〕only by visiting the place.

There are many ______________________________ only by visiting the place.

(5) 本文の内容から考えて，次のうち，本文中の [④] に入れるのに最も適しているものはどれですか。一つ選び，記号を○で囲みなさい。(ア イ ウ エ)

ア the river made Grand Canyon　イ the river was called Colorado River

ウ Grand Canyon was made by people　エ Grand Canyon appeared a few years ago

(6) 本文中の ‘But the view in front of me [⑤].’ が，「しかし，私の前の景色が私にその事実を信じさせました。」という内容になるように，解答欄の____に**英語 5 語**を書き入れ，英文を完成させなさい。

But the view in front of me ____________________________________.

(7) 本文の内容から考えて，次のうち，本文中の [⑥] に入れるのに最も適しているものはどれですか。一つ選び，記号を○で囲みなさい。(ア イ ウ エ)

ア it is possible to notice something important only by visiting the place

イ learning about a place is as important as visiting the place

ウ it is not necessary to visit the place after learning

エ having some experiences at the place is the most important thing

(8) 本文中のⒶitの表している内容に当たるものとして最も適しているひとつづきの**英語 5 語**を，本文中から抜き出して書きなさい。(　　　　　　　　　　)

(9) 次のうち，本文で述べられている内容と合うものはどれですか。**二つ**選び，記号を○で囲みなさい。(ア イ ウ エ オ)

ア Yoshio could see all of Lake Biwa from the place he visited when he went to the lake with his aunt.

イ Yoshio was able to say the name of the river which started carving Grand Canyon about five or six million years ago.

ウ Sarah thinks there are some changes to her feelings after visiting Grand Canyon.

エ Sarah didn’t learn anything about Grand Canyon before visiting Grand Canyon.

オ Sarah and Mr. Kubo have different thoughts about understanding things well.

2 次は，高校生の雅代（Masayo）が英語の授業で行ったスピーチの原稿です。彼女が書いたこの原稿を読んで，あとの問いに答えなさい。

scallops（ホタテガイ）

Do you like scallops? A scallop is a kind of shellfish with two shells. Scallops are delicious and they are my favorite food. One day, after I ate them for dinner, I saw an amazing scene on TV. Many scallops were swimming and jumping in the sea! When I saw it, I was very surprised [①] I didn't know that shellfish could move quickly. I thought, "How can they move like that?" I became interested and looked for information on the Internet. [②]

scallops in the sea

How do scallops move? Scallops move by taking water into their shells and pushing it out quickly. They can go forward or turn by changing how they push the water out. For example, if they want to go to the right, they push the water out to the left. This means scallops can move by pushing the water out quickly to the [③] side of the way they want to go. By using this way of moving, when other sea animals try to eat scallops, scallops swim away from Ⓐ them to protect their lives. Scallops also move to find a good place for getting their food, and some of them move 500 meters in one night. Scallops are the most active of all shellfish with two shells.

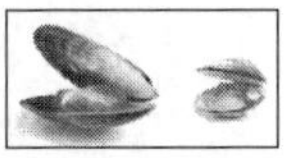
shellfish with two shells

Well, I want to ask your experience. [④] the two shells with your hands? When I did that for the first time, I noticed it was not easy. [⑤] According to the books, they have a strong muscle to keep closing their shells. When shellfish with two shells live in the ocean, to keep closing their shells, they usually keep using the strong muscle. For us, it is like holding a heavy bag for a long time. If we do that, we will be very tired because it needs a lot of energy. However, shellfish with two shells don't become tired. Their muscle needs very little energy to keep closing their shells. It has a special protein that we don't have. To keep closing the shells, the special protein connects with each other. When the proteins are in that condition, shellfish with two shells don't become tired by using the muscle. This means, if we had the same muscle that shellfish with two shells have, [⑥] by holding a heavy bag for a long time. When I learned about this, I thought it was very interesting and also very useful.

Now I know shellfish like scallops are not just delicious food. Scallops are active shellfish which can move quickly. In addition, I understand the muscle of shellfish with two shells has an amazing power that we don't have. If science and technology improve more in the future, we can use the power of the strong muscle. I think it will help people carry some heavy things or take care of people who need help. I believe we can support many people with difficulties. Thank you for listening.

（注） shellfish （生き物としての）貝（複数形も shellfish） muscle 筋肉 protein タンパク質

(1) 本文の内容から考えて，次のうち，本文中の [①] に入れるのに最も適しているものはどれですか。一つ選び，記号を○で囲みなさい。（ ア イ ウ エ ）

ア　because　　イ　if　　ウ　though　　エ　until

(2)　本文中の ② が，「いくつかのレポートを読むことで，私はそれらがどのようにして動くことができるのかを理解しました。」という内容になるように，次の〔　　〕内の語を並べかえて解答欄の＿＿に英語を書き入れ，英文を完成させなさい。

By reading some reports, I〔could　they　how　move　understood〕.

By reading some reports, I ＿＿＿＿＿＿＿＿＿＿＿＿＿＿＿＿＿＿＿＿＿＿.

(3)　本文の内容から考えて，次のうち，本文中の ③ に入れるのに最も適しているものはどれですか。一つ選び，記号を○で囲みなさい。(ア　イ　ウ　エ)

ア　same　　イ　similar　　ウ　open　　エ　opposite

(4)　本文中のⒶ them の表している内容に当たるものとして最も適しているひとつづきの**英語3語**を，本文中から抜き出して書きなさい。(　　　　　　　　)

(5)　本文中の‘ ④ the two shells with your hands?’が，「あなたはその2枚の貝殻を手で開けようとしたことがありますか。」という内容になるように，解答欄の＿＿に**英語5語**を書き入れ，英文を完成させなさい。

＿＿＿＿＿＿＿＿＿＿＿＿＿＿＿＿＿＿＿＿ the two shells with your hands?

(6)　本文中の ⑤ に，次の(i)～(iii)の英文を適切な順序に並べかえ，前後と意味がつながる内容となるようにして入れたい。あとのア～エのうち，英文の順序として最も適しているものはどれですか。一つ選び，記号を○で囲みなさい。(ア　イ　ウ　エ)

(i)　I remembered this experience, and wanted to know why shellfish could keep closing their shells.

(ii)　It was hard work and it took a long time, and finally I couldn't.

(iii)　So, I went to a library, read some books, and then found the answer to the question.

ア　(i)→(iii)→(ii)　　イ　(ii)→(i)→(iii)　　ウ　(ii)→(iii)→(i)　　エ　(iii)→(i)→(ii)

(7)　本文の内容から考えて，次のうち，本文中の ⑥ に入れるのに最も適しているものはどれですか。一つ選び，記号を○で囲みなさい。(ア　イ　ウ　エ)

ア　the shellfish are tired　　イ　the shellfish are not tired　　ウ　we would be tired

エ　we would not be tired

(8)　次のうち，本文で述べられている内容と合うものはどれですか。一つ選び，記号を○で囲みなさい。(ア　イ　ウ　エ)

ア　Masayo got the information about the muscle of shellfish with two shells by watching TV.

イ　Some scallops move 500 meters in one night and look for a good place for getting their food.

ウ　Masayo thinks scallops are just delicious food and her thought wasn't changed after she read some reports and books.

エ　Shellfish with two shells become tired when the special protein in their muscle connects with each other.

(9) 本文の内容と合うように，次の問いに対する答えをそれぞれ英語で書きなさい。ただし，①は **3** 語，②は **9** 語の英語で書くこと。

① Are scallops the most active of all shellfish with two shells?（　　　　　　　　　）

② If science and technology improve more in the future, what can we use?
（　　　　　　　　　　　　　　　　　　　　）

3 留学生のティム（Tim）とホストファミリーのあなた（You）とが，次のような会話をするとします。あなたならばどのような話をしますか。あとの条件1・2にしたがって，（ ① ），（ ② ）に入る内容を，それぞれ英語で書きなさい。解答の際には記入例にならって書くこと。文の数はいくつでもよい。

You： Hi, Tim. Next summer, you and I will go on a trip with my family, right?（　①　）

Tim： Yes. Now, I have two ideas: going to the beach, or going to the mountain. Both sound good to me, but I can't decide. Which place is better, the beach or the mountain? Please choose the better place and tell me what we can enjoy there.

You： OK.（　②　）

Tim： I see. I understand why it is better. I am excited.

(注) go on a trip 旅行に行く

〈条件1〉 ①に，「その計画を一緒に作りましょう。あなたは何か考えがありますか。」と伝える文を，10語程度の英語で書くこと。

〈条件2〉 ②に，前後のやり取りに合う内容を，20語程度の英語で書くこと。

記入例

When	is	your	birthday ?
Well ,	it's	April	11 .

①＿＿＿＿＿＿＿＿＿＿＿＿＿＿＿＿＿＿＿＿

②＿＿＿＿＿＿＿＿＿＿＿＿＿＿＿＿＿＿＿＿

＿＿＿＿＿＿＿＿＿＿＿＿＿＿＿＿＿＿＿＿

英語リスニング A問題・B問題

時間　15分

(編集部注)　放送原稿は問題のあとに掲載しています。
音声の再生についてはもくじをご覧ください。

□　リスニングテスト

1　ジョーと陽子との会話を聞いて，陽子のことばに続くと考えられるジョーのことばとして，次のア～エのうち最も適しているものを一つ選び，解答欄の記号を○で囲みなさい。

(ア　イ　ウ　エ)

ア　Yes, I was.　　イ　No, it wasn't.　　ウ　It was one dollar.　　エ　I liked it very much.

2　英語の授業で美希が絵の説明をしています。美希が説明している絵として，次のア～エのうち最も適していると考えられるものを一つ選び，解答欄の記号を○で囲みなさい。

(ア　イ　ウ　エ)

ア

イ

ウ

エ

3　アンと直人との会話を聞いて，二人が聞きに行ったコンサートのプログラムを示したものとして，次のア～エのうち最も適していると考えられるものを一つ選び，解答欄の記号を○で囲みなさい。(ア　イ　ウ　エ)

ア	イ	ウ	エ
♪ Titles of songs ♪	♪ Titles of songs ♪	♪ Titles of songs ♪	♪ Titles of songs ♪
1. Moment	1. Hope	1. Future	1. Future
2. Future	2. Moment	2. Moment	2. Hope
3. Hope	3. Future	3. Hope	3. Moment

4　ピーターと恵美との会話を聞いて，恵美が紹介している動物病院の診療予定を表したものとして，次のア～エのうち最も適していると考えられるものを一つ選び，解答欄の記号を○で囲みなさい。(ア　イ　ウ　エ)

ア

午後	月	火	水	木	金	土	日
3時～8時	○	○	○	○	○	○	○

○は開院

イ

午後	月	火	水	木	金	土	日
4時～8時	○	○	○	○	○	○	○

○は開院

ウ

午後	月	火	水	木	金	土	日
3時～8時	○	○	○	○	○	／	／

○は開院

エ

午後	月	火	水	木	金	土	日
4時～8時	○	○	○	○	○	／	／

○は開院

5　授業でブラウン先生がしている説明を聞いて，それに続く二つの質問に対する答えとして最も適しているものを，それぞれア～エから一つずつ選び，解答欄の記号を○で囲みなさい。

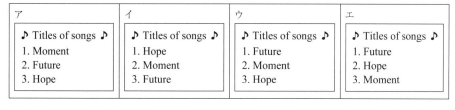

(1)(ア　イ　ウ　エ) (2)(ア　イ　ウ　エ)

(1) ア　Two.　イ　Three.　ウ　Four.　エ　Five.

(2) ア　The first thing to do in the cooking lesson.　イ　People who will make curry.

ウ　People who will make the fruit cake.　エ　The fruit used for the cake.

6　サッカークラブに所属するボブと，姉で大学生のニーナとが電話で話をしています。二人の会話を聞いて，それに続く二つの質問に対する答えとして最も適しているものを，それぞれア～エから一つずつ選び，解答欄の記号を○で囲みなさい。

(1)(ア　イ　ウ　エ) (2)(ア　イ　ウ　エ)

(1) ア　At the entrance of the house.　イ　Inside the box in Bob's room.

ウ　Around the table in the kitchen.　エ　Under the lunch box inside Bob's bag.

(2) ア　She will clean the entrance to find Bob's shoes.

イ　She will go to the stadium with Bob's soccer shoes.

ウ　She will look for Bob's soccer shoes at home.

エ　She will make a lunch for Bob and bring it to the stadium.

〈放送原稿〉

2022年度大阪府公立高等学校一般入学者選抜英語リスニングテストを行います。

テスト問題は1から6まであります。英文はすべて2回ずつ繰り返して読みます。放送を聞きながらメモを取ってもかまいません。

それでは問題1です。ジョーと陽子との会話を聞いて，陽子のことばに続くと考えられるジョーのことばとして，次のア・イ・ウ・エのうち最も適しているものを一つ選び，解答欄の記号を○で囲みなさい。では始めます。

Joe ： Yoko, I bought this comic book at the bookstore yesterday. It was cheap.

Yoko： That's good, Joe. How much was it?

繰り返します。(繰り返す)

問題2です。英語の授業で美希が絵の説明をしています。美希が説明している絵として，次のア・イ・ウ・エのうち最も適していると考えられるものを一つ選び，解答欄の記号を○で囲みなさい。では始めます。

Hello, everyone. Today, I will show you my favorite picture. Please look at this. You can see some people on a small boat. There is a bridge over the river. The waves are also painted. I like this picture.

繰り返します。(繰り返す)

問題3です。アンと直人との会話を聞いて，二人が聞きに行ったコンサートのプログラムを示したものとして，次のア・イ・ウ・エのうち最も適していると考えられるものを一つ選び，解答欄の記号を○で囲みなさい。では始めます。

Ann ： Hi, Naoto. I enjoyed the concert yesterday. How about you?

Naoto： I enjoyed it, too. We listened to three songs. Which song did you like the best, Ann?

Ann ： I liked the second song, but I can't remember the title. Do you remember it?

Naoto： The second song? Well, I'm sure the first song was "Future." ...I guess the second song was "Hope."

Ann ： "Hope"? No, I remember that song was played at the end.

Naoto： Oh, you are right. Then, I think the second one was "Moment."

Ann ： Oh, yes. That song was the best for me.

繰り返します。(繰り返す)

問題4です。ピーターと恵美との会話を聞いて，恵美が紹介している動物病院の診療予定を表したものとして，次のア・イ・ウ・エのうち最も適していると考えられるものを一つ選び，解答欄の記号を○で囲みなさい。では始めます。

Peter： Emi, do you know any good animal hospitals? My host family has a dog, and the dog looks sick.

Emi ： Oh no, Peter. I have a dog, too. The hospital near the station is good. The doctors there are all nice.

Peter： My host family and I want to take the dog to the hospital today.

Emi ： Don't worry. The hospital is open every day, even on Saturday and Sunday.

Peter： Wow. Then, we want to go there after 4 p.m. today. Is it open?

Emi ： Yes. It is open from 3 p.m. to 8 p.m.

Peter： Thank you, Emi.

Emi ： That's OK. Please take care of your dog.

繰り返します。(繰り返す)

問題5です。授業でブラウン先生がしている説明を聞いて，それに続く二つの質問に対する答えとして最も適しているものを，それぞれア・イ・ウ・エから一つずつ選び，解答欄の記号を○で囲みなさい。では始めます。

Listen, everyone. In the next lesson, we will have a cooking lesson. You will make chicken curry and a fruit cake. Your group has five members. In your group, two of you will make curry and the other members will make the cake. After cooking, you can eat them together.

Now, I'll tell you about the first thing to do in the cooking lesson. People who will make chicken curry, you should wash the vegetables first. Of course, please be careful when you cut them. The other members who will make the fruit cake, you should prepare everything for the cake on the table first. Preparing is important.

Now, your group will choose one fruit from these four kinds: apple, banana, orange, or cherry. After I finish talking, please talk in your group and decide which fruit your group wants to use. Now, start talking.

Question (1): In a group, how many members will make the fruit cake?

Question (2): What should students decide now?

繰り返します。(説明と質問を繰り返す)

問題6です。サッカークラブに所属するボブと，姉で大学生のニーナとが電話で話をしています。二人の会話を聞いて，それに続く二つの質問に対する答えとして最も適しているものを，それぞれア・イ・ウ・エから一つずつ選び，解答欄の記号を○で囲みなさい。では始めます。

Bob ： Nina? I need your help. Are you at home now?

Nina： Yes, Bob. What's the matter?

Bob ： Well, I'm at the soccer stadium. Practicing before the match will start in 20 minutes. But, I can't find my soccer uniform.

Nina： What? Today's match is very important and you prepared well last night, right?

Bob ： Yes, I think so. But my uniform is not here. Can you go and look around my room? Its color is blue.

Nina： Of course, Bob. Please wait... OK, I'm in your room, now.

Bob ： I guess I put my uniform inside the box by the door. Please open it.

Nina： ...No, there is no uniform here. Any other places?

Bob ： Oh, around the table in the kitchen! When I took my lunch box there, I had the uniform with me.

Nina：...Around the table? No, it's not here. Bob, are you sure that you left it?

Bob：What do you mean?

Nina：I think you are excited now. How about looking inside your bag once again?

Bob：OK... ...Wow! Sorry, you are right! It's here under the lunch box!

Nina：I knew it. Please relax, Bob. Now, you are ready.

Bob：Yes. Thank you very much.

Nina：You're welcome. Please try your best! I'll go and watch your match soon. ...Oh? Here are your soccer shoes at the entrance.

Bob：Oh no! I forgot to bring my soccer shoes!

Nina：Don't worry, Bob. I will bring these shoes to you in 10 minutes by car.

Bob：Thank you again, Nina. I'll wait for you.

Nina：No problem. See you soon.

Question (1): Where was Bob's soccer uniform found?

Question (2): What will Nina do next?

繰り返します。（会話と質問を繰り返す）

これで，英語リスニングテストを終わります。

英語C問題

時間　30分　　満点　90点(リスニング共)

(編集部注)「英語リスニングC問題」はこの問題のあとに掲載しています。

1 Choose the phrase that best completes each sentence below.

(1)(ア イ ウ エ) (2)(ア イ ウ エ) (3)(ア イ ウ エ)
(4)(ア イ ウ エ) (5)(ア イ ウ エ) (6)(ア イ ウ エ)

(1) Do you (　　) your bag?

ア have everything in you need that　　イ need that have everything in you
ウ have everything that you need in　　エ need everything have you that in

(2) The officer (　　) to go.

ア standing there will show you which way
イ will you show which way standing there
ウ standing which way there you will show
エ will show you way there which standing

(3) The machine (　　).

ア easily clean my room helps me　　イ helps me my room clean easily
ウ easily clean me helps my room　　エ helps me clean my room easily

(4) I wish I (　　).

ア speak you could as fluently as French　　イ could speak French as fluently as you
ウ speak you as fluently as could French　　エ could you speak French as fluently as

(5) The letter (　　) in his house.

ア which he lost many years ago was found
イ was found which many years lost ago he
ウ which was lost found he many years ago
エ was lost many years ago he found which

(6) I will (　　) the piano in the festival.

ア play to my teacher let me ask　　イ ask my teacher to let me play
ウ play my teacher let me ask to　　エ ask to let me my teacher play

2 Read the passage and choose the answer which best completes sentence (1), and choose the answer which best completes each blank ① and ②.

(1)(ア　イ　ウ　エ)　(2)(ア　イ　ウ　エ)　(3)(ア　イ　ウ　エ)

A report on the views of high school students about social participation was made in 2021. [A] In this report, the words "social participation" mean any activity that students join both inside and outside school. According to the report, a survey was done to know two things. [B] One is the awareness of high school students about social participation. [C] These two things are used to find what kind of characteristics there are in each country. [D] Students in the following four countries joined this survey: Japan, America, China, and Korea. They were asked 28 questions, for example, "How interested are you in social issues outside school?", and the students answered each question by choosing one answer. The table shows the percentages of the answers to one of the questions: "Are you actively participating in classroom discussions at your school?".

We can find some things from the table. Some students didn't answer this question, but if we compare the total percentages of the students who answered "Active" or "Somewhat active," [①] of the four countries. The total percentages of the students who answered "Not so active" or "Not active" are higher than 30% in [②].

【Table】

The percentages of the answers to the question: "Are you actively participating in classroom discussions at your school?"

	Active	Somewhat active	Not so active	Not active	Not answer
Japan	29.4%	52.6%	14.9%	2.5%	0.7%
America	27.1%	41.8%	20.4%	10.7%	0.0%
China	30.7%	45.0%	20.4%	3.9%	0.0%
Korea	32.6%	45.0%	15.4%	6.9%	0.2%

（国立青少年教育振興機構「高校生の社会参加に関する意識調査報告書」（令和３年）により作成）

（注）social participation　社会参加　　survey　調査　　awareness　意識
characteristic　特徴　　social issue　社会問題　　table　表　　percentage　割合
actively　積極的に　　participate in ～　～に参加する　　discussion　話し合い
somewhat　やや

(1) The sentence "The other one is their real situation on social participation." should be put in

ア [A].　イ [B].　ウ [C].　エ [D].

(2) ①　ア　Japan is the highest　　イ　America is the highest　　ウ　China is the lowest
エ　Korea is the lowest

(3) ②　ア　Japan　　イ　America　　ウ　China　　エ　Korea

3 Read the passage and choose the answer which best completes each sentence (1)～(5).

Our daily lives are supported by a lot of satellites in space. Now, there are about 4,300 satellites around the earth. By 2030, about 46,000 satellites will be there. These satellites help our activities and communication. For example, weather information, the Internet, and cellphones can be used with this satellite technology.

However, space debris makes the situation of satellites [①]. Space debris is trash in space. For example, old satellites which are not working, and, some parts which were separated from a rocket are all space debris. There are various sizes and shapes of space debris. The space debris flies around the earth very fast. What will happen if the fast space debris hits a satellite? It may destroy the satellite. Now, the number of pieces of space debris has been getting bigger. This means there may be more accidents in the near future. If we do nothing, the accidents will have an influence on our daily lives.

Now, scientists and many teams around the world are trying three things to solve this problem. First: finding and watching space debris. Second: reducing the number of new pieces of space debris. This means improving technology to reduce the number of the separated parts from rockets. Making satellites which can work longer is also helpful. Third: removing space debris which is already in space.

Many people have thought the third point was too difficult, but a Japanese team is now trying to do it. How can the team remove space debris? The team invented a machine which used the power of magnets. After the machine finds space debris which is not tumbling, it follows and catches the space debris. Some kinds of space debris are tumbling, so it is too difficult for the machine to catch those kinds of space debris. To catch the tumbling space debris, the team will keep improving the machine.

"Let's reduce trash." This has been an important topic when we think about our daily lives and the global environment. ② Both should be protected, but today, we have to protect the environment of space, too. We are responsible for a good environment both on the earth and in space.

(注) daily 日々の　satellite 人工衛星　space debris スペースデブリ（宇宙ゴミ）
separate 切り離す　rocket ロケット　magnet 磁石　tumble 回転する

(1) The word which should be put in [①] is (ア イ ウ エ)
ア better.　イ convenient.　ウ dangerous.　エ wrong.

(2) One of the problems in space is (ア イ ウ エ)
ア various pieces of trash which may destroy satellites.
イ many kinds of satellites which are working for our daily lives.
ウ the satellites which move fast and cause serious accidents.
エ the number of space debris which helps our activities.

(3) The plan which is not tried for solving the problem of space debris is (ア イ ウ エ)

ア finding and watching space debris.

イ making satellites work longer.

ウ reducing the number of rockets and satellites.

エ taking space debris out from space.

(4) The word ② Both refers to (ア イ ウ エ)

ア our daily lives and the global environment.

イ our activities and communication.

ウ scientists and many teams around the world.

エ space debris and satellites.

(5) According to the passage, (ア イ ウ エ)

ア old satellites are not space debris because they are not working.

イ scientists and many teams in the world are trying to separate space debris from rockets and satellites.

ウ the machine made by a Japanese team can catch space debris which is tumbling.

エ space debris may hit satellites more often in the near future because the number of pieces of space debris is getting bigger.

4　Read the passage and choose the answer which best completes each sentence (1)～(5).

scallops（ホタテガイ）

Do you like scallops? A scallop is a kind of shellfish with two shells. Scallops are delicious and they are popular food around the world. But, do you know scallops swim and jump in the sea? Some people may be surprised [①] that shellfish can move quickly. How can scallops move like that?

scallops in the sea

Scallops move by taking water into their shells and pushing it out quickly. They can go forward or turn by changing how they push the water out. For example, if they want to go to the right, they push the water out to the left. This means scallops can move by pushing the water out quickly to the [②] side of the way they want to go. By using this way of moving, when other sea animals try to eat scallops, scallops swim away from them to protect their lives. Scallops also move to find a good place for getting their food, and some of them move 500 meters in one night. Scallops are the most active of all shellfish with two shells.

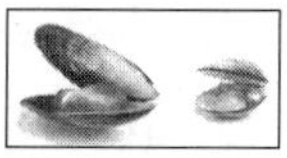
shellfish with two shells

When shellfish with two shells live in the ocean, they usually keep closing their shells. Shellfish with two shells have a strong muscle to keep closing their shells. In the ocean, they usually keep using the strong muscle. For us, it is like holding a heavy bag for a long time. If we do that, we will be very tired because it needs a lot of energy. However, shellfish with two shells don't become tired. Their muscle needs very little energy to keep closing their shells. It has one special kind of protein that our muscle doesn't have. To keep closing their shells, the special protein connects with each other. When the proteins are in that condition, shellfish with two shells don't get tired by using the muscle. This means, if we had the same muscle that shellfish with two shells have, [③] by holding a heavy bag for a long time.

If science and technology improve more in the future, we can use the power of this strong muscle. It may help people carry some heavy things or take care of people who need help. We can support many people with difficulties.

(注)　shellfish　(生き物としての)貝（複数形も shellfish）　muscle　筋肉　protein　タンパク質

(1)　The expression which should be put in [①] is (ア　イ　ウ　エ)

ア　know.　イ　knew.　ウ　known.　エ　to know.

(2)　The word which should be put in [②] is (ア　イ　ウ　エ)

ア　open.　イ　opposite.　ウ　same.　エ　similar.

(3)　The phrase which should be put in [③] is (ア　イ　ウ　エ)

ア　the shellfish would be tired.

イ　the shellfish would not be tired.

ウ　we would be tired.

エ　we would not be tired.

(4) According to the passage, scallops（ア イ ウ エ）

ア become delicious because they move to get good food for them.

イ go forward because they can't change how they push the water out.

ウ protect their lives by swimming away from other sea animals which try to eat them.

エ are active but other shellfish with two shells are more active than scallops.

(5) According to the passage,（ア イ ウ エ）

ア the special protein of shellfish with two shells is useful to move quickly in the sea.

イ shellfish with two shells have a special kind of protein which helps their muscle use very little energy.

ウ the special protein in the muscle of shellfish with two shells connects with different kinds of proteins.

エ shellfish with two shells get tired when the special protein in their muscle connects with each other.

5　Read the passage and choose the answer which best completes each sentence (1), (2), (3), (5) and (6), and choose the answer to the question (4).

A slime mold is a single-celled organism. It is a kind of an ameba. We can find various kinds of slime molds in a forest. Many scientists in the world have been [①] this interesting creature for many years.

a slime mold
(変形菌)

A slime mold has a strange system for living. It is born from a spore. A slime mold also explores for food. A slime mold can get nutrients from the food and grow. It can change its body shape when it explores for food. For example, it can shrink and spread its body. If a slime mold is cut into some pieces, each piece can [②] separately and explore to get food. When one piece of the slime mold meets another piece of the slime mold, these pieces can merge and live as one slime mold.

To see how a slime mold gets nutrients from food which is put at two different places, a scientist did a simple experiment. First, he put a slime mold in the middle of a case. Then, he put its favorite food at two places in the case. Some food was put to the left side and some other food was put to the right side (see Picture 1-1). Then, what happened? The slime mold started to spread its body to both pieces of the food. The pieces of the food were covered with the slime mold. After that, its body shape between the two pieces of the food looked like a line (see Picture 1-2). The line became the shortest route between the two places of the food. This experiment showed that the slime mold could reach both pieces of the food by [③] and could get nutrients from them at one time.

【Picture 1－1】

【Picture 1－2】

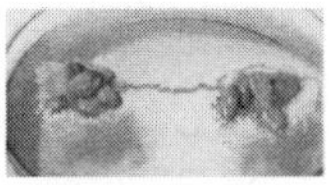

The scientist did another experiment by using a maze. He found that a slime mold could find the shortest route through the maze. Here are the things the scientist did. [④] After the slime mold filled the maze (see Picture 2-1), the scientist put the slime mold's favorite food at two different places of the maze, and waited for a few hours. The slime mold's body parts which were far from the food started to shrink and move to the food put at the two places. After doing such actions, almost all of the two pieces of the food were covered with the slime mold and its body shape between the two places of the food became a line (see Picture 2-2). The line was the shortest route in the maze between the two places of the food. This experiment showed that the slime mold found the shortest route between the two places in the maze.

【Picture 2－1】

【Picture 2－2】

food

The slime mold didn't have any guide to lead it or get any order from something or someone. The things the slime mold actually did were covering the food with most parts of its body and shrinking its body parts which were far from the food. As one slime mold, changing its body shape was efficient for getting nutrients. The slime mold could get most nutrients from the food put at the two places. The slime mold may teach us that to be simple is the key to being efficient.

(注) single-celled organism 単細胞生物　ameba アメーバ　creature 生き物　spore 胞子
explore 探索する，動き回る　nutrient 養分　shrink 縮む，縮める　spread 広げる
cut ～ into … ～を…に切り分ける　separately 別々に　merge 融合する
experiment 実験　route 経路　maze 迷路　efficient 効率のよい

(1) The expression which should be put in ［①］ is (ア イ ウ エ)
ア study.　イ studied.　ウ studying.　エ to study.

(2) The word which should be put in ［②］ is (ア イ ウ エ)
ア blow.　イ count.　ウ disappear.　エ live.

(3) The phrase which should be put in ［③］ is (ア イ ウ エ)
ア changing its body shape.　イ doing a simple experiment.
ウ learning from a scientist.　エ cutting its body.

(4) The following passages (i)～(iii) should be put in ［④］ in the order that makes the most sense. (ア イ ウ エ)
(i) Each of them started to explore in the maze, and, when each met another one, they merged.
(ii) The scientist cut a slime mold into many pieces and put them in many different places of the maze.
(iii) In a few hours, by doing such actions many times, they became one.
Which is the best order?
ア (i)→(ii)→(iii)　イ (i)→(iii)→(ii)　ウ (ii)→(i)→(iii)　エ (ii)→(iii)→(i)

(5) According to the passage, for a slime mold, (ア イ ウ エ)
ア being in a maze is an efficient way to live.
イ spreading its body is the way of reaching the food put at the two places.
ウ it is impossible to merge after the slime mold is cut into many pieces.
エ it is necessary to know how other creatures get nutrients from food.

(6) According to the passage, (ア イ ウ エ)
ア the life of a slime mold is strange, so no one can find it in a forest.
イ a slime mold can teach us that doing nothing in a difficult situation is efficient.
ウ a slime mold needs to follow an order from something or someone when it explores for food.
エ the shortest route between the food put at the two places was shown by a slime mold.

6　Read the following sentences and write your answer in English.

Suppose you have a goal to achieve, but you have difficulties to achieve the goal. In such cases, who or what helps you overcome those difficulties? Write who or what, and after that, from your experience or example, explain why you think so.

(　　　　　　　　　　　　　　　　　　　　　　　　　　　　　　)

(注)　suppose　考える　　achieve　達成する　　overcome　乗り越える

英語リスニング C問題

時間　25分

（編集部注）放送原稿は問題のあとに掲載しています。
音声の再生についてはもくじをご覧ください。

回　リスニングテスト

【Part A】

1（ア　イ　ウ　エ）　2（ア　イ　ウ　エ）　3（ア　イ　ウ　エ）
4（ア　イ　ウ　エ）　5（ア　イ　ウ　エ）

1　ア　That building is the most famous.
　イ　That building is famous but not so tall.
　ウ　That building is taller than any other building.
　エ　That building is as tall as other buildings.

2　ア　Jane has a camera now, and she will take a picture.
　イ　Jane left her camera at home, so Kevin will take a picture.
　ウ　Both of them have a camera, but they don't want to take a picture.
　エ　No one has a camera though both of them want to take a picture.

3　ア　Having various choices can make choosing the best one difficult.
　イ　Having so many choices means that any choice is wrong.
　ウ　Choosing the best one is easy if there are various choices.
　エ　Choosing so many flowers for her sister is the problem.

4　ア　Kevin is late for the meeting because he didn't know about it.
　イ　Kevin is late for the meeting because he forgot about it.
　ウ　Kevin is not late for the meeting because he remembered it.
　エ　Kevin is not late for the meeting because Jane let him know about it.

5　Kevin and Jane are talking on the phone.
　ア　Kevin left his uniform at home and Jane found it for him.
　イ　Kevin thought he left his uniform, but it was found inside his bag.
　ウ　Jane went to the kitchen to look for Kevin's lunch box.
　エ　Jane will go to the stadium to bring Kevin's uniform soon.

【Part B】　6(1)（ア　イ　ウ　エ）　(2)（ア　イ　ウ　エ）

6　(1)　ア　Looking at the numbers on a phone is a useful way of remembering phone numbers.

イ　Cellphones are not able to remember necessary phone numbers.

ウ　When a shop wants you to remember its phone number, it tells you its number many times.

エ　A phrase made for remembering numbers helps you remember a phone number.

【Picture】

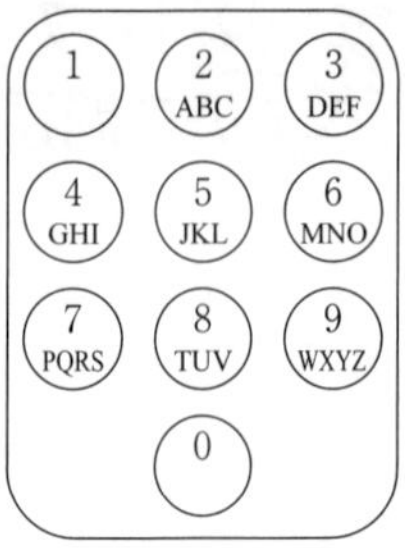

(2)　ア　1029239　　イ　6247228　　ウ　6423228　　エ　8486287

【Part C】

The system of producing and consuming food in a local area

Producing and selling food in a local area have some good points. Buying and eating the food produced in the area also have some good points.

This system is helpful to many people.

(注) consume　消費する

【Memo】

Ken	Beth

〈放送原稿〉

Now you are going to have the listening test. There are three parts in this listening test: part A, part B, and part C.

Please look at Part A. In this part of the listening test, you will hear five conversations between Jane and Kevin. You will hear each conversation twice. After listening to each conversation twice, you will hear a question. Each question will be read only once and you must choose one answer. Now begin.

1　Jane　: Kevin, look at that building. It's very tall.
　Kevin : Yes, Jane. It's a famous building. No other building is as tall as that one.
　(繰り返す)
　Question : What does Kevin mean?

2　Jane　: Kevin, look at the sky. That cloud looks like an elephant.
　Kevin : Wow, you're right, Jane. I want to take a picture.
　Jane　: Me, too, but I left my camera at home. Kevin, do you have one?
　Kevin : No, sorry. I wish I had a camera now.
　(繰り返す)
　Question : Which is true about Jane and Kevin?

3　Jane　: Kevin, can you help me? I want to choose a flower for my sister, but there are so many choices. I can't decide.
　Kevin : Oh, why are you having trouble, Jane? If you have many choices, you can choose any of them.
　Jane　: Well, that's the problem. Having various choices is nice, but it doesn't mean choosing the best one is easy.
　(繰り返す)
　Question : What does Jane mean?

4　Jane　: Oh, Kevin. Why are you here in the classroom now? I thought you have already gone to the meeting.
　Kevin : The meeting? What do you mean, Jane?
　Jane　: Today, your club has a meeting at the gym, right?
　Kevin : I didn't know that. What time will the meeting start?
　Jane　: It started five minutes ago. Your coach came here and talked about the meeting to the club members about ten minutes ago.
　Kevin : Really? Oh, no, I was in the cafeteria at that time.
　Jane　: Wow, so you didn't know about it.
　Kevin : In any case, I have to go now. Thank you, Jane.
　(繰り返す)
　Question : Which is true about this conversation?

5 Kevin： Jane? I need your help. Are you at home now?

Jane ： Yes, Kevin. What's the matter?

Kevin： Well, I'm at the soccer stadium, and practicing before the match will start in 15 minutes. But, I can't find my soccer uniform. Can you go and look around my room?

Jane ： Of course, Kevin. Please wait... OK, I'm in your room, now.

Kevin： I guess I put my uniform inside the box by the door. Please open it.

Jane ： ...No, there is no uniform here. Any other places?

Kevin： Oh, around the table in the kitchen! When I took my lunch box there, I had the uniform with me.

Jane ： Around the table? ...No, it's not here. Kevin, I think you are a little excited now. How about looking inside your bag once again?

Kevin： OK... ...Wow! Sorry, you are right! It's here under the lunch box!

Jane ： I knew it. Please relax, Kevin. Now, you are ready.

Kevin： Yes. Thank you very much.

Jane ： You're welcome. Please try your best! I'll go and watch your match soon.

(繰り返す)

Question：Which is true about this conversation?

Please look at Part B. In this part of the listening test, you will use the【picture】on the test paper, and hear a speech. It will be spoken twice. After listening to it twice, you will hear two questions. Each question will be read only once and you must choose one answer. Now begin.

6 How do you remember phone numbers? Usually, you don't need to remember phone numbers because your cellphone remembers them for you. However, it is sometimes necessary to remember numbers, for example, when you don't have a cellphone with you. Today, I'll introduce a way of remembering numbers. It is used in Australia. I hope it will be useful for you.

Have you looked at the numbers on a phone carefully? If you do that, you will find something under some of the numbers. Now, look at the【picture】. The number 1 and 0 have nothing written under the numbers. But, the numbers from 2 to 9 have something. For example, the number 2 has ABC, the number 3 has DEF, and the number 9 has WXYZ. Like this, they are written in order. By using this rule, you can call someone without remembering the numbers. You just need to remember a phrase.

I'll tell you one example. Imagine you're now watching TV, and a shop wants you to remember its phone number. Then, it says, "Thumb up." "Thumb up" is written T-H-U-M-B-U-P. In that order, you push "Thumb up" on the phone. Please push T-H-U-M-B-U-P. Then you can call the number 8486287. Now, I'll give you a quiz. What is the phone number for the shop with the phrase "Nice cat"?

(繰り返す)

Question (1): Which is true about this speech?

Question (2): Which is the correct number for "Nice cat"?

Please look at the test paper of Part C. First, please read the passage about the system in a local area. You have half a minute. Now, begin to read.

【half a minute to read】

Stop reading. Now you are going to hear the conversation between Ken and Beth. They are talking about the system in a local area. You will hear their conversation and the question about it twice. You can take notes about the things they say about the system in a local area on the test paper when you are listening. Now, listen to the conversation.

Ken : Hi, Beth. Did you read the passage about the system?

Beth : Yes, I did, Ken. I'm very interested in the system. What do you think about it?

Ken : I think the system is good for various people.

Beth : Various people? Please tell me more.

Ken : OK. The system is good for both people who buy the food and people who produce the food. People who buy the food can get the food at low prices.

Beth : Oh, I see. That sounds good. How about people who produce the food?

Ken : They can sell the food soon after they take the food.

Beth : Nice. You mean they can sell the food in the local area without carrying the food to other areas, right?

Ken : Yes, that's right. And, this good point brings another good point.

Beth : What is it?

Ken : I think this system uses less energy.

Beth : Energy?

Ken : Well, people don't need to carry the food to far places in this system. When people carry the food to far places, they usually use a car. The car needs a lot of energy. But, if they can sell the food in the local area, they need less energy. So, I think the system is also good for the environment.

Beth : I think it's nice to use less energy. You've talked about two good points of this system. Are there any good points for other people?

Ken : Yes. I think the system helps children learn about their local food.

Beth : How does it help them?

Ken : School lunch is a good chance for students. They can learn how the food is grown in the local area.

Beth : Oh, yes. You mean students can learn about the local food by eating the food at school?

Ken : That's right. The system will let the students become interested in the food they eat.

Beth：　Oh, that sounds wonderful. Now I understand that the system is helpful for many people.

Question：What does Ken think about the system? Explain his opinions about it in English.

(会話と質問を繰り返す)

You have six minutes to write. Now begin.

Stop writing. This is the end of the listening test.

社会

時間　40分　　　満点　90点

1　Mさんは，アジアの工業化と日本の工業化にかかわることがらについて調べた。次の文は，Mさんが調べた内容の一部である。あとの問いに答えなさい。

【アジアの工業化】

(あ)20世紀後半，アジアの国や地域で工業化がすすんだ。すでに工業化がすすんでいた日本ではさらに工業が発展した。韓国，台湾，香港《ホンコン》，シンガポールでは1960年代に工業化がすすみ，これらの国や地域はアジアNIESと呼ばれるようになった。1990年代に入ると，(い)中国で工業が急速に発展し，その後はベトナムなど(う)東南アジアの国々で工業化がすすむようになった。

【日本の工業化】

第二次世界大戦後，京浜・(え)中京・阪神・北九州の工業地帯の周辺に工業地域が拡大した。その結果，太平洋ベルトと呼ばれる帯状の工業地域が形成された。高度経済成長期を経て，日本の主要輸出品は繊維製品や(お)鉄鋼，船舶などから自動車や精密機械などへ変化していき，(か)北アメリカやヨーロッパへの輸出額が増加した。(き)円高の影響を受けた1980年代以降，日本各地の工業地域に変化がみられるようになり，工業の衰退に対する懸念《けねん》が高まった。

(1)　(あ)20世紀後半以降，日本の産業構造は大きく変化した。図Ⅰは，1955（昭和30）年から2020（令和2）年までにおける，日本の産業別人口の推移を示したものである。あとのア～エのうち，図Ⅰ中のA～Cに当たる産業の組み合わせとして正しいものはどれか。一つ選び，記号を○で囲みなさい。(　ア　イ　ウ　エ　)

図Ⅰ

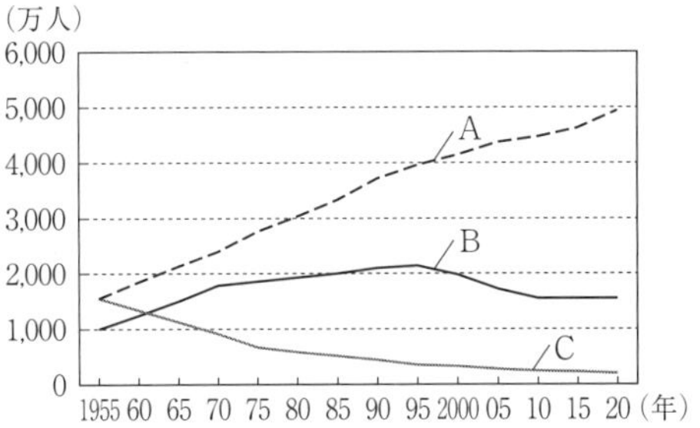

(労働政策研究・研修機構の資料により作成)

ア　A　第二次産業　　B　第一次産業　　C　第三次産業
イ　A　第二次産業　　B　第三次産業　　C　第一次産業
ウ　A　第三次産業　　B　第一次産業　　C　第二次産業
エ　A　第三次産業　　B　第二次産業　　C　第一次産業

(2)　(い)中国では，外国の資本や技術を積極的に導入するための地域として，1980年から1988年までに五つの地域が指定された。1980年に指定された深圳《シェンチェン》など，外国企業をよい条件で受け入れるために開放された地域は何と呼ばれているか。**漢字4字**で書きなさい。(　　　)

(3) (う)東南アジアの工業化による経済成長は，東南アジアの国どうしの協力によっても支えられている。

① 次のア～エのうち，東南アジアの経済成長や社会的・文化的発展の促進を目的として1967年に結成され，2021年においてミャンマーやカンボジアなど東南アジアの10か国が加盟している国際組織の略称はどれか。一つ選び，記号を○で囲みなさい。(ア　イ　ウ　エ)

ア EU　イ APEC　ウ ASEAN　エ MERCOSUR

② 表Ⅰ，表Ⅱは，1984年と2019年における，タイとマレーシアの輸出品と輸出総額に占める割合とをそれぞれ示したものである。あとのア～カのうち，表Ⅰ，表Ⅱ中のX，Yに当てはまる輸出品の組み合わせとして最も適しているものはどれか。一つ選び，記号を○で囲みなさい。

(ア　イ　ウ　エ　オ　カ)

表Ⅰ　1984年と2019年におけるタイの輸出品(%)

1984年		2019年	
X	15.1	機械類	29.1
野菜	11.2	自動車	11.2
魚介類	7.8	プラスチック	4.6
衣類	7.6	金（非貨幣用）	3.4
その他	58.3	その他	51.7

(『世界国勢図会』1988—89年版，2021／22年版により作成)

表Ⅱ　1984年と2019年におけるマレーシアの輸出品(%)

1984年		2019年	
Y	22.6	機械類	42.0
機械類	17.4	石油製品	7.0
パーム油	11.7	液化天然ガス	4.2
木材	10.3	精密機械	3.8
その他	37.9	その他	43.0

(『世界国勢図会』1990—91年版，2021／22年版により作成)

ア X 米　Y 原油（石油)　　イ X 米　Y 羊毛
ウ X 綿花　Y 羊毛　　エ X 綿花　Y 小麦
オ X ボーキサイト　Y 小麦　　カ X ボーキサイト　Y 原油（石油)

(4) (え)中京工業地帯は，愛知県名古屋《なごや》市を中心とする工業地帯である。次のア～エのうち，2018(平成30）年の製造品出荷額において，愛知県が全国1位である製造品はどれか。一つ選び，記号を○で囲みなさい。(ア　イ　ウ　エ)

ア 医薬品製剤　イ 輸送用機械器具　ウ 印刷・同関連品　エ パルプ・紙・紙加工品

(5) ㋔鉄鋼は，現在も日本の重要な輸出品である。図Ⅱは，東アジアにおける，鉄鋼の主原料となる鉄鉱石と石炭が取れるおもな場所を示したものである。図Ⅲは，中国と日本における，おもな製鉄所の位置をそれぞれ示したものである。次の文は，図Ⅱ，図Ⅲをもとに，製鉄所の立地について述べたものである。

図Ⅱ

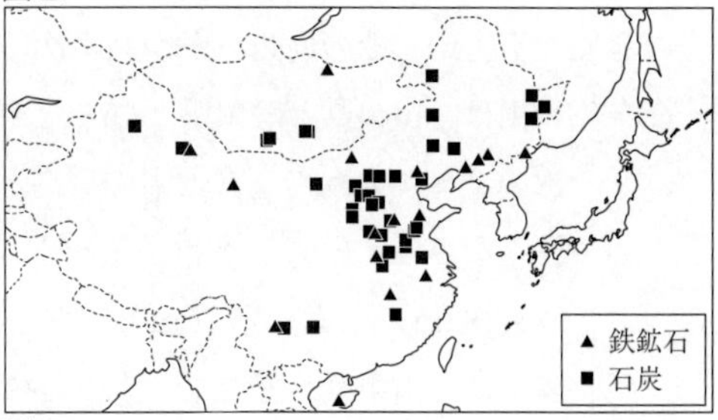

図Ⅲ

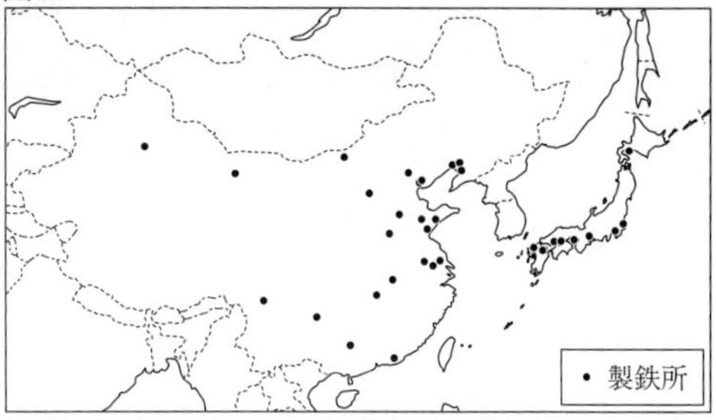

(図Ⅱ，図Ⅲともに┈┈┈は現在の国界を示し，－・－・－は国界が未確定であることを示す)

> 中国と日本とでは，製鉄所の位置にそれぞれ特徴がある。中国は（ ⓐ ）に製鉄所が立地している。一方，日本は主原料を（　　ⓑ　　）。

① 次のア～エのうち，文中の（ ⓐ ）に入る内容として最も適しているものを一つ選び，記号を○で囲みなさい。（ ア　イ　ウ　エ ）

ア 内陸部のみ

イ おもに，中国東北部

ウ 石炭が取れるすべての場所の付近

エ おもに，主原料の両方またはそのどちらかが取れる場所の付近

② 文中の（ ⓑ ）には，図Ⅱ，図Ⅲから読み取れることをふまえた製鉄所の立地とその理由についての内容が入る。文中の（ ⓑ ）に入れるのに適している内容を簡潔に書きなさい。

（　　　　　　　　　　　　　　　　　　　　　　　　　　　　　　　　　　　　　　）

(6) ㋕北アメリカでは，USMCAと呼ばれる新たな貿易協定が2020年に発効された。

① USMCAは，NAFTAに加盟していた3か国による新たな貿易協定である。USMCAに加盟している3か国のうち，2か国はアメリカ合衆国とカナダである。あと1か国はどこか。国名を書きなさい。（　　　）

② アメリカ合衆国のサンフランシスコ郊外には，コンピュータや半導体関連の先端技術産業が集中している地域（地区）がある。この地域（地区）は，コンピュータや半導体関連の先端技術産業が集中していることから何と呼ばれているか，書きなさい。（　　　）

(7) ㋖円高は貿易や物価など，経済にさまざまな影響を与える。次の文は，円高の影響を受けた1980年代以降の日本の工業について述べたものである。文中の（　　）に入れるのに適している内容を，「工場」の語を用いて簡潔に書きなさい。

（　　　　　　　　　　　　　　　　　　　　　　）

1980年代以降，貿易上の対立をさけることやより安く製品を生産することを目的として（　　　　）ことにより，雇用の減少が起こり，工業が衰退することが懸念された。このような現象は「産業の空洞化」と呼ばれている。

2　富士《ふじ》山は，わが国で最も標高の高い山であり，わが国の人々の自然観や文化に大きな影響を与えてきた。富士山とその周辺にかかわる次の問いに答えなさい。

(1)　富士山は，山梨県と静岡県とにまたがる火山である。

①　次のア～エのうち，富士山の標高として最も適しているものはどれか。一つ選び，記号を○で囲みなさい。(　ア　イ　ウ　エ　)

ア　1,982m　　イ　3,776m　　ウ　4,058m　　エ　8,848m

②　表Ⅰは，山梨県，静岡県，大阪府について，2018(平成30)年における米，野菜，果実の農業産出額及び漁業産出額を示したものである。次のア～カのうち，表Ⅰ中のA～Cに当たる府県の組み合わせとして正しいものはどれか。一つ選び，記号を○で囲みなさい。(　ア　イ　ウ　エ　オ　カ　)

ア　A　山梨県　　B　静岡県　　C　大阪府
イ　A　山梨県　　B　大阪府　　C　静岡県
ウ　A　静岡県　　B　山梨県　　C　大阪府
エ　A　静岡県　　B　大阪府　　C　山梨県
オ　A　大阪府　　B　山梨県　　C　静岡県
カ　A　大阪府　　B　静岡県　　C　山梨県

表Ⅰ　農業産出額及び漁業産出額(億円)

府県	農業			漁業
	米	野菜	果実	
A	73	150	67	46
B	63	112	629	—
C	194	643	298	551

(—は皆無なことまたは当てはまる数字がないことを示す)

(『データでみる県勢』2021年版により作成)

(2)　富士山は，古くから和歌によまれたり絵画に描かれたりしてきた。

①　富士山をよんだ和歌が，紀貫之《きのつらゆき》らによって編さんされた『古今和歌集』に収められている。『古今和歌集』が編さんされた時代の文化は何と呼ばれているか。次のア～エから一つ選び，記号を○で囲みなさい。(　ア　イ　ウ　エ　)

ア　桃山文化(安土《あづち》桃山文化)　　イ　鎌倉文化　　ウ　国風文化　　エ　天平《てんぴょう》文化

②　右の絵は，葛飾北斎《かつしかほくさい》が描いた富士山の浮世絵である。江戸時代には，このような風景を描いた浮世絵が人々に親しまれた。

(a)　次のア～エのうち，江戸時代に，葛飾北斎とならび多くの浮世絵による風景画を描いたのはだれか。一つ選び，記号を○で囲みなさい。(　ア　イ　ウ　エ　)

ア　歌川《うたがわ》(安藤《あんどう》)広重《ひろしげ》　　イ　黒田清輝《くろだせいき》　　ウ　狩野永徳《かのうえいとく》　　エ　雪舟《せっしゅう》

(b)　浮世絵の構図や色彩は西洋の芸術に大きな影響を与え，影響を受けた画家たちがフランスのパリを中心に活躍した。次の(i)～(iii)は，フランスで起こったできごとについて述べた文である。(i)～(iii)をできごとが起こった順に並べかえると，どのような順序になるか。あとのア～カから正しいものを一つ選び，記号を○で囲みなさい。(　ア　イ　ウ　エ　オ　カ　)

(i)　軍人のナポレオンが権力を握り，ヨーロッパの支配をすすめた。
(ii)　ルイ14世が，強大な権力をもって独裁的な政治を行った。
(iii)　パリ講和会議が開催され，ベルサイユ条約が締結された。

ア　(i)→(ii)→(iii)　　イ　(i)→(iii)→(ii)　　ウ　(ii)→(i)→(iii)　　エ　(ii)→(iii)→(i)

オ　(iii)→(i)→(ii)　　カ　(iii)→(ii)→(i)

(3)　現在，富士山周辺の環境保全や環境教育に取り組む非営利組織（非営利団体）が多数ある。次の文は，非営利組織（非営利団体）について述べたものである。文中の［A］に当てはまる語を**アルファベット**で書きなさい。（　　　）

非営利組織（非営利団体）は，福祉，教育，まちづくりなどの国内の課題に対して活動している民間団体であり，その略称は，［A］と表される。わが国では，1998（平成10）年に［A］法と呼ばれる法律が制定され，活動を支援するしくみが整えられた。

(4)　Nさんは，2021（令和3）年に富士山のハザードマップが改定されたことに興味をもち，山梨県において，富士山噴火の兆候が観測された場合に現地において対策を実施する現地対策拠点について調べた。図Ⅰは，富士山のハザードマップをもとにNさんが作成した地図であり，富士山噴火時に溶岩流が到達する可能性のある範囲を示したものである。図Ⅰ中のA地区とB地区は，現地対策拠点の設置場所の候補地となり得る地区として，山梨県が選定した地区のうちの二つの地区である。下の文は，Nさんが調べた内容をもとに，NさんとH先生が交わした会話の一部である。この会話文を読んで，あとの問いに答えなさい。

図Ⅰ　溶岩流可能性マップ

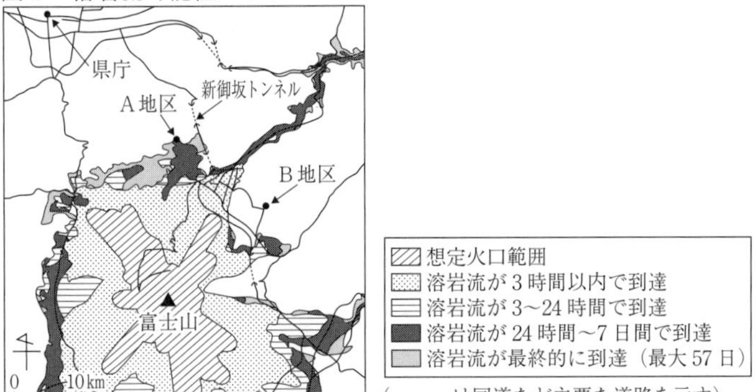

（——は国道など主要な道路を示す）

Nさん：富士山のハザードマップの改定により，被災する可能性のある範囲が拡大したことを受けて，山梨県では新たに，現地対策拠点の設置場所の候補地となり得る地区が選定されました。そのうち，A地区とB地区の二つの地区を比較したいと思います。

H先生：では，二つの地区について，富士山噴火にともなう影響はどのように想定されていますか。

Nさん：図Ⅰから，ⓐ〔ア　A地区　　イ　B地区〕は，最終的には溶岩流で被災する可能性はあるものの，1週間程度の時間は確保することができると分かるので，住民の避難対策など現地で最低限必要となる業務を果たすことは可能であると想定されています。また，その地区から新《しん》御《み》坂《さか》トンネルを経由し県庁に至る主要な道路は，1週間程度は通行が可能であることが分かります。もう一方の地区は，溶岩流で直接被災する恐れはないものの，その地区から新御坂トンネルを経由し県庁に至る主要な道路は，溶岩流で被災する可能性がある場所を通っており，早ければⓑ〔ウ　3時間以内　　エ　3～24時間　　オ　24時間～7日間〕で溶岩流が到達して寸断される恐れがあります。

H先生：たしかに，県職員らが県庁から現地対策拠点まで移動することができる道路を確保することは重要ですね。もっとも，現地対策拠点では，県だけでなく，国，市町村，□，警察，消防，火山の専門家などの関係諸機関が連携し，災害応急対策を実施することになります。他に噴火にともなう影響として，どのようなことが想定されていますか。

Nさん：上空の風の影響により，A地区とB地区を含む広範囲に（　　　　）ことが想定されており，交通機関や農作物，電気・水道など生活を支えるシステムへの影響や健康被害の恐れがあります。江戸時代に起きた噴火では，火口から約100km離れた江戸でも堆積がみられ，健康被害を及ぼしたという記録が残っています。

H先生：そうですね。噴火にともなう影響について，さまざまな観点で調査や検討を継続することが大切ですね。今回は富士山噴火について考えましたが，自宅や学校周辺のハザードマップも確認してみましょう。

① 会話文中のⓐ〔　〕，ⓑ〔　〕から適切なものをそれぞれ一つずつ選び，記号を○で囲みなさい。ⓐ(ア　イ)　ⓑ(ウ　エ　オ)

② 会話文中の□に当てはまる，わが国の防衛を主たる任務とし，災害発生時に知事らによる派遣要請を受けて現地で救助などの災害派遣活動を行う組織の名称を**漢字3字**で書きなさい。

（　　）

③ 会話文中の（　）に入れるのに適している内容を簡潔に書きなさい。

（　　　　　　）

3　労働にかかわる次の問いに答えなさい。

(1)　日本国憲法に，勤労は国民の権利であり，義務であることが記されている。次の文は，基本的人権にかかわることについて記されている日本国憲法の条文の一部である。文中の□の箇所に用いられている語を書きなさい。(　　　)

「何人《なんぴと》も，公共の福祉に反しない限り，居住，移転及び□の自由を有する。」

(2)　わが国では，労働者を保護するために，労働に関するさまざまな法律が定められている。

①　次の文は，法律案の議決について記されている日本国憲法の条文の一部である。文中のⓐ〔　　〕，ⓑ〔　　〕から適切なものをそれぞれ一つずつ選び，記号を○で囲みなさい。

ⓐ(ア　イ)　ⓑ(ウ　エ)

衆議院で可決し，参議院でこれと異なつた議決をした法律案は，衆議院でⓐ〔ア　総議員　イ　出席議員〕のⓑ〔ウ　過半数　　エ　三分の二以上の多数〕で再び可決したときは，法律となる。

②　法律や予算にもとづいて国の仕事を行うのが内閣である。内閣が，日本国憲法及び法律の規定を実施するために制定する命令は何と呼ばれているか，書きなさい。(　　　)

③　次の文は，法律などが憲法に違反していないかどうかを判断する権限について述べたものである。文中の□に当てはまる語を書きなさい。(　　　)

日本国憲法は，法律などが憲法に違反していないかどうかを判断する権限を裁判所に与えている。裁判所のうち□裁判所は，違憲審査について最終的に決定する権限をもち，「憲法の番人」と呼ばれている。

④　労働者の保護を目的とした法律の一つに，労働基準法がある。次のア～カのうち，労働基準法に定められている内容について述べた文として適しているものはどれか。**すべて選び**，記号を○で囲みなさい。(ア　イ　ウ　エ　オ　カ)

ア　労働組合を組織することができる。

イ　労働時間を原則として1日8時間以内とする。

ウ　育児や家族の介護のために休業することができる。

エ　労働協約の締結に関して使用者と交渉する権限をもつ。

オ　労働者に対して，毎週少なくとも1回の休日を与える。

カ　労働者が女性であることを理由に，賃金について，男性と差別的取り扱いをしてはならない。

(3)　企業は，家計によって提供される労働やその他の資源を投入して，人々が求める商品を生産している。

①　次の文は，企業の役割について述べたものである。文中の□に当てはまる語を**漢字5字**で書きなさい。(　　　)

企業は人々が求める商品の生産や，公正な経済活動を行う役割を担《にな》っている。また，消費者の保護や雇用の安定，環境への配慮や社会貢献に関する活動などは「企業の□」(CSR)であるとされ，企業の役割として期待されている。

②　企業にはさまざまな種類があり，その一つが株式会社である。次のア～エのうち，わが国に

おける，株式会社や株式市場の一般的な特徴について述べた文として**誤っているもの**はどれか。一つ選び，記号を○で囲みなさい。(　ア　イ　ウ　エ　)

ア　上場された株式は，証券取引所で売買することができる。

イ　株価は，株式を発行している企業の業績により変動することがある。

ウ　株主には，株主総会における議決に参加する権利や，配当を受け取る権利がある。

エ　株式会社が倒産した場合，株主は出資額を失うだけでなく，会社の負債を返済する責任も負う。

③　銀行もまた企業である。図Ⅰは，銀行を中心とした金融のしくみを模式的に表したものである。銀行のおもな業務は預金の受け入れと，その預金をもとに行う貸し出しであり，預金や貸し出しの際の金利（元本に対する利子の比率）は各銀行がそれぞれで決めることができる。次の文は，図Ⅰをもとに，銀行が具体的にどのようにして利潤を得ているかについて述べたものである。文中の（　　）に入れるのに適している内容を，「金利」の語を用いて簡潔に書きなさい。

図Ⅰ

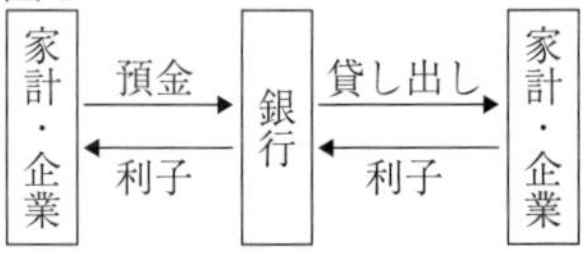

(　　　　　　　　　　　　　　　　　　　　　　　　　　　　　　　)

銀行は（　　　　　）ことで，その二つの金利の差から利潤を得ている。

(4)　Fさんは，くらしを支える仕事と，家事や育児など個人の生活との調和（両立）に興味をもち，2021（令和3）年に国際機関であるOECD（経済協力開発機構）が示した資料をもとにワーク・ライフ・バランスについて考えてみた。図Ⅱは，Fさんがまとめたものの一部であり，OECD加盟国の15〜64歳の男女別における1日当たりの，有償労働または学習活動に費やされる時間（以下，有償労働時間という。）と無償労働に費やされる時間（以下，無償労働時間という。）について示したものである。

図Ⅱ

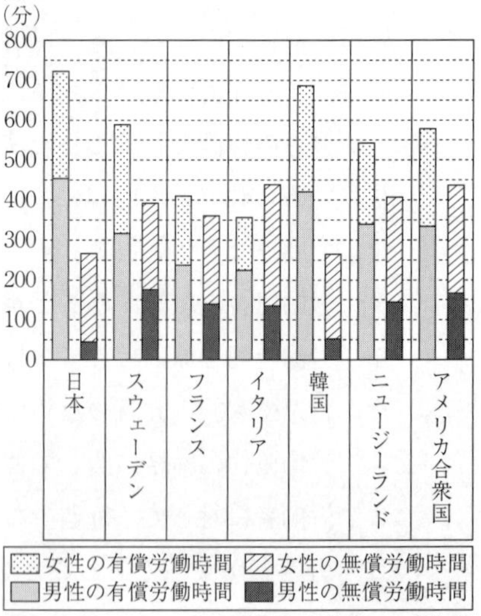

(OECDの資料により作成)

（注）　有償労働時間＝有償労働（すべての仕事），通勤・通学，授業など学校での活動，研究・宿題，求職活動，その他の有償労働・学業関連行動の時間の合計。

無償労働時間＝家事，世帯員・非世帯員の介護，育児，買い物，ボランティア活動，家事関連活動のための移動，その他の無償労働の時間の合計。

①　次のア〜エのうち，図Ⅱから読み取れる内容についてまとめたものとして正しいものはどれか。**すべて選び**，記号を○で囲みなさい。(　ア　イ　ウ　エ　)

ア　いずれの国も，無償労働時間より有償労働時間の方が長い。

イ　いずれの国も，有償労働時間は男性の方が長く，無償労働時間は女性の方が長い。

ウ　有償労働時間について，最も長い国の時間は最も短い国の時間の2倍以上である。

エ　女性の無償労働時間が男性の無償労働時間の5倍以上である国は，日本と韓国である。

② 次の文は，図Ⅱをもとに，Ｆさんと友人のＧさんが交わした会話の一部である。あとのア～エのうち，会話文中の（　　）に入る内容として最も適しているものを一つ選び，記号を○で囲みなさい。（ア　イ　ウ　エ）

Ｇさん：日本の有償労働時間は諸外国の中でも長いね。

Ｆさん：労働者の有償労働時間を減らすことができれば，その分の時間を育児や介護など個人の生活の時間にあてることもできるので，仕事と個人の生活の両方を充実させることができるのではないかな。

Ｇさん：性別にかかわらず，多様な働き方や生き方を選択できることが大切ということだね。ただ，労働者の有償労働時間を減らしても収入は維持することが求められるので，（　　）が必要になると考えられるね。

Ｆさん：その例として，在宅勤務などテレワークの推進は，通勤時間の削減になるので収入を維持しながら有償労働時間を減らすことができると考えられる取り組みの一つだね。

Ｇさん：そうだね。でも，テレワークを導入できる仕事は限られるなど課題はあるね。他にもワーク・ライフ・バランスの実現につながる取り組みを考えてみようよ。

ア　法人税を増加させること　　　　イ　年金の給付額を増加させること

ウ　時間当たりの収入を増加させること　　エ　非正規雇用労働者を増加させること

4　わが国の土地政策にかかわることがらについて，次の問いに答えなさい。

(1)　朝廷は701年に大宝律令《たいほうりつりょう》を制定し，全国の土地と人々を国家が直接統治する政治のしくみを整えた。

①　大宝律令が制定されたころ，都は藤原京におかれていた。藤原京は，道路によって碁盤の目のように区画された，わが国で初めての本格的な都であった。右の地図中のア～エのうち，藤原京の場所を一つ選び，記号を○で囲みなさい。（ア　イ　ウ　エ）

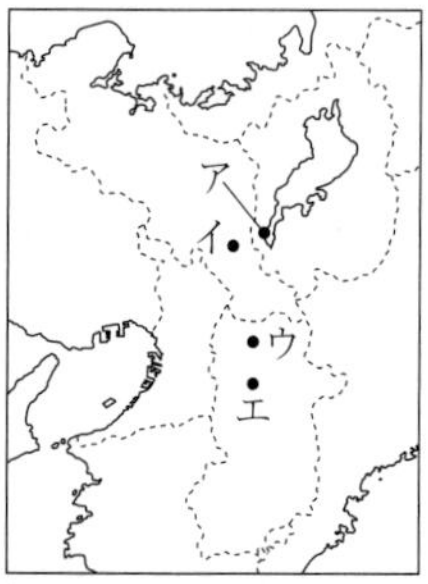

(……は現在の県界を示す)

②　朝廷は律令にもとづいて戸籍をつくり，全国の人々の名前や年齢などを把握した。戸籍にもとづいて6歳以上の人々に割り当てられた土地は何と呼ばれているか。**漢字3字**で書きなさい。（　　　）

③　墾田永年私財法が出されると，荘園《しょうえん》が成立するようになり，しだいに公地公民の原則が崩れていった。次のア～エのうち，墾田永年私財法が出された時代のわが国のようすについて述べた文として正しいものはどれか。一つ選び，記号を○で囲みなさい。

（ア　イ　ウ　エ）

ア　観阿弥《かんあみ》と世阿弥《ぜあみ》によって，能が大成された。

イ　僧の鑑真《がんじん》が唐《とう》から来日し，わが国に仏教のきまりを伝えた。

ウ　仁徳《にんとく》天皇陵と伝えられている大仙《だいせん》（大山《だいせん》）古墳がつくられた。

エ　運慶《うんけい》らによって制作された金剛力士像が，東大寺の南大門におかれた。

(2)　11世紀には，全国の土地は，上皇や貴族，寺社が支配する荘園と，国司が支配する公領とに分かれていった。次の文は，鎌倉幕府が勢力を拡大していくようすについて述べたものである。文中の ⓐ ， ⓑ に当てはまる語をそれぞれ**漢字2字**で書きなさい。

ⓐ(　　　)　ⓑ(　　　)

1185年，源頼朝《みなもとのよりとも》は，荘園や公領に ⓐ をおくことを朝廷に認めさせた。 ⓐ は御家人の中から任命され，年貢《ねんぐ》の取り立てや土地の管理などを行った。1221年に起こった ⓑ の乱で後鳥羽《ごとば》上皇に勝利した幕府は上皇側の土地を取り上げ，西日本にも勢力をのばして，幕府の支配を固めた。

(3)　16世紀後半，豊臣秀吉《とよとみひでよし》は役人を派遣して，全国で太閤《たいこう》検地と呼ばれる検地を行った。次のア～エのうち，太閤検地を行った結果について述べた文として**誤っているもの**はどれか。一つ選び，記号を○で囲みなさい。（ア　イ　ウ　エ）

ア　武士は，領地の石高に応じて，軍事にかかわる義務を負うこととなった。

イ　公家《くげ》や寺社は，それまでもっていた荘園領主としての土地の権利を失うこととなった。

ウ　ものさしの長さやますの大きさが統一され，田畑の収穫量が石高で表されるようになった。

エ　農民は，土地を有力者のものとすることで，税を免除される権利を得ることができるようになった。

(4)　江戸時代には，幕府と藩が全国の土地と人々を支配する幕藩体制がとられた。江戸幕府は直轄地をもち，京都や大阪などの主要都市や全国のおもな鉱山を直接支配した。

① 表Ⅰは，19 世紀における，幕府領（幕府の直轄地と旗本・御家人領とを合わせた領地），天皇・公家領，大名領，寺社領の石高と石高の合計に占める割合とをそれぞれ示したものである。表Ⅰ中のア～エのうち，幕府領に当たるものを一つ選び，記号を○で囲みなさい。（ ア　イ　ウ　エ ）

表Ⅰ　石高とその割合

	石高(万石)	割合(%)
ア	2,250	74.5
イ	723	23.9
ウ	34	1.1
エ	14	0.5
合計	3,021	100.0

(『吹塵録』及び『徳川幕府県治要略』により作成)

② 次の文は，19 世紀前半に行われた江戸幕府の土地政策について述べたものである。文中のⓐ〔　　〕から適切なものを一つ選び，記号を○で囲みなさい。また，あとのエ～キのうち，文中の（ ⓑ ）に入る内容として最も適しているものを一つ選び，記号を○で囲みなさい。ⓐ（ ア　イ　ウ ）　ⓑ（ エ　オ　カ　キ ）

江戸幕府は，新たに江戸や大阪の周辺にある大名や旗本の領地を直接支配しようとした。この政策は，老中であったⓐ〔ア　水野忠邦《みずのただくに》　イ　松平定信《まつだいらさだのぶ》　ウ　井伊直弼《いいなおすけ》〕が，19 世紀前半に（　ⓑ　）ことをはじめとする国内の諸問題や，財政難，海沿いの防備の強化などに対応するために打ち出したものであるが，大名や旗本の強い反対などによって実施されなかった。

エ　薩摩《さつま》藩などに対する不満から，鳥羽《とば》・伏見《ふしみ》で内戦が起こった
オ　米の安売りを求めて富山で起こった米騒動が，全国に広がった
カ　苦しむ人々を救済するため，大阪町奉行所の元役人の大塩平八郎《おおしおへいはちろう》が乱を起こした
キ　重い年貢やキリスト教徒への弾圧に反対して，島原《しまばら》・天草一揆《あまくさいっき》（島原・天草の一揆）が起こった

(5) 1873（明治 6）年に地租改正が実施され，国民に土地の所有権が認められたが，農地をもたず土地を借りて耕作する農民もいた。

① 資料Ⅰは，1873 年に出された法令を示したものであり，その法令の一部を現代のことばに書き改めたものである。あとのア～エのうち，資料Ⅰ中の（　　）に入る内容として最も適しているものを一つ選び，記号を○で囲みなさい。（ ア　イ　ウ　エ ）

資料Ⅰ

> この度，地租が改正されて，従来の田畑納税法はすべて廃止し，地券調査終了しだい，（　　）を地租と決めるよう命じられたので，その趣旨を別紙の条例の通りに心得ること。

（注） 別紙の条例＝ここでは，地租改正について定めた条例のこと。

ア　土地の価格の 3 %　　イ　土地の価格の 2.5 %　　ウ　収穫高の 3 %
エ　収穫高の 2.5 %

② 大正デモクラシーと呼ばれる風潮のもと，農村で小作料の引き下げなどを求めて小作争議が起こるなど，社会運動の高まりがみられた。次の文は，大正時代におけるわが国の社会運動にかかわることがらについて述べたものである。文中のⓐ〔　　〕，ⓑ〔　　〕から適切なものをそれぞれ一つずつ選び，記号を○で囲みなさい。ⓐ（ ア　イ　ウ ）　ⓑ（ エ　オ　カ　キ ）

第一次世界大戦後，小作争議が増加し，1922（大正 11）年に小作人の権利を守るための全国組織であるⓐ〔ア　立志社　イ　全国水平社　ウ　日本農民組合〕がつくられた。小作争議

の他にもさまざまな社会運動が広がる中で，1925（大正 14）年にⓑ〔エ　独占禁止法　　オ　地方自治法　　カ　治安維持法　　キ　国家総動員法〕が制定されたことにより，その後，社会運動はさらなる制約を受けるようになっていった。

(6)　第二次世界大戦後，自作農を増やすために農地改革が行われた。右の絵は，農林省（現在の農林水産省）が農地改革を国民に宣伝するために，1947（昭和 22）年に作成した紙芝居の一部である。次の文は，農地改革について述べたものである。文中の（　　）には，政府が実施した土地政策についての内容が入る。文中の（　　）に入れるのに適している内容を，「地主」「小作人」の **2** 語を用いて簡潔に書きなさい。

（　　　）

農地改革において，政府が（　　　　　　）ことで，小作地が減少して自作地が増加した。

理科

時間　40分　　満点　90点

1　生態系における食物連鎖に興味をもったFさんは，生物や生態系について調べ，考察した。また，メダカの飼育を通じて，生物の間における物質の移動について考えた。あとの問いに答えなさい。

> **【Fさんが生物や生態系について調べたこと】**
> ・動物は，食物のとり方や生活の仕方によって，特徴のある体のつくりになっている。
> ・生態系において，光合成を行っている植物は(あ)生産者と呼ばれており，植物を食べる草食動物および動物を食べる肉食動物は，消費者と呼ばれている。
> ・(い)生物の数量（生物量）を比べると，消費者の中では草食動物の数量が最も大きい。
> ・生態系において成り立っている生物どうしの数量的なつり合いは，(う)外来種（外来生物）によって崩されて元に戻らなくなってしまうことがある。

(1)　ライオンとシマウマは，いずれも背骨をもつ胎生の恒温動物である。

①　ライオンとシマウマは何類に分類される動物か。次のア～エから一つ選び，記号を○で囲みなさい。（ア　イ　ウ　エ）

ア　ホニュウ類　　イ　ハチュウ類　　ウ　両生類　　エ　鳥類

②　図Ⅰは，頭上から見たライオンとシマウマの水平方向の視野を表した模式図であり，Rは右目で見ることができる範囲，Lは左目で見ることができる範囲をそれぞれ表している。図Ⅰについて述べた次の文中のⓐ〔　　〕，ⓑ〔　　〕から適切なものをそれぞれ一つずつ選び，記号を○で囲みなさい。

図Ⅰ

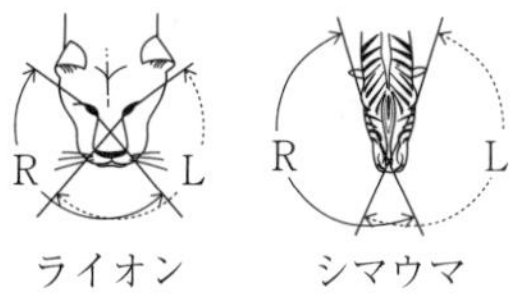

ⓐ（ア　イ）　ⓑ（ウ　エ）

シマウマよりライオンの方が，RとLの重なっている範囲がⓐ〔ア　小さい　　イ　大きい〕。このため，ライオンの方が，ⓑ〔ウ　一度に見渡すことのできる　　エ　一度に立体的に見ることのできる〕範囲は大きいといえる。

(2)　下線部(あ)について述べた次の文中の①〔　　〕，②〔　　〕から適切なものをそれぞれ一つずつ選び，記号を○で囲みなさい。

①（ア　イ）　②（ウ　エ）

生産者は，さまざまな生物の栄養分となる①〔ア　有機物　　イ　無機物〕を②〔ウ　自らつくり出す　　エ　他の生物から取り出す〕はたらきをしている。

(3)　下線部(い)について，図Ⅱは，陸上のある生態系における年ごとの肉食動物Aと草食動物Bの個体数の変化を表したグラフである。肉食動物Aと草食動物Bは食べる・食べられるの関係にあり，1977年までは，肉食動物Aと草食動物Bの個体数のつり合いはとれていた。

図Ⅱ

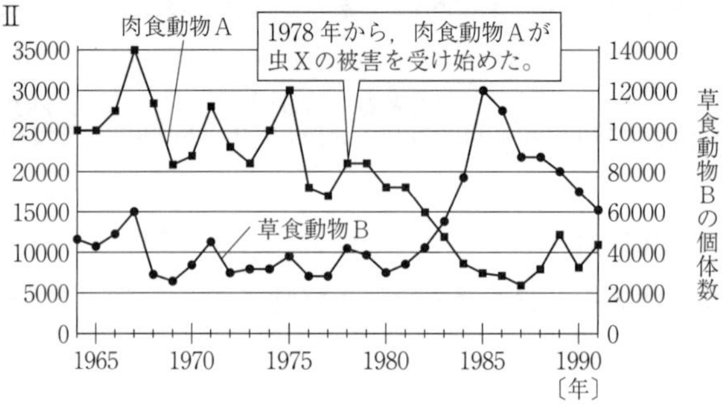

① 1978年から，肉食動物Aは虫Xの被害を受け始めた。虫Xが肉食動物Aの体に付いて増殖すると，肉食動物Aは体が弱って食物を食べることができなくなる。次の文中のⓒ〔　　〕，ⓓ〔　　〕から適切なものをそれぞれ一つずつ選び，記号を○で囲みなさい。

ⓒ(ア　イ)　ⓓ(ウ　エ)

虫Xによる肉食動物Aへの影響は1978年以降しばらく続き，1980年から1985年にかけては，ⓒ〔ア　草食動物Bが増加したことが原因で，肉食動物Aが減少　　イ　肉食動物Aが減少したことが原因で，草食動物Bが増加〕していったと考えられる。1985年には，草食動物Bの個体数は肉食動物Aの個体数のおよそⓓ〔ウ　4倍　　エ　16倍〕になった。

② 次のア～エのうち，1985年から1987年にかけて，草食動物Bの個体数が減少した理由として考えられるものはどれか。最も適しているものを一つ選び，記号を○で囲みなさい。

(ア　イ　ウ　エ)

ア　肉食動物Aの個体数が急激に増えたために，草食動物Bの食料となる植物が不足したから。

イ　肉食動物Aの個体数が急激に減ったために，草食動物Bの食料となる植物が増加したから。

ウ　草食動物Bの個体数が多すぎたために，草食動物Bの食料となる植物が不足したから。

エ　草食動物Bの個体数が少なすぎたために，草食動物Bの食料となる植物が増加したから。

(4) 下線部㋒について述べた次の文中の［　　］に入れるのに適している語を書きなさい。(　　　)

外来種とは，もともとその地域に生息していなかったが，［　　］の活動によって，他の地域から移ってきて，野生化し，定着した生物のことである。

【メダカの飼育】 Fさんは，水を入れた水槽に，別に飼っているメダカの水槽の小石を移し，オオカナダモを植え付けた。これを日当たりのよい窓際に数日置いたあと，メダカを入れ，人工のエサを与えて飼育した。

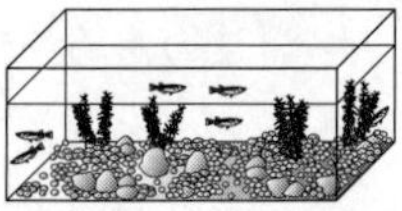

(5) メダカを入れる前，オオカナダモの葉の表面に小さな泡の粒がたくさん付いていた。これらの小さな泡の粒を集めた気体を調べると，酸素が多く含まれていることが分かった。次のア～エのうち，酸素の性質として適しているものを一つ選び，記号を○で囲みなさい。

(ア　イ　ウ　エ)

ア　石灰水を白く濁らせる。

イ　刺激臭があり，水にとけて酸性を示す。

ウ　水にとけてアルカリ性を示す。

エ　火のついた線香を入れると，線香が激しく燃える。

(6) Fさんは，先生から「メダカのふんなどで水が濁るのを防ぐためには，掃除のときに，小石の汚れを完全に落としてはいけない。」と助言をもらった。次の文は，助言の根拠を述べたものである。文中の①〔　〕から適切なものを一つ選び，記号を○で囲みなさい。また，生態系における生物のはたらきをふまえ，[②]に入れるのに適している語を書きなさい。

①(ア　イ) ②(　　　)

小石の汚れに見える部分には，メダカのふんなどから養分を得る①〔ア　細菌類　　イ　コケ植物〕のような，[②]者と呼ばれる生物が含まれている。これらの生物が取り除かれてしまうと，有機物を無機物に[②]することができなくなり，水槽の水が濁る。

(7) 自然界では，食物連鎖や，呼吸および光合成によって，炭素が有機物や無機物に形を変えながら生物の間を繰り返し移動し，生態系を循環している。次の文は，水槽中のオオカナダモとメダカとの間での炭素の移動について述べたものである。あとのア～カのうち，文中の[ⓔ]～[ⓖ]に入れるのに適している語の組み合わせはどれか。一つ選び，記号を○で囲みなさい。ただし，水槽中にはオオカナダモを食べる生物はおらず，メダカは人工のエサのみを食べているものとする。

(ア　イ　ウ　エ　オ　カ)

水槽中のオオカナダモからメダカに炭素は移動して[ⓔ]と考えられ，メダカからオオカナダモに炭素は移動して[ⓕ]と考えられる。したがって，この水槽中ではオオカナダモとメダカの間を繰り返し移動している炭素は存在[ⓖ]と考えられる。

ア　ⓔ いる　ⓕ いる　ⓖ する　　イ　ⓔ いる　ⓕ いる　ⓖ しない
ウ　ⓔ いる　ⓕ いない　ⓖ する　　エ　ⓔ いる　ⓕ いない　ⓖ しない
オ　ⓔ いない　ⓕ いる　ⓖ する　　カ　ⓔ いない　ⓕ いる　ⓖ しない

2　ふたをした鍋で水を加熱すると，やがて沸とうが始まって鍋のふたがもち上がり，カタカタと音を立てて動いた。鍋のふたは，加熱を続けている間は動き続け，加熱をやめると速やかに止まった。このことに興味をもったＲさんは，水について調べ，Ｙ先生と一緒に実験および考察を行った。次の問いに答えなさい。

(1)　水は，水素と酸素とが反応してできる化合物の一つである。

①　水素と酸素とが反応して水ができる化学変化の化学反応式は，$2H_2 + O_2 \rightarrow 2H_2O$ で表される。次のア～エのうち，この化学変化をモデルで表したものとして最も適しているものを一つ選び，記号を○で囲みなさい。ただし，水素原子１個を◎，酸素原子１個を◍で表すものとする。（ア　イ　ウ　エ）

ア　イ　ウ　エ

②　次の文中の［ⓐ］に入れるのに適している語を書きなさい。（　　　）

窒素や酸素などからなる空気のように，いくつかの物質が混ざり合ったものが混合物と呼ばれるのに対して，水のように１種類の物質からなるものは［ⓐ］と呼ばれる。［ⓐ］の沸点は，物質の種類によって決まった温度となる。

【実験】　図Ⅰのように，火の大きさを一定にしたガスバーナーで沸とう石を入れた水を加熱した。図Ⅱは，加熱時間と水温の関係を表したグラフである。

図Ⅰ

図Ⅱ

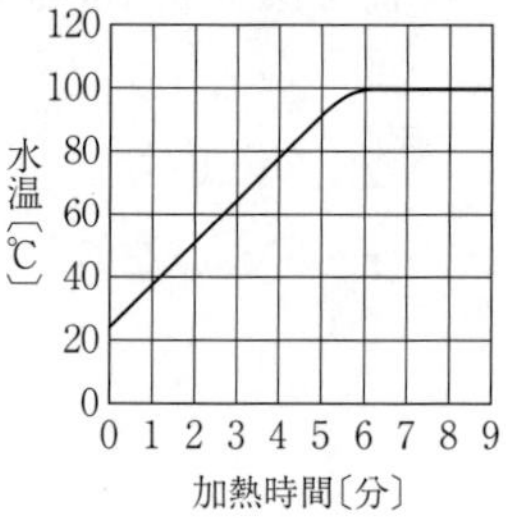

(2)　図Ⅰ中に示した沸とう石について，次のア～エのうち，沸とう石を入れる目的として適しているものを一つ選び，記号を○で囲みなさい。（ア　イ　ウ　エ）

ア　水が突然沸とうするのを防ぐ。

イ　水が蒸発するのを防ぐ。

ウ　水が空気と反応するのを防ぐ。

エ　水が酸素と水素とに分解するのを防ぐ。

【ビーカーの中の水のようすと，図ⅡからＲさんが読み取ったこと】

・加熱を開始してから５分までは，加熱時間に対する水温の上昇の割合は一定であった。

・ガスバーナーによる水への熱の加え方が変わらないのに，加熱を開始してから５分が過ぎると，気泡の発生とともに加熱時間に対する水温の上昇の割合は徐々に小さくなっていった。加熱を開始してから６分が過ぎると，水中のいたる所で大きな気泡が発生するようになり，水温は100℃のまま上昇しなかった。

【Ｒさんが考えたこと１】

・加熱時間に対する水温の上昇の割合が小さくなっていき，100℃になると水温が一定になったのは，気泡の発生が原因ではないだろうか。

【Y 先生の助言 1】
・ガスバーナーの火の大きさが一定なので，水に加えられる 1 分あたりの熱量も一定であると考えてよい。
・水の状態が液体から気体へと変化するためには，熱が必要である。
・水に加えられた熱量は，水温の上昇に利用された熱量と，水の状態変化に利用された熱量との総量に等しいと考えてよい。

(3) 次の文は，実験において，加熱を開始して 5 分が過ぎてから 6 分までの 1 分間でみられた，水温の上昇のようすから分かることについて，Y 先生の助言 1 をもとに R さんがまとめたものである。文中の［　　］に入れるのに適している内容を Y 先生の助言 1 をふまえ，「熱量」の語を用いて書きなさい。
(　　　　　　　　　　　　　　　　　　　　　　　　)

実験では，水に加えられる 1 分あたりの熱量はつねに一定であったといえる。したがって，加熱を開始して 5 分が過ぎてから 6 分までの 1 分間で，加熱時間に対する水温の上昇の割合が徐々に小さくなっていったのは，時間とともに［　　］が増加していったためであると考えられる。

【R さんが考えたこと 2】
・ふたをした鍋の中で水が沸とうしていたとき，水蒸気が鍋のふたをもち上げたのではないだろうか。

【Y 先生の助言 2】
・図Ⅲの模式図のように，(あ)液体から気体に状態が変化すると，分子どうしの間隔は大きくなって，物質の体積は増加する。
・加熱を続け，水が沸とうしているとき，水蒸気が鍋のふたをもち上げる仕事をしている。このとき，(い)エネルギーの変換が起こっており，このしくみは(う)発電に利用されている。

図Ⅲ
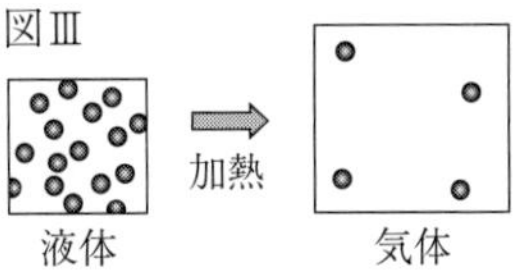

(4) 下線部(あ)について，15g の水を加熱し，すべて 100 ℃の水蒸気にしたとき，その水蒸気の体積は何 L になると考えられるか，求めなさい。ただし，100 ℃の水蒸気 1 L あたりの質量は 0.60g であるとする。(　　　L)

(5) 次の文は，Y 先生の助言 2 をもとに R さんがまとめたものである。あとのア～エのうち，文中の［ⓑ］，［ⓒ］に入れるのに適している語の組み合わせはどれか。一つ選び，記号を○で囲みなさい。(ア　イ　ウ　エ)

沸とうしている水に継続して熱を加えると，液体の水の［ⓑ］が減少し，減少した分と同じだけ，気体の水の［ⓑ］が増加する。このとき，液体の水の［ⓒ］の減少量よりも，気体の水の［ⓒ］の増加量が著しく大きくなるために，鍋のふたはもち上がったと考えられる。

ア ⓑ 体積　ⓒ 質量　イ ⓑ 密度　ⓒ 質量　ウ ⓑ 質量　ⓒ 体積
エ ⓑ 密度　ⓒ 体積

(6)　下線部(い)について述べた次の文中のⓓ〔　　〕，ⓔ〔　　〕から適切なものをそれぞれ一つずつ選び，記号を○で囲みなさい。ⓓ(ア　イ)　ⓔ(ウ　エ　オ)

エネルギーが変換されると，変換されて得られた目的のエネルギーの量は，変換前のエネルギーの総量よりもⓓ〔ア　多く　　イ　少なく〕なる。これは，変換にともなって，目的外のエネルギーにも変換されてしまうためである。目的外のエネルギーの量と目的のエネルギーの量との総量は，変換前のエネルギーの総量と比べてⓔ〔ウ　多くなる　　エ　変わらない　　オ　少なくなる〕。

(7)　下線部(う)について，図Ⅳは火力発電のしくみを模式的に表したものである。火力発電所では，ボイラーで水を沸とうさせて，発電を行っている。あとのア～カのうち，火力発電について述べた次の文中の［ⓕ］～［ⓗ］に入れるのに適している語の組み合わせはどれか。一つ選び，記号を○で囲みなさい。(ア　イ　ウ　エ　オ　カ)

図Ⅳ

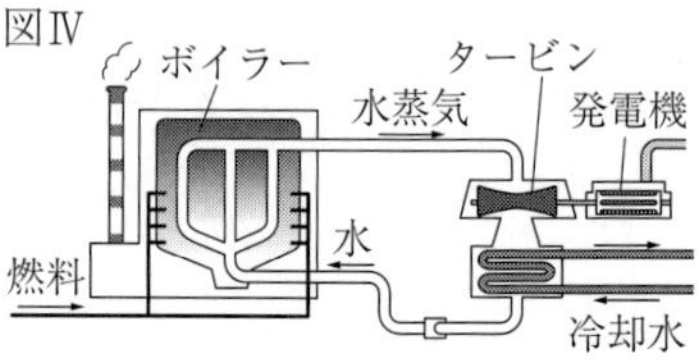

火力発電では，ボイラーにおいて，燃料のもつ［ⓕ］エネルギーを［ⓖ］エネルギーに変換し，水の状態を液体から気体に変化させる。気体になった水はタービンを回す仕事をする。回転するタービンの［ⓗ］エネルギーは発電機で電気エネルギーに変換される。

ア　ⓕ　運動　ⓖ　化学　ⓗ　熱　　イ　ⓕ　運動　ⓖ　熱　ⓗ　化学
ウ　ⓕ　化学　ⓖ　運動　ⓗ　熱　　エ　ⓕ　化学　ⓖ　熱　ⓗ　運動
オ　ⓕ　熱　ⓖ　運動　ⓗ　化学　　カ　ⓕ　熱　ⓖ　化学　ⓗ　運動

3 Gさんは，太陽だけでなく，惑星や太陽以外の恒星も月にかくされる現象が起こることに興味をもち，E先生と一緒に天体の動きについて調べることにした。次の問いに答えなさい。ただし，日本から観測した月の左は東側，右は西側である。

(1) 地球から観測して，地球，月，太陽が一直線上に並ぶとき，太陽が月にかくされる現象は何と呼ばれているか，書きなさい。(　　　)

【惑星や恒星が月にかくされる現象について調べたこと】

・2021年には水星，金星，火星が月にかくされる現象がそれぞれ2回ずつ，合計6回起こった。

・6回のうち大阪から観測できる条件にあったのは，金星と火星の1回ずつであったが，いずれも昼間の時間帯であった。

・2021年11月8日の金星が月にかくされる現象は，大阪からの観測では，13時44分ごろから14時26分ごろの南南東の空で起きた。

図I

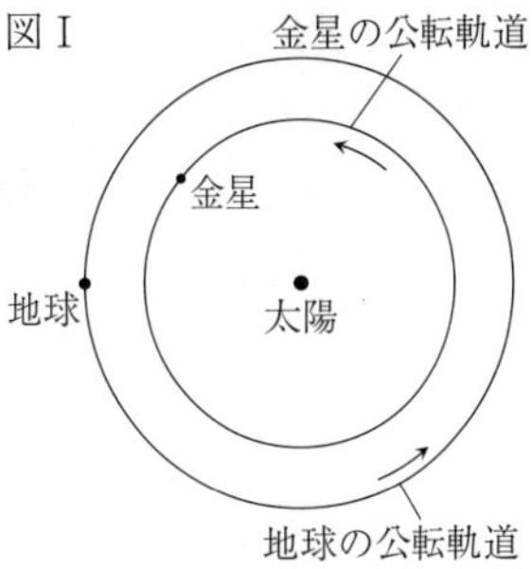

・2021年11月8日の金星，地球，太陽の公転軌道上における位置関係は，図Iのようになる。

・金星が月にかくされるとき，金星は月の東側から月のうしろにかくれ始め，月の西側から出てくる。

・太陽やその他の恒星が月にかくされるときも，月の東側から月のうしろにかくれ始め，西側から出てくる。

(2) 次のア～エの文は，水星，金星，火星について，月にかくされる現象を大阪から観測する場合に，日本時間の真夜中(23時から1時の間とする)に観測できることがあるかについて述べたものである。内容が正しいものを一つ選び，記号を○で囲みなさい。(ア　イ　ウ　エ)

ア　水星のみ，真夜中に月にかくされる現象を観測できることがある。

イ　金星のみ，真夜中に月にかくされる現象を観測できることがある。

ウ　火星のみ，真夜中に月にかくされる現象を観測できることがある。

エ　いずれも，真夜中に月にかくされる現象を観測できることはない。

(3) 次の文中の①〔　　〕，②〔　　〕から適切なものをそれぞれ一つずつ選び，記号を○で囲みなさい。①(ア　イ)　②(ウ　エ)

2021年11月8日ごろ，金星は①〔ア　よいの明星　　イ　明けの明星〕として②〔ウ　東の空　エ　西の空〕に明るく輝くようすが，望遠鏡などを使わなくても観察できた。

(4) 図Iの位置関係で金星が月にかくされたとき，月はどのような見かけの形をしていたと考えられるか。次のア～エから最も適しているものを一つ選び，記号を○で囲みなさい。

(ア　イ　ウ　エ)

ア

新月

イ

三日月のような細い月

ウ

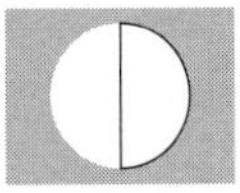

上弦の月

エ

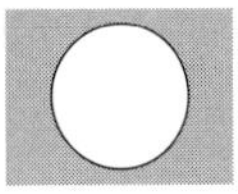

満月

【G さんと E 先生の会話】

G さん：太陽やその他の恒星が月にかくされるとき，月の東側から月のうしろにかくれ始め，西側から出てくるのはなぜでしょうか。

E 先生：では，まず恒星の日周運動について考えましょう。大阪で南の空に観測できる星座は，東の空からのぼり西の空に沈むことを毎日繰り返していますね。また，北の空に観測できる星座は，北極星付近を中心に反時計回りに回転していますね。このように観測できるのはなぜでしょうか。

G さん：地球が［ ⓐ ］しているからです。［ ⓐ ］による地球の回転にともない，太陽以外の恒星は，互いの位置関係を変えずに地球の周りを回っているように観測できます。

E 先生：恒星の動きについて，夏の星座であるさそり座の恒星アンタレスに注目しましょう。この星が真南の空に観測されるのは 7 月 29 日の 20 時ごろですが，1 か月後ではどうでしょうか。

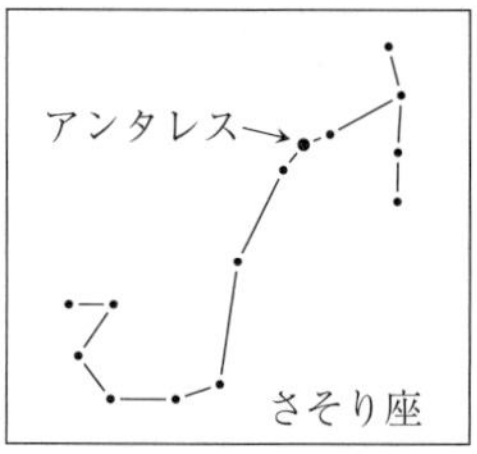

G さん：1 か月後には 2 時間も早い 18 時ごろに南中します。

E 先生：そうですね。そのアンタレスの日周運動を，(あ)太陽の動きと比較して考えましょう。太陽の南中時刻は毎日 12 時ごろになることから，どのようなことが考えられるでしょうか。

G さん：アンタレスのような星座をつくる恒星が，日周運動で一周するのにかかる時間は 24 時間よりも短いです。このため，太陽との位置関係は少しずつ変化します。

E 先生：ちなみに，アンタレスと太陽の観測される方向が最も近くなるのはいつごろか分かりますか。

G さん：アンタレスと太陽がともに 12 時ごろに南中する［ ⓑ ］月末ごろになると考えられます。

E 先生：その通りです。それでは最後に月の動きについて考えましょう。月が南中する時刻は，毎日どのように変化するでしょうか。

G さん：(い)月が南中する時刻は毎日約50分程度遅くなります。

E 先生：太陽以外の恒星，太陽，月がそれぞれ見かけ上地球の周りを一周するのにかかる時間が異なることから，G さんの疑問の答えが分かりますね。

G さん：はい。一周するのにかかる時間から考えると，月は星座の間を［ ⓒ ］しているように見えるからです。その速さは太陽よりも速いため，太陽も月の東側から月のうしろにかくれ始め，西側から出てくると考えられます。

(5)　上の文中の［ ⓐ ］に入れるのに適している語を書きなさい。(　　　　)

(6)　下線部(あ)について，季節により太陽の南中高度は変化する。大阪から観測したときに太陽の南中高度が最も高くなるのはいつか。次のア～エから一つ選び，記号を○で囲みなさい。

(ア　イ　ウ　エ)

ア　春分　　イ　夏至　　ウ　秋分　　エ　冬至

(7)　前の文中の ⓑ に入れるのに適している数を書きなさい。(　　　)

(8)　下線部(い)について，図Ⅱは，2022年3月19日から31日まで，大阪において，朝6時に月が観測できる位置を示したものである。次の文中の①〔　　〕，②〔　　〕から適切なものをそれぞれ一つずつ選び，記号を○で囲みなさい。

①(ア　イ)　②(ウ　エ)

図Ⅱ

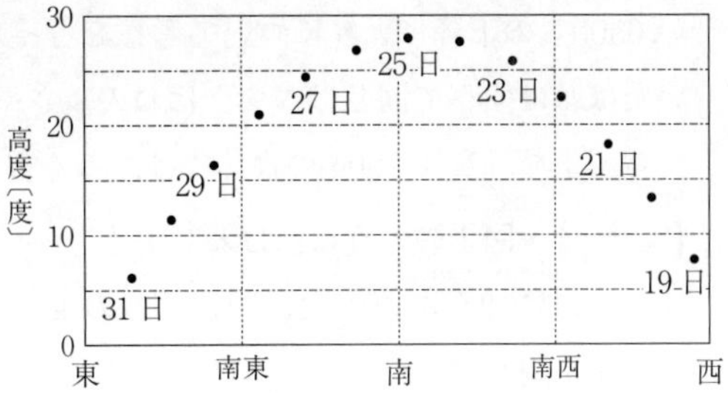

月は，日の出後も観測できる。3月19日から数日間，朝6時に月を観測すると，日ごとに月の見かけの形は①〔ア　満ちていく　　イ　欠けていく〕ことが確認できる。また，25日には南の空に半月状の月が観測できるが，そのとき輝いている面は，②〔ウ　東側　　エ　西側〕である。

(9)　前の文中の ⓒ に入れるのに適している内容を，「東」「西」の**2**語を用いて簡潔に書きなさい。

(　　　　　　　　　　　　　　　　　　　　　　　　　　　　　　)

4　有人潜水調査船「しんかい6500」が深海に潜るときや海面に戻るときには，浮力と重力の差を利用する。このことを知ったSさんは，ばねを用いて浮力と重力について調べる実験を行い，「しんかい6500」の下降・上昇について考察を行った。あとの問いに答えなさい。ただし，実験1～3で用いたばねはすべて同じばねで，ばねの重さや体積，ばねにはたらく浮力の大きさは考えないものとする。また，質量100gの物体にはたらく重力の大きさは1Nとする。

【実験1】　図Ⅰのように，ばねにおもりをつるし，ばねに加えた力の大きさとばねの長さとの関係を調べた。

［実験1のまとめ］

測定結果をグラフに表すと図Ⅱのようになった。ばねの長さから，ばねに力を加えていないときの長さをひいて，ばねののびを求めると，ⓐばねののびは，ばねに加えた力の大きさに比例していることが分かった。

図Ⅰ

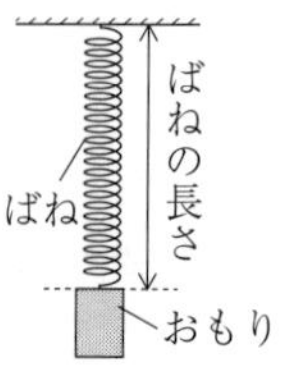

図Ⅱ

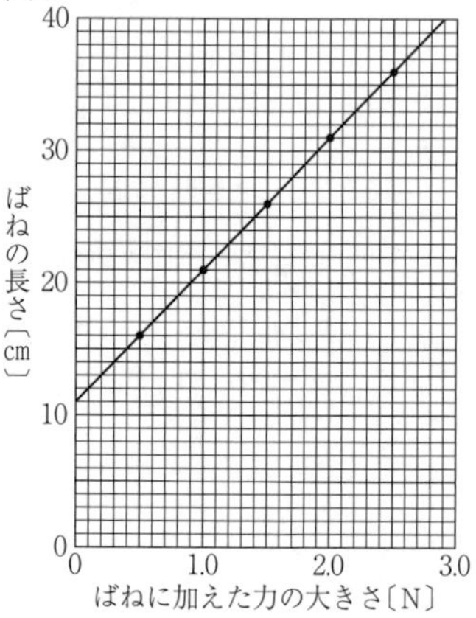

(1)　質量250gの物体にはたらく重力の大きさは何Nか，求めなさい。(　　　N)

(2)　ばねに力を加えていないときのばねの長さは，図Ⅱより読み取ると何cmであると考えられるか。答えは**整数**で書くこと。(　　　cm)

(3)　下線部ⓐについて，この関係は何と呼ばれる法則か，書きなさい。(　　　)

【実験2】　図Ⅲのように，高さの調節できる台に水槽を置き，円柱A(重さ2.0N，高さ6.0cm，底面積20cm^2)を，円柱の底面と水面がつねに平行になるようにしながら，ばねにつるした。このとき，台の高さを調節することで，水面から円柱の底面までの長さとばねの長さとの関係を調べた。

図Ⅲ

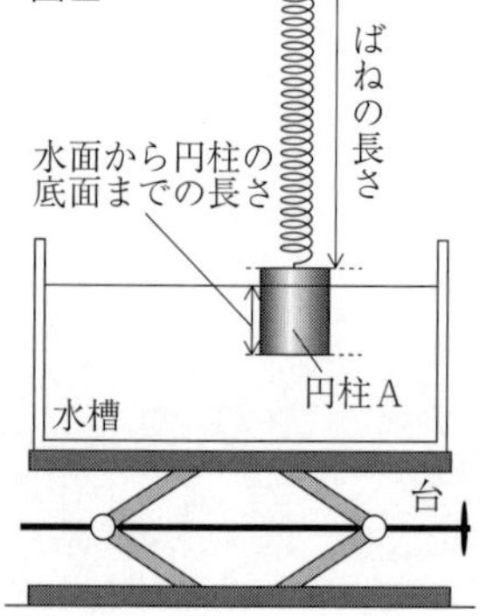

［実験2のまとめ］

・測定結果

水面から円柱の底面までの長さ〔cm〕	0	2.0	4.0	6.0	8.0	10.0
ばねの長さ〔cm〕	31	27	23	19	19	19

・浮力の大きさは，円柱Aにはたらく重力の大きさからばねに加えた力の大きさをひくと求めることができる。

・円柱の一部分が水中にあるとき，水面から円柱の底面までの長さが2.0cm増えるごとに，ばねの長さが［　ⓐ　］cmずつ短くなるので，浮力の大きさは0.4Nずつ大きくなる。

・円柱の底面と水面が平行なので，円柱の一部分が水中にあるとき，水面から円柱の底面までの長さと，円柱の水中にある部分の体積は比例する。よって，浮力の大きさは物体の水中にある部分の体積に比例すると考えられる。

・円柱Aが完全に水中にあるときには，深さに関わらず，浮力の大きさは［　ⓑ　］Nである。

(4) 前の文中の［ⓐ］，［ⓑ］に入れるのに適している数をそれぞれ求めなさい。

ⓐ(　　　) ⓑ(　　　)

【Sさんが「しんかい6500」について調べたこと】
- 乗員3名を乗せて，水深6500mまで潜ることができる有人潜水調査船である。
- 乗員3名が乗った状態では海に浮くように設計されており，深海に潜るときには鉄のおもりを複数個船体に取り付ける必要がある。
- 下降をはじめると，やがて(い)下降の速さは一定となり，6500m潜るのに2時間以上かかる。
- 深海での調査を終え，海面に戻るときには，船体に取り付けていた鉄のおもりをすべて切り離して上昇する。

(5) 下線部(い)について，次の文中の①〔　　〕，②〔　　〕から適切なものをそれぞれ一つずつ選び，記号を○で囲みなさい。①(ア　イ) ②(ウ　エ)

鉄のおもりを取り付けた「しんかい6500」が下降しているとき，浮力と重力の大きさに差があるにもかかわらず，下降する速さは一定となる。これは，三つめの力として「しんかい6500」の動きをさまたげようとする力がはたらき，三つの力の合力が0になっているためと考えられる。図Ⅳを「しんかい6500」が一定の速さで深海に向かって下降している途中のようすを示しているものとすると，「しんかい6500」の動きをさまたげようとする力の向きは，図Ⅳ中の①〔ア　㋐の向き　　イ　㋑の向き〕であり，②〔ウ　浮力　　エ　重力〕の向きと同じと考えられる。

図Ⅳ

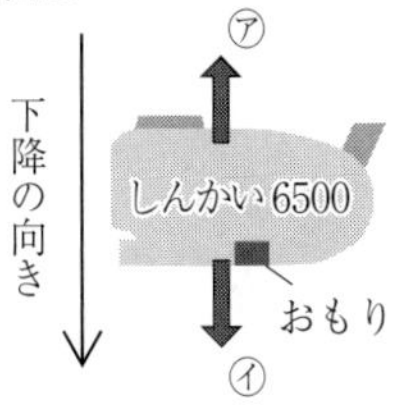

【実験3】 図Ⅲの実験装置を使い，円柱A（重さ2.0N，高さ6.0cm，底面積20cm^2）を，図Ⅴに示した円柱B（重さ1.0N，高さ6.0cm，底面積20cm^2）や，円柱C（重さ0.30N，高さ1.0cm，底面積20cm^2）に替えて，実験2と同じように実験を行った。

［円柱Bに替えたときの結果］
- 水面から円柱の底面までの長さが5.0cm以下のときには，水面から円柱の底面までの長さが長くなるにつれ，実験2のときと同じ割合で浮力の大きさは大きくなった。
- 水面から円柱の底面までの長さが5.0cmになったところで，ばねののびはなくなり，それ以上沈むことはなかった。

［円柱Cに替えたときの結果］
- 円柱Cが完全に水中にあるときのばねの長さは12cmであった。

図Ⅴ

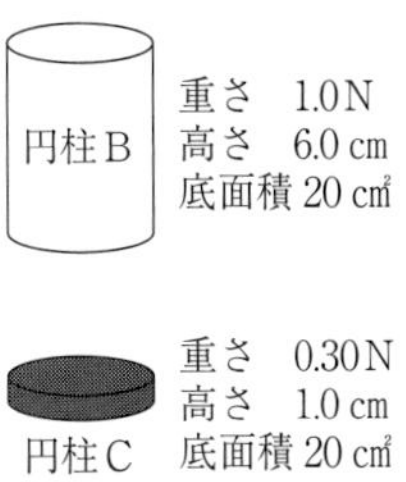

(6) 次の文は，Sさんが実験3で用いた円柱Bを「しんかい6500」に見立て，円柱Cを鉄のおもりに見立てて考察したものである。文中の［①］～［③］に入れるのに適している数をそれぞれ求めなさい。答えはそれぞれ**小数第1位まで書くこと**。ただし，円柱Cは複数個あり，複数個同時に円柱Bの下部に取り付けて一体の物体とすることが可能である。

①(　　　) ②(　　　) ③(　　　)

図Ⅵ

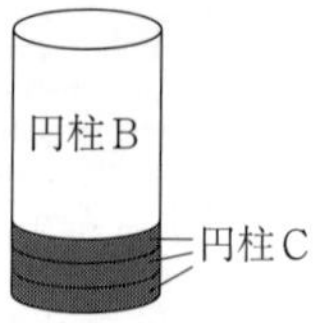

ばねをはずした円柱Bが水面に浮かんで静止しているとき，円柱Bにはたらいている重力の大きさは1.0Nであり，浮力の大きさは［①］Nである。

次に，図Ⅵのように円柱Bに円柱Cを3個取り付けると，一体となった物体全体にはたらく重力の大きさは［②］Nとなり，一体となった物体がすべて水中にあるときの浮力の大きさは［③］Nとなる。したがって，一体となった物体は下降を続ける。

(7) 「しんかい6500」が海底近くの一定の深さにとどまり調査を行うためには，潜るために船体に取り付けていた鉄のおもりを，具体的にどのようにすることで，浮力と重力の関係をどのようにしていると考えられるか，書きなさい。ただし，調査のときの水平方向や上下方向へのわずかな移動にともなう力については，考えないものとする。

(　　　　　　　　　　　　　　　　　　　　　　　　　　　　　　)

特別なことだったんじゃないかな。

Aさん　確かにそうだね。筆者にとって駅前の小さな書店は、本と関わるきっかけとなる場所であり、特別な思い出のある場所でもあったということだね。

Bさん　なるほど。だから、本文中で筆者は、その書店はなくなってしまったけど、自分の中では［ b ］と述べているんだね。

（以下、話し合いは続く）

(1)　【話し合いの一部】中の［ a ］、［ b ］に入れるのに最も適しているひとつづきのことばを、それぞれ本文中から抜き出しなさい。ただし、［ a ］は**十一字**、［ b ］は**十八字**で抜き出し、それぞれ**初めの五字**を書きなさい。　a □□□□□　b □□□□□

(2)　次のうち、【話し合いの一部】中の══で示した発言を説明したものとして最も適しているものはどれか。一つ選び、記号を○で囲みなさい。（ア　イ　ウ　エ）

ア　それまでに出た意見のなかで疑問に思った点を質問している。

イ　それまでに出た意見とは反対の立場から意見を述べている。

ウ　それまでに出た意見とは異なる新たな話題を示している。

エ　それまでに出た意見の内容を整理しながらまとめている。

5　あなたが季節を感じるのはどのようなときですか。次の条件1～3にしたがって、あなたの考えをあとの原稿用紙に書きなさい。

条件1　最初に、あなたが季節を感じるのはどのようなときかを簡潔に書くこと。

条件2　次に、条件1で書いた内容について、自分の体験を挙げながら具体的に説明すること。

条件3　**百八十字以内**で書くこと。

本の話など当たり前のようにするようになった。

ニューヨークでまるで知らない本が並んだ棚を目の前にしたとき、あの駅前の小さな書店の文庫本の列の前に立った③中学三年だった自分に思いがけず出会ったのだ。

その駅前の書店は再開発によって、とっくになくなってしまったけど、僕の中ではどんな書店よりもずっと心に残っている。

（小林紀晴「旅をすること」より）

（注）ＳＦ小説＝空想的で科学的な小説。

1　①簡単なものだったら読めそうな気がして手にとるようになったとあるが、次のうち、ニューヨークで生活していたときの筆者の様子について、本文中で述べられていることがらと内容の合うものはどれか。最も適しているものを一つ選び、記号を○で囲みなさい。　（ア　イ　ウ　エ）

ア　ニューヨークで生活をはじめて半年ほどは、原書など読めないと思っていたので、書店に行くことはなかった。

イ　どの本から読んでいいのか見当もつかなかったので、手当たり次第に手にとって、冒頭を読んでみることを繰り返した。

ウ　日本で紹介されていない本のなかで、使われている単語が簡単で読めそうだと思ったものを辞書を引きながら読み進めた。

エ　インクの匂いと紙の柔らかくあたたかな感触を感じながら本を読む時間を過ごすなかで、はじめて本を読むことが好きだと感じた。

2　次のうち、本文中の［②］に入れるのに最も適していることばはどれか。一つ選び、記号を○で囲みなさい。（ア　イ　ウ　エ）

ア　もやもや　　イ　めきめき　　ウ　すらすら　　エ　こそこそ

3　③中学三年だった自分に思いがけず出会ったのだとあるが、本文において、「ニューヨークの書店で中学三年だった自分に出会った」とはどのようなことを表しているか。その内容についてまとめた次の文の［　］に入る内容を、本文中のことばを使って**十五字以上、二十五字以内**で書きなさい。

中学三年のときに駅前の小さな書店で思った、いままで［　］ということを、ニューヨークの書店でも思ったということ。

4　この文章を授業で読んだＡさんたちは、「筆者にとって駅前の小さな書店はどのようなものだったのか」について話し合うことになりました。次は、Ａさんたちの【話し合いの一部】です。

【話し合いの一部】

Ａさん　中学三年の時に行った駅前の小さな書店は筆者にとって、どのようなものだったのかを考えるために、筆者とその書店について本文中で述べられていることをふりかえってみよう。

Ｂさん　筆者は、その書店を訪れるまでは、本を読んだり読もうと思ったりすることがなかったよ。でもそれ以降は、書店に行くようになったり、友人と本の話をしたりするようになっているよ。

Ｃさん　そうだね。だから筆者は、書店に行った日から自分の［ａ］と考えているんだね。

Ａさん　駅前の小さな書店に行ったことで、本と関わるようになっていったということだね。ほかに、どのようなことが述べられていたかな。

Ｃさん　その書店に行った時に、友人から「誰かと来たことなんてなかったけど、おまえを初めて連れてきた」と言われて、筆者はうれしさを感じていたよね。それは、筆者にとって印象に残る

4　次の文章を読んで、あとの問いに答えなさい。

一年とちょっとニューヨークで生活していた。半年ほどしてから、地元の書店の小説、ノンフィクション、伝記のコーナーによく足を運ぶようになった。

それまでは「どうせ原書など読めるはずもないのだから」と思っていて、写真集コーナー以外には近づいたこともなかったのだけど、①簡単なものだったら読めそうな気がして手にとるようになった。

表紙の作家の名前を目で追って、デザインを見て、それから数ページぱらぱらとめくり、試しに読んでみる。使われている単語が簡単で読めそうだと思うと、さらに読んでから買った。それから辞書を引きながら根気強く、少しずつ読み進めた。

当たり前のことなのだけど、日本で紹介されている本よりも、紹介されていない本のほうがまるで多い。その上僕はアメリカの作家の名前を数えるほどしか知らないのだから、はたしてどの作家から、どの本から読んでいいのか見当もつかなかった。まわりにそれを教えてくれる人もいなかったので、本当に手当たり次第に手にとって、ぱらぱらとめくり、冒頭を読んでみることを繰り返した。

そんな異国での時間を僕はいつしか愛していた。知らない本に囲まれ、インクの匂いと、紙の柔らかくあたたかな感触を指先に感じながら、アルファベットの連続を追っていく。

まさに未知の世界にずぶりと入っていく瞬間のような気がした。それは心躍ることで、僕はやはり本が好きなのだと、改めて感じたりもした。そんなゆるやかな時間の流れだった。

それは以前どこかで体験したことのある感覚に似ていた、いや同じものだということにあるとき気がついた。中学生の頃に感じたそれだということに。静かに、そして何度も。

中学三年のとき、僕は書店に頻繁に行くようになった。読書家の友人の影響だった。

「大人になったら、オレは小説家になる」

友人は真顔でそんなことを口にするような男で、彼に連れられて地元の駅前の木造建ての二階にある書店に向かった。

文庫本を、初めて手にとった。

「新刊は棚に横にしてある本だで」

友人の言葉を聞いてもなんのことを言っているのかさっぱりわからなかった。文庫本の新刊が毎月出ることも知らなかったのだ。

友人はＳＦ小説のファンで、僕にあちこちの文庫本を指さしながら説明してくれた。［　②　］と出てくる作家の名前を耳にしても、誰一人として知っている名前はなかった。でも友人の話を熱心に聞いた。

いままで自分がまったく知らなかった世界を、友人が深く知っていることをとてもとてもうらやましく思い、自分もできることならそれらを知りたかった。自分でも不思議なほど強くそう思った。

「いままでいつも一人で来てた。誰かと来たことなんてなかったけど、おまえを初めて連れてきた」

うれしかった。友人に勧められるままに一冊の文庫本を買った。ＳＦ小説だ。

それまで本なんて教科書以外ほとんど読んだこともなかったし、読んでみようなんて気にもならなかったのに、その日を境にして僕の生活は明らかに変わった。

書店に行くようになったし、いつでも文庫本をカバンの中に入れ、少しでも時間があると開くようになった。しばらくすると、友人と読んだ

を使って**十五字以上、二十字以内**で書きなさい。

a [　　　　　　] b [　　　　　　　　　　　　　　　]

[a]を持ちながら、書いて伝えられることの限界を意識しつつ最高のものを書こうとすることが大切であり、そうすることによって文章の[b]こそが、読み手が惹かれたり心を動かされたりする上で重要である。

3 次の文章を読んで、あとの問いに答えなさい。

鰹《かつを》をりやうりしてゐるところへ、となりのおとこ来たれば《来たので》、これこれ、①たのみたい事がある。おれは三町目まで用が有りてゆくほどに、跡で《この場所で》この鰹を、ねこがとらぬやうに番して下されと、いふて出る。おとこ、ばんしてゐながら、つくづくと鰹を見て、さてもあたらしい事じや。是《これ》はちと、しよしめませふと《自分のものにしよう》②おもひ、くひにかかれば、むかふにねらふてゐた猫が、ふうふうといつておどした。

1 ①たのみたい事とあるが、次のうち、鰹を料理している人がとなりの男にたのんだ事の内容として本文中で述べられているものはどれか。最も適しているものを一つ選び、記号を○で囲みなさい。（ア　イ　ウ）

ア 鰹がとられないように見張っておいてほしいということ。

イ 用事があるので三町目まで行ってきてほしいということ。

ウ 鰹が新鮮なものであるかどうかを見てほしいということ。

2 ②おもひを現代かなづかいになおして、**すべてひらがな**で書きなさい。（　　）

3 次のうち、本文中で述べられていることがらと内容の合うものはどれか。最も適しているものを一つ選び、記号を○で囲みなさい。（ア　イ　ウ）

ア 鰹を料理している人が猫に気を取られているうちに、となりの男が鰹を食べてしまった。

イ 鰹を料理している人がとなりの男と話している間に、猫に鰹を食べられてしまった。

ウ となりの男が、鰹を食べようとしたところ、鰹をねらっていた猫に威嚇された。

切な心構えとして、常に意識していることです。自分自身について他の人が知り得ていることを想像してもそう思いますし、自分の最も身近な人について、自分が知っていることを思っても、そうなんだろうと感じます。③、ましてやインタビューなどの形で会ってしばらく話を聞いたぐらいではまず人の核心部分には触れられないし、取材によっていくら複数のエピソードを集めてみてもやはりそれは同じであろうことは、どうしても自覚しなければならないと思うのです。決してわかった気になってはいけない、と。

④、文章にするにあたっては、人から聞いた話を元にどうしても何らかの形を浮かび上がらせないといけないし、広い意味で、一つの物語を紡《つむ》ぎあげる必要があります。そこに、人を取材して書くことの難しさがあるのです。

その点に関して、書き手にとって大切なのは何よりも、わかりえないことが必ずあると認め、でも、できる限り相手のことを理解しようと全力で耳を傾け、その上で、その人の核心部分はなんだろうかと十分に悩み、考えること。そして、文章によって表現する上でのさまざまな制約や限界を意識しつつ、その中で自分が伝えられることは何かと、誠心誠意考えて、文章として描き出そうと努力することなのだろうと思います。

書き手が、自分の知っていることはわずかでしかないという謙虚さを持ち、かつ書いて伝えられることの限界を意識しつつ最高のものを書こうとすれば、その姿勢は必ず文章の端々ににじみ出ます。それはとりわけ、ちょっとした表現や言葉遣い、語尾などの細部に表れます。自分は、そうして微《かす》かにでもにじみ出る書き手の意識や人間性こそ、文章の命であると思っています。そういった部分こそ、読み手がその文章に惹かれたり、心を動かされたりする上で重要であるのだと考えています。

(近藤雄生「まだ見ぬあの地へ」より)

1 ①ふととあるが、このことばが修飾している部分を次から一つ選び、記号を○で囲みなさい。(ア イ ウ)

ア 何かの　イ 思い返して　ウ 多いのです

2 ②そういうことがほとんどなのかもしれませんとあるが、本文中で筆者は、どのようなことがほとんどなのかもしれないと述べているか。次のうち、最も適しているものを一つ選び、記号を○で囲みなさい。(ア イ ウ)

ア 書いている最中だけではなく、書き上がったあとも、これでいいのだろうかと悩んだり、考えたりするということ。

イ 書くべき対象となる人物にとって最も核となる部分は、本人であっても言葉にできない感覚的なものであるということ。

ウ ある事柄について人から話を聞いてわかることは、複数の人から聞いた場合でも本人から聞いた場合でも同じであるということ。

3 次のうち、本文中の③、④に入れることばの組み合わせとして最も適しているものはどれか。一つ選び、記号を○で囲みなさい。(ア イ ウ エ)

ア ③ だから　④ それでも

イ ③ だから　④ あるいは

ウ ③ なぜなら　④ それでも

エ ③ なぜなら　④ あるいは

4 人を取材して文章を書く上での書き手の姿勢について、本文中で筆者が述べている内容を次のようにまとめた。a に入れるのに最も適しているひとつづきのことばを、本文中から**二十五字**で抜き出し、**初めの五字**を書きなさい。また、b に入る内容を、本文中のことば

国語A 問題

時間　五〇分
満点　九〇点

(注)　答えの字数が指定されている問題は、**句読点や「　」などの符号も一字に数えなさい。**

1　次の問いに答えなさい。

1　次の(1)～(4)の文中の傍線を付けた漢字の読み方を書きなさい。また、(5)～(8)の文中の傍線を付けたカタカナを漢字になおし、解答欄の枠内に書きなさい。ただし、漢字は**楷書《かいしょ》**で、**大きくていねいに書くこと。**

(1)　友人に辞書を貸す。（　　す）
(2)　予定通りに目的地に至る。（　　る）
(3)　贈り物を包装する。（　　）
(4)　大自然を満喫する。（　　）
(5)　地面に雪がツもる。□もる
(6)　時計のハリが三時をさす。□
(7)　運動をしてキンニクを鍛える。□□
(8)　難しい状況をダハする。□□

2　次の文中の傍線を付けたことばが「文章の順序や組み立て」という意味になるように、□にあてはまる漢字一字を、あとのア～ウから一つ選び、記号を○で囲みなさい。（ア　イ　ウ）

この作文は、起□転結がはっきりとしている。

ア　照　　イ　証　　ウ　承

2　次の文章を読んで、あとの問いに答えなさい。

人物について書くことは、自分にとって最も心を惹《ひ》かれる仕事であると同時に、毎回、どうやって描いたらいいのだろう、これでいいのだろうか、と途方に暮れ、その難しさに悩まされる分野でもあります。

文章として形にするという点だけで言えば、人物を書くことが他の対象を書くのに比べてとりわけ難しいということはないかもしれません。ただ、書き上がったあとも、これでいいのだろうかと繰り返し悩み、実際に形になってからも、本当にこれでよかったのかと考え続け、①ふと何かの拍子に思い返してはっとするということが多いのです。

複数の人に話を聞いてそれらをつなぎ合わせると、一見それらしいストーリーを作ることは可能です。しかし、人の話を聞いてわかるのは、その人についてのほんの一部のそのまたほんの一部でしかありません。

それは書くべき対象となる本人に話を聞いた場合でも同じです。ある事柄について、本人に直接尋ねても、その人が必ずしも本心を語ってくれるとは限らないし、そのときどきの気持ちなどによって答えが変わることも多々あります。また何よりも、その人にとって最も核となる部分は、本人でも言葉にできないぼんやりとした感覚的なものであるということが往々にしてあるのです。いや、むしろ②そういうことがほとんどなのかもしれません。

そこをどうやってクリアし、その人物の本質を捉えた文章を書けるかには、話を聞く側の意識、経験、相手との関係性、そして技術など、さまざまな要素が関わってきます。そこに決まった「正しいやり方」はなく、毎回毎回どうするべきかは異なります。

人が何を考えているのか、どんなことで悩んでいるのか、本当のところは知り得ない。それは、自分が人の話を聞いて文章を書く上での一番大

260　200

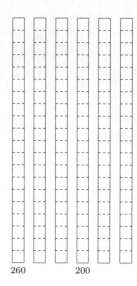

は「手折らずて散りなば惜し」とあって、手折らずにいて紅葉が時雨に散ってしまったら惜しいと感じていることがわかるよ。

Cさん　これは、時雨によって［b］気持ちであり、葉を花に見立てる歌心が表れていると筆者は考えているよね。

Bさん　時雨によって葉が染まることへの感動があるからこそ、時雨によって散ってしまうことを、より名残惜しく感じたんだろうね。

Aさん　そうだね。紅葉と時雨の関係が、美しさとはかなさがないまぜになるような情景を織り成すということだね。

（以下、話し合いは続く）

(1)　次のうち、【話し合いの一部】中の＝＝で示した発言を説明したものとして最も適しているものはどれか。一つ選び、記号を○で囲みなさい。（ア　イ　ウ　エ）

ア　直前の意見の内容を具体例を挙げながら詳しく説明している。

イ　直前の意見の内容をふまえながら別の意見を付け加えている。

ウ　直前の意見の内容が誤っていることを指摘して訂正している。

エ　直前の意見の内容について疑問に思ったことを質問している。

(2)　【話し合いの一部】中の［a］に入れるのに最も適しているひとつづきのことばを、本文中から**十七字**で抜き出し、**初めの五字**を書きなさい。また、［b］に入る内容を、本文中のことばを使って**二十字以上、三十字以内**で書きなさい。

a

b

5　次の【資料】は、海外に在住している外国人を対象におこなった「日本の文化財や伝統的な文化のうち、関心のあるものは何か」というアンケート調査の回答結果をまとめたものです。あなたは、外国の人たちにどのような日本の文化財や伝統的な文化を伝えたいと考えますか。【資料】から読み取れる内容にふれながら、あなたの考えをあとの原稿用紙に**二百六十字以内**で書きなさい。

【資料】

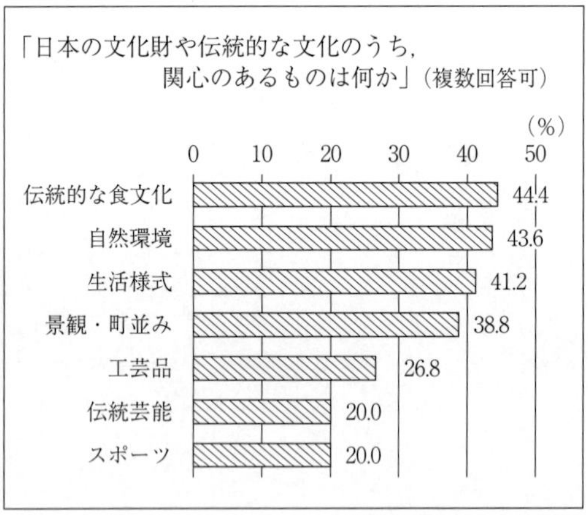

（文化庁の資料により作成）

100

もみち葉を散らす時雨に濡《ぬ》れてきて君がもみちをかざしつるかも
久米女王《くめのおおきみ》

手折らずにいて紅葉が時雨に散ってしまったら惜しいという気持ち。その気持ちに駆られ、手折って持ってきてくれた紅葉を髪飾りにして好意を受け取ろうという気持ち。

ざーっと降ってはすぐ晴れ上がる初時雨は、初冬を知らせる雨として、歌人が好んで歌に詠《よ》んだといいます。紅葉をもたらすのも、散らすのも、そんな時雨であり、美しさとはかなさとがないまぜになるような情景です。

とはいえ、散る美しさより、染まることの美しさに胸打たれるのは、紅葉が桜のような花ではなく、枯れる間際《まぎわ》の葉だからではないでしょうか。枯れていくのみであるはずの葉が、花にも負けず色づく姿が、古来人の心をとらえてきたように思えてなりません。本来、時雨に打たれて枯れ葉が落ちるのはなんの不思議もないことですが、それをさも花の盛りが去るように惜しむ気持ちのどこかに、葉を花に見立てる人の歌心が働いているかのようです。

(白井明大「季節を知らせる花」より)

(注) 転訛＝語の本来の音がなまって変わること。
七十二候＝二十四節気の各節気をさらに三つの候(初候・次候・末候)に細分し、一年を七十二の候に分けたもの。
霜降＝二十四節気の一つ。霜が降りるころの季節を示す語。現在の十月二十三日ごろから十一月六日ごろにあたる。
ないまぜ＝いろいろなものが一つにまざりあっていること。

1 ①はっとさせられるとあるが、次のうち、このことばの本文中での意味として最も適しているものはどれか。一つ選び、記号を○で囲みなさい。(ア イ ウ エ)

ア 思いがけず驚かされる　イ なつかしく思い出される
ウ 待ち遠しく感じられる　エ 心が落ち着き癒やされる

2 ②古の人とあるが、植物の生態に心を動かされたとき、「古の人」がそれをどのようにしてとらえていたかということについての筆者の考えを次のようにまとめた。[a]、[b]に入れるのに最も適しているひとつづきのことばを、それぞれ本文中から抜き出しなさい。ただし、[a]は十三字、[b]は十二字で抜き出すこと。

葉が紅葉することを[a]様子になぞらえて「もみつ」と表現したように、古の人は植物の生態に心を動かされたとき、[b]に見立ててとらえていた。

a □□□□□□□□□□□□□　b □□□□□□□□□□□□

3 Aさんたちは授業において、「紅葉と時雨の関係」について本文の内容をもとに話し合うことになりました。次は、Aさんたちの【話し合いの一部】です。

【話し合いの一部】

Aさん　では、まず紅葉と時雨の季節について考えてみよう。本文では、七十二候の秋の最後の候に「楓蔦黄なり」という候があり、その一つ前には「霎時施す」という候があると述べられていたよ。

Bさん　つまり、時雨の季節のあとに紅葉の季節が訪れるということだね。そう考えると、時雨は紅葉をもたらすものだと言えるね。

Cさん　確かにそうだね。ただ、本文中に挙げられていた和歌の中では、時雨によって紅葉が散る様子が詠まれていたよ。ここから、時雨は紅葉を散らすものでもあるということがわかるよね。

Aさん　なるほど。だから、七十二候の例や和歌の例に表れているように[a]と筆者は述べているんだね。また、一つめの和歌で

3　次の問いに答えなさい。

1　次の(1)～(4)の文中の傍線を付けた漢字の読み方を書きなさい。また、(5)～(8)の文中の傍線を付けたカタカナを漢字になおし、解答欄の枠内に書きなさい。ただし、漢字は楷書《かいしょ》で、大きくていねいに書くこと。

(1)　贈り物を包装する。（　　）
(2)　勇敢に立ち向かう。（　　）
(3)　重ね着をして寒さを防ぐ。（　　ぐ）
(4)　急成長を遂げる。（　　げる）
(5)　時計のハリが三時をさす。□
(6)　信頼関係をキズく。□く
(7)　友人のソウダンに乗る。□□
(8)　『春望』は五言リッシである。□□

2　次のうち、返り点にしたがって読むと「其《そ》の物に接するや、春陽の温なるがごとし。」の読み方になる漢文はどれか。一つ選び、記号を○で囲みなさい。（ア　イ　ウ　エ）

ア　其ノ接スル㆑物ニ也《や》、如《ごと》シ㆑春陽之《の》温ナルガ。
イ　其ノ接スル㆓物ニ也㆒、如シ㆓春陽之温ナルガ㆒。
ウ　其ノ接スル㆑物ニ也、如シ㆓春陽之温ナルガ㆒。
エ　其ノ㆓接スル物ニ㆒也、如シ㆑春陽之温ナルガ。

4　次の文章を読んで、あとの問いに答えなさい。

秋深まり、気温が下がり、空気が乾燥すると紅葉のはじまりです。昼は暖かく、夜は寒く、一日の寒暖の差が大きいほど葉はよく染まります。山を奥へ入るにつれて、①はっとさせられる紅葉に出会えるのはそのためです。日本のほかにも中国や北アメリカ、アルプスの山々、ドナウ河畔、ライン河畔などでも紅葉の景観を眺めることができます。

「かえで」という名は、葉のかたちが蛙《かえる》の手に似ているから「かえるで」と名づけられたのが転訛《てんか》したといいます。いろは紅葉とも呼ばれるのは、葉の裂片が七つに分かれているのを「いろはにほへと」と数えたからだそうです。かつては葉が紅葉することを「もみつ」といい、染まった葉を「もみち」や「もみち葉」などといったのが「もみじ」の語源とされています。

その「もみつ」とは「揉《も》み出《い》づ」のこと。昔の染め物は皆、天然の染料に布を浸して、揉むようにして色を染めていましたから、まるで人が手揉みして生地を染めるように、木々が葉を紅や黄に染めているようだとたとえたのではないでしょうか。

花が咲くことを花が笑うと呼んだように、②古《いにしえ》の人は植物の生態に目を見はるたび、自分たちの身近なふるまいに見立て、なぞらえながら受けとめていたのではと思わされます。

七十二候にも、紅葉の季節があります。秋の最後の候に、霜降《そうこう》の末候「楓蔦黄《もみじつたき》なり」が訪れますが、そのひとつ手前は霜降の次候「霎時《しぐれときどき》施《ほどこ》す」という時雨の候です。紅葉と時雨の季節が重なり合っているようすは、『万葉集』のこんな歌のやりとりにも見受けられます。

手折らずて散りなば惜しとわが思《も》ひし秋のもみちをかざしつるかも

橘《たちばなの》奈《な》良《ら》麻《ま》呂《ろ》

2 次の文章を読んで、あとの問いに答えなさい。

よろづ何のわざにも、古《いにしへ》より法《のり》となす①しるべありてそれによらざらむは、まことの心を得がたく、その法を得たるは、まめやかなり《本式である》とて、人もうべなふめり《認めるようである》。こは、もとより、②ことわりさる事ながら、ふかく事のもとを考ふるに、よろづの事、はじめに法を③まうけおきて、後にそのわざをなし出《い》づるにはあらず、そのわざあるがうへにこそ、法てふことは出で来《く》めれ。かかれば、④は本にて、⑤は末なり。

（注）わざ＝行い。技芸。
法＝したがうべき事柄。

1 ①しるべとあるが、次のうち、このことばの本文中での意味として最も適しているものはどれか。一つ選び、記号を○で囲みなさい。（ア イ ウ エ）

ア 味わい　イ てびき　ウ 特徴　エ 由来

2 ②ことわりさる事ながらとは「もっともなことであるが」という意味であるが、本文中で「もっともなこと」と述べられているのはどのようなことか。次のうち、最も適しているものを一つ選び、記号を○で囲みなさい。（ア イ ウ エ）

ア どんなわざであっても、法《のり》に基づかなければ、真髄をつかんだわざとなることは難しく、法にかなっていれば人も認めるということ。

イ どんなわざであっても、法に頼るだけではなく、信念をもって熱心に取り組むことが、わざを身につけるうえで大切であるということ。

ウ どんなわざであっても、法を理解することに専心しているだけでは、わざの真髄をつかむことや人に認められることが難しいということ。

エ どんなわざであっても、どの法にしたがうのが良いかを、自分でよく考えて選ぶことが、わざを身につけるうえで大切であるということ。

3 ③まうけを現代かなづかいになおして、**すべてひらがな**で書きなさい。（　）

4 本文中の④、⑤に入れるのに最も適していることばを、それぞれ本文中から抜き出しなさい。④（　）⑤（　）

多いでしょう。あたかも油絵の具を塗り重ねて、終わりのない油絵を描いていくようなものです。

こう考えると、現時点のわたしたちの立場も明らかになります。つまり、過去から未来へと続く長い都市の歴史の中の、現在という一時点の読者であり、著者であるということです。傲慢に都市のすべてを決め付けることは論外ですが、今後も書き継がれる書物の一部として、謙虚に、しかし確固として自分の立場を見極めることが大切だと思います。

（西村幸夫「都市から学んだ10のこと」より）

（注）プロット＝小説・物語などの筋。構想。

1　①あらゆる都市は書物なのですとあるが、次のうち、筆者がこのように考える理由として最も適しているものはどれか。一つ選び、記号を○で囲みなさい。（ア　イ　ウ　エ）

ア　都市空間も書物も、誰の「意図」がどのように反映されて形成されたのかという対応が明らかであるから。

イ　あらゆる都市空間は、書物のひとつひとつのプロットのように自然発生的に形成されてきたものであるから。

ウ　都市空間においては、どんなに自然発生的に見える空間であっても、書物と同様に何らかの「意図」があるから。

エ　自然発生的に形成された「けもの道」のような例を除けば、都市空間は誰かの「意図」のもとに造られているから。

2　次のうち、本文中の ② に入れるのに最も適していることばはどれか。一つ選び、記号を○で囲みなさい。（ア　イ　ウ　エ）

ア　あるいは　　イ　一方で　　ウ　さらに　　エ　たとえば

3　本文中では、都市という書物が実際の書物と異なるのは、都市空間がどのようなものであるからだと述べられているか。その内容についてまとめた次の文の □ に入る内容を、本文中のことばを使って**二十五字以上、三十五字以内**で書きなさい。

都市空間が、数多くの人たちのさまざまな □ ものであるから。

4　本文中では、都市空間の性質を考えるとどのようなことがわかると述べられているか。その内容についてまとめた次の文の □ に入れるのに最も適しているひとつづきのことばを、本文中から**二十字**で抜き出し、**初めの五字**を書きなさい。

今後も続いていく都市という書物の長い歴史において、わたしたちは □ ということ。

国語B 問題

時間　五〇分
満点　九〇点

（注）　答えの字数が指定されている問題は、句読点や「　」などの符号も一字に数えなさい。

1　次の文章を読んで、あとの問いに答えなさい。

あらゆる都市空間は「意図」を持って造られています。どんなに自然発生的に見える空間でも、まったくの自然環境の中にあるわけではないので、人の手が入っています。したがってそこには何らかの「意図」があるのです。都市空間は、ちょうど書物のひとつひとつのプロットのようなものだといえるでしょう。書物には、当然ながら著者がいるので、ひとつひとつのプロットはいかに自然に見えても、何らかの「意図」のもとにあります。

もちろん、長年にわたり自然発生的に形成されてきた「けもの道」のような例もありますが、それにしても、多くの人が（あるいはけものも）歩き続けてきたことには、何らかの目的があり、そうした道が形成されてきた経過の中には、無意識的な「意図」が蓄積されて、道を形成してきたといえます。

そうした多様な「意図」の総量として、都市空間はできているのです。あたかも都市空間は、多数の著者がいる書物のようなものだと言えます。その意味で、①あらゆる都市は書物なのです。

ただ、実際の書物と異なるところも多々あります。

ひとつは、都市という書物には無数の著者がいるということです。あまりにも著者が多いために、誰の「意図」がどの都市空間にどのように反映されているのかといった対応はほとんど不可能です。あたかも多数から成る集合的な「意図」が都市空間というプロットを造っているように見えます。

しかし、都市空間のそれぞれの部分を子細に眺めていくと、そこには明確であるか、無自覚であるかは別にして、その造形には明らかな「意図」があることに気づきます。

②、住宅街ですと、個々の住宅にはそれぞれ住宅を建てた施主《せしゅ》がいて、実際に建設に携わった工務店がいます。そもそもその地が住宅街になったのには、ある歴史的な経緯があるはずです。そこに通っている道路にしても、建っている店舗にしても、それなりの理由があって、現在地に存在しているはずです。行政もそこにはおおきく関与しているでしょう。地形や植生も住宅地の立地に影響を及ぼしているはずです。

都市内の駅や学校を始めとした公共施設、神社仏閣、さらには商店街や街道筋にしても、その気になって眺めてみると、なぜそこに立地しているのかには何らかの「意図」がありそうです。まるででたらめに立地している都市施設などというものはありません。

こうした「意図」の集積として都市の空間ができあがっているのです。そこには多数の著者がいます。

もうひとつ、都市という書物が実際の書物と異なる点があります。

それは、都市という書物はこれからも書き継がれる書物だということです。さらに言うと、無限に書き続けられていく書物なのです。

都市空間はこれからも変化を続けていきます。都市生活のあり方も変化していくのですから、都市空間も変化せざるを得ないのです。かつて存在していたものが壊され、新たな空間が造形されるでしょう。壊されるのを免《まぬか》れたとしても、その空間の意味は異なって取り扱われることも

は**十七字**、［b］は**十二字**で抜き出し、それぞれ**初めの五字**を書きなさい。

a［　　　　　］　b［　　　　　］

現実を複写することを超えて［a］が模倣という行為であり、他者の表現をまねることを避けて独創的な創造者であるべきという芸術家に対する現代の考え方は、［b］ではないだろうかと考えている。

5　あとの【資料】は、「これからの時代に必要だと思う言葉に関わる知識や能力等は何か」という質問に対する回答結果を表したものです。【資料】からわかることをふまえて、あなたがこれからの時代に必要だと思う言葉に関わる知識や能力等について、次の原稿用紙に**三百字以内**で書きなさい。

【資料】

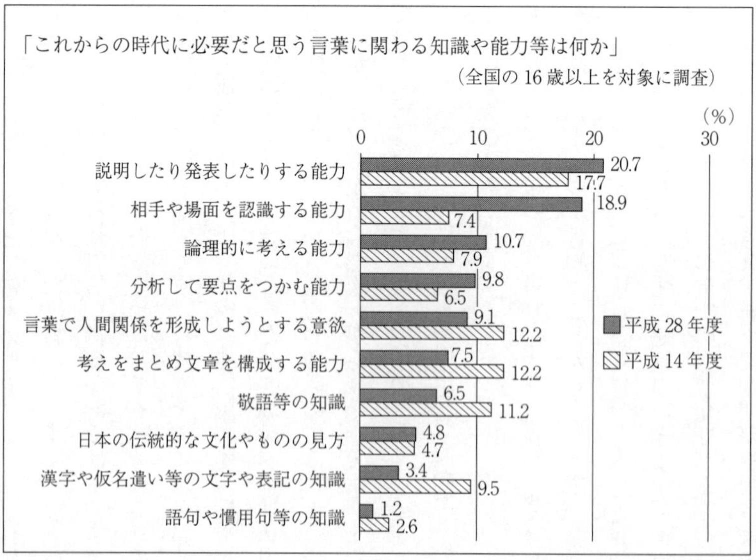

（「国語に関する世論調査」（文化庁）により作成）

写真は現実の模倣を作っているわけではない。人物や風景にカメラを向けて撮影された写真は、現実を模倣しているのではなく、現実の三次元空間にある光の強さの分布がレンズを通して記録された物体にすぎない。光の分布の複製を作っているのだ。しかし、問題なのはその写真が、見る者に対象との一体感を作り出しているかどうかなのである。「噛《か》み合って」いるかどうかなのであって、それが起こらないかぎり、その写真は単純に光の分布の複製物にすぎない。複製と模倣は、画像と図像という違いと等しいだろう。自動的にできてしまうものに対して、読み手のもつ受容体との同期を意識しているかどうかが、その鍵となる。

近代、写真技術と印刷物の融合で、芸術作品の複製ができるようになり、その複製が大量に出まわるようになったが、それ以前は手作りによる模写が中心であり、その数は限られていた。複写作業は、作り手にほとんど何も残さないが、模写をする者には、その作品を通して多くのことを学ばせる。また真の模倣とは、その姿形の複写ではなく、それを超えて作り手の姿勢や考えを学び、使うことをいうのであり、作り出される結果は模倣した原型とは異なっていることさえあるのだ。

模倣という行為は、その意味でアナログな行為である。対象を身体的になぞる必要がある。紙の上で夕日の輪郭をなぞるのと同様に、海岸を逃げるカニの姿を全身でまねてみせる子供のように、脳内で現実のマテリアルを使わずに行う「なぞり」もあれば、全身で「なぞる」ことだってあるだろう。模倣を作り上げるには、高いレベルであるかは別のレベルで「なぞら」なくてはならないのだ。（藤幡正樹「不完全な現実」より）

（注）ファクター＝要素。
プラトン＝古代ギリシャの哲学者。
マテリアル＝材料。素材。

1 ①目的と手段の順序が乱れてくるとあるが、本文中では、どのようなことが芸術における本来の目的と手段だと述べられているか。本文中のことばを使って三十五字以上、四十五字以内で書きなさい。

2 ②人間の技巧を超えた自動複写システムとあるが、次のうち、写真について、本文中で述べられていることがらと内容の合うものはどれか。最も適しているものを一つ選び、記号を○で囲みなさい。

（ア　イ　ウ　エ）

ア 人間が画材を駆使して写しとろうとしていた光や影を、たやすく瞬時に実現する写真は、読み手のもつ受容体との同期を意識しているため、単純に現実の模倣を作っているわけではないといえる。

イ 現実がそのまま写ってしまう写真が発明されることによって、芸術に対する作り手の考え方が変わり、現実の美しさを写真のように模倣することが人間の知的な活動であると考えられるようになった。

ウ 写真は、現実の三次元空間にある光の強さの分布がレンズを通して記録された物体であり、その写真が見る者に対象との一体感を作り出すことがなければ、単純に光の分布の複製物にすぎないといえる。

エ 人物や風景にカメラを向けて撮影された写真は、自動的に作り出された光の分布の複製にすぎないが、写っている対象と現実に存在している対象とが「噛み合って」いるということを見る者に感じさせる。

3 現代の芸術観について、本文中で述べられている筆者の考えを次のようにまとめた。［a］、［b］に入れるのに最も適しているひとつづきのことばを、それぞれ本文中から抜き出しなさい。ただし、［a］

3　次の問いに答えなさい。

1　次の(1)～(3)の文中の傍線を付けた漢字の読み方を書きなさい。また、(4)～(6)の文中の傍線を付けたカタカナを漢字になおし、解答欄の枠内に書きなさい。ただし、漢字は楷書《かいしょ》で、大きくていねいに書くこと。

(1) 師匠が弟子を諭す。（　　す）

(2) 木の葉を太陽に透かす。（　　かす）

(3) あらゆる分野を網羅する。（　　　）

(4) ココロヨく引き受ける。□く

(5) 『春望』は五言リッシである。□

(6) 古い建物をシュウチクする。□

2　次の文中の傍線を付けたことばが「物事が漠然としてとらえどころのないさま」という意味になるように、□にあてはまることばを、あとのア～エから一つ選び、記号を○で囲みなさい。

昨日聞いた話は、まるで□をつかむような話だった。

ア　わら　　イ　袖　　ウ　心　　エ　雲

（ア　イ　ウ　エ）

4　次の文章を読んで、あとの問いに答えなさい。

対象が何かに似ているか、似ていないかは、非常に重要なファクターだ。芸術はずっとそれを追求してきた。絵に描かれた夕日は、単純な意味で、それに似ていなくてはならない。似ていることで見る者の中に夕日を出現させなくてはならない。それが似ていなくては、夕日は出現しないだろう。芸術の根源は「ミメーシス（模倣）」にあると言ったのはプラトンであり、芸術は現実世界の理想的な模倣物を作り出すことだとした。どんな夕日が描かれていようともそれはその描き手の見た夕日として成立するが、芸術を理想の現れとして捉えようとすれば、そこには万人にとっての理想としての美をそなえた夕日が出現しなければならないことになる。あるいは絵として描くことによって、それが共有されることで社会通念としての美が作り出されてゆくと言ってもいいかもしれない。描かれ共有されないかぎり、美は生まれないのだ。

これがその後、微妙に誤解されてゆくことになる。①目的と手段の順序が乱れてくるのだ。結果、現実の美しさを模倣することのできる技巧をもつことが、人間の知的な活動であると考えるようになってしまう。これが、写真の発明で逆転を迫られるのだ。写真技術で現実を撮影すると、現実がそのまま写ってしまう。それは人間が画材を駆使して写しとろうとしていた光や影を、いともたやすく、しかも瞬時に実現してしまう。②人間の技巧を超えた自動複写システムの登場で、対象に似せること、模倣することは、人間の行う芸術行為ではないと結論されてしまったのだ。ここに現代の芸術観の誕生があるわけであり、他者の表現をまねることは、最も忌避すべき行為であり、芸術家は個人で、他にはない表現を行う独創的な創造者でなくてはならないと考えられるようになったのだ。これは創造性と模倣に対する誤解ではないだろうか。

2 次の文章を読んで、あとの問いに答えなさい。

少将《せうしやう》の内侍《ないし》、台盤所の御《おほん》つぼ《庭》のかへでの木を見出《みい》だして、「このかへでに、はつもみぢのしたりしこそ失《う》せにけれ」といひたりけるを、頭《とう》の中将《ちゆうじやう》聞きて、「①いづれの方にか候《さぶら》ひけむ」とて、梢《こずゑ》を見あげければ、人々もみなめをつけて見けるに、蔵人《くらうど》永継《ながつぐ》とりもあへず、「西の枝にこそ候ひけめ」と申したりけるを、右《う》中将《ちゆうじやう》実忠《さねただ》朝臣《あそん》、御剣の役のために参りて、おなじくその所に候ひけるが、この言を感じて、「この比《ごろ》は、これほどの事も心とく《察して》うちいづる人はかたきにて《まれであるのに》あるに、優《風流で》に候ふものかな」とて、うちうめきたるに、人々みな②入興《じゆきよう》して満座感歎《かんたん》しけり。まことに、とりあへずいひいづるも、また聞きとがむるも、③いと優にぞ侍《はべ》りける。「古今」の歌に、

おなじ枝《え》をわきて木のはの色づくは西こそ秋の初めなりけれ

と侍るをおもはへていへりけるなるべし。

（注）少将の内侍＝中務大輔《なかつかさたいふ》藤原《ふじわらの》信実《のぶざね》の娘。
台盤所＝食物を調理する台所。
頭の中将＝藤原宣経《のぶつね》。
蔵人永継＝藤原永継
右中将実忠朝臣＝藤原実忠。
御剣の役＝天皇が外出する際に剣を持つ役目。

1 ①いづれの方にか候ひけむとあるが、次のうち、この問いかけの内容として最も適しているものはどれか。一つ選び、記号を○で囲みなさい。（ア イ ウ エ）

ア 初めて色づいたもみじはなぜ散ってしまったのか。
イ 初めて色づいたもみじはどちらの方角にあったのか。
ウ 初めて色づいたもみじはいつまで木の枝にあったのか。
エ 初めて色づいたもみじは誰に散らされてしまったのか。

2 ②入興してとあるが、次のうち、このことばの本文中での意味として最も適しているものはどれか。一つ選び、記号を○で囲みなさい。（ア イ ウ エ）

ア おもしろく思って　イ 怒りをあらわにして
ウ 物思いにふけって　エ きまりが悪くなって

3 ③いと優にぞ侍りけるとあるが、本文中で筆者は、どのようなことに対して、「いと優にぞ侍りける」と述べているか。その内容についてまとめた次の文の[a]に入れるのに最も適しているひとつづきのことばを、本文中から**七字**で抜き出しなさい。また、[b]、[c]に入れるのに最も適していることばをそれぞれあとから一つずつ選び、記号を○で囲みなさい。

a [　　　　　　　] b（ア イ ウ エ） c（ア イ ウ エ）

「古今」の歌に[a]であるという内容が詠《よ》まれていることをふまえて、[b]がすぐに返答をしたことと、それを[c]が聞きとめたこと。

ア 少将の内侍　イ 頭の中将
ウ 蔵人永継　エ 右中将実忠朝臣

何か叫ぶとすれば別れのことばと見当がつく。

さらに決定的な証拠は、作者が「私は」でなく「私が」という助詞を採用したことである。もしも「振り返った」のも「さよならを言おうとした」のも「うなずいて見せた」のも同じ人物であるならば、日本語では「私は」と書く。練達の士であるこの作家がそこを「私が」と書いたのは、その主語の支配が「振り返った時」で終わり、「さよならを言おうとした」までは及ばないと判断したからであり、それ以降は別の主語すなわち踊子を想定していたことは確実だ。そこにあえて「踊子は」という主語を書かなかったのはなぜか。直前の文に「踊子は……見つめていた」とあり、その主語の支配が次の文にまで及んでいるからだ。すなわち、「私が」という従属節の主語の支配の終わる「振り返った時」よりあとの、その文の中心をなす主節の主語として、前文の主語が潜在的に働いているという判断である。流れとして文意の明らかなその箇所で再度「踊子は」という無駄な主語を重ねて駄目を押すくどい書き方を、日本語の名手、川端の美意識が許さなかったのだろう。（中村　明「日本語の作法」より）

（注）下田＝伊豆半島南東部に位置する静岡県の都市。
掘割＝地面を掘って造った水路。

1　本文中のA～Dの――を付けた語のうち、一つだけ他と活用形の異なるものがある。その記号を○で囲みなさい。（A　B　C　D）

2　うなずいた人物は誰かということについて、本文中の═══で示した引用文の背景にある文脈とはどのようなことだと筆者は述べているか。その内容についてまとめた次の文の[a]、[b]に入れるのに最も適しているひとつづきのことばを、それぞれ本文中から抜き出しなさい。ただし、[a]は**二十四字**、[b]は**二十字**で抜き出し、それぞれ**初めの五字**を書きなさい。

a [　　　　　]　b [　　　　　]

小説『伊豆の踊子』において、引用文までの部分は[a]が描かれており、また、引用文のあたりは[b]ということ。

3　前後の内容から考えて、本文中の[①]に入ることばを**ひらがな五字**で書きなさい。

[　　　　　]

4　作者が「さよならを」の前に主語を書かなかったことについて、本文中で筆者が述べている内容を次のようにまとめた。[a]に入る内容を、本文中のことばを使って**三十五字以上、四十五字以内**で書きなさい。また、[b]に入れるのに最も適しているひとつづきのことばを、本文中から**二十字**で抜き出し、**初めの五字**を書きなさい。

a [　　　]

b [　　　　　]

作者である川端康成は、「私は」でなく「私が」と書くことによって、[a]と考えたから、[b]をしなかったのだろう。

国語C問題

時間　五〇分
満点　九〇点

（注）答えの字数が指定されている問題は、句読点や「　」などの符号も一字に数えなさい。

1　次の文章を読んで、あとの問いに答えなさい。

川端康成《かわばたやすなり》の初期の小説『伊豆《いず》の踊子《おどりこ》』の末尾近く、主人公が踊子と別れ、下田《しもだ》から船で東京に戻る場面に、「踊子はやはり唇《くちびる》をきっと閉じたまま一方を見つめていた。私が縄梯子《なわばしご》に捉《つか》まろうとして振り返った時、さよならを言おうとしたが、それも止《よ》して、もう一ぺん、ただうなずいて見せた」とある。この場面で、うなずいた人物は誰かを、留学生のみならず日本人でも、きちんと読みとれなくなったらしい。しかも、それを自分の読解力の問題ではなく、「さよならを」の前に主語を書かなかった作者の責任、ひいては日本語の省略表現の構造的なあいまいさのせいだと主張し、母国語を非難する人もあるという。

そういう時代の到来を知って義憤を感じ、作者の、あるいは日本語の濡《ぬ》れ衣《ぎぬ》を晴らしておきたい。相手の理解力を信頼し、想像力を期待して、ことばですべて言い尽くすことを控える、そういう礼節を尊ぶ日本語の精神と論理について私見をA述べよう。わかりきったことまでくだくだ述べないのは、情報の空白部分や論理の隙間は聡明《そうめい》な相手がB埋めてくれると信じているからである。次第に本を読まなくなって想像力がC鍛えられず、特に小説をD読み慣れない読者など、伝統的な手法によって生ずる空白部分を埋めきれず、そういう文脈に依存する省略表現について行けなくなってきているのかもしれない。

しかし、文章を構成する個々の単語は、それぞれ独立して情報伝達に全責任を負っているわけではない。語は表現の中にあり、表現は文の中にあり、文は文章の中にある。どの書き手も、その「文章」の意味が読み手に正しく効果的に伝わることを目ざして、それぞれの表現に託すのであり、あくまでその中で一つ一つの語が働いているのである。

あの場面はこういう文脈を背負ってあの位置に置かれた。主人公の「私」が旅芸人の一行と別れていよいよ出立《しゅったつ》する日の朝、近づくと踊子は「黙って頭を下げた」。話しかけても「掘割《ほりわり》が海に入るところをじっと見下したまま一言も言わ」ず、「私」が話している間も「何度となくこくりこくりうなずいて見せるだけだった」と、すっかり無口になって別れをかみしめている踊子の姿を印象的に描いている。引用文中の「やはり」はそういう文脈を受けており、別れのことばを叫ぼうとする様子を一瞬ちらと見せたものの、口にする代わりにただ「うなずいて見せた」。それを作者が「もう一ぺん」と書いたのも同様だ。

しかも、このあたり一帯、すべて「私」が見た対象の描写が続いているのだ。そういう文脈の流れを背景にしたこの一文で、うなずいた人物が踊子であることは紛れようもない事実である。まして作品をそこまで読んできて、ここを誤解する読者など一人もいないはずなのだ。

にもかかわらず、突如としてその一文だけを読まされた人間にとって、そういう自然な解釈を妨げるものがあるとすれば、声となって発せられなかったことばが「さよなら」であると特定できるはずがない、とする素朴な思い込みだろう。作者の助詞の正確な使用に注目したい。一つは「 ① 」ではなく「さよならを」と書いた点だ。前者ならサヨナラという語に限られるが、後者はそういう特定の語形に代表される別れの挨拶という意味合いが強くなる。こんな距離で複雑な話ができるはずもなく、

2022年度／解答

数学A問題

1 **【解き方】**(1) 与式 $= -2 + 12 = 10$

(2) 与式 $= -27 \times \dfrac{5}{9} = -15$

(3) 与式 $= 40 - 49 = -9$

(4) 与式 $= x - 3 + 6x + 6 = 7x + 3$

(5) 与式 $= \dfrac{48x^3}{8x} = 6x^2$

(6) 与式 $= 2\sqrt{3} + 9\sqrt{3} = 11\sqrt{3}$

【答】(1) 10　(2) -15　(3) -9　(4) $7x + 3$　(5) $6x^2$　(6) $11\sqrt{3}$

2 **【解き方】**(1) $a = -6$ を代入して，与式 $= -2 \times (-6) + 14 = 12 + 14 = 26$

(2) $5.3 - (-0.4) = 5.7$ (℃)

(3) 買ったみかんの個数は，$a \times 3 = 3a$ (個)　これが20個より多いから，$3a > 20$　よって，イ。

(4) 与式を順に(i)，(ii)とする。(i)－(ii)より，$2x = 8$　よって，$x = 4$　(ii)に代入して，$5 \times 4 + y = 11$ より，$y = -9$

(5) 左辺を因数分解して，$(x - 3)(x - 5) = 0$　よって，$x = 3,\ 5$

(6) 回数が少ない順に並べると，26，27，27，28，30，31，32となる。少ない方から4番目が中央値になるから，28回。

(7) カードの取り出し方は全部で，$3 \times 3 = 9$ (通り)　このうち，積が16であるのは，(A，B) = (2，8)，(4，4)の2通り。よって，確率は $\dfrac{2}{9}$。

(8) 右下がりの直線だから，傾きは負。また，切片は正。よって，ウ。

(9) $y = ax^2$ に，$x = -6$，$y = 7$ を代入して，$7 = a \times (-6)^2$ より，$a = \dfrac{7}{36}$

(10) ① 辺ABは辺ACと交わる。また，辺BE，辺DEはそれぞれ辺ACとねじれの位置にある。② 底面積は，$\dfrac{1}{2} \times \mathrm{AB} \times \mathrm{BC} = \dfrac{1}{2} \times 9 \times 4 = 18$ (cm^2)　高さは a cmだから，体積は，$18 \times a = 18a$ (cm^3)

【答】(1) 26　(2) 5.7 (℃)　(3) イ　(4) $x = 4$，$y = -9$　(5) $x = 3,\ 5$　(6) 28 (回)　(7) $\dfrac{2}{9}$　(8) ウ　(9) $\dfrac{7}{36}$

(10) ① エ　② $18a$ (cm^3)

3 **【解き方】**(1) ① x が1増えると y は15増えるから，x が，$4 - 2 = 2$ 増えると，y は，$15 \times 2 = 30$ 増える。よって，(ア) $= 335 + 30 = 365$　また，x が，$8 - 2 = 6$ 増えると，y は，$15 \times 6 = 90$ 増えるから，(イ) $= 335 + 90 = 425$　② 変化の割合が，$\dfrac{15}{1} = 15$ だから，$y = 15x + b$ として，$x = 1$，$y = 320$ を代入すると，$320 = 15 \times 1 + b$ より，$b = 305$　よって，$y = 15x + 305$

(2) $y = 15x + 305$ に，$x = t$，$y = 620$ を代入して，$620 = 15t + 305$ より，$t = 21$

【答】(1) ① (ア) 365　(イ) 425　② $y = 15x + 305$　(2) 21

4 **【解き方】**(1) 四角形ABCDは長方形だから，$\angle \mathrm{ABE} = 90°$　三角形の内角の和は $180°$ だから，$\angle \mathrm{BAE} = 180° - a° - 90° = (90 - a)°$

(2) $\triangle$HFDは直角二等辺三角形だから，$\mathrm{FD} = \sqrt{2}\mathrm{FH} = \sqrt{2} \times 5 = 5\sqrt{2}$ (cm)

(4) $\triangle DEC \backsim \triangle IDG$ だから，$DC : IG = EC : DG = 10 : 5 = 2 : 1$　よって，$IG = \frac{1}{2}DC = \frac{1}{2} \times 6 = 3$ (cm)　したがって，$FI = FG - IG = 5 - 3 = 2$ (cm)　$\triangle HFI$ において，三平方の定理より，$HI = \sqrt{HF^2 + FI^2} = \sqrt{5^2 + 2^2} = \sqrt{29}$ (cm)

【答】 (1) $90 - a$（度）　(2) $5\sqrt{2}$ (cm)　(3) ⓐ IGD　ⓑ IDG　ⓒ ウ　(4) $\sqrt{29}$ (cm)

数学B問題

1 **【解き方】** (1) 与式 $= 18 - 16 \div 8 = 18 - 2 = 16$

(2) 与式 $= 10a - 2b - 3a - 18b = 7a - 20b$

(3) 与式 $= \dfrac{14ab \times ab}{7a^2} = 2b^2$

(4) 与式 $= x^2 - 1 - (x^2 - 5x - 24) = x^2 - 1 - x^2 + 5x + 24 = 5x + 23$

(5) 与式 $= (\sqrt{6})^2 - 2 \times \sqrt{6} \times \sqrt{2} + (\sqrt{2})^2 + 3\sqrt{3} = 6 - 4\sqrt{3} + 2 + 3\sqrt{3} = 8 - \sqrt{3}$

【答】 (1) 16　(2) $7a - 20b$　(3) $2b^2$　(4) $5x + 23$　(5) $8 - \sqrt{3}$

2 **【解き方】** (1) 両辺を7倍して，$7b = 5a + 4$ より，$5a + 4 = 7b$　4を移項して，$5a = 7b - 4$　両辺を5でわって，$a = \dfrac{7b - 4}{5}$

(2) 解の公式より，$x = \dfrac{-(-3) \pm \sqrt{(-3)^2 - 4 \times 2 \times (-1)}}{2 \times 2} = \dfrac{3 \pm \sqrt{17}}{4}$

(3) 平均値は，$(2 \times 1 + 3 \times 4 + 4 \times 3 + 5 \times 2 + 6 \times 1 + 12 \times 1) \div 12 = 4.5$（冊）　最頻値は度数が最も多い3冊。中央値は，読んだ冊数の多い方から6番目と7番目の生徒が読んだ冊数の平均になるから，4冊。よって，$b < c < a$ となるから，エ。

(4) 2枚のカードの取り出し方は，$3 \times 4 = 12$（通り）　20の約数は，1，2，4，5，10，20だから，数の和が20の約数になるのは，(A，B) = (1，1)，(1，3)，(2，3)，(3，1)，(3，7)の5通り。よって，確率は $\dfrac{5}{12}$。

(5) 連続する三つの整数を x，$x + 1$，$x + 2$ とおくと，$x + (x + 1) + (x + 2) = 2022$ が成り立つ。整理して，$3x = 2019$ より，$x = 673$

(6) $\overset{\frown}{BC}$ に対する中心角と円周角の関係より，$\angle BOC = 2\angle CAB = 2a°$　$\triangle OCD$ の内角と外角の関係より，$\angle CDO = \angle BOC - \angle OCD = (2a - b)°$

(7) $4 < \sqrt{n} < 5$ より，$\sqrt{16} < \sqrt{n} < \sqrt{25}$ だから，$\sqrt{96} < \sqrt{6n} < \sqrt{150}$　96以上150以下の数で自然数を2乗した数は100，121，144で，このうち6の倍数は144だから，$6n = 144$ より，$n = 24$

(8) A は m 上の点だから，y 座標は，$y = \dfrac{1}{2} \times 3^2 = \dfrac{9}{2}$　CB = AB だから，C の x 座標は，$3 - \dfrac{9}{2} = -\dfrac{3}{2}$　D は m 上の点だから，y 座標は，$y = \dfrac{1}{2} \times \left(-\dfrac{3}{2}\right)^2 = \dfrac{9}{8}$　E は n 上の点だから，y 座標は，$y = a \times \left(-\dfrac{3}{2}\right)^2 = \dfrac{9}{4}a$　よって，DE の長さについて，$\dfrac{9}{8} - \dfrac{9}{4}a = 2$ が成り立つから，これを解くと，$a = -\dfrac{7}{18}$

【答】 (1) $a = \dfrac{7b - 4}{5}$　(2) $x = \dfrac{3 \pm \sqrt{17}}{4}$　(3) エ　(4) $\dfrac{5}{12}$　(5) 673　(6) $2a - b$（度）　(7) 24　(8)（a の値）$-\dfrac{7}{18}$

3 **【解き方】** (1) ① x が1増えると y は15増えるから，x が，$4 - 2 = 2$ 増えると，y は，$15 \times 2 = 30$ 増える。よって，(ア) $= 335 + 30 = 365$　また，x が，$8 - 2 = 6$ 増えると，y は，$15 \times 6 = 90$ 増えるから，(イ) $= 335 + 90 = 425$　② 変化の割合が，$\dfrac{15}{1} = 15$ だから，$y = 15x + b$ として，$x = 1$，$y = 320$ を代入する

と，$320 = 15 \times 1 + b$ より，$b = 305$　よって，$y = 15x + 305$　③ $y = 15x + 305$ に，$y = 620$ を代入して，$620 = 15x + 305$ より，$x = 21$

(2) コーン A の個数とコーン B の個数の合計が 39 だから，$s + t = 39$……(i)が成り立つ。コーン B の高さは，$t = 1$ ときは 150mm で，t の値が 1 増えると，高さは 10mm 高くなるから，コーン B を t 個積んだときの高さは，$150 + 10(t - 1) = 10t + 140$ (mm)と表せる。よって，積んだコーン A の高さと積んだコーン B の高さが等しいとき，$15s + 305 = 10t + 140$ が成り立つ。整理して，$3s - 2t = -33$……(ii)　(i)× 3 −(ii)より，$5t = 150$　よって，$t = 30$　(i)に代入して，$s + 30 = 39$ より，$s = 9$

【答】 (1) ① (ア) 365　(イ) 425　② $y = 15x + 305$　③ 21　(2) (s の値) 9　(t の値) 30

4 **【解き方】** [Ⅰ] (2) ① △BCE ∽ △DFH より，BE : DH = BC : DF　よって，BE : 2 = 6 : 5 より，BE = $\dfrac{12}{5}$ (cm)　② AE = AB − BE = $7 - \dfrac{12}{5} = \dfrac{23}{5}$ (cm)　AE ∥ FD より，AG : GD = AE : FD = $\dfrac{23}{5}$: 5 = 23 : 25 だから，GD = $6 \times \dfrac{25}{23 + 25} = \dfrac{25}{8}$ (cm)　直角三角形 FDH において，三平方の定理より，FH = $\sqrt{\mathrm{FD}^2 - \mathrm{DH}^2} = \sqrt{5^2 - 2^2} = \sqrt{21}$ (cm)　よって，△FGD = $\dfrac{1}{2} \times \mathrm{GD} \times \mathrm{FH} = \dfrac{1}{2} \times \dfrac{25}{8} \times \sqrt{21} = \dfrac{25\sqrt{21}}{16}$ (cm^2)

[Ⅱ] (3) 平行でなく交わらない辺だから，辺 EF と辺 FB。

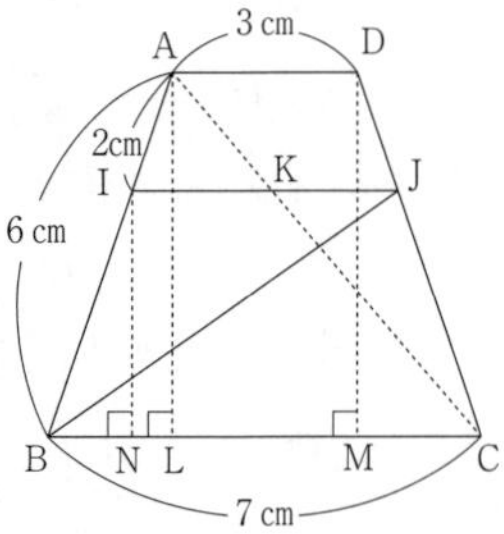

(4) ① 右図のように，四角形 ABCD の対角線 AC と線分 IJ との交点を K とする。四角形 ABCD は AB = DC の台形だから，AI = DJ = 2 cm，IB = JC = 6 − 2 = 4 (cm)　IK : BC = AI : AB だから，IK : 7 = 2 : 6　よって，IK = $\dfrac{7}{3}$ (cm)　また，KJ : AD = JC : DC だから，KJ : 3 = 4 : 6　よって，KJ = 2 (cm)　したがって，IJ = IK + KJ = $\dfrac{7}{3} + 2 = \dfrac{13}{3}$ (cm)　② 右図のように，A，D から辺 BC に垂線 AL，DM をそれぞれひく。また，I から辺 BC に垂線 IN をひく。BL = MC，LM = AD = 3 cm だから，BL = $(7 - 3) \times \dfrac{1}{2} = 2$ (cm)　直角三角形 ABL において，三平方の定理より，AL = $\sqrt{6^2 - 2^2} = 4\sqrt{2}$ (cm)　AL : IN = AB : IB だから，$4\sqrt{2}$: IN = 6 : 4 より，IN = $\dfrac{8\sqrt{2}}{3}$ (cm)　立体 IFBJ は底面を△IBJ としたときの高さが FB = 9 cm だから，体積は，$\dfrac{1}{3} \times \left(\dfrac{1}{2} \times \dfrac{13}{3} \times \dfrac{8\sqrt{2}}{3}\right) \times 9 = \dfrac{52\sqrt{2}}{3}$ (cm^3)

【答】 (1) △BCE と△DFH において，CE ⊥ AB，FH ⊥ AH だから，∠CEB = ∠FHD = 90°……㋐　四角形 ABCD は平行四辺形だから，∠EBC = ∠ADC……㋑　対頂角は等しいから，∠HDF = ∠ADC……㋒　㋑，㋒より，∠EBC = ∠HDF……㋓　㋐，㋓より，2 組の角がそれぞれ等しいから，△BCE ∽ △DFH

(2) ① $\dfrac{12}{5}$ (cm)　② $\dfrac{25\sqrt{21}}{16}$ (cm^2)　(3) ウ，エ　(4) ① $\dfrac{13}{3}$ (cm)　② $\dfrac{52\sqrt{2}}{3}$ (cm^3)

数学C問題

1 **【解き方】** (1) 与式 $= \dfrac{3(3a-b)-2(a-2b)}{12} = \dfrac{9a-3b-2a+4b}{12} = \dfrac{7a+b}{12}$

(2) $x-16y+10=-8y$ より，$x-8y=-10$……(i)　$5x-14=-8y$ より，$5x+8y=14$……(ii)　(i)+(ii) より，$6x=4$　よって，$x=\dfrac{2}{3}$　(i)に代入して，$\dfrac{2}{3}-8y=-10$ より，$y=\dfrac{4}{3}$

(3) $x^2-y^2=(x+y)(x-y)$ で，$x+y=(\sqrt{15}+\sqrt{5})+(\sqrt{15}-\sqrt{5})=2\sqrt{15}$，$x-y=(\sqrt{15}+\sqrt{5})-(\sqrt{15}-\sqrt{5})=2\sqrt{5}$ だから，求める式の値は，$2\sqrt{15}\times 2\sqrt{5}=20\sqrt{3}$

(4) $ax+by=1$ を y について解くと，$y=-\dfrac{a}{b}x+\dfrac{1}{b}$　グラフより，切片は正だから，$\dfrac{1}{b}$ は正。よって，b は正。傾きは右上がりだから，$-\dfrac{a}{b}$ は正。b は正だから，a は負。したがって，ウ。

(5) 箱Aからのカードの取り出し方は，2と4，2と6，4と6のいずれかだから，カードの取り出し方は全部で，$(a,\ b,\ c)=\underline{(1,\ 2,\ 4)}$，$(2,\ 3,\ 4)$，$(2,\ 4,\ 9)$，$\underline{(1,\ 2,\ 6)}$，$\underline{(2,\ 3,\ 6)}$，$\underline{(2,\ 6,\ 9)}$，$(1,\ 4,\ 6)$，$(3,\ 4,\ 6)$，$\underline{(4,\ 6,\ 9)}$ の9通り。このうち，$\dfrac{ac}{b}$ が自然数になるのは下線をひいた5通りだから，確率は $\dfrac{5}{9}$。

(6) バレーボール部員の215cm以上220cm未満の階級の度数を x 人とすると，サッカー部員のこの階級の度数は $(x+3)$ 人と表せ，相対度数が等しいから，$\dfrac{x}{20}=\dfrac{x+3}{32}$ が成り立つ。これを解くと，$x=5$　よって，度数は，$5+3=8$（人）

(7) m は2けたの自然数なので，$m=10a+b$（a は1以上9以下の整数，b は0以上9以下の整数）とすると，$n=a+b$ となるから，$11n-2m=11(a+b)-2(10a+b)=9b-9a=9(b-a)$　$b-a$ は整数だから，$9(b-a)$ は9の倍数である。50以上60以下の9の倍数は54だから，$9(b-a)=54$ より，$b-a=6$　したがって，条件を満たす a，b の値は，$(a,\ b)=(1,\ 7)$，$(2,\ 8)$，$(3,\ 9)$　よって，m の値は，17，28，39。

(8) Aは m 上の点だから，$\mathrm{A}\left(t,\ \dfrac{1}{3}t^2\right)$ で，$\mathrm{B}\left(-t,\ \dfrac{1}{3}t^2\right)$，$\mathrm{C}\left(0,\ \dfrac{1}{3}t^2\right)$　四角形ABDEは平行四辺形だから，$\mathrm{DE}=\mathrm{AB}=2t$ で，Dの x 座標は $-2t$。Dは ℓ 上の点だから，y 座標は $-\dfrac{2}{3}t-1$ となる。よって，Eの y 座標も $-\dfrac{2}{3}t-1$ で，$\mathrm{CE}=4\,\mathrm{cm}$ だから，$\dfrac{1}{3}t^2-\left(-\dfrac{2}{3}t-1\right)=4$ が成り立つ。整理して，$t^2+2t-9=0$　解の公式より，$t=\dfrac{-2\pm\sqrt{2^2-4\times1\times(-9)}}{2\times1}=\dfrac{-2\pm\sqrt{40}}{2}=-1\pm\sqrt{10}$　$t>0$ だから，$t=-1+\sqrt{10}$

【答】 (1) $\dfrac{7a+b}{12}$　(2) $x=\dfrac{2}{3}$，$y=\dfrac{4}{3}$　(3) $20\sqrt{3}$　(4) ウ　(5) $\dfrac{5}{9}$　(6) 8（人）　(7) 17，28，39
(8)（t の値）$-1+\sqrt{10}$

2 **【解き方】** (1) ACは直径だから，半径は $\dfrac{a}{2}$ cm。よって，円Oの面積は，$\pi\times\left(\dfrac{a}{2}\right)^2=\dfrac{1}{4}\pi a^2\ (\mathrm{cm}^2)$

(3) ① 直角三角形ABCにおいて，三平方の定理より，$\mathrm{AC}=\sqrt{3^2+5^2}=\sqrt{34}$ (cm) だから，$\mathrm{CO}=\dfrac{1}{2}\mathrm{AC}=\dfrac{\sqrt{34}}{2}$ (cm)　△ABC∽△COGより，AB：BC＝CO：OGだから，$3:5=\dfrac{\sqrt{34}}{2}:\mathrm{OG}$　よって，$\mathrm{OG}=\dfrac{5\sqrt{34}}{6}$ (cm)　② ∠COG＝∠FEG＝90°，∠CGO＝∠FGEより，△COG∽△FEGだから，△ABC∽

△FEG　よって，FE：EG：FG = AB：BC：AC = 3：5：$\sqrt{34}$　ここで，OF = OC だから，FG = OG − OF = $\dfrac{5\sqrt{34}}{6} - \dfrac{\sqrt{34}}{2} = \dfrac{\sqrt{34}}{3}$ (cm)　よって，FE = $\dfrac{\sqrt{34}}{3} \times \dfrac{3}{\sqrt{34}} = 1$ (cm)，EG = $1 \times \dfrac{5}{3} = \dfrac{5}{3}$ (cm)　したがって，四角形 OFEC = △COG − △FEG = $\dfrac{1}{2} \times \dfrac{\sqrt{34}}{2} \times \dfrac{5\sqrt{34}}{6} - \dfrac{1}{2} \times 1 \times \dfrac{5}{3} = \dfrac{25}{4}$ (cm^2)

【答】 (1) $\dfrac{1}{4}\pi a^2$ (cm^2)

(2) △ABC と△COG において，EC∥AB であり，平行線の錯角は等しいから，∠BAC = ∠OCG……㋐　仮定より，∠ABC = 90°……㋑　△DEC は∠DEC = 90°の直角二等辺三角形だから，∠CDF = 45°……㋒　一つの弧に対する中心角の大きさは，その弧に対する円周角の大きさの 2 倍だから，∠COG = 2∠CDF……㋓　㋒，㋓より，∠COG = 90°……㋔　㋑，㋔より，∠ABC = ∠COG……㋕　㋐，㋕より，2 組の角がそれぞれ等しいから，△ABC ∽ △COG

(3) ① $\dfrac{5\sqrt{34}}{6}$ (cm)　② $\dfrac{25}{4}$ (cm^2)

3 **【解き方】** (1) ① 次図 1 のように，D から辺 EF に垂線 DP をひくと，P は EF の中点で，EP = $8 \times \dfrac{1}{2} = 4$ (cm)　直角三角形 DEP において，三平方の定理より，DP = $\sqrt{10^2 - 4^2} = 2\sqrt{21}$ (cm)　よって，△DEF = $\dfrac{1}{2} \times 8 \times 2\sqrt{21} = 8\sqrt{21}$ (cm^2)　② GB = 8 − 6 = 2 (cm)　次図 2 のように，A から BE に垂線 AQ をひくと，BQ = 5 − 3 = 2 (cm) だから，AB = $\sqrt{10^2 + 2^2} = 2\sqrt{26}$ (cm)　HG∥AC より，GB：CB = HB：AB だから，2：8 = HB：$2\sqrt{26}$ より，HB = $\dfrac{\sqrt{26}}{2}$ (cm)　③ 図 2 のように，AD の延長線と BI の延長線との交点を R とすると，HD∥BR だから，AD：DR = AH：HB　AH = AB − HB = $2\sqrt{26} - \dfrac{\sqrt{26}}{2} = \dfrac{3\sqrt{26}}{2}$ (cm) だから，3：DR = $\dfrac{3\sqrt{26}}{2}：\dfrac{\sqrt{26}}{2}$ より，DR = 1 (cm)　DR∥BE より，DI：EI = DR：BE = 1：5 だから，DI = $10 \times \dfrac{1}{1+5} = \dfrac{5}{3}$ (cm)

(2) ① 次図 3 のように，KJ と AQ との交点を S とすると，AS = DJ = 4 cm　KS∥BQ だから，AK：AB = AS：AQ = 4：10 = 2：5　LK∥CB より，LK：CB = AK：AB だから，LK：8 = 2：5　よって，LK = $\dfrac{16}{5}$ (cm)　② 図 3 のように，K，L からそれぞれ辺 BC に垂線 KT，LU をひき，T，U からそれぞれ辺 EF に垂線 TV，UW をひくと，立体 KEB—LFC は，三角柱 KVT—LWU と，合同な四角錐 K—TVEB と四角錐 L—UWFC に分けられる。ここで，WV = UT = LK = $\dfrac{16}{5}$cm より，VE = $\left(8 - \dfrac{16}{5}\right) \times \dfrac{1}{2} = \dfrac{12}{5}$ (cm)　JE：DE = (10 − 4)：10 = 3：5，VE：PE = $\dfrac{12}{5}$：4 = 3：5 より，DP∥JV だから，JV ⊥ EF　これより，三角柱 KVT—LWU の底面△KVT において底辺を TV としたときの高さと，四角錐 K—TVEB において底面を四角形 TVEB としたときの高さは，いずれも JV と等しい。JV = $\dfrac{3}{5}$DP = $\dfrac{6\sqrt{21}}{5}$ (cm)　三角柱 KVT—LWU の体積は，$\left(\dfrac{1}{2} \times 5 \times \dfrac{6\sqrt{21}}{5}\right) \times \dfrac{16}{5} = \dfrac{48\sqrt{21}}{5}$ (cm^3)　四角錐 K—TVEB の体積は，$\dfrac{1}{3} \times \left(\dfrac{12}{5} \times 5\right) \times \dfrac{6\sqrt{21}}{5} = \dfrac{24\sqrt{21}}{5}$ (cm^3)　よって，立体 KEB—LFC の体積は，$\dfrac{48\sqrt{21}}{5} + \dfrac{24\sqrt{21}}{5} \times$

$2 = \dfrac{96\sqrt{21}}{5}$ (cm^3)

図1

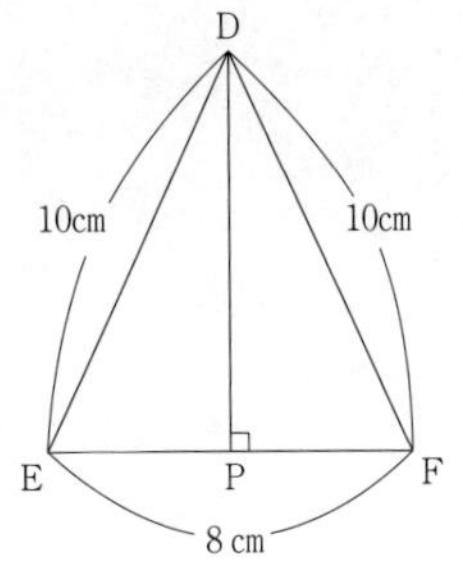

図2

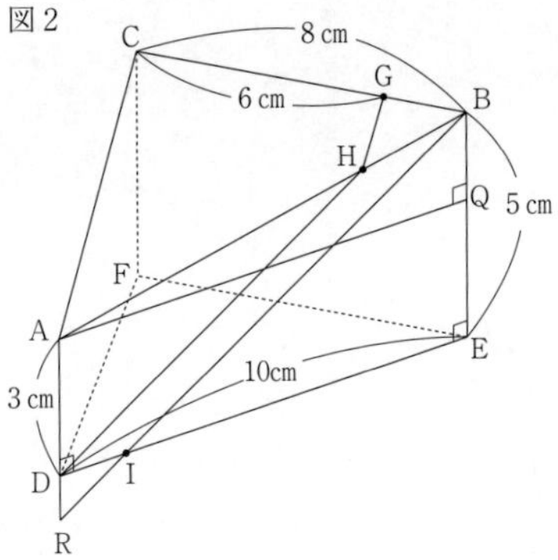

図3

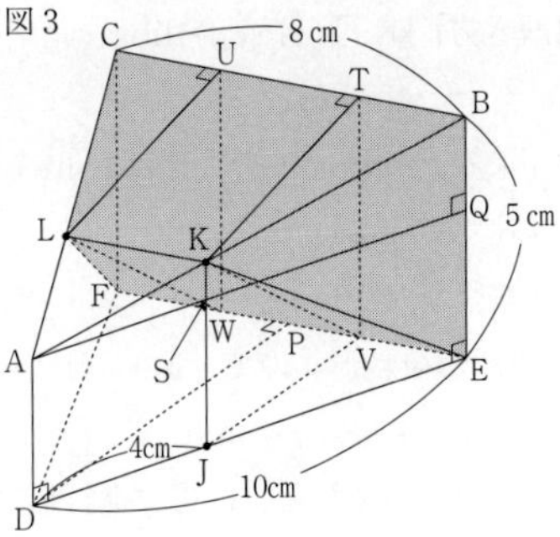

【答】(1) ① $8\sqrt{21}$ (cm^2)　② $\dfrac{\sqrt{26}}{2}$ (cm)　③ $\dfrac{5}{3}$ (cm)　(2) ① $\dfrac{16}{5}$ (cm)　② $\dfrac{96\sqrt{21}}{5}$ (cm^3)

英語A問題

1 【解き方】(1)「図書館」= library。

(2)「窓」= window。

(3)「来る」= come。過去形は came。

(4)「速く」= fast。

(5)「空腹な」= hungry。

(6) 主語が複数形なので，be 動詞は are を用いる。

(7)「～してもいい」= may ～。「～してもいいですか」= May I ～ ?。

(8)「～していました」は過去進行形〈be 動詞の過去形＋～ing〉で表す。

(9)「～している…」は現在分詞が後ろから前の名詞を修飾する形を用いて表す。

(10) 仮定法の文。「もし～なら，…でしょうに」は〈If ＋主語＋動詞の過去形，主語＋助動詞の過去形〉で表す。「～しないでしょうに」= wouldn't ～。

【答】(1) ウ　(2) ウ　(3) イ　(4) ア　(5) イ　(6) イ　(7) ア　(8) ウ　(9) ウ　(10) ア

2 【解き方】［Ⅰ］(1)「私はそれらに興味を持つようになりました」という文。「～に興味を持つようになる」= become interested in ～。

(2)「家でホストファミリーと一緒に『それら』を食べました」。同じ文の前半にある「二つの新鮮なリンゴ」を指している。

(3) 前後の文より過去形の文であることがわかる。

(4) ア．第1段落の最後から2文目を見る。最古の自動販売機は，エジプトの寺院の前で水を売るために使われていた。イ．第2段落の2・3文目を見る。エドワードは新鮮なくだものを売る自動販売機を見て驚いた。ウ．第2段落の最後から3文目を見る。正しい。エ．第2段落の最後の2文を見る。地震などの災害が起きた時，飲み物などを手に入れることができる自動販売機もある。

［Ⅱ］①「～はとてもおもしろかった」=～ was very interesting。

②「あなたは何を～しますか？」= What do you ～?。「たいてい」= usually。

③ 直前の「あなたは何を飲むのが好きですか？」という質問に対する返答が入る。「私は～を飲むのが好きです」= I like to drink ～。

【答】［Ⅰ］(1) エ　(2) two fresh apples　(3) ウ　(4) ウ

［Ⅱ］(例) ① Your speech was very interesting.　② What do you usually buy?

③ I like to drink coffee.

◀全訳▶　こんにちは，みなさん。今日，私は自動販売機についてお話しします。日本にはたくさんの自動販売機があります。私はそれらに興味を持つようになりました。世界中で，いつ人々は初めて自動販売機を使ったのでしょう？　最古の自動販売機は約2,200年前に利用されていました。エジプトの寺院の前で，人々はその機械から水を買うことができました。そのようなはるか昔に人々は機械を作り，利用していたのです！

先週，私は駅で興味深い自動販売機を見ました。それは新鮮なくだものを売るための自動販売機でした。私はそれを見て驚きました。私は二つの新鮮なリンゴを買い，家でホストファミリーと一緒にそれらを食べました。それらはおいしかったです。私は自動販売機から新鮮なくだものを買うことができるとは想像していませんでした。その日，私は日本の自動販売機についてホストファミリーにたずねました。私はそれらのよい点をたくさん知りました。夜に暗い時，明かりとして機能する自動販売機があります。それらは暗い場所で人々が安心するのを手助けすることができます。地震のような災害が起きた時，動き続ける自動販売機もあります。人々はその自動販売機から必要なもの，例えば，飲み物を手に入れることができます。

私は自動販売機がさまざまな点で人々の役に立っていると思います。お聞きいただいてありがとうございました。

3 【解き方】(1)「それは琵琶湖とよばれています」という文。「～されている」は受動態〈be動詞＋過去分詞〉で表す。A is called B ＝「AはBとよばれている」。

(2) Have you ～? と聞かれているので，現在完了形で答える。直後の「私はいつかそこへ行きたいと思っています」という文から，サラは琵琶湖に行ったことがないことがわかる。

(3)「私は～しましょう」＝ I will ～。「あなたたちに～を見せる」＝ show you ～。

(4) 間接疑問文。疑問詞（how）のあとは主語＋動詞の語順になる。

(5) サラの「コロラド川が約500万年から600万年前にグランドキャニオンを削り始め，今もグランドキャニオンを削り続けている」という説明を聞いた義雄のことば。義雄は「グランドキャニオンは川によって作られている」と思ったと考えられる。

(6) 下線部を含む文は「私は家族と一緒にそれらの一つに参加しました」という意味。「それら」は直前の文中にある「特別なイベント」を指している。

(7) 下線部は「私は自分の経験からこのことに気づきました」という意味。「このこと」は，直前の「グランドキャニオンはそれを訪れることによってのみ，本当に偉大になる」ということを指している。

(8) ①「この前の日曜日，義雄は1人で琵琶湖に行ったのですか？」。義雄の最初のせりふを見る。義雄はおばと一緒に琵琶湖に行った。②「1919年にグランドキャニオンは何になりましたか？」。サラの最後から2番目のせりふを見る。1919年にグランドキャニオンは国立公園になった。

【答】(1) ア (2) エ (3) will show you (4) how it was made (5) エ (6) the special events (7) ア
(8) (例) ① No, he didn't. ② It became a National Park.

◀全訳▶

義雄　：こんにちは，サラ。この写真を見てください。これは日本で最も大きい湖です。それは琵琶湖とよばれています。この前の日曜日，私はおばと一緒にそこへ行きました。

サラ　：まあ，義雄。それはいいですね。

義雄　：あなたは今までにそこへ行ったことがありますか？

サラ　：いいえ，ありません。私はいつかそこへ行きたいと思っています。

久保先生：こんにちは，義雄とサラ。あなたたちは何について話しているのですか？

サラ　：こんにちは，久保先生。義雄が彼のおばさんと一緒に琵琶湖に行ったのです。

久保先生：本当ですか？　それはどうでしたか，義雄？

義雄　：琵琶湖に着いた時，私はその大きさに驚きました。それはとても大きかったです。

久保先生：楽しそうですね。初めて私がそこを訪れた時，私もそう思いました。

サラ　：私はあなたたちの気持ちを理解することができます。ある場所を訪れると，私たちはそこについて新しいことを感じることができますよね？

義雄　：その通りです。その湖は海のように見えました！

久保先生：サラ，あなたにそのような経験がありますか？

サラ　：はい，あります。アメリカにいた時，私はグランドキャニオンを訪れて，そのように感じました。

久保先生：あなたの経験について私たちに話してください。

サラ　：わかりました。私はあなたたちに1枚の写真を見せましょう。

義雄　：うわぁ！　それは山ですか？

サラ　：それは山ではありません。グランドキャニオンは谷の一種です。私はグランドキャニオンを訪れる前に，それがどのようにして作られたのかを学びました。

久保先生：へえ，もっと私たちに話してください。

サラ　：わかりました。はるか昔，1本の川が流れ始めました。その川が長年の間，グランドキャニオンを削っているのです。

義雄　　：川？

サラ　　：そうです。義雄，あなたはこの写真の中に川を見つけることができますか？

義雄　　：はい，できます。ああ，待ってください！　あなたはこの川がグランドキャニオンを作ったと言っているのですか？

サラ　　：その通りです！　それはコロラド川です。それは約500万年から600万年前にグランドキャニオンを削り始めました。そして，その川は今もグランドキャニオンを削り続けています。

義雄　　：つまり，私たちはグランドキャニオンが川によって作られていると言うことができますね。

サラ　　：その通りです，義雄。

久保先生：サラ，あなたはいつグランドキャニオンへ行ったのですか？

サラ　　：私は3年前にそこへ行きました。

久保先生：2019年に，特別なイベントがグランドキャニオンで開催されたことを私は覚えています，そうですよね？

サラ　　：はい。グランドキャニオンは1919年に国立公園になりました。その後100年が過ぎたので，コンサート，美術のレッスン，そしてナイトツアーのような特別イベントが2019年に開催されました。世界中からの人々がその特別イベントに参加しました。私は家族と一緒にそれらの一つに参加しました。

義雄　　：楽しそうですね。

サラ　　：グランドキャニオンを訪れる前に，私はそれについて多くのことを学び，私はそれについて多くのことを知っていると思っていました。しかし，目の前でグランドキャニオンを見た時，私は私が学んだことよりも多くのことを感じました。グランドキャニオンは本当に偉大でした。グランドキャニオンはそれを訪れることによってのみ，本当に偉大になるのだということを私は理解することができました。私は自分の経験からこのことに気づきました。

久保先生：興味深い話をしてくれてありがとう。その話を聞くことを私は本当に楽しみました。

義雄　　：私もそれを楽しみました。私はいつかグランドキャニオンを訪れたいです。

英語B問題

1 【解き方】(1)「私は一度もそこに行ったことがありません」という意味の文。経験を表す現在完了〈have＋過去分詞〉を用いて表す。「一度もそこに行ったことがない」＝ have never been there。

(2) 琵琶湖に行った時，義雄がその大きさに驚いたということを久保先生に伝えている。He felt how big it really was.＝「彼はそれが実際にどれほど大きいのかということを感じました」が適切。how big ～ is ＝「～がどれほど大きいか」。間接疑問文を含む文。

(3)「しかし，私たちがその場所に行けば，自分たちの知らなかった新しいことを感じることができます」という意味の文。久保先生の「私たちはその場所に行かなくても多くの情報を得ることができます」というせりふの直後のウに入る。

(4) 目的格の関係代名詞を用いた文。many things を that が後ろから修飾する形にする。things that we can feel となる。

(5) サラの7・8番目のせりふから，サラはコロラド川がグランドキャニオンを作ったということを事前に知っていたことがわかる。サラは「その川がグランドキャニオンを作った」ことを学んでいた。

(6)「A に～させる」＝ make A ～。原形不定詞を使用する使役動詞 make の文。「その事実を信じる」＝ believe the fact。

(7) 直前のサラの「その場所を訪れることは大切だ」，「学ぶことも大切だ」ということばから考える。イは「ある場所について学ぶことはその場所を訪れることと同じくらい大切だ」という意味の文。

(8) 琵琶湖について何か興味深いことを見つけたら，『そのこと』について私たちに教えてください」。it は文前半にある「琵琶湖について何か興味深いこと」を指している。

(9) ア．義雄の4番目のせりふを見る。琵琶湖に行った時，義雄は訪れた場所から湖全体を見ることができなかった。イ．「義雄は約500万年から600万年前にグランドキャニオンを削り始めた川の名前を言うことができた」。義雄の6番目のせりふを見る。正しい。ウ．「グランドキャニオンを訪れたあと，自分の気持ちに変化があるとサラは思っている」。久保先生の6番目のせりふと，直後のサラの返答を見る。正しい。エ．サラの7番目のせりふを見る。サラはグランドキャニオンに行く前に，約500万年から600万年前に1本の川がグランドキャニオンを削り始めたということを学んでいた。オ．サラの最後から2番目のせりふと，直後の久保先生のせりふを見る。サラの「もし物事を本当によく理解したいのであれば，私たちは経験と学習の両方が必要です」ということばに久保先生は同意している。

【答】(1) エ　(2) ア　(3) ウ　(4) things that we can feel　(5) ア　(6) made me believe the fact　(7) イ
(8) something interesting about Lake Biwa　(9) イ・ウ

◀全訳▶

義雄　：こんにちは，サラ。この写真を見てください。これは琵琶湖です。先週末に，私のおばが私をそこへ連れていってくれました。

サラ　：こんにちは，義雄。うわぁ！　私は一度もそこに行ったことがありません。

義雄　：本当ですか？　私は何度もテレビで琵琶湖を見ていて，それが日本で最大の湖であることを知っていました。でも，そこに着いた時，私は驚きました。それは本当に大きかったです。あなたもそこへ行くべきです。

サラ　：わあ，よさそうですね。

久保先生：こんにちは，義雄とサラ。あなたたちは何について話しているのですか？

サラ　：こんにちは，久保先生。義雄が琵琶湖に行ったことを私に話してくれました。彼はそれが実際にどれほど大きいのかということを感じました。

義雄　：そして私はサラにそこへ行くべきだと言いました。

久保先生：私はそれを理解することができます。初めてそこを訪れた時，私は義雄のように感じました。私はその周囲をドライブして約半日かかりました。

サラ　　：ある場所を訪れ，そこで何らかのを経験すると，私たちは新しいことを感じるのでしょうね？

義雄　　：その通りです。私は訪れた場所から湖全体を見ることができませんでした。琵琶湖は私が持っていたイメージよりも大きかったです。それは本当に巨大でした。

久保先生：義雄，あなたはよい点に気づきました。私たちはその場所に行かなくても多くの情報を得ることができます。しかし，私たちがその場所に行けば，自分たちの知らなかった新しいことを感じることができます。その場所に関する何らかの情報を持つことと，その場所で何らかの経験をすることは違うのです。

サラ　　：私もそう思います。私たちがその場所を訪れることでだけ感じることができるたくさんのことがあります。私にはそのような経験があります。私はグランドキャニオンを訪れた時にそのように感じました。

久保先生：そのことについて私たちに話してください。

サラ　　：わかりました。私はあなたたちに１枚の写真を見せましょう。

義雄　　：うわぁ！　素敵ですね！

サラ　　：グランドキャニオンに行く前に，私は約500万年から600万年前に１本の川がグランドキャニオンを削り始めたということを学びました。あなたたちはその川の名前を知っていますか？

義雄　　：はい，私はそれを知っています。それはコロラド川です。

サラ　　：そうです。私たちはその川がグランドキャニオンを作ったと言うことができます。でも，そこを訪れた時，私はそれ以上のものを感じました。

義雄　　：どういう意味ですか？

サラ　　：私はその川がグランドキャニオンを作ったことを学んでいました。でも私がそこを訪れるまで，実際には私はそれをよく理解していませんでした。

久保先生：あなたはどうしてそう思うのですか？

サラ　　：そこに最初に着いたとき，私には，コロラド川がグランドキャニオンを作るには小さすぎるように見えたので，たった１本の川があんなに偉大なものを作ったと信じることができませんでした。でも，私の前の景色が私にその事実を信じさせました。

義雄　　：何があなたの考えを変えたのですか？

サラ　　：その景色を見ることによって，私はその川がそんなにも長い間止まることなくグランドキャニオンを削っていたことを想像することができました。その川がグランドキャニオンを削り始めてから長い時間が過ぎたことを私は感じました。それを作るのにはとても長い時間がかかったことを私は理解することができました。それは素晴らしい経験でした。

義雄　　：すごいですね。

久保先生：サラ，その経験のあと，あなたの気持ちに何か変化はありますか？

サラ　　：はい，あります。私に新しい気持ちを与えてくれたので，私はその場所を訪れることは大切だということに気づきました。でも，私はもう一つの大切なことに気づきました。

義雄　　：それは何ですか？

サラ　　：私は学ぶことも大切だと思います。もし訪れる前にグランドキャニオンについて何も学んでいなかったら，私はあんな経験をすることができませんでした。

義雄　　：あなたはある場所について学ぶことはその場所を訪れることと同じくらい大切だと言っているのですか？

サラ　　：はい，その通りです。もし物事を本当によく理解したいのであれば，私たちは経験と学習の両方が必要です。

久保先生：私はサラに同意します。今日，私たちはインターネットを利用することによって，簡単に多くのことを学ぶことができます。しかし，私たちは世界で経験する機会を見つける必要があります。

義雄　　：そうですね。私たちはそのことを覚えておくべきだと私は思います。今，私は琵琶湖についてもっと多くのことを学んで，そこへもう一度行きたいと思っています。

サラ　　：ああ，義雄。あなたが琵琶湖について何か興味深いことを見つけたら，そのことについて私たちに教えてください。

義雄　　：もちろんです。

2 **【解き方】** (1) 雅代が驚いたのは，貝が素早く動くことができることを知らなかったため。理由を表す接続詞 because が入る。

(2) 間接疑問文。how のあとは主語＋動詞の語順になり，「どのようにして～するのか」という意味になる。how they could move となる。

(3) 直前にある「右に行きたければ，それらは水を左に押し出す」という文から考える。ホタテガイは自分の行きたい方向の「反対」側に水を素早く押し出すことによって動くことができる。「反対の」= opposite。

(4)「この移動方法を利用することで，他の海洋生物がホタテガイを食べようとする時，ホタテガイは自分たちの命を守るために『それら』から泳いで離れます」という文。「それら」は文前半にある「他の海洋生物」を指している。

(5) 経験を表す現在完了〈have ＋過去分詞〉の疑問文を使用する。「あなたは今までに～したことがありますか？」= Have you ever ＋過去分詞～？。「～しようとする」= try to ～。

(6) 2 枚貝がなぜ貝殻を閉じ続けることができるのかということを，雅代が知った経緯を説明した部分。直前の「私が初めてそれ（2 枚の貝殻を手で開けること）をした時，それが簡単でないことに気づきました」という文から「それは大変な作業で，長時間かかり，結局私は開けることができませんでした ((i))」で始まることがわかる。以下，「私はこの経験を思い出し，なぜ貝が貝殻を閉じ続けることができるのかを知りたいと思いました ((ii))」→「そこで，私は図書館に行って，何冊かの本を読み，その疑問に対する答えを見つけました ((iii))」の順になる。

(7) 直前に述べられている「2 枚貝は特別なタンパク質を持っているため，貝殻を閉じ続けていても筋肉が疲れることはない」ということから考える。「もし私たちが 2 枚貝が持っているのと同じ筋肉を持っていれば，私たちは重いかばんを長時間持っていることで『疲れることはないでしょう』」という文になる。

(8) ア．第 3 段落の前半を見る。雅代が 2 枚貝の筋肉についての情報を得たのは，テレビではなく図書館の本から。イ．「一晩で 500 メートル移動し，食べ物を得るためのよい場所を探すホタテガイもいる」。第 2 段落の最後から 2 文目を見る。正しい。ウ．最終段落の 1 文目を見る。今，雅代はホタテガイのような貝が単なるおいしい食べ物ではないと思っている。エ．第 3 段落の後半を見る。筋肉の中の特別なたんぱく質が結びつくと，2 枚貝は疲れない。

(9) ①「ホタテガイはすべての 2 枚貝の中で最も活動的ですか？」。第 2 段落の最終文を見る。Yes で答える。②「将来，科学技術が進歩すれば，私たちは何を利用することができますか？」。最終段落の 4 文目に「私たちはその強い筋肉の力を利用することができます」と書かれている。

【答】 (1) ア　(2) understood how they could move　(3) エ　(4) other sea animals

(5) Have you tried to open　(6) イ　(7) エ　(8) イ

(9)（例）① Yes, they are.　② We can use the power of the strong muscle.

◀全訳▶　みなさんはホタテガイが好きですか？　ホタテガイは 2 枚貝の一種です。ホタテガイはおいしくて，私の大好きな食べ物です。ある日，夕食にそれらを食べたあと，私はテレビで驚くような光景を見ました。たくさんのホタテガイが海の中で泳いだりジャンプをしたりしていたのです！　それを見た時，貝が素早く動くことができることを知らなかったため，私はとても驚きました。私は「それらはどのようにしてあのように動くことができるのだろう？」と思いました。私は興味を持つようになり，インターネットで情報を探しました。いくつかのレポートを読むことで，私はそれらがどのようにして動くことができるのかを理解しました。

ホタテガイはどのようにして動くのでしょう？　ホタテガイは貝殻の中に水を取り入れて，それを素早く押し出すことによって動きます。それらは水の押し出し方を変えることによって，前に進んだり曲がったりすることができます。例えば，右に行きたければ，それらは水を左に押し出します。これはホタテガイが自分の行きたい方向の反対側に水を素早く押し出すことによって動くことができることを意味しています。この移動方法を利用することで，他の海洋生物がホタテガイを食べようとする時，ホタテガイは自分たちの命を守るためにそれらから泳いで離れます。ホタテガイは食べ物を得るためのよい場所を見つけるためにも移動し，一晩で500メートルを移動するものもあります。ホタテガイは2枚貝の中で最も活動的です。

さて，私はみなさんの経験をたずねたいと思います。あなたはその2枚の貝殻を手で開けようとしたことがありますか？　私は初めてそれをした時，それが簡単でないことに気づきました。それは大変な作業で，長時間かかり，結局私はできませんでした。私はこの経験を思い出し，なぜ貝が貝殻を閉じ続けることができるのかを知りたいと思いました。そこで，私は図書館に行って，何冊かの本を読み，その疑問に対する答えを見つけました。その本によれば，それらは貝殻を閉じ続けるための強い筋肉を持っています。2枚貝が海で生活する時，貝殻を閉じ続けるために，それらはたいてい強い筋肉を使い続けます。私たちにとって，それは重いかばんを長時間持っているようなものです。もし私たちがそんなことをすれば，それにはたくさんのエネルギーが必要なので，とても疲れてしまうでしょう。しかし，2枚貝は疲れません。それらの筋肉は貝殻を閉じ続けるためにほとんどエネルギーを必要としません。それは私たちにはない特別なタンパク質を持っています。貝殻を閉じ続けるために，特別なタンパク質がお互いに結びつきます。そのタンパク質がそのような状態になっていると，筋肉を使うことによって2枚貝が疲れることはありません。これは，もし私たちが2枚貝が持っているのと同じ筋肉を持っていれば，私たちは重いかばんを長時間持っていることで疲れることがないということを意味します。このことを学んだとき，それはとても興味深く，とても役立つものでもあると私は思いました。

今，私はホタテガイのような貝が単なるおいしい食べ物ではないことを知っています。ホタテガイは素早く動くことのできる活動的な貝です。それに加え，2枚貝の筋肉が私たちにはない驚くべき力を持っていることも理解しています。将来，科学技術がより進歩すれば，私たちはその強い筋肉の力を利用することができます。それは人々が重いものを運んだり，手伝いを必要とする人々の世話をしたりするのを助けてくれるだろうと私は思います。私は，私たちが困難を抱える多くの人々を支えることができると信じています。お聞きいただきありがとうございました。

3 **【解き方】** ①「一緒に～しましょう」= Let's ～ together。「その計画を作る」= make the plan。「あなたは何か～がありますか？」= Do you have any ～?。

② 浜辺へ行くのと，山に行くのとではどちらの方がいいかということを，理由とともに述べる。浜辺であれば「泳いだり，魚を捕ったりして楽しむことができるから」，山であれば「一緒に山登りを楽しみ，友情を深めることができるから」などの理由が考えられる。

【答】（例）① Let's make the plan together. Do you have any ideas?（10語）

② I think the mountain is better because we can enjoy climbing it together. We can make our friendship stronger there.（20語）

英語リスニング ［A問題・B問題］

回【解き方】1.「それはいくらでしたか？」という質問に対する返答を選ぶ。It was one dollar.＝「それは1ドルでした」。

2.「小さな船に乗っている数人の人を見ることができる」,「川に橋がかかっている」,「波も描かれている」と言っていることから考える。

3. 直人の2番目の発言から1曲目が「未来」,その直後のアンの発言から「希望」が最後に演奏されたことがわかる。

4. 恵美が2番目の発言で「その病院は土曜日や日曜日でも毎日開いている」, 3番目の発言で「午後3時から午後8時まで開いている」と言っていることから考える。

5. (1) 第1段落の3・4文目で「グループには五人のメンバーがいる」,「グループ内で,二人はカレーを作り,その他のメンバーはケーキを作る」と言っている。(2) 最終段落の2文目で「私が話し終えたら,グループ内で話し合って,あなたたちのグループがどのくだものを使いたいか決めてください」と言っている。

6. (1) ボブの最後から4番目の発言で,ボブがもう一度かばんの中を調べると,弁当箱の下にユニフォームが入っていたことがわかる。(2) ニーナの最後から2番目の発言で,ニーナはボブが忘れたサッカーシューズを届けるため,車でサッカー競技場へ行こうとしていることがわかる。

【答】1. ウ　2. ア　3. ウ　4. ア　5. (1) イ　(2) エ　6. (1) エ　(2) イ

◀全訳▶　1.

ジョー：陽子,昨日,私はその書店でこのマンガの本を買いました。それは安かったです。

陽子　：それはいいですね,ジョー。それはいくらでしたか？

2. こんにちは,みなさん。今日は,みなさんに私の大好きな絵をお見せしましょう。これを見てください。みなさんは小さな船に乗っている数人の人を見ることができます。川に橋がかかっています。波も描かれています。私はこの絵が好きです。

3.

アン：こんにちは,直人。昨日,私はコンサートを楽しみました。あなたはどうでしたか？

直人：私もそれを楽しみました。私たちは3曲聞きました。あなたはどの曲が最も気に入りましたか,アン？

アン：私は2曲目が気に入りましたが,題名を思い出すことができません。あなたはそれを覚えていますか？

直人：2曲目？　ええと,確か1曲目は「未来」でした。…2曲目は「希望」だったように思います。

アン：「希望」？　いいえ,私はその曲が最後に演奏されたことを覚えています。

直人：ああ,あなたは正しいです。それなら,2曲目は「瞬間」だったと思います。

アン：ああ,そうです。あの曲は私にとって最高でした。

4.

ピーター：恵美,あなたはどこかいい動物病院を知っていますか？　私のホストファミリーが犬を飼っていて,その犬が病気のようなのです。

恵美　　：まあ大変ですね,ピーター。私も犬を飼っています。駅の近くにある病院がいいですよ。そこの医者はみんな親切です。

ピーター：ホストファミリーと私は今日,その犬を病院に連れていきたいと思っています。

恵美　　：心配はいりません。その病院は土曜日や日曜日でも,毎日開いています。

ピーター：へえ。それなら,私たちは今日の午後4時以降にそこへ行きたいと思います。そこは開いていますか？

恵美　　：はい。そこは午後3時から午後8時まで開いています。

ピーター：ありがとう,恵美。

恵美　　：いいですよ。あなたたちの犬を大切にしてあげてください。

5. みなさん，聞いてください。次の授業で，私たちは料理の授業を行います。あなたたちはチキンカレーとフルーツケーキを作る予定です。あなたたちのグループには五人のメンバーがいます。グループ内で，あなたたちのうちの二人はカレーを作り，その他のメンバーはケーキを作ります。料理のあとで，あなたたちは一緒にそれらを食べることができます。

　では，私は料理の授業で最初にするべきことについてあなたたちにお話しします。チキンカレーを作る人たち，あなたたちは最初に野菜を洗うべきです。もちろん，それらを切る時には注意してください。フルーツケーキを作る他のメンバー，あなたたちは最初にテーブルの上にケーキを作るためのすべてのものを準備するべきです。準備をすることは大切です。

　さて，あなたたちのグループはこれらの4種類，リンゴ，バナナ，オレンジ，チェリーから1種類のくだものを選びます。私が話し終えたら，グループ内で話し合って，あなたたちのグループがどのくだものを使いたいか決めてください。では，話し合いを始めなさい。

質問(1)：グループ内で，何人のメンバーがフルーツケーキを作りますか？

質問(2)：今生徒たちは何を決めるべきですか？

6.

ボブ　：ニーナ？　助けが必要なんだ。今，家にいる？

ニーナ：いるわよ，ボブ。どうしたの？

ボブ　：あのね，今，僕はサッカー競技場にいるんだ。試合前の練習が20分後に始まるんだ。でも僕はサッカーのユニフォームを見つけることができないんだ。

ニーナ：何ですって？　今日の試合はとても大切だから，あなたは昨夜しっかりと準備したのでしょう？

ボブ　：うん，そう思う。でも僕のユニフォームはここにないんだ。僕の部屋を見に行ってきてくれない？　その色は青だよ。

ニーナ：もちろんよ，ボブ。待ってね…。オーケー，今，私はあなたの部屋にいるわ。

ボブ　：僕はドアのそばにある箱の中にユニフォームを入れたと思うんだ。それを開けて。

ニーナ：…いいえ，ここにはユニフォームはないわ。どこか他の場所は？

ボブ　：ああ，キッチンのテーブルのあたり！　そこで弁当箱を取った時，僕はユニフォームを持っていた。

ニーナ：…テーブルのあたり？　いいえ，それはここにはないわ。ボブ，本当にそれを置き忘れていったの？

ボブ　：どういう意味？

ニーナ：私は今，あなたが興奮しているのだと思う。もう一度，あなたのかばんの中を見てみれば？

ボブ　：わかったよ…。…うわぁ！　ごめん，きみが正しいよ！　それはここ，弁当箱の下にあるよ！

ニーナ：やっぱりね。リラックスして，ボブ。さあ，あなたは準備ができているわ。

ボブ　：うん。どうもありがとう。

ニーナ：どういたしまして。全力で頑張って！　私はすぐにあなたの試合を見にいくわ。…あら？　玄関のここにあなたのサッカーシューズがあるわよ。

ボブ　：ああ大変だ！　僕はサッカーシューズを持ってくるのを忘れた！

ニーナ：心配しないで，ボブ。私が10分後に車でこのシューズをあなたに届けてあげるわ。

ボブ　：何度もありがとう，ニーナ。待っているよ。

ニーナ：いいわよ。あとでね。

質問(1)：ボブのサッカーユニフォームはどこで見つかりましたか？

質問(2)：次にニーナは何をするでしょうか？

英語C問題

1 【解き方】(1)「あなたはあなたが必要とするすべてのものをかばんの中に入れていますか？」。目的格の関係代名詞を用いた文。that が後ろから everything を修飾する。「あなたが必要とするすべてのもの」= everything that you need。your bag は名詞なので，直前に前置詞が必要と考える。

(2)「そこに立っている警官があなたにどちらの道を行けばいいか教えてくれるでしょう」。名詞修飾する現在分詞を用いた文。standing が後ろから the officer を修飾する。「そこに立っている警官」= the officer standing there。which ～ to …で「どちらの～を…すればよいか」という意味。「どちらの道を行けばいいか」= which way to go。

(3)「その機械は私が簡単に部屋を掃除するのを助けてくれます」。「人が～するのを助ける」=〈help＋人＋動詞の原形〉。

(4)「あなたと同じくらい流ちょうにフランス語を話すことができたらいいのになあ」。仮定法と比較を用いた文。「～することができたらいいのになあ」= I wish I could ～。「あなたと同じくらい流ちょうに」= as fluently as you。

(5)「何年も前に彼が失った手紙が彼の家で見つけられました」。目的格の関係代名詞と受動態を用いた文。「彼が失った手紙」= the letter which he lost。「～で見つけられた」= was found in ～。

(6)「私はそのフェスティバルで私にピアノを弾かせてくれるよう，先生に頼むつもりです」。「人に～するよう頼む」=〈ask＋人＋to ～〉。「人に～させる」=〈let＋人＋動詞の原形〉。

【答】(1) ウ　(2) ア　(3) エ　(4) イ　(5) ア　(6) イ

2 【解き方】(1)「もう一つは彼らの社会参加の実情です」という意味。「もう一つは」という語句があることから，「一つは社会参加に関する高校生の意識です」という文の直後に入る。One is ～. The other is ….=「一つは～である。もう一つは…である」。

(2) 表を見る。「積極的」,「やや積極的」と答えた生徒の割合の合計は，日本が最も高い。

(3) 表を見る。「あまり積極的ではない」,「積極的ではない」と答えたアメリカの生徒の割合の合計は30パーセント以上となっている。

【答】(1) ウ　(2) ア　(3) イ

◀全訳▶　社会参加に関する高校生の考え方についての報告書が2021年に作成されました。この報告書の中で，「社会参加」ということばは生徒たちが学校の中と外の両方で参加するすべての活動を意味しています。その報告書によると，二つのことを知るために調査が行われました。一つは社会参加に関する高校生の意識です。もう一つは彼らの社会参加の実情です。これら二つは各国にどんな特徴があるのかを知るために使われています。以下の4カ国，日本，アメリカ，中国，韓国，の生徒たちがこの調査に参加しました。彼らは，例えば，「あなたは学校外の社会問題にどれくらい関心を持っていますか？」といった28の質問をたずねられ，生徒たちは一つの答えを選ぶことによって各質問に答えました。表は質問の一つである「あなたは学校のクラスの話し合いに積極的に参加していますか？」に対する答えの割合を表しています。

私たちは表からいくつかのことを知ることができます。この質問に答えなかった生徒もいますが，もし私たちが「積極的」,「やや積極的」と答えた生徒の合計の割合を比較すると，4カ国の中で日本が最も高くなっています。「あまり積極的ではない」,「積極的ではない」と答えた生徒の合計の割合はアメリカで30パーセント以上となっています。

3 【解き方】(1) 第2段落ではスペースデブリの人工衛星に対する悪影響が書かれていることから考える。スペースデブリは人工衛星の状況を「危険な」ものにしている。「AをBにする」= make A B。

(2)「宇宙の問題の一つは～である」。第2段落で「さまざまな大きさや形のゴミ，すなわちスペースデブリが宇宙にあり，それらが人工衛星を壊してしまうかもしれない」という問題が述べられている。

(3)「スペースデブリの問題を解決するために試されていない計画は～である」。第3段落に「スペースデブリを見つけて監視すること」,「より長く作動できる人工衛星を作ること」,「宇宙にあるスペースデブリを除去すること」があげられているが,「ロケットや人工衛星の数を減らすこと」については述べられていない。

(4) both =「どちらも,両方」。直前の文中にある「日々の生活」と「地球環境」を指している。

(5) ア.第2段落の3文目を見る。作動していない古い人工衛星はスペースデブリである。イ.第3段落を見る。世界中の科学者や多くのチームが挑戦していることに「ロケットや人工衛星からスペースデブリを切り離すこと」はあげられていない。ウ.第4段落の最後から2文目を見る。日本のチームによって作られた機械は回転するスペースデブリを捕えることができない。エ.「スペースデブリの個数が増えているため,近い将来,スペースデブリがより頻繁に人工衛星に当たるようになるかもしれない」。第2段落の最後から2・3文目を見る。正しい。

【答】 (1) ウ　(2) ア　(3) ウ　(4) ア　(5) エ

◀全訳▶　私たちの日々の生活は宇宙にある多くの人工衛星によって支えられています。今,地球の周りには約4,300の人工衛星があります。2030年までに,約46,000の人工衛星がそこに存在することになるでしょう。これらの人工衛星は私たちの活動やコミュニケーションを助けてくれています。例えば,天気情報,インターネット,そして携帯電話はこの人工衛星の技術によって利用が可能になっています。

しかし,スペースデブリは人工衛星の状況を危険なものにしています。スペースデブリは宇宙のゴミです。例えば,作動していない古い人工衛星や,ロケットから切り離される部品はすべてスペースデブリです。さまざまな大きさや形のスペースデブリがあります。スペースデブリはとても速い速度で地球の周りを飛んでいます。もしその速いスペースデブリが人工衛星に当たるとどうなるでしょう？　それは人工衛星を壊してしまうかもしれません。現在,スペースデブリの個数がどんどん増え続けています。これは近い将来,より多くの事故が発生するかもしれないということを意味しています。もし私たちが何もしなければ,その事故は私たちの日々の生活に影響を及ぼすでしょう。

今,世界中の科学者たちや多くのチームがこの問題を解決するために三つのことに挑戦しています。一つ目はスペースデブリを見つけて監視することです。二つ目は新しいスペースデブリの個数を減らすことです。これはロケットから切り離される部品の数を減らす技術を向上させることを意味しています。より長く作動できる人工衛星を作ることも役立ちます。三つ目はすでに宇宙にあるスペースデブリを除去することです。

三つ目のポイントは難しすぎると多くの人が考えてきましたが,日本のチームが現在それに挑戦しつつあります。そのチームはどのようにしてスペースデブリを除去することができるのでしょうか？　そのチームは磁石の力を利用した機械を発明しました。回転していないスペースデブリを発見すると,その機械はそのスペースデブリを追って捕えます。いくつかの種類のスペースデブリは回転しているので,その機械がそのような種類のスペースデブリを捕えることは難しすぎるのです。回転しているスペースデブリを捕えるため,そのチームはその機械を改善し続けるでしょう。

「ゴミを減らそう」　これは私たちが日々の生活や地球環境について考える時の重要なテーマであり続けています。どちらも守られるべきものですが,今日,私たちは宇宙環境も守らなければなりません。私たちは地球と宇宙の両方の良好な環境に責任があるのです。

4 **【解き方】** (1)「貝が素早く動くことができるのを知って驚く人がいるかもしれません」という意味。「～して」は原因・理由を表す副詞的用法の不定詞〈to ＋動詞の原形〉を用いて表す。

(2) 前にある「例えば,右に行きたければ,それらは水を左に押し出す」という文から考える。ホタテガイは自分の行きたい方向の「反対」側に水を押し出すことによって動く。「反対の」= opposite。

(3) 直前に述べられている「2枚貝は特別なタンパク質を持っているため,貝殻を閉じ続けていても筋肉が疲れることはない」ということから考える。「もし私たちが2枚貝が持っているのと同じ筋肉を持っていれば,私たちは重いかばんを長時間持っていることで『疲れることがないだろう』」。

(4) 第2段落の最後から3文目を見る。他の海洋生物がホタテガイを食べようとする時，ホタテガイは自分たちの命を守るためにそれらから泳いで離れる。ウの「自分たちを食べようとする他の海洋生物から泳いで離れることで命を守る」が適切。

(5) ア．第3段落中ごろを見る。2枚貝の特別なたんぱく質は貝殻を閉じ続けることに役に立つ。イ．「2枚貝は自分たちの筋肉がほとんどエネルギーを使わないことを助ける特別な種類のたんぱく質を持っている」。第3段落の後半を見る。正しい。ウ．第3段落の最後から3文目を見る。2枚貝の特別なたんぱく質はお互いに（同じ種類同士で）結びつく。エ．第3段落の最後から2文目を見る。2枚貝はこの特別なたんぱく質を使うことで疲れない。

【答】 (1) エ　(2) イ　(3) エ　(4) ウ　(5) イ

◀全訳▶　あなたはホタテガイが好きですか？　ホタテガイは2枚貝の一種です。ホタテガイはおいしいので，世界中で人気のある食べ物です。しかし，あなたはホタテガイが海の中で泳いだりジャンプしたりするのを知っていますか？　貝が素早く動くことができるのを知って驚く人がいるかもしれません。どのようにしてホタテガイはそのように動くことができるのでしょうか？

ホタテガイは貝殻の中に水を取り入れて，それを素早く押し出すことによって動きます。それらは水の押し出し方を変えることによって，前に進んだり曲がったりすることができます。例えば，右に行きたければ，それらは水を左に押し出します。これはホタテガイが自分の行きたい方向の反対側に水を素早く押し出すことによって動くことができることを意味しています。この移動方法を利用することで，他の海洋生物がホタテガイを食べようとする時，ホタテガイは自分たちの命を守るためにそれらから泳いで離れます。ホタテガイは食べ物を得るためのよい場所を見つけるためにも移動し，一晩で500メートルを移動するものもあります。ホタテガイは2枚貝の中で最も活動的です。

海の中で生活する時，2枚貝はたいてい貝殻を閉じ続けます。2枚貝は貝殻を閉じ続けるための強い筋肉を持っています。海の中で，それらはたいていその強い筋肉を使い続けます。私たちにとって，それは重いかばんを長時間持っているようなものです。もし私たちがそんなことをすれば，それにはたくさんのエネルギーが必要なので，とても疲れてしまうでしょう。しかし，2枚貝は疲れません。それらの筋肉は貝殻を閉じ続けるためにほとんどエネルギーを必要としません。それは私たちの筋肉にはない特別なタンパク質を持っています。貝殻を閉じ続けるために，その特別なタンパク質がお互いに結びつきます。そのタンパク質がそのような状態になっていると，筋肉を使うことによって2枚貝が疲れることはありません。これは，もし私たちが2枚貝が持っているのと同じ筋肉を持っていれば，私たちは重いかばんを長時間持っていることで疲れることがないだろうということを意味します。

将来，科学技術がより進歩すれば，私たちはこの強い筋肉の力を利用することができます。それは人々が重いものを運んだり，助けを必要とする人々の世話をしたりするのを助けてくれるかもしれません。私たちは困難を抱える多くの人々を支えることができます。

5 **【解き方】** (1)「世界中の多くの科学者たちは，長い間この興味深い生き物を研究しています」という意味。「ずっと～している」は現在完了進行形〈have + been +～ing〉の文を使って表す。

(2) 変形菌がいくつかの部分に切り分けられた時の様子を表した文。直後の「食べ物を得るために動き回る」という表現から，切り分けられたそれぞれの部分が「生きる」ことがわかる。

(3) 第3段落の後半で，変形菌が体を広げ，食べ物を覆ったことが述べられていることから考える。変形菌は「体の形を変えること」によって両方の食べ物に達し，同時にそれらから養分を得ることができた。

(4) 科学者が行った実験の手順を説明した部分。「その科学者は変形菌を多くの断片に切り分け，それらを迷路内の多くのさまざまな場所に置いた（(ii)）」→「それぞれの断片は迷路の中で動き回り始め，それぞれが他の断片に出会うと，それらは融合した（(i)）」→「数時間後，そのような行動を何度もすることによって，それらは一つになった（(iii)）」の順になる。

(5) 第３段落の後半を見る。二カ所にある食べ物を手に入れるため，変形菌は体を広げた。変形菌にとって，「体を広げることが二カ所に置かれた食べ物に達するための方法だった」。

(6) ア．第１段落の３文目を見る。私たちは森の中でさまざまな種類の変形菌を見つけることができる。イ．最終段落の最後の文を見る。「変形菌は単純であることが効率的になる鍵なのだということを私たちに教えてくれているのかもしれない」と述べられている。ウ．第３段落全体と最終段落の１文目から考える。変形菌は何からも誰からも命令を受けずに食べ物から養分を得た。エ．「二カ所に置かれた食べ物の間の最短距離が変形菌によって示された」。第４段落の最後の文を見る。正しい。

【答】 (1) ウ　(2) エ　(3) ア　(4) ウ　(5) イ　(6) エ

◀全訳▶　変形菌は単細胞生物です。それはアメーバの一種です。私たちは森の中でさまざまな種類の変形菌を見つけることができます。世界中の多くの科学者たちは，長い間この興味深い生き物を研究しています。

変形菌は生きるための奇妙なシステムを持っています。それは胞子から生まれます。変形菌はまた，食べ物のために動き回ります。変形菌はその食べ物から養分を得て成長することができます。食べ物のために動き回る時，それは体の形を変えることができます。例えば，それは体を縮めたり広げたりすることができます。変形菌がいくつかの部分に切り分けられると，それぞれの断片が別々に生き，食べ物を得るために動き回ることができます。変形菌の一つの断片が，その変形菌の他の断片と出会うと，これらの断片は融合し，一つの変形菌として生きます。

変形菌が二つの異なる場所に置かれた食べ物からどのように養分を得るのか調べるため，ある科学者が簡単な実験をしました。最初に，彼は入れ物の真ん中に変形菌を入れました。そして，彼はそれが大好きな食べ物を入れ物の二つの場所に置きました。いくらかの食べ物が左側に置かれ，他のいくらかの食べ物が右側に置かれました(写真 1-1 参照)。すると，何が起きたでしょう？　変形菌は両方の食べ物に向かって体を広げはじめたのです。その食べ物はその変形菌に覆われました。そのあと，二つの食べ物の間にある体の形が線のように見えました(写真 1-2 参照)。その線は二つの食べ物の間の最短経路になりました。この実験は，変形菌が体の形を変えることによって両方の食べ物に達し，同時にそれらから養分を得ることができることを示しました。

その科学者は迷路を利用してもう一つの実験をしました。彼は変形菌が迷路の最短経路を見つけることができることを発見しました。これはその科学者が行ったことです。その科学者は変形菌を多くの断片に切り分け，それらを迷路内の多くのさまざまな場所に置きました。それぞれの断片は迷路の中で動き回り始め，それぞれが他の断片に出会うと，それらは融合しました。数時間後，そのような行動を何度もすることによって，それらは一つになりました。変形菌が迷路を覆ったあと（写真 2-1 参照），科学者は変形菌の大好きな食べ物を迷路内の二つの異なる場所に置き，数時間待ちました。食べ物から遠く離れていた変形菌の体の部分が縮み，二カ所に置かれた食べ物の方に動き始めました。そのような行動をしたあと，二つの食べ物のほとんど全部が変形菌によって覆われ，二つの食べ物の間にある変形菌の体の形が線になりました（写真 2-2 参照）。その線は食べ物のある二カ所の間の迷路内の最短経路でした。この実験は，その変形菌が迷路内の二カ所の間の最短経路を見つけたことを示しました。

その変形菌は自分を導いてくれるガイドを持たず，何かや誰かからの命令を受けることもありませんでした。その変形菌が実際にしたことは，体のほとんどの部分を用いて食べ物を覆い，食べ物から遠く離れた身体の部分を縮めたことです。一つの変形菌として，体の形を変えることは養分を得るのに効率のよいことでした。その変形菌は二カ所に置かれた食べ物からほとんどの養分を得ることができました。その変形菌は，単純であることが効率的になるための鍵なのだということを私たちに教えているのかもしれません。

6 **【解き方】** 目標を達成する時に出会う困難を克服するのを手助けしてくれることや，手助けしてくれる人について自分の考えを述べる。そのあと，自分自身の経験や実例を述べて説得力をもたせる。スポーツの大会や発表会などで困難に出会った時，それをどのように克服したのかを説明するとよい。

【答】 (例) I think making an effort helps me. In my experience, I become very nervous when I don’t practice or prepare well. For example, I made several mistakes in a speech contest because I didn't practice hard. However, when I practice many times with my friends, I don't become nervous. I need to practice and prepare well to overcome my nervous feeling and do my best. Making an effort encourages me to try the things I need to do to achieve my goal.

英語リスニング　［C問題］

回【解き方】【Part A】1. ケビンが最後に「あの建物ほど高い建物は他にない」と言っている。ウは「あの建物は他のどの建物よりも高い」という意味。

2. 二人はゾウのような形をした雲を見て，その写真を撮りたいと思っているのだが，ジェーンは家にカメラを置いてきてしまった。ケビンのI wish I had a camera now.というせりふは「今カメラを持っていたらなあ」という意味。

3. ジェーンの「さまざまな選択肢があることはいいことだけれど，それは最高のものを選ぶのが簡単だということを意味しない」というせりふは，「さまざまな選択肢があることは最高のものを選ぶのを困難にしてしまう」という意味を表している。「AをBにする」= make A B。

4. ミーティングの連絡を聞いていなかったケビンが，5分前に始まったミーティングに遅れて向かおうとしている場面。

5. ケビンは家にユニフォームを置き忘れてきたと思い，ジェーンに家の中を探してもらったのだが，ユニフォームはケビンのかばんの中に入っていた。

【Part B】6. (1) 電話機の数字の下にあるアルファベットを利用して作った表現が，電話番号を覚えるのに役立つという内容のスピーチ。(2) Nice catの各アルファベットの上にある数字を並べると，N = 6，i = 4，c = 2，e = 3，c = 2，a = 2，t = 8となる。

【Part C】ケンは地元地域で食べ物を生産して消費するシステムの利点として「食べ物を買う人々は安い値段で食べ物を手に入れることができる」，「生産者は食べ物を収穫した直後にその食べ物を売ることができる」，「エネルギーをあまり必要としないため，環境によい」，「子どもたちが地元の食べ物について学び，興味を持たせることになる」という点をあげている。

【答】【Part A】1. ウ　2. エ　3. ア　4. ア　5. イ

【Part B】6. (1) エ　(2) ウ

【Part C】(例) Ken thinks the system is good for various people. People who buy the food can get the food at low prices. People who produce the food can sell the food soon after they take the food. He thinks the system uses less energy. People don't need to carry the food to far places. The system is good for the environment. He thinks the system helps children learn about their local food. School lunch is a good chance for students. They can learn how the food is grown in the local area. The system will let them become interested in the food they eat.

◀全訳▶　ではリスニングテストを行います。このリスニングテストには，パートA，パートB，パートCの三つのパートがあります。

パートAを見てください。リスニングテストのこのパートでは，ジェーンとケビンの会話を五つ聞きます。それぞれの会話を2回聞きます。それぞれの会話を2回聞いたあとで，質問を聞きます。それぞれの質問は1回だけ読まれ，それから答えを一つ選ばなければなりません。では始めます。

【Part A】

1.

ジェーン：ケビン，あの建物を見て。それはとても高いわ。

ケビン　：そうだね，ジェーン。それは有名な建物だ。あの建物ほど高い建物は他にないよ。

質問：ケビンはどういうことを意味しているのですか？

2.

ジェーン：ケビン，空を見て。あの雲はゾウのように見える。

ケビン　：うわぁ，君の言う通りだね，ジェーン。僕は写真が撮りたいな。

ジェーン：私もよ，でも私は家にカメラを置いてきたわ。ケビン，あなたはそれを持っている？

ケビン　：いいや，ごめん。今カメラを持っていたらなあ。

質問：ジェーンとケビンについて正しい文はどれですか？

3.

ジェーン：ケビン，手伝ってくれる？　私は姉のために花を選びたいのだけれど，選択肢が多すぎる。私は決めることができないの。

ケビン　：ええっ，どうして困っているの，ジェーン？　たくさんの選択肢があるのなら，君はどれを選んでもいいんだよ。

ジェーン：あのね，それが問題なの。さまざまな選択肢があることはいいことだけれど，それは最高のものを選ぶのが簡単だということを意味しないの。

質問：ジェーンはどういうことを意味しているのですか？

4.

ジェーン：あら，ケビン。あなたはなぜ今この教室にいるの？　私はあなたがもうミーティングに行ったものだと思っていた。

ケビン　：ミーティング？　君は何のことを言っているの，ジェーン？

ジェーン：今日，あなたのクラブは体育館でミーティングをするのでしょう？

ケビン　：僕はそれを知らなかった。ミーティングは何時に始まる予定なの？

ジェーン：それは5分前に始まったわ。あなたのコーチが10分ぐらい前にここに来て，クラブのメンバーにミーティングのことを話していたわ。

ケビン　：本当？　ああ，しまった，僕はその時，食堂にいたんだ。

ジェーン：ああ，それであなたはそのことを知らなかったのね。

ケビン　：いずれにしても，僕はもう行かないと。ありがとう，ジェーン。

質問：この会話について正しい文はどれですか？

5.

ケビン　：ジェーン？　僕は君の助けが必要なんだ。今，君は家にいるの？

ジェーン：いるわ，ケビン。どうしたの？

ケビン　：あのね，今，僕はサッカー競技場にいて，試合前の練習が15分後に始まるんだ。でも，僕はサッカーのユニフォームを見つけることができないんだよ。僕の部屋に行って探してきてくれない？

ジェーン：もちろんよ，ケビン。待ってね…。オーケー，今，私はあなたの部屋にいるわ。

ケビン　：僕はドアのそばにある箱の中にユニフォームを入れたと思うんだ。それを開けて。

ジェーン：…いいえ，ここにはユニフォームはないわ。どこか他の場所は？

ケビン　：ああ，キッチンのテーブルのあたり！　そこで弁当箱を取った時，僕はユニフォームを持っていた。

ジェーン：テーブルのあたり？　…いいえ，それはここにはないわ。ケビン，私はあなたが今少し興奮していると思うの。もう一度，あなたのかばんの中を調べてみれば？

ケビン　：わかったよ…。…うわぁ！　ごめん，君の言う通りだ！　それはここ，弁当箱の下にある！

ジェーン：やっぱりね。リラックスして，ケビン。さあ，あなたは準備ができているわ。

ケビン　：うん。どうもありがとう。

ジェーン：どういたしまして。全力で頑張って！　私はすぐにあなたの試合を見にいくわ。

質問：この会話について正しい文はどれですか？

パートBを見てください。リスニングテストのこのパートでは，テスト用紙の【絵】を用いて，スピーチを聞きます。それは2回話されます。それを2回聞いたあとで，質問を二つ聞きます。それぞれの質問は1回だけ読まれ，それから答えを一つ選ばなければなりません。では始めます。

【Part B】

6. あなたはどのようにして電話番号を覚えますか？　ふつうは，あなたの携帯電話があなたの代わりにそれらを覚えているため，あなたは電話番号を覚える必要がありません。しかし，例えば，あなたが携帯電話を持っていない時には，番号を覚える必要がある場合もあります。今日私は，番号を覚える方法を紹介しましょう。それはオーストラリアで使われています。私はそれがあなたに役立てばいいと思います。

あなたは電話についている番号を注意深く見たことがありますか？　それをすれば，あなたはいくつかの数字の下に何かがあるのに気づくでしょう。では【絵】を見てください。1と0の数字の下に書かれているものは何もありません。しかし，2から9の数字には何かがあります。例えば，数字の2にはABC，数字の3にはDEF, そして数字の9にはWXYZがあります。このように，それらは順に書かれています。この規則を利用することによって，あなたは番号を覚えることなく誰かに電話をかけることができます。あなたはある表現を覚えるだけでいいのです。

私は一例を示しましょう。あなたが今テレビを見ていると想像してください，そしてある店があなたにそこの電話番号を覚えてもらいたがっています。すると，それが「Thumb up.」と言います。「Thumb up」はT-H-U-M-B-U-Pと書かれます。その順で，あなたは電話で「Thumb up」と押します。T-H-U-M-B-U-Pと押してください。するとあなたは8486287に電話をかけることができます。では，私はあなたにクイズを出します。「Nice cat」という表現の店の電話番号は何番でしょう？

質問(1)：このスピーチについて正しい文はどれですか？

質問(2)：「Nice cat」の表す正しい番号はどれですか？

【Part C】

地元地域で食べ物を生産し消費するシステム

地域で食べ物を生産し販売することにはいくつかの利点があります。その地域で生産された食べ物を買って食べることにもいくつかの利点があります。

このシステムは多くの人にとって有益です。

パートCのテスト用紙を見てください。最初に，地元地域のシステムについての文章を読んでください。30秒間あります。では，読み始めなさい。

【30秒間の読む時間】

読むのをやめなさい。これからケンとベスの会話を聞きます。彼らは地元地域のシステムについて話しています。彼らの会話とそれについての質問を2回聞きます。聞いている時，地元地域のシステムに関して彼らが言うことについてテスト用紙にメモを取ってもかまいません。では，会話を聞きなさい。

ケン：こんにちは，ベス。あなたはそのシステムについての文を読みましたか？

ベス：はい，読みました，ケン。私はそのシステムにとても興味があります。あなたはそれについてどう思いますか？

ケン：私はそのシステムはさまざまな人々にとってよいものだと思います。

ベス：さまざまな人々？　私により詳しく話してください。

ケン：わかりました。そのシステムは食べ物を買う人々と，食べ物を生産する人々の両方にとってよいものです。食べ物を買う人々は安い値段で食べ物を手に入れることができます。

ベス：ああ，なるほど。それはよさそうですね。食べ物を生産する人々はどうなのですか？

ケン：彼らは食べ物を収穫した直後にその食べ物を売ることができます。

ベス：いいですね。あなたは彼らが他の地域まで食べ物を運ぶことなく，地元地域で食べ物を売ることができると言っているのですね？

ケン：はい，その通りです。それに，この利点は別の利点ももたらしてくれます。

ベス：それは何ですか？

ケン：私はこのシステムがエネルギーをより使わないと思います。

ベス：エネルギー？

ケン：そうですね，このシステムでは，人々は食べ物を遠方の場所まで運ぶ必要がありません。人々が遠方の場所まで食べ物を運ぶ時，彼らはたいてい車を使います。車は多くのエネルギーを必要とします。しかし，もし地元地域で食べ物を売ることができれば，彼らはよりエネルギーを必要としません。そのため，私はそのシステムが環境にもよいと思います。

ベス：私はよりエネルギーを使わないのはよいことだと思います。あなたはこのシステムの二つの利点について話しました。他の人々にとって何か利点はありますか？

ケン：はい。そのシステムは子どもたちが地元の食べ物について学ぶ手助けになると私は思います。

ベス：それはどのように彼らを手助けするのですか？

ケン：生徒たちにとって，学校の給食はよい機会です。彼らは地元地域の中で食べ物がどのように育てられているのかを学ぶことができます。

ベス：ああ，そうですね。あなたは生徒たちが学校でその食べ物を食べることによって地元の食べ物について学ぶことができると言っているのですね？

ケン：その通りです。そのシステムは生徒たちに自分たちが食べる食べ物に興味を持たせることになるでしょう。

ベス：ああ，それは素晴らしく思えます。今，私はそのシステムが多くの人々にとって有益だと理解できました。

質問：ケンはそのシステムについてどう思っていますか？　それについての彼の意見を英語で説明しなさい。

書く時間は6分です。では始めなさい。

書くのをやめなさい。これでリスニングテストを終わります。

社　会

1 **【解き方】** (1) 高度経済成長期をさかいに，日本では第二次・第三次産業人口が増え，第一次産業人口が減った。現在は第二次産業人口が少し減った一方で，第三次産業人口は増え続けている。

(2) 中国は臨海部に経済特区をつくり工業化を進めたが，経済特区をはじめとする臨海部が大きく経済的に発展した一方で，内陸部との貧富の差は広がった。

(3) ①「東南アジア諸国連合」の略称を選ぶ。アはヨーロッパ連合，イはアジア太平洋経済協力〔会議〕，エは南米南部共同市場の各略称。② タイは農水産業中心から工業中心の国へ，マレーシアは資源輸出国から工業中心の国へと変化してきていることが読み取れる。

(4) 愛知県では豊田市を中心に自動車工業がさかん。

(5) ① 製鉄業の原料となるのは，鉄鉱石・石炭・コークス（石灰石の蒸し焼き）。原料の産地付近に製鉄所があれば，輸送などの面で便利になる。② 日本は製鉄に必要な資源が少なく輸入に頼っており，原料の輸入と製品の輸出に便利な臨海部に製鉄所が集まっている。

(6) ② 人口が多く，労働力も豊富な点が産業の発展につながっている。

(7) 同時に「雇用の空洞化」や「技術の流出」といった現象も問題になってきている。

【答】 (1) エ　(2) 経済特区　(3) ① ウ　② ア　(4) イ

(5) ① エ　② 輸入に頼っているため，臨海部に製鉄所が立地している（同意可）

(6) ① メキシコ　② シリコンバレー　(7) 国内の工場を外国に移した（同意可）

2 **【解き方】** (1) ② B. 漁業産出額が無いことから，海に面していない内陸県の山梨県。「果実」の多さにも注目。C. みかんなどの栽培がさかんで，遠洋漁業基地の焼津をはじめ，多くの漁港を持つ静岡県。

(2) ①『古今和歌集』は平安時代に編さんされた和歌集。紀貫之はかな文字を用いた『土佐日記』の作者でもある。② (a)「東海道五十三次」の作者。イは明治時代，ウは安土桃山時代，エは室町時代に活躍した。(b) (i)は19世紀初め，(ii)は17世紀中ごろから18世紀初め，(iii)は20世紀のできごと。

(4) ① ⓐ ハザードマップを見ると，A地区は溶岩流が最終的に到達する可能性があるが，B地区は溶岩流で被災する可能性は低い。ⓑ B地区の北西に「溶岩流が3時間以内に到達」する地域がある。② 自衛隊は，災害時に都道府県知事等の要請に基づいて，防衛大臣などの命令により派遣される。③ 自動車での走行時の視界不良や，農作物に降りかかることで品質が低下するなどの被害が予測される。

【答】 (1) ① イ　② オ　(2) ① ウ　② (a) ア　(b) ウ　(3) NPO

(4) ① ⓐ ア　ⓑ ウ　② 自衛隊　③ 火山灰が降る（同意可）

3 **【解き方】** (1) 経済活動の自由の一つ。

(2) ① 衆議院の優越が認められていることがわかる事例。③ 東京都千代田区の「霞《かすみ》ヶ《が》関《せき》」と呼ばれる地区に設置されている。④ 労働条件の最低基準を定める法律で，労働時間や賃金，休日や有給休暇などの項目について定められている。

(3) ① 企業は利益を優先させるばかりではなく，社会に対して責任を果たし，貢献をしていくことが期待されている。② 会社が倒産した場合，株主は出資分だけ損をする有限責任を負う。③ 銀行の利潤には，その他に各種手続きにおける手数料などもあげられる。

(4) ① ア. イタリアは無償労働時間より有償労働時間の方が短い。エ. 日本・韓国ともに約4倍にしかならない。② 労働時間が減るので，時給を高くすることが必要となる。

【答】 (1) 職業選択　(2) ① ⓐ イ　ⓑ エ　② 政令　③ 最高　④ イ・オ・カ

(3) ① 社会的責任　② エ　③ 預金の金利より貸し出しの金利を高くする（同意可）　(4) ① イ・ウ　② ウ

④【解き方】(1) ① アは大津宮，イは平安京，ウは平城京の位置。③ 墾田永年私財法が出されたのは奈良時代。アは室町時代，ウは古墳時代，エは鎌倉時代の説明。

(2) ⓐ 同時に国ごとには守護がおかれ，その国の御家人の統率や軍事・警察の仕事を担った。ⓑ 後鳥羽上皇が幕府を倒して朝廷の勢力を回復するため，執権の北条義時を討つ命令を全国に下した。承久の乱後，京都には六波羅探題がおかれ，朝廷の監視や西国の御家人の監督をした。

(3) エは平安時代の内容。

(4) ① 幕府領は全国の約4分の1を占めた。アは大名領，ウは寺社領，エは天皇・公家領。② 江戸幕府は，江戸や大阪周辺にある大名や旗本の領地を直接支配しようとして上《じょう》知《ち》令を出した。水野忠邦は天保の改革を行ったが，成果はあげられず，江戸幕府の求心力は低下していった。

(5) ① 政府の財政を安定させるために，年貢米ではなく現金で税を納めさせようとした。地租ははじめ地価の3％であったが，反対の一揆が相次いで起こったため，のちに地価の2.5％に引き下げられた。② ⓐ アは明治時代に自由民権運動の中心となった高知県で結成された政治団体。イは大正時代に設立された部落差別の撤廃を求めた全国組織。ⓑ 普通選挙法が制定された同年（1925年）に，労働運動や社会運動を取り締まる目的で治安維持法が制定された。エ・オは1947年，キは1938年に制定された法律。

(6) 農地改革によって，多くの小作人が自作農となり，農村の民主化の基礎ができあがった。

【答】(1) ① エ　② 口分田　③ イ　(2) ⓐ 地頭　ⓑ 承久　(3) エ　(4) ① イ　② ⓐ ア　ⓑ カ
(5) ① ア　② ⓐ ウ　ⓑ カ　(6) 地主から土地を買い上げ，小作人に売り渡した（同意可）

理　科

1 **【解き方】** (2) 生産者は光合成でデンプンなどの有機物を自らつくり出す。

(3) ① ⓒ 肉食動物Aが減少したのは虫Xの被害が原因。ⓓ 図Ⅱより，1985年の肉食動物Aの個体数は約7500，草食動物Bは120000なので，$\frac{120000}{7500} = 16$ (倍)　② 1985年から1987年にかけて，肉食動物Aの個体数はあまり変化していない。

(5) 酸素は無色無臭の気体で，水にとけて酸性やアルカリ性を示さない。

(6) ① コケ植物は光合成によって自ら栄養をつくり出す。

(7) オオカナダモとメダカとの間で炭素が移動しているのは，メダカが呼吸によって排出した二酸化炭素を，オオカナダモが光合成を行うために吸収することなので，オオカナダモからメダカに炭素は移動していない。

【答】 (1) ① ア　② ⓐ イ　ⓑ エ　(2) ① ア　② ウ　(3) ① ⓒ イ　ⓓ エ　② ウ　(4) 人間　(5) エ
(6) ① ア　② 分解　(7) カ

2 **【解き方】** (1) ① 水素分子2個と酸素分子1個が反応して水分子が2個できる。

(4) 15gの水は15gの水蒸気になり，100℃の水蒸気1Lあたりの質量が0.60gなので，15gの水蒸気の体積は，$1\,(\mathrm{L}) \times \frac{15\,(\mathrm{g})}{0.60\,(\mathrm{g})} = 25\,(\mathrm{L})$

(6) ⓔ エネルギー保存の法則より，変換前のエネルギーの総量と，変換後のエネルギーの総量は変わらない。

【答】 (1) ① エ　② 純粋な物質(または，純物質)　(2) ア　(3) 水の状態変化に利用された熱量（同意可）
(4) 25 (L)　(5) ウ　(6) ⓓ イ　ⓔ エ　(7) エ

3 **【解き方】** (2) 水星と金星の公転軌道は地球より太陽に近いところにあるので，水星と金星は真夜中に観察できない。

(3) 図Ⅰの金星・地球・太陽の位置より，地球から金星が観察できるのは夕方の西の空になる。

(4) 図Ⅰで月の位置は地球と金星の間にある。月が地球と太陽の間にあるときは新月，新月の位置から地球を中心に反時計回りに90°移動させた位置に月が来ると上弦の月になるので，地球と金星の間にある月は新月と上弦の月の間の三日月と考えられる。

(6) 太陽の南中高度は夏至が最も高く，冬至が最も低くなる。

(7) アンタレスは7月29日の20時ごろに南中し，1か月後には2時間も早い18時ごろに南中するとあるので，20 (時) − 12 (時) = 8 (時間)早くなるのは，$1\,(\text{か月}) \times \frac{8\,(\text{時間})}{2\,(\text{時間})} = 4\,(\text{か月})$後になる。よって，7月29日の4か月後なので，11月末ごろ。

(8) ① 図Ⅱより，3月19日の月は朝6時に西の空に見えるのでほぼ満月，3月31日の月は朝6時に東の空に見えるのでほぼ新月になる。よって，満月から新月に変わっていくときなので，月の見かけの形は欠けていく。
② ①より，25日の半月状の月は下弦の月なので，東側（左側）が輝いている。

(9) 太陽以外の恒星が日周運動で一周するのにかかる時間は24時間よりも短く，月は南中する時刻が毎日約50分程度遅くなることから，一周するのにかかる時間は24時間よりも長くなる。よって，見かけの動きで東から西へ移動する速さは月の方が遅くなるので，月は星座の間を西から東へ移動しているように見える。

【答】 (1) 日食(または，日蝕)　(2) ウ　(3) ① ア　② エ　(4) イ　(5) 自転　(6) イ　(7) 11　(8) ① イ　② ウ
(9) 西から東へ移動（同意可）

4 **【解き方】** (1) 質量100gの物体にはたらく重力の大きさが1Nなので，質量250gの物体にはたらく重力の大きさは，$1\,(\mathrm{N}) \times \frac{250\,(\mathrm{g})}{100\,(\mathrm{g})} = 2.5\,(\mathrm{N})$

(2) 図Ⅱより，ばねに加えた力の大きさが0Nのときのばねの長さは11cm。

(4) ⓐ 測定結果の表より，水面から円柱の底面までの長さが，0cm，2.0cm，4.0cmのとき，ばねの長さは，31cm，27cm，23cmなので，水面から円柱の底面までの長さが，2.0 (cm) − 0 (cm) = 2.0 (cm)，4.0 (cm) − 2.0 (cm) = 2.0 (cm)増えるごとに，31 (cm) − 27 (cm) = 4 (cm)，27 (cm) − 23 (cm) = 4 (cm)ずつ短くなる。ⓑ 水面から円柱の底面までの長さが6.0cmより大きいとき，ばねの長さは19cmなので，円柱Aを水に入れないときのばねの長さと比べて，31 (cm) − 19 (cm) = 12 (cm)短くなっている。よって，ばねが4cm短くなると浮力の大きさは0.4N大きくなるので，ばねが12cm短くなるときの浮力の大きさは，$0.4\,(\mathrm{N}) \times \dfrac{12\,(\mathrm{cm})}{4\,(\mathrm{cm})} = 1.2\,(\mathrm{N})$

(5) ① 水面に浮いている状態から下降を始めるとき，下降の向きにはたらく力の大きさが，上昇の向きにはたらく力の大きさより大きくなっている。その状態から合力が0になるためには，上昇の向き（図Ⅳの㋐の向き）に力がはたらく。

(6) ① 物体が水面に浮かんで静止しているときは，物体にはたらく重力の大きさと，物体にはたらく浮力の大きさは等しい。② 1.0 (N) + 0.30 (N) × 3 (個) = 1.9 (N)　③ 図Ⅱより，重さが0.30Nの円柱Cをばねにつるしたときのばねの長さは14cm，円柱Cが完全に水中にあるときのばねの長さは12cmなので，ばねの長さは，14 (cm) − 12 (cm) = 2 (cm)短くなる。ばねが4cm短くなると浮力の大きさは0.4N大きくなるので，円柱Cが完全に水中にあるときの浮力の大きさは，$0.4\,(\mathrm{N}) \times \dfrac{2\,(\mathrm{cm})}{4\,(\mathrm{cm})} = 0.2\,(\mathrm{N})$　円柱Aと円柱Bは同じ割合で浮力の大きさは大きくなり，どちらも高さが6.0cmで同じなので，円柱Bが完全に水中にあるときの浮力の大きさは，円柱Aが完全に水中にあるときの浮力の大きさの1.2Nになる。よって，円柱Bに円柱Cを3個取り付けた物体にはたらく浮力の大きさは，1.2 (N) + 0.2 (N) × 3 (個) = 1.8 (N)

【答】 (1) 2.5 (N)　(2) 11 (cm)　(3) フックの法則(または，弾性の法則)　(4) ⓐ 4　ⓑ 1.2　(5) ① ア　② ウ
(6) ① 1.0　② 1.9　③ 1.8
(7) 鉄のおもりの一部を切り離すことで，浮力と重力がつり合うようにしている。(同意可)

国語A問題

1 【答】1. (1) か(す) (2) いた(る) (3) ほうそう (4) まんきつ (5) 積(もる) (6) 針 (7) 筋肉 (8) 打破 2. ウ

2 【解き方】1.「ふと何かの拍子に」していることを，修飾している。

2.「その人にとって最も核となる部分は，本人でも…感覚的なものであるということが往々にしてあるのです」という前の内容を受けて，「往々にしてある」というよりはむしろ「ほとんど」そうなのだと言い直している。

3. ③では，「人が何を考えているか…本当のところは知り得ない」ことを理由に，インタビューするくらいでは「人の核心部分には触れられない」ことを取材者は自覚すべきと導いている。④では，話を聞いたぐらいでは「人の核心部分には触れられない」という前の内容と，取材者は「人から聞いた話」を元に文章を書くしかないという後の内容は，相反するものとなっている。

4. 話を聞いたぐらいでは「人の核心部分には触れられない」「わかりえないことが必ずある」と指摘した後で，書き手には，そうした限界を認める「謙虚さ」を持つことや，その限界を意識しつつ最高のものを書こうとする姿勢を持つことが求められると述べている。そして，そのような姿勢は「必ず文章の端々ににじみ出」るもので，そのにじみ出た「書き手の意識や人間性」こそが読み手の心に訴えかけるのだと述べている。

【答】1. イ 2. イ 3. ア 4. a. 自分の知っ b. 端々ににじみ出る書き手の意識や人間性 (18字) (同意可)

3 【解き方】1. 鰹を料理している人は，男に「跡でこの鰹を，ねこがとらぬやうに番して下され」とたのんでいる。

2. 語頭以外の「は・ひ・ふ・へ・ほ」は「わ・い・う・え・お」にする。

3.「是はちと，しよしめませふ」と思って男が鰹を食おうとしたところ，その鰹を「ねらふてゐた」猫が男を，「ふうふうといつておどした」と述べている。

【答】1. ア 2. おもい 3. ウ

◀口語訳▶ 鰹を料理しているところに，となりの男が来たので，これこれと呼んで，頼みたいことがある，おれは三町目まで用があって行ってくるので，この場所でこの鰹を，猫がとらないように番をして下さいと，(男に) 言って出かけて行った。男は，番をしていながら，つくづくと鰹を見て，なんとまあ惜しいことだ，これはちと，自分のものにしようと思い，食おうとすると，向こうで鰹をねらっていた猫が，ふうふうといって男を脅した。

4 【解き方】1. アメリカの作家の名前を数えるほどしか知らず，「はたしてどの作家から，どの本から読んでいいのか見当もつかなかった」ので，「手当たり次第に手にとって，ぱらぱらとめくり，冒頭を読んでみることを繰り返した」と述べている。

2.「SF小説のファン」である友人が，「僕」に説明するために何人もの「作家の名前」を口にする様子。

3. ニューヨークの書店で「未知の世界にずぶりと入っていく瞬間」のような「心躍る」体験をした筆者は，同様の体験をした「中学三年のとき」を思い出し，「いままで自分がまったく知らなかった世界」を知りたいと強く思ったと述べている。

4. (1) a. 友人に連れられて書店を訪れた中学生の頃の体験を回想した後で，「その日を境にして僕の生活は明らかに変わった」と述べている。b.「その駅前の書店は再開発によって，とっくになくなってしまった」という記述の後で，その書店は今でも筆者の「心に残っている」と述べている。(2)「駅前の小さな書店に行ったことで，本と関わるようになっていった」というAさん自身の発言や，その書店でのできごとは「筆者にとって印象に残る特別なことだったんじゃないかな」というCさんの発言を受け，それらを言い直したものであることをおさえる。

【答】1. イ 2. ウ 3. 自分がまったく知らなかった世界を知りたい (20字) (同意可)

4. (1) a. 生活は明ら b. どんな書店 (2) エ

5 【答】(例)

私は，道を歩いていて，ふとキンモクセイの香りに気づいたとき，秋の訪れを感じます。

人は自分が生まれた季節を好むものだと，どこかで聞いたことがあります。私も，秋に生まれたからか，秋という季節がとても好きです。夏の暑さが和らぎ，ほっとするものを感じるからかもしれません。そんな秋が再びやってきたことを，キンモクセイの香りは教えてくれているようです。(172字)

国語B問題

1 【解き方】1. 都市空間は「どんなに自然発生的に見える空間」であっても「そこには何らかの『意図』があるのです」と指摘した後で，書物も「何らかの『意図』のもとにあります」と述べて，都市空間と書物とを重ねている。

2.「都市空間」に「意図」があることの具体例として，「住宅街」を挙げている。

3.「実際の書物と異なるところも多々あります」と述べた後で，「ひとつは，都市という書物には無数の著者がいる」「『意図』の集積として都市の空間ができあがっているのです」と，一つ目の異なる点を挙げている。そして「もうひとつ」と述べた後で，「都市という書物はこれからも書き継がれる書物だということです」「都市空間はこれからも変化を続けていきます」と，二つ目の異なる点を挙げている。

4.「都市空間はこれからも変化を続けていきます」と，都市空間の性質を挙げた後で，「こう考えると，現時点のわたしたちの立場も明らかになります」と述べていることに着目する。ここでいう「現時点のわたしたちの立場」を，「つまり」と具体的に言い直した部分をおさえる。

【答】1. ウ　2. エ　3.「意図」の集積としてできあがっており，これからも変化を続けていく(32字)(同意可)
4. 現在という

2 【解き方】1. わざをこうあるべきという，昔から伝わる「法」を示すものを考える。

2.「法」にしたがわないと「まことの心を得がたく」,「法」にしたがうと「人もうべなふめり」という前の内容を受け，これはもっともなことと述べている。

3.「au」は「ô」と発音するので，「まう」は「もう」にする。

4.「そのわざあるがうへにこそ，法てふことは出で来めれ」とあることから考える。

【答】1. イ　2. ア　3. もうけ　4. ④ わざ　⑤ 法

◀口語訳▶　すべて何のわざであっても，古くからの決まりごとを示したてびきがあってそれにしたがうまいとすると，わざの真髄は得難く，決まりごとにしたがっていると，本式であるといって，人も認めるようである。これは，昔から，もっともなことであるが，よくよく考えてみると，すべての物事は，初めに決まりごとをつくっておいて，その後でわざをつくり出したわけではない，そのわざがあって初めて，決まりごとというものも生まれたのである。そうであれば，わざが最初にあり，決まりごとは最後に出来たものなのである。

3 【解き方】2. 一字戻って読む場合には「レ点」を，二字以上戻って読む場合には「一・二点」を用いる。

【答】1. (1) ほうそう　(2) ゆうかん　(3) ふせ(ぐ)　(4) と(げる)　(5) 針　(6) 築(く)　(7) 相談　(8) 律詩　2. ウ

4 【解き方】2. a.「もみつ」とは「揉み出づ」のこと，と説明しているところに着目する。「木々が葉を紅や黄に染めている」様子を「たとえた」内容をおさえる。b.「花が咲く」を「花が笑う」と呼んだように，「古の人」が「植物の生態に目を見はるたび」に，それを受けとめる上で見立てていたものを考える。

3. (1)「確かにそうだね」と述べて，Bさんの「時雨は紅葉をもたらすものだと言えるね」という発言を認めているが，その後で「ただ」と述べ，「時雨は紅葉を散らすものでもある」という，Bさんとは異なる見方を提示している。(2) a.「時雨は紅葉をもたらすもの」というBさんの見方と，「時雨は紅葉を散らすものでもある」というCさんの見方を受けて，「なるほど」と言っていることに着目し，この二つの見方から導き出される筆者の考えを探す。b.「手折らずて散りなば惜し」という歌にこめられた気持ちについて，「本来，時雨に打たれて枯れ葉が落ちるのはなんの不思議もないことですが，それをさも花の盛りが去るように惜しむ気持ち」

と説明し，この気持ちのどこかに「葉を花に見立てる人の歌心が働いているかのようです」と述べている。

【答】1. ア　2. a. 人が手揉みして生地を染める　b. 自分たちの身近なふるまい

3. ⑴ イ　⑵ a. 紅葉と時雨　b. 枯れ葉が落ちることをさも花の盛りが去るように惜しむ（25字）（同意可）

5 【答】（例）

海外に在住する外国人の方の多くが関心を寄せている，食文化や自然環境を伝えたいと思います。日本食は健康にいいと言われ，海外でも人気がありますが，具体的にどのように健康にいいのかや，日本人がなぜそのような食生活をするようになったのかなどについて改めて勉強し，それをしっかりと伝えていきたいと思います。

また，自然が豊かな日本の風土の中で，日本人がこれまでどのように自然とつきあってきたのかも改めて勉強し，伝えていきたいと思います。地球環境が危機的な状況にある今，そのことには大いに意義があると思います。(260字)

国語C問題

1 【解き方】1. 連用形。他は未然形。

2. 「あの場面はこういう文脈を背負ってあの位置に置かれた」と述べた後で，具体的にその文脈内容を取り上げ，この内容を「すっかり無口になって別れをかみしめている踊子の姿を印象的に描いている」とまとめている。そして，「しかも，このあたり一帯，すべて『私』が見た対象の描写が続いているのだ」と述べ，「そういう文脈の流れを背景にしたこの一文で，うなずいた人物が踊子であることは紛れようもない事実である」と結論づけている。

3. 「助詞の正確な使用」「前者ならサヨナラという語に限られる」とあることに着目する。踊子が「サヨナラ」という特定の言葉を口にしたのだという意味になる，「さよなら」につける助詞を考える。

4. 川端康成が「私が」と書いたのは，「その主語の支配が『振り返った時』で終わり，『さよならを言おうとした』までは及ばないと判断したから」だと説明している。そして，それ以降は「前文の主語が潜在的に働いている」と判断した川端康成は，「再度『踊子は』という無駄な主語を重ねて駄目を押すくどい書き方」を避けたのだろうと述べている。

【答】1. B　2. a. すっかり無　b. すべて「私　3. さよならと

4. a. その主語の支配が「振り返った時」で終わり，それ以降は前文の主語が潜在的に働いている（41字）（同意可）　b. 無駄な主語

2 【解き方】1. この問いかけに，蔵人永継が「西の枝にこそ候ひけめ」と答えていることから考える。

3. a. 「西の枝にこそ候ひけめ」という答えは，「おなじ枝をわきて…」という「古今」の歌を思い浮かべての発言であったのだろうと述べている。b. 頭の中将の問いかけに，すぐさま「西の枝にこそ候ひけめ」と答えた人物を考える。c. 「西の枝にこそ候ひけめ」という答えに「感じ」た人物を考える。

【答】1. イ　2. ア　3. a. 西こそ秋の初め　b. ウ　c. エ

◀口語訳▶　少将の内侍が，台所の御庭のかえでの木を見て，「このかえでに，初めて色づいたもみじがあったのになくなってしまった」と言ったところ，頭の中将がこれを聞いて，「(初めて色づいたもみじは）どちらの方角にあったのか」と言って，梢を見上げたので，人々もみなそちらの方を見たが，蔵人永継がすぐさま，「西の枝でございましょう」と申したところ，右中将実忠朝臣が，天皇の剣を持つ役目で参っていて，そこにいたのであったが，この言葉に感じ入って，「このごろは，これほどのことも察している人はまれであるのに，風流なことでございますなあ」と言って，うなっていたので，人々はみなおもしろく思って感嘆した。本当に，すぐさまに言い出すところも，また聞きとがめるところも，とても風流でございます。「古今」の歌に，

　同じ木の枝なのに別々に木の葉が色づくのは西の方から秋がやってくるからである

という歌がございますことを思って言ったことなのでしょう。

3 【答】1. (1) さと(す)　(2) す(かす)　(3) もうら　(4) 快(く)　(5) 律詩　(6) 修築　2. エ

4 【解き方】1. プラトンの言葉を引用し，「芸術は現実世界の理想的な模倣物を作り出すことだ」と述べている。そして，これによって「社会通念としての美が作り出されてゆく」と述べている。

2. 「写真は現実の模倣を作っているわけではない」と述べた後で，「現実の三次元空間にある光の強さの分布が…記録された物体にすぎない」と説明している。そして，「見る者に対象との一体感を作り出しているかどうか」が問題で，これを作り出していない写真は「単純に光の分布の複製物にすぎない」と述べている。

3. a. 「複写作業は，作り手にほとんど何も残さないが，模写をする者には，その作品を通して多くのことを学ばせる」と述べた後で，「真の模倣」について説明している。b. 「写真」の登場によって「対象に似せること，模倣することは，人間の行う芸術行為ではない」「芸術家は個人で，他にはない表現を行う独創的な創造者でなくてはならない」という「現代の芸術観の誕生」を説明した後で，それに対する筆者の考えを「これは…誤解ではないだろうか」と述べている。

【答】1. 社会通念としての美を生み出すために，現実世界の理想的な模倣物を作り出すこと。(38字)(同意可)
2. ウ　3. a. 作り手の姿　b. 創造性と模

5 【答】(例)

平成14年度と平成28年度を比べると,「考えをまとめ文章を構成する能力」と答えた人が減り,「相手や場面を認識する能力」と答えた人が増え，文章力より会話や状況対応能力を重視する傾向が見てとれます。しかし，これからの時代には,「考えをまとめ文章を構成する能力」が必要になると思います。

今は，ネットで言葉をやりとりする機会が以前より増えました。顔を合わせずに自分の言葉を理解してもらうには，文章表現力は欠かせないと思うからです。また，ネットでのやりとりでは，絵文字などを使い，簡潔な言葉で済ませてしまうことも多くなっています。それに慣れてしまうと，文章表現力はどんどん落ちてしまうと思うからです。(295字)

大阪府公立高等学校
(一般入学者選抜)

2021年度
入学試験問題

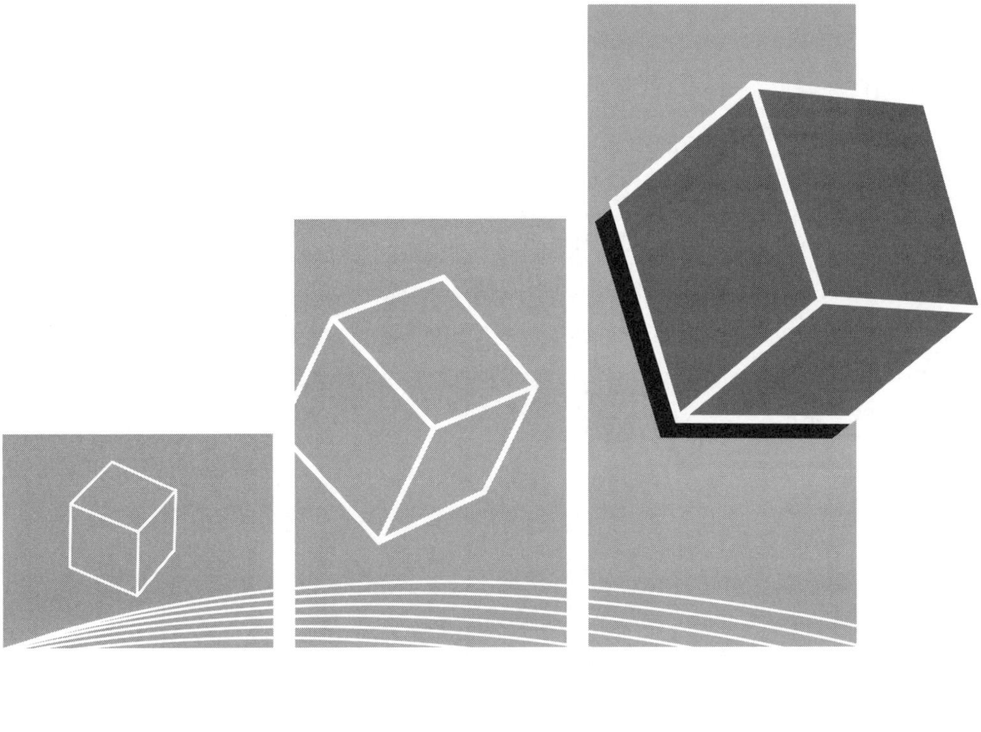

数学A問題

時間　50分　　　　満点　90点

1　次の計算をしなさい。

(1)　$10 - 2 \times 8$　(　　　)

(2)　$-12 \div \left(-\frac{6}{7}\right)$　(　　　)

(3)　$5^2 + (-21)$　(　　　)

(4)　$6x - 3 - 4(x + 1)$　(　　　)

(5)　$5x \times (-x^2)$　(　　　)

(6)　$\sqrt{7} + \sqrt{28}$　(　　　)

2　次の問いに答えなさい。

(1)　$a = -3$のとき，$-a + 8$の値を求めなさい。(　　　)

(2)　次のア～エの式のうち，「a mの道のりを毎分70mの速さで歩くときにかかる時間（分）」を正しく表しているものはどれですか。一つ選び，記号を○で囲みなさい。(ア　イ　ウ　エ)

ア　$a + 70$　　イ　$70a$　　ウ　$\frac{a}{70}$　　エ　$\frac{70}{a}$

(3)　次のア～エの数のうち，無理数であるものはどれですか。一つ選び，記号を○で囲みなさい。

(ア　イ　ウ　エ)

ア　$\frac{1}{3}$　　イ　$\sqrt{2}$　　ウ　0.2　　エ　$\sqrt{9}$

(4)　比例式$x : 12 = 3 : 2$を満たすxの値を求めなさい。(　　　)

(5)　連立方程式$\begin{cases} 5x + 2y = -5 \\ 3x - 2y = 13 \end{cases}$を解きなさい。(　　　　　)

(6)　二次方程式$x^2 - 4x - 21 = 0$を解きなさい。(　　　)

(7)　右の表は，水泳部員20人の反復横とびの記録を度数分布表にまとめたものである。記録が55回以上の部員の人数が，水泳部員20人の30%であるとき，表中のx，yの値をそれぞれ求めなさい。

xの値(　　　)　yの値(　　　)

反復横とびの記録(回)	度数(人)
以上　未満 40 ～ 45	2
45 ～ 50	4
50 ～ 55	x
55 ～ 60	y
60 ～ 65	1
合計	20

(8) 二つの箱A, Bがある。箱Aには自然数の書いてある5枚のカード$\boxed{1}$, $\boxed{2}$, $\boxed{3}$, $\boxed{4}$, $\boxed{5}$が入っており，箱Bには奇数の書いてある3枚のカード$\boxed{1}$, $\boxed{3}$, $\boxed{5}$が入っている。A, Bそれぞれの箱から同時にカードを1枚ずつ取り出すとき，取り出した2枚のカードに書いてある数の和が4の倍数である確率はいくらですか。A, Bそれぞれの箱において，どのカードが取り出されることも同様に確からしいものとして答えなさい。(　　　)

(9) 右図において，mは関数$y = ax^2$（aは定数）のグラフを表す。Aはm上の点であり，その座標は$(-4,\ 3)$である。aの値を求めなさい。(　　　)

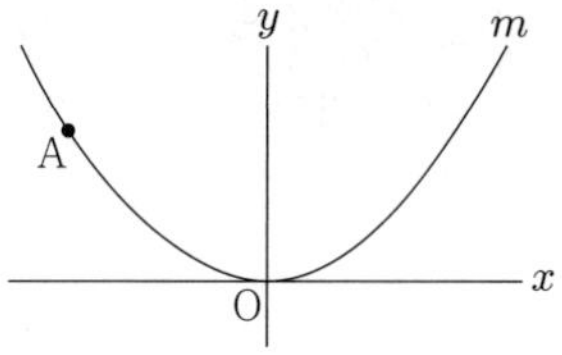

(10) 右図において，△ABCは正三角形である。△DBEは，△ABCを，点Bを回転の中心として，時計の針の回転と反対の向きに100°回転移動したものである。180°より小さい角∠ABEの大きさを求めなさい。(　　　)

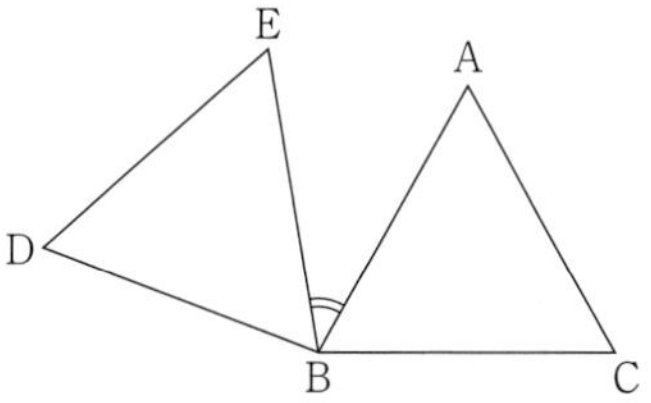

(11) 右図において，四角形ABCDは長方形であり，AB = 6 cm, AD = 3 cm である。四角形ABCDを直線DCを軸として1回転させてできる立体をPとする。

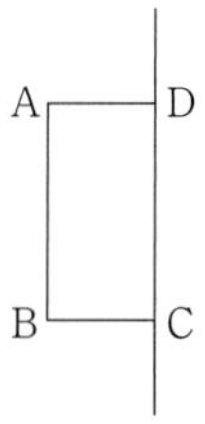

① 次のア～エのうち，立体Pの見取図として最も適しているものはどれですか。一つ選び，記号を○で囲みなさい。(ア イ ウ エ)

ア

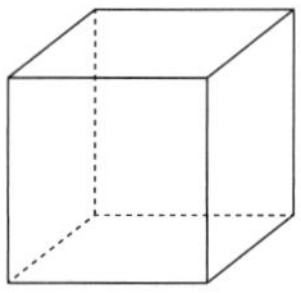

イ

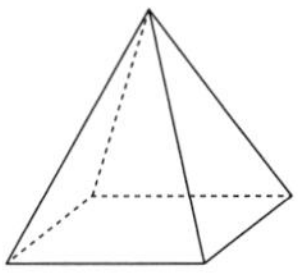

ウ

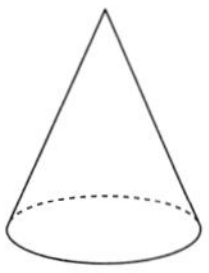

エ

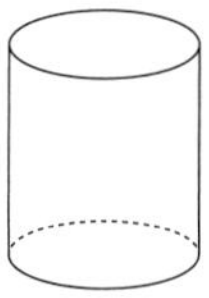

② 円周率をπとして，立体Pの体積を求めなさい。(　　　cm^3)

3　学校の花壇に花を植えることになったEさんは，花壇の端のレンガから10cm離して最初の花を植え，あとは25cm間隔で一列に花を植えていくことにした。下図は，花壇に花を植えたときのようすを表す模式図である。

下図において，O，Pは直線ℓ上の点である。「花の本数」がxのときの「線分OPの長さ」を$y$cmとする。xの値が1増えるごとにyの値は25ずつ増えるものとし，$x = 1$のとき$y = 10$であるとする。

次の問いに答えなさい。

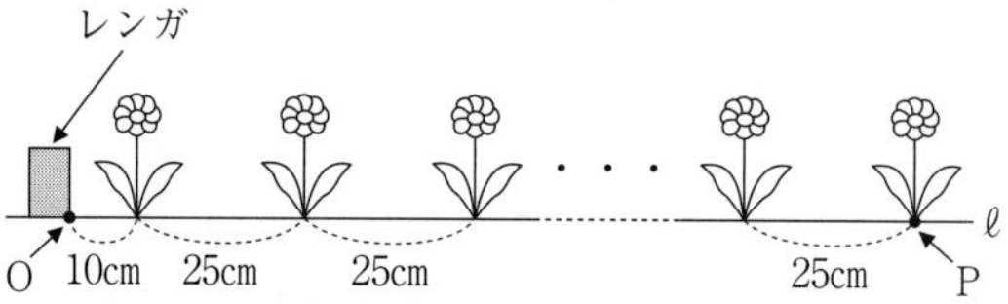

(1)　次の表は，xとyとの関係を示した表の一部である。表中の(ア)，(イ)に当てはまる数をそれぞれ書きなさい。(ア)(　　　)　(イ)(　　　)

x	1	2	…	4	…	9	…
y	10	35	…	(ア)	…	(イ)	…

(2)　xを自然数として，yをxの式で表しなさい。(　　　)

(3)　$y = 560$となるときのxの値を求めなさい。(　　　)

4　右図において，$\triangle ABC$ は $\angle ABC = 90^\circ$ の直角三角形であり，$AB = 7\,cm$，$BC = 5\,cm$ である。四角形 DBCE は平行四辺形であり，D は辺 AC 上にあって A，C と異なる。F は，C から辺 DE にひいた垂線と辺 DE との交点である。

次の問いに答えなさい。

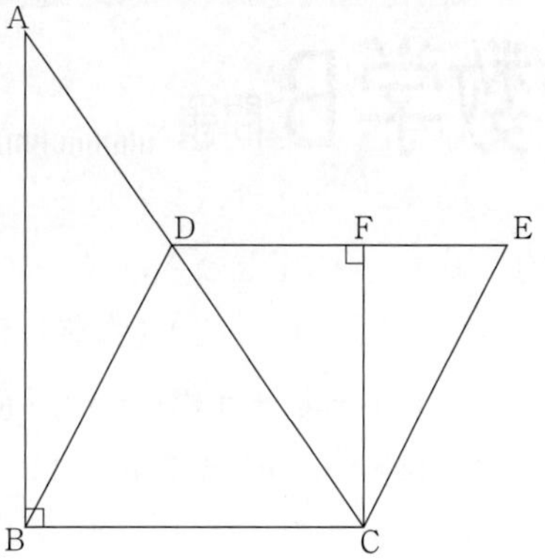

(1)　四角形 DBCE の内角 $\angle DBC$ の大きさを a° とするとき，四角形 DBCE の内角 $\angle BCE$ の大きさを a を用いて表しなさい。(　　　度)

(2)　次は，$\triangle ABC \backsim \triangle CFD$ であることの証明である。[ⓐ]，[ⓑ] に入れるのに適している**「角を表す文字」**をそれぞれ書きなさい。また，ⓒ〔　〕から適しているものを一つ選び，記号を○で囲みなさい。ⓐ(　　　)　ⓑ(　　　)　ⓒ(ア　イ　ウ)

(証明)
$\triangle ABC$ と $\triangle CFD$ において
$\triangle ABC$ は直角三角形だから $\angle ABC = 90^\circ$ ……㋐
$CF \perp DE$ だから $\angle$ [ⓐ] $= 90^\circ$ ……㋑
㋐，㋑より $\angle ABC = \angle$ [ⓐ] ……㋒
DE $/\!/$ BC であり，平行線の錯角は等しいから
$\angle ACB = \angle$ [ⓑ] ……㋓
㋒，㋓より，
ⓒ〔ア　1組の辺とその両端の角　　イ　2組の辺の比とその間の角　　ウ　2組の角〕
がそれぞれ等しいから
$\triangle ABC \backsim \triangle CFD$

(3)　$FC = 4\,cm$ であるときの $\triangle FCE$ の面積を求めなさい。途中の式を含めた求め方も書くこと。
(求め方)(　　　　　　　　　　　　　　　　　　　　)(　　　cm^2)

数学B 問題

時間 50分　　満点 90点

1 次の問いに答えなさい。

(1) $2 \times (-3)^2 - 22$ を計算しなさい。(　　　)

(2) $4(x-y)+5(2x+y)$ を計算しなさい。(　　　)

(3) $18b \times (-a^2) \div 3ab$ を計算しなさい。(　　　)

(4) $x(x+7)-(x+4)(x-4)$ を計算しなさい。(　　　)

(5) $(2-\sqrt{5})^2$ を計算しなさい。(　　　)

(6) 正七角形の内角の和を求めなさい。(　　　)

(7) a を正の数とし，b を負の数とする。次のア～エの式のうち，その値が最も大きいものはどれですか。一つ選び，記号を○で囲みなさい。(ア　イ　ウ　エ)

ア a　イ b　ウ $a+b$　エ $a-b$

(8) 右図は，柔道部員12人の上体起こしの記録をヒストグラムに表したものである。度数が最も多い階級の相対度数を小数で答えなさい。ただし，答えは小数第3位を四捨五入して**小数第2位まで書く**こと。(　　　)

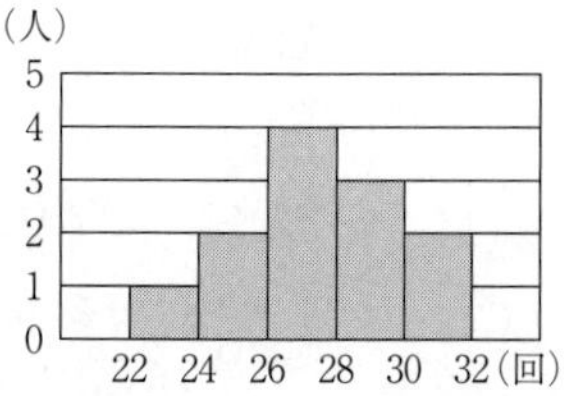

(9) 3から7までの自然数が書いてある5枚のカード 3，4，5，6，7 が箱に入っている。この箱から2枚のカードを同時に取り出し，取り出した2枚のカードに書いてある数の積を a とするとき，$\frac{a}{2}$ の値が奇数である確率はいくらですか。どのカードが取り出されることも同様に確からしいものとして答えなさい。(　　　)

(10) 右図において，四角形ABCDはAD∥BCの台形であり，∠ADC＝∠DCB＝90°，AD＝2cm，BC＝DC＝3cmである。四角形ABCDを直線DCを軸として1回転させてできる立体の体積は何 cm^3 ですか。円周率を π として答えなさい。(　　　cm^3)

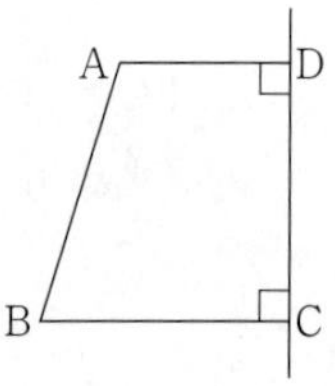

2 学校の花壇に花を植えることになったEさんは，花壇の端のレンガから10cm 離して最初の花を植え，あとは等間隔で一列に花を植えていくことにした。Eさんは，図Ⅰのような模式図をかいて25cm 間隔で花を植える計画を立てた。

図Ⅰにおいて，O，Pは直線ℓ上の点である。「花の本数」が1増えるごとに「線分OPの長さ」は25cm ずつ長くなるものとし，「花の本数」が1のとき「線分OPの長さ」は10cm であるとする。次の問いに答えなさい。

図Ⅰ

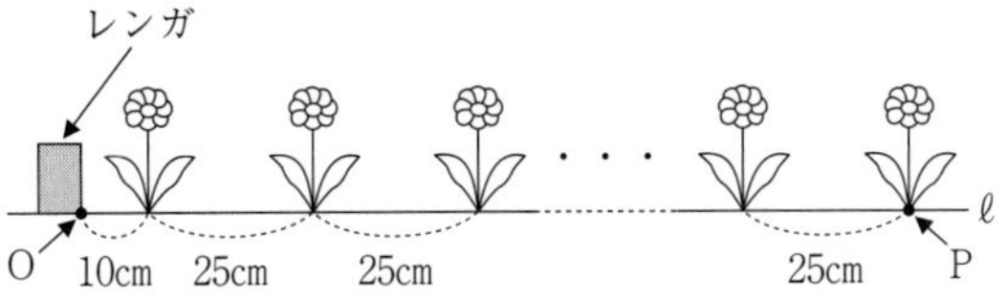

(1) 図Ⅰにおいて，「花の本数」がxのときの「線分OPの長さ」を$y$cm とする。

① 次の表は，xとyとの関係を示した表の一部である。表中の(ア)，(イ)に当てはまる数をそれぞれ書きなさい。(ア)(　　　) (イ)(　　　)

x	1	2	…	4	…	9	…
y	10	35	…	(ア)	…	(イ)	…

② xを自然数として，yをxの式で表しなさい。(　　　)

③ $y = 560$となるときのxの値を求めなさい。(　　　)

(2) Eさんは，図Ⅰのように25cm 間隔で28本の花を植える計画を立てていたが，植える花の本数が31本に変更になった。そこでEさんは，花壇の端のレンガから最後に植える花までの距離を変えないようにするために，図Ⅱのような模式図をかいて花を植える間隔を考え直すことにした。

図Ⅱにおいて，O，Qは直線ℓ上の点である。「花の本数」が1増えるごとに「線分OQの長さ」は$a$cm ずつ長くなるものとし，「花の本数」が1のとき「線分OQの長さ」は10cm であるとする。

図Ⅰにおける「花の本数」が28であるときの「線分OPの長さ」と，図Ⅱにおける「花の本数」が31であるときの「線分OQの長さ」とが同じであるとき，aの値を求めなさい。(　　　)

図Ⅱ

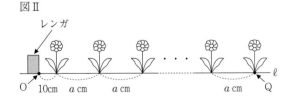

3　図Ⅰ，図Ⅱにおいて，m は関数 $y=\frac{1}{8}x^2$ のグラフを表す。次の問いに答えなさい。

図Ⅰ

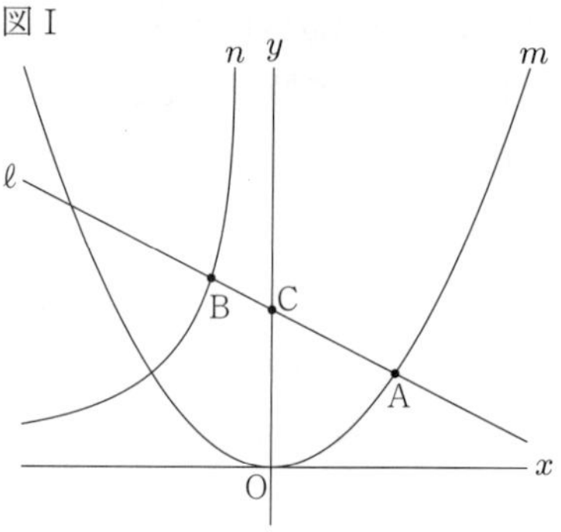

(1)　図Ⅰにおいて，n は関数 $y=-\frac{27}{x}$ $(x<0)$ のグラフを表す。A は m 上の点であり，その x 座標は 6 である。B は n 上の点であり，その x 座標は − 3 である。ℓ は，2 点 A，B を通る直線である。C は，ℓ と y 軸との交点である。

①　次の文中の［㋐］，［㋑］に入れるのに適している数をそれぞれ書きなさい。㋐(　　　)　㋑(　　　)

> 関数 $y=\frac{1}{8}x^2$ について，x の変域が − $7 \leqq x \leqq 5$ のときの y の変域は［㋐］$\leqq y \leqq$［㋑］である。

②　B の y 座標を求めなさい。(　　　)

③　C の y 座標を求めなさい。(　　　)

(2)　図Ⅱにおいて，D，E は m 上の点である。D の x 座標は 4 であり，E の x 座標は D の x 座標より大きい。E の x 座標を t とし，$t>4$ とする。F は，D を通り y 軸に平行な直線と，E を通り x 軸に平行な直線との交点である。線分 FD の長さが線分 FE の長さより 8 cm 長いときの t の値を求めなさい。途中の式を含めた求め方も書くこと。ただし，原点 O から点(1，0)まで，原点 O から点(0，1)までの距離はそれぞれ 1 cm であるとする。

図Ⅱ

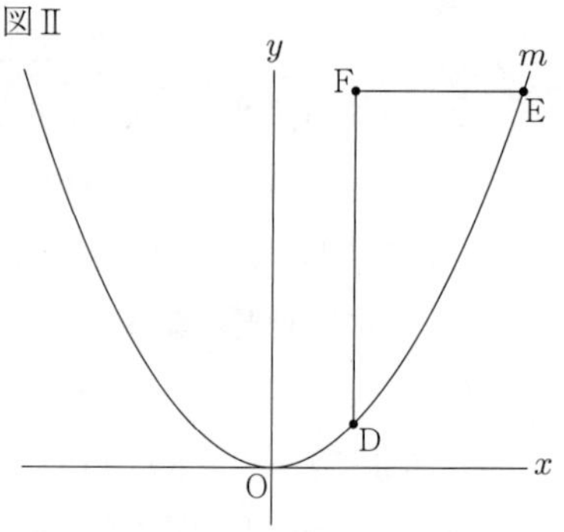

(求め方)(　　　　　　　　　　　　　　　　　　　　　　　　　　　)　t の値(　　　)

4 次の［Ⅰ］，［Ⅱ］に答えなさい。

［Ⅰ］ 図Ⅰにおいて，四角形ABCDは内角∠ABCが鋭角の平行四辺形である。△EDCはED = ECの二等辺三角形であり，Eは直線BC上にある。Fは，Aから辺BCにひいた垂線と辺BCとの交点である。Gは，Cから辺EDにひいた垂線と辺EDとの交点である。

図Ⅰ

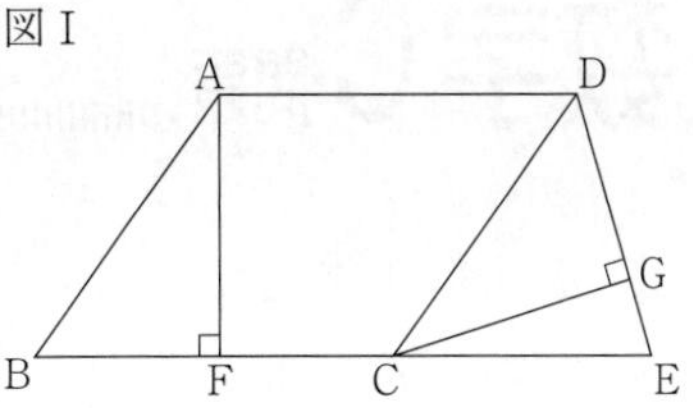

次の問いに答えなさい。

(1) △ABF ≡△CDGであることを証明しなさい。

［　　　　　　　　　　　　　　　　］

(2) 四角形ABCDの面積をa cm^2，四角形AFEDの面積をb cm^2とするとき，△CEGの面積をa，bを用いて表しなさい。(　　　cm^2)

［Ⅱ］ 図Ⅱ，図Ⅲにおいて，立体ABC—DEFは三角柱である。△ABCは∠ABC = 90°の直角三角形であり，AB = 4 cm，CB = 6 cmである。△DEF ≡△ABCである。四角形EFCBは1辺の長さが6 cmの正方形であり，四角形DFCA，DEBAは長方形である。Gは辺DF上の点であり，DG：GF = 4：3である。

次の問いに答えなさい。

(3) 図Ⅱにおいて，AとEとを結ぶ。Hは，Gを通り辺FEに平行な直線と辺DEとの交点である。Iは，Hを通り線分AEに平行な直線と辺ADとの交点である。

図Ⅱ

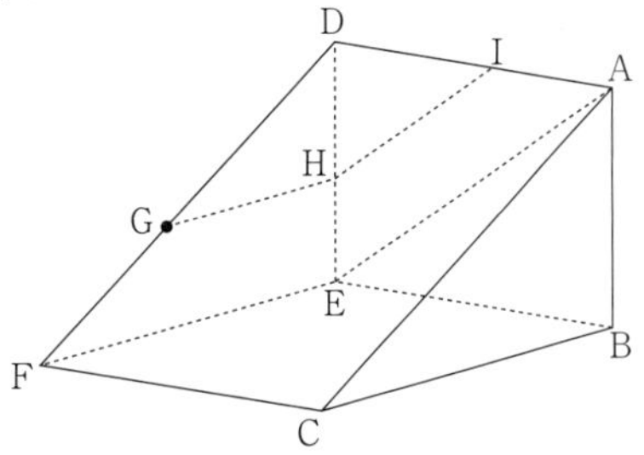

① 次のア～オのうち，辺ABとねじれの位置にある辺はどれですか。すべて選び，記号を○で囲みなさい。

(ア イ ウ エ オ)

ア 辺AD　　イ 辺CF　　ウ 辺DE

エ 辺DF　　オ 辺FE

② 線分DIの長さを求めなさい。(　　　cm)

(4) 図Ⅲにおいて，GとA，GとCとをそれぞれ結ぶ。Jは辺CB上の点であり，3点A，J，Bを結んでできる△AJBの内角∠AJBの大きさは，△ABCの内角∠BACの大きさと等しい。JとGとを結ぶ。立体AGCJの体積を求めなさい。(　　　cm^3)

図Ⅲ

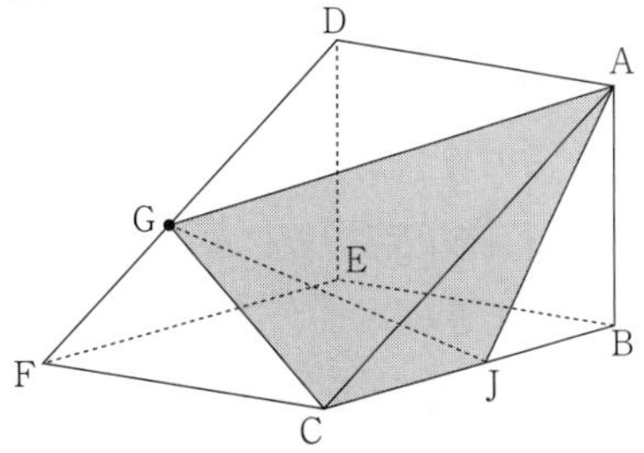

数学C問題　　時間　60分　　満点　90点

1　次の問いに答えなさい。

(1)　$\dfrac{7a+b}{3}-\dfrac{3a-5b}{2}$ を計算しなさい。(　　　)

(2)　$\left(\dfrac{3}{4}ab\right)^2 \div \dfrac{9}{8}a^2b \times (-2b)$ を計算しなさい。(　　　)

(3)　$\sqrt{3}\,(\sqrt{15}+\sqrt{3})-\dfrac{10}{\sqrt{5}}$ を計算しなさい。(　　　)

(4)　$2\,(a+b)^2-8$ を因数分解しなさい。(　　　)

(5)　n を自然数とする。次の条件を満たす整数の個数を n を用いて表しなさい。(　　　個)
「絶対値が n より小さい。」

(6)　一つの内角の大きさが $140°$ である正多角形の内角の和を求めなさい。(　　　)

(7)　a を負の数とするとき，次のア～オの式のうち，その値がつねに a の値以下になるものはどれですか。すべて選び，記号を○で囲みなさい。(ア　イ　ウ　エ　オ)
ア　$a+2$　　イ　$a-2$　　ウ　$2a$　　エ　$\dfrac{a}{2}$　　オ　$-a^2$

(8)　5人の生徒が反復横とびを行い，その回数をそれぞれ記録した。次の表は，それぞれの生徒の回数とBさんの回数との差を，Bさんの回数を基準として示したものであり，それぞれの生徒の回数がBさんの回数より多い場合は正の数，少ない場合は負の数で表している。この5人の反復横とびの回数の平均値は47.6回である。Bさんの反復横とびの回数を求めなさい。(　　　回)

	Aさん	Bさん	Cさん	Dさん	Eさん
Bさんの回数との差(回)	$+5$	0	-3	-6	$+2$

(9)　表が白色で裏が黒色の円盤が6枚ある。それらが図のように，左端から4枚目の円盤は黒色の面が上を向き，他の5枚の円盤は白色の面が上を向いた状態で横一列に並んでいる。

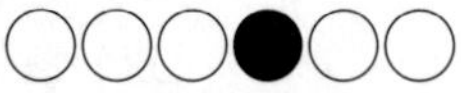

　1から6までの自然数が書いてある6枚のカード 1，2，3，4，5，6 が入った箱から2枚のカードを同時に取り出し，その2枚のカードに書いてある数のうち小さい方の数を a，大きい方の数を b とする。図の状態で並んだ6枚の円盤について，左端から a 枚目の円盤と左端から b 枚目の円盤の表裏をそれぞれひっくり返すとき，上を向いている面の色が同じである円盤が3枚以上連続して並ぶ確率はいくらですか。どのカードが取り出されることも同様に確からしいものとして答えなさい。(　　　)

(10)　n を2けたの自然数とするとき，$\sqrt{300-3n}$ の値が偶数となる n の値をすべて求めなさい。
(　　　)

(11)　右図において，四角形 ABCD は AD ∥ BC の台形であり，∠ADC = ∠DCB = 90°，AD = 2 cm，AB = 4 cm，BC = 3 cm である。四角形 ABCD を直線 DC を軸として 1 回転させてできる立体の表面積は何 cm^2 ですか。円周率を π として答えなさい。(　　　cm^2)

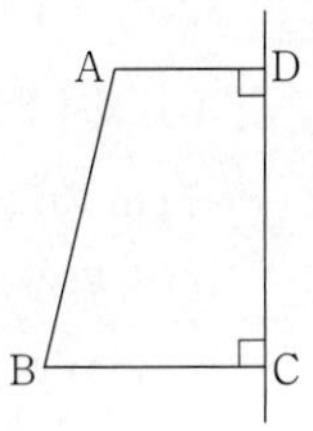

2　図Ⅰ，図Ⅱにおいて，m は関数 $y = \frac{3}{8}x^2$ のグラフを表し，ℓ は関数 $y = 2x + 1$ のグラフを表す。次の問いに答えなさい。

(1)　図Ⅰにおいて，A は m 上の点であり，その x 座標は -2 である。B は，A を通り x 軸に平行な直線と m との交点のうち A と異なる点である。C は，B を通り y 軸に平行な直線と ℓ との交点である。n は，2 点 A，C を通る直線である。

図Ⅰ

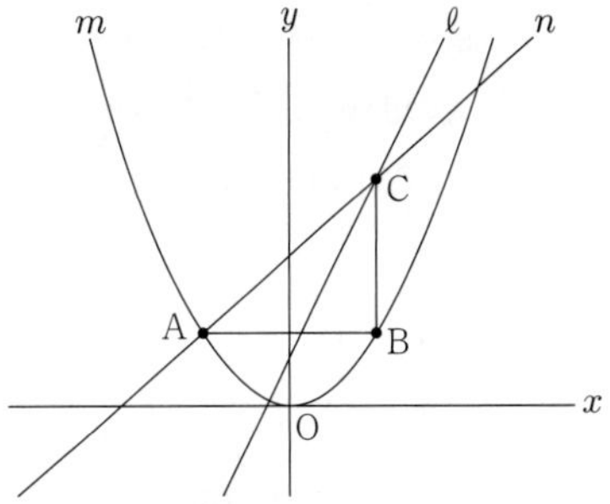

①　次の文中の ㋐ ，㋑ に入れるのに適している数をそれぞれ書きなさい。㋐(　　　)　㋑(　　　)

> 関数 $y = \frac{3}{8}x^2$ について，x の変域が $-3 \leqq x \leqq 1$ のときの y の変域は ㋐ $\leqq y \leqq$ ㋑ である。

②　n の式を求めなさい。(　　　)

(2)　図Ⅱにおいて，p は関数 $y = ax^2$（a は負の定数）のグラフを表す。D は m 上の点であり，その x 座標は正であって，その y 座標は 6 である。E は x 軸上の点であり，E の x 座標は D の x 座標と等しい。F は，E を通り y 軸に平行な直線と p との交点である。G は，F を通り x 軸に平行な直線と ℓ との交点である。線分 GF の長さは，線分 EF の長さより 2 cm 長い。a の値を求めなさい。途中の式を含めた求め方も書くこと。ただし，原点 O から点(1，0)まで，原点 O から点(0，1)までの距離はそれぞれ 1 cm であるとする。

(求め方)(　　　　　　　　　　　　　　　　　　　)

a の値(　　　)

図Ⅱ

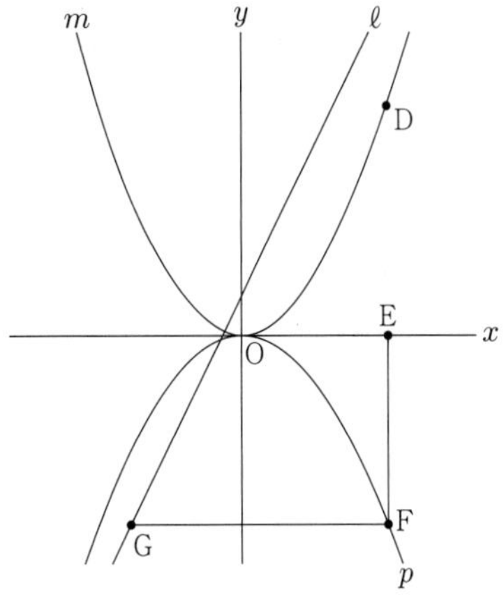

3　次の［Ⅰ］，［Ⅱ］に答えなさい。

［Ⅰ］　図Ⅰにおいて，△ABC は AB ＝ AC ＝ 8 cm，BC ＝ 7 cm の二等辺三角形である。D は，辺 BC 上にあって B，C と異なる点である。A と D とを結ぶ。E は直線 AC について B と反対側にある点であり，3 点 A，C，E を結んでできる△ACE は△ACE ≡△BAD である。F は，直線 BC 上にあって C について B と反対側にある点である。A と F とを結ぶ。G は，線分 AF と線分 EC との交点である。

図Ⅰ

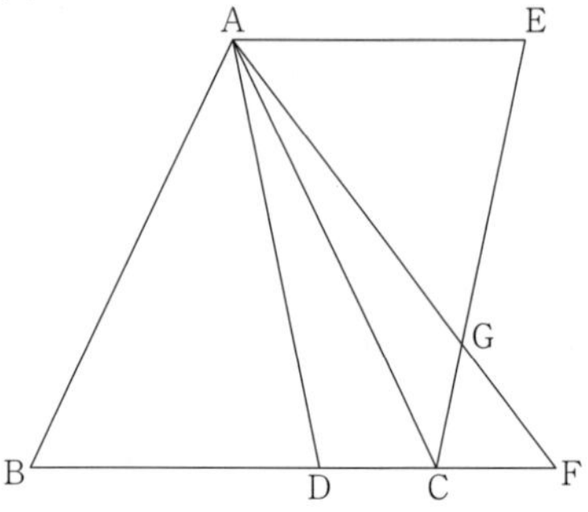

次の問いに答えなさい。

(1)　△AEG ∽△FCG であることを証明しなさい。

(2)　FA ＝ FB であり，BD ＝ 5 cm であるときの線分 GF の長さを求めなさい。(　　　cm)

［Ⅱ］　図Ⅱにおいて，立体 A—BCD は三角すいであり，直線 AB は平面 BCD と垂直である。△BCD は∠DBC ＝ 90° の直角三角形であり，BC ＝ 8 cm，BD ＝ 6 cm である。E，F，G は，それぞれ辺 AB，AC，AD の中点である。E と F，E と G，F と G とをそれぞれ結ぶ。H は，線分 EB 上にあって E，B と異なる点である。H と C，H と F，H と G とをそれぞれ結ぶ。I は，H を通り辺 AD に平行な直線と辺 BD との交点である。I と C とを結ぶ。

図Ⅱ

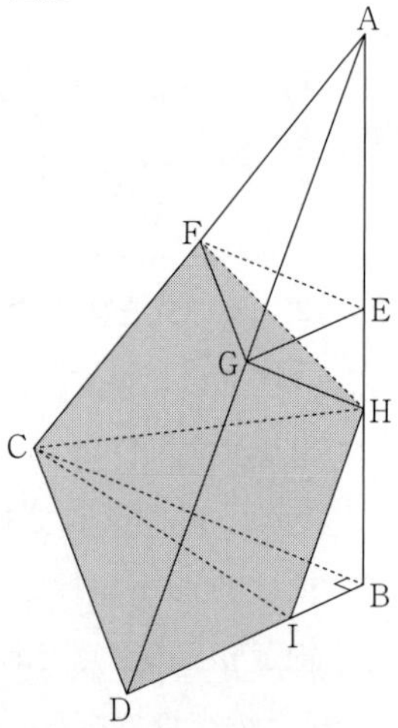

次の問いに答えなさい。

(3)　△AFE の面積を S cm^2 とするとき，四角形 GDBE の面積を S を用いて表しなさい。(　　　cm^2)

(4)　AB ＝ 12cm であり，立体 A—BCD から立体 AHFG と立体 HBCI を取り除いてできる立体の体積が 70cm^3 であるときの，線分 HB の長さを求めなさい。(　　　cm)

英語A問題

時間 40分　　満点 90点(リスニング共)

(編集部注)「英語リスニングA問題・B問題」は「英語B問題」のあとに掲載しています。

(注) 答えの語数が指定されている問題は，コンマやピリオドなどの符号は語数に含めないこと。

1 次の(1)～(10)の日本語の文の内容と合うように，英文中の(　　)内のア～ウからそれぞれ最も適しているものを一つずつ選び，記号を○で囲みなさい。

(1) これは私の新しいかばんです。(ア イ ウ)

This is my new (ア bag イ clock ウ desk).

(2) 私の姉はふだん電車で学校に行きます。(ア イ ウ)

My sister usually goes to school by (ア bike イ bus ウ train).

(3) 彼女は先週，有名な寺を訪れました。(ア イ ウ)

She visited a (ア famous イ local ウ small) temple last week.

(4) 私の兄は昨夜とても疲れていました。(ア イ ウ)

My brother was very (ア excited イ surprised ウ tired) last night.

(5) あなたの辞書を借りてもよいですか。(ア イ ウ)

Can I (ア borrow イ put ウ send) your dictionary?

(6) あれらの教科書はあなたのものですか。(ア イ ウ)

(ア Am イ Is ウ Are) those textbooks yours?

(7) 私は昨日，私の祖母から手紙を受け取りました。(ア イ ウ)

I (ア receive イ received ウ receiving) a letter from my grandmother yesterday.

(8) 私は私の姉よりも速く走ることができます。(ア イ ウ)

I can run (ア fast イ faster ウ fastest) than my sister.

(9) 私にとって人々の前で話すことは簡単ではありません。(ア イ ウ)

(ア Speak イ Spoken ウ Speaking) in front of people is not easy for me.

(10) 私はこのような甘いりんごを食べたことがありません。(ア イ ウ)

I have never (ア eat イ ate ウ eaten) a sweet apple like this.

2　ジュディ（Judy）はニュージーランドからの留学生です。次の［Ⅰ］，［Ⅱ］に答えなさい。

［Ⅰ］　次は，ジュディが英語の授業で行ったスピーチの原稿です。彼女が書いたこの原稿を読んで，あとの問いに答えなさい。

Hello, everyone. What is your favorite animal? I like penguins the most. Penguins are birds, but they can't fly. They can swim well in the water. There are many kinds [①] penguins in the world. Today, I will talk about my favorite penguin.

Please look at the picture. They are cute, right? Do you know their name? Look at their faces. These penguins have a black line under their chins. The line looks like a strap, so they are called "chinstrap penguin" in English.

Last month, I went to a popular zoo with my host family. In Japan, Ⓐ<u>it</u> is one of my favorite places because I can meet my favorite penguin. When I was [②] chinstrap penguins, I learned they were called "*hige* penguin" in Japanese. I asked, "What does *hige* mean?" Then, my host family answered, "*Hige* means beard. The black line looks like a beard." I thought the difference of the names was interesting.

Now, look at the black line again. What does it look like to you? I think the black line looks like a mouth. When I first saw these penguins, I thought they were smiling. So, I want to call them "smile penguin." If you can name these penguins, what will you call them? Thank you for listening.

（注）　penguin　ペンギン　　chin　あご　　strap　ひも　　chinstrap　あごひも　　*hige*　ひげ　　beard　ひげ

(1)　次のうち，本文中の [①] に入れるのに最も適しているものはどれですか。一つ選び，記号を○で囲みなさい。（ ア　イ　ウ　エ ）

ア　at　　イ　by　　ウ　of　　エ　to

(2)　本文中のⒶ<u>it</u>の表している内容に当たるものとして最も適しているひとつづきの**英語3語**を，本文中から抜き出して書きなさい。（　　　　　）

(3)　次のうち，本文中の [②] に入れるのに最も適しているものはどれですか。一つ選び，記号を○で囲みなさい。（ ア　イ　ウ　エ ）

ア　watch　　イ　watching　　ウ　watched　　エ　to watch

(4)　次のうち，本文で述べられている内容と合うものはどれですか。一つ選び，記号を○で囲みなさい。（ ア　イ　ウ　エ ）

ア　ジュディは，世界にいるたくさんの種類のペンギンのうち，3種類のペンギンを紹介した。

イ　ジュディは，好きな種類のペンギンに黒い線がある理由を，ホストファミリーから教わった。

ウ　ジュディは，好きな種類のペンギンの名前が英語と日本語とで違っていて面白いと思った。

エ　ジュディは，好きな種類のペンギンが「笑顔ペンギン」と呼ばれていると知ってうれしくなった。

［Ⅱ］　スピーチの後に，あなた（You）がジュディと次のような会話をするとします。あなたなら

ば，どのような話をしますか。あとの条件 1～3 にしたがって，(①)～(③)に入る内容を，それぞれ **5 語程度**の英語で書きなさい。解答の際には記入例にならって書くこと。

You : Hi, Judy. Your speech was good. (①)

Judy : Thank you.

You : (②)

Judy : OK. What is it?

You : (③)

Judy : They like very small fish.

〈条件 1〉 ①に，自分はそれをとても楽しんだという内容の文を書くこと。

〈条件 2〉 ②に，一つ質問をしてもよいかたずねる文を書くこと。

〈条件 3〉 ③に，彼らの好きな食べ物は何かたずねる文を書くこと。

記入例

What	time	is	it	?
Well ,	it's	11	o'clock	.

①＿＿＿＿＿＿＿＿＿＿＿＿＿＿＿＿

②＿＿＿＿＿＿＿＿＿＿＿＿＿＿＿＿

③＿＿＿＿＿＿＿＿＿＿＿＿＿＿＿＿

3　次は，高校生の礼奈（Rena），モンゴル（Mongolia）からの留学生のバトバヤル（Batbayar），織田先生（Ms. Oda）の３人が交わした会話の一部です。会話文を読んで，あとの問いに答えなさい。

deel（デール）
（複数形も*deel*）

Rena　　：Hi, Batbayar. What are you doing?

Batbayar：Hi, Rena. I'm thinking about my sister's birthday present.

Rena　　：Oh, you are a kind brother. When is her birthday?

Batbayar：It will be next month. Will you [①] me a good idea about a present? She is interested in costumes.

Rena　　：OK, I will think about it with you.

Ms. Oda：Hello, Rena and Batbayar. What are you talking about?

Rena　　：Hello, Ms. Oda. We are talking about a birthday present for his sister.

Ms. Oda：That sounds fun. What does she like?

Batbayar：She likes traditional costumes, for example *deel*.

Rena　　：*Deel*? [②]

kimono（着物）
（複数形も*kimono*）

Batbayar：*Deel* is the traditional costume of Mongolia. *Kimono* is the traditional costume of Japan, right? I think some *deel* look like *kimono*.

Rena　　：Really? That's interesting.

Ms. Oda：I also think the shapes of *deel* and *kimono* look similar.

Batbayar：Have you ever seen them?

Ms. Oda：Yes. I saw many *deel* when I went to Mongolia two years ago. They were all beautiful.

Batbayar：[③] I also think *deel* is beautiful.

Rena　　：When do you wear *deel*, Batbayar?

Batbayar：I wear *deel* for some special events. For example, in my country, I wear it on the first day of the year, and at some parties.

kimono cloth
（着物の布，生地）

Rena　　：I see. I also wear *kimono* for some special events.

Batbayar：I think *kimono* is a beautiful traditional costume. I like *kimono* and my sister likes it, too. In Mongolia, some people enjoy *deel* which are made with *kimono* cloth.

Rena　　：Really? The idea of using *kimono* cloth to make *deel* is interesting. Why is it used for making *deel*?

deel which are made
with *kimono* cloth

Batbayar：I have heard some reasons. I'll tell you one of Ⓐthem. *Kimono* cloth is good for making *deel* because the shapes of *deel* and *kimono* are similar. They are made with pieces of long cloth.

Rena　　：I understand.

Batbayar：My sister says she also wants a *deel* with *kimono* cloth in the future.

Rena　　: Oh, Batbayar! I've got an idea for your sister's birthday present. How about giving her *kimono* cloth? I think [④] it.

Batbayar : Wow, that sounds great, but I worry that it may be very expensive.

Ms. Oda : Then, I know a good shop near here. *Kimono* cloth at the shop comes from used *kimono*, so it is not so expensive.

Batbayar : That will be nice. Thank you. I will buy and send *kimono* cloth to my sister. Then she can enjoy wearing *deel* with *kimono* cloth.

Ms. Oda : How can she wear the *deel* only by getting *kimono* cloth?

Batbayar : In Mongolia, there are some shops for [⑤].

Rena　　: That's a good system. Please ask her to take a picture when she wears the *deel*.

Batbayar : Sure. I will show it to you.

Rena　　: Thank you. Now I understand a few things about the traditional costumes of Mongolia and Japan. Knowing about them is fun. I think it is interesting to use traditional cloth of Japan to make a traditional costume of Mongolia.

Batbayar : Yes, I agree with you. I think Ⓑ <u>that</u> is a wonderful way to enjoy two traditional things.

(注) cloth　布，生地

(1) 次のうち，本文中の [①] に入れるのに最も適しているものはどれですか。一つ選び，記号を○で囲みなさい。(ア　イ　ウ　エ)

ア give　　イ hold　　ウ know　　エ like

(2) 本文の内容から考えて，次のうち，本文中の [②] に入れるのに最も適しているものはどれですか。一つ選び，記号を○で囲みなさい。(ア　イ　ウ　エ)

ア How much is *deel*?　　イ What is *deel*?　　ウ When is *deel* used?

エ Which *deel* is better?

(3) 本文中の [③] が，「私はそれを聞いてうれしく感じます。」という内容になるように，次の〔　　〕内の語を並べかえて解答欄の＿＿に英語を書き入れ，英文を完成させなさい。

I feel〔that　　happy　　hear　　to〕.

I feel ＿＿＿＿＿＿＿＿＿＿＿＿＿＿＿＿＿＿＿＿.

(4) 本文中のⒶ <u>them</u>の表している内容に当たるものとして最も適しているひとつづきの**英語2語**を，本文中から抜き出して書きなさい。(　　　　　)

(5) 本文中の 'I think [④] it' が，「私は，彼女がそれを好むだろうと思います。」という内容になるように，解答欄の＿＿に**英語3語**を書き入れ，英文を完成させなさい。

I think ＿＿＿＿＿＿＿＿＿＿＿＿＿＿＿＿＿＿＿＿ it.

(6) 本文の内容から考えて，次のうち，本文中の [⑤] に入れるのに最も適しているものはどれですか。一つ選び，記号を○で囲みなさい。(ア　イ　ウ　エ)

ア making cloth from used costumes　　イ making *deel* with cloth we choose

ウ selling cloth which is used for *deel*　　エ selling many kinds of *kimono*

(7) 次のうち，本文中のⒷ that が表している内容として最も適しているものはどれですか。一つ選び，記号を○で囲みなさい。(ア　イ　ウ　エ)

ア　wearing a traditional costume of a country only in the country

イ　taking a picture of traditional cloth for making a traditional costume

ウ　enjoying special events with traditional costumes of one country

エ　making a traditional costume with traditional cloth of another country

(8) 本文の内容と合うように，次の問いに対する答えをそれぞれ英語で書きなさい。ただし，①は **3** 語，②は **6** 語の英語で書くこと。

①　Does Batbayar wear *deel* on the first day of the year in his country?

(　　　　　　　　　　)

②　When did Ms. Oda go to Mongolia? (　　　　　　　　　　)

英語B問題

時間　40分　　満点　90点（リスニング共）

（編集部注）「英語リスニングA問題・B問題」はこの問題のあとに掲載しています。

（注）答えの語数が指定されている問題は，コンマやピリオドなどの符号は語数に含めないこと。

1　次は，高校生の礼奈（Rena），モンゴル（Mongolia）からの留学生のバトバヤル（Batbayar），織田先生（Ms. Oda）の３人が交わした会話の一部です。会話文を読んで，あとの問いに答えなさい。

deel（デール）
（複数形も*deel*）

Rena　　：Hi, Batbayar. What are you doing?

Batbayar：Hi, Rena. I'm thinking about my sister's birthday present. Her birthday party [①] next month. Will you give me a good idea for her present?

Rena　　：[②] I think you are a kind brother. What does she like?

Batbayar：My sister is interested in wearing costumes.

Ms. Oda：Hello, Rena and Batbayar. What are you talking about?

Rena　　：Hello, Ms. Oda. We are talking about a birthday present for his sister. Batbayar says she likes costumes.

Ms. Oda：Oh, that sounds fun.

Batbayar：My sister likes traditional costumes, for example *deel*.

Rena　　：*Deel*? What is it?

kimono（着物）
（複数形も*kimono*）

Batbayar：*Deel* is the traditional costume of Mongolia. *Kimono* is the traditional costume of Japan, right? I think some *deel* look like *kimono*. [ア]

Rena　　：I see. Do people in Mongolia wear *deel* every day?

Batbayar：[イ] But, some people wear *deel* to celebrate something special. For example, I wear it when I celebrate the new year. [ウ] I also wear it when I go to parties.

Ms. Oda：Well, I went to Mongolia two years ago.

Rena　　：That's nice! Did you have chances to see people who wore *deel*?

Ms. Oda：I had only one chance to see some people who wore *deel* to a big party there.

Rena　　：I understand. I think we have almost the same situation for wearing *kimono* in Japan.

Batbayar：What do you mean?

Rena　　：I mean [③].

Batbayar : I agree. I don't see many people who wear *kimono* in Japan. I want more people to wear *kimono* because it is a beautiful traditional costume. My sister and I like it. [エ] Do you know that some people in Mongolia enjoy *deel* which are made with *kimono* cloth?

kimono cloth
（着物の布，生地）

Rena : Really? The idea of using *kimono* cloth to make *deel* is interesting.

Batbayar : When my sister and I saw those *deel* for the first time, we didn't know what cloth was used. But, those *deel* with *kimono* cloth were beautiful costumes, so we became interested in the costumes and cloth. My sister started learning about the costumes and cloth. She said learning about Ⓐ <u>them</u> was fun.

deel which are made with *kimono* cloth

Ms. Oda : I can understand. When I heard traditional cloth of Japan was used to make a traditional costume of Mongolia, I became interested and excited.

Batbayar : I think wearing *deel* with *kimono* cloth is [④] ways to enjoy two cultures. My sister says she wants to wear one in the future. I think she will be able to enjoy wearing it if she gets *kimono* cloth.

Rena : How can she wear the *deel* only by getting *kimono* cloth?

Batbayar : In Mongolia, there are some shops for [⑤].

Rena : That's a nice system. Then, how about giving her *kimono* cloth as her birthday present?

Batbayar : That's a good idea, but can I buy it? I guess it may be very expensive.

Ms. Oda : Batbayar, I think Rena's idea is good. I know a good shop near here. *Kimono* cloth at the shop comes from used *kimono*, so it's not so expensive.

Batbayar : Oh, that will be nice. Thank you. I will buy and send it to my sister.

Ms. Oda : When *kimono* get old, a few parts of them may not be in a good condition. [⑥]

Rena : That's a good point about *kimono*.

Batbayar : Now I understand how people keep using the traditional costume and cloth. I think it is a nice part of culture in Japan.

Rena : I think so, too. Today, I learned that Japanese traditional cloth was used to make the traditional costumes of Mongolia. Knowing about *deel* with *kimono* cloth gave me a chance to know about our own culture.

Batbayar : That's true. We have different cultures. Learning about other cultures is sometimes an entrance to learning about our own culture. Let's keep learning together, Rena.

Rena : Sure.

(注) celebrate 祝う　cloth 布，生地

(1) 次のうち，本文中の［ ① ］に入れるのに最も適しているものはどれですか。一つ選び，記号を○で囲みなさい。(ア イ ウ エ)

ア holds　イ will hold　ウ will be held　エ was held

(2) 本文の内容から考えて，次のうち，本文中の［ ② ］に入れるのに最も適しているものはどれですか。一つ選び，記号を○で囲みなさい。(ア イ ウ エ)

ア OK, I will think about it.　イ This will not be my present.

ウ Yes, she will give it.　エ No, she will not.

(3) 本文中には次の英文が入ります。本文中の［ ア ］～［ エ ］から，入る場所として最も適しているものを一つ選び，ア～エの記号を○で囲みなさい。(ア イ ウ エ)

People don't wear *deel* so often.

(4) 本文の内容から考えて，次のうち，本文中の［ ③ ］に入れるのに最も適しているものはどれですか。一つ選び，記号を○で囲みなさい。(ア イ ウ エ)

ア celebrating special events is getting important in Mongolia

イ chances to see people who wear *kimono* are not so many in Japan

ウ the number of people who wear *deel* is getting bigger in Mongolia

エ special events to celebrate the new year are not popular in Japan

(5) 本文中のⒶ them の表している内容に当たるものとして最も適しているひとつづきの**英語 4 語**を，本文中から抜き出して書きなさい。(　　　　　　　　)

(6) 本文中の 'I think wearing *deel* with *kimono* cloth is［ ④ ］ways to enjoy two cultures.' が，「私は，着物の布を使ったデールを着ることは，二つの文化を楽しむための最も簡単な方法の一つだと思います。」という内容になるように，解答欄の____に**英語 4 語**を書き入れ，英文を完成させなさい。

I think wearing *deel* with *kimono* cloth is ________________ ways to enjoy two cultures.

(7) 本文の内容から考えて，次のうち，本文中の［ ⑤ ］に入れるのに最も適しているものはどれですか。一つ選び，記号を○で囲みなさい。(ア イ ウ エ)

ア making *deel* with cloth we choose　イ making cloth from used costumes

ウ selling many kinds of *kimono*　エ selling cloth which is used for *deel*

(8) 本文中の［ ⑥ ］が，「しかしながら，そのような古い着物のほとんどの部分は，何か他の物を作るために使うことができます。」という内容になるように，次の〔　〕内の語を並べかえて解答欄の____に英語を書き入れ，英文を完成させなさい。

However, most parts of such old *kimono* can be〔make　else　used　something　to〕.

However, most parts of such old *kimono* can be ________________________.

(9) 次のうち，本文で述べられている内容と合うものはどれですか。**二つ選び**，記号を○で囲みなさい。(ア イ ウ エ オ)

ア　Ms. Oda had a chance to wear *deel* at a big party when she went to Mongolia two years ago.

イ　Batbayar got an idea of making *deel* with *kimono* cloth when he saw *kimono* for the first time.

ウ　Batbayar will buy traditional cloth of Japan at a shop which Ms. Oda introduced to him.

エ　Batbayar will send a traditional costume which he will make with *kimono* cloth from Japan.

オ　Rena had a chance to know about her own culture through knowing about *deel* with *kimono* cloth.

2　次は，高校生の美咲（Misaki）が英語の授業で行ったスピーチの原稿です。彼女が書いたこの原稿を読んで，あとの問いに答えなさい。

a Japanese candle
（和ろうそく）

Wakayama Prefecture
（和歌山県）

berries
of *budou haze*

Do you know about Japanese candles? Japanese candles are different from Western candles which are usually used today, although they look very [①]. Japanese candles are usually made with wax which is taken from plants. One of the kinds of plants is a tree which is called *haze* in Japanese. People take wax from the berries of *haze*. Last summer, when I went to Kimino Town in Wakayama Prefecture for my vacation, I [②] an interesting story from the local people. It was about a special tree of *haze*.

One day, in the *Edo* period, a little strange tree was found on a mountain in Kimino Town. There were very big berries on the tree. People thought it was a new kind of *haze*. From its big berries, people could take a lot of excellent wax. So, people tried to make many trees of the same kind. People cut some parts of the strange tree and grafted Ⓐ them on the other trees of *haze*. In this way, many trees which had big berries were made. These trees with big berries were [③] *budou haze* because the berries looked like grapes. The first strange tree was called "the original tree" for many *budou haze*. Some people said *budou haze* produced the best wax for making Japanese candles among some different kinds of *haze*. People in the town sold the wax, and the people's lives became better. People thanked *budou haze* and the original tree.

And many years passed. [④] Most people forgot about the original tree.

In 2016, two high school students in Kimino Town learned about the history of their town and *budou haze* in their class. They became very interested in the original tree, and they began doing research on it. They interviewed a lot of people. Many people said that the tree died many years ago. However, the students [⑤] that the original tree was still in the mountains. [⑥] She thought the tree was very special because it brought a lot of happiness to the town. After talking with the woman, the two students decided to try to find the original tree.

The students collected a lot of information in the library. And in a book, they found a picture of the original tree. It was a picture which was taken about 80 years ago. [ア] Although some people said finding it was impossible, the two students didn't stop trying. [イ] With the picture in their hand, they walked in the mountains and looked for it. [ウ] After making a lot of efforts, finally they could find a tree. [エ] The tree survived. It was living on a mountain.

In January, 2020, the tree became a natural treasure of Wakayama Prefecture. From this news about the original tree, people in the town got a lot of energy. Some people remembered that *budou haze* was the special kind of *haze* which was found and made in their town. Now, some people have a plan to grow *budou haze* once again. I was very encouraged by the high school students. They had a good influence on their town. I learned that students could make a change outside their classroom. Thank you for listening.

(注)　different from ～　～とは異なる　　candle　ろうそく　　wax　蝋《ろう》(複数形も wax)
haze　ハゼ(植物，複数形も *haze*)　　berry　(木の)実　　the *Edo* period　江戸時代
graft ～　～を接《つ》ぎ木する(元になる植物の一部を切り取って，他の近い種の植物につなげる)
budou haze　ブドウハゼ(植物，複数形も *budou haze*)　　grape　ブドウ
original　元の，最初の　　happiness　幸せ　　natural treasure　天然記念物

(1)　本文の内容から考えて，次のうち，本文中の［　①　］に入れるのに最も適しているものはどれですか。一つ選び，記号を○で囲みなさい。(ア　イ　ウ　エ)
ア　different　　イ　difficult　　ウ　easy　　エ　similar

(2)　次のうち，本文中の［　②　］に入れるのに最も適しているものはどれですか。一つ選び，記号を○で囲みなさい。(ア　イ　ウ　エ)
ア　hear　　イ　heard　　ウ　was heard　　エ　have heard

(3)　本文中のⒶ<u>them</u>の表している内容に当たるものとして最も適しているひとつづきの**英語6語**を，本文中から抜き出して書きなさい。(　　　　　　　　　　　　)

(4)　本文の内容から考えて，次のうち，本文中の［　③　］に入れるのに最も適しているものはどれですか。一つ選び，記号を○で囲みなさい。(ア　イ　ウ　エ)
ア　kept　　イ　left　　ウ　named　　エ　painted

(5)　本文中の［　④　］に，次の(i)～(iii)の英文を適切な順序に並べかえ，前後と意味がつながる内容となるようにして入れたい。あとのア～エのうち，英文の順序として最も適しているものはどれですか。一つ選び，記号を○で囲みなさい。(ア　イ　ウ　エ)
(i)　So, people in the town stopped growing *budou haze* and many of the trees died.
(ii)　And then, most people in the town thought the original tree also died like those other trees.
(iii)　Cheaper Western candles became popular and people in Kimino Town could not sell a lot of wax.
ア　(i)→(ii)→(iii)　　イ　(i)→(iii)→(ii)　　ウ　(iii)→(i)→(ii)　　エ　(iii)→(ii)→(i)

(6)　本文中の 'However, the students ［　⑤　］ that the original tree was still in the mountains.' が，「しかしながらその生徒たちは，元の木がまだ山にあるということを信じていた一人の女性に会いました。」という内容になるように，解答欄の＿＿に**英語5語**を書き入れ，英文を完成させなさい。

However, the students ＿＿＿＿＿＿＿＿＿＿＿＿ that the original tree was still in the mountains.

(7)　本文中の［　⑥　］が，「彼女はどこでそれを見たかを覚えていなかったけれども，20年か30年

前にそれを見たと言いました。」という内容になるように，次の〔　〕内の語を並べかえて解答欄の____に英語を書き入れ，英文を完成させなさい。

She said that she saw it 20 or 30 years ago, although she didn't〔she　where　it　remember　saw〕.

She said that she saw it 20 or 30 years ago, although she didn't ____________________.

(8) 本文中には次の英文が入ります。本文中の［ア］～［エ］から，入る場所として最も適しているものを一つ選び，ア～エの記号を○で囲みなさい。(ア　イ　ウ　エ)

It looked just like the tree they saw in the picture.

(9) 本文の内容と合うように，次の問いに対する答えをそれぞれ英語で書きなさい。ただし，①は**3**語，②は**6**語の英語で書くこと。

① Were there very big berries on the original tree when it was found in the *Edo* period?
(　　　　　　)

② According to the speech, what did people in the town get from the news about the original tree? (　　　　　　)

3　あなた（You）とジム（Jim）が，次のような会話をするとします。あとの条件１・２にしたがって，（ ① ），（ ② ）に入る内容を，それぞれ**15 語程度**の英語で書きなさい。解答の際には記入例にならって書くこと。

You：　Jim, it's Monday today, and our tennis match will be on Saturday.（　①　）

Jim：　Of course!　Let's do it, but I don't think one day is enough.　If it is possible, we should do it on other days, too. What do you think?

You：（　②　）

Jim：　OK.

【あなたの放課後の予定】

Days of the Week	Plans
Monday	
Tuesday	Shopping
Wednesday	Dance Lesson
Thursday	Piano Lesson
Friday	

〈条件１〉　①に，テニスの試合まで５日だということと，今日の放課後テニスができるかということを書くこと。

〈条件２〉　②に，ジムの発言に対する応答を書き，その理由となる【あなたの放課後の予定】についても書くこと。

記入例

When　is　your　birthday ?

Well ,　it's　April　11 .

①

②

英語リスニング A問題・B問題

時間　15分

(編集部注)　放送原稿は問題のあとに掲載しています。
　　　　　　音声の再生についてはもくじをご覧ください。

回　リスニングテスト

1　ジェーンと勇樹との会話を聞いて，勇樹のことばに続くと考えられるジェーンのことばとして，次のア～エのうち最も適しているものを一つ選び，解答欄の記号を○で囲みなさい。

(ア　イ　ウ　エ)

ア　I like Chinese food.　　イ　I don't eat food.　　ウ　Yes, you are kind.

エ　No, I'm not.

2　ホワイト先生が絵の説明をしています。ホワイト先生が見せている絵として，次のア～エのうち最も適していると考えられるものを一つ選び，解答欄の記号を○で囲みなさい。

(ア　イ　ウ　エ)

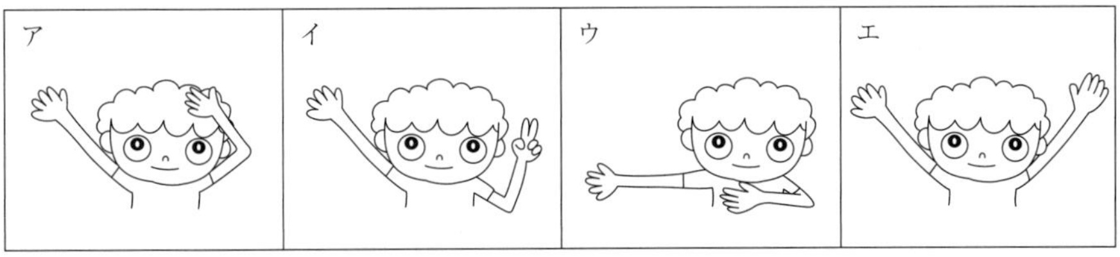

3　ベッキーとホストファミリーの翔太が電話で話をしています。二人の会話を聞いて，ベッキーが翔太のために買って帰るものとして，次のア～エのうち最も適していると考えられるものを一つ選び，解答欄の記号を○で囲みなさい。(ア　イ　ウ　エ)

4　ジョンとホストファミリーの恵子との会話を聞いて，恵子が住んでいる地域のごみの回収予定を表したものとして，次のア～エのうち最も適していると考えられるものを一つ選び，解答欄の記号を○で囲みなさい。(ア　イ　ウ　エ)

ア

火曜日	水曜日	木曜日	金曜日
古紙	プラスチック ペットボトル		燃えるごみ

イ

火曜日	水曜日	木曜日	金曜日
燃えるごみ	プラスチック ペットボトル		古紙

ウ

火曜日	水曜日	木曜日	金曜日
燃えるごみ		プラスチック ペットボトル	古紙

エ

火曜日	水曜日	木曜日	金曜日
燃えるごみ	古紙		プラスチック ペットボトル

5　動物園で飼育員が案内をしています。その案内を聞いて，それに続く二つの質問に対する答え

として最も適しているものを，それぞれア～エから一つずつ選び，解答欄の記号を○で囲みなさい。(1)(ア　イ　ウ　エ)　(2)(ア　イ　ウ　エ)

(1)　ア　Once.　　イ　Twice.　　ウ　Three times.　　エ　Four times.

(2)　ア　To buy some food for the babies.　　イ　To give some milk to the babies.

ウ　To take pictures of the babies.　　エ　To buy the books about the babies.

6　登山中のエミリーと浩二との会話を聞いて，それに続く二つの質問に対する答えとして最も適しているものを，それぞれア～エから一つずつ選び，解答欄の記号を○で囲みなさい。

(1)(ア　イ　ウ　エ)　(2)(ア　イ　ウ　エ)

(1)　ア　The hot drink.　　イ　The map of the mountain.　　ウ　The chocolate.

エ　The beautiful view.

(2)　ア　Drinking something cold is good for his tired body.

イ　Enjoying the view is an easy way to get energy for his body.

ウ　Finding the best way to relax on a mountain is difficult.

エ　Getting energy for his mind is also an important thing.

〈放送原稿〉

2021年度大阪府公立高等学校一般入学者選抜英語リスニングテストを行います。

テスト問題は1から6まであります。英文はすべて2回ずつ繰り返して読みます。放送を聞きながらメモを取ってもかまいません。

それでは問題1です。ジェーンと勇樹との会話を聞いて，勇樹のことばに続くと考えられるジェーンのことばとして，次のア・イ・ウ・エのうち最も適しているものを一つ選び，解答欄の記号を○で囲みなさい。では始めます。

Jane： Hi, Yuki. I'm hungry. Shall we go to a restaurant for lunch?

Yuki： Sure, Jane. What kind of food do you like?

繰り返します。(繰り返す)

問題2です。ホワイト先生が絵の説明をしています。ホワイト先生が見せている絵として，次のア・イ・ウ・エのうち最も適していると考えられるものを一つ選び，解答欄の記号を○で囲みなさい。では始めます。

Look, everyone. Now, I will introduce a gesture from England. This person does two things. First, he raises one of his hands. Next, he puts his other hand on his head. This was used in meetings in the old days.

繰り返します。(繰り返す)

問題3です。ベッキーとホストファミリーの翔太が電話で話をしています。二人の会話を聞いて，ベッキーが翔太のために買って帰るものとして，次のア・イ・ウ・エのうち最も適していると考えられるものを一つ選び，解答欄の記号を○で囲みなさい。では始めます。

Becky： Hi, Shota. I'm at a supermarket. Tomorrow, we will have a party at home. Is there anything you want me to buy?

Shota： Thank you, Becky. I will make a cake tonight. So I need a bottle of milk, some eggs, and bananas for the cake.

Becky： OK. Oh, Shota, we don't need to buy any eggs. I think there are enough eggs in the kitchen.

Shota： Really? Oh, you are right.

Becky： Do you need sugar?

Shota： No. We have enough sugar. Thank you, Becky.

Becky： You are welcome. I will buy the things you need. See you later.

繰り返します。(繰り返す)

問題4です。ジョンとホストファミリーの恵子との会話を聞いて，恵子が住んでいる地域のごみの回収予定を表したものとして，次のア・イ・ウ・エのうち最も適していると考えられるものを一つ選び，解答欄の記号を○で囲みなさい。では始めます。

John ： Good morning, Keiko. I cleaned my room last night and I put the trash in this plastic bag. What should I do now?

Keiko： Good morning, John. The trash can be burned, right? It's Tuesday today, so please put the bag in front of our house. The bags will be collected later today.

John　：　OK, can I put these old magazines and newspapers in the same bag?

Keiko：　No, we should recycle them. The day for them is Friday.

John　：　I will keep that in mind. Oh, there are some plastic bottles here. Do you have another bag for them? Plastic bottles can also be recycled, right?

Keiko：　Yes, but the day for plastic things is tomorrow. This is the bag for them. Here you are.

John　：　Thank you, Keiko.

繰り返します。(繰り返す)

問題5です。動物園で飼育員が案内をしています。その案内を聞いて，それに続く二つの質問に対する答えとして最も適しているものを，それぞれア・イ・ウ・エから一つずつ選び，解答欄の記号を○で囲みなさい。では始めます。

Thank you for visiting the area of lions. Now, it's 1 o'clock. Soon, we will show you two babies of lions here. They are very small and cute. The babies were born three months ago. They usually sleep almost all day and sometimes drink milk in a different room. They can't eat food now, but they love milk. Oh, they are coming. We are sorry but please don't use your cameras and cellphones. Strong light is not good for the babies. ...Now they are here! This is the first time you can see these babies today. After 30 minutes from now, they will go back to their room. But you have one more chance to see them today. The babies will come back here again at 4 p.m. If you want to know more about the babies, you can buy books about them at the shop near the gate. Buying the books is helpful because the money will be used to take care of the babies. We hope you have a wonderful day at our zoo. Thank you.

Question (1): How many times does the zoo show the babies to the visitors today?

Question (2): What is the thing the visitors can do to be helpful for the babies?

繰り返します。(案内と質問を繰り返す)

問題6です。登山中のエミリーと浩二との会話を聞いて，それに続く二つの質問に対する答えとして最も適しているものを，それぞれア・イ・ウ・エから一つずつ選び，解答欄の記号を○で囲みなさい。では始めます。

Emily：　Come on, Koji. Are you tired?

Koji　：　Yes, Emily. Please wait. I want to rest.

Emily：　OK. Let's rest here. I will give you some hot tea.

Koji　：　Thank you. Oh, look at this map. We are already at this point now.

Emily：　Yes, but it will take one more hour to get to the top of the mountain. We need energy. How do you get energy when you are tired, Koji?

Koji　：　I think drinking hot tea and eating delicious chocolate are very good for my body. I always bring my favorite chocolate.

Emily：　I also love chocolate. Can you give me some? Chocolate is good for relaxing.

Koji ： Sure, here you are. How do you get energy, Emily?

Emily ： I think enjoying the view from each place is important. Look, we can see a lot of things from this high place.

Koji ： I see. You mean you can get energy from the view?

Emily ： Yes, I like the view from a high place. When I look back and think about the way we've come, I can feel my effort until now.

Koji ： Oh, you are talking about getting energy for your mind. Now I think getting energy for my mind is as important as getting energy for my body.

Emily ： That's right! Oh, you look better, Koji. Are you feeling good now?

Koji ： Yes, I'm ready! Let's go!

Question ⑴: What did Koji give Emily as energy for her body?

Question ⑵: What did Koji notice through the conversation?

繰り返します。(会話と質問を繰り返す)

これで，英語リスニングテストを終わります。

英語C問題

時間　30分　　満点　90点(リスニング共)

(編集部注)「英語リスニングC問題」はこの問題のあとに掲載しています。

1 Choose the phrase that best completes each sentence below.

(1)(ア　イ　ウ　エ) (2)(ア　イ　ウ　エ) (3)(ア　イ　ウ　エ)

(4)(ア　イ　ウ　エ) (5)(ア　イ　ウ　エ) (6)(ア　イ　ウ　エ)

(1) The boy (　　) is my brother.

ア who the contest won twice　イ won who the contest twice

ウ who won the contest twice　エ won the contest twice who

(2) The students were (　　) the school gate.

ア excited to find a sleeping cat beside　イ sleeping to excited find a cat beside

ウ excited beside to a sleeping cat find　エ sleeping excited to beside a cat find

(3) I want to know (　　) every day.

ア that singer practices how many hours　イ how many hours practices that singer

ウ that singer how many hours practices　エ how many hours that singer practices

(4) The present (　　) to get for a long time.

ア she gave me I was wanted the one　イ was the one I wanted she gave me

ウ she gave me was the one I wanted　エ was she gave me the one I wanted

(5) The book gave (　　) prepare for the trip abroad.

ア enough information to learn to me what

イ me enough to learn information to what

ウ enough to me what information to learn

エ me enough information to learn what to

(6) I will (　　) me until the exam is over.

ア keep to watch the DVDs from I want away

イ watch the DVDs I keep away from want to

ウ keep the DVDs I want to watch away from

エ watch the DVDs to keep I want from away

2 Read the passage and choose the answer which best completes each blank ①～③.

(1)(ア イ ウ エ) (2)(ア イ ウ エ) (3)(ア イ ウ エ)

"What are the important factors when you choose food?" This was one of the questions in research which was done on health and food in 2018. The research was done on people over 19 years old. The people who joined the research answered this question by choosing one or more factors from several choices. The following table shows eight factors and the percentages of people who chose them. From all the people who answered the question, the table shows three generations: people who were 20-29, 40-49, and 60-69 years old.

Look at the table. For each generation, the two factors which show the highest and the lowest percentages are same. They are [①] However, the table also shows that people in each generation had different views on choosing food. If you rank the factors of each generation in order from the highest percentages to the lowest ones, there are some differences in the factors which were ranked second and third among the three generations. [②] was ranked second by people who were 20-29 and 40-49 years old though it was ranked third by people who were 60-69 years old. For each factor, there are some differences in percentage points between the generations. Of all the factors, the biggest difference in percentage points is 38.7, and it is found on [③]

（注） factor 要素　over 19 years old 19歳より年上の，20歳以上の　choice 選択肢
table 表　percentage 割合　generation 世代　rank 並べる
difference in percentage points 割合の差

【Table】

Question："What are the important factors when you choose food?"
Eight factors and the percentages of people who chose them

factors ＼ ages	20-29	40-49	60-69
taste（おいしさ）	79.5%	78.1%	75.8%
price（価格）	60.2%	68.5%	68.1%
freshness（鮮度）	32.8%	57.3%	71.5%
safety（安全性）	31.0%	52.1%	62.7%
amount and size（量・大きさ）	45.8%	41.4%	34.6%
nutrition（栄養価）	29.1%	41.9%	46.3%
season（季節感・旬）	20.9%	38.6%	48.6%
how easy and convenient（簡便性）	16.1%	16.1%	16.1%

（厚生労働省「国民健康・栄養調査」（令和２年）により作成）

(1) ① ア "taste" and "price."　イ "taste" and "how easy and convenient."
ウ "price" and "freshness."　エ "amount and size" and "nutrition."

(2) ② ア "Taste"　イ "Price"　ウ "Freshness"　エ "Amount and size"

(3) ③ ア "freshness."　イ "safety."　ウ "nutrition."　エ "season."

3 Read the passage and choose the answer which best completes each sentence (1)～(4).

According to an old book, on June 10th in 671, a clock was used for the first time in Japan. It was a clock which used water. The date is very important for the history of clocks in Japan.

In the 17th century, in Japan, people began to make some mechanical clocks, but they did not become very popular because people could know the rough time by watching the sun or hearing the sounds of bells from temples. However, in the *Meiji* period, some people began to use mechanical clocks, because they needed them to use modern technologies which were introduced to Japan from Western countries. For example, in 1872, the first train in Japan began to run. If people tried to take a train, they needed to know the exact time. The change in society [①] some changes in people's awareness about time, but very slowly. Many people did not feel the importance of knowing the exact time so much.

In 1920, some people at that time thought it was necessary to change people's awareness about time to make Japan a modern country. With such a purpose, in that year, an exhibition about time was held in Tokyo. Through many interesting things which were shown, people could learn how time had influences on their lives. The exhibition became very popular, and about 220,000 people came. During the exhibition, June 10th became the "Day for celebrating time" because on that day over 1,200 years [②] that year, the first clock was used in Japan. At noon, on that day in 1920, all over Tokyo, people could hear a sound which told it was 12 o'clock. The exhibition gave many people a chance to have a sense of minutes and seconds. And, people began to improve clocks to make them more accurate.

Just in one century after the first Day for celebrating time, clocks have become very accurate and people have become very punctual. We don't know how our awareness of time will be changed in the future by more accurate clocks or changes in society.

(注) the 17th century 17世紀　mechanical 機械式の　rough おおよその　bell 鐘
the *Meiji* period 明治時代　modern 近代的な　technology 技術　society 社会
awareness 意識，感覚　exhibition 展覧会　Day for celebrating time 時の記念日
second 秒　accurate 正確な　punctual 時間に正確な

(1) The word which should be put in [①] is (ア イ ウ エ)

ア brought.　イ ended.　ウ solved.　エ took.

(2) The word which should be put in [②] is (ア イ ウ エ)

ア after.　イ ago.　ウ before.　エ since.

(3) The exhibition about time was an event which tried to (ア イ ウ エ)

ア have some influences on people's awareness about time.

イ tell how difficult it was to make Japan a modern country.

ウ show how people's lives had influences on improving clocks.

エ change Japan by making Japanese mechanical clocks more accurate.

(4) According to the passage, (ア イ ウ エ)

ア before the *Meiji* period, there was no technology for making mechanical clocks in Japan, so people at that time could not know the exact time.

イ in the *Meiji* period, a train was not introduced to Japan from Western countries because people were not ready to use clocks.

ウ on June 10th in 1920, people in Tokyo had a chance to hear a sound which told it was noon.

エ although one hundred years have passed since the first Day for celebrating time, people have not become punctual.

4　Read the passage and choose the answer which best completes each sentence (1)～(3) and choose the answer to the question (4).

In Kimino Town, Wakayama Prefecture, there are trees which are called *budou haze* in Japanese. People take wax from the berries of *budou haze*, and the wax is used for making Japanese candles. Some people say that among several kinds of *haze*, *budou haze* is the best for wax to make Japanese candles.

Wakayama Prefecture
(和歌山県)

berries
of *budou haze*

Trees of *budou haze* were made from one original tree. The original tree was found in Kimino Town in the *Edo* period. People found that the tree had bigger berries than the [①] of the other trees of *haze*. From its big berries, a lot of excellent wax could be taken. So, to make many trees of this same kind, people cut some parts of the original tree and grafted them on the other trees of *haze*. In this way, many trees with big berries were made, and they were named *budou haze* because the berries looked like grapes. [A] People in the town sold the wax from the berries of the trees of *budou haze*, and the people's lives became better. [B] However, after many years, cheaper Western candles became popular, so people in the town could not sell a lot of wax. [C] Most people thought the original tree also died like those other trees. [D]

In 2016, two high school students in Kimino Town learned about the history of their town and *budou haze* in their class. [②] With the picture in their hand, they walked in the mountains and looked for it. After making a lot of efforts, they found a tree which looked just like the tree they saw in the picture. It was the original tree of *budou haze*. In January 2020, the tree became a natural treasure of Wakayama Prefecture.

(注)　*budou haze*　ブドウハゼ(植物，複数形も *budou haze*)　　wax　蝋《ろう》(複数形も wax)
berry　(木の)実　　Japanese candle　和ろうそく　　*haze*　ハゼ(植物，複数形も *haze*)
original　元の，最初の　　the *Edo* period　江戸時代
graft ～　～を接《つ》ぎ木する(元になる植物の一部を切り取って，他の近い種の植物につなげる)
grape　ブドウ　　candle　ろうそく　　natural treasure　天然記念物

(1)　The word which should be put in [①] is (ア　イ　ウ　エ)
ア　ones.　　イ　trees.　　ウ　wax.　　エ　which.

(2)　The original tree of *budou haze* was (ア　イ　ウ　エ)
ア　used for making many trees of *budou haze*.
イ　made by people in Kimino Town for excellent wax.
ウ　the tree which produced many different kinds of *haze*.
エ　made from some parts of the other trees of *budou haze*.

(3)　The sentence "They stopped growing *budou haze* and many of the trees died." should be put in (ア　イ　ウ　エ)

ア [A]. イ [B]. ウ [C]. エ [D].

(4) The following passages (i)〜(iv) should be put in [②] in the order that makes the most sense.

(i) They tried another way of research. In libraries, they read many books about the town. And in a book, they found an old picture of the original tree.

(ii) After hearing that, they decided to try to find the tree, although most people said that it died many years ago. They wanted to believe her words.

(iii) They became especially interested in the original tree, because many *budou haze* were made from the tree. They began doing research on it.

(iv) First, they interviewed many people, and met a woman who believed that the original tree was still in the mountains. She said she saw it 20 or 30 years ago, although she didn't remember the place.

Which is the best order? (ア イ ウ エ)

ア (iii)→(ii)→(i)→(iv) イ (iii)→(iv)→(ii)→(i) ウ (iv)→(ii)→(iii)→(i) エ (iv)→(iii)→(i)→(ii)

5 Read the passage and choose the answer which best completes each sentence (1), (2), (4) and (5), and choose the answer to the question (3).

a morning glory
(アサガオ)

A student in Saitama Prefecture first became interested in the time of blooming for morning glories when she was 12 years old. The student had a question. Why do morning glories bloom in the morning? Later, she learned that the hours of darkness had an influence on the time of blooming. A morning glory blooms about 10 hours after it becomes [①]. When she learned the fact, she thought maybe there were some factors which decided the time of blooming. So, she began doing research.

She kept doing research for five years and found many interesting facts. For example, she found on the white parts of the petal there were very small holes which were called stoma. Many people know that most plants have stomas on their leaves, but she found that morning glories had ②them also on their petals. She did research and made a graph which showed the percentages of opened stomas on petals and leaves. Then, ③the result showed that the stomas on the petals of morning glories opened when it was dark, although the stomas on the leaves opened mainly for photosynthesis when it was light. And, she found that when it got dark and the stomas on the petals opened, water was carried up to the petals from the stems, and the flower bloomed when the petals got enough [④]. From this research, she thought that water in petals was a very important factor which decided the time of blooming for morning glories. For her research, she won an international prize in science for high school students in 2018.

The student said that sometimes she could not get the results she wanted, but such results she didn't want encouraged her to think new ideas and try many ways of doing research. Most people know that a morning glory blooms in the morning, but they don't ask why it does. Her research shows how important it is to have questions about the things around us.

(注) Saitama Prefecture 埼玉県　bloom 開花する　darkness 暗さ　factor 要因
petal 花びら　hole 穴　stoma 気孔　leaves 葉（leafの複数形）　graph グラフ
percentage 割合　result 結果　mainly 主に　photosynthesis 光合成　stem 茎
prize 賞

(1) The word which should be put in [①] is (ア イ ウ エ)

ア dark.　イ late.　ウ light.　エ quick.

(2) The word ②them refers to (ア イ ウ エ)

ア leaves.　イ petals.　ウ plants.　エ stomas.

(3) The graph below shows ③the result of the research which the student in the passage did. Which is the pair of phrases which should be put in [Ⓐ] and [Ⓑ] on the graph?

(ア イ ウ エ)

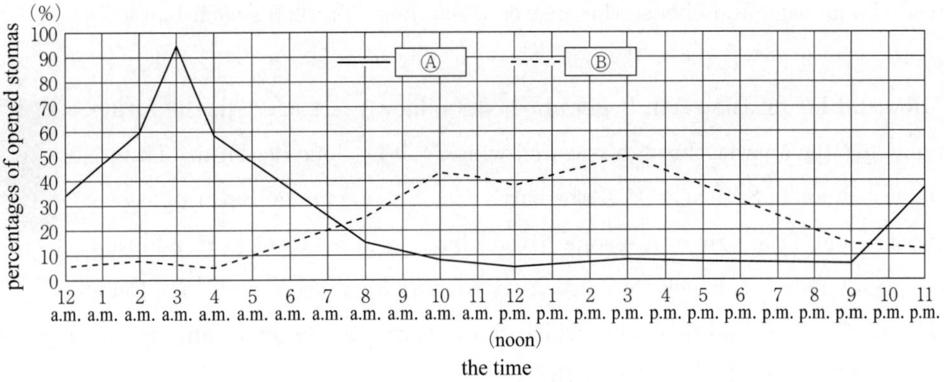

ア Ⓐ—stomas on leaves　　Ⓑ—stomas on petals

イ Ⓐ—stomas on petals　　Ⓑ—stomas on leaves

ウ Ⓐ—stomas for photosynthesis　　Ⓑ—stomas on leaves

エ Ⓐ—stomas for photosynthesis　　Ⓑ—stomas on petals

(4) The word which should be put in ［ ④ ］ is (ア イ ウ エ)

ア light.　イ photosynthesis.　ウ stomas.　エ water.

(5) According to the passage, the student in Saitama Prefecture (ア イ ウ エ)

ア began doing research on morning glories because she got interested in the factors which caused the differences in the colors of petals.

イ found that on the petals, morning glories had very small holes which were one of the keys to answering her question.

ウ kept doing research for five years and won a prize in science although the results she didn't want didn't encourage her.

エ showed the importance of keeping trying to find a correct answer to a question without thinking new ideas through her research.

6　Read the passage and choose the answer which best completes each blank ①～③.

(1)(ア　イ　ウ　エ)　(2)(ア　イ　ウ　エ)　(3)(ア　イ　ウ　エ)

How did life on the earth begin about 3.8 billion years ago? In the future, you may get the answer through research which will be done on Titan. Titan is the largest moon of Saturn. ① the earth has only one moon, Saturn has over 80 moons. On Titan, there are some rivers, lakes, and even seas. In addition, some special materials which were necessary to start life on the earth were found on Titan. If we can find new facts which show there was life on Titan, it may be possible to know how life was ② on the earth.

Titan
（タイタン）

To do research, a drone which is called Dragonfly will be sent from the earth in 2027 and arrive on Titan several years later. After arriving, Dragonfly will fly to many places on Titan and send information to the earth. The technology of drones is getting better. For example, Dragonfly can decide where to fly without orders from the earth. It will be the first time to use drones for research on a moon. Research with Dragonfly will teach us more things in a shorter time than research in the past. ③ to show how life on the earth began.

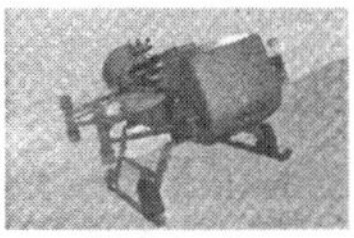

Dragonfly
（ドラゴンフライ）

（注）billion　10億　　moon　月，衛星　　Saturn　土星　　material　物質，材料
drone　ドローン　　technology　技術

(1)　①　ア　Because　　イ　If　　ウ　Though　　エ　Until

(2)　②　ア　arrived　　イ　born　　ウ　survived　　エ　taken

(3)　③　ア　Research on materials on Saturn may be the largest problem
イ　Exact orders from the earth must lead Dragonfly's flight
ウ　Quicker information with Dragonfly will stop research
エ　Improved technology like Dragonfly may bring us new information

7 Read the following sentences and write your answer in English.

Imagine that you are a member of a group of about 10 students. Each member of your group has a different character and opinion. When you choose a leader from the members, what kind of quality do you want the leader to have the most? Choose one of the following qualities, and write a reason for it. After that, write about your experience or an example to support your reason.

passion	kindness	creativity	diligence	a sense of humor

(注) imagine 想像する　quality 資質，性格　passion 情熱　kindness 優しさ
creativity 創造力　diligence 勤勉さ　humor ユーモア，笑い

( )

英語リスニング C問題

時間　25分

（編集部注）　放送原稿は問題のあとに掲載しています。
音声の再生についてはもくじをご覧ください。

回　リスニングテスト

【Part A】

1（ア　イ　ウ　エ）　2（ア　イ　ウ　エ）　3（ア　イ　ウ　エ）
4（ア　イ　ウ　エ）　5（ア　イ　ウ　エ）

1　ア　A bag which is bigger than Ann's bag is not necessary.
　イ　Another bag which is as big as Ann's bag is necessary.
　ウ　Ann's bag is good, but a bigger one is better for the trip.
　エ　Ann's bag isn't good, so a smaller one is necessary for the trip.

2　ア　Mike will be an excellent player with any racket.
　イ　Mike is an excellent player, so he always chooses a good racket.
　ウ　This kind of racket is needed if Mike hopes to be a good player soon.
　エ　It is important for Mike to know what kind of racket is good for him.

3　ア　Ann thinks it is quite easy to find a good place for practicing their program.
　イ　Ann doesn't think they need to find a good place for practicing their program.
　ウ　Ann thinks finding a good place for practicing their program will be a problem.
　エ　Ann thinks they have more important things to do before practicing their program.

4　ア　"I'll be late. Tell the other people to go inside the theater and leave us."
　イ　"I'll be late. Don't wait for me. Go inside the theater with the other people."
　ウ　"I'll be late. I don't want you to leave me. Please wait for me. I'll be there soon."
　エ　"I'll be late. Can you wait for me outside the theater? I'll be there in half an hour."

5　ア　To ask her sister to change their plan of practicing tennis on Saturday.
　イ　To ask her sister to keep their promise of watching the movie on Saturday.
　ウ　To ask her sister to be Mike's coach for practicing tennis on Sunday or another day.
　エ　To ask her sister to change their plan and watch the movie on Sunday or another day.

【Part B】　6(1)（ア　イ　ウ　エ）　(2)（ア　イ　ウ　エ）

6　(1)　ア　The number of songs the toy can sing.
　　イ　The number of toys which will be sold today.
　　ウ　The number of actions the toy can do for people.
　　エ　The number of sentences the toy can understand.

(2)　ア　The toy is very clever, but it can only listen to a person's words and say the same words it hears.

イ The toy is very clever, and it speaks a sentence or moves its body when people say something to it.

ウ The toy is very small and light, and doesn't need so much electricity, but it needs energy every 8 hours to keep working.

エ The toy will be sold through the phone and the Internet, and its price depends on the way of shopping.

【Part C】

Eco-Tour

When you join a tour, you may enjoy sightseeing, eating foods, or shopping. However, an eco-tour is a little different kind of tour. The following things are the things the participants of an eco-tour should do.

1. Protect the local environment and respect the local culture
2. Learn through experiences
3. Contribute to the local area

For example, if you join an eco-tour, you may enjoy the wonderful nature with a local guide. You may stay with a local family and enjoy their culture. An eco-tour is a new kind of tour.

（注） eco-tour エコ・ツアー　participant 参加者　contribute 貢献する

（　　　　　　　　　　　　　　　　　　　　）

【Memo】

Tom	Yoko

〈放送原稿〉

Now you are going to have the listening test. There are three parts in this listening test: part A, part B, and part C.

Please look at Part A. In this part of the listening test, you will hear five conversations between Ann and Mike. You will hear each conversation twice. After listening to each conversation twice, you will hear a question. Each question will be read only once and you must choose one answer. Now begin.

1 Ann : Look at this bag, Mike. Do you think I need a bigger bag for the trip next week?
Mike : I think its size is enough, Ann.
(繰り返す)
Question : What does Mike mean?

2 Ann : Oh, you've got a new racket, Mike. It looks similar to mine.
Mike : Actually, I've got the exact same racket, Ann. I hope I'll be a good player like you.
Ann : Thank you for your words, but I know you'll be an excellent player soon with or without this kind of racket.
(繰り返す)
Question : What does Ann mean?

3 Ann : Mike, I've just had an idea for our program in the school festival. Look at this plan. What do you think?
Mike : It's good, Ann! Let's do it. I think the other members will also agree. And I think many people will enjoy it. The last thing we have to do is to find a good place for practicing it.
Ann : Yes, but it's not going to be easy.
(繰り返す)
Question : What does Ann mean?

4 Ann : Mike! You are late! I've waited for you for half an hour. The concert has already started.
Mike : Oh, Ann, I'm very sorry. I left a message on your cellphone because I didn't want you to wait for me outside the theater. I told you to go inside the theater with the other people before I arrive.
Ann : Did you? I didn't have time to hear it today. And I left my cellphone at home. I am sorry.
(繰り返す)
Question : What was the message Mike left on Ann's cellphone?

5 Mike : Ann, are you free this Saturday? My brother and I will play tennis. Can you join us?
Ann : Sorry, Mike. I am going to watch a movie with my sister.

Mike： Really? You can watch the movie on Sunday or on another day.

Ann ： I know, but the movie is the latest one with my favorite actor. I really want to watch it soon. I also made a promise with my sister.

Mike： I understand, but if possible, can you change your plan? You area very good tennis player, and I have a tennis match on Sunday, so I want you to be my coach. Please.

Ann ： What should I do? Well, I'll try to ask my sister.

Mike： Thank you very much, Ann.

Ann ： But, Mike, I haven't said "yes" yet. Just wait until I get an answer from my sister. I'll send her an e-mail.

Mike： OK.（繰り返す）

Question：Why will Ann send an e-mail to her sister?

Please look at Part B. In this part of the listening test, you will hear a part of a radio program. It will be spoken twice. After listening to it twice, you will hear two questions. Each question will be read only once and you must choose one answer. Now begin.

6 Good afternoon, everyone. Now it's time for shopping on the radio. The pretty little thing we bring to you today is a dog, but not a real one. It looks like a small dog, but it's a toy which uses electricity. It can do about 50 actions. For example, it moves its ears. In addition, this dog is so clever. It can understand 100 sentences people speak, and can answer people with 50 sentences it knows. For example, when you say "How are you?" and when it understands your words, it may say, "I'm fine, thank you." When it is confused about your words, it moves its body in many different ways to show it's listening to you. It can also sing 15 songs. The dog is especially good for people who wish to have a pet, but can't for some reasons. Please see how pretty it is on the Internet, if you want to. You will love it. Now, I'll tell you some more things about it. First, you don't need to take care of it. For example, you don't need to take it for a walk. Second, it's so small and light, so it doesn't need much electricity. You can give it enough energy during your sleeping time of about 8 hours, and it can keep working for about 16 hours. Now, don't be surprised at the price. It's only 100 dollars. This is a special price only for today. From tomorrow, it will be 120 dollars. We will sell only 150 toys today. So, hurry up. Please call 555 632 now. We can also take your order through the Internet. Don't miss this chance.（繰り返す）

Question (1)：What does the number 150 refer to?

Question (2)：Which sentence is true about the things which were said in the program?

Please look at the test paper of Part C. First, please read the passage about a kind of tour. You have one minute. Now, begin to read.

【one minute to read】

Stop reading. Now you are going to hear the conversation between Tom and Yoko. They are talking about a new kind of tour. You will hear their conversation and the question about it twice. You can write notes about the things they say about the new kind of tour on the test paper when you are listening. Now, listen to the conversation.

Tom : Hi, Yoko. Did you read the passage about the new kind of tour?

Yoko : Yes, I did, Tom. I'm very interested in the new kind of tour. I like nature, but I heard in some parts of the world, nature is changed in bad ways. So, in the future I want to join such a tour to learn what I can do to protect nature. What do you think about the new kind of tour?

Tom : It's a very difficult question, because I like nature like you, so I think the new kind of tour has some good points, but I think there is one bad point about it.

Yoko : What is it?

Tom : Well, visitors have some bad influences on nature. Some visitors may leave trash or hurt nature. So, I think the new kind of tour is not good on that point.

Yoko : That's true. It is impossible to have no influence on the environment. But, still I think the new kind of tour is good, because there are some things we can learn only by visiting the place. Learning from books or through the Internet is important, but I think having experiences is also very important.

Tom : I agree with you. I think the new kind of tour is good. People can have an important experience. Having experiences may change people's thoughts and actions. And, some people may begin to try to protect nature.

Yoko : Yes. I know some people who have joined the new kind of tour. They said they had a wonderful experience.

Tom : Well, I think the new kind of tour is good on another point, too. It's sometimes good for the local people.

Yoko : What do you mean?

Tom : By such tours, the local people may get a job, for example, a job as a guide.

Yoko : That's right. The local people may get some other choices about their ways of working.

Tom : However, I think my first opinion is also right.

Yoko : I agree. When the number of visitors becomes bigger, the situation is not good for the environment. So, it is very difficult. We cannot say the new kind of tour is good or bad so easily. I think it's very important for us to think about a thing from many different points of view.

Question : What does Tom think about the new kind of tour? Explain his opinions about it in English.

(会話と質問を繰り返す)

You have six minutes to write. Now begin.

【six minutes to write】

Stop writing. This is the end of the listening test.

社会

時間 40分　　　満点 90点

1 わが国における金属の利用にかかわることがらについて，次の問いに答えなさい。

(1) 大陸から青銅器や鉄器といった金属器が伝えられ，工具や武器，祭器がつくられた。現存する金属器からは当時のようすがうかがえる。

① 次の文は，青銅器について述べたものである。あとのア～エのうち，文中の X ， Y に当てはまる語の組み合わせとして最も適しているものはどれか。一つ選び，記号を○で囲みなさい。(ア イ ウ エ)

右の写真は，神戸《こうべ》市灘《なだ》区桜ケ丘《さくらがおか》町で出土した X の写真である。 X などの青銅器は，おもに Y 時代に，祭礼の道具として用いられたと考えられている。

ア X 銅鏡 Y 縄文　イ X 銅鏡 Y 弥生

ウ X 銅鐸《どうたく》 Y 縄文　エ X 銅鐸 Y 弥生

図Ⅰ

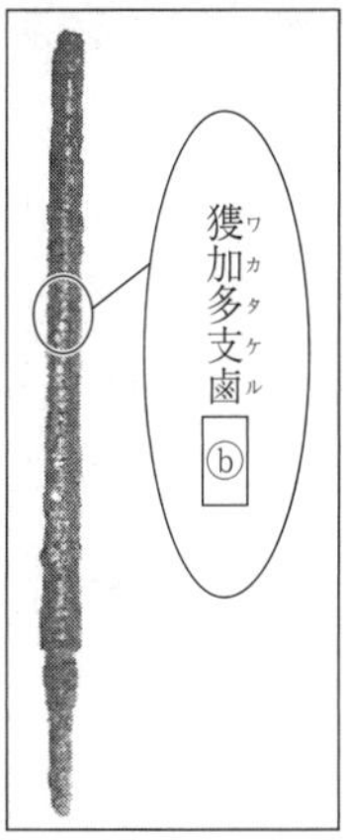

② 図Ⅰは，漢字が刻まれた鉄剣の写真である。次の文は，この鉄剣について述べたものである。文中のⓐ〔 〕から適切なものを一つ選び，記号を○で囲みなさい。また，文中の ⓑ に当てはまる語を**漢字2字**で書きなさい。ⓐ(ア イ ウ) ⓑ(　　)

図Ⅰの鉄剣は，ⓐ〔ア 青森　イ 埼玉　ウ 熊本〕県にある稲荷山《いなりやま》古墳で出土した鉄剣である。図Ⅰ中の ⬭ で示した部分には「獲加多支鹵《ワカタケル》 ⓑ 」という漢字が刻まれており， ⓑ は大和政権（ヤマト王権）における最高権力者の称号である。

(2) 6世紀になると，建築物や仏像などにも金属が利用されるようになった。

① 右の写真は，釈迦《しゃか》三尊像と呼ばれる金銅製の仏像の写真である。この仏像は飛鳥《あすか》時代を代表する仏像で，奈良県斑鳩《いかるが》町にある寺院に置かれている。次のア～エのうち，7世紀初めに建てられた，この釈迦三尊像が置かれている寺院はどれか。一つ選び，記号を○で囲みなさい。(ア イ ウ エ)

ア 金剛峯《こんごうぶ》寺　イ 延暦《えんりゃく》寺　ウ 東大寺　エ 法隆寺

② 奥州藤原《おうしゅうふじわら》氏は，金や馬などの売買により富を蓄え，中尊寺金色堂を建てるなど，約100年間にわたり繁栄した。次のア～エのうち，奥州藤原氏について述べた文はどれか。一つ選び，記号を○で囲みなさい。(ア イ ウ エ)

ア 自由に商工業ができるように，城下で楽市・楽座を実施した。

イ 朝廷から征夷《せいい》大将軍に任じられ，鎌倉で武士による政治を行った。

ウ 平泉《ひらいずみ》を中心地として栄えていたが，源頼朝《みなもとのよりとも》により攻め滅ぼされた。

エ 娘を天皇のきさきにし，その子を天皇の位につけて政治の実権を握った。

(3)　室町時代には，東アジアとの交流がさかんになり，金属などの産物が取り引きされた。また，鉄製の武器や農具をつくる鍛冶《かじ》業が発達した。

①　次の文は，明《みん》との貿易について述べたものである。文中のⓐ〔　　〕，ⓑ〔　　〕から適切なものをそれぞれ一つずつ選び，記号を○で囲みなさい。ⓐ(ア　イ　ウ)　ⓑ(エ　オ　カ)

室町幕府は明に朝貢する形をとって貿易を始め，その利益を幕府の財源にあてた。民間の貿易船と区別するための勘合という合い札をもった日本の貿易船は，明の貿易港であるⓐ〔ア　重《チョン》《じゅう》慶《チン》《けい》　イ　寧波《ニンポー》　ウ　香港《ホンコン》〕に入港して勘合の照合を行った。明からはおもに生糸やⓑ〔エ　硫黄　オ　刀剣　カ　銅銭〕が輸入された。

②　16世紀中ごろに鉄砲が伝来すると，堺《さかい》などの国内でも鉄砲がさかんにつくられるようになった。1575年，織田信長《おだのぶなが》が鉄砲を有効に用いて武田勝頼《たけだかつより》に勝利した戦いは何と呼ばれているか。次のア～エから一つ選び，記号を○で囲みなさい。(ア　イ　ウ　エ)

ア　長篠《ながしの》の戦い　　イ　桶狭間《おけはざま》の戦い　　ウ　関ヶ原《せきがはら》の戦い　　エ　鳥羽《とば》・伏見《ふしみ》の戦い

③　資料Ⅰは，16世紀後半に出された法令を示したものであり，その法令の一部を現代のことばに書き改めたものである。資料Ⅰが示している法令は何と呼ばれているか。**漢字3字**で書きなさい。(　　　)

資料Ⅰ

一　諸国の百姓たちが刀・脇指《わきざし》・弓・槍《やり》・鉄砲などの武器類を持つことを堅く禁止する。

(4)　江戸時代には，鉱山の採掘や精錬の技術がすすみ，生産された金・銀・銅は貨幣などに利用された。

①　17世紀以降，佐渡《さど》の鉱山で採掘された金銀を用いて，貨幣が鋳造《ちゅうぞう》された。右の地図中のア～エのうち，佐渡の鉱山の場所を一つ選び，記号を○で囲みなさい。

(ア　イ　ウ　エ)

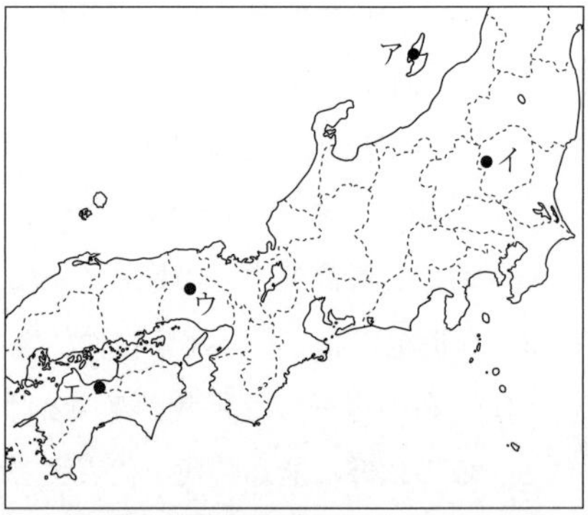

(…… は現在の県界を示す)

②　江戸時代に国内の鉱山で採掘された銅は，大阪で精錬された後，その多くが長崎に運ばれた。17世紀後半から19世紀前半までの間に銅が長崎に運ばれたおもな目的を，関連する外国を2か国あげて簡潔に書きなさい。(　　　　　　　　　　　　　　　)

(5)　殖産興業政策のもとで近代産業が発展し，特に鉄鋼業はわが国の経済発展を支える産業となった。

①　19世紀中ごろ，軍事力の強化のため，反射炉を建設して大砲などを製造する藩が現れた。右の写真は，1864年に4か国の連合艦隊《かんたい》によって国内の砲台が占領されたようすを撮影した写真である。次のア～エのうち，この砲台を所有していた藩について述べた文はどれか。一つ選び，記号を○で囲みなさい。

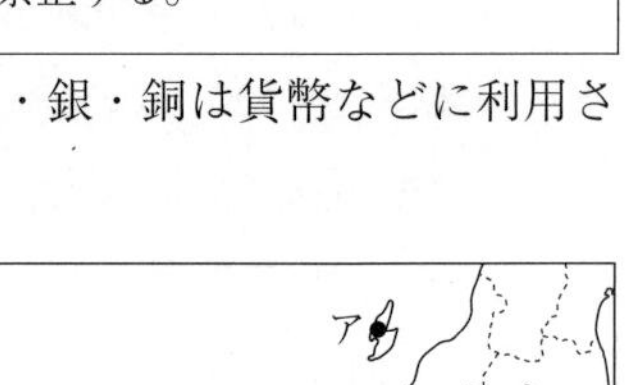

(ア　イ　ウ　エ)

ア　イギリス人商人を殺害した報復として，イギリス艦隊から砲撃を受けた。

イ　蝦夷地《えぞち》の南部に領地をもち，幕府からアイヌの人々との交易を認められていた。

ウ　安政《あんせい》の大獄に反発した元藩士らが中心となり，桜田門外で井伊直弼《いいなおすけ》を襲撃した。

エ　外様《とざま》大名の毛利《もうり》氏が治めていた藩であり，幕末には倒幕運動の中心勢力となった。

②　次の(i)～(iii)は，わが国の近代産業にかかわることがらについて述べた文である。(i)～(iii)をできごとが起こった順に並べかえると，どのような順序になるか。あとのア～カから正しいものを一つ選び，記号を○で囲みなさい。(　ア　イ　ウ　エ　オ　カ　)

(i)　福岡県につくられた官営の八幡《やはた》製鉄所が，操業を開始した。

(ii)　欧米から最新の技術を取り入れて，官営の富岡《とみおか》製糸場が設立された。

(iii)　南満州《みなみまんしゅう》鉄道株式会社（満鉄）がつくられ，鉄道や炭鉱，製鉄所を経営した。

ア　(i)→(ii)→(iii)　　イ　(i)→(iii)→(ii)　　ウ　(ii)→(i)→(iii)　　エ　(ii)→(iii)→(i)

オ　(iii)→(i)→(ii)　　カ　(iii)→(ii)→(i)

2　Eさんのクラスは，班に分かれて教育にかかわることがらについて調べた。次の問いに答えなさい。

(1)　Eさんの班は，教育の歴史に興味をもち，わが国の教育機関や教育制度の歴史について調べた。次の[A]～[C]のカードは，Eさんの班が調べた内容をまとめたものである。

［A］近世の教育機関

江戸幕府により㋐昌平《しょうへい》坂《ざか》学問所がつくられ，諸藩では，藩校がつくられた。

寺子屋のようす

また，江戸や大阪などの都市には，町人や武士が学ぶ私塾がつくられ，町や村には，多くの㋑寺子屋が開かれた。

［B］近代の教育制度

教育の近代化をすすめるために，1872（明治5）年に［　X　］が公布され，義務教育制度の確立が図られた。また，1918（大正7）年に㋒大学令などが制定され，高等教育を受ける機会が広まった。

小学校の授業のようす

［C］第二次世界大戦後の教育制度

1946（昭和21）年に㋓日本国憲法が公布され，新たに教育にかかわる内容が明記された。翌年に［　Y　］及び学校教育法が制定され，教育制度が整備されていった。

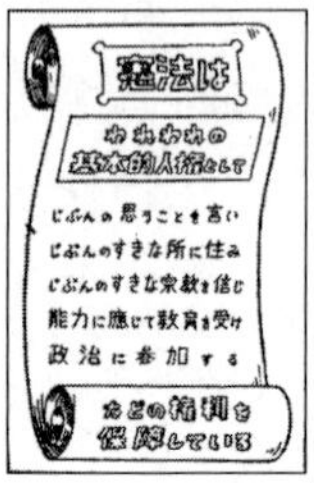

『あたらしい憲法のはなし』

①　カード［A］中の㋐昌平坂学問所は江戸につくられた武士の教育機関であり，江戸幕府は学問を奨励し，政治の安定を図ろうとした。次のア～エのうち，儒学の中で，特に江戸幕府が奨励した学問はどれか。一つ選び，記号を○で囲みなさい。（ア　イ　ウ　エ）

ア　蘭《らん》学　　イ　国学　　ウ　天文学　　エ　朱子学

②　カード［A］中の㋑寺子屋は，農民や町人の子どもたちが読み・書き・そろばんなどの実用的な知識や技能を身に付けるための教育機関であり，寺子屋における教育の普及もあって，文化《ぶんか》・文政《ぶんせい》期には文学作品が広く親しまれるようになった。次のア～エのうち，化政文化における文学作品について述べた文として正しいものはどれか。二つ選び，記号を○で囲みなさい。

（ア　イ　ウ　エ）

ア　島崎藤村《しまざきとうそん》が，『若菜集』などの作品を発表した。

イ　十返舎一九《じっぺんしゃいっく》が，『東海道中膝栗毛《ひざくりげ》』などの小説を書いた。

ウ　滝沢《たきざわ》（曲亭《きょくてい》）馬琴《ばきん》が，『南総里見八犬伝』などの小説を書いた。

エ　井原西鶴《いはらさいかく》が，町人たちの生活を描いた浮世草子と呼ばれる小説を書いた。

③　カード［B］中の［　X　］に当てはまる，わが国の近代教育制度について定めた最初の法令の名称を書きなさい。（　　　）

④　カード［B］中の㋒大学令は，公立や私立の大学の設置を目的に制定された。大学令が制定された当時のわが国の首相で，はじめての本格的な政党内閣を組織した人物はだれか。人名を書きなさい。（　　　）

⑤　カード［C］中の㋓日本国憲法には，教育についての条文が記されている。次の文は，教育の義務と権利について記されている日本国憲法の条文の一部である。文中の［　　］の箇所に用いられている語を書きなさい。（　　　）

「すべて国民は，法律の定めるところにより，その保護する子女に普通教育を受けさせる義務を負ふ。義務教育は，これを［　　］とする。」

⑥　カード［C］中の［ Y ］に当てはまる，日本国憲法にもとづいて，教育の目的や目標，教育の機会均等，義務教育などについて定めた法律の名称を**漢字5字**で書きなさい。(　　　)

(2)　Fさんの班は，2017（平成29）年度にわが国から留学した高校生の延べ人数が過去最高の46,869人を記録したことに興味をもち，高校生の留学に関することがらについて調べた。表Iは，2017年度における，わが国から留学した高校生の延べ人数に占める国・地域別の延べ人数の割合が高い1位から10位までの国・地域を示したものである。

表I　わが国から留学した高校生の延べ人数に占める国・地域別の延べ人数の割合(%)

順位	国・地域	割合
1	オーストラリア	24.3
2	アメリカ合衆国	21.9
3	カナダ	11.5
4	ニュージーランド	7.8
5	イギリス	7.4
6	台湾	5.1
7	シンガポール	3.2
8	フィリピン	2.9
9	韓国	2.7
10	マレーシア	1.6
	その他	11.6

(文部科学省の資料により作成)

①　次の文は，表IからFさんが読み取って考察した内容をまとめたものである。文中の下線部ア～エのうち，内容が正しいものはどれか。**すべて選び**，記号を○で囲みなさい。

(ア　イ　ウ　エ)

・ア わが国から，1位から5位までの国に留学した高校生の延べ人数は，わが国から留学した高校生の延べ人数の80%を上回っている。
・1位から5位までの国は，英語を話す人が多く，中には英語を公用語としている国がある。例えば，イ カナダは，英語とフランス語を公用語としている。ニュージーランドは，英語とマオリ語とニュージーランド手話を公用語としている。
・ウ 6位から10位までの国・地域は，すべてアジアに位置している。そのうち，シンガポール，フィリピン，マレーシアは歴史的な背景などが影響し，英語を話せる人が多い。例えば，エ シンガポールとマレーシアは，かつてアメリカ合衆国の統治下にあったことが影響している。
・わが国では，高校生の留学先として，英語を話せる人が多い国・地域が選ばれていると考えられる。

②　Fさんの班は，さらに，わが国から留学した高校生の延べ人数が最も多いオーストラリアの教育制度に関することがらについて調べた。次の文は，Fさんの班とH先生が交わした会話の一部である。この会話文を読んで，あとの問いに答えなさい。

Fさん：多くの高校生に留学先として選ばれているオーストラリアの教育制度について調べました。教育制度は州によって異なっていて，首都を含む首都特別地域では，初等教育7年，中等教育4年の11年間が義務教育期間です。

H先生：オーストラリアが掲げる多文化主義にもとづく教育制度については何か調べましたか。

Gさん：はい。オーストラリアでは，海外からの移民に対して，公用語である英語の教育が一定期間実施されます。また，移民の母語の学習の機会も大切にしています。

Fさん：このような教育制度がとられるようになった背景に，オーストラリアの移民の歴史があると考えられます。オーストラリアは，(　　　　　)ことで，さまざまな文化を互いに尊重する多文化社会へと変化していきました。

H先生：その通りです。国際化がすすむ現代では，さまざまな文化を理解することが大切であり，教育制度などの施策を充実させていくことが必要です。

(a)　首都の成り立ちは国によってさまざまである。オーストラリアの首都は，首都とすることを目的に新たに建設された都市であり，その首都名には先住民族の言語で「出会いの場所」という意味がある。オーストラリアの首都はどこか。首都名を書きなさい。(　　　)

(b)　次のア～エのうち，文中の(　　)に入る内容として最も適しているものはどれか。一つ選び，記号を○で囲みなさい。(ア　イ　ウ　エ)

ア　16世紀にポルトガルやスペインからの移民が進出し，先住民族がつくったインカ帝国が滅び，20世紀になると日本などアジア諸国からの移民が増加した

イ　17世紀にイギリスからの移民によって最初の植民地がつくられ，その後大西洋岸の13の植民地が独立し，20世紀後半からメキシコやカリブ海諸国からの移民が増加した

ウ　20世紀初めからとられていた白豪主義と呼ばれる移民政策が，20世紀後半に廃止され，アジア諸国からの移民が増加した

エ　20世紀後半以降，植民地として支配していた北アフリカ諸国からの移民や外国人労働者が増加した

③ 地形などの自然環境は地域の人々の生活や産業などと関係している。次の問いに答えなさい。

(1) 世界の中で地震や火山の活動が活発なところは，山地や山脈がつらなる造山帯に集中している。図Ⅰは，造山帯を　　で示したものであり，図Ⅰ中の▲は，2015（平成27）年に噴火したおもな火山を表している。

図Ⅰ

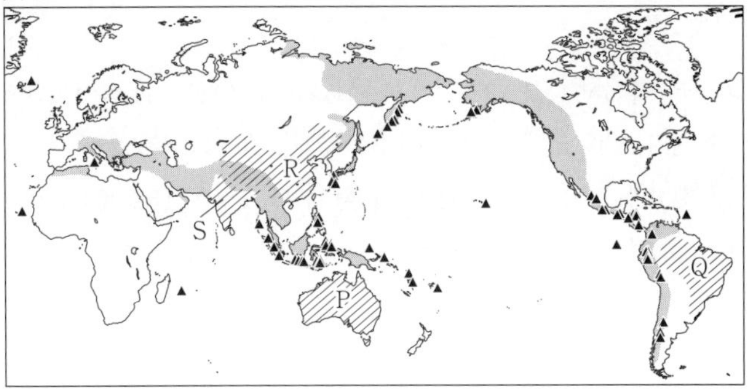

① 世界には，現在も活動が活発な造山帯が二つある。

(a) 次の文は，造山帯について述べたものである。文中の［ⓐ］，［ⓑ］に当てはまる語をそれぞれ書きなさい。ⓐ(　　　) ⓑ(　　　)

現在も活動が活発な二つの造山帯のうち，一つは，太平洋をとりまくように山脈や島々がつらなる造山帯であり，環太平洋造山帯と呼ばれている。もう一つは，ヨーロッパの［ⓐ］山脈からアジアの［ⓑ］山脈を通り，インドネシアにのびる造山帯であり，［ⓐ］・［ⓑ］造山帯と呼ばれている。

(b) 環太平洋造山帯に位置するアンデス山脈の標高4,000m付近で生活する人々は，寒さで作物が育たないため，家畜を放牧している。次のア～エのうち，衣服などに利用するために，アンデス山脈の高地で放牧されているおもな家畜として最も適しているものはどれか。一つ選び，記号を○で囲みなさい。（ア　イ　ウ　エ）

ア 馬　　イ らくだ　　ウ アルパカ　　エ トナカイ

(c) 環太平洋造山帯に位置する日本列島は，火山活動が活発である。次の文は，日本の火山にかかわることがらについて述べたものである。文中のⓐ〔　　〕，ⓑ〔　　〕から適切なものをそれぞれ一つずつ選び，記号を○で囲みなさい。ⓐ（ア　イ） ⓑ（ウ　エ）

九州地方に位置する阿蘇《あそ》山には，火山活動によってできたⓐ〔ア カルデラ　イ フォッサマグナ〕と呼ばれる大きなくぼ地がみられる。また，関東地方には，富士《ふじ》山などからの火山灰が積もってできた，関東ロームと呼ばれる赤土におおわれた台地が広がっており，このような土地の特徴から，関東地方の台地上の農地はおもにⓑ〔ウ 田　エ 畑〕として利用されてきた。

② 世界の大陸の多くの地域は，地震や火山の活動が少ない安定した地域であり，そのような地域で多く生産される鉱産資源がある。図Ⅱは，2015年における，ある鉱産資源の生産量の多い上位4

図Ⅱ

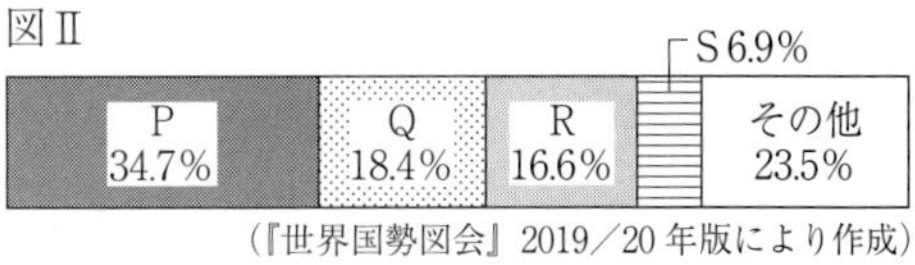

（『世界国勢図会』2019／20年版により作成）

か国を示したものであり，図Ⅱ中のP～Sに当たる国名はそれぞれ，図1中の////で示したP～Sに当たる国の国名と同じである。この鉱産資源に当たるものを，次のア～エから一つ選び，記号を○で囲みなさい。(　ア　イ　ウ　エ　)

ア　石炭　　イ　鉄鉱石　　ウ　石油（原油）　　エ　銅鉱（銅鉱石）

(2)　日本の国土は海に囲まれ多くの島々から構成されている。また，日本の近海は世界的な漁場となっている。

①　2021（令和3）年の春分の日は3月20日である。この日，日本の最西端である与那国島《よなぐにじま》（北緯24度27分，東経122度56分）の日の出の時刻は午前6時52分ごろである。次のア～エのうち，日本の最東端である南鳥島《みなみとりしま》（北緯24度17分，東経153度59分）の2021年3月20日の日の出の時刻として最も近いものはどれか。一つ選び，記号を○で囲みなさい。

(　ア　イ　ウ　エ　)

ア　午前4時48分　　イ　午前5時48分　　ウ　午前7時48分　　エ　午前8時48分

②　図Ⅲは，2018（平成30）年における，釧路《くしろ》，八戸《はちのへ》，石巻《いしのまき》，銚子《ちょうし》，焼津《やいづ》，枕崎《まくらざき》の六つの漁港の水揚げ量を魚の種類別に示したものである。

図Ⅲ

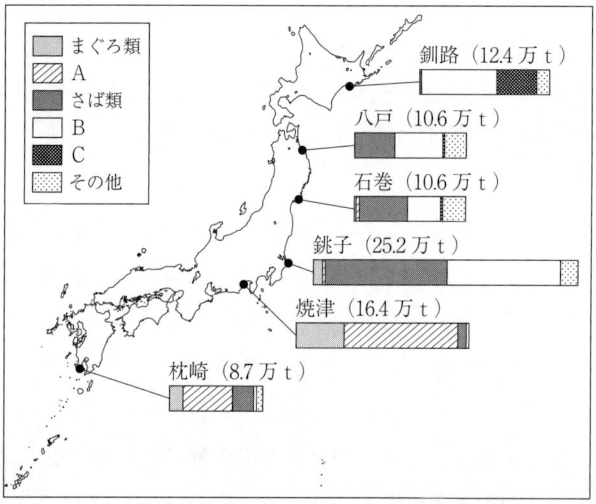

（水産庁の資料により作成）

(a)　図Ⅲ中のA～Cはそれぞれ，たら類，いわし類，かつお類のいずれかに当たる。図Ⅲ中のA～Cに当たる魚の種類の組み合わせとして正しいものを，次のア～カから一つ選び，記号を○で囲みなさい。(　ア　イ　ウ　エ　オ　カ　)

ア　A　たら類　　B　いわし類　　C　かつお類

イ　A　たら類　　B　かつお類　　C　いわし類

ウ　A　いわし類　　B　たら類　　C　かつお類

エ　A　いわし類　　B　かつお類　　C　たら類

オ　A　かつお類　　B　たら類　　C　いわし類

カ　A　かつお類　　B　いわし類　　C　たら類

(b)　次の文は，日本の近海の漁場について述べたものである。文中の（　　）に入れるのに適している内容を，日本列島に沿って流れる海流の名称を用いて，簡潔に書きなさい。

(　　　　　　　　　　　　　　　　　　　　　　)

日本の近海は豊かな漁場となっており，豊かな漁場の形成には海流が関係している。例えば，三陸《さんりく》海岸の沖合には，(　　　　　　)ことでできる潮境（潮目）がみられ，また，日本海側から別の海流も流入している。それらの海流により，三陸海岸の沖合は世界有数の好漁場となっている。

③　日本は漁業生産量がかつて世界一であった。次の文は，日本の漁業について述べたものである。文中の ⓐ に当てはまる語を**漢字7字**で書きなさい。また，文中の（ ⓑ ）に入れるのに適している内容を，「卵」「稚魚」の**2語**を用いて簡潔に書きなさい。

ⓐ(　　　　)

ⓑ(　　　　　　　　　　　　　　　　　　　　　　　　　　　　　　　　　)

・日本の漁業生産量は1980年代中ごろが最も多く，その後1990年代中ごろにかけて急速に減少した。その背景には，1982（昭和57）年に採択された国連海洋法条約にもとづいて ⓐ と呼ばれる海域を設ける国が増加し，他国の漁業を規制するようになったことがある。このような状況の中，日本では魚介類を「とる漁業」から「育てる漁業」への転換が図られてきた。

・「育てる漁業」のうち，養殖漁業は魚などを出荷する大きさになるまでいけすなどで育てて漁獲する漁業のことであり，栽培漁業は（　ⓑ　）して，自然の中で成長したものを漁獲する漁業のことである。

4　権力を分割し，それぞれを異なる機関が分担する制度は，権力の分立と呼ばれている。権力の分立にかかわる次の問いに答えなさい。

(1)　18世紀のヨーロッパにおいて，政治のしくみとして権力の分立が主張された。

①　18世紀，『法の精神』を著して，権力の分立を主張したフランスの思想家はだれか。次のア〜エから一つ選び，記号を○で囲みなさい。(　ア　イ　ウ　エ　)

ア　ルター　　イ　ロック　　ウ　クロムウェル　　エ　モンテスキュー

②　次のア〜エのうち，18世紀に起こったできごとについて述べた文として正しいものはどれか。一つ選び，記号を○で囲みなさい。(　ア　イ　ウ　エ　)

ア　国王に対して国民の権利や議会の権限を認めさせる権利の章典（権利章典）がイギリスで発布された。

イ　国民の言論，集会，信教（信仰）の自由を法律の範囲内で保障することを記した大日本帝国憲法が発布された。

ウ　すべての人は平等につくられ，生命，自由及び幸福追求の権利が与えられているとするアメリカ独立宣言が発表された。

エ　すべての人に人たるに値する生存（生活）を保障することをはじめて憲法で保障したワイマール憲法がドイツで制定された。

(2)　わが国では，国の権力を立法権，行政権，司法権の三つに分け，それぞれを異なる機関が担当することで，権力の濫用を防ぎ，国民の権利や自由を保障している。

①　立法権は，衆議院と参議院の両議院から構成される国会が担当している。

(a)　次の文は，国会の地位について記されている日本国憲法の条文である。文中の［　　］の箇所に用いられている語を書きなさい。(　　　　)

「国会は，［　　］の最高機関であつて，国の唯一の立法機関である。」

(b)　日本国憲法は，衆議院と参議院の議決が一致しないときに，いくつかの事項で衆議院に強い権限を認めている。次のア〜エのうち，衆議院の優越が認められているものはどれか。**すべて選び**，記号を○で囲みなさい。(　ア　イ　ウ　エ　)

ア　内閣総理大臣の指名　　イ　国政調査権の行使　　ウ　憲法改正の発議

エ　法律案の議決

②　行政権は，内閣総理大臣と国務大臣から構成される内閣が担当している。

(a)　次のア〜エのうち，内閣において行うことができるものはどれか。一つ選び，記号を○で囲みなさい。(　ア　イ　ウ　エ　)

ア　違憲立法審査権（違憲審査権）の行使　　イ　最高裁判所長官の指名

ウ　弾劾裁判所の設置　　エ　条約の承認

(b)　わが国の内閣は，議院内閣制という枠組みのもとで，行政権の主体として位置づけられている。次の文は，議院内閣制にかかわることがらについて述べたものである。文中の(　ⓐ　)に入れるのに適している内容を，「連帯」の語を用いて簡潔に書きなさい。また，文中の［　ⓑ　］に当てはまる語を**漢字3字**で書きなさい。

ⓐ(　　　　　　　　　　　　　　　　)　ⓑ(　　　　)

今日のわが国が採用している議院内閣制とは，内閣は国会の信任にもとづいて成立し，行政権の行使について（　ⓐ　）というしくみである。議院内閣制は，わが国の他にイギリスなどが採用している。議院内閣制と異なる政治のしくみとして，アメリカ合衆国が採用している［ⓑ］制などがある。

③　司法権は，法にもとづいて裁判を行う裁判所が担当している。図Ⅰ，図Ⅱはそれぞれ，わが国の三審制のしくみを模式的に表したものである。あとの文は，わが国の三審制について述べたものである。文中のⓐ〔　　〕，ⓑ〔　　〕から適切なものをそれぞれ一つずつ選び，記号を○で囲みなさい。また，文中の［ⓒ］，［ⓓ］に当てはまる語をそれぞれ**漢字２字**で書きなさい。ⓐ(ア　イ　ウ)　ⓑ(エ　オ　カ)　ⓒ(　　　)　ⓓ(　　　)

図Ⅰ

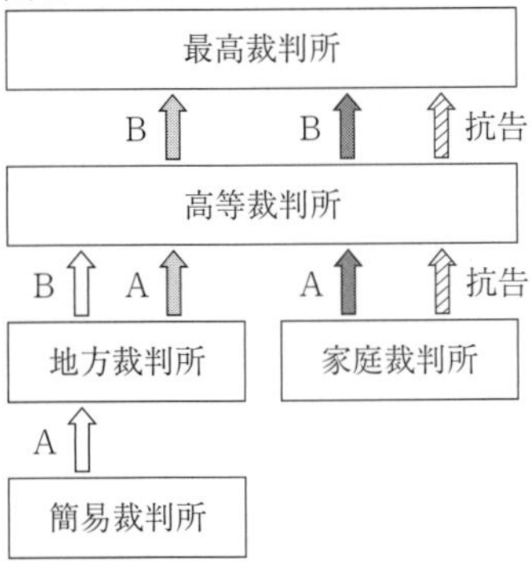

図Ⅱ

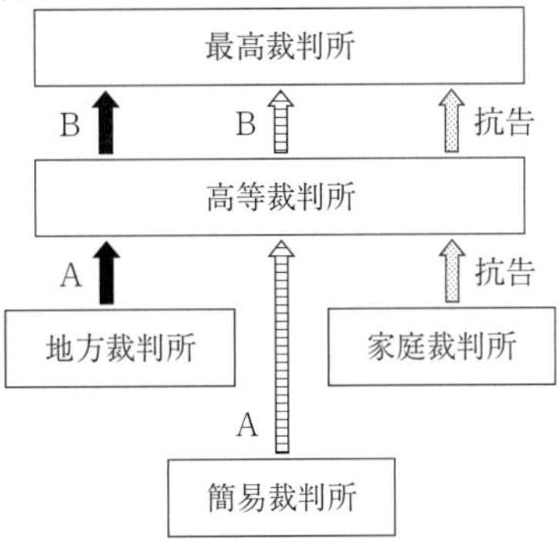

(注) 抗告＝決定や命令など判決以外の裁判について，その裁判に対して不服を申し立てる手続きのこと。

・裁判で判決内容に不服があった場合には，より上級の裁判所で再度裁判を行うよう申し立てることができる。図Ⅰ，図Ⅱ中のＡで示した，第一審から第二審への申し立てはⓐ〔ア　控訴《こうそ》　イ　再審　ウ　上告〕と呼ばれており，図Ⅰ，図Ⅱ中のＢで示した，第二審から第三審への申し立てはⓑ〔エ　控訴　オ　再審　カ　上告〕と呼ばれている。

・一般に，裁判は取り扱う内容によって大きく二つに分けられる。その二つのうち，個人間の紛争や企業間の紛争などを解決する裁判は，［ⓒ］裁判と呼ばれ，図Ⅰは［ⓒ］裁判における三審制のしくみを表している。もう一つは，犯罪の犯人だと疑われている人の有罪・無罪などを決める裁判であり，［ⓓ］裁判と呼ばれ，図Ⅱは［ⓓ］裁判における三審制のしくみを表している。

(3)　国から地方公共団体への権限の移譲も，権力の分立の一つである。

①　地方公共団体の政治は，住民の意思を反映し，地域の実情に合わせて行われる必要がある。次のア～エのうち，わが国の地方公共団体の政治に関することについて述べた文として正しいものはどれか。すべて選び，記号を○で囲みなさい。(ア　イ　ウ　エ)

ア　地方公共団体の首長及び地方公共団体の議会の議員は，その地方公共団体の住民によって直接選挙で選ばれる。

イ　地方公共団体は，消防や下水道の整備などの事務を担《にな》っており，地方公共団体の収入には，住民が納める地方税が含まれる。

ウ　地方公共団体の住民が，その地方公共団体の首長や議会の議員に就くことができるようになる年齢は，20歳（満20歳）以上と法律に規定されている。

エ　条例の制定や改廃の請求は，地方公共団体の住民がその地方公共団体の有権者の3分の1以上の署名を集めることにより，選挙管理委員会に請求することができる。

② 次の文は，わが国の地方公共団体の政治における，首長や議会の権限について述べたものである。文中の（　　）に入れるのに適している内容を簡潔に書きなさい。

（　　　　　　　　　　　　　　　　　　　　）

地方自治法には，首長と議会が互いに抑制し合い，均衡を保つための権限が定められている。例えば，首長は，議会を解散することや，議会の議決に対して（　　　　　）ことができ，議会は，首長に対して不信任を決議することや予算などの議決を行うことができる。

理科

時間　40分　　満点　90点

1　ロボットの動きに興味をもったKさんは，ロボットのうでとヒトのうでの動くしくみについて調べた。また，ロボットやヒトの活動を支えるエネルギーについて，S先生と一緒に考察した。あとの問いに答えなさい。

【Kさんが調べたこと】

・ロボットのうでには，図Ⅰの模式図のように，手首やひじ，肩などの関節に当たる場所にモーターが組み込まれていて，それらのモーターの回転によって，ロボットのうでは動く。

図Ⅰ

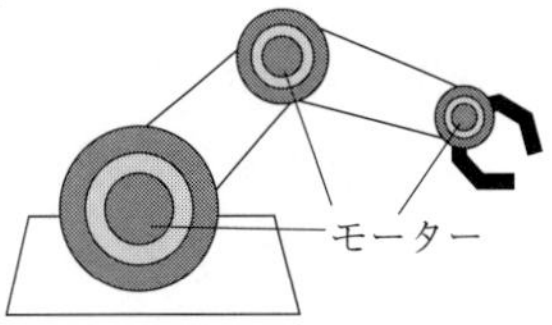

・ヒトは(あ)セキツイ動物であり，体の内部に骨格がある。図Ⅱは，ヒトのうでの骨格と筋肉の一部を表した模式図である。ヒトのうでの骨格は，ひじの関節をはさんで肩側の骨と手首側の骨がつながったつくりをもつ。

図Ⅱ

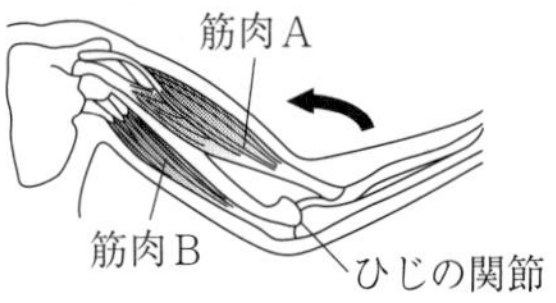

・ヒトは骨格とつながった筋肉を縮めることにより，関節を用いて運動する。骨につく筋肉は，両端が[ⓐ]と呼ばれるつくりになっていて，図Ⅱのように，関節をまたいで二つの骨についている。脳やせきずいからなるⓑ〔ア　中枢　　イ　末しょう〕神経からの命令がⓒ〔ウ　運動　　エ　感覚〕神経を通って筋肉に伝えられると，筋肉が縮む。

(1)　次のア～エのうち，下線部(あ)に分類される生物を一つ選び，記号を○で囲みなさい。

（ア　イ　ウ　エ）

ア　クモ　　イ　メダカ　　ウ　ミミズ　　エ　アサリ

(2)　上の文中の[ⓐ]に入れるのに適している語を書きなさい。(　　　)

(3)　上の文中のⓑ〔　〕，ⓒ〔　〕から適切なものをそれぞれ一つずつ選び，記号を○で囲みなさい。ⓑ(ア　イ)　ⓒ(ウ　エ)

(4)　ロボットのうでを曲げのばしするモーターは，図Ⅰのように関節に当たる場所に組み込まれているが，ヒトのうでを曲げのばしする筋肉は，図Ⅱのように骨の両側にあり，互いに向き合うようについている。次のア～エのうち，図Ⅱ中の矢印で示された向きに，ひじの部分でうでを曲げるときの，筋肉Aと筋肉Bのようすとして最も適しているものを一つ選び，記号を○で囲みなさい。(ア　イ　ウ　エ)

ア　筋肉Aは縮み，筋肉Bはゆるむ（のばされる）。

イ　筋肉Aも筋肉Bも縮む。

ウ　筋肉Aはゆるみ（のばされ），筋肉Bは縮む。

エ　筋肉Aも筋肉Bもゆるむ（のばされる）。

(5)　ヒトのうで，クジラやイルカのひれ，コウモリの翼のそれぞれの骨格には共通したつくりがある。図Ⅲは，ヒトのうで，クジラのひれ，コウモリの翼のそれぞれの骨格を表した模式図である。ヒトのうでの骨格は，肩からひじまでは１本の骨，ひじから手首までは２本の骨からなるつくりになっており，クジラのひれ，コウモリの翼の骨格のつくりと共通している。このように，現在のはたらきや形が異なっていても，もとは同じ器官であったと考えられるものは何と呼ばれる器官か，書きなさい。（　　　　器官）

図Ⅲ

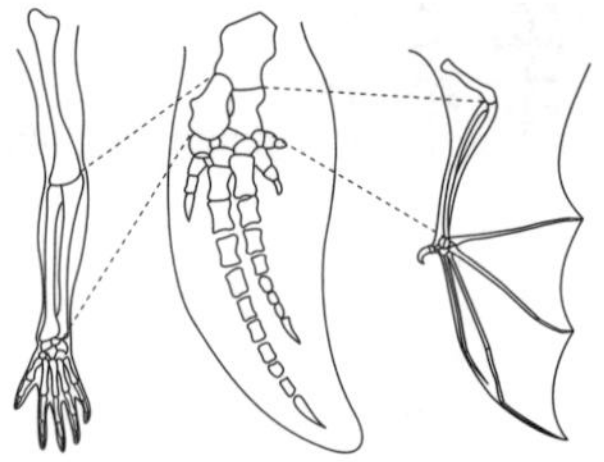

ヒトのうで　クジラのひれ　コウモリの翼

【Kさんと S 先生の会話】

S 先生：ロボットやヒトが活動するときのエネルギーについて考えてみましょう。ロボットの活動は一般に電気エネルギーによって支えられていますが，ヒトの場合はどうでしょうか。

Kさん：食べた物の養分から取り出されるエネルギーによって支えられていると思います。

S 先生：その通りです。食べた物を消化して取り出したブドウ糖や(い)<u>脂肪</u>などの養分からエネルギーを得ることは細胞呼吸（細胞による呼吸）と呼ばれています。細胞呼吸は，体の中の細胞一つ一つが行っています。どのようにしてエネルギーが取り出されるか，段階を追って考えていきましょう。

Kさん：まず，消化管で消化・吸収された養分は，血液にとけ込んだ後，体の中にはりめぐらされた毛細血管の中を流れていきますよね。

S 先生：はい。そして，毛細血管からは，血液の液体成分である血しょうがしみ出て，［ⓓ］と呼ばれる液となり，細胞の周りを満たします。細胞が必要とする養分や不要になった物質はこの［ⓓ］を介して血液とやり取りされています。また，血液は体の中を循環し，肺において体の外と物質のやり取りをしています。表Ⅰには，吸う息と吐く息に含まれる成分のうち水蒸気を除いたものの体積の割合がまとめられています。吸う息と吐く息の成分を比べると，細胞呼吸のようすが分かってきますよ。

表Ⅰ

成分	体積の割合[％]	
	吸う息	吐く息
窒素	78.09	78.19
酸素	20.94	16.20
二酸化炭素	0.03	4.67
その他	0.94	0.94

Kさん：細胞呼吸において，ⓔ〔ア　窒素　　イ　酸素　　ウ　二酸化炭素〕と養分が細胞内で反応することによりエネルギーが得られ，ⓕ〔エ　窒素　　オ　酸素　　カ　二酸化炭素〕と水が細胞外に放出されているのが，吸う息と吐く息の成分に反映されているのですね。

S 先生：その通りです。息を吸ったり吐いたりする肺での呼吸と，細胞呼吸との関係がよく分かりましたね。

(6)　下線部(い)について，次の文中の①〔　　〕～④〔　　〕から適切なものをそれぞれ一つずつ選び，記号を○で囲みなさい。

①(ア　イ　ウ)　②(エ　オ　カ)　③(キ　ク　ケ)　④(コ　サ)

口から取り入れられた脂肪は，胆汁のはたらきによって分解されやすい状態になる。胆汁は，①〔ア　肝臓　　イ　すい臓　　ウ　胆のう〕でつくられ，②〔エ　肝臓　　オ　すい臓　　カ　胆のう〕に蓄えられている。分解されやすくなった脂肪は，さらに，すい液に含まれる消化酵素である③〔キ　アミラーゼ　　ク　リパーゼ　　ケ　ペプシン〕のはたらきによって脂肪酸と④〔コ　アミノ酸　　サ　モノグリセリド〕に分解され，小腸の壁にある柔毛から吸収される。

(7)　前の文中の［ⓓ］に入れるのに適している語を書きなさい。(　　　)

(8)　前の文中のⓔ〔　　〕，ⓕ〔　　〕から適切なものをそれぞれ一つずつ選び，記号を○で囲みなさい。ⓔ(ア　イ　ウ)　ⓕ(エ　オ　カ)

2 使いきりタイプのカイロの温まるしくみに興味をもったJさんが，カイロの原材料について調べたところ，カイロには塩化ナトリウムと鉄が含まれていることが分かった。そこで，Jさんは塩化ナトリウムと鉄について調べ，その後，U先生と一緒にカイロのしくみを調べる実験を行った。あとの問いに答えなさい。

> **【Jさんが塩化ナトリウムと鉄について調べたこと】**
> ・塩化ナトリウムは，電気を帯びた粒子である陽 [ⓐ] と陰 [ⓐ] からなる化合物である。
> ・塩化ナトリウムは，①〔ア 電解質 イ 非電解質〕であり，その水溶液は電流を②〔ウ 流す エ 流さない〕。
> ・鉄は金属であり，(あ)力を加えて変形させることができる。
> ・鉄は，自然界では鉄鉱石と呼ばれる岩石に酸化鉄として含まれている。鉄鉱石から鉄を取り出す操作は製鉄と呼ばれている。
> ・製鉄で利用される高炉（溶鉱炉）と呼ばれる装置の内部では，鉄鉱石に多く含まれる酸化鉄が，コークスの主な成分である炭素により還元されて鉄になる変化が起こっている。

(1) 上の文中の [ⓐ] に入れるのに適している語を書きなさい。また，①〔 〕，②〔 〕から適切なものをそれぞれ一つずつ選び，記号を○で囲みなさい。

ⓐ(　　　) ①(ア イ) ②(ウ エ)

(2) 下線部(あ)について，金属の性質のうち，たたくとうすくなって広がる性質が展性と呼ばれているのに対して，引っ張るとのびる性質は何と呼ばれているか，書きなさい。(　　　)

(3) 図Ⅰは高炉を用いた製鉄のようすを模式的に表したものである。次の文中の [ⓑ]，[ⓒ] に入れるのに適している数をそれぞれ求めなさい。ⓑ(　　　) ⓒ(　　　)

図Ⅰ

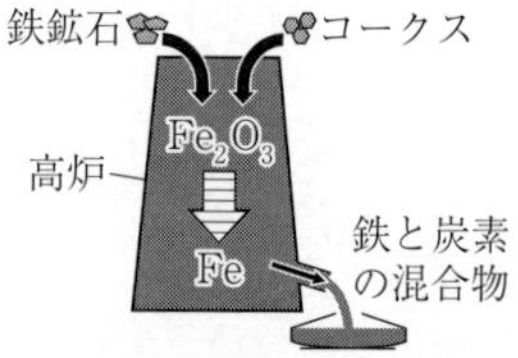

高炉の内部では，酸化鉄 Fe_2O_3 1000kg から鉄 Fe 700kg が得られる反応が起こっているが，高炉からは，反応しなかった炭素Cが混じった，鉄Feと炭素Cの混合物が取り出される。高炉によって，酸化鉄 Fe_2O_3 4800kg から鉄Feと炭素Cの混合物3500kgが取り出されるとき，高炉の内部では，酸化鉄 Fe_2O_3 4800kg から鉄Fe [ⓑ] kgが得られる反応が起こっていると考えられる。また，このとき取り出される鉄Feと炭素Cの混合物の質量における，混合物に含まれる炭素Cの質量の割合は [ⓒ] %であると考えられる。

(4) 高炉の内部で酸化鉄 Fe_2O_3 と炭素Cが鉄Feと二酸化炭素 CO_2 に変化する化学変化を表した，次の化学反応式中の [ⓓ]，[ⓔ] に入れるのに適している数をそれぞれ書きなさい。

ⓓ(　　　) ⓔ(　　　)

[ⓓ] $Fe_2O_3 + 3C \rightarrow$ [ⓔ] $Fe + 3CO_2$

【J さんと U 先生の会話 1】

U先生：鉄が酸化されるときには熱が出ます。使いきりタイプのカイロにこの反応が利用されていますよ。図Ⅱのように，外袋，内袋，内袋の中身からなるカイロは，外袋を開けると，内袋の中身に入っている鉄が酸化され，固体の酸化物になる化学変化を起こし，温度が上昇します。

図Ⅱ

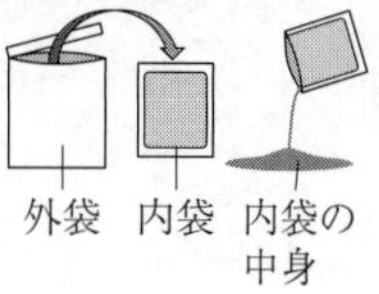

J さん：外袋を開けるまでその反応が起きないようにする工夫はどのようになされているのでしょう。

U先生：外袋，内袋，内袋の中身になされている工夫を実験で確かめてみましょう。熱くなるのでやけどをしないように気をつけましょう。

【実験】 同じ種類の二つの使いきりタイプのカイロを用意し，室温が 20 ℃で一定の実験室でそれぞれ外袋を開け，取り出した中身の入った内袋のうち一方を発熱体 A とした。もう一方は速やかに内袋も開け，内袋の中身を発熱体 B として，すべてビーカーに移した。図Ⅲは A，B の模式図である。表Ⅰは，A，B それぞれについて，反応が始まってから温度が上昇する前に速やかに測定した質量と，温度が室温に戻ったときに測定した質量をまとめたものである。また，図Ⅳは，A，B それぞれについて，反応開始からの時間と温度の関係を表したグラフである。

図Ⅲ

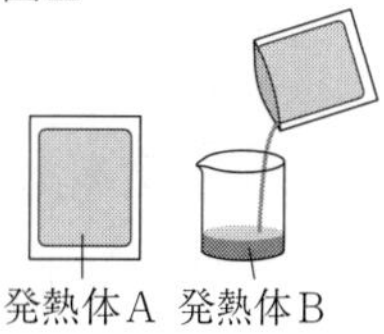

表Ⅰ

	反応開始時の質量[g]	室温に戻ったときの質量[g]
発熱体A	40.6	41.7
発熱体B	37.7	35.6

図Ⅳ

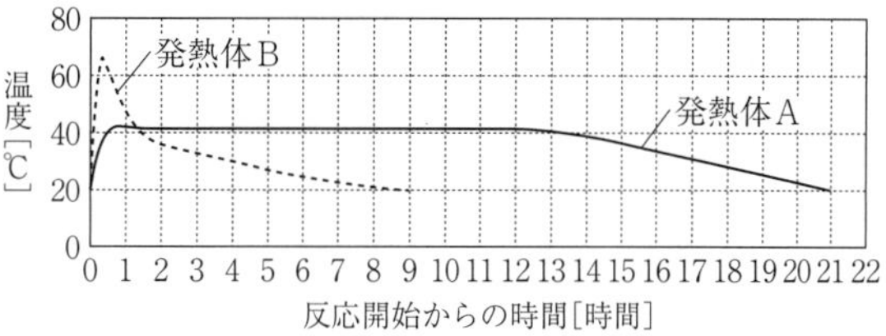

(5) 次の文中の①〔　　〕，②〔　　〕から適切なものをそれぞれ一つずつ選び，記号を○で囲みなさい。①(ア　イ)　②(ウ　エ)

図Ⅳからは，反応が始まってから室温に戻るまでの間で，およそ一定の温度を保つ時間は A の方が B より①〔ア　短い　　イ　長い〕ことが分かり，また，最高温度については A の方が B より②〔ウ　低い　　エ　高い〕ことが分かる。

【J さんと U 先生の会話 2】

U先生：内袋は，空気などの気体のみをわずかに通すようにつくられています。実験では，A と B で，鉄に対する空気のふれ方が異なったので，温度変化のようすに差が出ました。

J さん：A と B で質量の増減のようすも異なりますが，これはなぜでしょうか。

U先生：内袋の中身に何が含まれていて，どのように反応しているかを考えましょう。内袋の中身には，空気とふれるだけで反応が起こるように，活性炭や塩類が加えられています。また，化学変化に必要な水は，活性炭などの物質にしみこんだ状態で内袋の中身に含まれています。この水は温められて蒸発していきますが，Aでは内袋の中に大部分がとどまり，Bでは空気中に出ていきます。

Jさん：つまり，AとBで質量の増減のようすが異なったのは，Aでは，ⓕなり，Bでは，ⓖなったためであると考えられるのですね。内袋の性質は，カイロの性能を決める要素の一つなのですね。

U先生：はい。それから，カイロの外袋は空気などの気体を通さない性質をもっていますよ。

Jさん：外袋を開けるまで温度が上昇する反応が起きないようにする工夫とは，外袋で内袋を密閉することで，ⓗようにすることだったのですね。

U先生：その通りです。

(6)　次のア～ウのうち，上の文中のⓕ，ⓖに入れる内容として最も適しているものを，それぞれ一つずつ選び，記号を○で囲みなさい。ⓕ(　ア　イ　ウ　)　ⓖ(　ア　イ　ウ　)

ア　鉄に化合した酸素の質量が，空気中に出ていった水の質量より小さく

イ　鉄に化合した酸素の質量が，空気中に出ていった水の質量と等しく

ウ　鉄に化合した酸素の質量が，空気中に出ていった水の質量より大きく

(7)　上の文中のⓗに入れるのに適している内容を，「内袋の中身」の語を用いて簡潔に書きなさい。

(　　　　　　　　　　　　　　　　　　　　　　　　　　　　　　)

3　理科の授業で，異なる物質の境界で光の進み方が変わることを知ったＲさんは，運動する物体についても，異なる場所で進み方が変わるか興味をもった。そこで，光源装置を用いた光の屈折を調べる実験と，物体の運動を調べる実験を行った。次の問いに答えなさい。

(1)　図Ⅰは，乾電池で動作するLED（発光ダイオード）の光源装置の写真である。

図Ⅰ

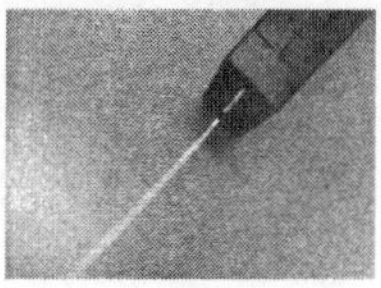

①　次のア～エのうち，乾電池の電気用図記号を表すものはどれか。一つ選び，記号を○で囲みなさい。（ ア　イ　ウ　エ ）

ア　　イ　　ウ　　エ

②　LEDの明るさは，電圧をかけて電流を流したときの電力によって決まる。電力の単位を表す記号を**アルファベット１字**で書きなさい。（　　　）

③　図Ⅱのように，光源装置の電池ケースから，直列につながれた2個の乾電池のうちの1個だけを取り外すと，LEDは点灯しない。次のア～エのうち，この理由として最も適しているものを一つ選び，記号を○で囲みなさい。

図Ⅱ

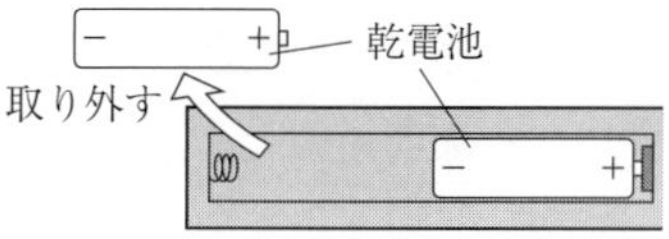

（ ア　イ　ウ　エ ）

ア　回路が途切れるため。　　イ　LEDにかかる電圧が半分になるため。
ウ　空気中で放電が起きるため。　　エ　LEDを流れる電流の向きが逆になるため。

(2)　次の文は，図Ⅲのように，線香の煙を入れた容器に光源装置の光を向けたときのようすについて述べたものである。あとのア～エのうち，文中の［　　］に入れる内容として最も適しているものを一つ選び，記号を○で囲みなさい。（ ア　イ　ウ　エ ）

図Ⅲ

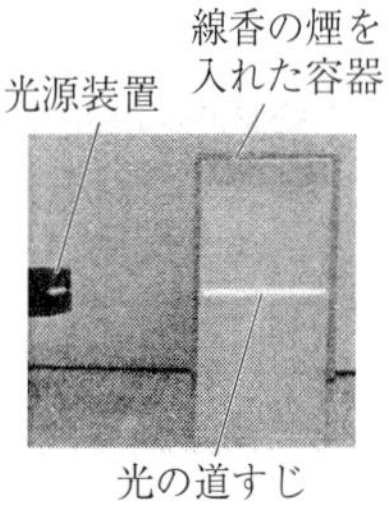

容器内では光の道すじがはっきり観察できる。これは，容器外から直進してきた光が容器内で煙の粒子によって乱反射することで［　　］ためである。

ア　光が容器内を往復し続ける　　イ　光がより強くなって直進し続ける
ウ　平行な光が1点に集まる　　エ　光の一部が観察する人の方に向かう

【光の屈折を調べる実験のまとめ】

目的：光が空気からガラスに向かって進むときの，入射角の大きさと屈折角の大きさの関係を調べる。

方法：図Ⅳのように，記録用紙上で点Oを中心としてかいた円に，均一な厚さの半円形ガラスを重ねて置き，光源装置の光をOに向ける。光の道すじを記録し，入射角の大きさと屈折角の大きさを測定する。

結果：表Ⅰは，入射角の大きさと屈折角の大きさの関係をまとめたものである。

図Ⅳ

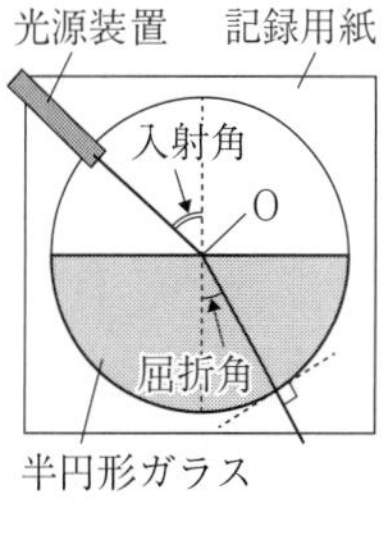

表I

入射角の大きさ[度]	0	10	20	30	40	50	60
屈折角の大きさ[度]	0	7	13	19	25	31	35

考察：[1]　表I中では，［　ⓐ　］ことが分かる。

[2]　それぞれの場合で，ガラスから空気に出る光が直進していたのは，Oからの光の道すじが円の接線に垂直なので，空気とガラスの境界面に対する入射角の大きさと屈折角の大きさがともに0度となるためであると考えられる。

(3)　空気からガラスに向かって光が入射するとき，屈折光と同時に，ガラス表面での反射光も観察される。入射角の大きさが30度のとき，反射角の大きさは何度になるか，書きなさい。

（　　　度）

(4)　次のア～エのうち，考察[1]中の［　ⓐ　］に入れる内容として最も適しているものはどれか。一つ選び，記号を○で囲みなさい。（ ア　イ　ウ　エ ）

ア　屈折角の大きさは，入射角の大きさに比例している

イ　入射角の大きさが10度大きくなると，屈折角の大きさは10度以上大きくなっている

ウ　入射角の大きさが0度の場合を除くと，屈折角の大きさは入射角の大きさよりも小さくなっている

エ　入射角の大きさがある角度以上になると，屈折角の大きさは0度になっている

(5)　実験をふまえ，図Vのように，Oと異なる位置に向けて置いた光源装置から，ガラスの平らな面に垂直に光を入射させたところ，光はスクリーン上の点Xに達した。反射光は考えないものとしたとき，光源装置からXまでの光の道すじを，解答欄の図中に実線でかき加えなさい。ただし，作図には直定規を用いること。なお，図V中の点線はいずれも，ガラスの平らな面に垂直な直線を表している。

図V

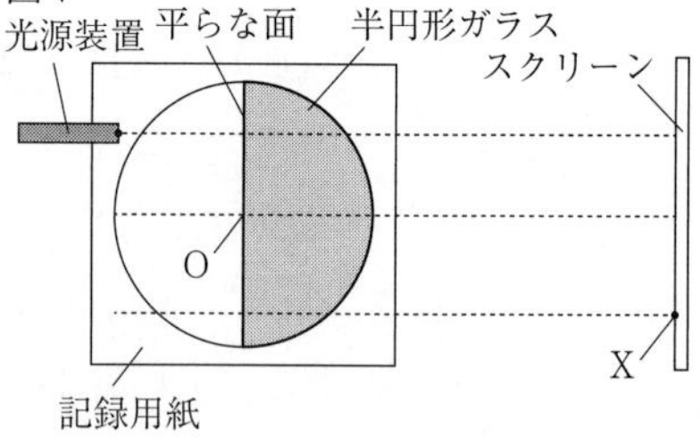

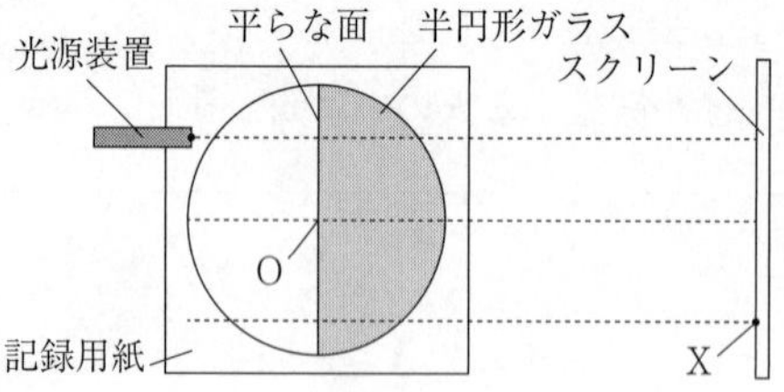

【物体の運動を調べる実験のまとめ】

目的：物体にはたらく力に注目し，摩擦のない場所とある場所で物体の進み方が変わるかを調べる。

方法：水平で凹凸のないなめらかな面Aと，水平で細かな凹凸のある面Bを，段差がないようにつなげておく。ドライアイスの小片を面Aから面Bに向かってはじき，その運動のようすを観察する。

図Ⅵ

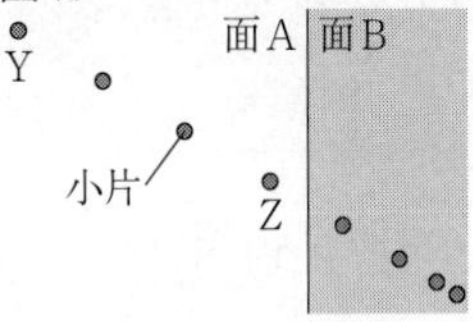

結果：図Ⅵは，小片の0.1秒ごとの位置を示したものであり，その間隔は，面A上ではいずれも等しく，面B上では次第に短くなっている。

考察：1　(あ)面A上では小片は一定の速さで一直線上を進んだことが分かる。これは，ドライアイスである小片の表面から気体が出て，小片自体がわずかに浮くことで，小片と面Aとの摩擦がなくなり，［ ⓑ ］ためであると考えられる。

2　面Aと面Bの境界を通過した後も小片はそのまま直進したが，面B上では小片は減速しながら進んだことが分かる。これは，表面から出た気体によって浮く高さでは足りず，小片が面Bから摩擦力を受け，その摩擦力の向きが［ ⓒ ］ためであると考えられる。このように物体の進み方は光の進み方と異なり，物体の運動の向きが変わる場合には，運動の向きを変える力のはたらきが必要であると考えられる。

(6)　下線部(あ)について，図Ⅵ中に示した小片の位置Yと位置Zの間の距離が60cmであったとき，YZ間における小片の平均の速さは何cm/秒か，求めなさい。(　　　cm/秒)

(7)　次のア，イのうち，上の文中の［ ⓑ ］に入れるのに最も適しているものを一つ選び，記号を○で囲みなさい。また，［ ⓒ ］に入れるのに適している内容を簡潔に書きなさい。

ⓑ(ア　イ)　ⓒ(　　　　　　　　　　　　　　　　　　　　)

ア　小片には，運動の向きにも，運動の向きと反対向きにも，力がはたらいていなかった

イ　小片をはじくときにはたらいた力が，一定の大きさで小片を運動の向きに押し続けた

4　北陸地方の福井県にある三国《みくに》港の周辺を訪れ，三国港の突堤《とってい》（岸から突き出た堤防）を見学したＦさんは，突堤について調べたことをレポートにまとめた。あとの問いに答えなさい。

【Ｆさんが作成したレポート】

〈目的〉

三国港の突堤の建設によって港付近にどのような変化があったのかを調べ，突堤の役割を明らかにする。

三国港の突堤

〈三国港の突堤の概要〉

三国港の突堤は，明治時代に，近くでとれる(あ)火山岩などを用いて建設され，その後，約 920m まで延長された。

〈突堤の建設前に三国港が抱えていた問題〉

日本海に面した三国港では，船が強風による高い波の影響を受けやすかった。また，港付近の水深は，九頭竜《くずりゅう》川の上流から運搬されてくる大量の(い)土砂の堆積によって，船の出入りが困難なほど浅かった。

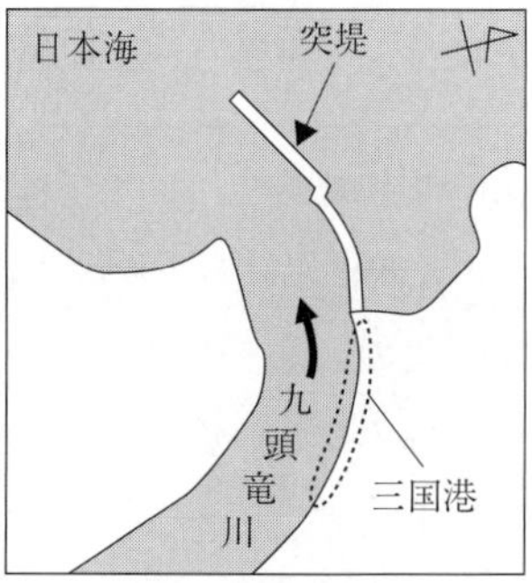

三国港付近の地図

〈突堤の建設による変化〉

沖合からの高い波が港付近まで届きにくくなった。また，河口から沖合に向かう流路ができ，沖合まで土砂が流れていきやすくなった。

〈考察〉

突堤の建設は，三国港の周辺の環境に大きな変化をもたらした。

(1)　次のア～エのうち，下線部(あ)に分類される岩石を一つ選び，記号を○で囲みなさい。

（ア　イ　ウ　エ）

ア　安山岩　　イ　石灰岩　　ウ　花こう岩　　エ　チャート

(2)　下線部(い)について，図Ⅰは，河川によって運搬されてきた土砂が押し固められてできた，ある堆積岩の組織のスケッチである。土砂の堆積について述べた次の文中の①〔　　〕，②〔　　〕から適切なものをそれぞれ一つずつ選び，記号を○で囲みなさい。また，［　③　］に入れるのに適している語を書きなさい。

図Ⅰ

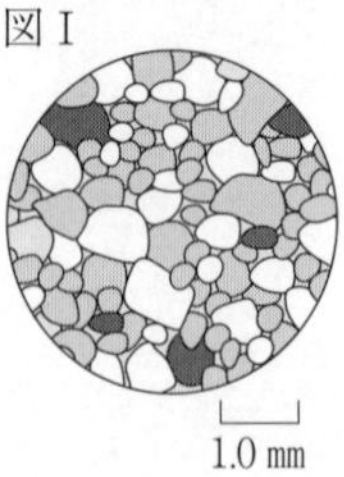

①（ア　イ）　②（ウ　エ）　③（　　　）

地層は土砂などが繰り返し堆積してできるため，大地の大きな変動がない限り，上にある地層ほど①〔ア　新しい　　イ　古い〕。河川によって運搬されてきた土砂の粒は，流水のはたらきにより，下流にいくほど②〔ウ　角ばった　　エ　丸みを帯びた〕ものが多く，岩石をつくる主な粒の大きさに着目して分類すると，図Ⅰで示された岩石は［　③　］岩と呼ばれる堆積岩であると考えられる。

(3)　Fさんが先生にレポートを見せたところ，考察はレポート中に示したことを根拠として具体的に書くとよいという助言を受けた。Fさんはその助言に従って考察を次のように書き直した。あとのア～エのうち，□に入れる内容として最も適しているものを一つ選び，記号を○で囲みなさい。(　ア　イ　ウ　エ　)

〈考察〉
突堤は，防波堤として，沖合からの高い波の勢いを弱めている。また，□。

ア　突堤は，河川の流れの勢いを弱めることで，海からの風の勢いを弱めている
イ　突堤は，河川の流れがゆるやかなところよりも急なところに土砂を堆積しやすくしている
ウ　突堤は，河川から沖合への土砂の流出を最小限に食い止めることで，流路をつくっている
エ　突堤は，河川の流れの勢いを維持し，土砂を三国港付近の水底に堆積しにくくしている

(4)　突堤が建設された背景には周辺の気候の影響があったことを知ったFさんは，レポートをまとめた後，三国港付近には冬になると湿った季節風が強く吹く理由や，その季節風が九頭竜川の上流に雨や雪をもたらすしくみについても調べることにした。

①　次の文中の□に入れるのに適している語を**漢字4字**で書きなさい。(　　　)

冬になると，大陸のシベリア気団から，日本列島の東の海上で発達した低気圧に向かって強い季節風が吹く。このとき日本付近に現れている冬型の気圧配置は「□の気圧配置」と呼ばれている。

②　次の文は，乾燥したシベリア気団から吹き出した季節風が，北陸地方の沿岸部に達するまでに，どのような影響を受けて，水蒸気を多く含んで湿った空気になるかについて述べたものである。文中の□に入れるのに適している内容を，「水蒸気」の語を用いて簡潔に書きなさい。
(　　　　　　　　　　　　　　　　　　　　　　　　　　　　　　　　)

シベリア気団から吹き出した季節風は，□ことで，北陸地方の沿岸部に達したときには湿った空気になっている。

③　ある日の記録では，シベリアのX市は気温－16.0℃，湿度80％であり，福井県のY市は気温3.0℃，湿度80％であった。この記録がとられたときの，Y市の空気1 m^3 あたりに含まれる水蒸気の量は，X市の空気1 m^3 あたりに含まれる水蒸気の量の何倍であったと考えられるか，求めなさい。答えは**整数**で書きなさい。ただし，－16.0℃，3.0℃における飽和水蒸気量はそれぞれ1.5 $\mathrm{g/m}^3$，6.0 $\mathrm{g/m}^3$ とする。(　　　倍)

④　図Ⅱは，季節風として点Aまで移動してきた湿った空気が，山に沿って，点B，C，Dを通過するようすを表した模式図である。次の文中のⓐ〔　　〕，ⓑ〔　　〕から適切なものをそれぞれ一つずつ選び，記号を○で囲みなさい。ただし，雲の発生以外に，移動する空気中の水蒸気の量が変化することは考えないものとし，また，Aを通過したときと，Dを通過したときの空気の体積は同じであったものとする。ⓐ(　ア　イ　ウ　)　ⓑ(　エ　オ　)

図Ⅱ

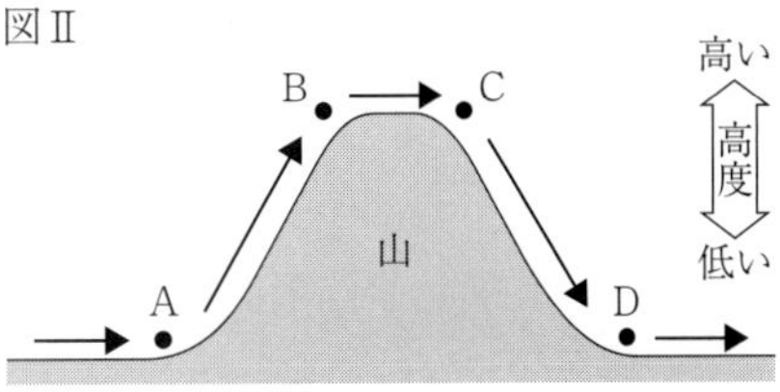

図Ⅱにおいて，山に沿った空気の移動にともなう，気圧の低下による雲の発生が最も起こりやすいと考えられるのはⓐ〔ア　AB間　　イ　BC間　　ウ　CD間〕である。また，AからDまで移動する間にこの空気が雨を降らせたとすると，Aを通過したときの空気と，Dを通過したときの空気との比較では，空気$1\,m^3$あたりに含まれる水蒸気の量が多いと考えられるのはⓑ〔エ　A　　オ　D〕を通過したときの空気である。

(5)　Fさんは，山間部で雲が発生しやすいことに注目し，気圧の低下による空気の性質の変化を調べる実験を行った。次の文は，その過程をまとめたものである。あとのア～カのうち，文中の［ⓒ］～［ⓔ］に入れるのに適している内容の組み合わせはどれか。一つ選び，記号を○で囲みなさい。

図Ⅲ

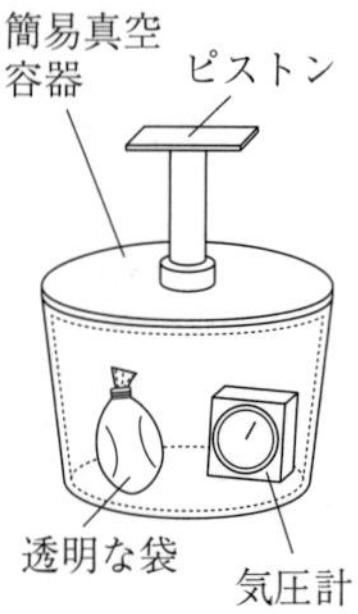

（ア　イ　ウ　エ　オ　カ）

図Ⅲのように，少量の空気と水および線香の煙を入れて口をしばった透明な袋を，気圧計とともに簡易真空容器の中に密封した。そして，ピストンで容器内の空気を素早く抜いて気圧を下げていくと，袋が［ⓒ］，袋内の空気の温度が［ⓓ］ことで，袋内の空気における飽和水蒸気量が［ⓔ］ため，やがて，袋内の水蒸気の一部が細かな水滴となり袋の内側がくもった。

ア　ⓒ　しぼみ　　ⓓ　下がった　　ⓔ　増えた
イ　ⓒ　しぼみ　　ⓓ　下がった　　ⓔ　減った
ウ　ⓒ　膨らみ　　ⓓ　下がった　　ⓔ　減った
エ　ⓒ　膨らみ　　ⓓ　下がった　　ⓔ　増えた
オ　ⓒ　膨らみ　　ⓓ　上がった　　ⓔ　増えた
カ　ⓒ　膨らみ　　ⓓ　上がった　　ⓔ　減った

a ［　　　　　　］　b ［　　　　　　］

○ 鉛筆は、［ a ］であり、筆圧をかけることに気をとられることなく、頭に浮かぶ言葉をつかまえることに力を注ぐことができるから。

○ 鉛筆は、次の思考の流れを湧きだしてくれる筆記具であり、鉛筆を削ると心が研ぎすまされ、削ったあとの削り口を見ると［ b ］が生まれてくるから。

5 次のうち、本文中で述べられていることがらと内容の合うものはどれか。一つ選び、記号を○で囲みなさい。（ア　イ　ウ　エ）

ア 鉛筆の筆感は、ボールペンや一部のシャープペンシルと同じで、紙面にたいして「横の流れ」ですべらせる筆感である。

イ 鉛筆は、何本あっても嬉しいものであり、子供の頃から長い付き合いを続けてきた「考える仲間」のようなものといえる。

ウ 鉛筆を削るときの音や削りかすの心地良い香りは、初めて自分の鉛筆を手にしたときのなつかしい気持ちを思い起こさせる。

エ 鉛筆を使って書きすすめていくと、自分の心情の変化とシンクロしていくかのように、描線を彫りこんでいく筆感が変化していく。

---

［5］ 次のA～Cのうち、コミュニケーションにおいてあなたが最も大切にしたいと思うことはどれですか。あとの条件1～3にしたがって、あなたの考えを別の原稿用紙に書きなさい。

A 人と会ったり別れたりする時にあいさつをすること

B 人の話を聞く時に相づちを打ったりうなずいたりすること

C 人と話す時に相手や場面に合わせた言葉づかいをすること

条件1 A～Cのいずれか**一つ**を選ぶこと。

条件2 条件1で選んだものについて、最も大切にしたいと思う理由を書くこと。

条件3 **百八十字以内**で書くこと。

※ 三つの内容をそれぞれA、B、Cと表してもよい。

100

180

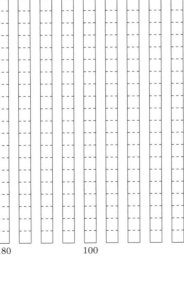

えつける負荷」をかけ、紙に描線を彫りこんでいく筆感の筆記具がある。ボールペンや、一部のシャープペンシルなどがそれだ。縦の負荷をかけながら書くと、手が押しこむ力を加えようとするあまりに、そちらに気をとられてしまう。パソコンのキー入力だってそうだ。キーを押すという動作はもちろん、入力する読みを選んだり、文字を選んだりしているうちに消えてしまいそうになる考えが、ときにある。ものごとを考えるときには、筆圧のほぼかからない状態で、頭のなかに浮遊する言葉をつかまえることに集中したい。

　鉛筆は、書きすすめていくうちに芯の尖《とが》り具合や丸まり具合が変化し、芯が短くなっては削り、削っていくうちに軸が短くなり、その姿を刻々と変えていく。その変化が自分の心情の変化とシンクロしていく呼吸感がある。ああ、木軸がもう紙に触れてしまうくらい芯が丸まった、鉛筆を削らなければと思うとき、そのまま思考を続けたければ隣に用意してある別の鉛筆に持ちかえ、これを機に少し頭を休めようかなと思えば鉛筆削りに向かう。鉛筆を削る木のサラサラいう音と、芯のシャリシャリいう音が合わさって、心のブレも一緒に削られ、研ぎすまされていくような気持ちになる。鉛筆の削りかすからは心地良い香りを鼻に感じる。そして削り上げた鉛筆の削り口を眺めると、新たな思考に向かおうという心意気が湧いてくるのだ。

　鉛筆は、何本あっても嬉《うれ》しい。買いすぎてしまったと後悔することもない、使えばいいのだから。財布にもあまり痛くなく、気軽に消費できるストレスフリーな筆記具。もはや筆記具のひとつというよりも、子供の頃から長い付き合いを続けてきた「考える仲間」のようだ。そうだ、鉛筆は筆記具のひとつなのではなくて「鉛筆」なのだ。

（小日向　京「考える鉛筆」より）

（注）デバイス＝特定の機能を果たす装置。
　シンクロしていく＝一致していく。

1　A机とあるが、次のア～エの傍線を付けたカタカナを漢字になおしたとき、「机」と部首が同じになるものはどれか。一つ選び、記号を○で囲みなさい。（ア　イ　ウ　エ）

ア　冒ケンの旅に出る。　イ　全国カク地で展示会を開く。

ウ　東京の近コウに住む。　エ　テントの支チュウを立てる。

2　①「鉛の筆」と書いて、鉛筆とあるが、次のうち、「鉛筆」という熟語の構成について説明したものとして最も適しているものはどれか。一つ選び、記号を○で囲みなさい。（ア　イ　ウ　エ）

ア　前の漢字があとの漢字を修飾している。

イ　似た意味をもつ漢字を組み合わせている。

ウ　反対の意味をもつ漢字を組み合わせている。

エ　あとの漢字が前の漢字の目的や対象を示している。

3　②それぞれにまた違った鉛筆の表情を見せるとあるが、本文において、これはどのようなことを表した表現か。その内容についてまとめた次の文の［　　］に入る内容を、本文中のことばを使って**十字以内**で書きなさい。

ひらがなやカタカナなど、どのような文字で書き表すかによって、鉛筆の［　　］ということ。

4　③ものごとを思考するときにはあえて鉛筆を選びたいとあるが、本文中で筆者がこのように述べる理由を次のようにまとめた。［a］、［b］に入れるのに最も適しているひとつづきのことばを、それぞれ本文中から抜き出しなさい。ただし、［a］は**十五字**、［b］は**十六字**で抜き出し、それぞれ**初めの七字**を書きなさい。

3　次の文章を読んで、あとの問いに答えなさい。

連阿《れんあ》といふ人有り。月みんとて友どち《友だち》つれて、そこはかとなく①さすらひけるが、物おひて来る翁《おきな》に逢《あ》ひて、道の程など問ひければ、②そこ達《たち》は夜をかけて何用の有りてととふ。武蔵《むさし》のの月みんとて江戸よりまかりつと答へければ、翁手をうちて、此《こ》の年迄《まで》知らざりけり、江戸には月なきなめり、と云《い》ひけり。

（注）武蔵の＝武蔵野《むさしの》。現在の関東平野西部にある地域。

1　①さすらひけるを現代かなづかいになおして、**すべてひらがな**で書きなさい。（　　　）

2　②そこ達は夜をかけて何用の有りてとあるが、次のうち、このことばを言った人物として最も適しているものはどれか。一つ選び、記号を○で囲みなさい。（ア　イ　ウ）

ア　連阿　　イ　友どち　　ウ　翁

3　次のうち、本文中で述べられていることがらと内容の合うものはどれか。一つ選び、記号を○で囲みなさい。（ア　イ　ウ）

ア　たくさんの荷物を持って武蔵野に来た連阿に対して、翁は「今年は武蔵野で月を見ることができないようだ」と言った。

イ　武蔵野の月を見ようと思って江戸から来た連阿に対して、翁は「江戸に月がないことを今まで知らなかった」と言った。

ウ　道に迷いつつもわざわざ江戸に来た連阿に対して、翁は「武蔵野の月も江戸の月も同じ月だと知らなかったのか」と言った。

4　次の文章を読んで、あとの問いに答えなさい。

鉛筆。①「鉛の筆」と書いて、鉛筆。しかしその芯に鉛が使われているわけではなく、それは黒鉛という炭素なのだという。長いあいだ鉛筆を使ってみても、「これが黒鉛なんだ、炭素なんだ」という実感はない。その原材料の一部と用途を表しているのが漢字で書いた「鉛筆」という二文字だ。

鉛筆は、ひらがなで「えんぴつ」と書いたり、カタカナで「エンピツ」と書いたりすると、②それぞれにまた違った鉛筆の表情を見せる。ひらがなの「えんぴつ」は、小学生の頃に初めて自分の鉛筆を手にしたときのなつかしい気持ちを思い起こさせる。カタカナの「エンピツ」は、ポンとA机に投げだしたときや、あやまって床に落としてしまったときの「カラン」という木軸の音が聞こえてくるような響きをしている。

鉛筆、えんぴつ、エンピツ。どの文字で書いても鉛筆らしくて、すべてがしっくりくる。呼びかたの音はひとつなのに、そのイメージが文字表記によって変わるのがおもしろい。それはちょうど鉛筆の描線が、一見してどれも「鉛筆で書いた描線をしている」のに、使う鉛筆や紙などによってさまざまな表情を見せてくれるのと似ている。

いま、わたしたちの周りにはあらゆる種類の筆記具がある。パソコンや携帯電話、スマートフォンなどの文字入力デバイスもある。それらを脇においてでも、③ものごとを思考するときにはあえて鉛筆を選びたい。なぜなら鉛筆は、思考の流れをさまたげない筆記具であるのと同時に、次の思考の流れを湧きだしてくれる筆記具であるから。

鉛筆は、紙の上に黒鉛をのせて書く。紙の表面の凹凸が、繊細なサンドペーパーのように黒鉛を削りとっていくその筆感は、紙面にたいして「横の流れ」ですべらせていくものだ。一方、紙面にたいして「縦に押さ

いる。では、カヤツリグサ科以外の植物が、なぜこの三角形の構造を採用していないのであろうか。

　丸い茎は中心からの距離がどの方向にも等しいので、一定の圧力で隅々の細胞まで水を行き渡らせることができる。ところが、三角形の茎では中心からの距離がまちまちになってしまうために、隅の細胞までは水が届きにくい。そのため、カヤツリグサ科の植物の多くは、水が潤沢な湿った場所を好んで生えている。もちろん、カサスゲも例外ではない。

Ⅰ

　それにしてもプラスチックや化学繊維がなかった時代とはいえ、植物の茎で雨具を作るというのは、何とも粗末な感じがするが、そもそも植物の茎で作った笠で、本当に雨を避けることができるのだろうか。

　雨が降るとカサスゲの茎はぬれてしまう。しかし、ぬれるのは笠の外側だけである。一度ぬれてしまえば、雨のしずくは、ぬれた茎を伝って笠の外へ流れ落ちる。そのため、雨水が中までしみ込むことは少ないのである。これは茅葺《かやぶ》きの屋根やわらで作った蓑《みの》なども同じしくみである。水をはじくプラスチックのほうが、一見すると雨にぬれないような気がする。しかし、もしプラスチックを材料とした梱包紐《こんぽうひも》で笠を編んだら、どうなるだろうか。プラスチックにはじかれて行き場のない水滴は、すきまを伝いながら奥へ奥へとしみ込んでしまうであろう。

　さらに、茎を編んだ菅笠には隙間があいているので、雨を避けるだけでなく、通気性もいいのが特徴である。そのため、ビニールの雨合羽《あまがっぱ》のように内側がむれることは少ないのだ。粗末に見える菅笠であるが、じつは現代の科学技術も及ばない優れた機能を持っているのである。

（稲垣栄洋「残しておきたいふるさとの野草」より）

1　次のうち、本文中の ① に入れるのに最も適していることばはどれか。一つ選び、記号を○で囲みなさい。（ア　イ　ウ）

ア　そのうえ　　イ　そのため　　ウ　それとも

2　②カサスゲが笠の材料として適しているのには理由があるとあるが、次のうち、カサスゲが笠の材料に適している理由として、本文中で述べられていることがらと内容の合うものはどれか。最も適しているものを一つ選び、記号を○で囲みなさい。（ア　イ　ウ）

ア　カサスゲはどの方向にも曲がり、よくしなるから。
イ　カサスゲの茎は頑丈であり、繊維が丈夫であるから。
ウ　カサスゲは繊維が豊富であり、紙の原料にもなるから。

3　次のうち、本文中のⅠで示した箇所で述べられている、多くのカヤツリグサ科の植物の茎の特徴を表した図として最も適しているものはどれか。一つ選び、記号を○で囲みなさい。なお、図中の矢印は水が移動する様子を表している。（ア　イ　ウ　エ）

ア

イ

ウ

エ
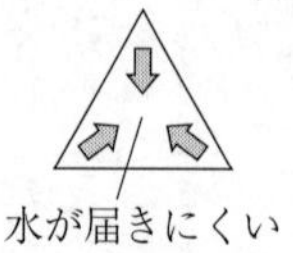

4　本文中で筆者は、カサスゲの茎で作った笠のどのような点が優れていると述べているか。その内容についてまとめた次の文の a に入る内容を、本文中のことばを使って**十字以上、十五字以内**で書きなさい。また、b に入れるのに最も適しているひとつづきのことばを、本文中から**六字**で抜き出しなさい。

a □□□□□□□□□□□□□□□

b □□□□□□

カサスゲの茎で作った笠は、笠の内側まで a うえに、隙間があいているので b という点。

国語A問題

時間　五〇分
満点　九〇点

（注）答えの字数が指定されている問題は、**句読点や「　」などの符号も一字に数えなさい。**

1 次の問いに答えなさい。

1 次の(1)～(4)の文中の傍線を付けた漢字の読み方を書きなさい。また、(5)～(8)の文中の傍線を付けたカタカナを漢字になおし、解答欄の枠内に書きなさい。ただし、漢字は**楷書《かいしょ》**で、**大きくていねいに書くこと。**

(1) 友人を自宅に招く。（　　く）
(2) チームを優勝へと導く。（　　く）
(3) 太古の人々の暮らし。（　　）
(4) 清涼な山の空気。（　　）
(5) シタしい友人と話す。□しい
(6) 熱心にハタラく。□く
(7) 明日のソウチョウに出発する。□□
(8) 笑顔でセッキャクする。□□

2 次のうち、返り点にしたがって読むと「言は行を顧み、行は言を顧みる。」の読み方になる漢文はどれか。一つ選び、記号を○で囲みなさい。（ア　イ　ウ）

ア 言ハ顧ミレ行ヲ、行ハ顧ミルレ言ヲ。
イ 言ハ二顧ミ行ヲ一、行ハ二顧ミル言ヲ一。
ウ 言ハレ顧ミ行ヲ、行ハレ顧ミル言ヲ。

2 次の文章を読んで、あとの問いに答えなさい。

笠《かさ》の材料は稲わらやイグサ、竹などさまざまだが、菅笠《すげがさ》を編むのに使われたのがカサスゲという植物である。スゲで作った笠だから菅笠なのである。そして、笠を編むのに使うスゲだから、植物名はカサスゲと名づけられた。カサスゲは畦道《あぜみち》や、湿った場所に生える野草である。しかし、かつては笠を作るために、カサスゲは田んぼでも栽培されていた。

カサスゲは夏に収穫するが、夏の間は農作業が忙しくて笠を編んでいる暇はない。［①］、カサスゲは乾燥させておいて冬仕事で笠を編んだ。そういえば、『笠地蔵』のおじいさんも、正月の餅を買うために笠を作って売りに行った。②カサスゲが笠の材料として適しているのには理由がある。

カサスゲはカヤツリグサ科の植物である。カヤツリグサ科の植物の多くは茎の断面が三角形をしている。ふつうの植物は茎の断面が丸いので、どの方向にも曲がることができる。丸い茎をしならせることによって外部からの力に耐えるのである。ところが、断面が三角形の茎はしなりにくいが、そのかわり頑丈である。三角形は、もっとも少ない数の辺で作られているので、同じ断面積であれば、外からの力に対してもっとも頑丈な構造になっている。鉄橋や鉄塔が三角形を基本とした構造をしているのもそのためである。そのうえ、カヤツリグサは三角形の茎の外側を強靭《きょうじん》な繊維でしっかりと覆って、頑丈さを補っている。カサスゲのこの丈夫な繊維が、笠を編む材料として非常に適している。紙の原料植物として「ペーパー」（Paper）の語源にもなったパピルス（Papyrus）も、カヤツリグサ科の植物である。パピルスも茎を補強する豊富な繊維が紙の原料として優れていた。

このようにカヤツリグサ科の植物は三角形の頑丈な茎で成功を収めて

5　ある中学校の生徒会では、「一人一人が積極的にあいさつをして気持ちよく学校生活を送る」という【目標】を実現するために、次のA、Bの二つの【標語】が提案されました。あなたは、AとBのどちらの標語が目標を実現するのに効果的な標語だと考えますか。あなたの考えを別の原稿用紙に**二百六十字以内**で書きなさい。ただし、あとの条件1・2にしたがって書くこと。

【目標】

一人一人が積極的にあいさつをして気持ちよく学校生活を送る

【標語】

A　届けよう　元気なあいさつ　始めよう　すてきな一日

B　おはようの　そのひとことで　笑顔あふれる

条件1　A、Bのどちらか**一つ**を選ぶこと。

条件2　条件1で選んだ標語が、目標を実現するのに効果的な標語だと考える理由を書くこと。

※　二つの標語をそれぞれA、Bと表してもよい。

100

200

260

的風潮をとりあげることで、筆者の論の独自性を強調している。

ウ　前段で述べた内容を受けて、人間による芸術作品の選出や評価の難しさを説明することで、筆者の論旨を理解しやすくしている。

エ　前段で述べた内容を受けて、AIが社会に与える影響と解決すべきAI時代の新たな課題を示すことで、論の展開を図っている。

3　②それをもとに創作することとあるが、本文中で筆者は、創作をするにあたり、商業的に売れた電子書籍を分析することでどのようなことが可能になると述べているか。その内容についてまとめた次の文の［　　］に入る内容を、本文中のことばを使って**五十字以上、六十字以内**で書きなさい。

たくさんの人が面白いと感じるような、読みやすいストーリーや文章を［　　］ことが可能になる。

4　次のうち、AI創作が近未来に与える文化的影響について、本文中で述べられていることがらと内容の合うものはどれか。一つ選び、記号を○で囲みなさい。（ア　イ　ウ　エ）

ア　AIを駆使した創作が増えることで、人々の興味や関心を反映した斬新な作品をAIが創り出すようになるが、その一方で、商業主義的な成功ばかりを追求したアーチストが出現する可能性がある。

イ　AIを駆使することで、よくある典型的なパターンの抽出にもとづく平凡な作品が増えてしまうが、その一方で、陳腐な表現パターンで巧みに人々を感動させるアーチストが出現する可能性がある。

ウ　AIを駆使した創作が増えていくと、創作物の表現が固定化・硬直化しやすくなってしまうが、その一方で、AIの創作方法を逆手にとり、斬新な表現を探し求めるアーチストが出現する可能性がある。

エ　AIを駆使すると、社会のトレンドをとらえた商業的な創作活動をおこなうことができるが、その一方で、AIを利用することから離れて距離をとり、斬新な創作をするアーチストが出現する可能性がある。

むろん理論的には、ＡＩがそれ自身の美的判断や芸術を生み出すという考えもありうるだろう。だが、現在のところ、ＳＦの域を出ていない。「意味」を生み出すのは生物のみなのであり、そこに美的価値が見いだされるのだ。決してＡＩのみで芸術が完結することはない。つまり「ＡＩプラス人間」、両者の協働という枠組みを度外視することはできないのである。

さて、以上のような前提を念頭においたうえで、ＡＩ創作は近未来にいかなる文化的影響力をもつだろうか。

ＡＩは、創作活動をおこなう人間のアーチストにとって実に強力なツールだ。商業的に売れた作品を統計的に分析し、②それをもとに創作することが可能になるからである。

ネット配信の動画であれば、視聴者がどこで停止ボタンを押し、どこで早送り／巻き戻しをしたか、どのような俳優の表情やシーンを好むかを分析し、動画の制作に活《い》かすことができる。

これは電子書籍でも同様だろう。どこで線が引かれ、どの箇所で読むのが止まったのかを分析すれば、多くの人々が面白がるような、読みやすいストーリーや文章を定量的に可視化することができる。小説のテーマ設定やタイトル、登場人物の描き方にまで影響を与えていくだろう。これまで経験や勘に頼っていた売れ筋のフィクションの作り方を、明確に数量化して把握できることになる。また、ＡＩによって検索語やアクセス数、つぶやきといったビッグデータを分析し、社会のトレンドをとらえることも可能である。したがって、社会的流行にいち早く反応し、商機を逃さず小説や番組制作などに活かしていくアーチストも出現するのではないか。

このことは負の側面ももっている。ＡＩを駆使した創作が増えていくと、商業主義的な成功ばかりが追求され、表現が固定化・硬直化しやすいからだ。ＡＩがもたらす作品は、よくある典型的なパターンの抽出にもとづくため、平凡なものになりやすい。

ところで他方、これを逆手にとるアーチストが出現する可能性もある。陳腐な表現パターンが明確になるので、そこから離れて距離をとり、別の斬新な表現を模索するわけだ。もしかしたら、ＡＩをメディアとして巧みに利用しながら、人々を異次元で感動させる作品を作る人物こそ、ＡＩ時代に期待される真のアーチストなのかもしれない。

（西垣通・河島茂生「ＡＩ倫理」より）

（注）　ＳＦ＝空想的で科学的な作り話。

1　①ＡＩそのものが独自のメッセージ性をもつと断定することはできないとあるが、本文中で筆者がこのように述べる理由を次のようにまとめた。［a］、［b］に入れるのに最も適しているひとつづきのことばを、それぞれ本文中から抜き出しなさい。ただし、［a］は**八字**、［b］は**九字**で抜き出し、それぞれ**初めの五字**を書きなさい。

ＡＩ創作の素材となるデータは、今までに作られてきた［a］であり、ＡＩによる創作物は、素材となるデータに込められた［b］を組み合わせて出力されるものであるから。

a［　　　　　］　b［　　　　　］

2　次のうち、本文中のⅠで示した箇所の、本文中での役割を説明したものとして最も適しているものはどれか。一つ選び、記号を○で囲みなさい。（ア　イ　ウ　エ）

ア　前段で述べた内容を受けて、ＡＩ創作に関する筆者の考えの根拠となる事例を並べて述べることで、論の妥当性を主張している。

イ　前段で述べた内容を受けて、ＡＩが出力する創作物に対する社会

3 次の問いに答えなさい。

1 次の(1)～(4)の文中の傍線を付けた漢字の読み方を書きなさい。また、(5)～(8)の文中の傍線を付けたカタカナを漢字になおし、解答欄の枠内に書きなさい。ただし、漢字は楷書《かいしょ》で、大きくていねいに書くこと。

(1) 傾斜のゆるやかな坂。(　　)

(2) 一点差で惜敗した。(　　)

(3) 世界記録に挑む。(　　む)

(4) 腰を据えて物事に取り組む。(　　えて)

(5) 毎日カかさず散歩する。□かさず

(6) 成功を信じてウタガわない。□わない

(7) 笑顔でセッキャクする。□□

(8) ピアノをエンソウする。□□

2 次のうち、「装飾」と熟語の構成が同じものはどれか。一つ選び、記号を○で囲みなさい。(ア　イ　ウ　エ)

ア 疾走　　イ 到着　　ウ 撮影　　エ 抑揚

4 次の文章を読んで、あとの問いに答えなさい。

AIが出力する創作物はあくまで、人間が創作した芸術作品や文章といったデータを要素に分解し、出現頻度や相関関係などから、多数の要素を組み合わせるだけのものが大半だ。すなわち、要素還元主義的発想であり、絵画であれば色や曲線の数、音楽であれば「ド」「レ」の音の数などを分析して確率論的に組み合わせているにすぎないのである。

AIが利用し処理するデータそのものは、コンピュータが創ったわけではない。これまでの人間の作品の蓄積である。クラシック音楽やロック、浮世絵、短歌や詩などといった芸術形式も、そもそも人間の精神的／肉体的な活動が生み出したものである。だから、たとえAIの作品に独特の身体感覚や人生観に基づいたメッセージ性が感じられたとしても、それは、AIが学習した作品群に人間の創作者の想《おも》いが詰まっているからなのだ。つまり、AI創作の素材となっている作品にはもともと、人間特有の怒りや喜び、悲しみ、寂しさ、驚きといった感情が埋め込まれている。それらが組み合わされるのだから、メッセージ性が表れても不思議ではない。①AIそのものが独自のメッセージ性をもつと断定することはできないのである。

I

また、作品の選出や評価をしているのはAIでなく人間だ、ということも忘れてはならない点である。AIがつくる大量の出力結果の中から、美的価値をもつ優れた作品を選び出しているのはやはり人間なのだ。AIが人間と別次元の独自の評価尺度に基づいて作品を作っているわけではない。「AIが絵を描いた」という表現をよくマスコミで見かけるが、まるで人間がいなくともAIがひとりでに芸術的価値のある作品を描いたような印象を与えるのは、誇大宣伝と言わざるをえない。

2　次の文章を読んで、あとの問いに答えなさい。

貝原益軒翁《かひばらえきけんをう》、牡丹《ぼたん》を好みてあまた植ゑられける中、ことに心を尽くされける花有り。ややけしきばめる頃、翁《おきな》宿におはさぬ程、やつこ戯《たはぶ》れして彼《か》の花をふみ折りけり。こはと驚けど①せんすべなし。とかくする程翁帰り、やがて園中に至り、奴《やつこ》はしとどに成りて《ひどく汗をかいて》生くる心地なし。翁いとさりげなく、二日三日ふれど何の気色もなし。②人々猶《なほ》あやしむ。ある人此《こ》の事を聞きて翁に③むかひ、しかじかの事有りと聞く。さこそにくしと思《おぼ》すらめと云《い》ひければ、翁打ちゑみて、をのれは楽しびに花を植ゑ侍《はべ》り。さてそれがためにいかるべきかは、といへりけりとぞ。

(注)　貝原益軒＝江戸前期の儒学者。
　　　やつこ＝家業や家事に従事する奉公人。

1　①せんすべなしとあるが、次のうち、このことばの本文中での意味として最も適しているものはどれか。一つ選び、記号を○で囲みなさい。(ア　イ　ウ　エ)

ア　とんでもない　　イ　考えるまでもない
ウ　あとかたもない　　エ　どうしようもない

2　②人々猶あやしむとあるが、次のうち、人々が不思議に思ったことの内容として本文中で述べられているものはどれか。最も適しているものを一つ選び、記号を○で囲みなさい。(ア　イ　ウ　エ)

ア　二、三日たっても翁の様子がいつもと変わらなかったこと。
イ　翁が真心をこめて育ててきた牡丹の花がなくなっていたこと。
ウ　きれいに咲きそろっていた牡丹の花を翁が捨ててしまったこと。
エ　翁の好きな牡丹の花が知らない間にたくさん植えられていたこと。

3　③むかひを現代かなづかいになおして、すべてひらがなで書きなさい。(　　)

4　次のうち、本文中で述べられていることがらと内容の合うものはどれか。一つ選び、記号を○で囲みなさい。(ア　イ　ウ　エ)

ア　ある人が言ったことに対して翁は、「楽をすることはいくらでもできるが、それは結果的に自分のためにならない」と言った。
イ　牡丹の花が枯れていたことについて翁は、「新たに花を植えることはたやすいことだが、元通りになるわけではない」と言った。
ウ　牡丹の花が折られていたことに対して翁は、「楽しむために花を植えるのだから、それのために腹を立てることはない」と言った。
エ　不注意で牡丹の花を折ってしまった翁は、「花が育つのをいつも楽しみにしていたが、こうなるぐらいならもう育てない」と言った。

鉛筆は、何本あっても嬉《うれ》しい。買いすぎてしまったと後悔することもない、使えばいいのだから。財布にもあまり痛くなく、気軽に消費できるストレスフリーな筆記具。もはや筆記具のひとつというよりも、子供の頃から長い付き合いを続けてきた②「考える仲間」のようだ。そうだ、鉛筆は筆記具のひとつなのではなくて「鉛筆」なのだ。

（小日向　京「考える鉛筆」より）

（注）デバイス＝特定の機能を果たす装置。
シンクロしていく＝一致していく。

1　本文中のAのと同じはたらきをしている「の」を含む一文を次から一つ選び、記号を○で囲みなさい。（ア　イ　ウ　エ）

ア　寒さがやわらいで春の気配を感じる。
イ　この花は公園に咲いているのと同じ花だ。
ウ　まるで宝石のような星が夜空に輝いている。
エ　その美術館には有名な画家の描いた絵がある。

2　①それぞれにまた違った鉛筆の表情を見せるとあるが、本文において、これはどのようなことを表した表現か。その内容についてまとめた次の文の［　　］に入る内容を、本文中のことばを使って**十二字以内**で書きなさい。

［　　　　　　　　　　　　］

ひらがなやカタカナなど、どのような文字で書き表すかによって、［　　］ということ。

3　次のうち、本文中で述べられていることがらと内容の合うものはどれか。一つ選び、記号を○で囲みなさい。（ア　イ　ウ　エ）

ア　鉛筆を削るときの音や削りかすから感じられる心地良い香りは、初めて自分の鉛筆を手にしたときのなつかしい気持ちを思い起こさせる。
イ　黒鉛をのせて書く鉛筆の筆感とパソコンのキー入力の感触は似ているが、パソコンは入力する動作の最中に考えが消えてしまいそうになる。
ウ　鉛筆を使って書きすすめていくと、自分の心情の変化とシンクロしていくかのように、紙に描線を彫りこんでいく筆感が刻々と変化していく。
エ　鉛筆には、紙面の凹凸が黒鉛を削りとっていく筆感があり、ボールペンや一部のシャープペンシルには、紙に描線を彫りこんでいく筆感がある。

4　②「考える仲間」のようだとあるが、「考える仲間」のような鉛筆について、本文中で筆者が述べている内容を次のようにまとめた。［a］、［b］に入れるのに最も適しているひとつづきのことばを、それぞれ本文中から抜き出しなさい。ただし、［a］は**十七字**、［b］は**十六字**で抜き出し、それぞれ**初めの五字**を書きなさい。

a［　　　　　］　b［　　　　　］

○　鉛筆は、思考の流れをさまたげない筆記具であり、筆圧をかけることに気をとられることなく、［a］ことに力を注ぐことができる。
○　鉛筆は、次の思考の流れを湧きだしてくれる筆記具であり、鉛筆を削ると心が研ぎすまされ、削ったあとの削り口を見ると［b］が生まれてくる。

国語B 問題

時間　五〇分
満点　九〇点

（注）　答えの字数が指定されている問題は、句読点や「　」などの符号も一字に数えなさい。

1　次の文章を読んで、あとの問いに答えなさい。

鉛筆。「鉛の筆」と書いて、鉛筆。しかしその芯に鉛が使われているわけではなく、それは黒鉛という炭素なのだという。長いあいだ鉛筆を使ってみても、「これが黒鉛なんだ、炭素なんだ」という実感はない。その原材料の一部と用途を表している A のが漢字で書いた「鉛筆」という二文字だ。

鉛筆は、ひらがなで「えんぴつ」と書いたり、カタカナで「エンピツ」と書いたりすると、①それぞれにまた違った鉛筆の表情を見せる。ひらがなの「えんぴつ」は、小学生の頃に初めて自分の鉛筆を手にしたときのなつかしい気持ちを思い起こさせる。カタカナの「エンピツ」は、ポンと机に投げだしたときや、あやまって床に落としてしまったときの「カラン」という木軸の音が聞こえてくるような響きをしている。

鉛筆、えんぴつ、エンピツ。どの文字で書いても鉛筆らしくて、すべてがしっくりくる。呼びかたの音はひとつなのに、そのイメージが文字表記によって変わるのがおもしろい。それはちょうど鉛筆の描線が、一見してどれも「鉛筆で書いた描線をしている」のに、使う鉛筆や紙などによってさまざまな表情を見せてくれるのと似ている。

いま、わたしたちの周りにはあらゆる種類の筆記具がある。パソコンや携帯電話、スマートフォンなどの文字入力デバイスもある。それらを脇においてでも、ものごとを思考するときにはあえて鉛筆を選びたい。なぜなら鉛筆は、思考の流れをさまたげない筆記具であるのと同時に、次の思考の流れを湧きだしてくれる筆記具であるから。

鉛筆は、紙の上に黒鉛をのせて書く。紙の表面の凹凸が、繊細なサンドペーパーのように黒鉛を削りとっていくその筆感は、紙面にたいして「横の流れ」ですべらせていくものだ。一方、紙面にたいして「縦に押さえつける負荷」をかけ、紙に描線を彫りこんでいく筆感の筆記具がある。ボールペンや、一部のシャープペンシルなどがそれだ。縦の負荷をかけながら書くと、手が押しこむ力を加えようとするあまりに、そちらに気をとられてしまう。パソコンのキー入力だってそうだ。キーを押すという動作はもちろん、入力する読みを選んだり、文字を選んだりしているうちに消えてしまいそうになる考えが、ときにある。ものごとを考えるときには、筆圧のほぼかからない状態で、頭のなかに浮遊する言葉をつかまえることに集中したい。

鉛筆は、書きすすめていくうちに芯の尖《とが》り具合や丸まり具合が変化し、芯が短くなっては削り、削っていくうちに軸が短くなり、その姿を刻々と変えていく。その変化が自分の心情の変化とシンクロしていく呼吸感がある。ああ、木軸がもう紙に触れてしまうくらい芯が丸まった、鉛筆を削らなければと思うとき、そのまま思考を続けたければ隣に用意してある別の鉛筆に持ちかえ、これを機に少し頭を休めようかなと思えば鉛筆削りに向かう。鉛筆を削る木のサラサラいう音と、芯のシャリシャリいう音が合わさって、心のブレも一緒に削られ、研ぎすまされていくような気持ちになる。鉛筆の削りかすからは心地良い香りを鼻に感じる。そして削り上げた鉛筆の削り口を眺めると、新たな思考に向かおうという心意気が湧いてくるのだ。

300　200　100

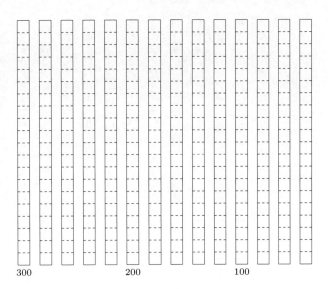

が大いにありうるから。

3　次のうち、本文中で述べられていることがらと内容の合うものはどれか。一つ選び、記号を○で囲みなさい。（ア　イ　ウ　エ）

ア　今、我々の身の回りにある日用品や生活備品というものは、漱石の時代にはなかったものばかりであるが、それらは漱石の時代やその時代の人間の身体性とつながりをもつものである。

イ　電車というものを必要とし、電車の旅というものに快適性や居心地の良さを感じるような今の時代の人間にとって、漱石の時代の人間の尊厳というものは感覚的にしか理解することができない。

ウ　今の時代の自分達の身の回りにある様々なものは、人間の感受性や快適性、快楽というものが時を経て変化し、自分達の生活がそれらを求めるようになったことによってつくり出されたものである。

エ　携帯電話などの我々の周りにある諸機械の多くは、漱石には否定されそうなものばかりであるが、それらで溢れている今の時代の我々の生活にはある種の快適さや自由さや快楽のようなものがある。

4　「建築創造」について、本文中で述べられている筆者の考えを次のようにまとめた。［a］、［b］に入れるのに最も適しているひとつづきのことばを、それぞれ本文中から抜き出しなさい。ただし、［a］は**十字**、［b］は**十四字**で抜き出し、それぞれ**初めの五字**を書きなさい。

a □□□□□　b □□□□□

筆者は、人間の想像力をかき立てるような魅力を持った［a］を理想としており、［b］ことは、自分達の時代の価値観をつくる契機となってゆくであろうと考えている。

5　近年、外国との間の人・物・情報の交流の増大や、諸分野における国際化の進展に伴い、日本語の中での「カタカナ語」の使用が増大しています。カタカナ語の使用が増えていくことについてのあなたの考えを、別の原稿用紙に**三百字以内**で書きなさい。ただし、次の条件にしたがって書くこと。

（注）カタカナ語＝主に欧米から入ってきた外来語や日本で外来語を模してつくられた語で、カタカナで表記される語のこと。

条件　次の**【資料】**からわかることをふまえて、カタカナ語の使用が増えていくことについてのあなたの考えを書くこと。

【資料】

カタカナ語の例

カタカナ語	原語（もとになった外国語）の主な意味
コミュニケーション	伝達・意思疎通・通信手段
ポイント	論点・要点・目的・特徴・段階・地点・点数・先端
ニーズ	必要性・必要なもの
テンション	緊張・緊迫状態
リスペクト	尊敬・敬意
コンセンサス	意見の一致・合意

カタカナ語やカタカナ語の使用に関するさまざまな意見

・表現のかたさが和らぐ。
・人によって理解度が異なる。
・カタカナ語を使用しない方がわかりやすい。
・格好よくて現代風である。
・これまでにない物事や，和語や漢語では表しにくい微妙な意味合いを表している。
・多義性があり誤解や意味のずれを生むこともある。
・原語の意味とカタカナ語の意味とが異なる。

的な使い方を、始めるかもしれない。むしろ僕らは、そういった人間の想像力の広がりが起きることを望んでおり、そのようなことを引き起こす魅力を建築が持つことを望んでいる。そのようなかたちで、使うことの創造性を呼ぶような、開かれた建築のあり方を、僕らは目指している。

　夏目漱石《なつめそうせき》が「草枕《くさまくら》」の中で、汽車について、人間の尊厳を度外視した乗り物であると批判したことがある。夏目漱石がどのような気持ちであったのか、今となっては想像するしかないが、ジャガイモと同列に扱われたような複雑な気持ちになったということもあったかもしれない。もちろん、100年前の時代の人間の尊厳というものを、今の時代の僕らが感覚的に理解することは難しい。今僕らは逆に、電車というものを必要としており、電車もそんなに悪いものでもないと思っている。むしろ電車の旅というものに、漱石が感じなかったタイプの快適性や居心地の良さなどを感じており、人によっては、電車に郷愁すら感じていたりする。そのように、人間の感受性や快適性、快楽というものは、時代によって変わっていくものだ。電車以外にも、携帯電話、コンピュータ、ジェット機、人工衛星、様々なものが我々の周りにあり、そのほとんどは、漱石の時代にはなかったもので、その多くは、たぶん漱石には否定されそうなガラクタばかりである。携帯電話やコンピュータやファックスなどの諸機械にがんじがらめの僕らの生活も、相当に不自由極まりない生活に見える恐れもある。しかし同時に、そういった我々の、身の回りに機械が溢《あふ》れる不自由な生活にも、ある種の快適さや自由さ、快楽みたいなものがある、ということも事実である。またそういう諸物が、僕らの快楽、価値観を変形させるような影響を僕らに与えているということもありうる。自分達《たち》の身の回りのもの、日用品などは、僕らの生活がそれを望んだ結果つくられたのか、もしくは逆に新しい日用品が登場したから、ぼくらの生活や価値観が変わっていったのか、順序はわからない。少なくともいえることは、それらは僕らの時代、僕らの身体性みたいなものとつながったモノたちであり、そういった僕らの時代の日用品、生活備品というものは、僕らの時代の価値観を鮮やかに表すものでもある、ということだ。

　そういう身の回りのモノの中でも最大サイズのものとして、建築があるともいえる。各時代の人間は、各々《おのおの》の生き方、価値観のもと、異なる建築をつくり出してきた。どの時代の建築も、人間はこのように生きるのが豊かなのだという、その時代の人間の生き方みたいなものを、空間的に表現してきた。そういう意味では、今の時代の僕らにとっての機能性、快適性、もしくは空間経験ということを、つきつめて考えてゆくと、それはいずれ、今の時代の価値観という問題になってゆくであろうと思われる。さらに、これからの時代の建築を目指すことは、結果的に僕らの時代の価値観みたいなものをつくるきっかけになってゆくのではないか。

（西沢立衛「続・建築について話してみよう」より）

1　本文中のA～Dの━━を付けた語のうち、一つだけ他と品詞の異なるものがある。その記号を○で囲みなさい。（A　B　C　D）

2　①このような考え方とあるが、本文中で筆者が、「このような考え方」に則ったとき、建築家のつくる建築に特定の機能というものはないと述べるのはなぜか。その内容についてまとめた次の文の□に入る内容を、本文中のことばを使って**五十字以上、六十字以内**で書きなさい。

建築家のつくる建築は、人や時代の変化も含めた□こと

ウ　人の説を理解するときに、おおよそのことを理解したからといって、すべてをわかった気になるのはたいてい思い違いだということ。

エ　自分の説が他の人の説と同じだからといって、自分の説のほとんどを変えようとするのは、賢明な選択であるとは言えないということ。

3　③始めより終わりまで説のかはれることなきは、中々にをかしからぬかたもあるぞかしとあるが、本文中で筆者がこのように述べる理由を次のようにまとめた。[a]、[b]に入る内容を本文中から読み取って、現代のことばで書きなさい。ただし、[a]は**十五字以上、二十五字以内**、[b]は**十字以内**で書きなさい。

a

b

後になって[a]ことは、よくあることであり、また年月がたてば[b]ので、人の説は絶対に変わるものであるから。

4　次の文章を読んで、あとの問いに答えなさい。

建築創造というものは、僕ら建築家にとっては、建築を設計し建設することだが、しかし、住む人間にとっては出来上がった建築物を使うということも、創造的なものだ。例えば新居に引っ越して、カーテン一枚窓にAかけるだけで、その人らしさ、その人のスタイルが出てしまうし、自分の家具や洋服を部屋に並べるだけで、その人らしい空間がつくられる。「使う」ということ、「住む」ということは、創造的なことなのだ。

例えば、Bある魅力的な空間を人が見て、それを使ってみたい、住んでみたい、と思うことがある。そのような、人間に使ってみたいと思わせるような、そういう空間の豊かさみたいなものをつくれないだろうか。人間が使いたくなるような建築、どう使おうか想像力をかき立てられるような建築をつくれないだろうか、と、僕らは次第に考えるようになった。①このような考え方（つまり使う人間に、新しい使い方を想像させる建築を目指すという考え方）に則《のっと》っていえば、僕らのCつくる建築は原則として、特定の機能というものはない、ということもDできる。もちろん、美術館だとか住宅だとか、特定の機能に合うように設計はするが、しかし美術館とか住宅だとかいう呼び方は、今現在の建築の使い方であって、未来までも含めた使うことの潜在的可能性という意味では、たとえそれが美術館として現在使われているとしても、その建物がまったく別の使い方を人に想像させ、それが現実化する、ということは十分にありうる。人によっては、僕らの美術館や、そこで活動する人々を見て、これは学校にも使えるかもしれないとか、託児所にいいじゃないかとか、違うことを思うかもしれないし、実際そうなることもあるかもしれない。時代が変われば、僕らとは違う想像力をもった次の時代の人間が、歴史的建造物の魅力に触発されて、当時にはありえなかったような現代

「人ならば五人づつ」という五音二句が［　　］ところに、私たちがこの歌に強烈な短歌らしさを感じてしまう秘密がある。

3 次の文章を読んで、あとの問いに答えなさい。

同じ人の説《ときごと》の、こことかしことゆきちがひて、ひとしからざるは、①いづれによるべきぞとまどはしくて、大かた其《そ》の人の説、すべて浮きたるここちのせらるる、そは一わたりはさることなれども、②猶《なほ》さしもあらず。③始めより終わりまで説のかはれることなきは、中々《かえって》にをかしからぬかたもあるぞかし。はじめに定めおきつる事の、ほどへて後に又異なるよき考への出《い》でくるは、常にある事なれば、始めとかはれることあるこそよけれ。年をへて学問すすみゆけば、説は必ずかはらでかなはず。

1 ①いづれによるべきぞとあるが、次のうち、このことばの本文中での意味として最も適しているものはどれか。一つ選び、記号を○で囲みなさい。（ア　イ　ウ　エ）

ア どこに集まるのがよいか　　イ 誰のせいでこうなったのか

ウ どちらに基づくのがよいか　　エ いつ決められたものなのか

2 ②猶さしもあらずとは、「やはりそうでもない」という意味である。これは本文中ではどのようなことを表しているか。次のうち、最も適しているものを一つ選び、記号を○で囲みなさい。

（ア　イ　ウ　エ）

ア 自分の説とは異なっている説を批判して、それを根拠のない説だと人に感じさせるのは、あってはならない行為だということ。

イ 考えが食い違っていて一貫していない説に対して、全体的に根拠がない説だと考えるのは一概に妥当であるとは言えないということ。

て出羽三山《でわさんざん》に登った。月山《がっさん》と湯殿山《ゆどのさん》に登った二人は、七月二十三日出羽山に登るべく赤川《あかがわ》の支流の梵字川《ぼんじがわ》を渡る。その川の川下にはささやかな吊《つ》り橋がかかっていた。橋のたもとに「人ならば五人づつ、馬ならば一頭づつ」という注意書きの書かれた立札が立っている。重量三百キロを越えるようなものは渡れない危うい小橋なのだろう。

　茂吉は、その野趣あふれる文字に感動する。その溢《あふ》れる感情を短歌の器に盛り込もうとする。が、その感情の量に比して歌の器は小さい。普通の歌人なら、この立て札の文句を泣く泣く短くして三十一音に入れ込むことを考えるだろう。たとえば「人ならば五人づつ」を切って、「釣橋のまへの立札馬ならば一頭づつといましめてあり」というように。が、茂吉はそうはしない。断固しない。自分の感情が、器に入らないと感じるやいなや、瞬間的により大きな新しい器を作り、それと取り替えてしまう。②そうやって作られたのがこの歌である。

　この歌は、普通の短歌定型の第二句と第三句の間に、新たに「人ならば・五人づつ」（五・五）という五音二句が強引に差し込まれている。「釣橋の・まへの立札・人ならば・五人づつ・馬ならば・一頭づつと・いましめてあり」。茂吉は、即座に五七五五五七七という七句四十一音の新しい定型を作りだしてしまったのだ。そこに茂吉らしい③融通無《む》碍《げ》な姿勢がある。

　が、不思議なのは、そうやってとっさに作られた新しい器が、きちんと短歌として認定するに足る韻律や調べを保っている、ということだ。この歌の場合は、五七五という初句から第三句までの定型律と第五句から第七句までの五七七というリズムが、色濃く短歌の定型の韻律を保持している。破調の歌であるにもかかわらず、私たちがこの歌に強烈な短歌らしさを感じてしまう秘密はそこにある。

（大辻隆弘「アララギの脊梁」より）

（注）出羽三山＝現在の山形県にある月山・湯殿山・羽黒山《はぐろさん》の総称。

1　次のうち、本文中の［①］に入れるのに最も適していることばはどれか。一つ選び、記号を○で囲みなさい。（ア　イ　ウ　エ）

ア　短歌という器の大きさを知る　　イ　端的に自分の感情を表現する

ウ　感情の量を調整して盛り込む　　エ　感情を歌の器に盛り込まない

2　②そうやって作られたのがこの歌であるとあるが、本文中のⒶで示した歌がどのようにして作られたかについて、本文中で筆者が述べている内容を次のようにまとめた。［a］、［b］に入れるのに最も適しているひとつづきのことばを、それぞれ本文中から抜き出しなさい。ただし、［a］は**八字**、［b］は**十七字**で抜き出し、それぞれ**初めの五字**を書きなさい。　a □□□□□　b □□□□□

橋のたもとに立てられた立札の［a］に心を打たれた茂吉は、そのことばを［b］ことはせず、七句四十一音の新たな定型を作りだした。

3　③融通無碍とあるが、次のうち、このことばの本文中での意味として最も適しているものはどれか。一つ選び、記号を○で囲みなさい。（ア　イ　ウ　エ）

ア　後先を考えないで猛然と突き進むこと。

イ　思考や行動が何にもとらわれず自由なこと。

ウ　他に心を動かされず一つのことに集中すること。

エ　長年受け継がれてきた伝統やしきたりを守ること。

4　本文中のⒶで示した歌について、筆者が述べている内容を次のようにまとめた。［　］に入る内容を、本文中のことばを使って**三十五字以上、四十五字以内**で書きなさい。

国語C問題

時間　五〇分
満点　九〇点

(注) 答えの字数が指定されている問題は、**句読点や「 」などの符号も一字に数えなさい。**

1 次の問いに答えなさい。

1 次の(1)～(3)の文中の傍線を付けた漢字の読み方を書きなさい。また、(4)～(6)の文中の傍線を付けたカタカナを漢字になおし、解答欄の枠内に書きなさい。ただし、漢字は**楷書《かいしょ》で、大きくていねいに書くこと。**

(1) 花の芳香が部屋に漂う。(　　)

(2) 腰を据えて物事に取り組む。(　　えて)

(3) 鳥が羽を繕う。(　　う)

(4) 計画をタダちに実行する。□ちに

(5) ピアノをエンソウする。□

(6) 恩師へのシャジを述べる。□

2 「人の短を道《い》ふこと無かれ、己の長を説くこと無かれ。」の読み方になるように、次の文に返り点を付けなさい。

無カレ 道フコト 人ノ 短ヲ、無カレ 説クコト 己 之《の》 長ヲ。

2 次の文章を読んで、あとの問いに答えなさい。

短歌というものは、五七五七七の三十一音からなる器である。それ以上でもそれ以下でもない。したがって、短歌で自分の感情を表現するとき、その器に盛り込むことのできる感情の量はほぼ定量である。感情の量が大きすぎると、歌いたいことは短歌の器からはみ出てしまう。また逆に、感情の量があまりに少ないと、短歌の器は満たされることなくスカスカになってしまう。

歌作りに慣れるということは、とりもなおさず［①］ということなのだろう。器に盛り込むことのできない大量の感情は、最初から短歌にはしない。反対に、あまりに少量の感情しかない場合、それを歌にしつらえない。成熟した歌人は、そのようにして歌の器にふさわしい感情の量を見極めてゆく。その器に、ぴったりと合う感動を与えてくれる題材だけを歌の材料としてゆくのである。

が、斎藤《さいとう》茂吉《もきち》という人は面白い人で、成熟した歌人なら初めから歌に盛り込もうとはしない大量の感情を歌に盛り込もうとする。ただ、その場合、彼は普通の歌人と違って、三十一音という器に感情をぎゅうぎゅうづめにしようとはしない。自分の感情が入らないと悟ったら、さっさと五句三十一音という器を捨てて、新しい大きな器を自分で作ってしまうのである。

釣橋のまへの立札人ならば五人づつ馬ならば一頭づつといましめてあり―Ⓐ

『たかはら』(昭5)

昭和五年夏、四十八歳の茂吉は、十五歳になった長男茂太《しげた》をともなっ

2021年度／解答

数学A問題

1 **【解き方】**(1) 与式 $= 10 - 16 = -6$

(2) 与式 $= 12 \times \dfrac{7}{6} = 14$

(3) 与式 $= 25 - 21 = 4$

(4) 与式 $= 6x - 3 - 4x - 4 = 2x - 7$

(5) 与式 $= 5 \times (-1) \times x \times x^2 = -5x^3$

(6) 与式 $= \sqrt{7} + \sqrt{2^2 \times 7} = \sqrt{7} + 2\sqrt{7} = 3\sqrt{7}$

【答】(1) -6　(2) 14　(3) 4　(4) $2x - 7$　(5) $-5x^3$　(6) $3\sqrt{7}$

2 **【解き方】**(1) $a = -3$ を代入して，与式 $= -(-3) + 8 = 3 + 8 = 11$

(2) (道のり)÷(速さ)＝(時間)だから，$a \div 70 = \dfrac{a}{70}$ (分)　よって，ウ。

(3) $0.2 = \dfrac{1}{5}$，$\sqrt{9} = 3$ だから，無理数はイ。

(4) $2x = 12 \times 3$ だから，$2x = 36$　よって，$x = 18$

(5) 与式を順に(i)，(ii)とする。(i)＋(ii)より，$8x = 8$　よって，$x = 1$　(i)に代入して，$5 \times 1 + 2y = -5$ より，$2y = -10$　よって，$y = -5$

(6) 左辺を因数分解して，$(x + 3)(x - 7) = 0$　よって，$x = -3,\ 7$

(7) 記録が55回以上の部員の人数は，$20 \times 0.3 = 6$ (人)だから，$y + 1 = 6$ より，$y = 5$　よって，$x = 20 - (2 + 4 + 5 + 1) = 8$

(8) カードの取り出し方は全部で，$5 \times 3 = 15$ (通り)　このうち，取り出した2枚のカードに書いてある数の和が4の倍数であるのは，(A，B)＝(1，3)，(3，1)，(3，5)，(5，3)の4通り。よって，求める確率は $\dfrac{4}{15}$。

(9) $y = ax^2$ に，$x = -4$，$y = 3$ を代入して，$3 = a \times (-4)^2$ より，$a = \dfrac{3}{16}$

(10) 点Aに対応する点は点Dだから，$\angle ABD = 100°$　よって，$\angle ABE = \angle ABD - \angle EBD = 100° - 60° = 40°$

(11) ① 円柱ができるから，エ。② 底面の半径が AD ＝ 3 cm，高さが AB ＝ 6 cm の円柱だから，体積は，$\pi \times 3^2 \times 6 = 54\pi$ (cm^3)

【答】(1) 11　(2) ウ　(3) イ　(4) 18　(5) $x = 1$，$y = -5$　(6) $x = -3,\ 7$　(7) (xの値) 8　(yの値) 5　(8) $\dfrac{4}{15}$　(9) $\dfrac{3}{16}$　(10) 40°　(11) ① エ　② 54π (cm^3)

3 **【解き方】**(1) x の値が1増えると y の値は25増えるから，x の値が，$4 - 2 = 2$ 増えると，y の値は，$25 \times 2 = 50$ 増える。よって，(ア)$= 35 + 50 = 85$　また，x の値が，$9 - 2 = 7$ 増えると，y の値は，$25 \times 7 = 175$ 増えるから，(イ)$= 35 + 175 = 210$

(2) 変化の割合が25だから，$y = 25x + b$ として，$x = 1$，$y = 10$ を代入すると，$10 = 25 \times 1 + b$ より，$b = -15$　よって，$y = 25x - 15$

(3) $y = 25x - 15$ に，$y = 560$ を代入して，$560 = 25x - 15$ より，$x = 23$

【答】(1)(ア) 85　(イ) 210　(2) $y = 25x - 15$　(3) 23

4 【解き方】(1) 四角形DBCEは平行四辺形で，平行四辺形のとなり合う角の大きさの和は180°だから，∠BCE = 180° − a°

(3) △ABC ∽ △CFDだから，BC : FD = AB : CF = 7 : 4　よって，FD = $\frac{4}{7}$BC = $\frac{4}{7}$ × 5 = $\frac{20}{7}$ (cm)

四角形DBCEは平行四辺形だから，DE = BC = 5 cm　よって，FE = DE − FD = 5 − $\frac{20}{7}$ = $\frac{15}{7}$ (cm)

したがって，△FCE = $\frac{1}{2}$ × $\frac{15}{7}$ × 4 = $\frac{30}{7}$ (cm^2)

【答】(1) 180 − a (度)　(2) ⓐ CFD　ⓑ CDF　ⓒ ウ　(3) $\frac{30}{7}$ (cm^2)

数学B問題

1 【解き方】(1) 与式 = 2 × 9 − 22 = 18 − 22 = − 4

(2) 与式 = $4x - 4y + 10x + 5y = 14x + y$

(3) 与式 = $-\frac{18b \times a^2}{3ab} = -6a$

(4) 与式 = $x^2 + 7x - (x^2 - 16) = x^2 + 7x - x^2 + 16 = 7x + 16$

(5) 与式 = $2^2 - 2 \times 2 \times \sqrt{5} + (\sqrt{5})^2 = 4 - 4\sqrt{5} + 5 = 9 - 4\sqrt{5}$

(6) 180° × (7 − 2) = 900°

(7) aは正の数，bは負の数，$a + b$は，(正の数) + (負の数)，$a - b$は，(正の数) − (負の数)となるので，$a - b$が最も大きい。

(8) 度数が最も多い階級は26回以上28回未満で4人。よって，相対度数は，4 ÷ 12 = 0.333…より，小数第3位を四捨五入して，0.33。

(9) $\frac{a}{2}$が奇数になるとき，aは2の倍数であるが4の倍数ではない数である。2枚のカードの取り出し方は，(3, 4)，(3, 5)，(3, 6)，(3, 7)，(4, 5)，(4, 6)，(4, 7)，(5, 6)，(5, 7)，(6, 7)の10通り。このうち，積が2の倍数であるが4の倍数ではない数になるのは，(3, 6)，(5, 6)，(6, 7)の3通りだから，確率は$\frac{3}{10}$。

(10) 直線ABと直線CDの交点をOとすると，できる立体は右図のように，底面の円の半径がBCで高さがOCの円錐から，底面の円の半径がADで高さがODの円錐を取り除いたものになる。AD∥BCより，OD : OC = AD : BC = 2 : 3だから，OD : DC = 2 : (3 − 2) = 2 : 1　よって，OD = 3 × 2 = 6 (cm)，OC = 6 + 3 = 9 (cm)だから，求める立体の体積は，$\frac{1}{3} \times \pi \times 3^2 \times 9 - \frac{1}{3} \times \pi \times 2^2 \times 6 = 19\pi$ (cm^3)

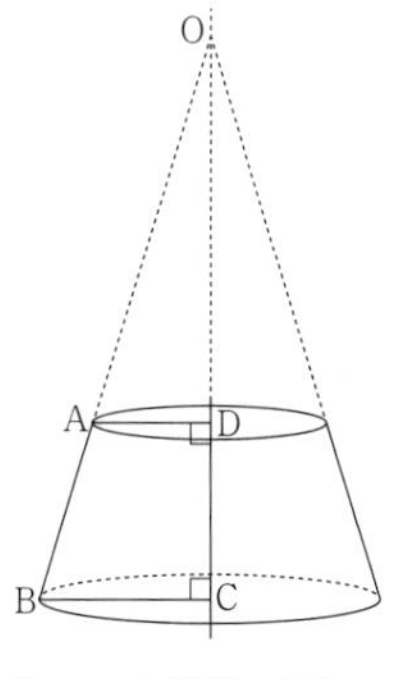

【答】(1) − 4　(2) $14x + y$　(3) $-6a$　(4) $7x + 16$　(5) $9 - 4\sqrt{5}$　(6) 900°　(7) エ　(8) 0.33　(9) $\frac{3}{10}$　(10) 19π (cm^3)

2 【解き方】(1) ① xの値が1増えるとyの値は25増えるから，xの値が，4 − 2 = 2増えると，yの値は，25 × 2 = 50増える。よって，(ア) = 35 + 50 = 85　また，xの値が，9 − 2 = 7増えると，yの値は，25 × 7 = 175増えるから，(イ) = 35 + 175 = 210　② 変化の割合が25だから，$y = 25x + b$として，$x = 1$，$y = 10$を代入すると，10 = 25 × 1 + bより，$b = -15$　よって，$y = 25x - 15$　③ $y = 25x - 15$に，$y = 560$を代入して，$560 = 25x - 15$より，$x = 23$

(2) 図Ⅰにおいて，「花の本数」が28であるときのOPの長さは，$y = 25x - 15$に，$x = 28$を代入して，$y = 25 \times 28 - 15 = 685$　図Ⅱにおいて，1本目から31本目までa cmは，31 − 1 = 30(か所)あるから，10 +

$30a = 685$ が成り立つ。これを解いて $a = \dfrac{45}{2}$

【答】 (1) ① (ア) 85　(イ) 210　② $y = 25x - 15$　③ 23　(2) $\dfrac{45}{2}$

3 **【解き方】** (1) ① $x = 0$ のとき最小値，$y = 0$，$x = -7$ のとき，最大値，$y = \dfrac{1}{8} \times (-7)^2 = \dfrac{49}{8}$ となる。よって，$0 \leqq y \leqq \dfrac{49}{8}$　② B は n 上の点だから，$y = -\dfrac{27}{x}$ に，$x = -3$ を代入して，$y = -\dfrac{27}{-3} = 9$　③ A の y 座標は，$y = \dfrac{1}{8} \times 6^2 = \dfrac{9}{2}$　直線 AB の傾きは，$\left(\dfrac{9}{2} - 9\right) \div \{6 - (-3)\} = -\dfrac{1}{2}$ だから，式を $y = -\dfrac{1}{2}x + b$ として，$x = -3$，$y = 9$ を代入すると，$9 = -\dfrac{1}{2} \times (-3) + b$ より，$b = \dfrac{15}{2}$　よって，直線 AB の式は $y = -\dfrac{1}{2}x + \dfrac{15}{2}$ だから，C の y 座標は $\dfrac{15}{2}$。

(2) D，E は m 上の点だから，D (4，2)，E$\left(t,\ \dfrac{1}{8}t^2\right)$　これより，F$\left(4,\ \dfrac{1}{8}t^2\right)$ だから，FD $= \dfrac{1}{8}t^2 - 2$ (cm)，FE $= t - 4$ (cm)　線分 FD の長さは線分 FE の長さより 8 cm 長いから，$\dfrac{1}{8}t^2 - 2 = (t - 4) + 8$ が成り立つ。整理して，$t^2 - 8t - 48 = 0$　より，$(t + 4)(t - 12) = 0$ だから，$t = -4$，12　$t > 4$ より，$t = 12$

【答】 (1) ① ㋐ 0　㋑ $\dfrac{49}{8}$　② 9　③ $\dfrac{15}{2}$　(2) (t の値) 12

4 **【解き方】** [Ⅰ] (2) △ABF ＝△CDG より，五角形 AFCGD ＝四角形 AFCD ＋△CDG ＝四角形 AFCD ＋△ABF ＝四角形 ABCD ＝ a cm^2 だから，△CEG ＝四角形 AFED −五角形 AFCGD ＝ $b - a$ (cm^2)

[Ⅱ] (3) ① 平行でもなく，交わりもしない辺だから，辺 CF，辺 DF，辺 FE。② GH ∥ FE より，DH : DE ＝ DG : DF ＝ 4 : (4 ＋ 3) ＝ 4 : 7　IH ∥ AE より，DI : DA ＝ DH : DE ＝ 4 : 7　DA ＝ EB ＝ 6 cm だから，DI ＝ $\dfrac{4}{7}$DA ＝ $\dfrac{24}{7}$ (cm)

(4) 立体 AGCJ は，底面を△ACJ とすると，高さは 6 cm になる。△AJB と△CAB において，∠AJB ＝∠CAB，∠ABJ ＝∠CBA より，2 組の角がそれぞれ等しいから，△AJB ∽△CAB　よって，AB : BJ ＝ CB : BA ＝ 6 : 4 ＝ 3 : 2 だから，BJ ＝ $\dfrac{2}{3}$AB ＝ $\dfrac{8}{3}$ (cm)　よって，CJ ＝ $6 - \dfrac{8}{3} = \dfrac{10}{3}$ (cm)　したがって，立体 AGCJ の体積は，$\dfrac{1}{3} \times \left(\dfrac{1}{2} \times \dfrac{10}{3} \times 4\right) \times 6 = \dfrac{40}{3}$ (cm^3)

【答】 (1) △ABF と△CDG において，AF ⊥ BC，CG ⊥ ED だから，∠AFB ＝∠CGD ＝ 90°……㋐　四角形 ABCD は平行四辺形だから，AB ＝ CD……㋑　AB ∥ DC であり，平行線の同位角は等しいから，∠ABF ＝∠DCE……㋒　△EDC は，ED ＝ EC の二等辺三角形だから，∠CDG ＝∠DCE……㋓　㋒，㋓より，∠ABF ＝∠CDG……㋔　㋐，㋑，㋔より，直角三角形の斜辺と一つの鋭角がそれぞれ等しいから，△ABF ≡△CDG

(2) $b - a$ (cm^2)　(3) ① イ，エ，オ　② $\dfrac{24}{7}$ (cm)　(4) $\dfrac{40}{3}$ (cm^3)

数学C問題

1 【解き方】(1) 与式 $= \dfrac{2(7a+b)-3(3a-5b)}{6} = \dfrac{14a+2b-9a+15b}{6} = \dfrac{5a+17b}{6}$

(2) 与式 $= \dfrac{9a^2b^2}{16} \times \dfrac{8}{9a^2b} \times (-2b) = -b^2$

(3) 与式 $= 3\sqrt{5} + 3 - \dfrac{10 \times \sqrt{5}}{\sqrt{5} \times \sqrt{5}} = 3\sqrt{5} + 3 - 2\sqrt{5} = 3 + \sqrt{5}$

(4) 与式 $= 2\{(a+b)^2 - 4\} = 2\{(a+b)^2 - 2^2\} = 2(a+b+2)(a+b-2)$

(5) 絶対値が n より小さい整数の個数は，1 から $(n-1)$ までの $(n-1)$ 個と，-1 から $-(n-1)$ までの $(n-1)$ 個に，0 を加えて，$(n-1)+(n-1)+1 = 2n-1$ (個)

(6) 一つの外角の大きさは，$180^\circ - 140^\circ = 40^\circ$　多角形の外角の和は 360° だから，$360^\circ \div 40^\circ = 9$ より，正九角形。よって，内角の和は，$180^\circ \times (9-2) = 1260^\circ$

(7) アは a より 2 大きい数だから，その値はつねに a の値より大きくなる。イは a より 2 小さい数だから，その値はつねに a より小さくなる。ウは a の 2 倍で，a は負の数だから，$2a$ の値はつねに a の値より小さくなる。エは a の $\dfrac{1}{2}$ 倍で，a は負の数だから，$\dfrac{a}{2}$ の値はつねに a の値より大きくなる。オは，$-1 < a < 0$ のとき，a^2 の絶対値は a の絶対値より小さくなるので，$-a^2$ の値は a の値より大きくなる。よって，イ，ウ。

(8) B さんの回数を x 回とする。B さんの回数との差の平均は，$\{(+5)+0+(-3)+(-6)+(+2)\} \div 5 = -0.4$ (回)だから，$x + (-0.4) = 47.6$ より，$x = 48$

(9) すべての場合の数は，$(a, b) = (1, 2)$，$(1, 3)$，$(1, 4)$，$(1, 5)$，$(1, 6)$，$(2, 3)$，$(2, 4)$，$(2, 5)$，$(2, 6)$，$(3, 4)$，$(3, 5)$，$(3, 6)$，$(4, 5)$，$(4, 6)$，$(5, 6)$ の 15 通り。このうち，上を向いている面の色が同じである円盤が 3 枚以上連続して並ぶ場合は，$(a, b) = (1, 4)$，$(2, 3)$，$(2, 4)$，$(3, 4)$，$(3, 5)$，$(4, 5)$，$(4, 6)$，$(5, 6)$ の 8 通り。よって，求める確率は $\dfrac{8}{15}$。

(10) $\sqrt{300-3n} = 2a$ (a は自然数) とすると，$300 - 3n = 4a^2$ だから，$n = \dfrac{300-4a^2}{3}$　n は自然数だから，$300 - 4a^2$ は 3 の倍数となるので，$4a^2$ は 3 の倍数。これより，a は 3 の倍数。$a = 3$ のとき，$n = \dfrac{300 - 4 \times 3^2}{3} = 88$　$a = 6$ のとき，$n = \dfrac{300 - 4 \times 6^2}{3} = 52$　$a = 9$ のとき，$n = \dfrac{300 - 4 \times 9^2}{3} = -8$ となり，自然数ではない。これ以上は n は負の数になるから，求める n の値は，52 と 88。

(11) 直線 AB と直線 CD の交点を O とすると，できる立体は右図 1 のように，底面の円の半径が BC で高さが OC の円錐から，底面の円の半径が AD で高さが OD の円錐を取り除いたものになる。AD ∥ BC より，OA : OB = AD : BC = 2 : 3 だから，OA : AB = 2 : (3 − 2) = 2 : 1　よって，OA = 4 × 2 = 8 (cm)，OB = 4 + 8 = 12 (cm)　立体の側面を展開図に表すと，右図 2 のようになり，おうぎ形の中心角は 360° の，$\dfrac{2\pi \times 3}{2\pi \times 12} = \dfrac{1}{4}$ (倍)だから，側面積は，$\pi \times 12^2 \times \dfrac{1}{4} - \pi \times 8^2 \times \dfrac{1}{4} = 20\pi$ (cm^2)　底面積は，$\pi \times 2^2 = 4\pi$ (cm^2) と，$\pi \times 3^2 = 9\pi$ (cm^2) だから，表面積は，$20\pi + 4\pi + 9\pi = 33\pi$ (cm^2)

図 1

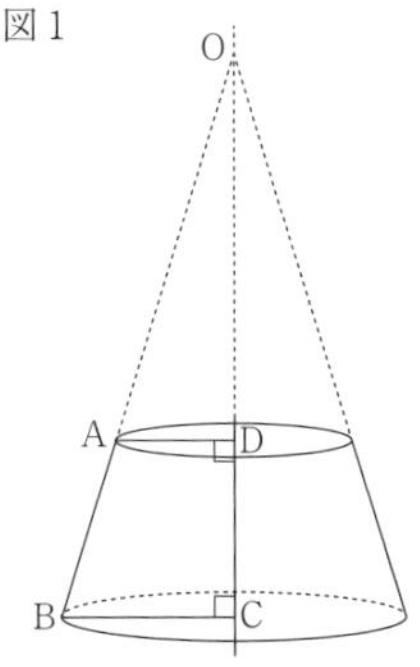

図 2

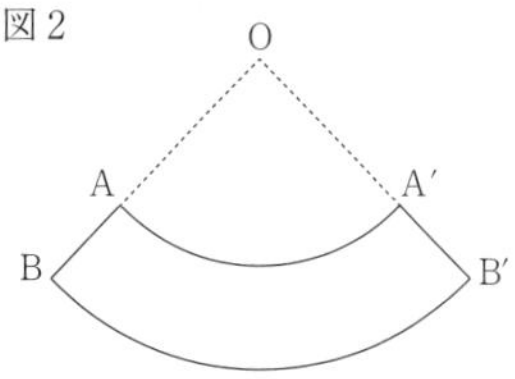

【答】(1) $\dfrac{5a+17b}{6}$　(2) $-b^2$　(3) $3+\sqrt{5}$　(4) $2(a+b+2)(a+b-2)$　(5) $2n-1$(個)　(6) 1260°
(7) イ，ウ　(8) 48(回)　(9) $\dfrac{8}{15}$　(10) 52，88　(11) 33π(cm^2)

2 【解き方】(1) ① $x=0$ のとき最小値，$y=0$，$x=-3$ のとき，最大値，$y=\dfrac{3}{8}\times(-3)^2=\dfrac{27}{8}$ となる。よって，$0\leqq y\leqq\dfrac{27}{8}$　② A の y 座標は，$y=\dfrac{3}{8}\times(-2)^2=\dfrac{3}{2}$　A と B は y 軸について対称な点だから，B の x 座標は 2。これより，C の x 座標は 2 だから，y 座標は，$y=2\times2+1=5$　よって，直線 n の傾きは，$\left(5-\dfrac{3}{2}\right)\div\{2-(-2)\}=\dfrac{7}{8}$ だから，式を $y=\dfrac{7}{8}x+b$ として，$x=2$，$y=5$ を代入すると，$5=\dfrac{7}{8}\times2+b$ より，$b=\dfrac{13}{4}$　よって，$y=\dfrac{7}{8}x+\dfrac{13}{4}$

(2) D は m 上の点だから，$6=\dfrac{3}{8}x^2$ より，$x=\pm4$　$x>0$ だから，$x=4$　E の x 座標は D の x 座標と等しいから，E(4，0)　F は p 上の点だから，F(4，$16a$)　よって，EF $=-16a$ cmだから，GF $=(-16a+2)$ cm で，G の x 座標は，$4-(-16a+2)=16a+2$　G の y 座標は F の y 座標と等しいから，G($16a+2$，$16a$)　G は ℓ 上の点だから，$16a=2(16a+2)+1$ より，$a=-\dfrac{5}{16}$

【答】(1) ① ㋐ 0　㋑ $\dfrac{27}{8}$　② $y=\dfrac{7}{8}x+\dfrac{13}{4}$　(2) (a の値) $-\dfrac{5}{16}$

3 【解き方】[Ⅰ] (2) △ACE ≡ △BAD より，AE = BD = 5 cm　また，FA = FB のとき，△ABC と△FBA は∠B が共通の二等辺三角形だから相似。よって，AB : BC = FB : BA より，8 : 7 = FB : 8 だから，FB $=\dfrac{64}{7}$ (cm)　このとき，FA = FB $=\dfrac{64}{7}$cm，CF $=\dfrac{64}{7}-7=\dfrac{15}{7}$ (cm)で，AE ∥ CF より，AG : GF = AE : CF $=5:\dfrac{15}{7}=7:3$　よって，GF = FA $\times\dfrac{3}{7+3}=\dfrac{64}{7}\times\dfrac{3}{10}=\dfrac{96}{35}$ (cm)

[Ⅱ] (3) 中点連結定理より，△AFE ∽ △ACB で，相似比は 1 : 2 だから，△AFE : △ACB $=1^2:2^2=1:4$　よって，△ACB = 4S　また，高さが等しいから，△ACB : △ADB = CB : DB = 8 : 6 = 4 : 3　よって，△ADB = 4S $\times\dfrac{3}{4}$ = 3S　さらに，△AGE : △ADB = 1 : 4 だから，四角形 GDBE = 3S $\times\dfrac{4-1}{4}$ = 3S $\times\dfrac{3}{4}=\dfrac{9}{4}$S

(4) 立体 A—BCD の体積は，$\dfrac{1}{3}\times\left(\dfrac{1}{2}\times8\times6\right)\times12=96$ (cm^3)　EF $=\dfrac{1}{2}$BC = 4 (cm)，EG $=\dfrac{1}{2}$BD = 3 (cm)，AE $=\dfrac{1}{2}$AB = 6 (cm)だから，立体 A—EFG の体積は，$\dfrac{1}{3}\times\left(\dfrac{1}{2}\times4\times3\right)\times6=12$ (cm^3)　HB = x cm とすると，EH = $(6-x)$ cm だから，立体 H—EFG の体積は，$\dfrac{1}{3}\times\left(\dfrac{1}{2}\times4\times3\right)\times(6-x)=12-2x$ (cm^3)　また，HI ∥ AD より，HB : BI = AB : BD = 12 : 6 = 2 : 1 だから，BI $=\dfrac{1}{2}x$ (cm)　これより，立体 H—BCI の体積は，$\dfrac{1}{3}\times\left(\dfrac{1}{2}\times8\times\dfrac{1}{2}x\right)\times x=\dfrac{2}{3}x^2$ (cm^3)　よって，$96-12-(12-2x)-\dfrac{2}{3}x^2=70$ が成り立つ。整理すると，$x^2-3x-3=0$　解の公式より，$x=\dfrac{-(-3)\pm\sqrt{(-3)^2-4\times1\times(-3)}}{2\times1}=\dfrac{3\pm\sqrt{21}}{2}$　$x>0$ だから，$x=\dfrac{3+\sqrt{21}}{2}$

【答】 (1) △AEG と△FCG において，対頂角は等しいから，∠AGE = ∠FGC……㋐　△ABC は AB = AC の二等辺三角形だから，∠ACB = ∠ABD……㋑　△ACE ≡△BAD だから，∠CAE = ∠ABD……㋒　㋑，㋒より，∠ACB = ∠CAE　よって，錯角が等しいから，AE // BF　平行線の錯角は等しいから，∠EAG = ∠CFG……㋓　㋐，㋓より，2 組の角がそれぞれ等しいから，△AEG ∽△FCG

(2) $\frac{96}{35}$ (cm)　(3) $\frac{9}{4}$S (cm^2)　(4) $\frac{3+\sqrt{21}}{2}$ (cm)

英語A問題

1 【解き方】(1)「かばん」= bag。

(2)「電車」= train。

(3)「有名な」= famous。

(4)「疲れている」= tired。

(5)「～を借りる」= borrow。

(6) 主語が複数形なので，be 動詞は are を用いる。

(7) yesterday があることから，過去形の文。「～を受け取った」= received。

(8) 比較級の文。「～よりも速く」= faster than ～。

(9)「～すること」は動名詞を用いて表すことができる。

(10) 経験を表す現在完了〈have＋過去分詞〉の文。「一度も～ない」= never。eat の過去分詞は eaten。

【答】(1) ア　(2) ウ　(3) ア　(4) ウ　(5) ア　(6) ウ　(7) イ　(8) イ　(9) ウ　(10) ウ

2 【解き方】[Ⅰ] (1)「たくさんの種類の～」= many kinds of ～。

(2) ジュディのお気に入りの場所の一つ→直前の文中にある「人気のある動物園」を指している。

(3)「私があごひもペンギンを『見ていた』とき」。過去進行形〈be 動詞の過去形＋～ing〉の文。

(4) ア．ジュディが紹介したペンギンは一種類だけ。イ．第3段落の後半を見る。ホストファミリーがジュディに教えてくれたのは，「ひげ」ということばの意味。ウ．第3段落の最終文を見る。正しい。エ．最終段落を見る。「笑顔ペンギン」という呼び名はジュディが考えたもの。

[Ⅱ] ①「～をとても楽しんだ」= enjoyed ～ very much。

②「～してもいいですか？」= Can (または，May) I ～?。「一つ質問をする」= ask a question。

③「何」を表す疑問詞 what を用いる。「彼らの好きな食べ物」= their favorite food。

【答】[Ⅰ] (1) ウ　(2) a popular zoo　(3) イ　(4) ウ

[Ⅱ] (例) ① I enjoyed it very much.　② Can I ask a question?　③ What is their favorite food?

◀全訳▶　こんにちは，みなさん。みなさんのお気に入りの動物は何ですか？　私はペンギンが一番好きです。ペンギンは鳥ですが，飛ぶことができません。彼らは水の中で上手に泳ぐことができます。世界にはたくさんの種類のペンギンがいます。今日は，私のお気に入りのペンギンについてお話しします。

写真を見てください。彼らはかわいいでしょう？　みなさんは彼らの名前を知っていますか？　彼らの顔を見てください。これらのペンギンにはあごの下に黒い線があります。その線がひものように見えるため，彼らは英語で「chinstrap penguin（あごひもペンギン）」と呼ばれています。

先月，私はホストファミリーと一緒に人気のある動物園に行きました。私のお気に入りのペンギンに会えるので，そこは日本の中で私のお気に入りの場所の一つです。あごひもペンギンを見ていたとき，私は彼らが日本語で「ひげペンギン」と呼ばれていることを知りました。私は「『ひげ』とはどういう意味なのですか？」と聞きました。すると，私のホストファミリーが「『ひげ』とは beard のことです。黒い線がひげのように見えますね」と答えました。その名前の違いが面白いと私は思いました。

では，もう一度黒い線を見てください。みなさんにはそれがどのように見えますか？　私は黒い線が口のように見えると思います。私が初めてこれらのペンギンを見たとき，彼らはほほ笑んでいると思いました。ですから，私は彼らを「笑顔ペンギン」と呼びたいと思います。もしこれらのペンギンに名前をつけることができたら，みなさんは彼らを何と呼びますか？　お聞きいただきありがとうございました。

3 【解き方】(1)「プレゼントについて，私にいいアイデアを『与え』てくれませんか？」。「～を与える」= give。

(2) 直後にバトバヤルがデールとは何かを説明していることから考える。

(3) 原因・理由を表す副詞的用法の不定詞〈to＋動詞の原形〉を用いた表現。「～してうれしく感じる」= feel

happy to ～。

(4) バトバヤルが礼奈に話そうとしていること→ them は直前の文中にある「いくつかの理由」を指している。

(5) 未来を表す助動詞 will を用いる。「～を好む」= like。

(6) 織田先生の「着物の布を手に入れるだけで，彼女はどのようにしてデールを着ることができるのですか？」という質問に対する返答。「モンゴルには，『自分が選ぶ布でデールを作ってくれる』店がいくつかある」とする。

(7)「二つの伝統的なものを楽しむためのすばらしい方法」とは何か。直前にある礼奈の「モンゴルの伝統的な衣装を作るために日本の伝統的な布を使うのは面白い」というせりふから考える。エの「他の国の伝統的な布を使って伝統的な衣装を作ること」が適切。

(8) ①「バトバヤルは彼の国で元日にデールを着ますか？」。バトバヤルの7番目のせりふを見る。バトバヤルは自分の国で，元日やいくつかのパーティーでデールを着ると言っているので，Yes で答える。②「織田先生はいつモンゴルに行きましたか？」。織田先生の4番目のせりふを見る。織田先生は2年前にモンゴルに行った。

【答】(1) ア (2) イ (3) happy to hear that (4) some reasons (5) she will like (6) イ (7) エ
(8) (例) ① Yes, he does. ② She went there two years ago.

◀全訳▶

礼奈　　　：こんにちは，バトバヤル。何をしているのですか？

バトバヤル：こんにちは，礼奈。私は姉の誕生日プレゼントのことを考えているのです。

礼奈　　　：まあ，あなたはやさしい弟ですね。彼女の誕生日はいつですか？

バトバヤル：来月です。プレゼントについて，私にいいアイデアを与えてくれませんか？　彼女は衣装に興味をもっています。

礼奈　　　：いいですよ，あなたと一緒にそのことについて考えましょう。

織田先生　：こんにちは，礼奈とバトバヤル。何について話しているのですか？

礼奈　　　：こんにちは，織田先生。私たちは彼のお姉さんのための誕生日プレゼントについて話しています。

織田先生　：それは楽しそうですね。彼女は何が好きなのですか？

バトバヤル：彼女は伝統的な衣装が好きです，例えばデールのような。

礼奈　　　：デール？　デールとは何ですか？

バトバヤル：デールはモンゴルの伝統的な衣装です。着物は日本の伝統的な衣装ですよね？　着物のように見えるデールもあると私は思います。

礼奈　　　：本当ですか？　それは面白いです。

織田先生　：デールと着物の形は似ていると私も思います。

バトバヤル：先生は今までにそれらを見たことがあるのですか？

織田先生　：はい。私は2年前にモンゴルに行ったとき，たくさんのデールを見ました。それらはすべて美しかったです。

バトバヤル：私はそれを聞いてうれしく感じます。私もデールは美しいと思います。

礼奈　　　：あなたはいつデールを着るのですか，バトバヤル？

バトバヤル：私はいくつかの特別な行事のためにデールを着ます。例えば，私の国では，私は元日や，いくつかのパーティーでそれを着ます。

礼奈　　　：なるほど。私もいくつかの特別な行事のために着物を着ます。

バトバヤル：着物は美しい伝統衣装だと私は思います。私は着物が好きですし，姉もそれが好きです。モンゴルには，着物の布で作られているデールを楽しむ人もいます。

礼奈　　　：本当ですか？　デールを作るために着物の布を使うという考えは興味深いです。なぜそれがデールを作るために使われるのですか？

バトバヤル：私はいくつかの理由を聞いたことがあります。そのうちの一つを話しましょう。デールと着物の形が似ているので，着物の布はデールを作るのに適しているのです。それらは長い布から作られています。

礼奈　　　：わかりました。

バトバヤル：私の姉は，自分も将来，着物の布でできたデールがほしいと言っています。

礼奈　　　：ああ，バトバヤル！　あなたのお姉さんへの誕生日プレゼントのアイデアが浮かびました。彼女に着物の布をあげるのはどうですか？　私は，彼女がそれを好むだろうと思います。

バトバヤル：わあ，それはよさそうですね，でもそれはとても高価かもしれないのが心配です。

織田先生　：それなら，私はこの近くにあるいい店を知っています。その店の着物の布は中古の着物からのものであるため，それほど高価ではありません。

バトバヤル：それはいいですね。ありがとうございます。私は着物の布を買って，姉に送ることにします。そうすれば，姉は着物の布でできたデールを着て楽しむことができます。

織田先生　：着物の布を手に入れるだけで，彼女はどのようにしてデールを着ることができるのですか？

バトバヤル：モンゴルには，私たちが選ぶ布でデールを作ってくれる店がいくつかあります。

礼奈　　　：それはいいシステムですね。彼女がそのデールを着るとき，写真を撮ってくれるよう彼女に頼んでください。

バトバヤル：わかりました。それをあなたに見せましょう。

礼奈　　　：ありがとう。今，私はモンゴルと日本の伝統衣装について，いくつかのことが理解できました。それらについて知ることは楽しいです。モンゴルの伝統的な衣装を作るために日本の伝統的な布を使うのは面白いと思います。

バトバヤル：はい，私もあなたと同じ意見です。それは二つの伝統的なものを楽しむためのすばらしい方法だと私は思います。

英語B問題

1 【解き方】(1)「彼女の誕生日パーティーは来月『行われる予定です』」という受動態〈be 動詞＋過去分詞〉の文。未来の内容なので will が必要。

(2) バトバヤルの「彼女のプレゼントのためのいいアイデアを私に与えてくれませんか？」という依頼に対する返答。アの「いいですよ，そのことについて考えましょう」が適切。

(3)「人々はそれほど頻繁にデールを着るわけではありません」という意味の文。礼奈の「モンゴルの人々は毎日デールを着るのですか？」という質問の直後（イ）に入る。

(4) 直後にバトバヤルが同意したあとの「日本で着物を着ている人々をあまり多く見かけません」ということばに着目する。デールを着た人々を見かけることが少ないモンゴルと「ほとんど同じ状況」とは，「日本で着物を着ている人々を見る機会はあまり多くない」ということ。

(5) バトバヤルの姉が「学ぶことは楽しい」と言ったもの→直前の文中の「衣装と布」を指している。

(6)「最も～な…の一つ」=〈one of the ＋～(最上級)＋…(複数名詞)〉。

(7) 礼奈の「着物の布を手に入れるだけで，彼女はどのようにしてデールを着ることができるのですか？」という質問に対する返答。「モンゴルには，『自分たちが選んだ布でデールを作ってくれる』店がある」とする。

(8)「そのような古い着物のほとんどの部分」が主語なので，can のあとには受動態〈be 動詞＋過去分詞〉を用いる。「～を作るために」= to make ～。「何か他の物」= something else。

(9) ア．織田先生の 3・4 番目のせりふを見る。織田先生はモンゴルでデールを着ている人々を見る機会があったが，自分自身がデールを着てパーティーに行ったわけではない。イ．「バトバヤルが初めて着物を見たとき，着物の布でデールを作るというアイデアを思いついた」という記述はない。ウ．「バトバヤルは，織田先生が彼に紹介した店で日本の伝統的な布を買うつもりです」。バトバヤルの 12 番目のせりふを見る。あまり高価ではない着物の布を売っている店を織田先生が教えてくれたので，バトバヤルはそこで布を買って姉に送るつもりだと言っている。正しい。エ．バトバヤルが姉に送ろうとしているのは着物の布であり，「バトバヤルが伝統的な衣装を作る」という記述はない。オ．「着物の布で作られたデールについて知ることを通して，礼奈は彼女自身の文化について知る機会をもちました」。礼奈の最後から 2 番目のせりふを見る。正しい。

【答】(1) ウ　(2) ア　(3) イ　(4) イ　(5) the costumes and cloth　(6) one of the easiest　(7) ア
(8) used to make something else　(9) ウ・オ

◀全訳▶

礼奈　　：こんにちは，バトバヤル。何をしているのですか？

バトバヤル：こんにちは，礼奈。私は姉の誕生日プレゼントのことを考えています。彼女の誕生日パーティーは来月行われる予定です。彼女のプレゼントのためのいいアイデアを私に与えてくれませんか？

礼奈　　：いいですよ，そのことについて考えましょう。あなたはやさしい弟だと私は思います。彼女は何が好きですか？

バトバヤル：私の姉は衣装を着ることに興味をもっています。

織田先生　：こんにちは，礼奈とバトバヤル。何について話しているのですか？

礼奈　　：こんにちは，織田先生。私たちは彼のお姉さんのための誕生日プレゼントについて話しています。彼女は衣装が好きなのだとバトバヤルが言っています。

織田先生　：まあ，それは楽しそうですね。

バトバヤル：私の姉は伝統的な衣装が好きです，例えばデールのような。

礼奈　　：デール？　それは何ですか？

バトバヤル：デールはモンゴルの伝統的な衣装です。着物は日本の伝統的な衣装ですよね？　着物のように見えるデールもあると私は思います。

礼奈　　　：なるほど。モンゴルの人々は毎日デールを着るのですか？

バトバヤル：人々はそれほど頻繁にデールを着るわけではありません。しかし，何か特別なことを祝うためにデールを着る人もいます。例えば，私は新年を祝うときにデールを着ます。私はパーティーに行くときにもそれを着ます。

織田先生　：実は，私は２年前にモンゴルに行ったのですよ。

礼奈　　　：それは素敵ですね！　デールを着た人々を見る機会はありましたか？

織田先生　：向こうで大きなパーティーにデールを着ていく人々を見る機会が一度だけありました。

礼奈　　　：そうですか。日本で着物を着る状況もほとんど同じだと思います。

バトバヤル：どういう意味ですか？

礼奈　　　：日本で着物を着ている人々を見る機会はあまり多くないということです。

バトバヤル：私もそう思います。日本で着物を着ている人々はあまり多く見かけません。着物は美しい伝統的な衣装なので，私はもっと多くの人々に着物を着てほしいと思います。私の姉と私はそれが好きなのです。モンゴルには，着物の布で作られたデールを楽しむ人々がいることを知っていますか？

礼奈　　　：本当ですか？　デールを作るために着物の布を使うという考えは興味深いです。

バトバヤル：姉と私が初めてそれらのデールを見たとき，私たちは何の布が使われているのかわかりませんでした。しかし，着物の布を使ったそれらのデールが美しい衣装だったため，私たちはその衣装と布に興味をもつようになりました。姉はその衣装と布について学び始めました。それらについて学ぶことは楽しいと彼女は言っていました。

織田先生　：私には理解できます。日本の伝統的な布がモンゴルの伝統的な衣装を作るために使われていると聞いたとき，私は興味をもち，わくわくしました。

バトバヤル：私は，着物の布を使ったデールを着ることは，二つの文化を楽しむための最も簡単な方法の一つだと思います。姉は将来，それを着たいと言っています。もし彼女が着物の布を手に入れたら，彼女はそれを着て楽しむことができるだろうと私は思います。

礼奈　　　：着物の布を手に入れるだけで，彼女はどのようにしてデールを着ることができるのですか？

バトバヤル：モンゴルには，私たちが選ぶ布でデールを作ってくれる店がいくつかあります。

礼奈　　　：それはいいシステムですね。それでは，彼女の誕生日プレゼントとして，彼女に着物の布をあげてはどうですか？

バトバヤル：それはいいアイデアです，でも私にそれが買えますか？　私は，それがとても高価であるかもしれないと思います。

織田先生　：バトバヤル，私は礼奈のアイデアがいいと思います。私はこの近くにあるいい店を知っています。その店の着物の布は中古の着物からのものであるため，それほど高価ではありません。

バトバヤル：ああ，それはいいですね。ありがとうございます。私はそれを買って，姉に送ることにします。

織田先生　：着物が古くなると，それらのいくつかの部分はよい状態ではなくなるかもしれません。しかしながら，そのような古い着物のほとんどの部分は，何か他の物を作るために使うことができます。

礼奈　　　：それは着物のよい点です。

バトバヤル：今，私は人々がどのようにして伝統的な衣装や布を利用し続けているのかがわかりました。私はそれが日本の文化のよい部分であると思います。

礼奈　　　：私もそう思います。私は今日，日本の伝統的な布が，モンゴルの伝統的な衣装を作るために利用されていることを学びました。着物の布を使ったデールについて知ることは，私たち自身の文化について知る機会を私に与えてくれました。

バトバヤル：その通りです。私たちは異なる文化をもっています。他の文化について学ぶことは，時に私たち自身の文化について知ることへの入口になります。一緒に学び続けましょう，礼奈。

礼奈　　：もちろんです。

2 【解き方】(1) 文前半の「和ろうそくは，今日ふだん使われている西洋のろうそくとは異なります」という内容と，although（～だが）という逆接の接続詞から考える。similar =「似ている」。

(2) 前後の文より，過去形の文であることがわかる。

(3) 別のハゼの木に接《つ》ぎ木したもの→文前半にある「その奇妙な木のいくつかの部分」を指している。

(4)「これらの木は，その実がブドウのように見えたため，ブドウハゼと『名づけられました』」。「～と名づけられる」= be named ～。

(5) 人々が元の木のことを忘れてしまうことになった理由が述べられた部分。「より安価な西洋ろうそくが普及し，紀美野町の人々は多くの蝋《ろう》を売ることができなくなりました」→「そのため，町の人々はブドウハゼを育てることをやめ，木々の多くが枯れてしまいました」→「そしてそのあと，町のほとんどの人々は，それらの他の木々と同じように，元の木も枯れてしまったと思いました」の順になる。

(6) 主格の関係代名詞を用いて表す。「～を信じていた女性」= a woman who believed ～。

(7) 間接疑問文。remember のあとは〈疑問詞＋主語＋動詞〉の語順になる。

(8)「それは彼女たちが写真で見た木にそっくりでした」という意味の文。生徒たちがようやく木を見つけた部分の直後（エ）に入る。

(9) ①「江戸時代に発見されたとき，元の木にはとても大きな実がついていましたか？」。第2段落の1・2文目を見る。内容が一致するので，Yes で答える。②「スピーチによれば，元の木に関するニュースから，町の人々は何を得ましたか？」。最終段落の2文目を見る。町の人々はそのニュースからたくさんのエネルギーを得た。

【答】(1) エ　(2) イ　(3) some parts of the strange tree　(4) ウ　(5) ウ　(6) met a woman who believed
(7) remember where she saw it　(8) エ　(9)（例）① Yes, there were.　② They got a lot of energy.

◀全訳▶　みなさんは和ろうそくについて知っていますか？　とても似ているように見えますが，和ろうそくは，今日ふだん使われている西洋のろうそくとは異なります。和ろうそくはふつう，植物から取られる蝋で作られます。その植物の種類の一つは，日本語でハゼと呼ばれる木です。人々はハゼの実から蝋を取ります。昨年の夏，長期休暇で和歌山県の紀美野町に行ったとき，私は地元の人々から興味深い話を聞きました。それはハゼの特別な木についてのものでした。

江戸時代のある日，小さくて奇妙な木が紀美野町の山で発見されました。その木にはとても大きな実がついていました。それは新種のハゼだと人々は思いました。その大きな実から，人々はたくさんの上質な蝋を取ることができました。そこで，人々は同じ種類の木をたくさん作ろうとしました。人々はその奇妙な木のいくつかの部分を切り，それらを別のハゼの木に接ぎ木しました。このようにして，大きな実のなる木がたくさん作られました。大きな実のなるこれらの木は，その実がブドウのように見えたため，ブドウハゼと名づけられました。最初の奇妙な木は，多くのブドウハゼのための「元の木」と呼ばれました。数種類の異なるハゼの中で，ブドウハゼは和ろうそくを作るための最高の蝋を生み出すと言う人もいました。その町の人々は蝋を売り，人々の生活がよりよいものになりました。人々はブドウハゼと元の木に感謝しました。

そして長い年月が過ぎました。より安価な西洋ろうそくが普及し，紀美野町の人々は多くの蝋を売ることができなくなりました。そのため，町の人々はブドウハゼを育てることをやめ，木々の多くが枯れてしまいました。そしてそのあと，町のほとんどの人々は，それらの他の木々と同じように，元の木も枯れてしまったと思いました。ほとんどの人々は，元の木のことを忘れてしまいました。

2016年，紀美野町の二人の高校生が，自分たちの町の歴史やブドウハゼのことを授業で学びました。彼女たちは元の木にとても興味をもつようになり，それについての調査をし始めました。彼女たちは多くの人々に聞き取り調査をしました。多くの人々は，その木は何年も前に枯れてしまったと言いました。しかしながら，その生徒たちは，元の木がまだ山にあるということを信じていた一人の女性に会いました。彼女はどこでそれを見たかを覚えていなかったけれども，20 年か 30 年前にそれを見たと言いました。町にたくさんの幸せを運んでくれたので，彼女はその木がとても特別なものであると思っていました。その女性と話したあと，その二人の生徒たちは元の木を見つけようと決心しました。

その生徒たちは図書館で多くの情報を集めました。そしてある本の中で，彼女たちは元の木の写真を見つけました。それは約 80 年前に撮られた写真でした。それを見つけるのは不可能だと言う人もいましたが，その二人の生徒たちは努力することをやめませんでした。手にその写真を持って，彼女たちは山の中を歩き，それを探しました。多大な努力をしたのちに，彼女たちはとうとう木を見つけることができました。それは彼女たちが写真で見た木にそっくりでした。その木は生き残っていたのです。それは山の中で生き続けていました。

2020 年 1 月，その木は和歌山県の天然記念物になりました。元の木に関するこのニュースから，町の人々はたくさんのエネルギーをもらいました。ブドウハゼが，彼らの町で発見されて作られた特別な種類のハゼであることを思い出した人々もいました。今，何人かの人々には，もう一度ブドウハゼを育てる計画があります。私はその高校生たちにとても勇気づけられました。彼女たちは自分の町によい影響を与えました。生徒たちは，教室の外に変化をもたらすことができるのだということを私は知りました。お聞きいただきありがとうございました。

3 **【解き方】** ①「～まで 5 日だ」= have 5 days before ～。「あなたは～できますか？」= Can you ～?。「今日の放課後」= after school today。

② ジムの「1 日では十分ではない。もし可能であれば，他の日にもそれ（テニス）をしよう」という提案に対する応答を考える。最初に I think so, too.（または，I agree with you.）などの文でジムに対する賛意を表し，【あなたの放課後の予定】より「金曜日にテニスをするのはどうですか？」などの文を続ける。

【答】（例）① We have 5 days before the tennis match. Can you play tennis after school today?（15 語）

② I think so, too. How about playing tennis on Friday? I'm free on that day.（15 語）

英語リスニング ［A問題・B問題］

回【解き方】1.「あなたはどんな食べ物が好きですか？」という質問に対する返答を選ぶ。

2.「彼は片方の手を上げる」,「彼はもう片方の手を頭の上に乗せる」と言っている。

3. 翔太が買うように頼んだものは，ミルク，卵，バナナだが，台所に卵が十分にあったため，ベッキーが実際に買うものはミルクとバナナだけである。

4. この日は火曜日で，燃えるごみの回収日。雑誌や新聞などの古紙の回収日は金曜日。ペットボトルやプラスチックの回収日は「明日」だと言っていることから，水曜日だとわかる。

5. (1) 飼育員が「彼らを見るチャンスはあと1回あります」と言っている。ライオンの赤ちゃんを見ることができるのは，1時と4時の2回。(2) 飼育員が「お金は赤ちゃんを世話するために使われるので，その本を買っていただくことが助けになります」と言っている。ライオンの赤ちゃんに関する本を買えば，彼らの助けになる。

6. (1)「僕はいつも大好きなチョコレートを持ち歩いている」と言う浩二に対して，エミリーが「少し私にくれる？」と頼み，浩二は「どうぞ」と差し出している。(2) 高い場所から景色を見てそれまでの道のりを振り返ると「今までの努力を感じることができる」と言うエミリーに対し，浩二は「心のためのエネルギーを得ることは，身体のためのエネルギーを得ることと同じくらい大切だと今は思う」と言っている。

【答】1. ア　2. ア　3. ウ　4. イ　5. (1) イ　(2) エ　6. (1) ウ　(2) エ

◀全訳▶ 1.

ジェーン：こんにちは，勇樹。私はお腹がすいています。昼食を食べにレストランへ行きましょうか？

勇樹　　：いいですよ，ジェーン。あなたはどんな食べ物が好きですか？

2. 見てください，みなさん。今から私はイングランドのジェスチャーを紹介します。この人物は二つの動作をしています。まず，彼は片方の手を上げています。次に，彼はもう片方の手を頭の上に乗せています。これは昔，会議で使われていました。

3.

ベッキー：こんにちは，翔太。私はスーパーマーケットにいます。明日，私たちは家でパーティーをする予定です。私に買ってほしいものは何かありますか？

翔太　　：ありがとう，ベッキー。僕は今夜，ケーキを作るつもりです。だからケーキ用に1本のミルクと，いくつかの卵，そしてバナナが必要です。

ベッキー：わかりました。ああ，翔太，卵は一つも買う必要がありません。台所に十分な卵があると思います。

翔太　　：本当ですか？　ああ，あなたの言う通りです。

ベッキー：砂糖は必要ですか？

翔太　　：いいえ。砂糖は十分あります。ありがとう，ベッキー。

ベッキー：どういたしまして。あなたが必要としているものを買いますね。またあとで会いましょう。

4.

ジョン：おはよう，恵子。僕は昨夜，部屋の掃除をして，このビニール袋にごみを入れました。今何をすればいいですか？

恵子　：おはよう，ジョン。そのごみは燃やすことができますよね？　今日は火曜日だから，その袋を家の前に置いてください。今日，あとでその袋は回収されるでしょう。

ジョン：わかりました，これらの古い雑誌や新聞も同じ袋に入れていいですか？

恵子　：いいえ，私たちはそれらをリサイクルしなければなりません。それらのための日は金曜日です。

ジョン：そのことを覚えておきます。ああ，ここにペットボトルが何本かあります。それらを入れるための別の袋がありますか？　ペットボトルもリサイクルされますよね？

恵子　：はい，でもプラスチックごみの日は明日です。これがそれらを入れるための袋です。はいどうぞ。

ジョン：ありがとう，恵子。

5. ライオンエリアを訪れていただきありがとうございます。ただ今，1時です。まもなく，ここで2頭の赤ちゃんライオンをみなさんにお見せします。彼らはとても小さくてかわいいです。それらの赤ちゃんは3か月前に生まれました。彼らはふだん別の部屋でほとんど1日中眠っていて，時々ミルクを飲みます。彼らはまだ食べ物を食べることができませんが，ミルクは大好きです。ああ，彼らがやってきました。申し訳ありませんが，カメラや携帯電話は使用しないでください。強い光は赤ちゃんにとってよくありません。…さあ彼らがここにやってきました！　今日，みなさんがこれらの赤ちゃんを見ることができるのはこれが初めてです。今から30分後に，彼らは部屋に戻ります。しかし今日，彼らを見るチャンスがあと1回あります。赤ちゃんたちは午後4時にもう一度ここに戻ってきます。赤ちゃんについてもっと多くのことを知りたければ，門の近くにある店で彼らについての本を買うことができます。お金は赤ちゃんを世話するために使われるので，その本を買っていただくことが助けになります。私たちは，みなさんが当動物園ですばらしい1日をお過ごしになるように願っています。ありがとうございました。

質問(1)：今日，動物園は何回来園者に赤ちゃんたちを見せますか？

質問(2)：赤ちゃんたちの助けになるために，来園者ができることは何ですか？

6.

エミリー：がんばって，浩二。疲れたの？

浩二　　：うん，エミリー。待って。休憩したいよ。

エミリー：わかったわ。ここで休みましょう。温かいお茶をあげるわ。

浩二　　：ありがとう。ああ，この地図を見て。僕たちは今，もうこの地点まで来ているよ。

エミリー：そうね，でも山頂に着くまであと1時間はかかるわ。私たちにはエネルギーが必要よ。疲れているとき，あなたはどのようにしてエネルギーを得ているの，浩二？

浩二　　：温かいお茶を飲み，おいしいチョコレートを食べることが，僕の身体にとってとてもいいと思う。僕はいつも大好きなチョコレートを持ち歩いているんだ。

エミリー：私もチョコレートが大好きよ。少し私にくれる？　チョコレートはリラックスするのにいいわ。

浩二　　：いいよ，はいどうぞ。君はどうやってエネルギーを得るの，エミリー？

エミリー：それぞれの場所からの景色を楽しむことが大切だと思う。ほら，この高い場所からたくさんのものが見えるわ。

浩二　　：なるほど。君は景色からエネルギーを得ることができるということ？

エミリー：そう，私は高い場所からの景色が好きなの。私は振り返って私たちが来た道のりのことを考えると，今までの努力を感じることができるの。

浩二　　：ああ，君は心のためのエネルギーを得ることについて話しているんだね。心のためのエネルギーを得ることは身体のためのエネルギーを得ることと同じくらい大切だと，今，僕は思うよ。

エミリー：その通りね！　ああ，顔色がよくなったわね，浩二。もう気分はよくなった？

浩二　　：うん，準備はいいよ！　さあ行こう！

質問(1)：身体のためのエネルギーとして，浩二はエミリーに何をあげましたか？

質問(2)：会話を通して，浩二は何に気づきましたか？

英語C問題

1 【解き方】(1)「そのコンテストで二度優勝した少年は私の弟です」。主格の関係代名詞を用いた文。「～で優勝した少年」= the boy who won ～。

(2)「その生徒たちは，校門のそばで眠っているネコを見つけて興奮していました」。「～して興奮している」= be excited to ～。「眠っているネコ」= a sleeping cat。

(3)「私はあの歌手が毎日何時間練習しているのか知りたいです」。間接疑問文。疑問詞（how many hours）のあとは〈主語＋動詞〉の語順になる。

(4)「彼女が私にくれたプレゼントは，私が長い間手に入れたいと思っていたものでした」。「彼女が私にくれたプレゼント」= the present she gave me。「私が手に入れたいと思っていたもの」= the one I wanted to get。

(5)「その本は私に，海外旅行のために何を準備するべきかということを知るための十分な情報を与えてくれました」。「AにBを与える」= give A B。「～するための十分な情報」= enough information to ～。不定詞の形容詞的用法。「何を～するべきか」= what to ～。

(6)「試験が終わるまで，私は自分が見たいDVDを遠ざけておくつもりです」。「AをBから遠ざけておく」= keep A away from B。「自分が見たいDVD」= the DVDs I want to watch。

【答】(1) ウ　(2) ア　(3) エ　(4) ウ　(5) エ　(6) ウ

2 【解き方】(1) 表の中で，各世代で最も高い割合を示しているのは「おいしさ」で，最も低い割合を示しているのは「簡便性」である。

(2) 60歳から69歳の人々の中で3位，20歳から29歳と40歳から49歳の人々の中で2位になっているのは「価格」である。

(3) 世代による割合の差が38.7となっている要素は，20歳から29歳と60歳から69歳における「鮮度」である。

【答】(1) イ　(2) イ　(3) ア

◀全訳▶「あなたが食べ物を選ぶとき，最も重要な要素は何ですか？」 これは健康と食べ物に関して2018年に行われた調査における質問の一つでした。その調査は20歳以上の人々を対象に行われました。調査に参加した人々は，いくつかの選択肢から一つ以上の要素を選ぶことによってこの質問に答えました。次の表は八つの要素と，それらを選んだ人々の割合を示しています。質問に答えたすべての人から，その表は20歳から29歳，40歳から49歳，そして60歳から69歳という三つの世代を示しています。

表を見てください。それぞれの世代で，最も高い割合と最も低い割合を示す二つの要素は同じです。それらは「おいしさ」と「簡便性」です。しかし，その表は，それぞれの世代の人々が食べ物を選ぶとき，異なる視点を持っていたことも示しています。それぞれの世代の要素を最も高い割合から最も低い割合まで順番通りに並べると，三つの世代の間で2番目と3番目に位置づけられた要素にいくつかの違いがあります。「価格」は，60歳から69歳の人々の間では3位に位置づけられましたが，20歳から29歳と40歳から49歳の人々には2位に位置づけられました。各要素に対して，世代の間には割合の差がいくらかありました。すべての要素の中で，最も大きな割合の差は38.7で，それは「鮮度」において見られます。

3 【解き方】(1)「社会における変化が，時刻に関する人々の意識の変化を『もたらしました』」。「～をもたらす」= bring。

(2) 日本で初めての時計が用いられたのは，展覧会が開催された年より1,200年以上「前」のことだった。空欄直後に名詞句（that year）があるので，前置詞であるbeforeが入る。

(3) 第3段落の1・2文目を見る。時に関する展覧会は，人々の時刻に対する意識を変える目的で開催された。アの「人々の時刻に対する意識に影響を与える」が適切。

(4) ア．第2段落の1文目を見る。17世紀には，日本で機械式の時計が作られていた。イ．第2段落の中ほどを見る。1872年には日本で最初の列車が走り始め，機械式の時計を利用し始める人々もいた。ウ．「1920年の6月10日に，東京の人々は正午を伝える音を聞く機会があった」。第3段落の後半を見る。正しい。エ．最終段落の1文目を見る。最初の時の記念日から1世紀が過ぎ，人々はとても時間に正確になった。

【答】(1) ア　(2) ウ　(3) ア　(4) ウ

◀全訳▶　ある古い本によると，671年6月10日に，日本で初めて時計が用いられました。それは水を利用した時計でした。その日は日本の時計の歴史にとって非常に重要です。

17世紀になり，日本では人々が機械式の時計を作り始めましたが，彼らは太陽を見ることやお寺の鐘の音を聞くことによっておおよその時刻を知ることができたため，それらはあまり普及しませんでした。しかし，明治時代になると，西洋諸国から日本に導入された近代的な技術を用いるために必要だったので，機械式の時計を利用し始める人がいました。例えば，1872年には，日本で最初の列車が走り始めました。人々は列車に乗ろうとすると，正確な時刻を知る必要がありました。社会における変化が，時刻に関する人々の意識の変化をもたらしましたが，とても緩やかなものでした。多くの人々は，正確な時刻を知る重要性をあまり感じていませんでした。

1920年，当時の人々の中には，日本を近代的な国にするために時刻に対する人々の意識を変えることが必要だと考える人がいました。そのような目的で，その年，時に関する展覧会が東京で開催されました。展示された多くの興味深いものを通して，人々は時間が彼らの生活にどのように影響しているのか知ることができました。その展覧会はとても人気が出て，約22万人が来場しました。展覧会中，6月10日が「時の記念日」となりました，なぜならその年より1,200年以上前のその日に，日本で初めての時計が用いられたからです。1920年のその日の正午に，東京中で，人々は12時であることを伝える音を聞くことができました。その展覧会は多くの人々に，分や秒の感覚を持つ機会を与えました。そして，人々は時計をより正確なものにするために，改良し始めました。

最初の時の記念日からちょうど1世紀後，時計はとても正確になり，人々はとても時間に正確になりました。より正確な時計や社会の変化によって，私たちの時間の意識が将来どのように変わるのか，私たちにはわかりません。

④【解き方】(1)「人々は，その木には他のハゼの木の実よりも大きな実ができることを発見しました」という意味の文。①にはberriesを表す代名詞onesが入る。

(2) 第2段落の中ほどを見る。ブドウハゼの元の木は，同じ種類の木を多く作るために利用された。

(3)「彼らはブドウハゼを育てることをやめ，木の多くが枯れてしまいました」という意味の文。安価な西洋ろうそくが普及したため，多くの蝋《ろう》を売ることができなくなったということが述べられている部分の直後（C）に入る。

(4) ブドウハゼのことを授業で学んだ生徒たちの行動が述べられた部分。「生徒たちは元の木に興味を持ち，それに関する調査をし始めた（iii）」で始まり，「聞き取り調査をしているときに，元の木がまだあると信じている女性に会った（iv）」と続く。その女性のことばを聞いたあと，「生徒たちはその木を見つけ出そうとし（ii）」，「別の調査方法を試み，図書館で元の木の写真を見つけた（i）」という流れ。

【答】(1) ア　(2) ア　(3) ウ　(4) イ

◀全訳▶　和歌山県の紀美野町には，日本語でブドウハゼと呼ばれる木があります。人々はブドウハゼの実から蝋を取り，その蝋は和ろうそくを作るために利用されます。数種類のハゼの中で，ブドウハゼは和ろうそくを作るための蝋に最適だと言う人もいます。

ブドウハゼの木は，1本の元の木から作られました。元の木は，江戸時代に紀美野町で発見されました。人々は，その木には他のハゼの木の実よりも大きな実がついていることに気づきました。その大きな実から，たくさんの上質な蝋が取られました。そこで，これと同じ種類の木をたくさん作るため，人々は元の木のいくつかの部分を切り，それらを他のハゼの木に接《つ》ぎ木しました。このようにして，大きな実のなるたくさんの木が作られ，その実がブドウのように見えたため，それらはブドウハゼと名づけられました。町の人々はブドウハゼの木の実から作った蝋を売り，人々の生活はよりよいものになりました。しかし，何年もたち，より安価な西洋ろうそくが普及したため，町の人々は多くの蝋を売ることができなくなりました。彼女たちはブドウハゼを育てることをやめ，木の多くが枯れてしまいました。ほとんどの人々は，元の木もそれらの他の木と同じように枯れてしまったと思いました。

2016年，紀美野町の二人の高校生が，自分たちの町の歴史やブドウハゼのことを授業で学びました。彼女たちは元の木に特に興味をもちました，なぜなら，多くのブドウハゼがその木から作られたからです。彼女たちはそれに関する調査をし始めました。最初，彼女たちが多くの人々に聞き取り調査をすると，元の木がまだ山の中にあると信じている女性に出会いました。彼女はその場所を覚えていませんでしたが，20年か30年前にそれを見たと言いました。それを聞いてから，ほとんどの人が何年も前に枯れてしまったと言っているにもかかわらず，彼女たちはその木を見つけ出そうと決心しました。彼女たちは彼女のことばを信じたいと思いました。彼女たちは別の調査方法を試みました。図書館で，彼女たちはその町に関する本をたくさん読みました。そしてある本の中で，彼女たちは元の木の古い写真を見つけました。手にその写真を持って，彼女たちは山の中を歩き，それを探しました。多大な努力をしたのちに，彼女たちは写真の中で見た木とそっくりな木を見つけました。それはブドウハゼの元の木でした。2020年1月，その木は和歌山県の天然記念物になりました。

5 **【解き方】** (1) 直前の「彼女は暗さの時間が開花時間に影響を及ぼすことを知りました」という文や，アサガオが朝に開花することから考える。アサガオは，「暗く」なってから約10時間後に開花する。

(2) アサガオが葉だけでなく花びらにも持っているもの→文前半にある「気孔」を指している。

(3)「その結果」の具体的な内容は，同文のthat以下で述べられている。「葉にある気孔は明るいときに主に光合成のために開くが，アサガオの花びらにある気孔は暗いときに開く」とあることから，Ⓐが「花びらの気孔」，Ⓑが「葉の気孔」となる。

(4) 同文の「暗くなって花びらにある気孔が開くと，水が茎から花びらに運び上げられ，そして花が開く」という内容から考える。花びらは十分な「水」を得ると開花する。

(5) ア．第1段落の1～3文目を見る。生徒が研究を始めたのは，アサガオがなぜ朝に開花するのかという疑問をもったため。花びらの色の違いの原因となる要素に興味をもったわけではない。イ．「(埼玉県の生徒は)アサガオがその花びらに，彼女の疑問に答えるための鍵の一つとなる，とても小さな穴を持っていることを発見しました」。第2段落を見る。生徒は研究の結果，アサガオは花びらにも気孔があり，それが開花時間に関連していることを発見した。正しい。ウ．最終段落の1文目を見る。生徒は，自分の求める結果を得ることができなくても，それが自分を励ましてくれたのだと言っている。エ．最終段落の1文目を見る。生徒は，自分が望んでいなかった結果でも，新しいアイデアを考えて多くの研究方法に挑戦した。

【答】 (1) ア　(2) エ　(3) イ　(4) エ　(5) イ

◀全訳▶　埼玉県のある生徒は12歳のとき，アサガオの開花時間に初めて興味をもちました。その生徒は一つの疑問をもちました。なぜアサガオは朝に開花するのでしょう？　のちに，彼女は暗さの時間が開花時間に影響を及ぼすことを知りました。アサガオは，暗くなってから約10時間後に開花します。彼女はその事実を学んだとき，開花時間を決定する要因がいくつかあるかもしれないと思いました。そこで，彼女は研究をし始めました。

彼女は5年間研究し続け，多くの興味深い事実を発見しました。例えば，彼女は花びらの白い部分に気孔とよばれるとても小さな穴があることを発見しました。多くの人々は，ほとんどの植物がその葉に気孔を持っていることを知っていますが，彼女は，アサガオがその花びらにも気孔を持っていることを発見したのです。彼女は研究し，花びらと葉にある開いた気孔の割合を示すグラフを作りました。すると，その結果は，葉にある気孔は明るいときに主に光合成のために開くけれども，アサガオの花びらにある気孔は暗いときに開くということを示しました。そして彼女は，暗くなって花びらにある気孔が開くと，水が茎から花びらに運び上げられ，花びらが十分な水を得ると花が開くことを発見しました。この研究から，彼女は花びらの水がアサガオの開花時間を決定する非常に重要な要因であると考えました。彼女の研究により，彼女は2018年に高校生のための科学の国際的な賞を受賞しました。

その生徒は，自分の求める結果を得ることができないこともあったけれども，望んでいなかったそのような結果が自分に新しいアイデアを考え，多くの研究方法に挑戦するよう励ましてくれたのだと言いました。ほとんどの人はアサガオが朝に開花することを知っていますが，なぜそうなるのかと問うことをしません。彼女の研究は，私たちの周囲にあるものに対して疑問をもつことがいかに重要であるのかを示しています。

6 **【解き方】**(1)「地球には衛星が一つしかありません『が』，土星には衛星が80以上あります」。「〜だが」= though 〜。

(2) 第1段落の1文目の「地球上でどのようにして生命が始まったのか」という表現を言い換えた部分。「地球上でどのようにして生命が『生まれた』のか」。「生まれる」= be born。

(3) 同段落の3文目以降で，ドローン技術の向上について述べられていることから考える。エの「ドラゴンフライのような進歩した技術が，新しい情報を私たちにもたらしてくれるかもしれません」が適切。

【答】(1) ウ　(2) イ　(3) エ

◀全訳▶　約38億年前，地球上でどのようにして生命が始まったのでしょう？　将来，タイタンで行われる調査を通して，その答えを得ることになるかもしれません。タイタンは土星の最大の衛星です。地球には衛星が一つしかありませんが，土星には衛星が80以上あります。タイタンには，いくつかの川，湖，そして海までありります。それに加えて，地球上で生命が始まるために必要であったいくつかの特別な物質もタイタンで発見されました。もしタイタンに生命が存在したという新事実を見つけることができれば，地球上でどのようにして生命が生まれたのかを知ることが可能になるかもしれません。

調査を行うために，ドラゴンフライと呼ばれるドローンが2027年に地球から送られ，その数年後にタイタンに到着する予定です。到着後，ドラゴンフライはタイタンの多くの場所へ飛んでいき，地球に情報を送ることになっています。ドローンの技術は向上しています。例えば，ドラゴンフライは地球からの指示がなくても，どこに飛べばいいのか決めることができます。衛星上での調査のためにドローンを用いるのは初めてのこととなるでしょう。ドラゴンフライを用いた調査は，過去における調査よりも短期間でより多くのことを私たちに教えてくれるでしょう。ドラゴンフライのような進歩した技術が，地球上でどのようにして生命が始まったのかを示す新しい情報を私たちにもたらしてくれるかもしれません。

7 **【解き方】**自分が所属するグループのリーダーに最も持っていてほしい資質を語群から選び，その理由を書く。そのあと，自分自身の経験や実例を述べて説得力をもたせる。クラブ活動や学校行事のような場面でその資質を持ったリーダーがどのように活躍したのかを説明するとよい。

【答】(例) I want a leader to have kindness the most because if the leader is kind, other members can give their opinions easily. Last year, my soccer team lost a game, and we had a meeting on what to do for winning the next game. Then, our leader listened to everyone's opinion very carefully, and he said something nice to everyone. So, we could relax and share our feelings. After that, I felt our team became a better team with one goal. From the experience, I think a good leader needs kindness the most.

英語リスニング ［C問題］

回【解き方】【Part A】1.「私はもっと大きなバッグが必要だと思う？」というアンの質問に対して，マイクが「そのサイズで十分だと思う」と答えている。マイクは，アンが持っているものよりも大きなバッグは必要ないと考えている。

2. アンの you'll be an excellent player soon with or without this kind of racket ということばは，「どんなラケットを使っても，マイクは優秀な選手になる」ということを意味している。

3. マイクの「僕たちがしなければならない最後のことは，それを練習するための場所を見つけることだ」ということばに対して，アンが「それは簡単ではないでしょう」と言っている。アンはプログラムを練習するための場所を見つけるのが問題だと思っている。

4. マイクはアンの携帯電話に「遅刻するので，僕を待たず，他の人たちと一緒に劇場の中に入るように」という伝言を残した。

5. アンは土曜日に妹と一緒に映画に行くつもりだったが，マイクにテニスのコーチをするため予定を変更するように頼まれたので，妹に映画の予定を日曜日か他の日に変更できないか聞こうとしている。

【Part B】6. ⑴「今日は 150 個のおもちゃしか販売しません」と言っている。150 というのは，「今日売られる予定のおもちゃの数」。⑵ ア．そのおもちゃは人々が話す 100 の文を理解し，それが知っている 50 の文で人々に答えることができる。イ．「そのおもちゃはとても利口で，人々がそれに対して何か言うと，文を話したり身体を動かしたりする」。正しい。ウ．そのおもちゃは約 8 時間の充電で，約 16 時間作動し続けることができる。エ．注文方法次第で販売価格が変わるとは言っていない。

【Part C】トムは新しい種類のツアーの悪い点として，「観光客は自然に悪影響を与える。観光客の中には，ごみを残したり自然を傷つけたりする人がいるかもしれない」という点をあげ，よい点として，「人々は貴重な経験をすることができる。経験することが人々の考えや行動を変え，自然を保護しようとし始める人がいるかもしれない」，「地元の人々は仕事，例えばガイドとしての仕事を得るかもしれない」という点をあげている。

【答】【Part A】1. ア　2. ア　3. ウ　4. イ　5. エ　【Part B】6. ⑴ イ　⑵ イ

【Part C】(例) Tom thinks the new kind of tour is not good because visitors have some bad influences on nature. Some visitors may leave trash or hurt nature. He thinks the new kind of tour is good because people can have an important experience. Having experiences may change people's thoughts and actions. Some people may begin to try to protect nature. He thinks the new kind of tour is good because the local people may get a job, for example, a job as a guide by such tours.

◀全訳▶　ではリスニングテストを行います。このリスニングテストには，パート A，パート B，パート C の三つのパートがあります。

パート A を見てください。リスニングテストのこのパートでは，アンとマイクの会話を五つ聞きます。それぞれの会話は 2 回聞きます。それぞれの会話を 2 回聞いたあとで，質問を聞きます。それぞれの質問は 1 回だけ読まれ，それから答えを一つ選ばなければなりません。では始めます。

【Part A】

1.

アン　：このバッグを見て，マイク。来週の旅行用に，私はもっと大きなバッグが必要だと思う？

マイク：そのサイズで十分だと思うよ，アン。

質問：マイクはどういうことを言っているのですか？

2.

アン　：あら，新しいラケットを買ったのね，マイク。それは私のに似ているわ。

マイク：実は，全く同じラケットを買ったんだ，アン。僕は君のように上手な選手になりたいんだ。

アン　：そう言ってくれてありがとう，でもこの種類のラケットがあってもなくても，あなたがすぐに優秀な選手になれることを私は知っているわ。

質問：アンはどういうことを言っているのですか？

3.

アン　：マイク，私は学園祭のプログラムのためのアイデアをちょうど思いついたの。この計画を見て。あなたはどう思う？

マイク：いいね，アン！　それをしよう。他のメンバーも同意してくれると思うよ。それに，多くの人々はそれを楽しんでくれると思う。僕たちがしなければならない最後のことは，それを練習するための場所を見つけることだ。

アン　：ええ，でもそれは簡単ではないでしょうね。

質問：アンはどういうことを言っているのですか？

4.

アン　：マイク！　遅刻よ！　私は30分あなたを待っていたのよ。コンサートはもう始まってしまったわ。

マイク：ああ，アン，本当にごめん。君に劇場の外で僕を待っていてほしくなかったから，僕は君の携帯電話に伝言を残しておいたんだよ。僕が到着する前に，他の人たちと一緒に劇場の中に入るよう，君に伝えたんだ。

アン　：そうだったの？　今日はそれを聞く時間がなかったの。それに私は携帯電話を家に置いてきたわ。ごめんなさい。

質問：マイクがアンの携帯電話に残した伝言は何でしたか？

5.

マイク：アン，今週の土曜日はひま？　兄と僕はテニスをするつもりなんだ。僕たちと一緒にやらない？

アン　：ごめんなさい，マイク。私は妹と一緒に映画を見る予定なの。

マイク：本当？　君は日曜日か他の日に映画を見ることができるよね。

アン　：そうね，でもその映画は私の大好きな俳優が出ている最新作なの。私は本当に早くそれを見たいのよ。妹と約束もしてしまったし。

マイク：わかるよ，でももし可能であれば，予定を変更してくれる？　君はとても上手なテニス選手だし，僕は日曜日にテニスの試合があるんだ，だから君に僕のコーチをしてほしいんだ。お願い。

アン　：私はどうすればいいのかしら？　そうね，妹に聞いてみるわ。

マイク：どうもありがとう，アン。

アン　：でもね，マイク，私はまだ「はい」とは言っていないわ。妹からの返事がもらえるまで待って。彼女にeメールを送るわ。

マイク：わかったよ。

質問：なぜアンは妹にeメールを送るのですか？

パートBを見てください。リスニングテストのこのパートでは，ラジオ番組の一部を聞きます。それは2回話されます。それを2回聞いたあとで，質問を二つ聞きます。それぞれの質問は1回だけ読まれ，それから答えを一つ選ばなければなりません。では始めます。

【Part B】

6. こんにちは，みなさん。さあラジオショッピングの時間です。今日私たちがあなたにお届けするかわいくて小さなものは犬です，しかし本物の犬ではありません。それは小さな犬のように見えますが，電気を使うおもちゃです。それは約50種類の動作をすることができます。例えば，それは耳を動かします。それに加え，この犬はとても利口です。それは人々が話す100の文を理解することができ，それが知っている50の文で人々に答えることができます。例えば，あなたが「元気？」と言い，それがあなたのことばを理解すると，それは「元気です，ありがとう」と言うかもしれません。あなたのことばに混乱すると，それはあなたのことばを聞いていることを示すために，さまざまな方法で体を動かします。それはまた，15 曲の歌を歌うこともできます。その犬は特に，ペットを飼いたいけれども，何らかの理由により飼うことができない方々に適しています。もしご希望なら，それがどれほどかわいいのかインターネットでご覧ください。あなたはそれが大好きになるでしょう。さて，それについてさらにいくつかのことをお伝えします。まず，あなたはその世話をする必要がありません。例えば，あなたはそれを散歩に連れていく必要がありません。二つ目に，それはとても小さくて軽いため，あまり多くの電力を必要としません。約 8 時間の睡眠時間中に，あなたはそれに十分充電をすることができ，それは約 16 時間作動し続けることができます。では，その価格に驚かないでくださいね。それはたった 100 ドルです。これは本日だけの特別価格です。明日からは，120 ドルになります。今日は 150 個のおもちゃしか販売いたしません。ですからお急ぎください。今から 555 632 に電話してください。インターネットでもご注文を承ります。このチャンスをお見逃しなく。

質問(1)：150 という数字は何を指していますか？

質問(2)：番組の中で言われていたことについて正しい文はどれですか？

【Part C】

エコ・ツアー

ツアーに参加するとき，あなたは観光や，食べ物を食べることや，買い物を楽しむかもしれません。しかし，エコ・ツアーは少し違った種類のツアーです。以下のことは，エコ・ツアーの参加者がするべきことです。

1. 地元の環境を保護し，地元の文化を尊重する
2. 経験を通して学ぶ
3. 地元の地域に貢献する

例えば，エコ・ツアーに参加すれば，あなたは地元のガイドと一緒にすばらしい自然を楽しむかもしれません。あなたは地元の家族のところに滞在し，彼らの文化を楽しむかもしれません。エコ・ツアーは新しい種類のツアーです。

パート C のテスト用紙を見てください。最初に，ある種類のツアーについての文章を読んでください。1 分間あります。では，読み始めなさい。

【1 分間の読む時間】

読むのをやめなさい。これからトムとヨウコの会話を聞きます。彼らは新しい種類のツアーについて話しています。彼らの会話とそれについての質問を 2 回聞きます。聞いている間，新しい種類のツアーについて彼らが言うことに関してテスト用紙にメモを書き込んでもかまいません。では，会話を聞きなさい。

トム　：こんにちは，ヨウコ。新しい種類のツアーに関する文章を読みましたか？

ヨウコ：はい，読みましたよ，トム。私は新しい種類のツアーにとても興味があります。私は自然が好きですが，世界のいくつかの場所では，自然が悪い方向に変えられていると聞きました。ですから，自然を保護するために自分に何ができるのかを知るために，私は将来そのようなツアーに参加したいと思います。あなたは新しい種類のツアーについてどう思いますか？

トム　：それはとても難しい質問です，なぜなら，僕もあなたのように自然が好きなので，新しい種類のツアーにはいくつかのよい点があると思うのですが，それには一つ悪い点もあると思うからです。

ヨウコ：それは何ですか？

トム　：そうですね，観光客は自然に何らかの悪影響を与えます。観光客の中には，ごみを残したり自然を傷つけたりする人がいるかもしれません。だから，その点において新しい種類のツアーはよくないと思い

ます。

ヨウコ：その通りです。環境に全く影響を与えないのは不可能です。でも，それでも私は新しい種類のツアーはよいと思います，なぜなら，その場所を訪れることによってしか私たちが学べないことがいくつかあるからです。本から，あるいはインターネットを通じて学ぶことは重要ですが，私は経験することも非常に重要だと思います。

トム　：僕もあなたと同じ意見です。僕は新しい種類のツアーはよいと思います。人々は貴重な経験をすることができます。経験することは，人々の考えや行動を変えるかもしれません。そして，自然を保護しようとし始める人がいるかもしれません。

ヨウコ：はい。私は新しい種類のツアーに参加したことがある人を何人か知っています。彼らはすばらしい経験をしたと言っていました。

トム　：そうですね，新しい種類のツアーは他の点でもよいと僕は思います。それは地元の人々にとってよい場合があります。

ヨウコ：どういう意味ですか？

トム　：そのようなツアーによって，地元の人々は仕事，例えば，ガイドとしての仕事を得るかもしれません。

ヨウコ：その通りですね。地元の人々は働き方について他の選択肢を持つことができるかもしれません。

トム　：しかし，僕の最初の意見も正しいと思います。

ヨウコ：私もそう思います。観光客の数が増加すると，環境にとっての状況がよいものではなくなります。ですから，とても難しいです。私たちは新しい種類のツアーがよいのか悪いのか，そう簡単に言うことができません。私は，一つのことについて多くの違った観点から考えることが，私たちにとって非常に重要であると思います。

質問：トムは新しい種類のツアーについてどう思っていますか？　それについての彼の意見を英語で説明しなさい。

書く時間は6分です。では始めなさい。

【6分間の書く時間】

書くのをやめなさい。これでリスニングテストを終わります。

社　会

1 **【解き方】** (1) ① 稲作とともに青銅器や鉄器などの金属器が伝わった。「銅鐸」はつりがね型の青銅器。② 熊本県の江田船山古墳で出土した鉄刀にも「ワカタケル大王」の名が刻まれており，大和政権の勢力が関東地方から九州地方にまでおよんでいたことがわかる。

(2) ① 聖徳太子によって建てられた寺院。② アは織田信長，イは源頼朝，エは藤原氏や平氏について述べた文。

(3) ① ⓐ 寧波は長江の河口にある都市。ⓑ 日明貿易では，日本からは銅や硫黄などが輸出された。② イは織田信長が今川義元に勝利した戦い。ウは徳川家康率いる東軍が，石田三成率いる西軍を破った戦い。エは戊辰戦争の最初の戦い。③ 資料Ⅰは豊臣秀吉が出した法令の一部。百姓から武器を取り上げて一揆を防ぎ，耕作に専念させたため，武士と百姓の身分の区別がはっきりとし，兵農分離が進んだ。

(4) ① イは足尾銅山，ウは生野銀山，エは別子銅山の場所。② 清やオランダからは，中国産の生糸や絹織物，南方産の砂糖などがもたらされた。

(5) ① 砲台を所有していたのは長州藩。アは薩摩藩，イは松前藩，ウは水戸藩について述べた文。② (ⅰ)は 1901 年，(ⅱ)は 1872 年，(ⅲ)は 1906 年のできごと。

【答】 (1) ① エ　② ⓐ イ　ⓑ 大王　(2) ① エ　② ウ　(3) ① ⓐ イ　ⓑ カ　② ア　③ 刀狩令
(4) ① ア　② 清やオランダへ輸出するため。（同意可）　(5) ① エ　② ウ

2 **【解き方】** (1) ① 身分の上下による社会の秩序を尊ぶことを最上の道徳とする学問であったため，幕府に重く用いられた。② アは明治時代，エは江戸時代前期の元禄文化における文学作品について述べた文。③ 授業料が高いことや当時の子どもは大切な労働力であったことから，法令に反発する一揆が各地で起こった。④ 米騒動の責任を取った寺内正毅《まさたけ》内閣が総辞職し，かわって立憲政友会の党首であった原敬が内閣を組織した。⑥ 民主主義教育の基本を示すもので，それまでの教育の基本方針だった教育勅語は廃止された。

(2) ① ア．わが国から 1 位から 5 位までの国に留学した高校生の延べ人数は 72.9 ％なので，80 ％を上回ってはいない。エ．シンガポールとマレーシアはかつてイギリスの植民地であった。② (a) シドニーとメルボルンが首都争いで対立したため，話し合いで両都市の中間にキャンベラが建設された。(b)「白豪主義」とは，かつてのオーストラリアで行われていた政策で，白人を優先し，有色人種の移民を制限していた。

【答】 (1) ① エ　② イ・ウ　③ 学制　④ 原敬　⑤ 無償　⑥ 教育基本法　(2) ① イ・ウ　② (a) キャンベラ　(b) ウ

3 **【解き方】** (1) ① (b) アンデス山脈の高地では，ほかに荷物の運搬に使われるリャマも飼われている。(c) ⓐ 阿蘇カルデラは世界最大級のもので，カルデラ内には道路や鉄道も開通している。ⓑ 火山灰が積もってできた土地は水もちが悪く，稲作には向いていない。② P はオーストラリア，Q はブラジル，R は中国，S はインド。

(2) ① 日本では東に位置するほど日の出は早くなる。経度差が約 30 度なので，時差はおよそ 2 時間となる。② (a) A．遠洋漁業の基地の焼津港や枕崎港で最も割合が高いので「かつお類」。C．北洋漁業の基地の釧路港で最も割合が高いので「たら類」。(b) 潮境にはプランクトンが多く，魚が集まりやすい。③ ⓐ 自国の沿岸から 200 海里（約 370km）までの水域。域内の水産資源や鉱物資源の利用については，沿岸国に優先権がある。ⓑ 養殖漁業と比べて，かかる費用や管理に必要な手間が少なく，えさの食べ残しによる海洋汚染も発生しにくいため，環境にもやさしいという長所がある。

【答】 (1) ① (a) ⓐ アルプス　ⓑ ヒマラヤ　(b) ウ　(c) ⓐ ア　ⓑ エ　② イ
(2) ① ア　② (a) カ　(b) 親潮と黒潮が出会う（同意可）
③ ⓐ 排他的経済水域　ⓑ 人工的に卵からかえした稚魚を放流（同意可）

4 **【解き方】** (1) ② アは 17 世紀，イは 19 世紀，エは 20 世紀に起こったできごと。

(2) ① (a) 国会には主権を持つ国民の代表者が集まるために，このように考えられている。(b) ほかに，内閣不信任案の議決の権限や予算の先議権などが認められている。② (a) アは裁判所，ウ・エは国会の権限。(b) ⓐ 衆議院が内閣不信任を決議した場合，内閣は 10 日以内に総辞職するか，衆議院を解散するかを選ばなければな

らない。③ ⓐ・ⓑ 裁判を慎重に行うことで誤った判決を防ぎ，基本的人権を守るために三審制が取り入れられている。ⓒ 訴えた側を原告，訴えられた側を被告という。裁判所は，当事者同士で話し合って解決する和解をすすめる場合もある。ⓓ 殺人などの重大な事件について，地方裁判所で行われる刑事裁判の第一審には，裁判員制度が採用されている。

(3) ① ウ．地方公共団体の住民が立候補できる年齢は，都道府県知事は満30歳以上，市町村長・地方議会議員は満25歳以上となっている。エ．条例の制定や改廃の請求については，地方公共団体の住民がその地方公共団体の有権者の50分の1以上の署名を集めることにより，首長に請求する。② 首長は議会が決めた予算や条例について納得できない場合，再度審議を求める拒否権を持つ。

【答】 (1) ① エ　② ウ

(2) ① (a) 国権　(b) ア・エ　② (a) イ　(b) ⓐ 国会に対し連帯して責任を負う（同意可）　ⓑ 大統領

③ ⓐ ア　ⓑ カ　ⓒ 民事　ⓓ 刑事

(3) ① ア・イ　② 再議を求める（同意可）

理　科

1 【解き方】(6) すい液には，アミラーゼ・トリプシン・リパーゼなどの消化酵素が含まれており，デンプンはアミラーゼ，タンパク質はトリプシン，脂肪はリパーゼによってそれぞれ分解される。

【答】(1) イ　(2) けん　(3) ⓑ ア　ⓒ ウ　(4) ア　(5) 相同(器官)　(6) ① ア　② カ　③ ク　④ サ
(7) 組織液(または，組織間液・細胞間液・間質液)　(8) ⓔ イ　ⓕ カ

2 【解き方】(3) 酸化鉄 1000kg から鉄 700kg が得られるので，酸化鉄 4800kg から得られる鉄の質量は，$700\,(\text{kg}) \times \frac{4800\,(\text{kg})}{1000\,(\text{kg})} = 3360\,(\text{kg})$　また，鉄と炭素の混合物 3500kg に含まれる炭素の質量は，$3500\,(\text{kg}) - 3360\,(\text{kg}) = 140\,(\text{kg})$　よって，混合物 3500kg に含まれる炭素 140kg の割合は，$\frac{140\,(\text{kg})}{3500\,(\text{kg})} \times 100 = 4\,(\%)$

(4) 化学反応式の右辺の酸素原子の数は，$2 \times 3 = 6$ (個)なので，左辺の酸化鉄 Fe_2O_3 の係数（ⓓ）は，$\frac{6\,(\text{個})}{3\,(\text{個})} = 2$　これより，左辺の鉄原子の数は，$2 \times 2 = 4$ (個)になるので，右辺の鉄原子 Fe の係数（ⓔ）は 4。

【答】(1) ⓐ イオン　① ア　② ウ　(2) 延性　(3) ⓑ 3360　ⓒ 4　(4) ⓓ 2　ⓔ 4　(5) ① イ　② ウ
(6) ⓕ ウ　ⓖ ア　(7) 内袋の中身が空気にふれない（同意可）

3 【解き方】(1) ① アは豆電球，イは電流計，エは抵抗。② 電力はワット（単位 W）で表す。

(3) 光が反射するとき，入射角と反射角はつねに等しい。

(5) 図Ⅴで，光が平らな面に入射するときの入射角は 0° なので，屈折せず，直進する。光が半円形ガラス中から空気中へ出ていくときに，ガラスと空気の境目で屈折する。

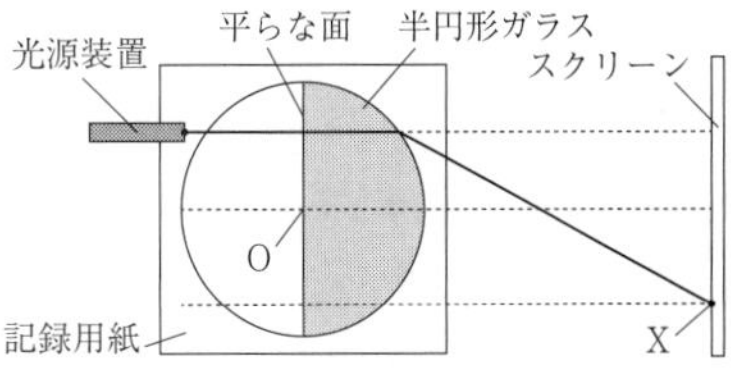

(6) ドライアイスの小片が位置 Y から位置 Z まで進むのにかかる時間は，$0.1\,(\text{秒}) \times 3 = 0.3\,(\text{秒})$　よって，YZ 間における小片の平均の速さは，$\frac{60\,(\text{cm})}{0.3\,(\text{秒})} = 200\,(\text{cm/秒})$

【答】(1) ① ウ　② W　③ ア　(2) エ　(3) 30 (度)　(4) ウ　(5) (前図)　(6) 200 (cm/秒)
(7) ⓑ ア　ⓒ 運動の向きと反対の向きであった（同意可）

4 【解き方】(1) 石灰岩・チャートは堆積岩，花こう岩は深成岩。

(2) ② 土砂の粒は，流水によって下流に運ばれる間に角がけずられて丸みを帯びていく。③ れき・砂・どろはつぶの大きさで分類される。図Ⅰの粒の大きさは 0.06〜2 mm なので，砂岩だと考えられる。

(3) レポートに「河口から沖合に向かう流路ができ，沖合まで土砂が流れていきやすくなった。」とあるので，突堤は，河川の流れの勢いを維持し，土砂を三国港付近の水底に堆積しにくくしていると考えられる。

(4) ③ X 市の空気 $1\,\text{m}^3$ にあたりに含まれている水蒸気の量は，$1.5\,(\text{g/m}^3) \times \frac{80}{100} = 1.2\,(\text{g/m}^3)$，Y 市の空気 $1\,\text{m}^3$ にあたりに含まれている水蒸気の量は，$6.0\,(\text{g/m}^3) \times \frac{80}{100} = 4.8\,(\text{g/m}^3)$　よって，$\frac{4.8\,(\text{g/m}^3)}{1.2\,(\text{g/m}^3)} = 4$ (倍)　④ 空気が山の斜面に沿って AB 間を上昇すると，まわりの気圧が低くなるので空気が膨張し，空気の温度が低くなる。その結果，露点に達して雲ができて雨や雪を降らせる。また，A の空気に含まれる水蒸気の一部が AB 間で水滴となるので，空気に含まれる水蒸気の量が減る。よって，A を通過したときの空気 $1\,\text{m}^3$ あたりに含まれる水蒸気の量の方が多い。

【答】(1) ア　(2) ① ア　② エ　③ 砂　(3) エ
(4) ① 西高東低　② 日本海から水蒸気を供給される（同意可）　③ 4 (倍)　④ ⓐ ア　ⓑ エ　(5) ウ

国語A問題

1 【解き方】2. 一字戻って読む場合には「レ点」を，二字以上戻って読む場合には「一・二点」を用いる。

【答】1. (1) まね(く)　(2) みちび(く)　(3) たいこ　(4) せいりょう　(5) 親(しい)　(6) 働(く)　(7) 早朝　(8) 接客
2. ア

2 【解き方】1.「夏の間は…笠を編んでいる暇はない」ことを理由に，「冬仕事で笠を編んだ」と述べている。

2. カサスゲの茎は「断面が三角形をしている」ので，「しなりにくいが，そのかわり頑丈である」と述べている。さらに「茎の外側を強靭な繊維でしっかりと覆って，頑丈さを補っている」ので，「この丈夫な繊維が，笠を編む材料として非常に適している」と述べている。

3. カヤツリグサ科の茎の断面は「三角形」で，「三角形の茎では中心からの距離がまちまち」で「隅の細胞までは水が届きにくい」ことをおさえる。

4. a. プラスチックを材料とした笠と比べて，カサスゲの茎で作った笠は雨のしずくが「ぬれた茎を伝って笠の外へ流れ落ちる」ので「雨水が中までしみ込むことは少ない」と述べている。b.「茎を編んだ菅笠」とビニールの雨合羽とを比べて，菅笠は「隙間があいているので…通気性もいい」と述べている。

【答】1. イ　2. イ　3. ウ　4. a. 雨水がしみ込むことは少ない（13字）（同意可）　b. 通気性もいい

3 【解き方】1. 語頭以外の「は・ひ・ふ・へ・ほ」は「わ・い・う・え・お」にする。

2.「月みんとて」歩いていた連阿たちに対して「何用の有りて」夜中に歩いているのかと聞いた人物を考える。

3.「武蔵のの月みんとて江戸よりまかりつ」と言った連阿に対し，翁は「此の年迄知らざりけり，江戸には月なきなめり」と言っている。

【答】1. さすらいける　2. ウ　3. イ

◀口語訳▶　連阿という人がいた。月を見ようと思って友だちを連れて，ふらふらと歩き回っていると，物を背負ってやってきた翁に会ったので，その先の道の様子などを聞いたところ，翁は連阿たちに「あなたたちはこんな夜中に何の用があるのか」とたずねた。「武蔵野の月を見ようと思って江戸から参りました」と連阿が答えると，翁は手をたたいて，「この歳になるまで知らなかった，江戸には月がないようだ」と言った。

4 【解き方】1. 部首は「きへん」。アは「険」と書いて部首は「こざとへん」。イは「各」と書いて部首は「くち」。ウは「郊」と書いて部首は「おおざと」。エは「柱」と書いて部首は「きへん」。

3.「えんぴつ」「エンピツ」と書いた場合を具体的に説明した上で，「イメージが文字表記によって変わるのがおもしろい」と述べている。

4. 直後で「鉛筆は，思考の流れをさまたげない筆記具であるのと同時に，次の思考の流れを湧きだしてくれる筆記具であるから」と理由を二点挙げている。a. 筆者が「鉛筆は，思考の流れをさまたげない筆記具」と考えるのは，鉛筆は「紙面にたいして『横の流れ』ですべらせて」書くので「筆圧のほぼかからない状態で…言葉をつかまえることに集中」できるからである。b.「次の思考の流れを湧きだしてくれる筆記具」については，「鉛筆は，書きすすめていくうちに…その姿を刻々と変えていく」と述べた後で，その際に鉛筆を削って「削り上げた鉛筆の削り口を眺める」と「新たな思考に向かおうという心意気が湧いてくる」と述べている。

5. 最後の段落で，「鉛筆は，何本あっても嬉しい」もので，「もはや筆記具のひとつというよりも，子供の頃から長い付き合いを続けてきた『考える仲間』のようだ」と述べている。

【答】1. エ　2. ア　3. イメージが変わる（同意可）　4. a. 思考の流れをさ　b. 新たな思考に向　5. イ

5 【答】（例）

私はBを最も大切にしたいと思います。聞き手が相づちを打ったりうなずいたりすることで，話し手が話しやすいふん囲気を作ってあげれば，話し手は気分よく話すことができます。そして，それによって，話し手からいい話を引き出すこともできます。そのことは聞き手にとっても有意義なこととなるので，人の話を聞く時には相づちを打ったりうなずいたりしてあげたいと思います。（175字）

国語B問題

1 【解き方】1.「もの」などの名詞に置き換えることができる。アとウは修飾語を表し，エは主体を表す。

2.「えんぴつ」「エンピツ」と書いた場合を具体的に説明し，「イメージが文字表記によって変わるのがおもしろい」と述べている。

3. 鉛筆とそれ以外の筆記具との「筆感」を比べ，鉛筆では「紙の表面の凹凸が，繊細なサンドペーパーのように黒鉛を削りとっていく」ような筆感があるが，ボールペンや一部のシャープペンシルなどには「紙に描線を彫りこんでいく筆感」があると述べている。

4. 筆者は「ものごとを思考するときにはあえて鉛筆を選びたい」とし，その理由として鉛筆は「思考の流れをさまたげない筆記具」と「次の思考の流れを湧きだしてくれる筆記具」という二点を挙げている。a. 鉛筆は「思考の流れをさまたげない筆記具」であり，「紙面にたいして『横の流れ』ですべらせて」書くので「筆圧のほぼかからない状態で，頭のなかに浮遊する言葉をつかまえることに集中」できると述べている。b.「鉛筆は，書きすすめていくうちに…その姿を刻々と変えていく」と述べた後で，その際に鉛筆を削って「削り上げた鉛筆の削り口を眺める」と，「新たな思考に向かおうという心意気が湧いてくる」としている。

【答】1. イ　2. 鉛筆のイメージが変わる（11字）（同意可）　3. エ　4. a. 頭のなかに　b. 新たな思考

2 【解き方】1.「せん」は，動詞「す」に意志の助動詞「ん」がついたもの。「すべ」は手段という意味の名詞。

2. 翁が「ことに心を尽くされける花」が折られてしまったのに，翁は「二日三日ふれど何の気色」も見せないので，人々は不思議に思っている。

3. 語頭以外の「は・ひ・ふ・へ・ほ」は「わ・い・う・え・お」にする。

4.「ことに心を尽くされける花」が折られてしまったので，「さこそにくしと思すらめ」とある人が翁にたずねたところ，翁は「をのれは楽しびに花を植ゑ」ているのでその花のことで「いかる」ようなことはしないと答えている。

【答】1. エ　2. ア　3. むかい　4. ウ

◀口語訳▶　貝原益軒翁は，牡丹を好んでたくさん育てられていたが，その中でとくに大切にされていた花があった。開花のきざしが見え始めた頃，翁が宿にいらっしゃらないときに，奉公人がふざけていてその花をふんで折ってしまった。これは大変なことをしたと驚いたがどうしようもない。そうこうしていると翁が帰ってきて，すぐに園内に入り，花を折った奉公人はひどく汗をかいて生きている心地がしなかった。翁はいたって普通の様子で，二日三日経ってもとくに変わった様子もない。人々は不思議に思った。ある人がこのことを聞こうと翁に対して，これこれしかじかのことがあったのですがと言った。「さぞかしにくらしいとお思いでしょう」と言うと，翁は笑みを浮かべて，「私は楽しむために花を植えています。ですからそれのために腹を立てることはない」，と言ったということである。

3 【解き方】2. 同意の漢字の組み合わせ。アは，上の漢字が下の漢字を修飾している。ウは，上の漢字が動作を表し，下の漢字がその対象を表している。エは，反意の漢字の組み合わせ。

【答】1. (1) けいしゃ　(2) せきはい　(3) いど(む)　(4) す(えて)　(5) 欠(かさず)　(6) 疑(わない)　(7) 接客　(8) 演奏

2. イ

4 【解き方】1. 前で，AIが出力する創作物は「これまでの人間の作品の蓄積」に過ぎず，その創作物にメッセージ性が表れたとしても，AIが学習した作品群に詰まっている「人間の創作者の想い」が「組み合わされ」て出力されたに過ぎないと述べている。

2. 冒頭の「また」という接続詞に注目。前の「AIそのものが独自のメッセージ性をもつと断定することはできない」という主張に対して，「作品の選出や評価をしているのはAIでなく人間だ」という事実も，そのことを裏付けていると述べている。

3. 電子書籍において「どこで線が引かれ…止まったのかを分析」することで「多くの人々が面白がるような…文章を定量的に可視化することができる」ことを例に，それによって「これまで経験や勘に頼っていた売れ筋のフィクションの作り方を，明確に数量化して把握できる」ようになると述べている。

4.「AI 創作は近未来にいかなる文化的影響力をもつだろうか」と問いかけた後で，「AI を駆使した創作が増えていくと…表現が固定化・硬直化」しやすくなると指摘する一方，AI によって明確となる「陳腐な表現パターン」を逆手にとり，それとは別の「斬新な表現」を模索しようとするアーチストも出現するかもしれないと述べている。

【答】 1. a. 人間の作品　b. 人間の創作　2. ア

3. 定量的に可視化することで，これまで経験や勘に頼っていた売れ筋のフィクションの作り方を，明確に数量化して把握する（55 字）（同意可）

4. ウ

5 **【答】**（例）

私は A の標語が効果的だと思います。倒置法を使って「届けよう」「始めよう」と呼びかけることで，自発的にあいさつをしてほしいという思いを強調できているからです。特に届けるというのは自分が主体となる必要があるので，一人一人自分からあいさつをしてほしいという意図をよく表せています。また，「元気なあいさつ」で「すてきな一日」を始めようと伝えているところもよいと思います。あいさつを通じてすてきな一日を始めようと意識することは，あいさつ以外のことでも気持ちよく学校生活を送れるように考えたり行動したりするきっかけにつながるからです。（260 字）

国語C問題

1 【解き方】2. 一字戻って読む場合には「レ点」を，二字以上戻って読む場合には「一・二点」を用いる。

【答】1. (1) ほうこう (2) す(えて) (3) つくろ(う) (4) 直(ちに) (5) 演奏 (6) 謝辞 2. (右図)

無レカレ道二フコト人ノ短一ヲ、無レカレ説二クコト己の之長一ヲ

2 【解き方】1.「器」に盛り込む感情の量について述べ，「成熟した歌人は…歌の器にふさわしい感情の量を見極めてゆく」とあることから考える。

2. a. 橋のたもとの立て札を見た茂吉は，「その野趣あふれる文字に感動」してその感情を短歌の器に盛り込もうとしたと述べている。b.「せず」と続くので，「茂吉はそうはしない」に着目する。「普通の歌人なら，この立て札の文句を泣く泣く短くして三十一音に入れ込むことを考えるだろう」が，茂吉はより大きな新しい器を作って取り替えたことをおさえる。

4.「五音二句が強引に差し込まれている」という歌の特徴について説明した後で，そうやってとっさに作られた「新しい定型」が「きちんと短歌として認定するに足る韻律や調べを保っている」ことを指摘し，それゆえ「この歌に強烈な短歌らしさを感じてしまう」と述べている。

【答】1. ア 2. a. 野趣あふれ b. 泣く泣く短 3. イ

4. 強引に差し込まれているにもかかわらず，短歌として認定するに足る韻律や調べを保っている (42字) (同意可)

3 【解き方】1.「いづれ」はどちらという意味。「よる」は基にするという意味。「べき」は適当の意の助動詞。

2. 前の「そは一わたりはさることなれども」に注目。同じ人の説が「こことかしことゆきちがひて，ひとしからざる」ことがあると，その人の説の「大かた」を信じられなくなるという前の内容を受け，そういうことも一応はうなずけるとした上で，「やはりそうでもない」と否定している。

3. a.「はじめに定めおきつる事の，ほどへて後に又異なるよき考への出でくるは，常にある事」であると述べている。b. さらに「年をへて学問すすみゆけば，説は必ずかはらでかなはず」と述べている。

【答】1. ウ 2. イ

3. a. はじめに考えたこととは異なるよい考えが出てくる (23字) (同意可) b. 学問はすすんでゆく (同意可)

◀口語訳▶ 同じ人の説で，あちこちに食い違いがあって，考えが同じでないのは，どちらに基づくのがよいかと迷ってしまい，その人の説の大部分が，全体的に根拠がない説だと思われがちだが，そう思うのも一応はもっともなことであるけれども，やはりそうでもない。初めから終わりまで説が変わらないというのは，かえって良くないという見方もあるということである。初めにこうだと決めてかかっていたことで，年月を経た後でまた別のよい考えが出て来ることは，常にあることなので，初めと変わることがあってこそ良いとも言える。年を経て学問が進んでいけば，説というものは必ず変わるものである。

4 【解き方】1. 活用のない自立語で，体言を修飾する連体詞。他は活用のある自立語で，言い切りの形が「ウ段」の音で終わる動詞。

2.「人間に，新しい使い方を想像させる建築を目指すという考え方」に則っていえば「僕らのつくる建築は原則として，特定の機能というものはない，ということもできる」とした上で，「未来までも含めた使うことの潜在的可能性という意味では…その建物がまったく別の使い方を人に想像させ，それが現実化する，ということは十分にありうる」と述べている。

3.「携帯電話」等の我々の周りにある諸機械の多くは，「たぶん漱石には否定されそうなガラクタばかりである」が，そういったものに囲まれた生活にも「ある種の快適さや自由さ，快楽みたいなものがある」と述べている。

4. a. 筆者は，「人間の想像力の広がり」を引き起こす魅力を建築が持つことを望んでおり，「使うことの創造性を呼ぶような…建築のあり方を，僕らは目指している」と述べている。b. 建築が「僕らの時代の価値観を鮮やかに表すもの」であるのなら，「これからの時代の建築を目指すことは，結果的に僕らの時代の価値観みたいなものをつくるきっかけになってゆくのではないか」と述べている。

【答】1. B

2. 使うことの潜在的可能性という意味では，現在使われている使い方とは別の使い方を人に想像させ，それが現実化する（53字）（同意可）

3. エ　4. a. 開かれた建　b. これからの

5 【答】（例）

カタカナ語の使用が増えていくことは，意思疎通において誤解が生じやすくなる問題を引き起こしていると思う。資料にあるとおり，人によってカタカナ語の理解度が異なるからだ。また，原語と意味が異なるものは，日本人が誤った使い方をしてしまう可能性がある。たとえば「テンション」は，日本語では元気の程度として使われる。一方，原語では緊張や緊迫状態を表すので，日本人がハイテンションと言っても外国人には伝わらない。

だからといって，カタカナ語の使用を控える必要はない。国際化は進展していくので，カタカナ語と原語それぞれの意味と用例をきちんと学び，敬語のように状況に応じて使い分けられるようになればよいと考える。（298字）

大阪府公立高等学校
(一般入学者選抜)

2020年度
入学試験問題

数学A問題

時間　50分　　満点　90点

1　次の計算をしなさい。

(1)　$-7-10$　(　　　)

(2)　$\frac{8}{7} \div (-4)$　(　　　)

(3)　$3 \times (-2)^2$　(　　　)

(4)　$x+4+5(x-3)$　(　　　)

(5)　$xy \times 2y$　(　　　)

(6)　$\sqrt{45}+5\sqrt{5}$　(　　　)

2　次の問いに答えなさい。

(1)　$a=-8$のとき，$2a+7$の値を求めなさい。(　　　)

(2)　右の表は，ある日のA市とB市における午前8時の気温を示したものである。A市の午前8時の気温は，B市の午前8時の気温より何℃高いですか。(　　　℃)

	午前8時の気温
A市	4.6℃
B市	−1.3℃

(3)　次のア～エのうち，yがxに比例するものはどれですか。一つ選び，記号を○で囲みなさい。

(ア　イ　ウ　エ)

ア　30gの箱に1個6gのビスケットをx個入れたときの全体の重さyg

イ　500mの道のりを毎分xmの速さで歩くときにかかる時間y分

ウ　長さ140mmの線香が$x$mm燃えたときの残りの線香の長さ$y$mm

エ　空の水槽に水を毎秒25mLの割合でx秒間ためたときの水槽にたまった水の量ymL

(4)　連立方程式$\begin{cases} 5x+y=22 \\ x-y=-4 \end{cases}$を解きなさい。$x=$(　　　)　$y=$(　　　)

(5)　二次方程式$x^2+3x-10=0$を解きなさい。(　　　)

(6)　二つのさいころを同時に投げるとき，出る目の数の和が8である確率はいくらですか。1から6までのどの目が出ることも同様に確からしいものとして答えなさい。(　　　)

(7) バスケットボール部の１年生の部員９人と２年生の部員11人の合計20人が，練習でシュートを10本ずつ打って成功した本数をそれぞれ記録した。図Ⅰ，図Ⅱは，それらの記録を学年別にまとめたものである。次のア～エのうち，図Ⅰ，図Ⅱから読み取れることとして正しいものはどれですか。一つ選び，記号を○で囲みなさい。

（ア　イ　ウ　エ）

ア　１年生と２年生で，成功したシュートの本数が９本である部員の人数は同じである。

イ　１年生の記録の範囲と２年生の記録の範囲は同じである。

ウ　１年生の記録の中央値と２年生の記録の中央値は同じである。

エ　１年生の記録の最頻値と２年生の記録の最頻値は同じである。

図Ⅰ

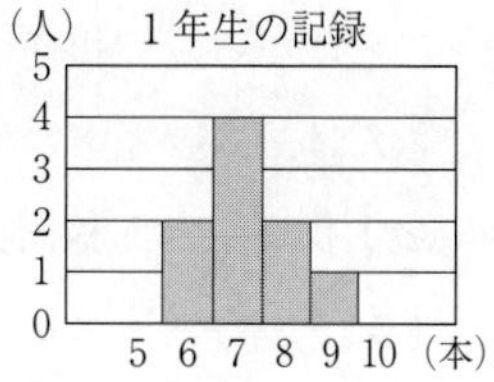

図Ⅱ

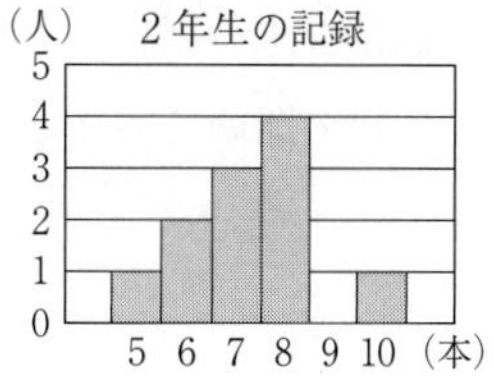

(8) 右図において，m は関数 $y=\frac{1}{2}x^2$ のグラフを表す。A は m 上の点であり，その x 座標は－４である。

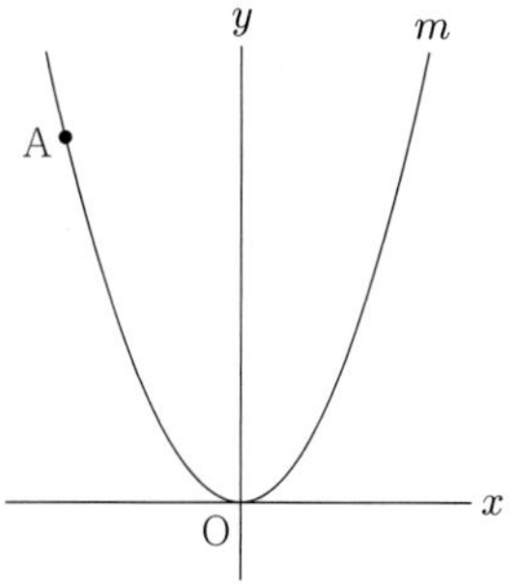

① A の y 座標を求めなさい。（　　　）

② 次の文中の［㋐］，［㋑］に入れるのに適している数をそれぞれ書きなさい。㋐（　　　）　㋑（　　　）

関数 $y=\frac{1}{2}x^2$ について，x の変域が $-1 \leqq x \leqq 3$ のときの y の変域は［㋐］$\leqq y \leqq$［㋑］である。

(9) 右図は，直方体の展開図である。面(か)は１辺の長さが a cm の正方形であり，辺 AB の長さは５cm である。

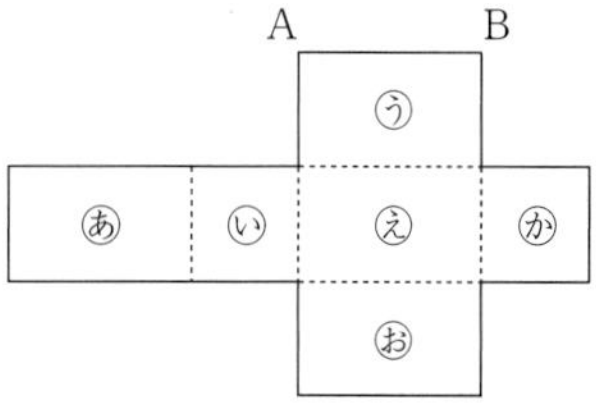

① 右の展開図を組み立てて直方体をつくるとき，次のア～オの面のうち，面(か)と平行になるものはどれですか。一つ選び，記号を○で囲みなさい。（ア　イ　ウ　エ　オ）

ア　面(あ)　　イ　面(い)　　ウ　面(う)　　エ　面(え)　　オ　面(お)

② 右の展開図を組み立ててできる直方体の体積を a を用いて表しなさい。（　　　cm^3）

3　Dさんのクラスでは，体育祭の写真を使ったスライドショーを上映することになった。担任の先生と一緒にスライドショーを作ることになったDさんは，スライドショーの最初にタイトルを4秒間表示し，その後に写真を1枚につき5秒間表示することにした。下図は，Dさんが考えたスライドショーの構成を示したものである。

「写真の枚数」がxのときの「スライドショーの時間」をy秒とし，xの値が1増えるごとにyの値は5ずつ増えるものとする。また，$x = 1$のとき$y = 9$であるとする。

次の問いに答えなさい。

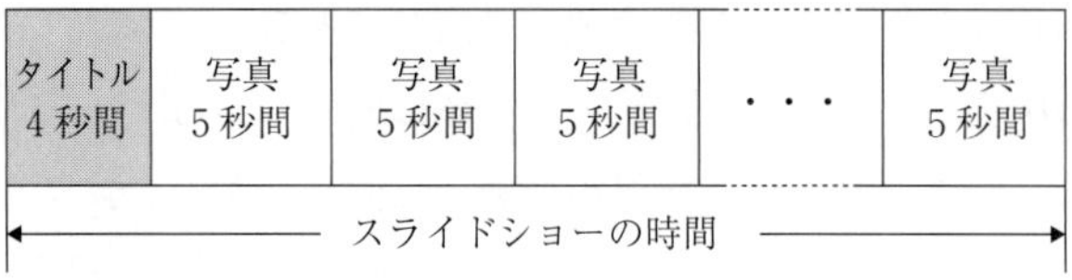

(1)　次の表は，xとyとの関係を示した表の一部である。表中の(ア)，(イ)に当てはまる数をそれぞれ書きなさい。(ア)(　　　)　(イ)(　　　)

x	1	2	…	4	…	7	…
y	9	14	…	(ア)	…	(イ)	…

(2)　xを自然数として，yをxの式で表しなさい。$y =$ (　　　)

(3)　$y = 84$となるときのxの値を求めなさい。(　　　)

4 右図において，四角形 ABCD は 1 辺の長さが 9 cm の正方形である。図形 CDB は，中心角∠BCD の大きさが 90° のおうぎ形である。E は，$\overset{\frown}{DB}$上にあって D，B と異なる点である。E と C とを結ぶ。F は，E から辺 DC にひいた垂線と辺 DC との交点である。G は線分 EF 上にあって E，F と異なる点であり，G と B とを結んでできる線分 GB は線分 EC に垂直である。H は，線分 GB と線分 EC との交点である。このとき，△CHB ∽△EHG である。

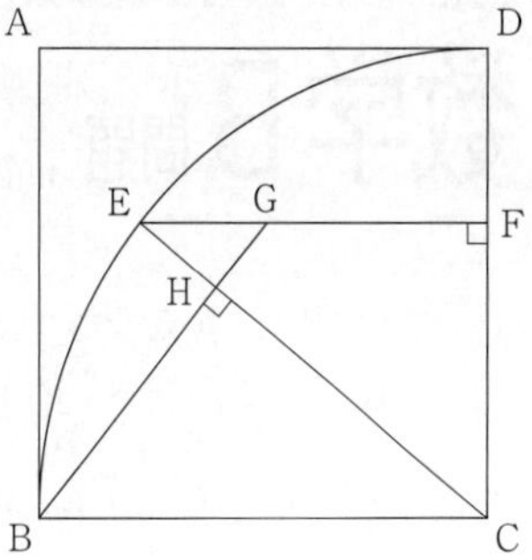

円周率を π として，次の問いに答えなさい。

(1) 正方形 ABCD の対角線 AC の長さを求めなさい。(　　　cm)

(2) おうぎ形 CDB の面積を求めなさい。(　　　cm^2)

(3) 次は，△CHB ≡△EFC であることの証明である。［ⓐ］，［ⓑ］に入れるのに適している「**辺または角を表す文字**」をそれぞれ書きなさい。また，ⓒ〔　　〕から適しているものを一つ選び，記号を○で囲みなさい。ⓐ(　　　)　ⓑ(　　　)　ⓒ(ア　イ　ウ)

(証明)

△CHB と△EFC において

おうぎ形の半径だから BC = ［ⓐ］……㋐

GB ⊥ EC，EF ⊥ DC だから∠CHB = ∠EFC = 90°……㋑

△CHB ∽△EHG だから∠BCH = ∠［ⓑ］……㋒

㋐，㋑，㋒より，

ⓒ〔ア　2 組の辺とその間の角　　イ　直角三角形の斜辺と一つの鋭角

ウ　直角三角形の斜辺と他の 1 辺〕

がそれぞれ等しいから

△CHB ≡△EFC

(4) EF = 7 cm であるときの線分 GF の長さを求めなさい。途中の式を含めた求め方も書くこと。

(求め方)(　　　　　　　　　　　　　　　　　　　　　)(　　　cm)

数学B問題

時間　50分　　　満点　90点

1　次の問いに答えなさい。

(1)　$18 \div (-6) + (-5)^2$ を計算しなさい。(　　　)

(2)　$\dfrac{a-1}{2} + \dfrac{a+7}{4}$ を計算しなさい。(　　　)

(3)　$2a^2 \div ab \times (-5b^2)$ を計算しなさい。(　　　)

(4)　$(x+2)^2 - x(x-3)$ を計算しなさい。(　　　)

(5)　a を 0 でない数とするとき，次のア～オの式のうち，その値の符号がつねに a の符号と同じであるものはどれですか。すべて選び，記号を○で囲みなさい。(ア　イ　ウ　エ　オ)

ア　$-a$　　イ　$a+2$　　ウ　a^2　　エ　a^3　　オ　$\dfrac{1}{a}$

(6)　n を自然数とするとき，$\sqrt{189n}$ の値が自然数となるような最も小さい n の値を求めなさい。

(　　　)

(7)　文芸部の顧問である S 先生は，文芸部員 40 人が冬休みに読んだ本の冊数を調べた。右の表は，部員の人数と読んだ本の冊数の平均値とを学年別にまとめたものである。文芸部員 40 人が読んだ本の冊数の平均値が 3.5 冊であるとき，表中の x の値を求めなさい。(　　　)

	1 年生	2 年生	3 年生
部員の人数(人)	20	12	8
読んだ本の冊数の平均値(冊)	3.6	4.0	x

(8)　A，B 二つのさいころを同時に投げ，A のさいころの出る目の数を a，B のさいころの出る目の数を b とするとき，$10a + b$ の値が 8 の倍数である確率はいくらですか。1 から 6 までのどの目が出ることも同様に確からしいものとして答えなさい。(　　　)

(9)　右図において，m は関数 $y = ax^2$ (a は正の定数) のグラフを表し，n は関数 $y = -\dfrac{3}{8}x^2$ のグラフを表す。A は n 上の点であり，その x 座標は負である。B は，直線 AO と m との交点のうち O と異なる点である。C は，A を通り x 軸に平行な直線と B を通り y 軸に平行な直線との交点である。C の座標は $(7, -6)$ である。a の値を求めなさい。(　　　)

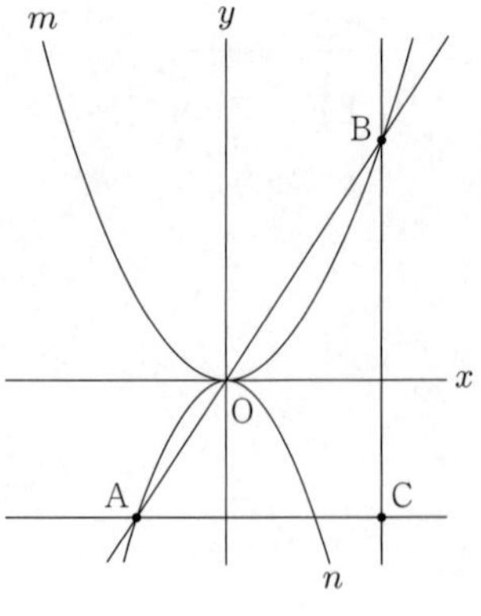

2 Dさんのクラスでは，体育祭の写真と文化祭の写真を使ったスライドショーを上映することになった。担任の先生と一緒にスライドショーを作ることになったDさんは，スライドショーの構成を考えてみた。

【スライドショーの構成】

・前半を体育祭のスライドショーとし，後半を文化祭のスライドショーとする。

・体育祭のスライドショーについては，最初にタイトルを4秒間表示し，その後に写真を1枚につき5秒間表示する。

・文化祭のスライドショーについては，最初にタイトルを4秒間表示し，その後に写真を1枚につき8秒間表示する。

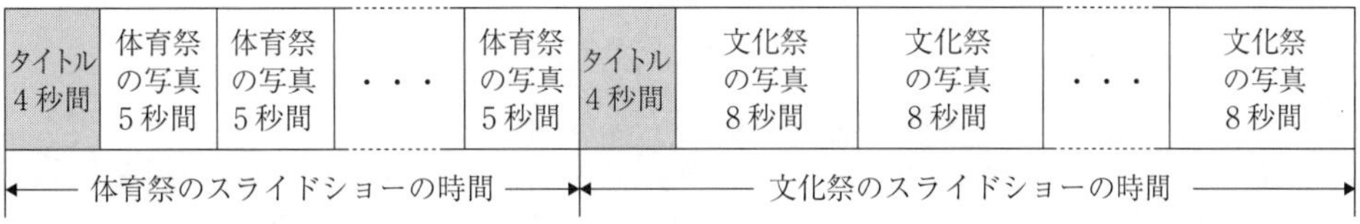

「体育祭の写真の枚数」が1増えるごとに「体育祭のスライドショーの時間」は5秒ずつ長くなるものとし，「体育祭の写真の枚数」が1のとき「体育祭のスライドショーの時間」は9秒であるとする。

「文化祭の写真の枚数」が1増えるごとに「文化祭のスライドショーの時間」は8秒ずつ長くなるものとし，「文化祭の写真の枚数」が1のとき「文化祭のスライドショーの時間」は12秒であるとする。

次の問いに答えなさい。

(1) 体育祭のスライドショーについて，「体育祭の写真の枚数」がxのときの「体育祭のスライドショーの時間」をy秒とする。

① 次の表は，xとyとの関係を示した表の一部である。表中の(ア)，(イ)に当てはまる数をそれぞれ書きなさい。(ア)(　　　)　(イ)(　　　)

x	1	2	…	4	…	7	…
y	9	14	…	(ア)	…	(イ)	…

② xを自然数として，yをxの式で表しなさい。y =(　　　)

③ $y = 84$となるときのxの値を求めなさい。(　　　)

(2) Dさんと担任の先生は，Dさんが考えた【スライドショーの構成】のとおりに，体育祭の写真と文化祭の写真を合計50枚使って300秒のスライドショーを作った。

「体育祭の写真の枚数」をsとし，「文化祭の写真の枚数」をtとする。「体育祭の写真の枚数」と「文化祭の写真の枚数」との合計が50であり，「体育祭のスライドショーの時間」と「文化祭のスライドショーの時間」との合計が300秒であるとき，s，tの値をそれぞれ求めなさい。途中の式を含めた求め方も書くこと。ただし，s，t はともに自然数であるとする。

(求め方)(　　　　　　　　　　　　　　　　　　　　　　　　　　　　　　　　)

s の値(　　　　)　t の値(　　　　)

[3]　図Ⅰ，図Ⅱにおいて，△ABC は BA = BC = 6 cm の二等辺三角形であり，頂角∠ABC は鋭角である。円 O は，辺 BC を直径とする円である。

円周率を π として，次の問いに答えなさい。

(1)　図Ⅰは，二等辺三角形△ABC の頂角∠ABC の大きさが 30° であるときの状態を示している。

図Ⅰにおいて，D は辺 AB と円 O との交点のうち B と異なる点である。E は，A から辺 BC にひいた垂線と辺 BC との交点である。

図Ⅰ

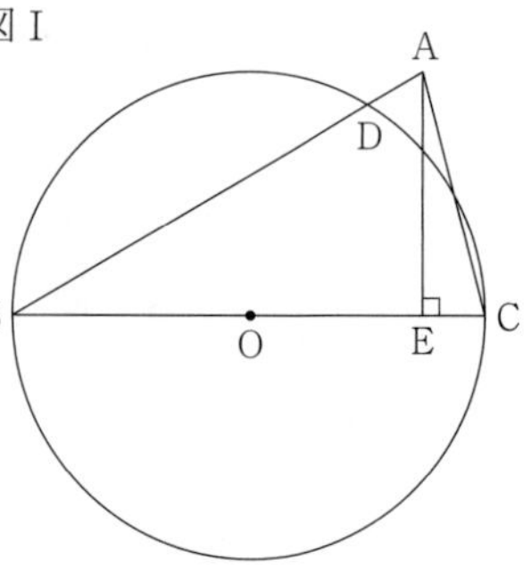

①　線分 BE の長さを求めなさい。(　　　　cm)

②　半周より短い弧 $\overset{\frown}{BD}$ の長さを求めなさい。(　　　　cm)

(2)　図Ⅱにおいて，F は辺 AC と円 O との交点のうち C と異なる点である。F と B とを結ぶ。G は，C を通り辺 AB に平行な直線と円 O との交点のうち C と異なる点である。G と B，G と F とをそれぞれ結ぶ。

図Ⅱ

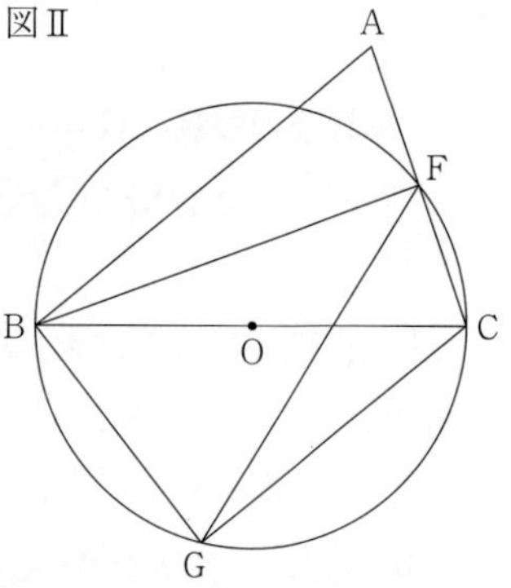

①　△ABC ∽ △BFG であることを証明しなさい。

(　　　　　　　　　　　　　　　　　　　　　　　　　　)

②　FC = 2 cm であるとき，

㋐　線分 BG の長さを求めなさい。(　　　　cm)

㋑　△FGC の面積を求めなさい。(　　　　cm^2)

4　図Ⅰ，図Ⅱにおいて，立体A—BCDは三角すいであり，$\angle ABC = \angle ABD = 90°$，AB = 10cm，BC = 9cm，BD = 7cm，CD = 8cmである。Eは，辺AC上にあってA，Cと異なる点である。Fは，Eを通り辺CDに平行な直線と辺ADとの交点である。

次の問いに答えなさい。

(1)　図Ⅰにおいて，AE < ECである。Gは，Eを通り辺ABに平行な直線と辺BCとの交点である。Hは，Fを通り辺ABに平行な直線と辺BDとの交点である。GとHとを結ぶ。このとき，四角形EGHFは長方形である。Iは，Eを通り辺BCに平行な直線と辺ABとの交点である。IとFとを結ぶ。AI = $x$cmとし，$0 < x < 5$とする。

図Ⅰ

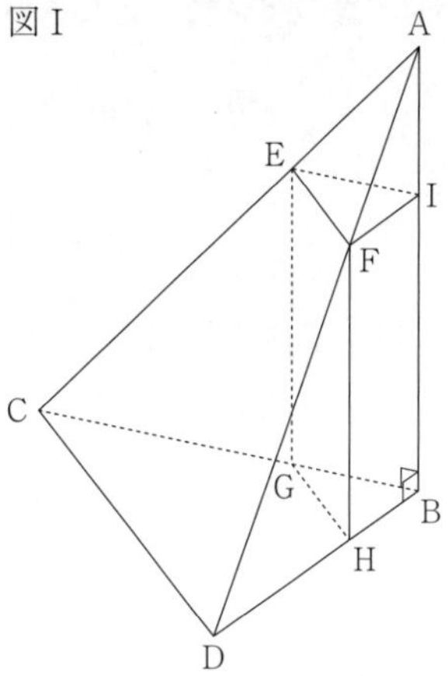

①　次のア～エのうち，線分FIと平行な面はどれですか。一つ選び，記号を○で囲みなさい。(ア　イ　ウ　エ)

ア　面ACB　　イ　面ACD　　ウ　面BCD　　エ　面EGHF

②　四角形EGHFの面積が16cm^{2}であるときのxの値を求めなさい。(　　　)

(2)　図Ⅱは，Eが辺ACの中点であるときの状態を示している。

図Ⅱにおいて，JはBから辺CDにひいた垂線と辺CDとの交点である。Kは辺AB上の点であり，KB = 3cmである。KとC，KとDとをそれぞれ結ぶ。Lは，Eを通り線分CKに平行な直線と辺ABとの交点である。LとFとを結ぶ。このとき，立体A—EFLと立体A—CDKは相似である。

図Ⅱ

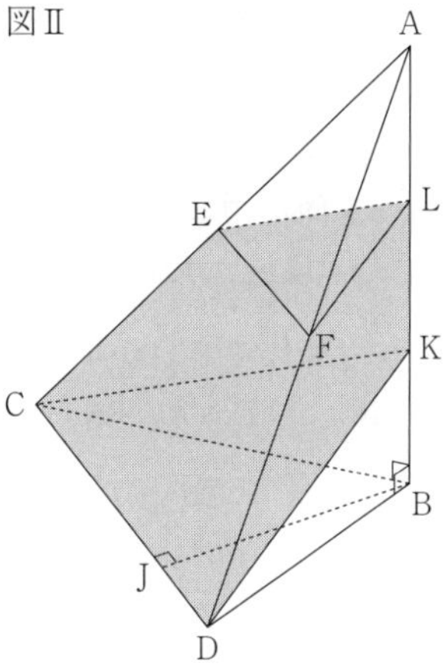

①　線分BJの長さを求めなさい。(　　　cm)

②　立体EFL—CDKの体積を求めなさい。(　　　cm^3)

数学C問題

時間　60分　　　満点　90点

$\boxed{1}$　次の問いに答えなさい。

(1)　$\dfrac{3}{8}a^2b \div \dfrac{9}{4}ab^2 \times (-3b)^2$ を計算しなさい。(　　　)

(2)　$\dfrac{6-\sqrt{18}}{\sqrt{2}} + \sqrt{2}\,(1+\sqrt{3})(1-\sqrt{3})$ を計算しなさい。(　　　)

(3)　二次方程式 $(x-1)^2 - 7(x-1) - 8 = 0$ を解きなさい。(　　　)

(4)　関数 $y = \dfrac{a}{x}$（a は定数）について，x の値が3から5まで増加するときの変化の割合が1であるとき，a の値を求めなさい。(　　　)

(5)　三つの袋A，B，Cがあり，袋Aには玉が8個，袋Bには玉が10個，袋Cには玉が4個入っている。また，二つの箱P，Qがあり，箱Pには自然数の書いてある3枚のカード $\boxed{2}$，$\boxed{3}$，$\boxed{4}$ が入っており，箱Qには奇数の書いてある3枚のカード $\boxed{1}$，$\boxed{3}$，$\boxed{5}$ が入っている。P，Qそれぞれの箱から同時にカードを1枚ずつ取り出し，次の操作を行った後に，袋Aに入っている玉の個数を a，袋Bに入っている玉の個数を b，袋Cに入っている玉の個数を c とする。このとき，$a < b < c$ となる確率はいくらですか。P，Qそれぞれの箱において，どのカードが取り出されることも同様に確からしいものとして答えなさい。(　　　)

> 操作：箱Pから取り出したカードに書いてある数と同じ個数の玉を袋Aから取り出して袋Cに入れ，箱Qから取り出したカードに書いてある数と同じ個数の玉を袋Bから取り出して袋Cに入れる。

(6)　タケシさんは，過去10年間のY市の4月1日における最高気温を調べてその平均値を求めたが，10年のうちのある2年の最高気温が2.6℃と16.2℃であり，他の年の最高気温と大きく異なっていることに気が付いた。そこで，この2年を除いた8年の最高気温の平均値を求めたところ，新しく求めた平均値は，初めに求めた10年の最高気温の平均値より0.3℃高くなった。次の文中の $\boxed{}$ に入れるのに適している数を書きなさい。(　　　)

> タケシさんが初めに求めた10年の最高気温の平均値は $\boxed{}$ ℃であった。

(7)　次の二つの条件を同時に満たす自然数 n の値を求めなさい。(　　　)

・$2020 - n$ の値は93の倍数である。

・$n - 780$ の値は素数である。

(8)　a，bを正の定数とする。右図において，mは関数$y = ax^2$のグラフを表し，ℓは関数$y = bx + 4$のグラフを表す。nはℓと平行な直線であり，その切片は－3である。四角形ABCDは正方形であり，辺ABはx軸に平行であって，辺ADはy軸に平行である。Aはm上にあり，そのx座標は4である。Bはℓ上にあり，Dはn上にある。Cのx座標は－2であり，Cのy座標はBのy座標より小さい。a，bの値をそれぞれ求めなさい。途中の式を含めた求め方も書くこと。ただし，座標軸の1めもりの長さは1cmであるとする。

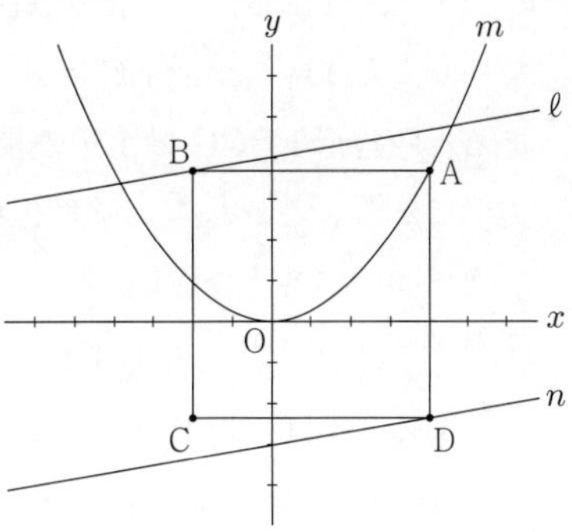

(求め方)(　　　　　　　　　　　　　　　　　　　　　　　　　　　　　　　)

aの値(　　　　)　bの値(　　　　)

[2]　図Ⅰ，図Ⅱにおいて，△ABCは内角∠BACが鈍角の三角形であり，AB＜ACである。△DAE≡△ABCであり，Dは辺AC上にあって，Eは直線ACについてBと反対側にある。このとき，AB∥EDである。BとDとを結ぶ。このとき，△ABDはAB＝ADの二等辺三角形である。Fは，Eを通り辺ACに平行な直線と直線BDとの交点である。FとCとを結ぶ。

次の問いに答えなさい。

(1)　図Ⅰにおいて，四角形EACFは平行四辺形であることを証明しなさい。

(　　　　　　　　　　　　　　　　　　　　)

図Ⅰ

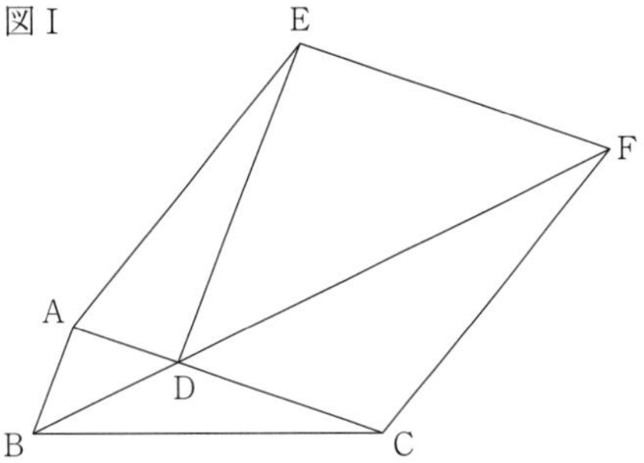

(2)　図Ⅱにおいて，AB＝2cm，AC＝6cmである。GはCから直線ABにひいた垂線と直線ABとの交点であり，GA＝2cmである。Hは，線分GCと辺EAとの交点である。

①　辺BCの長さを求めなさい。(　　　　cm)

②　線分EHの長さを求めなさい。(　　　　cm)

③　四角形EHCFの面積を求めなさい。

(　　　　cm^2)

図Ⅱ

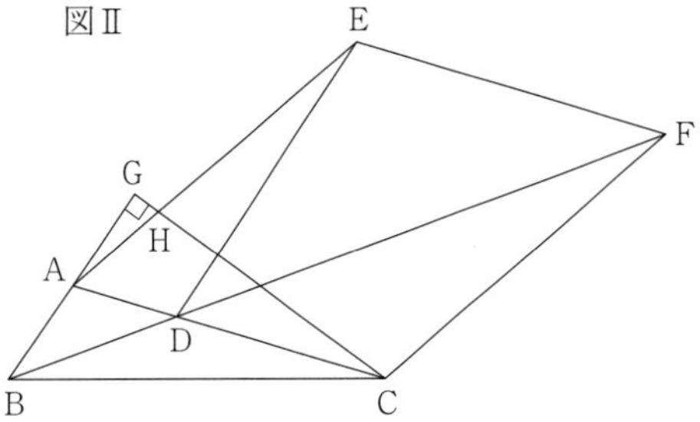

[3]　図Ⅰ，図Ⅱにおいて，立体ABCD—EFGHは四角柱である。四角形ABCDはAD∥BCの台形であり，AD = 4 cm，BC = 8 cm，AB = DC = 5 cmである。四角形EFGH ≡ 四角形ABCDである。四角形FBCGは1辺の長さが8 cmの正方形であり，四角形EFBA，EADH，HGCDは長方形である。このとき，平面EADHと平面FBCGは平行である。

次の問いに答えなさい。

(1)　図Ⅰにおいて，Iは辺DC上の点であり，DI = 3 cmである。Jは，辺HD上にあって線分EJの長さと線分JIの長さとの和が最も小さくなる点である。IとBとを結ぶ。Kは，Hを通り線分IBに平行な直線と辺EFとの交点である。

図Ⅰ

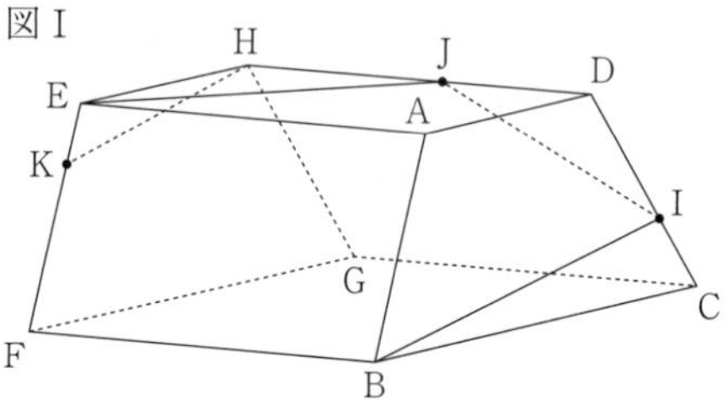

①　△EJHの面積を求めなさい。(　　　　cm^2)

②　△IBCの内角∠IBCの大きさをa°，△EKHの内角∠EKHの大きさをb°とするとき，四角形ABIDの内角∠BIDの大きさをa，bを用いて表しなさい。(　　　　度)

③　線分KFの長さを求めなさい。(　　　　cm)

(2)　図Ⅱにおいて，DとFとを結ぶ。Lは，Dを通り辺EFに平行な直線と辺BCとの交点である。FとLとを結ぶ。このとき，△DFLの内角∠DLFは鈍角である。Mは，Aから平面DFLにひいた垂線と平面DFLとの交点である。このとき，Mは△DFLの内部にある。

図Ⅱ

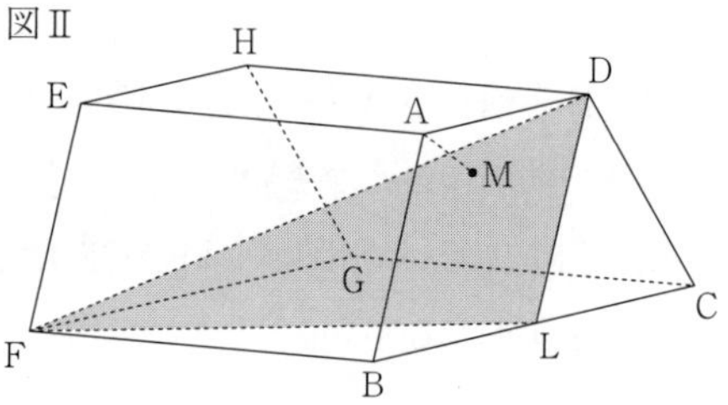

①　線分DFの長さを求めなさい。(　　　　cm)

②　線分AMの長さを求めなさい。(　　　　cm)

英語A問題

時間 40分　　満点 90点(リスニング共)

(編集部注) 「英語リスニングA問題・B問題」は「英語B問題」のあとに掲載しています。

1 次の(1)～(10)の日本語の文の内容と合うように，英文中の(　　)内のア～ウからそれぞれ最も適しているものを一つずつ選び，記号を○で囲みなさい。

(1) 私は3月にオーストラリアに行きました。(ア イ ウ)
I went to Australia in (ア January イ March ウ October).

(2) 私たちはその森の中で，たくさんの動物を見ました。(ア イ ウ)
We saw many animals in the (ア forest イ river ウ sea).

(3) このかばんは私にはとても重いです。(ア イ ウ)
This bag is very (ア beautiful イ heavy ウ old) for me.

(4) 世界にはたくさんの異なる文化があります。(ア イ ウ)
There are many (ア different イ famous ウ traditional) cultures in the world.

(5) あなたはどこで，このペンを買いましたか。(ア イ ウ)
Where did you (ア buy イ forget ウ sell) this pen?

(6) あなたの好きな歌は何ですか。(ア イ ウ)
What (ア am イ is ウ are) your favorite song?

(7) あれは大阪で最も高い山です。(ア イ ウ)
That is the (ア high イ higher ウ highest) mountain in Osaka.

(8) 私は，早朝にその公園を歩くことが好きです。(ア イ ウ)
I like (ア walk イ walked ウ walking) in the park early in the morning.

(9) あなたはもう宿題を終えましたか。(ア イ ウ)
Have you (ア finish イ finished ウ finishing) your homework yet?

(10) この地域で育てられた野菜はおいしいです。(ア イ ウ)
The vegetables (ア grow イ grew ウ grown) in this area are delicious.

2　翔太（Shota）はスポーツが好きな高校生です。次の［Ⅰ］，［Ⅱ］に答えなさい。

［Ⅰ］　次は，翔太が英語の授業で行ったスピーチの原稿です。彼が書いたこの原稿を読んで，あとの問いに答えなさい。

Hello, everyone. Did you watch the games of the Rugby World Cup in 2019? I watched some of the games [①] TV and I became very excited.

My sister joined an official volunteer team for the games. The name of the volunteer team was “Team No-Side.” In Japan, the phrase “no side” is often used to show the spirit of rugby. The phrase means that there are not any sides when a game is over. I like the phrase very much. The volunteers of Team No-Side worked for all the players and all the visitors. My sister was glad [②] as a volunteer. She enjoyed meeting a lot of people. I want to do such an activity someday.

One day during the Rugby World Cup, when I was waiting for a train at a station, I saw two visitors from America. They came to watch a game at the stadium near the station. One of Ⓐ <u>them</u> lost his ticket for the train and he couldn’t leave the station. They didn’t understand Japanese, and I helped them in English. I talked with a staff member of the station and I looked for the ticket with the visitors. When the ticket was found, they thanked me very much for my hospitality. Now, I sometimes exchange e-mails with them.

Big international sports events like the Rugby World Cup are very exciting. I think that they are good chances to meet people from many countries. I hope a lot of people from various countries will become friends through such events. Thank you.

（注）　the Rugby World Cup　ラグビーワールドカップ　　Team No-Side　チームノーサイド
no side　ノーサイド（ラグビーの試合終了のこと）　　spirit　精神　　rugby　ラグビー
side　敵味方の側（チーム）　　staff member　係員　　hospitality　親切なもてなし

(1)　次のうち，本文中の [①] に入れるのに最も適しているものはどれですか。一つ選び，記号を○で囲みなさい。（ ア　イ　ウ　エ ）

ア　at　　イ　in　　ウ　on　　エ　to

(2)　次のうち，本文中の [②] に入れるのに最も適しているものはどれですか。一つ選び，記号を○で囲みなさい。（ ア　イ　ウ　エ ）

ア　work　　イ　works　　ウ　worked　　エ　to work

(3)　本文中のⒶ <u>them</u>の表している内容に当たるものとして最も適しているひとつづきの**英語4語**を，本文中から抜き出して書きなさい。（　　　　　　　　）

(4)　次のうち，本文で述べられている内容と合うものはどれですか。一つ選び，記号を○で囲みなさい。（ ア　イ　ウ　エ ）

ア　翔太は，ラグビーワールドカップでアメリカチームの応援団として活動した。

イ　翔太は，ラグビーの観戦に来ていた人が，電車の切符をなくして困っていたので助けた。

ウ　翔太は，ラグビーの観戦チケットを駅で拾って，駅の係員に届けた。

エ　翔太は，ラグビーワールドカップで親切なもてなしを受けて，とてもうれしかった。

［Ⅱ］ アメリカへホームステイに行った翔太が，バスケットボール観戦のために来た会場の入り口で係員と次のような会話をしています。あなたが翔太ならば，どのように答えますか。あとの条件1～3にしたがって，(　　) 内に入る内容を，**15語程度**の英語で書きなさい。解答の際には記入例にならって書くこと。なお，翔太が書いたスピーチの原稿中の表現を用いてもよい。

Staff member：　Welcome. Can I see your ticket?

Shota　　　　：　Yes. Just a moment, please. Oh! I'm sorry. (　　　　　)

Staff member：　OK. Please wait here. I will ask someone about it.

〈条件1〉　最初に，それを見つけることができないということを書くこと。

〈条件2〉　次に，それをなくしてしまったということを書くこと。

〈条件3〉　最後に，どうしたらよいかを教えてほしいということを書くこと。

記入例

What　time　is　it ?

Well , it's　11　o'clock .

③　次は，高校生のさくら（Sakura），スウェーデン（Sweden）からの留学生のエリック（Erik），イギリスから来たホワイト先生（Mr. White）の3人が交わした会話の一部です。会話文を読んで，あとの問いに答えなさい。

Sakura　：　Hi, Erik.

Erik　：　Hi, Sakura. Do you have any plans tomorrow after school?

Sakura　：　No, I don't.

Erik　：　How [①] coming to my host family's house? Some of our classmates will also come.

Sakura　：　Oh, what will you do at your host family's house?

Erik　：　I want to introduce "*fika*" to my Japanese friends.

Sakura　：　*Fika*? What is that?

Mr. White　：　Hi, Sakura and Erik. What are you talking about?

Erik　：　Hello, Mr. White. I am inviting her to my host family's house for *fika*.

Mr. White　：　What is *fika*?

Erik　：　In Sweden, *fika* means a special time for having coffee. A lot of people in Sweden enjoy *fika* several times in one day.

Mr. White　：　You mean *fika* is a coffee break, right?

Erik　：　No. *Fika* is not just [②]. *Fika* is very special and important for people in Sweden.

Sakura　：　Why is it special and important?

Erik　：　[③] Maybe you will find the reason if you try it. So, let's have *fika* tomorrow!

Sakura　：　That sounds interesting, but I don't like coffee.

Erik　：　That's no problem. You can drink tea or anything. I will make some cakes. You can also enjoy Ⓐ them with any drink you want. Drinking coffee is not so important. In *fika*, enjoying the time is important.

Sakura　：　OK. I will try my first *fika* and try to find why it is special and important.

（Two days later.）

Mr. White　：　Hi, Sakura and Erik. How was *fika* yesterday? Did you enjoy it?

Sakura　：　Yes, we did, Mr. White. We really had a good time.

Mr. White　：　And, did you find the answer to your question, Sakura? [④]

Sakura　：　Well, I can't answer the question clearly, but I enjoyed drinking tea and eating cakes. I could also relax and enjoy talking with my friends. I felt *fika* is a very good thing.

Erik　：　You are right, Sakura. I think you understand *fika* is not only a time for drinking coffee. *Fika* is a time for making people happy. People can relax and talk with friends or family. They can understand each other better.

Mr. White：*Fika* is very interesting. Maybe we sometimes need such a time.

Erik　　：Yes, Mr. White. People in Sweden think making time to slow down is important. *Fika* is a good reason for having such a time.

Sakura　：I ［⑤］ Sweden. Erik, please tell me more about Sweden and its culture.

Erik　　：Sure. Shall we have another *fika*?

Sakura　：Ⓑ <u>That</u> is a good idea.

Erik　　：Mr. White, would you like to join us when we have the next *fika*?

Mr. White：Yes. I want to have my first *fika* with you. When will it be?

Erik　　：Shall we have it tomorrow after school?

Mr. White：No problem.

Sakura　：Wow, that will be fun! I can't wait for tomorrow.

（注） *fika*　フィーカ　coffee break　コーヒー休憩　each other　お互い

slow down　ゆっくりする

(1) 次のうち，本文中の［①］に入れるのに最も適しているものはどれですか。一つ選び，記号を○で囲みなさい。（ア　イ　ウ　エ）

ア　about　イ　from　ウ　of　エ　over

(2) 本文の内容から考えて，次のうち，本文中の［②］に入れるのに最も適しているものはどれですか。一つ選び，記号を○で囲みなさい。（ア　イ　ウ　エ）

ア　a hot drink　イ　a cup of tea　ウ　a coffee break　エ　a time for lunch

(3) 本文中の［③］が，「その理由を説明することは難しいです。」という内容になるように，次の〔　〕内の語を並べかえて解答欄の____に英語を書き入れ，英文を完成させなさい。

It〔difficult　to　is　explain〕the reason.

It ________________________________ the reason.

(4) 本文中のⒶ <u>them</u>の表している内容に当たるものとして最も適しているひとつづきの**英語2語**を，本文中から抜き出して書きなさい。（　　　　）

(5) 本文の内容から考えて，次のうち，本文中の［④］に入れるのに最も適しているものはどれですか。一つ選び，記号を○で囲みなさい。（ア　イ　ウ　エ）

ア　What is your favorite drink?

イ　How often do you drink coffee?

ウ　What time do people enjoy *fika*?

エ　Why is *fika* special and important?

(6) 本文中の 'I ［⑤］ Sweden.' が，「私はスウェーデンに興味があります。」という内容になるように，解答欄の____に**英語3語**を書き入れ，英文を完成させなさい。

I ________________________________ Sweden.

(7) 次のうち，本文中のⒷ <u>That</u>が表している内容として最も適しているものはどれですか。一つ選び，記号を○で囲みなさい。（ア　イ　ウ　エ）

ア　enjoying *fika* every day

イ　having *fika* one more time

ウ　making *fika* popular in Japan

エ　having the experience of *fika* in Sweden

(8) 本文の内容と合うように，次の問いに対する答えをそれぞれ英語で書きなさい。ただし，①は**3**語，②は**7**語の英語で書くこと。

①　Does Sakura like coffee?（　　　　　　　　　　）

②　When will Mr. White have his first *fika* with Erik and Sakura?

（　　　　　　　　　　　　　　　　　　　）

英語B問題

時間　40分　　満点　90点（リスニング共）

（編集部注）「英語リスニングA問題・B問題」はこの問題のあとに掲載しています。

1　次は，高校生のさくら（Sakura），イギリスから来たホワイト先生（Mr. White），スウェーデン（Sweden）からの留学生のエリック（Erik）の３人が交わした会話の一部です。会話文を読んで，あとの問いに答えなさい。

Sakura　　：Hello, Mr. White. It's Friday. Will you come to the tea ceremony club after school?

Mr. White：Yes, I will, Sakura. I really like the Japanese tea ceremony.

Erik　　　：Hello, Mr. White and Sakura. What are you talking about?

Sakura　　：Hi, Erik. We are talking about the Japanese tea ceremony.

Mr. White：Sakura is a member of the tea ceremony club, and sometimes I join the activity. Erik, have you ever [　①　] the experience of the Japanese tea ceremony?

Erik　　　：No, I haven't, but I heard it's interesting.

Mr. White：Yes, it is. It is not just making and drinking tea. I can learn a lot of things about Japan.

Sakura　　：Erik, how about coming to the tea ceremony club with us today? It will be fun. You can also enjoy drinking *matcha*.

Erik　　　：Well, I'm interested in it, but actually, I don't like *matcha*. It is too bitter for me.

Sakura　　：If you drink *matcha* with some sweet things, it tastes good. [　②　] And if you don't like the taste, it is not necessary for you to drink *matcha*. So, will you come?

Erik　　　：[　ア　] OK, I'll think about it.

Sakura　　：Mr. White, I heard a lot of people in the U.K. often drink tea. English afternoon tea is a kind of tradition in the U.K., right?

Mr. White：Yes, I think so. People enjoy talking and drinking tea with several things to eat.

Erik　　　：[　③　]

Mr. White：No, most people don't. It is like a meal between lunch and dinner, and it sometimes takes a few hours. So, I think it is difficult to have afternoon tea every day.

Erik　　　：I see.

Mr. White：How about in Sweden, Erik? Do you have any traditions or customs about drinks?

Erik　　　:　[　イ　]　We call it "*fika*."

Sakura　　:　*Fika*? What is it?

Erik　　　:　It is very difficult to express the idea of *fika*. If I explain it with simple words, *fika* may mean a time for drinking coffee, but many people in Sweden think it means more than Ⓐ that. Having *fika* is very important for people in Sweden.

Sakura　　:　Why is *fika* so important? Please tell me.

Erik　　　:　[　ウ　]　OK. People in Sweden think *fika* has many good points. They think enjoying *fika* is helpful to make them happier. So, most people have *fika* several times in one day. They often make time for *fika* to slow down with friends or family. People also think that *fika* will be a good reason for sharing time together. People can talk and understand each other better.

Mr. White :　That sounds good.

Erik　　　:　People enjoy *fika* in workplaces, too. Some people in Sweden say that workers will be more productive by having *fika*. Workers can relax and exchange their ideas.

Sakura　　:　They are busy, right? Why can workers in Sweden have time for *fika*?

Erik　　　:　[　エ　]　I think workers in Sweden are busy, but in my opinion, people are never too busy to have *fika* in Sweden.

Sakura　　:　What do you mean?

Erik　　　:　I mean [　④　]. People in Sweden think it is very important to make time for *fika* to slow down.

Mr. White :　That's a great idea.

Sakura　　:　Does everybody drink coffee for *fika*?

Erik　　　:　No. Some people drink tea, not coffee. [　⑤　]　There are no rules about *fika*. There are many ways to enjoy *fika*. The time you spend for it is more important than the drink you have.

Sakura　　:　Wow, that's nice. I'm very interested in Sweden and its culture and society.

Erik　　　:　If you have the experience of *fika*, you may be able to learn a lot of things about Sweden.

Mr. White :　Thank you for telling us about *fika*, Erik. It was very interesting.

Sakura　　:　Now Erik, I know you don't like *matcha*, but I [　⑥　] the activity of the tea ceremony club once. The important thing is not the drink, right? I think it's the same idea in the Japanese tea ceremony.

Mr. White :　That's right. It'll be a good chance to learn a lot of things about Japan. Erik, shall we go?

Erik　　：　Well, maybe I should say “Yes.”

(注) tea ceremony　茶道　*matcha*　抹茶　bitter　苦い　afternoon tea　アフタヌーンティー
fika　フィーカ　slow down　ゆっくりする　each other　お互い　workplace　職場
worker　働いている人　productive　生産的な　society　社会

(1) 次のうち，本文中の［ ① ］に入れるのに最も適しているものはどれですか。一つ選び，記号を○で囲みなさい。(ア　イ　ウ　エ)

ア　have　　イ　has　　ウ　had　　エ　having

(2) 本文の内容から考えて，次のうち，本文中の［ ② ］に入れるのに最も適しているものはどれですか。一つ選び，記号を○で囲みなさい。(ア　イ　ウ　エ)

ア　I have no idea.　　イ　It will not be fun.　　ウ　Please say it again.
エ　You will like it.

(3) 本文中には次の英文が入ります。本文中の［ ア ］～［ エ ］から，入る場所として最も適しているものを一つ選び，ア～エの記号を○で囲みなさい。(ア　イ　ウ　エ)

Yes, we have one.

(4) 本文の内容から考えて，次のうち，本文中の［ ③ ］に入れるのに最も適しているものはどれですか。一つ選び，記号を○で囲みなさい。(ア　イ　ウ　エ)

ア　Do people in the U.K. eat meals after lunch?
イ　Do people in the U.K. spend a few hours for dinner?
ウ　Do people in the U.K. have afternoon tea every day?
エ　Do people in the U.K. enjoy talking when they have afternoon tea?

(5) 本文中のⒶ <u>that</u>の表している内容に当たるものとして最も適しているひとつづきの**英語5語**を，本文中から抜き出して書きなさい。(　　　　　　　　　　)

(6) 本文の内容から考えて，次のうち，本文中の［ ④ ］に入れるのに最も適しているものはどれですか。一つ選び，記号を○で囲みなさい。(ア　イ　ウ　エ)

ア　even busy people will make time for having *fika* in Sweden
イ　*fika* is a time which busy people will never have in Sweden
ウ　*fika* is a time which makes people very busy in Sweden
エ　people will never slow down to have *fika* in Sweden

(7) 本文中の［ ⑤ ］が，「人々は，自分たちが好きなどんな飲み物でも楽しむことができます。」という内容になるように，次の〔　　〕内の語を並べかえて解答欄の____に英語を書き入れ，英文を完成させなさい。

People can〔like　　enjoy　　any　　they　　drink〕.

People can ____.

(8) 本文中の ‘Now Erik, I know you don’t like *matcha*, but I［ ⑥ ］the activity of the tea ceremony club once.’ が，「さてエリック，あなたは抹茶が好きではないということはわかりますが，私はあなたに一度茶道部の活動に参加してもらいたいと思っています。」という内容になるように，解答欄の____に**英語4語**を書き入れ，英文を完成させなさい。

Now Erik, I know you don't like *matcha*, but I ＿＿＿＿＿＿＿＿＿＿ the activity of the tea ceremony club once.

(9)　次のうち，本文で述べられている内容と合うものはどれですか。二つ選び，記号を○で囲みなさい。(ア　イ　ウ　エ　オ)

ア　Mr. White thinks he can learn many things about Japan through the Japanese tea ceremony.

イ　People in the U.K. don't have anything to eat when they enjoy English afternoon tea.

ウ　People in Sweden drink coffee when they work because it is one of their oldest traditions.

エ　A lot of people in Sweden enjoy *fika* and they think there are some advantages about it.

オ　Sakura says drinking *matcha* is the most important thing in the Japanese tea ceremony.

2　次は，高校生の由香（Yuka）が，英語の授業で行ったスピーチの原稿です。彼女が書いたこの原稿を読んで，あとの問いに答えなさい。

【Picture 1】

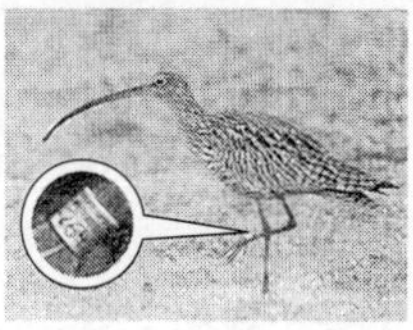

Hello, everyone. Last summer, I found an interesting report about a wild bird by Japanese researchers. Look at Picture 1. This is a kind of shorebird. Many shorebirds migrate every year, and they are often found in wetlands. Can you guess [①] the bird in this picture is? When this picture was taken, the bird was more than twenty years old. I was surprised to know that. I didn't know that wild birds live for so many years. And then, one question came to my mind. How could the researchers estimate the age of this bird?

In this picture, we see that there is a ring around the bird's leg. To estimate the age of this bird, Ⓐ it helped the Japanese researchers because it gave them some information about the bird.

The picture of this bird was taken by a person on March 19, 2015 in Japan, and it was [②] to the researchers in Japan. The researchers found the name of a [③] on the ring. It was Australia. They also found the individual identification number given to the bird. So, they asked a group of researchers in Australia about the bird with that number. According [④] the group, the bird was released on December 10, 1994 in Australia. So, from these two pieces of information, the researchers in Japan could know that this bird was over twenty years old.

【Picture 2】

Although this one shorebird was more than twenty years old then, this does not mean that all the same kinds of shorebirds can live for many years. I was shocked to know that some kinds of shorebirds including this one are endangered. So, to protect shorebirds, researchers in many countries are doing research. Now, to do the research, the researchers are using not only rings but also plastic flags. Look at Picture 2. This shows another kind of shorebird with two plastic flags. The researchers ask people to report about the shorebirds with rings or flags when they see them. [⑤] For example, they have found how some kinds of shorebirds migrate, including routes of their flight.

【Map】

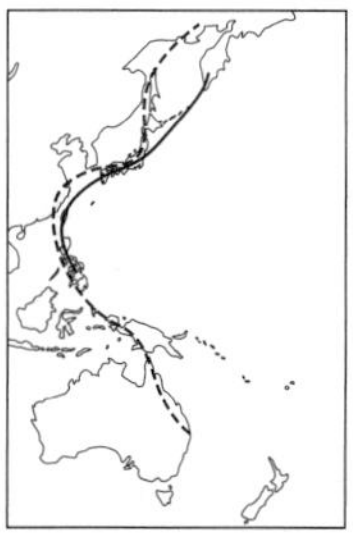

Many shorebirds visit Japan in spring when they fly to northern parts of the earth. They also visit Japan in autumn when they fly to the south. Look at this map. It shows examples of the routes of two kinds of shorebirds. We can see that they flew a very long distance to migrate. When shorebirds migrate by routes like these two routes, many of them visit wetlands in the east of Asia, including Japan. Why do they visit those wetlands? [⑥] Before I learned these things, I didn't know that wetlands in Japan are important for shorebirds. I have learned that knowing how shorebirds live is the ⑦ to protect them.

I wanted to learn more about shorebirds, so I asked my grandfather to take me to a bird sanctuary near his house. He took me there last November. There were some shorebirds. They were resting there before their long travel to the south. I was glad to see them. I will send information to the researchers if I find a shorebird with a ring or a flag. Our information may help the researchers trying to protect shorebirds. Thank you for listening.

(注) researcher　研究者　shorebird　シギ・チドリ類(水辺によく来る鳥)
migrate　(鳥などが)渡る　wetland　湿地　estimate　推定する　ring　環《わ》
individual identification number　個体識別番号　release　放す　including ～　～を含めて
endangered　絶滅の危機に瀕《ひん》した　not only ～ but also …　～だけでなく…も　flag　旗
route　経路，ルート　sanctuary　保護区域

(1) 本文の内容から考えて，次のうち，本文中の ① に入れるのに最も適しているものはどれですか。一つ選び，記号を○で囲みなさい。(ア　イ　ウ　エ)

ア　how heavy　イ　how light　ウ　how old　エ　how tall

(2) 本文中のⒶ<u>it</u>の表している内容に当たるものとして最も適しているひとつづきの**英語 6 語**を，本文中から抜き出して書きなさい。(　　　　　　　　　　)

(3) 次のうち，本文中の ② に入れるのに最も適しているものはどれですか。一つ選び，記号を○で囲みなさい。(ア　イ　ウ　エ)

ア　send　イ　sent　ウ　sending　エ　to sent

(4) 本文の内容から考えて，次のうち，本文中の ③ に入れるのに最も適しているものはどれですか。一つ選び，記号を○で囲みなさい。(ア　イ　ウ　エ)

ア　bird　イ　country　ウ　photographer　エ　researcher

(5) 次のうち，本文中の ④ に入れるのに最も適しているものはどれですか。一つ選び，記号を○で囲みなさい。(ア　イ　ウ　エ)

ア　to　イ　under　ウ　with　エ　without

(6) 本文中の ⑤ が，「世界のさまざまな場所から集められる情報をつなぎ合わせることによって，研究者たちはシギ・チドリ類について多くのことがわかるのです。」という内容になるように，次の〔　〕内の語を並べかえて解答欄の____に英語を書き入れ，英文を完成させなさい。

By connecting the information〔various　which　collected　from　is〕places in the world, researchers find many things about shorebirds.

By connecting the information __________________ places in the world, researchers find many things about shorebirds.

(7) 本文中の ⑥ に，次の(i)～(iii)の英文を適切な順序に並べかえ，前後と意味がつながる内容となるようにして入れたい。あとのア～エのうち，英文の順序として最も適しているものはどれですか。一つ選び，記号を○で囲みなさい。(ア　イ　ウ　エ)

(i) This change in the environment caused a very difficult situation for shorebirds.

(ii) They need to rest and eat food there during their long travel to migrate.

(iii) However, more than 60% of wetlands in the world including Asia have disappeared since 1900.

ア (i)→(ii)→(iii)　　イ (i)→(iii)→(ii)　　ウ (ii)→(i)→(iii)　　エ (ii)→(iii)→(i)

(8) 本文中の 'I have learned that knowing how shorebirds live is the [⑦] to protect them.' が，「私は，シギ・チドリ類がどのように生きているのかを知ることが，彼らを保護するためにまず第一に私たちがすべきことであるということを学びました。」という内容になるように，解答欄の____に**英語 5 語**を書き入れ，英文を完成させなさい。

I have learned that knowing how shorebirds live is the ____________________ to protect them.

(9) 本文の内容と合うように，次の問いに対する答えをそれぞれ英語で書きなさい。ただし，①は**3 語**，②は**5 語**の英語で書くこと。

① Did Yuka know about a wild bird that lived for over twenty years before finding the report by Japanese researchers?（　　　　　　　　　　）

② When did Yuka and her grandfather go to the bird sanctuary near his house?

（　　　　　　　　　　）

3 英語の授業で，先生があなたに次の質問をしました。

> The Olympic Games and the Paralympic Games will be held in Japan this summer. Do you want to go to the competition venues to watch the games if it is possible?

（注） the Olympic Games　オリンピック競技大会

the Paralympic Games　パラリンピック競技大会　　competition venue　競技会場

この質問に対して，あなたはどのように答えますか。解答欄の［　　］内の，Yes, I do.または No, I don't.のどちらかを○で囲み，そのあとに，その理由を**30 語程度**の英語で書きなさい。解答の際には記入例にならって書くこと。

記入例

When　is　your　birthday ?

Well ,　it's　April　11 .

［ Yes, I do. · No, I don't. ］

英語リスニング A問題・B問題

時間　15分

（編集部注）　放送原稿は問題のあとに掲載しています。

音声の再生についてはもくじをご覧ください。

回　リスニングテスト

1　トムと由紀との会話を聞いて，由紀のことばに続くと考えられるトムのことばとして，次のア～エのうち最も適しているものを一つ選び，解答欄の記号を○で囲みなさい。

（ア　イ　ウ　エ）

ア　It was good.　　イ　On Sunday.　　ウ　No, you can't.　　エ　Yes, I did.

2　直人とリサとの会話を聞いて，直人がリサに渡したものとして，次のア～エのうち最も適していると考えられるものを一つ選び，解答欄の記号を○で囲みなさい。（ア　イ　ウ　エ）

ア	イ	ウ	エ
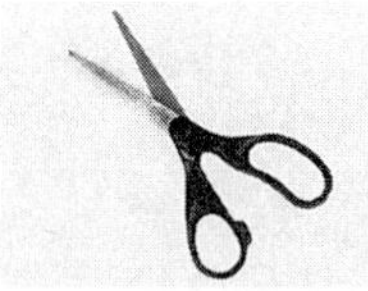			

3　マークと加奈がバス停で時刻表を見ながら会話をしています。この会話のあとに2人が乗るバスの時刻として，次のア～エのうち最も適していると考えられるものを一つ選び，解答欄の記号を○で囲みなさい。

（ア　イ　ウ　エ）

ア　7:20　　イ　7:30　　ウ　7:40　　エ　7:50

あおば駅行き		
時	平日	土・日・祝日
6	30 50	40
7	10 30 50	20 40
8	10 30 50	20 40

4　ミラー先生が英語の授業でスピーチをしています。ミラー先生の夏休みの内容を表したものとして，次のア～エのうち最も適していると考えられるものを一つ選び，解答欄の記号を○で囲みなさい。（ア　イ　ウ　エ）

ア

	8月1日	8月2日
午前	釣り	料理
午後	海水浴	買い物

イ

	8月1日	8月2日
午前	釣り	海水浴
午後	買い物	料理

ウ

	8月1日	8月2日
午前	買い物	釣り
午後	海水浴	料理

エ

	8月1日	8月2日
午前	釣り	料理
午後	買い物	海水浴

5　デパートでの買い物中に館内放送が流れてきました。その放送を聞いて，それに続く二つの質問に対する答えとして最も適しているものを，それぞれア～エから一つずつ選び，解答欄の記号を○で囲みなさい。(1)（ア　イ　ウ　エ）　(2)（ア　イ　ウ　エ）

(1)　ア　Bags made in overseas countries.　　イ　Many kinds of chocolate.

ウ　Nice dishes in the world.　　エ　Various kinds of shoes.

(2)　ア　At 6 p.m.　　イ　At 7 p.m.　　ウ　At 8 p.m.　　エ　At 9 p.m.

6　美紀とジムとの会話を聞いて，それに続く二つの質問に対する答えとして最も適しているものを，それぞれア～エから一つずつ選び，解答欄の記号を○で囲みなさい。

(1)(ア イ ウ エ) (2)(ア イ ウ エ)

(1) ア The actor. イ The history. ウ The story. エ The theater.

(2) ア He will listen to the music in the movie with Miki.

イ He will read the book which he is going to borrow.

ウ He will talk about the story of the movie with Miki.

エ He will get ready to write a book about the movie.

〈放送原稿〉

2020年度大阪府公立高等学校一般入学者選抜英語リスニングテストを行います。

テスト問題は1から6まであります。英文はすべて2回ずつ繰り返して読みます。放送を聞きながらメモを取ってもかまいません。

それでは問題1です。トムと由紀との会話を聞いて，由紀のことばに続くと考えられるトムのことばとして，次のア・イ・ウ・エのうち最も適しているものを一つ選び，解答欄の記号を○で囲みなさい。では始めます。

Tom：　Hi, Yuki. Did you enjoy your weekend?

Yuki：　Yes, I did, Tom. I enjoyed shopping with my sister. How was your weekend?

繰り返します。(繰り返す)

問題2です。直人とリサとの会話を聞いて，直人がリサに渡したものとして，次のア・イ・ウ・エのうち最も適していると考えられるものを一つ選び，解答欄の記号を○で囲みなさい。では始めます。

Naoto：　Hi, Lisa. What are you doing?

Lisa　：　Hi, Naoto. I'm making a birthday card for my sister in America. And ... I want to cut this yellow paper. I want to make the shape of a star from this. But, I don't have anything to cut it.

Naoto：　Oh, here you are. You can use mine.

繰り返します。(繰り返す)

問題3です。マークと加奈がバス停で時刻表を見ながら会話をしています。この会話の後に二人が乗るバスの時刻として，次のア・イ・ウ・エのうち最も適していると考えられるものを一つ選び，解答欄の記号を○で囲みなさい。では始めます。

Mark：　What time is it now, Kana?

Kana：　It's seven twenty-five, Mark.

Mark：　Thank you. So, we will wait for only five minutes, right?

Kana：　No. The next bus will not come here at seven thirty.

Mark：　Why? I usually take a bus at that time.

Kana：　Mark, it is Sunday today.

Mark：　Oh, I see. We must wait for about fifteen minutes.

Kana：　That's right.

繰り返します。(繰り返す)

問題4です。ミラー先生が英語の授業でスピーチをしています。ミラー先生の夏休みの内容を表したものとして，次のア・イ・ウ・エのうち最も適していると考えられるものを一つ選び，解答欄の記号を○で囲みなさい。では始めます。

Hello, everyone. Today I will tell you about my summer vacation. This summer I enjoyed visiting my grandparents in Canada and being with my parents in America. Before I went back to America, I went to Canada to visit my grandparents because August 2 was my grandmother's birthday. I arrived at the airport on July 31, and they drove me to their house. They live near a lake. The next morning, I enjoyed fishing in the lake. After lunch, I wanted to enjoy swimming in the sea, but it began raining. So, I went shopping with my grandfather to buy a present for my grandmother. The following day was her birthday, and I enjoyed swimming in the sea with my grandparents and we ate lunch on the beach. In the afternoon, I enjoyed cooking dinner for my grandmother. We had a nice birthday for her. And the next day, I went back to my house in America. I had a very good summer vacation. Thank you for listening.

繰り返します。(繰り返す)

問題5です。デパートでの買い物中に館内放送が流れてきました。その放送を聞いて，それに続く二つの質問に対する答えとして最も適しているものを，それぞれア・イ・ウ・エから一つずつ選び，解答欄の記号を○で囲みなさい。では始めます。

Thank you for shopping at our department store. This week, we have an event about chocolate on the sixth floor. You can see many kinds of chocolate. Some of the restaurants serve you dishes with those kinds of chocolate. Please try some of those dishes at the restaurants on the seventh floor. We also have a special event about shoes on the fifth floor. There are various kinds of shoes made in overseas countries. You can get these shoes only at our department store and only this week. Our department store will be closed at 8 p.m., but the seventh floor and the restaurants on it are open until 9 p.m. Please enjoy shopping at our department store. Thank you.

Question (1): What can people see on the sixth floor?

Question (2): What time will the restaurants on the seventh floor be closed?

繰り返します。(放送と質問を繰り返す)

問題6です。美紀とジムとの会話を聞いて，それに続く二つの質問に対する答えとして最も適しているものを，それぞれア・イ・ウ・エから一つずつ選び，解答欄の記号を○で囲みなさい。では始めます。

Miki : Hi, Jim. What will you do this weekend?

Jim : Hi, Miki. On Saturday, I am going to go to see a popular movie in the new theater in front of the station.

Miki : Oh, is that the movie about the famous soccer team?

Jim : That's right. I like one of the actors.

Miki : I saw it two weeks ago. It was excellent!

Jim : What did you like about the movie?

Miki : I liked the story the best. You know it's a true story. It encouraged me a lot.

Jim : That sounds good.

Miki : Actually, I bought a book about the history of the soccer team. It was interesting, too.

Jim : Really?

Miki : Yes. I think you will like the movie. The music in the movie was also good. In the movie, when the team has a difficulty, we hear exciting music. For example, the team was very weak and then one of the players cried a lot and ...

Jim　:　Wait, Miki! I haven't watched the movie yet.

Miki :　Oh, I'm sorry. Let's talk about it next week. OK?

Jim　:　OK.

Miki :　Well, shall I lend you the book? I think you can enjoy watching the movie more if you have some information about the team.

Jim　:　Yes, please. The book will be helpful for getting ready to watch the movie. Thank you very much.

Question (1): What was the thing Miki liked the best about the movie?

Question (2): What will Jim probably do before he watches the movie?

繰り返します。(会話と質問を繰り返す)

これで，英語リスニングテストを終わります。

英語C問題

時間　30分　　満点　90点(リスニング共)

(編集部注) 「英語リスニングC問題」はこの問題のあとに掲載しています。

1 Choose the phrase that best completes each sentence below.

(1)(ア イ ウ エ) (2)(ア イ ウ エ) (3)(ア イ ウ エ)
(4)(ア イ ウ エ) (5)(ア イ ウ エ) (6)(ア イ ウ エ)

(1) The (　　) was very interesting.

ア children told my story to his uncle　　イ story told to his children my uncle
ウ children to my uncle told his story　　エ story my uncle told to his children

(2) I don't know (　　).

ア which way is better to solve the problem
イ the better which way to solve problem is
ウ which is better to solve the problem way
エ the way to solve which problem better is

(3) The fact (　　) to solve many problems.

ア was discovered by useful the scientist　　イ discovered was useful the scientist by
ウ was useful discovered by the scientist　　エ discovered by the scientist was useful

(4) He stopped exchanging e-mails with (　　).

ア me explaining the reason without　　イ the reason me without explaining
ウ me without explaining the reason　　エ the reason explaining me without

(5) Follow the (　　) the area well.

ア advice from the people who know　　イ people know who from the advice
ウ advice the people know who from　　エ people who the advice from know

(6) I asked my aunt (　　) fresh ones.

ア how to choose growing vegetables　　イ growing vegetables how to choose
ウ how to growing choose vegetables　　エ growing vegetables to choose how

2　Read the passage and choose the answer which best completes each blank ①～③.

(1)(ア　イ　ウ　エ)　(2)(ア　イ　ウ　エ)　(3)(ア　イ　ウ　エ)

In 2018, a survey of views on studying abroad was carried out on high school students in four countries: about 2,000 students in Japan, about 1,500 students in America, about 3,000 students in China, and about 1,200 students in Korea. For this survey, the high school students answered some questions by choosing one answer from several alternatives.

The following table shows the percentages of their answers to the question: "Do you want to study abroad if it is possible?" To this question, five alternatives were given to the students. Different times to go abroad to study were included in the four alternatives 2 to 5.

First, look at the percentages of the students who chose "No, I do not want to study abroad." We see that [①] among the percentages of the four countries. And, the percentage of the students in Korea is the lowest.

Next, look at the percentages about the times to go abroad in the four alternatives 2 to 5. In [②], the percentages of the students who chose "while I'm in college" are the highest and they are over 30%. When we look at the percentages about the time to go abroad in [③], we can find a situation that is not seen in the other three countries: both the percentage of the students who chose "while I'm in high school" and the percentage of the students who chose "as soon as I graduate from high school" are more than 15%.

(注)　survey　調査　　be carried out on ～　～を対象として実施される　　alternative　選択肢
table　表　　percentage　割合　　time　時期　　include　含む　　while ～　～(する)間に
as soon as ～　～してすぐに

【Table】

The percentages of the answers to the question: "Do you want to study abroad if it is possible?"

	Japan	America	China	Korea
1 No, I do not want to study abroad.	48.6%	38.4%	42.6%	31.7%
2 Yes, I want to study abroad while I'm in high school.	5.1%	7.7%	3.0%	16.3%
3 Yes, I want to study abroad as soon as I graduate from high school.	1.9%	6.6%	4.4%	18.1%
4 Yes, I want to study abroad while I'm in college.	35.6%	35.0%	22.3%	24.6%
5 Yes, I want to study abroad as soon as I graduate from college.	7.0%	8.1%	25.2%	9.3%
No answer (無回答)	1.8%	4.2%	2.5%	0.0%

(国立教育政策研究所「高校生の留学に関する意識調査報告書」(令和元年) により作成)

(1)　①　ア　the percentage of the students in Japan is higher than 50%
イ　the percentage of the students in Japan is the highest
ウ　one of the percentages is lower than 30%
エ　all the percentages are lower than 40%

(2)　②　ア　Japan and America　　イ　America and China　　ウ　China and Korea
エ　Japan and Korea

(3)　③　ア　Japan　　イ　America　　ウ　China　　エ　Korea

3 Read the passage and choose the answer which best completes each sentence (1)～(4).

The Maori people are the indigenous people of New Zealand. Now, about 15% of the people of New Zealand are Maori. They think their language is one of the most important things in their culture. They have passed down their traditions, history, and many other things by using the Maori language. In the 19th century, English became the dominant language and the number of people who spoke the Maori language became very small in New Zealand. People thought the Maori language was a [①] language.

However, the Maori language is still surviving. From the 1970s, many of the Maori people began to try to get back their Maori identity. They said, "Our language is an important part of our identity." Many other people in New Zealand agreed with ②<u>their opinion</u> and supported the Maori people because they thought diversity is one of the important elements of New Zealand. Efforts to revitalize the Maori language were started and the situation began to change. In 1987, the government of New Zealand decided to make the Maori language one of the country's official languages. Now, children have chances to learn the Maori language at some schools. The government of New Zealand has decided to try to give lessons for learning the Maori language in all elementary schools in New Zealand by 2025. Although those efforts have brought some good changes to the situation, the Maori language is still on UNESCO's list of endangered languages. According to UNESCO, there are about 6,700 languages which are spoken in the world today and about 40% of them are in danger of extinction. If nothing is done for endangered languages, many of them will be lost.

The year 2019 was the international year of indigenous languages. Some things were done to raise people's awareness of those languages. For example, in Australia, a new 50 cent coin was produced. The Australian government hopes that the 50 cent coin will remind people of the importance of the diversity of languages in Australia. On the 50 cent coin, there are 14 indigenous words and a blank under them. The 14 words mean "money" in different indigenous languages of Australia, and most of the languages are now in danger of extinction. About 130 indigenous languages in Australia have already died, and the blank on the 50 cent coin expresses those lost languages which will never come back. Imagine what will be lost when a language is lost. We should pay attention to the languages in danger before it becomes too late.

(注) Maori マオリの　indigenous その土地固有の　New Zealand ニュージーランド
pass down ～ ～を受け継ぐ　dominant 主要な　the 1970s 1970年代
get back ～ ～を取り戻す　identity アイデンティティ　diversity 多様性
element 要素　revitalize 再活性化する　elementary school 小学校
UNESCO 国際連合教育科学文化機関　endangered 絶滅の危機に瀕《ひん》した
extinction 絶滅　awareness 意識　50 cent coin 50セント硬貨

remind ～ of … ～に…を思い出させる

(1) The word which should be put in [①] is (ア イ ウ エ)

ア destroying. イ disappearing. ウ lasting. エ returning.

(2) The words ② their opinion mean that (ア イ ウ エ)

ア the Maori language is in danger of extinction.

イ the number of the Maori people became very small.

ウ the language is an important part of the Maori identity.

エ diversity is one of the important elements of New Zealand.

(3) With the 50 cent coin, the Australian government wants people to (ア イ ウ エ)

ア keep the importance of their official language in their memory.

イ remember that the diversity of languages in Australia is important.

ウ study their native language harder than any other languages in Australia.

エ notice that the diversity of languages causes some problems in communication.

(4) According to the passage, (ア イ ウ エ)

ア the number of the people who speak English in New Zealand is becoming small because the Maori language is becoming the dominant language.

イ the Maori language is one of the official languages in New Zealand, and all the children are learning it in elementary school now.

ウ the Maori language is in danger of extinction although people's efforts have improved the situation of the language.

エ the 14 indigenous languages in Australia will be expressed by the blank on the 50 cent coin when they are revitalized.

4 Read the passage with six paragraphs [1]〜[6] and choose the answer which best completes each sentence (1), (3), and (4), and choose the answer to the question written in (2).

(注) paragraph 段落

[1] When you are reading a book, what do you do when you come across a word that you don't know in a sentence? [A] Maybe the context will help you when you try to guess the meaning of the word. [B] But, do you know that a part of that word you don't know may also help you? [C] Learning about prefixes and suffixes can help you when you guess the meaning of a word you don't know. [D]

[2] You know the meanings of the following words: remember, reuse, and repair. These words begin with the same two letters: *re*. This *re* is a prefix. A prefix is a letter or a group of letters added to the front of a word to make another word. The prefix *re* means "again" or "again and again" or "back."

[3] Knowing the prefix *re* can help you. Here is an example. Suppose you don't know the meaning of the word "remove" when you read the following sentences: "A boy put many books on the desk to use for studying. He removed all the books from the desk before he left the room." [①]

[4] Next, what are suffixes? You know the meanings of the following words: action, collection, and communication. These words end with the same four letters: *tion*. This *tion* is a suffix. A suffix is a letter or a group of letters added to the end of a word to make another word. The suffix *tion* is used to make a noun.

[5] [   ]

[6] In these ways, learning about prefixes and suffixes is very helpful for you to improve your English vocabulary. There are various prefixes and suffixes and you can find them in many words you already know. Now, you may be able to check the meanings of the words you already know if ② they have *re* or *tion*.

(注) come across 出会う　context 前後関係，文脈　prefix 接頭辞　suffix 接尾辞
letter 文字　again and again 何度も何度も　suppose 仮定する　noun 名詞
vocabulary 語彙《ごい》　check 確認する

(1) The sentence "That means that the other sentences before and after that sentence will help you." should be put in (ア イ ウ エ)

ア A.　イ B.　ウ C.　エ D.

(2) The following sentences (i)〜(iii) should be put in [①] in the order that makes the most sense.

(i) So, from the meanings of these two parts, you can guess the meaning of the word "remove" is to move something again.

(ii) When you read the second sentence again after you guessed the meaning of the word in this way, you can imagine he carried all the books away from the desk before he left the room.

(iii) Although you don't know the meaning of the word "remove" in the second sentence, you know the word "move" and you can find a prefix *re* in front of it.

Which is the best order? (ア イ ウ エ)

ア (ii)→(i)→(iii)　イ (ii)→(iii)→(i)　ウ (iii)→(i)→(ii)　エ (iii)→(ii)→(i)

(3) Paragraph [5] should explain an example to show (ア イ ウ エ)

ア knowing about the suffix *tion* is helpful when you come across a word with that suffix.

イ that guessing the meaning of the suffix *tion* is more helpful than learning about prefixes.

ウ the prefix *re* is more useful than the suffix *tion* to guess a noun from a word you know.

エ how a word people often use now was made by using the four letters *tion* as a prefix.

(4) The word ② they refers to (ア イ ウ エ)

ア English letters.

イ English prefixes and suffixes.

ウ meanings of English words you don't know.

エ English words you already know.

[5] Read the passage and choose the answer which best completes each sentence (1), (2), and (4), and choose the answer to the question written in (3).

Did you know that the medals for the Tokyo Olympic and Paralympic Games will be made in a very special way? They will be made of metals which were collected and recycled from small electrical devices, for example, cellphones or computers. Making medals from recycled metal gives us some important messages about the [①].

What do you do, for example, when you buy a new cellphone and you don't use your old one? A lot of people probably keep their used cellphones at home. According to research done in 2017, in one year in Japan people stopped using about 650 thousand tons of small electrical devices because they got new ones. In those used devices, there are about 280 thousand tons of metals which can be recycled. Japan imports a lot of mineral resources from other countries to produce things. Those resources are usually taken from the ground, but they will not last forever.

If you recycle your used electrical devices, you can [②] the resources in the ground and solve some problems on the earth. However, when you recycle electrical devices, you should be careful about the way of doing it because there are some things that are harmful to the environment in the waste. Please find the sign for collecting small electrical devices. You can find boxes with this sign in some cities. Old devices put in the box will be recycled properly at special factories. If you can't find one in your city, please remember where you bought the device and ask the people working at the shop. Recycling your old electrical devices "properly" is a key to protecting the environment.

Although recycling things properly is good for the environment, remember there is a better way. [③] It means you can reduce waste by refusing to buy things you don't need and using your things for a long time. When you see the medals for the Tokyo Olympic and Paralympic Games this summer, please remember how they were made and think about things you can do to make our future sustainable.

(注) medal　メダル
the Tokyo Olympic and Paralympic Games　東京オリンピック・パラリンピック競技大会
be made of ～　～から作られる　metal　金属　electrical　電気の　device　器具
ton　トン（重さの単位）　import　輸入する　mineral　鉱物の　resource　資源
harmful　有害な　waste　ごみ，廃棄物　sign　標示　properly　適切に
sustainable　持続可能な

(1) The word which should be put in [①] is (ア イ ウ エ)
ア communication.　イ electricity.　ウ environment.　エ information.

(2) The word which should be put in [②] is (ア イ ウ エ)
ア accept.　イ burn.　ウ save.　エ spend.

(3) What is the sentence which should be put in ［ ③ ］? (ア イ ウ エ)

ア Think twice before you buy new things.

イ Pay attention to harmful things in electrical devices.

ウ Buy more things at some special shops to recycle more things.

エ Produce electricity from the old electrical devices you don't need.

(4) According to the passage, (ア イ ウ エ)

ア in Japan in one year, about 280 thousand tons of metals are collected for recycling.

イ resources can be taken from some kinds of waste by recycling them properly.

ウ the sign for collecting small electrical devices shows there are no harmful things in the waste.

エ the medals for the Tokyo Olympic and Paralympic Games will be recycled for our future.

6 Read the passage and choose the answer which best completes each sentence (1)～(4).

Many people may not think that water is a unique substance, but it is actually very unique. Water has several properties that [①] it unique. The following sentences explain two of them.

One of the properties is about density. Most natural substances expand when they get warmer, and their density gets lower. They contract when they get cooler, and their density gets higher. [A] The density of water reaches its peak at 3.98℃. When the temperature of water gets closer to 0℃ from 3.98℃, the density of water gets lower. [B] And, the density of ice is lower than the density of water. So, ice floats on water. [C] Natural substances that show this way of changing in density are rare. [D]

Another one is about heat. Compared to other fluids, water does not get hot or cold soon. This property has an influence on changes in temperature in areas near seas or lakes. For example, the temperature in those areas tends to change more [②] than the temperature in areas without seas or lakes. When seasons change, people who live near the sea in Japan may feel the effects of this property. When the summer starts, the water of the sea does not become hot soon. So, by the influence of the water, the temperature in the area does not get hot quickly. When seasons change from autumn to winter, the [③] effect can be felt. The water of the sea does not get cold soon, so the temperature in the area does not get cold quickly.

(注) unique 独特の　substance 物質　property 性質　density 密度
expand 膨張する　contract 収縮する　peak 最高点　float 浮く　rare まれな
heat 熱　compared to ～ ～と比較すると　fluid 液体　tend to ～ ～する傾向がある
effect 効果

(1) The word which should be put in [①] is (ア イ ウ エ)
ア become.　イ decide.　ウ judge.　エ make.

(2) The sentence "However, water does not show such a way of changing in density." should be put in (ア イ ウ エ)
ア A.　イ B.　ウ C.　エ D.

(3) The word which should be put in [②] is (ア イ ウ エ)
ア clearly.　イ early.　ウ quickly.　エ slowly.

(4) The word which should be put in [③] is (ア イ ウ エ)
ア dangerous.　イ hard.　ウ opposite.　エ serious.

7 Read the following sentences and write your answer in English.

Proverbs are short sentences passed down from generation to generation and they usually contain advice to people.

There are two proverbs that give us different advice. The first one is “Nothing ventured, nothing gained.” This proverb says that we cannot get anything if we don’t take a risk. The second one is “Better safe than sorry.” This one says that a person should be careful and act safely to avoid regretting later.

Which proverb is more persuasive for you? Write your opinion and reason. After that, write about your experience to support your reason.

When you write your answer, you can express the first proverb as Proverb A, and the second proverb as Proverb B.

（注）proverb　ことわざ　　pass down ～　～を受け継ぐ
from generation to generation　代々，世代を超えて　　contain　含む
venture　思い切って立ち向かう　　gain　得る　　take a risk　危険を冒す　　sorry　後悔して
safely　安全に　　avoid　避ける　　regret　後悔する　　persuasive　説得力のある

(　　　　　　　　　　　　　　　　　　　　　　　　　　　　　　)

英語リスニング C問題

時間　25分

(編集部注)　放送原稿は問題のあとに掲載しています。
音声の再生についてはもくじをご覧ください。

□　リスニングテスト

【Part A】

1(ア　イ　ウ　エ)　2(ア　イ　ウ　エ)　3(ア　イ　ウ　エ)
4(ア　イ　ウ　エ)　5(ア　イ　ウ　エ)

1　ア　He thinks she can do it if she makes an effort.
イ　He thinks it depends on the time.
ウ　He doesn't think she should practice the speech.
エ　He doesn't allow the woman to try.

2　ア　She doesn't know how to meet the pianist.　イ　She doesn't respect the pianist.
ウ　She has no idea about the pianist.　エ　She has great respect for the pianist.

3　ア　She doesn't think he will be able to solve the problem by talking more with his classmates.
イ　She doesn't think that it is necessary for him to think about the ideas of his classmates.
ウ　She thinks that he should talk more with his classmates to solve the problem.
エ　She thinks that the man should solve the problem by deciding the song alone.

4　ア　She thinks it is very difficult to choose the restaurant to go with the man this weekend.
イ　She thinks it is very difficult for her and the man to decide the curry to eat at the restaurant.
ウ　She cannot choose vegetables for making curry to serve for lunch with the man.
エ　She cannot decide to go to the restaurant near the station with the man and her sister.

5　ア　He has decided to try to get the ticket soon because he doesn't want to waste his time.
イ　He was encouraged by the woman and he thinks that he can get the ticket.
ウ　He understands that he will be able to get the ticket easily if he hurries up.
エ　He thinks that it is too late to get the ticket although the woman tells him to try.

【Part B】　6(1)(ア　イ　ウ　エ)　(2)(ア　イ　ウ　エ)

6　(1)　ア　0　イ　1　ウ　2　エ　3

(2)　ア　When people are interested in buying a new computer from the company, they should push number 4.

イ　When people want to know how to recycle or sell their old computer, they should push number 5.

ウ　People cannot push any numbers before they finish listening to all of the message by the machine.

エ　If people want to get help quickly, they can push a number and then a guide will call them later.

【Part C】

Advertisements

In advertisements we watch on TV, various ways to attract people's attention are used. One of them is to emphasize a function of a product. Another way is to associate a nice image with a product. In this passage, we call these two ways to advertise Way A and Way B.

Emphasizing a function is called Way A.

Associating a nice image is called Way B.

(注)　advertisement　宣伝　attract　引きつける　emphasize　強調する　function　機能
product　製品　associate　結びつける　advertise　宣伝する

【Memo】

Ben	Maki

〈放送原稿〉

Now you are going to have the listening test. There are three parts in this listening test: part A, part B, and part C.

Please look at part A. In this part of the listening test, you will hear five conversations between two people. You will hear each conversation twice. After listening to each conversation twice, you will hear a question. Each question will be read only once and you must choose the answer. Now begin.

1 Woman : Do you think that I can make a good speech in front of many people next month?
Man : It depends on the effort you make.
（繰り返す）
Question : What does the man mean?

2 Man : I've heard that you like that pianist.
Woman : Yes, she is a wonderful pianist. She is also doing various activities as a volunteer. I don't know how to express my respect for her.
（繰り返す）
Question : What does the woman mean?

3 Man : In my class, there are many different ideas about the song to sing at the music festival. So, we have not decided the song yet. I don't know what to do.
Woman : Well, you cannot solve that problem without talking more with your classmates.
（繰り返す）
Question : What does the woman mean?

4 Woman : Do you know the new restaurant that opened last month near the station?
Man : Yes. I've heard that the chicken curry at the restaurant is very delicious.
Woman : My sister says the restaurant serves various kinds of curry. Her favorite one is vegetable curry. My sister and I will go to the restaurant for lunch this weekend. Will you join us?
Man : Oh, really? Yes, I'll join you. Which curry should I have? It's hard to choose.
Woman : Well, it's difficult for me, too.
（繰り返す）
Question : What does the woman mean?

5 Woman : Do you know that your favorite singer will hold a concert in this city next month?
Man : Really? How did you know that?
Woman : I heard that from one of my friends. She is also a fan of the singer. Are you interested in the concert?
Man : Yes, I want to go to the concert, but I don't think it will be possible to get a ticket. He is very popular and it's already one month before the concert.
Woman : I heard the concert will be held in the big stadium in our city. So, I think you

can still get one.

Man　　: Do you think I have a chance?

Woman : Yes, you do. Hurry up. You can get the information about it on the Internet. You know you cannot judge anything before you try it.

Man　　: I understand you, but I don't think I can get it. I just feel I am going to waste my time. (繰り返す)

Question : What does the man mean?

Please look at part B. In this part of the listening test, a person will call a company, and you will hear some sounds and messages from a machine on the phone. You will hear them twice. After listening to them twice, you will hear two questions. Each question will be read only once and you must choose the answer. Now begin.

6　Hello. Thank you for calling our company. This message is spoken by a machine. Please listen to the following choices and push the number for the help you need. Then, we will connect you to one of the guides who can help you. You can push the number at any time you like.

If you wish to buy a computer or get information about our new computers, please push number 1. If the computer you have bought is broken and needs to be repaired, please push number 2. If you need some help for connecting your computer to the Internet, please push number 3. If you have some questions about ways to use the computer you have bought, please push number 4. For other questions or troubles, please push number 5. If you wish to listen to this message again, please push number 0. We are very sorry, but it may take some time to connect you to the guide who will help you. In such a case, please wait or try again later. This is the end of the message. Now please push the number for your need.

If you wish to buy a computer or get information about our new computers, please push number 1. If the computer you have bought is broken and needs to be repaired, please push number 2. If you need some help for connecting your computer to the Internet, ...

Hello. Thank you for calling our company. I guess your computer needs to be repaired. Can you tell me about the problem?

(繰り返す)

Question (1): What was the last number the person pushed to get help?

Question (2): Which sentence is true about the information of the message?

Please look at the test paper of Part C. First, please read the passage about ways to get people's attention to sell things. You have one minute. Now, begin to read.

【one minute to read】

Stop reading. Now you are going to hear the conversation between Ben and Maki. They are talking about ways to get people's attention to sell things. You will hear their conversation and the question about it twice. When you are listening, you can write notes on the test paper about the things they say about ways to get people's attention to sell things. Now, listen to the conversation.

Ben ： Maki, did you read the passage about the two ways to get people's attention to sell something?

Maki： Yes, I did, Ben. It is interesting.

Ben ： Actually, the two ways written in this passage are often used.

Maki： For example?

Ben ： On TV, many things for cleaning houses are introduced. Some of them are introduced by telling that they are very useful and convenient to make houses clean. Other ones are shown together with famous actors or singers to produce nice images of the things. When you choose things to buy, which way is better?

Maki： The second example you told me is Way B, and maybe Way B is better for me when I choose things to clean my house. I don't think there are big differences among the things to clean houses. So, I think producing nice images of the things is better to get my attention.

Ben ： I see. I think that showing a nice image of a thing in Way B is useful to make differences among things that don't actually have big differences.

Maki： I think so, too.

Ben ： However, I think telling that something is very useful and convenient in Way A is better to get the attention of people who already have a clear purpose for using it.

Maki： I see. Oh, I remembered my sister and brother talked about cars introduced on TV. You know that many kinds of cars are introduced in various ways on TV.

Ben ： Yes, there are many good examples.

Maki： That's right. A car that has a special system to make the car safer is often introduced in Way A. This will get the attention of people who want to buy a safer car, like my sister. Another car is introduced together with a beautiful scene around the car. This is Way B. People who watch it may feel the cool life style of the driver. So, this way will be helpful to get the attention of people who want to live in a cool way, like my brother. Companies are always thinking about people who may buy their things.

Ben ： Yes. I think that the choice between Way A and Way B by companies depends on the people who will most probably buy their things.

Maki： That's right. I think it is necessary to know how things are introduced on TV.

Question ：What does Ben think about Way A and Way B? Explain his opinions in English.

（会話と質問を繰り返す）

You have six minutes to write. Now begin.

【six minutes to write】

書くのを止めなさい。これで英語リスニングテストを終わります。

社会

時間　40分　　　満点　90点

1　わが国の各時代における政治のしくみや法のしくみにかかわることがらについて，次の問いに答えなさい。

(1)　古代のわが国では，律令《りつりょう》にもとづく政治のしくみがつくられ，天皇や貴族による政治が行われた。

①　8世紀，わが国では律令が制定され，中央の政治のしくみや地方行政のしくみなどが整えられた。次のア～エのうち，律令にもとづく政治のしくみの中で，わが国の外交や九州の行政などを担当するために，九州に設置された地方官庁はどれか。一つ選び，記号を○で囲みなさい。

（ア　イ　ウ　エ）

ア　六波羅探題　　イ　開拓使　　ウ　多賀《たが》城　　エ　大宰府《だざいふ》

②　9世紀中ごろには，律令のうち令《りょう》に規定されていない職についた貴族が政治を行うようになり，その中でも藤原《ふじわら》氏が他の貴族を退けて勢力をのばした。次の文は，藤原氏が行った政治について述べたものである。あとのア～カのうち，文中の［X］，［Y］に当てはまる語の組み合わせとして正しいものはどれか。一つ選び，記号を○で囲みなさい。

（ア　イ　ウ　エ　オ　カ）

藤原氏は，娘を天皇のきさきにし，その子を天皇の位につけた。そして，天皇が幼いときは政治を代行する［X］という職につき，天皇が成長すると，天皇を補佐する［Y］という職について，政治の実権を握った。11世紀に，藤原氏は最も栄え，藤原頼通《よりみち》はこの二つの職についた。

ア　X　関白　　Y　国司　　イ　X　関白　　Y　摂政《せっしょう》　　ウ　X　国司　　Y　関白

エ　X　国司　　Y　摂政　　オ　X　摂政　　Y　関白　　カ　X　摂政　　Y　国司

(2)　中世から近世のわが国では，武家政権が成立し，その支配がしだいに全国に広まった。

①　13世紀前半，鎌倉幕府は武士の社会の慣習をもとに御成敗式目を制定した。次の文は，御成敗式目について述べたものである。文中のⓐ〔　　〕，ⓑ〔　　〕から適切なものをそれぞれ一つずつ選び，記号を○で囲みなさい。ⓐ（ア　イ）　ⓑ（ウ　エ）

鎌倉幕府の3代執権のⓐ〔ア　北条時政《ほうじょうときまさ》　　イ　北条泰時《やすとき》〕は，武士の社会の慣習にもとづく法である御成敗式目をⓑ〔ウ　応仁《おうにん》の乱　　エ　承久《じょうきゅう》の乱〕の後に制定し，支配を全国に広げた。

②　江戸時代，幕府は大名を統制するために武家諸法度《ぶけしょはっと》を制定した。この武家諸法度の条文の一つには大名の城に関する取り決めが二つ示されており，一つは城の修理を行う場合，幕府へ届け出なければならないことである。もう一つの城に関する取り決めの内容を簡潔に書きなさい。

（　　　　　　　　　　　　　　　　　　　　　　　　　　　　　　）

③　19世紀後半，江戸幕府の15代将軍の徳川慶喜《とくがわよしのぶ》が政権を朝廷に返上し，中世から続いた武士による政治は幕を閉じた。次の(i)～(iii)は，19世紀後半にわが国で起こったできごとについて述

べた文である。(i)～(iii)をできごとが起こった順に並べかえると，どのような順序になるか。あとのア～カから正しいものを一つ選び，記号を○で囲みなさい。（ ア　イ　ウ　エ　オ　カ ）

(i)　薩摩《さつま》藩と長州藩が同盟を結んだ。

(ii)　4か国の連合艦隊が下関《しものせき》の砲台を占領した。

(iii)　大老の井伊《いい》直弼《なおすけ》らが日米修好通商条約を結んだ。

ア　(i)→(ii)→(iii)　　イ　(i)→(iii)→(ii)　　ウ　(ii)→(i)→(iii)　　エ　(ii)→(iii)→(i)

オ　(iii)→(i)→(ii)　　カ　(iii)→(ii)→(i)

(3)　近代のわが国では，大日本帝国憲法が制定され，議会政治が始まった。

①　右の絵は，1889（明治22）年に行われた大日本帝国憲法発布式の錦絵である。次のア～エのうち，大日本帝国憲法が発布されたときのわが国の内閣総理大臣はだれか。一つ選び，記号を○で囲みなさい。（ ア　イ　ウ　エ ）

ア　大久保利通《おおくぼとしみち》　　イ　大隈重信《おおくましげのぶ》　　ウ　黒田清隆《くろだきよたか》

エ　陸奥宗光《むつむねみつ》

②　1890（明治23）年，第1回衆議院議員総選挙が実施された。その後，2017（平成29）年に第48回衆議院議員総選挙が実施されるまでの間に，選挙に関する法律の改正により，選挙権を有する者（以下「有権者」という。）の資格は何度か改められた。図Ⅰは，1890年，1928（昭和3）年，1946（昭和21）年，2017年における，わが国の人口に占める有権者数の割合を示したものであり，次の文は，図Ⅰをもとに，有権者の資格に関することについて述べたものである。文中の（ ⓐ ）に入れるのに適している内容を，あとのア～エから一つ選び，記号を○で囲みなさい。また，文中の［ ⓑ ］に当てはまる**数**を書きなさい。

ⓐ（ ア　イ　ウ　エ ）　ⓑ（　　　）

図Ⅰ　わが国の人口に占める有権者数の割合（%）

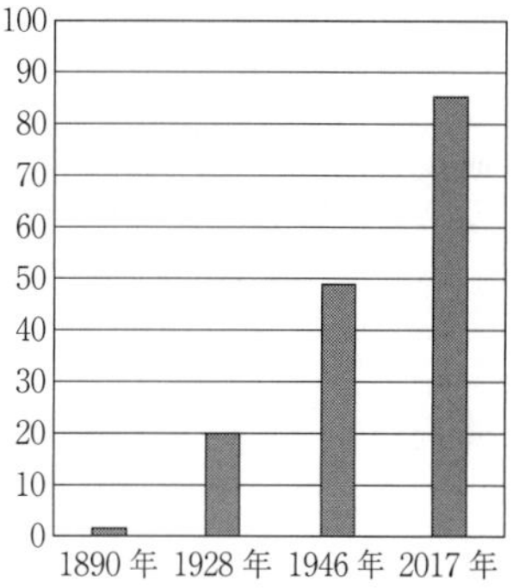

（総務省の資料により作成）

・1890年に第1回衆議院議員総選挙が実施された。このときの有権者の資格は制限されており，人口に占める有権者数の割合は，1.1％であった。

・1928年に第16回衆議院議員総選挙が実施され，人口に占める有権者数の割合は，1890年と比べると約20倍となった。1928年の衆議院議員総選挙が実施される3年前に衆議院議員選挙法が改正され，有権者の資格が（ ⓐ ）に改められたからである。

・1945（昭和20）年に有権者の資格が改められ，1946年の第22回衆議院議員総選挙において，人口に占める有権者数の割合は，約50％となった。

・現在は，2015（平成27）年の公職選挙法の改正により，有権者の年齢に関する資格が［ ⓑ ］歳以上に改められ，2017年の第48回衆議院議員総選挙において，人口に占める有権者数の割合は，80％を上回った。

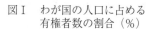

ア　20歳以上の男女

イ　25歳以上の男子

ウ　直接国税3円以上を納める25歳以上の男子

エ　直接国税10円以上を納める25歳以上の男子

(4)　第二次世界大戦後，わが国では日本国憲法にもとづく民主的な政治のしくみがつくられ，国際社会とのかかわりも構築された。

①　わが国の法は，日本国憲法を頂点として構成される。次の文は，日本国憲法の条文の一部である。文中の□の箇所に用いられている語を書きなさい。(　　　)

「この憲法は，国の□であつて，その条規に反する法律，命令，詔勅及び国務に関するその他の行為の全部又は一部は，その効力を有しない。」

②　20世紀後半，わが国は国際社会とのかかわりを再度構築した。次の(i)～(iii)は，20世紀後半にわが国と諸外国との間に起こったできごとについて述べた文である。(i)～(iii)をできごとが起こった順に並べかえると，どのような順序になるか。あとのア～カから正しいものを一つ選び，記号を○で囲みなさい。(ア　イ　ウ　エ　オ　カ)

(i)　ソビエト連邦と国交を回復し，国際連合に加盟した。

(ii)　日中共同声明を発表し，中国との国交を正常化した。

(iii)　サンフランシスコ平和条約を締結し，独立を回復した。

ア　(i)→(ii)→(iii)　　イ　(i)→(iii)→(ii)　　ウ　(ii)→(i)→(iii)　　エ　(ii)→(iii)→(i)

オ　(iii)→(i)→(ii)　　カ　(iii)→(ii)→(i)

2　Mさんは，情報を伝達する手段に興味をもち，情報伝達の歴史について調べた。次の文は，Mさんが調べた内容の一部である。あとの問いに答えなさい。

・古代に，情報を伝達するための基本的な手段である(あ)文字が発明され，文字による情報を記録するために，石や粘土板，木材などが使用された。やがて紙を作る技術が中国で発明され，記録した文書の運搬や保管が容易になった。また，木版印刷が7世紀の中国で行われ，わが国にも伝わった。

・15世紀にヨーロッパで(い)活版印刷の技術が普及すると，書籍などの大量印刷が可能になり，情報の伝達量が増加した。活版印刷による新聞は，17世紀のヨーロッパで多数創刊され，印刷機の発達などにより19世紀に入ると安価になり，人々に広まった。

・19世紀後半に欧米諸国やわが国において切手を用いた郵便制度が整備され，また，国際郵便に関する共通の規定がつくられた。19世紀末に発明された電話や無線による通信距離の拡大は，ラジオやテレビの基礎となり，20世紀前半に欧米諸国やわが国において(う)ラジオ放送が始まり，20世紀中ごろにテレビ放送が普及した。

・現在，人々は情報を受信する側だけでなく(え)情報を発信する側にもなった。人々が容易に情報を発信することができるようになったきっかけは，20世紀末からの(お)インターネットの普及である。インターネットは，情報や意見を瞬時に収集・発信でき，情報を伝達する手段の一つとして定着しつつある。

(1)　(あ)文字は，世界の各地域で発明された。右の写真は，くさび形文字の写真である。次のア～エのうち，チグリス（ティグリス）川とユーフラテス川の流域で発展し，くさび形文字が使用された古代の文明はどれか。一つ選び，記号を○で囲みなさい。（ア　イ　ウ　エ）

ア　メソポタミア文明　　イ　インダス文明　　ウ　エジプト文明　　エ　中国文明

(2)　(い)活版印刷の技術がわが国に伝わったのは，16世紀末にポルトガルやスペインの人々が来航したころであり，キリスト教関係の書物の他，わが国の古典もローマ字で印刷された。次のア～エのうち，ローマ字でも印刷されたわが国の古典で，鎌倉時代に琵琶《びわ》法師によって弾き語られ，各地で広まった軍記物はどれか。一つ選び，記号を○で囲みなさい。（ア　イ　ウ　エ）

ア　古事記　　イ　徒然草《つれづれぐさ》　　ウ　方丈記　　エ　平家物語

(3)　(う)ラジオ放送は，20世紀前半にアメリカ合衆国で始まり，わが国やヨーロッパに広まった。次のア～エのうち，20世紀前半の世界のようすについて述べた文として正しいものはどれか。一つ選び，記号を○で囲みなさい。（ア　イ　ウ　エ）

ア　ヨーロッパ連合が発足し，加盟国の多くがユーロと呼ばれる通貨を導入した。

イ　ベルリンの壁が崩壊し，米ソの首脳が冷戦の終結を宣言した。

ウ　朝鮮半島で甲午農民戦争が起こり，日清《にっしん》戦争が始まった。

エ　ニューヨークで株価が暴落し，世界恐慌《きょうこう》が起こった。

(4)　(え)情報を発信する際，基本的人権に対する配慮が求められる。

① 基本的人権は人類の歴史の中で獲得されてきた。

(a) 18 世紀，『社会契約論』を著して，人民主権を主張したフランスの思想家はだれか。次のア～エから一つ選び，記号を○で囲みなさい。(ア　イ　ウ　エ)

ア ルソー　　イ ルター　　ウ ロック　　エ リンカーン（リンカン）

(b) 1948 年の国際連合総会で採択され，「すべての人間は，生《うま》れながらにして自由であり，かつ，尊厳と権利とについて平等である。」など，すべての人民とすべての国とが達成すべき共通の基準を定めたものは何と呼ばれているか。**漢字 6 字**で書きなさい。(　　　)

② 日本国憲法の条文には明記されていない権利が，新しい人権として主張されるようになった。次の文は，新しい人権に関することについて述べたものである。文中の［ A ］に当てはまる語を書きなさい。(　　　)

私生活をみだりに公開されない権利は，［ A ］の権利（［ A ］を守る権利）と呼ばれ，新しい人権の一つである。この権利は近年，自分の情報を自分で管理する権利を含むものへと発展し，このような考えにもとづいて，わが国では個人情報保護制度がつくられ，個人情報保護法では，国や地方公共団体，個人情報を取り扱う事業者が守るべき義務などが定められている。

(5) ㋔インターネットなどにより情報を受け取ることのできる人とできない人との間に生じる経済格差は情報格差と呼ばれ，情報格差を解消して情報技術を普及させることが国際社会の課題である。

① アメリカ合衆国では，情報技術産業がさかんである。アメリカ合衆国において，情報技術産業などの先端技術産業が集まり発達してきた，右の地図中の A—A' で表した緯線より南の温暖な地域は何と呼ばれているか。**カタカナ 5 字**で書きなさい。

(　　　)

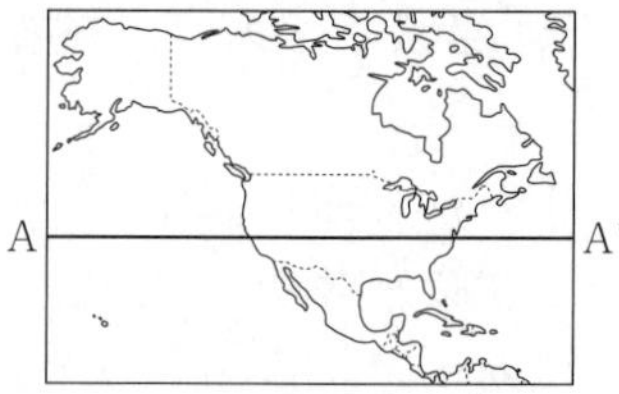

(┈┈┈は現在の国界を示す)

② アフリカの多くの国では，情報技術製品に不可欠なレアメタルなど特定の鉱産資源の産出や，特定の農産物の生産が行われ，輸出されている。このような特定の鉱産資源や農産物の輸出にたよる経済は何と呼ばれているか。**カタカナ**で書きなさい。

(　　　　経済)

③ 情報技術の普及の一つに，情報通信網の整備がある。表Ⅰは，2017（平成 29）年における，アジア，ヨーロッパ，アフリカ，北アメリカ，南アメリカ，オセアニアの六つの地域の，固定ブロードバンドの普及率（人口に占める固定ブロードバンドの契約数の割合）を示したものである。図Ⅰは，2017 年における六つの地域の，人口一人当たりの GNI（国民総所得）を示したものである。図Ⅱは，2017 年における六つの地域の，固定ブロードバンドの料金（1 か月に 1 ギガバイトの通信を行うのに必要な料金の年額）を示したものである。あとのア～エのうち，表Ⅰ，図Ⅰ，図Ⅱから読み取れる内容についてまとめたものとして正しいものはどれか。**すべて**選び，記号を○で囲みなさい。(ア　イ　ウ　エ)

（注） 固定ブロードバンド＝家庭や学校などに固定された光ファイバーケーブルなどを利用して高速インターネットアクセスを可能とするネットワーク。

GNI ＝一国の国民全体が一定期間に受け取った所得の総額。

表Ⅰ　　固定ブロードバンドの普及率（%）

アジア	ヨーロッパ	アフリカ	北アメリカ	南アメリカ	オセアニア
13.0	30.2	1.3	26.0	13.2	23.7

（世界銀行の資料により作成）

図Ⅰ　一人当たりのGNI（ドル）

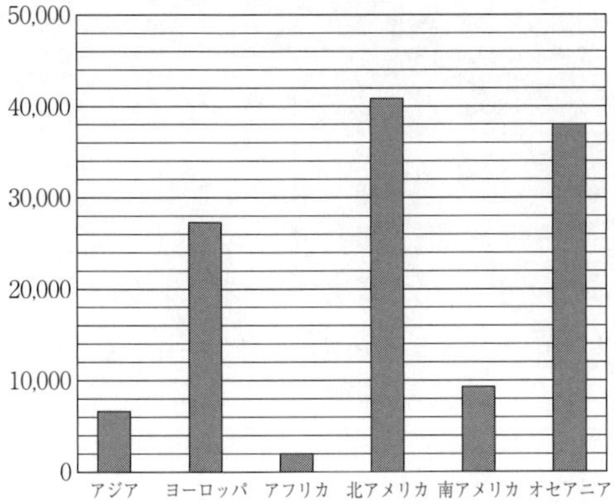

（世界銀行の資料により作成）

図Ⅱ　固定ブロードバンドの料金（ドル）

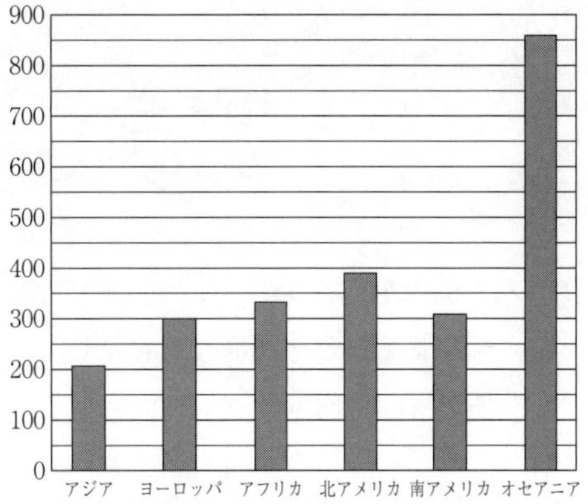

（国際電気通信連合の資料により作成）

（それぞれの地域について各国の数値の合計を国数で割った数値を示している）

（表Ⅰ，図Ⅰ，図Ⅱのいずれも世界銀行の資料，国際電気通信連合の資料にともに掲載されている国のみの数値により作成）

（表Ⅰ，図Ⅰ，図Ⅱのいずれもロシアはヨーロッパに含む）

ア　一人当たりのGNIが高い地域ほど，固定ブロードバンドの普及率は高くなっている。

イ　固定ブロードバンドの料金が高い地域ほど，固定ブロードバンドの普及率は低くなっている。

ウ　北アメリカとオセアニアとを比べると，北アメリカの方が，固定ブロードバンドの普及率が高く，一人当たりのGNIに対する固定ブロードバンドの料金の割合が低い。

エ　アフリカは，六つの地域のうち，固定ブロードバンドの普及率が最も低く，一人当たりのGNIに対する固定ブロードバンドの料金の割合が最も高い。

3　Sさんのクラスは，班に分かれて食料にかかわることがらについて調べた。次の問いに答えなさい。

(1)　Sさんの班は，わが国の1世帯当たりのパンに対する年間支出額が増加していることから，パンの原料となる小麦の生産に関することがらについて調べた。

①　図Ⅰは，2018（平成30）年における，小麦の収穫量の多い上位3都道府県を示したものである。Aに当たる都道府県名を書きなさい。(　　　　)

図Ⅰ

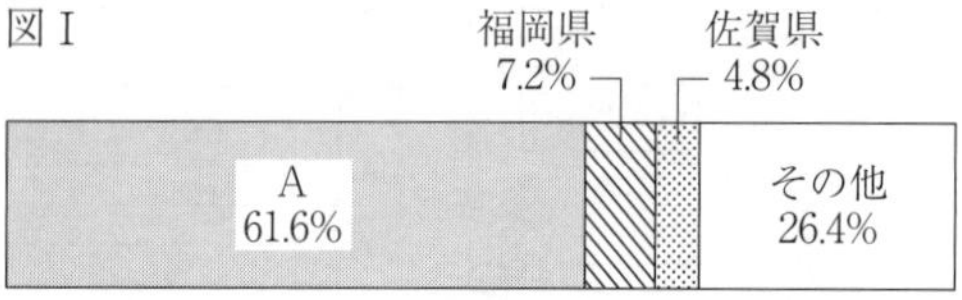

(『日本国勢図会』2019／20年版により作成)

②　表Ⅰは，2013年の，アメリカ合衆国，インド，中国，ロシアにおける，小麦の生産量，輸入量，輸出量をそれぞれ示したものである。表Ⅰ中のア～エのうち，中国に当たるものを一つ選び，記号を○で囲みなさい。(　ア　イ　ウ　エ　)

表Ⅰ　小麦の生産量，輸入量，輸出量(千t)

	生産量	輸入量	輸出量
ア	121,926	5,666	563
イ	93,510	27	7,168
ウ	57,967	5,491	34,691
エ	52,091	1,360	14,243

(『世界国勢図会』2018／19年版により作成)

③　わが国では，小麦の生産は古くから行われていたが，小麦を原料とするパンやカステラは，16世紀にポルトガルからわが国に伝えられたといわれている。右の地図中のア～エのうち，現在のポルトガルに当たるものを一つ選び，記号を○で囲みなさい。

(　ア　イ　ウ　エ　)

(……は現在の国界を示す)

(2)　Tさんの班は，自然環境が食料生産に及ぼす影響に興味をもち，稲作がさかんな北陸地方（新潟県，富山県，石川県，福井県）の自然環境に関することがらについて調べた。

①　北陸地方の食料生産には，日本海側を流れる暖流が影響を及ぼしている。次のア～エのうち，日本列島の南西から北上してくる暖流の一部で，九州北部から日本海に入り日本列島の沿岸を流れる海流はどれか。一つ選び，記号を○で囲みなさい。(　ア　イ　ウ　エ　)

ア　千島《ちしま》海流（親潮）　イ　対馬《つしま》海流　ウ　日本海流（黒潮）　エ　リマン海流

②　新潟県は，豊富な水資源の利用と土地の改良により稲作がさかんであり，2018年における米の収穫量は全国1位である。図Ⅱは，2015（平成27）年に発行された，新潟県上越《じょうえつ》市のある地域を示した地形図の一部である。

図Ⅱ

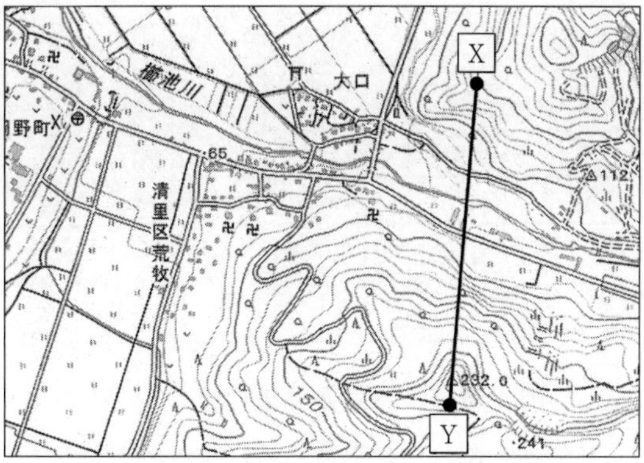

(国土地理院発行の2万5千分の1の地形図(平成27年)に加筆し，約105%に拡大したものである。)

(a) 図Ⅱ中には，河川が山地から平野に流れ出るところに土砂が堆積した地形がみられる。図Ⅲは，この地形の模式図である。図Ⅲ中の太線で示したこの地形は何と呼ばれているか。**漢字3字**で書きなさい。(　　　)

図Ⅲ

(b) 次のア～エのうち，図Ⅱ中のXとYとを結ぶ線が通る地点の標高を断面図で表したものとして最も適しているものはどれか。一つ選び，記号を○で囲みなさい。ただし，断面図は，水平距離に対して垂直距離は約2倍で表している。(ア　イ　ウ　エ)

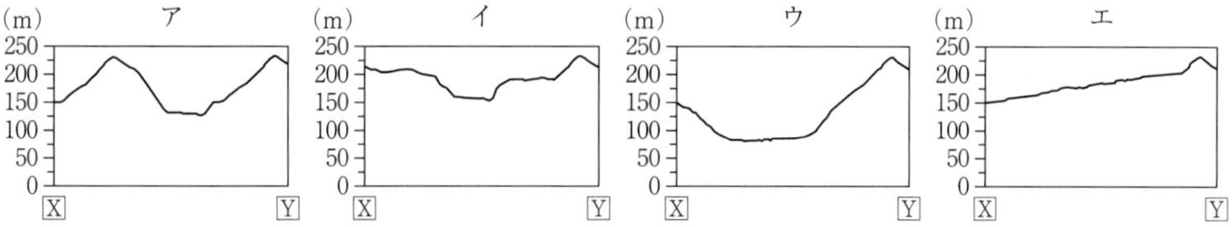

③ 北陸地方には，農家の副業から発達した伝統産業や地場産業がある。次の文は，北陸地方の農家の副業について述べたものである。文中の(　　)に入れるのに適している内容を，北陸地方を含む日本海側の気候の特徴にふれて，「農作業」の語を用いて簡潔に書きなさい。

(　　　　　　　　　　　　　　　　　　　　　　　　　　　　　　　　)

北陸地方では，冬に北西から吹く季節風の影響により，(　　　　　)ため，農家の副業がさかんに行われたことが，伝統産業や地場産業の発達の一因となった。

(3) Uさんの班は，食料自給率や食料問題に関することがらについて調べた。

① わが国の食料自給率が低い理由の一つに，畜産物や油脂類の消費が増大するなどの食生活の変化により，飼料作物や油脂類の原料となる農作物を外国から多く輸入していることがあげられる。表Ⅱは，2013(平成25)年における，日本，フランス，オーストラリアの食料自給率，人口，農地面積をそれぞれ示したものであり，図Ⅳは，2013年における，日本，フランス，オーストラリアの国土面積に占める農地面積，森林面積，その他の面積の割合をそれぞれ示したものである。あとのP，Qの文は，表Ⅱ，図Ⅳから読み取れる内容についてまとめたものである。P，Qの内容について正誤を判定し，あとのア～エから適しているものを一つ選び，記号を○で囲みなさい。(ア　イ　ウ　エ)

表Ⅱ　食料自給率，人口，農地面積

	食料自給率（%）	人口（千人）	農地面積（千 ha）
日本	39	127,298	4,537
フランス	127	64,291	28,774
オーストラリア	223	23,343	396,615

（農林水産省の資料及び『世界国勢図会』2014／15 年版，2016／17 年版により作成）

図Ⅳ　面積の割合（%）

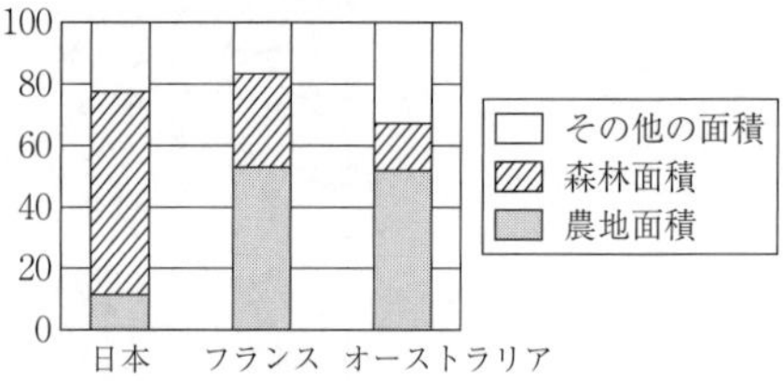

（『世界国勢図会』2016／17 年版により作成）

P　3か国を比べると，国土面積に占める農地面積の割合が最も低いのは日本であり，国土面積に占める森林面積の割合が最も低いのはオーストラリアである。

Q　3か国を比べると，人口一人当たりの農地面積が大きい国ほど食料自給率が高い。

ア　P，Qともに正しい。　　イ　Pは正しいが，Qは誤っている。

ウ　Pは誤っているが，Qは正しい。　　エ　P，Qともに誤っている。

②　世界では，食料不足のために栄養不足の状態の人がいる一方で，生産された食料のおよそ3分の1が捨てられていることが，食料の生産と消費における課題となっている。図Ⅴは，2011年に国際連合食糧農業機関が示した資料をもとに，ヨーロッパにおける，食用の穀物の供給量に占める五つの過程での廃棄量の割合，及び消費量の割合をそれぞれ示したものである。図Ⅴにおける廃棄量の割合が高い上位二つの過程のそれぞれにおいて，穀物の廃棄量を減らすためにできる対策の例として適しているものを，あとのア～オから**二つ**選び，記号を○で囲みなさい。（ア　イ　ウ　エ　オ）

図Ⅴ　食用の穀物の供給量に占める五つの過程での廃棄量の割合，及び消費量の割合

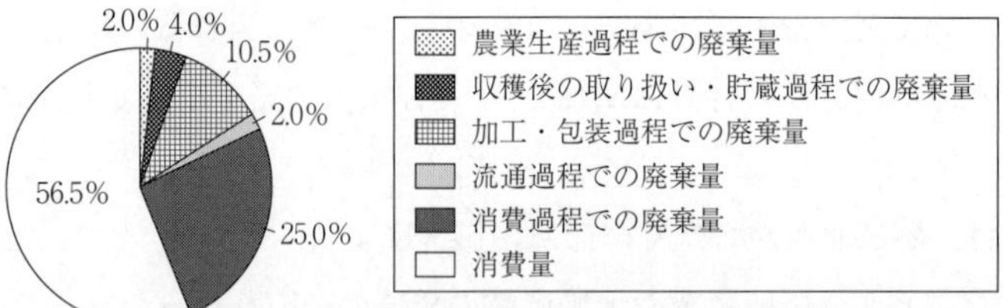

（国際連合食糧農業機関の資料により作成）

ア　効率的に生産するために農業生産技術を向上させること。

イ　必要とする量に合わせて食品を購入するように消費者を啓発すること。

ウ　適切な温度や湿度の管理のもとで輸送できるシステムを構築すること。

エ　収穫してから市場に出荷するまで保管するための施設の改良を行うこと。

オ　食品を製造する過程において規格に合わないものなどを別の食品に利用すること。

4 国民の生活を社会全体で支え合うしくみとして社会保障がある。わが国の社会保障にかかわる次の問いに答えなさい。

(1) わが国において，社会保障という語は，1946（昭和21）年11月に公布された日本国憲法に用いられたことを契機に一般化したといわれている。

① 次の文は，生存権にかかわることについて記されている日本国憲法の条文の一部である。文中の［　　］の箇所に用いられている語を書きなさい。(　　　)

「すべて国民は，健康で［　　］な最低限度の生活を営む権利を有する。」

② 日本国憲法には，さまざまな基本的人権が記されており，自由権はその一つである。

(a) 次のア～エのうち，日本国憲法において保障されている身体の自由（生命・身体の自由）の内容に関する記述として最も適しているものはどれか。一つ選び，記号を○で囲みなさい。

（ア　イ　ウ　エ）

ア　思想及び良心の自由は，これを侵してはならない。

イ　何人《なんびと》も，いかなる奴隷的拘束も受けない。

ウ　財産権は，これを侵してはならない。

エ　学問の自由は，これを保障する。

(b) 日本国憲法において保障されている経済活動の自由は，個人の生き方の選択を保障するとともに，社会全体の発展にもつながるものである。しかし，経済活動の自由が無制限に認められるようになると，消費者問題などの社会問題が生じることもある。次の文は，消費者を保護することを目的とした法律の一つについて述べたものである。文中の［　　］に当てはまる語を**漢字5字**で書きなさい。(　　　)

製品の欠陥によって消費者が被害を受けた場合，その製品の生産者である企業などの製造業者に被害の救済を義務づけることなどを内容とする［　　］法が1994（平成6）年に公布され，翌年に施行された。この法律はPL法とも呼ばれている。

(2) 社会保障の機能として主に，「生活安定・向上機能」「経済安定機能」「所得再分配機能」の三つがあげられ，社会保障は財政の役割も担《にな》っている。

① 社会保障がもつ「生活安定・向上機能」は生活の不安や困難に対応し，国民の生活の安定を図り，安心をもたらす。

(a) 次のア～エのうち，病気，けが，失業など生活に困難をもたらすさまざまなリスクに備えて，国民があらかじめお金を出し合い，実際にリスクに遭遇した国民に必要なお金やサービスが給付される社会保障の制度はどれか。一つ選び，記号を○で囲みなさい。

（ア　イ　ウ　エ）

ア　社会保険　　イ　社会福祉　　ウ　公衆衛生　　エ　公的扶助

(b) わが国では，介護を社会全体で支えていくために介護保険制度が導入されている。わが国において，介護保険に加入することになっているのは原則として何歳以上の人々か。次のア～エから一つ選び，記号を○で囲みなさい。（ア　イ　ウ　エ）

ア　20歳以上　　イ　30歳以上　　ウ　40歳以上　　エ　50歳以上

② 社会保障がもつ「経済安定機能」は景気の変動を緩和し，経済を安定させる。次の文は，景

気に関することがらについて述べたものである。文中のⓐ〔　〕，ⓑ〔　〕から適切なものをそれぞれ一つずつ選び，記号を○で囲みなさい。また，文中の ⓒ に当てはまる語を**漢字4字**で書きなさい。ⓐ(ア　イ) ⓑ(ウ　エ) ⓒ(　　　)

・景気の変動を小さくして経済の安定を図るため，政府は景気の調節を行う。物価が下がり続けるⓐ〔ア　インフレーション　　イ　デフレーション〕は，一般に，不況のときにみられる。一般に，政府は不況のとき，公共事業への支出をⓑ〔ウ　増加　　エ　減少〕させるなど景気の回復を促す政策を行うと考えられる。

・景気の安定を図るための一つの政策として，わが国の中央銀行である ⓒ は，国債の売買などを通じて通貨の流通量を調節する金融政策を行う。

③　社会保障がもつ「所得再分配機能」は，所得を個人や世帯の間で移転させることにより国民の生活の安定を図る。

(a)　所得が高くなるにつれて税率が高くなるしくみは何と呼ばれているか。**漢字4字**で書きなさい。(　　　)

(b)　わが国では，社会保障などを通じて，所得の再分配が行われている。図Ⅰは，2014（平成26）年における，年齢階層別の世帯主の当初所得の平均と再分配所得の平均を示したものである。あとのア～エのうち，図Ⅰから読み取れる内容についてまとめたものとして正しいものはどれか。**すべて**選び，記号を○で囲みなさい。(ア　イ　ウ　エ)

（注）　当初所得＝給与所得など所得の合計額。

再分配所得＝当初所得から税金，社会保険料を引いた額に，社会保障給付を加えた額。

図Ⅰ　年齢階層別の世帯主の当初所得と再分配所得

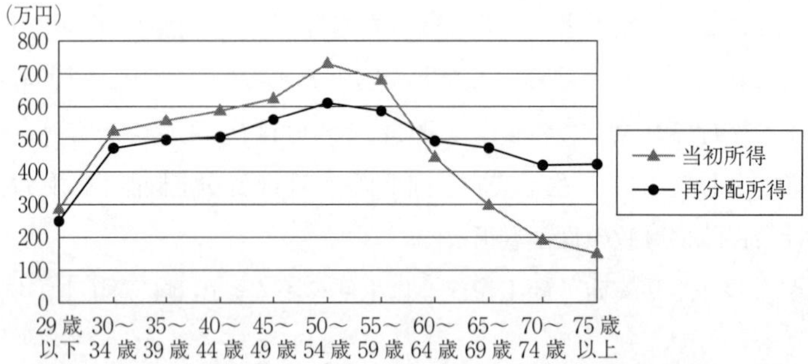

（厚生労働省の資料により作成）

ア　当初所得と再分配所得のいずれにおいても，所得が最も高い年齢階層は50～54歳であり，所得が最も低い年齢階層は75歳以上である。

イ　当初所得が再分配所得を上回っている年齢階層において，年齢階層が上がるごとに当初所得から再分配所得を引いた値は大きくなる。

ウ　再分配所得が当初所得を上回っている年齢階層において，年齢階層が上がるごとに再分配所得から当初所得を引いた値は大きくなる。

エ　再分配所得における年齢階層間での最大の所得の格差よりも，当初所得における年齢階層間での最大の所得の格差の方が大きい。

(3)　わが国の社会保障の財源は保険料から税へと転換が進んでおり，さまざまな税のうち，消費税の収入は社会保障給付などの経費に充《あ》てると法律によって定められている。図Ⅱは，1987（昭和62）年度から2012（平成24）年度における，わが国の主要な税の収入の推移を表したものであり，図Ⅱ中の　　で示した期間は景気循環における景気後退期間，それ以外の期間は景気循環における景気拡張期間を表している。図Ⅱ中の【資料】は景気循環を模式的に表したものであり，景気後退期間と景気拡張期間の区分を示している。あとの文は，消費税の性質と図Ⅱから読み取れる消費税の収入の特徴について述べたものである。文中の（ⓐ）には，消費税の逆進性についての内容が入る。文中の（ⓐ）に入れるのに適している内容を簡潔に書きなさい。また，文中の（ⓑ）に入れるのに適している内容を，「景気」の語を用いて簡潔に書きなさい。

ⓐ（　　　　　　　　　　　　　　　　　　　　　　　　　　　　　　　　　）

ⓑ（　　　　　　　　　　　　　　　　　　　　　　　　　　　　　　　　　）

図Ⅱ　わが国の主要な税の収入の推移

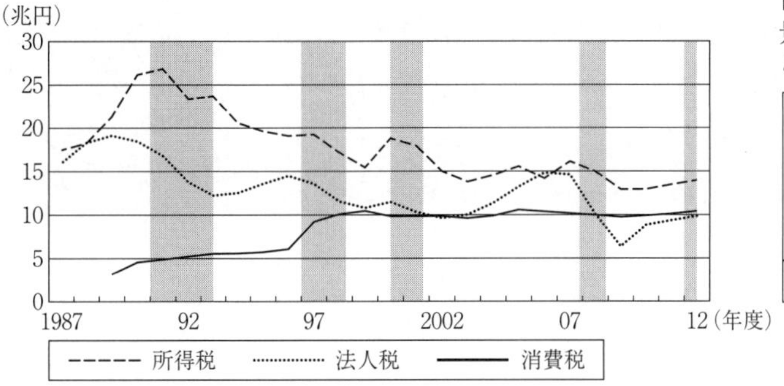

【資料】
景気循環における景気後退期間と景気拡張期間

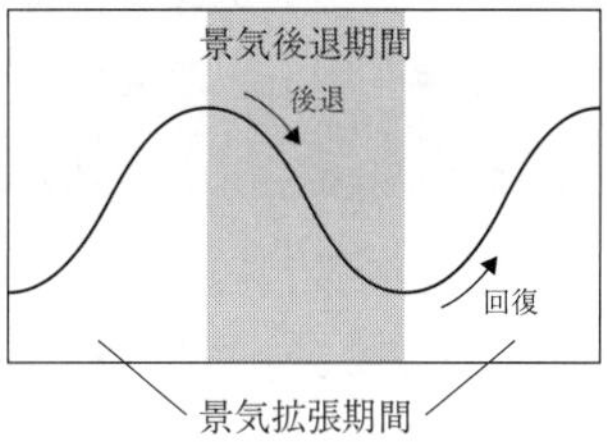

(財務省の資料により作成)

・消費税は，年齢や所得に関係なく財やサービスの消費に応じて税を負担することから，（　ⓐ　）という逆進性の傾向をもつ。

・図Ⅱより，消費税の収入と所得税・法人税の二つの税の収入とを比べてわかる消費税の収入の特徴は，（　ⓑ　）ことである。

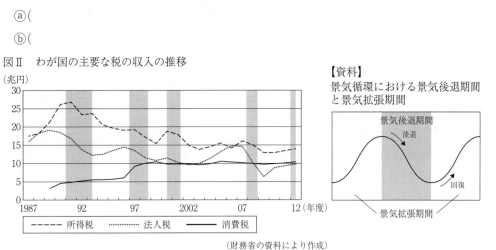

理科

時間　40分　　　　満点　90点

1　授業で火山や地層について学んだＭさんは，火山Ｐや，火山Ｐ付近の地下に広がる地層や岩石について調べた。あとの問いに答えなさい。

【Ｍさんが火山Ｐについて調べたこと】

・火山Ｐは，現在は活発に活動していないが，数百年前に噴火し大量の火山灰を噴出した。

・数百年前の噴火によって噴出した火山灰は，火山Ｐの火口付近に吹いていた風の影響で，火山Ｐの西側に比べて東側に厚く降り積もった。

・図Ⅰは，火山Ｐのふもと付近に露出していた火成岩の組織を観察し，スケッチしたものである。図Ⅰ中のＸは大きな鉱物の結晶の一つを，Ｙは大きな鉱物の結晶の周りをうめている小さな粒からなる部分をそれぞれ示している。

図Ⅰ

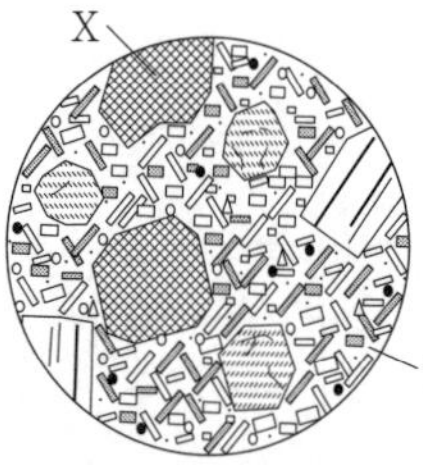

・図Ⅰのような，大きな鉱物の結晶の周りを小さな粒がうめているつくりは，火山岩にみられる特徴である。

(1)　火山Ｐのようにおおむね過去１万年以内に噴火したことがある火山，および現在活発に活動している火山は何と呼ばれる火山か，書きなさい。(　　　火山)

(2)　次の文中の①〔　　〕，②〔　　〕から適切なものをそれぞれ一つずつ選び，記号を○で囲みなさい。①(ア　イ)　②(ウ　エ)

火山Ｐが数百年前に噴火し大量の火山灰を噴出していたとき，火山Ｐの火口付近には，主に風向が①〔ア　東寄り　　イ　西寄り〕の風が吹いていたと考えられる。降り積もった火山灰が長い年月をかけて固まると，②〔ウ　石灰岩　　エ　凝灰岩〕と呼ばれる堆積岩となる。

(3)　次の文中の［ⓐ］，［ⓑ］に入れるのに適している語をそれぞれ書きなさい。

ⓐ(　　　)　ⓑ(　　　)

一般に，図Ⅰ中のＸのような大きな鉱物の結晶ははん晶と呼ばれており，大きな鉱物の結晶の周りをうめている小さな粒からなるＹのような部分は［ⓐ］と呼ばれている。図Ⅰのような火山岩のつくりは［ⓑ］組織と呼ばれている。

(4)　次のア～エのうち，図Ⅰ中のＸやＹについて述べた文として最も適しているものはどれか。一つ選び，記号を○で囲みなさい。(ア　イ　ウ　エ)

ア　Ｘ，Ｙともに，マグマが地表付近に上がってくる前に，地下で同じようにゆっくりと冷やされてできた。

イ　Ｘ，Ｙともに，マグマが地下から地表付近に上がってきたときに，同じように急冷されてできた。

ウ　Xを含んだマグマが地下から地表付近に上がってきたときに，マグマが急冷されてYができた。

エ　Yを含んだマグマが地下から地表付近に上がってきたときに，マグマが急冷されてXができた。

【Mさんが火山P付近の地下に広がる地層や岩石について調べたこと】

・図Ⅱは，火山P付近の地下に広がる地層や岩石のようすを模式的に表したものであり，同じ地質年代に堆積した複数の地層をまとめて，上から地層群A，地層群Bとした。

・地層群Aは中生代に，地層群Bは(あ)古生代に堆積したものである。

図Ⅱ

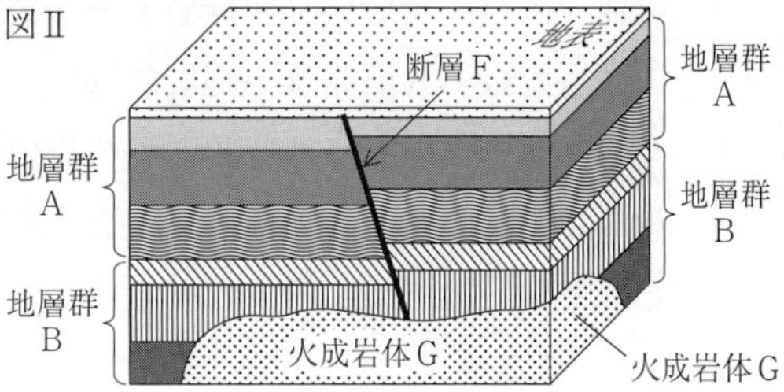

・地層群Bからは，(い)示相化石としてもよく利用されるサンゴの化石が多く見つかっている。

・大規模な火成岩のかたまりである火成岩体Gは，地下深くのマグマが上昇し，地層中で岩石化したものである。

・断層Fは，この地域に唯一存在する断層であり，水平方向から押す力がはたらいて形成されたものである。

・地層群Aと地層群Bには断層Fによるずれがみられるが，火成岩体Gにはずれがみられない。

・地表が火山灰や植物に覆われているため，地表では断層Fは隠されている。

(5)　次のア～エのうち，地層群Aが堆積した地質年代に生存していた生物はどれか。一つ選び，記号を○で囲みなさい。（ア　イ　ウ　エ）

ア　サンヨウチュウ　　イ　アンモナイト　　ウ　ビカリア　　エ　フズリナ

(6)　下線部(あ)について，古生代は約5.4億年前から始まる。図Ⅲは，地球誕生から現在までの期間を，100cmのものさしを用いて表した模式図である。ものさしの左端は地球誕生を，右端は現在をそれぞれ表すものとする。このとき，古生代の始まりは，ものさしの右端からおよそ何cm離れたところになるか，求めなさい。答えは小数第1位を四捨五入して**整数**で書きなさい。ただし，このものさしにおいて，1mmの長さが示す期間の長さは，いずれも同じであるものとする。（　　　cm）

図Ⅲ

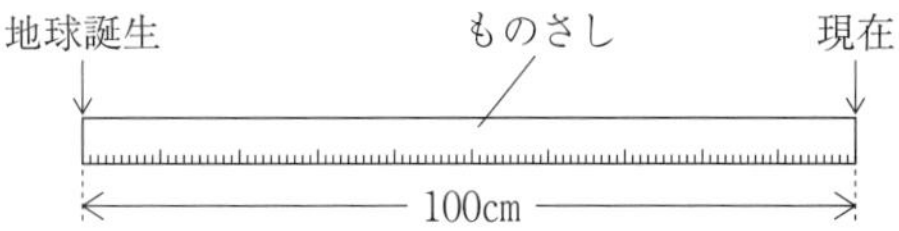

(7)　下線部(い)について，地層が堆積した当時の環境をより限定できる生物の化石ほど，示相化石として有効であるといえる。図Ⅳは，3種類の海洋生物R，S，Tが主に生息していた水温の範囲を表したものである。次の文中の［　　］に入れるのに適している内容を，「水温」の語を用いて簡潔に書きなさい。

図Ⅳ

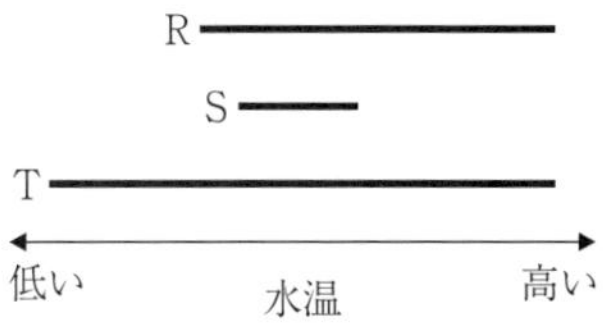

（　　　　　　　　　　　　　　　　　　　　）

海洋生物R，S，Tの化石のうち，地層が堆積した当時の環境を，水温について限定できる示相化石として最も有効なものは，Sの化石であるといえる。なぜなら，図ⅣよりSが［　　　］ことが分かるからである。

(8) 次のア～カのうち，地層群A，地層群B，火成岩体G，断層Fのそれぞれができた順序として最も適しているものはどれか。一つ選び，記号を○で囲みなさい。(　ア　イ　ウ　エ　オ　カ　)

ア　火成岩体G→断層F→地層群B→地層群A

イ　火成岩体G→地層群B→断層F→地層群A

ウ　火成岩体G→地層群B→地層群A→断層F

エ　地層群B→断層F→地層群A→火成岩体G

オ　地層群B→地層群A→断層F→火成岩体G

カ　地層群B→地層群A→火成岩体G→断層F

2　身近な液体の性質に興味をもったCさんは，水とエタノールについて調べた。また，Y先生と一緒に水とエタノールの混合溶液からエタノールを分ける実験を行い，蒸留について考察した。次の問いに答えなさい。

(1)　図Ⅰは，25℃の水を加熱したときの，加熱時間と水の温度との関係を表したグラフであり，P，Qはグラフ上の点である。

図Ⅰ

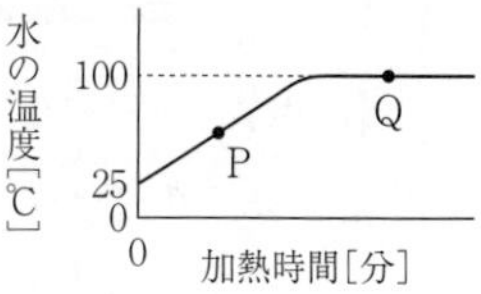

①　Pにおける水の状態は何か。次のア～ウのうち，最も適しているものを一つ選び，記号を○で囲みなさい。（ ア　イ　ウ ）

ア　固体　　イ　液体　　ウ　気体

②　次の文中のⓐ〔　　〕，ⓑ〔　　〕から適切なものをそれぞれ一つずつ選び，記号を○で囲みなさい。ⓐ（ ア　イ ）　ⓑ（ ウ　エ ）

水が純粋な物質であることは，ⓐ〔ア　Pの前後で温度が変化している　　イ　Qの前後で温度が変化していない〕ことから分かる。また，水のような，2種類以上の原子からなる物質はⓑ〔ウ　単体　　エ　化合物〕と呼ばれている。

(2)　空気中でエタノールが燃焼すると，水と二酸化炭素が生じる。

①　次のア～エのうち，反応で生じる液体が水であることを確認するために用いるものとして最も適しているものはどれか。一つ選び，記号を○で囲みなさい。（ ア　イ　ウ　エ ）

ア　pH試験紙　　イ　青色リトマス紙　　ウ　赤色リトマス紙　　エ　塩化コバルト紙

②　次の文中の［ ⓐ ］に入れるのに最も適しているものを，あとのア～エから一つ選び，記号を○で囲みなさい。（ ア　イ　ウ　エ ）

エタノールが燃焼すると二酸化炭素が生じるのは，エタノールが［ ⓐ ］を含んでいるためである。このような［ ⓐ ］を含む物質は有機物と呼ばれている。

ア　水素原子　　イ　炭素原子　　ウ　窒素原子　　エ　酸素原子

③　2.3gのエタノールを完全に燃焼させると，二酸化炭素が4.4g，水が2.7g生じる。この化学変化では，何gの酸素がエタノールと反応すると考えられるか，求めなさい。（　　　g）

【実験】　エタノール（沸点78℃）8 cm^3 をはかりとり，水を加えて20 cm^3 とした混合溶液をつくり，図Ⅱのような装置で実験を行った。

図Ⅱ

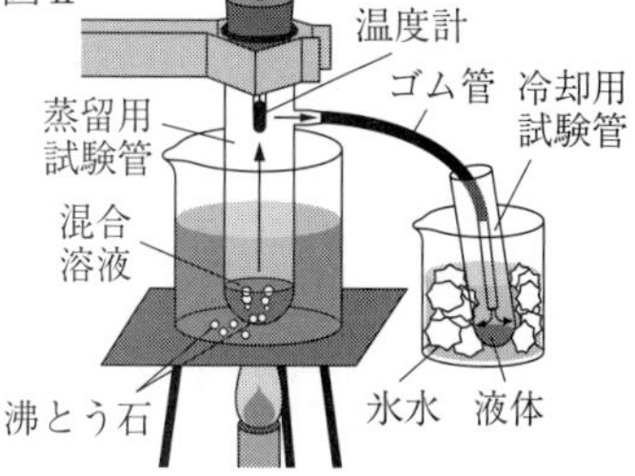

・混合溶液10 cm^3 をはかりとり，蒸留用試験管で沸とうさせた。発生した蒸気は，ゴム管を通って冷却用試験管に移り，氷水で冷やされて液体になった。図Ⅱ中の矢印は蒸気の流れを表している。冷却用試験管を3本用意し，液体が2 cm^3 集まるごとに素早く交換した。集めた順に液体(i)，(ii)，(iii)とし，それぞれの液体を集め始めたときの温度計の値を記録した。

・液体(i)～(iii)と蒸留前の混合溶液をそれぞれ1 cm^3 ずつはかりとり，蒸発皿に移してマッチの火を近づけた。

表Ⅰは，これらの結果をまとめたものである。

表Ⅰ

	液体(i)	液体(ii)	液体(iii)	蒸留前の混合溶液
液体を集め始めたときの温度	79.0℃	82.5℃	89.5℃	——
火を近づけたときのようす	長い間燃えた	小さな炎で短い間燃えた	燃えなかった	燃えなかった

【Cさんと Y 先生の会話】

Cさん：表Ⅰから，液体(i)中のエタノールの割合は，蒸留前の混合溶液中のエタノールの割合よりも①〔ア　大きく　　イ　小さく〕なったことが分かりました。また，液体(i)～(iii)を比べると，液体を集め始めたときの温度が②〔ウ　高い　　エ　低い〕液体の方が，エタノールをより多く含んでいたことも分かりました。これは，水とエタノールで沸点が異なることが影響しているのでしょうか。

Y先生：その通りです。実験では，水の沸点よりも低い温度で混合溶液の沸とうが始まり，先に発生していた蒸気ほど，水よりも沸点の低いエタノールを多く含んでいたと考えられます。

Cさん：多く含んでいたということは，蒸気になっていたのはエタノールだけではなかったのですね。

Y先生：はい。混合溶液が沸とうすると，水とエタノールは同時に蒸気になります。このとき，沸とうしている混合溶液中のエタノールの質量の割合と，蒸気中のエタノールの質量の割合の関係は，図Ⅲのようになることが知られています。

図Ⅲ

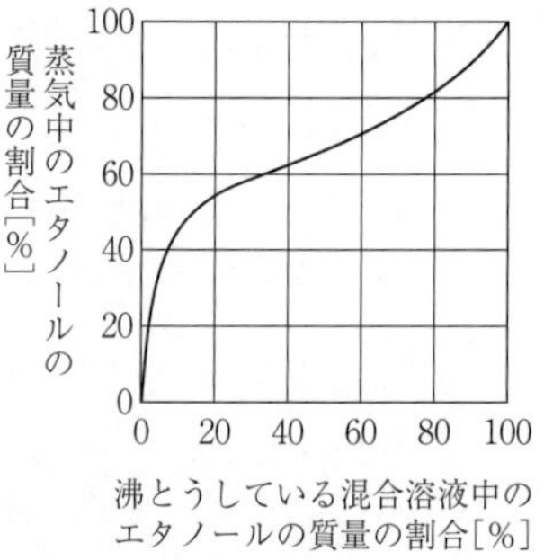

Cさん：では，例えば沸とうしている混合溶液中のエタノールの質量の割合が60％のとき，蒸気中のエタノールの質量の割合は約70％になるのですね。

Y先生：その通りです。次に，その蒸気を氷水で十分に冷却すると，エタノールの質量の割合が70％の液体に変化します。これは，エタノールの蒸気も水の蒸気もすべて液体になるためです。

(3)　上の文中の①〔　　〕，②〔　　〕から適切なものをそれぞれ一つずつ選び，記号を○で囲みなさい。①(ア　イ)　②(ウ　エ)

(4)　液体(i) $1.0cm^3$ をはかりとり，質量を測定したところ，0.88g であった。このとき，液体(i)中のエタノールの質量の割合は何％か。エタノールの密度を $0.80g/cm^3$，水の密度を $1.0g/cm^3$ として求めなさい。答えは小数第1位を四捨五入して**整数**で書きなさい。ただし，水とエタノールの混合溶液の体積は，混合前の水とエタノールの体積の和と等しいものとする。(　　　％)

(5)　水とエタノールの混合溶液を蒸留し，得られた液体をさらに蒸留することを考える。はじめの混合溶液中のエタノールの質量の割合が10％であるとき，2回の蒸留の後に得られる液体中のエタノールの質量の割合はおよそ何％になると考えられるか。次のア～エのうち，最も適しているものを一つ選び，記号を○で囲みなさい。ただし，それぞれの蒸留において，沸とうしている液体中のエタノールの質量の割合は蒸留中に変化しないものとし，冷却は氷水で十分に行われるものとする。(　ア　イ　ウ　エ　)

ア　5％　　イ　50％　　ウ　65％　　エ　90％

(6)　蒸留を利用している例として，原油を石油ガスやガソリンなどの物質に分ける精留塔（蒸留塔）がある。図Ⅳは，複数の段からなる精留塔の模式図であり，図Ⅳ中に示した温度は，それぞれの段の温度を表している。次の文中の□に入れるのに適している内容を，「沸点」の語を用いて簡潔に書きなさい。(　　　　　)

図Ⅳ

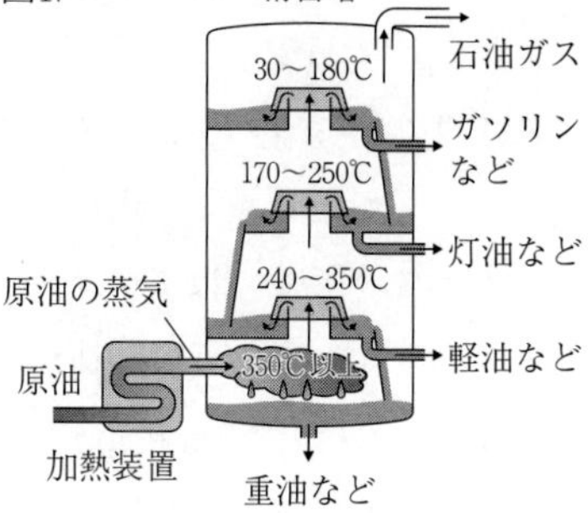

加熱装置で十分高温にした原油の蒸気は，精留塔に入ると徐々に冷却され，蒸気から液体になる温度が高い物質が下方の段で液体として得られる。液体にならなかった物質は蒸気のまま残り，より温度の低い上方の段に上がる。このため，□物質が上方の段で得られる。

3　イチゴ狩りに行ったGさんは，植物の受粉に興味をもち，RさんとE先生と一緒に，遺伝に関するモデル実験を行った。あとの問いに答えなさい。

【GさんとRさんとE先生の会話1】

Gさん：イチゴ狩りのときに聞いたのですが，イチゴは(あ)ミツバチを用いて受粉させるそうですね。

E先生：ミツバチはいろいろな植物の受粉に用いられます。ミツバチなどの昆虫は，花弁の色などを頼りに蜜や花粉を求めて花を訪れます。

Gさん：授業ではアブラナやエンドウの花を観察しました。種子植物のうち，アブラナやエンドウのように胚珠《はいしゅ》が子房の中にある植物は［ⓐ］植物と呼ばれているのでしたね。

エンドウの花

Rさん：エンドウは花弁が1枚ずつ分かれている①〔ア　合弁花類　　イ　離弁花類〕に分類されます。でも，エンドウの花はきれいな花弁をもちますが，アブラナと違って，おしべとめしべが花弁に包まれていて，昆虫が入れないようになっていますよね。

E先生：はい。エンドウは，一つの個体（株）にいくつかの花を咲かせ，(い)自然の状態では自家受粉します。受粉後，めしべの中で精細胞と卵細胞が受精すると，胚珠は②〔ウ　種子　　エ　果実〕になります。

Gさん：エンドウを用いて，遺伝の規則性を調べたのがメンデルですね。メンデルの実験の結果をもとに，授業で聞いた遺伝に関するモデル実験を一緒にしてみませんか。

Rさん：ええ，ぜひそうしましょう。

(1)　下線部(あ)について，ミツバチは節足動物に分類される。次のア〜エのうち，節足動物に分類される生物を一つ選び，記号を○で囲みなさい。（ア　イ　ウ　エ）

ア　ウニ　　イ　アサリ　　ウ　イモリ　　エ　カニ

(2)　上の文中の［ⓐ］に入れるのに適している語を書きなさい。（　　　）

(3)　上の文中の①〔　　〕，②〔　　〕から適切なものをそれぞれ一つずつ選び，記号を○で囲みなさい。①（ア　イ）　②（ウ　エ）

(4)　下線部(い)について，自家受粉とはどのような現象か。「個体」「めしべ」の**2語**を用いて簡潔に書きなさい。

（　　　　　　　　　　　　　　　　　　　　　　　　）

【GさんとRさんがメンデルの実験についてまとめたこと】

・メンデルは，親にあたる個体として，丸形の種子をつくる純系のエンドウと，しわ形の種子をつくる純系のエンドウとをかけ合わせた。得られた種子（子にあたる個体）の形はすべて丸形であった。

・次に，メンデルは，この丸形の種子（子にあたる個体）を育て，自家受粉させた。得られた種子（孫にあたる個体）の形は丸形としわ形の両方であった。

・表Ⅰは，メンデルの実験の結果を示したものである。

・メンデルは，この結果を説明するために，対立形質を決める1対《つい》の要素（遺伝子）があると考えた。

表Ⅰ

純系の親の形質	丸	しわ
子に現れた形質	すべて丸	
孫に現れた形質の個体数の比	丸　：しわ ＝5474：1850	

(5)　表Ⅰについて，子に現れなかったしわ形の形質に対して，子に現れた丸形の形質は一般に何と呼ばれる形質か，書きなさい。（　　　形質）

(6)　表Ⅰについて，孫に現れた形質のうち，丸形の個体数はしわ形の個体数のおよそ何倍か，求めなさい。答えは小数第1位を四捨五入して**整数**で書きなさい。（　　　倍）

【モデル実験】　袋A，B，C，Dおよび複数の黒玉（●）と白玉（○）を用意する。黒玉と白玉による2個の玉の組み合わせ（●●，●○，○○）は，表Ⅰにおけるエンドウの種子の形を決める遺伝子の組み合わせをそれぞれ表すものとして，次の操作を順に行う。

操作1：Aに2個の黒玉を入れ，Bに2個の白玉を入れる。
操作2：Aから玉を1個取り出し，Bから玉を1個取り出す。
操作3：取り出した2個の玉をCに入れ，Cに入れたのと同じ組み合わせの2個の玉をDにも入れる。
操作4：Cから玉を1個取り出し，Dから玉を1個取り出す。
操作5：取り出した2個の玉の組み合わせを記録した後，それぞれの玉を操作4で取り出したもとの袋に戻す。

操作4から操作5を続けて300回くり返す。ただし，袋から取り出すときに玉は互いに区別できないものとする。

【GさんとRさんとE先生の会話2】

E先生：CとDから取り出した2個の玉の組み合わせは，表Ⅱのように考えられますね。

Rさん：表Ⅱから，それぞれの組み合わせが，次のような回数の比で現れると予想することができます。

●●の回数：●○の回数：○○の回数＝［　　　］

Gさん：では，実際に300回やってみましょう。

Rさん：大変でしたが，結果はほぼ予想通りでしたね。

Gさん：㋒このモデル実験における●●，●○，○○の現れ方によって，表Ⅰにおける親，子，孫の形質の現れ方の規則性を説明することができました。

表Ⅱ

		Dから取り出した玉	
		●	○
Cから取り出した玉	●	●●	●○
	○	●○	○○

(7)　上の文中の［　　　］に入れるのに適している比を，最も簡単な**整数の比**で表しなさい。

（　　：　　：　　）

(8)　遺伝のしくみに関して，減数分裂のとき，1対の遺伝子が分かれて別々の生殖細胞に入ることは，分離の法則と呼ばれている。モデル実験において，生殖細胞ができるときに1対の遺伝子が分かれることを表すのはどの操作か。次のア～エから**二つ**選び，記号を○で囲みなさい。

（ア　イ　ウ　エ）

ア　操作1　　イ　操作2　　ウ　操作3　　エ　操作4

(9)　下線部㋒のとき，●●，●○，○○が表す遺伝子の組み合わせによって決まる形質は，それぞれ丸形としわ形のいずれであると考えられるか。次のア～カのうち，●●，●○，○○と形質との組み合わせとして適しているものを**二つ**選び，記号を○で囲みなさい。

（ア　イ　ウ　エ　オ　カ）

ア　●●—丸　●○—丸　○○—しわ　　イ　●●—丸　●○—しわ　○○—丸

ウ　●●—丸　●○—しわ　○○—しわ　　エ　●●—しわ　●○—しわ　○○—丸

オ　●●—しわ　●○—丸　○○—しわ　　カ　●●—しわ　●○—丸　○○—丸

4 電気のはたらきに興味をもったFさんは，静電気や電流の性質について調べた。また，電流の流れる回路についての実験1を行うとともに，J先生と一緒に水の流れる装置を作って実験2を行い，回路との関連を考えることにした。次の問いに答えなさい。

(1) 一般に電流が流れやすい物質は導体と呼ばれている。次のア～エのうち，導体はどれか。一つ選び，記号を○で囲みなさい。(ア イ ウ エ)

ア ニクロム　イ 空気　ウ ガラス　エ ゴム

(2) ポリ袋で作ったチョウを，図Iのように，下敷きにためた静電気によって空中で短時間静止させた。図I中の点線の矢印は，チョウにはたらく重力を表している。この重力とつりあっている，チョウにはたらく電気の力を，解答欄の図中に1本の矢印でかき加えなさい。ただし，P点を作用点として実線でかくこと。

図I

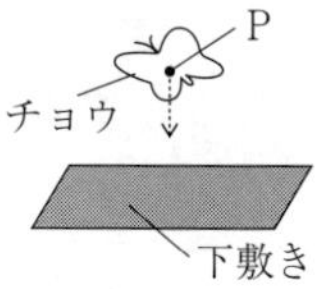

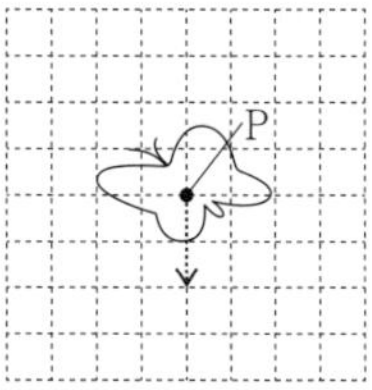

(3) 次の文中の①〔 〕，②〔 〕から適切なものをそれぞれ一つずつ選び，記号を○で囲みなさい。①(ア イ) ②(ウ エ)

図IIのような発光ダイオードを点灯させるためには，端子a，bのうち，電源装置の＋極には①〔ア a　イ b〕をつなぎ，－極にはもう一方をつなげばよい。また，発光ダイオードが点灯しているとき，aを流れる電流の大きさは，bを流れる電流の大きさと②〔ウ 等しい　エ 異なる〕。

図II

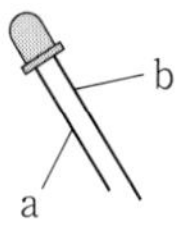

【実験1】 図IIIのような回路について，電気抵抗を調節できる抵抗器に電源装置で電圧をかけて電流を流し，この電気抵抗，電圧，電流をそれぞれ測定した。表Iは，電圧を一定にして調べた電気抵抗と電流について，表IIは，電気抵抗を一定にして調べた電圧と電流について，それぞれ示したものである。

図III

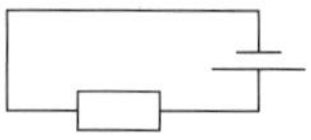

表I

電気抵抗[Ω]	5	10	15	20
電流[A]	0.60	0.30	0.20	0.15

表II

電圧[V]	5	10	15	20
電流[A]	0.15	0.30	0.45	0.60

【FさんとJ先生の会話1】

J先生：表Iについて，このとき抵抗器にかけた電圧はいくらでしたか。

Fさん：表Iからオームの法則を使って計算される値と同じ ⓐ Vでした。

J先生：表IIについて，電流が大きくなるほど抵抗器でより多くの熱が発生する点には注意しましたか。

Fさん：はい。抵抗器で電流によって発生する熱の量を少なくするために， ⓑ ようにしました。

J先生：回路では，(あ)導体内に多数ある，－の電気をもつ粒子が次々に流れることで電流が生じ，この流れが抵抗器でさまたげられます。電流は水の流れと対比されることがあります。抵抗器のように流れをさまたげる役割をもつ通り道を用意し，水を流して実験してみましょう。

(4)　上の文中の［ ⓐ ］に入れるのに適している数を求めなさい。また，次のア～エのうち，［ ⓑ ］に入れるのに最も適しているものを一つ選び，記号を○で囲みなさい。

ⓐ(　　　)　ⓑ(ア　イ　ウ　エ)

ア　電流は測定のときだけ流し，長時間流さない　　イ　水を満たした容器の中に抵抗器を入れる

ウ　電源装置の＋極と－極とを逆につなぎかえる　　エ　電気抵抗の等しい小型の抵抗器を用いる

(5)　下線部(あ)で述べられている粒子は何と呼ばれているか，書きなさい。(　　　)

【実験2】　図Ⅳのように，小さく切ったスポンジをつめた管で，容器X，Yをつなぎ，ホースcからXに一定の割合で水を入れ続けた。水は管を通り，Yの排出口dから出るが，スポンジ部分での水の流れにくさのために，XとYの水位に一定の差ができた状態となった。このとき，管を通る水量は，dから出る水量と等しい。表Ⅲは，水位の差と1分間に管を通る水量を示したものである。

図Ⅳ

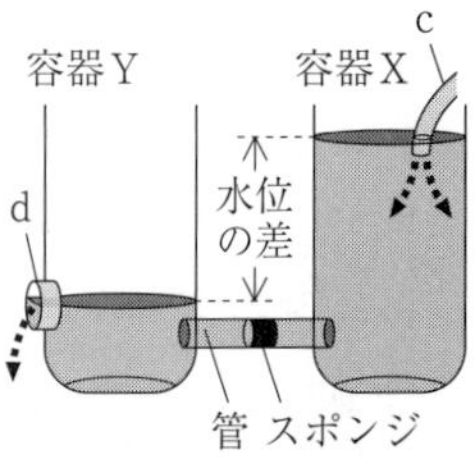

表Ⅲ

水位の差[cm]	3.5	7.0	10.5	14.0
1分間に管を通る水量[L]	0.42	0.84	1.26	1.68

【Fさんと J先生の会話2】

Fさん：表Ⅲにおける水位の差と1分間に管を通る水量との関係は①〔ア　比例　　イ　反比例〕の関係にあり，これは②〔ウ　表Ⅰにおける電気抵抗と電流との関係　　エ　表Ⅱにおける電圧と電流との関係〕にもみられることが分かりました。

J先生：水の流れと電流との対比はうまくいきそうですね。

Fさん：はい。複雑な回路における電流についても，水の流れとの対比で考えてみたいと思います。例えば，電気抵抗の等しい二つの抵抗器を含む図Ⅴのような回路の場合はどうでしょうか。

図Ⅴ

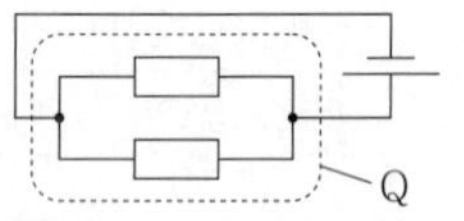

J先生：では，図Ⅵのように高さをそろえた2本の管でX，Yをつなぎ実験してみましょう。管と，管につめるスポンジは，いずれも図Ⅳのものと同じです。水の通り道は2本ですが，各管を通る水量は水位の差で決まると考えれば，表Ⅲにおける水位の差と1分間に管を通る水量との関係が，各管について成り立つはずです。

図Ⅵ

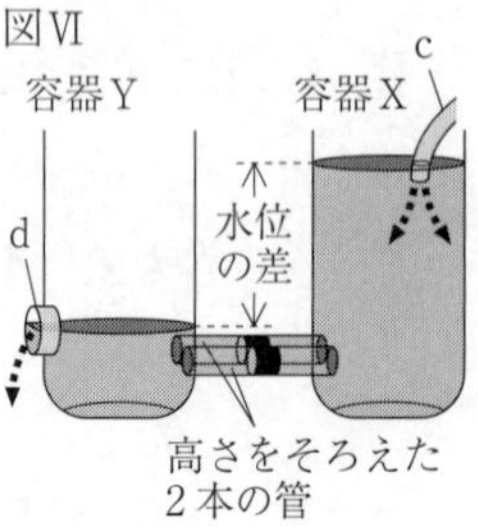

Fさん：実験してみた結果，先生のお話の通り，図Ⅵで水位の差が7.0cmのとき，1分間にdから出る水量は③〔オ　0.42L　　カ　0.84L　　キ　1.68L〕でした。

J先生：その結果をもとに，電流の流れにくさを表す量が電気抵抗であったことを思い出して，図Ⅴ中のQで示した部分の全体の電気抵抗について考えてみてください。

Fさん：そうか，Qの全体の電気抵抗は，抵抗器1個の電気抵抗の④〔ク　$\frac{1}{4}$倍　　ケ　$\frac{1}{2}$倍　　コ　2倍　　サ　4倍〕ですね。水の流れとの対比でよく分かりました。

(6)　上の文中の①〔　　〕〜④〔　　〕から適切なものをそれぞれ一つずつ選び，記号を○で囲みなさい。ただし，接続した抵抗器以外の電気抵抗は考えないものとする。

①（ア　イ）　②（ウ　エ）　③（オ　カ　キ）　④（ク　ケ　コ　サ）

(7)　実験2において，dから出た水をくみ上げcから再び入れて循環させるためには，回路における電源装置のような役割をするポンプが必要である。ポンプを用い，0.2Wの仕事率で水を30cm高い位置にくみ上げ続けるとき，1分あたり何Lの水をくみ上げることができるか，求めなさい。ただし，ポンプは，重力と等しい大きさの力で水を真上に持ち上げる仕事のみを行うものとする。また，100gの物体にはたらく重力の大きさは1Nとし，1Lの水の質量は1kgとする。

（　　　L）

5　あなたは、生徒会の活動で、教室を清潔に保つことを全校生徒に呼びかける張り紙を作ることになり、その張り紙にどのようなことばを書くかを話し合いました。次のA～Cは、話し合った結果、張り紙に書くことばとして出た案です。あなたは、どのことばが最も効果的に伝わると考えますか。あとの条件1～3にしたがって、あなたの考えをあとの原稿用紙に書きなさい。

A　教室もあなたの心も美しく

B　いつもていねいに掃除をしよう

C　きれいに使ってくれてありがとう

条件1　A～Cの三つのことばから**一つ**を選ぶこと。

条件2　条件1で選んだことばが、最も効果的に伝わると考える理由を書くこと。

条件3　**百八十字以内**で書くこと。

※　三つのことばをそれぞれA、B、Cと表してもよい。

100

180

「指揮者と楽譜」について話し合いました。次は、発表に向けてAさんたちが行った【話し合いの一部】です。

【話し合いの一部】

Aさん　「指揮者と楽譜」について発表をするために、まずは指揮者にとって楽譜はどのようなものなのかを本文をもとにまとめようか。

Bさん　本文では、指揮者の役割として、譜面と向き合い、作曲家が残した〝暗号〟を読み解くことが挙げられているね。この〝暗号〟は複雑に構成された音符や記号のことを表しているよね。

Cさん　そうだね。指揮者は、その〝暗号〟を読み解くことにより、楽譜を通して［ a ］ということを探り、作曲家が意図した音のイメージにどう近づくかを考えるわけだね。

Aさん　つまり、指揮者にとって楽譜は、作曲家が意図した音のイメージに近づくために必要不可欠なものだといえるね。ほかに本文で述べられていることはあるかな?

Cさん　楽譜は指揮者と演奏者の〝共通言語〟だということも本文で述べられているよ。これは、指揮者は楽譜を使って［ b ］ということだよね。

Bさん　そう思うよ。指揮者がイメージする音楽を実際の音で鳴らすには、オーケストラにそのイメージを伝えることが必要だからね。

Cさん　なるほど。楽譜は、作曲家が意図した音のイメージに近づくためにも、指揮者がイメージする音楽を形にするためにも必要なんだね。

Aさん　そうだね。ここまでの話し合いから、楽譜は、指揮者と作曲家をつなぐものでもあり、指揮者と演奏者をつなぐものでもあるといえるね。この内容をもとに、どのように発表するかを考えようか。

(以下、話し合いは続く)

(1) 【話し合いの一部】中の［ a ］に入る内容を、本文中のことばを使って**十五字以上、二十字以内**で書きなさい。また、［ b ］に入れるのに最も適しているひとつづきのことばを、本文中から**十七字**で抜き出し、**初めの五字**を書きなさい。

a

b

(2) 【話し合いの一部】中において、話し合いを効果的に進めるためにAさんが行ったことを説明したものとして、**適切でないもの**を次から一つ選び、記号を○で囲みなさい。(ア　イ　ウ　エ)

ア　話し合った内容をふまえた上で、次の進め方を提案している。

イ　自分と他者の意見の相違点を述べ、話し合いを活発にしている。

ウ　話し合う目的を示し、話し合う内容が明確になるようにしている。

エ　話し合いで出た意見の内容を整理しながら、話し合いを進めている。

方を求めて、指揮者は譜面に向かう。

一度の指揮で見つけられなくても、回を重ねるたびに新しい発見が得られることがある。大事な出会いを得たり、大切な人を失ったり、歳《とし》を重ねて経験を積み、心の引き出しが増えたとき、遠くにあった音楽が、ふっと猫のようにそばに寄ってきてくれることもある。

楽譜は建築でいえば設計図のようなものだ。優れた作曲家は、具体的な建物がどんな天候の中で、どんな場所に建ち、どういう人たちが、何を目的にその建物を使うのか。そういうところまで考えて、楽譜という設計図に自分の音のイメージを表現している。

指揮者はその設計図を見て、作曲家のつくり上げた建築物を想像し、それを建てるためにどういう職人（ ② ）と、どういう材料（音）が必要で、どの職人と職人がどういうふうに力を合わせれば、優れた建築物が建てられるかを考える。

③考えてみれば、不思議なことだ。見知らぬ土地で、しかも二百年も三百年も前につくられた作品が、同じ譜面を手にしさえすれば、現代のドイツでも日本でも同じ演奏ができるのだから。指揮者は、楽譜という記号を使っていったん〝冷凍保存〟された音楽を、生き生きと今の時代に再現しようと、全身全霊で想像を巡らせる。

作曲家はその音の風景に何を求めたのか。最も単純な和音に人間の生命力を見出《みいだ》したのか。あるいは異なる調性の重なりに現代社会の混沌《こんとん》を表そうとしたのか。

そこからは推理ゲームのように、その作曲家特有の感覚とイメージから音楽に込めたメッセージを探り当てていくのである。

（佐渡　裕「棒を振る人生」より）

（注）交響曲＝管弦楽のための大規模な楽曲。
スコア＝合奏曲などのすべてのパートをまとめて記した楽譜。

1　①ではとあるが、次のうち、このことばの本文中でのはたらきを説明したものとして最も適しているものはどれか。一つ選び、記号を○で囲みなさい。（ア　イ　ウ　エ）

ア　前に述べた内容をふまえた新たな話題を後に述べることを示している。

イ　前に述べた内容から予想される結果を後に述べることを示している。

ウ　前に述べた内容の原因となる事実を後に述べることを示している。

エ　前に述べた内容とは反対の内容を後に述べることを示している。

2　次のうち、本文中の ② に入れるのに最も適していることばはどれか。一つ選び、記号を○で囲みなさい。（ア　イ　ウ　エ）

ア　指揮者　　イ　演奏者　　ウ　作曲家　　エ　聴き手

3　③考えてみれば、不思議なことだとあるが、本文中で筆者は、どのようなことを不思議なことだと述べているか。次のうち、最も適しているものを一つ選び、記号を○で囲みなさい。（ア　イ　ウ　エ）

ア　音楽と建築は異なる分野のものだが、どちらもつくり上げる工程の中で共通する点が多くあるということ。

イ　有名な作曲家によってつくられた楽譜そのものが、つくられた時の状態を保ったまま、現存しているということ。

ウ　単純な和音や異なる調性の重なりによって、人間の生命力や現代社会の混沌が、作品の中に表現されているということ。

エ　見知らぬ土地で、昔につくられた作品であっても、同じ譜面を手にすれば、現代のドイツでも日本でも同じ演奏ができるということ。

4　Aさんたちは本文の内容をまとめて、授業で発表することになり、

3 次の文章を読んで、あとの問いに答えなさい。

昔、さるかた《ある人》へ、「いつぞやかしたる碁盤をかへし給《たま》はれ」とかきてやりければ、①先のもの大きに腹をたて、「これは何たる無実をいひかくるぞ、さらに《まったく》おぼえなし」といふ。その文《手紙》をせんさくして見たれば、かなにて「ごばん」とかきたるを、「小判かへせ」とよみた②ゆゑなり。

1 ①先のもの大きに腹をたてとあるが、次のうち、「先のもの」が大いに腹をたてた理由として本文中で述べられているものはどれか。最も適しているものを一つ選び、記号を○で囲みなさい。（ア　イ　ウ）

ア 身に覚えがないことを言われたと思ったから。

イ 碁盤を貸してほしいと依頼したが断られたから。

ウ 手紙を送ったのに返事が送られてこなかったから。

2 ②ゆゑを現代かなづかいになおして、**すべてひらがな**で書きなさい。

（　　　　）

3 次のうち、本文中で述べられていることがらと内容の合うものはどれか。一つ選び、記号を○で囲みなさい。（ア　イ　ウ）

ア 手紙を受け取った人は、「こばん」を「ごばん」と書き間違えられていることに気がつかなかった。

イ 手紙を受け取った人は、「こばん」と書かれている所に濁点を付けたし、「ごばん」とした。

ウ 手紙を受け取った人は、「ごばん」と書かれていたのを「こばん」と読み間違えた。

4 次の文章を読んで、あとの問いに答えなさい。

リハーサルで指揮者が自分のイメージする音楽をオーケストラに伝えるとき、指揮者と演奏者の〝共通言語〟になるのが楽譜だ。楽譜は演奏者とのコミュニケーションを図る最大の手段となる。

指揮者はオーケストラの中で唯一、音を鳴らさない音楽家だ。そんな指揮者の指揮に応えて、奏者が弓を動かしたり、息を送ったり、ものを叩《たた》いたり、声を出したりする。それによって空気が振動して、人の鼓膜を震わせ、人の心を揺るがせる。感動が生まれる。

つまり音楽は、言ってみれば、記号でしかない楽譜を、具体的な空気の振動に変えることで、人々に感動を与えることができる芸術である。

①では、指揮者はどんなふうに楽譜を読み解いていくのか。

交響曲のスコアであれば、楽器とパートの種類が多いので、一ページに五線譜が三〇段以上あることもめずらしくない。人間の耳は通常、四種類を超えて異なる音が同時に鳴ると、個別に判断できなくなるという。三〇段をパッと見たときに、三つか四つのグループに見えるよう整理して頭の中で音を鳴らす。しかし、実際にオーケストラで音を鳴らすまで、あくまでそれは頭の中の想像に過ぎない。

これは基本中の基本で、問題はそこから先の、譜面の解読を深めていく作業にある。複雑に構成された音符や記号を読み解いて、作曲家が楽譜を通して表現したかったものは何なのかを探っていく。

つまり指揮者の第一の役割とは、譜面と向き合って、そこに作曲家が残した〝暗号〟を読み解いて、作曲家が意図した音のイメージに近づくことである。

発見すべきことは山ほどあるし、誰にもまだ発見されていないものもある。作曲家も気づいていなかった新しい音の効果や聴き手の受け止め

ですら、こんな意外なほど美しい鳥がいるならば、世の中にはものすごい生物たちが満ちあふれているに違いない。そう、直感したのだ。驚きをもって生物多様性を発見した瞬間だった。それまでにも、色や形の変わった珍しい鳥やケモノは、図鑑や動物園で見ていた。けれども、それは、どこか遠い大陸や南国の島の生物たちで、自分の住む世界とはかけ離れたものと考えていたように思う。オオルリだって、知らなかったわけではBない。しかし、この鳥を目《ま》の当たりにした経験から、私は絶大な影響を受けた。「自分の家の周りに住む生物は、だいたいこんなものだろう」と見当をつけていたものさしが、まったく通用しCないことに気づいたのだった。

それから、私はすっかり鳥たちの多様性に魅了され、そのことで多くのことを学んだ。なんでもないと思っていたスズメでも、［③］ことや、［④］こと、［⑤］ことなどだ。

これらは今日では、順番に遺伝子の多様性、種の多様性、生態系の多様性と呼ばれている。それぞれに重要で、守るべきものであるといわれているが、その当時の私にとっては、むしろ、おもしろくて、すばらしいと思う方が先で、そのことがずっと大切なのだった。

（神松幸弘「オオルリの青」より）

1　本文中のA～Cの──を付けた語のうち、一つだけ他と品詞の異なるものがある。その記号を○で囲みなさい。（A　B　C）

2　①見せてくれたとあるが、次のうち、この動作を行っているものはどれか。最も適しているものを一つ選び、記号を○で囲みなさい。（ア　イ　ウ）

ア　専門家の先生　イ　鳥　ウ　私（筆者）

3　②どよめくとあるが、次のうち、このことばの本文中での意味として最も適しているものはどれか。一つ選び、記号を○で囲みなさい。（ア　イ　ウ）

ア　てきぱきと動く　イ　ざわざわと騒ぐ　ウ　ひそひそと話す

4　次の(i)～(iii)は、それぞれ本文中の［③］、［④］、［⑤］のいずれかに入る。［③］、［④］、［⑤］に入れることばの組み合わせとして最も適しているものを、あとのア～カから一つ選び、記号を○で囲みなさい。（ア　イ　ウ　エ　オ　カ）

(i)　街や森、あるいは海や山へと違うところへ行けば、それぞれぜんぜん違った鳥の仲間たちに出会える

(ii)　スズメには家のそばにいる普通のスズメと森に住むニュウナイスズメという別の種がいる

(iii)　一匹ずつ模様が微妙に違っていて、なかには非常に個性的な個体もいる

ア　③(i)　④(ii)　⑤(iii)　イ　③(i)　④(iii)　⑤(ii)

ウ　③(ii)　④(i)　⑤(iii)　エ　③(ii)　④(iii)　⑤(i)

オ　③(iii)　④(i)　⑤(ii)　カ　③(iii)　④(ii)　⑤(i)

5　驚きをもって生物多様性を発見した瞬間だったとあるが、筆者が生物多様性を発見した瞬間について、本文中で述べられている内容を次のようにまとめた。［a］に入る内容を、本文中のことばを使って**十字以上、十五字以内**で書きなさい。また、［b］に入るのに最も適しているひとつづきのことばを、本文中から**二十三字**で抜き出し、**初めの五字**を書きなさい。

a［　　　　　　　　　　　　　　　］　b［　　　　　］

近所の公園で開かれた探鳥会で、［a］経験から、［b］はずだと直感した。

国語A問題

時間　五〇分
満点　九〇点

（注）答えの字数が指定されている問題は、句読点や「　」などの符号も一字に数えなさい。

1 次の問いに答えなさい。

1 次の(1)～(4)の文中の傍線を付けた漢字の読み方を書きなさい。また、(5)～(8)の文中の傍線を付けたカタカナを漢字になおし、解答欄の枠内に書きなさい。ただし、漢字は楷書《かいしょ》で、大きくていねいに書くこと。

(1) 新しい生活に慣れる。（　　れる）
(2) 問題を速やかに解決する。（　　やかに）
(3) 美術館で絵画を鑑賞する。（　　）
(4) 状況を正確に把握する。（　　）
(5) 桜の苗木をウえる。□える
(6) 使い終わった食器をアラう。□う
(7) 時計のデンチを交換する。□
(8) 世界遺産にトウロクされる。□

2 次の文中の傍線を付けたことばが修飾している部分をあとから一つ選び、記号を○で囲みなさい。（ア　イ　ウ）

昨日、私は放課後に図書館で本を借りた。

ア 図書館で　イ 本を　ウ 借りた

2 次の文章を読んで、あとの問いに答えなさい。

私の生物多様性の発見は、小学校三年生のときに参加した、ある探鳥会がきっかけだ。近所の公園で探鳥会が開かれるという新聞広告を見つけた父が、私を連れていってくれたのだった。私は、子どもの頃から生物が大好きだった。虫捕りや魚釣りのほか、両生類に爬《は》虫《ちゅう》類、草花の採集、化石掘りなどして、とにかくなんでも集めてきてはそれを飼ったり、標本にしたりと楽しんでいた。さて探鳥会では、案内役の専門家の先生がいた。その人は、ちょっとした鳥の影や鳴き声でも敏感に気づき、すぐに鳥を見つけて、私に望遠鏡で①見せてくれた。そうして、一つひとつ鳥の名前を教えてくれる。私は、ノートに鳥の名前を書いていった。すぐに一〇も二〇もの鳥の名前が並ぶ。スズメやカラス以外にも鳥がいるであろうことは知っていたが、一度にこれほどまでに見られるのかと感心したし、ノートが鳥の名前で埋まっていくことがとてもうれしく思えた。

そうこうしているうちに、

「ポールリ、ピィー、チチィー」

と、大きくて、澄んだ声がしたかと思うと、一羽の小鳥が私たちの頭上をサーッと飛んで、高い木の枝先に止まった。周りの大人たちが②どよめく様子から、何となくただものではない鳥の出現という予感がした。先生の望遠鏡をのぞかせてもらうと、そこには、これまでにまったく見たことがAない種類の鳥が映っていた。背中が、輝くような濃くて深い青色をしていて、反対にお腹《なか》は真っ白な鳥だった。しかも、望遠鏡越しに目と目があって、私ははっと息を飲んだ。その鳥はオオルリだと、先生が教えてくれた。夏に来る渡り鳥で、この公園では数年ぶりに現れた珍客だというようなことも聞いた。

私はそのとき、これは、大変なことになったと思った。自分の身の回り

5　ある中学校の図書委員会では、生徒の図書室の利用を活発にするためにどのような取り組みを行うかということを【資料】を参考に話し合い、次のA、Bの二つの【取り組み】が提案されました。あなたは、AとBのどちらの取り組みが生徒の図書室の利用を活発にするために効果的だと考えますか。あなたの考えを別の原稿用紙に**二百六十字以内**で書きなさい。ただし、あとの条件1・2にしたがって書くこと。

【資料】

本（教科書や参考書，漫画や雑誌を除く）を読むことが好きだ

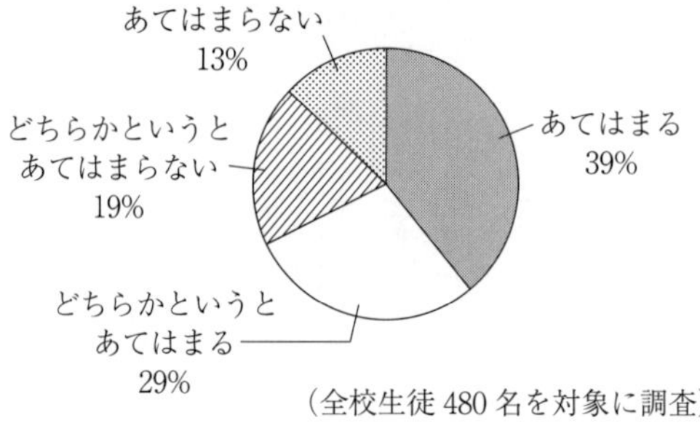

（全校生徒480名を対象に調査）

【取り組み】

A　小説やエッセーをはじめ、図書室には読みたいと思えるような本がたくさんあるということを伝えられる取り組み。

B　学習や生活に役立つ情報を調べるなど、図書室には読書だけでなく他の活用方法があるということを伝えられる取り組み。

条件1　A、Bのどちらか**一つ**を選ぶこと。

条件2　【資料】から読み取れる内容をもとに、条件1で選んだ取り組みが効果的だと考える理由を書くこと。

※　二つの取り組みをそれぞれA、Bと表してもよい。

ことについて、本文中で述べられていることがらと内容の合うものはどれか。一つ選び、記号を○で囲みなさい。（ア　イ　ウ　エ）

ア　古代ギリシャ時代に静電気が発見され、その量を測ろうとしたが、当時はまだ技術がそこまで進んでいなかった。

イ　18世紀にベンジャミン・フランクリンが実験したことで、雷の正体が電気だと明らかになり、そこで初めて電気の量が測られた。

ウ　電気はもとからその量を測るという発想があったわけではなく、長さや温度と同様に感覚的にとらえることから始まったものである。

エ　電気の量を把握し、コントロールできるようになったことで、それを利用する技術が進み、電気は人間社会に役立つものだとわかってきた。

3　③味も統一された単位によって定量化できるようになるかもしれませんとあるが、本文中で筆者が述べている、味が統一された単位によって定量化できるようになるまでの過程を、次のように表した。［　］に入る内容を、本文中のことばを使って**三十字以上、四十字以内**で書きなさい。

量として曖昧なままの味は、味を出している物質の量とその味の量を表す数値との［　］ようになる。

⇩

各社がどのように量を表すかについての模索と混乱の過程を経たあと、味が単位化できるものだったと気づく。

⇩

味が統一された単位によって定量化できるようになる。

4　単位化について、本文中で筆者が述べている内容を次のようにまとめた。［a］、［b］に入れるのに最も適しているひとつづきのことばを、それぞれ本文中から抜き出しなさい。ただし、［a］は**九字**、［b］は**十三字**で抜き出すこと。

a

b

単位化とは、量を測りたい、測らなくてはいけないという［a］から生まれた［b］が、標準化されることである。

に、摩擦でホコリが琥珀の表面に付くのを発見しました)、18世紀のフランクリンにしても、当時は電気の性質に驚いたり、雷の強弱などを感じたりすることはあっても、その量を測るという発想はなかったでしょう。感覚的にとらえるという点では、たとえば、私たちが味をとらえているのと似たようなものだったのではないかと思います。

　長さも温度も、もともとは感覚からスタートします。味というものも、私たちは〝薄味〟〝しょっぱすぎる〟など、感覚でざっくりととらえています。そして味自体、ある程度測ることはできても、現代でもまだ単位化されておらず、量としては曖昧なままです。これは人間の味に対する理解がそこまで進んでいないということでもあります。

　味を測定する装置としては、甘味《かんみ》、苦味、うま味、塩味《えんみ》、酸味という5項目のレーダーチャートで表す「味覚センサー」があります。個別の味を計測する技術は、すでにあるわけですね。いずれ、甘味を出しているのはこの物質であり、この物質の量がこのときに甘味がいくつだという1対1の対応づけが、より科学的に実現する可能性があります。それができたときに、味という感覚についても、より限定して定量化できるようになるかもしれません。そうなるとそれが業界内で慣習的に広がっていき、さまざまなメーカーが味覚センサーを開発するようになり、それぞれの機器によって測定結果が違うということが起きてくると考えられます。そのとき、各社がどのようなベクトルを使い、どのような軸でどう量を表すかが異なっていれば混乱が生じるはずです。

　そのような模索と混乱の過程を経て、あとになってから、実はそれが単位化できるものだったと気づく可能性があります。そうなったとき初めて、味の〝量〟を測れるようになり、③味も統一された単位によって定量化できるようになるかもしれません。

19世紀には、おそらく電気も、そのように感覚的な、どこか謎めいたとらえどころのない量だと認識されていたのではないかと思います。それが次第に、照明が発明され、モールス信号などの通信ができるようになり、モーターを動かせるようになり……と電気を利用する技術が進んできたことで、電気は人間社会にとってとても役に立つということがわかってきます。そうすると、きちんと量を測りたい、測らなくてはいけない、というニーズが出てくるのです。

　より明るい照明や、よりスムーズな通信技術をつくるには、電気の量を把握し、コントロールしなくてはなりません。もっとよく照らしたい、よりよい照明をつくって他社に勝ちたい。もっと速く、遠くに離れた家族にメッセージを伝えたい。単位はこのように、人間がそれを使って何かをしたいという思いを持つことから始まります。人間の意思や必要性からつくられ、制度化されていくのが単位というものなのです。

(安田正美「単位は進化する」より)

(注)　ベンジャミン・フランクリン＝アメリカの政治家・文筆家・科学者。
琥珀＝太古の樹脂などが地中に埋没して化石になったもの。
レーダーチャート＝放射状に数値軸を配した多角形のグラフ。
ベクトル＝大きさと向きをもつ量。
モールス信号＝短点と長点の組み合わせで、文字、数字、記号を表現する電信信号。

1　次のうち、本文中の ① に入れるのに最も適していることばはどれか。一つ選び、記号を○で囲みなさい。(ア　イ　ウ　エ)

ア　一時的　　イ　逆説的

ウ　受動的　　エ　必然的

2　②電気は比較的新しい量ですとあるが、次のうち、電気の量を測る

ア　文帝　　イ　公卿大臣

ウ　数万の人馬　　エ　千里をかくる名馬

4　次のうち、本文中で述べられていることがらと内容の合うものはどれか。一つ選び、記号を○で囲みなさい。（ア　イ　ウ　エ）

ア　文帝は、「一日に千里を走る名馬をもらったとしても、それほどの距離を走ることがないので、進上するのであれば、速く走ることのできる馬を用意すべきだ」と言って、主のもとへ馬を返した。

イ　文帝は、「一日に千里を走る名馬を自分以外の人に平等に与えることができず、自分一人が得をするのであれば、数万の人馬も自分にはついてきてはくれないだろう」と言って、主のもとへ馬を返した。

ウ　文帝は、「以前にも一日に千里を走る名馬と呼ばれる馬を進上されたが、実際その馬は千里を走らず、まったく役に立たなかったので、千里を走る名馬を重宝だとは思わない」と言って、主のもとへ馬を返した。

エ　文帝は、「一日に千里を走る名馬に自分一人だけが乗ったとしても、数万の人馬がともに千里を走らなければ役に立つことがないので、千里を走る名馬を重宝だとは思わない」と言って、主のもとへ馬を返した。

4　次の文章を読んで、あとの問いに答えなさい。

長さ、質量、時間、電流、温度など、量にはそれぞれの個性があります。しかし、単位が生まれるきっかけはどれも同じ、「量を測りたい」というニーズがあったということです。

たとえば長さを測りたいという欲求はとても身近なものです。土地を測量する、服をつくるために身体の寸法や布の長さを測るなど、何かをつくるときに必要になるのが長さという量であり、これを標準化（基準を決めること）しようと考えるのは［①］な流れでしょう。単位という基準があれば、何かをつくってもらうときに、いちいち同じ長さのものを見本として持っていかなくても、「幅は1メートル、高さは50センチメートル」などと伝えることができます。

質量も、時間も、温度もそうでしょう。人とやりとりするものの量を計りたい、育てた家畜の体重を測りたい。どのぐらいの時間が過ぎたのか知りたい。どのぐらいの暑さなのか、熱さなのか知りたい。いずれも量を測りたいという人間の欲求がまずあり、測る決まりごととしての単位が生まれ、標準化されていく。そのような流れをたどって、今私たちが使っているような単位ができてきたわけです。

②電気は比較的新しい量ですが、電気自体はもともと自然界にあるものです。金属などを触ったときに静電気がバチッとくるのは昔も今も変わりませんし、つるつるしたものをこするとホコリが吸い付くことは古代ギリシャ時代から知られていました。18世紀にベンジャミン・フランクリンが雷雨の中で凧《たこ》を上げて実験したことで、初めて雷の正体が電気だと明らかになりましたが、雷自体ももとから自然界には存在していたものです。

ただ、古代ギリシャの哲学者タレスにしても（琥《こ》珀《はく》を磨いていたとき

ている。その利休の行動を、本文中のことばを使って**二十五字以内**で書きなさい。［　　　　　　　　　　　　　　　　　　　　　　　　　］

3　日本の庭について、本文中で筆者が述べている内容を次のようにまとめた。［a］、［b］に入れるのに最も適しているひとつづきのことばを、それぞれ本文中から抜き出しなさい。ただし、［a］は**十二字**、［b］は**二十六字**で抜き出し、それぞれ**初めの五字**を書きなさい。

a［　　　　　］　b［　　　　　］

日本の庭は、均斉を重んじて作られた西洋の庭とは異なり、石や木や花などが［a］ようであるが、実は［b］にもとづいて作られており、そこには数字ではとてもできない計算がされているのである。

3　次の文章を読んで、あとの問いに答えなさい。

昔もろこし漢《かん》の文帝《ぶんてい》の御代《みよ》に、一日に千里をかくる名馬を進上しける時、公卿《くぎやう》大臣、「めでたき《すばらしい》御重宝かな。」と申しあへりければ、文帝あざ笑ひ給《たま》ひて仰《おほ》せけるは、「我此《こ》の馬を重宝と思はず、其《そ》の仔細《しさい》は、われたまたま遊山《ゆさん》なぐさみにありく《歩く》時は、一日に①やうやう三十里、また合戦などの時も、多くて五十里に過ぎず。かやうにそろりそろりとありきてこそ、［②］も疲れず、われに続いて忠功をなす。若《も》し又時によつていそぐ事ありと云《い》へども、かねてつかれぬ人馬なれば、我によく続いて忠功をはげます。されば我一人千里をかくる馬に乗りたりとも、数万《すまん》の人馬、千里をかけずんばあへて益《えき》なし。」とて、主のもとへ返し給ふ。

（注）もろこし＝昔、日本で中国を呼んだ名称。
文帝＝前漢の第五代皇帝。
公卿＝朝廷に仕える高官。
遊山＝気晴らしに外出すること。

1　①やうやうを現代かなづかいになおして、**すべてひらがな**で書きなさい。（　　）

2　「くわしい理由」という意味を表すことばとして最も適していることばを、本文中から**二字**で抜き出しなさい。［　　］

3　次のうち、本文中の［②］に入れるのに最も適していることばはどれか。一つ選び、記号を○で囲みなさい。（ア　イ　ウ　エ）

[2] 次の文章を読んで、あとの問いに答えなさい。

茶の庭については、有名な利休のエピソードがあります。

利休がまだ修業時代のころの話です。ある日、師匠に露地の掃除をいいつけられた利休は、庭に出てきれいに掃き清めた後、木の枝をゆすって、わざと二、三枚の葉を散らしたというのです。あとで点検に現れた師匠は、その散らされた二、三枚の落ち葉を見て、利休の風雅を理解する能力に驚きその将来を嘱目したといいます。

意外に多いのですが、庭などを「自然のまま」の姿がいちばんいいと思い込んでいる人がいます。［①］自然のままにしておくと、そこはたちまちにして草ぼうぼうで枝は伸び放題、枯れ葉も落ちたままという雑然としたものになってしまいます。

「森は人の手を加えることで、森らしくなる」とヨーロッパでは古くからいわれています。［②］下枝を打ち、下草を刈って、適度に人が手を入れることで、緑豊かな森になっていくのです。日本でもそれは同じでした。そして庭は、その自然のエッセンスを表そうとするものなのですから、③人の手を加えることで、いかに自然を自然らしく表現するか、という点に心を注いで作られているのです。利休は自然にいろいろと手を加え、自然を庭といういちばん美しい状態に作り上げていった人なのです。

西洋の、たとえばフランス式の庭園は、左右相称で、バランスのとれた見事に数学的な造形感覚の上に成立しています。しかし、利休の作り出した茶庭は均斉を重んじる西洋の美学とはまったく異質な精神で作られています。たいへん狭い地面に、視覚的な変化を考えて植え込まれた木々は、みなそれぞれに個性的な枝ぶりを見せており、適度に苔《こけ》むした飛び石が微妙な曲線の要素を加えています。一見雑然と配置されているように見えながら、実はピンと張りつめた美的感覚によって統一されているのです。

たとえば椿《つばき》の木ひとつとっても、そこに演出があったりします。いくつかの種類の木を配してそれぞれの花の咲く時期をずらしたり、花の色合いの組み合わせを見せたり、客がいろいろな形で楽しめるように計算するのです。巧まざる秩序とでもいうか、自然というものをよく知り、よく読みこんだ上で人工の自然を作り出しているのです。それは自然を人間の作った構図にあてはめるのではなく、自然の力に添って別の自然を表現していこうという美意識だといってもいいでしょう。

いい方をかえれば、西洋の庭は机の上で線で表現できますが、日本の庭は、けっして図面上の線で表すことができないのです。庭師がその感性で、よい石や木や花を見つけてきて配していきます。そこには計算がないようでいて、数字ではとてもできない計算がされているのです。

（勅使河原　宏「私の茶道発見　日本の美の原点とは」より）

（注）露地＝茶室の庭園。
嘱目＝期待して見守ること。
エッセンス＝本質。

1 次のうち、本文中の［①］、［②］に入れることばの組み合わせとして最も適しているものはどれか。一つ選び、記号を○で囲みなさい。

（ア　イ　ウ　エ）

ア　①　なぜなら　②　つまり
イ　①　しかし　②　つまり
ウ　①　なぜなら　②　あるいは
エ　①　しかし　②　あるいは

2 ③人の手を加えることで、いかに自然を自然らしく表現するかとあるが、本文中には、自然を自然らしく表現した利休の行動が述べられ

国語B問題

時間　五〇分
満点　九〇点

（注）　答えの字数が指定されている問題は、句読点や「　」などの符号も一字に数えなさい。

1　次の問いに答えなさい。

1　次の(1)～(4)の文中の傍線を付けた漢字の読み方を書きなさい。また、(5)～(8)の文中の傍線を付けたカタカナを漢字になおし、解答欄の枠内に書きなさい。ただし、漢字は楷書《かいしょ》で、大きくていねいに書くこと。

(1)　竹でかごを編む。（　　む）
(2)　朗らかな春の日。（　　らかな）
(3)　綿密に計画を立てる。（　　）
(4)　秀逸な詩を読む。（　　）
(5)　ボールが床をコロがる。□がる
(6)　夕日で空が赤くソまる。□まる
(7)　ベンロン大会に参加する。□□
(8)　人工エイセイを打ち上げる。□□

2　次の文中の傍線を付けた語の品詞は何か。あとから一つ選び、記号を○で囲みなさい。（ア　イ　ウ　エ）

おいしそうな匂いが、部屋いっぱいに広がる。

ア　名詞　　イ　動詞
ウ　形容詞　　エ　形容動詞

3　「尽日春を尋ねて春を見ず」の読み方になるように、次の文に返り点を付けなさい。

尽　日　尋ネテ　春ヲ　不ず　見　春ヲ

5　あとの資料A、Bは、「おもむろに」と「檄《げき》を飛ばす」の二つのことばについて、「どちらの意味だと思うか」という質問に対する回答結果を表したものです。これらの資料からわかることをふまえて、あなたがコミュニケーションを図る際に心がけたいと考えることについて、あとの原稿用紙に**三百字以内**で書きなさい。ただし、次の条件にしたがって書くこと。

条件　資料A、Bの少なくとも一つについてふれること。ただし、どの資料を参考にしたのかがわかるように書くこと。

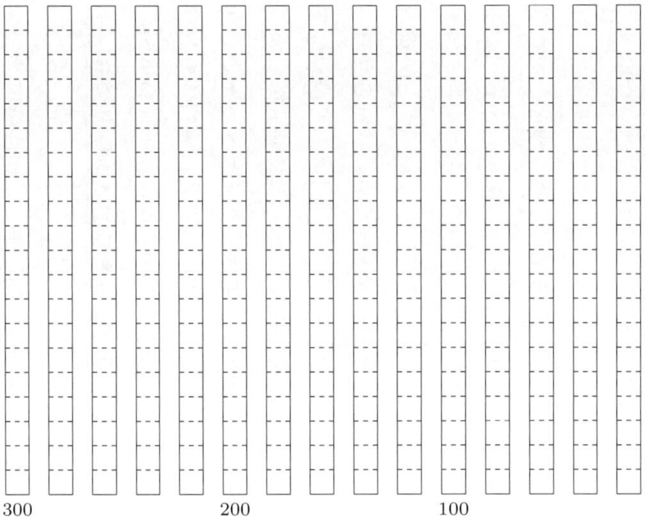

資料A

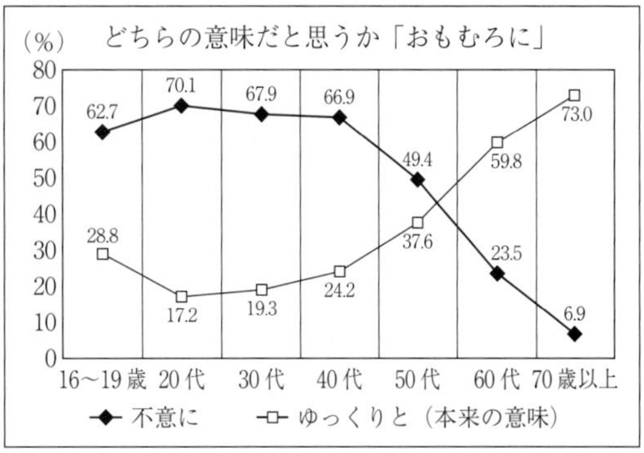

資料B

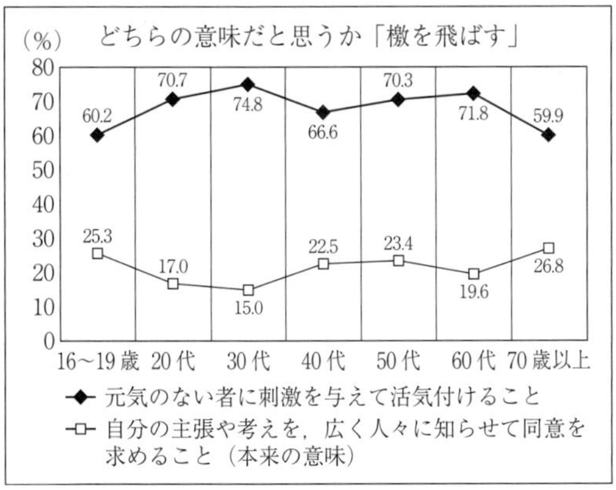

（資料A，資料Bともに「国語に関する世論調査」（文化庁）により作成）

在している。しかし私たちは単位の新しい組合せを創ることで、不断に言語をよみがえらせている。言語の限界に人を気づかせ、それを超えることを夢見させるのもまた言語の内蔵している大切な働きのひとつだろう。

（谷川俊太郎「詩を書く」より）

1　①俳句のような短い形の文章がいきいきと具体的に、一本の木の姿を表すこともあるとあるが、本文中で筆者がこのように述べる理由を次のようにまとめた。［a］、［b］に入れるのに最も適しているひとつづきのことばを、それぞれ本文中から抜き出しなさい。ただし、［a］は**十五字**、［b］は**十六字**で抜き出し、それぞれ**初めの六字**を書きなさい。

a ［　　　　　　］　b ［　　　　　　］

俳句のような短い形の文章であっても、［a］がすぐれているものは、［b］から。

2　次の(i)～(iii)は、本文中の［②］に入る。［②］の前後の内容から判断して(i)～(iii)を並べかえると、どのような順序になるか。最も適しているものをあとから一つ選び、記号を○で囲みなさい。

（ア　イ　ウ　エ　オ　カ）

(i)　ひとつのなにかは、常に他のなにかとの関係においてのみ、なにかであることができるからだろう。

(ii)　なにかを伝えたいと思って、そのなにかにのみ固執しつづけると、肝心のなにかが分からなくなってくる。

(iii)　なにかと他のなにかとは、すなわちひとつの言葉と他の言葉ということになる。

ア　(i)→(ii)→(iii)　　イ　(i)→(iii)→(ii)　　ウ　(ii)→(i)→(iii)

エ　(ii)→(iii)→(i)　　オ　(iii)→(i)→(ii)　　カ　(iii)→(ii)→(i)

3　言語の限界について、本文中で筆者が述べている内容を次のようにまとめた。［a］に入る内容を、本文中のことばを使って**四十字以上、五十字以内**で書きなさい。また、［b］に入れるのに最も適しているひとつづきのことばを、本文中から**十四字**で抜き出しなさい。

a ［　　］

b ［　　　　　　　　　　　　　　］

言葉には［a］というところに、人間の頭脳の限界と、それに伴う言語の限界が表れており、言葉における［b］によって、人間は絶えず言語に活力を与え、その限界を超えようとしている。

4 次の文章を読んで、あとの問いに答えなさい。

言葉によって人間は他者に向かって自分を開く。なにかを伝達したいという欲求、自分を理解してもらいたいという欲求から、人は文章を書く。だが同時に、言葉によって人間は他者に向かって自分を閉じる。自分の存在を他者から区別したいという欲求、理解されようがされまいが自分の輪郭をはっきりさせたいという欲求からも、人は文章を書く。自分を開くことと閉じることは、ひとつの文章の中で必ずしも矛盾しない。

少々意味はずれてくるけれども、それを分析と総合というふうに言いかえてもよい、また部分と全体というふうに言うこともできるかもしれない。言葉にはものごとを切りはなし、区別してとらえようとする機能と、ものごとを集め、むすびつけてとらえようとする機能が同時に存在している。たとえば日本語の木という言葉は、その指し示しているものが、岩でも人でも空でもなく、木であると区別しているが、同時にその同じ言葉が、松や杉や栗《くり》や楡《にれ》などの種をひとまとめに木であると総合してもいる。

もし私がいま、窓外に見えている一本の木を描写しようとすると、私はその一本の特定の木、具体的な木について、たとえば葉がみんな落ちていて裸であるとか、幹にきつつきのあけたらしい穴があるとかいうことを書いてゆくだろう。その他にもその木がどんな場所に立っているか、時刻は何時頃か、光の具合はどうかということなども必要になってくるかもしれない。

だがいかに詳しくその一本の木を描写していっても、その木のありさまがちっとも読み手に伝わらぬことがある。むしろ余りに精密に分析的に書きすぎると、かえって木の像はぼんやりしてくる。反対にたとえば、①俳句のような短い形の文章がいきいきと具体的に、一本の木の姿を表すこともあるのだ。言いかえると、私が一本の特定の木のありさまを言葉によって、すなわち文章によって他者に伝えようとする時、その木は他の無数の木と区別されながらも、同時にそれらとむすびつけられ、ひとつのものとしてとらえられなければ伝えられない。

木という一語の中にすでに、そのような働きが内在していると言えるだろう。木はひとつの概念として、その発生から現在に至る地球上の木の総体を意味しているはずだが、私たちが木という言葉を聞いて思い浮かべるのは、ほとんどの場合、一本の木である。地球上のすべての木を、一本の木という形で代表させることのできるのが、言葉の便利さというものだろうか。けれどそこにはまた、人間の頭脳の限界と、それに伴う言語の限界もはっきり表れているように思う。

たくみな随筆などに、すぐれたデッサンを思い起こさせるようなもののあるのは、分析と総合のバランスのとりかたのうまさに、共通点があるからだろう。一本の線が、余白にまざまざとものの形を浮かびあがらせるように、すぐれた文章は部分を書くことで、全体を指し示す。これはものの描写に限らない。観念を書く時も、自分の内面を書く時も同じだ。どんなに精密に使おうと思っても、言葉の解像力には限度がある。どんなに正確に使おうと思っても、言葉は生きた人間の間で、にじみ、揺れながらでなければ流通しない。［　②　］

言葉によって自分を、或《ある》いは対象を開くことと、言葉によってそれらを閉じることは、ほんとうは同じひとつのことなのかもしれない。だがそのことを言う言葉を私は見出《みいだ》せない。見出せないと書くことで、かろうじて私の内部にぼんやりと幻のような想念が保たれているが、もしそういう言葉があり得ないのだとしたら、こういうふうに書くこと自体、言葉を混乱させるだけかもしれない。

私たちの話し、書くどんな言葉も、単位としてはすでに言語の中に存

んでいるように感じられるということが詠まれている。

エ　人の代わりであるかのように山里に訪れていた風を、桜の花が惜しんでいるように感じられるということが詠まれている。

3　本文中のⒶで示した和歌が詠まれた背景について、筆者が推測している内容を次のようにまとめた。[a]、[b]に入る内容を本文中から読み取って、現代のことばで書きなさい。ただし、[a]は**二十五字以内**、[b]は**十字以内**で書きなさい。

a

b

[a]という状況の違いから、山里には[b]ことに気づき、この和歌を詠んだと、筆者は推測している。

---

[3]　次の問いに答えなさい。

1　次の(1)～(3)の文中の傍線を付けた漢字の読み方を書きなさい。また、(4)～(6)の文中の傍線を付けたカタカナを漢字になおし、解答欄の枠内に書きなさい。ただし、漢字は**楷書《かいしょ》**で、**大きくていねいに書くこと**。

(1)　朗らかな春の日。（　　らかな）

(2)　太陽光発電で電力を賄う。（　　う）

(3)　雑草の繁茂を抑制する。（　　）

(4)　日が暮れてきたのでイエジを急ぐ。

(5)　テンラン会に絵画を出品する。

(6)　人工エイセイを打ち上げる。

2　次のうち、「迫真」と熟語の構成が同じものはどれか。一つ選び、記号を○で囲みなさい。（ア　イ　ウ　エ）

ア　僅差　イ　就職　ウ　緩慢　エ　授受

3　「遠」は、あるひらがなのもとになった漢字である。次のうち、そのひらがなとして最も適しているものはどれか。一つ選び、記号を○で囲みなさい。（ア　イ　ウ　エ）

ア　え　イ　さ　ウ　む　エ　を

アートの出番であり、フィットしないこと自体がアートのテーマとなる。

ウ　アート写真を製作する際、作品のテーマに合っているかどうかすぐには分からなかったとしても、身体的に何かを感じとったものを撮ることで、撮るものに意味を与え、豊かなイメージを見つけることができる。

エ　一般的なアートの〈発表〉では、作品にどのようなメッセージがあるのかを完成した作品とともに言葉で明確に表明したとしても、見る側が求めているコンセプトに合わなければ、作品が評価されないこともある。

2　次の文章を読んで、あとの問いに答えなさい。

見る人もなき山ざとの花の色はなかなか《かえって》風ぞをしむべらなる――Ⓐ

もろもろの花は、風を、恨みてのみこそあるに、これは、風の、花を惜しみとめたるは、①思ひかけぬ事なりや。まことに、風の惜しみとめたるにはあらず。ほかの花、みな散りはてぬるに、この山里の花の、まださかりなるは、風の吹かざりけるなりと。風は吹けば、所をもさだめぬ物なるに、これにしも、風吹かざりけるは、風の、惜しみけるなめりと、いへるなめり。

1　①思ひかけぬ事とあるが、次のうち、このことばの本文中での意味として最も適しているものはどれか。一つ選び、記号を○で囲みなさい。（ア　イ　ウ　エ）

ア　おもしろみのないこと　　イ　伝統を重んじていること

ウ　考えもしなかったこと　　エ　世間で知られていること

2　次のうち、本文中のⒶで示した和歌の内容を説明したものとして最も適しているものはどれか。一つ選び、記号を○で囲みなさい。（ア　イ　ウ　エ）

ア　誰も訪れない山里に咲く桜の花を、風が惜しんでいるように感じられるということが詠《よ》まれている。

イ　山里に咲く桜の花を見に来る人がいないことを、風が惜しんでいるように感じられるということが詠まれている。

ウ　風によって人が帰ってしまったことを、山里に咲く桜の花が惜し

くとしても、漠然とながらテーマをもって写真を撮るわけだから、なにかしらは言うことができる。

　ただ実際のところ、これらのメッセージは、作品を完成するまではっきりと摑んでいないこともよくあるのである。そして、写真を撮り終わり、プロジェクトとしてまとめあげた後、完全にクリアになっているかといえば、そうとも限らない。このことは、「コンセプトがはっきりしていない」という理由で、減点の対象となることもある。とくに欧米のマーケットはシビアである。

　しかし、人間というのは、そんなになにもかも分かっているものだろうか。自分のことだからといって、すべてのことがたしかだと言えるだろうか。写真を撮るのは、撮るものに意味を与えるためではなく、よく分からないものでも、身体的になにかを感じとり、撮るのである。自分のおこなったことすべてに説明をつけていこうという姿勢は、自分が何者かを常に固定して生きなくてはいけない社会の生きづらさにも通じている気がする。人が窮屈になるのは、いつもこういう仕組みから抜け出せないからだ。

　なにか不確かなものがあり、自分の心と世の中がフィットしないときこそ、実はアートの出番なのだ。フィットしないことが、そのままテーマになる。はっきりしないことを、必ずしもはっきりさせる必要はないと思いたい。そういったところに目を向けてくと、豊かなイメージの源泉が見つかる。

（長谷良樹「定まらないアート」より）

（注）コンセプト＝全体を貫く統一的な視点や考え方。
マーケット＝市場《しじょう》。
シビア＝きびしいさま。

1　①アートをするとあるが、本文中で筆者は、アートをするとはどういうことであると述べているか。その内容についてまとめた次の文の［a］、［b］に入れるのに最も適しているひとつづきのことばを、本文中から抜き出しなさい。ただし、［a］は**十九字**、［b］は**十一字**で抜き出し、それぞれ**初めの六字**を書きなさい。

アートをするとは、［a］をありのまま受けとめることであり、［b］ことである。

a　　b

2　②アートというものに日々接していると、生活のなかでも、ものの見方に影響がでてくるとあるが、アートに日々接することでものの見方に影響がでてくる具体例として、本文中で筆者が述べている内容を次のようにまとめた。［　］に入る内容を、本文中のことばを使って**七十五字以上、九十五字以内**で書きなさい。

作品の完成形がイメージできなかったとしても、［　］と生活のなかでも思うようになる。

3　次のうち、本文中で述べられていることがらと内容の合うものはどれか。一つ選び、記号を○で囲みなさい。（ア　イ　ウ　エ）

ア　アートの世界においては、作品を見る側が理解を深められるような環境を提供するという目的で、作品の製作をはじめる段階で、はっきりとした目標や答えを設定しておくことが求められる。

イ　人間は自分の行動すべてに説明をつけようとすることにより窮屈さを感じているが、自分の心と世の中がフィットしないときこそ、

国語C問題

時間　五〇分
満点　九〇点

(注)　答えの字数が指定されている問題は、句読点や「　」などの符号も一字に数えなさい。

1　次の文章を読んで、あとの問いに答えなさい。

ぼくがアート写真を製作する工程は、ほとんど無為の時間の連続だ。撮影場所を探すために車のハンドルを握るだけで、一日はあっという間に過ぎていく。作品にフィットする場所はそうそうないので、収穫のない日は、それこそなにをしていたのか分からないような時間を過ごす。

しかし、通り過ぎる風景のなかに見ていたものや、つらつらと頭のなかに巡らせていた些細《ささい》なイメージは、とても純粋で静かな時間のつながりの賜物《たまもの》だ。いろいろな情景は目に焼きついているし、整理のつかなかったことに頭のなかでけりがつくこともある。さまざまなことが、普段よりも客観的に感じられ、より純粋な心の状態になる。

また、目的であった場所探しという意味では、すぐには使えない場所ばかりであっても、なにが役に立つかは自分でも分からないものなのだ。まったく別の機会に、通り過ぎた場所のどこかが、ほかの作品の舞台に化けることもいくらでもある。そういった意味では、人に会わず、言葉もしゃべらず、移動するしかなかった数日は、それはそれで〈名もなき大切な日々〉だったということは言えるのだ。

①アートをするというのは、こういった空白の時間を、ありのまま受けとめるということではないかと思う。そのプロセスや行動に意味を求めすぎないこと。ものごとを効率化していろいろなものを詰め込むのではなく、むしろどんな状況も、そのままをよく味わうということだ。それは、自分を純粋な状態に保つことでもある。アートをつくろうと思う人の内面には、自発的で純粋な面が生まれてくる。カタチとしての作品も大切だが、それはある意味では、過ごしている時間の副産物でしかない。役に立つかどうかだけで、人やものごと、時間の価値を決めない生き方を、アートは助けてくれる。無駄なものはないのだ。

一般的な価値基準ではなかなか測れない②アートというものに日々接していると、生活のなかでも、ものの見方に影響がでてくる。たとえば、作品を撮りはじめる際、やるべき工程のすべてをクリアに整理できているわけではなく、完成形がイメージできないまま発進してしまうこともある。どこに向かっているのか自分でもよく分からない。撮っていくうちに、目指すイメージがかすかに見えはじめ、そこから徐々に全体の構成を練りなおし、完成に近づけていく。もちろん、撮影の最中のことなので、すべては瞬間的なスピードで頭のなかで進行していく。撮る風景や被写体の変化にも臨機応変に対応しながら、見えていなかったイメージを徐々に摑《つか》んでいくのだ。

こういう創作の方法に慣れていくと、ものごと全般について、最終形がはじめから見えすぎることに、抵抗を感じるようになってくる。むしろ逆に、先が見えない、なにも決まっていないということに真実味を覚え、それがごく当たり前の状態に思えてくる。

しかし、アートの世界にも、はっきりとした目標設定や答えを必要とされることがあり、ぼくはときどき、そのことに疑問を感じる。「作品には、どのようなメッセージがあるのか」を作品とともに言葉で表明するのが、一般的なアートの〈発表〉の流れになる。もちろん見る側が理解を深めやすくなるので、そういった環境を提供する目的もあると思う。ぼ

2020年度／解答

数学A問題

1 **【解き方】** (1) 与式 $= -(7+10) = -17$

(2) 与式 $= \dfrac{8}{7} \times \left(-\dfrac{1}{4}\right) = -\dfrac{2}{7}$

(3) 与式 $= 3 \times 4 = 12$

(4) 与式 $= x + 4 + 5x - 15 = 6x - 11$

(5) 与式 $= 2 \times x \times y \times y = 2xy^2$

(6) 与式 $= 3\sqrt{5} + 5\sqrt{5} = 8\sqrt{5}$

【答】 (1) -17　(2) $-\dfrac{2}{7}$　(3) 12　(4) $6x - 11$　(5) $2xy^2$　(6) $8\sqrt{5}$

2 **【解き方】** (1) $a = -8$ を代入して，与式 $= 2 \times (-8) + 7 = -16 + 7 = -9$

(2) $4.6 - (-1.3) = 4.6 + 1.3 = 5.9$ (℃)

(3) 式に表したときに，$y = ax$ の形になるものを選ぶ。ア．(全体の重さ) = (ビスケットの重さの合計) + (箱の重さ)だから，$y = 6 \times x + 30$ より，$y = 6x + 30$　よって，比例ではない。イ．(時間) = (道のり) ÷ (速さ)だから，$y = 500 \div x$ より，$y = \dfrac{500}{x}$　よって，比例ではない。ウ．(残りの長さ) = (初めの長さ) − (燃えた長さ)だから，$y = 140 - x$ より，比例ではない。エ．(たまった水の量) = (1秒間に入れる水の量) × (時間)だから，$y = 25 \times x$ より，$y = 25x$　よって，比例する。

(4) 与式を順に(i)，(ii)とする。(i) + (ii)より，$6x = 18$　よって，$x = 3$　(ii)に代入して，$3 - y = -4$ より，$-y = -7$　よって，$y = 7$

(5) 左辺を因数分解して，$(x+5)(x-2) = 0$　よって，$x = -5,\ 2$

(6) 二つのさいころの出る目をそれぞれ a，b とすると，出る目の数の和が8になる場合は，$(a,\ b) = (2,\ 6)$，$(3,\ 5)$，$(4,\ 4)$，$(5,\ 3)$，$(6,\ 2)$ の5通り。二つのさいころの目の出方は全部で，$6 \times 6 = 36$ (通り)だから，求める確率は $\dfrac{5}{36}$。

(7) ア．1年生が1人，2年生が0人なので，間違い。イ．1年生の記録の範囲は，$9 - 6 = 3$ (本)，2年生の記録の範囲は，$10 - 5 = 5$ (本)だから，間違い。ウ．1年生の中央値は，記録のいいほうから5番目の生徒の記録だから，7本。2年生の中央値は，記録のいいほうから6番目の生徒の記録だから，7本。よって，正しい。エ．1年生の記録の最頻値は7本，2年生の記録の最頻値は8本だから，間違い。

(8) ① $y = \dfrac{1}{2}x^2$ に $x = -4$ を代入して，$y = \dfrac{1}{2} \times (-4)^2 = 8$　② 関数 $y = \dfrac{1}{2}x^2$ は上に開いたグラフになるので，x の絶対値が大きいほど y の値は大きくなる。よって，$x = 0$ で最小値 $y = 0$，$x = 3$ で最大値，$y = \dfrac{1}{2} \times 3^2 = \dfrac{9}{2}$ となるから，y の変域は，$0 \leqq y \leqq \dfrac{9}{2}$

(9) ② 底面を面㋕とすると，高さは AB = 5 cm になるから，体積は，$a \times a \times 5 = 5a^2$ (cm^3)

【答】 (1) -9　(2) 5.9 (℃)　(3) エ　(4) ($x =$) 3　($y =$) 7　(5) $x = -5,\ 2$　(6) $\dfrac{5}{36}$　(7) ウ

(8) ① 8　② ㋐ 0　㋑ $\dfrac{9}{2}$　(9) ① イ　② $5a^2$ (cm^3)

3 **【解き方】** (1) x が，$4 - 1 = 3$ 増えると，y は，$5 \times 3 = 15$ 増えるから，(ア) $= 9 + 15 = 24$　また，x が，7 −

1 = 6 増えると，y は，$5 \times 6 = 30$ 増えるから，(イ)= $9 + 30 = 39$

(2) 変化の割合が，$\frac{5}{1} = 5$ だから，$y = 5x + 4$

(3) $y = 5x + 4$ に，$y = 84$ を代入して，$84 = 5x + 4$ より，$5x = 80$　よって，$x = 16$

【答】 (1) (ア) 24　(イ) 39　(2) ($y =$) $5x + 4$　(3) 16

4 **【解き方】** (1) △ABC は，AB = CB = 9 cm の直角二等辺三角形だから，$AC = \sqrt{2}AB = \sqrt{2} \times 9 = 9\sqrt{2}$ (cm)

(2) おうぎ形 CDB は，半径 9 cm，中心角 90° のおうぎ形だから，面積は，$\pi \times 9^2 \times \frac{90}{360} = \frac{81}{4}\pi$ (cm^2)

(4) △CHB ≡ △EFC だから，CH = EF = 7 (cm)　よって，EH = CE − CH = 9 − 7 = 2 (cm)　△CHB ∽ △EHG だから，CB : EG = CH : EH = 7 : 2　よって，$EG = \frac{2}{7}CB = \frac{2}{7} \times 9 = \frac{18}{7}$ (cm)　したがって，$GF = EF - EG = 7 - \frac{18}{7} = \frac{31}{7}$ (cm)

【答】 (1) $9\sqrt{2}$ (cm)　(2) $\frac{81}{4}\pi$ (cm^2)　(3) ⓐ CE　ⓑ CEF　ⓒ イ　(4) $\frac{31}{7}$ (cm)

数学B問題

1 **【解き方】** (1) 与式＝$-3+25=22$

(2) 与式＝$\dfrac{2(a-1)+a+7}{4}=\dfrac{2a-2+a+7}{4}=\dfrac{3a+5}{4}$

(3) 与式＝$-\dfrac{2a^2\times 5b^2}{ab}=-10ab$

(4) 与式＝$x^2+4x+4-x^2+3x=7x+4$

(5) ア．$-a=-1\times a$ だから，a と $-a$ の符号は異なる。イ．$-2\leqq a<0$ のとき，a が負で，$a+2$ が正となる。ウ．$a^2=a\times a$ だから，a の正負にかかわらず a^2 は常に正となる。エ．$a^3=a\times a\times a=a^2\times a$　a^2 は必ず正になるので，a と a^3 の符号は常に同じである。オ．$\dfrac{1}{a}=1\div a$ だから，a の符号と $\dfrac{1}{a}$ の符号は常に同じである。よって，エとオ。

(6) $189n=3^3\times 7\times n=3^2\times 3\times 7\times n$　指数部分がすべて偶数になればよいから，$n=3\times 7=21$

(7) 文芸部員40人が読んだ本の冊数の和は，$3.5\times 40=140$ (冊)　表より，文芸部員40人が読んだ本の冊数の和を x を使った式で表すと，$3.6\times 20+4.0\times 12+x\times 8=8x+120$ (冊)となるから，$8x+120=140$ が成り立つ。これを解くと，$x=2.5$

(8) $(a,\ b)=(1,\ 6)$，$(2,\ 4)$，$(3,\ 2)$，$(5,\ 6)$，$(6,\ 4)$ の5通り，二つのさいころの目の出方は全部で，$6\times 6=36$ (通り)だから，求める確率は $\dfrac{5}{36}$。

(9) 点Aの y 座標は -6 だから，$y=-\dfrac{3}{8}x^2$ に $y=-6$ を代入して，$-6=-\dfrac{3}{8}x^2$　これを解くと，$x=\pm 4$　点Aの x 座標は負だから，$x=-4$　よって，A $(-4,\ -6)$　直線AOの傾きは，$\dfrac{0-(-6)}{0-(-4)}=\dfrac{3}{2}$ となるから，直線AOの式は $y=\dfrac{3}{2}x$　点Bの x 座標は7だから，y 座標は，$y=\dfrac{3}{2}\times 7=\dfrac{21}{2}$　点Bは m 上の点だから，$y=ax^2$ に $x=7$，$y=\dfrac{21}{2}$ を代入して，$\dfrac{21}{2}=a\times 7^2$ より，$a=\dfrac{3}{14}$

【答】 (1) 22　(2) $\dfrac{3a+5}{4}$　(3) $-10ab$　(4) $7x+4$　(5) エ，オ　(6) 21　(7) 2.5　(8) $\dfrac{5}{36}$　(9) $\dfrac{3}{14}$

2 **【解き方】** (1) ① x が，$4-1=3$ 増えると，y は，$5\times 3=15$ 増えるから，(ア)＝$9+15=24$　また，x が，$7-1=6$ 増えると，y は，$5\times 6=30$ 増えるから，(イ)＝$9+30=39$　② 変化の割合が，$\dfrac{5}{1}=5$ だから，$y=5x+4$　③ $y=5x+4$ に，$y=84$ を代入して，$84=5x+4$ より，$5x=80$　よって，$x=16$

(2) 使った写真の枚数の合計が50だから，$s+t=50$……㋐が成り立つ。また，体育祭のスライドショーの時間は$(5s+4)$秒，文化祭のスライドショーの時間は$(8t+4)$秒と表せ，スライドショーの時間の合計が300秒だから，$(5s+4)+(8t+4)=300$……㋑が成り立つ。㋐より，$s=50-t$　これを㋑に代入して，$5(50-t)+4+8t+4=300$ より，$3t=42$　よって，$t=14$，$s=50-14=36$

【答】 (1) ① (ア) 24　(イ) 39　② $(y=)\ 5x+4$　③ 16　(2) (s の値) 36　(t の値) 14

3 **【解き方】** (1) ① $\angle ABC=30^\circ$ だから，$\triangle ABE$ は 30°，60° の直角三角形。よって，$BE=\dfrac{\sqrt{3}}{2}AB=\dfrac{\sqrt{3}}{2}\times 6=3\sqrt{3}$ (cm)　② $\triangle OBD$ は，$OB=OD=6\div 2=3$ (cm)の二等辺三角形だから，$\angle BOD=180^\circ-30^\circ\times 2=120^\circ$　よって，$\overset{\frown}{BD}$ の長さは，$2\pi\times 3\times\dfrac{120}{360}=2\pi$ (cm)

(2) ② ㋐ BCは円の直径だから，$\angle BFC = 90°$　△BFCで三平方の定理より，$BF = \sqrt{6^2 - 2^2} = 4\sqrt{2}$ (cm)　また，△ABCは二等辺三角形で，BF ⊥ ACだから，FはACの中点。よって，$AC = 2 \times 2 = 4$ (cm)　△ABC∽△BFGより，AB : AC = BF : BGだから，$6 : 4 = 4\sqrt{2} : BG$より，$BG = \frac{8\sqrt{2}}{3}$ (cm)　㋑ AとGを結ぶ。△BGCにおいて，$GC = \sqrt{BC^2 - BG^2} = \sqrt{6^2 - \left(\frac{8\sqrt{2}}{3}\right)^2} = \sqrt{\frac{196}{9}} = \frac{14}{3}$ (cm)　よって，$\triangle BGC = \frac{1}{2} \times \frac{8\sqrt{2}}{3} \times \frac{14}{3} = \frac{56\sqrt{2}}{9}$ (cm^2)　AB∥CGより，$\triangle AGC = \triangle BGC = \frac{56\sqrt{2}}{9}cm^2$で，$\triangle FGC = \frac{1}{2}\triangle AGC$だから，$\triangle FGC = \frac{1}{2} \times \frac{56\sqrt{2}}{9} = \frac{28\sqrt{2}}{9}$ (cm^2)

【答】 (1) ① $3\sqrt{3}$ (cm)　② 2π (cm)

(2) ① △ABCと△BFGにおいて，同じ弧に対する円周角は等しいから，∠ACB＝∠BGF……㋐　AB∥CGであり，平行線の錯角は等しいから，∠ABC＝∠BCG……㋑　同じ弧に対する円周角は等しいから，∠BFG＝∠BCG……㋒　㋑，㋒より，∠ABC＝∠BFG……㋓　㋐，㋓より，2組の角がそれぞれ等しいから，△ABC∽△BFG　② ㋐ $\frac{8\sqrt{2}}{3}$ (cm)　㋑ $\frac{28\sqrt{2}}{9}$ (cm^2)

4 **【解き方】** (1) ① 面ACB，面ACD，面EGHFはそれぞれ線分FIと交わっている。② EI∥BCより，AE : AC = AI : AB = x : 10　EF∥CDより，EF : CD = AE : AC = x : 10　よって，$EF = CD \times \frac{x}{10} = 8 \times \frac{x}{10} = \frac{4}{5}x$ (cm)　$FH = IB = (10 - x)$ cmだから，四角形EGHFの面積について，$\frac{4}{5}x \times (10 - x) = 16$が成り立つ。整理すると，$x^2 - 10x + 20 = 0$　解の公式より，$x = \frac{-(-10) \pm \sqrt{(-10)^2 - 4 \times 1 \times 20}}{2 \times 1} = \frac{10 \pm \sqrt{20}}{2} = 5 \pm \sqrt{5}$　$0 < x < 5$だから，$x = 5 - \sqrt{5}$

(2) ① JD = a cmとすると，△BDJ，△BCJにおいて，三平方の定理より，$BJ^2 = BD^2 - JD^2 = BC^2 - CJ^2$だから，$7^2 - a^2 = 9^2 - (8 - a)^2$が成り立つ。展開して，$49 - a^2 = 81 - (64 - 16a + a^2)$より，$16a = 32$だから，$a = 2$　よって，$BJ^2 = 7^2 - 2^2 = 45$　BJ ＞ 0だから，$BJ = \sqrt{45} = 3\sqrt{5}$ (cm)　② (立体A―CDK) = (立体A―BCD) − (立体K―BCD) = $\frac{1}{3} \times \left(\frac{1}{2} \times 8 \times 3\sqrt{5}\right) \times 10 - \frac{1}{3} \times \left(\frac{1}{2} \times 8 \times 3\sqrt{5}\right) \times 3 = 28\sqrt{5}$ (cm^3)　立体A―EFLと立体A―CDKは相似で，相似比は，Eが辺ACの中点であることから，1 : 2。よって，体積比は，$1^3 : 2^3 = 1 : 8$なので，立体EFL―CDKと立体A―CDKの体積比は，$(8 - 1) : 8 = 7 : 8$　したがって，立体EFL―CDKの体積は，$28\sqrt{5} \times \frac{7}{8} = \frac{49\sqrt{5}}{2}$ (cm^3)

【答】 (1) ① ウ　② $5 - \sqrt{5}$　(2) ① $3\sqrt{5}$ (cm)　② $\frac{49\sqrt{5}}{2}$ (cm^3)

数学C問題

1 **【解き方】** (1) 与式 = $\frac{3}{8}a^2b \times \frac{4}{9ab^2} \times 9b^2 = \frac{3a^2b \times 4 \times 9b^2}{8 \times 9ab^2} = \frac{3}{2}ab$

(2) $\frac{6-\sqrt{18}}{\sqrt{2}} = \frac{6 \times \sqrt{2} - \sqrt{18} \times \sqrt{2}}{\sqrt{2} \times \sqrt{2}} = \frac{6\sqrt{2}-6}{2} = 3\sqrt{2}-3$ だから，与式 = $3\sqrt{2} - 3 + \sqrt{2}(1 - 3) = 3\sqrt{2} - 3 - 2\sqrt{2} = -3 + \sqrt{2}$

(3) $x - 1 = \mathrm{X}$ とすると，方程式は，$\mathrm{X}^2 - 7\mathrm{X} - 8 = 0$ となる。左辺を因数分解して，$(\mathrm{X}+1)(\mathrm{X}-8) = 0$　よって，$\mathrm{X} = -1,\ 8$　$\mathrm{X} = -1$ のとき，$x - 1 = -1$ より，$x = 0$　$\mathrm{X} = 8$ のとき，$x - 1 = 8$ より，$x = 9$

(4) $x = 3$ のとき，$y = \frac{a}{3}$，$x = 5$ のとき，$y = \frac{a}{5}$　x の増加量は，$5 - 3 = 2$ で，このときの y の増加量は，$\frac{a}{5} - \frac{a}{3} = -\frac{2}{15}a$ だから，変化の割合は，$-\frac{2}{15}a \div 2 = -\frac{1}{15}a$　よって，$-\frac{1}{15}a = 1$ より，$a = -15$

(5) カードの取り出し方は全部で，$3 \times 3 = 9$（通り）　箱Qから1のカードを取り出した場合，$b = 9$ で，c は最大でも9にしかならないので，$a < b < c$ とはならない。残りの場合を考えると，(P，Q) = (2，3)のとき，$a = 6$，$b = 7$，$c = 9$　(P，Q) = (2，5)のとき，$a = 6$，$b = 5$，$c = 11$ となり，$a < b < c$ とはならない。(P，Q) = (3，3)のとき，$a = 5$，$b = 7$，$c = 10$　(P，Q) = (3，5)のとき，$a = 5$，$b = 5$，$c = 12$ となり，$a < b < c$ とはならない。(P，Q) = (4，3)のとき，$a = 4$，$b = 7$，$c = 11$　(P，Q) = (4，5)のとき，$a = 4$，$b = 5$，$c = 13$　よって，$a < b < c$ となる場合は4通りだから，求める確率は $\frac{4}{9}$。

(6) 初めに求めた最高気温の平均値を x ℃とすると，10年の最高気温の合計は $10x$ ℃。また，新しく求めた平均値は $(x + 0.3)$℃だから，8年の最高気温の合計は，$8(x + 0.3) = 8x + 2.4$（℃）となる。よって，10年の最高気温の合計について，$10x = 8x + 2.4 + 2.6 + 16.2$ が成り立つ。これを解くと，$x = 10.6$

(7) $2020 - n$ が93の倍数なので，$2020 - n = 93m$（m は自然数）とすると，$n = 2020 - 93m$ となるので，$2020 - 93m - 780 = 1240 - 93m = 31(40 - 3m)$ が素数となればよい。よって，$40 - 3m = 1$ となるので，$m = 13$　したがって，$n = 2020 - 93 \times 13 = 811$

(8) Aは m 上の点だから，Aの y 座標は，$y = a \times 4^2 = 16a$　よって，A(4，$16a$)　Bは ℓ 上の点であり，x 座標は -2 だから，y 座標は，$-2b + 4$　よって，B(-2，$-2b + 4$)　Aの y 座標とBの y 座標は等しいから，$16a = -2b + 4$……㋐　また，$\ell \parallel n$ だから，n の式は，$y = bx - 3$　Dは n 上の点であり，x 座標は4だから，y 座標は，$4b - 3$　よって，D(4，$4b - 3$)で，AD = $16a - (4b - 3) = 16a - 4b + 3$（cm）　四角形ABCDは正方形であり，AD = AB = $4 - (-2) = 6$（cm）だから，$16a - 4b + 3 = 6$……㋑　㋐，㋑を連立方程式として解くと，$a = \frac{11}{48}$，$b = \frac{1}{6}$

【答】 (1) $\frac{3}{2}ab$　(2) $-3 + \sqrt{2}$　(3) $x = 0,\ 9$　(4) -15　(5) $\frac{4}{9}$　(6) 10.6　(7) 811
(8)（a の値）$\frac{11}{48}$　（b の値）$\frac{1}{6}$

2 **【解き方】** (2) ① △GACで三平方の定理より，GC = $\sqrt{6^2 - 2^2} = 4\sqrt{2}$（cm）　△GBCで，BC = $\sqrt{4^2 + (4\sqrt{2})^2} = 4\sqrt{3}$（cm）
② 右図のように，DEとCGの交点をIとする。△DAE ≡ △ABCより，DA = AB = 2cm，DE = AC = 6cm，AE = BC = $4\sqrt{3}$cm　ここで，AB∥EDより，AG∥DIだから，DI : AG = CD : CA　CD = 6 − 2 = 4（cm）だから，DI : 2 =

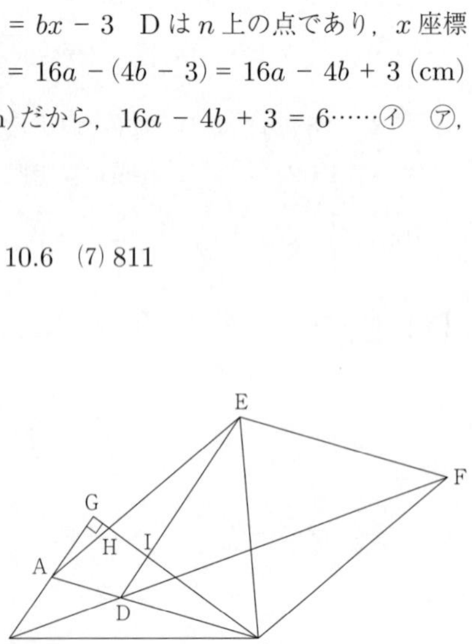

4：6　よって，$DI=\frac{4}{3}$ (cm)　これより，$EI=6-\frac{4}{3}=\frac{14}{3}$ (cm)　AG ∥ EI より，AH：EH ＝ AG：EI ＝ 2：$\frac{14}{3}$ ＝ 3：7 だから，$EH=AE\times\frac{7}{3+7}=4\sqrt{3}\times\frac{7}{10}=\frac{14\sqrt{3}}{5}$ (cm)　③ △DAE ＝△ABC ＝ $\frac{1}{2}\times AB\times GC=\frac{1}{2}\times 2\times 4\sqrt{2}=4\sqrt{2}$ (cm^2)　平行四辺形 ACFE ＝ 2△EAC で，△EAC と△DAE は底辺をそれぞれ AC，AD としたときの高さが等しいから，△EAC：△DAE ＝ AC：AD ＝ 3：1　よって，△EAC ＝ 3△DAE となるから，平行四辺形 ACFE ＝ 2 × 3△DAE ＝ 6△DAE　同様に，△EAC：△ACH ＝ AE：AH ＝(3 ＋ 7)：3 ＝ 10：3　よって，△ACH ＝ $\frac{3}{10}$△EAC ＝ $\frac{3}{10}\times 3$△DAE ＝ $\frac{9}{10}$△DAE　したがって，四角形 EHCF ＝平行四辺形 ACFE －△ACH ＝ 6△DAE － $\frac{9}{10}$△DAE ＝ $\frac{51}{10}$△DAE ＝ $\frac{51}{10}\times 4\sqrt{2}=\frac{102\sqrt{2}}{5}$ (cm^2)

【答】(1) 仮定より，EF ∥ AC……㋐　△ABD は AB ＝ AD の二等辺三角形だから，∠ABD ＝∠ADB……㋑　AB ∥ ED であり，平行線の同位角は等しいから，∠EDF ＝∠ABD……㋒　EF ∥ AC であり，平行線の同位角は等しいから，∠EFD ＝∠ADB……㋓　㋑，㋒，㋓より，∠EDF ＝∠EFD　よって，△EDF は二等辺三角形だから，EF ＝ ED……㋔　△ABC ≡△DAE だから，CA ＝ ED……㋕　㋔，㋕より，EF ＝ CA……㋖　㋐，㋖より，1 組の対辺が平行でその長さが等しいから，四角形 EACF は平行四辺形である。

(2) ① $4\sqrt{3}$ (cm)　② $\frac{14\sqrt{3}}{5}$ (cm)　③ $\frac{102\sqrt{2}}{5}$ (cm^2)

3 **【解き方】**(1) ① 面 EADH と面 HGCD の展開図で考えると，次図 1 のようになる。このとき，EH ∥ ID より，HJ：DJ ＝ EH：ID ＝ 4：3 だから，$HJ=8\times\frac{4}{4+3}=\frac{32}{7}$ (cm)　よって，△EJH ＝ $\frac{1}{2}\times 4\times\frac{32}{7}=\frac{64}{7}$ (cm^2)　② 次図 2 のように，D を通り線分 HK に平行な直線と辺 AB との交点を P とすると，∠APD ＝∠EKH ＝ $b°$　同位角は等しいので，∠ABI ＝∠APD ＝ $b°$　よって，∠ABC ＝ $a°+b°$　四角形 ABCD は AB ＝ DC の台形だから，∠ICB ＝∠ABC ＝ $a°+b°$　よって，△IBC の内角と外角の関係より，∠BID ＝∠IBC ＋∠ICB ＝ $a°+a°+b°=2a°+b°$　③ 図 2 のように，直線 BA と直線 CD の交点を Q とすると，AD ∥ BC より，QD：QC ＝ AD：BC ＝ 4：8 ＝ 1：2 だから，D は QC の中点。よって，QD ＝ 5 cm　さらに，DP ∥ IB より，QP：QB ＝ QD：QI ＝ 5：(5 ＋ 3)＝ 5：8 で，QB ＝ QC ＝ 5 × 2 ＝ 10 (cm)だから，QP：10 ＝ 5：8 より，$QP=\frac{25}{4}$ (cm)　よって，$PB=10-\frac{25}{4}=\frac{15}{4}$ (cm)だから，KF ＝ PB ＝ $\frac{15}{4}$cm

図 1
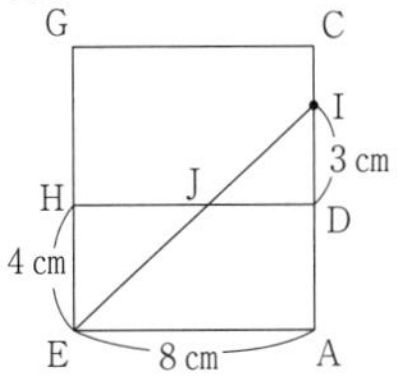

図 2
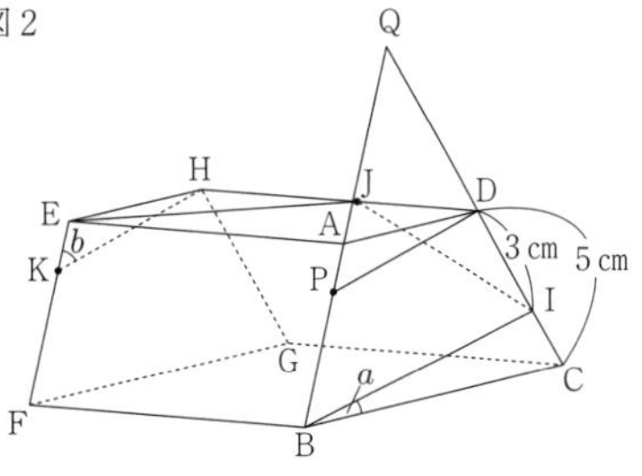

(2) ① 次図 3 で，∠DBF ＝ 90° だから，△DBF において三平方の定理より，$DF^2=BF^2+DB^2$　ここで，A，D から辺 BC に垂線 AR，DS をそれぞれひくと，CS ＝ BR ＝(8 － 4)÷ 2 ＝ 2 (cm)　よって，BS ＝ 8 － 2 ＝ 6 (cm)　△DSC において，$DS^2=DC^2-CS^2=5^2-2^2=21$　△DBS において，$DB^2=BS^2+DS^2=6^2+21=57$　したがって，$DF^2=8^2+57=121$　DF ＞ 0 だから，$DF=\sqrt{121}=11$ (cm)　②

次図4のように，AとF，AとLをそれぞれ結ぶと，立体F—ALDは三角すいで，AMは△FLDを底面としたときの高さになる。立体F—ALDは，底面を△ALDとすると高さはFB = 8cm　△ADLは底辺をAD = 4cmとすると，高さはDS = $\sqrt{21}$cmになるから，立体F—ALDの体積は，$\frac{1}{3} \times \left(\frac{1}{2} \times 4 \times \sqrt{21}\right) \times 8 = \frac{16\sqrt{21}}{3}$ (cm^3)　次に，LからDFに垂線LTをひく。四角形ABLDは平行四辺形なので，BL = AD = 4cm，DL = AB = 5cm　△FBLで，$\mathrm{FL}^2 = \mathrm{FB}^2 + \mathrm{BL}^2 = 8^2 + 4^2 = 80$　したがって，DT = $x$cmとして，三平方の定理よりLT^2を2通りで表すと，$5^2 - x^2 = 80 - (11 - x)^2$が成り立つ。これを解くと，$x = 3$　よって，LT = $\sqrt{5^2 - 3^2} = 4$ (cm)　これより，△FLD = $\frac{1}{2} \times 11 \times 4 = 22$ (cm^2)だから，AM = $h$cmとすると，立体F—ALDの体積について，$\frac{1}{3} \times 22 \times h = \frac{16\sqrt{21}}{3}$が成り立つ。これを解くと，$h = \frac{8\sqrt{21}}{11}$

図3

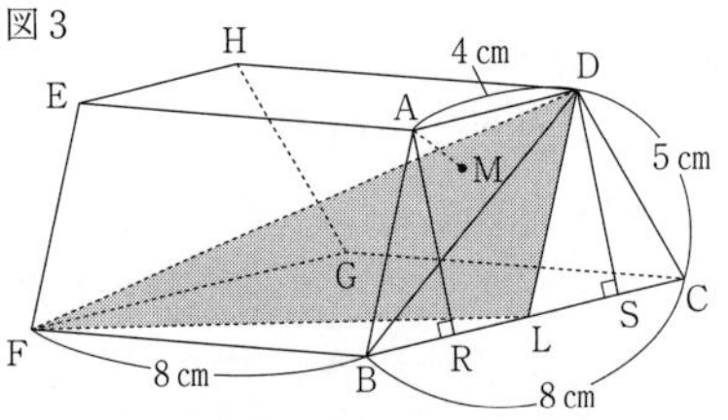

図4

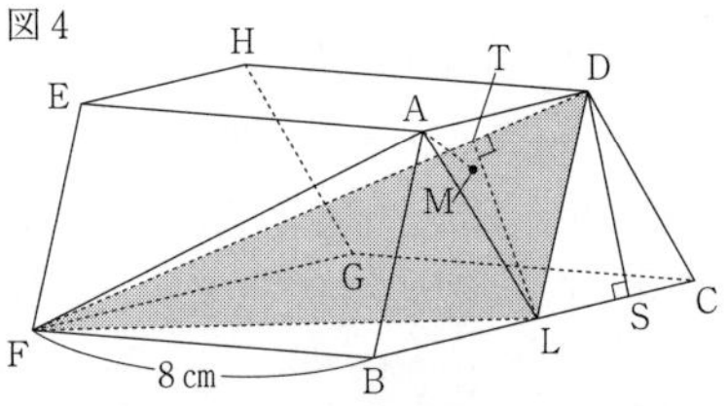

【答】 (1) ① $\frac{64}{7}$ (cm^2)　② $2a + b$ (度)　③ $\frac{15}{4}$ (cm)　(2) ① 11 (cm)　② $\frac{8\sqrt{21}}{11}$ (cm)

英語A問題

1 【解き方】(1)「3月」= March。

(2)「森」= forest。

(3)「重い」= heavy。

(4)「異なる」= different。

(5)「～を買う」= buy ～。

(6) 主語（あなたの好きな歌）が単数形なので，be 動詞は is を用いる。

(7) 最上級の文。「最も高い」= the highest。

(8)「～することが好きだ」= like ～ing。

(9) 現在完了〈have＋過去分詞〉の文。

(10)「～された」は過去分詞を用いて表す。grow の過去分詞は grown。

【答】(1) イ　(2) ア　(3) イ　(4) ア　(5) ア　(6) イ　(7) ウ　(8) ウ　(9) イ　(10) ウ

2 【解き方】[Ⅰ] (1)「テレビで～を見る」= watch ～ on TV。

(2)「姉はボランティアとして働いて喜んでいました」。「～して喜ぶ」= be glad to ～。

(3) この them は直前の they と同じ複数形の名詞を指す。2文前にある「アメリカから来た2人の観光客」がその内容となる。

(4) ア．翔太はテレビでラグビーワールドカップの試合を見たが，応援団として活動したという記述はない。イ．第3段落を見る。翔太は駅で切符をなくして困っているアメリカからの観光客を手助けした。正しい。ウ．翔太がラグビーの観戦チケットを拾ったという記述はない。エ．第3段落の最後から2文目を見る。翔太の親切なもてなしに対してアメリカからの観光客が感謝をした。翔太がもてなしを受けたわけではない。

[Ⅱ]「～を見つけることができない」= can't find ～。「～をなくしてしまった」= have lost ～。「どうしたらいいかAに教える」= tell A what to do。

【答】[Ⅰ] (1) ウ　(2) エ　(3) two visitors from America　(4) イ

[Ⅱ]（例）I can't find it. I have lost it. Can you tell me what to do?（15語）

◀全訳▶　こんにちは，みなさん。あなたたちは2019年ラグビーワールドカップの試合を見ましたか？　私はテレビでいくつかの試合を見て，とても興奮しました。

私の姉はそれらの試合の公式ボランティアチームに参加していました。そのボランティアチームの名前は「チームノーサイド」でした。日本では，「ノーサイド」ということばがラグビーの精神を表すのによく使われます。そのことばは，試合が終われば敵味方の側がなくなるのだということを意味しています。私はそのことばが大好きです。チームノーサイドのボランティアたちは，すべての選手，そしてすべての観客のために働いていました。姉はボランティアとして働いて喜んでいました。彼女は大勢の人々と出会うのを楽しんでいました。私はいつかそのような活動がしたいと思います。

ラグビーワールドカップ開催中のある日，私が駅で電車を待っていたとき，アメリカから来た2人の観光客を見かけました。彼らは駅の近くのスタジアムに試合を見に来たのでした。そのうちの1人が電車の切符をなくしたため，駅から出られませんでした。彼らは日本語が理解できなかったので，私は英語で彼らの手助けをしました。私は駅の係員と話し，その観光客たちと一緒に切符を探しました。切符が見つかったとき，彼らは私の親切なもてなしに対してとても感謝してくれました。現在，私は時々彼らとEメールをやりとりしています。

ラグビーワールドカップのような大きな国際スポーツイベントは，とてもわくわくするものです。それらは多くの国の人々に出会う良い機会だと思います。そのようなイベントを通して，さまざまな国の多くの人々が友だちになればいいなと私は思います。ありがとうございました。

3 【解き方】(1)「私のホストファミリーの家に来ませんか？」。「～しませんか，～するのはどうですか？」= How

about ～ing?。

(2) ホワイト先生の「フィーカとはコーヒー休憩のことなのですね？」ということばに対する返答。「いいえ。フィーカは単なるコーヒー休憩ではありません」というせりふが入る。

(3)「～することは…だ」= It is … to ～。

(4) 直前の文から複数形の名詞を探す。

(5) 直前の文でホワイト先生が「あなたの疑問に対する答えを見つけましたか？」と聞いており，その「疑問」はさくらの5番目のせりふを指す。さくらはエリックに「それ（フィーカ）がなぜ特別で重要なのですか？」と質問している。

(6)「～に興味がある」= be interested in ～。

(7) 直前のエリックのせりふを見る。have another *fika* =「もう一度フィーカをする」。イの one more time は「もう一度」という意味。

(8) ①「さくらはコーヒーが好きですか？」。さくらの6番目のせりふを見る。さくらはコーヒーが好きではない。②「ホワイト先生はいつエリックやさくらと初めてのフィーカをする予定ですか？」。エリックの最後のせりふを見る。エリックは「明日の放課後にしましょうか？」と提案した。

【答】 (1) ア　(2) ウ　(3) is difficult to explain　(4) some cakes　(5) エ　(6)（例）am interested in　(7) イ
(8)（例）① No, she doesn't.　② He will have it tomorrow after school.

◀全訳▶

さくら　　　：こんにちは，エリック。

エリック　　：こんにちは，さくら。明日の放課後は何か予定がありますか？

さくら　　　：いいえ，ありません。

エリック　　：僕のホストファミリーの家に来ませんか？　何人かのクラスメートも来ますよ。

さくら　　　：あら，ホストファミリーの家で何をする予定なのですか？

エリック　　：日本の友人たちに「フィーカ」を紹介したいと思っています。

さくら　　　：フィーカ？　それは何ですか？

ホワイト先生：こんにちは，さくらとエリック。何について話しているのですか？

エリック　　：こんにちは，ホワイト先生。フィーカのため，彼女を僕のホストファミリーの家に招待しているのです。

ホワイト先生：フィーカとは何ですか？

エリック　　：スウェーデンでは，フィーカはコーヒーを飲むための特別な時間を意味します。スウェーデンの多くの人々は，1日のうちに数回フィーカを楽しむのです。

ホワイト先生：フィーカとはコーヒー休憩のことなのですね？

エリック　　：いいえ。フィーカは単なるコーヒー休憩ではありません。スウェーデンの人々にとって，フィーカはとても特別で重要なのです。

さくら　　　：それがなぜ特別で重要なのですか？

エリック　　：その理由を説明することは難しいです。やってみれば，たぶんその理由がわかるでしょう。ですから，明日フィーカをやりましょう！

さくら　　　：おもしろそうですが，私はコーヒーが好きではないのです。

エリック　　：それは問題ありません。紅茶でも，何を飲んでもいいのです。僕がケーキを作ります。好きな飲み物と一緒にそれらも楽しめますよ。コーヒーを飲むことはあまり重要ではありません。フィーカでは，その時間を楽しむことが大切なのです。

さくら　　　：わかりました。初めてのフィーカに挑戦して，なぜそれが特別で重要なのかを見つけてみます。

（2日後）

ホワイト先生：こんにちは，さくらとエリック。昨日のフィーカはどうでしたか？　楽しかったですか？

さくら　　　：はい，楽しかったです，ホワイト先生。私たちは本当にすてきな時間を過ごしました。

ホワイト先生：それから，あなたの疑問に対する答えは見つかったのですか，さくら？　どうしてフィーカは特別で重要なのでしょう？

さくら　　　：そうですね，はっきりとその質問に答えることはできないのですが，私は紅茶を飲んだり，ケーキを食べたりして楽しみました。リラックスして，友人たちと話をするのも楽しむことができました。フィーカはとても良いものだと感じました。

エリック　　：その通りです，さくら。あなたはフィーカが単なるコーヒーを飲む時間ではないことが理解できたと思います。フィーカは人々を幸せにするための時間なのです。人々はリラックスして，友人や家族と話すことができます。彼らはお互いのことをより理解し合えるのです。

ホワイト先生：フィーカはとても興味深いものですね。おそらく，私たちには時々そのような時間が必要なのかもしれません。

エリック　　：はい，ホワイト先生。スウェーデンの人々は，ゆっくりする時間を作ることが大切であると考えています。フィーカはそのような時間を持つための正当な理由なのです。

さくら　　　：私はスウェーデンに興味があります。エリック，スウェーデンとその文化についてもっと私に教えてください。

エリック　　：もちろんです。もう一度フィーカをやりましょうか？

さくら　　　：それはいい考えですね。

エリック　　：ホワイト先生，次のフィーカをするときに参加しませんか？

ホワイト先生：はい。あなたたちと一緒に初めてのフィーカを体験したいです。それはいつの予定ですか？

エリック　　：明日の放課後にしましょうか？

ホワイト先生：いいですよ。

さくら　　　：わあ，楽しくなりそう！　明日が待ち切れません。

英語B問題

1 【解き方】⑴ 現在完了〈have＋過去分詞〉の疑問文。

⑵ 苦すぎるので抹茶が好きではないというエリックに対するせりふ。直前の「甘いものと一緒に抹茶を飲めばおいしいですよ」に続くものを選ぶ。You will like it.＝「それが気に入るでしょう」。

⑶「はい，あります」という意味の文。スウェーデンにも飲み物に関する伝統や習慣はあるのか，というホワイト先生の質問に対するエリックの答え。

⑷ イギリスのアフタヌーンティーについて話している場面。直後にあるホワイト先生の「いいえ，ほとんどの人はしていません」，「毎日アフタヌーンティーを飲むのは難しいと思います」という返答から考える。エリックはイギリスでは毎日アフタヌーンティーを飲んでいるのかと聞いた。

⑸ means more than that ＝「それ以上の意味がある」。「それ」は同じ文の前半にある「コーヒーを飲むための時間」を指している。

⑹ 直後の「スウェーデンの人々は，ゆっくりするためにフィーカの時間を作ることがとても重要だと考えています」ということばから考える。「スウェーデンでは忙しい人でもフィーカをするための時間を作ろうとする」という文が入る。

⑺「自分たちが好きなどんな飲み物でも」＝ any drink they like。

⑻「A に～してもらいたい」＝ want A to ～。

⑼ ア．「日本の茶道を通じて日本の多くのことが学べるとホワイト先生は思っている」。ホワイト先生の 3 番目のせりふを見る。正しい。イ．ホワイト先生の 4 番目のせりふを見る。イギリスのアフタヌーンティーでは紅茶を飲むだけでなく食べ物も食べる。ウ．エリックの 9～12 番目のせりふを見る。スウェーデンで働く人は忙しくてもフィーカのための時間を作ろうとするが，「働いているときにコーヒーを飲む」わけではない。エ．「スウェーデンの多くの人々はフィーカを楽しんでおり，それにはいくつかの利点があると考えている」。エリックの 9 番目のせりふを見る。正しい。オ．さくらの最後のせりふを見る。フィーカと同様，日本の茶道でも飲み物自体は最も大切なことではないと言っている。

【答】⑴ ウ　⑵ エ　⑶ イ　⑷ ウ　⑸ a time for drinking coffee　⑹ ア　⑺ enjoy any drink they like
⑻ (例) want you to join　⑼ ア・エ

◀全訳▶

さくら　　　：こんにちは，ホワイト先生。今日は金曜日です。放課後，茶道部にいらっしゃる予定ですか？

ホワイト先生：はい，行きますよ，さくら。私は日本の茶道が大好きです。

エリック　　：こんにちは，ホワイト先生とさくら。何を話しているのですか？

さくら　　　：こんにちは，エリック。私たちは日本の茶道について話しているのです。

ホワイト先生：さくらは茶道部の部員で，時々私はその活動に参加しているのです。エリック，あなたは今までに日本の茶道を経験したことがありますか？

エリック　　：いいえ，ありませんが，興味深いものであると聞きました。

ホワイト先生：はい，その通りです。それはただお茶をたてて飲むだけではありません。日本について多くのことを学ぶことができます。

さくら　　　：エリック，今日，私たちと一緒に茶道部に来てはどうですか？　楽しいですよ。抹茶を飲むことも楽しめます。

エリック　　：そうですね，興味はあるのですが，実は，抹茶が好きではないのです。僕には苦すぎます。

さくら　　　：甘いものと一緒に抹茶を飲めば，おいしいですよ。それが気に入るでしょう。それに，味が好きでないのであれば，抹茶を飲む必要はありません。ですから，来ませんか？

エリック　　：わかりました，考えておきます。

さくら　　　：ホワイト先生，イギリスの多くの人々はよく紅茶を飲むそうですね。イギリスのアフタヌーンティーは，イギリスの伝統のようなものですよね？

ホワイト先生：はい，そう思います。人々はいくらかの食べ物と一緒に，おしゃべりをしたり紅茶を飲んだりして楽しんでいます。

エリック　　：イギリスの人々は毎日アフタヌーンティーを飲むのですか？

ホワイト先生：いいえ，ほとんどの人はしていません。それは昼食と夕食の間にある食事のようなもので，数時間かかることもあります。ですから，毎日アフタヌーンティーを飲むのは難しいと思います。

エリック　　：わかりました。

ホワイト先生：スウェーデンではどうなのですか，エリック？　飲み物に関して何か伝統や習慣はありますか？

エリック　　：はい，あります。僕たちはそれを「フィーカ」と呼んでいます。

さくら　　　：フィーカ？　それは何ですか？

エリック　　：フィーカの考えを説明するのはとても難しいです。簡単なことばで説明すれば，フィーカとはコーヒーを飲むための時間ということになるのかもしれませんが，スウェーデンの多くの人々はそれ以上の意味があると考えています。フィーカを行うことはスウェーデンの人々にとってとても重要なのです。

さくら　　　：なぜフィーカはそれほど重要なのですか？　教えてください。

エリック　　：わかりました。スウェーデンの人々は，フィーカにはたくさんの利点があると思っています。フィーカを楽しむことは，より幸せになるのに役立つと彼らは考えます。そのため，ほとんどの人は１日に数回フィーカをします。彼らはしばしば，友人や家族とゆっくりするためにフィーカの時間を作ります。人々はまた，フィーカが一緒に時間を過ごすための正当な理由になると考えています。人々は話をして，お互いのことをより良く理解することができるのです。

ホワイト先生：それはいいですね。

エリック　　：人々は職場でもフィーカを楽しんでいます。スウェーデンには，フィーカをすることによって働いている人がより生産的になるという人もいます。働いている人がリラックスし，意見を交換することができるのです。

さくら　　　：彼らは忙しいのでしょう？　なぜスウェーデンで働いている人には，フィーカをする時間があるのですか？

エリック　　：スウェーデンで働いている人たちは忙しいと思いますが，僕の意見では，スウェーデンでは人々がフィーカもできないほど忙しいということは，決してありません。

さくら　　　：どういう意味ですか？

エリック　　：スウェーデンでは忙しい人でもフィーカをするための時間を作ろうとする，という意味です。スウェーデンの人々は，ゆっくりするためにフィーカの時間を作ることがとても重要だと考えています。

ホワイト先生：それはとてもすばらしい考えですね。

さくら　　　：フィーカのときにはみんながコーヒーを飲むのですか？

エリック　　：いいえ。コーヒーではなく，紅茶を飲む人もいます。人々は，自分たちが好きなどんな飲み物でも楽しむことができます。フィーカに決まりはありません。フィーカを楽しむにはたくさんの方法があります。そのために費やす時間は，あなたが飲む飲み物より重要なのです。

さくら　　　：わあ，それはいいですね。私はスウェーデンとその文化や社会にとても興味があります。

エリック　　：フィーカを経験してみれば，スウェーデンについて多くのことを学ぶことができるかもしれませんよ。

ホワイト先生：エリック，私たちにフィーカについて教えてくれてありがとう。とてもおもしろかったです。

さくら　　　：さてエリック，あなたが抹茶を好きではないということはわかりましたが，私はあなたに一度茶道部の活動に参加してもらいたいと思っています。大切なことは飲み物ではないのでしょう？　それは日本の茶道でも同じ考えだと思います。

ホワイト先生：その通りです。日本について多くのことを学ぶ良い機会になりますよ。エリック，一緒に行きませんか？

エリック　　：そうですね，おそらく「イエス」と答えるべきでしょうね。

2 **【解き方】**(1) 直後に写真の鳥の年齢が20歳以上であったことが述べられていることから考える。年齢を尋ねる疑問詞はhow old。

(2) 直前の文中の「鳥の脚に巻きつけられた環」を指している。

(3) 受動態〈be動詞＋過去分詞〉の文。send（送る）の過去分詞はsent。

(4) 直後の「それはオーストラリアでした」という文から，環には「国」名が書かれていたと判断する。

(5)「そのグループによると」。「～によると」= according to ～。

(6) 主格の関係代名詞を用いた文。「～から集められる情報」= information which is collected from ～。「さまざまな場所」= various places。

(7) まず，直前の「なぜ彼らはそれらの湿地を訪れるのでしょうか？」という問いに，「渡るための長い旅の間，そこで彼らは休息しエサを食べる必要があります」と理由を答える。(i)のthis changeの「変化」が(iii)の内容を指すので，「しかし1900年以来，アジアを含む世界の湿地の60パーセント以上が消えてしまいました」→「環境におけるこの変化がシギ・チドリ類にとって非常に困難な状況を引き起こしました」という順番になる。

(8)「私たちがすべき最初のこと」と考える。目的格の関係代名詞が省略された形。

(9) ①「日本の研究者たちによるレポートを見つける前，由香は20年以上生きる野鳥のことを知っていましたか？」。第1段落の後半を見る。レポートを見るまで由香は野鳥がそれほど長生きすることを知らなかった。

②「由香と祖父はいつ祖父の家の近くにある鳥の保護区域へ行きましたか？」。最終段落の2文目を見る。2人は昨年の11月にそこへ行った。

【答】(1) ウ　(2) a ring around the bird's leg　(3) イ　(4) イ　(5) ア　(6) which is collected from various
(7) エ　(8) (例) first thing we should do　(9) (例) ① No, she didn't.　② They went there last November.

◀全訳▶　こんにちは，みなさん。昨年の夏，私は日本の研究者たちによる野鳥についての興味深いレポートを見つけました。写真1を見てください。これはシギ・チドリ類の一種です。多くのシギ・チドリ類は毎年渡り，彼らはよく湿地で見られます。この写真の鳥が何歳だか推測できますか？　この写真が撮られたとき，その鳥は20歳以上でした。私はそれを知って驚きました。私は野鳥がそれほど長生きするとは知らなかったのです。そしてそのとき，ある質問が私の心に浮かびました。その研究者たちは，どのようにしてこの鳥の年齢を推定したのでしょうか？

この写真では，鳥の脚に環が巻きついているのが見えます。この鳥の年齢を推定するために，その環が鳥に関する情報を与えてくれたので，日本の研究者たちの手助けとなりました。

この鳥の写真は2015年3月19日に日本である人によって撮影され，日本の研究者たちのもとへ送られました。研究者たちはその環に国名を見つけました。それはオーストラリアでした。彼らはまた，その鳥に与えられた個体識別番号も見つけました。そこで，彼らはオーストラリアの研究者グループに，その番号を持つ鳥について尋ねました。そのグループによると，その鳥はオーストラリアで1994年12月10日に放されたものでした。そのため，これらの二つの情報から，この鳥が20歳以上であることを日本の研究者たちは知ることができたのです。

この1羽のシギ・チドリ類がそのとき20歳以上であったからと言って，同じ種類のシギ・チドリ類がすべて長い間生きられるというわけではありません。この種を含むいくつかの種類のシギ・チドリ類が絶滅の危機に瀕しているということを知り，私はショックを受けました。そこで，シギ・チドリ類を保護するために，多くの国々の研究者たちが調査を行っています。現在，調査をするために，研究者たちは環だけでなくプラスチックの旗も使用しています。写真 2 を見てください。これは二つのプラスチックの旗をつけた別の種類のシギ・チドリ類です。研究者たちは，環か旗をつけたシギ・チドリ類を見かけたら報告するよう人々に求めています。世界のさまざまな場所から集められる情報をつなぎ合わせることによって，研究者たちはシギ・チドリ類について多くのことがわかるのです。例えば，彼らは何種類かのシギ・チドリ類がどのように渡るのか，その飛行ルートも含めて発見しています。

地球の北の方へ飛んでいくとき，多くのシギ・チドリ類が春に日本を訪れます。南に飛んでいくときには，彼らは秋に日本を訪れます。この地図を見てください。それは 2 種類のシギ・チドリ類のルートの例を示しています。渡るために，彼らがとても長い距離を飛ぶことがわかります。これら二つのようなルートで渡るとき，シギ・チドリ類の多くは日本を含む東アジアの湿地を訪れます。なぜ彼らはそれらの湿地を訪れるのでしょうか？　渡るための長い旅の間，彼らはそこで休息し，エサを食べる必要があります。しかし 1900 年以来，アジアを含む世界の湿地の 60 パーセント以上が消えてしまいました。環境におけるこの変化が，シギ・チドリ類にとって非常に困難な状況を引き起こしました。これらのことを学ぶまで，私は日本の湿地がシギ・チドリ類にとって大切であることを知りませんでした。私は，シギ・チドリ類がどのように生きているのかを知ることが，彼らを保護するためにまず第一に私たちがすべきことであると学びました。

私はシギ・チドリ類についてもっと学びたかったので，祖父に，彼の家の近くにある鳥の保護区域に連れていくよう頼みました。昨年の 11 月に，祖父は私をそこに連れていってくれました。そこにはシギ・チドリ類が何羽かいました。彼らは南へ向かう長旅の前に，そこで休憩していました。私は彼らに会えてうれしい気持ちでした。もし環か旗がついたシギ・チドリ類を見つけたら，私は研究者たちに情報を送るつもりです。私たちの情報が，シギ・チドリ類を保護しようとしている研究者たちの役に立つかもしれません。お聞きいただきありがとうございました。

③ **【解き方】**「可能であればオリンピック・パラリンピックの試合を見るために競技会場に行きたいですか？」という質問。Yes の立場なら「世界中からすばらしい選手がたくさんやってくるので，彼らの試合を見るのはわくわくするだろうし，自分にとってすばらしい経験になる」こと，No の立場なら「会場まで行って試合を見るのは高価であるし，テレビのほうがたくさんの種類の試合を見ることができる」ことなどを理由として述べる。

【答】(例) Yes, I do.／Great players of various sports will come to Japan from many countries. Watching their games at the competition venues will be exciting. That will be a wonderful experience for me. (30 語)

英語リスニング　[A問題・B問題]

回【解き方】1. 由紀の「あなたの週末はどうでしたか？」という質問に対する返答を選ぶ。It was good.＝「楽しかったです」。

2. リサが「この黄色い紙を切りたい」,「それを切るものが何もない」と言っている。直人はリサに「はさみ」を渡した。

3. 現在の時刻は7時25分。最後にマークが「約15分待たなければならない」と言っていることから，2人が乗るバスの時刻は7時40分である。

4. ミラー先生がカナダに着いたのは7月31日。翌朝は湖で釣りをし，昼食後は祖父と一緒に祖母へのプレゼントを買いに出かけた。その翌日は祖父母と一緒に海で泳ぎを楽しみ，午後は祖母のために夕食の料理をした。

5. ⑴ 6階ではチョコレートのイベントが開催されていて，たくさんの種類のチョコレートを見ることができる。⑵ デパートは午後8時閉店だが，7階のレストランは午後9時まで営業している。

6. ⑴ ジムの「映画のどんなところが気に入ったの？」という質問に対して，美紀が「ストーリーが一番気に入った」と答えている。⑵ 美紀の「本を貸してあげましょうか？」というせりふに対して，ジムが「映画を見る準備をするのにその本は役立つだろう」と答えている。ジムは美紀から借りた本を読むつもりである。

【答】1. ア　2. ア　3. ウ　4. イ　5. ⑴ イ　⑵ エ　6. ⑴ ウ　⑵ イ

◀全訳▶　1.

トム：こんにちは，由紀。週末は楽しかったですか？

由紀：ええ，楽しかったわ，トム。姉と一緒に買い物を楽しんだの。あなたの週末はどうだった？

2.

直人：こんにちは，リサ。何をしているの？

リサ：こんにちは，直人。アメリカにいる姉のためにバースデーカードを作っているの。それで…この黄色い紙を切りたいのよ。これで星の形を作りたいの。でも，それを切るものが何もないのよ。

直人：ああ，はいどうぞ。僕のを使えばいいよ。

3.

マーク：加奈，今は何時？

加奈　：7時25分よ，マーク。

マーク：ありがとう。じゃあ，あと5分だけ待てばいいんだね？

加奈　：いいえ。次のバスは7時30分には来ないわ。

マーク：どうして？　僕はたいていその時間にバスに乗っているよ。

加奈　：マーク，今日は日曜日よ。

マーク：ああ，わかった。約15分待たなければならないね。

加奈　：その通り。

4. こんにちは，みなさん。今日は私の夏休みについてお話しします。今年の夏，私はカナダの祖父母を訪れたり，アメリカの両親と一緒に過ごしたりして楽しみました。アメリカに戻る前，8月2日が祖母の誕生日だったので，祖父母を訪れるために私はカナダへ行きました。私が7月31日に空港に着くと，祖父母が私を車で家まで連れていってくれました。彼らは湖の近くに住んでいます。翌朝，私は湖で釣りを楽しみました。昼食後，私は海で泳いで楽しみたいと思っていたのですが，雨が降り始めました。そこで，私は祖母のためのプレゼントを買うため，祖父と一緒に買い物に行きました。その翌日は祖母の誕生日で，私は祖父母と一緒に海で泳ぎを楽しみ，私たちは浜辺で昼食を食べました。午後に，私は祖母のために夕食の料理をして楽しみました。私たちは祖母のために素敵な誕生日を過ごしました。そしてその翌日，私はアメリカの家に戻りました。私はとても楽しい夏休みを過ごしました。お聞きいただきありがとうございました。

5. 当デパートにてお買い物をしていただきありがとうございます。今週は，6階でチョコレートのイベントを開催いたします。たくさんの種類のチョコレートをご覧いただけます。何軒かのレストランでは，それらのチョコレートを用いた料理を提供いたします。7階のレストランにてそれらの料理をお楽しみください。5階では靴の特別イベントも開催いたします。海外の国々で作られたさまざまな靴がございます。これらの靴をお求めいただけますのは当デパートのみ，そして今週のみとなっております。当デパートは午後8時に閉店いたしますが，7階と7階のレストランは午後9時まで営業いたしております。当デパートでのお買い物をどうぞお楽しみください。ありがとうございました。

質問(1)：6階では何を見ることができますか？

質問(2)：7階のレストランは何時に閉まりますか？

6.

美紀：こんにちは，ジム。今週末は何をする予定なの？

ジム：やあ，美紀。土曜日に，駅前にある新しい劇場へ人気の映画を見に行く予定だよ。

美紀：ああ，有名なサッカーチームの映画ね？

ジム：その通り。出演俳優の1人が好きなんだ。

美紀：私は2週間前にそれを見たわ。すばらしかったわよ！

ジム：映画のどんなところが気に入ったの？

美紀：ストーリーが一番気に入ったわ。あの映画は実話よね。私をとても勇気づけてくれたわ。

ジム：それは良さそうだね。

美紀：実は，そのサッカーチームの歴史に関する本を買ったの。それもおもしろかったわ。

ジム：本当？

美紀：ええ。あなたもその映画が気に入ると思う。映画の音楽も良かったわ。映画の中で，チームに困難が訪れると，興奮させるような音楽が流れるの。例えば，チームがとても弱くて，それで選手の1人が大泣きすると…。

ジム：待って，美紀！　僕はまだ映画を見ていないんだよ。

美紀：ああ，ごめんなさい。来週この映画について話しましょう。いい？

ジム：いいよ。

美紀：そうだ，その本を貸してあげましょうか？　チームについてある程度の情報を知っていれば，映画をより楽しむことができると思うわ。

ジム：うん，お願い。映画を見る準備をするのに，その本は役立つだろう。どうもありがとう。

質問(1)：映画について美紀が最も気に入ったのは何でしたか？

質問(2)：映画を見る前にジムはおそらく何をするでしょうか？

英語C問題

1 【解き方】(1)「おじが自分の子どもたちに語った物語はとてもおもしろいものでした」。目的格の関係代名詞が省略された文。「おじが〜に語った物語」= the story my uncle told to 〜。

(2)「その問題を解決するためにはどちらの方法がいいのか私にはわかりません」。間接疑問文。「〜するためにどちらの方法がいいのか」= which way is better to 〜。

(3)「その科学者によって発見された事実は多くの問題を解決するのに有益でした」。過去分詞による後置修飾を用いた文。「〜によって発見された事実」= the fact discovered by 〜。

(4)「彼は理由を説明することなく私とのEメールのやり取りをやめました」。「理由を説明する」= explain the reason。「〜することなく」= without 〜ing。

(5)「その場所をよく知っている人々の助言に従いなさい」。主格の関係代名詞を含む文。「〜の助言に従う」= follow the advice from 〜。「〜を知っている人々」= the people who know 〜。

(6)「私は野菜を育てているおばに新鮮な野菜の選び方を聞きました」。現在分詞による後置修飾を用いた文。「野菜を育てているおば」= my aunt growing vegetables。「〜の選び方」= how to choose 〜。

【答】(1) エ　(2) ア　(3) エ　(4) ウ　(5) ア　(6) イ

2 【解き方】(1) 表の選択肢1を見る。4か国の中で「留学をしたくない」と答えた生徒の割合が最も高いのは「日本」。

(2) 表の選択肢4を見る。留学する時期として「大学在学中」と答えた生徒が30パーセント以上である国は「日本とアメリカ」。

(3) 表の選択肢2と3を見る。留学する時期として「高校在学中」を選んだ生徒の割合と「高校卒業後すぐ」を選んだ生徒の割合の両方が15パーセント以上になっている国は「韓国」。

【答】(1) イ　(2) ア　(3) エ

◀全訳▶　2018年に，海外留学に関する意識調査が4か国の高校で，日本の約2,000人の生徒，アメリカの約1,500人の生徒，中国の約3,000人の生徒，そして韓国の約1,200人の生徒を対象として実施されました。この調査では，高校生がいくつかの選択肢から一つの答えを選ぶ形で，いくつかの質問に回答しました。

次の表は，「可能であれば海外留学がしたいですか？」という質問に対する生徒たちの回答の割合を表しています。この質問に対して，五つの選択肢が生徒たちに与えられました。2から5までの四つの選択肢には，海外留学をするさまざまな時期が含まれていました。

まず，「いいえ，私は海外留学をしたくありません」を選んだ生徒の割合を見てください。4か国の割合の中で，日本の生徒の割合が最も高いことがわかります。そして，韓国の生徒の割合が最も低くなっています。

次に，選択肢2から5の海外留学の時期に関する割合を見てください。日本とアメリカでは，「大学在学中」を選んだ生徒の割合が最も高く，30パーセント以上となっています。韓国の海外留学の時期に関する割合を見ると，他の3か国には見られない状況がわかります――「高校在学中」を選んだ生徒の割合と「高校卒業後すぐ」を選んだ生徒の割合の両方が15パーセント以上になっているのです。

3 【解き方】(1) 直前の「ニュージーランド内でマオリ語を話す人の数がとても少なくなった」という文から，マオリ語は「消えつつある」言語であると言える。「消える」= disappear。

(2) 直前の文を見る。マオリの多くの人々が言った「私たちの言語は私たちのアイデンティティの重要な部分である」という意見を指している。

(3) 第3段落の4文目を見る。オーストラリア政府はその50セント硬貨が人々に「オーストラリアの言語の多様性が大切であると思い出させる」ことを望んでいる。

(4) ア．第1段落の最後から2文目を見る。ニュージーランドで話す人が少なくなったのは英語ではなくマオリ語。イ．第2段落の中ほどを見る。ニュージーランドでは現在，いくつかの学校で子どもたちがマオリ語を習う機会があるが，まだ「すべての子どもが小学校でマオリ語を習っている」わけではない。ウ.「人々の取り組みが状況を改善させたのにもかかわらず，マオリ語は絶滅の危機に瀕している」。第2段落の後半を見る。正しい。エ. オーストラリアで発行された50セント硬貨の空白部分が表しているのは，オーストラリアですでに失われてしまった約130の言語。

【答】 (1) イ (2) ウ (3) イ (4) ウ

◀全訳▶ マオリの人々はニュージーランドの土地固有の人々です。現在，ニュージーランドの人々の約15パーセントがマオリの人々です。彼らは自分たちの言語が彼らの文化の中で最も大切なものの一つであると考えています。彼らはマオリ語を使用することによって，伝統，歴史，そしてその他の多くのものを受け継いできました。19世紀に英語が主要な言語となり，ニュージーランド内でマオリ語を話す人の数がとても少なくなりました。マオリ語は消えつつある言語であると人々は思いました。

しかし，マオリ語は今も生き残っています。1970年代から，マオリの人々の多くがマオリのアイデンティティを取り戻そうとし始めました。彼らは「私たちの言語は私たちのアイデンティティの重要な部分である」と言いました。ニュージーランドの他の多くの人々は，多様性はニュージーランドの重要な要素の一つであると考えたため，彼らの意見に賛同し，マオリの人々を支持しました。マオリ語を再活性化する努力が始められ，状況は変化し始めました。1987年，ニュージーランド政府はマオリ語を国の公用語の一つにすることを決定しました。現在では，いくつかの学校で子どもたちにはマオリ語を習う機会があります。ニュージーランド政府は，2025年までにニュージーランドのすべての小学校でマオリ語を学ぶ授業を実施するよう努めることを決定しました。それらの取り組みが状況に良い変化をもたらしたにもかかわらず，マオリ語は今もユネスコの絶滅の危機に瀕した言語のリストに載っています。ユネスコによれば，今日世界で話されている言語は約6,700あり，その約40パーセントが絶滅の危機に瀕しています。絶滅の危機に瀕した言語に対して何もなされなければ，その多くは失われてしまうでしょう。

2019年は国際先住民族言語年でした。それらの言語に対する人々の意識を高めるため，いくつかのことが行われました。例えば，オーストラリアでは，新しい50セント硬貨が発行されました。オーストラリア政府は，その50セント硬貨が人々にオーストラリアの言語の多様性の大切さを思い出させることを望んでいます。その50セント硬貨には，14の土地固有の単語が記載され，その下に空白部分があります。その14の単語はオーストラリアのさまざまな土地固有の言語で「お金」を意味していて，それらの言語のほとんどが現在，絶滅の危機に瀕しています。オーストラリアの約130の土地固有の言語がすでに死に絶えてしまっていて，50セント硬貨の空白部分は決して戻ってくることのないそれらの失われた言語を表しています。言語が失われたときに何が失われるのか想像してみてください。手遅れになる前に，私たちは危機に瀕している言語に注意を払うべきです。

4 **【解き方】** (1)「つまり，その文の前後にある他の文があなたを手助けしてくれるということです」という意味の文。「文脈から単語の意味が推測できる」ということが述べられた文の直後Bに入る。

(2) reが「再び」という意味を持つ接頭辞であり，moveという語の意味を知っていれば，removeという語の意味が推測できるということを説明した部分。「二つ目の文中にある『remove』という単語の意味を知らなくても，あなたは『move』という単語を知っており，その前にreという接頭辞に気づくことができます」→「そのため，これらの二つの部分の意味から，『remove』という単語の意味が再び何かを移動させることであると推測することができます」→「このようにして，単語の意味を推測したあとに二つ目の文をもう一度読めば，彼が部屋を出る前に机からすべての本を運び去ったと想像することができるのです」の順。

(3) 第2段落では接頭辞の「役割」と「re」という例を示し，第3段落でそれがどう役立つのか具体的に説明している。第4段落では接尾辞の役割と「tion」という例が説明されているので，同様の構成で，第5段落ではその接尾辞を知っていることが役立つ例が挙げられていると判断できる。

(4) 同じ文の前半にある「あなたがすでに知っている単語」を指している。

【答】 (1) イ (2) ウ (3) ア (4) エ

◀全訳▶　[1] 読書をしていて，文中にある知らない単語に出会ったとき，あなたはどうしますか？　その単語の意味を推測しようとするとき，おそらく文脈があなたの手助けをしてくれるでしょう。つまり，その文の前後にある他の文があなたを手助けしてくれるということです。しかし，あなたの知らないその単語の一部も，あなたを手助けしてくれるかもしれないということを知っていますか？　知らない単語の意味を推測するとき，接頭辞や接尾辞について学んでおくことがあなたの助けになるのです。

[2] あなたは次の remember，reuse，そして repair という語の意味を知っているでしょう。これらの語は re という同じ 2 文字で始まります。この re が接頭辞です。接頭辞とは，別の単語を作るために，ある語の前につけられた文字や文字のグループのことです。re という接頭辞は「再び」や「何度も何度も」や「後ろへ」という意味です。

[3] re という接頭辞を知っておくことはあなたの助けになります。ここに一つの例があります。次の「少年は勉強に使うため机の上に多くの本を置いた。部屋を出る前に彼は机からすべての本を remove した」という文を読むときに，「remove」という単語の意味を知らなかったと仮定しましょう。二つ目の文中にある「remove」という単語の意味を知らなくても，あなたは「move」という単語を知っており，その前の re という接頭辞に気づくことができます。そのため，これらの二つの部分の意味から，「remove」という単語の意味が再び何かを移動させることであると推測することができます。このようにして単語の意味を推測したあとに二つ目の文をもう一度読めば，彼が部屋を出る前に机からすべての本を運び去ったと想像することができるのです。

[4] 次に，接尾辞とは何でしょう？　あなたは次の action，collection，そして communication という語の意味を知っているでしょう。これらの単語は tion という同じ 4 文字で終わっています。この tion が接尾辞です。接尾辞とは，別の単語を作るために，ある語の後ろにつけられた文字や文字のグループのことです。tion という接尾辞は名詞を作るために用いられます。

[5]

[6] このようにして，接頭辞や接尾辞について学ぶことは，あなたの英語の語彙を増やすのにとても役立ちます。さまざまな接頭辞や接尾辞があり，あなたがすでに知っている多くの単語の中にもそれらを見つけることができます。あなたがすでに知っている単語に re や tion があれば，もうあなたはそれらの単語の意味を確認することができるかもしれません。

5 **【解き方】** (1)「リサイクル」という語から「環境」に関する文章であることがわかる。

(2) 使用済みの電気器具をリサイクルすれば，地中の資源を「守る」ことができる。「守る，保全する」= save。

(3) 直後の「必要ではないものを買うことを拒否し，自分のものを長い間使うことによってごみを減らすことができる」という文から考える。リサイクルする以上に環境に良いことは「新しいものを買う前によく考える」こと。think twice =「よく考える」。

(4) ア．第 2 段落を見る。日本で 1 年間に使用されなくなった約 65 万トンの電気器具の中には，約 28 万トンのリサイクル可能な金属が含まれている。「1 年で約 28 万トンの金属がリサイクルのために集められる」わけではない。イ．「適切にリサイクルすることにより，いくつかの種類のごみから資源を得ることができる」。第 3 段落全体を見る。正しい。ウ．第 3 段落の後半を見る。小さな電気器具を集める表示が意味するのは，その箱に入れられた古い器具が特別な工場で適切にリサイクルされるということ。エ．東京オリンピック・パラリンピック競技大会のメダルは，携帯電話やコンピュータから集められたりリサイクルされたりした金属で作られる予定だが，「メダルが将来のためにリサイクルされる」という記述はない。

【答】 (1) ウ　(2) ウ　(3) ア　(4) イ

◀全訳▶　東京オリンピック・パラリンピック競技大会のメダルがとても特別な方法で作られることになっているのを知っていましたか？　それらは小さな電気器具，例えば携帯電話やコンピュータから集められたり，リサイクルされたりした金属から作られる予定です。リサイクルされた金属からメダルを作ることは，私たちに環境についての重要なメッセージを伝えてくれます。

例えば，新しい携帯電話を買い，古い携帯電話を使わなくなったら，あなたはどうしますか？　多くの人々はおそらく，使用済み携帯電話を家に置いておくでしょう。2017年に実施された調査によれば，日本では，人々は新しいものを手に入れたことにより，1年で約65万トンもの小さな電気器具の使用をやめました。それらの使用済み器具の中には，リサイクル可能な金属が約28万トン含まれています。日本はものを製造するために，他の国々から多くの鉱物資源を輸入しています。それらの資源はたいてい地中から採掘されるのですが，それらは永久に続くものではありません。

使用済みの電気器具をリサイクルすれば，地中の資源を守り，地球上のいくつかの問題を解決することができます。しかし，電気器具をリサイクルする際には，その廃棄物の中に環境に有害なものも含まれているため，リサイクル方法に気をつけなければなりません。小さな電気器具を集めるための表示を見つけてください。いくつかの都市ではこの表示がついた箱を見つけることができます。その箱に入れられた古い器具は，特別な工場で適切にリサイクルされます。自分の市でそのような箱を見つけることができなければ，その器具を買った店を思い出し，その店で働いている人に尋ねてみてください。あなたの古い電気器具を「適切に」リサイクルすることは，環境を保護するための鍵となります。

ものを適切にリサイクルすることは環境にとって良いことですが，もっと良い方法があることを覚えておいてください。新しいものを買う前によく考えなさい。それは，必要ではないものを買うことを拒否し，自分のものを長い間使うことによってごみを減らすことができるという意味です。今年の夏，東京オリンピック・パラリンピック競技大会のメダルを見たら，それらがどのようにして作られたのかを思い出し，私たちの未来を持続可能なものにするためにあなたができることについて考えてみてください。

6 **【解き方】** (1)「それを独特なものにする」。「A を B にする」= make A B。

(2)「しかし，水はそのような密度の変化のし方を示さない」という文。温まると膨張して密度が低くなり，冷えると収縮して密度が高くなるという物質の性質を表した文の直後（A）に入る。

(3) 同じ段落の2文目にある「すぐに熱くなったり冷たくなったりしない」という水の性質が，海や湖に近い地域の気温変化に及ぼす影響の例を述べた文。海や湖に近い地域の気温は，それらがない地域の気温よりも「ゆっくりと」変化する傾向がある。

(4)「水の影響によって，海が近い地域では，夏に気温がすぐに暑くなることがなく，冬にはすぐに寒くなることがない」という前後の内容から考える。季節が秋から冬に変わるときには，夏が始まるときと「逆の」効果が感じられる。「逆の，反対の」= opposite。

【答】 (1) エ　(2) ア　(3) エ　(4) ウ

◀全訳▶　多くの人は水が独特の物質だと思っていないかもしれませんが，実はとても独特なのです。水にはそれを独特なものにするいくつかの性質があります。以下の文がそのうちの二つを説明しています。

その性質の一つは密度に関するものです。ほとんどの自然の物質は温まると膨張して，その密度が低くなります。それらは冷えると収縮して，密度が高くなります。しかし，水はそのような密度の変化のし方を示しません。水の密度は摂氏3.98度で最高点に達します。水温が摂氏3.98度から0度に近づくと，水の密度は低くなります。そして，氷の密度は水の密度よりも低くなります。だから，氷は水に浮かぶのです。このような密度の変化のし方を示す自然の物質はまれです。

もう一つの性質は熱に関するものです。他の液体と比較すると，水はすぐに熱くなったり冷たくなったりはしません。この性質が海や湖に近い地域の気温変化に影響を与えます。例えば，それらの地域の気温は，海や湖のない地域の気温よりもゆっくりと変化する傾向があります。季節が変わるとき，日本の海の近くで暮らしている人々は，この性質の効果を感じるかもしれません。夏が始まるとき，海水温はすぐには上がりません。そのため，水の影響により，その地域の気温がすぐに暑くなることはないのです。季節が秋から冬に変わるときには，逆の効果が感じられます。海水はすぐに冷たくなることがないので，その地域の気温がすぐに寒くなることはないのです。

7 【解き方】Aの方が説得力があるとする場合は「難しいことに挑戦しなければ，成長する機会を失い，あとで後悔することになる」，Bの方が説得力があるとする場合は「あまりにも難しいことに挑戦して失敗するより，しっかりと準備してから挑戦する方が安全だ」などの理由を挙げ，それを裏付ける経験を述べる。

【答】(例) I think that Proverb A is more persuasive for me. If I don't try things that look difficult, I will lose chances to grow and I will regret that later. When I started learning English, I didn't have the courage to talk to the native English teacher at my school although I wanted to talk with the teacher in English. I regret it now because I think I lost the chance to improve my English skills then. So, I will keep this proverb in my mind.

◀全訳▶　ことわざは世代を超えて受け継がれてきた短い文で，たいてい人々に対する助言が含まれています。

私たちに異なる助言を与える二つのことわざがあります。最初のことわざは「思い切って立ち向かわなければ，何も得られない（虎穴に入らずんば虎子を得ず)」です。このことわざは，危険を冒さなければ何も得ることができないということを意味しています。二つ目のことわざは「後悔するより安全な方がいい（君子危うきに近寄らず)」です。これはあとで後悔することを避けるためには，注意深くなり，安全に行動するべきだということを意味しています。

あなたにとって，どちらのことわざの方がより説得力がありますか？　あなたの意見と理由を書きなさい。そのあと，その理由を裏付けるあなたの経験について書きなさい。

答えを書くときには，最初のことわざを「ことわざA」，そして二つ目のことわざを「ことわざB」と表記してかまいません。

英語リスニング ［C問題］

回【解き方】【Part A】1. It depends on the effort you make.の直訳は「あなたがする努力次第だ」。つまり，努力すれば良いスピーチができるということ。

2.「彼女への敬意をどう表現すればいいのかわからない」とは，ことばにできないほど尊敬の念が強いということ。

3. 女性は，問題解決のためにはもっとクラスメートと話し合うべきだと言っている。

4. 男性の「どのカレーを食べるべきか？　選ぶのが大変だ」というせりふに対し，女性が「私にとっても難しい」と言っている。2人が悩んでいるのは「どのカレーにすればいいのか」である。

5. 急げばまだコンサートチケットが手に入るかもしれないと言う女性に対して，男性が「あなたの言うことはわかるが，チケットを手に入れられるとは思わない」と答えている。男性はチケットを手に入れるには遅すぎると思っている。

【Part B】6. (1) 修理を案内するガイドにつながったことから考える。修理を依頼するための番号は2番。(2) ア. 新しいコンピュータを購入したい場合の番号は1番。イ.「古いコンピュータのリサイクル方法や売却方法を知りたい場合は，5番を押せばよい」。これらは「その他の質問」にあたるので，正しい。ウ. ガイドにつなぐための番号はいつ押してもよい。エ.「急いで助けがほしい場合，番号を押せばあとでガイドから電話がかかってくる」という内容は述べられていない。

【Part C】ベンの「商品に素敵なイメージを与える方法Bは，実際には大きな違いがない商品を差別化するのに役立つ」，「商品を使う明確な目的を持っている人の注目を得るためには，商品がとても役立ち，便利であることを伝える方法Aの方がいい」などの表現を利用する。

【答】【Part A】1. ア　2. エ　3. ウ　4. イ　5. エ　【Part B】6. (1) ウ　(2) イ

【Part C】(例) Ben thinks that showing a nice image of a thing in Way B is useful to make differences among things that don't actually have big differences. He thinks telling that something is very useful and convenient in Way A is better to get the attention of people who already have a clear purpose for using it. He thinks that the choice between Way A and Way B by companies depends on the people who will most probably buy their things.

◀全訳▶　ではリスニングテストを行います。このリスニングテストには，パートA，パートB，パートCの三つのパートがあります。

パートAを見てください。リスニングテストのこのパートでは，2人の会話を五つ聞きます。それぞれの会話は2回聞きます。それぞれの会話を2回聞いたあとで，質問を聞きます。それぞれの質問は1回だけ読まれ，それから答えを選ばなければなりません。では始めます。

【Part A】

1.

女性：来月，大勢の人々の前で私は良いスピーチをすることができると思いますか？

男性：それはあなたの努力次第です。

質問：男性はどういうことを言っているのですか？

2.

男性：あなたはあのピアニストが好きだと聞きました。

女性：はい，彼女はすばらしいピアニストです。彼女はボランティアとしてさまざまな活動もしています。彼女に対する敬意をどう表現すればいいのかわかりません。

質問：女性はどういうことを言っているのですか？

3.

男性：僕のクラスでは，音楽祭で歌う曲について多くの異なった意見があります。だから，まだ曲が決まっていません。どうすればいいのかわかりません。

女性：そうですね，クラスメートともっと話し合いをしなければ，その問題は解決できませんよ。

質問：女性はどういうことを言っているのですか？

4.

女性：駅の近くに先月オープンした新しいレストランを知っていますか？

男性：はい。そのレストランではチキンカレーがとてもおいしいらしいですよ。

女性：私の妹によれば，そのレストランではさまざまな種類のカレーを出しているそうです。妹のお気に入りは野菜カレーです。今週末，妹と私は昼食を食べにそのレストランへ行く予定です。一緒に来ませんか？

男性：へえ，本当ですか？　はい，一緒に行きます。どのカレーを食べるべきでしょう？　選ぶのが大変です。

女性：そうですね，私にとっても難しいです。

質問：女性はどういうことを言っているのですか？

5.

女性：来月この市であなたの大好きな歌手がコンサートを開くことを知っていますか？

男性：本当ですか？　どうやってそれを知ったのですか？

女性：友人の1人から聞きました。彼女もその歌手のファンなのです。そのコンサートに興味がありますか？

男性：はい，そのコンサートに行きたいのですが，チケットを買うのが可能であるとは思いません。彼はとても人気があるし，すでにコンサートの1か月前ですから。

女性：そのコンサートは私たちの市の大きなスタジアムで行われると聞きました。ですから，まだチケットを手に入れることができると思いますよ。

男性：まだチャンスがあると思いますか？

女性：ええ，ありますよ。急いで。インターネットでそれについての情報を得ることができます。やってみるまでは何の判断もできないでしょう。

男性：あなたの言うことはわかりますが，チケットを手に入れることができるとは思いません。ただ時間の無駄になるような気がします。

質問：男性はどういうことを言っているのですか？

パートBを見てください。リスニングテストのこのパートでは，ある人が会社に電話をかけ，電話機からいくつかの音やメッセージが聞こえます。文章は2回聞きます。文章を2回聞いたあとで，質問を二つ聞きます。それぞれの質問は1回だけ読まれ，それから答えを選ばなければなりません。では始めます。

【Part B】

6. こんにちは。当社へお電話いただきありがとうございます。このメッセージは機械による音声です。次の選択肢をお聞きになり，あなたが必要とされているご案内の番号を押してください。そのあと，ご案内できるガイドにおつなぎします。番号はいつ押していただいてもかまいません。

コンピュータの購入をご希望の場合や，新しいコンピュータに関する情報をお知りになりたい場合は，1を押してください。お買い求めになったコンピュータが故障したり，修理が必要になったりした場合は，2を押してください。コンピュータのインターネット接続にお困りの場合は，3を押してください。お買い求めになったコンピュータの使い方に関するご質問がある場合は，4を押してください。その他のご質問やお困りのことがある場合は，5を押してください。このメッセージをもう一度お聞きになりたい場合は，0を押してください。大変申し訳ございませんが，ご案内するガイドにおつなぎするまで少々お時間がかかる場合がございます。その場合は，お待ちいただくか，のちほどおかけ直しください。これでメッセージは終了です。では必要な番号を押してください。

コンピュータの購入をご希望の場合や，新しいコンピュータに関する情報をお知りになりたい場合は，1を押してください。お買い求めになったコンピュータが故障したり，修理が必要になったりした場合は，2を押してください。コンピュータのインターネット接続にお困りの場合は，…

もしもし。当社にお電話いただきましてありがとうございます。コンピュータの修理が必要かと存じます。問題についてご説明いただけますか？

質問(1)：案内を求めるためにその人が最後に押した番号は何番ですか？

質問(2)：メッセージの情報について正しい文はどれですか？

【Part C】

宣伝

私たちがテレビで見る宣伝の中には，人々の注目を引きつけるさまざまな方法が用いられています。その一つは製品の機能を強調することです。もう一つの方法は製品に素敵なイメージを結びつけることです。この文では，これら二つの宣伝方法を方法Aと方法Bと呼ぶことにします。

機能を強調することは方法Aと呼ばれます。
素敵なイメージを結びつけることは方法Bと呼ばれます。

パートCの問題用紙を見てください。最初に，商品を売るために人々の注目を得るための方法についての文章を読んでください。読む時間は1分間です。では，読み始めなさい。

【1分間の読む時間】

読むのをやめなさい。これからベンとマキの会話を聞きます。彼らは商品を売るために人々の注目を得る方法について話しています。彼らの会話とそれについての質問を2回聞きます。聞いている間，商品を売るために人々の注目を得る方法について彼らが言うことに関して，テスト用紙にメモを書き込んでもかまいません。では，会話を聞きなさい。

ベン：マキ，何かを売るために人々の注目を得る二つの方法に関する文章を読みましたか？

マキ：はい，読みましたよ，ベン。興味深いですね。

ベン：実は，この文章に書かれている二つの方法はよく使われているのです。

マキ：例えば？

ベン：テレビでは，家を掃除するための多くの商品が紹介されています。いくつかのものは，それらの商品が家をきれいにするのにとても役立ち，便利であることを伝えることによって紹介されています。その他のものは，商品の素敵なイメージを作り出すために，有名な俳優や歌手と一緒に紹介されています。あなたが買うものを選ぶ場合は，どちらの方法がいいですか？

マキ：あなたが話した二つ目の例が方法Bですが，私が家を掃除する商品を選ぶ際には方法Bの方がいいかもしれません。家を掃除する商品の間に，大きな違いがあるとは思いません。ですから，私の注目を得るためには，商品の素敵なイメージを作り出した方がいいと思います。

ベン：なるほど。方法Bの商品の素敵なイメージを示すことは，実際には大きな違いがない商品を差別化するのに役立つと思います。

マキ：私もそう思います。

ベン：しかし，商品を使うことに対してすでに明確な目的を持っている人々の注目を得るためには，方法Aの商品がとても役立ち，便利であると伝えることの方がいいと思います。

マキ：そうですね。ああ，姉と兄がテレビで紹介された車について話していたのを思い出しました。テレビでは多くの種類の車がさまざまな方法で紹介されていますね。

ベン：はい，たくさんの良い例があります。

マキ：その通りです。車をより安全なものにする特別なシステムを搭載した車が，しばしば方法Aで紹介されています。この方法は，私の姉のように，より安全な車を買いたい人の注目を得るでしょう。別の車はその周囲の美しい風景と一緒に紹介されています。これは方法Bです。それを見た人々はそれを運転する人の素敵な生活スタイルを感じるかもしれません。ですからこの方法は，私の兄のようにかっこよく暮らしたいと思っている人の注目を得るのに役立つでしょう。企業は自分たちの商品を購入するかもしれない人々のことを常に考えているのです。

ベン：そうですね。企業による方法Aと方法Bの選択は，おそらくそれらの商品を買うであろう人々によって決まるのだと思います。

マキ：その通りです。商品がテレビでどのように紹介されているのかを知るのは，必要なことだと思います。

質問：ベンは方法Aと方法Bについてどう考えていますか？　彼の意見を英語で書きなさい。

答える時間は6分です。では始めなさい。

【6分間の書く時間】

社　会

1 【解き方】(1) ① アは鎌倉幕府が京都に置いた役職。イは明治時代に北海道の開拓を進めるために置かれた役所。ウは奈良時代に蝦夷を支配するために東北地方に置かれた行政・軍事の拠点。② 藤原頼通の父である藤原道長は，摂政にはなったが関白にはなっていない。

(2) ① ⓐ「北条時政」は北条政子の父で，初代執権。ⓑ「応仁の乱」は室町時代に起こった戦乱。② 戦国時代には戦いのとりでの役割として多くの城が築かれたが，徳川氏は大名の軍事力を弱めるために，武家諸法度や一国一城令を出した。③ (i)は 1866 年，(ii)は 1864 年，(iii)は 1858 年のできごと。

(3) ① 大日本帝国憲法は明治天皇から第 2 代内閣総理大臣の黒田清隆に授けられた。憲法の草案を作成した伊藤博文は初代の内閣総理大臣。② ⓐ 1925 年に普通選挙法が制定され，納税額による選挙権の制限がなくなった。女性に参政権が認められたのは 1945 年。ⓑ 若い世代にも政治に関心をもってもらい，その意見を政治に反映させるため，有権者の年齢が 20 歳以上から引き下げられた。

(4) ② (i)は 1956 年，(ii)は 1972 年，(iii)は 1951 年～1952 年のできごと。

【答】(1) ① エ　② オ　(2) ① ⓐ イ　ⓑ エ　② 新しい城をつくってはいけない。(同意可)　③ カ

(3) ① ウ　② ⓐ イ　ⓑ 18　(4) ① 最高法規　② オ

2 【解き方】(1) イはインダス川流域に栄え，象形文字が使用された。ウはナイル川流域で栄え，象形文字が使用された。エは黄河流域に栄え，甲骨文字が使用された。

(2) 平氏の栄華と滅亡を描いた作品。アは奈良時代に完成した歴史書，イは鎌倉時代に吉田兼好が著した随筆，ウは鎌倉時代に鴨長明が著した随筆。

(3) アは 20 世紀末～21 世紀初め，イは 20 世紀末，ウは 19 世紀末のできごと。

(4) ① (a) イは宗教改革を始めた人物。ウは『市民政府二論』を著し，名誉革命を正当化した思想家。エは奴隷解放宣言を発表したアメリカ合衆国大統領。(b) 法的拘束力がなかったため，1966 年にはこの基準を条約化した国際人権規約が国連総会で採択された。

(5) ① アメリカ合衆国の北緯 37 度以南の地域のこと。安価で広大な土地が広がり，労働力も豊富であるため，1970 年代以降に電子工業や航空機産業などが発達した。② ヨーロッパ諸国が植民地としていた，アジア州やアフリカ州の国で多くみられる。特定の産物に経済を頼っているため，経済は不安定になりやすい。③ ア. 一人当たりの GNI が最も高い北アメリカは，固定ブロードバンドの普及率が六つの地域の中で 2 番目に高くなっている。イ. 固定ブロードバンドの料金が最も高いオセアニアの固定ブロードバンドの普及率は，六つの地域の中で 3 番目となっている。

【答】(1) ア　(2) エ　(3) エ　(4) ① (a) ア　(b) 世界人権宣言　② プライバシー

(5) ① サンベルト　② モノカルチャー(経済)　③ ウ・エ

3 【解き方】(1) ① 十勝平野などで畑作がさかんで，大豆・じゃがいも・とうもろこしなどの生産量も全国 1 位(いずれも 2018 年) となっている。② 中国は自国での小麦の消費量が多いため，輸入量も多く，輸出量は少ない。③ アはオランダ，イはイギリス，ウはスペイン。

(2) ② (a) 中央部は水はけがよいため果樹園や畑に利用され，すそ野はわき水が得られるので水田に利用されることが多い。(b) X は 150m 地点。そこからゆるやかに下り，川が流れる低地となり，Y に向かって上っていく。③ 冬でも温暖な地域では二毛作なども行えるが，北陸地方や東北地方には水田単作地帯が多い。

(3) ② 図Ⅴにおいて廃棄量の割合が高い上位二つの過程は「消費過程での廃棄量」と「加工・包装過程での廃棄量」。「消費過程での廃棄量」を減らすためにはイ，「加工・包装過程での廃棄量」を減らすためにはオの対策が適切と考えられる。

【答】(1) ① 北海道　② ア　③ エ

(2) ① イ　② (a) 扇状地　(b) ウ　③ 積雪の量が多く，農作業ができなかった(同意可)

(3) ① ア　② イ・オ

4 **【解き方】** (1) ② (a) ア・エは精神の自由，ウは経済活動の自由の内容。(b) この法律が制定されたことで，商品の欠陥によって損害を受けたとき，製造業者に過失がない場合でも，賠償を求めることができるようになった。

(2) ① (a) 健康，雇用，年金，介護などの保険がある。イは保護者のいない児童，身体障がい者，高齢者など，社会生活で不利な立場にある人々に対して行われる支援やサービスのこと。ウは国民の健康増進や病気の予防のため，環境衛生の改善や医療の整備を行うこと。エは，経済的に困っている人に最低限度の生活を保障し，自立を支援するしくみ。(b) 介護保険制度は2000年から導入された。② ⓐ デフレーションを放置しておくと，「デフレによる物価下落」→「企業の収益が悪化」→「従業員の賃金の削減」→「需要の減少」と悪循環がくり返されてしまう。ⓑ 公共事業を増やすことで，雇用を確保しようとする。ⓒ 紙幣を発行する「発券銀行」，政府に資金を貸し付ける「政府の銀行」，一般の銀行を相手に資金の貸し借りを行う「銀行の銀行」の働きがある。③ (a) 所得税や相続税・贈与税で採用されている。(b) ア．再分配所得については，所得が最も低い年齢階層は29歳以下である。イ．当初所得が再分配所得を上回っている年齢階層において，当初所得から再分配所得を引いた値は「45～49歳」の方が「40歳～44歳」よりも小さくなっている。

(3) ⓐ 消費税は，所得税のように累進課税を採用せず，税率が一定となっているため，所得の低いほど負担感が大きくなる。ⓑ 図Ⅱのグラフの変動が，所得税や法人税は大きいのに対し，消費税は小さいことに注目する。

【答】 (1) ① 文化的　② (a) イ　(b) 製造物責任

(2) ① (a) ア　(b) ウ　② ⓐ イ　ⓑ ウ　ⓒ 日本銀行　③ (a) 累進課税　(b) ウ・エ

(3) ⓐ 所得が低くなるほど所得に占める税の負担の割合が高くなる　ⓑ 景気の変動による影響を受けにくい

(それぞれ同意可)

理　科

1 **【解き方】**(2) ① 火山Pの噴火によって噴出した火山灰は，火山Pの西側に比べて東側に厚く降り積もったことから，火山灰を噴出したとき，西から東へ風が吹いていたと考えられる。

(5) サンヨウチュウ・フズリナは古生代，ビカリアは新生代に生存していた生物。

(6) 地球が誕生してから現在までの約46億年を100cmとすると，約5.4億年を表す長さは，$100\,(\mathrm{cm}) \times \dfrac{5.4\text{億}(\text{年})}{46\text{億}(\text{年})} \fallingdotseq 12\,(\mathrm{cm})$

(8) ふつう，下にある地層ほど古いので，地層群Bができてから地層群Aができたと考えられる。また，地層群A・Bには断層Fによるずれがみられるが，火成岩体Gにはずれがみられないので，地層群A・Bができたあとに断層Fができ，断層Fができたあとに火成岩体Gができたと考えられる。

【答】(1) 活(火山)　(2) ① イ　② エ　(3) ⓐ 石基　ⓑ はん状　(4) ウ　(5) イ　(6) 12 (cm)

(7) 主に生息していた水温の範囲が最も狭い（同意可）　(8) オ

2 **【解き方】**(1) ② 純粋な物質である水の沸点は100℃で一定。

(2) ① 青色の塩化コバルト紙に水がつくと，赤色に変化する。③ 2.3gのエタノールが燃焼してできる二酸化炭素と水の質量の合計は，$4.4\,(\mathrm{g}) + 2.7\,(\mathrm{g}) = 7.1\,(\mathrm{g})$　よって，エタノールと反応した酸素の質量は，$7.1\,(\mathrm{g}) - 2.3\,(\mathrm{g}) = 4.8\,(\mathrm{g})$

(3) ① エタノールにマッチの火を近づけると燃える。蒸留前の混合溶液にマッチの火を近づけても燃えなかったが，液体(i)にマッチの火を近づけると燃えたことから，液体(i)中のエタノールの割合は，蒸留前の混合溶液中のエタノールの割合よりも大きいことがわかる。

(4) 液体(i) $1.0\,\mathrm{cm}^3$に含まれるエタノールの体積を$x\,\mathrm{cm}^3$とすると，水の体積は$(1.0 - x)\,\mathrm{cm}^3$なので，$0.80\,(\mathrm{g/cm^3}) \times x\,(\mathrm{cm^3}) + 1.0\,(\mathrm{g/cm^3}) \times (1.0 - x)\,(\mathrm{cm^3}) = 0.88\,(\mathrm{g})$より，$x = 0.60\,(\mathrm{cm^3})$　エタノール$0.60\,\mathrm{cm}^3$の質量は，$0.80\,(\mathrm{g/cm^3}) \times 0.60\,(\mathrm{cm^3}) = 0.48\,(\mathrm{g})$　よって，液体(i) 0.88g中のエタノールの質量の割合は，$\dfrac{0.48\,(\mathrm{g})}{0.88\,(\mathrm{g})} \times 100 \fallingdotseq 55\,(\%)$

(5) 図Ⅲより，混合溶液中のエタノールの質量の割合が10％のとき，蒸気中のエタノールの質量の割合は50％。この蒸気を冷却すると，エタノールの質量の割合が50％の液体に変化する。混合溶液中のエタノールの質量の割合が50％のとき，蒸気中のエタノールの質量の割合は65％。この蒸気を冷却すると，エタノールの質量の割合が65％の液体に変化する。

(6) 温度の低い精留塔の上段に上がっても液体にならず，気体のままである物質は，沸点の低い物質。

【答】(1) ① イ　② ⓐ イ　ⓑ エ　(2) ① エ　② イ　③ 4.8 (g)　(3) ① ア　② エ　(4) 55 (％)　(5) ウ

(6) 沸点の低い（同意可）

3 **【解き方】**(1) ウニは棘《きょく》皮《ひ》動物，アサリは軟体動物，イモリはセキツイ動物の両生類。

(6) 丸形の個体数としわ形の個体数の比は，5474：1850なので，$\dfrac{5474}{1850} \fallingdotseq 3$ (倍)

(7) ●と○の組合せは，●●・●○・●○・○○の4通りなので，●●：●○：○○＝1：(1＋1)：1＝1：2：1

(8) ●●・●○・○○は，それぞれ1対の遺伝子を表しているので，袋から玉を1個取り出す操作を選ぶ。

(9) 丸形の形質が優性形質なので，●が丸形の遺伝子だとすると，●●—丸，●○—丸，○○—しわとなる。また，○が丸形の遺伝子だとすると，●●—しわ，●○—丸，○○—丸となる。

【答】(1) エ　(2) 被子　(3) ① イ　② ウ　(4) 同じ個体の中で花粉がめしべにつく現象。(同意可)

(5) 優性〔の〕(または，顕性〔の〕)(形質)　(6) 3 (倍)　(7) 1：2：1　(8) イ・エ　(9) ア・カ

4 **【解き方】**(3) 発光ダイオードを点灯させるためには，足の長いほうを電源装置の＋極に，足の短いほうを－極

につなぐ。

⑷ ⓐ 表Ⅰより，電気抵抗が5Ωのとき，0.60Aの電流が流れたので，オームの法則より，5（Ω）× 0.60（A）= 3（V） ⓑ 発生する熱の量は電流を流した時間に比例する。

⑸ 解答例の他に，自由電子・伝導電子・価電子，でもよい。

⑹ ①・② 表Ⅰにおいて，$\frac{10\,(\Omega)}{5\,(\Omega)}$ = 2（倍），$\frac{0.30\,(\mathrm{A})}{0.60\,(\mathrm{A})} = \frac{1}{2}$（倍）より，電気抵抗が2倍になると電流は $\frac{1}{2}$ 倍になるので，電気抵抗と電流の関係は反比例。表Ⅱにおいて，$\frac{10\,(\mathrm{V})}{5\,(\mathrm{V})}$ = 2（倍），$\frac{0.30\,(\mathrm{A})}{0.15\,(\mathrm{A})}$ = 2（倍）より，電圧が2倍になると電流は2倍になるので，電圧と電流の関係は比例。表Ⅲにおいて，$\frac{7.0\,(\mathrm{cm})}{3.5\,(\mathrm{cm})}$ = 2（倍），$\frac{0.84\,(\mathrm{L})}{0.42\,(\mathrm{L})}$ = 2（倍）より，水位の差が2倍になると1分間に管を通る水量は2倍になるので，水位の差と1分間に管を通る水量は比例。③ 表Ⅲより，水位の差が7.0cmのとき，1分間に1本の管を通る水量は0.84Lなので，1分間に2本の管を通る水量は，0.84（L）× 2（本）= 1.68（L） よって，1分間にdから出る水量も1.68L。④ 図Ⅳのように2本の管をつないだとき，1分間に2本の管を通る水量は，1本の管だけをつないだときの2倍になるので，水の流れにくさ（電気抵抗）は $\frac{1}{2}$ 倍になる。

⑺ 0.2Wの仕事率で，1分間 = 60秒間に行う仕事の大きさは，0.2（W）× 60（s）= 12（J） 12Jの仕事で，30cm = 0.3mの高さまで運ぶことができる水の重さは，$\frac{12\,(\mathrm{J})}{0.3\,(\mathrm{m})}$ = 40（N） 40Nの力で持ち上げることのできる水の質量は，100（g）× $\frac{40\,(\mathrm{N})}{1\,(\mathrm{N})}$ = 4000（g）より，4kg。4kgの水の体積は4L。

【答】 ⑴ ア ⑵（右図） ⑶ ① イ ② ウ ⑷ ⓐ 3 ⓑ ア ⑸ 電子
⑹ ① ア ② エ ③ キ ④ ケ ⑺ 4（L）

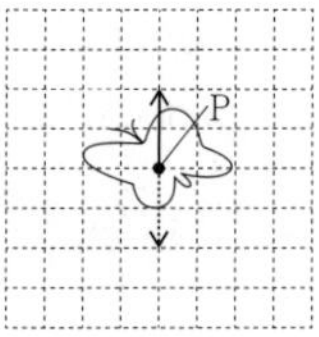

国語A問題

1 【解き方】2.「放課後に」したことをくわしくしている。

【答】1. ⑴ な(れる)　⑵ すみ(やかに)　⑶ かいが　⑷ はあく　⑸ 植(える)　⑹ 洗(う)　⑺ 電池　⑻ 登録
2. ウ

2 【解き方】1.「ず」「ぬ」に置き換えられるので，打消の助動詞「ない」。他は，置き換えられないので形容詞。
2. 主語は「その人は」なので，直前の文に着目する。探鳥会に来ていた「案内役の専門家の先生」を指す。
4. この文を受けて「これらは今日では，順番に遺伝子の多様性，種の多様性，生態系の多様性と呼ばれている」とあるので，③には「遺伝子の多様性」，④には「種の多様性」，⑤には「生態系の多様性」にあたる内容がそれぞれ入る。
5. a. 近所の公園で開かれた探鳥会で，「こんな意外なほど美しい鳥がいる」と驚いた経験をおさえる。b.「そう，直感したのだ」とあるので，直前の「世の中にはものすごい生物たちが満ちあふれているに違いない」に注目。

【答】1. C　2. ア　3. イ　4. カ
5. a. オオルリを目の当たりにした（13字）（同意可）　b. 世の中には

3 【解き方】1. 腹をたてた理由について，「これは何たる無実をいひかくるぞ，さらにおぼえなし」と話している。
2.「ゑ」は「え」にする。
3. 手紙を受け取った人が腹を立てたことについて，「『ごばん』とかきたるを，『小判かへせ』とよみた」と説明している。

【答】1. ア　2. ゆえ　3. ウ

◀口語訳▶　昔，ある人へ，「いつかに貸した碁盤を返してください」と書いて伝えると，その人は大いに腹を立て，「これは何という事実無根のことを言うのか，まったく借りた覚えはない」と言った。その手紙を改めて見返してみると，ひらがなで「ごばん」と書いていたのを，「小判返せ」と読んだからだとわかった。

4 【解き方】1.「楽譜」の役割について述べたあと，指揮者が「楽譜」を読み解く方法に話題が変わっている。
2. 曲を「建築物」にたとえていることから，その建築物を「建てる」人たち，すなわち曲を奏でる人たちを考える。
3.「見知らぬ土地で，しかも二百年も三百年も前につくられた作品が…現代のドイツでも日本でも同じ演奏ができるのだから」と，「不思議」だと感じた理由を説明している。
4. ⑴ a. 同じく「指揮者」と〝暗号〟というキーワードが書かれた部分に着目する。「つまり指揮者の第一の役割とは…」とまとめられたところに，指揮者が「探っていく」ものが示されている。b. 楽譜を〝共通言語〟と表した冒頭に着目する。指揮者の，楽譜を用いた「手段」をおさえる。⑵「『指揮者と楽譜』について発表をするために」と述べて「話し合う目的」を示したり，「つまり…といえるね」と述べて「話し合いで出た意見の内容を整理」したり，「この内容をもとに，どのように発表するかを考えようか」と述べて「次の進め方を提案」したりしているが，「自分と他者の意見の相違点」を述べてはいない。

【答】1. ア　2. イ　3. エ
4. ⑴ a. 作曲家が表現したかったものは何なのか（18字）（同意可）　b. 演奏者との　⑵ イ

5 【答】（例）

Cが最も効果的に伝わると思う。公共の場での張り紙には，最近このような表現がよく使われている。「～してほしい」「～しないで」と要求するよりも，感謝の言葉を添えて協力を呼びかける方が，効果があるらしい。Cを読むと，クラスメートたちの顔が頭に浮かぶ。この人たちと一緒に教室を使っているのだから，みんなが快適に過ごせるよう教室を清潔に保とうという気持ちになれそうだ。(180字)

国語B問題

1 【解き方】2. 活用のない自立語で，主語にすることができる語。

3. 一字戻って読む場合には「レ点」を，二字以上戻って読む場合には「一・二点」を用いる。

【答】1. ⑴ あ(む)　⑵ ほが(らかな)　⑶ めんみつ　⑷ しゅういつ　⑸ 転(がる)　⑹ 染(まる)　⑺ 弁論　⑻ 衛星

2. ア　3. (右図)

尽日尋ネテレ春ヲ不ずレ見レ春ヲ

2 【解き方】1. ①では，前の「『自然のまま』の姿がいちばんいい」と，あとの「自然のままにしておくと…雑然としたものになってしまいます」は反対の内容。②では，「森は人の手を加えることで，森らしくなる」ことを，「下枝を打ち…手を入れることで，緑豊かな森になっていく」と説明し直している。

2. 利休の行動なので，修業時代のころの「師匠に露地の掃除をいいつけられた利休は…わざと二，三枚の葉を散らした」というエピソードに着目する。

3. a.「フランス式の庭園」と「利休の作り出した茶庭」を比べた部分で，日本の庭は「木々」や「飛び石」などが，「均斉」にこだわらず，「一見雑然と配置されているように」見えると述べている。b. 実は「計算がされている」と続くので，「たとえば椿の木ひとつとっても，そこに演出」があるように，日本の庭には自然をよく知った上で人工の自然を作る「美意識」がある，ことをおさえる。

【答】1. イ　2. 庭を掃き清めた後，わざと二，三枚の葉を散らした。(24字)(同意可)

3. a. 一見雑然と　b. 自然の力に

3 【解き方】1.「au」は「ô」と発音するので，「やう」は「よう」にする。

2. 文帝は「我此の馬を重宝と思はず」と述べたあとで，そのくわしい理由を説明している。

3.「そろりそろりとありき」というときと，「いそぐ事あり」というときを並べ，「かねてつかれぬ人馬なれば，我によく続いて忠功をはげます」と考えていることに着目する。

4.「一日に千里をかくる名馬」を「めでたき御重宝」だと言う公卿大臣に対して，文帝は「我此の馬を重宝と思はず」と否定し，その理由を「されば我一人千里をかくる馬に乗りたりとも…あへて益なし」と説明し，その馬を「主のもと」へ返してしまった。

【答】1. ようよう　2. 仔細　3. ウ　4. エ

◀口語訳▶　昔中国の漢の文帝の時代に，一日に千里を走る名馬を差し上げたとき，公卿大臣が，「すばらしい宝物ですな」と言い合っていたところ，文帝は大きな声で笑いなさっておっしゃったことには，「私はこの馬を宝物とは思わない，そのわけは，私がたまたま気晴らしに外出して歩くときは，一日にようやく三十里，また合戦などのときも，多くて五十里に過ぎない。このようにゆっくりと歩いた方が，数万の人馬も疲れないし，私に続いて忠功をなすものだ。もしもまた時によって急ぐことがあったとしても，以前から疲れていない人馬であれば，私にしっかり続いて忠功をなそうと努力する。そういうわけで私一人が千里を走る馬に乗っても，数万の人馬が，千里を走ることができなければまったく意味がない。」と，馬を持ち主に返しなさった。

4 【解き方】1. 基準を決めると，「何かをつくってもらうときに…伝えることができます」とあるように便利なことから，「長さという量」を「標準化」しようと考えるのは当然のことだと述べている。

2. 古代ギリシャや18世紀でも電気が「自然界には存在していた」ことを示したあと，「当時は…その量を測るという発想はなかったでしょう」「感覚的にとらえるという点では…似たようなものだったのではないか」と述べている。

3. 味を測定する装置として「味覚センサー」があり，「個別の味を計測する技術」はすでに存在していることに着目する。「甘味」を例に，「この物質の量が…1対1の対応づけが，より科学的に実現する可能性があります」「それができたときに…より限定して定量化できるようになるかもしれません」と順を追って説明している。

4. a. 物質自体「きちんと量を測りたい…というニーズが出てくる」と述べているように，単位は「人間」の欲求から作られていることをふまえて探す。b. 単位が生まれるきっかけについて，最初に「長さ」や「質量」「時間」「温度」を例に挙げ，「量を測りたいという人間の欲求がまずあり…標準化されていく」と説明している。

【答】 1. エ　2. ウ

3. 1対1の対応づけが，より科学的に実現できたとき，より限定して定量化できる (36字) (同意可)

4. a. 人間の意思や必要性　b. 測る決まりごととしての単位

5 **【答】** (例)

私はAの取り組みが効果的だと思います。

資料を見ると，本を読むことが好きだと思っている人は，「どちらかというと」という人も含めると七割近くもいます。こうした人たちが，図書室には読みたいと思えるような本がたくさんあるということを知れば，図書室を活発に利用し始めるのではないでしょうか。本にはさまざまなジャンルがありますし，人によって好きなジャンルも異なります。それぞれのジャンルごとに広くアピールしていけば，新しいジャンルに興味を持つ人も出てくるので，より多くの人が図書室を利用するようになると思います。(251字)

国語C問題

1 **【解き方】** 1. a.「こういった空白の時間を，ありのまま受けとめるということではないかと思う」とあるので，この「空白の時間」が指す，「ぼくがアート写真を製作する工程」の際に過ごす時間をおさえる。b.「アートをする」ことについて，「空白の時間を，ありのまま受けとめる」ことだと説明し，「それは…ことでもある」と言いかえている。

2. 作品を撮りはじめる際に「完成形がイメージできないまま発進してしまうこともある」という自らの経験を具体例として挙げ，そうしたときは「撮っていくうちに…見えていなかったイメージを徐々に摑んでいく」としている。そして「生活のなか」に観点を移し，「ものごと全般について…なにも決まっていないということに真実味を覚え，それがごく当たり前の状態に思えてくる」と述べている。

3.「自分のおこなったことすべてに説明をつけていこう」とする社会の仕組みはとても「窮屈」な一方で，「自分の心と世の中がフィットしないときこそ，実はアートの出番」「フィットしないことが，そのままテーマになる」と述べている。

【答】 1. a. なにをしてい　b. 自分を純粋な

2. 撮っていくなかで，見えていなかったイメージを徐々に摑んでいくという創作の方法に慣れていくと，先が見えない，なにも決まっていないということに真実味を覚え，それがごく当たり前の状態だ（89字）（同意可）

3. イ

2 **【解き方】** 1.「思ひかく」は，予想するという意味。「ぬ」は，打消の助動詞「ず」の連体形。和歌の中で「風の，花を惜しみとめたる」という表現がされていることに，おどろいている。

2.「ほかの花，みな散りはてぬる」のに，「見る人もなき山ざとの花」が「まださかりなる」という光景を見て，「風の，惜しみけるなめり」と感じたことが詠まれている。

3. a.「ほかの花」と「山里の花」の状況の違いについて，「ほかの花，みな散りはてぬるに，この山里の花の，まださかりなる」と述べている。b.「山里の花」が「まださかり」である理由について，「風の吹かざりけるなり」と推測している。

【答】 1. ウ　2. ア

3. a. ほかの花は散っているのに，山里の花はさかりである（24字）　b. 風が吹かなかった（それぞれ同意可）

◀口語訳▶　見る人もいない山里の桜の色はかえって風が惜しむように思われる

多くの花は，風を，恨むことこそあるが，これは，風が，花の散るのを惜しんだというのは，考えもしなかったことである。実際は，風が花の散るのを惜しんだのではない。ほかの花が，みな散ってしまった中で，この山里の花が，まださかりであるのは，風が吹かなかったからであると。風は吹けば，所かまわず吹くものなので，この時に限って，風が吹かなかったのは，風が，惜しんだように見える，ということのようだ。

3 **【解き方】** 2. 上の漢字が動作を表し，下の漢字がその対象を表している。アは，上の漢字が下の漢字を修飾している。ウは，同意の漢字の組み合わせ。エは，反意の漢字の組み合わせ。

【答】 1. ⑴ ほが(らかな)　⑵ まかな(う)　⑶ はんも　⑷ 家路　⑸ 展覧　⑹ 衛星　2. イ　3. エ

4 **【解き方】** 1. 俳句やたくみな随筆など，「すぐれたデッサンを思い起こさせるようなもの」にある「共通点」をおさえる。

2.「言葉は生きた人間の間で…揺れながらでなければ流通しない」という内容を受け，「なにかにのみ固執」すべきではないとまず述べ，そう考える理由について続けたあと，「なにか」を「言葉」に置きかえて説明している。

3. a.「言葉にはものごとを切りはなし…機能が同時に存在している」ということを，「日本語の木という言葉」を例に挙げて説明したあとで，このような機能には「言葉の便利さ」が表れているが，一方で「人間の頭脳の限界と，それに伴う言語の限界」も表れていると述べていることをおさえる。b. 最後の段落で，「私たちの話し，書くどんな言葉も，単位としては…存在している」一方で，私たちは「単位の新しい組合せを創ることで，不断に言語をよみがえらせて」いて，そのことは「言語の限界に人を気づかせ，それを超えることを夢見させる」と述べている。

【答】 1. a. 分析と総合の　b. 部分を書くこ　2. ウ

3. a. ものごとを区別してとらえようとする機能と，むすびつけてとらえようとする機能が同時に存在している（47字）（同意可）　b. 単位の新しい組合せを創ること

5 **【答】**（例）

資料Aを見ると，「おもむろに」を，四十代以下は本来の意味よりも新しい意味で使う人が多いが，五十代を境に逆転し，六十代以上では本来の意味で用いる人の方が多くなる。一方，資料Bの「檄を飛ばす」の用法については，すべての世代で新しい意味だと思う人の割合が高く，世代による差も少ないので，新しい意味の方が主流になりつつあることが読み取れる。慣用句の意味は時代と共に変化し，新しい意味を使う人が増えるとともに，それがあながち誤用だとは言えなくなる。しかし，本来の意味で用いる人との誤解を避けるためには，日頃から言葉の意味に敏感になり，両方の意味を知っておいて，場面や状況に応じて使い分けられるように心がけたい。(300字)

~MEMO~

2025年度 受験用
公立高校入試対策シリーズ（赤本）ラインナップ

入試データ	前年度の各高校の募集定員,倍率,志願者数等の入試データを詳しく掲載しています。
募集要項	公立高校の受験に役立つ募集要項のポイントを掲載してあります。ただし,2023年度受験生対象のものを参考として掲載している場合がありますので,2024年度募集要項は必ず確認してください。
傾向と対策	過去の出題内容を各教科ごとに分析して,来年度の受験について,その出題予想と受験対策を掲載してあります。予想を出題範囲として限定するのではなく,あくまで受験勉強に対する一つの指針として,そこから学習の範囲を広げて幅広い学力を身につけるように努力してください。
くわしい解き方	模範解答を載せるだけでなく,詳細な解き方・考え方を小問ごとに付けてあります。解き方・考え方をじっくり研究することで応用力が身に付くはずです。また,英語長文には全訳,古文には口語訳を付けてあります。
解答用紙と配点	解答用紙は巻末に別冊として付けてあります。 解答用紙の中に問題ごとの配点を掲載しています（配点非公表の場合を除く）。合格ラインの判断の資料にしてください。

府県一覧表

3021	岐阜県公立高
3022	静岡県公立高
3023	愛知県公立高
3024	三重県公立高【後期選抜】
3025	滋賀県公立高
3026-1	京都府公立高【中期選抜】
3026-2	京都府公立高【前期選抜 共通学力検査】
3027-1	大阪府公立高【一般選抜】
3027-2	大阪府公立高【特別選抜】
3028	兵庫県公立高
3029-1	奈良県公立高【一般選抜】
3029-2	奈良県公立高【特色選抜】
3030	和歌山県公立高
3033-1	岡山県公立高【一般選抜】
3033-2	岡山県公立高【特別選抜】
3034	広島県公立高
3035	山口県公立高
3036	徳島県公立高
3037	香川県公立高
3038	愛媛県公立高
3040	福岡県公立高
3042	長崎県公立高
3043	熊本県公立高
3044	大分県公立高
3046	鹿児島県公立高

滋賀県特色選抜・学校独自問題

2001	滋賀県立石山高
2002	滋賀県立八日市高
2003	滋賀県立草津東高
2004	滋賀県立膳所高
2005	滋賀県立東大津高
2006	滋賀県立彦根東高
2007	滋賀県立守山高
2008	滋賀県立虎姫高
2020	滋賀県立大津高

京都府前期選抜・学校独自問題

2009	京都市立堀川高・探究学科群
2010	京都市立西京高・エンタープライジング科
2011	京都府立嵯峨野高・京都こすもす科
2012	京都府立桃山高・自然科学科

2025 年度 受験用

公立高校入試対策シリーズ 3027-1

大阪府公立高等学校
(一般入学者選抜)

別冊

解答用紙

- この冊子は本体から取りはずしてご使用いただけます。
- 解答用紙（本書掲載分）をダウンロードする場合はこちら↓
https://book.eisyun.jp/

※なお，予告なくダウンロードを終了することがあります。

英俊社

●解答用紙の四隅にあるガイドに合わせて指定の倍率で拡大すると，実物とほぼ同じ大きさでご使用いただけます(一部例外がございます)。

受験番号	番

得点	

令和６年度大阪府学力検査問題

数学解答用紙〔A問題〕

			採点者記入欄
1	(1)		/3
	(2)		/3
	(3)		/3
	(4)		/3
	(5)		/3
	(6)		/3
			/18

			採点者記入欄
2	(1)		/3
	(2)	個	/3
	(3)	ア　イ　ウ　エ	/3
	(4)	$x =$ 、$y =$	/3
	(5)		/3
	(6)	ア　イ　ウ　エ	/3
	(7)		/3
	(8)	個	/3
	(9)		/3
	(10)	① ア　イ　ウ　エ	/3
		② cm^3	/3
			/33

			採点者記入欄
3	(1)	(ア)	/3
		(イ)	/3
	(2)	$y =$	/5
	(3)		/5
			/16

			採点者記入欄
4	(1)	ア　イ　ウ　エ	/3
	(2)	度	/3
	(3)	ⓐ	/3
		ⓑ	/3
		ⓒ ア　イ　ウ	/3
	(4)	（求め方） cm	/8
			/23

※実物の大きさ：195% 拡大（A3 用紙）

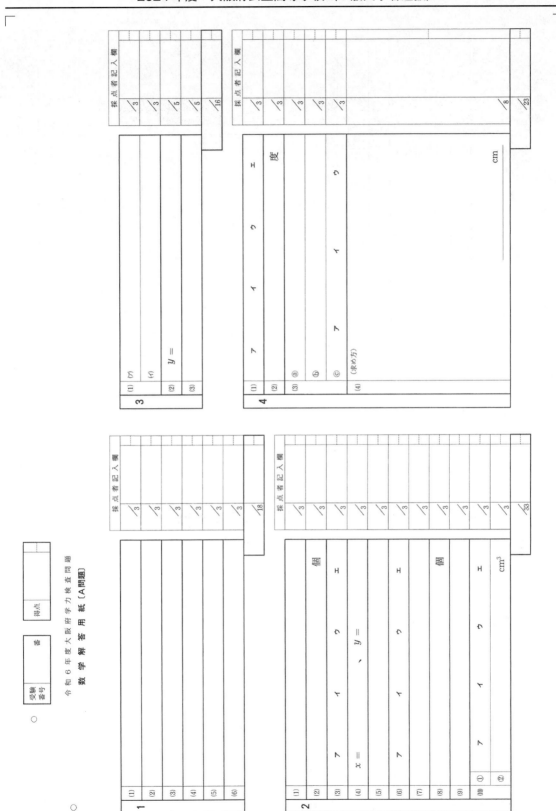

受験番号	番	得点	

令和6年度大阪府学力検査問題

数学解答用紙〔B問題〕

1		採点者記入欄
(1)		/3
(2)		/3
(3)		/3
(4)		/3
(5)		/3
		/15

2		採点者記入欄
(1)		/3
(2)	ア　イ　ウ　エ	/3
(3)		/3
(4)		/3
(5)		/3
(6)	度	/4
(7)	個	/4
(8)	（求め方） tの値	/6
		/29

3			採点者記入欄
(1)	①	(ア)	/3
		(イ)	/3
	②	$y=$	/3
	③		/3
(2)			/4
			/16

4				採点者記入欄
[Ⅰ]	(1)		（証　明）	/7
	(2)	①	cm	/5
		②	cm	/5
[Ⅱ]	(3)		ア　イ　ウ　エ　オ	/3
	(4)	①	cm^2	/5
		②	cm^3	/5
				/30

※実物の大きさ：195% 拡大（A3 用紙）

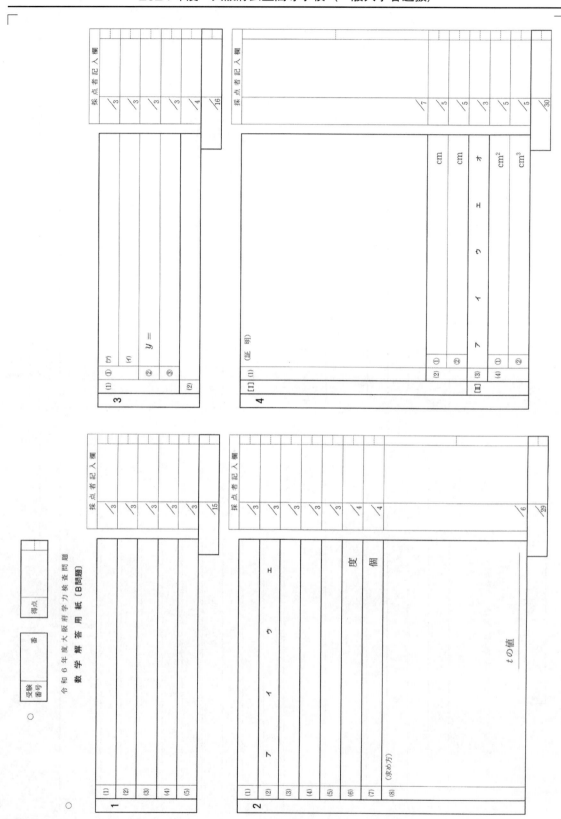

受験番号	番

得点	

令和６年度大阪府学力検査問題

数学解答用紙〔C問題〕

1			採点者記入欄
(1)			/4
(2)			/4
(3)			/5
(4)	a の値	b の値	/5
(5)			/6
(6)			/6
(7)			/6
(8)	（求め方） a の値　　　　、b の値		/8
			/44

2			採点者記入欄
(1)	①	cm^2	/4
	②	（証　明）	/8
(2)	①	cm	/4
	②	cm	/6
			/22

3			採点者記入欄
(1)	①	cm^3	/4
	②	cm	/4
	③	cm	/6
(2)	①	cm	/4
	②	cm^3	/6
			/24

※実物の大きさ：195% 拡大（A3 用紙）

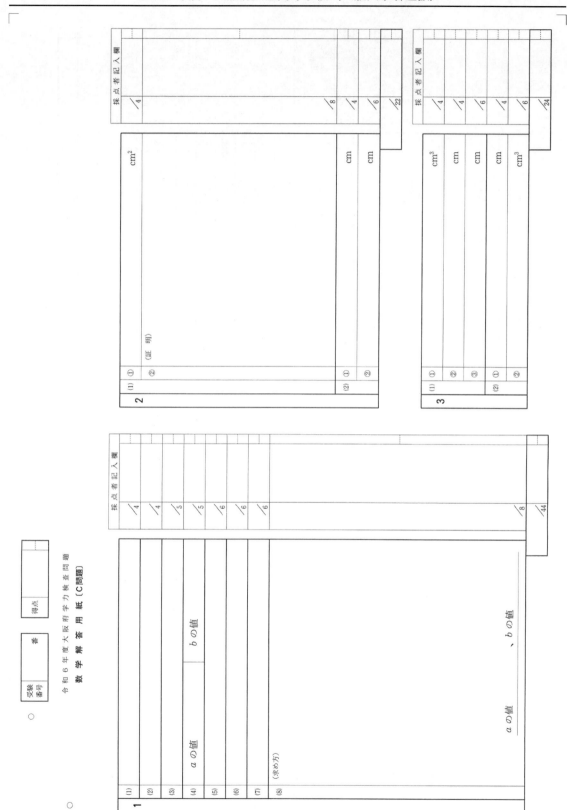

受験番号	番

得点	

〈リスニングを除く〉

令和６年度大阪府学力検査問題

英語解答用紙〔A問題〕

1					採点者記入欄
	(1)	ア	イ	ウ	／2
	(2)	ア	イ	ウ	／2
	(3)	ア	イ	ウ	／2
	(4)	ア	イ	ウ	／2
	(5)	ア	イ	ウ	／2
	(6)	ア	イ	ウ	／2
	(7)	ア	イ	ウ	／2
	(8)	ア	イ	ウ	／2
	(9)	ア	イ	ウ	／2
	(10)	ア	イ	ウ	／2
					／20

2〔Ⅰ〕						採点者記入欄
	(1)					／2
	(2)	ア	イ	ウ	エ	／2
	(3)	ア	イ	ウ	エ	／3
	(4)	ア	イ	ウ	エ	／3
						／10

2〔Ⅱ〕		採点者記入欄
①	5	／3
②	5	／3
③	5	／4
		／10

3						採点者記入欄
(1)	ア	イ	ウ	エ		／3
(2)	My grandfather ＿＿＿＿ when I graduated from junior high school.					／3
(3)	＿＿＿＿ that.					／3
(4)	ア	イ	ウ	エ		／3
(5)						／3
(6)	ア	イ	ウ	エ		／3
(7)	ア	イ	ウ	エ		／3
(8)	①					／3
	②					／4
						／28

※実物の大きさ：195% 拡大（A3 用紙）

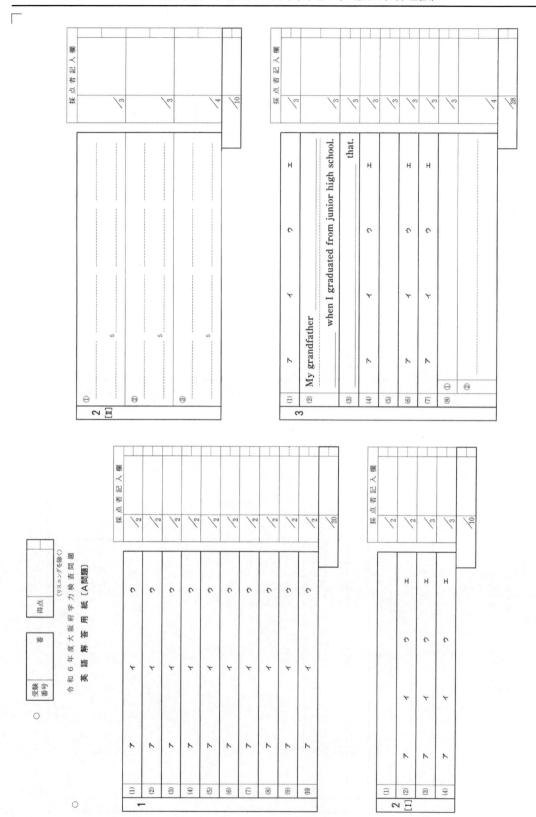

受験番号	番

得点	

〈リスニングを除く〉

令和６年度大阪府学力検査問題

英語解答用紙〔B問題〕

1		採点者記入欄
(1)	ア　イ　ウ　エ	/2
(2)	Then, ＿＿＿＿ come to school?	/3
(3)	ア　イ　ウ　エ	/3
(4)	ア　イ　ウ　エ	/3
(5)	ア　イ　ウ　エ	/3
(6)	If I used the same system to come to this school, coming to school ＿＿＿＿ .	/3
(7)		/3
(8)	ア　イ　ウ　エ	/3
(9)	ア　イ　ウ　エ　オ	/6
		/29

2〔I〕		採点者記入欄
(1)	ア　イ　ウ　エ	/2
(2)	ア　イ　ウ　エ	/3
(3)		/3
(4)	The things ＿＿＿＿ some hints.	/3
(5)	ア　イ　ウ　エ	/3
(6)	Let ＿＿＿＿ that means.	/3
(7)	ア　イ　ウ　エ	/3
(8)	ア　イ　ウ　エ	/3
(9) ①		/3
(9) ②		/3
		/29

2〔II〕		採点者記入欄
①	（10語）	/4
②	［ Yes, I do. ・ No, I don't. ］（8 / 16 / 20語）	/6
		/10

※実物の大きさ：195% 拡大（A3 用紙）

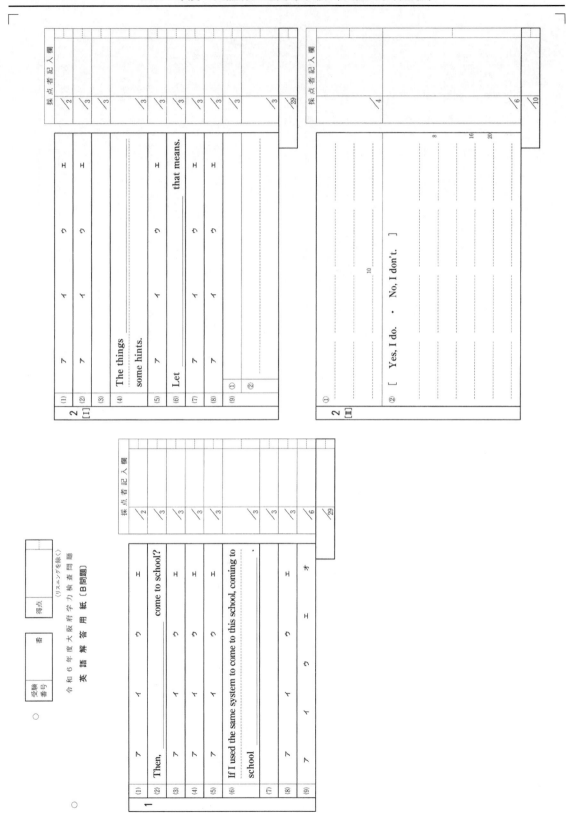

受験番号	番	得点	

令和６年度大阪府学力検査問題

英語リスニング解答用紙〔A問題・B問題〕

1　ティムと美香との会話を聞いて、美香のことばに続くと考えられるティムのことばとして、次の**ア～エ**のうち最も適しているものを一つ選び、**解答欄の記号**を○で囲みなさい。

ア　It was fun.　　イ　Three times.　　ウ　Yes, I am.　　エ　No, it didn't.

解答欄	ア	イ	ウ	エ

採点者記入欄　/2

2　英語の授業でグリーン先生が写真の説明をしています。グリーン先生が説明している写真として、次の**ア～エ**のうち最も適していると考えられるものを一つ選び、**解答欄の記号**を○で囲みなさい。

ア

イ

ウ

エ

解答欄	ア	イ	ウ	エ

採点者記入欄　/2

3　エリックと舞香との会話を聞いて、舞香が飼っている犬の数として、次の**ア～エ**のうち最も適していると考えられるものを一つ選び、**解答欄の記号**を○で囲みなさい。

ア　One.　　イ　Two.　　ウ　Three.　　エ　Four.

解答欄	ア	イ	ウ	エ

採点者記入欄　/3

4　エイミーと健太との会話を聞いて、彼らの学校の次週の予定として、次の**ア～エ**のうち最も適しているものを一つ選び、**解答欄の記号**を○で囲みなさい。

ア

	月	火	水	木	金	土
午前	祝日	授業	授業	授業	授業	運動会
午後					準備	

イ

	月	火	水	木	金	土
午前	祝日	授業	授業	準備	運動会	休み
午後						

ウ

	月	火	水	木	金	土
午前	授業	授業	授業	授業	授業	運動会
午後				準備	準備	

エ

	月	火	水	木	金	土
午前	祝日	授業	授業	授業	運動会	休み
午後				準備		

解答欄	ア	イ	ウ	エ

採点者記入欄　/3

5　高校生の恵介のスピーチを聞いて、それに続く二つの質問に対する答えとして最も適しているものをそれぞれ**ア～エ**から一つずつ選び、**解答欄の記号**を○で囲みなさい。

(1)　ア　He was moved by a present he got when he left Japan for America.
　　イ　He played the trumpet when he was a junior high school student.
　　ウ　His friends in Japan visited him when he was in America.
　　エ　One of his friends became a famous musician in America.

解答欄	ア	イ	ウ	エ

採点者記入欄　/3

(2)　ア　Stars are always in the sky and people can always see them.
　　イ　Good friends often meet and experience many things together.
　　ウ　Friends can stay friends forever even if they can't see each other.
　　エ　People in different countries can be friends because they can see the same stars.

解答欄	ア	イ	ウ	エ

採点者記入欄　/3

6　アマンダと健斗との会話を聞いて、それに続く二つの質問に対する答えとして最も適しているものをそれぞれ**ア～エ**から一つずつ選び、**解答欄の記号**を○で囲みなさい。

(1)　ア　Finding a unique topic.　　イ　Telling his own ideas to other people.
　　ウ　Working together with other students.　　エ　Using devices to get useful information.

解答欄	ア	イ	ウ	エ

採点者記入欄　/3

(2)　ア　The Internet.　　イ　Paper.　　ウ　Language.　　エ　Smartphones.

解答欄	ア	イ	ウ	エ

採点者記入欄　/3

※実物の大きさ：195% 拡大（A3 用紙）

受験番号	番

得点	

〈リスニングを除く〉

令和６年度大阪府学力検査問題

英語解答用紙〔C問題〕

						採点者記入欄
1	(1)	ア	イ	ウ	エ	/2
	(2)	ア	イ	ウ	エ	/2
	(3)	ア	イ	ウ	エ	/2
	(4)	ア	イ	ウ	エ	/2
	(5)	ア	イ	ウ	エ	/2
	(6)	ア	イ	ウ	エ	/2
2	(1)	ア	イ	ウ	エ	/2
	(2)	ア	イ	ウ	エ	/2
	(3)	ア	イ	ウ	エ	/2
3	(1)	ア	イ	ウ	エ	/2
	(2)	ア	イ	ウ	エ	/2
	(3)	ア	イ	ウ	エ	/2
	(4)	ア	イ	ウ	エ	/2
	(5)	ア	イ	ウ	エ	/2
4	(1)	ア	イ	ウ	エ	/2
	(2)	ア	イ	ウ	エ	/2
	(3)	ア	イ	ウ	エ	/2
	(4)	ア	イ	ウ	エ	/2
	(5)	ア	イ	ウ	エ	/2
						/38

						採点者記入欄
5	(1)	ア	イ	ウ	エ	/2
	(2)	ア	イ	ウ	エ	/2
	(3)	ア	イ	ウ	エ	/2
	(4)	ア	イ	ウ	エ	/2
	(5)	ア	イ	ウ	エ	/2
	(6)	ア	イ	ウ	エ	/2
						/12

		採点者記入欄
6		/10
		/10

※実物の大きさ：195% 拡大（A3 用紙）

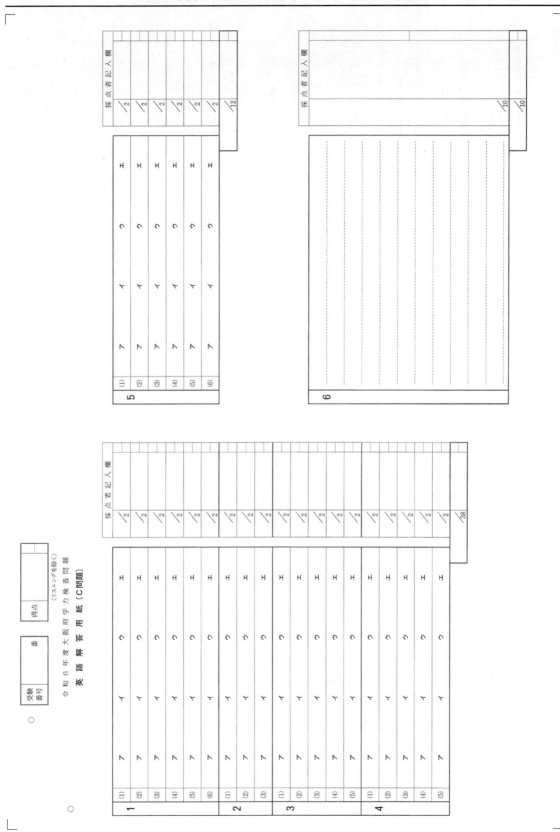

受験番号	番	得点	

令和６年度大阪府学力検査問題

英語リスニング解答用紙〔C問題〕

【Part A】

1 ア He couldn't find the museum.
イ He thought the museum was great.
ウ He couldn't see the art works he wanted to see.
エ He wanted to express how nice Erika was to him.

解答欄	ア	イ	ウ	エ

採点者記入欄	
/2	

2 ア Erika underlined the wrong information.
イ Erika drew lines under the parts she changed.
ウ Erika marked words which had spelling mistakes.
エ Erika asked James to change the size of the poster.

解答欄	ア	イ	ウ	エ

採点者記入欄	
/2	

3 ア Erika's grandfather thinks it is important to have a strong will.
イ Erika's grandfather goes jogging with Erika to make her a strong runner.
ウ Erika's grandfather records how many kilometers he has jogged every day.
エ Erika's grandfather will stop jogging every day when he reaches the age of 70.

解答欄	ア	イ	ウ	エ

採点者記入欄	
/2	

4 ア Four.
イ Six.
ウ Seven.
エ Nine.

解答欄	ア	イ	ウ	エ

採点者記入欄	
/3	

5 ア The person taught Erika math in America.
イ The person worked on a space project as a researcher.
ウ The person was the first woman who went to space.
エ The person gave Erika good advice when they were together.

解答欄	ア	イ	ウ	エ

採点者記入欄	
/3	

【Part B】

6 (1) ア The original idea of World Music Day was born after a survey showed how many people in France played a musical instrument.
イ World Music Day was set to let young people learn about traditional music.
ウ In the first year of World Music Day, only professional musicians played music.
エ A music festival held in France in 1982 was the first event of World Music Day.

解答欄	ア	イ	ウ	エ

採点者記入欄	
/3	

(2) ア World Music Day is celebrated in about 120 countries including France, the U.S., Australia and India.
イ Public places such as streets and parks are used for music events on World Music Day.
ウ On World Music Day, there are many concerts which are free for the audience.
エ Online events only provide music shows recorded before the World Music Day of that year.

解答欄	ア	イ	ウ	エ

採点者記入欄	
/3	

【Part C】

採点者記入欄	
/12	

※実物の大きさ：195% 拡大（A3 用紙）

令和６年度大阪府学力検査問題

英語リスニング問題〔C問題〕

【 Part C 】

Presentation Activity in the English Class

Topic: One important thing that humans invented

・You will do a presentation with a partner.
・In the presentation, you should explain why you think the thing you chose is an important thing that humans invented.

【Memo】

James	Erika

※実物の大きさ：195% 拡大（A3 用紙）

受験番号　　　番　　得点

令和６年度大阪府学力検査問題

社会解答用紙

1		解答	採点者記入欄
(1)		ア　イ　ウ　エ	/2
(2)		ア　イ　ウ　エ	/2
(3)		ⓐ　ア　イ　ⓑ　ウ　エ	/2
(4)		ア　イ　ウ　エ	/2
(5)	①	ⓐ　ア　イ　ⓑ　ウ　エ	/2
		ⓒ	/2
	②	ア　イ　ウ　エ　オ　カ	/3
(6)		ア　イ　ウ　エ	/3
(7)	①		/3
	②		/3
			/24

2		解答	採点者記入欄
(1)	①	ア　イ　ウ　エ	/2
	②	ア　イ　ウ　エ	/2
(2)	①		/2
	②	ⓐ　ア　イ　ⓑ　ウ　エ	/2
	③	ア　イ　ウ　エ	/3
(3)	①	ⓐ　ア　イ　ウ　ⓑ　エ　オ　カ	/3
	②	ア　イ　ウ　エ	/3
	③		/3
(4)		ア　イ　ウ　エ	/3
			/23

3		解答	採点者記入欄
(1)	①	ア　イ　ウ　エ	/2
	②		/2
(2)	①	ア　イ　ウ　エ	/2
	②		/2
	③	(a)	/2
		(b)	/2
(3)	①	ⓐ　ア　イ　ⓑ　ウ　エ	/2
	②	(a)　ア　イ　ウ　エ	/3
		(b)　ア　イ　ウ　エ	/3
	③		/3
			/23

4		解答	採点者記入欄
(1)	①	ア　イ　ウ　エ	/2
	②	ア　イ　ウ　エ	/2
	③	ⓐ　ア　イ　ウ　ⓑ	/2
(2)	①	ⓐ　ア　イ　ⓑ　ウ　エ	/2
	②		/2
(3)		ア　イ　ウ　エ	/2
(4)		ⓐ　ア　イ　ウ　ⓑ　エ　オ	/2
(5)		ⓐ　ア　イ　ウ　エ　ⓑ　オ　カ　キ　ク	/3
		ⓒ	/3
			/20

※実物の大きさ：195% 拡大（A3 用紙）

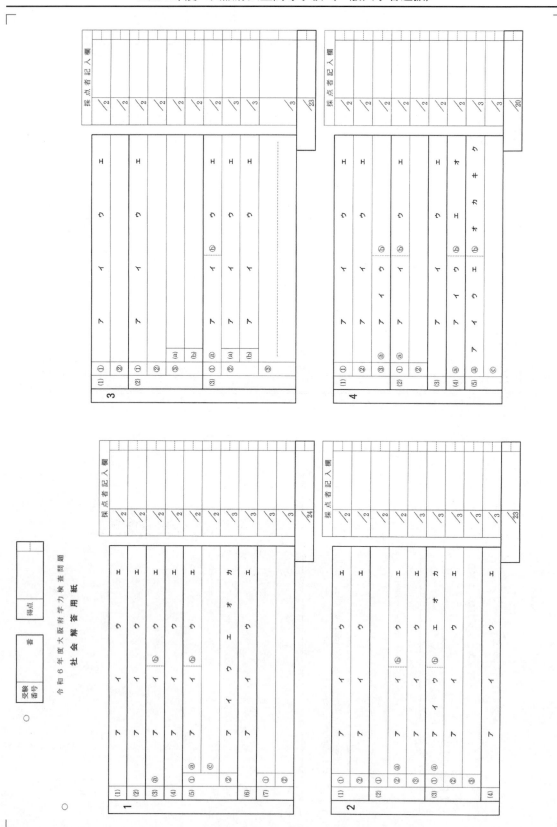

受験番号	番

得点	

令和６年度大阪府学力検査問題

理科解答用紙

			採点者記入欄
1	(1)	ⓐ ア イ ⓑ ウ エ	／2
	(2)	ア イ ウ エ	／2
	(3)	の層	／2
	(4)	ア イ ウ エ オ カ	／2
	(5)	① 化石	／2
		② ア イ ウ エ	／3
	(6)	ⓔ m ⓕ m	／3
	(7)		／3
	(8)	m	／3
			／22

			採点者記入欄
2	(1)	ア イ ウ	／2
	(2)	N	／2
	(3)		／2
	(4)	m/s	／2
	(5)	① J	／3
		② ⓐ ア イ ⓑ ウ エ オ	／3
	(6)	① ア イ ウ エ	／3
		②	／3
	(7)		／3
			／23

			採点者記入欄
3	(1)	ア イ ウ エ	／2
	(2)	ア イ ウ エ	／2
	(3)	①	／2
		② ア イ ウ エ	／2
	(4)		／3
	(5)	ア イ ウ エ	／3
	(6)	ア イ ウ エ	／3
	(7)	ア イ ウ エ	／3
	(8)	ア イ ウ エ オ	／3
			／23

			採点者記入欄
4	(1)	ア イ ウ エ	／2
	(2)		／2
	(3)	個	／3
	(4)	ア イ ウ エ	／3
	(5)		／3
	(6)	ⓓ ア イ ⓔ ウ エ オ	／3
	(7)	ア イ ウ エ	／3
	(8)		／3
			／22

※実物の大きさ：195% 拡大（A3 用紙）

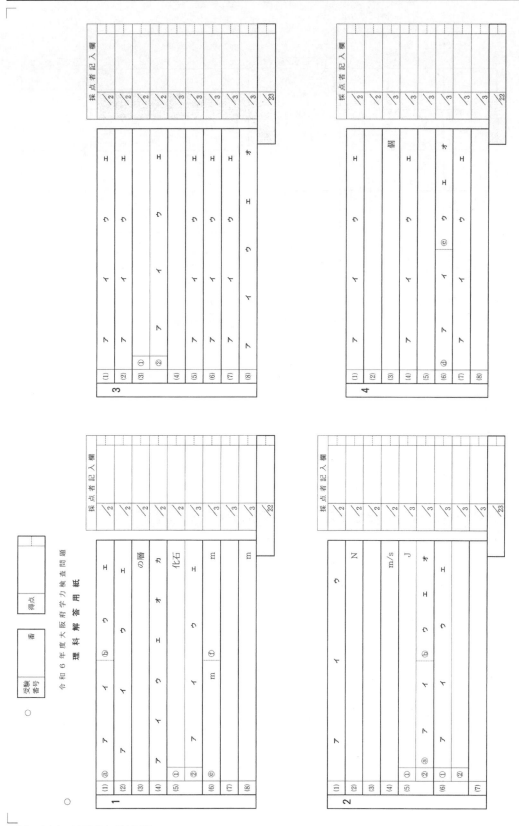

令和六年度大阪府学力検査問題　国語解答用紙〔A問題〕

得点 〈問題五を除く〉

受験番号　番

一

1
(1) 航（　　）海 ／2
(2) 挨（　　）拶 ／2
(3) 試（　　）み ／2
(4) 拭（　　）う ／2
(5) ユミ ／2
(6) オモ い ／2
(7) シ カク ／2
(8) ハイ ケイ ／2

2　ア　イ　ウ ／2

／18

採点者記入欄

二

1　ア　イ　ウ ／3

2
a ／4
b 生育の場を …… こと。 ／4

3　ア　イ　ウ ／4

4
a ／4
b ／4

／23

採点者記入欄

三

1　ア　イ　ウ ／3

2 ／3

3
a　ア　イ　ウ ／3
b　ア　イ　ウ ／3

／12

採点者記入欄

四

1　ア　イ　ウ　エ ／3

2
a ／4
b ／4

3　ア　イ　ウ　エ ／4

4　時間の本質が何であるのかを …… ことはできる。 ／6

5　ア　イ　ウ　エ ／4

／25

採点者記入欄

※実物の大きさ：195% 拡大（A3 用紙）

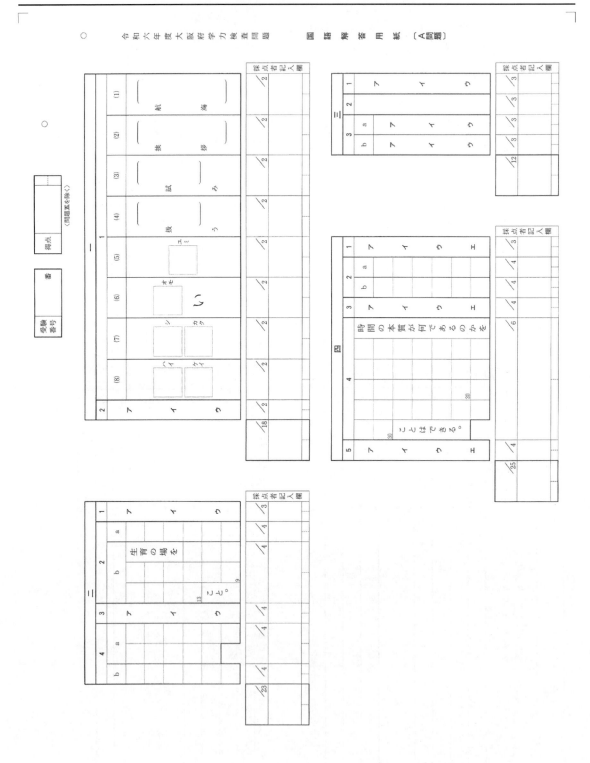

（原稿用紙）

受験番号	番

得点	/12

・原稿用紙の正しい使い方にしたがって書くこと。
・題名や名前は書かないで、本文から書き始めること。

100

180

※実物の大きさ：141% 拡大（A4 用紙）

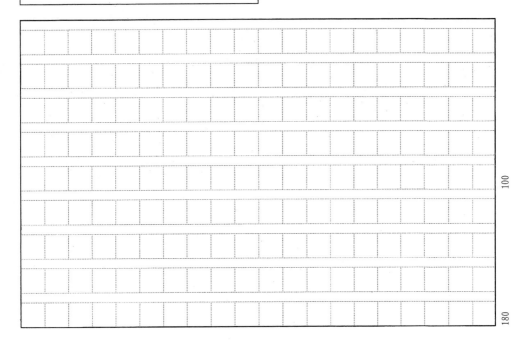

令和六年度大阪府学力検査問題

国語解答用紙〔B問題〕

受験番号　　番

得点

〈問題五を除く〉

一

		採点者記入欄
(1)	抜　まった	/1
(2)	隔　てる	/1
(3)	悠　久	/1
(4)	厳　粛	/1
(5)	ハンラ	/2
(6)	ス　アナ	/2
(7)	アン　ガイ	/2
(8)	ヤ　ハン	/2
		/12

二

		採点者記入欄
1	ア　イ　ウ　エ	/3
2	ア　イ　ウ　エ	/4
3	ア　イ　ウ　エ	/4
4 a	10　15	/6
4 b		/4
		/21

三

		採点者記入欄
1		/2
2	ア　イ　ウ　エ	/4
3	ア　イ　ウ　エ	/4
4 a		/4
4 b	舞台において　20　30　ようにしている。	/6
		/20

四

		採点者記入欄
1	A　B　C　D	/3
2	ア　イ　ウ　エ	/4
3	詠み手が、　55　70　こと。	/8
4	ア　イ　ウ　エ	/4
		/19

※実物の大きさ：195% 拡大（A3用紙）

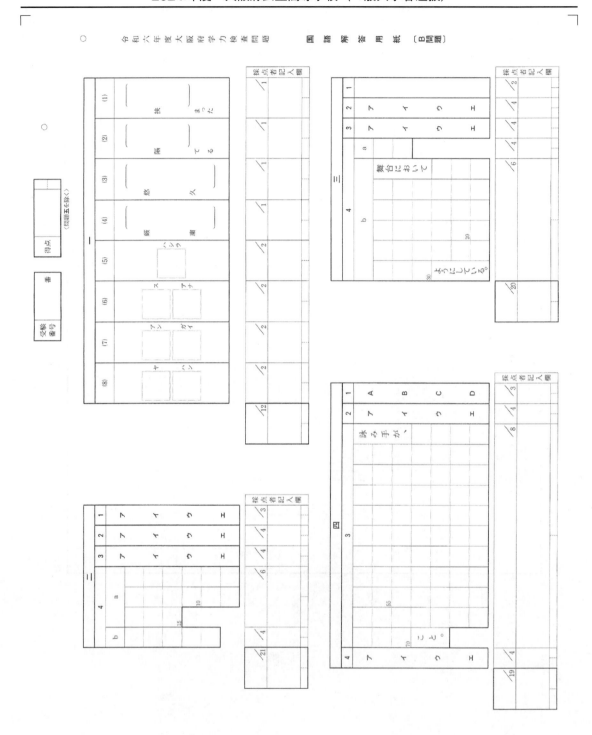

（原稿用紙）

受験番号　　番

得点　　/18

・原稿用紙の正しい使い方にしたがって書くこと。
・題名や名前は書かないで、本文から書き始めること。

※実物の大きさ：141% 拡大（A4 用紙）

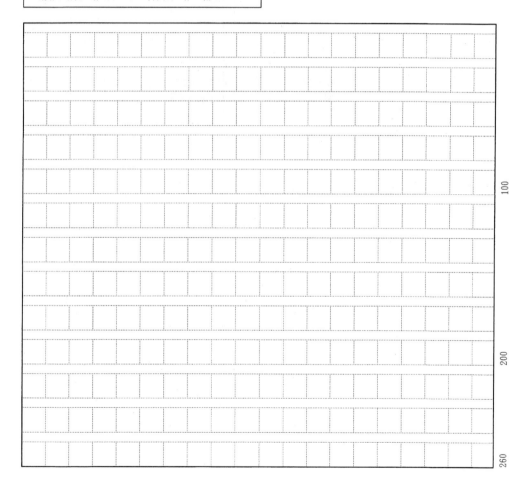

令和六年度大阪府学力検査問題

国語解答用紙〔C問題〕

受験番号　　番

得点

〈問題五を除く〉

一

1　ア　イ　ウ　エ

2　⊗で示した歌では、……ことにより再構成し、生命よみがえる季節を待ち望む気持ちを表現している。（70）（80）

3　ア　イ　ウ　エ

4　ア　イ　ウ　エ

採点者記入欄　/4　/8　/4　/5　/21

二

1　ア　イ　ウ　エ

2　A　ア　イ　ウ　エ
　B　ア　イ　ウ　エ
　C　ア　イ　ウ　エ

3　師の歌に詠まれた内容と……（5）（15）こと。

採点者記入欄　/4　/4　/6　/14

三

1
(1)　［　　］珠に
(2)　［　　］呈する
(3)　彫［　　］塑
(4)　□《ソ》り
(5)　□《ホウ》じる
(6)　□《コツ》□《シ》

2　水濁《レバ》則《チ》無《シ》掉《フ》尾《ヲ》之《の》魚。

採点者記入欄　/1　/1　/1　/2　/2　/2　/3　/12

四

1　A　B　C　D

2　ア　イ　ウ　エ

3　ア　イ　ウ　エ

4　歴史が……（50）（60）ものになるということ。

5　ア　イ　ウ　エ

採点者記入欄　/2　/4　/4　/8　/5　/23

※実物の大きさ：195%拡大（A3用紙）

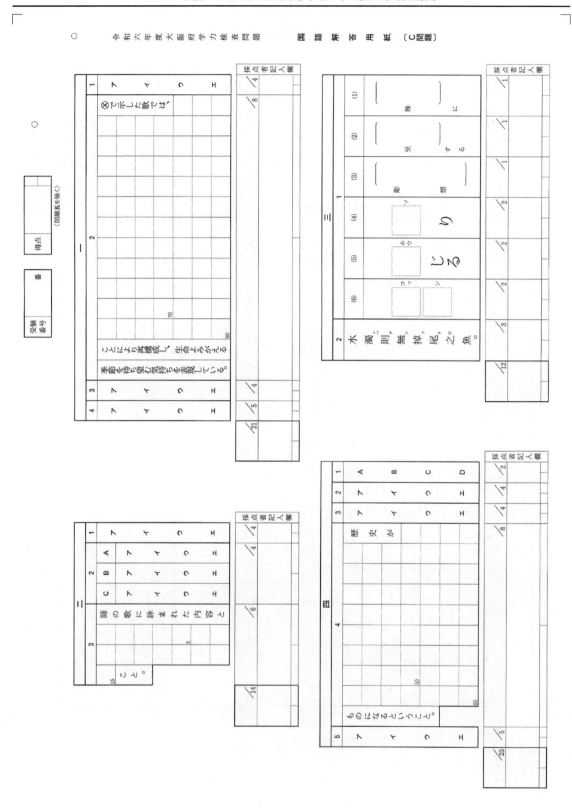

（原稿用紙）

受験番号	番

得点	/20

・原稿用紙の正しい使い方にしたがって書くこと。
・題名や名前は書かないで、本文から書き始めること。

※実物の大きさ：141% 拡大（A4 用紙）

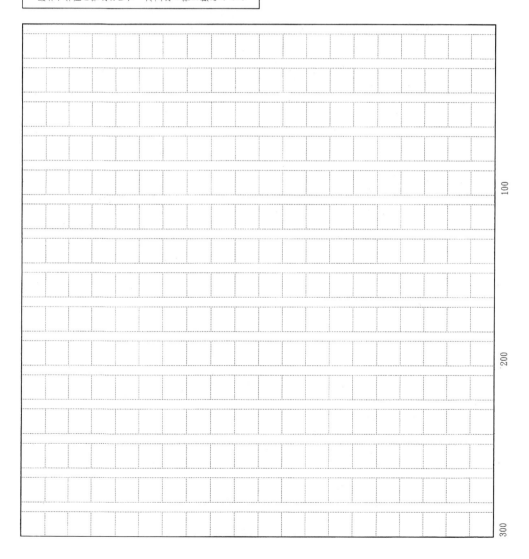

受験番号	番

得点	

令和５年度大阪府学力検査問題

数学解答用紙〔A問題〕

1		採点者記入欄
(1)		/3
(2)		/3
(3)		/3
(4)		/3
(5)		/3
(6)		/3
		/18

2		採点者記入欄
(1)	ア　イ　ウ　エ	/3
(2)		/3
(3)	ア　イ　ウ　エ	/3
(4)	g	/3
(5)	度	/3
(6)	回	/3
(7)	$x =$ ，$y =$	/3
(8)		/3
(9)		/3
(10)		/3
(11)	ア　イ　ウ　エ	/3
		/33

3			採点者記入欄
(1)	①	(ア)	/3
		(イ)	/3
	②	$y =$	/5
(2)			/5
			/16

4			採点者記入欄
(1)		ア　イ　ウ　エ	/3
(2)		cm^2	/3
(3)	ⓐ		/3
	ⓑ		/3
	ⓒ	ア　イ　ウ	/3
(4)		（求め方） cm	/8
			/23

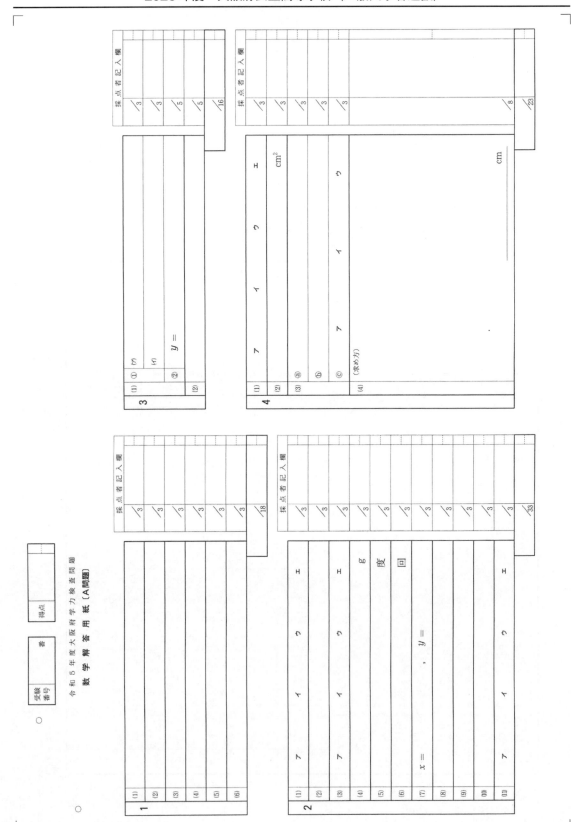

受験番号	番

得点	

令和5年度大阪府学力検査問題

数学解答用紙〔B問題〕

1		採点者記入欄
(1)		/3
(2)		/3
(3)		/3
(4)		/3
(5)		/3
		/15

2		採点者記入欄
(1)		/3
(2)		/3
(3)		/3
(4)		/3
(5)		/3
(6)	ア　イ　ウ　エ　オ	/4
(7)		/4
(8)	（求め方） aの値	/6
		/29

3			採点者記入欄
(1)	①	(ア)	/3
		(イ)	/3
	②	$y =$	/3
	③		/3
(2)		sの値　,　tの値	/4
			/16

4				採点者記入欄
[Ⅰ]	(1)		（証　明）	/7
	(2)	①	cm	/5
		②	cm	/5
[Ⅱ]	(3)		ア　イ　ウ　エ	/3
	(4)	①	cm	/5
		②	cm^3	/5
				/30

※実物の大きさ：195% 拡大（A3 用紙）

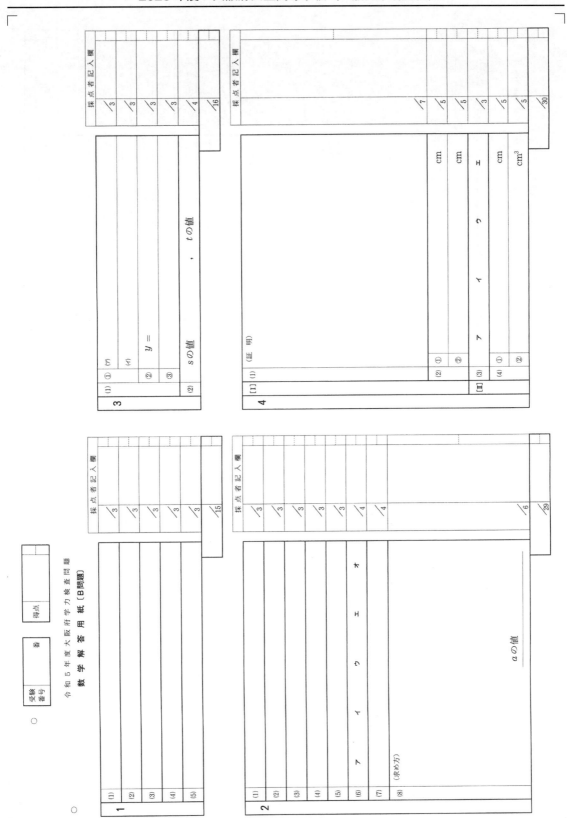

受験番号	番	得点	

令和５年度大阪府学力検査問題

数学解答用紙〔C問題〕

1			採点者記入欄
(1)			/4
(2)			/4
(3)	a の値	もう一つの解　$x=$	/5
(4)	a の値	b の値	/5
(5)			/6
(6)			/6
(7)			/6
(8)	（求め方） t の値		/8
			/44

2			採点者記入欄
(1)	①	cm	/4
	②	（証　明）	/8
(2)	①	cm	/4
	②	cm	/6
			/22

3			採点者記入欄
(1)	①	ア　イ　ウ　エ　オ	/4
	②	倍	/4
	③	cm	/6
(2)	①	cm	/4
	②	cm^3	/6
			/24

※実物の大きさ：195% 拡大（A3 用紙）

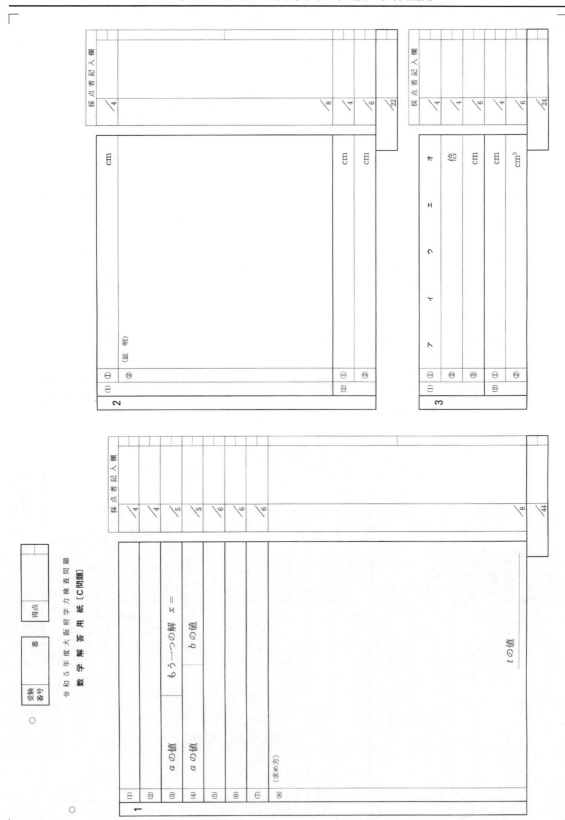

受験番号	番

得点	

〈リスニングを除く〉

令和５年度大阪府学力検査問題

英語解答用紙〔A問題〕

1

		採点者記入欄
(1)	ア　イ　ウ	/2
(2)	ア　イ　ウ	/2
(3)	ア　イ　ウ	/2
(4)	ア　イ　ウ	/2
(5)	ア　イ　ウ	/2
(6)	ア　イ　ウ	/2
(7)	ア　イ　ウ	/2
(8)	ア　イ　ウ	/2
(9)	ア　イ　ウ	/2
(10)	ア　イ　ウ	/2
		/20

2〔Ⅰ〕

		採点者記入欄
(1)	ア　イ　ウ　エ	/2
(2)		/2
(3)	ア　イ　ウ　エ	/3
(4)	ア　イ　ウ　エ	/3
		/10

2〔Ⅱ〕

		採点者記入欄
①	5	/3
②	5	/3
③	5	/4
		/10

3

		採点者記入欄
(1)	ア　イ　ウ　エ	/3
(2)	________ **heard the word.**	/3
(3)	ア　イ　ウ　エ	/3
(4)	**I like** ________ .	/3
(5)		/3
(6)	ア　イ　ウ　エ	/3
(7)	ア　イ　ウ　エ	/3
(8) ①		/3
(8) ②		/4
		/28

※実物の大きさ：195% 拡大（A3 用紙）

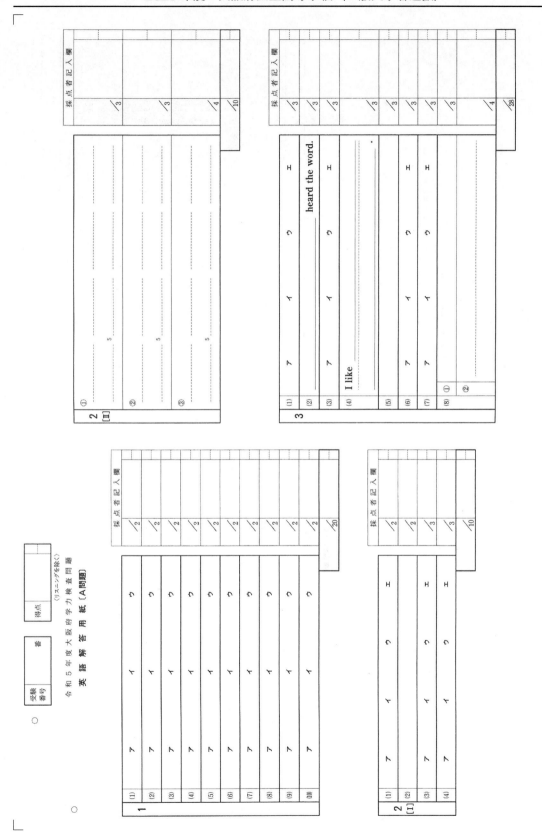

受験番号	番	得点	

〈リスニングを除く〉
令和５年度大阪府学力検査問題

英語解答用紙〔B問題〕

1			採点者記入欄
	(1)	ア　イ　ウ　エ	／2
	(2)		／3
	(3)	ア　イ　ウ　エ	／3
	(4)	ア　イ　ウ　エ	／3
	(5)	＿＿＿＿ of ***tempeh*** now, I could show it to you.	／3
	(6)	ア　イ　ウ　エ	／3
	(7)	ア　イ　ウ　エ	／3
	(8)	I ＿＿＿＿ tell you about ***tempeh***.	／3
	(9)	ア　イ　ウ　エ　オ	／6
			／29

2 [I]			採点者記入欄
	(1)	ア　イ　ウ　エ	／2
	(2)	He ＿＿＿＿ cup with the way of ***kintsugi***.	／3
	(3)	ア　イ　ウ　エ	／3
	(4)	ア　イ　ウ　エ	／3
	(5)	Before learning about ***kintsugi***, he ＿＿＿＿ which part was repaired.	／3
	(6)	ア　イ　ウ　エ	／3
	(7)		／3
	(8)	ア　イ　ウ　エ	／3
	(9) ①		／3
	②		／3
			／29

2 [II]		採点者記入欄
	① （10）	／4
	② [　Yes, I do.　・　No, I don't.　] （8） （16） （20）	／6
		／10

※実物の大きさ：195% 拡大（A3 用紙）

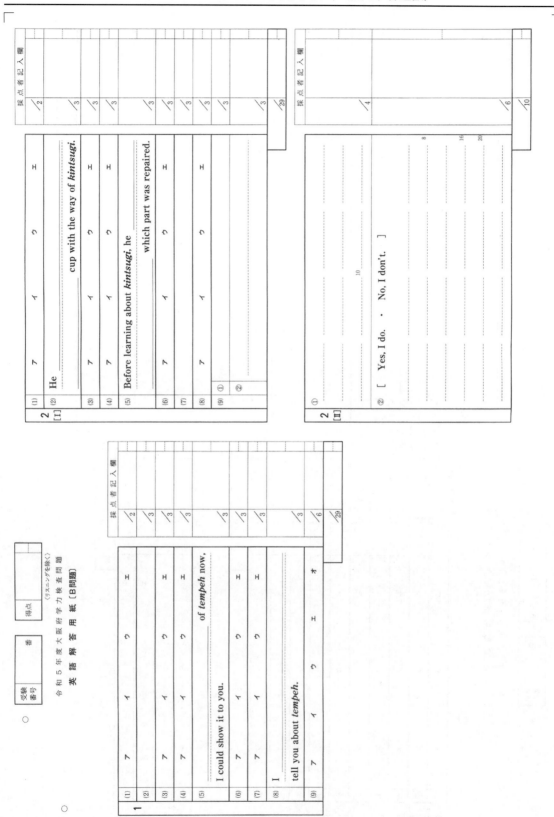

受験番号	番

得点	

令和５年度大阪府学力検査問題

英語リスニング解答用紙〔A問題・B問題〕

1　トムと里香との会話を聞いて，里香のことばに続くと考えられるトムのことばとして，次の**ア～エ**のうち最も適しているものを一つ選び，**解答欄の記号**を○で囲みなさい。

ア　Four hours.　　イ　Four times.　　ウ　Yes, I did.　　エ　No, I didn't.

解答欄	ア	イ	ウ	エ

採点者記入欄
／2

2　ラジオで天気予報が流れてきました。その天気予報で述べられている明日の天気の内容と合うものとして，次の**ア～エ**のうち最も適していると考えられるものを一つ選び，**解答欄の記号**を○で囲みなさい。

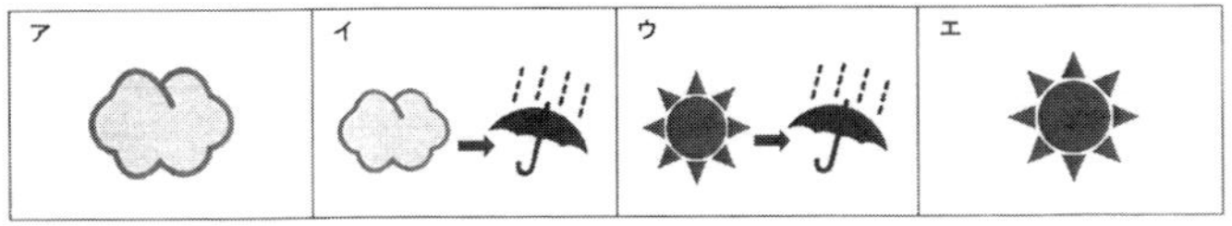

解答欄	ア	イ	ウ	エ

採点者記入欄
／2

3　ジェニーと高志との会話を聞いて，二人が明日，教科書のほかに学校に持っていく必要のあるものの組み合わせを示したものとして，次の**ア～エ**のうち最も適していると考えられるものを一つ選び，**解答欄の記号**を○で囲みなさい。

解答欄	ア	イ	ウ	エ

採点者記入欄
／3

4　華とアメリカからの留学生のサイモンが12月のカレンダーを見ながら会話をしています。二人の会話を聞いて，二人がフェスティバルに行く予定の日として，次の**ア～エ**のうち最も適しているものを一つ選び，**解答欄の記号**を○で囲みなさい。

ア　The 17th.　　イ　The 18th.
ウ　The 24th.　　エ　The 25th.

12月

月	火	水	木	金	土	日
			1	2	3	4
5	6	7	8	9	10	11
12	13	14	15	16	17	18
19	20	21	22	23	24	25
26	27	28	29	30	31	

解答欄	ア	イ	ウ	エ

採点者記入欄
／3

5　英語クラブに所属する絵里がオーストラリアから来た留学生に，学校生活について説明しています。その説明を聞いて，それに続く二つの質問に対する答えとして最も適しているものを，それぞれ**ア～エ**から一つずつ選び，**解答欄の記号**を○で囲みなさい。

(1)　ア　3 clubs.　　イ　10 clubs.　　ウ　12 clubs.　　エ　20 clubs.

解答欄	ア	イ	ウ	エ

採点者記入欄
／3

(2)　ア　The students can eat special curry at the school cafeteria every day.
　　イ　The students from Australia can join only one club activity in the school.
　　ウ　All the classes show a drama or dance in their classroom at the school festival.
　　エ　All the students sing a song at the end of the school festival.

解答欄	ア	イ	ウ	エ

採点者記入欄
／3

6　アメリカに留学をしている由美とホストファミリーのホワイトさんが，ホワイトさんの家で会話をしています。二人の会話を聞いて，それに続く二つの質問に対する答えとして最も適しているものを，それぞれ**ア～エ**から一つずつ選び，**解答欄の記号**を○で囲みなさい。

(1)　ア　At school.　　イ　In the garden.
　　ウ　At her friend's house.　　エ　In her room.

解答欄	ア	イ	ウ	エ

採点者記入欄
／3

(2)　ア　At 5:00.　　イ　At 5:30.　　ウ　At 6:00.　　エ　At 7:00.

解答欄	ア	イ	ウ	エ

採点者記入欄
／3

※実物の大きさ：195% 拡大（A3 用紙）

受験番号	番

得点	

〈リスニングを除く〉

令和 5 年度大阪府学力検査問題

英語解答用紙〔C問題〕

						採点者記入欄
1	(1)	ア	イ	ウ	エ	/2
	(2)	ア	イ	ウ	エ	/2
	(3)	ア	イ	ウ	エ	/2
	(4)	ア	イ	ウ	エ	/2
	(5)	ア	イ	ウ	エ	/2
	(6)	ア	イ	ウ	エ	/2
2	(1)	ア	イ	ウ	エ	/2
	(2)	ア	イ	ウ	エ	/2
	(3)	ア	イ	ウ	エ	/2
3	(1)	ア	イ	ウ	エ	/2
	(2)	ア	イ	ウ	エ	/2
	(3)	ア	イ	ウ	エ	/2
	(4)	ア	イ	ウ	エ	/2
	(5)	ア	イ	ウ	エ	/2
4	(1)	ア	イ	ウ	エ	/2
	(2)	ア	イ	ウ	エ	/2
	(3)	ア	イ	ウ	エ	/2
	(4)	ア	イ	ウ	エ	/2
	(5)	ア	イ	ウ	エ	/2
						/38

						採点者記入欄
5	(1)	ア	イ	ウ	エ	/2
	(2)	ア	イ	ウ	エ	/2
	(3)	ア	イ	ウ	エ	/2
	(4)	ア	イ	ウ	エ	/2
	(5)	ア	イ	ウ	エ	/2
	(6)	ア	イ	ウ	エ	/2
						/12

	採点者記入欄
6	/10
	/10

※実物の大きさ：195% 拡大（A3 用紙）

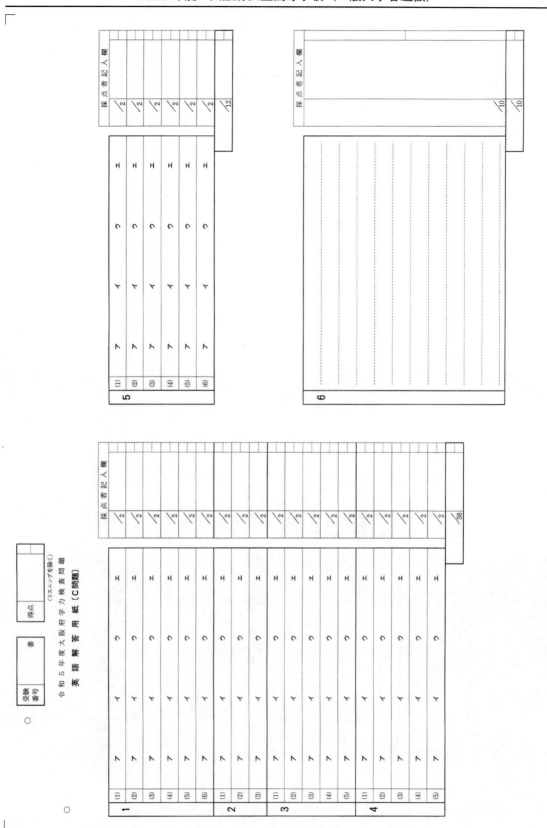

受験番号	番	得点	

令和５年度大阪府学力検査問題

英語リスニング解答用紙〔C問題〕

【 Part A 】

1 ア Tom painted the picture in the art class.
イ Tom didn't think the picture Kana painted was really good.
ウ Tom was surprised that Kana painted a really good picture.
エ Tom didn't believe that Kana took the photo in the art class.

解答欄	ア	イ	ウ	エ

採点者記入欄		
/2		

2 ア Kana asked Tom how his uncle was.
イ Something good happened to Tom yesterday.
ウ Tom wasn't happy because he lost his ticket for the concert yesterday.
エ Kana knew that Tom got a ticket for his favorite singer's concert before she asked him what happened.

解答欄	ア	イ	ウ	エ

採点者記入欄		
/2		

3 ア Kana told Tom what he should eat.
イ The menu was written in both Japanese and English.
ウ Tom thought the pictures on the menu were helpful.
エ Kana thinks it would be easier to understand the menu if there were some pictures.

解答欄	ア	イ	ウ	エ

採点者記入欄		
/2		

4 ア Kana has a piano lesson on the 24th.
イ Kana has a piano lesson on the 25th.
ウ Both Kana and Tom were free on the 17th.
エ Both Kana and Tom are free on the 24th.

解答欄	ア	イ	ウ	エ

採点者記入欄		
/3		

5 ア Tom answered the interview in April.
イ All of the things Tom guessed about the interview were right.
ウ In the interview, 38 students chose "Making friends" as the thing they want to try harder.
エ In the interview, the number of students who chose "Club activities" as the thing they enjoy the most at school was the biggest.

解答欄	ア	イ	ウ	エ

採点者記入欄		
/3		

【 Part B 】

6 (1) ア All the students in this school make a drama every year.
イ The school festival will be held in November.
ウ The teacher will choose which group will show their drama in the school festival.
エ The students will make groups of five or six people in the next lesson.

解答欄	ア	イ	ウ	エ

採点者記入欄		
/3		

(2) ア The students need to make a story longer than ten minutes.
イ The students need to make their own story for their drama.
ウ The students need to practice their drama in the lessons.
エ The students need to speak their parts clearly and fluently.

解答欄	ア	イ	ウ	エ

採点者記入欄		
/3		

【 Part C 】

採点者記入欄		
/12		

※実物の大きさ：195% 拡大（A3 用紙）

令 和 5 年 度 大 阪 府 学 力 検 査 問 題

英 語 リ ス ニ ン グ 問 題〔C問題〕

【 Part C 】

Let's join the online event with Korean and Australian students!

Date: 3:30-5:30 p.m. on May 15th
Plan: 1. English speeches about each country
2. Questions and Answers
3. Games

You need to prepare a speech about Japan, photos for your speech, and a game to play together.

（注） online　オンラインの

【Memo】

Tom	Kana

受験番号　　　番　　得点

令和５年度大阪府学力検査問題

社会解答用紙

1

				採点者記入欄
(1)	①	(a)	ア　イ　ウ　エ	/2
		(b)		/2
		(c)	ⓐ ア　イ　ⓑ ウ　エ	/2
	②			/2
	③		ア　イ　ウ　エ	/2
	④	(a)	ア　イ　ウ　エ	/2
		(b)	ア　イ　ウ　エ	/3
(2)			ア　イ　ウ　エ	/3
(3)				/3
				/21

2

				採点者記入欄
(1)			ア　イ　ウ　エ	/2
(2)	①	ⓐ	ア　イ　ウ　ⓑ	/2
	②	(a)		/2
		(b)	ア　イ　ウ　エ	/2
		(c)	ア　イ　ウ　エ	/2
		(d)	ア　イ　ウ　エ	/2
	③		ア　イ　ウ　エ	/2
(3)	ⓐ		ⓑ	/2
(4)	①			/3
	②		ア　イ　ウ　エ	/3
				/22

3

				採点者記入欄
(1)	①		A　B　C　D　E	/2
	②			/2
	③		ア　イ　ウ　エ	/2
(2)	①		ア　イ　ウ　エ	/2
	②		ア　イ　ウ　エ　オ　カ	/2
	③			/2
(3)	①	ⓐ		/2
		ⓑ		/2
	②		ア　イ　ウ　エ	/2
	③	ⓐ		/2
		ⓑ		/2
	④		ア　イ　ウ　エ	/3
				/25

4

				採点者記入欄
(1)	①			/2
	②	ⓐ	ア　イ　ⓑ ウ　エ	/2
(2)				/2
(3)	①	ⓐ	ア　イ　ⓑ ウ　エ	/2
	②	(a)		/2
		(b)	ア　イ　ウ　エ	/3
(4)	①		ア　イ　ウ　エ	/3
	②	ⓐ	ⓑ ア　イ	/3
(5)				/3
				/22

※実物の大きさ：195% 拡大（A3 用紙）

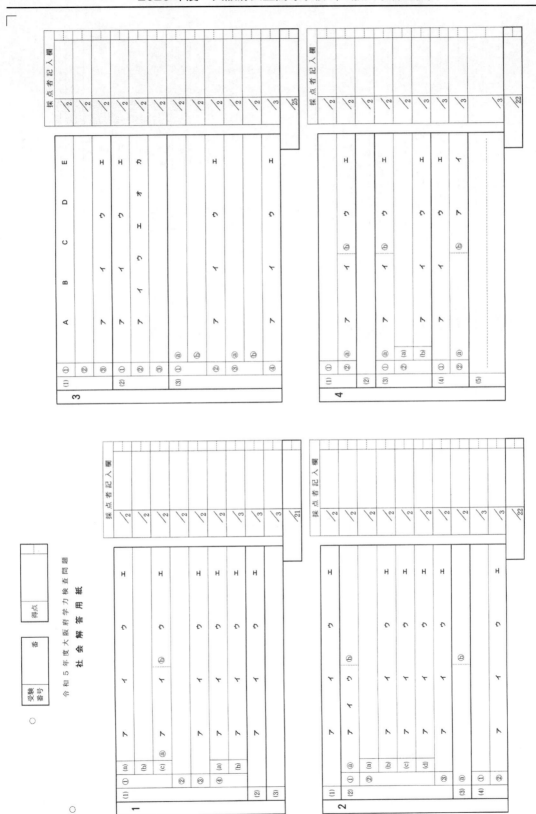

受験番号	番	得点	

令和５年度大阪府学力検査問題

理科解答用紙

1				採点者記入欄
	(1)	ⓐ	ア　イ　ⓑ　ウ　エ	/2
	(2)	①	ⓒ　ア　イ　ⓓ　ウ　エ	/2
		②	K：L ＝〔　　〕：〔　　〕	/3
	(3)		ア　イ　ウ　エ	/3
	(4)	ⓔ	ア　イ　ⓕ　ウ　エ	/3
	(5)	①	実験	/3
		②	ア　イ　ウ　エ　オ　カ	/3
	(6)		ア　イ　ウ　エ	/3
				/22

2				採点者記入欄
	(1)	①	ア　イ　ウ	/2
		②	反射	/2
	(2)			/2
	(3)		ア　イ　ウ　エ	/2
	(4)		cm	/2
	(5)		像	/2
	(6)	ⓐ	ア　イ　ウ　エ	/2
		ⓑ	cm	/3
	(7)		ア　イ　ウ　エ	/3
	(8)		ア　イ　ウ　エ	/3
				/23

3				採点者記入欄
	(1)		A　B　C　D	/2
	(2)		運動	/3
	(3)		ア　イ　ウ　エ	/3
	(4)		ア　イ　ウ　エ	/3
	(5)	①	前線	/3
		②	ア　イ　ウ　エ	/3
	(6)		a　b　c　d	/3
	(7)		J	/3
				/23

4				採点者記入欄
	(1)	ⓐ	ア　イ　ⓑ　ウ　エ	/2
	(2)	①	ア　イ　ウ　エ	/2
		②	置換法	/3
	(3)		ア　イ　ウ　エ	/3
	(4)		g	/3
	(5)		ア　イ　ウ　エ　オ	/3
	(6)		g	/3
	(7)		倍	/3
				/22

※実物の大きさ：195% 拡大（A3用紙）

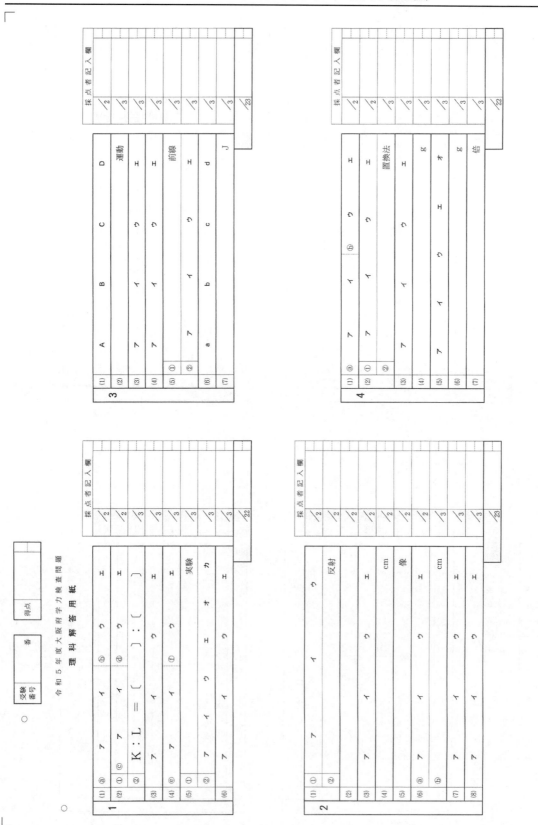

令和五年度大阪府学力検査問題

国語解答用紙〔A問題〕

受験番号　　番

得点
〈問題五を除く〉

一

1
(1) 宿《　》舎
(2) 栄《　》冠
(3) 尽《　》くす
(4) 勧《　》める
(5) オ□きる
(6) タモ□つ
(7) ウ□ チュウ□
(8) キュウ□ キュウ□

2
A
B
C

採点者記入欄										
/2	/2	/2	/2	/2	/2	/2	/2	/3	/19	

二

1 ア　イ　ウ

2
a
b 湯気の当たる蓋の裏側だけが　10　20 現象。

3
a
b
c

採点者記入欄							
/3	/4	/6	/3	/3	/3	/22	

三

1
2 ア　イ　ウ
3
a
b

採点者記入欄					
/3	/3	/3	/3	/12	

四

1 ア　イ　ウ　エ

2 ア　イ　ウ　エ

3
(1)
a
b もういちど余分なもののなかで、　20 25 必要がある
c のではないか
(2) ア　イ　ウ　エ

採点者記入欄							
/3	/4	/4	/6	/4	/4	/25	

※実物の大きさ：195% 拡大（A3 用紙）

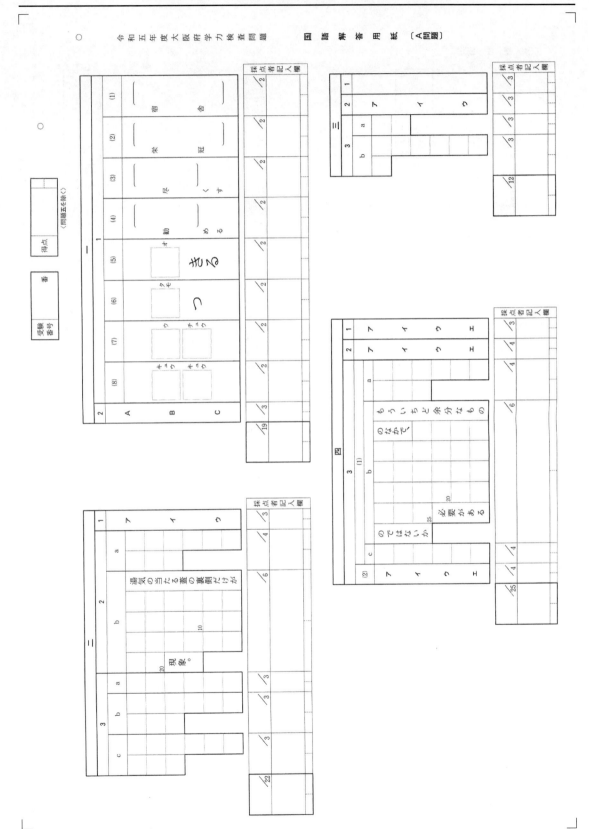

（原稿用紙）

受験番号	番

得点	/12

・原稿用紙の正しい使い方にしたがって書くこと。
・題名や名前は書かないで、本文から書き始めること。

100

180

※実物の大きさ：141% 拡大（A4 用紙）

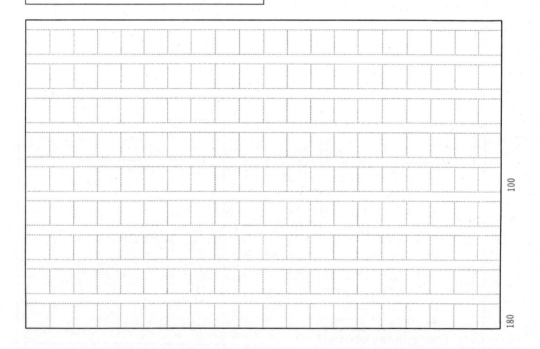

令和五年度大阪府学力検査問題

国語解答用紙〔B問題〕

受験番号　番

得点

〈問題五を除く〉

一

1　A　B　C　D

2　a

b　（20）（30）ことによってわかった事実や現実に関する新しいことが知識となる。

3　ア　イ　ウ　エ

4　ア　イ　ウ　エ

採点者記入欄　/3　/4　/6　/4　/4　/21

二

1　a

b　はじめに（10）（15）ようになっていく。

2

3　ア　イ　ウ　エ

採点者記入欄　/4　/6　/2　/4　/16

三

1

(1)　栄　誉

(2)　佳　境

(3)　募　る

(4)　携　えて

(5)　タモ　つ

(6)　ササ　える

(7)　キュウ　キュウ

(8)　リョウ　イキ

2　ア　イ　ウ　エ

採点者記入欄　/1　/1　/1　/1　/2　/2　/2　/2　/2　/14

四

1　ア　イ　ウ　エ

2　ア　イ　ウ　エ

3　a　『童子問』の間に（20）（30）ということが分かり、

b

c

採点者記入欄　/3　/4　/6　/4　/4　/21

※実物の大きさ：195% 拡大（A3用紙）

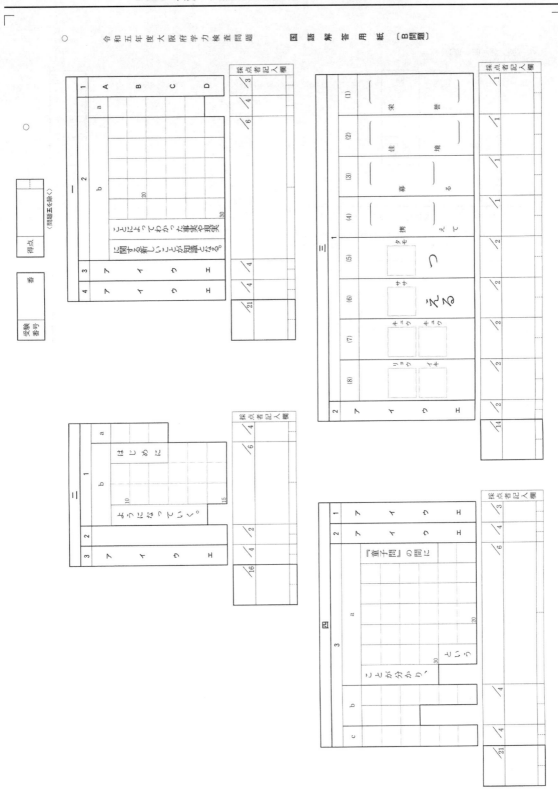

（原稿用紙）

受験番号　　番

得点　／18

・原稿用紙の正しい使い方にしたがって書くこと。
・題名や名前は書かないで、本文から書き始めること。

100

200

260

※実物の大きさ：141% 拡大（A4 用紙）

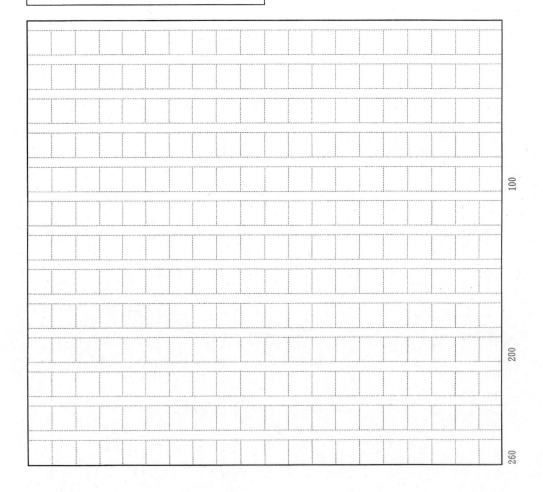

令和五年度大阪府学力検査問題

国語解答用紙〔C問題〕

受験番号　　番

得点

〈問題五を除く〉

一

1 a　芭蕉は、（45）（55）ということを、

1 b

2 ア　イ　ウ　エ

3 a

3 b

採点者記入欄：6、4、4、4、4、22

二

1 ア　イ　ウ　エ

2 ア　イ　ウ　エ

3 a

3 b　他に並ぶものがないほどすばらしく、（20）（30）と思う気持ち

採点者記入欄：4、4、4、6、18

三

1 (1) 掲げる　(2) 含蓄　(3) 珠玉　(4) リョウイキ　(5) タントウ　(6) カナメ

2 ア　イ　ウ　エ

採点者記入欄：1、1、1、2、2、2、2、11

四

1 ア　イ　ウ　エ

2

3　言葉は、（80）（95）ものである。

4 ア　イ　ウ　エ

採点者記入欄：3、4、8、4、19

※実物の大きさ：195% 拡大（A3 用紙）

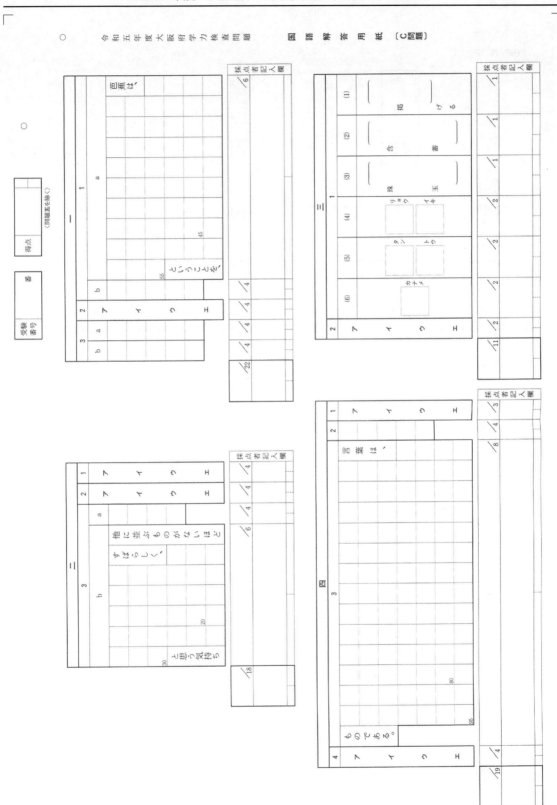

（原稿用紙）

受験番号	番

得点	/20

・原稿用紙の正しい使い方にしたがって書くこと。
・題名や名前は書かないで、本文から書き始めること。

100

200

300

※実物の大きさ：141% 拡大（A4 用紙）

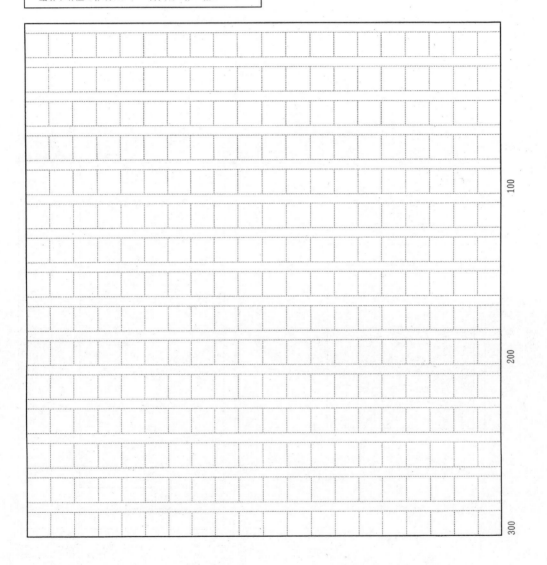

受験番号	番

得点	

令和４年度大阪府学力検査問題

数学解答用紙〔A問題〕

1		採点者記入欄
(1)		/3
(2)		/3
(3)		/3
(4)		/3
(5)		/3
(6)		/3
		/18

2			採点者記入欄
(1)			/3
(2)		℃	/3
(3)		ア　イ　ウ　エ	/3
(4)		$x =$　　,　$y =$	/3
(5)			/3
(6)		回	/3
(7)			/3
(8)		ア　イ　ウ　エ	/3
(9)			/3
(10)	①	ア　イ　ウ　エ	/3
	②	cm^3	/3
			/33

3			採点者記入欄
(1)	①	(ア)	/3
		(イ)	/3
	②	$y =$	/5
(2)			/5
			/16

4			採点者記入欄
(1)		度	/3
(2)		cm	/3
(3)	ⓐ		/3
	ⓑ		/3
	ⓒ	ア　イ　ウ	/3
(4)		（求め方） cm	/8
			/23

※実物の大きさ：195% 拡大（A3 用紙）

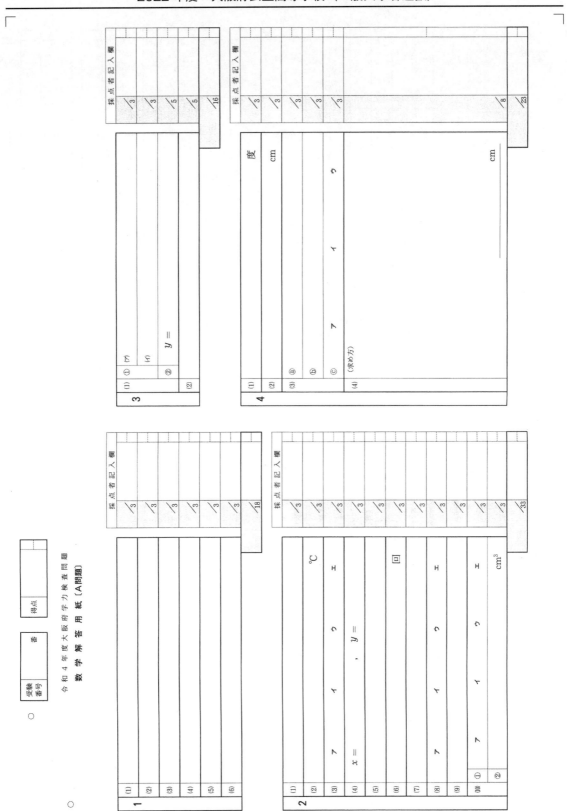

受験番号	番

得点	

令和４年度大阪府学力検査問題

数学解答用紙〔B問題〕

1		採点者記入欄
(1)		/3
(2)		/3
(3)		/3
(4)		/3
(5)		/3
		/15

2		採点者記入欄
(1)	$a=$	/3
(2)		/3
(3)	ア　イ　ウ　エ　オ　カ	/3
(4)		/3
(5)		/3
(6)	度	/4
(7)		/4
(8)	（求め方） aの値	/6
		/29

3			採点者記入欄
(1)	①	(ア)	/3
		(イ)	/3
	②	$y=$	/3
	③		/3
(2)		sの値　，　tの値	/4
			/16

4				採点者記入欄
[Ⅰ]	(1)		（証　明）	/7
	(2)	①	cm	/5
		②	cm^2	/5
[Ⅱ]	(3)		ア　イ　ウ　エ　オ	/3
	(4)	①	cm	/5
		②	cm^3	/5
				/30

※実物の大きさ：195% 拡大（A3 用紙）

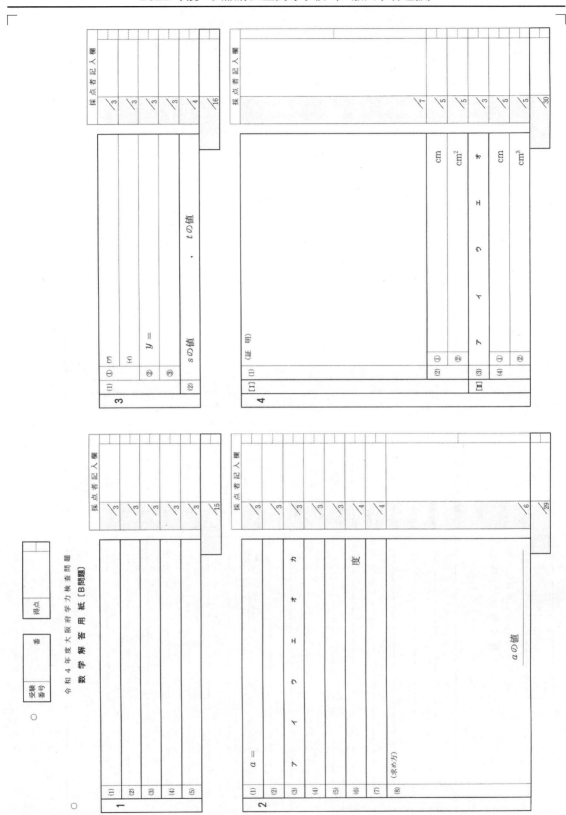

受験番号	番

得点	

令和 4 年度大阪府学力検査問題

数学解答用紙〔C問題〕

1			採点者記入欄
	(1)		/4
	(2)	$x =$　　　　，$y =$	/4
	(3)		/5
	(4)	ア　　イ　　ウ　　エ	/5
	(5)		/6
	(6)	人	/6
	(7)		/6
	(8)	(求め方) t の値	/8
			/44

2				採点者記入欄
	(1)		cm^2	/4
	(2)		(証　明)	/8
	(3)	①	cm	/4
		②	cm^2	/6
				/22

3				採点者記入欄
	(1)	①	cm^2	/4
		②	cm	/4
		③	cm	/6
	(2)	①	cm	/4
		②	cm^3	/6
				/24

※実物の大きさ：195% 拡大（A3 用紙）

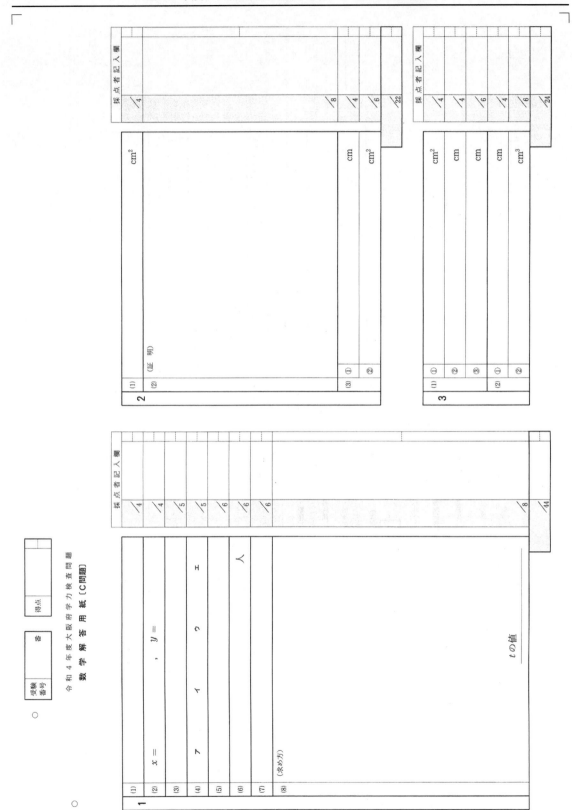

受験番号	番

得点	

〈リスニングを除く〉

令和 4 年度大阪府学力検査問題

英 語 解 答 用 紙〔A問題〕

1

				採点者記入欄
(1)	ア	イ	ウ	/2
(2)	ア	イ	ウ	/2
(3)	ア	イ	ウ	/2
(4)	ア	イ	ウ	/2
(5)	ア	イ	ウ	/2
(6)	ア	イ	ウ	/2
(7)	ア	イ	ウ	/2
(8)	ア	イ	ウ	/2
(9)	ア	イ	ウ	/2
(10)	ア	イ	ウ	/2
				/20

2〔I〕

					採点者記入欄
(1)	ア	イ	ウ	エ	/2
(2)					/3
(3)	ア	イ	ウ	エ	/2
(4)	ア	イ	ウ	エ	/3
					/10

2〔II〕

		採点者記入欄
①	5	/3
②	5	/3
③	5	/4
		/10

3

					採点者記入欄
(1)	ア	イ	ウ	エ	/3
(2)	ア	イ	ウ	エ	/3
(3)	I ＿＿＿＿ a picture.				/3
(4)	Before I visited Grand Canyon, I learned ＿＿＿＿ .				/3
(5)	ア	イ	ウ	エ	/3
(6)					/3
(7)	ア	イ	ウ	エ	/3
(8) ①					/3
(8) ②					/4
					/28

※実物の大きさ：195% 拡大（A3 用紙）

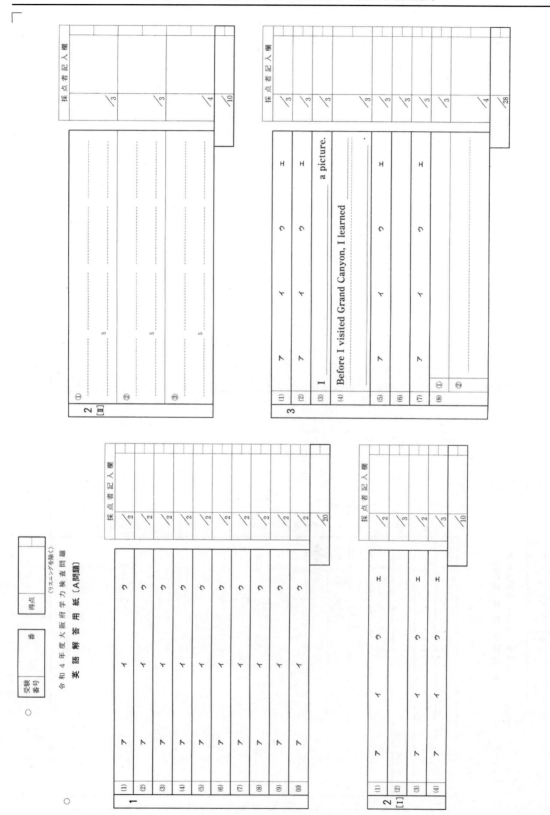

受験番号	番

得点	

〈リスニングを除く〉

令和４年度大阪府学力検査問題

英語解答用紙〔B問題〕

1			採点者記入欄
	(1)	ア　イ　ウ　エ	/2
	(2)	ア　イ　ウ　エ	/3
	(3)	ア　イ　ウ　エ	/3
	(4)	There are many ＿＿＿＿ only by visiting the place.	/3
	(5)	ア　イ　ウ　エ	/3
	(6)	But the view in front of me ＿＿＿＿ .	/3
	(7)	ア　イ　ウ　エ	/3
	(8)		/3
	(9)	ア　イ　ウ　エ　オ	/6
			/29

2			採点者記入欄
	(1)	ア　イ　ウ　エ	/2
	(2)	By reading some reports, I ＿＿＿＿ .	/3
	(3)	ア　イ　ウ　エ	/3
	(4)		/3
	(5)	＿＿＿＿ the two shells with your hands?	/3
	(6)	ア　イ　ウ　エ	/3
	(7)	ア　イ　ウ　エ	/3
	(8)	ア　イ　ウ　エ	/3
	(9)	①	/3
		②	/3
			/29

3		採点者記入欄
	①	/4
	②	/6
		/10

※実物の大きさ：195% 拡大（A3 用紙）

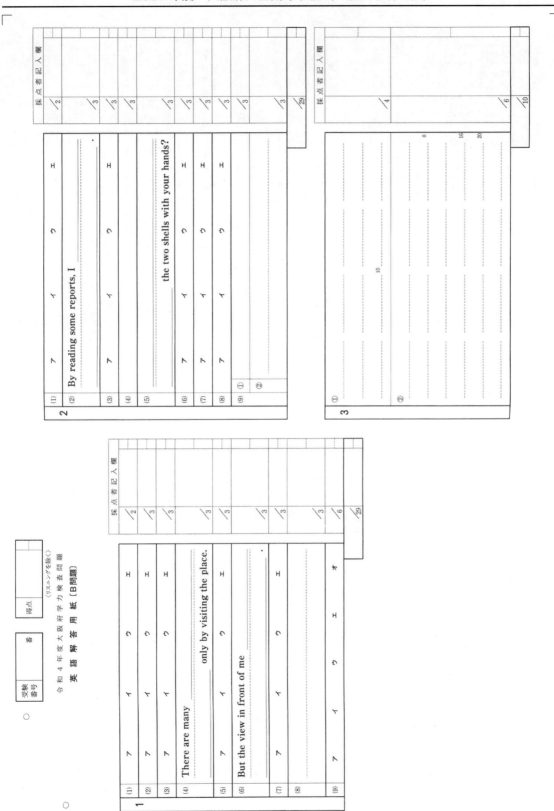

受験番号	番

得点	

令和４年度大阪府学力検査問題

英語リスニング解答用紙〔A問題・B問題〕

1　ジョーと陽子との会話を聞いて，陽子のことばに続くと考えられるジョーのことばとして，次の**ア〜エ**のうち最も適しているものを一つ選び，**解答欄の記号**を○で囲みなさい。

ア　Yes, I was.　　**イ**　No, it wasn't.　　**ウ**　It was one dollar.　　**エ**　I liked it very much.

解答欄	ア	イ	ウ	エ

採点者記入欄
／2

2　英語の授業で美希が絵の説明をしています。美希が説明している絵として，次の**ア〜エ**のうち最も適していると考えられるものを一つ選び，**解答欄の記号**を○で囲みなさい。

ア

イ

ウ

エ

解答欄	ア	イ	ウ	エ

採点者記入欄
／2

3　アンと直人との会話を聞いて，二人が聞きに行ったコンサートのプログラムを示したものとして，次の**ア〜エ**のうち最も適していると考えられるものを一つ選び，**解答欄の記号**を○で囲みなさい。

ア	イ	ウ	エ
♪ Titles of songs ♪	♪ Titles of songs ♪	♪ Titles of songs ♪	♪ Titles of songs ♪
1. Moment	1. Hope	1. Future	1. Future
2. Future	2. Moment	2. Moment	2. Hope
3. Hope	3. Future	3. Hope	3. Moment

解答欄	ア	イ	ウ	エ

採点者記入欄
／3

4　ピーターと恵美との会話を聞いて，恵美が紹介している動物病院の診療予定を表したものとして，次の**ア〜エ**のうち最も適していると考えられるものを一つ選び，**解答欄の記号**を○で囲みなさい。

ア

午後	月	火	水	木	金	土	日
3時〜8時	○	○	○	○	○	○	○

○は開院

イ

午後	月	火	水	木	金	土	日
4時〜8時	○	○	○	○	○	○	○

○は開院

ウ

午後	月	火	水	木	金	土	日
3時〜8時	○	○	○	○	○	／	／

○は開院

エ

午後	月	火	水	木	金	土	日
4時〜8時	○	○	○	○	○	／	／

○は開院

解答欄	ア	イ	ウ	エ

採点者記入欄
／3

5　授業でブラウン先生がしている説明を聞いて，それに続く二つの質問に対する答えとして最も適しているものを，それぞれ**ア〜エ**から一つずつ選び，**解答欄の記号**を○で囲みなさい。

(1)　**ア**　Two.　　**イ**　Three.　　**ウ**　Four.　　**エ**　Five.

解答欄	ア	イ	ウ	エ

採点者記入欄
／3

(2)　**ア**　The first thing to do in the cooking lesson.　　**イ**　People who will make curry.
ウ　People who will make the fruit cake.　　**エ**　The fruit used for the cake.

解答欄	ア	イ	ウ	エ

採点者記入欄
／3

6　サッカークラブに所属するボブと，姉で大学生のニーナとが電話で話をしています。二人の会話を聞いて，それに続く二つの質問に対する答えとして最も適しているものを，それぞれ**ア〜エ**から一つずつ選び，**解答欄の記号**を○で囲みなさい。

(1)　**ア**　At the entrance of the house.　　**イ**　Inside the box in Bob's room.
ウ　Around the table in the kitchen.　　**エ**　Under the lunch box inside Bob's bag.

解答欄	ア	イ	ウ	エ

採点者記入欄
／3

(2)　**ア**　She will clean the entrance to find Bob's shoes.
イ　She will go to the stadium with Bob's soccer shoes.
ウ　She will look for Bob's soccer shoes at home.
エ　She will make a lunch for Bob and bring it to the stadium.

解答欄	ア	イ	ウ	エ

採点者記入欄
／3

※実物の大きさ：195% 拡大（A3 用紙）

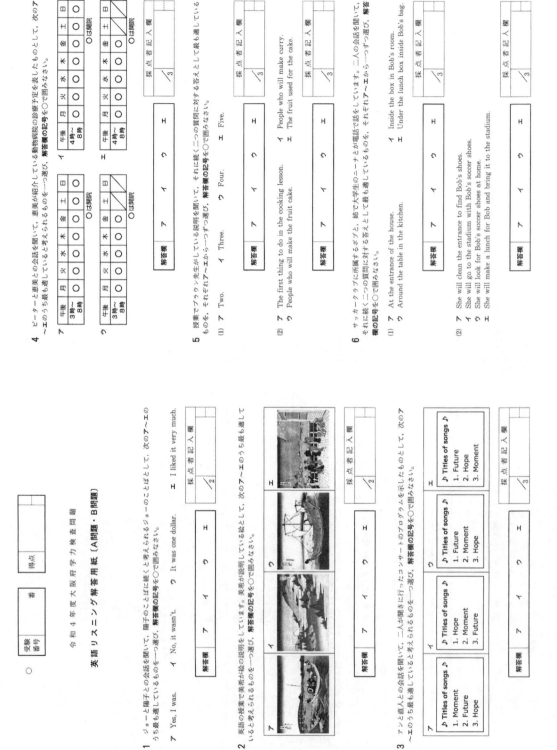

受験番号	番

得点	

〈リスニングを除く〉

令和４年度大阪府学力検査問題

英語解答用紙〔C問題〕

						採点者記入欄
1	(1)	ア	イ	ウ	エ	/2
	(2)	ア	イ	ウ	エ	/2
	(3)	ア	イ	ウ	エ	/2
	(4)	ア	イ	ウ	エ	/2
	(5)	ア	イ	ウ	エ	/2
	(6)	ア	イ	ウ	エ	/2
2	(1)	ア	イ	ウ	エ	/2
	(2)	ア	イ	ウ	エ	/2
	(3)	ア	イ	ウ	エ	/2
3	(1)	ア	イ	ウ	エ	/2
	(2)	ア	イ	ウ	エ	/2
	(3)	ア	イ	ウ	エ	/2
	(4)	ア	イ	ウ	エ	/2
	(5)	ア	イ	ウ	エ	/2
4	(1)	ア	イ	ウ	エ	/2
	(2)	ア	イ	ウ	エ	/2
	(3)	ア	イ	ウ	エ	/2
	(4)	ア	イ	ウ	エ	/2
	(5)	ア	イ	ウ	エ	/2
						/38

						採点者記入欄
5	(1)	ア	イ	ウ	エ	/2
	(2)	ア	イ	ウ	エ	/2
	(3)	ア	イ	ウ	エ	/2
	(4)	ア	イ	ウ	エ	/2
	(5)	ア	イ	ウ	エ	/2
	(6)	ア	イ	ウ	エ	/2
						/12

	採点者記入欄
6	/10
	/10

※実物の大きさ：195% 拡大（A3 用紙）

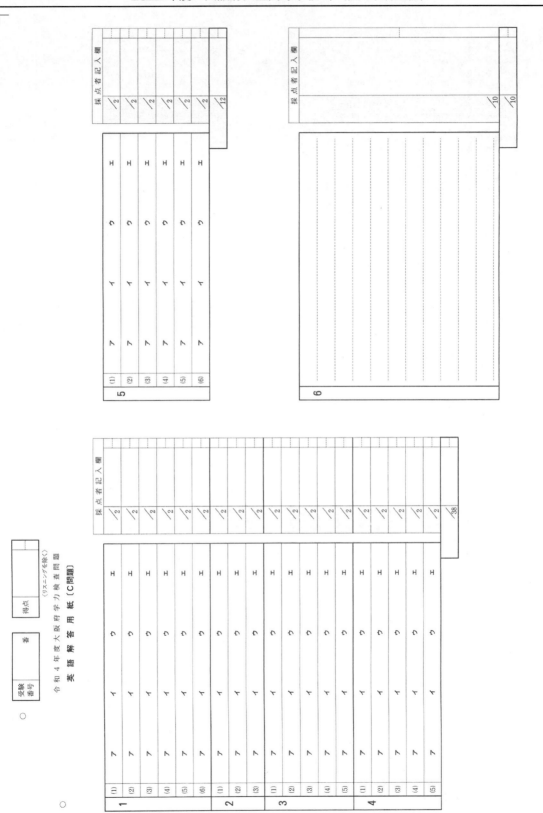

受験番号	番	得点	

令和４年度大阪府学力検査問題

英語リスニング解答用紙〔C問題〕

【Part A】

1
ア That building is the most famous.
イ That building is famous but not so tall.
ウ That building is taller than any other building.
エ That building is as tall as other buildings.

解答欄	ア	イ	ウ	エ

採点者記入欄
／2

2
ア Jane has a camera now, and she will take a picture.
イ Jane left her camera at home, so Kevin will take a picture.
ウ Both of them have a camera, but they don't want to take a picture.
エ No one has a camera though both of them want to take a picture.

解答欄	ア	イ	ウ	エ

採点者記入欄
／2

3
ア Having various choices can make choosing the best one difficult.
イ Having so many choices means that any choice is wrong.
ウ Choosing the best one is easy if there are various choices.
エ Choosing so many flowers for her sister is the problem.

解答欄	ア	イ	ウ	エ

採点者記入欄
／2

4
ア Kevin is late for the meeting because he didn't know about it.
イ Kevin is late for the meeting because he forgot about it.
ウ Kevin is not late for the meeting because he remembered it.
エ Kevin is not late for the meeting because Jane let him know about it.

解答欄	ア	イ	ウ	エ

採点者記入欄
／3

5 Kevin and Jane are talking on the phone.
ア Kevin left his uniform at home and Jane found it for him.
イ Kevin thought he left his uniform, but it was found inside his bag.
ウ Jane went to the kitchen to look for Kevin's lunch box.
エ Jane will go to the stadium to bring Kevin's uniform soon.

解答欄	ア	イ	ウ	エ

採点者記入欄
／3

【Part B】

6

【Picture】

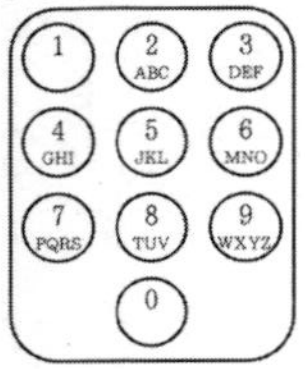

(1)
ア Looking at the numbers on a phone is a useful way of remembering phone numbers.
イ Cellphones are not able to remember necessary phone numbers.
ウ When a shop wants you to remember its phone number, it tells you its number many times.
エ A phrase made for remembering numbers helps you remember a phone number.

解答欄	ア	イ	ウ	エ

採点者記入欄
／3

(2)
ア 1029239
イ 6247228
ウ 6423228
エ 8486287

解答欄	ア	イ	ウ	エ

採点者記入欄
／3

【Part C】

採点者記入欄
／12

※実物の大きさ：195% 拡大（A3 用紙）

令和４年度大阪府学力検査問題

英語リスニング問題〔C問題〕

【Part C】

The system of producing and consuming food in a local area

Producing and selling food in a local area have some good points. Buying and eating the food produced in the area also have some good points.

This system is helpful to many people.

（注） consume　消費する

【Memo】

Ken	Beth

※実物の大きさ：195% 拡大（A3 用紙）

受験番号	番	得点	

令和４年度大阪府学力検査問題

社会解答用紙

1

		解答欄	採点者記入欄
(1)		ア　イ　ウ　エ	/2
(2)			/2
(3)	①	ア　イ　ウ　エ	/2
	②	ア　イ　ウ　エ　オ　カ	/2
(4)		ア　イ　ウ　エ	/2
(5)	①	ア　イ　ウ　エ	/2
	②		/3
(6)	①		/3
	②		/3
(7)			/3
			/24

2

		解答欄	採点者記入欄
(1)	①	ア　イ　ウ　エ	/2
	②	ア　イ　ウ　エ　オ　カ	/2
(2)	①	ア　イ　ウ　エ	/2
	② (a)	ア　イ　ウ　エ	/2
	② (b)	ア　イ　ウ　エ　オ　カ	/2
(3)			/2
(4)	①	ⓐ　ア　イ　ⓑ　ウ　エ　オ	/3
	②		/3
	③		/3
			/21

3

		解答欄	採点者記入欄
(1)			/2
(2)	①	ⓐ　ア　イ　ⓑ　ウ　エ	/2
	②		/2
	③		/2
	④	ア　イ　ウ　エ　オ　カ	/2
(3)	①		/2
	②	ア　イ　ウ　エ	/2
	③		/3
(4)	①	ア　イ　ウ　エ	/3
	②	ア　イ　ウ　エ	/3
			/23

4

		解答欄	採点者記入欄
(1)	①	ア　イ　ウ　エ	/2
	②		/2
	③	ア　イ　ウ　エ	/2
(2)		ⓐ　ⓑ	/2
(3)		ア　イ　ウ　エ	/2
(4)	①	ア　イ　ウ　エ	/2
	②	ⓐ　ア　イ　ウ　ⓑ　エ　オ　カ　キ	/2
(5)	①	ア　イ　ウ　エ	/2
	②	ⓐ　ア　イ　ウ　ⓑ　エ　オ　カ　キ	/3
(6)			/3
			/22

※実物の大きさ：195% 拡大（A3 用紙）

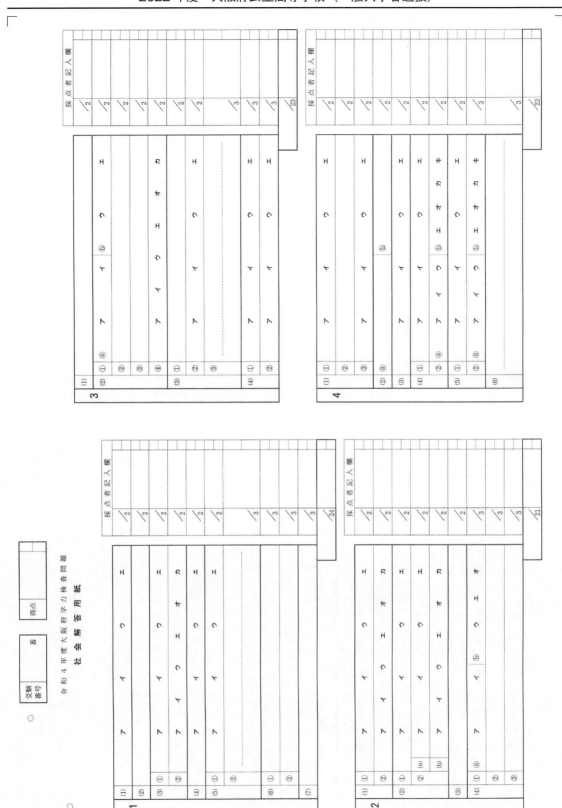

受験番号	番	得点	

令和 4 年度大阪府学力検査問題

理 科 解 答 用 紙

1			採点者記入欄
(1)	①	ア　イ　ウ　エ	/2
	②	ⓐ ア　イ　ⓑ ウ　エ	/2
(2)	①	ア　イ　② ウ　エ	/2
(3)	①	ⓒ ア　イ　ⓓ ウ　エ	/2
	②	ア　イ　ウ　エ	/3
(4)			/3
(5)		ア　イ　ウ　エ	/3
(6)	①	ア　イ　②	/3
(7)		ア　イ　ウ　エ　オ　カ	/3
			/23

2			採点者記入欄
(1)	①	ア　イ　ウ　エ	/2
	②		/2
(2)		ア　イ　ウ　エ	/2
(3)			/3
(4)		L	/3
(5)		ア　イ　ウ　エ	/3
(6)		ⓓ ア　イ　ⓔ ウ　エ　オ	/3
(7)		ア　イ　ウ　エ　オ　カ	/3
			/21

3			採点者記入欄
(1)			/2
(2)		ア　イ　ウ　エ	/2
(3)	①	ア　イ　② ウ　エ	/3
(4)		ア　イ　ウ　エ	/3
(5)			/2
(6)		ア　イ　ウ　エ	/2
(7)		月末ごろ	/3
(8)	①	ア　イ　② ウ　エ	/3
(9)			/3
			/23

4			採点者記入欄
(1)		N	/2
(2)		cm	/2
(3)			/2
(4)	ⓐ	cm	/2
	ⓑ	N	/2
(5)	①	ア　イ　② ウ　エ	/2
(6)	①	N	/2
	②	N	/3
	③	N	/3
(7)			/3
			/23

※実物の大きさ：195% 拡大（A3 用紙）

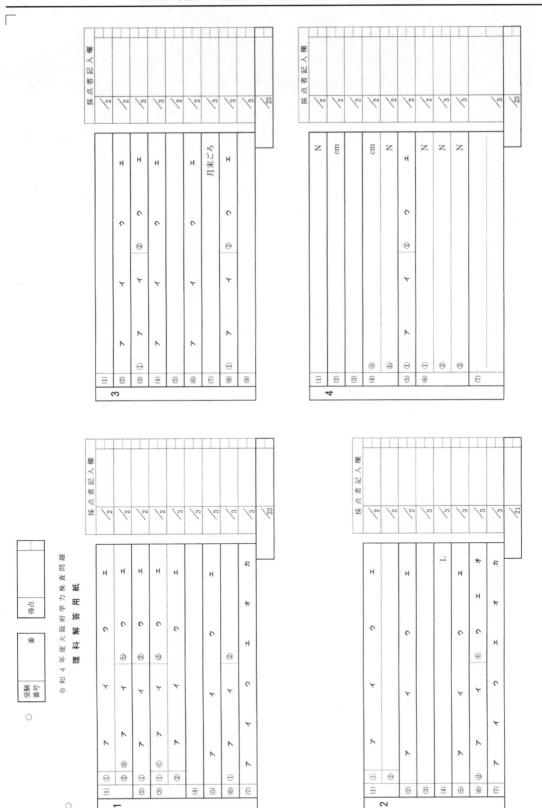

令和四年度大阪府学力検査問題

国語解答用紙〔A問題〕

受験番号　　番

得点

〈問題五を除く〉

一

1
- (1) 〔　　〕貸す　/2
- (2) 〔　　〕至る　/2
- (3) 〔　　〕包装　/2
- (4) 〔　　〕満喫　/2
- (5) □《ツ》もる　/2
- (6) □《ハリ》　/2
- (7) □《キン》□《ニク》　/2
- (8) □《ダ》□《ハ》　/2

2　ア　イ　ウ　/4

/20

二

- 1　ア　イ　ウ　/4
- 2　ア　イ　ウ　/4
- 3　ア　イ　ウ　エ　/4
- 4
  - a　/4
  - b　文章の……こそが、　/6

/22

三

- 1　ア　イ　ウ　/4
- 2　/4
- 3　ア　イ　ウ　/4

/12

四

- 1　ア　イ　ウ　エ　/3
- 2　ア　イ　ウ　エ　/3
- 3　いままで……ということを、　/6
- 4
  - (1)　a　/4
  - (1)　b　/4
  - (2)　ア　イ　ウ　エ　/4

/24

採点者記入欄

※実物の大きさ：195% 拡大（A3用紙）

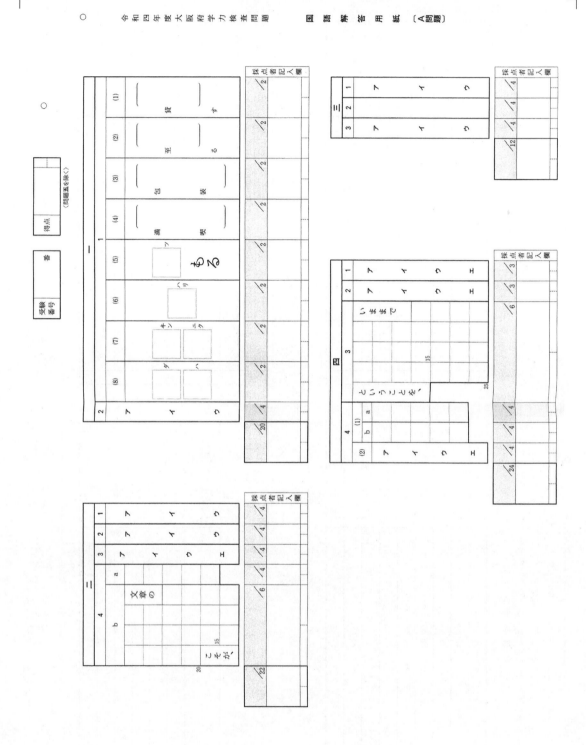

（原稿用紙）

受験番号　　　番

得点　　／12

・原稿用紙の正しい使い方にしたがって書くこと。
・題名や名前は書かないで、本文から書き始めること。

100

180

※実物の大きさ：141％拡大（A4用紙）

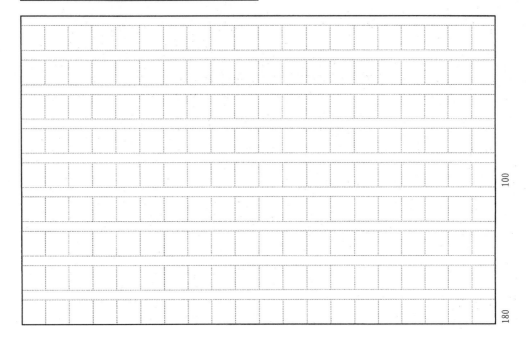

令和四年度大阪府学力検査問題

国語解答用紙〔B問題〕

受験番号　　番

得点　〈問題五を除く〉

一

		採点者記入欄
1	ア　イ　ウ　エ	/3
2	ア　イ　ウ　エ	/3
3	数多くの人たちのさまざまな　　ものであるから。	/6
4		/4
		/16

二

		採点者記入欄
1	ア　イ　ウ　エ	/4
2	ア　イ　ウ　エ	/4
3		/2
4	④　⑤	/4
		/14

三

			採点者記入欄
1	(1)	包（　　）装	/1
	(2)	勇（　　）敢	/1
	(3)	防（　　）ぐ	/1
	(4)	遂（　　）げる	/1
	(5)	ハリ	/2
	(6)	キズく	/2
	(7)	ソウダン	/2
	(8)	リッシ	/2
2		ア　イ　ウ　エ	/2
			/14

四

			採点者記入欄
1		ア　イ　ウ　エ	/4
2	a		/4
	b		/4
3	(1)	ア　イ　ウ　エ	/4
	(2) a		/4
	(2) b	時雨によって　　気持ちであり、	/8
			/28

※実物の大きさ：195% 拡大（A3 用紙）

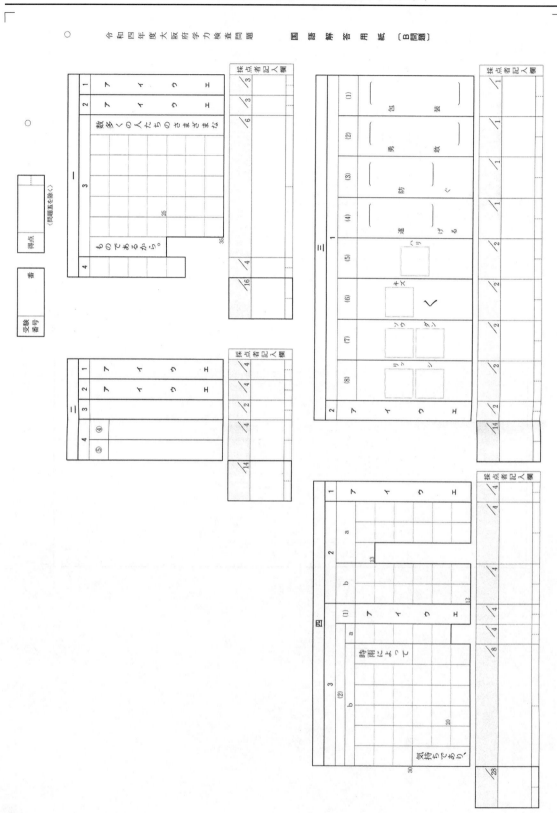

（原稿用紙）

受験番号　番

得点　/18

・原稿用紙の正しい使い方にしたがって書くこと。
・題名や名前は書かないで、本文から書き始めること。

100

200

260

※実物の大きさ：141% 拡大（A4 用紙）

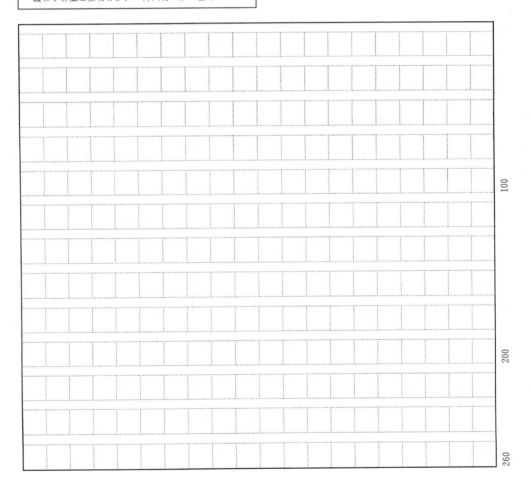

令和四年度大阪府学力検査問題

国語解答用紙〔C問題〕

受験番号　　番

得点　〈問題五を除く〉

一

1　A　B　C　D　／3

2　a　／4　b　／4

3　／4

4　a　「私は」ではなく「私が」と書くことによって、　　と考えたから。　／6

b　／4

／25

採点者記入欄

二

1　ア　イ　ウ　エ　／4

2　ア　イ　ウ　エ　／4

3　a　／4　b　ア　イ　ウ　エ　／4　c　ア　イ　ウ　エ

／16

採点者記入欄

三

1　(1)　諭《さと》す　／1　(2)　透《す》かす　／1　(3)　網羅　／1　(4)　ココロヨ　く　／2　(5)　リッ　シ　／2　(6)　シュウ　チク　／2

2　ア　イ　ウ　エ　／2

／11

採点者記入欄

四

1　／6

2　ア　イ　ウ　エ　／4

3　a　／4　b　／4

／18

採点者記入欄

※実物の大きさ：195% 拡大（A3用紙）

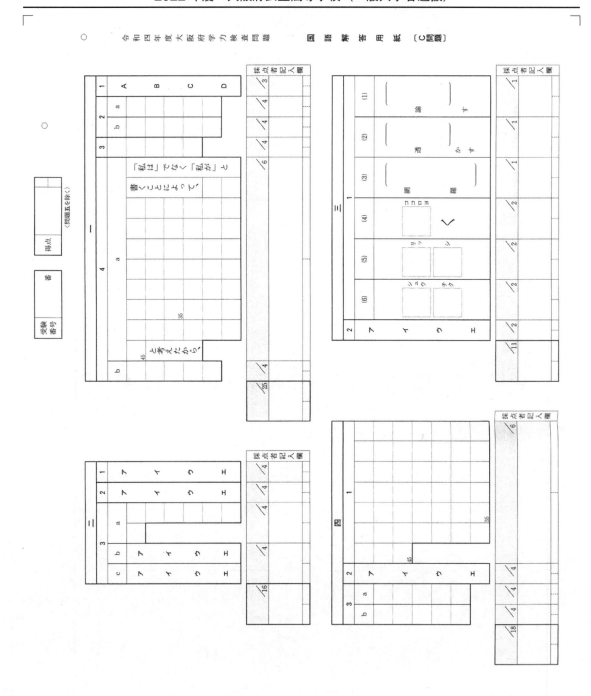

（原稿用紙）

受験番号	番

得点	/20

・原稿用紙の正しい使い方にしたがって書くこと。
・題名や名前は書かないで、本文から書き始めること。

100

200

300

※実物の大きさ：141% 拡大（A4 用紙）

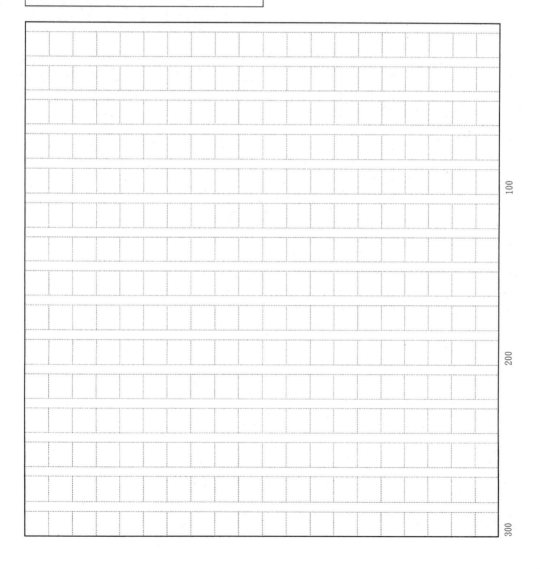

受験番号	番

得点	

令 和 3 年 度 大 阪 府 学 力 検 査 問 題

数 学 解 答 用 紙〔A問題〕

1		採点者記入欄
(1)		/3
(2)		/3
(3)		/3
(4)		/3
(5)		/3
(6)		/3
		/18

2			採点者記入欄
(1)			/3
(2)		ア　イ　ウ　エ	/3
(3)		ア　イ　ウ　エ	/3
(4)			/3
(5)		$x =$ 　,　$y =$	/3
(6)			/3
(7)		x の値　,　y の値	/3
(8)			/3
(9)			/3
(10)		度	/3
(11)	①	ア　イ　ウ　エ	/3
	②	cm^3	/3
			/36

3			採点者記入欄
(1)	(ア)		/3
	(イ)		/3
(2)		$y =$	/5
(3)			/5
			/16

4			採点者記入欄
(1)		度	/3
(2)	ⓐ		/3
	ⓑ		/3
	ⓒ	ア　イ　ウ	/3
(3)		（求め方） cm^2	/8
			/20

※実物の大きさ：195% 拡大（A3 用紙）

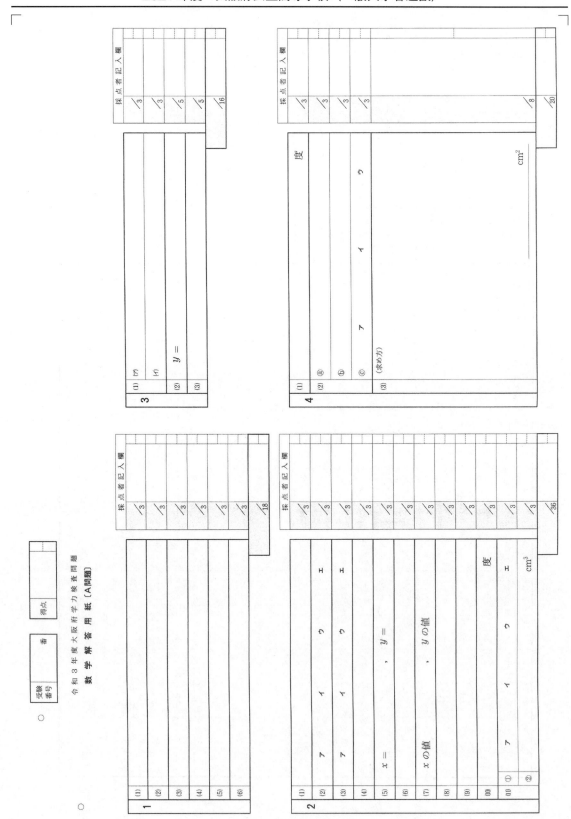

受験番号	番

得点	

令和３年度大阪府学力検査問題

数学解答用紙〔B問題〕

1		採点者記入欄
(1)		/3
(2)		/3
(3)		/3
(4)		/3
(5)		/3
(6)	度	/4
(7)	ア　イ　ウ　エ	/4
(8)		/4
(9)		/4
(10)	cm^3	/4
		/35

2			採点者記入欄
(1)	①	(ア)	/3
		(イ)	/3
	②	$y =$	/3
	③		/3
(2)			/4
			/16

3			採点者記入欄
(1)	①	㋐　㋑	/3
	②		/3
	③		/4
(2)	（求め方）	tの値	/6
			/16

4				採点者記入欄
[Ⅰ]	(1)		（証　明）	/7
	(2)		cm^2	/4
[Ⅱ]	(3)	①	ア　イ　ウ　エ　オ	/4
		②	cm	/4
	(4)		cm^3	/4
				/23

※実物の大きさ：195% 拡大（A3 用紙）

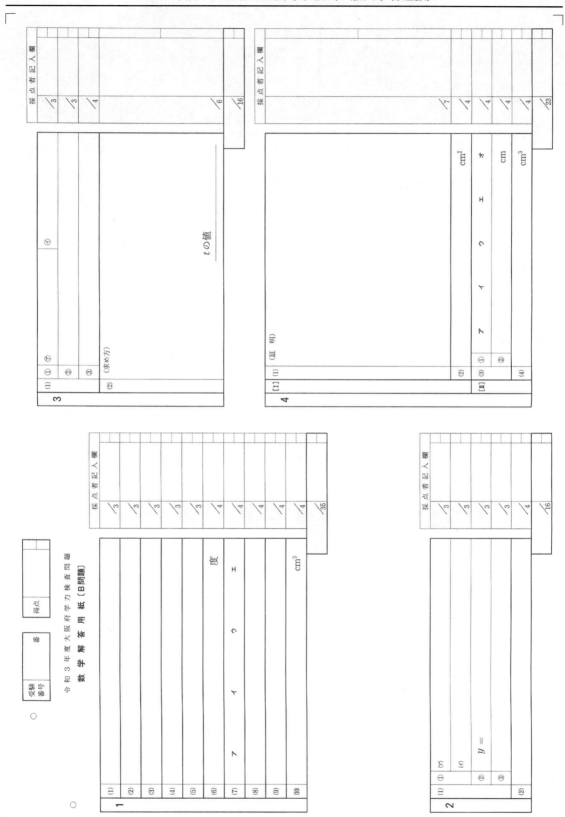

受験番号	番

得点	

令和３年度大阪府学力検査問題

数学解答用紙〔C問題〕

1		採点者記入欄
(1)		/3
(2)		/3
(3)		/3
(4)		/4
(5)	個	/4
(6)	度	/4
(7)	ア　イ　ウ　エ　オ	/4
(8)	回	/6
(9)		/6
(10)		/6
(11)	cm^2	/6
		/49

2			採点者記入欄
(1)	①	㋐　㋑	/4
	②		/6
(2)	（求め方）	aの値	/7
			/17

3			採点者記入欄
[Ⅰ]	(1)	（証　明）	/8
	(2)	cm	/6
[Ⅱ]	(3)	cm^2	/4
	(4)	cm	/6
			/24

※実物の大きさ：195% 拡大（A3 用紙）

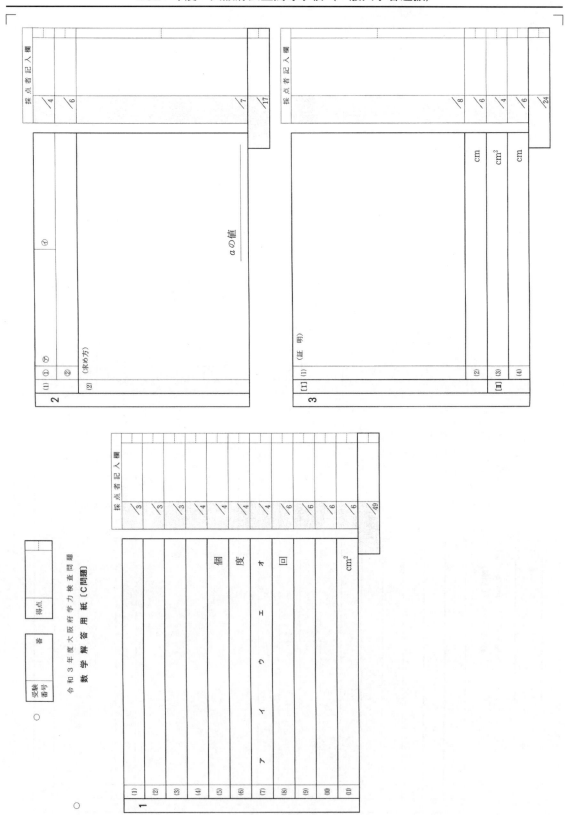

受験番号	番

得点	

〈リスニングを除く〉

令和３年度大阪府学力検査問題

英語解答用紙〔A問題〕

1				採点者記入欄
(1)	ア	イ	ウ	/2
(2)	ア	イ	ウ	/2
(3)	ア	イ	ウ	/2
(4)	ア	イ	ウ	/2
(5)	ア	イ	ウ	/2
(6)	ア	イ	ウ	/2
(7)	ア	イ	ウ	/2
(8)	ア	イ	ウ	/2
(9)	ア	イ	ウ	/2
(10)	ア	イ	ウ	/2
				/20

2〔I〕					採点者記入欄
(1)	ア	イ	ウ	エ	/2
(2)					/3
(3)	ア	イ	ウ	エ	/2
(4)	ア	イ	ウ	エ	/3
					/10

2〔II〕		採点者記入欄
①	5	/3
②	5	/3
③	5	/3
		/9

3					採点者記入欄
(1)	ア	イ	ウ	エ	/3
(2)	ア	イ	ウ	エ	/3
(3)	I feel ＿＿＿＿＿＿＿＿＿＿ .				/3
(4)					/3
(5)	I think ＿＿＿＿＿＿＿＿＿＿ it.				/3
(6)	ア	イ	ウ	エ	/3
(7)	ア	イ	ウ	エ	/3
(8) ①					/4
②					/4
					/29

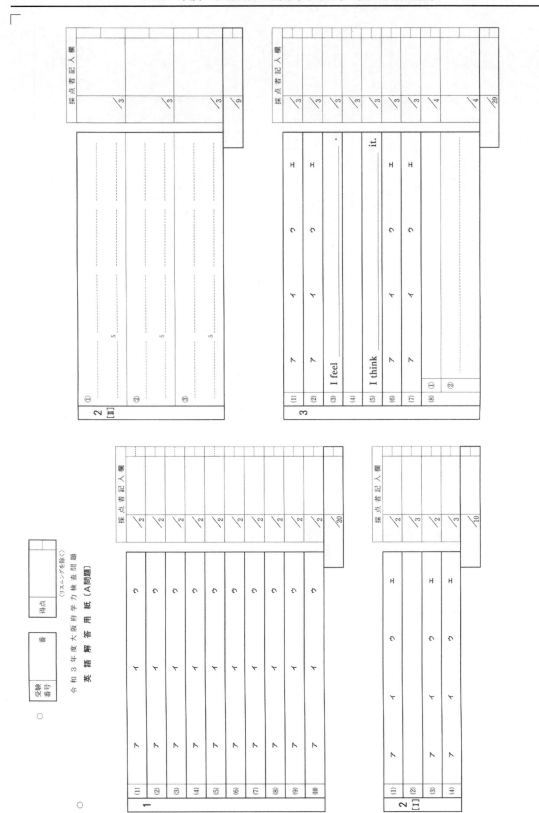

受験番号	番	得点

〈リスニングを除く〉

令和３年度大阪府学力検査問題

英語解答用紙〔B問題〕

1		採点者記入欄
(1)	ア　イ　ウ　エ	/2
(2)	ア　イ　ウ　エ	/3
(3)	ア　イ　ウ　エ	/3
(4)	ア　イ　ウ　エ	/3
(5)		/3
(6)	I think wearing ***deel*** with ***kimono*** cloth is ＿＿＿＿ ways to enjoy two cultures.	/3
(7)	ア　イ　ウ　エ	/3
(8)	However, most parts of such old ***kimono*** can be ＿＿＿＿ .	/3
(9)	ア　イ　ウ　エ　オ	/6
		/29

2		採点者記入欄
(1)	ア　イ　ウ　エ	/2
(2)	ア　イ　ウ　エ	/2
(3)		/3
(4)	ア　イ　ウ　エ	/3
(5)	ア　イ　ウ　エ	/3
(6)	However, the students ＿＿＿＿ that the original tree was still in the mountains.	/4
(7)	She said that she saw it 20 or 30 years ago, although she didn't ＿＿＿＿ .	/3
(8)	ア　イ　ウ　エ	/3
(9) ①		/3
(9) ②		/3
		/29

3		採点者記入欄
①	＿＿＿＿	/5
②	＿＿＿＿	/5
		/10

※実物の大きさ：195% 拡大（A3 用紙）

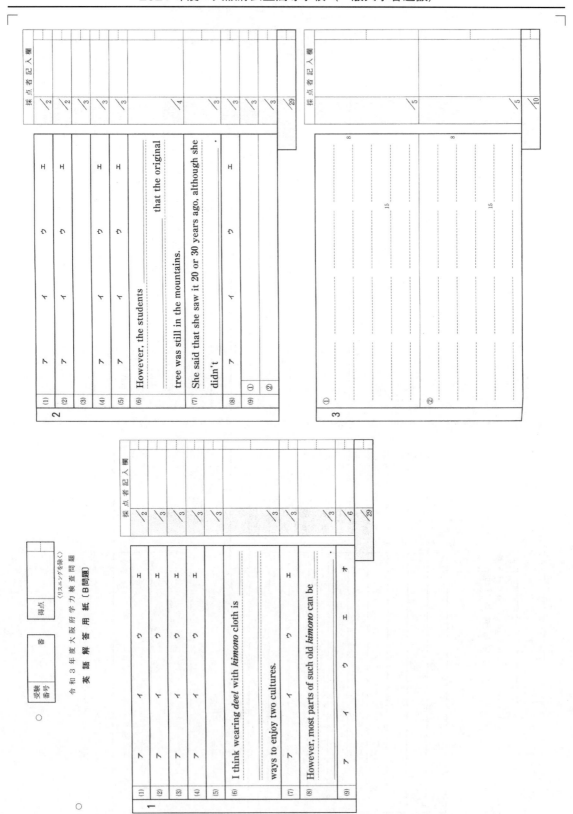

受験番号	番	得点	

令和３年度大阪府学力検査問題

英語リスニング解答用紙〔A問題・B問題〕

1　ジェーンと勇樹との会話を聞いて，勇樹のことばに続くと考えられるジェーンのことばとして，次の**ア～エ**のうち最も適しているものを一つ選び，**解答欄の記号**を○で囲みなさい。

ア　I like Chinese food.　　イ　I don't eat food.　　ウ　Yes, you are kind.　　エ　No, I'm not.

解答欄	ア	イ	ウ	エ

採点者記入欄
／2

2　ホワイト先生が絵の説明をしています。ホワイト先生が見せている絵として，次の**ア～エ**のうち最も適していると考えられるものを一つ選び，**解答欄の記号**を○で囲みなさい。

解答欄	ア	イ	ウ	エ

採点者記入欄
／2

3　ベッキーとホストファミリーの翔太が電話で話をしています。二人の会話を聞いて，ベッキーが翔太のために買って帰るものとして，次の**ア～エ**のうち最も適していると考えられるものを一つ選び，**解答欄の記号**を○で囲みなさい。

解答欄	ア	イ	ウ	エ

採点者記入欄
／3

4　ジョンとホストファミリーの恵子との会話を聞いて，恵子が住んでいる地域のごみの回収予定を表したものとして，次の**ア～エ**のうち最も適していると考えられるものを一つ選び，**解答欄の記号**を○で囲みなさい。

ア

火曜日	水曜日	木曜日	金曜日
古紙	プラスチック ペットボトル	／	燃えるごみ

イ

火曜日	水曜日	木曜日	金曜日
燃えるごみ	プラスチック ペットボトル	／	古紙

ウ

火曜日	水曜日	木曜日	金曜日
燃えるごみ	／	プラスチック ペットボトル	古紙

エ

火曜日	水曜日	木曜日	金曜日
燃えるごみ	古紙	／	プラスチック ペットボトル

解答欄	ア	イ	ウ	エ

採点者記入欄
／3

5　動物園で飼育員が案内をしています。その案内を聞いて，それに続く二つの質問に対する答えとして最も適しているものを，それぞれ**ア～エ**から一つずつ選び，**解答欄の記号**を○で囲みなさい。

(1)　ア　Once.　　イ　Twice.　　ウ　Three times.　　エ　Four times.

解答欄	ア	イ	ウ	エ

採点者記入欄
／3

(2)　ア　To buy some food for the babies.
イ　To give some milk to the babies.
ウ　To take pictures of the babies.
エ　To buy the books about the babies.

解答欄	ア	イ	ウ	エ

採点者記入欄
／3

6　登山中のエミリーと浩二との会話を聞いて，それに続く二つの質問に対する答えとして最も適しているものを，それぞれ**ア～エ**から一つずつ選び，**解答欄の記号**を○で囲みなさい。

(1)　ア　The hot drink.　　イ　The map of the mountain.
ウ　The chocolate.　　エ　The beautiful view.

解答欄	ア	イ	ウ	エ

採点者記入欄
／3

(2)　ア　Drinking something cold is good for his tired body.
イ　Enjoying the view is an easy way to get energy for his body.
ウ　Finding the best way to relax on a mountain is difficult.
エ　Getting energy for his mind is also an important thing.

解答欄	ア	イ	ウ	エ

採点者記入欄
／3

※実物の大きさ：195% 拡大（A3 用紙）

〈リスニングを除く〉
令和３年度大阪府学力検査問題
英語解答用紙〔C問題〕

受験番号	番

得点	

問題		解答				採点者記入欄
1	(1)	ア	イ	ウ	エ	/2
	(2)	ア	イ	ウ	エ	/2
	(3)	ア	イ	ウ	エ	/2
	(4)	ア	イ	ウ	エ	/2
	(5)	ア	イ	ウ	エ	/2
	(6)	ア	イ	ウ	エ	/2
2	(1)	ア	イ	ウ	エ	/2
	(2)	ア	イ	ウ	エ	/2
	(3)	ア	イ	ウ	エ	/2
3	(1)	ア	イ	ウ	エ	/2
	(2)	ア	イ	ウ	エ	/2
	(3)	ア	イ	ウ	エ	/2
	(4)	ア	イ	ウ	エ	/2
4	(1)	ア	イ	ウ	エ	/2
	(2)	ア	イ	ウ	エ	/2
	(3)	ア	イ	ウ	エ	/2
	(4)	ア	イ	ウ	エ	/2
						/34

問題		解答				採点者記入欄
5	(1)	ア	イ	ウ	エ	/2
	(2)	ア	イ	ウ	エ	/2
	(3)	ア	イ	ウ	エ	/2
	(4)	ア	イ	ウ	エ	/2
	(5)	ア	イ	ウ	エ	/2
6	(1)	ア	イ	ウ	エ	/2
	(2)	ア	イ	ウ	エ	/2
	(3)	ア	イ	ウ	エ	/2
						/16

問題	解答	採点者記入欄	
7		/10	/10

※実物の大きさ：195% 拡大（A3 用紙）

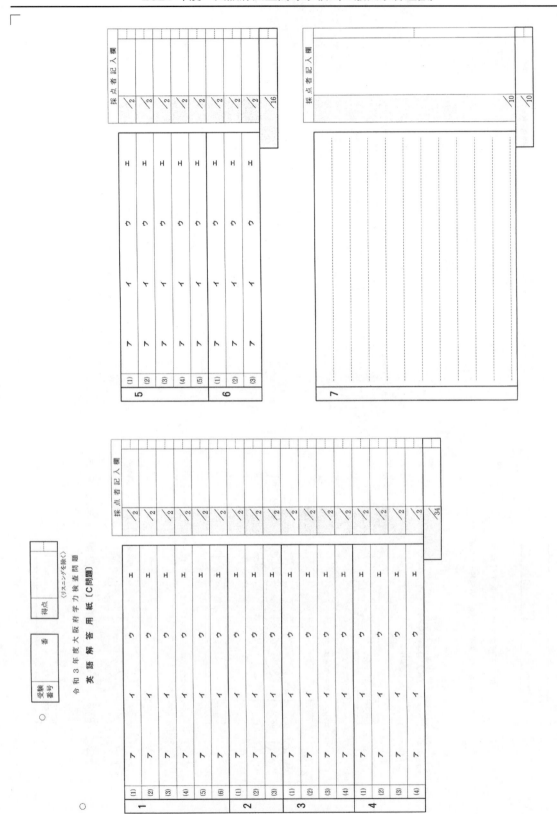

受験番号	番	得点	

令和３年度大阪府学力検査問題

英語リスニング解答用紙〔C問題〕

【 Part A 】

1 ア A bag which is bigger than Ann's bag is not necessary.
イ Another bag which is as big as Ann's bag is necessary.
ウ Ann's bag is good, but a bigger one is better for the trip.
エ Ann's bag isn't good, so a smaller one is necessary for the trip.

解答欄	ア	イ	ウ	エ

採点者記入欄		
/2		

2 ア Mike will be an excellent player with any racket.
イ Mike is an excellent player, so he always chooses a good racket.
ウ This kind of racket is needed if Mike hopes to be a good player soon.
エ It is important for Mike to know what kind of racket is good for him.

解答欄	ア	イ	ウ	エ

採点者記入欄		
/2		

3 ア Ann thinks it is quite easy to find a good place for practicing their program.
イ Ann doesn't think they need to find a good place for practicing their program.
ウ Ann thinks finding a good place for practicing their program will be a problem.
エ Ann thinks they have more important things to do before practicing their program.

解答欄	ア	イ	ウ	エ

採点者記入欄		
/2		

4 ア "I'll be late. Tell the other people to go inside the theater and leave us."
イ "I'll be late. Don't wait for me. Go inside the theater with the other people."
ウ "I'll be late. I don't want you to leave me. Please wait for me. I'll be there soon."
エ "I'll be late. Can you wait for me outside the theater? I'll be there in half an hour."

解答欄	ア	イ	ウ	エ

採点者記入欄		
/3		

5 ア To ask her sister to change their plan of practicing tennis on Saturday.
イ To ask her sister to keep their promise of watching the movie on Saturday.
ウ To ask her sister to be Mike's coach for practicing tennis on Sunday or another day.
エ To ask her sister to change their plan and watch the movie on Sunday or another day.

解答欄	ア	イ	ウ	エ

採点者記入欄		
/3		

【 Part B 】

6 (1) ア The number of songs the toy can sing.
イ The number of toys which will be sold today.
ウ The number of actions the toy can do for people.
エ The number of sentences the toy can understand.

解答欄	ア	イ	ウ	エ

採点者記入欄		
/3		

(2) ア The toy is very clever, but it can only listen to a person's words and say the same words it hears.
イ The toy is very clever, and it speaks a sentence or moves its body when people say something to it.
ウ The toy is very small and light, and doesn't need so much electricity, but it needs energy every 8 hours to keep working.
エ The toy will be sold through the phone and the Internet, and its price depends on the way of shopping.

解答欄	ア	イ	ウ	エ

採点者記入欄		
/3		

【 Part C 】

採点者記入欄		
/12		

※実物の大きさ：195% 拡大（A3 用紙）

令和３年度大阪府学力検査問題

英語リスニング問題〔C問題〕

【Part C】

Eco-Tour

When you join a tour, you may enjoy sightseeing, eating foods, or shopping. However, an eco-tour is a little different kind of tour. The following things are the things the participants of an eco-tour should do.

1. Protect the local environment and respect the local culture
2. Learn through experiences
3. Contribute to the local area

For example, if you join an eco-tour, you may enjoy the wonderful nature with a local guide. You may stay with a local family and enjoy their culture. An eco-tour is a new kind of tour.

（注） eco-tour　エコ・ツアー　　participant　参加者　　contribute　貢献する

【Memo】

Tom	Yoko

※実物の大きさ：195% 拡大（A3 用紙）

受験番号	番	得点	

令和 3 年度大阪府学力検査問題

社会解答用紙

1				採点者記入欄
(1)	①		ア　イ　ウ　エ	/2
	②	ⓐ ア　イ　ウ	ⓑ	/2
(2)	①		ア　イ　ウ　エ	/2
	②		ア　イ　ウ　エ	/2
(3)	①	ⓐ ア　イ　ウ	ⓑ エ　オ　カ	/2
	②		ア　イ　ウ　エ	/2
	③			/2
(4)	①		ア　イ　ウ　エ	/2
	②			/3
(5)	①		ア　イ　ウ　エ	/3
	②		ア　イ　ウ　エ　オ　カ	/3
				/25

2				採点者記入欄
(1)	①		ア　イ　ウ　エ	/2
	②		ア　イ　ウ　エ	/2
	③			/2
	④			/2
	⑤			/2
	⑥			/2
(2)	①		ア　イ　ウ　エ	/3
	②	(a)		/3
		(b)	ア　イ　ウ　エ	/3
				/21

3					採点者記入欄
(1)	①	(a)	ⓐ	ⓑ	/2
		(b)	ア　イ　ウ　エ		/2
		(c)	ⓐ ア　イ	ⓑ ウ　エ	/2
	②		ア　イ　ウ　エ		/2
(2)	①		ア　イ　ウ　エ		/2
	②	(a)	ア　イ　ウ　エ　オ　カ		/3
		(b)			/3
	③	ⓐ			/3
		ⓑ			/3
					/22

4					採点者記入欄
(1)	①		ア　イ　ウ　エ		/2
	②		ア　イ　ウ　エ		/2
(2)	①	(a)			/2
		(b)	ア　イ　ウ　エ		/2
	②	(a)	ア　イ　ウ　エ		/2
		(b)	ⓐ		/2
			ⓑ		/2
	③	ⓐ	ア　イ　ウ	ⓑ エ　オ　カ	/2
		ⓒ		ⓓ	/2
(3)	①		ア　イ　ウ　エ		/2
	②				/2
					/22

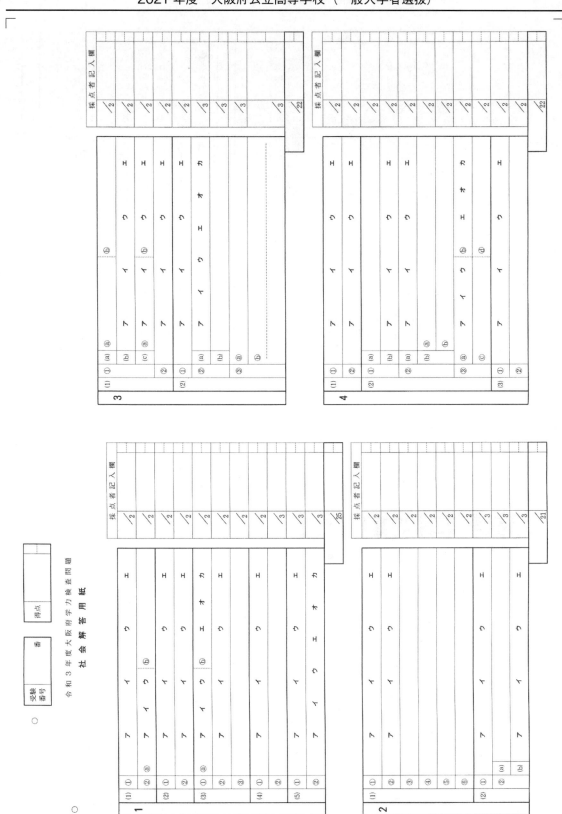

受験番号	番	得点	

令和３年度大阪府学力検査問題

理科解答用紙

1

			採点者記入欄
(1)	ア　イ　ウ　エ		/2
(2)			/2
(3)	ⓑ　ア　イ	ⓒ　ウ　エ	/2
(4)	ア　イ　ウ　エ		/2
(5)	器官		/3
(6)	①　ア　イ　ウ	②　エ　オ　カ	/3
	③　キ　ク　ケ	④　コ　サ	/3
(7)			/3
(8)	ⓔ　ア　イ　ウ	ⓕ　エ　オ　カ	/3
			/23

2

			採点者記入欄
(1)	ⓐ		/2
	①　ア　イ	②　ウ　エ	/2
(2)			/2
(3)	ⓑ　kg		/2
	ⓒ　%		/2
(4)	ⓓ	ⓔ	/3
(5)	①　ア　イ	②　ウ　エ	/3
(6)	ⓕ　ア　イ　ウ	ⓖ　ア　イ　ウ	/3
(7)			/3
			/22

3

			採点者記入欄
(1)	①　ア　イ　ウ　エ		/2
	②		/2
	③　ア　イ　ウ　エ		/2
(2)	ア　イ　ウ　エ		/2
(3)	度		/2
(4)	ア　イ　ウ　エ		/3
(5)	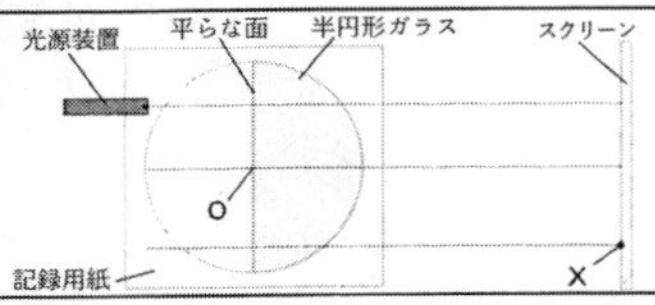		/3
(6)	cm/秒		/3
(7)	ⓑ　ア　イ		
	ⓒ		/3
			/22

4

			採点者記入欄
(1)	ア　イ　ウ　エ		/2
(2)	①　ア　イ	②　ウ　エ	/2
	③　岩		/2
(3)	ア　イ　ウ　エ		/2
(4)	①　の気圧配置		/3
	②		/3
	③　倍		/3
	④　ⓐ　ア　イ　ウ	ⓑ　エ　オ	/3
(5)	ア　イ　ウ　エ　オ　カ		/3
			/23

※実物の大きさ：195% 拡大（A3 用紙）

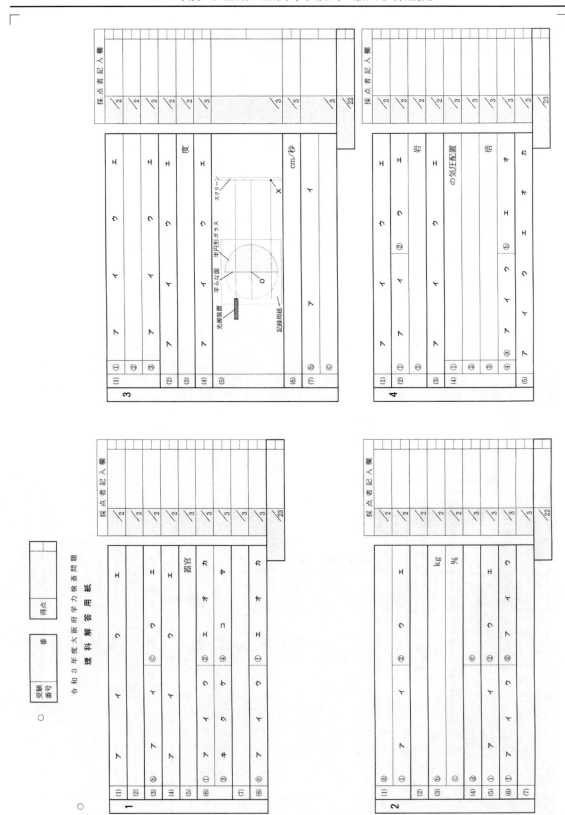

令和三年度大阪府学力検査問題　国語解答用紙〔A問題〕

受験番号　番

得点（問題五を除く）

一

1
- (1) 招（　）く　/2
- (2) 導（　）く　/2
- (3) 太（　）古　/2
- (4) 清（　）涼　/2
- (5) シタしい　/2
- (6) ハタラく　/2
- (7) ソウ チョウ　/2
- (8) セツ キャク　/2

2　ア　イ　ウ　/4

採点者記入欄　/20

二

- 1　ア　イ　ウ　/4
- 2　ア　イ　ウ　/4
- 3　ア　イ　ウ　エ　/4
- 4　a　笠の内側まで …… うえに、　/6
- 4　b　/4

採点者記入欄　/22

三

- 1　/4
- 2　ア　イ　ウ　/4
- 3　ア　イ　ウ　/4

採点者記入欄　/12

四

- 1　ア　イ　ウ　エ　/3
- 2　ア　イ　ウ　エ　/3
- 3　鉛筆の …… という こと。　/6
- 4　a　/4
- 4　b　/4
- 5　ア　イ　ウ　エ　/4

採点者記入欄　/24

※実物の大きさ：195% 拡大（A3 用紙）

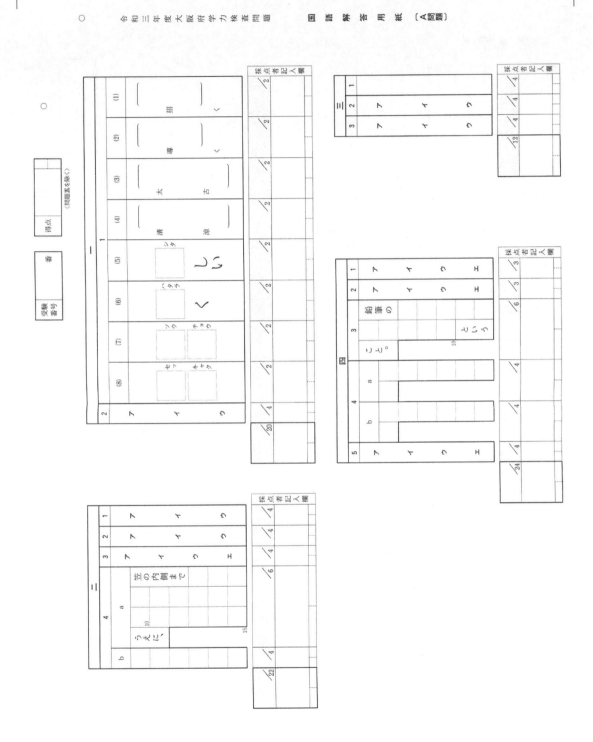

（原　稿　用　紙）

受験番号　　　番

得点　/12

・原稿用紙の正しい使い方にしたがって書くこと。
・題名や氏名は書かないで、本文から書き始めること。

100

180

※実物の大きさ：141% 拡大（A4 用紙）

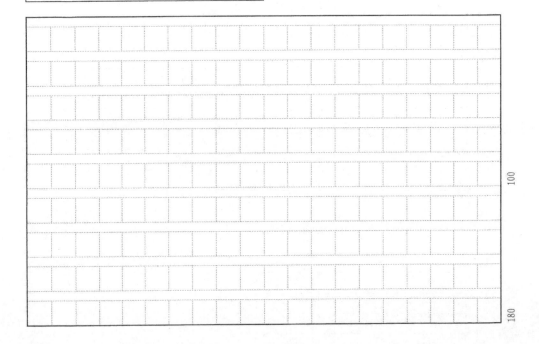

令和三年度大阪府学力検査問題

国語解答用紙〔B問題〕

受験番号　　番

得点
〈問題五を除く〉

一

1　ア　イ　ウ　エ

2　どのような文字で書き表すかに よって、　　　　　ということ。（12）

3　ア　イ　ウ　エ

4　a　b

採点者記入欄　/2　/6　/4　/4　/4　/20

二

1　ア　イ　ウ　エ

2　ア　イ　ウ　エ

3

4　ア　イ　ウ　エ

採点者記入欄　/4　/4　/2　/4　/14

三

1

(1) 傾斜

(2) 惜敗

(3) 挑む

(4) 据えて

(5) 《カ》かさず

(6) 《ウタガ》わない

(7) 《セッ》《キャク》

(8) 《エン》《ソウ》

2　ア　イ　ウ　エ

採点者記入欄　/1　/1　/1　/1　/2　/2　/2　/2　/2　/14

四

1　a　b

2　ア　イ　ウ　エ

3　読みやすいストーリーや文章を　（50）　（60）ことが

4　ア　イ　ウ　エ

採点者記入欄　/4　/4　/4　/8　/4　/24

※実物の大きさ：195% 拡大（A3 用紙）

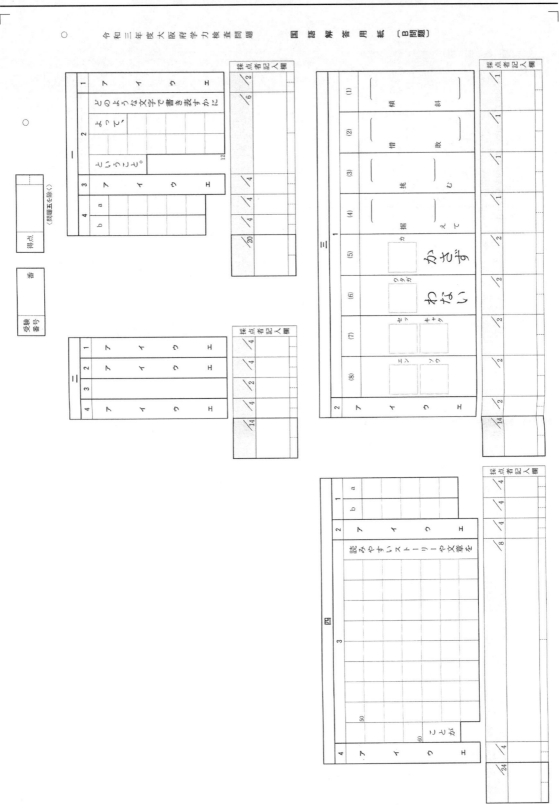

（原　稿　用　紙）

受験番号	番

得点	/18

・原稿用紙の正しい使い方にしたがって書くこと。
・題名や氏名は書かないで、本文から書き始めること。

※実物の大きさ：141% 拡大（A4 用紙）

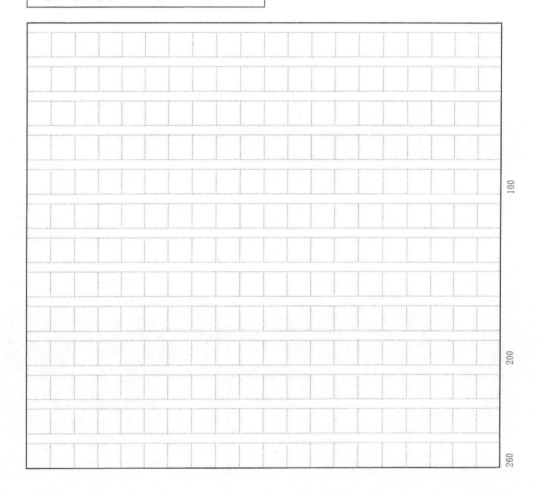

令和三年度大阪府学力検査問題　国語解答用紙〔C問題〕

受験番号　　番

得点（問題五を除く）

一

1

(1) 芳香

(2) 据えて

(3) 繕う

(4) タダ《》ちに

(5) エンソウ

(6) シャジ

2

無《カレ》道《フコト》人《ノ》短《ヲ》、無《カレ》説《クコト》己《の》之長《ヲ》。

採点者記入欄
/1
/1
/1
/2
/2
/2
/2
/11

二

1　ア　イ　ウ　エ

2　a　b

3　ア　イ　ウ　エ

4　五音二句が　……　ところに、

採点者記入欄
/4
/4
/4
/4
/6
/22

三

1　ア　イ　ウ　エ

2　ア　イ　ウ　エ

3

a　後になって　……　ことは、

b　年月がたてば　……　ので、

採点者記入欄
/4
/4
/4
/4
/16

四

1　A　B　C　D

2　人や時代の変化も合わせた　……　ことが大いにありうるから。

3　ア　イ　ウ　エ

4　a　b

採点者記入欄
/3
/6
/4
/4
/4
/21

※実物の大きさ：195%拡大（A3用紙）

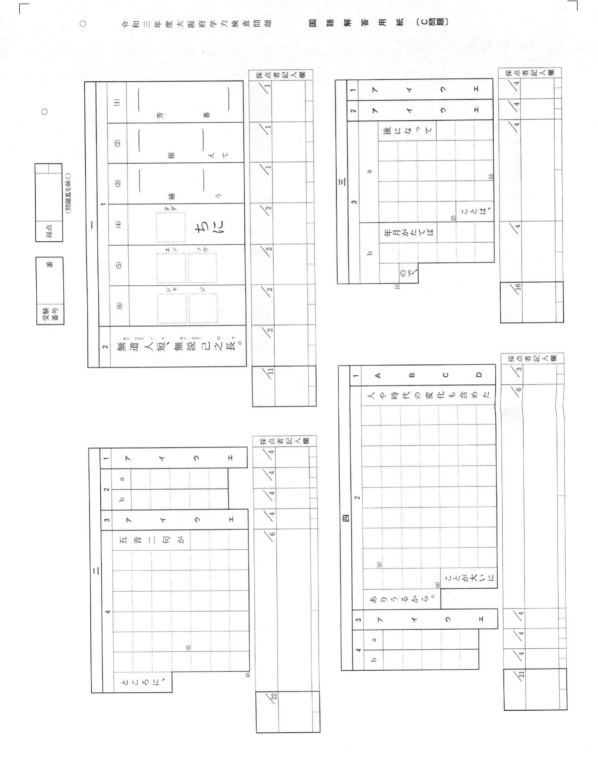

（原稿用紙）

受験番号　　番

得点　/20

・原稿用紙の正しい使い方にしたがって書くこと。
・題名や氏名は書かないで、本文から書き始めること。

※実物の大きさ：141% 拡大（A4 用紙）

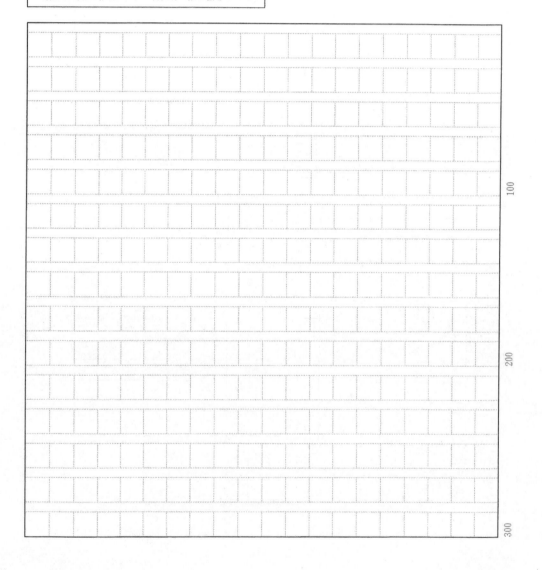

受験番号　　番

得点

令和２年度大阪府学力検査問題

数学解答用紙〔A問題〕

1

		採点者記入欄
(1)		/3
(2)		/3
(3)		/3
(4)		/3
(5)		/3
(6)		/3
		/18

2

		採点者記入欄
(1)		/3
(2)	℃	/3
(3)	ア　イ　ウ　エ	/3
(4)	$x =$　，$y =$	/3
(5)		/3
(6)		/3
(7)	ア　イ　ウ　エ	/3
(8) ①		/3
(8) ②	㋐　㋑	/3
(9) ①	ア　イ　ウ　エ　オ	/3
(9) ②	cm^3	/3
		/33

3

		採点者記入欄
(1) (ア)		/3
(1) (イ)		/3
(2)	$y =$	/5
(3)		/5
		/16

4

		採点者記入欄
(1)	cm	/3
(2)	cm^2	/3
(3) ⓐ		/3
(3) ⓑ		/3
(3) ⓒ	ア　イ　ウ	/3
(4)	（求め方）　cm	/8
		/23

※実物の大きさ：195% 拡大（A3用紙）

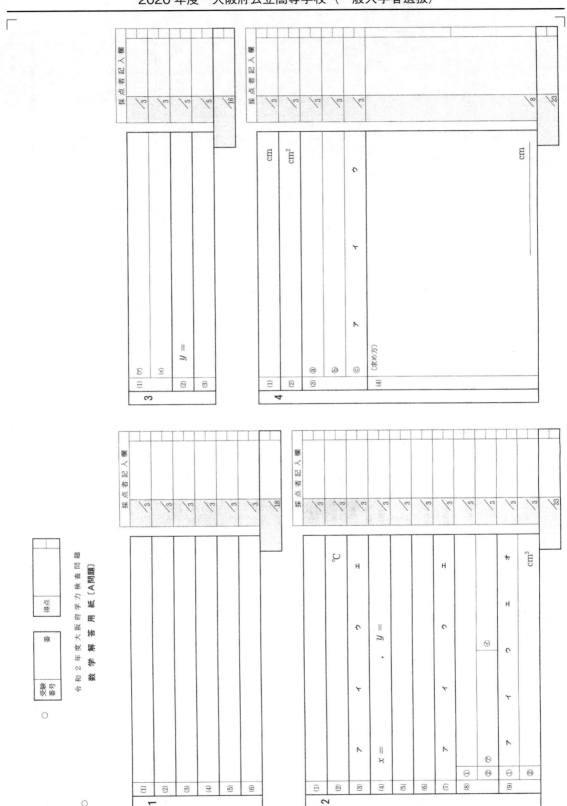

受験番号	番

得点	

令和２年度大阪府学力検査問題

数学解答用紙〔B問題〕

1			採点者記入欄
	(1)		/3
	(2)		/3
	(3)		/3
	(4)		/3
	(5)	ア　イ　ウ　エ　オ	/3
	(6)		/4
	(7)		/4
	(8)		/4
	(9)		/4
			/31

2				採点者記入欄
	(1)	①	(ア)	/3
			(イ)	/3
		②	$y =$	/3
		③		/3
	(2)		（求め方） sの値　　　，tの値	/6
				/18

3				採点者記入欄
	(1)	①	cm	/3
		②	cm	/3
	(2)	①	（証　明）	/7
		②	㋐　cm	/5
			㋑　cm^2	/5
				/23

4				採点者記入欄
	(1)	①	ア　イ　ウ　エ	/3
		②		/5
	(2)	①	cm	/5
		②	cm^3	/5
				/18

※実物の大きさ：195% 拡大（A3 用紙）

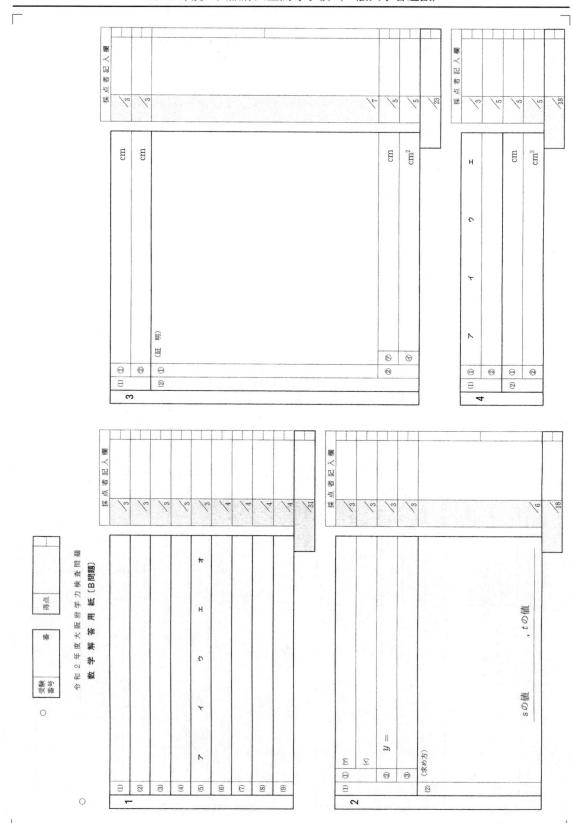

受験番号	番

得点	

令和２年度大阪府学力検査問題

数学解答用紙〔C問題〕

1

		採点者記入欄
(1)		/4
(2)		/4
(3)		/4
(4)		/4
(5)		/6
(6)		/6
(7)		/6
(8)	（求め方） aの値　　　　　，bの値	/8
		/42

2

			採点者記入欄
(1)		（証　明）	/8
(2)	①	cm	/4
	②	cm	/6
	③	cm^2	/6
			/24

3

			採点者記入欄
(1)	①	cm^2	/4
	②	度	/4
	③	cm	/4
(2)	①	cm	/6
	②	cm	/6
			/24

※実物の大きさ：195% 拡大（A3 用紙）

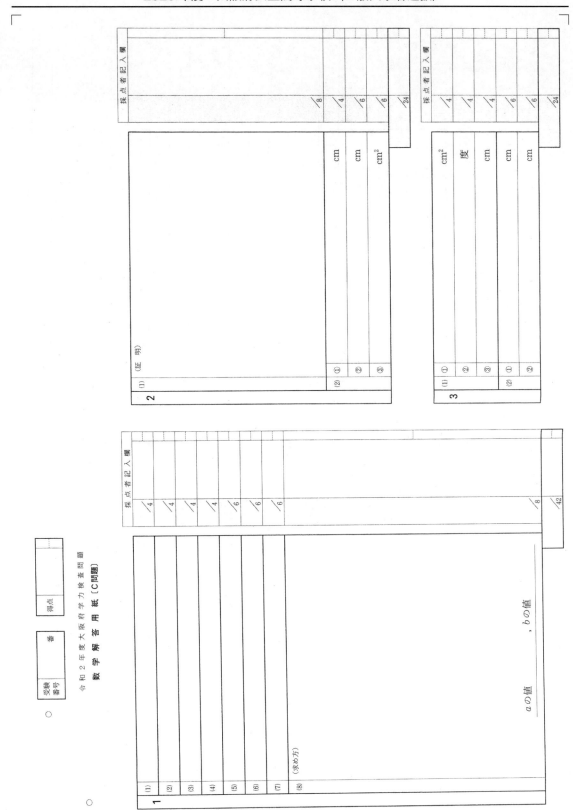

受験番号	番	得点	

〈リスニングを除く〉

令和２年度大阪府学力検査問題

英語解答用紙〔A問題〕

1					採点者記入欄
	(1)	ア	イ	ウ	/2
	(2)	ア	イ	ウ	/2
	(3)	ア	イ	ウ	/2
	(4)	ア	イ	ウ	/2
	(5)	ア	イ	ウ	/2
	(6)	ア	イ	ウ	/2
	(7)	ア	イ	ウ	/2
	(8)	ア	イ	ウ	/2
	(9)	ア	イ	ウ	/2
	(10)	ア	イ	ウ	/2
					/20

2［Ⅰ］						採点者記入欄
	(1)	ア	イ	ウ	エ	/2
	(2)	ア	イ	ウ	エ	/2
	(3)					/3
	(4)	ア	イ	ウ	エ	/3
						/10

2［Ⅱ］	採点者記入欄
（8）（15）	/8
	/8

3						採点者記入欄
	(1)	ア	イ	ウ	エ	/3
	(2)	ア	イ	ウ	エ	/3
	(3)	It ＿＿＿ the reason.				/3
	(4)					/3
	(5)	ア	イ	ウ	エ	/3
	(6)	I ＿＿＿ Sweden.				/3
	(7)	ア	イ	ウ	エ	/4
	(8) ①					/4
	②					/4
						/30

※実物の大きさ：195% 拡大（A3 用紙）

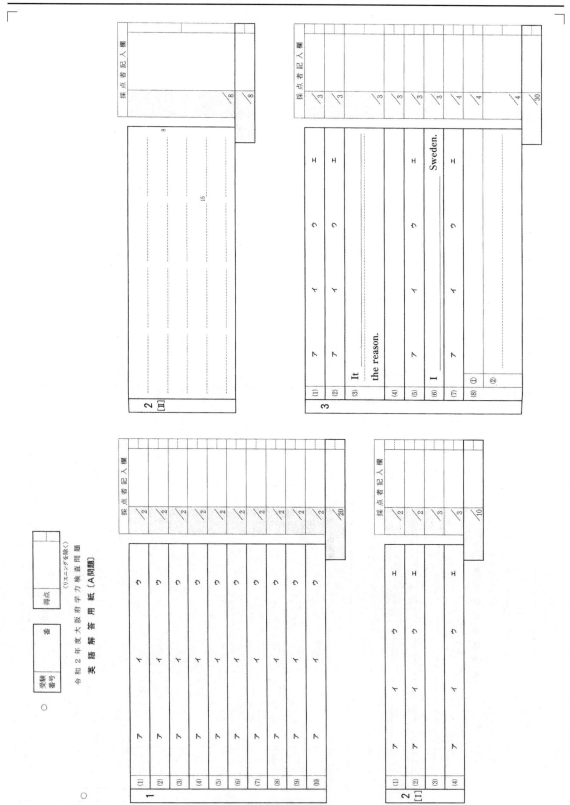

受験番号	番	得点	

〈リスニングを除く〉

令和２年度大阪府学力検査問題

英語解答用紙〔B問題〕

1		採点者記入欄
(1)	ア　イ　ウ　エ	／2
(2)	ア　イ　ウ　エ	／3
(3)	ア　イ　ウ　エ	／3
(4)	ア　イ　ウ　エ	／3
(5)		／3
(6)	ア　イ　ウ　エ	／3
(7)	People can ______ .	／3
(8)	Now Erik, I know you don't like *matcha*, but I ______ the activity of the tea ceremony club once.	／3
(9)	ア　イ　ウ　エ　オ	／6
		／29

2		採点者記入欄
(1)	ア　イ　ウ　エ	／2
(2)		／3
(3)	ア　イ　ウ　エ	／3
(4)	ア　イ　ウ　エ	／3
(5)	ア　イ　ウ　エ	／3
(6)	By connecting the information ______ places in the world, researchers find many things about shorebirds.	／3
(7)	ア　イ　ウ　エ	／3
(8)	I have learned that knowing how shorebirds live is the ______ to protect them.	／5
(9) ①		／3
(9) ②		／3
		／31

3	採点者記入欄
[Yes, I do. ・ No, I don't.] ______ 8 ______ 16 ______ 24 ______ 30	／8
	／8

※実物の大きさ：195% 拡大（A3 用紙）

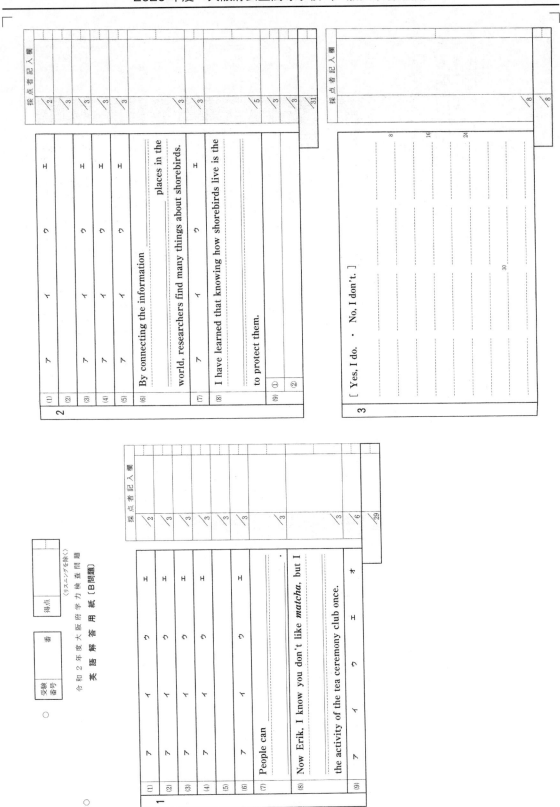

受験番号	番

得点	

令和２年度大阪府学力検査問題

英語リスニング解答用紙〔A問題・B問題〕

1　トムと由紀との会話を聞いて，由紀のことばに続くと考えられるトムのことばとして，次の**ア～エ**のうち最も適しているものを一つ選び，**解答欄の記号**を○で囲みなさい。

ア　It was good.　　イ　On Sunday.　　ウ　No, you can't.　　エ　Yes, I did.

解答欄	ア	イ	ウ	エ

採点者記入欄　/2

2　直人とリサとの会話を聞いて，直人がリサに渡したものとして，次の**ア～エ**のうち最も適していると考えられるものを一つ選び，**解答欄の記号**を○で囲みなさい。

ア

イ

ウ

エ

解答欄	ア	イ	ウ	エ

採点者記入欄　/2

3　マークと加奈がバス停で時刻表を見ながら会話をしています。この会話の後に二人が乗るバスの時刻として，次の**ア～エ**のうち最も適していると考えられるものを一つ選び，**解答欄の記号**を○で囲みなさい。

ア　7:20　　イ　7:30　　ウ　7:40　　エ　7:50

あおば駅行き

時	平日	土・日・祝日
6	30 50	40
7	10 30 50	20 40
8	10 30 50	20 40

解答欄	ア	イ	ウ	エ

採点者記入欄　/3

4　ミラー先生が英語の授業でスピーチをしています。ミラー先生の夏休みの内容を表したものとして，次の**ア～エ**のうち最も適していると考えられるものを一つ選び，**解答欄の記号**を○で囲みなさい。

ア

	8月1日	8月2日
午前	釣り	料理
午後	海水浴	買い物

イ

	8月1日	8月2日
午前	釣り	海水浴
午後	買い物	料理

ウ

	8月1日	8月2日
午前	買い物	釣り
午後	海水浴	料理

エ

	8月1日	8月2日
午前	釣り	料理
午後	買い物	海水浴

解答欄	ア	イ	ウ	エ

採点者記入欄　/3

5　デパートでの買い物中に館内放送が流れてきました。その放送を聞いて，それに続く二つの質問に対する答えとして最も適しているものを，それぞれ**ア～エ**から一つずつ選び，**解答欄の記号**を○で囲みなさい。

(1)　ア　Bags made in overseas countries.
　　イ　Many kinds of chocolate.
　　ウ　Nice dishes in the world.
　　エ　Various kinds of shoes.

解答欄	ア	イ	ウ	エ

採点者記入欄　/3

(2)　ア　At 6 p.m.　　イ　At 7 p.m.　　ウ　At 8 p.m.　　エ　At 9 p.m.

解答欄	ア	イ	ウ	エ

採点者記入欄　/3

6　美紀とジムとの会話を聞いて，それに続く二つの質問に対する答えとして最も適しているものを，それぞれ**ア～エ**から一つずつ選び，**解答欄の記号**を○で囲みなさい。

(1)　ア　The actor.　　イ　The history.　　ウ　The story.　　エ　The theater.

解答欄	ア	イ	ウ	エ

採点者記入欄　/3

(2)　ア　He will listen to the music in the movie with Miki.
　　イ　He will read the book which he is going to borrow.
　　ウ　He will talk about the story of the movie with Miki.
　　エ　He will get ready to write a book about the movie.

解答欄	ア	イ	ウ	エ

採点者記入欄　/3

※実物の大きさ：195% 拡大（A3 用紙）

令和２年度大阪府学力検査問題〈リスニングを除く〉

英語解答用紙〔C問題〕

受験番号	番	得点	

						採点者記入欄
1	(1)	ア	イ	ウ	エ	／2
	(2)	ア	イ	ウ	エ	／2
	(3)	ア	イ	ウ	エ	／2
	(4)	ア	イ	ウ	エ	／2
	(5)	ア	イ	ウ	エ	／2
	(6)	ア	イ	ウ	エ	／2
2	(1)	ア	イ	ウ	エ	／2
	(2)	ア	イ	ウ	エ	／2
	(3)	ア	イ	ウ	エ	／2
3	(1)	ア	イ	ウ	エ	／2
	(2)	ア	イ	ウ	エ	／2
	(3)	ア	イ	ウ	エ	／2
	(4)	ア	イ	ウ	エ	／2
4	(1)	ア	イ	ウ	エ	／2
	(2)	ア	イ	ウ	エ	／2
	(3)	ア	イ	ウ	エ	／2
	(4)	ア	イ	ウ	エ	／2
						／34

						採点者記入欄
5	(1)	ア	イ	ウ	エ	／2
	(2)	ア	イ	ウ	エ	／2
	(3)	ア	イ	ウ	エ	／2
	(4)	ア	イ	ウ	エ	／2
6	(1)	ア	イ	ウ	エ	／2
	(2)	ア	イ	ウ	エ	／2
	(3)	ア	イ	ウ	エ	／2
	(4)	ア	イ	ウ	エ	／2
						／16

		採点者記入欄
7		／10
		／10

※実物の大きさ：195% 拡大（A3 用紙）

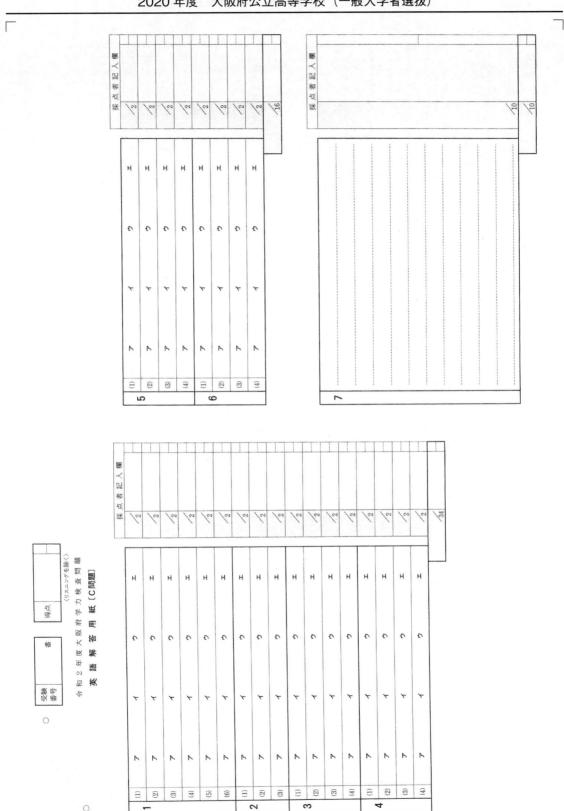

受験番号	番

得点	

令和２年度大阪府学力検査問題

英語リスニング解答用紙〔C問題〕

【 Part A 】

1 ア He thinks she can do it if she makes an effort.
イ He thinks it depends on the time.
ウ He doesn't think she should practice the speech.
エ He doesn't allow the woman to try.

解答欄	ア	イ	ウ	エ

採点者記入欄	
/2	

2 ア She doesn't know how to meet the pianist.
イ She doesn't respect the pianist.
ウ She has no idea about the pianist.
エ She has great respect for the pianist.

解答欄	ア	イ	ウ	エ

採点者記入欄	
/2	

3 ア She doesn't think he will be able to solve the problem by talking more with his classmates.
イ She doesn't think that it is necessary for him to think about the ideas of his classmates.
ウ She thinks that he should talk more with his classmates to solve the problem.
エ She thinks that the man should solve the problem by deciding the song alone.

解答欄	ア	イ	ウ	エ

採点者記入欄	
/2	

4 ア She thinks it is very difficult to choose the restaurant to go with the man this weekend.
イ She thinks it is very difficult for her and the man to decide the curry to eat at the restaurant.
ウ She cannot choose vegetables for making curry to serve for lunch with the man.
エ She cannot decide to go to the restaurant near the station with the man and her sister.

解答欄	ア	イ	ウ	エ

採点者記入欄	
/2	

5 ア He has decided to try to get the ticket soon because he doesn't want to waste his time.
イ He was encouraged by the woman and he thinks that he can get the ticket.
ウ He understands that he will be able to get the ticket easily if he hurries up.
エ He thinks that it is too late to get the ticket although the woman tells him to try.

解答欄	ア	イ	ウ	エ

採点者記入欄	
/2	

【 Part B 】

6 (1) ア 0　イ 1　ウ 2　エ 3

解答欄	ア	イ	ウ	エ

採点者記入欄	
/4	

(2) ア When people are interested in buying a new computer from the company, they should push number 4.
イ When people want to know how to recycle or sell their old computer, they should push number 5.
ウ People cannot push any numbers before they finish listening to all of the message by the machine.
エ If people want to get help quickly, they can push a number and then a guide will call them later.

解答欄	ア	イ	ウ	エ

採点者記入欄	
/4	

【 Part C 】

採点者記入欄	
/12	

※実物の大きさ：195% 拡大（A3 用紙）

令 和 2 年 度 大 阪 府 学 力 検 査 問 題

英語リスニング問題〔C問題〕

【 Part C 】

Advertisements

In advertisements we watch on TV, various ways to attract people's attention are used. One of them is to emphasize a function of a product. Another way is to associate a nice image with a product. In this passage, we call these two ways to advertise Way A and Way B.

Emphasizing a function is called **Way A.**

Associating a nice image is called **Way B.**

(注) advertisement　宣伝　　attract　引きつける　　emphasize　強調する
function　機能　　product　製品　　associate　結びつける
advertise　宣伝する

【Memo】

Ben	Maki

※実物の大きさ：195% 拡大（A3 用紙）

受験番号	番

得点	

令和２年度大阪府学力検査問題

社会解答用紙

					採点者記入欄
1	(1)	①		ア　イ　ウ　エ	/2
		②		ア　イ　ウ　エ　オ　カ	/2
	(2)	①	ⓐ	ア　イ　ⓑ　ウ　エ	/2
		②			/2
		③		ア　イ　ウ　エ　オ　カ	/2
	(3)	①		ア　イ　ウ　エ	/2
		②	ⓐ	ア　イ　ウ　エ	/2
			ⓑ		/2
	(4)	①			/2
		②		ア　イ　ウ　エ　オ　カ	/2
					/20

					採点者記入欄
2	(1)			ア　イ　ウ　エ	/2
	(2)			ア　イ　ウ　エ	/2
	(3)			ア　イ　ウ　エ	/2
	(4)	①	(a)	ア　イ　ウ　エ	/2
			(b)		/3
		②			/3
	(5)	①			/3
		②		経済	/3
		③		ア　イ　ウ　エ	/3
					/23

					採点者記入欄
3	(1)	①			/2
		②		ア　イ　ウ　エ	/2
		③		ア　イ　ウ　エ	/2
	(2)	①		ア　イ　ウ　エ	/2
		②	(a)		/2
			(b)	ア　イ　ウ　エ	/3
		③			/3
	(3)	①		ア　イ　ウ　エ	/3
		②		ア　イ　ウ　エ　オ	/3
					/22

					採点者記入欄
4	(1)	①			/2
		②	(a)	ア　イ　ウ　エ	/2
			(b)		/2
	(2)	①	(a)	ア　イ　ウ　エ	/2
			(b)	ア　イ　ウ　エ	/2
		②	ⓐ	ア　イ　ⓑ　ウ　エ	/2
			ⓒ		/2
		③	(a)		/2
			(b)	ア　イ　ウ　エ	/3
	(3)	ⓐ			/3
		ⓑ			/3
					/25

※実物の大きさ：195% 拡大（A3 用紙）

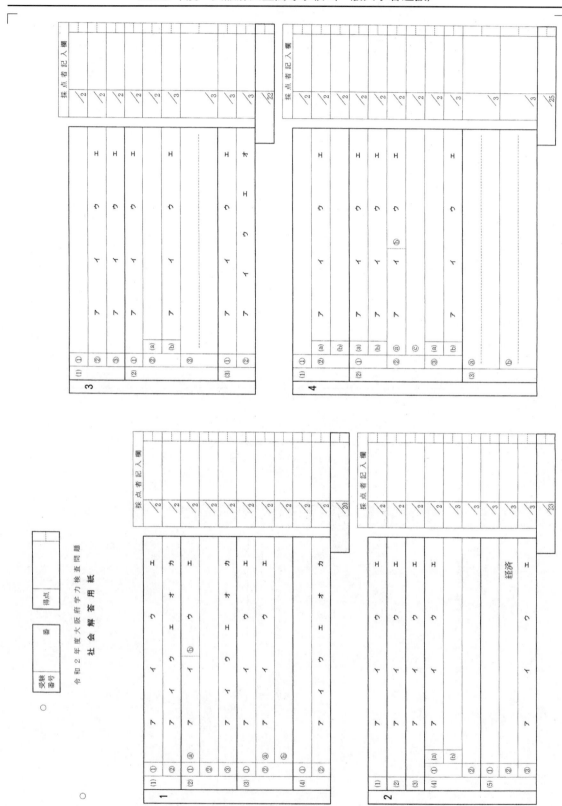

受験番号	番

得点	

令和２年度大阪府学力検査問題

理科解答用紙

1			採点者記入欄
(1)		火山	/2
(2)	① ア イ	② ウ エ	/2
(3)	ⓐ		/2
	ⓑ	組織	/2
(4)	ア イ ウ エ		/2
(5)	ア イ ウ エ		/2
(6)		cm	/3
(7)			/3
(8)	ア イ ウ エ オ カ		/3
			/21

2				採点者記入欄
(1)	①	ア イ ウ		/2
	②	ⓐ ア イ	ⓑ ウ エ	/2
(2)	①	ア イ ウ エ		/2
	②	ア イ ウ エ		/2
	③		g	/3
(3)	①	ア イ	② ウ エ	/3
(4)			%	/3
(5)		ア イ ウ エ		/3
(6)				/3
				/23

3			採点者記入欄
(1)	ア イ ウ エ		/2
(2)		植物	/2
(3)	① ア イ	② ウ エ	/2
(4)			/3
(5)		形質	/3
(6)		倍	/3
(7)	〔　　〕：〔　　〕：〔　　〕		/3
(8)	ア イ ウ エ		/3
(9)	ア イ ウ エ オ カ		/3
			/24

4				採点者記入欄
(1)		ア イ ウ エ		/3
(2)		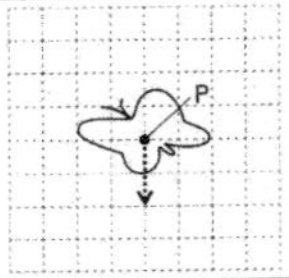		/3
(3)	①	ア イ	② ウ エ	/2
(4)	ⓐ		V	/2
	ⓑ	ア イ ウ エ		/2
(5)				/2
(6)	①	ア イ	② ウ エ	/2
	③	オ カ キ	④ ク ケ コ サ	/3
(7)			L	/3
				/22

※実物の大きさ：195% 拡大（A3 用紙）

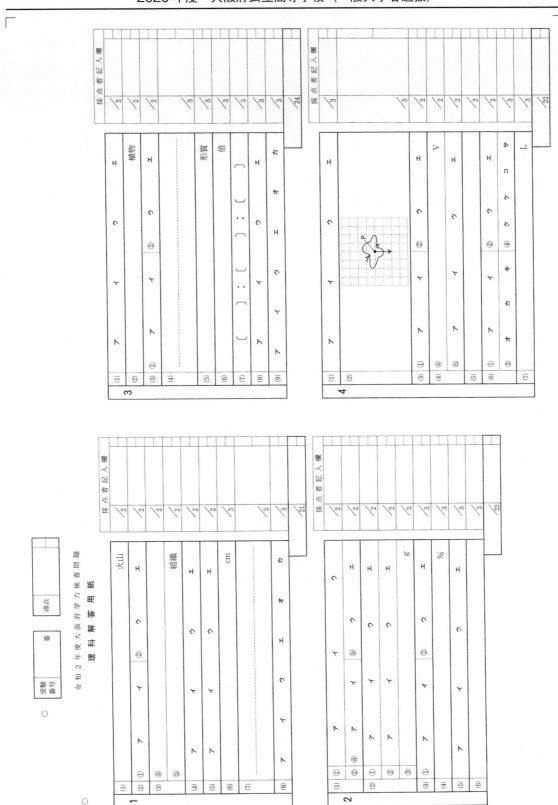

令和二年度大阪府学力検査問題　国語解答用紙〔A問題〕

受験番号　　番

得点

〈問題五を除く〉

一

1 (1) 慣れる /2
(2) 速やかに /2
(3) 絵画 /2
(4) 把握 /2
(5) ウ《う》える /2
(6) アラ《あら》う /2
(7) デンチ /2
(8) トウロク /2

2 ア　イ　ウ /2

/18

二

1 A　B　C /2
2 ア　イ　ウ /3
3 ア　イ　ウ /4
4 ア　イ　ウ　エ　オ　カ /4
5 a 10 15 経験から、 /6
b /4

/23

三

1 ア　イ　ウ /4
2 /4
3 ア　イ　ウ /4

/12

四

1 ア　イ　ウ　エ /3
2 ア　イ　ウ　エ /4
3 ア　イ　ウ　エ /4
4 (1) a 15 20 ということを /6
b /4
(2) ア　イ　ウ　エ /4

/25

採点者記入欄

※実物の大きさ：195% 拡大（A3用紙）

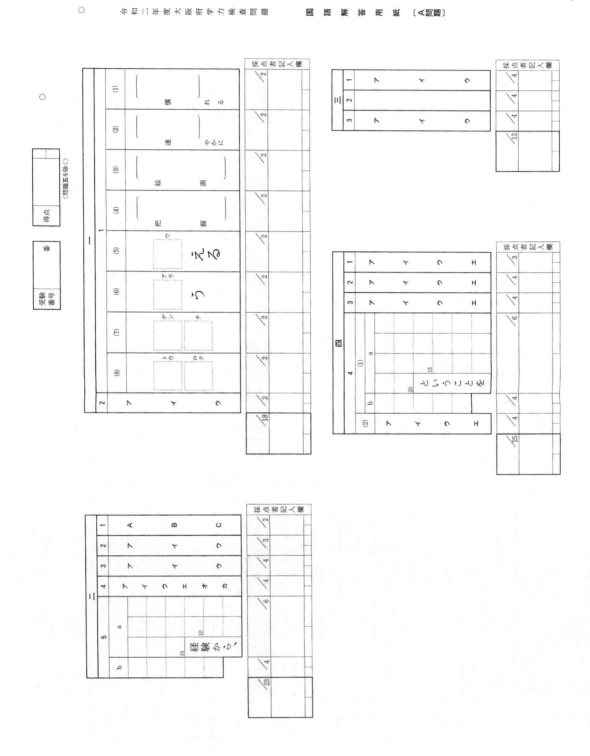

（原稿用紙）

受験番号　　　番

得点　　/12

・原稿用紙の正しい使い方にしたがって書くこと。
・題名や氏名は書かないで、本文から書き始めること。

100

180

※実物の大きさ：141% 拡大（A4用紙）

令和二年度大阪府学力検査問題

国語解答用紙〔B問題〕

〈問題五を除く〉

得点

受験番号　　番

一

			採点者記入欄
1	(1)	〔　　〕編む	/1
	(2)	〔　　〕朗らかな	/1
	(3)	〔緻密〕	/1
	(4)	〔秀逸〕	/1
	(5)	コロがる	/2
	(6)	ツまる	/2
	(7)	ベンロン	/2
	(8)	エイセイ	/2
2		ア　イ　ウ　エ	/2
3		尽日尋ネテ春ヲ不ズ見春ヲ	/2
			/16

二

			採点者記入欄
1		ア　イ　ウ　エ	/4
2		25	/6
3	a		/4
	b		/4
			/18

三

		採点者記入欄
1		/2
2		/3
3	ア　イ　ウ　エ	/4
4	ア　イ　ウ　エ	/5
		/14

四

			採点者記入欄
1		ア　イ　ウ　エ	/4
2		ア　イ　ウ　エ	/4
3		数値との　　30　　40 ようになる。	/8
4	a		/4
	b	13	/4
			/24

※実物の大きさ：195% 拡大（A3 用紙）

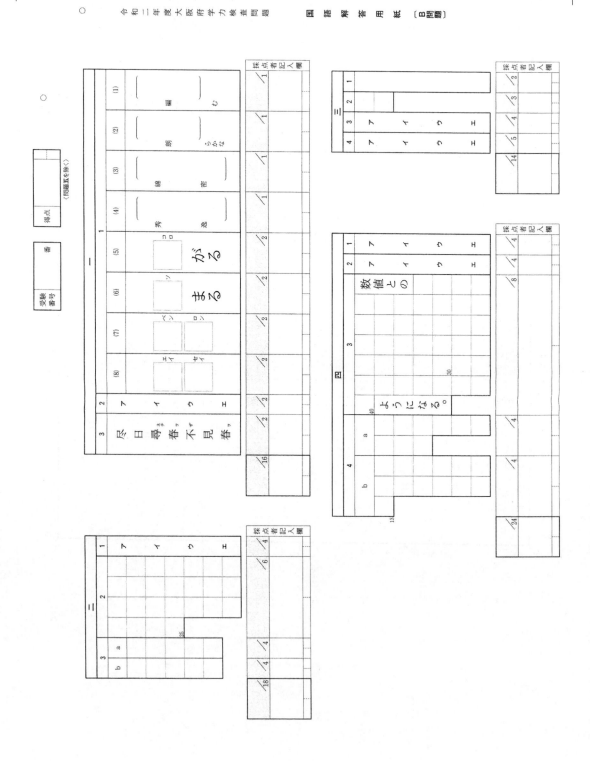

（原稿用紙）

受験番号　番

得点　／18

・原稿用紙の正しい使い方にしたがって書くこと。
・題名や氏名は書かないで、本文から書き始めること。

100

200

260

※実物の大きさ：141% 拡大（A4 用紙）

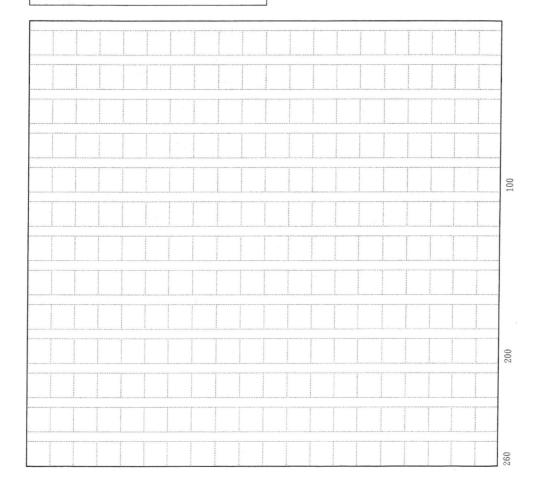

令和二年度大阪府学力検査問題

国語解答用紙〔C問題〕

受験番号　　番

得点

〈問題五を除く〉

一

1　a　b

2　作品の完成形がイメージできなかったとしても、　　と生活のなかでも思うようになる。

3　ア　イ　ウ　エ

採点者記入欄　/4　/4　/6　/5　/19

二

1　ア　イ　ウ　エ

2　ア　イ　ウ　エ

3　a　　という状況の違い

b　山里には　　ことに気づき、

採点者記入欄　/3　/4　/5　/4　/16

三

1

(1)　朗らかな

(2)　賄う

(3)　繁茂

(4)　イエ　ジ

(5)　テン　ラン

(6)　エイ　セイ

2　ア　イ　ウ　エ

3　ア　イ　ウ　エ

採点者記入欄　/1　/1　/1　/2　/2　/2　/2　/2　/13

四

1　a　b

2　ア　イ　ウ　エ　オ　カ

3　a　言葉には　　というところに、

b

採点者記入欄　/4　/4　/4　/6　/4　/22

※実物の大きさ：195% 拡大（A3 用紙）

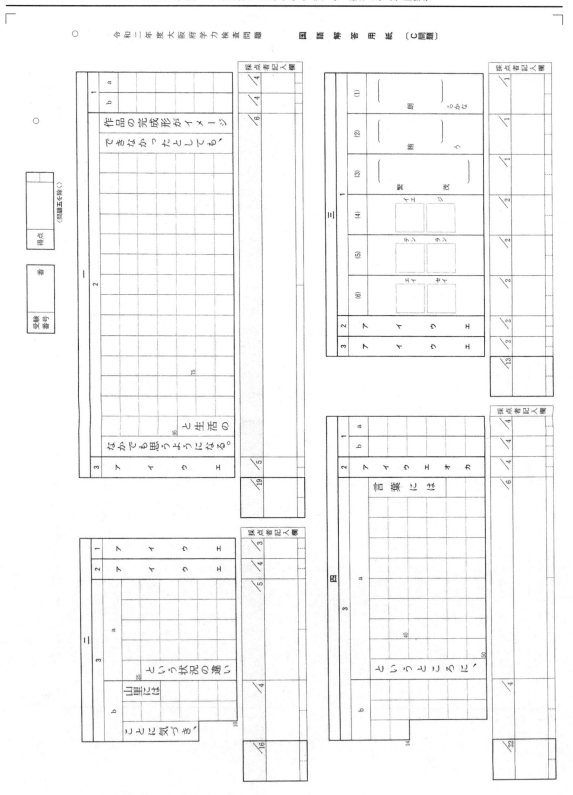

（原稿用紙）

受験番号	番

〇

得点	/20

〇

・原稿用紙の正しい使い方にしたがって書くこと。
・題名や氏名は書かないで、本文から書き始めること。

100

200

300

※実物の大きさ：141% 拡大（A4用紙）

~MEMO~